大六壬通解

（上）

叶飘然大六壬讲义

叶飘然◎著

六壬与遁甲、太乙，世谓之三式，而六壬其传尤古。大抵数根于五行，而五行始于水，举阴以起阳，故称壬；举成以该生，故曰六。其法有天地盘与神将相临，虽渐近奇遁九宫之式，然大旨原本羲文。盖亦易象之支流，推而衍之者矣。

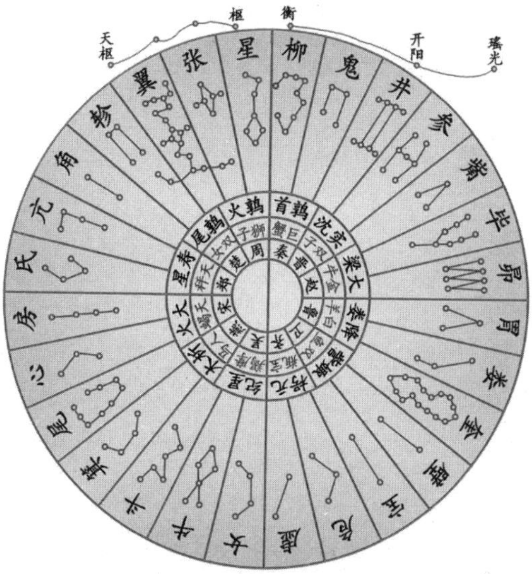

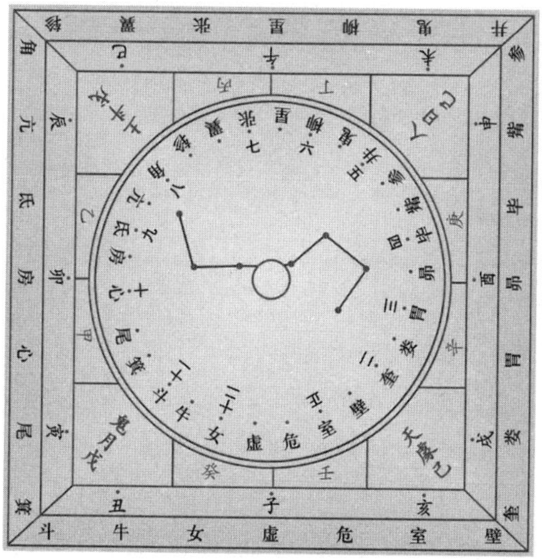

责任编辑：李成志　薛　治
责任印制：李未圻

图书在版编目（CIP）数据

大六壬通解 / 叶飘然著. —— 北京 ：华龄出版社，2011. 1
ISBN 978－7－80178－791－0

Ⅰ. ①大. Ⅱ. ①叶. Ⅲ. ①占卜－研究－中国
Ⅳ. ①B992. 2

中国版本图书馆 CIP 数据核字（2010）第 242545 号

书　　名：大六壬通解
作　　者：叶飘然　著

出版发行：华龄出版社
地　　址：北京市东城区安定门外大街甲 57 号　邮　　编：100011
电　　话：(010) 58122246　传　　真：(010) 84049572
网　　址：http://www.hualingpress.com

印　　刷：九洲财鑫印刷有限公司
版　　次：2011 年 1 月第 1 版　2021 年 11 月第 2 次印刷
开　　本：787×1092　1/16　印　　张：72.25
字　　数：1268 千字　印　　数：4001～7000
定　　价：168.00 元(全三册)

序　言

迄今为止，笔者习易已有二十余载，回首当初学易之时，首先选择的是梅花易数，其次研习六爻，有了阴阳、五行、象数学的基础后，开始研习三式，三式之中首先研习的就是大六壬，其次为太乙雷公式，再次为奇门遁甲。当初笔者为何要首选大六壬学习，这与大六壬的自身的特点有关，大六壬号称人事之王，其占断内容尽扩人事，历代以来，不少壬学大家归纳总结出的分类占断的内容丰富而精细，这一点对任何一个学易者来说，都是一笔宝贵的知识财富。这些分类占断的内容都来自干支、阴阳、五行、神将、类神等等的分析，这些分析内容不仅仅是六壬之精髓，它对于任何一门其他术数来说，都具有极大的参考价值。但是六壬古籍过于分散，而且古籍传抄错讹极多，甚至有的形成了知识性错误，这一点非常不利于六壬的学习，因此近年来笔者汇总各类壬学知识精要，同时加以笔者的壬学经验，著成此书，以供广大易学爱好者参考学习。因本书系整理古代六壬大成之书，因此不考虑纳入笔者的占断实例。本书的很多内容对研究其他术数均有重大指导意义。下面大概介绍本书的结构与特点。

本书前五章是从基础知识开始讲解，其内容包括六壬起课、干支、阴阳、五行、类象、神煞、格局等基础知识，几乎每一个知识点都经过详加考订，结合笔者与众多古人的实战经验荟萃而成，并选编了一些非常重要的古赋，以利于读者逐步深入的学习。其中第二章属于六壬起课的章节，读者反复研读这一章就能够学会独立起课。第三章中，详注了《大六壬会纂占验指南》，读者能够从中深入学习六壬分类占的理论。全书按由浅入深的次序安排六壬知识要点，让读者能够更科学地学好六壬。

第六章开始为笔者精选的六壬古例，共荟萃了古代众多壬学高手的八百多个精彩实例，具有极大的研究价值。在这些实例中，笔者选了部分经典的实例进行详注，更有利于读者选择研读，通过学习能够实际应用六壬。第七章则录入与六壬相关的一些捷要断法，方便没有时间系统学习六壬的读者选修，也方便全面研究六壬的读者总体学习。譬如都天六壬、禽星入式断法、发用简断法等，读者通过查阅断语就可以得到基本的判断结果，方便初学六壬的读者学习掌握。后面的穿壬透易法更在六壬与六爻之间架起了一座桥梁，喜欢深入研究六爻经典典籍《易隐》的读者尤其不可错过，因为《易隐》中六爻占终身的部分是摘录自《六壬穿易》的一些内容，如果要完整地学习六爻占终身，本章不可不读。同时穿壬透易也是壬课的另类经典断法，喜欢全范围深入研究六壬的易学爱好者也可以选修。在第七章中还收录了六壬天罡诀、三才法、小六壬以及袖中一根枪等速断法门，更加全面地展现了六壬的整体范畴。

另外特别要提到的是，笔者的学生东方明猪（QQ：1651534041，邮箱：eastwisepig@qq.com），将本书六壬式盘排法以及笔者的其他易学系统做成排盘套装软件，软件包括奇门、六壬、六爻、金口诀、一掌经、范围数、北派斗数、择吉万年历等等，内容丰富，是易学者不可或缺的易学软件。读者在学习中使用软件，会更方便于实际应用。

本书在著作中参考了《大六壬心镜》、《大六壬断案》、《大六壬类聚》、《鬼贼五变中黄经》、《六壬大全》、《六壬说约》、《六壬秘本》、《六壬通天》、《六壬精蕴》、《六壬摘要》、《壬归》、《壬窍》、《壬遁密》、《六壬占验汇选》、《六壬大占》、《六壬指南》、《六壬银河棹》、《一字诀玉连环》、《六壬集应钤》、《二度六壬选日要诀》、《口鉴奥旨》、《六壬未悟书》、《大六壬玉藻金英》、《大六壬一针见血》、《六壬辨疑》、《壬学琐记》、《大六壬专兵烛怪犀》、《军政神机》、《大六壬入门内景经》、《大六壬寻源编》、《大六壬鬼科窍》、《大六壬神课金口诀》等数十种著作，在此特向以上书籍的前辈作者们表达我最崇敬的谢意！同时也深深感谢在本书校订中付出辛勤汗水的学生们！由于本书的内容全面而广阔，疏漏之处在所难免，还望海内贤达，赐予匡正，则笔者幸甚，读者幸甚！

2010年5月1日星期六

叶飘然记于山东枣庄

目录

第一章　大六壬基础

初识六壬

新版电视剧《三国》中，有一集诸葛亮说道，今晨见鸟雀鸣叫，因此袖占一课。电视剧《活佛济公》中，济公指头掐掐点点，能知过去未来。《新白娘子传奇》中的观世音菩萨、白素贞能掐手指推未来变化。除此外还有很多影视剧都涉及到了掐指一算，这些究竟是什么方法呢？其实所谓的袖传一课、掐指一算等等，最根本的要数六壬，当然除了六壬外，金口诀、奇门遁甲、四柱八字、一掌经、小六壬等等都涉及掐指一算，但是要说最系统、最经典的人事占断还当属大六壬和金口诀，古人所说的袖占一课，大多指的是大六壬，大六壬号称神仙之课。正如小说《镜花缘》中所述："向日闻得古人有'袖占一课'之说，真是神乎其神，我只当总是神仙所为，凡人不能会的，后来才知袖占一课，就是如今世上所传大六壬课。"可见六壬为神仙前知之术。在一些小说中，也经常描述王禅老祖（鬼谷子）、李靖、徐茂功等等掐指一算，就知一切因果，历代小说家如此推崇，也让大六壬深受学易者青睐，现代影视剧也用它来吸引观众的眼球。

那么大六壬究竟是怎样的？首先让我们从一个人物介绍开始，根据《宋史·隐逸传·徐复》记载，北宋宋仁宗时期的庆历初年，福建莆田人徐复因精通六壬，曾被宋仁宗召见。这里我们从徐复少年时学习大六壬的一个故事说起。

北宋苏辙的《龙川别志》记载：复少时学六壬，闻州一僧善发课，州有一衙校偶问之，僧曰："大凶，法当死于市。"校曰："吾幸无他事，安至此？"僧曰："君还家，夜漏将上，有一异姓亲叩门，坐未定，上有马相踶不解，取火视之，其一牝马也，有胎已堕，驹三足。若有此，君死无疑，不然亦不死也。"

其人归，候之，皆如僧言，大惊。旦起问僧何以脱祸，僧曰："吾无禳除法。惟有远行可以少解。"

用其言，乞归农，州将怜而许之。遂为远行计，既登舟，适有事，当略还家，将登岸，与一人相遇，排之，堕水死。州知其故，以可愍谳之，得减罪。

复从僧学其术，僧曰："吾术与君术无异，而所以推之者，则不可传也。"复曰："姑告彼课日、时，吾自推之。"僧曰："尽子思虑所及。子所不及，吾无如之何也。"复推之累日，尽得僧所见，而不见驹所堕三足。

僧曰："子智于此，不可强也。"终不复告。

译文：徐复少年时候就开始学习大六壬，听说州内有一和尚，擅长六壬课，一个差役找和尚问事，和尚说："课大凶，你将被逮捕处死。"差役说："怎么可能呢，我没犯什么事啊。"和尚说："你今天回家以后，到傍晚时分，有一位外姓亲戚来敲你家的门。你刚刚坐下时间不长就会听见屋外有马动静很大，然后你好奇去看，发现一个母马生出一个有三条腿的马驹，如果你回去的经历和我说的一样，你必死无疑。"差役回家后，当晚经历果然如此，第二天早上一起来，他就马上去找和尚，问有无解灾方法。和尚说："你离家远行，可能灾祸会减轻一些。"差役回家后向上司辞职要求回家务农，他详细说明情况，上司也就同意了让他辞职。差役立即收拾好行李准备上船远行回乡，但是他忽然想起有事没办完，因此又返回家中，办完事回来坐船远行，船将要到岸的时候，与一人相撞，那人落水而死。差役被捕入狱，官府从报告中早知道他遇此事，便将死罪减缓。

徐复听说此事后想拜和尚为师，和尚说："你我的断课方法大致相同，但是一些具体的推断方法我不会告诉你。"徐复要求和尚将事情预测的时间告诉他，他想反推一下。和尚说："可以告诉你，但是如果你靠自己的能力推不出来我也没办法。"徐复推了一天，结果竟然将和尚推算出来的很多东西反推出来，但是母马生三腿马驹的事情怎么也推不出来。徐复告诉和尚此事，和尚说："你的智慧只有这么大，不可强求，否则无益。"回复完不再理会徐复。①

这则故事阅后，我相信仁者见仁，智者见智，当然其中也不无文人的夸大和润色，但是通过这则故事，我们也可以了解到大六壬在当时人们心目中的神奇地位。六壬究竟是怎样的一种术数呢？相信通过本书的阅读，您会对六壬有一个现代人应有的科学健全的全新认识。

---

① 笔者注：和尚所判断的内容，属于六壬中的克应断法。克应是在课中出现的特殊类象，实际上只是象与象之间衍生出的连环关系，在本书案例中多有这类克应断法。

第一节　大六壬的历史与起源

太乙、奇门、六壬古代称之为三式，《壬学琐记》中说："唐时功令，以奇门、雷公、六壬为三式，雷公即太乙，所谓太乙雷公式是也。唐时禁奇门、雷公不传，惟六壬便于民用，不涉兵事，故不之禁，传其歧多，精者独鲜。"通过古人的这段论述，我们可以了解到，我国在唐代时，六壬术已经十分盛行。唐代徐道符所撰的《大六壬心镜》就是这个时期的六壬经典之作。

在壬学的起源上，相传为九天玄女授之轩辕黄帝，自古多有考证，但是始终没有一个确切的结论，因为缺乏更早的实际依据。譬如《壬学琐记》说："六壬不知始于何时，《云笈七籤》云：上皇三年七月二十九日壬子，太真皇人下授黄帝六壬式图、六甲三元、遁甲造式之法，法威天下，流传子孙。黄梨洲《易学篆数·总论》以《国语》中伶州鸠之论七律即是六壬之法；马端临《文献通考》说六壬出于秦；张鉉《说约》则据《汉书·律历志》注"大桡作甲子，占斗罡所建，探五行之精"，认为六壬当始于大桡，成于隶首；焦里堂先生独云：徐岳《术数记遗》所谓"周公揹闷"、"孔子三不能比两"、"西老成子四维"等数即六壬之天地盘，大端皆猜度之言。"

九天玄女

从《壬学琐记》的综合记述中，我们可以看到古人对六壬的起源考证，大多出于文献考据或大胆猜度。现代我们从文献上看，在比较早的《吴越春秋》、《越绝书》中已经记载有伍子胥和范蠡的六壬实例，但是这两部史书的作者赵煜、袁康都是东汉人，不能因为他们在记录春秋时期历史的书中记录六壬案例，就认为六壬产生在春秋时期，不过从作者生活的时代上，我们可以得知，六壬至少在东汉时已经广为流传。我们再看更早的《春秋左传》，左氏在《左传》中记载了大量卜筮占例，但就是没有提到六壬，因此六壬究竟何时产生，成为一个学术上有待历史学家去研究考证的谜题。

在三式产生的次序上，《壬学琐记》曰："六壬最先出，奇门次出，太乙晚出。何以明之？观六壬纯用干支神将推演，并不用九星、八门、文昌、计都等项，以是知其先出。奇门所用天三门、地四户、天马方，则采用六壬矣。太乙所用九星、八门、五符等类，则采用奇门、六壬矣，以是知二书皆在六壬之后也。三式虽以太乙为尊，但其积算推至一千万年以上，荒渺无稽，况天运循环、国祚修短，何敢予知？固不若六壬之切于日用而又不干例禁也。"在壬学的起源上，《壬学琐记》的作者考证了很多古书，但是对于六壬的起源与兴盛年代说法不一，在三式的排行上更是各家自我推导，对自己所学知识进行标榜。实际上我们可以在三式的各类书籍中发现，这是一种学者的不良习气，奇门书往往说奇门为三式之首，六壬书则说六壬为三式之首，而太乙书又说太乙为三式第一，实际上这些无谓的争议对于学习数术毫无功用，只是有助于提升研究某种术数的兴趣而已。但是作者从三式本身的知识构成上来推导三式的产生次序，具有一定的参考价值。通过该文我们可以知道，古人在研究六壬的起源上，最早延伸到黄帝时期，黄帝是中华民族的始祖，他是中国各类古文化依托的一个源头，但是这种依托是没有实际依据的。

根据近代考古学发现，在汉代，"六壬术"已很盛行，当时，人们创造了一种供六壬占卜使用的工具，这就是六壬式盘，近代考古中屡次出土六壬式盘，现存尚有七具，因此我们可以得出结论，六壬至少是汉代之前的学术产物。

六壬式盘分为天盘与地盘两部分，天圆地方，天盘嵌在地盘当中，中有轴可以自由转动。根据考古文档资料，阜阳双古堆西汉汝阴侯墓挖掘出来的六壬式盘，即分天盘、地盘。天盘在上（为圆形，直径 9.5cm，厚 0.15cm）；地盘在下（成正方形，边长 13.5cm，厚 1.3cm）。天盘中间刻北斗七星星座，边缘刻十二月次和二十八宿。地盘中间放天盘处稍突起，地盘边至天盘间刻二道方框线，框内有 3 层篆体文字：外层是二十八宿，每边 7 宿；中层是十二地支，每边 3 个；内层是天干，每边 2 个，并把戊、已刻在四角。在内层的四角分别刻有"天虡已"、"土斗戊"、"人日己"、"鬼月戊"，使用时，转动天盘，以天盘与地盘对位的干支时辰判断吉凶。

汉代的六壬式盘，其结构形式图如下图：

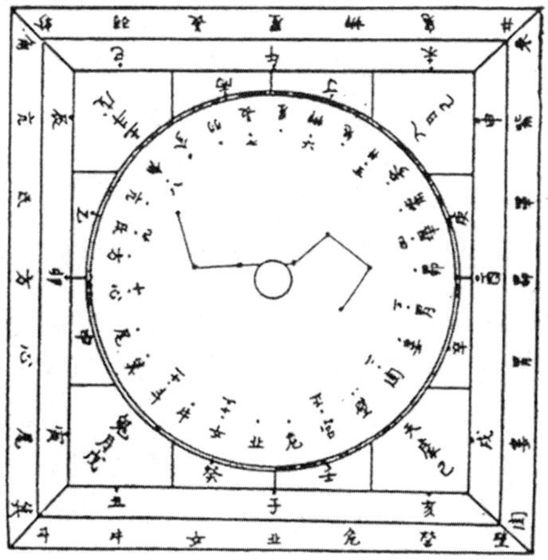

汉代六壬式盘

我们再看宋代六壬盘的发展，根据北宋杨维德《景祐六壬神定经》记载的造式之法所云："造式天中作斗杓，指天罡，次作十二辰，中列二十八宿。四维局。地列十二辰、八干、五行、三十六禽。天门、地户、人门、鬼路，四隅讫。"也就是说，天盘中央为北斗七星，次列十二辰，象征十二月，外列二十八宿，代表列宿。地盘列天干，代表五行：东方甲乙木，南方丙丁火，西方庚辛金，北方壬癸水，中央戊己土，分寄于天、地、人、鬼四隅。地盘上的十二辰，象征八方及日出之方位。杨维德所说的是宋代的制盘法式，较汉代式盘稍繁。

上文介绍了六壬的起源与六壬式盘的考古发现，下面介绍六壬的功用与发展，根据《唐六典》卷十四所载，六壬术在唐代主要应用于九个方面，一曰嫁娶，二曰生产，三曰历法，四曰屋宇，五曰禄命，六曰得官，七曰祠祭，八曰发病，九曰殡葬，由此可见，六壬在汉唐时期十分兴盛，在《全唐诗》中也有对六壬式占的明确记载，如卷 299 王建的《贫居》中所云："近来身不健，时就六壬占。"诗中说自己家贫且身体不好，所以经常用六壬式来占卜身体的健康情况。《全唐诗》卷 880 还收录了一首《冯存澄为明皇占》，这首诗的内容是李隆基做临淄王时，欲平武韦之祸，让道士冯存澄用六壬占测所得的断语，诗曰："合因斩关，铸印乘轩。始当果断，终得嗣天。"后即位，应其术焉。这些都说明当时六壬在占断方面已有一定影响力，而且上至帝王，下至百姓都通过六壬来指导自己的人生，说明六壬在当时十分盛行。

在宋代时，六壬更得到进一步的完善与发展。根据前人记载，宋仁宗赵祯[1]嗜好六壬，因此当时研习六壬者颇多，当时的元轸、楚衍、苗达等人都是六壬书所明载的六壬名家，后世流传的《苗公鬼撮脚》、《苗公密宝》等书就源出于北宋壬学名家苗达。到宋徽宗、宋高宗时，浙江壬学大家邵彦和闻名于世，其门人整理的《大六壬断案》，至今成为壬学高层断案之典范。到宋理宗时，有凌福之等人根据邵彦和的断法，著作出六壬名篇《毕法赋》，六壬理论在此时有大成之象。到明清时期，郭御青所辑录的十二卷《六壬大全》被收入《四库全书》，成为明清时期的六壬代表之作。在历史上，六壬发展十分兴盛，不少名士、名臣也研究六壬，如清代的著名思想家黄宗羲就对六壬有相当的研究，研究六壬的人上至官僚阶层下至寻常百姓，因此六壬著述有数百种之多，众说纷纭，各有所执，但是我们细心研究，就会发现古代各类六壬典籍重复的内容太多，大多古籍重复性的抄录整理，而真正的经典之作并不多，后世学六壬者不可不察，我们必须要通过反复的实证、实测来不断地检验、发展这门学问。

宋仁宗

第二节　大六壬的天文背景

学大六壬者，大多学其用，而不知其体，这样永远只能被动地学习，而无法知其根源。六壬是一门研究天、地、人的数术，其阴阳五行干支之理贯穿天、地、人三才之理，因此如果不明白三才的根本原理，就无法全盘掌握学好大六壬。（这里所说的三才概念，是壬学式盘来源的宏观说法。三才在六壬微观的判断作用，诸如三传，不在本节叙述。）大六壬本身建立在天、地、

① 宋仁宗，真宗之子，生于大中祥符三年（公元1010年）农历四月十四日，崩于嘉祐八年（公元1063年）农历三月二十九日。大中祥符八年封寿春郡王，天禧二年（公元1018）封升王，立为太子。乾兴元年（公元1022）即位，由刘太后垂帘听政，明道二年（公元1033）太后死，始亲政。仁宗在位42年，是两宋时期在位时间最长的皇帝。仁宗知人善任，提拔重用了一大批对当时和后世都产生重大影响的人物，因而其在位时期名臣辈出。

人三才的基础上，因此它的理论基础必须要把三者结合起来，贯穿起来，而这条贯穿的主线包括了阴阳、五行、干支、纳甲、卦象、天文、历法、社会学、象形学等等，每一点笔者都会在后面的章节中阐述。

孔子

这里首先要说到的就是天文历法，因为它是六壬产生的基本要素。其实我们可以在六爻的发源中看出一些端倪，早在西汉时期，不少著名的易学家诸如孟喜、焦元寿、京房等人，在易学理论上都学术相承，形成一个以卦气为中心的象数体系，把一年十二个月、二十四个节气纳入卦中，组成了十二消息卦。所谓消息就是阴阳消长进退，“消”就是退阳进阴，“息”就是退阴进阳，一年的阴阳分界在冬至和夏至，因此他们将卦爻配以月，把周易卦象和阴阳消长严密结合起来，形成了天、地、人合一的体系。这个时候周易和宇宙以及人之间，有了一个切实关系的框架模式，只有这种严密的模式才能规范周易对人类的实际功用。而更早的孔子提出的四易观念，以一世、二世为地易，三世、四世为人易，五世、六世为天易，游魂、归魂为鬼易，这仅仅是一个意识形态的三才区分，有助于易学之体，而相对易学之用来说，只是一个初级模式。西汉京房在继承前人学说的基础上，将五行、卦气、六亲、建候基算与星宿降位都纳入卦学，此时八卦与天、地、人基本完整结合，真正意义上形成一个大的易学体用综合模式。

大六壬的起源也同样与天文历法有着千丝万缕的关系，这种关系体现在大六壬的方方面面，譬如汉代六壬式盘的实物中，明确标有北斗七星与二十八星宿，大六壬的六十四课中有一种天地二烦课，以日宿、月宿与弦、望、晦、朔论吉凶，并要参考七政时历。接着我们进一步从六壬式盘说起，六壬式盘主要分为天盘和地盘，古人云：“以日所至之宫为主，流动不拘，故称天盘。”天盘是以太阳为主的，太阳就是月将，所谓月将就是一月之将，“将”为统帅之意，因此月将一定，天盘其它地支皆随其位而运转变化，因此月将为一月之主宰，由此与天体之太阳相吻合，古代天文以太阳为尊，因为日阳月阴，为天之眼目，也为阴阳之首领。从卦象上讲，先天八卦上乾下坤，后天八卦上离下坎，乾坤为体，坎离为用，因此天地定位为体，日月掌控节候为用，而太阳则成为六壬与天体规律之间的一个连接口。实际上古人在应用研究大六壬的过程中已经注意到这个问题，《壬学琐记》中考证说："月将即是太阳，以太阳加正时，顺布十二宫，则与天上星宿所临方位相符，故阴阳动尽天人感应。"唐朝王远知引其师陶宏景之言曰："六壬精髓，其一为月将，天上太阳随月而异宫，其光普照四方，故万事皆见。月将为误，然后凡事不误。"此语最为明显，宋人邵彦和论次客曰："古次客之法，因数人同时来占，乃用前五后三，换将不换时之例，试之每不验。盖烛照祸福，全赖太阳之光明，故以正将、正时为最，其次则换时不换将耳。余则不换将，亦不换时，惟以各人年命为主，课虽同而理则异。区别悬殊，十不失一。"是亦月将即太阳之明证。

每月的月将，看太阳入黄道十二宫之何宫，就是该月的月将。太阳在黄道带十二宫之运行都在二十四节气的中气交换过宫，因此每月的月将也在中气交换。(所谓黄道就是地球绕日公转的椭圆形轨道，也就是太阳的轨道，假定地球不动，太阳绕地球而行进之路线，称之为黄道。以黄道为中心，其宽度为 16 度，如同一条带子，上面布着银河上的星座，将这条带子等分十二，就称之为黄道十二宫。）在 16 度宽的黄道带里面，包含了日、月、水、火、地球、木、金、土、天王等星的轨道，我国古代把黄道一圈叫一周天，而以地球公转的周期日数作为周天度，即一周天 365.25 度，每度 100 分，每分 100 秒。而现代天文学，将一周天作 360 度，每宫 30 度，每度 60 分，每分 60 秒，每一宫配一个主星座，我国古代则以二十八星宿来表示经度，每一宫的度数自 1 度到 30 度余不等。附录十二宫图表如下：

地支宫名	十二宫次舍	十二宫神	十二宫分野
子	玄枵	宝瓶	齐
丑	星纪	摩羯	吴越
寅	析木	人马	燕
卯	大火	天蝎	宋
辰	寿星	天秤	郑
巳	鹑尾	室女	楚
午	鹑火	狮子	周
未	鹑首	巨蟹	秦
申	实沈	双子	晋
酉	大梁	金牛	赵
戌	降娄	白羊	鲁
亥	娵訾	双鱼	卫

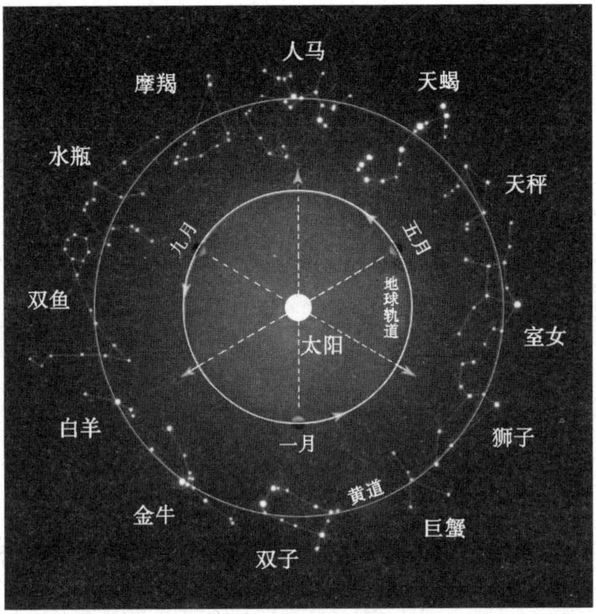

黄道十二宫图

在大六壬式盘的天盘起法中，完全以节气与太阳结合为依据，根据太阳过宫所躔宫为月将。关于月将的中气定将规则如下表：

月建	十二节	十二气	气后太阳躔宫
正月建寅	立春	雨水	娵訾亥
二月建卯	惊蛰	春分	降娄戌
三月建辰	清明	谷雨	大梁酉
四月建巳	立夏	小满	实沈申
五月建午	芒种	夏至	鹑首未
六月建未	小暑	大暑	鹑火午
七月建申	立秋	处暑	鹑尾巳
八月建酉	白露	秋分	寿星辰
九月建戌	寒露	霜降	大火卯
十月建亥	立冬	小雪	析木寅
十一月建子	大雪	冬至	星纪丑
十二月建丑	小寒	大寒	玄枵子

由上表可知，每一个月有两个节气，前一个为节，后一个为气，总共有二十四节气。每个月第二个节气正好是太阳过宫，比如立春为节，立春后进入正月，在进入正月后第二个节气雨水的时候，太阳过宫，日躔娵訾亥宫，因此日躔之宫位亥就是正月月将。由此可知，我们在每个月的中气后使用本月月将。作为六壬式盘之体，其原理我们必须要知道。从实际应用这个角度，我们总结了便于记忆的方法来记忆月将，其规律如下：每月中气后使用本月月将，月将为月建之合，正月月建为寅，寅亥相合，因此正月雨水后以亥为月将，二月月建为卯，卯戌相合，因此二月春分后以戌为月将，其它类推即可。月将在大六壬中使用十二支神的名称。十二支神（简称十二神）的名称分别是：亥登明，戌河魁，酉从魁，申传送，未小吉，午胜光，巳太乙，辰天罡，卯太冲，寅功曹，丑大吉，子神后。为了方便应用，我们必须牢牢记住它们的名称。（十二支神在天盘地盘的名称统一使用十二支神本名。）而以月将加时所形成的十二支神次序就是天盘，下一章有关于天盘起法的实例。

上文介绍了六壬式盘的天盘的基本构成原理，我们知道在六壬式盘中，天盘加地盘进行起课，那么什么是地盘呢？六壬运用天盘，使用太阳过宫的月将模拟天体，那么地盘自然就是模拟我们的地理环境了，人类生活在的地球上，地球上的空间方位在人们的参照物对比中是亘古不移的，因此地盘千古不变，按照十二地支顺序排列。十二地支的顺序是：子（神后），丑（大吉），寅（功曹），卯（太冲），辰（天罡），巳（太乙），午（胜光），未（小吉），申（传送），酉（从魁），戌（河魁），亥（登明）。在起课的过程中我们首先要把地盘默识于心，要牢牢记住它们固定的位置。地盘十二地支列图如下：

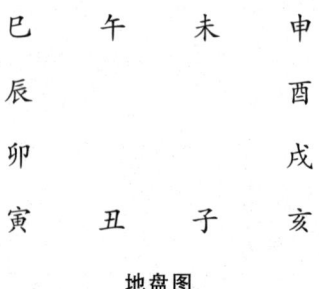

巳	午	未	申
辰			酉
卯			戌
寅	丑	子	亥

地盘图

第二章　大六壬起课入门

说明：从本章开始正式进入大六壬的学习程序，因此读者务必认真研习本章所涉及的知识内容，掌握六壬入门的基础知识。

第一节　六壬式盘构成要素

首先，我们通过一个完整的课式，及对六壬课式中的信息解读，让读者对六壬式盘有一个基本的认识，然后再具体介绍排盘知识。

起六壬式盘，首先要将太岁、月建、日干支、占时、空亡、本命、行年等列出，其次定出月将，排好地盘，用月将加时起出天盘，再按照天将顺逆排布规律列出十二天将，十二天将分别为：贵人、螣蛇、朱雀、六合、勾陈、青龙、天空、白虎、太常、玄武、太阴、天后，最后起四课，定三传，配遁干，列六亲，全盘起出。①

其判断大概流程为：审课式格局的特点，根据四课干支阴阳神的特性，结合三传发展规律，比较六亲关系，分析事体类神，配合空亡、禄马等神煞，结合本命、行年，根据不同的事体依据，断出全课，得出结论。

当然这不是绝对的定式，自古以来，六壬占断要与学壬者的使用习惯及自身造诣相结合，最关键要和自己对壬课构成的理解，以及对事理的认识相结合，因此古代各类壬家断法各有特色，但是其共同规律大体如上所述。此所谓法无定法，但是法中也有宏观规律不可违背，这就是壬课构成与事理，此两样为诸家必遵之理。诸家之异在于体用方面的灵活应用，或以干支分体用，或以本命行年、或以类神、或以初传分出体用。此则在于经验与灵活应用，不可死执。下面笔者列出一课，让读者对六壬式盘的起法流程有一个总体的认识。课例如下：

---

① 按六十甲子日计算，共十一万七千六百八十种变化，如果再结合占时以及不同人事分类则可以应万象。

问事时间：2007 年阳历 7 月 1 日上午 9－11 点

丁亥年　丙午月　丙申日　癸巳时

五月未将甲午旬辰巳空→**标注月将与日旬空亡**

占人戊午命，行年乙未→**求测者本命与其行年**

　　勾　合　朱　蛇
　　未　申　酉　戌
青午　　　　　亥贵→**十二天将**
空巳　　　　　子后
　　辰　卯　寅　丑
　　虎　常　玄　阴

后　蛇　朱　勾
子　戌　酉　未→**四课**
戌　申　未　丙↗

六亲←　官　庚　子　后　↘
　　　　父　壬　寅　玄　→**三传**
　　　　子　　　辰　虎 ◎ ↗

说明：上例三传所配的天干为遁干，遁干是六壬课式中为了进一步比较生克关系而纳入的一个系统，它可以和地支一样与其它事类主体五行发生生克关系，譬如与日干的关系，与本命、行年的关系。

在大六壬中，遁干有两种，一种是根据日旬所配，比如此例为丙申日，属于甲午旬，则可以顺推配干，分别为甲午、乙未、丙申、丁酉、戊戌、己亥、庚子、辛丑、壬寅、癸卯，到辰、巳空亡位则无干可配。

另一种是初建与复建法，所谓初建法，就是以日干为准，使用五子元遁法配出天干。如上例日干为丙，根据五子元遁口诀，丙辛生戊子，则丙日配戊子，依次顺推，其它分别为己丑、庚寅、辛卯等等。所谓复建法，就是用占时之时干推导遁干，如上例，占时为癸巳时，则根据五子元遁口诀，戊癸起壬子，则依次为壬子、癸丑、甲寅、乙卯等等。

遁干的原理是天干之气可以流行变化，天干覆盖在地支上，一方面可以和日干、本命、行年等发生生克关系，另一方面，可以扭转地支的五行性质，同时可以丰富和缩小取象范围。

上例中的遁干，为六壬中常用的旬遁干，有关初建与复建法，后文另外讲解。下节详细介绍大六壬起课的基础知识。在掌握了必要的基础知识后回头看此例六壬课，会更加清晰明了。

第二节　起课基础知识

一、天干地支

十天干：甲、乙、丙、丁、戊、己、庚、辛、壬、癸。

十二地支：子、丑、寅、卯、辰、巳、午、未、申、酉、戌、亥。

传说天干与地支是黄帝时候的大挠氏所创。在中国古代的历法中，甲、乙、丙、丁、戊、己、庚、辛、壬、癸被称为“十天干”，子、丑、寅、卯、辰、巳、午、未、申、酉、戌、亥被称为“十二地支”。两者按固定的顺序互相搭配，组成了干支纪法。天气始于甲，地气始于子，天干与地支组合起来共有六十个组合，古人称其为六十甲子。下列纳音五行六十甲子：

甲子乙丑海中金，丙寅丁卯炉中火。戊辰己巳大林木，庚午辛未路旁土。

戊寅己卯城头土，庚辰辛巳白蜡金。壬午癸未杨柳木，壬申癸酉剑锋金。

甲戌乙亥山头火，丙子丁丑涧下水。甲申乙酉泉中水，丙戌丁亥屋上土。

戊子己丑霹雳火，庚寅辛卯松柏木。壬辰癸巳长流水，甲午乙未沙中金。

丙申丁酉山下火，戊戌己亥平地木。庚子辛丑壁上土，壬寅癸卯金箔金。

甲辰乙巳覆灯火，丙午丁未天河水。戊申己酉大驿土，庚戌辛亥钗钏金。

壬子癸丑桑柘木，甲寅乙卯大溪水。丙辰丁巳沙中土，戊午己未天上火。

庚申辛酉石榴木，壬戌癸亥大海水。

以上为六十甲子纳音五行，凡是所有干支组合，除了地支藏干外，主要包含三种五行，即干、支、纳音三种五行关系。譬如甲子，甲木、子水、纳音金，六壬断课到高层时，这三种五行须要综合考虑，各有功用。从人事角度上说，干主禄，支主命，纳音为身。纳音也主寿。特别要说明的是，无论是六壬还是金口诀都遵从这种模式。要深入六壬，必须精熟六十甲子干支纳音之理。

二、如何起年、月、日、时四柱?

上面介绍了干支组合，中国古代就用干支组合记录年、月、日、时，而大六壬正是建立在时空上的一种预测学，因此要学好大六壬排盘，首先必须要学会排列年、月、日、时四柱。古人制干支，初用以纪日，后用之纪月，至汉武帝太初元年（公元104年），制太初历，始分一日为十二时，以十二支纪之，到汉顺帝时，始废岁星纪年法，正式用干支纪年，以甲子纪年，六十甲子谓之青龙一周，此时四柱始备。下面我们介绍四柱的具体排列方法：

首先介绍年柱，所谓年柱，即年份用农历的干支表示，我们可以通过万年历查知。但是须要注意的是，每一年的分界线是以立春这一天的交节时刻划分的。如时间为1998年正月初三，由于1998年交立春是正月初八8时53分，因此此时的年柱为1997年之丁丑，而非1998年之戊寅。年柱不仅是起课的要素，也是断课的要素，其名为太岁，司一年之吉凶，是断课中的一个有力之神。

其次介绍月柱，即用农历的干支表月份所处的节令。注意月干支不是以农历每月初一为分界线，而是以节令为准，交节前为上个月的节令，交节后为下个月的节令。我们现在用的农历也叫夏历，是建寅月的，即每年正月为寅月，二月为卯月，直到十二月为丑月。月柱中的地支每年固定不变，从寅月开始，到丑月结束。

月份	正月	二月	三月	四月	五月	六月	七月	八月	九月	十月	十一月	十二月
月建	寅月	卯月	辰月	巳月	午月	未月	申月	酉月	戌月	亥月	子月	丑月

下面介绍节令的含义：

正月立春：“立”是开始的意思，表示万物复苏的春天又开始了，天气将回暖，万物将更新，是农事活动开始的标志。立春是公历的2月4日或5日。立春后进入正月。

二月惊蛰：春雷开始轰鸣，惊醒了蛰伏在泥土里冬眠的昆虫和小动物，过冬的虫卵快要孵化了，这个节气表示春意渐浓，气温升高，惊蛰是公历的3月6日或7日。惊蛰后进入二月。

三月清明：这个节气表示气温已变暖，草木萌动，自然界出现一片清秀明朗的景象，清明是公历的4月5日或6日。清明后进入三月。

四月立夏：这个节气表示夏季开始，炎热的天气将要来临，农事活动已进入夏季繁忙季节了。立夏是公历的5月6日或7日。立夏后进入四月。

五月芒种：“芒”是指壳实尖端的细毛，在北方是割麦种稻的时候，也是耕种最忙的时节，芒种是公历的6月6日或7日。芒种后进入五月。

六月小暑：这个节气表示已进入暑天，炎热逼人，小暑是公历的7月7

日或 8 日。小暑后进入六月。

七月立秋：这个节气表示炎热的夏季即将过去，天高气爽的秋天即将开始。立秋是公历的 8 月 8 日或 9 日。立秋后进入七月。

八月白露：这个节气表示天气更凉，空气中的水气夜晚常在草木等物体上凝结成白色的露珠，白露是公历的 9 月 8 日或 9 日。白露后进入八月。

九月寒露：这个节气表示冬季的开始，预示气候的寒凉程度将逐渐加剧，寒露是公历的 10 月 8 日或 9 日。寒露后进入九月。

十月立冬：这个节气表示清爽的秋天将过，寒冷的冬天开始，立冬是公历的 11 月 7 日或 8 日。立冬后进入十月。

十一月大雪：这个节气表示降雪来得较大，大雪是公历的 12 月 7 日或 8 日。大雪后进入十一月。

十二月小寒：这个节气表示开始进入冬季最寒冷的季节，会有霜冻，小寒是公历的 1 月 5 日或 6 日。小寒后进入十二月。

月柱中每月的天干有所不同，虽不像地支那样固定，但也是有规律可寻的。参看以下的年上起月表。

年干／月份	甲 己	乙 庚	丙 辛	丁 壬	戊 癸
正月	丙寅	戊寅	庚寅	壬寅	甲寅
二月	丁卯	己卯	辛卯	癸卯	乙卯
三月	戊辰	庚辰	壬辰	甲辰	丙辰
四月	己巳	辛巳	癸巳	乙巳	丁巳
五月	庚午	壬午	甲午	丙午	戊午
六月	辛未	癸未	乙未	丁未	己未
七月	壬申	甲申	丙申	戊申	庚申
八月	癸酉	乙酉	丁酉	己酉	辛酉
九月	甲戌	丙戌	戊戌	庚戌	壬戌
十月	乙亥	丁亥	己亥	辛亥	癸亥
十一月	丙子	戊子	庚子	壬子	甲子
十二月	丁丑	己丑	辛丑	癸丑	乙丑

此表查法，凡甲年己年（年柱天干为甲或己），正月为丙寅，二月为丁卯，其余类推。如 2009 年为己丑年，查表得出该年二月是丁卯月；2010 年为

庚寅年，查表得出该年八月为乙酉月。

另有以下口诀可帮助记忆，也称为“五虎遁”：甲己之年丙作首，乙庚之年戊为头。丙辛之岁寻庚土，丁壬壬寅顺水流。若问戊癸何处起，甲寅之上好追求。

口诀用法：凡甲年己年，正月寅月天干为丙，二月卯月天干为丁，其余类推。月柱又名月建、月令，主管节气旺衰，影响课中所有五行的旺、相、休、囚、死。再次我们介绍日柱，所谓日柱，即用农历的干支表示某一天。干支纪日每六十天一循环，由于大小月及平闰年不同的缘故，日干支需要查找万年历。日柱，在古代上是以晚上子时开始顺时针到亥时，十二个时辰为一天，每一个时辰占两个钟点。每日的分界线是以子时来划分的，即晚上的十一点，十一点前是上一日的亥时，过了十一点就是次日的子时。这一点请特别留意，而不要认为午夜十二点是一天的分界点。最后介绍时柱，所谓时柱，就是用农历干支表示时辰。一个时辰在农历记时中跨两个小时，故一天共十二个时辰。时柱中地支是固定不变的，而天干却随不同日干而变化。下附日上起时表，以供查阅。

日上起时表

日干 / 时辰	甲　己	乙　庚	丙　辛	丁　壬	戊　癸
子（23 点—1 点）	甲子	丙子	戊子	庚子	壬子
丑（1 点—3 点）	乙丑	丁丑	己丑	辛丑	癸丑
寅（3 点—5 点）	丙寅	戊寅	庚寅	壬寅	甲寅
卯（5 点—7 点）	丁卯	己卯	辛卯	癸卯	乙卯
辰（7 点—9 点）	戊辰	庚辰	壬辰	甲辰	丙辰
巳（9 点—11 点）	己巳	辛巳	癸巳	乙巳	丁巳
午（11 点—13 点）	庚午	壬午	甲午	丙午	戊午
未（13 点—15 点）	辛未	癸未	乙未	丁未	己未
申（15 点—17 点）	壬申	甲申	丙申	戊申	庚申
酉（17 点—19 点）	癸酉	乙酉	丁酉	己酉	辛酉
戌（19 点—21 点）	甲戌	丙戌	戊戌	庚戌	壬戌
亥（21 点—23 点）	乙亥	丁亥	己亥	辛亥	癸亥

按表格，如丙申日，表格中卯时的天干是辛，即辛卯时。其余类推。

另有以下口诀可以帮助记忆，也称五鼠遁或五子元遁法：甲己还加甲，乙庚丙作初。丙辛从戊起，丁壬庚子居。戊癸何所发，壬子是真途。

口诀中，甲己日的子时为甲子时，乙庚日的子时为丙子时，其余时辰按次序排列即可。时柱也是解断六壬的关键因素，六壬中称其为“先锋门”，课体未出，它的吉凶已经表露，因此它往往是断课的关键切入点，而且它与日柱以及课传之间的刑冲合害关系，还代表着课内首先引发的第一要素，比如占断来意、判断事体的切入点等等。

以上为四柱排法，它们不仅是六壬课式起课前必要步骤，同时它们在六壬的分析中也有着各自重要的作用。

三、列出求测者本命与其行年

这里必须说明，这一步不是固定不变的步骤，因为预测时以预测者本身为太极，因此壬课要素的取舍在于预测者自己，而不能被课式所拘泥，历史上各类壬学家有用本命、行年者，有用正时者，有用初建、复建者，有用方位者，其切入点均不相同，各有特色，因此虽然本命与行年是六壬的重要组成部分，但是并不代表一定要使用。为了达到壬家的最高境界，应该以人为本，譬如来求测者一言不发，不告诉你本命，或不知道自己生年，我们也不必要追问，要根据事情与求占者的不同情况而定，一切在于灵活，切忌死执。

所谓本命，就是求占者的出生年份的干支。例如某人问事，其出生年为1984年，查万年历，1984年为甲子年，因此甲子就是他的本命。

所谓行年，是人的流年行运的运动轨迹，它可以配合课体而论，为求测者占时之身，也可以结合它来占断人的流年运气。如果说本命为体，则行年为用。课式为体，则本命、行年为用。古人认为天开于子，地辟于丑，而人生于寅。所以男子行年，一岁起丙寅，顺行；女子取阴阳对待之义，一岁起壬申，逆行。[①]

列男女行年表如下：

① 实际上寅申为阴阳之会，阴至申而会于阳，阳至寅而会于阴，丙壬为阴阳之极，阳到丙则阳盛到了极点，阴到壬则阴盛到了极点，因此它们成为男女行运的始发点。

男性行年表（六十一岁又从丙寅起周而复始）

性别	虚岁年龄	1	2	3	4	5	6	7	8	9	10
男	1—10	丙寅	丁卯	戊辰	己巳	庚午	辛未	壬申	癸酉	甲戌	乙亥
	11—20	丙子	丁丑	戊寅	己卯	庚辰	辛巳	壬午	癸未	甲申	乙酉
	21—30	丙戌	丁亥	戊子	己丑	庚寅	辛卯	壬辰	癸巳	甲午	乙未
	31—40	丙申	丁酉	戊戌	己亥	庚子	辛丑	壬寅	癸卯	甲辰	乙巳
	41—50	丙午	丁未	戊申	己酉	庚戌	辛亥	壬子	癸丑	甲寅	乙卯
	51—60	丙辰	丁巳	戊午	己未	庚申	辛酉	壬戌	癸亥	甲了	乙丑

女性行年表（六十一岁又从壬申起周而复始）

性别	虚岁年龄	1	2	3	4	5	6	7	8	9	10
女	1—10	壬申	辛未	庚午	己巳	戊辰	丁卯	丙寅	乙丑	甲子	癸亥
	11—20	壬戌	辛酉	庚申	己未	戊午	丁巳	丙辰	乙卯	甲寅	癸丑
	21—30	壬子	辛亥	庚戌	己酉	戊申	丁未	丙午	乙巳	甲辰	癸卯
	31—40	壬寅	辛丑	庚子	己亥	戊戌	丁酉	丙申	乙未	甲午	癸巳
	41—50	壬辰	辛卯	庚寅	己丑	戊子	丁亥	丙戌	乙酉	甲申	癸未
	51—60	壬午	辛巳	庚辰	己卯	戊寅	丁丑	丙子	乙亥	甲戌	癸酉

下面我们介绍男女行年的手掌推算法。

首先要说明为何要使用手掌推算系统，中国数术，包括奇门、六壬、六爻、四柱风水等大多采用手掌推算法，这是古人在长期的实践中总结出来的方便法门，第一可以方便使用，第二可以加强人们对其规律的认识，尽管现代科技发达，可以用电脑、手机排盘，但是手掌排盘的锻炼功能是不可抹杀的。因此笔者建议读者们学会手掌推算，掌握其运算规律。

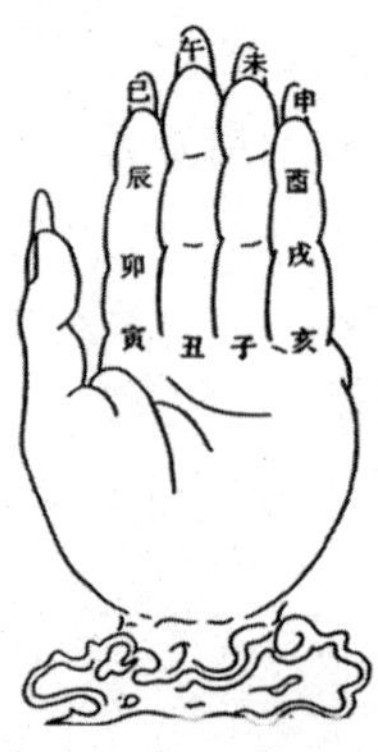

男女行年手掌推算法：

如此图，手掌以无名指下节为子，向中指下节顺推则中指下节为丑，食指下节为寅，寅上节为卯，卯上节为辰，辰上节指尖为巳，中指指尖为午，无名指指尖为未，小指指尖为申，申下节为酉，酉下节为戌，戌下节为亥。则十二支轮转于手掌之中。此十二支在掌中的定位要熟记，这就是地盘。这种方法不仅可以用以推本命、行年，也可用来推十二天将与四课三传。长期练习，配合后文的起课法知识，能够实现掌上起课。

男性行年推算法：

男子以丙寅为一岁，从寅位轮转十二支再到寅位，为戊寅，为十三岁。再转到寅为庚寅，为二十五岁，三十七岁壬寅，四十九岁甲寅，六十一岁丙寅，依次类推，找到这几个岁数作为参照点，去寻其附近行年，十分便捷。需要注意的是天干按甲、丙、戊、庚、壬循环顺行。

女性行年推算法：

女子以壬申为一岁，用十二位递加，则壬申起为一岁，十三岁庚申，二十五岁戊申，三十七岁丙申，四十九甲申，六十一岁壬申，依次类推，找到这几个岁数作为参照点，去寻其附近行年，十分便捷。需要注意的是，女子行年逆行，因此其天干按壬、庚、戊、丙、甲循环逆行。

壬课判断中为何要有本命与行年的参与呢？因为古人认为大六壬一个时辰只有一个课，即使用次客法，课体也不多，因此认为同一时间内起的课一样，但是求测者的出生本命不同、行年不同，因此为了细分化预测而将本命与行年纳入，因此将本命与行年作为变通之道，而纳入行年还有一种作用，就是发展观的作用，通过一个人的行年，可以看出一个人运气的连贯性，起到审查流年的作用。在判断中，命占人之终身，为切身之要。课中不见财官，则可以看人本命与行年上之财官。大抵，课传年命或生或合为美，一般日上神克命上神为吉，命上神克日上神为不吉，日克行年上神为凶，行年上神克日上神亦凶，大抵课传年命或生或比或合皆为吉象，具体还需要根据不同事体格局而论。

附录：本命、行年断法歌诀

日干神克命上神，今日求财明日成。更带喜马与德禄，此身应可作功名。
日财临命最可语，喜德兼之生与比。若去求财财谅得，喜上眉头天佑汝。
命上不宜逢见申，勾蛇武虎身生迍。朱勾官符讼见争，年上勾朱同此情。
命上神克日上神，官符灾讼不康宁。病符宅眷兼身厄，丧吊家中孝服侵。
耗破并之多破败，百般成事不能成。年上不宜逢酉处，关格勾玄凡事阻。①
年神不可日相克，纵带吉神也不吉。害主骨肉有灾伤，刑败人家有破失。②
日上神合命上神，此年喜事自生春。日克年神带游戏，行人病在中途里。
更加二死上头临，死在路中何以避。年带二死去克日，并见休囚病符入。
不就须己见阴君，死在今年应速急。贵人年命入网罗，此身必有事差讹。
贵带吉神临我命，能解幽人抱狐闷。平空高处会昂头，不是终沉乖蹇运。
螣蛇生年带喜德，主身必有人扶翼。凡事须成顷刻中，家得财兮人得益。
螣蛇克年惊恐多，夜加惊梦果如何。是日讼争并破失，空劳心力有差讹。
若带病符克年位，此时灾悔鬼来呼。忽入空亡返相制，有病终须解得苏。
朱带吏神克年神，又兼劫谩两相侵。不系文书乃口舌，一片忧愁挂我心。
朱克年神遇火鬼，提防火烛慎宵深。朱乘鸡诏加今年，无害无刑丁马连。
公文私信近来言，游神戏神仍的然。蛇加本命主心疑，进退焉能自决焉。
凡事初传嫌见勾，或值行年命上头。忽尔后勾见朱武，用破心身不遂谋。
若见勾陈生年上，增田增产增坟丘。龙克行年因喜破，不过破财无大祸。
争亲争产反相磨，惟宜谨慎无差讹。天空负喜来合生，其年奴婢又添丁。
空克行年被人骗，必须破耗两相见。休囚方有旺相无。口里无言心理念。
空克年神或丁马，奴婢小人怨情寡。必须逃走别随人。一例须防情意假。
白虎生年欲出行，假作空亡行不成。白虎年神带劫杀，大祸灭门羊刃发。
必有杀伤图赖人，预备防之免遭法。常克行年带破碎，必有争夺财亲事。
预防不测免其伤，当兴则兴免灾悔。年上神受武用生，又加德喜合和程。
旺进人口衰进畜，其年福庆自然臻。武克行年入五盗，又兼等杀来相照。
定然有贼来戕害，夜但防之免贼耗。若克年神并负迷，更兼谩语转无依。
必有冤仇阴致诘，欲过东兮又遇西。后生年神起妇人，或为喜合转相亲。

---

① 酉加行年。

② 此论行年上神不可克日上神。

时旺有和婚聘姻，休囚宠婢喜逢春。后克年神带奸门，传中又带害和刑。必有奸情两斗争，累死人家又至贫。阴克行年带咸池，妇人相害事无疑。或西或东或阴谋，子其朝夕慎防之。干克年神入关吏，比年必定见争官。更带关迷并戏咒，缧线之灾欲脱难。哭神不宜入命年，死气家中丧死缠。休病本身应有病，犯之未得太平年。浴盆丘墓加日辰，二死刑害我命年。须知我家不安然，不久应知入黄泉。丧吊全逢在课年，缟衣只在日边悬。不丧双亲丧骨肉，哭泣之声动彻天。龙蛇绳索入其年，更兼二死又来缠。不久须当缢作眠，须预防之免其颠。虎蛇二死入年命，二血兼之口吐涎。去脓跌蹼堪言决，血光二死不过年。火鬼二死入其年，日谨防止夜莫眠。若非加慎有熬煎，不然火死在其前。水鬼二死入命年，或刑或害有灾愆。遇桥不可苟淹延，公无渡河免其颠。二血同虎与年害，刑官病符灾及身。①

四、起出地盘与天盘

前面章节我们讲过地盘与天盘的概念，天盘如何起呢？首先，根据预测时间，排出月将，以月将加于地盘时支上，按照十二地支顺序，依次排列即可。

例如：问事时间为 2007 年阳历 7 月 1 日上午 9—11 点，通过万年历，我们知道 2007 年阳历 6 月 22 日 3 时 8 分已经进入五月中气夏至，因此当前占测时的月将为五月月将未土。当前占测时辰为巳时，我们起盘如下：

巳	午	未	申
辰			酉
卯			戌
寅	丑	子	亥

地盘图

未	申	酉	戌
午			亥
巳			子
辰	卯	寅	丑

天盘图

在天盘图中，月将未加在地盘巳位，依次申加午，酉加未，按次序形成天盘十二支。实际排盘中，为了方便，我们只写出天盘图，而地盘图的十二位的固定位置永远不变，因此无须写出。

① 注：上文涉及的神煞可以参考本书神煞章节。在学习后面的知识后，再回头学习此文则更容易理解其意。

五、起出十二天将

青龙

白虎

朱雀

玄武

太极生两仪，两仪生四象，四象是阴阳交替变化的产物，因此我国自古就有四大神兽之说，在中国古代，最令妖魔胆战心惊并且法力无边的四大神兽就是青龙、白虎、朱雀、玄武四兽了。青龙为东方之神；白虎为西方之神；朱雀为南方之神；玄武为北方之神，龟蛇合体。四大神兽也有其天文背景，因此上古时代，古人把天体分为东、西、南、北、中五宫，中宫是北极附近的星区，其他四区分别以东宫青龙（苍龙）、西宫白虎、南宫朱雀、北宫玄武为名。在不同的知识领域里，这象征四象的四兽也有相应的变化，在大六壬中，它被扩展为十二天将。

所谓十二天将，是分布在天盘上的十二支之将。十二天将，分别是贵人己丑、螣蛇丁巳、朱雀丙午、六合乙卯、勾陈戊辰、青龙甲寅、天空戊戌、白虎庚申、太常己未、玄武壬子、太阴辛酉、天后癸亥。其中贵人的全名叫天乙贵人。天乙贵人是紫微垣左枢旁的一星，因此古人说天乙为式中天子，有主宰吉凶之象，十二天将的排布全在天乙贵人所临的位置决定。那么怎样起天乙贵人呢？请看天乙贵人排布表：

天干	昼贵	夜贵
甲戊庚日	牛丑	羊未
乙己日	鼠子	猴申
丙丁日	猪亥	鸡酉
壬癸日	蛇巳	兔卯
六辛日	马午	虎寅

此表为确定贵人排法的简表，根据《六壬玄女经》记载“第一系天乙所在，甲戊庚日旦大吉，夕小吉；乙己昼神后，夜传送；丙丁日旦登明，暮从魁；辛日昼胜光，夜功曹；壬癸日昼太乙，夜太冲。”此书出于隋朝，后来徐

道符、凌福之、元轸、苗达、刘日新等都按照这种贵神的起法口诀排布十二天将，因此这种起法很古。之所以这样说明，是因为六壬中关于贵人起法十分混乱。《吴越春秋》、《龙首经》、《玄女经》等都有各自的说法，这里我们以应用最多、最主流的方法为主。（因为自古以来，贵神取法有一些不同的方法，因此后文的古例，笔者皆遵从原断者的起法，不做特别说明）

十二天将我们首先定出天乙贵人，其次要分出其阴阳顺逆，一般从卯时到申时用昼贵（即阳贵），从酉时到寅时间用夜贵（即阴贵），贵人加在地盘亥、子、丑、寅、卯、辰六位则顺时针排布，贵人加在巳、午、未、申、酉、戌六位则逆时针排布。下面我们以实例解说。

例一：2007 **年阳历** 7 **月** 1 **日上午** 9—11 **点（昼）**

丁亥年　丙午月　丙申日　癸巳时

五月未将甲午旬辰巳空

	勾	合	朱	蛇	
	未	申	酉	戌	
青午				亥贵	→**天乙贵人**
空巳				子后	
	辰	卯	寅	丑	
	虎	常	玄	阴	

后	蛇	朱	勾
子	戌	酉	未
戌	申	未	丙

六亲←	官	庚	子	后
	父	壬	寅	玄
	子		辰	虎 ◎

本例中，日干是丙，根据天乙贵人排布表，丙日白天用阳贵，丙日阳贵为亥，因此天盘亥就是天乙贵人，亥加于地盘酉上，因此逆时针排布，天乙贵人临亥，螣蛇临戌，朱雀临酉，依次排布。

贵人顺逆排法，之所以以巳亥为分界，是因为亥为天门，巳为地户，十二天将遵从天地次序而行。

例二：2007年阳历7月3日夜里3—5点（夜）

丁亥　丙午　戊戌　甲寅

五月未将甲午旬辰巳空

	合	勾	青	空	
	戌	亥	子	丑	
朱	酉			寅	虎
蛇	申			卯	常
	未	午	巳	辰	
	贵	后	阴	玄	

蛇	常	常	合
申	卯	卯	戌
卯	戌	戌	戊

子	丙申	蛇
兄	辛丑	空
父	甲午	后

本例中，寅时为夜里，因此我们用戊日阴贵，根据贵人排布表我们知道，戊日阴贵为未，我们将贵人加在天盘未上，未临于地盘寅上，因此顺时针排布，天乙贵人临未，螣蛇临申，朱雀临酉，依次排布。

六、列四课，定三传，排出六亲、遁干。

首先我们介绍四课，四课是大六壬阴阳观念的一种体现，人世间万事万物都有阴阳，都具有两面性，有上必有下，有高必有低，有外必有内，这是一种相对的概念，只有了解阴阳才能够看清楚一个事物的全貌。因此大六壬四课起法，建立在日柱干支的基础上，日柱干支也是一种阴阳体现，日干为阳，日支为阴，但是这是一种单调的两仪阴阳，因此只是一种表征，大六壬为了具体体现这种阴阳的发展变化，在其中加入了阳神与阴神的概念，一化为二，二化为四，体现出两仪生四象的易经衍生模式，这就是四课的实际意义。要起出四课我们首先要知道日干寄宫，日干寄宫表如下：

天干	甲	乙	丙	丁	戊	己	庚	辛	壬	癸
寄宫	寅	辰	巳	未	巳	未	申	戌	亥	丑

十干寄宫的古歌诀：

甲课寅兮乙课辰，丙戊课巳不需论。丁己课未庚申上，辛戌壬亥是其真。癸课原来丑宫坐，分明不用四正神。

从歌诀里面我们看到，古人强调天干不寄在四正宫，所谓四正宫就是子、午、卯、酉四宫，为何要避开此四正位？因为六壬的背景是天文学，以太阳起课，因此要避开天之阴阳日与月，在二十八星宿中，子、午、卯、酉是日、月的四日度与四月度的正位，因此这四宫不寄天干，而且天干所寄的为地盘宫，天左旋，地右旋，因此凡是天干遇到禄宫为四正时，都会顺前超行一宫而寄之，其余天干都寄放在天干禄位，因为禄位为天干本位，这是十干寄宫的根本原理。下面我们举例说明壬课排列结构：

丁亥年　丙午月　丙申日　癸巳时

五月未将甲午旬辰巳空

占人戊午命，行年乙未

	勾	合	朱	蛇	
	未	申	酉	戌	
青午					亥贵
空巳					子后
	辰	卯	寅	丑	
	虎	常	玄	阴	

后	蛇	朱	勾	
子	戌	酉	未	→**四课**
戌	申	未	丙	

六亲←	官	庚	子	后	↘
	父	壬	寅	玄	→ **三传**
	子		辰	虎	◎↗

如上例，日干是丙，根据日干寄宫表，丙寄于巳，因此地盘巳就是丙的本位。我们看到，地盘巳上是未土，因此我们写出第一课，在丙上加未，同时我们将十二天将勾陈写在上面，这第一课叫日之阳神，简称日阳，它是天干的第一次阳性体现。接着我们起第二课，第二课是为了继续探讨第一课所隐藏的阴性信息与发展趋势，因此我们以第一课日上神未土为入手点，我们看到地盘未土上是酉金，因此我们在未上加酉，起出第二课，这第二课叫日之阴神，简称日阴。

现在我们研究日支，日支为申，地盘申上加戌，由此我们起出第三课，名为支之阳神，简称辰阳。我们接着以支上神的地盘本位起出第四课，子加戌，此为第四课，名为支之阴神，简称辰阴。通过起四课的起法，我们可以了解大六壬的天地盘阴阳互补，共进共退的解断方法，这一方法实际上贯穿了整个课体。

接着应该学习起三传，由于三传起法比较繁杂，因此我们在下一节《宗门九课》里专门讲解，这里暂时略过。

下面我们介绍六亲的起法与意义。六亲这一概念纳入六壬，加强了六壬关于人事方面的信息，古人通过对六亲关系的认识与类比，形成了生我者父母，我生者子孙，克我者官鬼，我克者妻财，同我者兄弟这样的六亲模式（这一模式在古代六爻与四柱八字中广泛使用，虽然其名称略有变化，但是基本思想是一致的，在六壬中也同样使用这一模式，我们从古代的书籍中可以看到，六壬的六亲模式曾经受到六爻与八字的影响，譬如在古人的课例模式中，有时候把兄弟写为比肩、劫财，将父母写为印绶、印枭，日本、长生等等，实际是一回事，只是名称不同而已。）

在六壬课式的六亲关系上，以日干为自己，然后根据日干的五行性质，确定六亲关系，譬如在上例中，我们以日干为本体，起出三传的六亲，日干为丙火，初传子水，水克丙火，克我者为官鬼，因此初传为官鬼，中传为寅木，寅木生丙火，生我者父母，因此中传寅木为父母，同理推之，末传辰土为子孙。

最后我们起出遁干，这里我们采取的依然是旬遁干，如上例，丙申日属甲午旬，因此根据十干一旬的特点，我们排列出，甲午、乙未、丙申、丁酉、戊戌、己亥、庚子、辛丑、壬寅、癸卯，由此我们排出三传遁干分别是庚子、壬寅，而辰土在旬空中，因此无干可配。为了读者查阅方便，笔者在此列出六十甲子表供读者查阅使用。其图表如下：

六十甲子排列表

甲子	乙丑	丙寅	丁卯	戊辰	己巳	庚午	辛未	壬申	癸酉	（甲子旬）
甲戌	乙亥	丙子	丁丑	戊寅	己卯	庚辰	辛巳	壬午	癸未	（甲戌旬）
甲申	乙酉	丙戌	丁亥	戊子	己丑	庚寅	辛卯	壬辰	癸巳	（甲申旬）
甲午	乙未	丙申	丁酉	戊戌	己亥	庚子	辛丑	壬寅	癸卯	（甲午旬）
甲辰	乙巳	丙午	丁未	戊申	己酉	庚戌	辛亥	壬子	癸丑	（甲辰旬）
甲寅	乙卯	丙辰	丁巳	戊午	己未	庚申	辛酉	壬戌	癸亥	（甲寅旬）

第三节　宗门九课

前面笔者介绍了六壬课的基本模式与起法过程，本节专门介绍六壬课式的三传起法——宗门九课。宗门九课是大六壬所有课体的一种浓缩，是六壬课式最根本的格局，在宗门九课的基础上，古人还将六壬格局分为六十四课，主要是为了从各个角度详细展示大六壬的所有变化。因为六壬的构成和变化比较复杂，涉及到阴阳、五行、节候、五星、旺衰、神煞等等，因此古人为了将之系统化，就通过六十四课的模式详尽解说大六壬的课体格局变化，并同时告诉我们六壬与周易之间有着千丝万缕的关系。

宗门九课为众课之门户，是起课必学的基础知识，它不仅关系到起三传，也关系到课体格局的总体分析。宗门九课总共分为克贼法（又称贼克法）、比用法、涉害法、遥克法、昴星法、别责法、八专法、伏吟法、返吟法等九课，其核心主要围绕克与阴阳展开，因为事物在矛盾中发展，因此起三传首先要将“克”从课中提炼出来，其次以干支阴阳为依据，将三传逐步引发出来。下面我们一一详细介绍。

一、克贼法

什么是克和贼？下克上称之为“贼”，上克下称之为“克”。贼和克都是克的一种体现，古人为了区别之，将其分别定名为贼与克，因此叫克贼法，也有书称之为贼克法。之所以定名贼克法，是因为其取三传时，首先看四课有无下克上，因此定名为贼克法；之所以定名为克贼法，是因为古人认为上克下为顺，下克上为逆，根据顺逆尊卑的顺序定为克贼法，其内容则一致。在大六壬的所有起课模式中，首先重视的就是克，根据阴阳上下顺序定位为贼与克，根据五行关系定位为刑、冲、克等法则，因为事物是由矛盾产生的，而克是矛盾的体现，因此克是事物发展的起点，是万物的根源。歌诀起法如《六壬视斯》所云：

取课先从下克呼，若无下克上为初。初中本位明中次，中上因加是末居。

根据歌诀，立三传中的初传时，首先要看四课中有无下克上，若四课中无下克上，再看四课中有无上克下，这样，初传确定后，那么中传和末传也就迎刃而解了。下面我们分别讲解：

（1）四课中只有一下克上，就以受克的上神为初传，取其地盘之上神为中传，再从中传的地盘查其上神，作为末传。这种一下贼上的所得的课体叫重审课，所谓课得重审，凡事宜谨。因此古人说此课有地象，如臣谏君，不敢直谏，再三详审而行。而且一下克上，为发难之端，因此又名始入。

例：丁亥年　辛亥月　己酉日　丙寅时

朱 蛇 贵 后
午 未 申 酉
合巳　　　戌阴
勾辰　　　亥玄
卯 寅 丑 子
青 空 虎 常

玄 阴 后 贵
亥 戌 酉 申
戌 酉 申 己

财 辛亥 玄
财 壬子 常
兄 癸丑 虎

解：统观四课，只有第四课戌土克亥水，为下贼上，其他三课均无克，因此取第四课上神亥为初传，亥上神子水为中传，子上神丑土为末传。

（2）四课之中如果既有上克下，又有一下克上，此时取下克上之贼法，法同上。

例：丁亥年　庚戌月　乙巳日　甲申时

贵 后 阴 玄
子 丑 寅 卯
蛇亥　　　辰常
朱戌　　　巳虎
酉 申 未 午
合 勾 青 空

青 贵 空 蛇
未 子 午 亥
子 巳 亥 乙

子 丙午 空
财 癸丑 后
官 戊申 勾

解：统观四课，第二课亥水上克午火，第三课子水克下巳火，第四课未土克下子水，取下克上的午火为初传，午火上的丑土为中传，丑土上的申金为末传。

（3）如果四课没有下克上，只有一上克下，即以此课的上神为初传，中末传起法同前。即以初传地盘之上神为中传，以中传地盘之上神为末传。凡是一上克下，余课无克，为元首课，其象类天，如君驭臣，名正言顺，为九宗之元，六十四课之首，因此其名为元首课。

例：丁亥年　辛亥月　戊申日　丙辰时

本命：戊午　行年：乙未

十月卯将甲辰旬寅卯空

	合	勾	青	空	
	辰	巳	午	未	
朱	卯			申	虎
蛇	寅			酉	常
	丑	子	亥	戌	
	贵	后	阴	玄	

青	空	朱	合
午	未	卯	辰
未	申	辰	戊

官	卯	朱	◎
官	寅	蛇	◎⊙
兄	癸丑	贵	⊙

注：◎表示天盘空亡，⊙表示地盘空亡。以下不再说明。

解：统观四课，没有下贼上，只有第二课上克下，因此取第二课上神卯木为初传，卯上神寅为中传，寅上神丑为末传，此为元首课。

说明：此课为笔者占断失物之课例，该时辰内，笔者发现一本六壬书不见了，当时怀疑书是丢在超市或丢在别人家里，因此笔者起出此课，课体一出，笔者顿时舒心，断书未丢，判断书在卧室内正东偏南一点的包内，断完课，笔者直接过去寻找，果然找到。

首先，此课为元首课，我为主，书为客，我克彼，表示书还在我的范围内，发用上克下，表示书在室内较低的位置。其次发用天将为朱雀，朱雀就是书的类神，临日阴，表示书在身边室内，卯加日墓表示书在室内的容器内，三传连茹，初传卯为正东方，初建为乙卯，木旺必然为东，卯为六数（取数法门：丁壬卯酉六），正好东方摆了六个包与箱子，正东方是一个黑耐克包，笔者打开包，一下就找到了书。此课只所以当时就能找到，是因为三传拱日上之辰墓，本命上神巳火，行年上神午火为第四课，三传通过本命中转，卯辰巳午直达行年，而三传明暗木鬼均空亡，不能克日，因此必定非遗失。凡是断失物，初传为核心，如果同时物品类神出现在初传上，则其象必现。（此课分析使用了上下、内外、干支、阴阳、三传、四课、应期、数字、遁干、行年、类神，这些判断的理论体系，会在本书中按章节一一介绍，让读者全面掌握六壬的核心断法）

二、比用法

六壬起三传始终以克为核心，如果四课中不止一课下贼上或不止一课上克下，而相克的课中，仅仅有一课上面的地支与日干相比，就以此地支做为初传，中末传取法同贼克法，这种根据课体规律定三传的方法叫比用法，这种方法以日干为参照点。虽然下贼上、上克下都取与日干相比，但是其课的名称却有些分别，如《观月经》所云："二下贼上为比用，二上克下为知一。"古代对于一些课体的划分有其一些不规则的地方，这点我们必须要知道。比用法歌诀起法如下：

二三或四交相克，择其比者做均分。常将天日比神用，阳日用阳阴用阴。

如果我们将比用法细分化，会出现两种情况，一是阳日阳比，一是阴日阴比。

例：丁亥年　辛亥月　丙午日　丙申时

蛇 朱 合 勾
子 丑 寅 卯
贵亥　　　辰青
后戌　　　巳空
酉 申 未 午
阴 玄 常 虎

玄 朱 常 蛇
申 丑 未 子
丑 午 子 丙

官 壬子 蛇
子 丁未 常
父 　寅 合 ◎

解：四课中没有下克上，只有子克丙、未克子两课为上克下，日干为阳，子为阳，未为阴，因此取子为初传，中末传取法同贼克法。此为阳日阳比。

例：戊子年　庚申月　辛丑日　丁酉时

蛇 贵 后 阴
丑 寅 卯 辰
朱子　　　巳玄
合亥　　　午常
戌 酉 申 未
勾 青 空 虎

玄 青 贵 常
巳 酉 寅 午
酉 丑 午 辛

官 　巳 玄 ◎
父 辛丑 蛇 ⊙
兄 丁酉 青

解：四课中无下贼上，只有午克辛、巳克酉，两课上克下，日干为阴，巳为阴，午为阳，因此以巳为发用初传，中末传取法同贼克法。此为阴日阴比。

比用法根据四课多克的特点，以日干为参照点，其意义在于事在两途，择其近于己者为用，乃有所得也。

三、涉害法

所谓涉者，渡也，艰难行走之象。所谓害者，克贼也。合在一起是克贼重重、艰难跋涉之象。因此四课中，如果不止一课上克下，或不止一课下贼上，又与日干比者不止一课，或具不与日干相比，则各就所克之处，由地盘顺数，涉归本家，以克多者发用为初传。古歌诀起法如下：

涉害由来是本家，路途多克最堪夸。孟深仲浅季无取，复寻柔辰刚日查。

根据歌诀，涉害法取用分为四种情况，第一看克深浅多少取用，第二为见机格取用，第三为察微格取用，第四为复等格取用，下面首先按照第一种情况举例。

例：己丑年　己巳月　己卯日　甲戌时

	青	勾	合	朱	
	卯	辰	巳	午	
空	寅			未	蛇
虎	丑			申	贵
	子	亥	戌	酉	
	常	玄	阴	后	

玄	虎	青	合
亥	丑	卯	巳
丑	卯	巳	己

妻财	乙	亥	玄
子孙		酉	后
兄弟	癸	未	蛇

解：第一课无克，第二课无克，第三课卯克丑，第四课丑克亥，是二下贼上，丑卯均为阴，与日相比，无法选择，因此看谁经历的克害程度重。首先看丑所加的卯位，顺次在地盘上数到地盘丑土本位，丑加卯一重克，次经辰中所寄乙木二重克，一直到丑本位无克，共经历二重克。再看亥所加的丑位，顺次到地盘上数到地盘亥水本位，亥加丑一重克，次逢辰土二重克，又经巳被巳中戊土三重克，再逢未土四重克，被未中己土五重克，又逢戌土六重克，到达亥本位前经历六重克，因此亥受克最多，以亥为发用初传，中末传取法同贼克法。

第二种情况，当四课涉害深浅程度相等时，此时在四课中取四孟（寅、申、巳、亥）的上神为用。这种课名为见机格，这种格局在六壬课中占有53课，因为孟为时令之首，是一个季节的酝酿之时，象征事体刚起，祸福之始，需要辨别时机与发展趋势而为，因此叫见机格。

例：戊子年　庚申月　己亥日　癸酉时

　青 空 虎 常
　丑 寅 卯 辰
勾子　　　巳玄
合亥　　　午阴
　戌 酉 申 未
　朱 蛇 贵 后

虎 后 合 虎
卯 未 亥 卯
未 亥 卯 己

兄 乙未 后
官 癸卯 虎
财 巳亥 合

解：第一课卯克己，第二课无克，第三课未克亥，第四课卯克未，己为阴日，卯与未都与日相比，无法选择，因此看谁经历的克害程度重。首先看卯，从卯木所加的未位算起，顺行到地盘卯本位，卯克未，一重克，卯克未中寄的己，两重克，卯克地盘戌，三重克，卯克地盘丑，四重克，行到地盘卯停止。接着我们看未，从未土所加亥位算起，顺行到地盘未本位，未加亥，一重克，未克亥中寄的壬，两重克，未克子，三重克，未克丑中寄的癸水四重克，行到地盘未停止。我们看到卯和未都经历了四重克，涉害程度相等，而卯加未，未为季神，未加亥，亥为孟神，因此我们取孟神上神未土为发用初传。以初传上神为中传，中传上神为末传。

第三种情况，如四课无孟可取，则取四仲（子、午、卯、酉）的上神为用，这种格局名为察微格，这种课体在六壬课中占有 26 课，孟为四生之地，生处受克是最深的，由孟及仲，害渐浅而微，因此名为察微格，主担心事体有害、思虑提防之象。

例：丁亥年　辛亥月　庚戌日　丁亥时

　朱 合 勾 青
　酉 戌 亥 子
蛇申　　　丑空
贵未　　　寅虎
　午 巳 辰 卯
　后 阴 玄 常

后 虎 玄 青
午 寅 辰 子
寅 戌 子 庚

父 甲辰 玄
兄 戊申 蛇
子 壬子 青

解：第一课上下无克，第二课辰土上克下子水，第三课寅木上克下戌土，

第四课无克。寅辰均为阳性，俱与日相比。因此要比较谁受克重或克害重，以重者为用。首先我们看寅，从寅木所加的戌位算起，顺次在地盘上数到寅本位，其中先逢戌土，寅木克戌土一重克，到丑上，寅木克丑土两重克，行到寅位结束，共克了两次。接着，我们看辰土，从辰加子算起，辰土克子水一重克，到丑位，辰土克丑中寄的癸水两重克，行到地盘辰位结束，共克了两次。因此涉害程度相等。而辰在子上，寅在戌上，子为仲神，戌为季神，无孟可取，则取仲神上神为用，因此取子上辰土为发用初传。以辰土上神申金为中传，以申金上神子为末传。

第四种情况，如果四课涉害相等，而且发生克的关系的四课都在四孟上，或在仲、季上，此时阳日取日上神（第一课）为发用初传，阴日取辰上神（第三课）为发用初传。这种格局叫复等格，又名缀瑕格，意思是在同等条件下，选择其更好的，因此古人云："深中取先，高中取捷"，主占事艰难、首尾牵连，唯才德服众者吉。

这种格局在六壬课中仅仅有一课，就是戊辰日，干上子发用一课而已。课例如下：

例：戊辰日癸亥时，午将。

	蛇	贵	后	阴	
	子	丑	寅	卯	
朱亥					辰玄
合戌					巳常
	酉	申	未	午	
	勾	青	空	虎	

虎	朱	空	蛇
午	亥	未	子
亥	辰	子	戊

财	甲子	蛇
兄	辛未	空
官	丙寅	后

第一、三、四课均为下贼上，第三课亥为阴，与日不比，不论，第一课与第四课均为阳与日比，先论第一课，子加在戊，先受巳中戊土一重克，次受未土两重克，未宫寄己三重克，到戌受四重克，共历四重克，再看第四课午加亥，受亥一重克，受亥中所寄壬水两重克，到子三重克，到丑受丑中癸水四重克，也历四重克，此时涉害相等，日干为阳日，则取日上子水为发用初传，子水上未土为中传，未土上寅木为末传。

说明：涉害法自古以来争议很多，有的不分格，只按照涉害层次多少而定，如果相等或不比则阳取日上神为用，阴日取辰上神为用，特此说明。

四、遥克法

所谓遥克法，是因为四课内没有上下正克，因此取四课斜克者为用的取用方法，还是以日干为核心。古歌诀起法如下：

阴阳上下无相克，其中择取遥相贼。贼日之神为用神，弃日之克切需知。

如无克贼于今日，被日克神方用之。或有日克于两神，复有两神来贼日。

看其比者用为良，依此课之情不失。

歌诀说在四课中没有上下相克的关系出现，只有天干与斜面来的课相克，那就先取克天干的地支为初传。如果没有，就取被天干所克的地支为初传。根据这种情况，遥克法大体分为两种格局，一是蒿矢格，一是弹射格。在格局上，一般蒿矢格主外忧不大，弹射格主内事非常。

首先我们介绍蒿矢格，四课全无贼克，则取第二及第三、第四课上神遥克日干者为初传，叫蒿矢格。遇有两克则取与日干相比者为用。蒿矢格占事初始为凶势，久而渐休，利小事不利大事，凡事忧在西南，喜在西北。此类课在课式中共有四十课。

例：丁亥年　辛亥月　丙午日　甲午时

	合	勾	青	空	
	寅	卯	辰	巳	
朱	丑			午	虎
蛇	子			未	常
	亥	戌	酉	申	
	贵	后	阴	玄	

蛇	勾	贵	合
子	卯	亥	寅
卯	午	寅	丙

官	壬子	蛇	◎
财	己酉	阴	
兄	丙午	虎	

解：四课上下都无贼克，第二课上神亥水遥克日干丙火，第四课上神子水遥克日干丙火，亥属阴而子属阳，日干为阳，因此取子为初传。子上酉为中传，酉上午为末传。

其次介绍弹射格，四课上下全无贼克，第二、第三、第四课又无一遥克日干，因此取日干遥克之神发用，遇有两克则取与日干相比者为用。

弹射格，占事利客不利主，利先动，占事远则难成，即使成也是虚名虚利，如果克两神为多心多意。此类课在课式中共有二十五课。

例：丁亥年　庚戌月　乙巳日　戊寅时

	朱	蛇	贵	后	
	午	未	申	酉	
合	巳			戌	阴
勾	辰			亥	玄
	卯	寅	丑	子	
	青	空	虎	常	

蛇	朱	朱	合
未	午	午	巳
午	巳	巳	乙

财	丁未	蛇
官	戊申	贵
官	己酉	后

解：统观四课，没有贼克，四课中也没有一个课遥克日干，因此取日干所克的第四课上神未土为初传，未上神申金为中传，申上神酉金为末传。

五、昴星法

首先我们介绍昴星法的原理。所谓昴星，是指二十八星宿中的昴日鸡，在天体星盘中，它属于酉宫，酉位于西方，为白虎金位，因此它代表刑杀肃气。天地之间，矛盾构成事物的发展变化，因此六壬课始终以克为核心。而在天体中有五星构成的金、木、水、火、土的五行相克外，就是日月，日昼月夜，而卯酉正是日月出入之门户，因此卯为生发之气，酉为刑杀之气，这正是阴阳循环生克的一种自然现象。在大六壬的四课中首先寻找五行相克，这是起课的首要条件，如果四课全备，但是没有贼克也没有遥克，这个时候就用“酉”这个刑杀之气来代表克，当然其具体法则要根据日干的阴阳来决定，因为日干支永远都是立课的太极中心点。一个中心，两个阴阳，四个基本点，是四课的全部构成，我们必须依据这个原则。关于昴星法的古歌诀如下：

四课又无遥相克，当须仰观伏昴星。刚看酉上为初用，柔视从魁何处停。

假若从魁临亥地，用神当即是登明。中末乃附日辰上，刚日先辰后日云。

柔日先日后辰上，虎视如何不免惊。

根据歌诀，昴星法的使用条件是四课无克，并且没有遥克出现，然后根据日干支的阴阳性而定三传。大体分为两种格局，一是虎视转蓬格，又名仰视格；一是冬蛇掩目格，又名俯视格。此类课虽然克不入课，但是昴星为刑杀之气，其象如虎对立，因此其所主事情的成败比有克者更急，占者不可不慎。

首先我们介绍虎视转蓬格，四课无克，又无遥克，则阳日取地盘酉上之支为初传，取辰上神为中传，取日上神为末传。这体现了阳日从阳起而从阳终的规律。此格占事主惊恐，关梁闭塞，举动稽留难进，祸从外起，守静则吉。此类课在课式中共有四课。

例：戊申日庚申时，酉将昼占。

	青	空	虎	常	
	午	未	申	酉	
勾	巳			戌	玄
合	辰			亥	阴
	卯	寅	丑	子	
	朱	蛇	贵	后	

玄	常	空	青	兄	庚戌	玄
戌	酉	未	午	子	巳酉	常
酉	申	午	戊	父	丙午	青

解：四课无克，又无遥克，戊为阳日，取地盘酉上神戌为初传，以辰上神酉为中传，日上神午为末传。

其次介绍冬蛇掩目格，四课无克，又无遥克，则阴日取天盘酉下地支为初传，取日上神为中传，取辰上神为末传，这体现了阴日从阴起而从阴终的规律。冬蛇掩目格占事主暗昧不明，进退两难，祸从内起，访人不见，行人淹滞。

此格如果螣蛇入传，有怪梦犹疑之象，因为此格阴象重，加强了螣蛇的阴性信息。如果申加卯入传，为车轮倒断。传见虎、武则更凶。惟午加卯为明堂，主万事吉昌，因为阳性中和了这个格局，因此统观格局，必须把握格局自身特色，结合天将吉凶、五行生克与阴阳变化而论。此类课在六壬课式中共有十二课。

例：戊子年　庚申月　辛卯日　丁酉时

	贵	后	阴	玄	
	寅	卯	辰	巳	
蛇	丑			午	常
朱	子			未	虎
	亥	戌	酉	申	
	合	勾	青	空	

青	朱	阴	虎	子	戊子	朱	
酉	子	辰	未	父	未	虎	◎
子	卯	未	辛	子	戊子	朱	

解：四课全备，而且全无贼克，也无遥克，辛日为阴日，取天盘酉下地支为初传，此课天盘酉下为子水，因此以子水为发用初传，以日上神未土为中传，以辰上神子水为末传。

注：宋本《毕法赋》“妄用三传灾福异”的注解中有云：“昴星中末传法，

刚日当先干后支，柔日当先支后干，时师皆误，宜遵古法。”此种起法可备一说。因为此非主流排法，特在此说明。

六、别责法

所谓别责法，是因为四课中有重复的课体，四课不全，无上下克，又无遥克，只能别从其类责寻一合神为用。因此它代表凡事不完备，谋为欠正，往往有与人争夺之象，临兵欲进不进，胎孕多延。而且用神取合代表事情留连迟滞，凡事依仗他人，借径而行，吉凶系于他人，与自己无关。内不能以自立，而外又不知机，因此自己无策，其吉凶先考初传。古歌诀起法如下：

四课不全三课备，无克无遥别责例。刚日干合为初用，柔日支辰三合位。

皆以天上做初传，阴阳中末干中寄。刚三柔六共九课，此课前贤具总秘。

根据歌诀，别责课取用分为两种。一是刚日别责课，四课无克又无遥克，而四课有两课相同，实际只有三课，则阳（刚）日取干合上神为发用初传，所谓干合指的是甲己合、乙庚合、丙辛合、丁壬合、戊癸合。如乙日合庚，庚寄宫在申，则取地盘申上神为初传，丙日合辛，辛寄宫在戌，则取地盘戌上神为初传，中末二传均取日上神。在六壬课式中，刚日别责课共有三课。

例：丙辰日丙申时，酉将。

	青	勾	合	朱	
	午	未	申	酉	
空	巳			戌	蛇
虎	辰			亥	贵
	卯	寅	丑	子	
	常	玄	阴	后	

青	空	勾	青
午	巳	未	午
巳	辰	午	丙

官	癸亥	贵
兄	戊午	青
兄	戊午	青

四课无克，也无遥克，四课中第一课与第四课同，实际上四课只有三课，此为刚日别责课，根据规则，阳（刚）日取干合上神为发用初传，日干为丙，丙与辛合，辛寄宫在戌，戌上为亥，因此以亥为初传，日上神为午，因此中末二传为午。

二是柔日别责课，四课无克又无遥克，而四课中有两课相同，实际只有三课，则阴（柔）日取支前三合为初传，中末二传不分阴阳日都取日上神。所谓支前三合，是支在三合中的前一位，若日支是亥，三合亥卯未，卯在亥前则取卯为初传，如果日支是卯，则未在卯前，取未为初传，如果日支是未则亥在未前，取亥为初传。中末二传均取日上神。在六壬课式中，柔日别责课共有六课。[①]

例：辛酉日己亥时，戌将。

朱 合 勾 青

辰 巳 午 未

蛇卯　　申空

贵寅　　酉虎

丑 子 亥 戌

后 阴 玄 常

青 空 空 虎

未 申 申 酉

申 酉 酉 辛

父 丑 后 ◎

兄 辛酉 虎

兄 辛酉 虎

四课无克，也无遥克，二三课同，四课实际只有三课，为柔日别责课，阴（柔）日取支前三合为初传，日支为酉，其三合为巳酉丑，丑在酉前，因此以丑为初传，日上神为酉，因此中末传为酉。

最后要说明一点，别责课又名芜淫不备课，由于四课中出现重复，只有三课，因此构成四课干支阴阳不全，而且阴阳全不克制，肆意而为，导致四课出现两阳一阴，类似两男争一女，两阴一阳，类似两女争一男，而且以干支之合取用，舍正而别求，类似社会上的二奶现象，因此名为芜淫。而四课的不备出现两种情况，占断中要注意，下面分别介绍：

一为阳不备课。例如：庚午日，干上午，干阴辰，支阳辰，支阴寅

午 辰 辰 寅

庚 巳 午 辰

刚日先尽干神，辰既已先为干阴所占，则支阳缺一课，因此支阳不备。

又如：辛未日，干阳丑，干阴辰，支阳戌，支阴丑。

丑 辰 戌 丑

辛 丑 未 戌

阴日先尽支神，丑既为支阴所占，则干阳缺一课，因此干阳不备。

不备课占事主不成全，必有缺憾，干阳不备则外事不足，支阳不备则内事不足。结合其六亲性质与天将性质判断其哪里不足，譬如其为妻财临天后，则可断婚姻缺憾；妻财临玄武，可断失窃财物。

二为阴不备课。例如甲午日，干阳戌，干阴午，支阳寅，支阴戌。

---

① 笔者按：阴日初传起法古有争议，有说法说古本和阳日取法同，也取地盘上神，在下例中，如果按这个说法，则三传为子、酉、酉，此说供读者参考。

戌　午　寅　戌
甲　戌　午　寅

刚日先尽干神，戌既已先为干阳所占，则支阴缺一课，因此支阴不备。

又如：

未　戌　戌　丑
乙　未　未　戌

阴日先尽支神，戌既已先为支阳所占，则干阴缺一课，因此干阴不备。

七、八专法

所谓八专法，是因为干支同位，譬如甲寅、己未、癸丑、庚申等日，日上所得两课与辰上所得两课相同，导致四课在形式实际只有两课。此时如果四课有贼克，依然按照贼克法、涉害法取用，不取遥克。八专课，干支同位，阴阳不分，因此凡事混杂不分，有克则清，无克多为重叠忧喜，诸事混杂，且有内外宣淫之象。古歌诀起法如下：

两课无克号八专，有克比并涉害深。无克须当顺逆数，数时仍复看阳阴。

刚日便从阳顺数，柔日还从阴逆行。皆数三神为发用，中末日上合天心。

有时数到日辰上，三传飞散莫重临。正月己未酉时用，此卦占之难可寻。

歌诀将八专法分为三种情况。第一种情况，四课无贼克，则刚（阳）日取日上阳神，顺数到第三字发用。例如日上神是亥，则以亥开始顺数三位得丑，则以丑为初传，中末二传取法与别责法相同，不论刚日还是柔日，都取日上神为中末传。此类课共有六课。

例：丁亥年　辛亥月　甲寅日　庚午时

	蛇	朱	合	勾											
	寅	卯	辰	巳		虎	阴	虎	阴		财		丑	贵	◎
贵丑				午青		申	亥	申	亥		父	癸	亥	阴	
后子				未空		亥	寅	亥	甲		父	癸	亥	阴	
	亥	戌	酉	申											
	阴	玄	常	虎											

解：四课上下无贼克，甲为刚（阳）日，当取日上阳神亥起算至第三字丑为发用，中末传都取日上神亥。

第二种情况，四课无贼克，柔日从辰上阴神（第四课）起算，逆数到第三字为发用初传，如辰上阴神（第四课）为丑则逆数三位为亥，以亥为发用初传，中末传取法与别责法相同，不论刚日还是柔日，都取日上神为中末传。此类课共有十课（包括独足课）。

例：己丑年　己巳月　己未日　壬申时

　空 虎 常 玄
　午 未 申 酉
青巳　　　戌阴
勾辰　　　亥后
　卯 寅 丑 子
　合 朱 蛇 贵

玄 常 玄 常
酉 申 酉 申
申 未 申 己

兄 己未 虎
子 庚申 常
子 庚申 常

解：第四课为酉加申，酉倒数三位为未，因此取未为初传，日上申金，申为中末传。

第三种情况，属于第二种情况下三传体现的一种特殊格局，而并非特殊起法，而是因为三传都归于日上，此类格局叫独足格。

例：正月雨水后月将为亥，己未日癸酉时课。

　蛇 贵 后 阴
　未 申 酉 戌
朱午　　　亥玄
合巳　　　子常
　辰 卯 寅 丑
　勾 青 空 虎

玄 后 玄 后
亥 酉 亥 酉
酉 未 酉 己

子 辛酉 后
子 辛酉 后
子 辛酉 后

独足课在大六壬七百二十课中仅此一课，表示移动艰难，谋事极为费力，诸占不吉，占病主死。

八、伏吟法

所谓伏吟是因为十二支神各居本宫，全盘潜伏不动。此时全盘表面上处于一种静止状态，因此叫伏吟。还是同一个道理，天地间，克是矛盾的产生点，矛盾推动世界的发展。因此首先还是要看四课内有无具有运动性质的克，找到一逗杀机。如果没有明显的克，则以阴阳刑冲分生克，因此我们要记住刑的次序分别是：寅刑巳，巳刑申，申刑寅；丑刑戌，戌刑未，未刑丑；子刑卯，卯刑子；辰、午、酉、亥自刑。具体起法歌诀如下：

伏吟之卦见相克，便以克处为用神。或视课中无克者，刚看日上柔取辰。

初传所刑为中传，中传所刑末传存。若是自刑为发用，中传颠倒日辰并。

中传更复自刑者，末取中冲不论刑。

歌诀将伏吟法分为三种情况，第一种情况，天地盘伏吟，若第一课有贼克，仍照贼克法取用，但中末二传取法则以初传之刑为中传，中传之刑为末传。若初传自刑，则日上神发用者，取辰上神为中传；辰上神发用者，取日上神为中传。中传非自刑，仍取中传之刑为末传，若中传自刑，则取中传所冲为末传。[①]

例：癸酉日酉时，酉将，夜占。

	朱	合	勾	青
	巳	午	未	申
蛇辰				酉空
贵卯				戌虎
	寅	丑	子	亥
	后	阴	玄	常

空	空	阴	阴		官	乙丑	阴	
酉	酉	丑	丑		官	戌	虎	◎⊙
酉	酉	丑	癸		官	辛未	勾	

解：天地盘伏吟不动，第一课，丑癸（土克水），上克下，按照贼克法取丑为初传，中传取丑所刑之戌，末传取戌所刑之未。

例：乙卯日申时，申将昼占。

	青	空	虎	常
	巳	午	未	申
勾辰				酉玄
合卯				戌阴
	寅	丑	子	亥
	朱	蛇	贵	后

合	合	勾	勾		财	丙辰	勾	
卯	卯	辰	辰		兄	乙卯	合	
卯	卯	辰	乙		父	子	贵	◎⊙

解：天地盘伏吟不动，第一课辰乙（木克土），下贼上，按照贼克法取辰

① 实际上刑、冲都是克的体现，因为四课无克，因此以寻觅刑冲来替代克，以体现矛盾。

土发用，辰为自刑，因此取支上神卯为中传，而末传则取卯刑之子。

第二种情况，天地盘伏吟不动，若第一课无贼克，则刚日取日上神为初传，柔日以支上神为初传，中末传取法同第一种情况的取法。

例：丙子日戊戌时，戌将夜占。

　勾　合　朱　蛇
　巳　午　未　申
青辰　　　　酉贵
空卯　　　　戌后
　寅　丑　子　亥
　虎　常　玄　阴

玄　玄　勾　勾　　兄　辛巳　勾
子　子　巳　巳　　财　　申　蛇　◎⊙
子　子　巳　丙　　父　戊寅　虎

解：天地盘伏吟不动，第一课无贼克，刚（阳）日取日上神巳为发用初传，巳刑申，申刑寅，因此申为中传，寅为末传。

例：丁巳日庚子时，子将夜占。

　勾　合　朱　蛇
　巳　午　未　申
青辰　　　　酉贵
空卯　　　　戌后
　寅　丑　子　亥
　虎　常　玄　阴

勾　勾　朱　朱　　兄　丁巳　勾
巳　巳　未　未　　财　庚申　蛇
巳　巳　未　丁　　父　甲寅　虎

解：天地盘伏吟不动，第一课无贼克，丁是柔（阴）日，因此取支上神巳火为发用初传，巳刑申，申刑寅，因此申为中传，寅为末传。

例：壬辰日壬寅时，寅将夜占。

　朱　合　勾　青
　巳　午　未　申
蛇辰　　　　酉空
贵卯　　　　戌虎
　寅　丑　子　亥
　后　阴　玄　常

蛇　蛇　常　常　　兄　丁亥　常
辰　辰　亥　亥　　官　壬辰　蛇
辰　辰　亥　壬　　官　丙戌　虎

解：天地盘伏吟不动，第一课无贼克，壬为刚（阳）日，取日上神亥为发用初传，但是亥自刑，因此取辰上神为中传，而辰又自刑，因此取冲辰之戌为末传。

伏吟课每日都有一课，因为每天都有月将与时相同的时候，因此共有六十课。除了六乙日与六癸日有贼克外，其余都无贼克。伏吟课在占断中主藏匿隐伏，屈不能伸，或静中求动终是静，或动中求静终是动，原地踏步走。在具体占断中还分出三格。列出如下：

一为自任格，阳日无贼克，取日上神为用，为自任格。此时阴阳各居本家，以刚为用，因此凡事都以自我为中心，占主强出头而遭闭塞，古人云惟柔顺守静而事能成也，若任己过刚则必成衍咎。占行人则立至，然亦本家暂出之人，失物逃亡都不远。

二为自信格，阴日无贼克，取支上神为用，为自信格。占主不能动身，乃家宅不宁之体也。潜藏伏匿，身不由己。

三为杜传格，伏吟课，干上神发用自刑，则取支上神为中传；支上神发用自刑，则取干上神为中传。中传若自刑，则取中传所冲为末传；中传若不自刑，则取中传所刑为末传，此皆为杜传格。阴阳不力而交错变化，三传代表事情的发展，其刑冲则更为不顺，表示不断交错变化更改。因此占主事情中止，改图则有希望。居者将移，合者将离。

通过上面三个格局我们可以领悟到格局是人事的一种模拟，格局是人们通过理解和现实相结合的产物。我们只需要学习到根本思路就可以掌握格局，而不需要去死记格局。格局是分析的产物，而非死知识。

九、返吟法

所谓返吟，是六壬课中十二支神各居冲位，全课处于一种表面上的动态。乃是来去不定、重叠反复之象。因此古人有云："课见返吟，先破后成。"返吟法每日一课，共有 60 课。其古歌诀起法如下：

返吟课得有相克，比与涉害为用之。次传还与初神对，末将却来初上居。
来去相冲初共末，此卦通灵决不虚。返吟何课无相克，惟有阴柔六个神。
六个阴柔何日是，丑未配干丁己辛。须以辰冲井栏射，受敌上头为用真。
立用对冲做传将，传将所刑为末神。

此歌诀将返吟法分为两种情况，第一种情况是，四课出现贼克，则按照贼克、比用、涉害等法取发用，中末传的取法都各按相应法则，并无特异。[1]这种情况在占断中叫无依格，占主事带两途，远近系心，往返无常，欲动不动，祸自外来，背逆分离，成败难定。

例：丁亥年　辛亥月　庚戌日　乙酉时

	勾	青	空	虎
	亥	子	丑	寅
合戌				卯常
朱酉				辰玄
	申	未	午	巳
	蛇	贵	后	阴

合	玄	蛇	虎	财		寅	虎	◎
戌	辰	申	寅	兄	戌	申	蛇	⊙
辰	戌	寅	庚	财		寅	虎	◎

解：天地盘各居冲位，第一课庚寅（金克木），下贼上，按照贼克法取寅为发用，寅上神得申为中传，申上神寅为末传。

第二种情况，返吟课四课无克，有丁丑、丁未、己丑、己未、辛丑、辛未等六日。以日之驿马为初传，丑日以亥为初传，未日以巳为初传，均以支上神为中传，日上神为末传。这种格局在占断中叫无亲格，因为四课无课，以支辰斜射者为用，因此又名井栏射，犹如傍井依栏，斜冲射之，不出井外。全是冲开，涣散不属，占主内外多怪，上下隔阂，不能长久，动则出，静则扰，事无凭依，一身两用，旁求易就，直道难容，凡事速成易破。

例：甲戌年十二月十二日，众人在郑典五家的花园里为鲍右曾祝寿，正好右曾先生从院子里走过来，盐台何某让他问问上奏折后的旨意如何，顺便再看看生意和盐务如何，程树勋起课如下：

	蛇	贵	后	阴
	亥	子	丑	寅
朱戌				卯玄
合酉				辰常
	申	未	午	巳
	勾	青	空	虎

青	后	青	后	父	丁	巳	虎	
未	丑	未	丑	兄		丑	后	◎
丑	未	丑	己	兄		丑	后	◎

① 古人在此类返吟法三传的取法论述比较特殊，但是实际起课都可以按照正常取。古人主要是在歌诀中强调返吟法的冲克特征，这一点我们必须理解。

解：全课返吟，四课无克，丑日以巳为发用初传，支上神丑为中传，日上神丑为末传。

程树勋分析：凡是重大事情，课的格局很重要，如果课体不吉利，有一两个吉神也作用不大。十二月巳火皇恩发动，生干生支，而且天后为恩泽之神，又在干支之上，又入中末两传，必蒙恩允，而且有叠叠赏赐。但是此课为井栏射格，井上架木，易欹易斜。而且一火陷于众土之中，为力不久，恐怕盐务、生意等仍无起色。后果一一如占。

通过以上内容，我们系统的学习了六壬起课的基础知识，在日常生活当中我们要练习在纸上或在手上起课。只要我们知道十二地支永远对位相冲的规律，就可以实现在手上起课，真正做到袖传一课。同时我们要养成手工起课的习惯，因为这样我们可以通过起课把握生克矛盾，找到课传生克规律，能够洞察先机。同时我们要知道宗门九课是大六壬格局之根本，古人在实战当中，通过干支、神煞、类神、生克、星象、事体性质等知识将六壬细分为各类格局，但是都以宗门九课为基础。

附录：起课总钤

<table>
<tr><td>甲　巳</td><td>甲　午</td><td>甲　未</td><td>甲　申</td></tr>
<tr>
<td>申
亥
寅</td>
<td>午　戌　　申　子
寅　　辰
午　　申
戌　　子

寅　　辰
申　　申
午　　子
午　　辰</td>
<td>辰　　五甲
寅　　子
未　　巳
子　　戌</td>
<td>寅
申
寅</td>
</tr>
<tr><td>甲　辰</td><td colspan="2" rowspan="4">六
甲
日</td><td>甲　酉</td></tr>
<tr>
<td>辰
午
申</td>
<td>申　　戌　　子
戌　　子　　寅
巳　　未　　酉
子　　寅　　辰

辰　　　寅　午
午　　　酉
丑　　　辰
申　　　亥</td>
</tr>
<tr><td>甲　卯</td><td>甲　戌</td></tr>
<tr>
<td>辰
巳
午</td>
<td>申辰　四甲
子　　戌
申　　午
辰　　寅</td>
</tr>
<tr><td>甲　寅</td><td>甲　丑</td><td>甲　子</td><td>甲　亥</td></tr>
<tr>
<td>寅
巳
申</td>
<td>子
亥
戌</td>
<td>四甲　　申戌
戌　　午
申　　辰
午　　寅</td>
<td>三甲　　子
申　　午
巳　　卯
寅　　子

寅　　申
丑　　巳
亥　　寅
亥　　亥</td>
</tr>
</table>

六乙日

乙巳

酉　亥　丑
亥　丑　寅
子　寅　卯
丑　卯　辰

卯　巳　未
辰　未　酉
巳　申　戌
午　酉　亥

乙午

申
戌
子

乙未

卯　乙　五
酉　未
子　戌
卯　丑

乙申

酉　巳　丑
申　酉
子　丑
辰　巳

未　卯　亥
亥　未
卯　亥
未　卯

乙辰

酉　亥　丑
辰　辰　辰
酉　亥　丑
卯　巳　戌

卯　巳　未
辰　辰　辰
卯　巳　未
子　申　丑

乙酉

未　酉　四乙
巳　未　寅
戌　子　未
卯　巳　子

乙卯

亥　酉　丑
戌　申　子
酉　未　亥
申　午　戌

卯　巳　未
丑　卯　戌
子　寅　卯
亥　丑　午

乙戌

卯酉　巳亥　丑未
卯　巳　戌
酉　亥　辰
卯　巳　戌

乙寅

酉　亥　卯丑
未　酉　亥
巳　未　酉
卯　巳　未

巳　未
丑　亥
亥　寅
酉　巳

乙丑

丑
戌
未

乙子

卯　亥　酉　丑
未　巳
卯　丑
亥　酉

巳　未
酉　卯
巳　亥
丑　未

乙亥

四乙　酉　丑
午　亥　卯
丑　午　戌
申　丑　巳

六丙日

丙巳

巳
申
寅

丙午

戌　子　寅
亥　寅　辰
子　卯　巳
丑　辰　午

辰　午　申
亥　申　酉
午　酉　戌
午　戌　亥

丙未

辰午　申戌　子寅
申　子　辰
戌　寅　午
子　辰　申

丙申

申
亥
寅

丙辰

丙四　子　寅
卯　戌　子
寅　酉　亥
丑　申　戌

丙酉

酉
丑
巳

丙卯

丑
亥
酉

丙戌

戌　子　寅
申　巳　子
丑　戌　巳
午　卯　戌
辰　午　申
寅　辰　卯
未　酉　申
子　寅　丑

丙寅

子　三寅
午　亥
卯　申
子　巳
午　申
子　巳
酉　寅
午　亥

丙丑

子　午寅
申　戌
辰　午
子　寅
辰　申　戌
子　酉
申　巳
辰　丑

丙子

申　辰　四丙
戌　午　子
巳　丑　未
子　申　寅

丙亥

子午　辰戌　申寅
午　巳　寅
子　亥　申
午　巳　寅

六丁日

丁巳

卯 丑　巳
亥　丑
酉　亥
未　酉

未 酉　亥
丑　酉
巳　未
巳　巳

丁午

亥　丑　卯
戌　子　丑
酉　亥　子
申　戌　亥

巳　未　酉
卯　卯　申
寅　午　未
丑　午　午

丁未

亥　丑　卯
亥　丑　卯
未　戌　子
丑　未　午

巳　未　酉
己　未　酉
申　丑　未
寅　戌　丑

丁申

酉　四丁　卯
亥　申　辰
子　酉　己
丑　戌　午

丁辰

亥　丑　卯
巳　子　子
寅　辰　酉
亥　戌　午

巳　未　酉
亥　亥　午
申　辰　卯
巳　辰　子

丁酉

酉
亥
丑

丁卯

酉 丑　卯 寅
巳　未
丑　卯
酉　亥

巳　未
亥　卯
未　亥
卯　未

丁戌

亥　丑　卯
午　午　酉
戌　戌　子
寅　辰　卯

巳　未　酉
申　亥　子
亥　戌　卯
寅　戌　午

丁寅

亥　丑　卯
午　卯　戌
丑　戌　巳
申　巳　子

巳 未　酉
酉　亥
辰　午
亥　丑

丁丑

丑　卯　酉
亥　卯
未　酉
丑　卯

未　巳　亥
巳　巳
丑　亥
丑　巳

丁子

酉　五丁
未　巳
子　戌
巳　卯

丁亥

酉未　巳丑　亥卯
亥　酉　未
卯　丑　亥
未　巳　卯

六戊日

戊巳

巳
申
寅

戊午

子　寅　午　辰
寅　辰　寅
卯　巳　午
辰　午　午

申　戌
戌　亥
酉　子
午　丑

戊未

辰午　申戌　子寅
申　子　辰
戌　寅　午
子　辰　申

戊申

子　寅　戌辰
卯　申　亥
午　亥　寅
酉　寅　巳

申　午
寅　酉
巳　子
申　卯

戊辰

四戌　子　寅
卯　戌　子
寅　酉　亥
丑　申　戌

戊酉

寅　子　申
丑　辰
午　申
酉　子

午　戌　辰
寅　子
午　辰
戌　申

戊卯

丑
亥
酉

戊戌

戌　子　寅
申　巳　子
丑　戌　巳
午　卯　戌

辰　午　申
寅　辰　卯
未　酉　申
子　寅　丑

戊寅

寅
亥
申

戊丑

子　午　寅
巳　戌
申　午
丑　寅

辰　申　戌
子　寅
申　戌
辰　午

戊子

子
未
寅

戊亥

子午　辰戌　申寅
午　巳　寅
子　亥　申
午　巳　寅

六己日

己巳

卯 丑　　巳
亥　　丑
酉　　亥
未　　酉

巳 未 酉
卯 卯 戌
寅 午 午
丑 午 申

己午

亥 丑 卯
亥 丑 卯
未 戌 子
丑 未 午

巳 未 酉
卯 卯 戌
寅 午 午
丑 午 申

己未

亥 丑 卯
亥 丑 卯
未 戌 子
丑 未 午

巳 未 酉
己 未 酉
申 丑 未
寅 戌 丑

己申

亥 丑 卯
丑 寅 辰
寅 卯 巳
卯 辰 午

巳 未 酉
申 未 亥
申 申 子
午 申 丑

己辰

亥 丑 卯
巳 子 子
寅 辰 酉
亥 戌 午

巳 未 酉
寅 亥 午
亥 辰 卯
申 辰 子

己酉

丑　卯 巳
卯　亥
巳　丑
未　卯

未　酉 亥
酉　丑
酉　卯
酉　巳

己卯

酉丑 巳未 亥卯
巳 卯 未
酉 亥 卯
丑 未 亥

己戌

亥 丑 卯
寅 午 酉
巳 戌 子
申 辰 卯

巳 未 酉
申 亥 卯
亥 戌 午
寅 戌 酉

己寅

亥 丑 卯
午 卯 戌
丑 戌 巳
申 巳 子

巳 未 酉
酉 亥
辰 午
亥 丑

己丑

丑　卯 酉
亥　卯
未　酉
丑　卯

未　巳 亥
巳　巳
丑　亥
丑　巳

己子

酉　五巳
未　巳
子　戌
巳　卯

己亥

酉未 巳丑 亥卯
亥 酉 未
卯 丑 亥
未 巳 卯

庚 巳

子　　五庚
午　　巳
卯　　寅
子　　亥

庚 午

午
辰
寅

庚 未

子　　寅　　辰
戌　　子　　卯
酉　　亥　　寅
申　　戌　　丑

申　　戌　午
酉　　午
未　　巳
未　　辰

庚 申

申
寅
巳

庚 辰

寅　午　　四庚
戌　　子
午　　申
寅　　辰

六庚日

庚 酉

子　　寅　　辰
寅　　辰　　午
卯　　巳　　未
辰　　午　　申

午　　申　　戌
戌　　亥　　亥
未　　酉　　子
酉　　酉　　丑

庚 卯

辰　　五庚
午　　戌
丑　　巳
申　　子

庚 戌

子寅　辰午　申戌
辰　　申　　子
午　　戌　　寅
申　　子　　辰

庚 寅

寅
申
寅

庚 丑

子　　寅　　辰
巳　　子　　寅
戌　　巳　　未
卯　　戌　　子

午　　申　　戌
辰　　卯　　申
酉　　丑　　丑
寅　　丑　　午

庚 子

辰
申
子

庚 亥

子　　亥　　午
午　　申　　酉
酉　　亥　　子
子　　寅　　卯

申　　戌　辰
丑　　寅
亥　　巳
亥　　申

六辛日

辛巳

丑 亥 酉
卯 午 亥
戌 丑 午
巳 申 丑

未 巳 卯
酉 未 戌
辰 寅 巳
亥 酉 子

辛午

卯 亥 巳
未 午
卯 寅
亥 戌

未 酉 丑
卯 巳
亥 丑
未 酉

辛未

丑 亥 酉
巳 巳 午
未 寅 卯
未 亥 子

未 巳 卯
亥 寅 子
未 亥 未
未 申 子

辛申

卯丑 巳 三辛
亥 丑 午
酉 亥 辰
未 酉 寅

辛辰

卯 酉 未
卯 巳
酉 丑
卯 辰

丑 己 亥
亥 巳
未 亥
辰 巳

辛酉

丑 亥 酉
子 戌 丑
亥 酉 酉
戌 申 酉

未 巳 卯
巳 卯 丑
辰 寅 子
卯 丑 亥

辛卯

酉 四辛 未
未 卯 巳
子 申 戌
巳 丑 卯

辛戌

丑 亥 酉
丑 亥 酉
戌 戌 戌
未 未 未

未 巳 卯
未 巳 卯
丑 申 子
戌 寅 午

辛寅

巳丑 酉
酉 寅
丑 午
巳 戌

未 卯亥
亥 未
卯 亥
未 卯

辛丑

丑 亥 酉
巳 巳 卯
丑 申 午
丑 亥 酉

未 巳 卯
亥 申 酉
丑 亥 子
丑 寅 卯

辛子

巳 未 卯
寅 巳
辰 未
午 酉

丑 酉 亥
卯 丑
巳 卯
未 巳

辛亥

丑 亥 酉
寅 丑 亥
卯 寅 子
辰 卯 丑

未 巳 卯
申 午 辰
亥 未 巳
申 申 午

六壬日

壬巳

申寅　子午　辰戌
寅　午　巳
申　子　亥
寅　午　巳

壬午

午
丑
申

壬未

子戌　寅午　申辰
未　戌　子
卯　午　申
亥　寅　辰

壬申

子　五壬
午　巳
卯　寅
子　亥

壬辰

子　三壬
巳　辰
戌　酉
卯　寅

寅　辰
子　寅
巳　未
戌　子

壬酉

子寅　辰午　申戌
戌　寅　午
申　子　辰
午　戌　寅

壬卯

未
亥
卯

壬戌

寅　五壬
子　戌
亥　酉
戌　申

壬寅

子　寅　辰
午　申　戌
酉　亥　丑
子　寅　辰

午　申　戌
酉　巳　辰
子　申　未
卯　亥　戌

壬丑

子寅　辰午　申戌
辰　申　子
午　戌　寅
申　子　辰

壬子

子　三壬
寅　丑
卯　寅
辰　卯

寅　戌
辰　亥
巳　子
午　丑

壬亥

子　寅　辰
亥　亥　亥
子　寅　辰
卯　巳　戌

午　申　戌
亥　亥　亥
午　申　戌
子　寅　未

六癸日

癸巳

酉
丑
巳

癸午

四癸　未　酉
午　巳　未
亥　戌　子
辰　卯　巳

癸未

亥巳　未丑　卯酉
巳　未　卯
亥　丑　酉
巳　未　卯

癸申

卯
戌
巳

癸辰

四癸　卯　巳
辰　酉　申
未　子　亥
戌　卯　寅

癸酉

亥卯　四癸
未　巳
卯　丑
亥　酉

癸卯

酉　亥　未
丑　巳
卯　未
巳　酉

丑　卯　巳
卯　未
巳　酉
未　亥

癸戌

四癸　亥　酉
戌　己　午
未　寅　卯
辰　亥　子

癸寅

丑　亥　酉
寅　丑　亥
卯　寅　子
辰　卯　丑

未　巳　卯
申　未　辰
寅　申　巳
申　酉　午

癸丑

丑
戌
未

癸子

丑　亥　酉
子　戌　未
亥　酉　午
戌　申　巳

未　巳　卯
巳　卯　丑
辰　寅　子
卯　丑　亥

癸亥

巳　卯　丑
丑　亥
亥　酉
酉　未

未　亥酉
巳　未
卯　巳
丑　卯

这些表可以帮助读者定出每一个课的三传。笔者举一个例子：

公元2010年阳历11月22日17时占课，查阅万年历我们可以得知当时四柱为庚寅年　丁亥月　丙寅日　庚寅时，月将为卯，我们起出此时的天地盘与四课。课式如下：

	合	朱	蛇	贵	
	午	未	申	酉	
勾	巳			戌	后
青	辰			亥	阴
	卯	寅	丑	子	
	空	虎	常	玄	

青	空	朱	合
辰	卯	未	午
卯	寅	午	丙

从四课中我们得知，当前时间是六丙日，丙上临午，我们查六丙日表的丙——午，当前日为丙寅日，根据表我们得知此课的三传为辰巳午。在熟悉起课后基本不需要此表，此表供初学者起课时查阅使用。

第三章　大六壬判断入门

第一节　基础知识

本节重点介绍干支、阴阳、五行等基础知识，这些知识点虽然属于入门基础，但是至关重要。阴阳、五行在应用角度来说，是六壬判断的根本核心，因此读者务须反复细读本节，在学习了后面的知识后，还需要回头温习本节，加强体会。

太极阴阳图

一、阴阳

《易系辞传》云：一阴一阳之为道。阴阳是宇宙发展变化的根本规律。阴阳同时具有宏观性和微观性，因此阴阳无处不在。在自然界最大的阴阳就是日月，在人类社会中最根本的阴阳就是男女。人类通过长期对万物的观察和总结，认识到了阴阳的重要性，在现实生活中，阴阳体现有男女、上下、黑白、顺逆、尊卑、正反等等不胜枚举。

在大六壬这门学科里，阴阳的应用更为具体，除了干支奇偶的阴阳属性外，六壬课中最根本的阴阳就是日干和日支，日干为阳，日支为阴，简称日辰，譬如在预测婚姻的时候，阳为男，阴为女，则以日干为男方信息，以日支为女方信息。同样，在预测各类人事上，以日干为我，以日支为彼，当然阴阳并非一成不变的，在一定条件下还会发生一些变化。六壬课中的每一个干支都存在阴阳的不同属性，都能影响到它们的类象性质，阴阳观念渗透到整个六壬课体，无处不在。同时日辰的阴阳在四课中也有拓展，将日与辰各分阴阳两面，产生了日阳、日阴、辰阳、辰阴等四课。在断课的分析中还要考虑课传中不同干支的阴阳属相。有关干支的阴阳性质和作用，请参考本书中干支神将部分的具体论述。

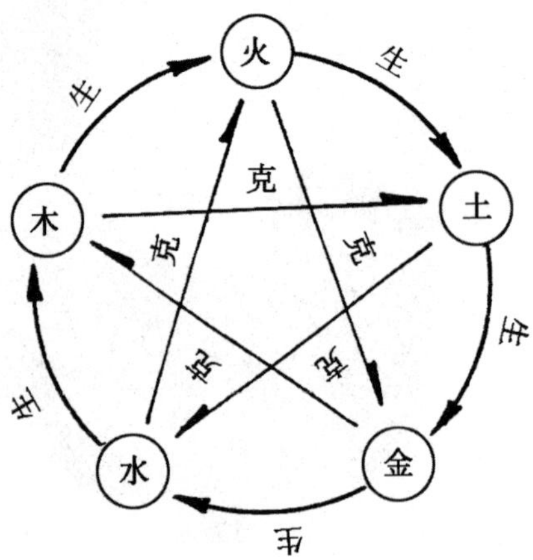

五行生克图

二、五行

五行是阴阳交互作用下的产物。五行分别为：金、木、水、火、土。它们分别象征宇宙万物的五种形态与五种运动模型。在世界生成的过程中，一开始乾坤不分，日月星辰不分，天地是一片虚无的混沌状态，在一种气态状态下，这个时候首先产生了水，古人称为太易生水，接着太初生火，太始生木，太素生金，太极生土，此时五行全，万物逐渐产生，而五行土则包含其他五行。这是一个从无到有的产生过程，因此中国术数都用五行来表示世间万事的产生与发展，它在六壬的实战中有着非常重要的作用。

在大六壬中，五行贯穿于课体的全部，在判断中居于课体核心的重要地位。五行有两种关系，分别是相生和相克。生与克体现了五行之间的关系，也模拟了万物之间的联系与发展的运动轨迹。五行相生分别是金生水、水生木、木生火、火生土、土生金，五行相克分别是：金克木、木克土、土克水、水克火、火克金。无论是相生还是相克，它们整体构成一个循环的结构，代表了事物循环发展的模式。但是万物在实际发展过程中不会如此通达，因此这只是一种理想模式，在事物关系的发展中，往往会突出一到两层五行关系重点。为何五行的应用如此重要？因为五行是万物的根本性质，世界万物都带有五行的内在特征，这种特征在万物的发展规律中都无时无刻在体现。因此我们预测万物万事都有五行特征、五行规律在里面体现。在实际应用中，我们通过古人的经验与个人的认识来分析事物的五行特征。

在学习五行的过程中要注意五行的根本性质为体，五行与干支、神煞结合产生的象意为用，只有掌握了五行的体用，才能应用好五行。下面介绍五行的根本性质。

研究五行根本性质要注意其清浊上下，五行中水、土、金之性向下，木、火之性向上。这是其阴阳升降的根本性质。五行类象的根本性质为，火为太阳，性炎上，因此火无不明之理，明无不灭之象，也因此，火不利西。木为少阳，性腾上而有所止，因此木旺则难安适。水为太阴，性润下，因此水逆则有声，顺则有容。金为少阴，性沉下而有所止，因此金欲成，须得火炼，但金成则火灭，金已成器则不欲见火。土无常性，视四时所乘，勿令其太过或不及，土太过无水则不和柔，无木则不疏通。

五行无所不包，无所不有，古代常常用五形长、尖、厚、方、圆，五色青、红、白、黑、黄，五音宫、商、角、徵、羽，五味酸、甘、苦、辛、咸等等来表示五行的各种现象，但是从人事角度来说，我们要知道五行之性五常，五常各致其用，水性智、火性礼、木性仁、金性义、土性信，因为土性重厚宽博，无所不容，金、木、水、火都要依托于土。因此水附土行，木托土生，金得土出，火得土归，此为五行之体。而五行之用则要注意其变化，多则太过，少则不及，有余不足皆能致凶，抑扬归中，才能为福。譬如水盛泛，则好阴谋，多流离；火太炎则性凶暴，多横祸；金太刚，则凶顽夭折；木太繁，则多孤苦；土太盛，则伤己身。这些在大六壬的实际应用中，都是至关重要的断课之要。

论五行之性，一般以胎、生、旺、库为四贵，死、绝、病、败为四凶，其余为四平。但是要注意有库、墓之分，要注意分别旺、刃，同时也要注意生而不生、旺而不旺，此为先吉而后凶，六壬中有逢生不生，必成凶咎之说。也有死而不死，绝而不绝，先凶后吉，譬如绝处逢生。要知道生旺太过，则福中藏祸，死绝太过则福无可托。

天地万物皆分天、地、人三才，凡五行体现于万物，都通过三才来体现其本质作用。当五行附于干支、神煞的时候，就会借体而存，会因为不同的干支和三才关系而产生不同的作用，但是其变化都是以五行根本性质为依据。譬如甲木与乙木，甲阳，乙阴，都有腾上发展的趋势而有所止，但是甲木为阳性，其发展空间就要比乙大，因此甲为丛林大树，乙可以类比为园圃花草。如果延伸来讲，甲可以类比为君子、豁达。乙可以类比为女子、阴柔，这种延伸意义是无限的。读者可以结合后文的干支类象，来体会五行在其中的意义是如何衍生出来的。它们都是五行之用，我们必须在学习古人的相关经验并通过自己的实践检验后才能真正掌握。

五行随着四季、节气、日期的变化会产生不同状态，这些状态影响五行的发展趋势，在大六壬中，五行状态有着至高无上的地位，是分析课传吉凶大小、应期远近的根本法则，五行的基本状态分别有旺、相、休、囚、死。当时者旺，时令生之为相，生时令者为休，克时令者为囚，时令克之为死。从根本意义而论，旺为盛大，相为进步，休为废气，囚为被动无力，死为结束。下面就分别列出六壬中重点使用的四季五行状态法则。

四季五行状态

春：木旺，火相，水休，金囚，土死。

夏：火旺，土相，木休，水囚，金死。

秋：金旺，水相，土休，火囚，木死。

冬：水旺，木相，金休，土囚，火死。

季月：土旺，金相，火休，木囚，水死（季月即辰、戌、丑、未月）

有一点笔者特别指出，正如《六壬洞微赋》所云："凶神吉将不可一例而推，旺相休囚不可一途而泥。"这句话是非常正确的，在五行旺、相、休、囚、死的推论上，绝对不可只按月令推论。这一论法在后文实例章中有充分的体现。

附录：五行生克制化喜害诀

金旺得火成器皿，火旺得水成相济，水旺得土成池沼，土旺得木能疏通，木旺得金成梁栋。

土生金土多埋金，火生土火盛土焦，木生火木多火烈，水生木水多漂木，金生水金多水浊。

水生木木盛水缩，金生水水多金沉。木生火火盛焚木，火生土土多火熄，土生金金多土变。

金克木木坚金缺，木克土土重木断，土克水水涌土流，水克火火猛水干，火克金金多火灭。

金衰遇火必销熔，火弱水强火倾熄，水懦土强必淤塞，土衰见木遭倾陷，木弱逢金被砍削。

强金得水挫其锋，强水得木泄其势，强木得火化其顽，强火得土止其焰，强土得金制其害。①

三、十天干

甲、丙、戊、庚、壬为阳，乙、丁、己、辛、癸为阴，此为十天干的阴阳性质。

甲乙木，丙丁火，戊己土，庚辛金，壬癸水，此为十天干的五行性质。

甲乙东，丙丁南，庚辛西，壬癸北，戊己中，此为十天干之方位。

甲寄寅，乙寄辰，丙戊寄巳，丁己寄未，庚寄申，辛寄戌，壬寄亥，癸寄丑，此为六壬中十天干之寄宫。

甲己合，乙庚合，丙辛合，丁壬合，戊癸合，此为十天干之五合。

甲见庚，乙见辛，丙见壬，丁见癸，戊见甲，己见乙，庚见丙，辛见丁，

① 此五行生中有克，克中有生，为造化自然之奥妙。

壬见戊，癸见己，此为十天干之七杀。七杀者，阳克阳，阴克阴，多主灾害。

四、十二地支

1）地支阴阳

子、寅、辰、午、申、戌为阳，丑、卯、巳、未、酉、亥为阴，此为地支的基本阴阳性质。如果我们从先天八卦与阴阳两仪的角度看待地支，则子为一阳，丑为二阳，寅为三阳，卯为四阳，辰为五阳，巳为六阳，午为一阴，未为二阴，申为三阴，酉为四阴，戌为五阴，亥为六阴。这种阴阳属性在预测中非常实用，譬如我们占病，得地支为亥，为六阴，象征人体疾病进入较深较危险阶段，此时如果格局也为阴性，那么就有可能导致死亡。从一阳到六阳，从一阴到六阴，都代表事物的进展程度与状态。

2）地支五行

寅卯木，巳午火，申酉金，亥子水，辰戌丑未土，此为地支的五行性质。

3）地支方位

寅卯辰东方，巳午未南方，申酉戌西方，亥子丑北方，此为地支总体方位范围。如果具体而论，则子为正北，丑寅为东北，卯为正东，辰巳为东南，午为正南，未申为西南，酉为正西，戌亥为西北。

4）地支刑冲合破害关系

子丑合，寅亥合，卯戌合，辰酉合，巳申合，午未合，此为地支的六合关系。

申子辰、寅午戌、亥卯未、巳酉丑，此为地支的三合关系。

子午冲，丑未冲，寅申冲，卯酉冲，辰戌冲，巳亥冲，此为地支的六冲关系。冲是克的一种运动形势，因此它是动态的。

寅刑巳，巳刑申，申刑寅；丑刑戌，戌刑未，未刑丑，此为地支三字刑关系。

子刑卯，卯刑子，此支之两字刑。

亥辰午酉自刑，此为支之一字刑。

子破酉，丑破辰，寅破亥，卯破午，巳破申，未破戌，此为地支的六破关系。

子未害，丑午害，寅巳害，卯辰害，申亥害，酉戌害，此为地支的六害关系。刑、冲、破、害等详细意义，请参考下一节内容。

第二节　大六壬八煞九宝

大六壬的判断基本要素主要是以日干支为基础点，分析四课、三传，结合本命、行年综合分析它们的生克关系，结合类象进行判断。从根本上讲，最根本的就是生克，再结合干支次序与课传特性、神煞而解断。围绕生克的核心特性，可将主体分析关系分化为克、冲、刑、破、休、衰、害、墓、德、合、奇、禄、马、旺、贵等类。古人将其中一些重点归纳为八煞九宝，虽然它们不能代替所有的生克之象，但是已经基本上是生克关系的主体核心了，因此如果想把六壬学好，务必掌握好以下知识。

首先我们介绍八煞，所谓八煞，为刑、冲、破、害、墓、鬼、败、空。下面我们一一介绍。

一、刑

有歌诀曰："寅刑巳兮巳刑申，申复刑寅曰顺刑。丑刑戌兮戌刑未，未复刑丑曰逆刑。互刑子卯卯刑子，自刑辰午酉亥是。无恩无礼与任性，即刑即德人罕认。"

所谓刑者，伤也，残也，为伤杀之象。主上下不相合，刚柔不相济。经云："金刚火强，各归其方，木落归本，水流趋东"，此为五行极旺过而不及，而生肃杀之气。《阴符经》曰："恩生于害，害生于恩"，生杀互根，因此三刑生于三合，如巳酉丑三合之金，其刑皆在西方，巳刑申，酉自刑酉，丑刑戌，申、酉、戌为西方之位；寅午戌三合之火，其刑皆在南方，寅刑巳，午自刑午，戌刑未，巳、午、未为南方之位；亥卯未三合之木，其刑皆在北方，亥为木之根，因此亥自刑亥，卯刑子，未刑丑，亥子丑为北方之位；申子辰三合之水，其刑皆在东方，申刑寅，子刑卯，辰自刑辰，寅、卯、辰为东方之位。吉则为威权，凶则为残伤灾害，旺刑衰则福生，衰刑旺则祸起。凡刑不宜占病、干谒，常人为罪戾，惟利捕捉。凡刑入传临日，必主伤残。凡刑发用，必见刑伤，刑干则忧男，刑支则忧女，刑时则忧事。凡发用刑月建，不可对讼，刑日阴不可远行，刑干支，诸事不安。干刑应在外速，支刑应在内迟，若上下相刑，又见日鬼，则气象乖戾。凡刑其名有四：

一为自刑，辰午酉亥为自刑，凡自刑，主自逞自作，自我更改，以致落败，自受其祸，严重则死于非命。

二为无礼之刑，子刑卯、卯刑子为无礼之刑。子加卯，主门户不利，大小淫乱，尊卑不睦。如卯加子，明入暗出，水陆不通，子息不律。

三为无恩之刑，寅刑巳、巳刑申、申刑寅为无恩之刑。寅刑巳，刑中有害，举动艰难，彼刑我斗，官事灾殃。巳刑申，刑中有合，长幼不顺，先犯后合，彼刑我解，仇将恩报。申刑寅，刑中冲破，人鬼侵凌，男女相制，彼刑我动，残贼相施。

四为恃势之刑，丑刑戌、戌刑未、未刑丑为恃势之刑。丑刑戌，刑中有暗鬼，乃贵刑贱，大刑小，刑禁官事。戌刑未，刑中有破，卑少凌长，妻财不丰，举动不利，未刑丑，刑中冲破，大小不和，兄弟不顺，或见丧服。

在论断刑的过程中，同时要注意刑中之合、刑中之冲、刑中之生克、刑之出入、刑之顺逆、刑之虚实、刑之伤德、刑之胜刑、即德即刑、非刑非德等等变化之类象。同时刑也会和冲害等一起组成一些关系，分析时候需要注意，譬如子午卯、辰戌丑的组合会构成三战杀，刑冲并在一起发生作用，主伤残恶死之象。[①]

二、冲

冲者，动也，格也，为击动之象，具有运动特征，是一种相互冲击作用下的状态。地支关系里的六冲分别为子午冲、丑未冲、寅申冲、卯酉冲、辰戌冲、巳亥冲。其意义为凡事初虽有得，后必倾覆。但是吉不宜冲，凶冲则散。凡岁、月、日干支皆不宜冲。如甲子年干上申，支上午之例（子午冲，寅申冲）。日月仿此。冲岁岁中不足，冲月月中不足。

凡冲主动移，反复不宁。凡冲日主身有攸往，冲辰主宅有动移。乘凶将，损动，乘玄武，逃动，乘后阴，暗动，乘玄合，盗失淫佚，出入更改，乘勾陈，私邪争竞改动，各按天将含义与课体需要而论。子午相加道路驱逐，男女交争，谋为变迁，举动差失。卯酉相加门户分异，失脱更改，乘阴临合，淫泆奸私。寅申相加邪鬼作祟，夫妻异心。巳亥相加，事多反复，顺去逆来，重求轻得。丑未相加，弟兄异心，谋望无成。辰戌相加，悲喜杂异，贵贱不明，奴仆逃走，关节不通。

三、破

首先我们介绍地支相破。阳日后三辰，如子日见酉，寅日见亥，阴日前

---

① 有关刑的内容，请参考六十四课经中的刑伤课的内容。

三辰，如丑日见辰，卯日见午，因此子酉相破，丑辰相破，寅亥相破，卯午相破，巳申相破，未戌相破。所谓破者，散也，移也，破损之象。古人云："破神最是不相宜，入干却有内人欺，若是临支被外侮，一切交游总不如。"凡事见破，大都不成，占事多中辍有更改，一切主不完全、不完整。财见破财，物见破物，吉见破不成吉，凶见破不成凶，结合天将而论，则贵人见破，则功名事业见贵皆废；螣蛇见破则牵连提带，做事不允；朱雀见破则文书口舌，按捺不行；六合见破则买卖、交关、婚姻、纳子不成；勾陈见破则争斗田产，坟墓交关不成；青龙见破则婚姻、公文、案卷不成；天空见破则文书、进纳、奴婢不就，文学、虚事、僧道不成；玄武见破则阴谋、贼党不成，投师、立学不成；太阴见破，则阴谋、金钱、关节不通；天后见破，则恩泽、诏赦不来，婚姻不成；太常遇破，则官禄、酒食、婚姻中止；白虎见破，则道路防劫，武举不利。这些类象还要结合课体具体而论。

其次我们介绍另外两种破，即岁破、月破。所谓岁破为六冲，譬如子年，午为岁破；丑年，未为岁破。所谓月破，又名白虎杀，如子月，午为月破。其意义同上，而且更为深刻，虽然破有很多不好的意义，但是破却可以解冤，因此古人云："月破主破坏离散，却可解冤。"古人有云："岁破加于月破中，吉将相逢也不容。更有凶神与凶将，破财坏事主贫穷。"又有云："月破加临辰戌宫，其年必有跌伤凶。人情断绝见刑破，又临衰败主无亲。"这些歌诀都是综合神将与五行关系而论，希望读者能够体会笔者论述之深意。

与破有相似意义的神煞还有四废与破碎。所谓四废，为春酉、夏子、秋卯、冬午，古人云："或破或废传上居，事皆破废不须疑。"所谓破碎煞，又称金神大杀，暗金的杀，简称金神、金杀，为至凶之神。其起法子午卯酉在巳，寅申巳亥在酉，辰戌丑未在丑，可论年、月、日，其意义与破同，因此古人云："碎在三传事不成，中则狐疑末无后。"古代有将其分为三类而论，按照上述起法，以巳为吟呻，以酉为破碎，以丑为白衣。原理是五行中唯独金为杀物，而破碎杀起法中巳为金之长生，酉为金旺之地，丑为金之库墓，因此三者都和金有关，对人对事都有侵害。甚至古人在择日上也特别留意，选择家在月上取破碎之日，号称红杀日，百事不宜，出行尤忌，可见其害。

在民间一些术数中还有一种六破，即丑破卯、卯破辰、辰破午、子破戌，戌破酉，酉破未。此六破之法，六壬不取。

四、害

害者，阻也，关也，妨也，又称穿害，为侵凌损害之象。其象阴阳不顺，如水雍滞，如血未行，行事多阻折。六害分别是子未、丑午、寅巳、卯辰、申亥，酉戌。

子加未，事无终始，官灾口舌；未加子主营谋阻滞，暗里生灾。丑加午主公讼不利，夫妻不和；午加丑主事不分明，终难成就。寅加巳为争进相害，出入改动，退利进阻；巳加寅为谋事阻难，口舌忧疑。卯加辰主事有虚争，好中生斗；辰加卯主求谋多阻，干事无终。酉加戌主门户损伤，阴小灾疾；戌加酉主暗中不美，奴婢邪谋。申加亥主先阻后得，事必有终；亥加申主图谋未遂，事必无始。凡害必无和气，只宜守旧，动即有失。

除此外，在大六壬金口诀中有另一种六害，即子未、丑午、寅酉、卯申、辰亥、巳戌，其中子未、寅酉、辰亥为君子之害，丑午、卯申、巳戌为小人之害，君子之害轻，小人之害重。此类六害在《金口诀》、《一掌经》等术数中使用。

五、墓

墓者，为伏没之神，亦为五行归宿处，主伏藏幽暗，壅塞不通。墓在大六壬中分为两种，一为五行墓，一为十干墓。所谓五行墓，即未为木墓，戌为火墓，丑为金墓，辰为水土墓，此单论五行，土寄坤，不以干之阴阳分顺逆。而十干墓则有阴阳生死之分，阳干死地，即阴干生地，因此故未为甲、癸之墓，戌为丙、戊、乙之墓，丑为庚、丁、己之墓，辰为壬、辛之墓，古人有人认为壬课重在日，惟从十干墓，不从五行墓。这一论法未必正确，在实际占断中五行墓与干支墓都要留神注意，一般以五行墓为主。如墓在天上，惟求刑以开之，冲以破之，或引而避其辱。如墓在日干支所履之地，则为自投其墓，甘受其侮。

凡墓入传临日，主一切闭塞暗昧、壅塞不通。墓分昼夜而论，凡辰未为日墓，戌丑为夜墓，日墓主刚速，夜墓主柔延。凡墓主蒙昧昏暗。若夜墓临日，自暗投明，诸事尚有解救；如日墓临夜，自明投暗，一切愈见模糊。

凡寅加戌，巳加丑，申加辰，亥加未，自生入墓，如人堕井中，呼天不应，占病必死，占贼难获，占行人不来。

凡日之长生处乘墓，如甲乙日未临亥，丙丁日戌临寅，戊己壬癸日辰临申，庚辛日丑临巳等。主旧事再发。

凡长生处自乘墓，主新事废，如甲乙日辰加亥，丙丁日未加寅，戊己壬癸日丑加申，庚辛日戌加巳是也。

凡天上长生坐墓，如甲乙日亥临辰，丙丁日寅临示，戊己壬癸日申临丑，庚辛日巳临戌是也，主不能生。

凡以身入墓，如甲乙日末传遇未，丙丁日末传遇戌之类。以魂入墓，即墓神覆日，如甲乙日水加寅辰，丙丁日戌加巳未之类。凡禄神入墓，如庚日申为禄，申加丑；癸日子为禄，子加辰，主失其禄。

凡以日入墓，即坐墓，如甲乙日，寅辰临未；丙丁日，巳未临戌；戊己日，巳未临戌；庚辛日，申戌临丑；壬癸日，亥丑临辰。

凡以支戴墓坐墓。戴墓，如辰加亥子，未加寅卯，丑加申酉，戌加巳午。坐墓，如亥子临辰，寅卯临未，申酉临丑，巳午临戌。

凡行年化气入墓，如行年在寅午戌，化气属火，火墓戌，加戌是也，占病大忌。凡年命乘墓坐墓，如年命在子，辰加子为乘墓，天上子临辰为坐墓。

凡以鬼入墓，如甲乙日申酉加丑，丙丁日亥子加辰之类。

凡生旺入墓，成而后败，墓入生旺，败而后成。凡墓主暗昧忧郁，若自墓传生，凶中变吉。凡墓发用，宜日干有气；若无气，占病防死，占讼防屈。凡中传见墓，百事不顺，进退有悔。凡末传见墓，百事终无成就。凡墓逢冲则吉，逢合则凶。若年命上神能克制之，亦可解救。

六、鬼

鬼者，为贼害之神。古人认为干支之中，阳克阳、阴克阴为鬼。阳克阴，阴克阳，则为官星，仕人喜见，常人畏之。但是鬼旺得气也可化官，官囚无气也可化鬼。经曰："传中多鬼，事事不美，谋望不成，凶灾及己。"凡昼鬼主公讼是非，夜鬼主神祇妖祟。六壬是十分重视官鬼的，甚至在一些古代六壬判断方法中，将官鬼作为判断的核心，因为根据事理，人心中藏事，则为鬼，人有犹疑才会占卜，因此以官鬼来判断课之核心、人之心意。以下为鬼的判断规则和方法：

凡鬼入传，若日干旺相及传中、命上、日干上见子孙亦不为凶。凡占讼、占病，忌鬼入传临日，见子孙及救神减凶。凡占盗，鬼入传自相冲或与盗神相冲，其盗自败，若落空，鬼反难捕捉。凡干上鬼发用，事多不美。若用见德合，犹可望事求官。

凡传鬼带合，又克日之上神，主求事返覆进退而后成。凡鬼宜衰败，不宜生旺。若鬼当时亦不为凶。如甲为戊鬼，若在仲春，木贪生发反不制土之例，防过时为凶。凡鬼发用又临克日之乡，名攒眉格，占事主有两重不美。即遇救神惟解其一，如庚辰日午加巳发用之例。

凡辰上神发用为日鬼，占事主自家人暗害。凡鬼多有制，返不为凶，占事未免先值惊危，终乃无畏。若问人谋害，但是商量，不能为祸。惟白虎发用，大有畏忌。要年命上有制虎之神。如壬辰日遥克，戌加未发用，三传戌丑辰，上下六鬼，干上寅木制之之例。

凡鬼发用，是支上神。又引中末入鬼乡，谓之家鬼弄家神，有救无祸，无救有祸。如己丑日支上寅发用作鬼，三传寅卯辰皆归木乡之例。此课干上申制鬼可救。凡鬼临日干，得支上神救者，主一切事自外来，要家内人解救。如癸亥日辰加干发用为鬼，支上寅制之之例。

凡鬼发用生末传作干长生，名鬼脱生格。主一切先凶后吉。如丙子日干上子发用，为鬼生末传寅之例。

凡三传入局为鬼，反生起干上神生干者，主一切返凶为吉。如庚午日干上辰，三传戌午寅火局为鬼，生起辰土以生干之例。庚寅、庚午、庚戌、乙巳、乙酉、乙丑、己巳七日。

凡贵德临身制鬼者反吉。如乙丑、乙巳二日，酉加巳发用，三传酉丑巳金局为鬼，申为干为德为贵，初传蛇火制鬼，破其局，末传巳反作救神之例。

凡传鬼为贵人盗气亦能免祸。如辛巳日午加辛发用，三传火局，顺逆用贵皆贵常勾，盗火气不能为鬼之例。

凡传虽脱干能制暗鬼，名借益格，主有人来赚我，恰值我有祸患，欲借其力，姑遂其意，用之反有益也。暗鬼者，天将克干也。其凶甚于明鬼。如壬子日未加卯发用，三传木局脱干，夜贵，三传天将勾、常、贵等皆为土，克日干，三合木局反解之。遁干之鬼也为暗鬼。

同类受克绝，以十二神而言，甲乙日，寅卯临申酉；丙丁日，巳午临亥子；庚辛日，申酉临寅卯；壬癸日，亥子临巳午。以十二天将而言，甲乙日，青龙、六合临申酉；丙丁日，朱雀、螣蛇乘亥子；戊己日，贵人、太常、勾陈乘寅卯；庚辛日，白虎、太阴乘巳午；壬癸日，玄武、天后乘辰、戌、丑、未。

七、败

所谓败，即五行十二长生沐浴之处。甲乙木败于子，丙丁火败于卯，戊己败于酉（有论戊己败于卯者），庚辛败于午，壬癸败于酉。败加干支，主败坏衰败之象。占身血气衰败，占宅屋宅崩颓。败可以与破碎、咸池、桃花等神煞结合而论。

八、空

所谓空，为空亡，为十干不到之处，又名天中煞，为耗散之神，主做事无力。甲子旬中戌亥空，甲戌旬中申酉空，甲申旬中午未空，甲午旬中辰巳空，甲辰旬中寅卯空，甲寅旬中子丑空。课中遇空，不可便说不好，要细察端倪，因为虚能起化。日辰空亡为真空亡，作事无力。在地曰孤，无妻可依；在天曰寡，无夫可依。古人云：“类神用亡，近事须当换甲，天地两失，百为所作咸虚。”又有云：“身命空亡，僧道九流阅世；四孟空亡，义儿续祖安居。”凡空亡，生旺则器度宽大，多招虚名，为无心之福，衰死则成败飘泊。除了旺衰外，如果无冲、无克、无合，则为真空亡，无从化起。而其中四孟空亡尤毒，四孟多为长生之气，长生不继，万事万物难进。（有曰：六旬中，甲日寅不空，乙日卯不空，丙戊日巳不空，丁己日午不空，庚日申不空，辛日酉不空，壬日亥不空，癸日子不空，此可备参考）关于旬空是否有作用，有人认为空亡不宜，惟神生其将而神自空者尚有出旬可望，这种说法是根据神将关系而论，可备参考。

凡凶神刑冲破害，宜空；若生我救我者，不宜空。如初传空，为斩首，如果末传实，先虽无着，后却有成。如中传空，为折腰，事将成而中止。如末传空，为勿用，事终无结果。如占暴病、忧贼、争讼，空则吉；久病占如空必主死；余不吉，主人财走失。惟金水不嫌空，有生不为空，月将、太岁、月建、日、时、年、命填实为不空，不可全以空论。如空亡又遇季空，反得不空，莫作空论，经云：“空上逢空反不空。”如占坟宅，取支左空则空左，右空则空右，先吉而后空不嫌。如占六畜，逢空，看其地分，若所加不得位，必有损伤；所加得地临生气，虽空不妨。如占子孙带空，纵有子是空中来，或奸生，或过继，不然主有伤。如占财名，先实后空，主后有阻隔，不遂意，破财。如占买卖，带空，不成。

类似空亡的还有十恶大败日，名无禄日。甲戌，乙巳，壬申，丙申，丁亥，庚辰，戊戌，癸亥，辛巳，己丑。此十日内无禄，财禄空亡，故曰大败，占官求财，俱为不利，占身无财禄，决然不安，占寿无财禄，亦是不美。但看传中有生，亦不死。笔者选录一些有关空亡的精华论法，陈列如下：

用空入生，废事再来。遇阴而昧，还是沉埋。①

注：如用空居长生之地，是事不成而再发。传入太阴在上，事虽露机而又入暗昧之地，将成又废，毕竟是空，不可以值长生而谓事得再成也。

用空入干，旧事再发。凶则宜避，吉则莫合。

注：用作空亡而末传归于日上，主旧事再发，若带吉神良将，则当为之

① 天空入空，旺相所合，中虽见阻，婚姻必吉。

而不可舍。若带凶神恶将，则宜逃之而不可为。

空于其妻，其妻复归。初虽有伤，后当再为。[①]

注：支为宅为妻，入空是空于其妻也。若财亦然。先见其空而后有妻才入实，未娶者先难后成也。既娶者先奸后娶。若先空而末得子孙生之，亦主再娶。

用见其妻，复入于空，半路断弦，何日续终？

注：发用见其妻才，或中末入空，主断弦难续。

妻虽入空，旺气所钟，一则有喜，一则病中。

注：初传入空而中末归旺，是空中有病，旺中有喜，是病中而得子也。

空于其子，复见其子。子虽初乖，后还有济。

注：子发用入空，是初年难为子也。中末二传而子星入实，是为后终有子。如末得父母生之，亦为有子。

用见其子，复入于空。子虽相逢，不见其终。

注：用见子本有子，传入空亡死绝乡，中年必丧成家子，不然残疾破家门。离乡又背井，不送父母终。

贵入于空，干贵反凶。当谒莫谒，当逢莫逢。

注：贵人能解祸生福，若入空则不得力也。

贵入于空，求名虚声，传入二死，不善其事。

注：中末入二死，是慕功名终身无成也。中末逢生助，后犹有望也。

蛇入于空，可免诸凶。任尔出入，自迪其功。[②]

朱入于空，望文不就，执不如舍，进则难售。

注：雀为文书，入空虽旺不就，不如别谋，是非口舌则免。

六合入空，求财难通。不宜卖买，互见相攻。

注：六合为财，婚姻和合之神，空则彼此不合而相攻。

勾入于空，官无讼凶。在外莫见，在后莫容。

注：勾乃争斗之神，入空讼无。外见有勾引，末传见有后祸。又金氏注曰：一云日前属外，日后为内。

龙入于空，仍作我妻。我妻见伤，难再言归。

注：青龙乃贤德之神，入空则伤妻。妻者，干支上神合也。

龙入于空，仍作我财，一半可得，一半可谐。

---

① 天空入空，又休又刑，婚姻虚喜，终见无成。

② 螣蛇凶将入空，诸凶可免，而出入有功。

注：龙乃财喜之神，空则财可半得，不能全获矣。

龙入于空，仍作我官。志虽慕贵，不得成欢。[①]

天空入空，诸事无踪。吉不作吉，凶不作凶。

注：凡劫煞凶神加天空入空，俱有影无形，凶吉不成。

白虎入空，见凶不凶，宜于出往，反得其功。

注：白虎凶空，更末传吉将，反得其功，可任意出外。

常入于空，丧吊又逢，为亲为服，何事匆匆？

注：太常孝服神，带丧吊，主亲服，百事不遂，安得匆匆？

胎喜入空，有鬼在上，即日离身，子母无恙。

常入于空，作官不蒙。虽有天马，亦莫腾通。

注：常又为印绶，空则不沐朝赐，安能飞腾？

常入于空，求财不成。当安不安，当行不行。

注：常又为财神，空则财不能就。若传课无依，当守穷而不可妄动、妄为也。

胎喜入空，无鬼不旺。之子云亡，焉云得当。

玄入于空，谋害不凶。疑其盗失，无入吾宫。[②]

阴后入空，女诈不逢。反得阴利，而有后通。[③]

空亡作鬼带负谩，阴空相乘事欺慢。

注：空鬼带负谩，乘天空太阴，主有欺瞒骗害之事。谩语，正午顺十二。

空亡作鬼带五盗，玄耗相乘有失耗。

注：空鬼乘玄武五盗二耗，其贼必自空中而来，财是空中而去，失耗之事不免。五盗，正丑逆十二。大耗，正戌逆十二。小耗正卯逆十二。

空亡作鬼带马丁，有人逃出事忙忙。

注：空鬼带丁马，必有人逃出，不然则主离乡过继之事。

支是天空，行人信通。带喜尤妙，不宜入空。

注：天空乃文书走报神，加支上，有外信入家，入空，不以信论。

空亡克日却无依，孤单冷淡过生时。[④]

贵雀作鬼，入于空亡，文字贵物，乃是其赃。

注：用乘贵雀空鬼，文书贵物，乃当自嗔，余以神煞详之。

---

① 龙乃官贵之神，空则云云。

② 玄武为谋害神。

③ 太阴天后，女诈之象。

④ 发用空鬼，主人无依，单冷过一生。

螣蛇作鬼，入于空亡，惊惶走失，又作火类。[①]

朱雀作鬼，入于空亡，不无虚诞，信息为狂。

六合作鬼，入于空亡，文词为美，亦宜自防。[②]

勾陈作鬼，入于空亡，内勾外连，尤防其殃。

青龙作鬼，入于空亡，喜中见贼，亦宜自防。

天空作鬼，入于空亡，尤防暗损，诸事微茫。

白虎作鬼，入于空亡，杀伤斗讼，又作惊惶。

太常作鬼，入于空亡，钱谷酒印，并失衣裳。

玄武作鬼，入于空亡，走失盗贼，亦当预防。

太阴作鬼，入于空亡，阴谋相妒，婢妾死亡。

天后作鬼，入于空亡，衣裳首饰，走失须防。

其次我们介绍九宝，所谓九宝为德、合、奇、仪、禄、马、生、旺、贵。下面我们一一介绍。

一、德

德者，福佑之神也。凡临日入传，能转凶为吉，德有天德、月德、日德、支德四种，其中以日德最为重要。天德、月德可以参考神煞章的表格。日德排法，甲己日寅，乙庚日申，丙辛日巳，戊癸日巳。支德者，子日巳，丑日午，寅日未，卯日申，辰日酉，巳日戌，午日亥，未日子，申日丑，酉日寅，戌日卯，亥日辰。德的相关论断法则如下：[③]

1、凡四德入传皆吉，日德尤吉，俱宜生旺，不宜休囚死绝。

2、凡德入传，忌逢空落空，及神将外战。

3、凡德加干发用为鬼，仍作德断，不可作鬼断。盖德神能化鬼为吉也。惟寅加己、申加乙、巳加辛、亥加丁四课。

4、凡德下贼发用，得贵神生扶，仍作全吉断。若无生扶，又见泄，主喜处生忧。如乙未日申加午发用，申为乙德，受制于午。但阴阳贵神属土脱午生申，仍作全吉之例。

5、凡德神归日，又会合带鬼，主有意外之喜。惟不宜占病讼。如丁酉日阳贵干上亥之例。

6、凡德临死绝，又值凶神，减力十之七。

---

① 用虽入空，不免惊惶，走失火光之事。

② 文词喜美中，亦宜慎之。

③ 德的判断方法可以参考六十四课经的德庆课。

7、凡日德发用，又同下神克日，为鬼德格，主邪正同途。如乙酉日遥克，申加酉发用，申为酉挟，化德为鬼之例。

8、凡德作官星，又临朱雀，名文德格。主应举得官，在官得荐。如己巳日寅加己发用作官星，顺贵朱临寅之例。

二、合

合者，和顺之神。凡临日入传，主有和合成就之喜。盖阴阳配合，奇偶交逑，故凡事皆成也。有三合、干合、六合三种。

（一）所谓三合，亥卯未木合，主繁冗驳杂。寅午戌火合，主侣党不正。巳酉丑金合，矫革离异。申子辰水合，主流动无滞。以上所论三合的根本意义主要是从五行的根本性质而论，实际论断三合的时候必须要结合日辰而论，要结合课内关系。

（1）凡三合入传，主事关牵连，必过月方能了结。又主亲识朋侪众多之应。

（2）凡取成合之期，以三合决之。如寅午戌日见天空则发，若不见空，主戌月戌日成就之例。

（3）凡三合入传，缺一神名折腰格。占事必待缺神值日，方能成就，亦名虚一待用格。

（4）凡三合入传缺一神，若日辰偶足之，名凑合格，主有意外和合之事，以所凑乘神决之。如凑足者是贵人，即主贵人提携之例。

（二）干合，即五合也。甲己为中正合，乙庚为仁义合，丙辛为威权合，丁壬为淫泆合，戊癸为无情合。

（1）凡中正合乘贵人，主贵人成就，见贵得喜。与德神并，能解诸凶，若与阴、后、玄、六相乘于卯酉，主有贵人奸邪不正之事。

（2）凡仁义合乘吉神，主内外和合，作事端肃，若乘阴、六、玄、后临卯酉主假仁义以行奸邪之事。

（3）凡威权合乘吉神主施威德，布号令，观兵耀武。若乘凶神，主挟令陵下，卑幼勉强承顺。

（4）凡淫泆合乘吉神，主阴谋成事。若乘阴、后、玄、六临卯酉，主女子淫奔，家门居行。

（5）凡无情合乘吉神，占事半实半虚，若乘凶神，主外和中离，面凡承顺皆是假意。

（三）支合，即六合也。子与丑合，寅与亥合，卯与戌合，辰与酉合，巳与申合，午与未合。

(1) 凡合与德同入传，百事皆吉，即会凶神，亦主凶中和合。

(2) 凡合入传视其进退，传进利进，传退利退，百事如意。

(3) 凡寅合亥为破合，巳合申为刑合，主谋事合而不合，成而不成。若得贵、青、德、禄乘之，仍主顺利。

(3) 凡合入传，谋事皆成，但不能即时了结。不宜占病占讼。

(4) 凡暗中三合六合，主失脱藏匿难获。

(5) 凡刑破二合发用，主内吉外凶，占事须费力然后有济。

(6) 凡合逢空落空，又见刑害，主和中藏祸，有德可解。

(7) 凡合克日或乘蛇、虎、雀，主合中有害，不可托人谋干，恐以直信人，反招不足。

以上三等合神，以干合为主，支合次之，三合又次之。合要与德神禄喜临并，方为全吉，可制诸凶。若乘凶神，全无吉助。则又与凶合，反为凶矣，凡占宜详之。除此外还要注意以下结合干支、刑、冲、害等的论法。（笔者注：以下无须记忆，均为复合论法，久用则熟）

(1) 凡三合在课中，作干支上神，交克干支，主外和中离，各怀疑忌，或为人挑激，以致不和。如甲子日干上戌、支上申、干支三合、申克日、戌克辰之例。

(2) 凡支干互合，名同心格。主一切谋望，皆同心成就。若见刑害，又主同心之中暗生妒忌。如乙酉、丙申、戊申、辛卯、壬寅五日返吟，干支相合，上神亦相合。如甲申日巳加壬、乙亥日寅加干、壬午日丑未加干，皆干上神与支合、支上神与干合之例。

(3) 凡支加干，上神邻近相合，主彼此变换，共相谋事，皆有成就。惟壬子、戊午、丙午三日有之。

(4) 凡支加干，上神相合，或干加支，上神相合，亦可共谋成事。惟丙寅、丙戌、戊戌三日有之。

(5) 凡支干上神相合又相破，而支干自相害者，主谋事外而假意相成，中心百方暗毒。惟壬申、戊寅、丙寅日六课。

(6) 凡干支相害，上神相合，无刑破者，主外合中离，凡相成皆是假意，若逢空仍主相害。乙卯、辛酉日四课。

(7) 凡日干与支上神相合，支辰与干上神相合，名交车格，主交关、交易、交加、交换成合之事，凡值此课，惟利合谋不利解散。此例除甲寅、庚申、丁未、己未、癸丑五日支干同处，交车不合，余则一日一课，有十种分别，占用各随所宜。

(8) 长生合，宜合本营为。如甲申日干上巳，为支长生与支合；支上亥，为干长生与干合之例。

(9) 财合，宜交关取财，或财相交涉。如辛丑日干上子，为支财与支合、支上卯为干财与干合之例。

(10) 脱合，不宜交涉，主彼此各怀相脱之意。如戊辰日干上酉脱支与支合、支上申脱干与干合之例。

(11) 害合，彼此合谋，暗中相害。如丁丑日干上子害干与支合、支上午害支与干合之例。

空合，主先后恶，有初无终。如辛亥日干上寅空与支合、支上卯空与干合之例。

(12) 刑合，主和美中生出争竞，及彼此各不循理。如癸卯日干上戌刑干与支合、支上子刑支与干合。

(13) 冲合，主先和后离，不论亲疏，五伦皆然。如甲申日干上巳与支合、支上亥与干合、巳亥寅申又相冲之例。

(14) 克合，主交涉中生出争讼，或匿怨相友，笑里藏刀。如庚子日干上丑克支与支合、支上巳克干与干合之例。

(15) 三交合，凡交关用事，必有奸私，或相交涉二三事。三交者，孟仲季各临孟仲季也。惟己酉日辰加干、丁卯日戌加干二课。

(16) 交会合，主内外相合，或世代义门，更有外人相助，凡占事事有成，惟忌空亡。如乙丑日干上子与支合、支上酉与干合、三传巳丑酉又三合之例。

三、奇

奇有三种，分别为旬奇和干奇、遁奇。旬奇者，甲子、甲戌旬，丑；甲申、甲午旬，亥；甲辰、甲寅旬，子。丑为日精，子为月精，亥为星精，因此为三奇。干奇者，甲日午，乙日巳，丙日辰，丁日卯，戊日寅，己日丑，庚日未，辛日申，壬日酉，癸日戌，干奇与旬奇并临为上，如果只见干奇不可为奇。遁奇者，三传遁干见乙丙丁天上三奇、甲戊庚地下三奇。无论是旬中遁干还是初建、复建之干见之皆为三奇。三传见亥子丑为联珠三奇。奇入课主逢凶化吉，主有奇遇，奇若空亡则其福减半。[①]

---

① 奇的详细论法可以参考后文六十四课经中的三奇课。

四、仪

仪有旬仪与支仪，以旬仪为主，这里主要介绍所旬仪。旬仪即旬首，譬如甲子旬，子为旬仪，其他类推。凡占，主喜气吉庆，逢凶化吉。[①]

五、禄

禄即日禄，甲禄寅、乙禄卯、丙禄巳、丁禄午、戊禄巳、己禄午、庚禄申、辛禄酉、壬禄亥、癸禄子。预测中也可以以命禄论，譬如丙年生人，巳为命禄。禄往往结合马、财、官而论。禄主俸禄、工作、财帛，为养身之物，为人之根本，禄在身则为名寿精神，在家则为财帛食粮，在出行则为旅资，在贸易则为资本。禄宜旺而不宜衰，禄临之方往往为食禄之方，禄临干为日之旺神，课传不利，则不宜妄动宜守成。禄临支为权摄不正，占官为暂摄之象，不宜久居。旺禄落空则改谋别为，衰禄逢空、墓、绝则占病不利。

六、马

马，即驿马，取自寅、申、巳、亥，主动态变化，为五行有为待用之气，阴阳依伏，气令循环，正所谓“气藏如驿，气动如马”。神煞中有天马，也可同驿马而论。所谓驿马，在时空上有年、月、日、时四种。即申子辰马在寅，巳酉丑马在亥，亥卯未马在巳，寅午戌马在申。马忌逢空落空，宜结合禄而看。占官逢马生旺，主迁升。常人逢马主奔波。行人逢马落长生或马落空亡，则行人不归。驿马并非专主出行，凡求谋做事、趋吉避凶、干谒迁移等等都必看驿马。占家宅、疾病比较忌讳驿马，具体要结合课传而论。马也分阴阳，寅申二马为牡马，力健而疾速，巳亥属阴，为牝马，驽钝而不可致远，此可备一说。又有驿马分论、合论，如寅午戌马在申，则庚为驿，申为马，因此庚也有动象，实际上此以遁干而论，此论颇为实用。另外论马不可过于拘泥，古人有云：“凡水中火腾，火中水降，阴阳交泰，阴阳变通，皆为马类。”通俗地说，也就是五行在更易变动奔冲往来之际为驿马。因此用好驿马，还需心领神会，灵活对待。

在六壬中，还有一种特殊的组合，其动态类似驿马，甚至比驿马还要灵动，这就是丁神，丁神是变动之神，凡事见之主迅速。丁神主要有两种，一是常用的旬丁，譬如我们甲子日占课，丁卯入课，就是丁神。还有一种是时遁丁，譬如丙戌时占课，遁得丁酉，那么酉就带时遁丁。后者不常用，在一些特殊论法中使用，丁神要结合神将吉凶而论，具体请读者结合本书中后面

---

① 参考六十四课经之六仪课。

的实例理解。

七、生

生，即五行相生，互助互补。神煞中有生气、长生可与五行之生同论。主生长、变化、创新之象。如六十四课中的亨通课，课经曰："亨通三传递生日，天生地生有两般。"又如《毕法赋》云："三传俱生人举荐。"有关五行相生之论，可以参考课经与《毕法赋》等所论。但是切忌出现逢生不生，反为灾祸。有关长生，在神煞中也有长生学堂的说法，可参本书神煞章节。

八、旺

旺，有四季之旺、十干帝旺。所谓四季之旺，如春天木旺，夏天火旺，秋天金旺，冬天水旺。所谓十干帝旺，如甲乙旺于卯，丙丁旺于午，戊己壬癸旺于子，庚辛旺于酉。（或以十干分阴阳而论）旺有及时之象，因此占课见旺气入课，主事起当时，有盛大丰达之象。干支上临旺则有干支俱旺、干支互旺等格，主谋为省力，经营得意，但是旺是五行达到顶端，因此不能有意外之求，反凶。过旺则反而不及，如三传皆财而旺，则财太旺，无力担财，反而求财不利。① 论断十干帝旺的时候要注意，甲旺于卯，卯也为羊刃，丙旺于午，午也为羊刃，这都说明过旺是一种双刃剑。为喜为患，要注意其象的具体呈现。同时也要结合不同事体，占病时候，要注意老怕帝旺少怕衰。老年人占病遇帝旺，反非吉兆。

九、贵

即天乙贵人，占课主贵人，有解厄之能。贵人还有主导全课顺逆方向的作用，因此对判断应期、事情顺逆等等，有很大的参考价值。除此外，贵人对判断考学、事业、面试、举荐、长辈、神佛等方面起到重点类神的判断作用。②

---

① 可参考六十四课经中的三光课与三阳课加深理解。

② 有关贵人的类象可参考下一节《十二将释》中的贵人论。

第三节　大六壬神将类象

提到“虎”这个字，我们的脑海中不由自主就会出现一个威风凛凛的动物形象，这是人类大脑产生的一种自然反应，它是人类在生产活动中通过长期的观察、归纳和总结，而形成的一种意识形态。所有的术数都利用了这一人类自然反映的现象，通过术数特有的符号，对万事万物进行归纳总结，形成了一组组的特殊关系划分，构成了对万物的归纳分类，这就是类象。我国最早的类象思维，产生自距今七千年的伏羲氏，他通过观物取象将天地人的万象，归纳成八种符号，创立了先天八卦。以乾天、兑泽、离火、震雷、巽风、坎水、艮山、坤地，归纳了天地间八大自然现象。为后世易学类象奠定了象数体系的坚实基础。下面我们来认识大六壬中这种特殊的类象组合。

伏羲

神将类象的意义

所谓神将类象，就是用神将地支比拟万事万象，在课式中取象，能够生动准确的描述出事情所涉及的方方面面。以下类象都来自古人千百年以来，根据实际预测经验，结合事体和五行关系总结出来的一些具体类象，这些类象只能参考取用，绝对不可照搬照用。古人有云：“至夫凶将，首忌虎蛇，若论凶神，最嫌辰戌。”但正如《洞微赋》所云：“凶神吉将，不可一例而推，旺相休囚，不可一途而泥。”我们需要学习的是灵活的取象方法，研究古人是如何做到“事式合一”而类象的。

接着我们介绍类神的概念，所谓类神，指的是和事体相关贴切的类象，譬如占文书，看朱雀；占见贵，看天乙；占惊怪，看螣蛇；占婚姻，男方为青龙，女方为天后，这些和事体贴切的类象，称为类神，但是类神并非是唯一的，读者务必在应用中领会“触类旁通”。而且并非占某事，类神就一定出现，因此类神入课传为显，入年命次之，俱不入为晦。类神并非占事的唯一依靠，它的隐显往往和客观事实相关。因此占者要知道，造化有其显隐的两面性，隐显必有其机宜，读者务必学会触类旁通。另外凡是类神都具有阴阳神两面，才是其全体，凡类之阴神，不仅仅要看它与阳神之间的生克关系，也要看它和日辰之间的关系，古人有人认为阴神入七处时，看它与日辰的关系；不入七处①时，则可以只看其与阳神的生克关系。

笔者在对类象的应用上总结了一句话：凡有其象，必有其事。希望读者在学习中能细细体会这句话的含义。

支神总论

十二支神有阴阳之分，各司其事。以十二宫而论，凡是五行、五方的次序，四时、四季的循环，三垣、二十八宿之次度，七政、四余之星辰，中国与世界的分野，阴阳生克的体用，都包括在里面。十二支神在天文背景上以北斗七星为核心，因此其阴阳排列次序，可以以天罡为首顺布；以太阳躔度过宫而言，则以登明为首逆布。（逆布者谓之月将，其实就是十二神）而十二地支从子起始而终于亥的次序，则是十二地支最原始的排列次序，天一生水而子水正属坎宫，亥属乾宫，乾为首，首尾连环，正应天一生水，地六成之，生数先天，成数后天，正应六壬暗藏先天后天之机要，而尽括先天与后天之理，理同造化。

十二支神的重要特征

子午为阴阳二至，即一年中的冬至和夏至，一日内的子午两时辰，皆为阴阳交换的关口，因此六壬中称子午为天关，有阴阳交替变化之象，在实际预测中天关有阻力、关卡之象。卯酉为日月之门，为日月交替出入的门户，

① 所谓七处，一般指日、辰、初传、中传、末传、本命、行年，壬学决断先看七处，次看类神，以七处为关键，看类神是否入七处，看其落何宫，遇何神将，有无刑冲破害及其旺相休囚死，当令与否，有气无气，空亡否，然后就类神吉凶结合课式而断。另外有一些壬学书讲八处，所谓八处是日、辰、初传、中传、末传、本命、正时、天上时，《断经了了歌》论日、辰、岁支、月建、来人方位、初传为六处，别具一格。另外还有九处之说，九处为七处再加上正时、时上天将即是。实际应用中，我们掌握七处即可，其他在活断中可以斟酌而用。

日月东升西落，为昼夜交替变化的门户，因此知道人间的阴私，掌管人间的门户，在实际占断中卯酉为变动、门户之象。因此古人有云：“日辰若临卯酉，疏者合而合者疏。”这就是人事动荡的一种体现。寅申为道路之神，因此主管变动，为交通变化之象。辰戌为牢狱之地，因此是掌管刑狱、是非、战斗之所。古人有云：“年命若立魁罡位，动者静而静者动。”丑未为天厨之所，因此为富贵享受之地；巳亥为堂庙之宫，因此为征召高位之所。这些意义在实际预测中都有着重要的应用价值。

十二神释义

一、登明　亥

亥为水神，雨水后日躔娵訾，为正月将。

登明的含义：正月三阳始兆于地上，见龙在田，天下文明。《易·明夷》有曰：“初登于天，照万国也。”又亥为天门，故曰登明。

登明的来历：登明神，面长发黄，手足黑色带破。为阴水，亦名天怪，古之修宫室匠人也。壬寄其上，木生其下，玄武之象。音角，数四、一、六，味咸，星室、壁，禽猪、貐、熊，宫双鱼，分野卫、并州，属猪，位天门。

登明主象：所主祯祥、征召、阴私事，为自刑。为极阴之位。又主争讼、狱囚、沉溺[①]，主取索、亡失[②]、不净。

登明类象：类为天雨师，又为鬼神、天马、天耳，为幼子、将军、夫人、上客、醉人、乞丐，为肝、肾、发、头，[③]，足，[④]，为脾病、哭[⑤]、眼斜青丑、坏头面[⑥]、病泻[⑦]，为盗[⑧]、杀贼、奸神[⑨]，为宝殿[⑩]、楼阁[⑪]、台[⑫]、廷院、坑

① 谓乘凶将。
② 巳酉丑日。
③ 临日干。
④ 阳日加申，阴日加未。
⑤ 临辰。
⑥ 亥加巳，巳加亥。
⑦ 加年命上。
⑧ 作玄武。
⑨ 作后玄。
⑩ 作贵人为寅。
⑪ 不作贵加寅，又龙为楼，合为阁。
⑫ 加卯，又加卯为灯台。

园、墙基、狱犴、厕[①]，为图画、幞头、帐幕、笔墨、伞盖、管钥[②]、笠笈、圆环，为梅花、葫芦，为廪厩、酢酱[③]、稻、麦、盐[④]。为姓杨、朱、鲁、卫、干、房、季[⑤]、王[⑥]、邓、范[⑦]、冯[⑧]，凡点水字样、直傍之类皆是。

登明组合类象：[⑨] 登明天柱[⑩]廪[⑪]楼台[⑫]，贼盗[⑬]伤人[⑭]幼子[⑮]哀[⑯]。狱[⑰]厕秽[⑱]猪忧溺死[⑲]，阴私[⑳]管钥[㉑]召征[㉒]来。

注云：五音山向，以登明为天柱，若乘太常主廪禄，盖太常是谷粟之神，家未与亥三合也。乘青龙主楼台，然必临申，加他处则非。乘武主盗贼，入室故也。乘虎主伤人，亥是木之父母，虎作木鬼故也。乘六合主小儿，木到亥上方生故也。乘蛇主哀哭，太乙丧车煞，与蛇同体；若丙日占之，更的。乘勾主狱，若甲壬癸三日有战，主吏嗔；戊庚二日，与神和，不妨甲壬癸三日，又云丙丁二日。乘天空主猪秽厕，亥为天猪杀也。乘天后主溺死，以水投流，溺之象也。乘太阴主阴私。乘朱雀主管钥，盖四孟钥神所居之地；若占讼，得放之象。贵人临天门主征召，作驿马更的。

二、河魁　戌

土神，春分后日躔降娄，二月将。

河魁的含义：河魁即天魁，斗魁第一星，抵于戌故名。建卯之月，万物

---

① 加戌，又甲乙日作天空加巳。
② 加巳。
③ 酉加。
④ 朱雀加。
⑤ 寅卯加。
⑥ 丑未加。
⑦ 俱六合加。
⑧ 蛇乘巳午加亥。
⑨ 出自《大六壬心镜》，以下所有组合类象同。
⑩ 亥为天柱。
⑪ 乘太常。
⑫ 乘青龙临申。
⑬ 乘玄武。
⑭ 乘虎。
⑮ 乘六合。
⑯ 乘蛇丙日占更的。
⑰ 乘勾主狱，甲戌庚壬癸的。
⑱ 乘空主秽厕。
⑲ 乘后主溺死。
⑳ 乘阴主私。
㉑ 乘雀。
㉒ 乘马作贵或贵临亥的。

皆生根本，以类聚合。魁者，聚之义也。

河魁的来历：河魁神，古之狱吏也。辛寄其上，火墓其下，天空之象。音商，数五、十，味甘，星奎、娄，禽狼、狗、豺，宫白羊，分野鲁、徐州，属犬，位西北。

河魁主象：所主诈欺、印绶及奴婢逃亡；若发用，旧事重新之象。又主虚耗、失钱物、凡事带众。

河魁类象：类为天斗魁，又为天罗、计都、兵神、厌神[①]、地户，为监司[②]、都辖[③]、官长[④]、司直、善人、长者、僧道、猎人、小童、奴仆、屠恶、强盗[⑤]、兵士[⑥]、舅翁、妹、贫丐[⑦]。为命门、膀胱、足、腿[⑧]，为城廓、寺观、冈岭、牢狱[⑨]、窑冶[⑩]、虚堂、仆室、土物、坟墓[⑪]、墙埙[⑫]，为朝服[⑬]、印绶、鞋履、军器、杻枷[⑭]、剑仗、城钟、铁锄、铲枪、锁钥、碓磨、瓦器、石[⑮]、数珠，为五谷、田丝。为姓魏、王、鲁、徐、娄、倪，凡土傍、足偏之类。

河魁组合类象：天魁印绶[⑯]吏[⑰]都官[⑱]，垒土高坟[⑲]集众攒[⑳]。德合[㉑]奴婢[㉒]

---

① 作玄武。
② 加月建。
③ 加太岁。
④ 作雀加日辰。
⑤ 作虎克辰。
⑥ 戌加申，申加戌。
⑦ 作玄空。
⑧ 加年命主足病。
⑨ 作勾陈更的。
⑩ 作蛇加巳午。
⑪ 作虎发用。
⑫ 甲日加寅。
⑬ 作雀。
⑭ 作玄武临刑。
⑮ 作勾陈加申酉。
⑯ 乘常。
⑰ 乘雀德主讼。
⑱ 乘龙为官。
⑲ 壬癸日乘虎。
⑳ 魁主众，乘勾陈主集。
㉑ 乘六合。
㉒ 乘武为奴，乘阴为婢。

兼长者[①]，犬豺狼畜[②]悉为欢[③]。

注云：河魁主印，太常主绶，若魁作太常，乃曰印绶。雀为文书，雀入墓戌，凡言讼主其吏也。青龙为都官，天魁为集众，凡言官位必有部辖之权。魁凶神，虎凶将，若壬癸日占，天乙逆治，魁作虎克日，名曰垒土之煞，病者必死。勾陈为土星，天魁为集众，此二神将并临，即主攒集会众之事。六合卯与戌合，又是支前五辰之合，故曰德合。玄武奴，太阴婢，二将若临戌上，谓之阴空同位，奴婢主不良，非逃即盗。六丙日天后临戌，乃是官星，利君子，故曰长者，利见大人。螣蛇临戌，主犬豺狼怪，春占有三等：辰戌丑未日为天狗煞，戌日为月厌煞，甲乙寅卯日为天喜，三者须各详之。又戊已辰戌丑未日，戌蛇多主怪事；若甲乙寅卯日，戌乘吉将，主婚姻产喜吉事。

三、从魁　酉

金神，谷雨后日躔大梁，三月将。

从魁的含义：从魁者，斗魁第二星也，星抵于酉，故名。又三月草木枝叶从根而出之义也。

从魁的来历：从魁神，形貌端正，黄白色，古之女巫也。正禄不受所寄，太阴之象。音羽，数六、四、九，味辛，星胃、昴、毕，禽雉、鸡、乌，宫金牛，分野赵、冀州，属鸡位，正西。

从魁主象：所主阴私、解散、赏赐，又主金刀、奴婢、信息。

从魁类象：类为天文星，又为霖雨[④]、霜[⑤]、雪[⑥]、海[⑦]、江[⑧]，为私门，为中丞、太亲、阴贵、妇人[⑨]、姨女[⑩]、外妾、婢妾[⑪]、匠、婢、酒人、小

---

① 乘后利君子。
② 乘蛇厌主狼犬怪。
③ 乘阴合主婚姻事。
④ 加子。
⑤ 加戌。
⑥ 丑午加之。
⑦ 加巳。
⑧ 加子。
⑨ 临旺少女。
⑩ 天空休衰。
⑪ 作六合，作青龙，若作太阴加日辰，主妾为妻。

奴[①]、尼[②]、乐妓[③]、老婢[④]。为官禄、边兵[⑤]、孝服[⑥]、夫妇不和，为皮毛、口窍、耳目、爪骨、精血、小肠、唇舌，为劳瘵、目疾[⑦]、赤眼[⑧]，为刀伤[⑨]，为白塔、街巷、小陌、祠庙、仓廪。为碑碣、金银、首饰、珍珠、盘镜、铜铅[⑩]、铁石、皮革、毡条，为酒浆、菜食、姜蒜。为姓赵、金、乐、石、刘[⑪]、闵[⑫]、郑[⑬]、程、吕[⑭]，凡立人、金傍之类。

从魁组合类象：从魁金玉[⑮]小刀[⑯]钱[⑰]，奴婢[⑱]私通[⑲]近水边[⑳]。小麦[㉑]九江[㉒]并赏赐[㉓]，鸡鸟[㉔]解散[㉕]不为嫌。

注云：虎临从魁，旺相为金玉，囚死为刀。龙临旺相，亦为金玉；若龙发用，金木相克，事有终始。六辛日太阴主事，旺相为金玉，死为刀及屠戮事。丙丁日太阴加酉乃钱也，若非火制，酉金不能成钱之形；如甲戊庚三日，魁虽太阴，则不言钱。甲日春占，太阴囚，主奴妾奸私事；戊日则太阴相气，金土相生，两阴相会，主婚姻事；庚日太阴旺气，主金帛事。天空为奴，从魁为婢，二者相邻，故通言奴婢。私通者，合主之，合是私门，卯酉相并，谓之左右表里阴私也。酉曰九江，玄武水将，金能生水，故曰水边；若六己

① 作天空。
② 作合加寅申。
③ 加太常、卯、未。
④ 加子丑。
⑤ 作虎加孟。
⑥ 作虎，主甲乙日服至。
⑦ 作蛇雀。
⑧ 丙丁加之。
⑨ 加季刑命。
⑩ 作太常加寅。
⑪ 卯加酉。
⑫ 卯酉加六合。
⑬ 贵人加之。
⑭ 俱太阳加之。
⑮ 乘龙虎旺相的。
⑯ 乘龙虎囚死的。
⑰ 丙丁日乘阴的。
⑱ 乘空主奴，乘阴主妾。
⑲ 乘后合主表里私通。
⑳ 乘玄。
㉑ 乘常。
㉒ 乘后伏吟。
㉓ 乘贵人旺相。
㉔ 乘雀主鸡，乘蛇怪鸟。
㉕ 乘勾。

日土克玄武水，则濡涸。太常主小麦，壬癸日占金水相生，麦苗以秀；若甲戊庚三日占，又不同：甲日太常加酉，则麦已熟而先有损，酉克干故也；戊日则金土相生力壮，麦秀而实；庚日则过于刚硬，麦坚固而粒小。天后加酉，渊源之水，故曰九江。贵人加酉，旺相赏赐，囚死主贵人嗔责，占讼即忧枷锁。朱雀加酉，主鸡鸟，若克日又主狱讼、文书。螣蛇加酉，旦主鸟怪，暮主鸡怪；若二月六己日占，月厌在酉更的。勾陈加酉，主解散，甲日青龙直事克勾陈，勾陈之子是酉金，又克甲木，互相持势而战，战则散而不为嫌矣；戊庚日合而无战，亦主散；壬癸日被勾陈克，却得勾陈子金相生救之，谓之无恩解散。

四、传送　申

金神，小满后日躔实沈，四月将。

传送的含义：传送者，四月万物茂盛，阳极将退，一阴欲生，传阴而送阳也。

传送的来历：传送神，形项短，目圆睁，微有须发，大身，古之行人也。庚寄其上，水生其下，白虎之象。音徵，数七、四、九，味辛，星觜、参，禽猴、猿、猱，宫双子，分野晋、益州，属猴，位西南。

传送主象：所主道路、疾病、信耗事。

传送类象：类为天钱星，又为天鬼、天医，为廷尉、元帅①、行人、公人、民人、孝子、征夫②、铺兵、猎师③、银匠、铁匠、舅、僧④、商贾、巫医⑤、屠户，为肺、胆、大肠、骸骨、音声，为疾病、死尸、丧孝，为产乳、水厄⑥、仇雠、攻劫⑦、馈送、失脱⑧、淫⑨、为祠庙、庵堂、城宇、道路、池湖、陵寝、灵柩，为绢帛、绵絮、经文、毛羽、药物、刀兵⑩、砻磨、大麦。为姓袁、郭、申、晋、侯、韩、邓，凡金傍、之边之类。

---

① 加三合之首。
② 若加子午又主军逃亡。
③ 作虎。
④ 作龙加孟。
⑤ 作六合。
⑥ 加亥克日。
⑦ 作勾。
⑧ 作玄武加亥子。
⑨ 壬癸日。
⑩ 加刑。

传送组合类象：传送刀兵[①]僧及医[②]，冤仇[③]道路[④]税[⑤]湖池[⑥]。大麦守城[⑦]丧[⑧]碓磨[⑨]，市贾[⑩]劫攻[⑪]田猎师[⑫]。

注云：虎加申主刀兵，其义有五：甲日青龙主事，则虎因财而争伤，并死煞尤甚，谓金木相克，流血之祸也；戊日勾陈主事，金土相生无战，虽并恶煞不凶；庚日即虎主事，持德直日，虽动刀兵不伤，且利见大人，诛讨不义也；壬日天后主事，奸淫相伤；癸日玄武主事，盗贼有伤，俱不凶。传送乘太常，主医及僧。六已日勾陈临传送，主冤仇争斗，盖巳德在甲，勾乘申遥克伤德故也。道路之说有五：甲戊庚日俱申为青龙，但甲日主财帛出其道路，或远信财物；戊日主奴婢公文出其道路；庚日主疾病丧孝出其道路；壬日卦得申子辰，主妇人淫乱，败露出其道路；癸日切忌出行，主道路有遗亡。天乙加申，主田园赋税，盖申为水之长生贵人，土遥克之故也。水生申，旺子，天后加之，主湖池，甲日为池，戊日为湖，丙丁日不为湖池，名曰日被云遮，作事暗昧，妨有谋窥。六辛日太阴加申，旺相为麦，囚死为守城。螣蛇主丧，甲日官贵财富之丧，戊日奴婢之丧或因官致病死之丧，庚日则不病尪羸之丧，丙日官使之丧或炉冶之家丧碓磨，天空主之。六合主交易市贾，壬癸日女人交易，或是媒礼之事；丙丁日男子交易，牙侩与官置买卖事。朱雀主田猎或刼攻未解，或玄武主之。

五、小吉　未

土神，夏至后日躔鹑首，五月将。

小吉的含义：小吉者，夏至之气，大往小来，小人之道长，小之吉也。又为万物小成之义。

小吉的来历：小吉神，为风伯，古之药师也。丁寄其上，木墓其下，太常之象。音徵，数八、五、十，味甘，星井、鬼，禽犴、羊、鹰，宫巨蟹，

① 乘虎。
② 乘常主医或僧。
③ 已日乘勾克德也。
④ 乘龙。
⑤ 乘贵主赋。
⑥ 乘后。
⑦ 乘阴旺相为麦，囚死为守城。
⑧ 乘蛇。
⑨ 乘空。
⑩ 乘合。
⑪ 乘劫杀玄武。
⑫ 乘雀。

分野秦、雍州，属羊，位西南方。

小吉主象：所主酒食、婚姻、祠祀事。

小吉类象：类为天酒星，又为天耳[①]、风伯、鬼神[②]。为太常、主保、父母、老人、继父[③]、继母[④]、姑、嫂、姨、妹、媒妁、寡妇、道人、酒匠、帽匠，为请召[⑤]、庆贺、筵会、离别[⑥]，为旱熯、蝗虫[⑦]，为肝、脱脊，为廷院、墙垣、园[⑧]、林加卯、土物、井泉、陶冶、坟地甲乙日角姓、茶房、酒肆、赛场，为海鲜、盘盏、冠裳、印信、笙歌、医药、苗帘、桑木、罇、麻[⑨]。为姓朱、秦、高、章、羊、杜、井、魏、杨，凡羊、土傍之类。

小吉组合类象：小吉姨姑[⑩]婚礼仪[⑪]，羊酒祠祷祭神祇[⑫]。白头[⑬]争讼[⑭]公婆母[⑮]，井泉[⑯]天耳[⑰]墓[⑱]风师[⑲]。

注云：太阴临主姑姨妹之事。青龙临主婚姻礼仪之事。太常谷粟之神，壬癸日并土，以土克水，故酣而为酒；丙丁日，亥作天乙为天猪煞，未为天羊煞，亥与太常三合，主猪羊事。天乙加未，玄武居亥，为三合，主祠祷神祇。盖玄武是北斗将军，掌妖讹事，不听居其于丑未；丑、未，天乙所处，即无将军之位，如君子不与小人竞，故曰祠祷也。白头者，孝服也；螣蛇为丧车煞、魄煞，三者并临，主孝服。勾陈主争，谓上将临旺乡，值壬癸日占，必有争也。朱雀主公讼文书。天后水生木，墓于未乡，主婆母。天空主井泉，带凶煞则主井怪、崩怀。四月占天空又为天耳煞，凡捉人遇此必得的信[⑳]。木

① 加巳午。
② 一云家鬼。
③ 加亥。
④ 加酉。
⑤ 青龙比日。
⑥ 见行年离神。
⑦ 雀加亥子。
⑧ 加辰。
⑨ 龙后加寅卯。
⑩ 乘阴。
⑪ 乘龙。
⑫ 乘常见玄武贵人应此。
⑬ 乘蛇见丧车主孝。
⑭ 壬癸日乘朱勾。
⑮ 乘后。
⑯ 乘空。
⑰ 乘空，四月宜提防。
⑱ 乙日乘虎。
⑲ 辛、己日乘虎。
⑳ 天耳，正月起戌，顺行四季。

日占病，白虎临之为坟墓煞；六乙日占虎临又为风师，主作大风。

六、胜光　午

火神，大暑后日躔鹑火，六月将。

胜光的含义：胜光者，午为阳火，正当离位，光被四表，所谓“大明当天，爝火不熄”，难乎其为光者也，故曰胜光。

胜光的来历：胜光神，形貌目圆，面赤、大身，古之御马人也。正禄无寄，朱雀之象，音宫，数九、二、七，味苦，星柳、星、张，禽獐、马、鹿，宫狮子，分野周、两河，属马，位正南。

胜光主象：所主光怪、丝绵，又主文书、官事。

胜光类象：类为天王良星，又为左天目、霞雷，为上小下大，为宫妃、雨林、使君、娼妇、亭长、使者、善人、僧巫、骑者、蚕姑，为惊恐、疑惑[①]、诚信、文书[②]、口舌、咒咀[③]、胎孕[④]，为兵[⑤]、词讼、信息、光彩，为心[⑥]、目、口，为血光、心虚、小肠患[⑦]、吐泻，为宫室、城门、堂宇、田宅、道路、厨[⑧]、窑冶。为火烛、旌旗、丝绣、衣服、书画、衣架、柜、蒸笼，为马、蚕丝、鸦巢、雉、小豆[⑨]。为姓萧、张、李、许、周、马、朱、柳[⑩]、狄[⑪]、冯[⑫]。

胜光组合类象：胜光宫女[⑬]信诚[⑭]妃[⑮]，善人[⑯]通语[⑰]惊恐[⑱]遗[⑲]。土工[⑳]田

---

① 见申。
② 雀加寅。
③ 见申与雀。
④ 加亥受绝。
⑤ 勾陈加申酉。
⑥ 若见亥主心疼。
⑦ 雀加子。
⑧ 太常加申酉。
⑨ 太常加卯。
⑩ 六合加。
⑪ 勾陈加亥。
⑫ 蛇乘午加子。
⑬ 乘后。
⑭ 乘雀。
⑮ 乘阴。
⑯ 乘贵。
⑰ 乘合。
⑱ 乘蛇。
⑲ 乘玄。
⑳ 乘空。

宅[1]巫天目[2]，使君[3]亭长[4]巷兵持[5]。

注云：天后主宫女，甲日则妇小而长，仁而有貌；戊日黄而浊肥；庚日瘦而有礼，多病；壬癸日淫而有色，壬则淫夫，癸则渝乱。朱雀主信诚，谓火性主礼，雀主书也。太阴婢妾之象，主妃。天乙主善人，六辛日胜光为鬼，若作天乙，变凶为吉。六合主通语，丙丁日为牙侩，壬癸日为妇媒。蛇主惊恐，六庚日最紧，他日缓矣。玄武临午谓之左目将军，又曰天眼开，主盗贼败遗。天空主土工。太常主田宅。巫天目者，玄武被天目照之之义也，与遗意同。青龙文官之象，故曰使君。勾陈武官之象，又乡耆土官之称，故曰亭长。白虎主街巷伯，又为兵刃持用之物，故曰巷兵持也。

七、太乙　巳

火神，处暑后日躔鹑首，七月将。

太乙的含义：太乙者，太微垣所在，太乙所居也。又七月百谷成实，自能任持之义。

太乙的来历：太乙神，形貌高，额赤，大口，黄发，眼目不正，古之锻人也。丙、戊寄其上，金生其下，螣蛇之象。音角，数四、二、七，味苦，星翼、轸，禽蛇、蚓、蝉，宫室女，分野楚、荆州，属蛇，位南方。

太乙主象：所主斗争、口舌、忧惊、怪异事。又飞祸、赏赐事总论，巳见辰为进往，吉；辰居巳为退伏，不吉。

太乙类象：类为天太乙星，又为雪[6]，为车骑、姑女、妇、术人、书工、木匠、厨夫、店人、乞丐、吊客[7]、歌儿[8]，为孕[9]、忧、文学、取索、轻狂、毁骂[10]、徒配[11]。为心胞胳、三焦、咽喉、面齿、斑点，为车乘、金铁、珠玉、筐盒、疋帛、乐器、管钥、磁器、砖瓦、弓弩、花果、釜[12]、炉冶[13]、窑

---

① 乘常。
② 乘玄见天目。
③ 乘龙。
④ 乘勾。
⑤ 乘虎主道路刀兵。
⑥ 冬至后，巳主雪。
⑦ 作虎主外服。
⑧ 太阴主娼妓。
⑨ 若作蛇加辰，主双胎。
⑩ 克日辰。
⑪ 巳酉相加。
⑫ 又主金鸣。
⑬ 加火。

灶[1]，巳亥日戌加巳主灶[2]、火光。为飞虫、飞鸟、蝎、蟮、蛇[3]。为姓陈、石、赵、田、张、荆、余、朱、郝[4]、楚、杞[5]、耿[6]、龚[7]、纪[8]。

太乙组合类象：太乙蝉鸣[9]虫[10]散解[11]，宾姑[12]骂詈[13]弩丧车[14]。赏赐[15]灶炉[16]管钥[17]等。非横之灾[18]吊客蛇[19]。

注云：六合临为蝉鸣煞。天空临为水虫煞。玄武是小人，又加太乙破败煞，谋用破败无成，故曰解散。青龙主宾姑。朱雀主骂詈，甲日因财口舌，戊日因官文与争田地口舌，庚日为忧最深，维无凶。白虎为丧车煞，又主弓弩曲物。贵人临主赏赐。太常、太阴俱主炉灶，丙丁日太常临巳，炉灶最的。勾陈临谓之管钥神，囚禁可放。辛酉占得螣蛇，有非横之灾，惟六月月厌在巳，定主见怪，灾祸连绵；又占病，则为吊客，蛇之为患如此。

八、天罡辰

土神，秋分后日躔寿星，八月将。

天罡的含义：天罡者，斗杓之所建也。又八枝条坚刚之义。

天罡的来历：天罡神，黄色，面圆满，多须，古之狱师也。乙寄其上，水、土墓其下，勾陈之象。音商，数五、十，味甘，星角、亢，禽蛟、鱼、龙，宫天秤，分野郑、襄州，属龙，位东南方，近东多。

天罡主象：所主斗讼、死丧、田宅旧事。又曰辰天牢，戌地狱，专主狱讼官府。

---

① 加土，又巳未相加主井灶相连。
② 侧相连。
③ 月厌加主梦蛇。
④ 六合加。
⑤ 寅加。
⑥ 子加。
⑦ 辰加。
⑧ 丑加。
⑨ 乘合。
⑩ 乘空临水。
⑪ 乘武加水。
⑫ 乘龙。
⑬ 乘雀。
⑭ 乘虎。
⑮ 乘贵。
⑯ 乘阴，常丙丁日的。
⑰ 乘勾，戌日的。
⑱ 辛酉日乘蛇，六月的。
⑲ 亦辛日，乘蛇占病凶。

天罡类象：类为天哭星，又为狱神、右天目、天罗。为宰公、监司[①]、大将军、侄军、渔败、屠杀[②]，为敕书、官事[③]、顽恶、坚硬、凶怪、欺争、杀斗[④]、动摇、悲[⑤]、惊[⑥]、虑[⑦]、娠[⑧]、邪梦[⑨]、自缢[⑩]。为肠、胸，又为死尸，为偏盲能视，为廊庑、寺观、沟浍、石栏、坟墓、田园、麦地、海水[⑪]、井[⑫]、山坡[⑬]。为甲胄、网罟[⑭]、涝漉、杻械、碾、碓、缸瓮、钱物、盔盆、皮毛、破衣、胶漆，为五谷、米麦、荤腥、鳞族[⑮]、鱼食[⑯]。为姓马、郭、乔、郑、邱、岳、龙、陈、田、庞[⑰]、周[⑱]。

天罡组合类象：天罡本是鱼[⑲]龙物[⑳]，欺诈[㉑]网罗[㉒]为恶人[㉓]。战斗[㉔]陂池[㉕]二千石[㉖]，右目[㉗]虞官[㉘]宰杀神[㉙]。

注云：青龙临辰，春夏主龙，秋冬主鱼；又旦为龙，暮为鱼。雀临谓之欺诈。蛇临谓之网罟、缠绕，壬日妇人缠绕，癸日盗贼相绊。罡凶神，虎恶将，并主恶人。勾陈主战斗。天后主陂池。太常主二千石。玄武临辰，谓之

---

① 加月建。
② 虎加死地又加金。
③ 雀勾克日，加壬癸日。
④ 发用克日。
⑤ 虎加。
⑥ 日辰上。
⑦ 作初末传，又加土。
⑧ 天后。
⑨ 蛇发梦，加行年。
⑩ 蛇虎克日。
⑪ 天后加亥。
⑫ 武加巳。
⑬ 天空。
⑭ 加火。
⑮ 加水。
⑯ 加亥。
⑰ 加勾。
⑱ 加酉。
⑲ 乘龙，秋、冬、暮的。
⑳ 乘龙，春、夏、旦的。
㉑ 乘朱。
㉒ 乘蛇。
㉓ 乘虎。
㉔ 乘勾。
㉕ 乘后。
㉖ 乘常。
㉗ 乘玄主妖邪。
㉘ 乘阴。
㉙ 乘合。

右目将军，在北斗位下，掌妖邪、盗贼，主贼难捕。太阴主虞官，乃左右侍从之官也。六合主宰杀。

九、太冲　卯

木神，霜降后日躔大火，九月将。

太冲的含义：太冲者，日月五星所出之门户，天之冲也。又万物离散，剥毁若冲之义。

太冲的来历：太冲神，面长，青色，高额，有须，身材细长，狡狯不正，古之乐师也。正禄无寄，六合之象，音羽，数六、三、八，味酸，星氐、房、心，禽貉、兔、狐，宫天蝎，分野宋、豫州，属兔，位正东。

太冲主象所主驿马、船车。

太冲类象：类为天雷神，又为天心、地耳、雷电、雨水，为长子、公主、大夫、母姑、兄弟、男女、童穉、沙门、贼人、艺术①。为逃②、出入、门户不宁，为大肠、荣血、声③、目疾④，为桥梁⑤、竹木⑥、池潭、船车⑦。又见水船，见土车。为窗牖、梯椅、衣架、棺椁、杓梳、床、旛竿、香盒、笙簧、鼓笛、刀俎、木器⑧、盖、轮、坊牌、箱、棒、竹篱，为羝羊、驴、骡⑨。为姓朱、房、鲁、杨、张、卢、高、刘、雷、宋、柳⑩、茹⑪、季、李⑫、钟、蔺，凡木傍、丝子、千里之姓、孙董之类。

---

① 六合加寅申。

② 玄空加酉戌。

③ 蛇加空。

④ 午卯相加。

⑤ 加辰。

⑥ 加同类。

⑦ 龙旺又主边方。

⑧ 见金。

⑨ 蛇加巳午。

⑩ 加寅。

⑪ 六合加。

⑫ 俱加亥子。

太冲组合类象：太冲术士[1]沙门[2]类，行往车舟[3]水[4]陆[5]因。林木[6]江河[7]雷电[8]雨[9]，兄弟[10]私门[11]匿妇人[12]。

注云：冲乘天乙主术士。勾陈、天空俱主沙门，甲日僧多不洁少实，丙丁日天空僧善讲谈。太常与太冲为三合，主舟车。蛇则主水，虎则主陆。青龙主林木，玄武主江河，朱雀主雷电，青龙又主雨，太阴主兄弟，天后临于私门必有淫妇。

十、功曹寅

木神，大雪后日躔析木，十月将。

功曹的含义：功曹者，十月万物大聚，岁功成就而会计于曹也。

功曹的来历：功曹神，面方，青色，有须，势大身材，古之使命也。甲寄其上，火生其下，青龙之象。音徵，数七、三、八，味酸，星尾、箕，禽虎、豹、猫，宫人马，分野燕、幽州，属虎，位东北。

功曹主象：所主木器、文书、婚姻、财帛、官吏之事。

功曹类象：类为天三台星，又为天，又为风[13]，为丞相、宾客、督邮、家长、夫婿、秀才[14]、吏[15]、医[16]、丹客[17]、僧[18]，为谒见、征召、喜庆、文章[19]、信[20]，又为五色[21]、四角，为三焦、胆、筋脉、发、口、眼，为社稷、公衙、

---

① 乘贵。
② 乘勾空。
③ 乘常。
④ 乘蛇。
⑤ 乘虎。
⑥ 乘龙。
⑦ 乘武。
⑧ 乘朱。
⑨ 乘龙，巳日的。
⑩ 乘阴，甲日的。
⑪ 乘后。
⑫ 三交卦主匿妇或罪。
⑬ 作虎加申。
⑭ 加六合、青龙。
⑮ 雀加申戌。
⑯ 天后加未。
⑰ 亥加巳。
⑱ 后加申。
⑲ 加卯。
⑳ 作六合。
㉑ 蛇加午。

庵观、神祠[①]、神树、山林，为栋柱[②]、花木、屏风、宝剑、机杼、棺椁、火盆、香炉、禅椅、桥梁、竹箱、食物。为姓韩、苏、曾、乔、林[③]、霍[④]、杜[⑤]、程、朱[⑥]，凡木傍、草头、走脚、高、赵、杜之类。

功曹组合类象：功曹道士[⑦]兼书籍[⑧]，杂色班文[⑨]火炬红[⑩]。从事[⑪]信诚[⑫]征召[⑬]吏[⑭]，虎豹[⑮]猫狸[⑯]居木丛[⑰]。

注云：青龙主道士。太常主书籍。玄武主杂色斑文。朱雀主火炬之物。天后主从事。朱雀又主信诚。天乙主征召。勾陈主吏。白虎昼主虎豹，夜主猫狸。螣蛇、天空则主猫狸之怪。六合壬癸日主木丛，丙丁则为柴薪，谓火旺木休也。

十一、大吉　丑

土神，冬至后日躔星纪，十一月将。

大吉的含义：大吉者，冬至之气，小往大来，君子道长，大人之吉也。又一阳始生，上帝复位之义。

大吉的来历：大吉将，其色黑，为古之牧牛人也。癸寄其上，金墓其下，贵人之象。音徵，数八、五、十，味甘，星斗、牛，禽獬、牛、龟，宫摩羯，分野吴、扬州，属牛，位北方。

大吉主象：所主田宅、园圃及斗争事。又总论丑未，专主田宅、财帛、宴喜。

---

① 加土。
② 寅午相加。
③ 寅卯相加。
④ 子加寅。
⑤ 戌加。
⑥ 太阴加。
⑦ 乘龙。
⑧ 乘常。
⑨ 乘玄。
⑩ 乘雀。
⑪ 乘后。
⑫ 乘雀。
⑬ 乘贵。
⑭ 乘勾。
⑮ 乘虎，昼。
⑯ 乘虎、蛇、空，夜的。
⑰ 乘合，水日木，火日为柴薪。

大吉类象：类为天牵牛星，又为天耳、风伯、雨师、天衢[1]、雷雨[2]，为人君、土主、宰执[3]、将军[4]、长者、父母、神佛、尼僧、矮子[5]、瘸子[6]，为表奏[7]、举荐[8]、福德、爵、冤仇、咒咀，为脾、肺、小肠，又为秃发、病目、腹泄[9]，为宝殿[10]、台阁、社坛、僧舍[11]、桑园、仓库、田圃、桥[12]、井、墙，为车轿[13]、珍珠[14]、首饰、鞋履、秤、尺、斗斛、饮食、枯物、不完物[15]，为六畜、龟、鳖[16]蜈蚣。为姓田、孙、牛、吴、赵、杨、杜、董、岳、王[17]、苗、黄[18]、汪[19]，凡土傍之类。

大吉组合类象：大吉将军[20]主荐贤[21]，桥梁[22]长者[23]地祇[24]冤[25]。风伯[26]雨师[27]贵人召[28]，车[29]畜牛鳖[30]宅与田[31]。

注云：勾陈乘丑加卯为将军。六丙日朱雀主荐贤，壬癸日则主官讼口舌，

---

① 作常加申酉。
② 丑加卯雨后雷，卯加丑雷后雨。
③ 加岁。
④ 乘勾陈加卯。
⑤ 作空。
⑥ 加卯酉。
⑦ 雀加寅。
⑧ 六丙日朱雀加。
⑨ 丑亥相加。
⑩ 贵加寅。
⑪ 加申。
⑫ 龙加亥子。
⑬ 卯日。
⑭ 贵人加，得旺相。
⑮ 丑为末。
⑯ 加子。
⑰ 丑未加亥子。
⑱ 俱六合加丑。
⑲ 亥加丑。
⑳ 乘勾。
㉑ 乘雀，火日的。
㉒ 乘龙，乙辛日的。
㉓ 乘贵。
㉔ 乘阴。
㉕ 乘月厌的。
㉖ 乘虎。
㉗ 乘后。
㉘ 乘贵。
㉙ 见卯。
㉚ 乘蛇、空。
㉛ 乘常。

六辛日、六乙日俱丑青龙，辛金乙木斫削，且丑癸水，龙木在水上，故属桥梁。天乙在丑为长者。太阴主地祇。冤，带煞者是也。白虎为风伯。天后为雨师。丑上乘天乙为征召。六合主车。天空、螣蛇主鳖，且主牛蛇之怪。太常主田宅事。

十二、神后　子

水神，大寒后日躔元枵，十二月将。子者，十二支之首，有君道焉。十二月子位，北方之中，上帝所居。

神后的含义：神后者，帝君之称也，岁毕酒醮蜡祭，以报百神，故名。

神后的来历：神后，面圆，黑色，古之淫妇也。正禄无寄，天后之象。音宫，数九、一、六，味咸，星女虚、危，禽蝠、鼠、燕，宫宝瓶，分野齐、青州，属鼠，位正北。

神后主象：所主阴私、暗昧、妇女之事。

神后类象：类为天华盖星，又为河祟①、阴天②、大雨③、雪④，为后妃、淫女、乳媪、媒妁⑤、幼女⑥、孩童⑦、老妇⑧、嫁妇⑨、军妇⑩、孀妇⑪、娼妇⑫、婢妾⑬、翁婆⑭、乐工、染匠、盗贼、驼子⑮、邪师⑯、僧尼⑰、溺死，为奸邪⑱、阴小、胎产、女经、淫泆、私祷、聪明、悲⑲，为肾、膀胱，又为滴痢、血病⑳，为江湖、沟渠、沙石、道路㉑、莲塘、花盆，为石灰、木灰、

---

① 丙丁日辰上。
② 加酉。
③ 子日玄、龙。
④ 冬至后加巳午。
⑤ 或作六合。
⑥ 作后加午，或作天空。又曰子为小口，并虎灾；受土克死亡。
⑦ 亥加。
⑧ 加未加丑。
⑨ 巳加。
⑩ 加辰作虎。
⑪ 酉加。
⑫ 太常。
⑬ 太阴。
⑭ 加日辰。
⑮ 勾陈。
⑯ 空加卯木。
⑰ 贵合加申亥。
⑱ 加卯。
⑲ 加巳日，子加已为六阳尽也。若乘吉将临德，变凶为吉。
⑳ 作虎克日。
㉑ 加寅申。

珠玉、图书、文墨、首饰、笼筐、绳索、木匙、瓶盏[①]、浴盆、梯、瓮[②]、小裁刀、水物，为丝、布帛[③]、大豆、糖[④]，为燕窝、鱼鲊。为姓孙、齐、谢、耿、聂、沐、漆、汪、任[⑤]、姜[⑥]、孔[⑦]、陈[⑧]、傅[⑨]、冯[⑩]，凡水偏傍、流曲之类。

神后组合类象：神后阴私[⑪]彩女[⑫]奸[⑬]，亡遗[⑭]盗贼[⑮]鬼神言[⑯]。土公[⑰]悲泣[⑱]浴盆[⑲]事，燕[⑳]鼠[㉑]行人取类看。

注云：太阴主阴私。天后主彩女。六合主奸淫，丙丁日男诱女，壬癸日女诱男。青龙主遗亡。玄武主盗贼，壬癸日贼由水路，中必劳众；丙丁日陆路，势凶。天乙、太常供鬼神。勾陈主土公事。天空主悲泣。蛇临谓之浴盆煞，课传中见四时浴盆煞，又是壬癸，虎为浴盆，占小儿其凶甚矣。朱雀旦主燕，暮主鼠。虎主行人。

天将总论

天将排布规则：十二天将，天乙贵人为主居中，前有五位：一蛇、二雀、三合、四勾、五龙，此水、火、土之神在左方者。后有五位：一后、二阴、三玄、四常、五虎，此金、水、土之神在右方者。天空虽云后六位，有名而

① 日辰上。
② 加辰戌。
③ 天后加寅卯。
④ 武加亥。
⑤ 丑未加。
⑥ 未加。
⑦ 六合加。
⑧ 加卯。
⑨ 申加。
⑩ 午加。
⑪ 乘阴。
⑫ 乘后。
⑬ 乘合。
⑭ 乘龙。
⑮ 乘玄。
⑯ 乘贵常。
⑰ 乘勾。
⑱ 乘空。
⑲ 乘蛇为浴盆煞，见本季浴盆的，壬癸日更值白虎为浴盆有水相应，若占小儿病甚凶。
⑳ 乘雀，旦。
㉑ 乘虎，夜。

无物，缘贵人相对无物冲之，犹月杀之有月空，以遇之事皆可也。

贵神排法：以课之天盘起贵神之例，地盘定顺逆之序：顺布者，则背天门；逆布者，则向地户。

天将五行性质规定：凡壬课吉凶系于天将，五行虽各有所属，而用者专取天盘乘神决之。如贵人属土，若乘亥子则属水矣，生克皆以水论。

天将生克规则：生日为吉，虽凶将亦为吉，克日为凶，虽吉将亦为凶，紧要不离“生”、“克”二字。吉将喜生扶，忌克制；凶将反此。更察乘神所加盘之神，生克、旺相休囚，喜则宜旺相，忌则宜休囚也。

天将吉凶特殊法则：又《颐旨经》曰：四课三传虽一定不易，十二神将如四时而运转无穷。人皆言青龙吉将，白虎凶神，太常多主饮馔，勾陈必至勾留，殊不知龙无鳞未上则伤身之害至，折角申酉上则斗讼之愆生；虎登山未上则秉权于阃外，衔牒申上则通信于道途；太常荷项子上而枷锁；勾陈捧印巳上而转职。似此之类，世所不知。又曰：十二天官在天应十二神，在地表十二分野，在岁为十二月，在人为十二经。（笔者注：《大六壬心镜》亦有此说）

十二将释义

有关十二将加临之说自古颇多争议，有些加临从位置上论是永远不可能加临的，譬如无论大六壬还是金口诀，六合永远不可能加临丑位，其中用法意义另有应用要点，笔者在此特别指出这一问题，希望读者留意。

一、贵人论

《天官书》曰：“天乙在紫微宫门外右星，天帝之神，主战斗。知人吉凶。”《经》曰：“天乙阊阖门外，事天皇大帝，下游十二辰，家于艮丑斗牛之次，执玉衡，校量世间之事，乃壬式中天子也。”

天乙贵人，己丑土，吉将也。为神将之主，传顺吉，传逆凶，比和吉，不比和凶。

若贵人顺治，更与日干相生，虽遇前一蛇、前四勾，不为深害。逆治，虽前三合、前五龙，不为深喜；兼克日干，定主贵人嗔责。顺治谓在天门之前，地户之后；逆治谓在地户之前，天门之后。贵人顺逆，为吉凶之分。又看侍从之神，在吉则吉，在凶则凶，诸神将仿此。

贵神得地则贵，失地则贱，加小人之命则生殃，在君子之身则降福，爱龙常合，不立魁罡。在卯酉为关，子午为格；在日辰前则动，在后则宁。

贵人从十干分昼治、暮治，独不居辰、戌之地。以辰为宰杀，戌为牢狱也；故贵人若临辰戌上者，则巳上起子，辰上起丑，卯上起寅，寅上起卯，丑上见辰，子上见巳，亥上见午，戌上见未，酉上见申，申上见酉，未上见戌，午上见亥，此谓“太乙起子逆后寻”也。又云：“贵人临辰戌者，以冲为神，临辰冲申，临戌冲寅，乃天乙所临之位，诸将并随天乙顺逆、前后取之。”①

又云：“贵神在丑，其十二神入家，则不治事。四仲则正冲，子午相冲，卯酉相冲；四孟则斜冲，辰申相冲，戌寅相冲，亥未相冲，丑巳相冲，而为井栏冲。”“移神换将”，此之谓也。

贵人空亡，忧喜皆不成。《经》所谓“当忧不忧，当喜不喜。两火一金，金被销烁；二水一火，火乃灭光。”如贵人乙丑金下临乙亥火，火欲克金，有水为救，虽有魁不为忧。若辛未土下临癸酉金，金土相生，吉兆。壬寅金下临甲辰火，火乃克金，得丙午水为救神，灾殃消散。十二天官以此推论②。

一日两贵，一贵当权，其一为帘幕贵人，科试占得，与日干相生，必得高第。凡谋事遇两贵人，宜于嘱托。

太岁作贵人，不必入传，皆为救助。凡占得贵人吉，惟不救病。③

贵人临旺相气发用，及加日辰年命者，曰富贵卦。岁贵更用起月将者，曰龙德卦，皆主升迁，所求遂。

贵人临二八门，曰励德卦，利君子迁转与动移事，不利小人，主忧，身宅移动不宁。

贵人入狱，主君子烦燥不宁，凡谒贵遇入狱及励德，必阻滞，即相见亦欠利，或贵人自有忧烦。

贵人专主钱财、喜庆、诏命之事，君子拜命迁官，小人田宅财物。贵人在旺上，主贵人官爵印信；相，主贵人锡赐财物；休，主贵人忧病；囚，主贵人囚系；死，主贵人死丧。

赋

天乙居中，后六前五。在子也解息，必嘱事于仆童。在丑也升堂，宜投书于公府。案几在寅，卜庭谒之无虞。登车在卯，知路诉为有补。辰戌怀怒

① 论贵人出狱之法。

② 此论纳音。

③ 一说亦主病轻。

兮，上妒下忧。巳午受生兮，君悦臣喜。移途在申兮，有干求之荣。列席在未兮，有酒食之美。亥还绛宫，坦然安居。酉入私室，不遑宁处。

子居北方幽隐地，故为房，贵临为解息。一云沐浴，又云主妇人病。房前为堂，丑又为玉堂，投书进策，主贵人接引喜合。又云丑为本家不治事，惟宜守旧。寅宜谒见于家，卯宜诉讼于路。又云在卯为荷项，不利于进，主官求退。又为追魂使者，病凶。贵在卯酉，家宅迁移不宁。巳午以火生土，谓之受赏。又在巳谓趋朝，在午谓乘轩，皆主进望、诏命、荐接、迁擢之喜；又云官讼远行。在辰戌，上欲害下，且怒且惧，主贵人不宁，有决罚之事，又入狱。贵人下临未，太常主宴乐、小惠。申白虎，主道路干求，一云有神像事；又主损财。加酉与卯同，酉为日月入明之地，群象私出之门，为阴私不明，关隔不通，或云主口舌疾病。

加戌与辰同。加亥曰持笏，又为登天门，贵人顺治，诸煞被制，利于进取。

诗

天乙神中是贵人，利为干谒庆财因。君子拜官迁禄秩，小人争讼入公庭。

旺相相生尊者召，死囚刑克忌官嗔。病名寒热头目痛，祟非凡鬼庙宗神。

类

为官禄、文章、首饰、珍宝、谷麻、鳖、獬、牛，变异为水木之精，鳞角之物。色黄白，数八。

二、螣蛇论

螣蛇在天事天乙，为车骑都尉，雷部鞭驭之神，位居前一家，丁巳火，旺六十日，凶将也。螣蛇为太乙，照则福生，过则祸生，凡事造衅发端者，此神也。既过之后，风火刀兵，大劫小盗，流灾凶旱，风水蟊贼，虫毒疾疫，多行暗道，私匿妇人，妊孕不明事。爱阴、虎、龙、玄、后，畏戌。

蛇主文字、虚誉、公信、小财、水火之交，其戾主火烛、惊恐、怪梦、火光、釜鸣、官司、口舌、血光事，应在丙、丁、巳、午日。

若旺相相生比和则吉；休囚则转灾；空亡减半；披刑带杀，灾病立至。

蛇附旺相神，更相生者，主胎产与婚姻之喜，以其为阴私、血光之神也。在君子主威权之相，以其将厉车骑威武也。若附血忌，带刑煞，占胎必坠，当产即生。

蛇附旺相神，乃有气，占怪必生气之类；附死囚气，为死物，或有声无形之类。

占梦与见怪，先责螣蛇及阴神，日辰三传次之。凡蛇附火神居火乡，及值时下见火，决主火烛惊恐，不然有口舌公事。

求财蛇附财星，旺相相生，必因贱货而得财，反此者主惊恐。凡蛇临日辰，占货必得下贱之物。

蛇旺，主县官斗讼；相，主亡财争讼；囚，主囚系恐惧；休，主疾病怪异；死，主死丧惊恐。

赋

螣蛇怪异。掩目在亥，去难以消灾；盘龟在丑，祸淫而福善。生角在寅，露牙在酉，进用非讼，祸福两途。乘雾在午，飞空在巳，休祥不辨，皆主进望。入林兮在未，举步可防；坠水兮在子，从心无患。卯当门，申衔剑，总是成灾；戌入冢，辰乘龙，并云释难。

蛇加亥曰掩目，不能伤人。一云发用主婢走，或失财。丑为寺、龟、蛇、鉴、盘文，故主鉴降祸福。又云乃入穴自藏之象，忧事自散。寅变火，乃变化之地。旺则生角成龙而得时，利于进用；衰则失时，反为蜴蜥，以大为小。在酉为克伤之地，故露齿，必主阴人灾疾，口舌怪异。未木墓之地，为入林，主口舌官讼。子，火绝之乡，为坠水，主凶灾不成。一云主惊疑、怪梦。加卯曰当门，伤人口，门户上不和。一云血光。申金与将刑合内战，戌乃火库为睡床，故入冢忧散。辰为龙庭，加辰曰自蟠，只可远不可近。又蛇处辰宫，名为进化，凶怪皆消。一云主产妇、公事。

诗

前一螣蛇车骑尉，火神惊恐怪非安。君子居官忧失位，小人争斗病灾躔。

旺相相生灾未发，死囚刑克祸连绵。病者四肢头目痛，水木神来作祟冤。

类

为文华、金火、每物，变异为金火之精。于人为惊狂、妇人，或作荧惑、小人；于祟水木土神，或不葬客鬼；于病为头目、四肢、痈肿、见血；于五谷为豆黍；于兽为蛇蛟。受味甘美食物，色红赤，数四。

三、朱雀论

朱雀在天事天乙，为羽林将军，在雷部行火，亦名招风神。位居前二，家丙午火，夏旺春相，凶将也。阴火寄于重离，阳极反阴，不足之神；又名飞火流金。爱虎、阴，畏后、空，不立亥、子、戌。

雀吉，得地主文章、印信、敕命、服色、王庭事；失地则凶，主火烛、焚煌、口舌、生病、公讼、文字、财物、损失马畜、灾伤等事。

若旺相，披刑带杀，为害必深，反此则浅。凡占公事，雀逆理；刑贼日干，官必嗔责；反此无害。

占科场与投献文策，雀不入传，亦须寻讨，最爱为岁、月建与月将并，不然与岁、月、日相合，带禄、附马、并德，加临生旺之地，文策必中；如被刑克及落空亡，无气，加临死绝，其文必不合格。又卦体三传并吉，亦不必以此断。

朱雀羽虫之长，文书、信息、口舌、刑戮之神。其为印信亦分大小，或天戒，或朝廷公文，或行人私信。①

雀附火神，临火乡，并值火时占，决主火烛。尝正月己卯日占季卦，雀乘午火居南方，春得相气逆理，三传卯子午，四刑冲杀，当主火烛；幸课名伏吟，神杀不动，雀下贼日干，后不为灾。课例如下：

正月　己卯日　乙亥时

	合	朱	蛇	贵	
	巳	午	未	申	
勾	辰			酉	后
青	卯			戌	阴
	寅	丑	子	亥	
	空	虎	常	玄	

青	青	蛇	蛇
卯	卯	未	未
卯	卯	未	己

官	己卯	青
财	丙子	常
父	壬午	朱

朱雀开口法，主斗喧。正巳、二辰、三午、四未、五卯、六寅、七申、八酉、九丑、十子、十一戌、十二亥。

朱雀旺，主县官口舌；相，主钱财婚姻；死，主死丧口舌；囚，主囚禁；休，主疾病，心腹、口窍不利。

赋

朱雀南方，文书可防。损翼在子，自伤灾难；掩目在丑，用静得昌。寅卯安巢，则迟滞沉溺；辰戌投网，则乖错遗亡。在申曰厉嘴，在午曰衔符，怪异经官语讼；在未名临坟，在亥名入水，悲哀且在鸡窗。官灾起，盖因夜

① 尝夏月见山蛇戏路中，占得丑雀附天喜，临门户发用，合主朝廷文字，不然则天惊也。当晚骤风雨，几旬而止。盖丑为太岁，为风伯、雨师，附天喜临门户，果应天戒。又旬日中有御榜至。凡将惊动，仿此断之。

噪在酉；音书至，都缘昼翔在巳。

雀火在子受克，故主自伤。又云有官印信。在癸丑名破头，只宜安静。又云田土事起。

寅卯文书不动；又云寅安巢，主文字喜，远信至。卯坐林，怨抑之象。辰戌主文字失遗；又云主有信息、口舌、狱讼。申为克伤，故曰厉嘴，主惊怪。又申主信音在途。午为正司，故曰衔符，主讼狱。一云主婚姻。木为火父母，在未是父母之墓，故名临坟，主悲哀之事。又在未为啄食，求财吉。亥是火胞养，故名入水，宜守静，不宜献策。又云浴沐，主失财。子云投江，主灾退。酉为火克之地，于时在夜，主官非口舌，又主疾病。巳为火进之地，于时在昼，主文字信息。又云在外高远。

诗

前二朱雀号羽林，灾殃霹雳火星辰。大人文卷忧察考，庶士妻财兢苦辛。
旺气扶持情解释，衰空克制事逡巡。病伤心腹还发呕，瘥日宜看子午辰。

类

为羽毛、文章。于人与蛇略同；于祟咒咀、灶神；于病在心腹、上窍或见血、呕吐、阴肿；于五谷为果谷；于兽为飞禽、獐、马之类。变异为火气烧灼之属。色赤黑，数九。

四、六合论

六合在天为光禄大夫，雷部中雨师也。家乙卯木，位居前三，旺春三月、六乙日，吉将也。

六合乃和合之神，柔顺能通，委曲和合人事。位居东方，是青帝五阴之长女，职居辅弼，得地则文儒、九流之官，失地则暗昧、虚诈、僧道尼之类。爱龙、常，畏后、阴、虎、空，不利四仲。

六合主婚姻、喜庆、信息、求望、交易、胎产、媒妁、牙保、阴私、财物、交契、木植、舟车之象。其戾主阴刑不明、先喜后忧、小人女子之过伤、失六畜之象。

又云：六合主门户、道路、更改、变迁，凡六合乘旺相气，相生顺理，而入用传者的，主婚姻或胎产喜，阴私财物。若死囚刑克，则主财物口舌、阴人烦挠。

六合乘酉戌，多主奴婢走失。尝见鸦窥天井，占得六合乘戌临门，旬内果有奴走。以六合为天地之私门也。故占盗切忌六合入卦，以私门逃亡难获。

六合与天后同入传，谓之狡童泆女卦，占则人多不正，所为奸弊，兼妨有失。

六合附金，谓之内战，主阴私妇人、兄弟口舌；附土神谓之外战，事在外发，谋起议不安，宜暗求私祷。

六合不合，阴私相怀，酉卯子午也。

六合旺，主赏赐迁职；相，主嫁娶财礼；死，主争财或死丧事；囚，主婚姻囚系、阴私谋匿事；休，主疾病阴私事。

赋

六合之神，婚姻嘉会。在亥为待命平和，在巳则不谐惊悖。在子反目兮，无礼之事；在酉私窜兮，不明之因。乘辂在寅，结发在申，从媒妁而成欢，皆主婚姻喜美；违礼在辰，亡羞在戌，因妄冒而加罪，皆主婚姻讼事。升堂在午，入室在卯，并为婚姻就已之占；纳采在未，丽妆在丑，总是婚姻欲成之例。

夫亥，木生之地，又为三合，故婚姻百事迪吉。巳，金生之地，即为贼乡，故不吉。一云巳曰贽书，主信息见贵。子卯相刑，恩中主怨，婚姻不成，夫妻不睦。又云持笏，宜慎灾病。酉为私门，临之主男儿淫奔；又跣足，主不进。在寅万事皆通，又云寅主出求吉。在申一说为披发，才离病损。辰戌为牢狱，又卯戌私合，故主奸淫冒罪。在辰一云持巾，主婚；戌一云登途。午为正位，故升堂。一云主半遂；又云十月占，门户小口不利。卯为门户，故入室，吉。又云小口灾。未为三合，故纳采。丑为临金，故妆严。又云未为素服，丑为卧病。

诗

前三六合大夫位，和会婚姻吉兆扶。君子升迁增俸禄，小人饮食更欢娱。
相生谋产多吉庆，受制奸窬用暗图。问疾阴阳心腹痛，丈人司命祭当苏。

类

为竹木、金石所伤之属，变异为食盐、羽毛。于人为工巧、儿子，或术士，或仕宦，又为隐逸之士；于祟丈人、身命①；于疾阴阳不调，心腹虚；于五谷盐粟；于兽兔之类。味可食物，色光彩，数六。

五、勾陈论

勾陈在天为大将军（一云左将军），雷部中作唤云神。位居前四，家戊辰

① 丈人，一云土神。

土，旺四季，凶将也。勾陈乃宫中杀气，职任将军。得地则上令兵威，失地则兵卒不利；持重威权，又为兵甲、守门之吏，大好争讼，多蓄二心。若伏丧带吊，则为不孝之神。爱玄、空，畏龙、后，不立四孟。

勾陈主兵戈、官讼、公事、印信、虎符、留连、皮革，或争田宅、土舍、财帛。占望信息，财帛出行，俱主留滞。其戾主病、蹇厄牵挂、财物损失，庶人得之如此，若官员见之乃为印绶，盛则吉，衰则凶也。

凡占讼，先以勾陈为主。如勾陈贼日，理难伸雪；日克勾陈，讼得理伸。又忌勾之阴神附蛇、鼠、雀，带杀克日者最凶。勾阴若作贵人生日上，得贵助为吉。亦要人行年上神不落空亡。

凡捕天贼，勾陈所乘神制玄武所乘神主获，勾陈临日干亦主获，反此不获。又勾陈所立之地制玄武所立之地，亦主贼败，或自首发。如玄武立申酉，而勾陈立巳午是也。占晴雨最宜勾陈入传临日辰，制玄武，决主天晴。占战斗亦以勾陈制玄武，准上断之。占宅墓，勾陈乘旺气加墓宅者，主安久不移；若休囚刑克，当主公事。

勾陈拔剑，主病患相伤。正月起巳，逆行十二位。若与辰戌丑未交会，祸患连深；辰戌大凶，丑未口舌。又勾陈披刑带杀，灾咎即临。

勾陈旺，主贵人战斗；相，贵人争讼；死，争死人财物；囚，争讼禁锢；休，争病人田宅。

赋

或逢勾陈发用，斗讼争官。吏过受钺丑，沉戟子，暗遭辱害。遭囚在寅兮，宜上书；捧印在巳兮，有改拜。临门在卯，家必不宁；被刃在酉，身遭决责。升堂在辰，有狱吏以牵缠；反目在午，因他人而累带。在未入驿，在戌下狱，往来语讼稽迟；在申趋户，在亥褰衣，反复勾连改革。

勾陈主战斗，丑为明堂，封功决罪。又丑为斧钺，勾陈临之为受钺，主被凌辱。子为暗室，故曰沉战，主有阴害。又云：丑曰入化，主口舌。子曰临官，主讼牵事变。一云：主财帛。又说，丑未皆主酒食、田宅。在寅受克，囚杖危身，宜上书进策。巳为金生火盛，金投火为铸印。勾陈临之为捧印，以火旺土相也。故主迁升。在卯为鬼克，又云入狱，故凶。主迁居、不利小口。酉金故主刑责，又云病足难进。辰为狱，加之故主狱吏勾连。午为生地，故主惹累。一说，未入驿主吉，在戌又为佩剑凶。一说在申曰利河，吉；加亥宜求财。

诗

勾陈前四大将军，兵灾刑斗讼留连。君子掩逃擒盗贼，小人争妇竞田园。

旺相相生犹合理，死囚刑克系迟延。病者肿痈寒热苦，祟在邱陵及主垣。

类

于人为丑妇，或军卒，或贫薄小人；于祟冤死之鬼，及门户土垣鬼；于病心腹寒热，痈肿见血；于五谷为木实；于兽鱼、龙、水虫之属。变异为瓦石、金铁，若被损勾连罗网之类。色青黑，数五。

六、青龙论

青龙在天为左丞相，雷部中作甘雨之神。位居前五，家甲寅，木旺春三月，吉将也。青龙水木神也，东方青帝，九阳五所居，禄首甲寅之地，高贵端雅，方正廉平，执生气，为辅弼大臣，得地则富贵尊崇，失地则财宝外耗。畏阴、虎，爱、后、合，不立申酉。

青龙主文字、财帛、舟车、林木、衣服、书契、官府、升迁、僧道、高人、婚姻、喜庆、媒妁、胎产、宴会、果药之属。其戾主哭泣、病疾、公讼、失财、走畜、陷溺舟车。

凡占公事，虽以青龙为喜神，若披刑杀入卦，贼日干，却主凶，以其为杀神也。

凡新妇入门时，忌天后乘神克青龙，主损夫。

求财以青龙为主，要乘旺相气，临旺相乡，与日辰相生，或作三合、六合者吉，亦须入日辰、三传，不然亦为闲地，求财难矣。占婚姻、胎产同此。

又龙生命有财，克命退财。占盗贼忌龙入卦，以龙为万里之翼也。占行人亦主转往他方。占病龙入传，必因酒食；不然因会亲、情喜好得病。

占文官则视青龙，武官则视太常，与日和合者吉，反此者凶。太岁作龙常，必主迁转。

凡龙与煞并加日辰者，主喜庆中有斗杀。

龙开眼，主消灾。孟寅、仲酉、季戌是也。

龙旺，主贵人迁官；相，婚姻喜庆；死，有死人财物；囚，有囚人财物；休，有故旧酒食。

赋

青龙财喜，多主亨通。伏陆在酉，允宜退守；蟠泥在丑，所谋未称。登魁在戌兮，小人争财；飞天在巳兮，君子欲动。乘云在寅，驱雷在卯，宜于营运，利进；摧角在申，无鳞在未，宜乎安静，动凶。午焚身，辰掩目，缘财有不测之忧；子入海，亥游江，因动有非常之庆。

天魁小人也，故在戌主小人争财。一名御雨出入，多劳，主凶。在巳主炎盛，云行雨施，故曰飞龙，利于进谒。寅主征召，又主子孙欢庆。卯又名戏水，才货重重。一说龙乘寅卯，多是求亲。龙乘寅卯加申酉，折足斗讼之象。未为木墓，辰为水墓，故曰无鳞。掩目在午，一云无毛，损财、忧官府，若妻有孕动摇即无虞。亥子俱主舟车、财帛之喜，亥又主婚姻；一说子乘龙合，女占必受皇恩。又曰“子午乘龙，妻妾怀孕”，不然家藏孕妇。

诗

前五青龙丞相位，酒食财钱婚礼仪。君子奏官迁远职，小人财物送乡耆。

旺相相生媒妁吉，死囚刑克是私通。病者沉热心肠疾，祟关司命且堪医。

类

于人为贵官、族、僧道、高人；于祟司命；于病头目、心痛、四肢、寒热、痈肿；于五谷草木之精，可食之物；于兽龙、虎、豹、狸、猫之属。变异为文章、羽毛、钱物、脯玺之类，又为棺椁、枷棒之类。色黄赤，数七。

七、天空论

天空在天为司直官，雷部中为黄埃、尘雾之神，又为渴雨神。位居后六，家戊戌土，旺四季，凶将也。天空乃阳土之神，燥灰之土，为中央最卑之位，列奴婢之行，为天地之杂气，作人间之诈神。得地则当直之吏，非多是少，妄起事谋；失地则奴辱婢舌，或显或隐，动无济物之心，静有妖氛之气。爱玄、后，畏龙、阴、雀，不立四孟。

天空主奴婢、公吏、市井、小人、财帛、言约、私契，其戾主奴婢、口舌、脱空、不实、虚伪、巧诈、是非、毁败之事，以其为空亡寂灭之神，即空亡之类也。

若在辰、戌、丑、未四宫，谓之天空闲，亦可以成小，不可成大事。其或顺理，旺气相生，主财帛喜，奴婢小人同心，更带财星及天喜者，必因小人获财也；不然因僧道获财，或因虚诈有功。

《花瓶记》曰：“天空安居，有言不虚。”①

占词讼，最爱天空发用，及终传，主讼解，谋不成。若求财物，又深忌之。②

占婚，天空发用及临日辰者，其家必有孤寡之人，不然更徙祖业。

占奴河魁，婢从魁，皆以天空为主星，要天空乘神与干支生合无克贼则

---

① 尝夏占铸钟，天空附火发用，旺相相生，钟遂成，止有小衅。

② 一说，加临日干旺相，主作营运行商。

吉。不然，主逃走，更值魁罡，其仆不良。占行动，主道路卑贱相损。占赴试奏对，亦吉。天空乃奏书之神也。托人谋事最防虚诈。

占宅墓，若宅墓上见水神，或门户上见天空并者，必主水道、垣墙壅塞，泥淤不便。宅墓者，宫音宅在未，墓在辰；商音宅在酉，墓在丑；角音宅在卯，墓在未；徵音宅在午，墓在戌；羽音宅在子，墓在辰。惟年将其音相连，如天空戊戌土乃徵音及商羽音；太常己未土，贵人己丑土，俱商音及角音。勾陈戊辰土，宫、羽、徵音。凡占得年将，必主大小墓相连也。

天空见泪，哀声聒耳。六甲旬中居壬癸，地见壬癸也。

天空旺，主贵人欺诈；相，财物欺绐；死，欺诈死人事；囚，刑狱欺绐；休，被人欺诈事。

赋

天空司直，欺情诈弊。伏室在子，患生于妇女；居家在戌，事因于奴婢。侍侧在丑，诈尊长之言；趋进在未，起货财之利。受辱在巳，被制在寅，然自别其是非；识字在午，鼓舌在申，实难分其真伪。凶恶在辰，乘侮在卯，有暴客以欺侵。巧说在酉，诬词在亥，值奸人之谋计。

子为房室，故主阴人灾。又云溺水，主小人蹇塞。戌为奴婢本家，故主之。在戌辰丑未俱名处机，主小事成合。丑为贵人，故曰侍侧。未为酒食，以戌刑未，故主诓赚得财。一云：主宿疾。加寅一名犯牢，主公私口舌。加巳，一云投绝，若发用主血痢之疾。午为文明，故识字；申为舌辨，故鼓舌，情伪难测。辰为恶杀，卯为门户，克伤故主暴客。酉为蔽匿，亥为口舌，二者皆主巧言奸诬。一说天空加酉奴婢走失、奸淫；加亥名濡冠，亦主小利遗失。

诗

后六天空司直官，奸谋诡诈事多端。君子迁转防谗诳，俗辈孤单被欺瞒。
比助相扶奴婢喜，刑伤不睦是非搀。疾关气胀疼胸胁，井灶为殃岂得安。

类

于人丑妇、贫人；于崇井灶及绝嗣鬼；于病胁腹中气并下痢；于五谷[①]；于兽狼狗之属。又为印绶、金铁、空虚之物，变异为虚空不实，臭恶令物。色黄，数五。

---

① 此处原缺数字。

八、白虎论

白虎在天为廷尉卿，雷部中霹雳之神。又为风伯，位居后五，家庚申金，旺秋三月，凶将也。白虎乃西方白帝金神，四炁阴柔之五女也。刚金专主权煞，九天玄女下执法神也。貌若妇人，多与人为凶器、丧服，能损骨肉，亦为胎孕，多行暗道，好作阴私，浸淫浊滥，与后妇同好暗室，操行不良，职居大将。运得地，则气雄威猛，失地，则狼狈而凶。

冬主雹、冻、大风，夏主暴雷害物。

白虎主道路、信息、兵戈、动众、威权、财帛、犬马、金银、宝物，其戾主孝服、哭泣、死丧、疾病、怪异、凶恶、杀伐、灾害、口舌、狱禁、斗闹、暗昧、血光、怨仇、惊恐、刑戮之事。披刑带杀，灾祸立至。

虎旺相相生及顺理者，亦作财物断之，不然因闹处得财。

凡占施大功，作大事，最要虎入课发用，其功立成，虎乃威权之将也。

占官爵亦要白虎，乃为威权，更带杀尤美，所谓"不刑则不发也"。

占病切忌白虎贼日，兼虎带杀贼日，斗魁作虎克日、克行年，虎阴克日辰年命，皆凶。最爱虎空，附德神者吉。有白虎落空亡，或有德与日相生，不损人惟，凶煞重亦，不能救；占公事，忌蛇、虎、克日干，以二将皆血光之神也。占墓宅，看白虎临何方，断其方有岩石、神庙之象。占行人以虎为准，初传立至，中传在途，末传失约未来。虎带丧吊加支，主家丧服，或外服入宅。传中见虎，须干有服人。

占天时，虎主大风。虎仰视凶恶之甚，治四孟是也。

虎遭擒免灾，太岁类合治寅午戌是也。

虎旺上，主哭泣遭官事；相上，远使怨仇相争事；死，病疾死丧事；囚，血光沉沦狱讼事；休，有疾病。

赋

白虎道路，官灾疾病。溺水亥子，望音书不至；焚身巳午，虽灾祸反昌。临门兮卯酉，伤折人口；伏野兮丑未，损失牛羊。登山在寅，掌生杀之柄；落阱在戌，脱桎梏之殃。衔牒在申，立可待其有喜；咥人在辰，终不见其为祥。

金到水沉溺，故望信不至。一云在亥主有孕妇。巳午火克金，主反祸为福。一云虎乘魁罡加巳午主孝服，或干孝人事。未伏穴难动，酉当路俱老幼疾病。丑未为田野，故损牛羊。又云，丑日直视有求望。一云防害，未亦名登山。主进用有权。滞中得速。虎登山主生财，人口有伤。一云：蛇虎临寅梁，折屋坏落；阱亦主反祸为福。一云在戌闭目，戌为白虎兮犬惊，乃正位为衔牒，主道途信通。又云，申酉俱争讼，辰凶恶，故啐人，主官灾刑戮，又名夜行，凶。

诗

后五白虎廷尉宰，孝服疾病狱囚萦。君子失官流血恐，小人杀伤致身倾。

旺相相生惟损失，死囚刑克虑沉溟。病者目头痈疽苦，祟犯伤鬼祭乃宁。

类

于人为病人、孝子；于祟兵死、客鬼；于病痈肿、头目见血、忧惊；于五谷麦麻；于兽猿猴虎之属。又为金铜、铁镜之器，变异为剑伤形。色白，数七。

九、太常论

太常在天为太常卿，一云少府，雷部中养物之雨，淑气之风。位居后四，家己未土，旺四季各十八日，吉将也。太常己未燥土，为四时之喜神，和八节之嘉会，动遵礼乐为司察之官，职在礼乐谷帛之权。得地则为衣物、财帛、田园、宝货，失地则退藏屯剥，牙保、媒人。爱贵、合、后，畏蛇、空。

太常主文章、印绶、公裳、服饰、信息、交关、酒食、宴乐、绢帛、田地、五谷之属。其戾主乖违、失公私文字、窃盗、衣裳、哭泣、不美、公私、牢系。

占官最喜此将，终始见太常、天驿二马、印绶之卦，所求遂意。如传见河魁、太常，主两重印绶；盖河魁为印，太常为绶也。

占得太常发用，更临日辰门户者，为印绶星动，君子遇之，决主印绶文字之喜。旺相相生，迁官转职，即小人亦主媒妁婚姻。休囚刑克，则财帛不安，货物不足。

太常被剥，百事消烁。春辰、夏酉、秋卯、冬巳是也。

太常旺，主贵人财物，酒食婚礼喜事；相，祠祀、衣裳、婚事；死，谥赠、财帛、囚、县官、召命；休，有病人、衣服、钱物，披刑带杀，其事速成。

赋

太常筵宴，酒食相奉。遭枷在子，必值决罚；侧目在寅，须遭佞谗。遗冠在卯也，财物损失；逆命在戌也，尊卑起讼。衔杯在申，受爵在丑，必进职而迁官；铸印在巳，捧觞在未，或征召与喜庆。午乘轩，有改拜之恩；辰佩印，有再迁之命。亥为聘诏，上虽善而必虑下憎；酉作券书，始虽顺而提防后竞。

子水旺，土囚，故名荷项，因酒食与人决罚。寅木克土，故小人侧目加谗。太常为衣冠，卯木克之，故遗失，太常乘卯加酉，或克本命，皆主失衣服。戌一名入狱，故尊卑不和。申为杯，丑为贵人，故衔杯而受爵。巳为印，未为酒食，故铸印而捧觞。未又名列席，丑亦名列席，俱有资财之喜。午为相地，故乘轩。辰土近巳，故佩印。辰一名枷项。亥乃绛宫贵人之阙，上人喜，但未土克亥水，故虑下憎。酉为秋分之故，倦出后必有竟也，主阴人喜，且防后争。

诗

后四官为太常卿，田园财帛彩鲜明。君子迁官荣爵贵，小人媒嫂酒逢迎。

旺相相生婚吉庆，死囚刑克失财惊。病者四肢头腹疾，祟缘新鬼可求亲。

类

于人为贵人、贫妇；于祟司命，又新化鬼；于病四肢，头腹不宁；于五谷为麻；于兽为雁羊之属。变异为金石、文华、耳目、毛发之类。味可食，形圆，色黄，数八。

十、玄武论

玄武在天为后军，一云又将军，雷部中为苦雨神。位居后三，家癸亥水，旺冬三月，凶将也。玄武纯阴之水，倚干辅坎，阴极之位，北方至阴之邪气也。能终万物，职将军。得地则御侮之官，专耗散之权；失地则奸盗贼害，不祥。抱不正之气，妖邪六穷之鬼气，当六甲之穷，位在四时之尽。爱龙、蛇、雀，畏空、勾，恶立魁罡。

玄武主聪明多智、文章巧伎、求望财物、干谒贵人。其戾主失脱、盗贼、奸诈、小人、女子、阴私、不明、走失、疾病、鬼魅、梦想、离别等事。

武主鬼扇，其为事多浮泛难成。武在江湖则主风云，在道路则主雨水。武与财星并，主财聚散，或亡失稽滞，少成多败。如其旺相相生，则主交易财物，或作牙侩断之。玄武之阴为第二传谓之盗神；而盗神有所生为藏物潜居之处也。又须看盗神之阴，为第三传。此三处神将相生，上得吉将，其贼难获；若三传神将相克有凶，当主败露；又看人年上神与日，克制玄武者亦获。凡卦，忌武临日辰，或日辰作武，逆理克日辰者，俱防盗贼失脱，亦不宜与小人交易，恐有脱赚；不然其宅有阴人乘门户不利也；如顺理，旺相相生，不在此限。

占走失人物，玄武附德，更临日辰，逃归获。玄武临门户，更直昴星者，必主失脱，官家当主牢狱走失；若直刑、害，罪人自犯。玄武横截、盗贼、兵伤，顺行亥子是也。《未明》又云："武并风伯、雨师二神，必有盗贼。"

玄武旺，主贵人遗失财物事；相，系官失财事；死，盗贼死亡事；囚，盗贼囚系事；休，亡失病人财物事。

赋

玄武遗阴贼走失。散发在子，有捕盗之心。升堂在丑，有干求之意。爱寅兮入林而难寻，恶辰兮失路而自制。窥户在卯也，家有盗贼；反顾在巳也，虚见怖惊。在亥名伏藏，则隐于深邃之乡；在未为不戒，则败于酒食之地。截路在午，拔剑在酉，怀恶反伤；折足在申，遭囚在戌，失势可得。

子曰过海，出入进退。丑曰立云，贼、失物、欺诈、干求。在寅，一说和谐之地，不为灾。在辰主官事，一云魁罡乘武奴婢逃亡。在巳，一云跣足，进身之象，有人举荐。未曰朝天，宜于贵。亥主损官。在午、酉，贼不宜攻。一云午为失剑，不为害。又曰：玄武午未兮转职。申主贼现形，又横剑，主害人。一说武乘亥子申，加卯酉，绝伤。

诗

后三玄武后将军，盗贼奸邪狱讼陈。君子奴逃车马失，常人家破户门淫。

相生健旺伤财畜，互克衰绝丧系迍。病者患腰兼胀满，祟殃河伯溺潭神。

类

于人盗贼、邪视、小人；于祟河伯、水神，一云厕鬼；于病心腹胀满，一云患腰；于五谷为豆；于兽猗猪之属，又为虫；于水中连鳞甲文章之物。变异为内虚女子之物。色黑，数四。

十一、太阴论

太阴在天为御史大夫、中丞，又云天乙嫔妃彩女也，雷部中霜雪冰冻之神。位居后二，家辛酉金，旺秋三月，吉将也。太阴乘金，西方白帝之少女，辅后宫，处人臣之位，有肃杀之权，严重有威貌。得地则正直无私，主台垣谏府、刑章典宪，操天下是非，故于人为信，气禀少阴，嫔媵之职；失地则为婢为妾，三十六怪之主。爱龙、常、后，畏雀、蛇、空，不立夘、午、子。

太阴主妇女、才帛、金银、钱物、阴私、喜庆、婚姻。其戾为阴私损失、谋事迟滞未成、远信未至、病疾未痊。旺相相生，主阴人财喜，或为胎产；死囚刑克，阴小病患，及阴私舌口，婢弊不正之事。

占公讼，太阴入卦，与日相生者，宜首罪。占罪，太阴入卦刑克者，主有神佛愿。

占盗贼，切忌太阴入卦或临日辰，主难获；天地之私门也。徐曰："太阴六合来加日，冥福佐之登远程。"

占墓宅，太阴入卦，所临之方断其有佛寺，及奇美好物名。

占婚，见太阴并酉、亥、未发用，加日辰，其女必不正，或神佛阻，妇人间阻。加日本克日，主淫乱。丙午日见之有财，太阴居申、酉为拔剑，主阴。

太阴旺，主嫁娶阴私事；相，财物蔽匿；死，阴私死丧；囚，阴私囚禁；休，巫医蔽匿事。

赋

太阴所为蔽匿，其来祸福不宁。垂帘在子，则妾妇相侮；守局在丑，则尊卑相蒙。被察在戌兮，忧怪异，小人诬谮；遭淫在辰兮，被乖争，勾连争讼。寅跌足，午脱巾，财物文书暗动；亥裸形，巳伏枕，口舌盗贼惊忧。闭户在酉，看书在未，雅称士人之正；微行在卯，执正在申，偏宜君子之贞。凡太阴所为，虽福亦是蔽匿之事。

子为房，阴为妾，故垂帘相侮。丑，尊贵之宅，阴加故尊卑相蒙，占婚当主贵人为事；一云主僧愿。戌，天空之宅，小人之象，故防谮。辰主乖争，又为狱，故有讼；一云戌曰绣衣，主婚。辰曰理冠，求就；又云堕胎、损妇、跌足、财动。寅脱巾，文书动，其忧喜决于占时；又云午日披发怀忧，寅荣迁恩锡。金生水，在亥为裸体，日亥玄武，酉金珠，主阴有盗贼；又孕病；又云孕喜。巳火克酉，为伏枕，阴人口舌。酉为正位，故闭戶；未为夏未迎秋，金将至，故看书。卯为门，太阴出之，主正直；申为临官，故为执政，四者皆君子则吉，小人凶也。一云酉主奴婢、疾病、出入、防忧；未主传书、欺诈、破失，又婚事。

诗

后二太阴内史丞，阴私蔽匿事相仍。君子罪名将出入，小人赃奸致忧惊。
乘旺相生婚礼验，逢衰刑克祀神征。病者足疾腰伤损，有祟须祈灶有灵。

类

于人与天后同，或云贱妾；于祟女祥，并灶，及绝嗣鬼；于病心、腹、腰、脚损；于五谷为小麦；于兽鸡、雉、飞鸟之属。又为金铁、刀针，变异为野外、水中物。色黄白，数六。

十二、天后论

天后在天事天乙，为后妃，雷部阴霖雾雨之神。位居前一，家壬子水，旺冬三月，吉将也。天后，六阴之极，北方黑帝之五女，处人臣之位，任用财物，为阴户之事。掌握后宫，配贵人，多柔顺，主迟滞，体天地之至位，作群侯之慈母，得地则清贞廉洁、高贵尊崇，失地则淫滥奸邪、杂乱人伦。爱龙、常、贵、合，畏勾、空土神，不立四季。

天后主宫庭、阴私、喜庆、妇人、财物、婚姻、胎产与赏赦、庆贺、恩泽。其戾主帷簿不修，阴私不明，欺诈不实，口舌走失。

凡占后乘太岁加日、临门户，主恩赦之兆立至；更值三阳、三光尤准，占公事最宜见之；如不临门户，但入课传者，则主迟慢。

天后所乘神切忌下贼上，必有小人凌辱之事；盖后是皇后星，女弱之象，不宜为下所制也。

占婚，宜后与日相生，及三六合者成，反此不成。天后克日干，女贪男，而男不肯；日干克天后，男贪女，而女不肯。若卦传大吉，主先阻后成。

天后乘神可以定女子性情、容貌。天后乘马，命见解神，主阴人离别。后阴作玄，暗昧不明；后阴作虎，主妻病凶。罡为后加妇年，主堕胎。

天后阴申阳酉，主淫乱未明。一曰：天后多因占女人，忽逢土旺主灾损。若临午未并壬癸，万事十谋无一真。

天后旺，主嫁娶酒食；相，主妇人阴私事；死，主死丧财帛事；囚，主奸邪系事；休，主阴私疾病事。

赋

天后妇女，敝匿阴私。守闺在子，治事在亥，动止多宜。临门在卯，倚户在酉，奸淫不足。褰帷在戌，伏枕在午，非叹息则呻吟。裸体在巳，毁妆在辰，不悲忧则羞辱。优游闲暇，皆因理发在寅，修容在申。悚惧惊慌，缘为偷窥在丑，沐浴在未。

子宜静，亥宜动，又云子主贵人、婚礼、远信、盗贼，亥主阴人病，占讼必狱。卯酉为门户，主奸淫，家事不宁。午为水胎，故伏枕，主孕病。戌为狱，水受克，故褰衣，主失物讼事。水淫于巳，故裸体奸淫之羞。辰为牢狱，故毁妆，主遗失衣物、官讼。又云魁罡作后，家藏恶疾阴人。一云在辰，婚产。寅为毛发，水生木故理发。一云文书不决。申为容水生之地，故修容。一云奸私，寅亥合而丑近之，故偷窥主阴私。一云主婚礼。又云后乘丑加支为用，夜梦鬼交，未为衣服，水受克，故沐浴主妇人忧。又云阴后在小吉，主妇人婚。一云男进田宅。

诗

后一天后彩女嫔，惟须禁锢莫因循。君子迁官会宾客，小人陈仪议婚姻。旺相维持妻妾产，休囚伤害暗私淫。病成痢疾腰肢患，祟犯河官溺死神。

类

于人贵流、妇人；于祟水神、溺鬼；于病阴阳不调，大小便不利，脏腑之疾；于五谷稻豆；于兽鼠蝠。又为女人用物，变异为金石草木之属。色洁白，数九。

以上所述为神将类象，在实际应用中我们要灵活使用，正如阴山道士所云："吉神吉将不相生，事事比和总不成。凶神凶将无克战，灾迍不作永和平"，神将一定要遵从五行生克，结合日辰和事体性质而定，要掌握其灵活用法，可以参考本书第六章的六壬实例。

第四节　天官加临辨

此篇文章出自刘日新，主要论述十二天将加临之说，这一论题涉及壬学神将位置的矛盾争议。本文论述有据有理，读者可以参考阅之，其中也有牵强附会的地方，其言论中有重六壬轻金口之说，则不足为据。

夫天乙贵人者，诸神之尊，人君之象，代天理物，周行天下，无不遍临，以地盘而言之，贵人加临于十二宫，犹王者巡游于十二国也，出治则有顺逆之分，加临则无彼此之异。故十二宫皆有贵人，以见其一人而履万邦，四海而仰一人也。天空乃奏书之神，与贵人常相对，故十二宫亦皆临之。以天盘而言，辰戌为罗网，贵人不到之地，既无贵人则无天空也。

螣蛇乃贵人之先锋，白虎乃螣蛇之应队。以天盘顺逆二治凑合而言，巡行营卫，亦无不到。以地盘考之，顺治不入于亥，逆治不入于戌，故戌、亥二宫无螣蛇，辰、巳二宫则无白虎。

前二朱雀与后四太常相当，天盘亦皆临之，地盘顺治不入于亥子，逆治不入于戌酉，故戌、酉、亥、子四宫无朱雀，则卯、辰、巳、午四宫无太常。

六合主奸，玄武主盗，二将亦相对。以天盘而言，二将不临丑未。以地盘而言，六合主成，日中为市，爱昼阳而不入于阴，故自申至丑，六宫无六合；玄武主窃，夜以潜行，爱阴暗而畏行于阳，故自寅至未六宫无玄武。

前四勾陈主捕亡，后二太阴主隐蔽，二将性反而位相冲，天盘亦无所不临。以地盘论之，则酉、戌、亥、子四宫无勾陈，乃太阴家乡，隐蔽之乡不能捕也；卯、辰、巳、午四宫无太阴，以勾陈居里，阳明之地不能隐也。

青龙，天乙之丞相，代君出治于外；天后，太乙之元妃，助君主治于内。以天盘而言，则循行列国，政教所及，既无不被，十二宫中，二将亦皆临也。以地盘而论，东南属阳，木旺之地，丞相主之，故辰、巳二宫无天后；西北属阴，水旺之方，后妃主之，故戌、亥二宫无青龙也。

此则十二宫贵神上下加临不易之定例也，其曰在子在丑，以至在亥者，贵人所乘加临之位也，以“在”字作地盘而论，以“乘”字作天盘而断。

愚意以为“在”字，亦未尝专属于地盘也，何以见之？且如正月乙亥日卯时，干上子，支上未，上克下，支上神为用，三传未卯亥，谓之自墓传生；盖未为乙墓，未不在未而在于亥，亥为乙之长生，亥不在于亥，而在于卯，是皆以天盘之未亥而言也。又如正月乙未日未时，干上申，支上亥，下克上为用，三传亥卯未，谓之自生传墓；盖乙木生于亥，墓于未，但以天盘初传为亥为长生，而不论乎坐下之墓，以天盘末传之未为墓，而不论所临之卯矣。又如乙亥日亥将戌时，干上巳，支上子，第四课丑加子为用，顺连茹卦，三传丑寅卯，谓之日辰夹定三传，所虚一位，卯上辰也，拱虚一位，所欠财利，本命属龙，方始遂意；盖乙木克辰土为财，日辰夹拱三传，内虚一辰，故曰所欠财利。若占人本命属龙，以辰字填实补之，财始遂意也，然但知本命属龙，在于地盘之辰宫，而不知天盘之辰字亦为紧要也。由此推之，则贵神之在子在丑之在字，非特以地盘而言，兼乎天盘地盘而言之也。

然则干支六壬以天盘起贵人，则一日之内，有十二时，旦暮循环，随时变迁，临于各宫，无所不到。故其临十二宫所主吉凶之法，备载之可也，其于方位六壬，以地盘起贵人，故以一日之内，月将加正时，虽有变更，而阴阳贵人常有定位，旦治用阳，暮治用阴，各居其所，一定而不易也。是以地盘之上，辰戌二宫无贵人，亦无天空；酉戌亥三宫无龙蛇，卯辰巳三宫无后虎；朱雀、勾陈不临西北，自申至子也；太常、太阴不履东南，自寅至午也；六合、玄武不越于丑未，故自未至丑七宫无六合，自丑至未七宫无玄武。由此观之，则十二宫中贵神既不能以遍临也。夫何《管子书》、《金口诀》、《神将汇占》种种书中，十二神加临十二位吉凶之法无不备录，岂前贤未深考，抑亦别有说耶？

贵人在亥天门前顺行，在巳地户前逆行，故诸神不能遍历十二宫，亦有阳贵顺行，阴贵逆行之说，不拘天门地户之限者，愚意在字既不专属地盘，而加临之临字，亦兼属天盘而言，则无不周遍，但以之断言吉凶可也。主若地盘贵神所不到者，则不能强之临也。如六合天地盘不至于丑，若玄武，天地盘不临未，故于干支六壬，以玄武不行乎阳，而以玄武之阴神为盗神，是补其不及也。方位六壬则将何以补之？但以其人之方位论，故尔前贤皆未言及此，故特举其端，以诏后之学者，使知支干之六壬，贵神不依，有无穷之妙，方位之六壬，特壬课中之一指耳，不可不察也，顾较其重轻，精研支干而舍方位，谁曰不宜，若专治方位而舍干支，断不可也。苟能以干支为经，以方位为纬，互相参考，乃壬术中之善之善者也。管见如斯，故辩之于贵神之后，以俟后之知者。

第五节　大六壬神煞总纳

所谓神煞并非什么神仙鬼怪，而是古人将一些有关天文、五行、类象等经验归纳总结而成的定式，结合中国传统文化，将之命名为神煞。因此通过神煞之名，我们可以了解到很多我国的历史文化知识。神煞之起源难考，但是其意义大多出于五行、类象、天文等方面。神煞可以说是中国术数特有的预测因子，它们在六壬判断中起到画龙点睛的作用。我们可以看到很多术数都应用神煞，譬如四柱、七政、奇门、六爻等等，但是神煞的使用都有相关窍门，并非见凶煞便断凶，见吉神便断吉，而是必须结合相关事体，结合格局、五行生克制化而用。并且很多神煞有其使用的关键窍门。本节根据六壬古籍整理了部分神煞，读者在使用时不要照搬，要学会有选择的使用神煞，一般应用较多的，譬如禄、马、羊刃、破碎、天马、丧门、吊客、病符等等，有的神煞为支煞，譬如驿马、劫杀、灾煞，年月日时均论，切不可拘泥。最后要说明，壬学大家，各有其自身使用神煞的经验，因此读者要注意在实例与自身实践中汲取相关经验。下面分别列举六壬相关神煞。

岁　煞

太岁，甲子年见甲子，乙丑年见乙丑之类为真太岁，余年仿此。统制岁内吉凶诸神煞，乃人君、尊长、部官之象，入占生干吉，克干支凶。只见岁干或只见岁支者，勿作真太岁看，只能类比尊长以及一般贵人。六月以前见去年太岁主旧年事，七月后见来年太岁主来年事。凡太岁发用，必有急事发。太岁不喜入宅，古人云“太岁临支，人宅大灾，克支尤凶。”其他岁中神煞如下：

岁干／神煞	甲	乙	丙	丁	戊	己	庚	辛	壬	癸	注解
岁德	甲	庚	丙	壬	戊	甲	庚	丙	壬	戊	阳年即岁干，阴年岁干之合，入占福集殃消。
岁德合	己	乙	辛	丁	癸	巳	乙	辛	丁	癸	岁德之合，入占与岁德同。
天廷	丑	寅	辰	巳	辰	巳	未	申	戌	亥	岁干禄位后一辰，是主事于朝廷。

岁支／神煞	子	丑	寅	卯	辰	巳	午	未	申	酉	戌	亥	注解
岁合	丑	子	亥	戌	酉	申	未	午	巳	辰	卯	寅	合吉星为福，合凶星为祸。
岁破	午	未	申	酉	戌	亥	子	丑	寅	卯	辰	巳	岁支之冲辰，凡占皆凶。
岁墓	未	申	酉	戌	亥	子	丑	寅	卯	辰	巳	午	暗昧抑塞，防讼狱。
岁刑	卯	戌	巳	子	辰	申	午	丑	寅	酉	未	亥	岁支之刑辰，主官非刑责。病讼最忌。
劫煞	巳	寅	亥	申	巳	定	亥	申	巳	寅	亥	申	凡占皆凶。此为支煞，论日煞尤要看。
灾煞	午	卯	子	酉	午	卯	子	酉	午	卯	子	酉	凡占皆凶。论日煞尤要看。
岁煞	未	辰	丑	戌	未	辰	丑	戌	未	辰	丑	戌	凡占皆凶。劫煞、灾煞、岁煞名曰三煞。
官符	辰	巳	午	未	申	酉	戌	亥	子	丑	寅	卯	主官非。
将军	酉	酉	子	子	子	卯	卯	卯	午	午	午	酉	主征伐、行人。
大耗	午	未	申	酉	戌	亥	子	丑	寅	卯	辰	巳	主破耗。
小耗	巳	午	未	申	酉	戌	亥	子	丑	寅	卯	辰	主破耗。岁宅同。
病符	亥	子	丑	寅	卯	辰	巳	午	未	申	酉	戌	主病，占病克干支年命者死。

丧门	寅	卯	辰	巳	午	未	申	酉	戌	亥	子	丑	丧吊俱到克干克支者，方以丧服论，否则不作丧吊看。
吊客	戌	亥	子	丑	寅	卯	辰	巳	午	未	申	酉	同丧门。

四季神煞

所谓四季，为春、夏、秋、冬，每季各有神煞，列表于下：

四季 神煞	春	夏	秋	冬	注解
天转	乙卯	丙午	辛酉	壬子	天地转为四季极旺之神，物过则损，主灾害。
地转	辛卯	戊午	癸酉	丙子	天地转为四季极旺之神，物过则损，主灾害。
天车	丑	辰	未	戌	有作巳、辰、未、酉，此当为用，主车祸、出行之灾。
天城	申	申	申	申	申为城，故四季俱申，求官上任俱吉。
天吏	寅	寅	寅	寅	求官吉，占词讼乘吉将者吉。 乘勾、武、虎、蛇、雀者，主追呼。
皇书	寅	巳	申	亥	又名皇禧，主诏命征召，能免官灾，主赦免。
天喜	戌	丑	辰	未	主喜庆，官占有恩泽，常占有财喜。
天赦	戊寅	甲午	戊申	甲子	主解厄赦罪。
天盗	酉	午	卯	子	主盗贼，另有正寅逆四孟排法。
钥神	巳	申	亥	寅	主释囚。
转煞	卯	午	酉	子	四季之旺神，物极则反，凡占皆有凶灾。 丝麻煞同此，主吊死。
奸神	寅	亥	申	巳	并合后主淫。
游神	丑	子	亥	戌	主行人。
戏神	巳	子	酉	辰	主行人。
孤辰	巳	申	亥	寅	男忌，妨害六亲，不利婚姻。
寡宿	丑	辰	未	戌	女忌，妨害六亲，不利婚姻。
四废	酉	子	卯	午	四季之死神，凡占无成，与日败并尤验。 如象吉，俟废神当令有望。

三丘	辰	未	戌	丑	四季长生之墓，占病凶。
五墓	未	戌	丑	辰	四季之墓也，占病凶。亦为哭神。
丧车煞	酉	子	卯	午	占病见干上者死。
浴盆	辰	未	戌	丑	地盘忌亥子，天盘忌乘辰。占病凶，不逢水者吉。占产吉，不见水者凶。
天目	辰	未	戌	丑	主怪异，占宅有鬼，有伏尸。
天耳	戌	丑	辰	未	信息之神，所临之方宜察探、追捕。
飞祸	申	寅	巳	亥	刑四孟之神，主横祸。
火鬼	午	酉	子	卯	乘蛇雀克宅，主火灾。
关神	丑	辰	未	戌	占讼有拘幽。

月 煞

月煞中首先要介绍月建，如丙寅月见丙寅，丁卯月见丁卯，为真月建。余仿此。为公侯、大臣之象，入占生干吉，克干凶。单见月支也是月建，为月中旺气，主月内休咎，又名小时。小时煞，又主阻滞，忌行师，蛇加则多主惊恐。其他月中神煞如表所列：

月份／神煞	正	二	三	四	五	六	七	八	九	十	十一	十二	注解
天德	丁	坤	壬	辛	乾	甲	癸	艮	丙	乙	巽	艮	主吉庆，可逢凶化吉。
月合	亥	戌	酉	申	未	午	巳	辰	卯	寅	丑	子	生干有喜，克干有殃。
生气	子	丑	寅	卯	辰	巳	午	未	申	酉	戌	亥	解凶增吉，成就新事。
成神	巳	申	亥	寅	巳	申	亥	寅	巳	申	亥	寅	旺相生合，作事成就。
会神	未	戌	寅	亥	酉	子	丑	午	巳	卯	申	辰	婚姻成，行人至。
天财	辰	午	申	戌	子	寅	辰	午	申	戌	子	寅	课传无财，此神临干或作用，亦可求财。
信神	申	戌	寅	丑	亥	辰	巳	未	巳	未	申	戌	主有恩信。
天诏	亥	子	丑	寅	卯	辰	巳	午	未	申	酉	戌	庶人利动官迁升。
皇恩	未	酉	亥	丑	卯	巳	未	酉	亥	丑	卯	巳	免罪。
皇恩大赦	戌	丑	辰	未	卯	酉	子	午	亥	寅	巳	申	为官免罪复兴隆。

天恩	未	酉	亥	丑	卯	巳	未	酉	亥	丑	卯	巳	官占有恩升迁，有本作皇恩。
圣心	亥	巳	子	午	丑	未	寅	申	卯	酉	辰	戌	占章奏喜生合日干，克冲破害不吉。
华盖	戌	未	辰	丑	戌	未	辰	丑	戌	未	辰	丑	少年遇之懵懂，老年主福。
长绳	酉	午	卯	子	酉	午	卯	子	酉	午	卯	子	主缢死、绳索。天鬼、天咒排法同此。
悬索	卯	子	酉	午	卯	子	酉	午	卯	子	酉	午	主缢死、绳索。桃花排法同此。
天鼠	子	亥	戌	酉	申	未	午	巳	辰	卯	寅	丑	主鼠耗，其下可捕贼。
天鸡	酉	申	未	午	巳	辰	卯	寅	丑	子	亥	戌	主信息、行人
信神	申	戌	寅	丑	亥	辰	巳	未	巳	未	申	戌	主有恩信。
天巫	辰	巳	午	未	申	酉	戌	亥	子	丑	寅	卯	宜作福。
天马	午	申	戌	子	寅	辰	午	申	戌	子	寅	辰	官升迁，行人至。凡占主速。捕亡难获。
天医	子	卯	午	酉	子	卯	午	酉	子	卯	午	酉	生合日干吉，可服其药。作鬼克干，必为医误。天医另一排法正月起辰顺行。
地医	子	丑	寅	卯	辰	巳	午	未	申	酉	戌	亥	即生气，占与天医同。地医另一排法正月起戌顺行。
天解神	申	未	午	巳	辰	卯	寅	丑	子	亥	戌	酉	主解散一切，吉凶无成。
地解神	申	申	酉	酉	戌	戌	亥	亥	午	午	未	未	主解散一切，吉凶无成。
活天赦	未	戌	丑	辰	未	戌	丑	辰	未	戌	丑	辰	生合日干，主赦罪。
官符	午	未	申	酉	戌	亥	子	丑	寅	卯	辰	巳	主官非。
月破	申	酉	戌	亥	子	丑	寅	卯	辰	巳	午	未	破坏，无成。
月刑	巳	子	辰	申	午	丑	寅	酉	未	亥	卯	戌	占病讼忌，不利家长。
大煞	戌	未	辰	丑	戌	未	辰	丑	戌	未	辰	丑	同光怪排法，主凶、怪。参《毕法赋》
迷惑	丑	戌	未	辰	丑	戌	未	辰	丑	戌	未	辰	主疑惑昏迷、怪。五盗排法同。
丧车	未	辰	丑	戌	未	辰	丑	戌	未	辰	丑	戌	占病忌。

枯骨	未	申	酉	戌	亥	子	丑	寅	卯	辰	巳	午	井煞同此。主凶，占灾病忌。
死气	午	未	申	酉	戌	亥	子	丑	寅	卯	辰	巳	占病凶。官符、孝服、谩语排法俱同死气。
死神	巳	午	未	申	酉	戌	亥	子	丑	寅	卯	辰	占病凶，乘虎为衔尸，尤忌。
血支	丑	寅	卯	辰	巳	午	未	申	酉	戌	亥	子	男子血光，阴人堕胎，忌针灸。
血忌	丑	未	寅	申	卯	酉	辰	戌	巳	亥	午	子	占与血支同。
雌虎煞	辰	巳	午	未	申	酉	戌	亥	子	丑	寅	卯	见刃为鬼主虎咬人。
产煞	寅	巳	申	亥	寅	巳	申	亥	寅	巳	申	亥	乘后阴立产，乘勾虎产难。
咸池	卯	子	酉	午	卯	子	酉	午	卯	子	酉	午	即桃花，主淫乱，妇女不正。
奸门	申	亥	寅	巳	申	亥	寅	巳	申	亥	寅	巳	主淫乱。
火烛	巳	午	未	申	酉	戌	亥	子	丑	寅	卯	辰	乘蛇雀克干身灾，克支宅焚。
月厌	戌	酉	申	未	午	巳	辰	卯	寅	丑	子		凡占皆凶，事无成，宅有怪。
飞廉	戌	巳	午	未	寅	卯	辰	亥	子	丑	申	酉	克干有非常之惊。凡占皆速。横事，恶死，占宅有怪
天鬼	酉	午	卯	子	酉	午	卯	子	酉	午	卯	子	主病疫，宅有怪。
天怪	丑	子	亥	戌	酉	申	未	午	巳	辰	卯	寅	宅有怪。
飞魂	亥	子	丑	寅	卯	辰	巳	午	未	申	酉	戌	主鬼祟相侵，夜梦不祥，占宅有怪。
雷公	寅	亥	申	巳	寅	亥	申	巳	寅	亥	申	巳	乘蛇雀雷电，后武雨，贵空晴。天盗与之排法同。
雷煞	亥	申	巳	寅	亥	申	巳	寅	亥	申	巳	寅	与雷公同。另有正月起巳，顺行十二排法
风伯	申	未	午	巳	辰	卯	寅	丑	子	亥	戌	酉	主风。
风煞	寅	丑	子	亥	戌	酉	申	未	午	巳	辰	卯	主风。另有正申逆十二排法
雨师	子	卯	午	酉	子	卯	午	酉	子	卯	午	酉	加旺相有雨。

旬煞

六十甲子日，分为六甲旬，每旬中有神煞列表于下：

六旬 / 神煞	甲子	甲戌	甲申	甲午	甲辰	甲寅	注解
旬奇	丑	丑	子	子	亥	亥	散祸吉庆。
六仪	子	戌	申	午	辰	寅	吉庆，首领。
空亡	戌、亥	申、酉	午、未	辰、巳	寅、卯	子、丑	不实，落空。
响动	庚午	庚辰	庚寅	庚子	庚戌	庚申	六甲旬中庚即是，主响动。
旬丁	丁卯	丁丑	丁亥	丁酉	丁未	丁巳	速动，怪异。
闭口	癸酉	癸未	癸巳	癸卯	癸丑	癸亥	私密，病不食，人不言，运不通。
五亡神	辛未	辛巳	辛卯	辛丑	辛亥	辛酉	六辛即是，克日辰年命，主盗贼相侵，忌出外。

日干神煞

日干 / 神煞	甲	乙	丙	丁	戊	己	庚	辛	壬	癸	注解
日德	寅	申	巳	亥	巳	寅	申	巳	亥	巳	福佑之神，凡占大吉。
五合	未	申	戌	亥	丑	寅	辰	巳	未	巳	和合之神，凡占大吉。
日禄	寅	卯	巳	午	巳	午	申	酉	亥	子	象吉、将吉为食禄，象凶、将凶为比劫。
长生学堂	亥	亥	寅	寅	申	申	巳	巳	申	申	聪俊、高科、清职。其遁干克日则为官鬼学堂，为生处见克。
贤贵	丑	申	寅	寅	午	丑	申	寅	寅	午	占干贵并贵人吉，占朝觐，贤贵立天门，传导逢君子。
兼务	戌	酉	申	未	午	巳	辰	卯	寅	亥	占官主兼两任。
进神	子午	子午	子午	子午	子午	卯酉	卯酉	卯酉	卯酉	卯酉	凡事宜进，进有庆，退失机。
退神	丑未	丑未	丑未	丑未	丑未	辰戌	辰戌	辰戌	辰戌	辰戌	凡事宜退，退无咎，进有阻。

日解	亥	申	未	丑	酉	亥	申	未	丑	酉	解凶。
日医	卯	亥	丑	未	巳	卯	亥	丑	未	巳	生合日干可服其药，否则不吉。 急病视日医，缓病视天地医。
羊刃	卯	辰	午	未	午	未	酉	戌	子	丑	静吉动凶，又主血光。
日刑	巳	辰	申	丑	申	丑	寅	未	亥	戌	凶。
直符	巳	辰	卯	寅	丑	午	未	申	酉	戌	即飞符，占病凶，出行不归，逃亡向之吉。癸日受克为逃亡逢吏，不吉。
游都	丑	子	寅	巳	申	丑	子	寅	巳	申	兵占游都察贼来否，为贼藏处。
鲁都	未	午	申	亥	寅	未	午	申	亥	寅	察贼来否，为贼藏处。

日支神煞

日支 / 神煞	子	丑	寅	卯	辰	巳	午	未	申	酉	戌	亥	注解
支仪	午	巳	辰	卯	寅	丑	未	申	酉	戌	亥	子	吉。
支德	巳	午	未	申	酉	戌	亥	子	丑	寅	卯	辰	吉，次于日德。
六合	丑	子	亥	戌	酉	申	未	午	巳	辰	卯	寅	吉，和合相会。
三合	申 辰	巳 酉	午 戌	亥 未	申 子	酉 丑	寅 戌	亥 卯	子 辰	巳 丑	午 寅	卯 未	六合三合，占成合事吉，占解释事不利，占病亦忌。
六冲	午	未	申	酉	戌	亥	子	丑	寅	卯	辰	巳	冲破害刑，凡占不吉。
六破	酉	辰	亥	午	丑	申	卯	戌	巳	子	未	寅	破败，破坏。
六害	未	午	巳	辰	卯	寅	丑	子	亥	戌	酉	申	主损害。
三刑	卯	戌	巳	子	辰	申	午	丑	寅	酉	未	亥	主刑伤。
日马	寅	亥	申	巳	寅	亥	申	巳	寅	亥	申	巳	主动。又主速。有岁月日时年命六马，而日马为尤要。
华盖	辰	丑	戌	未	辰	丑	戌	未	辰	丑	戌	未	支三合之季辰，主昏迷。
破碎	巳	丑	酉	巳	丑	酉	巳	丑	酉	巳	丑	酉	主破坏。月上也论破碎。如子月破碎在巳。依此类推。

桃花	酉	午	卯	子	酉	午	卯	子	酉	午	卯	子	主淫乱。
雷电	辰	辰	未	未	戌	戌	丑	丑	寅	寅	卯	卯	主雷电。
雨师	申	酉	戌	亥	子	丑	寅	卯	辰	巳	午	未	加旺相有雨。
晴朗	午	未	申	酉	戌	亥	子	丑	寅	卯	辰	巳	支之冲辰，主晴。
将军	子	酉	午	卯	子	酉	午	卯	子	酉	午	卯	兵占旺相吉。

上面系列表，介绍了大六壬的大部分常用神煞，下面笔者在上表的基础上介绍三大类重要神煞，此三大类为一行禅师、李淳风等易学大家所重视的神煞，在民间应用极广，其应用范围涉及六爻、六壬、奇门、七政、斗数、四柱、一掌经等诸术，现分类介绍如下：

一、驾前神煞①

一　太岁剑锋伏尸寄（建）

二　太阳天空仍可畏（除）

三　丧门内外孝服至（满）

四　太阴贯索勾绞具（平）

五　官符杖责难回避（定）

六　死符月德同行位（执）

七　岁破月空拦杆是（破）

八　龙德暴败天厄至（危）

九　白虎飞廉同此处（成）

十　天德福星卷舌系（收）

十一　吊客天狗吠（开）

十二　病符顺行位（闭）

二、驾后神煞

子年红鸾卯为首，天喜对宫在于酉。血刃浮沉及解神，戌上分明牢掣肘。天哭还从午上寻，披头更向辰宫究。流神诸恶与诸凶，顺逆地支人罕有。此是神仙不肯留，术家依此长相守。

① 太岁前十二神煞。

三、马前神煞[①]

寅午戌马居申，申子辰马居寅。巳酉丑马在亥，亥卯未马在巳。

假如年月日时为寅午戌，驿马便是申。

还有两种次序为：驿马、六厄、华盖、劫杀、灾杀、天杀、岁杀、月杀、地杀、亡神、将星、攀鞍；或驿马、六厄、华盖、劫杀、灾杀、岁杀、天杀、月杀、地杀、亡神、将星、攀鞍。

又煞四种

1、**收魂煞：**凡墓神为玄武即是。占病主凶。

2、**赶煞：**即太阳，月将也。生干大吉利，克干克支为赶煞，克干则人死，克支则家败。

3、**八妖：**天目、月厌、飞廉、天鬼、天怪、飞魂、直符、月宿以上八煞星，为八妖，如占家宅有一煞入占，便主家有怪异。克干支者凶，不克无害。此论只可参考。[②]

4、**河加井：**壬癸子为天之三河，卯辰酉为地之三井，如三河有一河加井，舟不可行。如戊戌日三传卯寅丑，卯上遁癸加辰发用，为天河地井相迫，主有沉溺之灾。[③]《六壬大全》以未辰相加为天河，子卯相加为地井。又有云：专看天盘辰、未、卯、子为天河，如果天盘辰、未、卯、子加地盘辰、未、卯、子为天河覆地井。卯为舟，卯上见天后、神后，亦忌。

长生十二神论断

天之气五，为旺、相、休、囚、死。地之气十二，为长生、沐浴、冠带、临官、帝旺、衰、病、死、墓、绝、胎、养，此也为五行之始终。甲生亥，丙戊生寅，庚生巳，壬生申，顺行；乙生午，丁己生酉，辛生子，癸生卯，逆行。此为阳干阴干八长生。支则不分阴阳，寅卯生亥，巳午生寅，申酉生巳，亥子生申，辰、戌、丑、未亦生申，俱顺轮，此为四长生。

1、**长生：**长生为五行之始，入占主生扶日干，攸久不移。如父母爱子，

---

① 驿马、六害、华盖、劫杀、天杀、地杀、年杀、月杀、日杀、亡神、将星、攀鞍。

② 有云辰上起子，逆行十二辰为八妖，入传凶，多惊怪。

③ 亥加酉也为河覆井，亥即壬也，其余类推。

无有已时也，但是占病、讼等忌之。长生或发用或临干俱吉，在中末次之，在年命上较迟，然却始终不替。惟戊之于寅，庚之于巳，系官鬼；乙之于午，己之于酉，辛之于子，癸之于卯，系脱气，课象吉以长生论，课象凶以日鬼脱耗论。另外还须注意，逢生不生，必成凶咎，长生遇冲克则不生，坐空亡则不生，如长生又临生地，则生生不已，其妙无穷。

长生之外，又有印神。印者，荫也，吉稍次于长生。乙日亥子为印，丁日寅卯为印，戊己日巳午为印。庚日未戌辰为印，丑系墓神，不为印也。辛日未戌丑为印，辰系墓神，不为印也。癸日申酉为印。甲丙壬日只有长生，并无印神，以子、卯、酉系沐浴神，败干而不生干也。

辰未戌丑日巳午为印。申酉日，辰未戌为印，丑系墓神不生支也。又木日课传得申子辰水局，火日得亥卯未木局，土日得寅午戌火局等类，皆以印论。长生值旺相气，则生干有力而速，否则反是。如课象吉，俟长生旺相之时，仍有济。

2、**沐浴：**沐浴为五行之败气，入占不生干而临干，犹人在童蒙之时，岂有进益？正所谓“沐浴名休败，卖田还宿债，业尽损妻儿，做事何曾快。”因此其为损而困绝之象。干支、年命、发用见之，诸事悔吝。惟捕贼喜之，然要分有水无水，若临四季则有益矣。遇武后亥子则有水矣。占六甲见沐浴则分娩在即，占病重时则命在旦夕。

3、**冠带：**冠带为五行材质已成，尚未得令之际，犹人当弱冠，万物渐荣秀，惟有勤学养望为宜。

4、**临官：**临官即禄神也，正值得令之际，万物秀实，官占作登仕食禄论，常占作当事有为论。禄神最忌遁干见克，如甲申日寅遁庚是也，主暗中伤残，或兄弟朋侪暗中作难。禄神忌遁癸，如乙未日卯禄遁癸是也。癸为旬尽，有终焉之象，且为闭口之禄，不吉。临官、帝旺俱系比肩，或作禄作旺论，或作比劫论，各随课象酌断。

5、**帝旺：**帝旺为五行之极，万物成熟，如人之兴旺，官占作极显论，常占作极盛论。然旺极必衰，君子惟持盈戒满为宜。

6、**衰：**万物形衰，如人之气衰，官占宜告休，常占宜退步。占宜老人而不宜少年。占宅主朽坏不堪，占种植则未经风雨而培植不起，惟占官司则有休息之心。若问功名则有归隐之想。兄弟衰而无助，妻财衰而利薄，妻子无德。

7、**病：**万物病，如人之病，病为垂老，无能为矣。但是病有解，病位空囚，病亦无妨。龙贵太阳临之责为假病，休囚死绝临之则为真病。二马不宜临病，干支不宜坐病，三传病分三焦，四课病分四肢，五行病分五脏，天地病分表里，各因其类而详搜之。

8、**死**：自病而死，则已终矣。万物死，如人之死，然犹未尽也，尚须入墓方毕。占家宅最忌死覆干支，名人宅皆死，六甲不宜死立干支，主子母皆危，坐空亡乘天空，假死也。逢冲克遭白虎，横死也，六畜种作俱忌之。

9、**墓**：为五行尽处，亦为五行归宿处，又曰库。以万物成功而藏之库，如人之终而归墓也。人无论贵贱贤愚，物无论刚柔巨细，有不入土者乎？入占以尽头论，亦以必到论。墓主暗昧抑塞，或以受困论，或以被蒙论，随宜酌断。如占坟茔喜贵人临其墓，占财帛喜青龙入其库，就事而论，不可死执。

干支坐墓，即为入墓。如甲日寅加未，乙日辰加戌，子亥日子亥加辰，主困厄无立足之地，占病尤忌。

干支戴墓，如丙日戌加巳，丁日丑加未，申酉日丑加申酉，主抑塞不通，或被人蒙蔽。

长生坐墓，如甲日亥为长生，辰为亥墓，亥加辰；乙日午为长生，戌为午墓，午加戌；丑未辰戌日申为长生，丑为申墓，申加丑，主不能生扶。

长生戴墓，如甲日辰加亥；乙日戌加午；巳午日未加寅，主新事欲废。

长生坐干支之墓，如甲日生亥墓未，亥加未；乙日生午墓戌，午加戌；寅卯日生亥，未为寅卯之墓，亥加未，主旧事中新事又起。

长生戴干支之墓，如甲日未加亥，乙日戌加午，申酉日丑加巳，主旧事复发，又主废而又起。

禄神入墓，如庚日申为禄，申加丑；癸日子为禄，子加辰，主失其禄。

年命入墓，如命在辰，辰加辰，年在巳，巳加戌。

年命戴墓，如命在寅，未加寅；年在申，丑加申。

行年化气入墓，如行年立寅午戌化气火，午加戌，占病大忌。

吉神、类神入墓最忌，惟日鬼入墓最喜。如丙日子为鬼，子加辰。

三传由生旺传墓，成而后败；由墓传生旺，败而复成。中传见墓，中间有阻；末传见墓，百事终无成就。

辰未为昼墓，戌丑为夜墓，昼墓刚速，夜墓迟缓。夜墓临卯、辰、巳、午、未、申，为自暗投明，尚可解救；日墓临酉、戌、亥、子、丑、寅，为自明移暗，更为晦塞。

墓喜冲忌合，冲则墓开化吉，合则墓闭大凶。如年命上神克之，亦可化吉。

10、**绝**：绝者，言至此而断绝也。入占无一吉征，惟当灾难频仍之际得之，则灾难从此而绝矣。绝坐生处，则绝处逢生，天不绝人，大有起色。坟墓家宅，绝覆干支，丧子灭嗣，婚姻贸易绝临传用，鳏寡亏折，皆所忌也。

11、**胎**：天地将生之德，不至终灭，故五行绝后旋又结胎，犹冬至一阳生也。胎为五行之始，如在母腹，隐然不可见，暗然日以章，此天地阴阳循环不已之大义。入占宜静守，不宜妄动。干遇胎，人无主见，支遇胎，妻受多胎。问六甲，胎坐空而不受，受亦不实。遇冲则小产。六畜临胎则繁衍不息。占病，则有投胎之象。总之，新事胎而复起，旧事胎而尚存，诸事迟滞，所为繁冗。

12、**养**：如小儿初生，入占必有一番喜气，即如四时长生轮至养位，便为一喜星，则干支轮至养位，亦自有喜气也。但干支养则彼此狐疑，禄马养而出入无定。

说明：十二长生分为五行十二长生与十天干分阴阳顺逆十二长生，此篇所述主要为后者，读者主要参考其判断意义。

九天照心胆

太岁天罗枷杻藏，岁刑白虎见重丧。岁破用人多走失，月刑家长不安康。
日刑杀到忧妻妾，时刑阴小有灾殃。三刑六害同传日，虎蛇疾病雀官方。
罗网墓中忧狱系，医巫生气得财粮。死神德上为坟塚，生气墓方是宅场。
玄武有权为失脱，后三生气孕阴阳。天狱将凶主久病，地狱刑同悒患疮。
龙入天罗来问父，虎乘地网走坟堂。金雀刑同防失火，建破魁罡主折伤。
死气日前灾已过，若居日后病临床。螣蛇入武须见怪，龙乘金劫陷山岗。
朱临小吉为虫怪，德同龙合喜婚良。玄武盗神贼入舍，后合私门淫泆彰。
勾陈狱上因追唤，朱雀狱临哭泣扬。白虎猖狂满屋漏，青龙折足退资粮。
玄武持刀忧贼劫，螣蛇丑午牛马伤。贵人朱雀空房内，失脱文书纸数张。
后常若入空亡地，须知一定失衣裳。辰戌阴空忧脱赚，勾陈斗打在寅乡。
盗入青龙防喜贼，日刑时破见血光。武入私门人欲走，贵常龙马旺官行。
岁冲即为岁破神，天空玄武莫相并。遗亡走失怪事频，辰日逢之尤的真。
行人未至看三传，三传传顺未归还。刚日伏吟会时间，三传退逆见团圆。
丧门吊客两凶神，日辰年上用为迍。白虎更兼死气并，岁内频频起哭声。
丧吊初传白虎乡，辰日逢之骨肉伤。若在他传为外丧，复寻年命细推详。
天马克日复临支，得此须知失脱时。后阴玄武又来期。破财人口走东西。
吉神吉将不相亲，事事和平总不真。凶将凶神无克战，灾逢不久永康宁。
注：此篇将神将结合神煞而论，方便读者体会如何结合课体使用神煞。

第六节　大六壬判断精髓集要

本节中，笔者在六壬古籍中精选出经典之作，引导读者整体了解一下大六壬的精华断法结构。以下内容都经过笔者重新编订而成。大六壬主管人事，在人事的预测中要确立太极点，就要涉及到多个方面，古人对此有深层次的认识。六壬课式在实际应用中，针对预测对象要区分彼此、体用、内外、出入、宾主、尊卑；在时空利弊上，要明天时、知地利、喜忌、虚实、聚散；在发展观上，要知进退、动静、始终、迟速、存亡、胜负；在类神取象上，要识幽明、人物、器物、食物、情状、男女、贵贱、亲疏、老幼、新旧、多寡，定方向、远近、前后、左右、高下等等，这样才能将六壬与人事真正意义上连接起来，达成“式事合一”而论。下面我们一一介绍这些知识。

心　法

一者，成败在于决断；二者，胜负在于散合；三者，见而莫疑；四者，分明而有幽理；五者，不可以人事而言；六者，只须致诚用事；七者，有吉将而反凶；八者，有凶神而反吉；九者，诚心默志；十者，不可推求而乱用。此之十般可以明心而识本，自然得其理趣。此心法出自阴山道士口诀，虽然有重复之处，但是细思则颇具理趣。

彼　此

日干为自己，为我，为求测人；三传为他，代表事情以及事情所涉及的他人。地盘上的日为体，为求测者本体，天盘上的日为用，为动态中的求测者本体，它们其实都代表我，都代表求测者。其余四课三传都是他人。这样严格区分彼我，就可以很清楚地分析出事情的发展对当事人的利与弊，并且能够分析出事情发展中可能出现的人、物是怎样的状态。日干支除了代表彼此外，还有很多意义，譬如干为男子，支为女人，干为远为外，支为近为内。这种种类比，都源出阴阳法则，即日干为阳，日支为阴。

日干支在各类事体中的体现，古人举例如下：“如占天雨，以干为天，以支为所占之地；占考试，干为举子，支为场屋；占求官，干为求官之人，支为所历之任；占谋事求财，干为我，支为我所求之人；占出行，干为此处，支为彼处，余依此推。故每一课演成，先省察干支上神，心中便有把握，然后详观三传，则事之始终定矣。”下面列出日辰各类关系的基本判断歌诀。

日上生日百事吉，昼将人助夜神庇。日上克日百不利，昼将人害夜鬼魅。日生上神百费出，日克上神事抑塞。[1] 日上之神去生辰，辰上之神来生日。日辰各受上神生，两家顺利有生意。日上之神去克辰，辰上之神来克日。日辰各受上神克，两家俱伤都不利。日上脱辰我脱他，辰上脱日他脱我。日辰各受上神脱，彼此防脱俱蹉跎。日上之神见辰旺，辰上之神见日旺。日辰上各见旺神，静则为禄动遭网。日往临辰遭下克，自取卑幼凌犯推。辰来临日又克日，卑幼上门肆侵欺。二者皆名为乱首，父子兄弟各离析。日临辰上去受生，以尊从卑受包容。辰临日上来生日，彼自上门来周济。日临辰上去生辰，宅旺人衰虚耗频。辰临日上来脱日，亦主虚耗钱财是。日临辰上去克辰，事虽费力得财云。辰来临日受日克，尊长得财卑幼悲。二者皆名为赘婿，日辰比和吉将吉。日上禄马主荣迁，日见辰马宅动言。[2] 辰上日禄受屈抑，权摄不正此为占。[3] 日辰上各见德神，再乘吉将进发真。若见六合和合事，不宜解散忧病寝。乘墓坐墓日辰同，俱主昏迷云雾中。[4] 宾主不投怀猜忌，日辰互见害与刑。日辰逢败人宅颓，绝神结绝旧事宜。死气死神宜休息，若值空亡虚无实。日课不足心意焦，辰课不足家宅忧。若见卯酉为阻隔，鬼罡蛇虎有伤折。

内外（行人）

日为外，日阴也是外；辰为内，辰阴也是内。外代表事情从外而入，内代表事情从内部、自身引发，外为出，内为入，这样我们就在预测中，能够把握好一定的人事范围。既然四课可以确定内外，我们在分析全课的时候，也要注意发用与类神是否在四课中出现，如果出现，要考虑其内外性质，并且要注意三传与四课上的生克关系，辨别内外因素的影响程度。譬如《青钱

① 日克上神吉将则妻利财获，凶将财散妻灾。

② 君子迁官，小人宅动。

③ 或日被支上神克。

④ 以上见鬼墓为暗鬼，尤当防，所谓鬼墓，甲乙日丑，丙丁日辰，戊己日未，庚辛日戌，壬癸日辰。日辰坐于墓为甘心自招暗，更甚乘墓。

赋》有云："干加支上人归宅，支加干上出难寻"，因为干为人，主动；支为宅，主静。若干加支，占人必至，访人必见，利静利入，并利内事，不利动出，不宜占外事。支加干则反之，占人不来访，访人不在，利动，利出外事，忌静，忌入，忌占内事，常占主动摇不安。同时也要分生克，如果支来克干，则为上门乱首，可参本节中相关论述。

宾主（干谒）

在预测中要根据动静法则，注意区分主客，譬如我去见人，以干为我，以支为他，他为主，我为宾。如果他来见我，他来找我，以干为他，以支为我，此时，他为宾，我为主。

尊 卑

在人事中，尊卑是一种大的社会人际关系。六壬中，日尊辰卑，干加支，就是以尊就卑。干加支受支克就叫乱首，自取其克。干加支克支就叫残下，我克者为财，有就地取财之义。干支同类则互相帮比，好比培元固本，下生上曰偃蹇，泄耗虚甚。干受支生曰俯就，初历艰难，终受逸乐。支加干，卑见尊也。支加干来克干叫上门乱首，为下犯上。支来生干名为自在，代表坐享其成。干去生支为求受，表示反竭我力而生他。

天 时

所谓天时，主要体现在四时，即春温、夏热、秋清、冬寒，当分节前气后以定四时寒暑。天地之气依据四时而进退，五行也因之出现旺、相、休、囚、死等状态，各类术数都特别重视四时。因为五行在四时的状态，能够体现出事物的根本性质，在预测中它关系到准确定位、定象、定应期的作用。而四时之气也，得时者旺，将来者相，过去者休，气克者死，克气者囚。而五行惟土旺于四季，各十八日。

地 利

十二地盘亘古不移，因此天盘十二支神都要注意其所临之地盘支神，注意它们的生克关系，也要注意结合十二长生诀，尤其是发用，日干等所临的地方，不临空亡，不受克而得生得帮比，就是得地利。同时也要注意地盘支神、天盘支神，以及天将它们之间的生克关系，它们的相克关系有两种，分别为内战与外战。将克神，神克方为外战；方克神，神克将为内战。

喜忌

所有喜忌都主要围绕日干。所谓喜者有印、财、禄、德、官、救等，所谓忌者有鬼、劫、窃、枭等。另外还有马、墓、刑、冲、克、害、合，以及空、陷、旺、相、死、休、囚，总共二十四个字诀。一一解释如下：

印，能化鬼，能助我。

财，能生官，助鬼伤印。

禄，旺我，能夺财，仕人喜。

德，刚日用禄，柔日用官。

官，能合食生印，助枭，常人畏之。

救，即子，能御鬼，无鬼为窃。

鬼，病讼皆畏见。

劫比，皆夺财克妻。

合，畏合煞来伤。

窃，宜散，虑成脱。

枭，式中只作印看，子平忌之。

马，主动，生我恩动，我克财物，克我官动鬼动，同类争财。

墓，主静，主暗，主迟，主沉抑，主昏蒙。

刑，主不成，衰也，伤也，三刑互争，自刑多伤。

冲，扰争也，仇雠也，动也。

破，废也。

害，阻也，艰难也；若发用为六害而入传，求财，必财自艰辛中得也。

合，和也，合中有鬼，和而复起，所谓和带怨，必有余怨，终是和允。

刃，作鬼，金刃兵，火刃灾，木刃疫，土刃压，水刃溺，吐血。

又云，克必出，合必聚，冲必战，刑必斗，害必阻，破必废。

这二十四字诀，在六壬判断中有很重要的地位，是八煞九宝的另外一种体现形式，这里更体现了六壬和传统四柱八字之间的关系。

虚 实

所谓虚，就是旬中空亡。在天盘空亡叫寡宿，在地盘空亡叫孤辰，能够使吉凶发生变化，凡是克我、刑我、劫我、冲我，空了都可以化凶为无或化弱；凡是生我、旺我、救我的空了都吉化为无或化弱。天上支神临地盘空，叫落空，又叫陷空，此时天盘支神与空同论。这是天地合论的妙理。课体一出，首先看有没有空亡，分出虚实好进一步确定吉凶。所谓实，就是天盘不空，地盘不落陷空，而受生或有同类比和。漠州司马葆光论曰："世人但泥旬中之空，不思旬中之实。"所谓实者，为日干所在旬中的干支。这种虚实论在实际应用中是判断事体轻重、有无的关键。

讲到这里，就论述一下各天干的特殊意义。甲者，数之始，冠万物以为尊，故占之者，必革故鼎新，重谋别用也。乙为阳精，丙为月精，阴阳以生，乙丙所至，妖邪伏匿，凶恶藏消，斯不行之神矣。故婚姻成合，家宅安宁，逃亡脱，盗贼倾，大抵利明不利暗，利正不利邪。丁，在六壬中为丁神，意义特殊，因此必须十分注意。丁为玉女，得之者生，失之者死；能变化飞腾，通灵不老。因此逃亡得之，万里远遁；盗贼得之，隐匿难获；婚姻得之，聚散成奸；病讼得之，幽暗难伸。大抵利暗不利明。古人又云："丁主动，蛇马逃，虎常作忧，阴后女人走，天空奴婢走，玄贼远去，雀远音至，勾陈兵远音动，龙飞万里，六合子孙远行"，这些都是将"丁"配合十二天将而论。戊者，阴伏隐遁之渐，故利逃亡远行。己者，为一阴之首，宜静。庚辛，肃杀之气，不宜动，动见死伤，惟占盗贼可获。壬者，天一生水，地六成之，水为五行之始，位乎乾坤，为八卦之始，故易以乾为首，式以壬为名也。壬者，万物之祖，动之根也。故求壬以观其动，乃来情之源，人心之萌矣。癸者，数之终，效天地以为静，故可以隐遁，人亦伏藏，万物之基也。

聚 散

首先我们说明聚散的意义，在大六壬中由于取象过于广泛，因此古人就想了一个办法，将象集中在一起以多寡而论，根据天地盘干支五行的生克趋势来取舍其五行性质，得出某种力量特殊、意义重大的根本五行性质，以这种五行得出一些必然的结论，正所谓得令、得气为聚，失令、无气为散。聚散的主要方法是使用遁干，它属于大六壬的上乘心法。遁干分为两种，一种是初建法，所谓初建法，就是以日干的五子元遁，配出课传中所有地支的天干。另一种是复建法，所谓复建法，就是以时干的五子元遁，配出课传中所有地支的天干，通过初建和复建可以确定五行的聚散与重点意义，并能够分辨出真正的六亲关系，能进一步看出各个事态因子的自身变化与内涵。初建法和复建法仅仅是两个遁干法，再配合旬干遁法，三种遁法各自在天盘、地盘发生作用。除此外，古人还有十二天将配遁干的论法。下面笔者列出古人所论的遁干论法。

《鬼贼五变中黄经》云："五行俱旺四时中，莫执东方木旺春。夏火秋金冬季水，自然都是一时春。"专以初建复建，干多者为聚，少者为散。初建者，日干五子元遁之也。复建者，时干五子元遁之也。且以建干多寡，逐情而变，不执本支五行也。如巳午本火，上下癸壬，或临水乡，便从水论之。如丁亥，春夏从火，秋冬从水。若临火乡，便从火论。若临水方，还从水论。以多为胜耳。此中黄变化之妙也。须看上下，分先后、聚散、主客。又分建、破、鬼、救，试验实妙，录告来兹。

一占丁酉日亥将己酉时

	朱	蛇	贵	后	
	未	申	酉	戌	
合	午			亥	阴
勾	巳			子	玄
	辰	卯	寅	丑	
	青	空	虎	常	

常	阴	阴	贵
丑	亥	亥	酉
亥	酉	酉	丁

财	丁酉	贵
官	己亥	阴
子	辛丑	常

三传酉亥丑，天将贵阴常，来意盗贼杀人，后获贼，是一妇人引奸，与一行者杀死一僧一仆于舟中，沉水内，其妇与僧通，犹妻也。据经，酉为少女，是因妻起事。亥为鬼为贼，为孤独之人，未敢定论是贼伤人。由初建观之，先寻今日建鬼，是癸卯，乘天空，是行人，亦是舟人。辛亥，辛为今日妻，亥卯相合，是妻与行人谋杀。又以复建观之，酉得癸临丁，酉为妻，癸为鬼，是妻来害己也。此妇是癸酉生，亦可怪。虽系狱，遭世变而漏网。

一占丁巳年庚寅日，戌将加甲申时

	空	虎	常	玄	
	未	申	酉	戌	
青	午			亥	阴
勾	巳			子	后
	辰	卯	寅	丑	
	合	朱	蛇	贵	

青	合	后	玄
午	辰	子	戌
辰	寅	戌	庚

父	壬辰	合	
官	午	青	◎
兄	甲申	虎	⊙

三传辰午申，天将合青虎，来意失盗钞三百张。据经，先锋门是内动，又是马；值事门是白虎，为惊变；中传鬼作龙，为财物。然午为旬空，未敢以盗贼言。虽玄武乘戌，是庚日之印，亦未敢言贼也。以初建论之，为丙戌，丙为庚之鬼，以复建言之，得甲戌，是复建生初建，鬼更旺矣，况乘玄武，是盗失。若以戌为仆，太阳在戌，又是贵者。日为白日贼也。戌与寅三合，是同类之人，否则屋主之亲。自西南而来，藏于南方，而居于西北，相去甚远。戌至申，相隔一辰，再玄戌申，纯阳为男，临孟为少，自申至戌二辰，不过二人。后获钞一半以下，终是位来生干，中末空，盗者利缠。经以辰上见者为所失之物，今寅上见辰，辰乃月建，月建为贵物，此钞乃世之所贵者。发用助日，我为有气矣。由是观之，生中有鬼，财中有克，皆在建干变化也。

此凝神子郭璞所以妙出人表也。若取来情，当以聚散鬼救论。若断休咎，只用干为主，三传生克正时论，不必用变求奇也。古人云“求奇反不奇。”

遁干还有一种排法，四课、行年之遁干（从本命上起行年，此为另一种行年排法，读者参考），根据贵人顺逆而行，贵人顺则遁干顺，贵人逆则遁干逆行，譬如甲日占课，行年在午，贵顺遁庚午，贵逆遁戊午。四课则依时旬遁，譬如甲子时，则依甲己还加甲遁干配四课干，此类排法仅供读者参考研究。

进　退

进退之道，主要看课传关系，尤其是连茹课，传进为进，传退为退。进空宜退，退空宜进，观其传，吉则进，凶则退。

动　静

日辰主静，三传主动。日辰之上有生意，而三传中有凶神，则宜静。日辰上有凶煞，而三传有扶助，则宜动。泛言日神有动静，似少别白；不然，则刚专日上，柔专辰上，天上日行道，相生宜动，克陷宜静。道者，地方也。斩关、丁神、二马、游子则动，稼穑、墓、合则静也。

动静不仅仅关系到趋避，也关系到应期的判断。这里对丁神还要强调一下，丁神是古人颇为重视的一种动态形式，当课中出现丁神的时候，我们一定要注意看其临于何方，所乘何将，属何六亲，详加考察而断其意义。捕盗、遗失、出行等事更要重视丁神的判断方法。甚至还有古人将丁神作为判断来意的一种方法。

正　时

正时是课传的第一引发点。因此在预测来意与事情的发展主线上，有重大的引导作用。古法多以之占断来意。古人归纳课有八门，以正时为先锋门，从此名可以领会其意。[①] 判断中看正时和日干支的关系，主要看其财官六亲，刑冲合害驿马空亡。时乘空亡多为虚诈，时为驿马，多主改动迁移，时日同辰，多主迟疑偃蹇。冲辰冲日，颠沛流离。时日相生，迭为恩泽。时为日贵德禄，多为官贵。时为劫杀，虽主迅速而多属颠危，时为日墓，坟冢、迟滞之事。时克日为鬼为贼，日克时为财为妻。子午之时往来多变，卯酉之时多涉门户，辰、戌、丑、未土产墓基。辰遇时刑，讼狱之祸；日逢时破，有走失之悲（如甲乙日申酉时）。时干日合，外事和同；时支辰合，婚姻和合；日辰合时，一团和气。要加强对正时的理解，请详参本书第六章内容。

始　终

初传代表事情的开始阶段，中传代表事情发展的中间阶段，末传代表事情发展的最后阶段。然后根据它们与日辰的生克关系仔细判断。以其自身的

① 正时为先锋门，天上直时将为直事门，日为外事门，辰为内事门，初传发端门，中传移易门，末传归计门，以人的本命行年为变体门。

将神生克为正论，以初建复建法为变通看法。如经所云："吉凶随神而变，将之吉凶随类而迁。"此正论之玄关也。假如初传为官鬼、中传为父母、末传为妻财，可以大概得出先阻、中助、末得的结论，更进一步在六亲变化之中细细分辨观察。这种方法很好，将事物的发展分为三个阶段，从发展观的角度来判断事体未来发展。但是还要灵活把握。在本书实例部分有大量应用，可以参考学习。

发用

所谓发用，就是初传，又名发端门，代表矛盾的起点、事情的起点，为心之所主，事之所向，最为紧要。用起上克下，卑幼有灾，事从外来，占利男子，兵利先起。用起下贼上，尊长有厄，事从内起，占利女人，并利后应。

发用和应期相关，以岁、月、日、时决其应期。如果岁、月、日、时不入初传，则以今日所生为吉期，所恶为凶期。又有云："初传所合为成期，末传所冲为散期。阳神取绝日为验，阴神取墓日为验。"（此处阳神、阴神为发用神之阴阳）这些都说明发用和应期有莫大的关系。如果初传为太岁，就代表是当年发生的事情，发用为月建则月内应事，发用为日辰则日内应事，发用为旬则旬内应，发用为候则候内应，分为五段。如正月占事，发用为功曹寅木，代表事情在当月应；如果发用为大吉丑，则事情已经过去；发用为太冲卯，则事情将来发生。假如初一日冬至，初五日为初候，初十为中候，十五为末候，皆应在候内也。发用克太岁主岁中灾，克月建主月中灾，克旬首则旬内灾。

发用临长生，所谋大遂。发用临败，其事必败。发用入墓，则代表事缓、病死、物在、人归。发用刑、冲、破、害日则身不安稳。发用为驿马，则事情有动态发展。发用空亡则捕风捉影。发用为官鬼则代表事情有扰。发用为父母，则代表求谋。发用为妻财，多与财利有关。发用为子孙，代表子孙、晚辈、下级事。发用为兄弟，代表兄弟、朋友事或阻力是非。凡占谋为、计划、远行类的事情，要看驿马，以其临处为方位，无马则以用神所加处为方位，吉凶以其神将吉凶结合生克关系进行判断。《金锁玉匙诗诀》就以发用的状态命名一系列初传格局来归纳壬课。下面列出发用的基本应用歌诀，供读者参考学习。

日主外兮辰主内，四课各就日辰推。[①] 一二发用贵顺行，用在贵前事速成。
三四发用天乙逆，用在贵后吉凶迟。四课发用名蓦逢，事主偶然或蓦成。
用上克下事外来，利男利先卑小灾。用下克上事起内，利女利后尊长悲。
下贼上兮神克官，事将成合搅扰言。[②] 用遭夹克名逼迫，身不自由受驱策。
用克上下为隔将，隔断难合事不冒。用起长生凡谋遂，长生临墓发旧事。
用败与死事坏毁，用绝事了人信至。用墓事缓病者悲，物在人归凶事微。[③]
刑冲破害事隔阻，用空忧喜无实遮。克日忧身长上讼，克辰家宅不安宁。
克时心动惊忧起，克末有始必无终。克命上神主得财，克年上神事必乖。
丧吊事干有服人，休主疾病囚主刑。天将入庙喜愈喜，凶将归家亦不虑。[④]
用岁中末或月日，移远就近急速是。

移易门

所谓移易门，就是中传。代表事情的中间过程，因此有转换的含义，假如初传凶而中传吉，那就代表转凶为吉了。

归计门

所谓归计门就是末传。象征事体的最后阶段以及结果，如四月甲日占事，而用申酉，末传见午，即主五月内无事。占断事情的最后结果以及应期时，需要结合课体结构而详细考察末传。

迟　速

迟速关系到六壬课应期的判断，基本依据大概有格局、旺衰、十二天将顺逆、课传生克、太岁、月建、日建、时建、节候、天罡、驿马、天马、飞廉等等，还必须结合不同事体而论，下面我们列出古人所论诸法，供读者参考学习。

柔日伏吟、涉害、天乙逆治、用在日辰之后，主事迟也。斩关、占时发

① 日上两课发用主外事，辰上两课发用主内事。
② 内战。
③ 旧凶事不发。
④ 将凶亦不为祸。

用、天乙顺治、用在日辰之前，主事速也。冬占申酉入传，天罡在日辰后，是过去事。寅卯入传，天罡在日辰前，是未来事。第三四课为用，是过去事。用二八门，主事速。阴日伏吟、关格、斗罡加卯酉、传岁月，久远事。日上发用，应在旬内；辰上发用，应在一月。得岁不出岁，得月不出月，得日不出日，得时不出时，得候不出候。

太岁在初传，为当年事；在末，为久远事；在中兮，方来过去。传顺年浅，传逆年深。又如六月以前，是去年事；六月以后，是来年事。得者非特岁、月、日、辰、时上，作用而已。

凡用在岁、月、日、辰时上，皆是也。占岁内，如用传送加巳，主四月内应；下克上多应在七月；上克下从地下巳神断。

假令子年九月甲子日戌时卯将。

合	勾	青	空
戌	亥	子	丑
朱酉			寅虎
蛇申			卯常
未	午	巳	辰
贵	后	阴	玄

合	阴	青	贵
戌	巳	子	未
巳	子	未	甲

父	甲子	青	
子	己巳	阴	
财	戌	合	◎

此课取比，神后为用，天乙顺治。小吉为贵加寅，以卯为前，发用神后，六甲之首。又得青龙吉将为用，末见河魁加巳为铸印，将得六合，三传始终吉卦，故主迁官加印之喜，至当年十一月内应恩泽之应。此下克上，应得岁不出岁也。

假令丑年十一月丁卯日卯时。

勾	青	空	虎
卯	辰	巳	午
合寅			未常
朱丑			申玄
子	亥	戌	酉
蛇	贵	后	阴

贵	朱	勾	空
亥	丑	卯	巳
丑	卯	巳	丁

子	子丑	朱	
官	亥	贵	◎
财	癸酉	阴	⊙

登明为天乙，临丑顺治，课体涉害，得大吉加卯，下克上为用，将得朱

雀凶将，君子为理文字，小人为财而讼，妇人占者为文书、口舌之事。主事艰难延迟，所作稽留，应在十二月内。此亦下克上，应得岁不出岁也。

假令辰年三月甲子日巳时。

	勾	合	朱	蛇	
	酉	戌	亥	子	
青	申			丑	贵
空	未			寅	后
	午	巳	辰	卯	
	虎	常	玄	阴	

青	玄	合	虎	财	戊辰	玄
申	辰	戌	午	官	壬申	青
辰	子	午	甲	父	甲子	蛇

从魁加巳，课名元首。天罡为用，将得玄武，乃天乙立酉逆治，故主盗贼，其处所近水，打捕渔猎之人，当败。其人伏在水泽处，不出月败矣。一上克下为始入，主急，故月内败。天罡属土，克玄武水也。水至三月墓矣，又应兵革疾病。此得月不出月，天罡又速也。

假令辰年三月丙寅日未时酉将。

	勾	合	朱	蛇	
	未	申	酉	戌	
青	午			亥	贵
空	巳			子	后
	辰	卯	寅	丑	
	虎	常	玄	阴	

青	虎	朱	勾	子	戊辰	虎
午	辰	酉	未	兄	庚午	青
辰	寅	未	丙	财	壬申	合

重审卦，天罡为用，将得白虎凶将，天乙立酉上，主忧事，在月内惊惶也。主关梁隔绝，兵革盗贼，谓虎渐入阴气，主兵革格斗伤也。又云：卯辰巳等须防贼，兵家只此是三刑。又云：天罡是煞神，立于日辰上，用神囚死，斗系日本为天狱，在家忧恐，及病厄死丧等事。是国家忧兵革。今天乙立二八门，主惊怖动摇。天罡太岁入宅，又是囚死为用，始入门，主事急，合应月内。又天罡为月建故也，病祸忧惊月内见。

假令巳年正月己丑日午时亥将。

	朱	蛇	贵	后
	戌	亥	子	丑	
合	酉			寅	阴
勾	申			卯	玄
	未	午	巳	辰	
	青	空	虎	常	

蛇	空	虎	贵	父	癸巳	虎
亥	午	巳	子	兄	癸巳	虎
午	丑	子	己	官	辛卯	玄

知一卦。太乙发用，将白虎，乘死神为用主之。经云："虎乘死神，上下逼日辰，名魄化。"虎在阳为男，在阴为女，下克上为内战，故家有阴人病丧事，文字勾连，惊恐，口舌光怪，不成，破碎。论吉凶方来已去之期、发用所主也。

凡占事，据下所占，是何神将为用，以其神将所属年月日及以神将之情、五行飞化所主之事理决之。若发用得吉神将，在三传旺相，就其始末，则占人求望必遂矣。若发用神将是官鬼，吉而有气，又与日辰三六合，必有和合，迁官转职，加禄权位之意。若发用得凶神恶将，在旺相气克日干，又是月破之辰，主有官追惊恐，灾祸牵连，及远行责罚之事。方来已去之期，应在月日之中。

假令正月占事，得功曹为用，吉凶应在月内。若得卯辰为方来，应二三月。若得传送为用，吉凶应五月内。若涉害占事，主勾连艰难，不能见终，占病难解，占人来迟，孕难产，事不成。经云："见其机，察其微"，日辰中，有两比、不比、始入、涉害者以此，占事迟留难解，以此，故云深者主迟留患难。经曰："四课交克名曰单疑，为事难遂，遂亦迟，若入用将，得月建之辰，与吉将并，又在旺相之气，事虽迟延犹为小喜。发用是凶神将，更历涉害等门，必主身忧，囚系狱讼之事。"

凡课得发用之神是遥克为用，主虚声。如蒿矢射人，人终不伤，见吉凶本自他意，自无所害。虽有其声，所事艰难。若神遥克日，事在外来；日遥克神，事从内起。经云"官居不入，常初独立。"其忧执，其用日不用辰，望人不见。

若得昴星俯仰视，事多指引，真非本意，春夏多是远行不利，恐遇身灾。若用神更得凶将，身忧狱系，官追整理，文字不明，暗昧之事。若俯视又是秋冬气，内事，主暗昧屈厄，无以伸雪。柔日伏匿在家，忧怖惊恐，被人勾连，对理交加，度关梁灾厄事。

凡仰俯视为用，刚日动行，稽留关梁，男子远行，恐路死。柔日伏藏，不欲见人，更以神将所主，消息决之。

存　亡

生旺为存，鬼墓为亡，占久出之人；若行年临四季为亡，四孟为存。

胜　负

上克下利先举，下克上利后对。日被上克尊胜，辰被上克卑负。日辰皆被克，尊卑皆负，或日辰分彼此论亦然。日辰上下互克者负，互生者胜。克日者负，有解者胜。式中反克其救者负。八专在分阴阳喜忌断之。假如己未日，己为我，未为他，己所喜者卯与六合，己所畏者寅与木神青龙，喜卯与六合者，同气也。

幽　明

幽为鬼神，明为人物。夜为幽，昼为明。死鬼死气为幽，克我疾病临身，为鬼神侮弄；星辰运限，阴相扼塞矣。此类生我，则造物亨达，阴相资助，命分当也。旦昼为明，生气为明，月将为明，生我则人来扶助，贵贱得情也。克我则盗贼官讼相侵也。另外在地盘中，酉戌亥子丑寅皆为夜为暗地，自卯至申皆为旦为明地，旦加夜地亦不明矣，夜加明地，亦不暗矣。重明为德，重暗为失，看事宜明宜暗详之。

鬼　神

有关鬼怪之说，今人皆知为谬，以下说法只就理论上供学者研究。

六壬课传中，旺为神，衰为鬼，天乙为神，加刑、冲、害是猛神恶鬼。金刑水溺，土疫木缢，火焚死者，合为亲，不合为疏。鬼之地上之神为方所。如申鬼，申上见酉，为西方之类。论神也一样要结合天将所加之五行意义，譬如贵人临子午可类为佛祖，临丑未可类为菩萨。这类意义需要从地支意义上去体会。又有云：“贵临岁建为君为王，若立空亡，为神为像。”

论鬼怪时，要结合如天鬼、天目、月厌等神煞论之。以天罡所临定其方，如临子为房之类。一云甲在门，乙在户，丙在堂，丁在灶，戊在庭，己在碓硙，庚在井，辛在仆舍、客房，壬在猪圈、污秽处，癸在厕。又有一论，法曰：官鬼、白虎、小吉、河魁、天罡为五鬼，在宅见一神则一鬼，在阳神为男，在阴神为女，虎旺相为少鬼，休囚为老鬼。

假如申为鬼，七月占，旺为金神，为岳神西镇，五月占衰为嗽鬼。加刑害为斩死鬼。老少形状，以意决之。

假令甲申日午乘龙加辰，以午加申为支鬼，是新装神佛之类。来自东南，午乘龙旺，佛为新装，加辰乃火之冠带，神为东南来。

假令己亥日未时寅加未，乘太阴，主西方神为祟，庙前有小树，兼门破，庙后形势高阜。

假如戊子日伏吟，取寅为鬼，东北有庙神，两重心愿，其庙在山上，庙前后有树木，其上见青龙故也。二寅一龙，共三木森然，寅中有艮为山，况戊日占是土之鬼。

上中下分看：克下腰脚病死，合面；克上头面病，坐、仰死；中受克腹病死；克阳，面左死；克阴，面右死；克上克下，其尸不能僵；返吟，旧病死。老病中责鬼神类。墓为祟，旺是墓神，衰是墓鬼。方所亦看地上墓所加神是也。

人　物

干为人动，支为物静，为财，带刃为血物，空亡为动物，人有情状、男女、贵贱、亲疏、姓氏、老幼等等，详列后。

人物类象

子渔子息梢屠染，丑贤长者旧僧尼。寅儒道士曹祝吏，卯术沙门长子宜。
魁僧牙保凶顽众，将军兵马共辰推。干匠宾朋工作巳，妇人宫妣午厩儿。
故旧眷属姑姨妹，酒匠笼鹰未是之。医道猎师作面者，市曹铺递并申持。
金珠匠婢少阴酉，军戍仆从戌夫儿。装塑造楼栏厕直，更为幼子亥无疑。

人体部位类象

十天干中，甲乙主头、面，丙丁主肢、膈、眼目，戊己主脾、胃、腹、肚，庚辛主筋骨、四肢，壬癸主腰、肾、血海。又有云：“甲胆乙肝丙小肠，丁心戊胃己脾乡。庚是大肠辛属肺，壬系膀胱癸肾藏。三焦亦向壬中寄，包络同归入癸乡。”

十二地支中，午为头，巳为左肩，未为右肩，辰左膊，申右臂，卯左胁，酉右胁，寅左腿，戌右腿，丑左脚，亥右脚，子为阴部，又辰为腿，丑为唇，未为三焦，戌为两腿之间。或有云未头，午面，申巳胸背，卯酉中膈，辰胃肚，寅亥膝。

姓氏类象

姓氏占法不外乎五行笔画与宫、商、角、徵、羽五音，在五行笔画上务必精熟梅花测字篇章中的结构论法。这里讲解它们的基本方法。

五音占断歌诀曰："子午宫姓丑未徵，寅申亦徵卯酉羽。亥巳角音辰戌商，五音姓氏斯为主。"舌音为徵，齿音为商，牙音角，喉音宫，唇音羽。譬如赵姓为角，李姓为徵，王姓为商，广姓为宫。能识五音发声或查阅姓氏五音即可，但不可死执，也需要注重格局构成。

笔画偏旁上，子主点水偏旁，刘、曲之姓；丑主孙、田、牛、岳及土旁之姓；寅主木旁走脚，高、赵、杜、杨、韩、苏、鲁、乔之类；卯主木旁头丝行千里之类；辰主土旁，山、岳、丘、田、龙、郭之姓；巳主火旁，土、陈、石、田、张、楚、荆之姓；午主火旁，萧、朱、张、周之姓；未主土旁，田、井、秦、魏之姓；申主金旁，张、韩、袁、侯、郑、邓之姓；酉主口旁、金旁，为金刀火冲临之列也；戌主土旁之姓；亥主水旁。实际分析的时候须结合神将、遁干、格局、纳音、旺衰等具体而论。譬如太阴加寅可为程，卯加申酉可为刘，午加亥子可为冯。考虑五行结构时候形、音、象、意皆重，根据具体情况而论。

器用类象

物有新旧多寡器，子为水桶钵缸瓶。巾帽冠带升斗丑，椅桌荐席并祭器。
碗碟匙箸并寅留，屏枕帐笼箱门户。船舫车舆竹器舟，笛箫琴瑟笙鼓乐。
枷钮并向卯中求，砖瓦石栏并械厅。墙壁庭院向辰搜，臼杵锅釜筐鼎巳。
柜厨灶床皆午料，奁具盏盘酒器未。金银铜钱向申游，珠玉刀钱镜问酉。
锹锄锥剑戌宫谋，圈栏槽榨东司亥。器用难尽物难周，十二支中用意收。

食物类象

辰为盐鲞鱼龙物，子是荤辛鼠燕腥。丑上蟹牛龟鳖类，虎豹猫狸果木寅。
卯兔驴骡狐共取，蚓蛇蝉蟮巳为真。蚕马鹿獐雀寻午，未雁鸠鸽酒羊群。
猿猴猱鹏鹅面申，鸡鸭鸟雉蚱酉陈。豺犬狼獒须看戌，猪豕熊貐筵亥云。

情状

干为外饰，将为头首，神为体形状，以肖类。假令戌为玄武，贼人犬形头尖。丑为牛形，类比为头大、眼目粗糙之类。又如，子，身圆，面色润黑；丑，身重，头大面肥、黄黑；寅，身长，美髯，面满滑清；卯，身细，面瘦清；辰，身高，面方而陋带黄；巳，身小，瘦长，面薄赤；午，身轻，面光赤；未，身短，小面，黄赤；申，身健，面圆白；酉，身锐、面洁白；戌，冷面，黄白；亥，身小，面斜，黑色。天乙骨秀庄重，螣蛇眼小额尖，青龙髭须神清，白虎眼圆项短，天后清疏美丽，太阴骨细声轻，勾陈丰肥面丑，太常额宽身大，玄武面丑目斜，天空老大、冷面头黄。甲己合，眼斜；乙庚合，暴牙；丙辛合，面黄白；丁壬合，轻媚（有本曰丑）；戊癸唇厚口大。

在论断人的长相身材的时候，须要知道一个常识。按人相学五行之理，人可分为金、木、水、火、土五形，《风鉴》云："木要瘦金要方，水肥土厚火尖长，形体相生便为吉，忽然相克定为殃。"其中木形人要占十分之七，金水火十形人占了十分之三。并且大多数人非纯五行形态人，而是带有兼局、杂局，譬如木形兼金局、水形兼火局等等，且兼局也分兼多兼少，因此在六壬中判断人的形貌也需要注意五行之纯杂而论，方能切验。作为一个易学大家，必须兼通百家才能以易言万事。

性情

天乙庄重，螣蛇阴冷，朱雀轻俊，青龙文雅，六合慢善，太常典雅，白虎威严猛鸷之类。装饰看遁干，甲乙青衣之类是也。欲知带破不完全，鬼贼相冲内去看。凡鬼上下所乘之处，若见冲克，或上下重叠交战，必主其人不完全。干战主伤头面，支战主伤手足。若得申鬼，当建丙，即须头面不堪睹。

男女

课传纯阳为男，纯阴为女，三传一阴二阳主男，一阳二阴主女。若阳神临阳位是男，阴神临阴位是女。更上下不比，看贵、蛇、朱、勾、青、玄、白是阳将，后、阴、空、合、常是阴将，不消建干。

贵　贱

旺气为贵，衰气为贱。天乙为贵，螣蛇为贱。太岁为至尊，月建为台省之类，皆旺气也。然而得地为贵，败绝空亡之地为贱。经云："贵人坐印为有禄是贵，败绝空亡是贱。贵人坐印，甲以乙丑为贵，丑加申，是壬申为坐印，是有禄之人。"又如甲子日以辛未为贵，未加辰，见戊辰为坐印，戊助辛鬼克日，是有禄之人来害贫贱者。如庚寅日遁丙在戌，戌临亥，是火绝亥，鬼居亥为贫，是贫贱之人来害贵者。

亲　疏

合为亲，不合为疏，与日、辰相合者皆为亲。日为身，辰为宅，皆为我方类比。同时要注意以遁干所合为亲。干与支，干为自己，支为他人。干支上下互为六合、三合，或相生者为亲，不合不相生者为疏。干支各成三合局者为尤疏，并主各不相顾。用神、类神与干三合、六合，或相生者，为亲；不合、不相生者为疏。用神、类神系日德为亲，又为旧交。用神、类神与干支同气为本家人。如甲日见寅卯，子日见亥。用神、类神与干支凌迫为郭里人、近处人。如丙日见辰、午，午日见巳、未是也。

老　少

孟为少，仲为壮，季为老。看所临地上，又看有气为少，无气为老。又有云：用孟事应姻亲尊长，季主卑小，发用必占卑配。一切论法以实践为根本，切勿盲从。

新　旧

旺为新，衰为旧。长生为新，墓神为旧，孟神为新，仲神为半新，季神为旧。刚日用起长生为新，墓神为旧。阴日视日德，日德之长生为新，日德之墓为旧。如用神新，阴神旧，或用神旧阴神新，皆主新旧参半。旧临新为用，主旧事复起；新临旧为用，主旧事中新事又起。占物新神为用，为新物；旧神为用，为旧物，为已死物。占六畜旺相无刑，为畜养生物，休囚死墓或逢刑，为已杀之物。

又《大六壬心镜》云："新故阴阳不宜分，刚柔异类辨斯文。刚日用阳及有气，是物装成不染尘。柔须求德看临日，乙德居庚土是因。大吉临干为死旧，天罡加日是生新。"

颜色

古云：甲青，乙碧，丙赤，丁紫，戊黄，己绿，庚白，辛栗，壬黑，癸绿。子黑，寅碧，卯青，巳斑点，午赤，申黑白，酉白，亥淡青，辰、未、戌、丑纯黄。今深研义理，有确有否，分晰叙后：

甲青，丙赤，戊寅，庚白，壬黑，此无异议。乙本青，因与庚合，青中带白。丁本赤，因与壬合，赤中带黑。己本黄，因与甲合，黄中带青。辛本白，因与丙合，白中带赤。癸本黑，因与戊合，黑中带黄。

子色黑，卯青，午赤，酉白，此无异议。寅本青，因火生寅，青中杂赤色。巳本赤，因金生巳，赤中杂白。申本白，因水土生申，白中杂黄黑。亥本黑，因木生亥，黑中杂青。辰未戌丑本黄，因水墓于辰，辰中有死水，故杂黑。木墓于未，未中有死木，故杂青。火墓于戌，戌中有死火，故杂赤。金墓于丑，丑中有死金，故杂白。

占人服色，干为外，支为内，天盘为上身，地盘为下身。如壬寅加申为用，壬为外，外穿黑色衣，寅为内，内穿青赤色衣，申为下身，穿白黑黄色也。

射覆占物之色，亦如之。如午加酉为用，应是上赤下白之物，或止就在盘干支断，不必涉地盘亦可，要随机酌量。

论断颜色还有以五行而论者，水黑，火赤，木青，金白，土黄，此为五行正色，生旺才能见正色。其他要注意其旺相休囚死，古人有云：旺为本色相从子，死妻囚鬼母从休。譬如木为青色，旺则为青色，相则为红色（火为木子），死则为黄色（土为木妻），休则为黑色（水为木母），囚为白色（金为木鬼）。①

① 另有说法为，死绝从母色，成形冠带从妻色，病败从鬼色，旺墓从子色，可备参考。

纯　杂

甲丙戊庚壬为纯，乙与庚合，丁与壬合，己与甲合，辛与丙癸，癸与戊合，为杂。子卯午酉仲位无寄，为纯。寅申巳亥、辰戌丑未有寄，为杂。又春令属木，三月建辰，木气犹旺，辰中有余木，未中有余火，戌中有余金，丑中有余水，皆为杂。可参考六十四课经之杂状课。

多　寡

数字是所有术数的难点，此篇主要论述大六壬判断数字的依据，其方法不外乎用天地盘干支数合参，根据格局、旺衰、生克、空亡取舍。下面笔者列出的数字判断方法和规则供读者学习参考，希望读者能详细究之，实践证之。

甲己子午九，乙庚丑未八，丙辛寅申七，丁壬卯酉六，戊癸辰戌五，巳亥无干四，丁壬卯酉六，此为太玄数。上下得者为并，旺相为倍，休囚为减。假如乙亥日以丑为财，乘蛇，丑八蛇四，八四相并，为三百二十也。只用神将，不用地盘。方华谷云："参之天将所因之事，可以考求。以神多寡之数有定故也。子午九，丑未八，寅申七，卯酉六，辰戌五，巳亥四，上下参合，其数可知。至如上寅而下子，七九乘之为六十三，旺相多倍，囚死减半，休当十六之本数，岁月值建而多加之。十六之数，于寅子言。后九，贵八，龙七，合六，勾五，蛇四，雀九，常八，虎七，阴六，空五，玄四。"

附　录

水　火　木　金　土

一　二　三　四　五

羽　徵　角　商　宫

附录中水一、火二、木三、金四、土五，此五行本数。上文的甲己子午九，乙庚丑未八，丙辛寅申七，丁壬卯酉六，戊癸辰戌五，巳亥四，此为干支本数。天后、朱雀九，贵人、太常八，青龙、白虎七，六合、太阴六，勾陈、天空五，螣蛇、玄武四，此天将本数。值时令相气，以本数论，旺气加倍，休囚死皆为衰，衰则减半论。临占先定类神，以类神天地盘上下相乘作数，亦有不视上下而以类神之遁干、天将相乘作数者。又有不取相乘，而以类神之遁干天将相并作数者，要随机酌断，未可拘泥也。至数之多寡是十是百，数之尾零几分几厘，皆无定计，亦随机酌断。

如占财，七月壬戌日子时午将，巳加壬为用，巳数四，休气减半，壬数六，上下相乘，一百二十两；遁丁数六，休气减半，壬数六，上下相乘一百八十两。

又如丙辰年九月乙卯日卯时辰将，辰加卯为用，辰数五，系太岁、月将，以极旺论，加倍作一千两；乘勾陈，亦为财，勾数五，与辰相并，作一千五百两断。便干支同类，而分其财，而各争之，故中分之，不过七百有零，而财支土岂能得乎？

占道路远近，视道路神，或视二马相乘相并定其数。如四月乙酉日酉将戌时占，贵人子乘贵人加丑，子天马，阴见亥驿马，遁丁，则远来而到速，明矣。既见二马，即当以二马相乘，子数九，亥数四，相乘三千六百里，衰气减半，一千八百里断之。

占官以官星上下相乘相并定其品，如相乘得四数，则以四品断，相乘得四十八数，则以从四品断；若逢三光、三阳、轩盖、龙德、时泰，若三传三合作财星官星者，竟按水一、火二、木三、金四、土五断之，不必上下相乘。至占道里，仍相乘相并为准。

射覆以占时为先锋，用神为类神，或以占时相乘相并，或以用神相乘相并，定其件数，两数临占酌断。

方所

亥子为江湖，寅卯为山林，丑田，未井，午市，巳窑，申为囤场、边街，戌为营寨、坑堑，辰为衙庭，酉为城郭。涉及省份地方可以兼用二十八宿分野，虽然古今宿度分野有一定的变化，但是很多地名对应还是值得参考的。

宅舍

子为房、径，丑为壁、厨库、院落、窗棂（即窗格）、田、墓，寅为前过路、过道、书房、栋梁，卯酉门，辰为祠堂、墙垣、积壤，巳为厨、灶、店、火烛（电力系统），午为厅堂、书画、酒店（可类比餐厅与酒柜），未为园圃、井，申为过路长道、后过路、边街，戌为浴堂、粪坑，亥为厕、水沟。又上下相加取之，假如丑加亥为桥、未加亥为井、亥加寅为楼台之类。

占盗逃踪由

以用神为方，中传为去处，末为所止之处。又逃去者，初出门外，统以用神位方，中传为止处（有本作：刚责中，柔责末，为止处）假如壬午日卯时辰将，主贼人门前有大路，两边垂柳成行。丑加子住前有大坑，有桥直入门前路。如戊申日，卯上酉，主门前有大驿路。巳日平头杀，是僧家。乙柔日看天罡加处，主贼人家住边有竹木藤蔓、草木缠绕之所。

纳音金日，用贵人并三传俱在日辰前，主占人住前山，石途回环。寅日艮为山，若三传并日辰见亥子水，前有池塘，若壬癸申酉日主溪涧中，源随水势直下。戌亥相加，在蹊岸滩碛之所。寅卯木居日辰前，地名前山、前坞，亦名东村。加南南村，加西西村，加北北村之所。用日辰三传俱贵人后，其贼家地名后坞，见丑为田、后郭、后山，见寅卯为后坞，见申午为后路，亥子为后塘，申酉为后坑，后塘后源。

若庚子辛丑纳音土，藏于土窖。若甲子乙丑纳音金，甲午乙未金，皆滋碛砂石土。若润下水，必折东。三日后，自西转东。凡辰戌丑未四墓，主坟窖穴宝。又子为溪，亥为陂，戌为滩，只如戌酉申三传占外妇，走西北角，近谷边。戊己日为陂头，壬癸日为古溪，癸日丑为流窦。若旧太岁为古塘古溪，新太岁为新塘新溪之所。卯为竹木，寅为大林，卯为木为井，加土为车，加未为园林，加辰为山岗林木，加丑为坟林，加戌为溪塘，加丑为田野，加亥为草泽。卯加戌旧屋接新，加申欲动，加子加酉崩废屋下。子加卯，望东北方有人修屋及门户。卯加午，妇人家藏。卯乘玄武加申上，逃者必在西南方城市中藏。①

地　名

破者，损也。亥破寅，纳音水日，为破塘破溪；纳音土日，为破山崩石之名。午破卯，火日破屋，水日溪。辰破丑，主破田荒坟之所。谚云："破者，废也。"酉破子，崩摧山石之所，水日滩溪古潭之所。丑破田，辰古冢，戌废窑，未古井。纳音即甲子乙丑金，丙寅丁卯火是也。

---

① 有关占盗逃踪由古籍所论较乱，读者参考读之即可，主要结合后文实例学习。

刑者，险崩、屈曲、荒废也。如寅刑巳，若玄临寅，主贼在破山中藏，此论甲乙日也。若金日巳申，为山石。戊日主叠土处，藏崩陷之所。申刑寅日，山险坏，林木之下，藏樵夫小径，屈曲之中。丑刑戌，古坟丘冢之中。戌刑未，旧荒废园圃，或有古井藏匿。

冲者，横也。亥子为横塘、横溪，丑寅为横山，丑未为横田、横丘之名，辰戌为横岗、横陇，寅申为横石横岗，返吟为远，水日寅申冲为西溪、西园，丑长田，未南田，加亥加巳新田拗地、弯曲之所，未加丑古田，或加辰古椁。

害者，直也，为长也。申亥为直源、长塘，酉戌为直岗、直陇，子未为直溪、直塘、长溪、长畔，丑午为长桥、直坑，寅巳为长林、直路，卯辰为长园、直坡。

六合者，双也。卯戌为双峰，子丑为双溪、双塘、双桥，寅亥为双林、双塘、双坟，辰酉以新合旧，新冢溪涧之所，巳申为双路、双破损屋宅、新坟之所，午未为双池、台阁所藏。

三合者，三也，参差不齐也。寅午戌，地名三峰，岩石穴窦中。亥卯未园林野基，居东。纳音水日为三湖、九江之所。申子辰为三溪、三塘，始自西南，三日后定东也。巳酉丑为三坑、三峰、三陇之下。

远近

干与支相并者为最近，隔一二位为远，三四位者更远，至七位则极远矣。用神、类神临干为近，隔一二三四位者渐远，七位者极远，逾七位则与支反近矣。用神、类神临干为近，临干阴次之，临支为远，临支阴更远。

以干支用神对待而言，干上为近，用神为远。以三传言，初近中远末最远，并为最高，因三传相因，皆是上神，愈传而愈高也。格局中知一，伏吟近，返吟主远。

一法：远近用关梁法，春寅卯辰，以后丑为关，前巳为梁，即如玄武加巳上，为五里内之数。夏巳午未，以辰为关，申为梁；秋申酉戌，以未为关，亥为梁；冬亥子丑，以戌为关，寅为梁。关内为近数，关外为远数。关内十里以下，梁上五里以下，过关外又增，看远近推之。

三合主三百里，六合主五里、五十里，木三里、三十里。梁上近数，土主五里内，木三里，金四里，火二里，水一里。关外远，润下三百里，炎上、曲直、稼穑、从革二百五十里，游子远去三千里。

一法：天罡为阳关，三传过辰上，主去远。河魁为阴关，三传过戌上，主远去。远道可上下相加，如戌加申，戌五申七，五七三十五里，三百五十里远。若旺相倍而增之。用神囚死减数。三传、日辰上见六丁及马、太阴、太乙、神后，主逃者远，不可追也。[①]

前　后

支前为前，支后为后。阴为前，再传为后。假如天罡为坟，地盘辰上见酉，为前，酉为门户，上见朱雀，前门有符篆。再传酉上见寅为后，上乘白虎，后有石虎或庙宇之类。

左　右

支之前一位为左邻，后一位为右邻，支对冲为对门之位，俱以各位上神将定其吉凶。如子为宅，丑为左邻，亥为右邻，午为对邻，看其所见何神，与日并上神比和为顺，刑战不睦，假如左右上下之神自克其下，彼家凶衰，若白虎死气则死丧，朱雀主唇吻，玄武则主盗失之类。

高　下

日上发用为高，辰上发用为下。假如占讼，在高为吊，在低为缚。占失物，用在日上，物在高处；用在辰上，物在低处。

已往未来

用神临干前为已往，临干后为未来，临干为当时事，如甲日辰加卯为用为已往，戌加子为用为未来。用起休囚死为已往，相气为未来，旺气为当时事。占灾患视天罡，罡临干前为已往，干后为未来，临干为当时事，只在朝夕间也。如罡离干四位，无灾。

① 此处远近之法，只可从理上理会，不可照搬为用。

次客法

六壬占断中经常遇到一时断多人，古人如何解决这个问题呢？古人有人通过来人年命行年，或通过报时、拈时、方位、次客法等灵活的方法，这里要介绍的是次客法。首先介绍《玄女经》所论的次客法，阳将临正时，先用后三，次用前五，阴将加正时，先用前五，次用后三。

假如十二月子将占事，第一人用月将子，第二人用月将后三酉为月将，第三人用前五寅为月将，依次类推。

《灵辖经》次客法与上不同，第一客用月将加正时，第二客用月建加太岁，第三客用太岁加月建，第四客用月建加日干，第五客用岁干加正时，第六客用月将加日干，第七客用月将加太岁，第八客用太岁加月将，第九客用月将加本命，第十客用月将加行年，第十一客用太岁加本命，第十二客用太岁加行年。

有关次客法，古人多持否定态度，读者在研习中要注意分辨。

六壬理论经验录

【条辨】（清：张官德）

问：壬课占断多门，非若专以官鬼、子孙为用者，各有把鼻也。甚至一课诸格并见，吉凶混淆，占者已不胜狐疑，更何以决人之疑？

曰：向占每坐此病，近玩系辞“方以类聚，物以群分”二语，颇有会心。盖吉凶各从其类。如家有喜庆事，不止一人欢欣，必有亲朋跻堂称贺，亦不止一身吉服，必有鼓乐喧嗔，彩烛辉煌。虽行路见之，皆不问而知为喜事。又如谳狱一般，斗杀必有器具、邻证户，婚必有媒保书券，不徒决于两造控辞也。夫壬课惟其占断多门，而后可以穷极事变，曲达物情。故四课、三传、正时、年命俱当参看，以辨其类。如占家宅，遇玄胎课，未便决其有孕。再看胎财上课否，有生气否，或带天喜、血支等煞否，有三两处见喜兆，方可决其有孕余占准此。

问：方以类聚固是，然或干支吉而在一传不吉，或三传吉而年命不吉，将何以决之？

曰：吉凶相倚，未始相离。泰卦不无凶爻，否卦亦有吉爻。天地间因喜致忧、因祸致福者，比比皆然也。占者须辨别出喜中忧，忧中喜来。如占功名，贵朱得地，又逢虎鬼乘旺，往往断吉不是，断凶又不是。须知吉凶互见，各从其类。自有并行不悖之道。如得功名后，或丁忧，或自夭，此吉处藏凶也。又如文王囚羑里，却为西伯侯，此凶处藏吉也。

问：方以类聚，是吉多人吉、凶多从吉否？

曰：吉凶类聚，此已著者也。吉凶微兆，此难辨者也。吉多固从吉，若“合中犯煞蜜中砒”，吉多凶少，却以凶断。凶多固从凶，若“众鬼全彰全不畏”，凶多吉少，即以吉断。

问：课或以局断，或以象断，或以类神断，或以贵神断，或以天将断，纷纷不一，果以何者为准乎？

曰：易有卦体、卦象、卦德、卦爻、卦名，其所占亦不一。彖传及大、小象所释卦之辞，或举其全，或从其一或参其半，各以亲切而着明者取之。即如雷以动之，言其象，兼言其德。若干以君之、坤以藏之言其名，兼言基体，亦各有所宜耳。

问：十二神将所属甚多，果知为何物耶？

曰：看所占者何事、何人、何时，则知为何物矣。如同一青龙，占天时则为行雨之神，占功名则为吉神，占病则为煞神。又看其所乘何将、所加何方，乘水则为舟为鱼，乘陆则为车为庙。又看衰旺何如，虎乘驿马旺相则主道路，乘囚死则为病丧，乘官鬼则为讼，亦随时变通耳。

问：课得吉象，知为何吉？课得凶象，知为何凶？

曰：青龙旺相，又得财爻，知有进财之喜。若会太常，知有婚姻之喜。合贵神，知有功名之喜，凶可类推。

问：神煞轮转，以月数为交卸，抑以节气为交卸乎？

曰：交卸若不论节气，则闰月无神煞矣。盖月数如官之分发某处，节气如官之上任交印。若当巳时接印，则辰时尚属无权。巳时卸事，则午时已属局外，顷刻不可差了。或以月将之过宫论神煞，则又失之太远矣。夫月将者，太阳之所躔也；神煞者，节气之所司也。如火生于寅，不得谓雨水能生而立春不能生也。若亥为月将，特到雨水方躔此度耳。

问：壬课重贵神，但视贵神之吉凶可也？

曰：贵神之吉凶，亦当分别看。如贵德固吉，占病则凶；虎鬼固凶，占官则速。尤当视天将上下盘衰旺生克何如。

问：衰旺以时为断，抑以地为断乎？

曰：时旺如舟遇顺风，地旺如舟行顺水。比旺如远行多伴，不畏欺凌；合旺如妻从夫荣，不畏强暴。四者皆可参看，而时、地则尤重焉。如风水俱顺，舟行如飞；风顺水逆，风力胜仍以顺断，风力微则以逆断。若青龙乘寅卯，春占是得天旺，加亥子寅卯是得地旺，天地俱旺，全吉。若乘寅卯加申酉又逢刑冲，虽春占得时，如鱼失水，逢春不跃。若青龙阴神得亥子，则能泄申酉之克而助寅卯之旺。地虽逆而风力胜，一日可行数百里。

问：神将二字，有以贵神为神者，有以天将为神者，果宗何说？

曰："将"字从月将而名，"神"字从贵人而起，似以天盘为将，贵人为神者近是。盖将取将帅之义，所以统众煞也；神取神明之义，所以运用不测也。吉凶所主在神而衰旺则视乎将，神虽尊而将则有权，故吉凶之虚实尤当取决于天将。

问：乘与临何别？

曰：贵神所遇之天将为乘，所加之地盘为临。乘则视天时之衰旺，临则视地利之得失。神将乘临解义如此，非精蕴所在，不必拘。

问：《心印赋》贵人居丑为升堂，居亥为登绛，此专以方位言耳，若遇天盘之亥丑亦可以升堂登绛论否？

曰：同一亥子水，在天为雨露，在地为江河。白虎加亥子为溺水，若遇天盘之亥子，不必以溺水论，当参看别爻。

问：天地盘既不可混，而《心印》独言方位，然则天将可不论乎？

曰：《心印》特举一隅耳。神而明之，存乎其人。如青龙加申酉为摧鳞折象，若申酉上加亥子，尚可以摧折言乎？又如龙跃天门，固吉。若亥上见戌，则魁度天门，而又主关隔矣。所谓所学贵乎变通者，此类是也。

问：六壬只有十二支，而天地人物无所不该，不知何缘取象？

曰：六壬如六书，左宜右有，非可以一端取也。如斫轮、铸印、高盖、乘轩之类，象形也。宾主不投刑在上，彼此猜忌害相随，会意也。合中犯煞蜜中砒，来去俱空岂动移，转注也。申为身，亥为孩，谐声也。财官禄马，指事也。子巳相加为死，太常遇破碎为孝服，假借也。且不惟六书可通，亦可通于礼。礼时为大，顺体宜称次之。课之旺相休囚，惟其时也。贵登天门，惟其顺也。君子遇贵则吉，惟其体也。战陈必用虎勾，惟其宜也。常问不应逢吉象，惟其称也。

问：六壬，数也，而亦有理乎？

曰：一部羲经，无非即数以观象，即象以明理，岂有无理之数？

问：做工夫当如何？

曰：学、问、思、辨，缺其一皆不可也。平时要有心得，临事要有天机。

问：何以有心得？

曰：熟看古人条例，细察人情事故，久而疑处生悟，则有心得矣。

问：何以有天机？

曰：人心虚则灵，窒则不灵；静则明，乱则不明，故平日要不离古人，临事要不泥古人，泥则窒矣。上而名公巨卿，下而田夫乞儿，皆以一心应之，若有二三之见，则乱矣。又如作文词意，来者取之，不来者听之。一心强作好文，其机反塞。又如射法不可贪中，只照理而断，其灵不灵，不可设以成心，有成心便无天机。

问：紧要何在？

曰：三传要明其候，四课要辨其位，占断要从其类，吉凶要如其分数，课传年命等处要分开又要联络。此数句须熟玩之。

问：分开联络何说？

曰：其说已见前，请再以医喻。如六脉调和，此无病者也。若非无病与不治之症，必察其何经病、何经好，用药乃效。所谓分开看是也。既知得何经受病，或日渴或头痛，或便溏秘，必有诸证发现，以为证据。所谓联络看是也。故四课三传俱要分开，干为己，干阴为从；支为人为宅，支阴为邻。吉在干则我吉，凶在支则人凶。三传中有初中末，吉在初，则先吉；凶在末，则后凶。四课如作文分股，三传如作言语层次，初学便要讲究，此处一混，终身不得明白，到联络之说，即方以类聚是也，不必赘。

问：分数何说？

曰：所难者此也。如占官知他是何品级，占选举知他是何等第，占财是多是寡，占病是危是死，于此见得确当，便骎骎乎一贯矣。程子曰："韩信将兵，多多益善。只是分数明耳。"大凡天下事，先要先得明，然后会得通。如治丝然，必理其绪而分之，后比其丝而合之，故一贯之道，其功不在一而在万。不能逐事理会，便要求个一，终是囫囵间混过了。

问：何缘得有定见？

曰：神明降课，如主司命题。其意必有所注，或注上文，或注下文，或注本题虚字，或注本题实字，又或注于无字之处，非可一格求也。须以我之意迎神之意，到处熟时，自然见出一个恰好的道理来。所谓无定而有定也。《程子易序》云："时固未始有一，而卦未始有定象，事固未始有穷，而爻亦未始有定位。以一时而索卦，则拘于无变，非易也。以一事而明爻，则窒而不通，非易也。"故心无活法，既得古人七百二十课所断之词，因而断事，亦只是胶柱刻舟，未见其恰中事情也。

问：旬空可填否？

曰：天形圆，地形方，故干之德圆而神，支之德方以静。圆则其数必盈，不满何以能圆也？方则其数必虚，不缺何以能方也？譬如木焉，欲成其方，必削其圆，虽曰天不满西北，地不满东南，究之天包乎地，何所不满？因西北高而天似有缺耳。惟地形方以规画之，则四围皆缺，亦不独东南虚一而有海也。地之缺得天之圆以补之，仍不见其缺，故上旬之空，即有下旬之甲乙以填之，亦犹地缺而天补也。且天地之气，惟虚能化，旬空号曰天中，即《毕法》所谓“喜惧空亡乃妙机”也。凡遇旬空未便断为不好，但凶神喜空，吉神惧空，即填实亦须辨其可否。如空上逢空、源消根断等格，譬之病人脱耗殆尽，虽服参耆，其能补乎？又如问产喜空，空则速；问胎忌空，空则堕；若课传胎财旺相，已着孕兆，而或遇旬空，此将孕而未孕也。一遇填空之期则成胎矣。余可类推。

问：六壬真窍何在？

曰：壬窍与题跋相似，看题之窍，须于上下文关处看之。盖窍者，虚处也，即人身之孔窍是也。题情每露于虚，神机亦常运于虚，惟虚则灵，数则变化莫测，一滞于实，而胶固不通矣。且六壬只十二字是实的，若不于交关处求之，何以能概括万物而各得其情也？诚知交关之说，即可悟以两而化之妙。

问：断课以机，机果何在？

曰：祸福在天，吉凶由人。《易》曰：“贞吉，言正则吉，不正则不吉也。”《易》曰“无咎”，言如此则无咎，不如此则有咎也。除死生富贵自有天定外，一切进退取舍，介乎休咎之间者，仍有人而不可专诿天，故《易》言其象，亦视乎占之者何如耳。

第四章　大六壬重要判断歌诀

第一节　《大六壬心印赋》与《九天玄女指掌赋》

之所以将这两篇赋放在本章第一节，是因为这两篇赋结合起来，极尽其详地论述了大六壬基础结构和判断方法，读者能够从中找到很多大六壬的关键知识与细节问题。本章第一节到第四节的内容都是按照从全到精、从基础知识到深化知识的次序安排。

大六壬心印赋

六壬如入，先明日辰。

六壬运式，先以日辰为根本也。日尊，故曰天干；辰卑，故曰地支。亥子丑应于北方，寅卯辰应于东方，巳午未应于南方，申酉戌应于西方，即地盘也。天干者，甲乙东方木，丙丁南方火，戊己中央土，庚辛西方金，壬癸北方水。入式之法，甲课在寅，乙课在辰，丙戊课在巳，丁己课在未，庚课在申，辛课在戌，壬课在亥，癸课在丑，而不在卯酉午子者，以正位不敢当，故阳干居禄神所在，而阴干居禄神前一位也。

以月将加正时之上。

月将即日宿太阳也。正月雨水后日躔娵訾之次，入亥宫，乃登明将也。二月春分后，日躔降娄之次，入戌宫，乃河魁将也。三月谷雨后，日躔大梁之次，入酉宫，乃从魁将也。四月小满后，日躔实沈之次，入申宫，乃传送将也。五月夏至后，日躔鹑首之次，入未宫，乃小吉将也。六月大暑后，日躔鹑火之次，入午宫，乃胜光将也。七月处暑后，日躔鹑尾之次，入巳宫，乃太乙将也。八月秋分后，日躔寿星之次，入辰宫，乃天罡将也。九月霜降后，日躔大火之次，入卯宫，乃太冲将也。十月小雪后，日躔析木之次，入寅宫，乃功曹将也。十一月冬至后，日躔星纪之次，入丑宫，乃大吉将也。十二月大寒后，日躔玄枵之次，入子宫，乃神后将也。每以此值月之将，而加来人所占之正时上，顺布十二宫辰，即天盘也。假令正月雨水后，日躔娵訾乃亥将登明也，如午时则用亥加午、子加未，顺行十二辰是也。余仿此。

视阴阳为四课之分。

天干，阳也，干上得者曰日干上阳神，为第一课，乃阳中之阳也；地支，阴也，地支上得者曰辰支上阳神，为第三课，乃阴中之阳也、干上阴神，为第二课，乃阳中之阴也；支上阴神，为第四课，乃阴中之阴也。夫月将加时，则无极而太极也。加时而有天盘，动而生阳，地盘静而生阴，乃太极生两仪也。至于干支分而四课布，非两仪生四象乎？故曰：“一阴一阳之为道，阴阳不测之谓神。”

贼克为初用之始，相因作中末之身。

四象即布，则八卦生矣。四课阴阳既具，须求三传以为发用，则以四课上下审之。若有一下克其上神者，虽有二三之上克下不论矣，名曰重审课。若四课中并无下克，惟一上神克下，取而用之名曰元首课。重审者，重复审详也。元首者，别无下克而亭亭然，有首出庶物之象也。俱以所得发用为初传，以初传地盘上所乘者为中传，以中传地盘上所乘者为末传，故曰相因也。

克多比用涉害。

重审不过一下贼，若四课中有二三四下贼者，非审矣；元首不过一上克，若四课中有二三四上克者，非首矣。上克下曰克，下克上曰贼。今贼克纷纷，则以甲、丙、戊、庚、壬为阳日，而用一子、寅、辰、午、申、戌之神，阳与阳比，虽二三四阴勿论也；若乙、丁、己、辛、癸为阴日。而用一丑、卯、巳、未、酉、亥之神，阴与阴比，虽二三四阳勿论也，故曰比用也。然有曰知一者何也？盖阳知用一阳爻而不知有阴也，阴知用一阴爻而不知有阳也。若夫阴日止用一阴，今而有二阴三阴四阴矣；阳日止用一阳，今而有二阳三阳四阳矣，则名之曰涉害课。先以寅、申、巳、亥上乘之神为用，则涉之深，而建名曰见机，盖有害者不可不见机，明哲保身之义也。若孟神上无克贼，则以子、午、卯、酉上乘之神为用，此涉之浅，而又名曰察微，盖见于明者不可究其精微，履霜坚冰至之义也。其中未必如贼克之相因。

无克是以遥嗔。

若四课上下全不相克贼，则以日干为主而与第二、三、四课上神相对较之。若有一上神克日干者取以为用，名神遥克日，曰蒿矢课，以彼能遥伤于我而似矢也。何以蒿名之，盖上下相克，力勇而有贼克之称，斯遥远力绵，虽克而犹蒿而已。若无克日干者，则视日干遥克彼三上神矣。若有一上神被日干克者取以为用，名曰遥克神，曰弹射课，以我能遥伤于彼而似射也，何以弹名之，盖亦因其射远力薄，取象于弹丸而已。如有二克或克二者，亦如比用之法。三传相因，亦如贼克之例。

夫昴星当俯仰于酉上。

若四课既无克而复无遥，则为昴星矣。盖遥克力轻，取象于蒿取象于弹，况无遥克而独天盘地盘之酉金作用，其力尤轻之至，而应事则未免明之微矣，故以酉中之昴星为名，言其明之微，虽七星相聚，非至明之目不能辨也。阳日则取酉上，所得之神为发用，有日将出而鸡鸣仰首之义也；阴日则取酉下所得之神为发用，有日将暮而虎视俯首之义也；阴则日作中传辰作末传，阳则辰作中日作末传，不惟阴阳迭迁，而终有返本之象也。

若别责取干支之合神。

如四课有首尾相同为三课者，有二三课相同为三课者，名曰不备，言四课不全，不完备也。其不备课中无贼克、无遥克，不可以昴星取例。四课昴星，三课别责也。若阳日得之，以天干之合位上乘者，取为用神合者。甲己、乙庚、丙辛、丁壬、戊癸，六合也。阳尚有动用之机也，若阴日得之以地支之三合前一位用之，而不用乘神矣。静之机也。三合前一位者如巳酉丑、亥卯未、酉日用丑、丑日用巳、未日用亥是也，中末不问阴日阳日，并以干上所乘者为之。

伏吟以刑冲为定。

若诸神归于本位，如子加子、午加午之类，乃伏吟之象也。有克者取克，不过癸乙二干而已。无克者阳日自干上发传，阴日自支上发传，迤逦三刑而为三传也。若初传值自刑，则中传阳日用支、阴日用干，仍取刑为末传也。倘逢中传自刑者，末传以冲神为之矣。夫刑者有三：一字刑乃午刑午、辰刑辰、酉刑酉、亥刑亥，自刑也。二字刑乃卯刑子，子刑卯也。三字刑乃丑刑戌、戌刑未、未刑丑也；寅刑巳、巳刑申、申刑寅也。返吟乃子加午、卯加酉，干支二神各临冲射之位也。克之少者重审、元首取之，多则知一、涉害取之。三传初末相同而冲乎中传。若夫丁未、己未、辛未、丁丑、己丑、辛丑，四课无克，乃名无依，以支神之井栏冲射之所得之神以为初用，而日支所乘为中传，日干所乘为末传。夫井栏者，丑冲未、巳冲亥也。

八专以逆顺为真。

若干支同处一位，则四课中止得二课矣。有克仍从贼克、比用、涉害三法取用。无克不复取遥矣。盖遥者远也，干支同位，何远耶？止用八专之法而用之。如阳日则顺从干上阳神得三而止，阴日则逆从支上阴神得三而止，是为发用也，中末二传概用干上所乘神为之。

天乙居中，后六前五。

天乙乃贵人也。此神居紫微垣之门，主持上帝征伐，以行令于人间。应己丑之土，有止戈之武，统驭十二神在天门之前、地户之后则顺行，若居地户之前、天门之后则逆行。其神后有六位，乃天空、白虎、太常、玄武、太阴、天后也；前有五位，乃螣蛇、朱雀、六合、勾陈、青龙也。

解纷必嘱事于童仆。

贵人居子曰解纷，曰：解除纷纭扰攘也。盖子乃夜半安居之神，故得解去纷扰而坦腹。然既为至贵，日有万机，虽无君象，贵臣宰辅代天宣化，事亦同天子之劳，恐其繁芜脱遗漏，故嘱事于有用之童仆，庶不负国溴民矣。

升堂宜投书于公府。

贵人居丑曰升堂，乃本位属己丑故也。升堂则有泰山岩岩之象，非可私干，必欲见之，宜持书或移文，必以正大光明，然后可于公堂府第见之。

凭几可谒见于其家。

贵人居寅曰凭几。盖功曹乃案牍碎琐之象，贵人有暇必亲于典籍也。当此可乘之机，虽细务亦可相干，可就私第谒之，而非公堂之比也。

登车宜诉词于路。

贵人居卯曰登车。卯乃轩车之象，既升车则非私家又非公署，若非紧急事，岂可唐突于贵人之前耶？若被屈或遭豪暴，非陈于有位之正人，何得雪斯沉辱哉？不得不俯于路而哀达其情也。

巳午受贡兮君喜臣欢。

贵人居巳、午曰受贡。乃相生助，非不遂之方，既贡则以贱事贵，以贵下贱，君喜臣悦，忘其授受之私，贡者受者，俱不越度之象。

辰戌怀怒兮下忧上辱。

贵人居辰曰天牢，居戌曰地狱。非法之地，必非法之人，而后入之，何贵人而居此乎？文王羑里，亦奠非天所使耳。在上者有此非常之辱，则俯仰于彼者，焉得不忧乎？

移途则有求干之荣。

贵人居申曰移途。盖传送乃道路之神，在道嬉戏游衍时也。因而获便，以求其用进之私，乘间而行，必荣遂矣。

列席则有酒筵之娱。

贵人居未曰列席。盖未乃夜贵，二贵相会入贵家。故有宴会之象，托贵以干贵，事无不遂矣。

还绛宫坦然安居。

贵人居亥曰还绛宫，又曰登天门。此特六凶俱藏。盖螣蛇朱雀之火而伏于水，勾陈天空之土而伏于木，白虎之金而伏于火，玄武之水而伏于土，且亥乃夜方，日之劳扰者，至此而坦然安居矣。

入私室不遑宁处。

贵人居酉曰入私室。盖酉为日月出入之门，有私门之号也。夫贵人达而在上，致君泽民、律身、行己，自当持以至公，难进易退。若趋谒于私门，则律己不正，而清论所不容矣，岂遑宁处耶？

但见螣蛇，惊疑扰乱。

前一螣蛇乃丁巳火神也，主火光、惊疑、忧恐、怪异。盖凶神也，以其离贵人前一位，故曰前一也。[①]

掩目则无患无忧。

螣蛇居子曰掩目。不惟子水克螣蛇之巳火，而居夜方有掩目之象。蟠伏栖息之时，其凶焰无所施，无患无忧矣。

蟠龟则祸消福善。

蛇居丑曰蟠龟。盖丑中有暗禽星，龟也。夫蛇与龟垢，亦离坎交济之象。岂复有祸心于人哉？是以祸消，占者修善以立身，斯福不穷也。

生角露齿，祸福两途。

螣蛇居寅曰生角。盖火生于寅，荣旺之极，化蛟化龙，此为之基，贪荣不祸，是以为福。螣蛇居酉曰露齿。盖火制金乡，猖獗得志之地，且金石地无食，彼蛇肆毒，贪饕求口腹之计，为祸岂浅，得此者退藏于密可也。

乘雾飞空，休祥不辨。

蛇居巳曰乘雾。以雾为隐，虽毒，目无所见，毒不得肆身，得此者仍宜避之。盖雾之蒙，彼固目迷矣，而我至此，独不迷哉，倘误犯之，为其所噬，悔何及矣。螣蛇居午曰飞空，以蛇飞空，化龙化蜃之气也。彼有此大志，始有此大为，岂复毒人？纵彼不毒，在我仍宜避之，斯不失为明哲。

入林兮锋不可砍。

螣蛇居未曰入林。未乃木墓，以土有木，非林之象乎？林麓栖止，既有

---

① 笔者注：“前一”二字非常重要，十二天将以贵神为天帝之神，掌管天下吉凶，而螣蛇为前一位，则凶可以最大程度的干扰贵神，吉则可以为天帝的先锋部队，在邵公的何秀才应试占中，曾有以螣蛇为前一，类似先锋而判断考试高中的断语。

所蔽，其穴必深，虽有刀锋，无所施其利也。彼螣蛇有此优游之乐，无肆祸之心，占者无所忌矣，然逢林有蛇，还当莫入。

坠水兮从心无患。

螣蛇居亥曰坠水。蛇能水居，则随波逐流，鱼虾为食，似无横路毒人之欲也。在我则任其往返周旋，岂不从心所欲哉？

当门衔剑总是成灾。

螣蛇居卯曰当门。卯乃日月之门，蛇当门，则出门即被其害。然有备者无害也。得此者预为之计，则不待彼奋起而攻其不意。若趋而不顾，斯堕其害矣。螣蛇居申曰衔剑。申金，刃之象也。金刃乃斩彼之物，而胡为彼所衔哉？火能克金，得以猖獗逞妖衔剑，盖异且妖之象。占得者，惟退潜而避之，彼凶不能久，妖氛息而吾复何患哉？

入冢而象龙，并为释难。

螣蛇居戌曰入冢。戌乃火库墓也，有蛇入墓之象。彼深居而简出，吾往过虽不免小心惴惴，而彼非蟠伏路途之比也。螣蛇居辰曰象龙，蛇乃龙之从也，有化之机。若入龙穴，有随进化之义。夫彼贪上达，必热于中，岂复深为我患哉？故可释难。

朱雀南方，文书可防。

前二朱雀，乃丙午火神也，故曰南方。主文书、词讼、章奏、口舌之神、火光怪异。去贵人二位，故曰前二也。

损羽也自伤难逃。

雀居子曰损羽。朱雀乃丙午火，而加临水乡，有损羽之象。羽翼不成，进飞必难矣。占得此者，文书无气，而口舌词讼不凶也。

掩目也动静得昌。

朱雀居丑曰掩目。丑亦北方水气之余，制朱雀之火，有投江破头之喻。盖彼既目瞑，吾得有为矣。动静俱吉，无口舌之扰，讼息而文书不行也。

安巢兮迟滞沉溺。

朱雀居寅居卯曰安巢。盖二木皆火生助之神，且有山林之象。雀至山林，结巢砌垒，育子贪荣。占者所喜，有口舌消亡之义，而曰迟滞沉溺者，盖卜文书章奏之事，则未免之掩滞而沉溺也。

投网兮乖错遗忘。

朱雀居辰居戌曰投网。辰戌名天罗地网，戌为朱雀火之库，而辰与戌对宫，有丘墓之象，故曰投网。夫投网，朱雀之凶入此不得飞扬，占者之所喜也，胡曰乖错遗忘，亦指文书之事言之耳。

厉嘴衔符，怪异经官语讼。

朱雀居申曰励嘴。申金也，朱雀至此，能克制其方，得志之处也。励嘴奋啄，所以口舌尤旺也。望文书固有气，而他占则讼诉之象，凶不可免矣。朱雀居午曰衔符，古名真朱雀，有非细之讼，常人之忧。若士于入场，斯高中矣。

临坟入水，悲哀且在鸡窗。

朱雀居未曰临坟。言其结巢于古墓之象。夫巳午未申俱在上，有飞空而翱翔之义。朱雀得肆时也，主口不细，故曰悲哀。妻孥焉有不悲者哉？朱雀居亥曰入水。火入水乡，有投江之象。乃甚喜矣凶神无气，何曰悲哀？盖亦指文书动用而言耳，若有急用文词，不能得用，亦悲也。

官灾起盖因夜噪。

朱雀居酉曰夜噪。亦火制金乡，得以奋志为恶。其性好乱，便生口舌，得此者必官非不免。又且酉为门户，口舌入门，非官灾而何？

音信至都缘昼翔。

朱雀居巳曰昼翔。以巳未交午，乃白昼之象。雀至此，最为有气，占凶则口舌词讼，占喜则起用文书，望人信息俱至。

六合之神，婚姻佳会。

前三六合，乃乙卯木神也。主和合成就，宴会婚姻，又名私门。以其离贵人三位，故曰前三。

待命和同。

六合居亥曰待命。亥乃天门，我欲成就公私事端，来天门之下待命，必成，故曰和同。

不谐惊悖。

六合居巳曰不谐。盖六合，木也，入于火乡，烟灭灰飞，不吉甚矣，凡占恐惧不免。

反目兮无礼之事端。

六合居子曰反目。子水也，六合木本相生助，何乃曰反目也？盖子卯无礼之刑也，凡事必起于无礼，以致彼此不投，而有反目之失。

私窜兮不明之囚地。

六合居酉曰私窜。以卯酉为私门，而六合又乙卯之属，以私并私，以门复门，乃出入私门，逃窜之象。且六合之木，而临从魁之金，木受金伤，故曰囚地。重复私阴，故曰不明，得此者惟奸淫阴私是利，而正大反殃也。

乘轩、结发，从媒妁而成欢。

六合居寅曰乘轩，居申曰结发。盖寅木乃轩车之象。故曰乘轩，申乃庚也，卯乃乙也，乙庚相合故曰结发。以从媒妁之言，而有欢成之庆矣。

违理、亡羞，因妄冒而加罪。

六合居辰曰违礼，居戌曰亡羞。盖六合木属乙卯，卯辰有六害之凶，故曰违礼。若临戌则以巳之私门，而自就戌，以为六合，苟求合会，亡羞之似。占得此者，必因自不俭约，以招罪愆，非干人之害我也。

升堂、入室，并为已就之占。

六合居午曰升堂，居卯曰入室。午乃离位，似为升堂，卯则六合之本位，故似入室。二者合于堂，合于室，岂非已就乎？凡占得此者皆可成遂。

纳采、妆严，总是欲成之例。

六合居未曰纳彩，居丑曰妆严。六合临丑，乃贵之本垣也。以贱谒贵，妆饰不得不严，所以事上也。居未，乃卯未有相合之庆，且太常酒食帛物之乡，似纳彩之喜也，占得之者，何事不可成耶？

或逢勾陈发用，必然斗讼争官。

前四勾陈，乃戊辰土神也。主征伐、战斗、词讼、争论田土之事。以其去贵人四辰，故曰前四。

更遇受越、投机，被辱暗遭毒害。

勾陈居丑曰受越，居子曰投机。丑乃贵人之乡，以争神而入贵地，乃受其迈越之讼诉，而勾陈得肆其侮于人也。若至子，乃土能克制之，适所以投其狂妄之机，尤可以展布其奋忿之心，占得之者，亦惟忽而已矣。

遭囚兮宜上书。

勾陈居寅曰遭囚。勾陈遇寅乃克制之方，故有遭囚之象。宜上书者，彼凶既凶，而我得以上言，告发其积害成愆之状兮，不于此时制之，则过此而仍肆虞焰，而物受其害矣。

捧印兮有封拜。

勾陈居巳曰捧印。巳乃铸印之方，而勾陈一印之模范也。印铸而成，捧以奉上，非封拜之象乎？君子见之，迁权必速，常人见之，反为可忧，自非有不法等情，何干于印信也。

临门兮家不和。

勾陈居卯曰临门。卯本日月之门，而勾陈争斗之神入之，是争神进门矣，必家不和。以致抢攘纷更，人眷匪宁，盖亦破败之征矣。

披刃兮身遭责。

勾陈居酉曰披刃。以酉金似为凶器矣，况又阴爻肃煞之气，与勾陈之戌辰生合，彼凶斗之神，而持此气，岂有善念哉？然非理之举，法所不容，终于遭责，占者惟避其凶可也。

升堂有狱吏以勾连。

勾陈居辰曰升堂。勾陈本属戊辰，而入辰，非升堂而何，其神主斗讼勾连，故至辰地，则有狱吏勾连之应，知机君子，生平无非礼之举，不过因他人之不法，而及之耳。

反目因他人而逆戾。

勾陈居午曰反目。午火生勾陈，而何曰反目耶？以勾陈好斗讼，而午火真朱雀，尤讼之最者也，彼此皆反面相贱之神，孰肯相容耶？故有反目之象，君子占之，必被他人逆戾余波以及之耳。

入驿、下狱，往返词讼稽留。

勾陈居未曰入驿，戌曰下狱。未乃坦途，如驿道也，故曰入驿。戌乃地网，又曰地狱，况与勾陈之戊辰对相冲射，乃下狱之象。也非词讼之往来而何？见者惟退避则吉。

趋户、褰裳，反得勾连改革。

勾陈居申曰趋户，居亥曰褰裳。夫申非门户之神，何以趋户目之？盖申前即酉户也，立此可以入门，故曰趋户。至亥而褰裳者，亥方夜静更阑，必褰裳而憩息，然曰勾连反复者，申为坤地户也，亥为乾天门也，门户之前，何立此等凶神，君子至此，即返而抽身，稍迟则彼被勾执矣。

青龙财喜，虽主亨通。

青龙前五，甲寅木神也。主财帛米谷喜庆亨通，十二神中，惟此最吉，增福解祸。以其去贵人五位，故曰前五也。

在陆、蟠泥，所谋未遂。

青龙居未曰在陆，居丑曰蟠泥。未近南离之火故为陆，丑近北坎之水故为泥。夫龙飞于九天，潜于九渊，神变化而莫测也，若失地亦厄且困矣。蟠于泥，在于陆，非失地而何，欲望其遂也，难矣。

登魁兮小人争财。

青龙居戌曰登魁。戌乃河魁也，以青龙之吉神，而入网罗之地，则小人争财之象矣。由财喜之神落此，所以致小人之争也。

飞天兮君子欲动。

青龙居辰曰飞天。以辰乃龙庭也，而曰天者，戌、亥、子、丑象地，在下也，辰、巳、午、未象天，在上也，故曰飞天也。青龙吉神飞腾在上，君子有为之时也，非欲动乎？

乘云、驱雷，利以经营。

青龙在寅曰乘云，居卯曰驱雷。寅乃青龙之宫，有乘云出入之象，占谓云从龙也。卯乃震卦，震为雷也，龙为云雷，非经营之时乎？故驱雷乘云而得以施为展布。

伤鳞、摧角，宜乎安静。

青龙居申曰伤鳞，居酉曰摧角。申乃阳金，酉乃阴金，金能克木，青龙之甲寅所深畏也。至此有退鳞折角之象。吉神遭厄，岂福佑于我也，惟安居守静而已。

烧身、掩目，因财有不测之虞忧。

青龙居午曰烧身，居巳曰掩目。以青龙之木，得水为喜，而见火为仇，巳上入蛇穴，尤为不吉，故有掩目之象。午乃南离真火，故曰烧身。青龙有此不足，尚可赖之为财神欤。若求谋财物，则有莫测之忧矣。

入海、游江，因动有非常之庆。

青龙居子曰入海，居亥曰游江。盖俱水也，青龙得水，何吉不生？吉福斯民，占者动则有非常之庆矣。

后一天后之神，蔽匿阴私之妇。

后一天后，壬子水神。也主阴私暧昧之事，蔽匿秽污之神，性似柔而实刚。以其后贵一位，故曰后一。

守闺、治事，动止多宜。

天后居子曰守闺，居亥曰治事。天后，妇人之象也，壬子乃天后之本家，故象守闺阁也，亥乃乾健，自强不息之地，有治事持家，克勤之道也。二者动止相宜，得其道之正。也如当旺相，其庆深矣。

倚户、临门，奸淫未足。

天后居酉曰倚户，居卯曰临门。以秽污之神而入卯酉之私门，非淫奔之象乎？除奸私之外而正大之举反见为殃。

褰帷、伏枕，非叹息而呻吟。

天后居戌曰褰帷，居午曰伏枕。盖戌土克水病之象也，丑戌昏黑之时，有褰帷之象。午乃昼长午寐之时，故曰伏枕。二者皆卧而不快，故曰叹息呻吟，非病即事不遂也。

裸体、毁妆，不哭而羞辱。

天后居巳曰裸体，居辰曰毁妆。壬子遇巳，有露暴之伤，刑克之地，故曰裸体。辰为水之克贼，天后至此，而毁妆，形体裸露而见伤，毁妆易容而不饰，非羞辱而何也。占得此者悲灾。

优游闲暇，盖因理发、修容。

天后居寅曰理发，居申曰修容。平旦而早起，理发时也，申晡而容残，妆退时也，故有理发修容之义，二者非不遂也。且水与木金不克，故主优游闲暇，乐其平和也。

悚惧惊惶，缘为偷窥、沐浴。

天后居丑曰偷窥，居未曰沐浴。以天后之子，与丑六合也，有私昵之情，窥之恐人知，是以偷窥。未有井宿，而壬子水入之，有沐浴之象，浴则畏人至矣。二者皆有惧疑之心，故曰悚惧惊惶。

太阴所为蔽匿，祸福其来不明。

后二太阴，辛酉金神也。主阴私、蔽匿、奸邪、淫乱、暗昧不明，又为冥冥中之默助。以其后于贵人二位，故曰后二。

垂帘则妾妇相侮。

太阴居子曰垂帘。子，正北也，端门向明垂帘，昏夜无见，所以妾妇居阴位，得肆其慢上之心，而欺侮之，不过群小别地生非而已。

入内则尊贵相蒙。

太阴居丑曰入内。乃斗牛之墟，天乙贵人之位也。至尊而受此阴蒙，则蔽其明矣，乱之始也，君子必谨之焉。

被察兮当忧怪异。

太阴居戌曰被察。盖太阴之辛酉，与戌六害，且河魁刑狱之方，非被纠之象乎？欲饰其非，则愈怪且异矣，故当忧也。

造庭兮宜备乖事。

太阴居辰曰造庭。夫辰乃龙庭也，且与酉合，而太阴之妖媚，必与天罡相得；然彼刚之眷宠必夙，亦未常无也，焉得不争宠而乖变哉？

跣足、脱巾，财物文书暗动。

太阴居寅曰跣足，居午曰脱巾。盖寅方平旦，晨起之时，有跣足之象。午则长昼，昼眠，亦必有脱巾者矣。然太阴之金，能克寅木为财，而午则朱雀反制太阴。二者乃财物文书，俱暗中动也。

裸形、伏枕，盗贼口舌忧惊。

太阴居亥曰裸形，居巳曰伏枕。亥乃夜深就榻，有裸形之象。而巳则克制太阴，必伏不起，乃有伏病卧枕之义。并主忧疑、口舌、贼盗。盖巳乃螣蛇，主口舌惊恐；亥乃玄武，主贼盗忧疑也。

闭户、观书，雅称士人之政。

太阴居酉曰闭户，居未曰观书。酉乃太阴之本家，好静故闭户。未乃离明之次舍，土金生养，故有涌泳优游之象。二者安且吉也。

微行、执政，偏宜君子之贞。

太阴居卯曰微行，居申曰执政。卯乃私门，必坦裸之象以入之，非微行乎？申乃太阴之旺地，得志行权之所，有执政之象焉。君子占之，非阴神之比，时当微行也。持以贞一之操，或当执政也，亦持以贞一之操而已。

玄武遗亡，阴贼走失。

后三玄武，乃癸亥水神也。主贼盗、阴私、走失、遗亡、兵戈、抢攘。以其后天乙三位，故曰后三。

撒发有畏捕之心。

玄武居子曰撒发。子乃夜半，其睡未醒，而子鼠乃虚惊之神，况玄武贼神，自多怀疑，被惊而夜起，有撒发之象，怀畏捕之心，不过虚疑不害耳。

升堂有干求之意。

玄武居丑曰升堂。丑乃天乙贵人之位，土能制水，玄武不能行盗以礼谒见，实怀穿窬之心，有所干求，不以实对也。

爱寅兮入林难寻。

玄武居寅曰入林。寅卯山林之地，盗贼有所凭依，捕者难于迫寻，非穿窬得志乎？

愁辰兮失路自制。

玄武居辰曰失路。辰土能制玄武之水神也，至此，非失路之象乎？盗贼消亡，君子坦腹之时也。

窥户也，家有盗贼。

玄武居卯曰窥户。盗贼入门之象，亦惟谨之于预而已。

反顾也，虚获惊悸。

玄武居巳曰反顾。巳乃昼方，非盗贼之利也。纵无人追逐，亦必反顾，既无追者，岂非虚惊耶？

伏藏则隐于深邃之乡。

玄武居亥曰伏藏。亥乃夜方，又属玄武本位，深邃之象，捕贼者必难获也。

不成必败于酒食之地。

玄武居未曰不成。未乃土也，克制玄神之水，所以欲盗不成。又未，太常之家，酒食之地，必因酒而败，盗易获也。君子之庆，小人之忧。

截路、拔剑，怀恶攻之而反伤。

玄武居午曰截路，居酉曰拔剑。午乃天地之道路，故取象于截路，酉阴金剑锋之象，故曰拔剑。贼势至此猖獗已甚，岂宜攻之？必反伤矣。

折足、遭囚，失势擒之而可得。

玄武居申曰折足，居戌曰遭囚。申乃坤土，制玄神之水，且昼方贼所深畏，有折足之象，刚金斩贼也。戌乃地狱，又土克水，故曰遭囚。二者贼失利矣。故捕盗贼者，擒之最易。

太常筵会，酒食相奉。

后四太常，己未土神也。主筵会、酒食、衣冠、物帛，又曰安常、吉庆之神。以其后天乙之四位，故曰后四。

遭枷必值决罚。

太常居子曰遭枷。土值水乡，有崩陷之象，又子未六害，以害而陷，有枷锁之象，所以必值决罚。

侧目须遭谗佞。

太常居寅曰侧目。寅木克制太常之土，有虎豹在山之势，而太常之土，何敢以为敌耶？况未羊逢虎，受其制伏，敢怒不敢言，亦惟侧目而已矣，尚畏有谗佞于傍谮之，则凶仍不免。

遗冠也财物相伤。

太常居卯曰遗冠。以冠裳之神而入私门，有冠不正之象，故曰遗冠。然何以曰财物遭伤？太常亦土财物衣帛，主失去者，以土被卯木之克也。

逆命也尊卑起讼。

太常居戌曰逆命。未与戌相刑，且河魁为狱网之凶，故曰逆命。未在上，其位为尊，戌在下，其位甚卑，二者相刑，非尊卑相讼乎？

衔杯、受爵，不转职而迁官。

太常居申曰衔杯，居丑曰受爵。申为传送，太常酒食之神，二义详之，似衔杯矣。庆冠赏之象，而非转职之吉也。丑乃天乙之官，以太常而拜至尊，非受爵乎？故曰迁官也。

铸印、捧觚，不征而喜庆。

太常居巳曰铸印，居未曰捧殇。太常为印绶之神，见巳火乃铸印之位，公器非征召不用也。未乃太常之位，宴会之官也，捧殇酬酢有喜庆也。

乘轩有改拜之封。

太常居午曰乘轩。午乃天地之道路，乘轩之象也，又立南向北，面君之义。故有改拜之封，君子大庆也。

佩印有用迁之命。

太常居辰曰佩印。辰乃天罡首领之神，而与太常印绶并之，乃佩印之义，必主迁除。

亥为征召，虽喜而必下憎。

太常居亥曰征召。亥乃天门，有征召冠裳之象，但未土在上，亥水在下，水必惮土之克也，故虽喜而下憎之。

酉作券书，虽顺而防后竞。

太常居酉曰券书。太常之未土，生从魁之酉金，得助于魁，则锋刃成功，宜书之左券，有何不顺耶？但酉金强自刑其方，终有后竞，惟勿以身贵而贱人，勿以独断而违众则吉。

白虎道路，官灾病丧。

后五白虎，庚申金神。主道路、刀剑、血光、官灾、疾病、死亡，至凶之神也。以其后天乙五位，故曰后五。

溺水音书不至。

白虎居子曰溺水，居亥亦然。白虎喜山林，主道路，今溺陷于水，则道路不通，不凶矣。盖至凶之神而陷没，有何不利？勿以道路阻而音不达为忌。

焚身祸害反昌。

白虎居午曰焚身，居巳亦然。在彼白虎之金，固所畏忌而占者反昌矣。何则？白虎丧凶，血光之神，既已焚身何能为患。

临门兮伤折人口。

白虎居卯曰临门，居酉亦然。白虎守卯酉之门，则一家惊惧不宁矣，轻出无备者莫不为之噬矣，故伤则入口也。

在野兮损坏牛羊。

白虎在丑曰在野，居未亦然。丑未，田野之象，白虎在此，固似无威，而丑中之牛，未中之羊为虎所噬，贪哺啜，无复凶矣。

登山掌生杀之权。

白虎居寅曰登山。其威自倍仕途占之，当有生必凶，凶神入之则凶焰杀之重柄，常人占之，凶不可当。

落阱脱桎梏之殃。

白虎居戌曰落阱。戌乃地狱，吉神入之，则占者必凶，凶神入之，则凶焰猥衰，不复孔炽，占者不被其殃往返无虎截路，犹桎梏之脱也。

衔牒无凶，即可持其喜信。

白虎居申曰衔牒。申乃白虎之本宫，彼贪其巢穴之荣，而无复肆噬之心，故有喜信可持。而曰衔牒者，乃传送往来之神，牒信之象也。

咥人有害，终不见乎休祥。

白虎居辰曰咥人。辰中有尸，乃虎噬尸，既曰咥人，岂复有吉祥于人耶？得此凶占，亦惟避之而已矣。

天空奏书之神，以天乙尊者无对。

天空后六，戊戌土神也。其神无形无影，由正对天乙至尊，即空亡也。由无敌对至尊，而虚其位故曰天空，专主诈伪不实。曰奏书者，言惟执书以奏，则此片时可对至尊耳。

神虽所主休征，必察卦名之义。

元首象天，重审法地。象天者先喜而后忧，法地者先迷而后利。

象天者，上位之动用也；法地者，下位之动用也。以其上克其下，故先喜而后忧；以其下贼其上，故先迷而后利。

知一则得一为宜。

此用卦又名知一卦，知一不知其它，惟一得则永得一也。

见机则不俟终日。

涉害之深者曰见机，不俟终日，言机贵速者。时者，难得而易失也。

遥克所卜难成。

遥克者，神遥克日名蒿矢，日遥克日名弹射。二者皆力不雄也，故所卜难成，观蒿与弹之意自明。

别责所占罔济。

四课不备，而无遥克，曰别责，尤无力之甚也。故凡占罔济，不过利守而已矣。

冬蛇掩目，虚惊而终不伤。

昴星卦，有螣蛇发用，曰冬蛇掩目。卦既曰掩目之蛇，则人得而害彼，彼不得而害人，不过虚凶，不成实害也。

虎视转蓬，出外而稽留不起。

昴星卦，有白虎发用，曰虎视转篷卦。既曰虎视，则凶不可当，即犹篷转而避之可也，出外必稽留不回。

伏吟任信，宜用静去盗非遥。

伏吟，刚日自任卦，柔日自信卦，主静也。逃去之人，及盗贼失物不远也，贵顺支前一位寻之，贵逆支后一位寻之。

返吟无依，则后旧往来不一。

返吟来去不定，故曰无依。无依倚也，凡事不定，且主于远。

八专之意，不宜男子波波；帷簿之名，不利妇人嬉嬉。

八专卦，干支同位，内有怨女，外有旷夫，故曰帷薄不修之卦，多淫佚之意也。

龙首，累逢君命，恩赐频加。

太岁、月建、月将、贵人同为发用，曰龙首卦。君子则有恩命出自天子，常人利见大人。

龙战，屡见改革，灾祸不已。

卯、酉日辰，行年发用，又值此者，名龙战卦。不问君子常人，俱主更革灾祸不一。

官爵改拜升迁。

驿马发用，名官爵卦，主改拜升迁，常人得之，反摇动不宁。

富贵增财吉庆。

贵人发用，主增财喜庆，君子常人皆吉。

斫轮、铸印官职须迁。

卯加申发用曰斫轮卦，戌加巳发用曰铸印卦。有官者必迁，无官者反不能当，而有官非口舌。

高盖乘轩鼎席必致。

午卯子三传，曰高盖乘轩卦，亦同斫轮、铸印断。

芜淫主琴瑟不调。

夫，干也；妻，支也。上神互克干支，名曰芜淫卦，主夫妻异心。

泆女必渎乱太甚。

初传天后，末传六合，更传见卯酉，曰泆女卦，主淫奔不正。

是知三交为三匿。

子、午、卯、酉仲神全见于三传，曰三交，主藏匿阴私不明之人。盖此神皆五行之败气，主人昏晦，收留此人，异日不利。

九丑定灾殃。

乙、己、戊、辛、壬日更得四仲相并，而又大吉加仲上曰九丑卦，主占者家长有灾。

斩关不利安居，波波不定。

罡魁加干支上，更得六合青龙，名斩关卦。主不能安居而奔波不定。

游子不遑宁处，碌碌无常。

四季在三传本静，而丁神驿马入，曰游子。主动而碌碌奔波不免。

天狱忧刑罪责。

凡用神囚死，更天罡加月本之上，曰天狱卦。主官非口舌、刑罚及身。

天网囚系灾伤。

凡时与地支并克天干，而发用者曰天网卦。词讼卦遭凶系，常占多主病凶。

玄胎主隐匿藏怀而胎孕。

寅、申、巳、亥全在三传，曰玄胎卦。主隐匿藏怀成为胎孕。

赘婿主伏潜屈辱或相傍。

支辰加天干之上，被克为用，曰赘婿卦。主屈身于人而受辱，必依栖于人而相傍。

无禄之名，是上骄而下弱。

凡四上克下，曰无禄卦。上皆得意故骄下，皆受制故弱，无禄犹无路，最凶之占也。

绝嗣之意，乃下逆而上伤。

凡四下克四上，曰绝嗣卦。下皆得志而逾逆，上皆受制而全伤，尤凶之甚也。

又为励德以动摇为意。

贵人当卯酉之上，为励德卦。贵人不自安则摇动也。

乱首以悖逆为心。

日加辰而被辰克，曰乱首卦。悖逆之象也。

稼穑定自微而至著。

辰、戌、丑、未全在三传，曰稼穑卦。土有生物之功而日渐增长，故自微至著。

曲直必福善而祸淫。

三传亥卯未，曰曲直卦。有福者愈增其福，有祸者愈益其祸，乃木日渐长之象也。

巳酉丑俱逢，则伤情改革。

三传巳酉丑全者，曰从革卦。主革故鼎新之象，且金乃破物之神，主刑伤之凶也。

寅午戌全见，则意欲成亲。

三传寅午戌全者，曰炎上卦。主气焰薰天，上进之象，而急于进用，有相亲傍之义焉。

缘关润下之首，惟宜施惠于人。

三传申子辰全者，曰润下卦。主恩泽下流，惟宜施惠于人，不可独利而招尤。

凡断吉凶，占从将意。

大抵功曹为用，木器文书。

寅也，寅乃木神，功曹乃奏书之神，故主文书。

传送加临，行程信息。

传送乃邮马之象，故主信息行程。

太冲盗贼及车船，从魁金银与奴婢。

辰为斗讼兼主丧亡，戌为欺诈或称印绶。

天罡主斗争、词讼，亦名天牢，又名天罗，主死亡。天魁主欺诈亦名地狱，又主印绶之神。

登明征召，太乙非灾。

胜光火怪丝绵。

午主光明怪异，又主丝绵布帛文书。

神后阴私妇女。

子水，天后之宫，主阴私不明，事干妇女。

未为衣物筵宾。

小吉乃太常之宫也，主衣冠、财帛、筵会、宾客。

丑号田宅园囿。

大吉土神，主田宅、园囿之事。

大吉小吉会勾陈，因田宅而争讼。

丑、未主田宅，见勾陈斗讼之神，必因争田宅而起讼。

从魁河魁乘六合，为奴婢之逃亡。

酉主婢，戌主奴，乘六合之私门，乃奴仆逃亡之象。

文宜青龙不战，武欲太常无伤。

看青龙为类神，武看太常为类神，旺相相生必吉，上下克战则凶。

登科者禄马扶会。

登科者，禄神驿马临于干支之上，富贵相必生上吉是也。马主前程远大，禄乃临官之神。

不第者刑害俱骈。

三刑六害，并临干支之上，刑主有缺，害主阻隔难成。

投书宜虎勾无气。

投书，献策，见上贵也，若白虎、勾陈无气，自然无阻矣。

捕贼欲玄武相侵。

捕贼以玄武为类神，若玄武临克地，自然得捉也。

若候雨占风，当看青龙白虎。

白虎主风，青龙雨，有气旺相，有风有雨，囚死空亡，风雨必微。

若迁官退职，宜观天吏天城。

寅为天吏，申为天城，若加年命相生必主变。

动望行人，观二八卯酉之限。

占东南行人以酉为中途，子上神为至期；若西北行人以卯为中途，午上神为至期。

追逃亡盗，捕四六玄武之阴。

占捕盗贼看玄武之阴神上所得何神，便知其在何处，捕之必获。

失伴必详胜光而可见。

胜光在日前，则向前追必见；在日后，则稍等立见矣。

亡财则察玄武而可寻。

失财物，以玄武之阴神上见，乃知方所，寻之必获也。

此皆略举其纲，要在智者临时而审情。

若夫旺气求就官职，相气经营利禄，囚气系呻吟，死气死亡悲哭，休气疾病淹延，详在四时休旺。

旺气发用利求官，相气发用利求财。囚气发用讼则囚系呻吟，死气发用病必死亡哭泣，休气发用疾病淹缠，若日墓同之必凶。

相加孟仲万事新鲜，季上逢之互为故旧。

孟仲之神发用主新事动，季神发用力旧事矣。

欢欣在旺相之中，悲哀在死囚之处。

旺相发用皆主喜，休囚发用皆主忧。

凡见火加水上，亡遗口舌非宁。

乃巳、午临亥、子也，火乃朱雀主口舌，水乃玄武主亡遗。

火入金乡，淫泆奸邪未息。

火则蛇、雀，金乃白虎、太阴。淫泆奸邪，皆太阴为火所逼致也。

水加土位逢财，若在火宫迁职。

水加土上，受土之克则为财；水加火上，受水之克则为官。

木逢水，则流落他乡。

以木之少而见水之多，有水漂木之象，故曰流落它乡。

水遇土，则人财散失。

水加土上，水为财，而主散失者，亦水为玄武之位也。

金居火上，则病疾死亡。

金加火上，白虎入朱雀、螣蛇之位，故主疾病死亡也。

土临木地，则田宅词讼。

土加木，乃勾陈受制之象，故主因田宅争斗而兴词讼。

金加火位，中传有水无妨。

若金加火为发用，而中末见水，则有救矣。

火入水乡，末传得镇星复喜。

若火加水上为发用，而中末有土，则不凶矣。

贵人顺行，凶将少降祸殃；天乙逆行，吉将聊施恩惠。

天乙贵人顺，则凡事顺；逆，则凡事逆。顺贵虽凶将降祸必轻，逆贵虽吉将赐福不重。

逢灾遇祸上下皆凶，招利求祥始终俱吉。

三传中全无吉将吉神者，灾祸并见，三传中全吉者，招财利可求吉祥。

凶神刑害灾祸连绵，吉将相生欢欣不已。

三传中凶将更乘刑害灾祸愈重，三传中吉将更生者喜庆愈多。

凶神和合逢灾不至深危，吉将逢伤赐福终非全美。

三传中凶将见生合，虽凶不甚，三传中吉将见伤克，虽吉不甚。

日辰有彼此之殊，神将有尊卑之异。

日干为自己，支辰为他人，贵神在上尊，月将在下卑。

辰来克日诸事难成，日往克辰所谋皆遂。

支辰来克日干，乃我受人制也；日干去克支辰，乃人听命于我也。

男逢灾厄，须以日上推穷；女遇迍邅，但向辰宫寻觅。

日干又曰天干，故看男子之灾祥；支辰又曰地支，故看女子之祸福。

先凶后吉，终成喜庆之征；始吉终凶，终见悲哀之兆。

初传凶末传吉，终于吉也；初传吉末传凶，终于凶也。

初刑末位，灾来果必无轻；末克初传，有祸须知亦小。

先贤以时作先锋，占万事皆可以推。

若乃披刑则侵欺诡诈，乘马则摇动迁移。

时作支刑子刑卯之类，乘马主摇动也。

冲支冲干彼己不遑宁处，同辰同日尔子蹇滞迟疑。

时冲干己不宁，时冲支彼不宁，同辰彼蹇，同日我蹇。

时日相生迭为恩惠，生克其辰灾祥居第。

时生日下报上，日生时上惠下，时生支宅吉，时克支宅灾。

所以遇子遇午，若往若来；值卯值酉，为门为户。

子午天地之道路也，往来之象。更宜视以用传，终当可察其生及畏惧。

大抵克多则事繁，克少则事简。

涉害必用主繁，元首重审事简，克者动也。

鬼临所畏，当忧而不忧；财在鬼乡；闻喜而不喜。

因财而变鬼祸矣。

神将互克，占及夫妻；同类来伤，事因兄弟。

鬼乃夫也，鬼动事起夫；财乃妻也，财动事起妻。比肩爻动，事其兄弟朋友也。

财遇天空兮，产业须伤；鬼临旬尾兮，官灾不起。

财爻空求妻财不得也，官爻空有官非不妨也。

吉神临凶卦之中，无咎争之道；恶煞临吉卦之内，无欢欣之理。

煞虽恶，生我则其喜终至；将虽良，克我则忧难不已。

如虎勾生我其力尤雄，龙合克我其凶亦至。

凶神无吉也，合干则讼休；吉神无凶也，克日则祸起。

与日合，虽朱雀之口舌亦休。

更若识其通变，举一隅而不复三矣。

大六壬九天玄女指掌赋

九，天数；玄，天色；女，阴象。黄帝阴符亦如此解，言阴与之符也。故九天之数，以玄女名，包于阴而阴与符合，意赋敷其事而直言，言一见而始终无余蕴也。

六壬通万变之机，大为国而小为家。日辰定动静之位，日为人而辰为事。

变即穷变，通久之变机，发动所由也。家国要从地盘分野处看，若单论家宅则惟在支上看可也。

月将加时，局图顺布。日二课而辰二课，合成四象。生主和而克发用，义法三才。

日上神为太阳，日阴为少阳；辰上神为太阴，辰阴为少阴。阴阳生合比和处，吉凶之端倪不露，惟于相克处，一逗杀机而遂尔见形。盖不杀不成其为生，而取克，正所以观五行相生之妙也。

上克下为元首，理势顺而百事咸宜。

上天下地，天克地，理势皆顺，故百事宜。

下贼上为重审，人事逆而谋为不利。

地克天，是下陵乎上，故逆。

二三克贼，知一总名。神将凶而祸不单行，神将吉而福祥双至。

如二三克贼，则看克处与本干有益无益，而福祸之来可决矣。

用孟名曰见机，当因时以致宜；仲季号为察微，事未萌而预计。克贼重重比涉害，用辰主外灾害己，用日主我祸延人。

涉害取地盘孟、仲、季发用，涉四孟，乃见机课；涉仲季为察微课是也。涉害比用复等，则刚用日比，柔用辰比。盖人我以支干分，日上发用乃我先发端，辰上发用是人先发端也。

蒿矢神遥克日，二克主两事而合为一事；弹射日遥克神，一克主一端而分作两端。

日止一日，克有二克，是两事合来作一事。一克互观，自见二课，若见金土二煞，为有镞有丸，能伤人也。

昴星如虎对立，视俯仰以定远近之忧危。

俯视忧近仰忧远。杀气至酉而盛，故将曰太阴，俯仰皆以酉位言，阴阳无克，乃从至阴处讨出消息来也。正君子履霜之渐，而多忧惧之时也。

别责如花待时，合日辰以定人事之巧拙。

课名不备，事属有待，如花待时，象可知矣。玩别责字，言事见端于此，而成就于彼之义也。

八专士女怀春，一名不修帏箔。

凡阴阳施化，以别而神。今干支同位，阴阳不分，主客未辨，故取象若此。

丁巳辛同丑未，井栏射主深灾。

井栏射亦主前途忧危。

伏吟任信，用刑而作事忧疑。

诸课有加临，皆可信任，独伏吟上无加爻，止堪自立主张，尽多忧疑之兆。

返吟无依，迭传而事多反复。

谓十二神名居冲位，无可依倚，主反复不宁也。

凡上克则事起男子，或属他人；若下贼则事由女人，或因自己。

大凡克处是动机，上克动在客、在阳，故为男子、为他人，下贼反观可知。

将克神为外战，灾自外来；神克将为内战，祸由内起。

将谓月将，神即贵神。将克神，相战在外；神克将，相战在内。灾外来是因彼而有克也，祸内起以其克加于我也。

用在日前，事情已过；用居日后，事起将来。日辰发用，应在今时；辰日刑冲，事成恍惚。年月节旬发用，事应年月节旬。

如甲课在寅，则卯为后而丑为前。盖前为已往，后为未来故也。日谓今日辰，主于日，言日干发用事应在今时。凡日寄辰，辰仰于日，要合德禄比合相生，乃为足贵。刑则人情不美，冲则反复不宁，故事多恍惚也。年主一年，月主一月，节主半月，作气字看。如立春为节，雨水为气，节字论气，非谓月也。此二句论克应之理，最为绝妙。《方朔克应歌》云："起岁年华问，逢蟾月里寻。占旬旬日应，值日日前陈。气动蟾分体，候来旬折身。诸门从此起，万类若通神"。苗公云："七位克应诀，季神总用同。墓中见的实，吉凶取合冲。阴阳分墓绝，七位应须通。"又云："看发用是何季之神，如见寅卯，则应在辰月辰日辰时，如见巳午，则应在未月未日未时，故言与日同也。"

吉神旺相事皆吉，凶神旺相事必凶。

旺气求官吉，争财相气亲。死言丧祸起，囚动见官刑。休来忧病患，五气仔细寻。此皆以克日论也。吉凶二神，谓三传、日干、年命兼岁月建、正时、来方、支辰上神，非搜尽此十一处也，须要视何处生我克我，还是生我者多，克我者多；助我生者多，或助我克者多；生我者得地，还是克我者得地，宜详察。

已上九门定式，次观附卦加临。

日临辰而受克为乱首，主行悖逆之道。

如庚午日，申加午，是日临辰而辰克之。

辰临日而受克为赘婿，不能自立其身。

如庚寅日，寅加申，是辰临日而日克之。夫日寄于辰，今反克辰，是自家竟无安顿处矣。

辰临日而生日名自在，有恢宏之志。

辰来生我可云安享。

日临辰而受生名俸就，有荣显之机。

我就他生一何荣显。

日临辰而生辰名历虚，主无措之语笑。

我去生他，他为脱气。

辰临日而受生名归福，履来之祟。

辰是我所履之境，加我之上而与我合体生辰，岂非福履之祟乎？

同类相加同谐和合。

培植和合，言比肩之妙。

日辰交生名为脱体，主彼我舒情多实；日辰交克号曰无涉，主内外疑忌生猜。

交生不认我而认人，故为脱体，乃相信之诚也，交克反看。

课传皆在年月日时名天心，忧不成忧而喜中加喜；三传不离四课名回环，吉不全吉而凶不全凶。

天地大化不离，是在天之心也，名回环意，不宜占讼、散事。三传所以变化，四课不离，殊少变动之意，故吉凶不全。

三上克为幼度厄，腐绳维臣室之象；三下克为长度厄，越海无舟楫之形。

凡长幼课看发用财官父子何如，是财则伤财，余可例推。又看余一课，或是上克必主上下不安争斗。若生日干则凶可解，上下相生凶亦稍解。

四上克为无禄主孤单，得救神亦能免祸；四下贼为绝嗣主贫苦，虽吉将到底成空。

救神，如三传、年命有一处生干即是。若四下贼，则是我所遇皆仇敌，吉将其奈我何。

日辰见辰戌，又发用为斩关，阳逃亡而阴主伏匿。

辰、戌动神，中传更遇寅字为天梁，主万里飞腾，故阳日为逃亡。阴日为伏匿，总无踪迹可寻也。凡传遇寅、卯、未、午乘贵、阴、合，为天地独通，出行吉。

贵人临卯酉，分前后为励德，庶人吝而君子亨通。

视干支阴神，如立贵人前，是小人恃势当强；如阳神立贵人后，是君子谦冲当进，此励德之卦。盖日阴辰阴为卑，不合妄居于前；日阳辰阳为尊，不合退居于后也。

天乙在卯酉立私门，名微服而名怀异志。

天乙来临二八门，日辰阴阳俱后存，遇此即是为微服象，惟利阴私。贵后存谓居贵人后，卯酉为日月之门，阴私之象，惟利安居，不利有为。

夫妇若年神交相克，作芜淫主琴瑟不调。

夫妇年若相克，上神更与日辰互克，乃乖戾之象。

用卯为龙战，用酉为虎斗，主思改而忧疑不定。

凡卯日发用，行年又在卯上，名龙战卦，虎斗仿此。盖卯日阳气南出，阴气北入；酉日阳气北入，阴气南出；阴主刑杀，阳主德生，相战于门，故名。主事疑惑，反复不定。

六合为泆女，天后为狡童，主厌翳而男女有淫。

卯为六合，私门也；酉为太阴，私户也。凡卯、酉作传，而前见天后，后见六合，为阴往求阳，非泆女而何？前见六合，后见天后，为阳往求阴，非狡童而何？

三传四孟名曰玄胎，非怀孕则有移旧更新之意。

四孟，五行生地，故曰胎；玄，水色黑，言方胎于中，男女未分，不可见也。主事有根蒂，日渐长进之意。如入胎于母腹，铸成五官之象，所以说移旧。

三传四仲谓之三交，加日辰则主隐匿罪人之名。

凡仲日，四仲相加一交，有克发用二交，课传又见阴合，三交卦也。子、午、卯、酉所藏乃乙、丁、己、辛、癸五阴干，阴为刑偏阴为阳，故太公立课将五阴干移于四季，正谓此也。盖四仲当阴干之旺，如乙禄到卯，丁己禄居午，则极气盛矣。而五阳干生于四孟者，以四仲为沐浴败地，是仲位刑旺而德衰也。若课传年命全逢乎此，诸事不吉，故武侯云："德气在内，刑气在外，遇此不可出兵。"

四仲亦名二烦，主杀伤而更遭狱讼。

凡太阳加仲，斗系丑、未为天烦；太阴加仲，斗系丑、未为地烦。是天地大小吉之气，俱为天罡所伤，而太阳加仲，是德为刑也。月宿加仲，刑气太旺，故主杀伤狱讼之象。如斗罡不系丑未，名杜传，当此之时，四位俱闭，三光不明，德在内而刑在外，凡占利静不利动。

四季名为游子，乘天马而将欲远行。

四土是游行之地，天马是游行之象，故名。于课不止远行，凡事主游移不定，踪迹无凭。

用天马而中卯末午名为高盖，主公卿爵位。

正月午为天马，卯为天车，子为华盖，盖利见大人之象。

卯发用而中戌末巳号斫轮，为印绶俱全。

卯加庚、辛，木就金雕，中传戌，又是辛之寄宫，末传巳火炼辛金，而金又断卯木成器，且戌中辛金得巳火，又为铸印，而戌又为印绶，所以说印绶俱全，爵禄崇高之旬象。

巳戌卯为铸印乘轩，驿马六合而升官爵。

丙辛合为铸印，卯戌合为乘轩，驷房星，谓卯也，如卯发用，升官之象。

若逢真破，得罪于帝王之象；害气交加远涉，有江湖之患。

凡刑、冲、破、害，皆谓之破，于仕宦则为得罪于帝王，于贾人则为江湖之患，以卯为舟车故也。

时逢太岁作贵人兼发用而乘月将，名时泰，有赐不升官之象；日时月建会青龙而用岁气作初传，名富贵，主利见大人之征。

天乙发用，又日辰、月建名青龙，岁支作天乙，是为用岁气，言一时而诸吉臻合也。

四离前一日为天寇，利居家不利远行；四绝前一日为天祸，事体绝而又复重兴。

分、至前一日为四离，已非远行吉兆，那堪月宿极阴，玄武阴私重加，故主遇盗贼。四立前一日为四绝，乃阴阳交接之日，那堪立绝互交，是乘权卸肩，而两不得力，所以事休绝而又复兴。

四时前孤后寡，或值旬空，苦楚无依；闭口旬尾如首，乘玄发用，病危讼失。

如寅、卯日，当春之时，则巳为孤，丑为寡，若无别吉象，则为孤寡课。闭口有二格，如玄武加天地盘，六甲合此成两般。病逢闭口，则饮食不进；讼逢闭口，则枉屈难伸。

时克日而用又助之，名曰天网，有死丧之危；用死囚而斗加日本，名曰天狱，主囚系之灾。

时、用克日为天网，如春占，甲干，用土、金死囚神，而辰复加日本亥，则木之根本受伤，运用不旺，囚系可知。

上下旺相为三光，始终迪吉；神将顺布为三阳，作事皆成。

用旺相，一光；吉神临用，二光；日辰旺相当令，三光。用旺相，一阳；日在天乙前，二阳；贵顺布，三阳。忌克、破、刑、冲、害。

传见六仪，病将瘥而狱囚出；三奇发用，疑惑解而喜气生。

旬首发用为六仪，子戌旬中奇在丑，申午旬中奇在子，寅辰旬中奇在亥。丑为玉堂，鸡鸣于丑而日精备；子为明堂，鹤鸣于子而月精备；亥为绛宫，斗转于亥而星精备。

用起天魁为伏殃，有杀伤之厄；传虎死神为魄化，有死丧之忧。用乘丧魄，健者衰而病者死；传起飞魂，家有咎而人有灾。

天魁，正酉逆四仲，非河魁也。死神，正巳顺十二是也。虎乘死神加日主死，加辰主丧，有吉可解。丧魄正未逆四季，飞魂正亥逆十二。

卦曰始终，视神将玩克战以方知；课名新故，用刚柔察死生而始见。

始终，要兼旺相休囚，细细推寻，然亦就三传说，三传原该本事始终，或始克终生，或始生终克，或始生终墓，或始墓终生，皆始终之义。视神将者，神将以生我为吉，不生则虽吉将亦减力。凡阳干发用，得阴为故，得阳为新；阴干发用，得阳为故，得阴为新。阳主生事之方生而未艾也，阴主死事之已去而不乘权也。死生即得令不得令之义。

八迍，立见忧危将至；五福，必主福禄骈臻。

八迍、五福，不是定然八件五件。八是阴数，一切恶神凶将克贼日辰，兼带刑害者，是阴惨之极，故名。五乃天之中数，极阳明之象，如传逢生旺贵人日德，即有凶亦解救矣。

若顺相加之卦，传列巳申亥寅。春玄胎者，生意已萌于中；夏励阳者，机关略见于外；秋占四牡，驱驰不息；冬占全福，行止亨通。

凡三传顺加，以巳上加申起算，四孟是五行长生之地，顺加则水、火、木、金各就所生，是四生之神，复各居长生之位也。如春令寅木乘权，勾萌甲坼，生意方蒙，乃生生之始也，故曰玄胎。四孟至于夏，则生气日长日盛，曰励阳者，谓阳气盛中伏衰，君子当勉励勿纵，犹退藏意。秋时生气渐微，杀气渐盛，且言申位何为传送，天地之化至七月，是生杀之转关，是送往迎来之会也。盖巳为海角，巳酉丑三合为宽大，坤为马，即四牡，即传送也，以申加巳，行宽大之地，正驱驰不息意。至于冬，万物归根，四生各归生处，是全福而无害，行止有不亨快者乎？

四仲相加，子午卯酉。春占关隔，若羝羊之触藩；夏占观澜，似游鱼之吞饵。秋占四平日，逢望弦晦朔，名曰三光不仁；冬占匿阳，时遇日月辰戌，号为四门俱闭。

四仲乃四败之地，以卯加子起算。四仲相加在卯，为阴不备，以日出于卯，离太阴也；在酉，为阳不备，以日入于酉，离太阳也；在子，一阳初复，阳气不壮；在午，一阴始生，阴气不壮。玩课体名义，重阴互换，知无一吉占矣。春曰触藩，言为阴所缚，进退不得自如。观澜意同。盖午生于寅，败于卯，前见辰是水库，乃观澜而不敢进意。弦，月渐进；望，月已满；晦，月既尽；朔，月初生。重阴相加，又逢弦、望、晦、朔，更加四仲，天官如六合太阴，总是阴翳之象，故曰三光不仁。日月，卯、酉也，四仲相加，更卯酉上见辰、戌，总是阴阳闭寒意。又子乃一阳初生，今加于酉方，向闭塞之路，那见生机，故云匿阳。

四季相传，丑辰未戌。春稼穑而生长以时，夏游子而漂流不定，秋地角据一隅而忘天下，冬五墓舍朝市而守丘墟。

稼穑者，以辰加丑起算为顺。土生万物，故在春为稼穑，且辰加于丑，土气乍开，生生之意初动。又土盛于夏，乘巳、午之生，有行万里之势，故曰游子。至秋，则土气渐衰，生物之功减矣，曰据一隅而忘天下，便与夏之通达不同。四土皆库，独以冬为墓者，休囚故也。

若逆相加势情为悖，三传亥申巳寅，六合一名六害。春亢毓有始动终怠之形，夏洪钧秉中正权衡之象，秋含义而无中生有，冬待庆而暗事将明。

逆相加，谓以亥上加申起算，六合、六害在加处见。寅盛于春，巳毓矣。又值亥生则毓之太过，故曰亢毓。且亥加于寅，为休气用事，故云始勤终怠。寅加于巳，木火通明，是为洪钧。巳加于申，正火旺于夏，亨嘉之会，谓之中正权衡，固宜申金断制为义。巳加申是金生于巳，含义之意，故曰无中生有。申加于亥，天乙生水，得申金之光相涌相生，是为将明。从此而春、而夏、而秋，生长万物之庆，皆为有待。

四仲逆传，子酉午卯。春占井陷，如鸟投笼；夏占正烦，若牛受刃。秋失友，既散离而复合；冬出渐，名阴极而阳生。

四仲以酉加子起算，则皆相逆，为五行死地，如金库于丑，则酉死于子，余可类推，投笼正表其象。正烦或作二烦以日宿、月宿临四仲分，曰受刃，则生气尽矣。金主杀，酉加于子为泄杀气，气既衰，故为失友。酉、未为离隔之神，加于一阳初生之地，为阴静而阳复，故居离而复合之象。

逆传四季，丑戌未辰。春占越库，散财不以其道；夏曰转魁，委任不得其人。秋杀墓势，将兴而将起；冬伏阴机，渐收而渐藏。

四季以辰加未起算，春季，辰土受未中乙木之克，是发越库财已散矣。曰不以其道者，顺则合道，逆则不以其道也。戌为天魁，中藏辛金，夏季未土木库加戌，而为戌中辛金所克，又戌为火库泄木之气，是木转魁上为委托非人也。戌火库丑金库，火加金则杀金，金阴象，原伏而不动，遇火炼之，将有发越之势。丑金库，辰水库，丑加辰则金水相涵，象重阴，又子见母，故云收藏。

若顺相合，理势自然。申子辰为润下，以和顺为义；寅午戌为炎上，以发达为名；亥卯未为曲直，举直错枉；巳酉丑为从革，宜革故鼎新。三传稼穑，田土稽留。

子为水，申为生地，辰水库，自申而子而辰，理势自然，有不和顺者乎？甲乙日为生气，炎上，顺其次序，自然烈焰弥天，与和顺同解。更得驿马真位为倚权，利奏对也。凡木之生先曲与直，举直错枉，正去徇向直意。金有革故之义，方言革故自有鼎新之势。凡占得四土，虽当作稼穑，须玩顺逆四时，参上文方备耳。

子辰申为出奇，自新改过；午戌寅为间魁，舍窦从庭。卯未亥为合纵，彼我各怀其忿；酉丑巳为献刃，远近俱被其伤。辰申子为呈斗，玩阴阳于天

象；戌寅午为顶墓，会消息于方舆。丑酉巳为藏金，因事而韬；未亥卯为从吉，待时而动。

若逆三合，事主乖违，辰子申为循顺；贵毋躐等，戌午寅为就燥；行合中庸，未卯亥为正阳；遵发生之意，丑酉巳为法罡；防肃杀之威，四土逆行，尚宜守正。

水局逆行，言毋躐等者，欲其以顺正之也。火不顺则燥，故正以中庸。玩遵之一字，言当依木生生之理，而无毗乎阳也。罡杀气，金逆而杀气愈盛，故肃杀宜防。土能生金，若逆生恐犹未出于正，故特用戒之。

子申辰为仰玄，守凝寒之困；午寅戌为正义，显朱夏之形。卯亥未为先春，未萌先动非时过；酉巳丑为操会，已过受时岂失宜；申辰子为间斗，聚秀气于怀中；寅戌午为华明，彰精光于天表；亥未卯为转轮，因颠蹶而自反；巳丑酉为反射，怀杀伐以酬恩。

天罡加四仲为关隔，人事睽违；登明脱日辰为萃茹，事情和美。

卯酉日月门也，子午为阴阳之门，辰戌为网罗之煞，辰加四仲则门被阻隔，人事何由通快？子午为关，卯酉为隔，既为日出而作、日没而息之门户，子午既为阳死阴生、阴死阳生之地，则人事一动一静，能离此门户乎？今被网罗煞阻隔，人事岂得亨快？亥为乾位，加日辰是统天之德聚于日辰也，天德昭临人情自然和美矣。

用为发端之门，中为移易之府，末为归计之宫。

太公立三传，极重在发端，归结在末传。

孟为神之在室，仲为神之在门，季乃在外之应。

孟仲季乃泛论，其理不在传之例。孟为生地，仲为旺地，季为结果之地，此正由微而著，由小而大意。

初生中，中生末，名遗失而事久陵夷；末生中，中生用，名荣盛而多人推荐。一克中克末为迭噬而受众辈之欺，末克中中克用为僭匚而致外人之侮。

《毕法》云：三传递生人举荐，重下生上不重上生下，大凡发用之气要无所分折，一心聚于干上方好。若初生中末则益我之气薄矣，所以事久陵夷。惟从末生上传，专益我故荣盛耳。又上克下为迭噬，下贼上为僭亡，众辈侵欺。即毕法众人欺意，然中初，中初缓急有辨。

三传生日百事宜，日生三传财源耗。日克三传求财可羡，三传克日众鬼难堪。初传克末成者罕，末克初传事可成。传见妻财利益多，传见父母饶生意。传见兄弟口舌生，传见子孙福禄满。传见官鬼有两途，病讼畏兮官位显。子传父兮逆且疑，母传子兮顺且便。干支吉兮三传凶，谋事不成终不善。三

传吉兮干支凶，事吉而成无少惮。支若传干人求我，干若传支我求人。

课连茹，传逆速而顺则迟。越三间，向阳明而向阴暗。故顺三间之课，亥丑卯为溟蒙，而事多暗昧，子寅辰向三阳，而渐望光明；丑卯巳为出户，春雷震蛰；寅辰午出三阳，金鲤波中。卯巳未迎阳者，鸣高冈之鸾凤，辰午申登三天，得云雨之蛟龙；亥未酉变盈者，名秋声之稼，午申戌出三天，似鸣鹤之在天。未酉亥为人局，主心劳而日拙；申戌子涉三渊，当隐于山林。酉亥丑乃凝阴，而忧不可解；戌子寅入三渊，而枉不能伸。

天地之气，东南为阳，西北为阴。自寅到酉为日，自酉至丑为夜。凡人日出而作，与阳俱开，故向阳则明；日入而息，与阴俱闭，故向阴则暗。凡人逆则归，归则速，顺则游，游则远，自然之理也。若三传俱在夜方，岂不暗昧？寅为三阳，而传之前后拱向之，岂不光明？卯为门户，出门而向阳，正如雷之震蛰，阳起地下也。寅三阳之地，出乎此一路向东南，辰午之旺气，可知亨快，鱼得水之象。午为阳而卯巳者迎之，正高冈鸣鹤之象，占事宜速就，稍迟则无气矣。午申在南，先天乾位，固曰天，而辰在东南，亦是阳明之位，合之曰三天，登之故有蛟龙云雨之象。只一巳字在午之前，而未酉向西去矣，阳终阴始肃进，万宝告成，故曰登稼。午当阳极而申戌已流于酉矣，在阴子和，言闻其声不见其形也。未酉亥，阴气盛矣，凡人心劳不休，皆属于阴。书云："为善心逸，日休为恶，日劳日拙。"善恶之际，阴阳之别也。申子水局有林之象，戌土山象，言入夜方似幽人之守正也。酉亥丑皆在夜位，阴气所凝，何忧如之？戌寅火局，而子水居北，乘旺为渊，则火亦化而为水矣，故曰入三渊，屈不能伸，无非幽暗之意。

至若逆三间之课，亥酉未为时遁，无出潜之意；戌申午曰悖戾，有追悔之心。酉未巳励明者，出入其所从便；申午辰凝阳者，动止罔戾于悔之心。未巳卯为回明，而利有攸往；午辰寅为顾祖，而喜气和平。巳卯丑为转悖，当吉凶二者之间；辰寅子为涉疑，入祸福双关之道。卯丑亥名断涧，义利分明；寅子戌为冥阳，善人是宝。丑亥酉为极阴，如月隐西山；子戌申名偃蹇，似马驰栈道。

亥酉未，逆传，亥遁于酉，酉遁于未，有退而归隐之意。戌午火局中间一申反成克象，不和同矣，故曰悖戾。酉至未，酉有背暗投明意，曰励明者，言策励以从明也。申午辰俱东南阳位，故曰凝聚于阳，所以行止如意。午为明，未巳卯回绕而向之，故利有攸往。午火生于寅，三传午辰寅，有顾母之意。和平者，谓得所生而安也。巳丑酉金局为杀机之悖，今中传不用酉而用卯，是悖之转，转则吉。然犹未离于杀也，亦主凶，故为二者之间。辰子水局，中传见寅，虽涉于凝而不沉于渊，但两局不纯，故云祸福双关。经曰：断涧如何涉，忘前失后时。君子宜退位，小人须有悲。盖亥为水，丑卯有桥梁意，言难进也。高高下下，我利岂不分明？寅戌火局，中传见子，阳入于溟，乃怀宝不出意，丑亥酉皆是夜方，不见光明。子申水局，间一戌土在中，坎水见险，岂是坦道？

若顺连茹亥将顺行，亥子丑为龙潜，阳光在下，空怀宝以迷邦；子丑寅为含春，和气积中，勿炫玉而求售。丑寅卯为将泰，有声名而未蒙实惠；寅卯辰为正和，展将略而果沐恩光。卯辰巳曰离渐，利用宾于王家；辰巳午为升阶，亲观光于上国。巳午未为近阳，名实相须；午未申为丽名，威权独盛。未申酉为回春，若午夜残灯；申酉戌曰流金，似霜桥走马。酉戌亥革故从新，小人进而君子退；戌亥子隐明就暗，私事吉而公事凶。

亥子丑俱在夜方，全无阳气，故云，即易潜龙勿用义。子丑寅得阳气而未畅，仍宜韬养勿用。寅为三阳开泰，此时从丑初履之，虽有将兴之誉而功业仍未成就。寅卯辰为日之始，正君子向明图治之会。卯辰己逼近离火，是君子作宾于王朝也。午正阳有泰阶之象，从辰巳升之岂非观光乎？午阳明君位，巳未近之，君臣合德，功成名就之象也。午未申是圣主当阳，揽权御下之象。未申酉东南之气减矣，是以比之残灯励之也。申酉戌乃金地肃杀，何险如之？曰霜桥走马，危之也。酉戌亥纯是夜方，乃小人道长，君子道消之时。戌亥子以公私分明暗，若占逃亡、盗贼，又当用夜方也。

若逆连茹亥位逆推，亥戌酉曰回阴，心怀暗昧之私；酉戌申为返驾，主行肃杀之道。酉申未名出狱，主离丑出群，疏者亲而亲者疏；申未午名凌阴，主行阴侥幸，安者危而危者安。未午巳为渐晞，脱凡俗而渐入高明；午巳辰名登庸，舍井蛙而旋登月阙。巳辰卯名正己，人物咸亨；辰卯寅为返照，行藏攸利。卯寅丑联芳悔吝，须知否极泰来；寅丑子游魂乘凶，坐见事成立败。丑子亥为入墓，有收藏之态，仕进无心；子亥戌为重阴，安嘉遁之形，宁甘没齿。

自亥回戌，自戌回酉，一团阴气用事，可以卜其心之所藏矣。戌酉申肃杀之地，昔孙膑占此不满期刖足而返，故名。戌为狱，酉不向戌而向申是为出狱，不与戌之群丑为伍，而往西南，是平昔之亲类反疏而疏类反亲矣。壬申为阴而未午凌之，阴阳交接，安危之机也。晞指午未渐而入之，是脱凡境入高明意。午巳辰逆转，又未中有井宿，午逆向巳，巳中有蟾，月阙是也，巳宽大，有正己之象。从巳至辰卯，正己而正物，人物皆归于通达。寅中有生火，辰卯返而从之，是返照也。阳明相比，行藏自利，发泄太过，中藏乌有，反为吝象。今归寅卯于丑，披枝归根，方是泰来之兆，寅之阳气正好发舒，反入于丑、子极阴之位，诸事不利。魂阳魄阴，向晦宴息，百事收藏，占者宁矢志没齿，静俟不敢进也。

局有进退之意，气有旺绝之殊，衰墓总同退断，胎生进气无虞。退气则吉事成凶，凶事反吉；进气则安者益安，危者益危。

长生等十二位，所以象人之始终也，要从胎处说起，盖胎在母腹中，养在始生之时，长生则从始生，渐渐长矣，宜竟接冠带。何为有沐浴一位？盖五行之气，不郁不舒，不凝聚不发散，正复卦安静以养微阳之意，这一点生意不得沐浴处一番闭藏。如何得冠带而临官而帝旺也？到帝旺处，一生事业尽矣，衰病死理势必然。至墓之后，胎可言矣，又加一绝字者，五行之气，不生不有。十月之纯阴，何以得一阳之生，绝正死生互换之交，人鬼转关之路也。课义虽言五行，实字字切着人事，细玩自见进退二字，全在旺、相、休、囚、死五字中分别。大抵吉气进则聚，若散则吉者不吉矣；凶气退则散，若散则凶者不凶矣。

顺连茹空，名曰声传空谷，退吉而进则不宜；逆连茹空，名曰踏脚空亡，进宜而退则不可。三间之课，亦有缘由，课传六阳利于公干，课传六阴利用阴谋。半阴半阳，原情审势；阴多阳少，以理推求。

阳为德而阴为刑，阴从夫而阳自处，癸为闭而丁为动，闭主死而动主生。

子、午、卯、酉，多是五阴所寄，而日德从于阳干，在四孟位上，如甲禄在寅，乙禄在卯，甲则合己，而以寅为德禄，乙则合庚而从庚之申以为德也，余例推。癸水，润下之性，干逢旬尾曰闭口者，言水气在上不能开口也，假如人在水中一闭口便不能生矣。丁火之性主阳、主动，是生之象，正与癸相反。

空亡乃耗散之神，初斩首，中折腰，末刖足；辰戌为网罗之煞，辰覆巢，日毁卵，而用置逵。

空亡乃天中煞，人只知旬空为十干不到处，不知惟虚能起化，此正天之中也，故曰天中煞。数中凡遇空亡不可便说不好，要细察始见端的。天罡之气鼓万物而出，天魁之气收万物而入，为四时网罗之杀，言一网无余也。在日辰上是静位，所以为覆巢、为毁卵，在用上是动机，所以为置逵，言一往便留碍也。

年命若立魁罡，动者静者而静者动；日辰加临卯酉，离者合而合者离。

立，是年命所乘神立于地盘辰戌之上，非辰戌作年命也。

三传纯子孙，不求财而财自至；三传纯父母，勿虑身而身自安。三传纯

妻财而父母克害，三传纯官鬼而兄弟成灾。

《毕法》云："六爻现卦防其克"即此意也。

见克不克，从其鬼贼，崖岸迫而勒马收缰；见生不生，不若无生，鸟兔尽而藏弓烹犬；见救不救，灾须自受，当如燕雀处堂；见盗不盗，本根无耗，须识荆棘巢凤。

凡见克神，要细看他立处，若是生地，它自恋生不来克我；若是他之克地，他自受制不能克我矣。下三句俱如此看，如人之临于危崖尚可收缰，危而不危也。鸟兔尽言人之施恩于我者，今已尽矣。燕雀处堂而不知危机将至，救神无力也。荆棘解盗字，巢凤则盗而不盗之意。

合中带煞，蜜里藏砒；煞遇空亡，饥食甘李。交车入长生之位，苦尽甘来；交车坐刑害之宫，幸中不幸。

吉中凶、凶中吉，须详之干支门路，止在上下照射处，故曰交车。此处刑冲破害极有关系，盖交车二句似指交车立地盘长生刑害也，玩"位"字"宫"字自见，不然与下节重复矣。

先生后克，乐极生悲。劫煞入辰，萧墙祸起。

乐极生悲，即《毕法》乐里悲意，劫煞如亥卯未则在申，其应极速，萧墙应辰之一字。（参《毕法赋》第三十四格，苦去甘来乐里悲）

日辰神将交生，龙虎聚良明之会；日辰神将交克，猿鹤争风月之巢。

龙虎是合气之状，猿鹤是不合气之状，交生交克可谓极切。

交车入墓，喑哑双盲；交车冲刑，风瘫痴隔。

喑、盲俱切墓字，风瘫切刑冲字，可见凡断当各从其类。

乙戊己辛壬同四季，名曰九丑，天地归殃；死绝休囚气加日辰，号为二难，夫妻反目。

凡戊子、戊午、壬子、壬午、乙卯、己卯、辛卯、乙酉、己酉、辛酉日而大吉又临日辰子、午、卯、酉上者，为真九丑卦也。盖乙是雷电始动之日，震而不安；戊己是诸神下位之日，又戊己为坤，诸神清虚之气，合德于乾，转入坤维，曰下位是也；壬是三光不照之位，壬禄在亥，六阴俱足，日月之光至此损照；辛是西方杀物之位，如何又居在四仲极阴位上。大吉是十二宫神之主，为贵人之本家，所以为星纪，言诸星朝会于斗也，今又临四仲极阴之位，是为九丑。九，阳数，九丑，言阳之丑也。"二难"正配"夫妻"两字。

上下六合，主客合同；上下刑害，冤仇相见。引从日辰名曰用媒，家必兴而人必旺；干首支尾名曰回环，成吉而散事凶。

男年支而女年干，合后成婚；辰加罗而日加网，巧中反拙。太阳照武，宜擒贼盗；月将加辰，宅舍光辉。魁度天门，行多阻隔；罡填鬼户，事任谋为。

既定课传，次观神将。贵人为百神之主，得位为福，失位为殃；螣蛇为卑贱之神，旺相怪异，休囚亦主忧惊。朱雀文书亦主刑戮奸谗口舌；白虎道路又为官灾疾病死亡。勾陈主迟滞勾连之事，囚主讼而旺主生；玄武为盗贼虚耗之神，休失人而旺失物。六合为婚姻和合，妇女得之则为私门；太常主酒食衣裳，武职占之则为擢任。青龙所主财物，文官见之龙为恩宠；天后虽为妇人，庶人得之亦主亨嘉。天空奴婢妄诞，太阴暗昧不明。

太公前止用天将十二，后见丑位为已土之精、北斗之枢，是十二宫之气化拱照之地，因而加一名曰天乙贵人，贵人即丑也。前五位引之，后六位从之，其间分文武贵贱男女，如天后为贵人之妻，太阴为贵人之妾，空螣武皆贵人之奴婢也，龙朱文臣，常勾虎武将，所不可不知也。螣属巽，风火摇动不宁，故主惊疑。离火外明内暗，故曰奸谗，火色赤，故主刑戮。虎处坤方，故主道路，又申金杀物，故主官灾病疾。勾陈辰也，万物至此勾萌甲拆未舒，迟滞勾连之象也。玄武为亥水，阴私暗昧故虚耗。六合和合之意，妇人岂宜私和。未，味也，言物至此月而始成味也，故曰酒食。衣裳者，谓麻絮丝绵都于是月就绪。曰武职者，言已土所生之金，得未土而刚锐之气毕聚，至申位方显出纯金来，可见未中之金自旺，故为武职。寅为三阳开泰，号曰青龙，正应文武之德，世间财物吉凶，嘉宾生死丧祭，贵贱尊卑男女长幼，哪一事少得？所以属青龙，言其变化莫测也。天后有恩泽意，故亦云亨嘉。天空诞诈，太阴阴私是也。

寅功曹主木器文书，申传送主行程消息，卯太冲主林木舟车，酉从魁主金刃奴婢。天罡为词讼兼主死丧，戌天魁为欺诈或称印绶。巳太乙惊怪癫狂，亥登明阴私哭泣，午胜光官讼连绵，子神后奸淫妇女，丑大吉咒诅冤仇，未小吉酣歌医药。

辰乘贵人合禄，公门役吏，遇马而为奔走公人；戌逢空禄临孟，为瞭哨边军，见丁而为逃窜落阵。大吉小吉作勾陈，斗争田地；天魁从魁为六合，奴婢逃亡。从魁若乘武合，妻妾怀娠；传送上会青龙，子孙财损。胜光如逢天马，必问行人；太乙若逢白虎，家多疾病。未逢天后，妇人奸淫；丑合贵常，欲添财喜。天空临酉，走失家奴；常遇登明，亲朋酒食。辰戌上见空武，奴婢逃亡；小吉单逢六合，婚姻聘礼。

辰上原无贵人，若天乙立地盘辰上则贵而不贵，若合日禄主为公门役吏，但食其公食而已，更带日马则为奔走公人。戌加天空军人之象，临孟而为瞭哨者，言去路方赊也。丁者，壮也，惟壮盛善走，所以落阵中亦能逃出。从魁是妻妾，玄武为胎，合是怀孕，子孙历代相传，传送之意。青龙为财，居申受克，非财损而何？胜光离火为日之精，行游之象也，更乘天马，岂非问行人事？太乙在紫微垣内，家室之象，家遇疾病刑煞之神，则抱恙可知。未地始离于阳，渐进于阴，再乘天后，奸淫必矣。丑为贵人本家，太常为财为田，合而得之，则财产之事，添进无疑。天空为奴，酉门户也，奴临门户，背主逆行。亥卯未三合，故未亥为亲朋也，又未中酒食与亥共之。辰戌动而不静，有奔逃之象，空是奴，武是婢，临于辰戌故云。小吉主礼仪酒食，又见六合牙媒之神，其为婚聘也可知。

辰逢勾虎必问田坟，丑作虎勾墓田破损。太岁龙常来占官职，子乘龙合女受皇恩，寅乘龙合儿孙欢庆。二八如同阴武私通，门户摇动；巳亥若逢阴后二女，奔淫不已。干作六合为荡妇，见亥亦作孩儿；丑遇天空为矮子，会申名为和尚。寅作朱雀，会卯为文章之士；寅乘玄武，见巳为炼丹道人。卯上乘传送为匠斫，辰上见白虎是屠人。巳入酉宫为犯刑远配，会太阴亦作淫娼；酉加午上为宠婢登堂，会六合必主淫乱。未加酉为继母，申乘合作医人。戌作天空健奴军吏，亥乘玄武乞丐鬼神。

天罡主动，勾陈属辰为田坟之象，更见白虎凶丧之神，则动向必在田与坟矣。丑土主静，遇勾虎凶神必主墓田破损事。太常君象，文视青龙，武视太常，二者如近太岁岂非问官职之事乎？子为天后，龙为恩宠，女为龙合，自是膺受皇恩之象。寅卯即青龙喜神，六合为儿孙，所主必喜庆事。二八谓卯酉，如乘太阴、玄武蔽匿阴私之神，则门户污淫必矣。巳为双女，亥为双鱼，都为淫乱之象。子为妇女，见阴私六合之神，自然所主淫荡。亥为幼子，乘六合儿孙之神，其为孩儿无疑。天空是戌为足，而加于丑，足为丑形不能大长，故为矮子。天空亦作和尚，申解作身，身会空则身入空门矣。寅为书籍文章，卯为木，朱雀文明之象，课象值此，自是文人誉声。寅为道士，玄武不正之神，乃窃取财物者也，巳为鼎灶，相会为一炼丹可知。一说寅属艮，成言乎艮，道在是矣。上玄武下巳火，水上火下，正《丹经》所云："取将坎位中心实，点化离中腹里虚"也。申者，身也，身琢木为匠作，又卯加申琢成器物。罡成虎杀气太旺，故为屠人。酉主杀，是天地之刑官，巳从巽，入兑相克，犯刑之义也，又巳加酉为配，所刑必属远配。巳双女见太阴，阴私蔽匿之将，所主必淫邪事。午正阳有堂之象，从魁为婢，加午为登堂，若见六合阴私之象，其淫污可知。土，生金者也，金旺于酉，土败于酉，以败气生旺金，如子已长成，而母又生之，故为继母。申身也，身入六合药材之中，岂非医药流？戌者戌也，天空戌之本位，故为军奴。玄武脱耗，亥为天门，故云乞丐、鬼神。

虎踞二八之门，八难兴而三灾发；贵立天门之地，四煞没而六神藏。

卯酉为二八门，诸事所必由。今为虎踞，灾难自兴。惟丑贵加亥，方说得四煞没、六神藏，四煞即辰戌丑未而加四孟，则化凶为吉。六神藏者，蛇临子，朱临丑，勾临卯，空临巳，虎临武，玄临申是也。

太常乘破碎为孝服，如天狱螣蛇生灾致讼；天空会勾陈为斗争，并伏殃化鬼家破人离。天后临卯酉一举成名，月将乘贵龙片言入相。勾龙同居旺地，财宝如田；常贵共入官乡，当朝执政。

四孟金鸡四仲蛇，四季丑日是红砂，此破碎煞也。太常主衣服而遇破碎，岂非孝服之象？天狱即天狱煞也，或值天狱卦亦是，常乘此，更会螣蛇惊恐之将，灾讼必矣。天空即为戌，勾陈即辰，辰戌相争，又魁罡摇动，岂非斗争？伏殃，正酉逆四仲。凡四仲，为五阴之地，阴盛化鬼，家破人离之兆也。又天后为恩泽之神，月将为君将之象，又青龙为恩宠，太阴属金，乃财帛之神，勾陈为积聚之神，妙在同居旺地四字。问功名一事，大抵要官星得地，若太常、天乙共入官乡，而他处更无克害，便是升官迁职吉兆。

年临孤寡，自甘半世孤灯；日遇空亡，多主首阳饿死。太阳加神后之位，有水火之灾；太阴临胜光之宫，主自缢之患。财遇绝宫而上乘旺气，定因白手成家；子作白虎而下见离明，多主螟蛉承嗣。年命加临卯酉，做事朝移暮改；龙合下临丑未，为人佛口蛇心。武会太阴，嘲风弄月；虎同天后，恋酒迷花。财同朱雀，主口舌上生财；武见官鬼，因奸伪中成事。财为天后，主宅主妻；财为太阴，为奴为婢。年作卯酉而入空申，随娘再嫁；时逢酉未而乘刃绝，市井呼尘。合武乘旺临酉寅，非雷惊必主沉溺；虎蛇带煞临未巳，非虎咬必主蛇伤。子午卯酉为关格，谋望多主难成；辰戌丑未为墓神，发用多因掩蔽。

四时前孤后寡，或值旬空，皆为孤寡。若人年临孤寡地，占婚最忌。日遇空亡，非日干上见空亡，单言日干落空，则主空乏之事。水火相激而成灾，午火克乾金，乾为首，火为心，心自害其首，故有自缢之象。财物遇绝是白手之象，上乘旺气则绝而复兴。虎伤子息本应无见，幸离火克虎则绝而不绝。卯酉为日月往来之门，故主移动不一。六合青龙乃东方主气，主慈，而临于丑未上，又主克，是口慈而心毒。阴金主阴，水象淫泆，又金水相涵，风月有情。白虎为传送之神，会天后则闺门哪得贞静。大凡事之成否要视官鬼，苗公云“不克不成事”者此也。申为坤为母，申空而母不安室矣，人年又加卯酉，必主变动，故云。凡酉为歌喉，未为酒肆，又乘刃绝，故不事正业，但日趋于败耗也。六合属震，玄武属水，水雷屯，正雷雨之动满盈也，故云。又蛇虎凶神带杀乘巳未之生，其凶愈甚，故主受伤掩蔽。要论旺相休囚。

占天看云龙风虎，察水火降升以辨阴晴；占地看玉藻金英，视神将生克以知吉凶。占宅占人看日辰而次详课义，占狱占病视勾虎而解救同论。捕亡三奸之下可得，鬼神烦神之位推详。占婚姻视天后妻财与日辰比合。占胎孕夫妻年上方判阴阳。占谋望要成神合气，占求财要看旺相龙常。占功名先看吉神吉将，占官职当明天吏天城。

占地，支之阳神是墓，支之阴神是穴，玉藻金英有之。勾主狱，虎主病，见此宜视救神。凡亥、子、丑有一位加于地盘仲上，则对冲处便为三奸，对冲视天盘。天后妻财日辰比和俱重。若一处并吉便可言吉，男女自夫妻年上推来方的。成神，正巳顺四孟。合气是合旺相之气，言成神有气不休囚也。龙常是财神。

出行日为陆而辰为水，视神将之生克以辨吉凶。经商辰为主而日为客，视神将之衰旺以卜合宜。子孙动而求官不吉，官鬼动则兄弟迍邅，兄弟动则妻财有损，妻财动则父母灾危，父母动则子孙受克，官鬼动亦忧及己身。吉神宜旺、宜相，凶煞要墓、要空。吉神空吉中不吉，凶煞空凶内不凶。吉居德禄之宫，出潜离隐而招祥致福；凶居生克之地，恋生解克而无暇害人。贵人顺治，凶神少降灾殃；天乙逆行，吉将聊施恩泽。

盖子至巳为阳，亥至午为阴，乃天地一大开辟也。贵人顺治向南诸事吉，逆治向阴位去则诸事主少吉。

凶神刑害日辰，连绵灾祸；吉将交加课传，不绝欢欣。凶神和合，虽灾而不致深危；吉将刑伤，有庆而终难全美。日辰有彼我之分，神将有尊卑之别。克日则灾及自身，刑辰主祸延家宅。男推日而女推辰，于中玄妙；阳课明而阴课暗，此际幽微。孟仲发用，事应尊亲；季作初传，定应卑幼。用神验人事，比合为亲、为近，不合为远、为疏。神将断吉凶，旺则日新月盛，衰则渐退旋颓。贵神带印克今日，有位有禄；申午相合乘天后，为保为媒。虎克日辰，官灾痨病；勾刑卯酉，路死扛尸。白虎会旺相之金而克害年命，难免一刀之患；勾陈合太岁之神而刑冲日辰，定遭尸解之厄。年逢阴鬼，魃地生灾；日遇阳官，明中致福。

大凡合处为来之有路，带印非生我之印，乃巳加戌为铸印也。戌为印绶，皆所谓带印。经云“带印”，皆指遁干生贵人说，此大有理。传送象媒保，朱为朱雀，乃口舌上生财是也。又传送于道路，而发用在天后，日主讼，辰主疾，勾主死尸，卯、酉主道路，金旺虎愈旺，其凶愈甚。岁君合勾陈刑冲日辰，凶不可解。专言勾虎者，以二煞原极刑、极阴之气故也。阴鬼是建干遁来之鬼也，阳官则见干上矣。

要见分类形状，当视州野区分。子列青州，亦主江湖沟涧；丑为扬地，更为宫殿桥梁。寅主幽燕，亦主栋梁寺观；卯为豫州；更为棺椁门窗。辰为兖州，亦主井泉坟墓；巳定荆楚，兼为弓弩篚筐。午主三河，亦主山林书画；未为雍地，亦主酒肆茶房。申为晋域，更主神祠鬼屋；酉为冀地，又为仓廪山冈。戌主徐州，亦主州城牢狱；亥为邠地，更为居榭厩房。此特举其大概，于中仔细推详。

子作内房、妇女、鬼神兼泄泻，丑为庭院、秃头、病腹患脾肠。寅主道路，入长生则为道士，主须发而病疯痨；卯为门户，会玄武则为经纪，主手背而病在膏肓。辰为墙垣、书簿，主皮毛臃肿之灾；巳为窑灶、小口，主咽喉面齿血光。午为堂屋，主心目、吐泻、瘟癀；未为井院，主头胃、膈噎、脊梁。申为驿递，主骸骨、心胸、脉络不利；酉为门户，主口耳、小肠、喘嗽难当。戌为墙院、足腿，亦主梦魂颠倒；亥为厕间、疟痢，定应脾疝、膀胱。自兹触类而长，当遵此例推详。

天后为妇女，天一生水，鬼神变化之始。丑为星纪，寒土不生毛，故秃头。木主肝，又膏上肓下，肝之表也。巽为风，主入，螣蛇火主血光。未，井宿，先天午、未属乾，为首。未者味也，故言胃。魂藏辰戌，魄藏丑未，虐痢寒热往来。

先贤时察来情，端倪无不应验。时遇空亡，必主侵欺诈伪；时乘驿马，必主动改迁移。冲日冲辰，彼我流离颠沛；同辰同日，事情偃蹇迟疑。时日相生，迭为恩泽；日时克害，互作仇寇。日克时则为财，时克日则为鬼。遇子遇午，时往时来；值卯值酉，为门为户。时乘日墓，虽冲而终成蒙昧；日得夜时，见贵而反为不祥。日逢时破，主走失之灾；辰遇时刑，应讼狱之祸。时干日干相合，外事和同；时支日支相合，婚姻和会。日辰俱合明时，内外见一团和气；正时冲刑月将，顷刻有不测灾来。

古人以时为先锋门，故未得课传，先视正时与日干禄、墓、生、克何如，又以天上正时所乘神为直事，而事之原委已可知矣。如甲日巳时，巳作螣，便知其为子孙忧疑事也。

大抵四课三传，克多则事烦，克少则事一；生多则虚诞，生少则理明。三传内有克日，子孙名为救神，无克则为脱气；日辰交相入墓，冲神号作天

恩，遇墓终成破损。天地务致中和，阴阳不宜偏胜。鬼临畏地，当忧不忧；财入鬼乡，闻喜不喜。神将交克，占及夫妻；同类相伤，事因昆季。财遇天中，产业倾颓；鬼临旬尾，官灾不起。吉凶神其神将，生死辨其安危。条例多而同归一理，举一隅当反三隅。

天中谓空亡也，旬尾谓闭口也。

第二节　大六壬玉成歌

大六壬玉成歌，为大六壬经典之作，其内容精炼，堪称大六壬的精华歌诀。因此欲深造大六壬者必须详熟此歌诀。但是在学习中要注意一点，此歌诀自古有不同注解，后人注解因为水平和理解不同，往往注文与原文意有偏差，最关键还是要理解原文。

六壬玄妙有灵机，支干神将定安危。

日为君，辰为臣；日为男，辰为女。干是日，支是辰。辨安危，又看神将加临，以吉凶善恶言之。

克、冲、刑、破、衰、休、害，七者言凶必定期。

上下相刑，传中相破，发用相害，又是死、囚、休、废气，加干支上及用神者，为凶兆之事。细审一刑、二破、三克、四害、五休、六死、七衰囚，凡神将有此七者即凶。

德合相生并旺相，吉曜相从福自随。

甲己德在寅，乙庚在申，丙辛在巳，丁壬在亥，戊癸在巳。所谓支德，前五辰是也。假令子日在巳，丑日在午，又三合六合，上下相生，旺相有气，以上皆为吉庆。如课中见此，又有吉神加临，百事亨通。

将是神兮神是将，若遇青龙便是寅。

天元十二将，贵蛇之类；地元十二将，功曹、太冲之类。假令乙丑日见白虎是德神也。余仿此。假令甲子日得青龙入辰两课，为外人入内。青龙在申酉上受克，亥子喜水生木也。

日主尊外并人类，辰为卑幼宅兼身。

日为尊、为外、为己身也，辰为卑、为内、为宅、为物类。内两课有凶战者，主宅中有人作祸。旺相为阳人，休囚为阴人。切忌天目、勾陈、白虎临宅。虑游鲁二都煞者，乃主贼人盗神临宅。又虑魁罡临宅克宅，主亡失事。

占时考校日和辰，是财是鬼是何神。

假令甲乙日得辰戌丑未四辰，为财；申酉为日鬼，主勾连官事。假令日是庚辛金，见土神为休气，是父母；见金神为旺神，是兄弟；见木神为死气，是妻财。在日两课克者为外财，在辰两课克者为内财。

见机两用艰辛险，疑惑先难后易成。

凡课俱比俱不比，先取四孟为用神。名见机卦，主有两事。又有艰难之意。占事主有疑惑不决，先难后易也。

知一每事须知近，遥克当传主远寻。

此卦占失，不离两邻。故知一主诸近事也。不宜占讼，若占讼，和则吉。神遥克日名蒿矢，日遥克神是弹射，主暗昧口舌远望事。看神将吉凶言之。

玄胎生下人占病，当用下生定有婴。

三传俱孟，上生下，主占病；下生上，主胎。用神如在长生上，乃生玄胎也。妇人占怀孕，男子占主有亲事动。更看将神吉凶。盖申巳寅亥合体，主亲；亥申巳寅害体，主官事暗昧。

返吟占者休言定，往复双双两事因。

返吟占事不一，须占两事，主事往复未定之象。

常占须主身离动，不动人情有怨嗔。

返吟主身动，若不动有口舌、人情不足之事。

伏吟举动心无遂，刚主行人到户庭。

伏吟主求谋未遂，刚日占行人至，柔日不至。

卦随三交吉凶定，昴星蛇虎火殃迍。

三交是三传皆仲。若非酉加午即是酉加子卯，上有凶将，主釜鸣；上见天空，主失五音之物。青龙、太常、朱雀主迁官；见勾陈、阴、后、玄武主走失；上见蛇虎生旺。三传内见天喜、驿马者，主交集之象。昴星卦发用见蛇虎，占病必死，占官事主枷锁。太常主暗昧事。

岁月相伤尊长祸，虎临吊丧哭声频。

太岁月建相克为用，得凶将者尊长灾。若俱阳是男，俱阴是女。岁前二辰曰丧门，岁后二辰是吊客。白虎加临为用，主哭声动。

三刑为鬼人家破，马吉加年职转升。

三刑入传交战者，大凶。煞伤日辰，主家破人亡，不知之变。日鬼为用，加行年本命，更见驿马，天官朱雀太常，主迁官。

墓神加日身灾滞，支煞干临为所迍。

日墓加日主灾滞，支为卑，干为尊，支煞临干主事迍邅。

岁同死虎加年命，相刑之月气归阴。

太岁同白虎乘死气加行年本命，占病必死。假令申年四月庚寅日申时占伏吟卦，申加行年上，占病主凶。太岁白虎来伤行年，四月内主死。余仿此推。

日鬼加临辰两课，门中官事乃相萦。

日鬼加辰之两课，主门中官事勾连。假如三月壬戌日，返吟课是也。更以神将言之。

吉将遭伤求事阻，凶神受制事还成。

吉将逢休败死气，亦当有阻难。

时伤年命入传来，忽然卒报有惊骇。

占时如克行年本命者，有卒报惊恐之事。

德神动处吉相遂，反遭刑克见凶灾。

德神发用，又乘吉将，主有相扶喜事。假令己日传见寅，寅又加申，为寅巳申三刑，如申酉上或见白虎，或申酉加寅卯，是遭刑克，亦主有灾。

支上有鬼家移动，干若逢之人必衰。

假令申酉日上见巳午，主迁移。日上两课见发用有鬼加，主官事。

日破对隔人离别，鬼值夜时宅破乖。

日之两课有对神隔，主有人离隔。假如乙日辰上见六合乘酉，木被金隔主有离别。辰上两课遇鬼，主宅破。假令午日占，朱雀乘亥子临午是也。

阴神却受阳神克，阴小伤刑人堕胎。

日之阴神见天轮上阳神年干克者，主退阴小事；上有凶将，必主失脱，妇人损孕。

四课相间于内外，传内冲支宅祸危。

假令丙辰日丑将亥时，四课皆间，主外人官事，内人奴婢。发用传中冲支，主宅中不安。凡用神刑克支神，主宅不安。用神上见玄武，便言有贼。

丙辰日　己亥时　丑将

	朱	蛇	贵	后	
	未	申	酉	戌	
合	午			亥	阴
勾	巳			子	玄
	辰	卯	寅	丑	
	青	空	虎	常	

蛇	合	贵	朱
申	午	酉	未
午	辰	未	丙

妻财	庚申	蛇
子孙	壬戌	后
官鬼	子	玄

子孙阴劫日来临，逆乱欺凌尊上人。

子孙遇太阴、劫杀也。假如甲乙日见火神为子孙，即客欺主也。三传俱阴，带凶将，又主阴人口舌之事。

支将同类家中事，六合三合眷属亲。

如巳午日，传见蛇雀主家中事。假令甲子日，申辰发用为亲戚事。又如占盗，见支辰三合，上见六合，亦是骨肉为盗。

天空临未井为怪，兼主人遭病患磨。

天空加未，主井怪。或未带杀，主患病。

从魁白虎日辰上，宅中须有孝服人。

如辛酉日伏吟，夜贵酉是白虎，主宅中有着孝人至。

白虎死乘日辰墓，来临内外亦如然。

白虎带死气临日辰墓，如临日之阴阳，主外亲灾；临辰之阴阳，主内人灾。

传带凶将冲支干，疾病人灾官事生。

三传内有一传乘凶将冲日辰，主讼病。如甲寅日卯将子时，用起是申，又乘凶将螣蛇，余准此例。

本音墓与虎蛇并，棺椁墓丧欲动兴。

虎蛇与本音墓神并临干支上，主丧服。如辛巳日，白虎乘丑加日辰发用，或在三传。

占身用与纳音详，相生有喜克时殃。

发用神克日之纳音，主身灾；相生主喜庆。

父母临干忧子息，妻财尊位岂能康。

用见父母带凶煞恶将加日上，主子息不宁。如甲子日酉将亥时，白虎乘子在日上是也。用神见妻财，主家长不安。如丙寅日返吟课，是父母受克也。

子孙见时官事解，雀伤于日闹喧喧。

三传中有子孙为救神，官事解散。如四月丙辰日子时，占得子申辰，初用子是鬼，主官事，末传辰天罡为子孙，土克水是救神也，为官事解。朱雀乘神克日辰，主有斗争口舌之事。

水乘火将多惊恐，勾雀同传争讼伤。

蛇雀乘亥子，主有惊恐。勾雀同入三传，主争讼。假如三月丁卯日亥时，丑加卯，初勾、中雀、末贵，主争讼官事。

卯为前三招唇舌，罡作朱禽狱讼殃。

前三是朱雀，乘卯上主口舌。如七月戊辰日午时课是也。罡雀主狱讼。

如辛卯日丑将子时占，初罡雀、末午勾是也。

荧惑加寅音信至，太阴发用有阴详。

荧惑，午火朱雀也。加寅主远信至。如乙丑日，申将未时，寅为朱雀也。若初传太阴旺相，兼与日辰无战，主阴人暗助。若休囚，主阴谋戕害。

天罡立用须干众，寅卯加临讼狱防。

罡神为用，主有带众动求贵人事。罡加寅卯上，有官司狱讼，更看神将吉凶。

昼夜贵人传俱见，或用日德动高尊。

昼夜贵俱在三传中，主求劝贵人，有德者尤称大吉。假令二月癸巳日卯时，卯戌巳三传，主动贵人求身事。

天空发用无凭准，前四带合主勾引。

凡发用见天空与休囚并，主事虚诞。勾陈合日辰上，主勾连引诱事。

后阴玄发主阴谋，传出天乙前复明。

凡传中见阴、后、玄武，主有暗昧阴谋之事。若用此三将，传出天乙前，主先晦后明也。

恶将从来口舌凶，或逢生合却欢荣。

凶将乘旺相亦主有口舌。凶将若逢德合相生，则凶中有吉。

贵临巳亥多反复，罡加癸水卜贼人。

天乙加巳亥主事多反复。天罡加亥是龙得水，变化飞腾，捕捉难获。如巳将癸酉日寅时，是辰加癸水，占贼不获。[①]

支干发用岁神临，所求远望干朝廷。

占见太岁加临干支上，主望朝廷之事。

太岁连传三二年，卜时为用见当先。

假如巳年午将巳时占事，主三二年不决迟滞。只如贵人、日辰、月将亦同是也。占日时为用，主当日时定应。余皆准此。

支干发用还应速，岁建兼煞亦同然。

传中加日辰主事速也，太岁月建亦同。

旺相气发同此断，休衰阴逆定迟延。

春木、夏火、秋金、冬水为旺，主速。发用休、囚、衰，传中阴逆，主事迟延。

日阴辰阴为合用，更乘吉将事求成。

① 有本作青龙巳亥多反复。

凡日之阴神、辰之阴神相合为用，主成合事。吉将则吉，凶将则凶。如辛亥日午将申时午为用，主外亲喜，求事大吉。余仿此推。

日辰相合无凶将，亦有主他相合因。

日辰与三传带合无凶将，大吉。又如日辰相见，并吉将临，主它人来合求吉事。

用与时伤支干凶，反生日辰却丰隆。

发用与占时同克日，主灾滞自外来。克辰者主灾从内生。占时为用，生日辰，更得吉将，主大吉之事。

支用传干他从己，干传辰上我随人。

支上发用，传在干上，主他人从我。日上发用，传在支上，主我托他人。

地足天头加卯酉，将乘蛇虎远行臻。

天头戌，地足亥，加临卯酉上，更乘蛇虎，占行人动也。

斩关游子身俱动，干上支加事亦新。

斩关游子主动。凡支加干，事主新。

天驿马来传内见，参星白虎动行人。

二马发用主身动远行。参水猿是申中之宿，与白虎同加行年本命上，主身动也。

玄空值财财不实，武陷空亡须损失。

玄空乘日财，主财不实。若又空亡，损失无疑也。

财伤年命斗争因，劫亡下克盗为真。

财克本命行年者，因财争讼。若劫煞、亡神值财，下克上，主有劫盗或走失也。

外财入内当财喜，忽然逢旺货物起。

日之财神入辰两课者，主有外财入内，主财喜动。内俱喜财，更逢旺气，如货物买卖，立有厚利。又主物价高。

财入传来天将伤，分遭破失不堪当。

日之财在三传中而有将相克，主分财破失也。假令壬癸日，见巳午为财，而上有水将，言玄后也。

官鬼下临财位上，阴私用事畏人彰。

如己酉日申将巳时，卯是日之鬼，临子水财乡，主阴私用事也。

日往加辰亲戚来，又遭刑克受凶灾。

日来临辰两课，有吉神相生者，主外内亲人来。假令癸亥日午将辰时，是太常乘丑加亥上是也。虽日加辰上，主亲戚人有灾并口舌，缘太常亦为日鬼。

火星明兮水主暗，火道淹灭失其明。

发用克身，蛇雀临巳午，主有明信动。若见玄武在亥子上，主暗信动。若是火神临亥、子受克，主见虚惊忧疑之事。

水多火少详衰旺，旺多衰少细推寻。

但见生旺者主物多并大，若衰败者物少而小也。学者详之。

月厌丁符与将空，伤干怪梦好沉吟。

月厌，正月起戌逆行。丁符者，六甲旬中遇丁鬼，蛇亦是丁鬼。将空者，天将不曾游到之地却于天上乘之，如青龙在戌、亥为将空也。如将空入传，更加克日，则主怪梦。要知怪状，取符类看。

死生二气常须用，飞魂丧魄鬼来临。

生气，正月起子；死气，正月起午，皆顺行。飞魂，正月起亥，顺行十二辰。丧魄，正月起未，逆行四季。占病主凶。

天鬼或与蛇雀并，宅舍须忧火烛焚。

天鬼，正月起酉，逆行四仲。又正月起戌逆支，加日辰年命相冲也。

关神动处见灾迍，飞祸之神忌临辰。

关神，春丑，夏辰，秋未，冬戌，若加传中日辰上，主讼狱。飞祸，春申，夏寅，秋巳，冬亥，此杀忌日辰年命上，宜动用更改。

游都天盗并天贼，六辛便是五亡神。

游都，甲己日在丑，乙庚日在子，丙辛日在寅，丁壬日在巳，戊癸日在申。天盗，春巳，夏午，秋酉，冬子。天贼正丑逆季。与玄武并临日辰主盗贼发动，并主小人相损，不明破财事。五亡神，六甲旬六辛日是也。如克日辰年命，主盗贼相侵，忌出外。

鲁都不可漏商税，天车出外必遭殃。

鲁都，甲己在辰，乙庚申，丙辛巳，丁壬亥，戊癸寅。如加日辰上，主不可漏商货、不可漏税作私事。天车，春丑，夏辰，秋未，冬戌，出行忌此杀，遇之主凶。

天喜加临喜庆多，解神忧事自消磨。

天喜，春戌，夏丑，秋辰，冬未。解神，正二申，三四酉，五六戌，七八亥，九十午，十一十二未。逢之者凶事难成也。

成神发用总皆成，天目宅中有鬼惊。

成神，正巳顺轮四孟，与吉将并者，所求事成合。天目，春辰顺季行，若占家宅，加日辰者，主宅中有鬼神之类。

迷惑始为终不犯，亡刑并煞事遭凶。

迷惑煞，正丑逆季，加年命上主疑惑昏迷。又正月戌逆十二。[①] 亡刑煞，正辰，二亥，三子，四丑，五申，六酉，七戌，八巳，九午，十未，十一寅，十二卯。此杀与蛇虎并勾陈同临行年本命日辰交克，主市曹赴法死亡也。

金神四煞古来凶，神将相并祸重重。吉将吉神不相合，论事喜时未必成。

金神，孟日在酉，仲日巳，季日丑。四煞，申子辰在未，亥卯未在戌，寅午戌在丑，巳酉丑在辰。并吉将主吉事迟疑。凶将凶神，若吉将吉神有战克，虽吉事亦难成也。若无神害年命，上下相生日辰，虽有忧疑，不能成凶事也。

轨深不离衰休旺，灵验应须学有成。

六壬之法至大，小经六百余家，皆不尽其奥旨，后学难明。凡消息，尽不出旺相、相生、刑冲、相克、死囚法，合之吉凶祸福。学者宜究矣。

今来考证古人文，翻成彩句示同人。永记灵台即默秘，玉成歌里细推寻。

第三节　大六壬会纂占验指南校注

特别说明：此篇出自明末清初的大六壬学者陈公献的《大六壬指南》一书，专门论述各种分类占，但是此文内容并非陈公献的原创，而是陈公献抄录自古代的一些分类占书籍，在其原型上汇编而成，并且陈公献在抄录中也有很多遗漏，因此笔者在本篇中加入一些古人的注解以补充其原本不足之处，加以笔者壬学之见荟萃而成。《大六壬指南》一书中的实例大多使用占验指南中的判断方法，因此读者在阅读历代六壬学者断案的时候，当读到陈公献的断案时可以参阅本文。

天时章

天象先占太角星[②]，指阴主雨指阳晴。贵登绛明时雨沛，预卜阴晴此法精。

注：太角星为角木蛟，二十八星宿之一，位于辰宫。辰为天罡，为万物

① 《指南》云逆十二者非。

② 辰。

之主宰，以天体而言，天上斗罡旋转而气候天时皆随其变，因此天罡为万物之首。在预测天气时，辰土天罡就居于重要地位。天罡居于六阴位则主雨，居于六阳位则主晴。当然我们不能这样笼统而断，这只表示气流变化的主体趋势，具体还要结合课体神将和具体的五行变化而详论。在论断天气预测时，十二支神重天罡，十二天将中则重天乙贵人，这样通过重视十二神和十二将的首领，在实际预测中起到一个断天气主体变化的导引作用。天乙贵人为天地主宰之神，因此能起到号令天地的作用，当天乙贵人加在亥、子等水位的时候，就会有行雨的主体趋势出现。

龙入庙①晴升天②雨，虎出山林③有烈风。水运乎天叹霖泽，火离于地仰晴空。

注：在古人的神话故事中，往往以龙王作为行雨之神，所谓“云从龙，风从虎”，龙虎与风雨大有关系。在大六壬中也是如此，青龙在十二天将中司雨，龙临辰、巳、午、未为青龙升天，都为降雨之象。另有一说，认为青龙临巳、午、未、申（有一说还有加酉）为青龙升天；青龙临亥子丑为游乐江湖，反而无雨；龙临寅为青龙入庙，无雨。白虎为风神，寅艮为山，卯木为林，因此白虎临寅卯有大风。另有云：白虎临寅、卯、辰、巳为跨山出林，风势大；白虎临午、未、申、丑、戌，小风而已。另有一说，云白虎临未则风烈，因为未为风伯，这一说很有道理，读者在实践中多比较参考。除了青龙白虎，其他天将也不可忽略，譬如螣蛇临亥子则为蛇化蛟龙，也主雨；螣蛇、朱雀临卯，又见丁神，为雷电霹雳；朱雀、螣蛇临巳午为热极生风，玄武临亥子为连绵雨水，天空临四季土为晴朗多云，白虎临亥子为风雨之象。具体都要结合五行而论。阳将火神多主晴，阴将水神多主雨，这是根本原则。同时结合课传刑冲合害以及神煞判断天气风云雨水的变化迟速大小。神煞中譬如劫杀、天马、飞廉等刚猛迅速之神与雷煞、风伯、雨师等等。但是切记具体判断要以五行为主，神煞为辅。

风雨之主看龙虎，风雨之期寻羊鼠。螣蛇朱雀加卯丁，电雹霹雳空中见。

注：结合上文，提出风雨重视青龙、白虎，雷电重视螣蛇、朱雀火神，并提出应验时间的法则，子为水象，未为风象，根据课中其所加之位而论，譬如六乙日，未加寅，主甲乙日风；六丙日子加申，主庚辛日雨。

---

① 龙加寅。

② 龙临辰、巳、午、未。

③ 虎加寅、卯。

壬癸亥子临寅卯，甲乙之日见淋漓。若加季位寻戊己，巳午丙丁依例推。

注：上文论完风雨，本段进一步拓展论述。壬癸亥子等水神临寅卯，则甲乙日下雨，如果加辰、戌、丑、未四季位，主戊己日下雨，加巳午，主丙丁日下雨。此论法皆因课传见亥子等水神而论之，但是也需要上下细审，譬如亥子加巳为水绝主雨少，加午为胎雨，主小。加未受克，纵有也弱。一切依月令、日辰旺衰结合上下神详细而论。

课传不见亥子临，或见空亡可类寻。子乘龙神丑上佳，青龙合处雨期霔[①]。

注：指出课传如果不见亥子等水神，或有而空亡的时候，如何断雨期的方法，此时看青龙所临地支的地盘合处，譬如青龙临子，而子水空亡、子丑合，则看地盘丑土上神而论应期，还要结合其上神是否有雨气之象。

衰旺空刑须细辨，克日有气滂沱见。无气空亡微雨来，如回应声真可羡。

注：指出论断风雨大小，需要看五行旺衰空亡与生克刑冲，旺则大而久，衰则小而短，如果水旺克日则大雨，水空亡而生日干则雨小，水火等五行空亡无气，则晴雨不久。

风雷煞动大风起，云雨神加骤雨来。猛烈唯足畏下真，迅速飞符疾雨雷。

注：此断论结合神煞之法，风有风煞、风伯。风煞，正月寅，二月丑，三月子，逆行至十二月。风伯，正月申，二月未，三月午，逆行至十二月。雷煞，正月亥，二月申，三月巳，四月寅，五月亥，六月申，七月巳，八月寅，九月亥，十月申，十一月巳，十二月寅。飞符，为迅速之神，甲日为巳，乙日辰，丙日卯，丁日寅，戊日丑，己日午，庚日未，辛日申，壬日酉，癸日戌。飞廉也为迅速之神。[②]

雨师[③]会毕[④]雨满天，风伯[⑤]会箕[⑥]风满谷。干在贵后雨倒河，干在贵前风拔木。

注：本段对十二神的一些特殊性质进行强调归纳，指出丑为雨师，酉中有毕宿好雨，因此丑酉相加则有雨水；未为风伯，寅中有箕宿好风，因此未寅相加则主风。干在贵人前主有大风，干在贵人后则有大雨，这两句要结合课体而论，其他壬书有云：干在贵前主雨，干在贵后主风。或有云：风雨等

① 如子乘青龙，以地盘合处上神断雨期。

② 飞廉，正月戌，二月巳，三月午，四月未，五月申，六月酉，七月辰，八月亥，九月子，十月丑，十一月寅，十二月卯。

③ 丑。

④ 酉。

⑤ 未。

⑥ 寅。

煞在贵人前主有风雨。

罡加四季天无云，去日几位是其候。月将加时再一看，丙丁之下晴光透。

注：指出天罡加四季，为天气将要转晴。所谓去日几位，如六乙日辰加午，去日两位，主次日晴朗，如果辰加未，为去日三位，主第三日晴朗。同时指出进一步可以通过天干来判断转晴的日子，丙丁主晴，因此看课中丙丁位置，就知道何时晴朗。譬如庚午日返吟课，寅遁丙加申，卯遁丁加酉，则申酉日晴朗。这一段整体是论晴朗的日期，除了这种论法，如果是久雨占晴，也要看雨神之空、绝日。因此古人有云："占晴，看雨神空绝日。"

金①为水母巽②风从，震③为雷兮兑④为泽。更加神煞旺相推，风雨掌中端可索。

注：这一段十分重要，论断了五行正象、化象主管气候的重要性。提出金为水母，特别强调了申金，因为申为水之长生，金为水母，不雨则阴。但是要指出的是，从五行衍生的意义上论，庚申辛酉以及巳酉丑三合、乙庚合化金、纳音金都可以论为水母，水母为水之源，但是如果课中无水，则难以雨断，因此有母无子则不应。又提出辰、巳、乙有风象，特别指出了乙、卯为雷，辛、酉为雨泽。根据这些五行类象，再结合神煞，就可以准确判断天气变化。正如《壬窍》所言，占风看巳、午、未、寅、卯、雀、虎，占雷看甲、卯、乙及六合。

阳备⑤晴兮阴备⑥雨，曲直生风炎上旱。从革主晦润下阴，稼穑是主晴可断。

注：此段论述要注意结合课体格局与总体五行特征，提出四课阴不备则主晴，阳不备则主雨，课传为三合木局则主风，三合火局则主干旱，三合金局则主阴晦天气，课传皆土则可见日月星辰。这些都是本象，但是要注意一些变化，火盛逢水则电光霹雳，水局见土则润，见木则泄，见火则战。土局见水火则熏蒸为云雾，见金木则克泄为风凉。土空则土崩金现，非水涸则主洪灾，一切以格局变化为凭。

占雪之法以何云，太阴寅卯值用神。青龙暂时天后久，戌未白虎六合真。

---

① 申。
② 乙。
③ 卯。
④ 酉。
⑤ 即阴不备。
⑥ 即阳不备。

注：此段论冬季天气，以太阴为霜雪之神，乘寅卯克日则主雪。青龙在预测雨雪时主雨雪短暂，天后则雨雪大而久。戌、未、白虎，这三个号称三白，主白雪之象。六合为花，类似雪花。这些论法都是从类象与五行性质入手。

太乙翼蛇头有雪，天干遁起丙辛加。雨水入传无克战，玄后龙阴布六花。

注：此段论课传特征与类象特征，太乙巳火在巽，巽有风雪象，因此巳主雪，与之对应的天将螣蛇也主雪。课传出现天干丙辛合化水，也主雨水。最后指出如果冬季占断，课传出现雨水之象，天将又出现玄武、天后、太阴、青龙等，主雨雪之象。

列出占天气之类神，供读者参考。

子：阴，云，月，作勾主久雨，冬至后子加巳午主雪、大雨。

丑：雨师。

寅：青龙雨神，云，风伯。

卯：雷，冬无雷主雪。

辰：水库，星奇，雾，露，阴，辰在阴宫主雨，在阳宫主晴。

巳：风门，晴神，虹，冬至后主雪。

午：电母，日，晴神。

未：风伯，月宫。

申：水母，雪，白虎风神。

酉：霜，虹水败乡，兑泽。

戌：雾，天河。

亥：水神，天门，江湖水神。

阳宅章

支来干位宅就人，干来支位人入宅。刑冲克害生旺看，否则二者有损益。

注：宅乘地气，因此阳宅风水之吉凶，得地理之吉气则发富贵、旺人丁，得地理之凶气，则财退耗、损人丁。六壬预测中以日支为宅，以日干为人，因此单看宅时，可以以支上一辰为主而解断，综合而论则务必干支并重。支加干上则为宅来就人，求宅最不费力，干加支上则为人入宅，求宅必得，因为身已入宅。支生干、干上神自生干及发用与末传生干，皆主宅大旺人丁。支上神克支，其宅不完，三传克支，主宅不久而改动，进一步也要结合它们之间的生克关系以及旺相休囚，不能轻易而论。

如果干加支，被支克、墓、脱，则表示目前虽得其屋，后定无益处。如果要占出租或变卖房产，干支互相相加则难以售出或租出，如果支生干，住宅风水益人或后有好处，切勿妄动变卖出租之心。另外凡干加支做吉将，主进人口。若天喜加龙合贵常，或龙常加支同喜，俱以进人口决之。支加干作凶将，不论入传不入传，皆主退人口。支克干、支就干克干、干上神自克干、用上神克干，皆主宅基伤人口、退财物、丧家长、出孤寡。具体结合课体而论。论断时也要注意三传有何支来刑冲克害干，假如甲干，传内见申，则克甲、刑甲、破甲，内有三事，上乘朱雀，则主争讼。又看申之类象，申为军、吏、医、匠，结合课传而论。

初末引从支贵神，肯堂肯构气维新。周遍循环宜守旧，外战内争动有迍。

注：初末引从，如甲午日，支上亥，三传子巳戌，初子为引，末戌为从。又如己亥日，初传巳加子，末传卯加戌，亦是。阳宅预测中以日支为宅，因此引从日支与支上神均以引动宅来看，此时需要看初传、末传，以及被引动的支或支上神的五行旺衰状态和天将性质，如果旺盛而且见贵神、月将、青龙、太常等等，则表示住宅新创而有气势。所谓周遍，为一旬周遍格，日干上为旬首，日支上为旬尾，或干上有旬尾，支上为旬首，或课传旬首尾相加，此时适宜守旧而不宜迁徙。循环格则为三传不离四课，此时也不利迁徙。课传中出现，将克神、神克将则住宅不宁多有灾害。

三传脱支生日干，人多屋少从此断。三传盗干生支辰，屋旺人衰何必算。

注：三传脱其支辰而生其日干，则人口多而房屋狭窄，如甲申日，三传辰子申。所谓盗干生支，指三传泄其日干，生其日支，主住宅宽广而人丁不旺，如甲戌日三传寅午戌。

三传生支克日干，卖屋偿人免灾晦。三传生日克支辰，屋假他人弃家退。

注：三传生日支克日干，主卖屋而偿债。三传生日干而克日支，人丁虽旺而无己屋可住。

三传做财生两鬼[1]，官非疾病一时生。支干相加被脱克，居无正屋自然明。

注：传财生鬼，三传作财而生干支上之鬼（未必是鬼临三四），主住宅内官灾疾病。干支互相相加而交车脱气而且交互相克，主无正屋可住，而且多破耗灾害。

内顺外助三合格，最嫌蜜里暗藏砒。神合道相六合局，切忌丫乂为害之。[2]

① 鬼临三四。

② 合中带刑冲破害也。

注：原诀指出三合局论断的要点，当课传出现三合，要注意其在干支课传中出现的刑、冲、害、空等不利关系，合主吉顺，出现了刑冲克害空亡则如蜜里藏砒，暗有损害。又指出课传出现六合，要注意合中是否带刑冲破害而断。

日禄加支被脱克，造房修屋防耗厄。墓神临支少欢娱，如逢月将高明宅。

注：日禄为人财帛，支为宅，因此日禄加支为装修、起造破财或为宅花费。墓神临支，则宅中幽暗或死气沉沉，支上如临月将太阳，则宅光亮气派，宅中招贵。

太阳生辰显者至，宝藏麟儿喜庆来。干支禄马加逢吉，身动家迁事事偕。

注：月将太阳临支生支，太阳为贵人、喜庆、显达，因此主宅中出贵见喜庆，如果月将之天将吉利则更吉。干支上逢禄马则人宅荣华，日支上临马则必主宅动或修迁。

罗网来乘身宅下，颓垣败栋不堪居。子支乘鬼伤人宅，遇日刑冲凶岂虚？

注：干上乘干前一辰、支上乘支前一辰为天罗地网格，或干上乘支之网、支上乘干之网亦是，罗网不吉，干支上乘罗网，则人宅不利，如果吉将生干支、年命，则只主缠绵，不以凶断。如果年命上有能冲罗网者或罗网本身空亡则有救。

三四遇官灾讼起，若逢岁破少安宁。干支上神如互脱，防脱防偷事不停。

注：支为宅，因此三四课上逢官鬼主官讼之灾。如果上逢岁破则住宅破耗不宁。如果干支互相相加而交车脱气或交互相克，主破耗，多盗失欺骗之灾。

虎入宅凶蛇冲吉，龙乘生气家日昌。居金谷兮龙虎拱，卧陋巷兮邻兽伤[①]。

注：白虎临日支宅位，则为白虎入宅，主凶，如果被螣蛇所冲破则能转凶为吉。如甲戌日，申临戌，昼占乘虎，得末传寅蛇冲之，则不能为害。青龙加支临生气，则家里经济蒸蒸日上。所谓“居金谷兮龙虎拱”，指初末两传乘龙虎拱日支或日支上神，如戊午日，支上丑，夜占初传子乘龙，末传寅乘虎，主住宅气派，富贵盈门。所谓“卧陋巷兮邻兽伤”，指白虎入课传冲日支上神，如甲子日，支上寅，三传辰午申，昼占申乘虎，冲克日支上神，主居住环境差，有对邻有石兽类、煞类建筑对冲其屋宅。

寅木虎伤崩摧见，支乘常死孝服招。死虎丧绝阴司去，火鬼带丁天火烧。

---

① 虎冲支上神也。

注：白虎临寅在支上发用，主宅中屋梁催折之惊。日支上乘死气、太常、白虎、破碎、丧门、吊客等凶煞主宅招孝服，如果其上五行状态更临死、绝则更验。如果日支上见火鬼以及丁神，主宅有火灾。另外，如果日墓临支，而带丁马之类的神煞，则主房屋造后必拆，或主火灾，如果更带四废、死气、死神，必主无人住此宅。带迷惑，闭口主宅前后多阻滞，人不爽快。

午克身凶忌见蛇，丁伤支动须防虎。血忌支厌煞入宅，更防呕血堕胎苦。

注：午克身凶，如庚日干上见午，夜占午乘螣蛇，主大凶。所谓丁伤支动须防虎，如乙亥日，支上丑遁丁神，夜占乘虎。月忌、血支、月厌等临日支主家里有血光灾害。

丧吊干支两处逢，姻亲啼哭恨无穷。旧岁更来天鬼煞，克支灾疫一家中。

注：指丧门、吊客临干支，干男支女，因此主家庭丧亡，人口不全。旧岁更来天鬼煞，指病符与天鬼临日支克支，主全家疾疫。

三交九丑妨白发，远在三年近三月。全财化鬼亲无妨，无鬼父母眉寿竭。

注：以格局论，指三交课、九丑课不利尊长、长辈，应在三年或三月内。同时三交课也主隐匿逃亡，奸私不明。课传全为财，如果日辰，年命上逢干鬼，则鬼生父母，因此父母反而无恙，如果课传、年命上无鬼，则财旺克父母，主父母有灾。

传官太旺伤兄弟，透印之时方得安。兄弟重逢妻财损，子爻出现反成欢。

注：课传官鬼众多，则官克兄，主伤兄弟，但是如果课传出现父母，则官生父，父生兄，五行顺生，反而不克，其他六亲关系出现众多都可以类推。因此兄多劫财克妻，见子孙爻反而无虞。

父母乘传子息忧，比肩若透反多子。传中盗气本伤官，六处有财偏吉喜。

注：六亲中，父母爻在课传众多，如果再见到兄弟爻，则父母生兄弟，兄弟生子孙，主子孙旺盛。课传中子孙多，则伤官鬼，不利事业，如果课传年命上有财，则子孙生财，财生官，反而对事业有利。

支之左右是旁邻，辰上对冲是对门。金见螣蛇釜鸣怪，木逢白虎栋摧论。①

注：支为宅，则支的前一位为左邻，后一位有右邻。支对冲处为对门。用日干与其比较，看与邻居的交际关系。另外有以四课分左右者，如己卯日，支上午，则干阴丑为左邻，支阴酉为右邻，中传子为对邻，这也可以作为一说参考。

卯作门兮酉为户，须防官讼盗来侵。未为泉井巳推灶，要得平安吉宿临。

① 寅乘虎临支主栋折。

注：此为类神断法，根据类神，卯酉为日月出入之门户，类比住家的门户，因此断课中注意地盘卯酉上所加之神将判断宅内吉凶。未为井水、巳为厨房灶具。根据未、巳的状态断相应类象的吉凶。

震巽木星为栋宇，艮坤土宿作墙垣。乘凶乘吉须先定，安宅安人继后言。

注：此以类神而言，以甲、乙、寅、卯为房宅，以戊、己、辰、戌、丑、未为墙土之象，格局类象判断住宅吉凶。譬如六壬中有占断鬼祟所在之法，以日支加时，专看魁罡，在甲则为门，在乙为户，在丙位堂，在丁为灶，在戊为亭，在己为磨，在庚为井，在辛未鸡窝，在壬为猪圈，在癸未厕所，这些天干论法其实都是类象而已。

另外断阳宅之内外景还有它法，可以用《金口诀》之法断之，以命前五位为宅位。其法以月将加正时到本宅位上，传成四课，复以宅上月将加于时上，是课宅支，以占外景之所起。假令正月将乙丑日巳时，申地为宅，行月将到申上见寅，却将寅复加于巳时上，按照《金口诀》贵人排法，传成四课，遂为东南外景，十二方景物依次推排，古人用此多有奇验。此法可备壬学者斟酌而用。

如东南巳地

　辛

戊寅

戊寅

　巳

此地有大树一株，上有干死枯枝，又有树花子，以上生下故也，以人元辛金克寅木，虽上克下，因小金不胜大木，但主枯损而已，又为神树，以四位内见青龙故也。

判断时候可以参考外景歌。

外景歌

寅为大树春花发，见卯移门桥一边。辰为麦地曾争竞，巳主交流水屡穿。
午是雀巢悬树上，未申井道曲回环。酉为小院或安碾，戌为聚骨粪堆连。
亥地墙基曾有水，子作蔬园坑下田。桑圃桥边因遇丑，周回景象足堪言。[①]

内景歌

寅为火炉卯为床，辰为盆瓮缀薄房。巳为井灶并铛銚，午为衣架笼皮箱。
未是中庭筐在院，申为神庙及佛堂。酉为铜镜或刀剑，戌瓮兼存吃物将。

① 占内景起法同上，参考内景歌判断即可。

亥是灯台与帐幕，盏瓶笼匣子为乡。丑柜斛斗在其下，一家器物尽能知。

阴地章

辰阴主山看坐落，生合冲刑定吉凶。冲位对山防克害，旺生德合最宜从。

注：辰阴即日支阴神，支之阳神为墓，支之阴神为穴，故辰阴为主山。凡占阴地，最重主山，如支之阴阳二神，作生、合、德、禄等神则吉，如值刑、冲、克、害、破、空、陷则凶。如逢冲克，防对面案山有形煞妨害。四课阴阳不备，则地不正。以支的上神判断穴上星体，见木则为贪狼星，见土为巨门星，见金为武曲星，见水为文曲星，见火为廉贞星，旺盛方可论之，空亡陷落则当详审，上金下火则为破军天罡，上火下水则为廉贞燥火，上土下水则为禄存孤曜，上木下金为贪狼，见吉将则平稳度日，见凶将则树压雷伤，瘫痪、绝嗣、过房。支之阴神为穴，又为第四课，因此第四课号称亡人之穴，根据其天将可以判断死人墓内的情形。根据其上神可以判断穴之形，譬如天空乘卯、丁为葫芦倒地形。第四课辰阴的下神判断穴之山向，格局歌诀“壬在子兮癸在丑，艮寅甲卯乙居辰。巽巳丙午丁纳未，坤申庚酉不须论。辛戌乾亥皆如法，天地移来一掌中”而论。如第四课下一字为子，根据歌诀就是壬山，那么相对来说，午就是对案，为丙向。

上下皆合风气踞，干支受克砂水去。青龙左痛空陷忧，白虎右扶刑破虑。

注：干支上下相生相合或交车相合，则气聚而风水好，干支受克或互克则砂水不佳，青龙为左砂，白虎有右砂，看其所临状态论龙虎二砂的状态好坏。

伏尸支上临墓虎，朱雀空刑山案差。土神旺处龙不错①，螣蛇落处穴应佳。

注：日支上临日墓乘虎，则表示下有伏尸，所谓前朱雀后玄武，因此玄武为坐山，可观总体风水之来龙，临支生支则后山来龙必佳，朱雀为前之案山，因此不宜空刑破害。所谓龙神，春辰、夏未、秋戌、冬丑，主要审查来龙旺衰，如果龙神临于墓穴则其地必佳。螣蛇主穴，因此螣蛇可以审查穴之好坏。螣蛇生旺临于墓穴，则其地必佳。如乙酉日，支上未，夜占乘蛇生支。

玄神乘水②水之玄，土宿临山③山势抱。阴后水口蛇罗城，勾陈明堂阴

① 龙神，春辰、夏未、秋戌、冬丑。

② 玄武乘壬、癸、亥、子上。

③ 贵、常、勾、空临四季土。

阳考[①]。

注：此论水法，所谓龙为根本水为用，龙、穴、砂、水为地理之用，其中龙为根本，有真龙则必有真穴，结穴之处，砂必抱，砂抱之处，水必聚。在六壬中以玄武看风水之水法，玄武水神有曲折之象，水势曲折如玄之字形，因此玄武主风水之水法，当玄武天后乘水临水，则水曲折环抱有情，逢克则迂回无情。水局的顺逆则要参考天乙贵人的顺逆而分顺逆左右而论。土宿为贵、常、勾、空四将，如果临四季土上则山形回抱有情，山有合抱之形为上吉。以太阴、天后看水口，以螣蛇看罗城，所谓水口，古人云："入山寻水口，登穴看明堂"。就是指风水所在地范围水流进或水流出的地方，一般指出水口。凡水来之处谓之天门，若来不见源流谓之天门开。水去处谓之地户，不见水去谓之地户闭。来源宜朝抱有情，不宜直射关闭。去口宜关闭紧密，最怕直去无收。所谓罗城，就是穴场四周的砂水。以勾陈阳神看内明堂，以勾陈阴神看外明堂，明堂为众砂聚集之所，后枕靠，前朝对，左龙砂，右虎砂，正中为明堂。一般龙虎山以内到朝山的范围称内明堂，朝山外称外明堂。

甲乙木神树株森，丙丁火宿岗峦迭。庚辛冲刑路歪斜，戊己古冢休旺别。壬癸加临水不谬，旺相休囚仔细详。祸乱相见为祸乱，祯祥如遇断祯祥。

注：此以五行论断环境，主要以遁干论外环境，甲乙为木，丙丁为高岗山岭，庚辛为道路，戊己为台阶、古墓，壬癸为长河沟涧。还要注意其所加的地支，如丙丁临四仲则山势正横，临四孟、四季则斜横，庚辛临四孟则为斜道，临干为大道，临支为小道，临本位为正道，临火为岔道。根据其所临支神的五行状态论断其对风水的影响。

本篇论述的专业风水判断的基本要素，但是缺少了丁财影响、山向、丧葬避忌等关键判断内容。下面笔者补充说明：

一、山向穴形及原葬何人

有关山向、穴形，笔者在原文的注解中已经详细而论，这里介绍刘日新的阴宅风水断法。刘公以干为来龙，分地之大小。得时旺相则大，失时囚死则势弱。旺相如空，则其势虽好，到中间必有空缺损跌，再起大峰作祖过脉，如休囚入空则来龙平地起泡，又跌断空陷再起，不然，平伏出面。若带丁马喜神生气，则其龙活泼，奔驰如马。若带死气则龙缓而四散，直仆或尖小而来或直死而来或摊脚摊手而来，如干上带刑冲克害则本体不吉。

---

① 勾之阳神为内明堂，勾之阴神为外明堂。

支为入穴出首之龙，以干生克定吉凶，以第四课为亡人之穴，合四课以定穴情，其向生合时比，与干支有情者论之，又不可拘泥于三四课上也。例如甲子伏吟，其穴就本身龙上，而下子支去生干龙，是到穴山借东方之气，来结壬癸之穴，作子山午向，是与甲干有情也。假如卯行龙，则来龙是阴入首阳龙，阴阳驳杂，而子卯相刑，是子不受卯气，如子旺相则取子气，而作午申辰向，如卯旺相则子作休囚，则弃子取卯气而作丁未乾亥向，仿此。

以第三课上神，定其形名，即风水学中的“喝形”，月将、太岁、太阴加之为日月、星斗、云霄之类，酉未亥乘太常为醉翁倒卧，天空申为禅师坐禅，虎劫带吉神为狮形，白未遁丁传常为象形。一切依类而言。

纳音可知泉下之事，以今日纳音之墓，定原葬何人在内。如墓神与日干比合生，则以墓之阳上神定之。若刑冲课害破，则以墓之阴上神定之。见阳为男，见阴为女。例如甲子日，纳音金，墓于丑，看日上神定之。丑上见子为阳，是男；丑上见未为阴，是女。如果阳神乘贵带禄、德、皇诏，此必生前贵受封赠，无刑冲克害，则因病而死。阴神乘贵则为富贵家女或为贵人妻，非此则为福德之人，不带诸凶神，葬日风光。若阴阳神带坐，则是夫妇同穴，不可以男反为女，女反为男，执泥而论。具体以神将合参而论，譬如六合旺相为富贵商贾，休囚为经纪九流技艺之人。依此类推。

葬后吉凶，以支上阳神为墓，支阴神为亡人，断其藏后如何，凡坟墓亡人所乘之神生日干，主元吉大旺人。而干上神得长生、冠带、临官、帝旺、胎、养，主各房人口兴旺，若衰败病绝等神，虽云此地旺人，而房分不能拘也。如带德禄皇恩等吉，则出贵；带生喜成财龙合，则出富；带破碎二耗，家财退落而后再起。若日上神生墓上神为盗气，葬后人丁损伤，财物耗亡。墓上神克干，大则破家绝嗣，小则灾讼破贫。刑干大则犯法流亡，小则忤逆凌辱。其他依此而论。

二、人丁分房

按天将分，青龙为长房，虎为三房，朱为中房，勾之阴阳神也为中房。按三传分，初传为一代，中传为二代，末传为三代。三传中末传遇到空亡败绝，又无生气，则某代会败绝。按地支孟仲季分，四孟为长房，四仲为中房，四季为三房。

三、财官子孙

风水当前总体影响要看初传五行以及其状态而论，用神空亡，或落空亡，多出僧尼九流。财官主要结合课传，参考龙、朱、贵，子孙需要详看子孙爻与三传。有关初传五行论断列举如下：

用木，子孙宽仁，有文章，旺相相生；与龙常等吉将并，出州县之官，宅主有园林果木；与合、后、武并，出淫奔之女；休囚与凶将并，出木工及为棺椁之业。

用火，旺相与吉将并，出文人，多才学，有爵禄；或五色彩土，有礼貌周旋；休囚与凶将并，子孙多言语，谄佞奇计，浮游无定，或为火工陶冶之业。

用土，旺相与吉将并，主富厚，有宝物，田园丰腴，子孙敦厚，德行忠良，或作镇守土官；休囚与凶将并，子孙愚痴，或出土工，筑冢守坟之业。

用金，旺相与吉将并，主富贵，出刚毅武将；休囚与凶将并，子孙斗狠盗讼，多蓄兵器，或主凶死，或出兵卒屠宰之流。

用水，旺相与吉将并，子孙多谋计，有思虑，好宾客交游，多酒肉；休囚与凶将并，子孙游荡，妇女淫奔，出远行人，或多水厄。

四、丧葬避忌与克应

以姓墓加月将，视行年本命，在大煞下不可送葬。以酉加月建，视年命在大煞下，不可当柩作孝。又以丑加月建视本命，在魁罡下不可送薤。又以月将加月建，魁罡下为墓主。丑未下为哭星。月建下为丧车，若加年命不可送葬。又阳用丑，阴用未，加太岁，视年命在魁罡，不可送葬。

克应为造葬择时发生的情景，以用时与初传定之，不用中末传，若用空则无应。如时上见子作天乙而用又见子，贵与子时比而生干，为益我之兆；若刑克冲破干者，为损我之兆。天时旺相，有五色云，带煞作雨，休囚黑云；人物旺相，有贵人服冠带，休囚有尊长异衣服人或公门九流或鸟兽鼠燕，其余可以类推。譬如传送白云或弓矢或白衣人或猿猴，以天官定其所应，以休旺定其有无。如朱雀主南方鸟雀鸣或南方有人持文字来。详细判断时，根据课体具体分析。凡安葬出时往何方，以月将加时，于各方上得神将为应候，是路途迎望所见之应。

附避忌解禳法：以戌加月建，视三杀加年命，不可送葬。不得已则立华盖方。又或以月将加正时，或神后下，可避，并出行俱吉。[1]

---

① 华盖方请参考本书斗罡法一节。

迁移章

周遍循环内外战，占逢此课莫更移。前空后盗同魁度，迁动家中悔吝随。
不利移居是何课，初生末墓罗无破。墓刃临身若动移，吉庆无兮有大过。
旺禄不空当守旧，返吟空动亦如之。昴星如遇传蛇虎，旧宅迍迁新不宜。
干支乘旺莫图迁，迁遭罗网祸忧连。两仪但乘死绝气，最利更新获福全。①
贵坐干宫罡入艮，自墓传生新宅良。伏吟丁马迁居吉，九丑如移未免殃。
斩关发用远移近，众虎入传守旧安。两蛇夹墓无冲破，毁旧更新作咎看。

香火章

天乙乘鬼断神祇，天空作官评佛位。绘画诸真当看玄，塑成众圣土星类。
木将见金雕刻像，金神遇火炼熔成。相生相合祯祥断，逢克逢冲祸患明。

婚姻章

夫卜妻姻成不成，财居旬后总无情。女推夫婿将何断，鬼坐天中同此评。

注：财为妻，官鬼为夫，旬后，天中，都指的是空亡。财官无气空亡，则婚姻失败。

传将生合百年配，干支刑克朝夕背。男女年命孰相加，欲其事遂两法对。

注：生，五行相生或长生。合，六合，三合。刑，三刑。害，六害。如甲申日，干上巳为支之长生，支上亥为干之之长生。癸酉日干上辰，与支六合。支上子与干六合则吉。丙寅伏吟，干上巳为支所刑，支上寅又刑其干神。丁丑日，干上午与支六害，支上子与干六害则凶。此外，如交克、交冲，俱不例推。年者，行年。命者，本命。推者观男女年命上神，生合刑克何如，以论其吉凶也。如辛丑日占，干上亥，支上寅，寅与亥为六合，男命乙丑十七岁行年在午，上乘未为六合，女命丙寅十六岁行年在巳，上乘午为旺气，而午未又为六合则吉也。又如辛丑日占干上未，支上戌，戌与未为三刑，男命丙寅十九岁，行年在申，上乘巳为三刑，女命丁卯十八岁行年在卯，上乘子亦为三刑，而子水克巳火则凶也。且男年旬空亦不能成事也。

① 两仪为干支。

欲知偕老是何术，全凭财官虚与实。财乘旬后凤孤飞，官坐空亡鸾失匹。

注：凤，为雄性的长生鸟，鸾为雌性的长生鸟。这里再次强调财官论婚姻的重要性。有论已婚责干支为夫妻，未婚责龙后为男女，此备参考。

中不虚兮初末虚，冰人脱骗两相欺。递生干兮旁人赞，末传合处验成期。

注：递生干神，主隔三隔四，必有人吹嘘而成其事。末传合处者，如末传为亥，亥与寅合，主寅日成事也。

财常日本必占姻[1]，水逢丁马吉祥新。河魁度亥风波动，牛女乘常晋合秦。

注：财常日本，即常或乘长生，或乘日财，加临干支也。六甲日，干上亥为长生，夜占乘常。甲戌日，支上亥为长生，夜占乘常。庚午日，干上卯为财，夜占乘常。辛未日，支上寅为财，日占乘常是也。水逢丁马，谓壬癸二干，六处见丁神驿马也。如癸巳日干上亥，遁丁。壬戌日，支上巳遁丁。如癸巳日，亥又为驿马，其妻财之动尤速。成神，巳申亥寅三轮[2]天喜，春戌顺四季。[3] 二神入课，占婚姻必成，牛女乘常，丑中有牛宿，子中有女宿，子丑相加，上乘太常加临支上者，占婚姻必成。如乙丑、己丑日，支上子，夜占。丙子日，支上丑，夜占。壬子日，支上丑日占，俱乘常是也。内壬子日，缺一支之阳神，成后必有他虞。

传财生鬼必贪淫，财克生爻悍侮情[4]。财乘暗鬼[5]官讼起，财克明生[6]夫命倾。

注：传财生鬼，辛未日干上午，三传卯亥未为财，生其干鬼是也。传鬼为财，如丙申日三传子申辰为鬼，初末空陷，独存中传申金之财。财自凶恶中出，其女必性情悍泼也。暗鬼者，遁干之鬼也。壬申日支上巳，为日之妻财，巳遁己鬼，主成后有讼。财克生爻，谓财乘恶将，克干上之生爻也。如庚午日干上丑，末传寅为妻财，夜占乘虎克其阳神，必被妻而伤其命，或不孝于其父母。六壬中有一法：月将加女子嫁入夫家入门之时，视天后所乘之神，伤日本则公婆病，伤青龙则损夫，伤六合则男女少，伤六畜之本则六畜灾，伤财财退。反此相生则各得其助。（所谓六畜之本，如酉鸡，亥猪，此法

---

① 财乘太常或常加日本，来意皆占婚。

② 成神，一种神煞，其排法正月巳，二月申，三月亥，四月寅，五月巳，六月申，七月亥，八月寅，九月巳，十月申，十一月亥，十二月寅。

③ 天喜，春戌、夏丑、秋辰、冬未。

④ 背逆公姑也。

⑤ 即遁鬼。

⑥ 财克生爻。

要结合旺相休囚而详论方可）

日辰逢引两不良，后合干支丑行扬。龙伤支兮妇先损，后克干兮夫早亡。

注：引，前引后从之引。癸酉日，干上午，初未末巳，是引从其日干也，主男有不良之行。丁亥日，支上辰，初巳末卯，是引从其支辰也，主女有不良之行。后合乃淫乱之将，卯酉为阴私之门，如后合乘卯酉入课，必有私合之事。乙未日，三传卯亥未，夜占，亥乘合临卯，未乘后临亥是也。其它卦虽有后合不是。① 干为夫，支为妇，龙为夫，后为妇，支忌龙伤，干忌后克。六丁日昼占，子为天后加干。戊辰日夜占，寅为青龙加支是也。② 另外六壬有云：寅加戌、戌加寅为龙战于野，主妇克夫，夫克妇。因此有云：子加申、戌加寅，男有二妇；申加子、寅加戌，女有二夫。

印绶公姑安可犯，子孙嗣息忌刑临。女貌妍媸寻后次③，男才修短看龙阴。④

注：印绶子孙皆不宜为女之年命上神所刑克。譬如六壬日，以申为印绶，寅卯为子孙，如女之年命上见巳午，主刑克父母。或见辰申，是刑害其子孙，俱不吉。所谓后次，指天后阴神。所谓龙阴，指青龙阴神。通过青龙的阴神和天后的阴神，分别看男女双方的长相。十二神形貌分列于下：

龙身长玉立，眉眼分明。阴风雅宜人，兼工音律；后窈窕闲雅；贵人庄重不佻；合神清骨秀；常丰满端好；蛇头尖面赤，性急身轻；勾身精形丑；空面冷单寒；虎额阔躯肥，或身带疾病；玄身微丑黑，或行有奸淫。其大略如此而已。

如庚辰日，干上午，昼占，子为天后，阴神戌乘玄，其女必身微丑黑，或有奸盗等行。丙子日干上丑，昼占，戌为天后，阴神午乘虎，必貌丑凶恶，或有疾病在身。朗才修短，亦如是推。

又一法：欲知女之吉凶，须看女之年命上神。如乘贵常等神及日德支德等，正；如乘玄阴等神及桃花奸门等，邪。⑤

四课无遥婚必舛，九丑有克定忧临。芜淫⑥解离⑦心腹祸，外争凶浅内

---

① 一云：用起天后，传见玄武，主妇女逃亡。

② 一云凡占婚姻，如天后乘神与日生合必成。如后克干，主男不愿；干克后，主女不愿。如课传吉，主先阻后成也。

③ 天后阴神。

④ 青龙阴神。

⑤ 桃花，卯子酉午三轮。奸门，申亥寅巳三轮。

⑥ 阴阳不备。

⑦ 干上神克支，支上神克干。

争深。

注：此段强调壬课格局体现事体，四课无遥，取昴星上下神为用，刑杀之气重，故婚姻必舛。芜淫课，四课不备，而且日辰交互相克。如甲子日，甲夫，子妻，干上戌，支上申，甲想被子生，怕子上的申金克自己，子想生甲，却怕甲上戌土克自己，这样就构成了干支不和，夫妻背离。所谓解离课，歌诀中指出是干上神克支，支上神克干，其实也是日辰交互相克的一种体现。《大六壬心镜》有云："阴阳不备为芜淫，夫妇奸邪有外心。"因此此类课占婚不利。具体详见下面歌诀注解。

阳课不备女争夫，阴课不备男竞女①。孤辰寡宿多克刑，狡童泆女奸淫许②。

注：阳课不足，谓干支之阳神不备也，二阴一阳，故主二女争夫。阴课不足，谓干支之阴课不备也，二阳一阴，故主二男竞女。均为三角爱情关系，影响家庭婚姻。孤辰，春巳，顺四孟。寡宿，春丑，顺四季。再值旬空，则为空孤空寡，更凶。如丙子日，三传申辰子，夏占，申为孤辰，辰为寡宿，又初中空陷是也。详观上面两段歌诀，重点强调壬课格局，将神煞、格局与事体之理有机结合起来。在格局方面，诸如三奇、六仪、玄胎、三阳、高盖、连茹皆可以喜庆类之，狡童、泆女、芜淫、八专、孤寡、绝嗣、皆为占婚之忌。但是格局只是一种大概总体的体现，具体必须综合课传详细而论。

传将见妻复入空，中年弦断无续妪。空于其妻又见妻，初虽有伤复再娶。

注：辛亥日三传丑寅卯，寅卯为干之妻财，皆属旬空，主断弦无续。乙卯日三传丑戌未，初中空陷，末传不空，故初有伤克后再娶也。又有前人经验云，凡天后在三传日辰，而其阴神作虎者，即日克妻或大凶厄。三合多是，如丙寅日子将辰时，戌加寅乘后发用，来占官事，半月前决其曾克妻，以后阴作虎也。若占妻病必死。占婚姻亦不久要克。又云申酉乘六合，不拘占事，先言子死。子、亥作虎亦然。此说依类神而推，可备一说。

孕产章

受胎之期长生看，妻年上神此处算。月临生年日归月，时又归日再一玩③。

注：此段论受孕日，以妻子行年上神的长生神所落的地盘为受胎之月，

---

① 二课婚后主有词讼。

② 狡童者初合末后，主男诱女。泆女者初后末合，主女诱男。

③ 如妇命乘木为胎神，看木之长生落何地盘，即知其孕月。又看月之长生落何地盘，即知孕日。又看日之长生落何地盘，即知孕时。

以该月的长生所加的地盘为受胎日，以该日的长生所落的地盘为受胎时。

妇孕申加夫命上，妇行年上一详推。阴神生女端可必，阳曜生男却莫疑。

注：如果妇女已经怀孕，要判断男女，以申金加在丈夫的行年上，看妻子的行年上神，是阳则为男，是阴则为女。（此为《连珠经》之法。）

男女须观日上神，刚干阳比是男身。若逢阴比知为女，不比阴阳两处巡。

注：此为根据课传判断男女的方法，以日上所加之神论断所生男女，如果阳日，上神为阳，则为男；如果阴日，日干上所加之神为阴，则生女。如果与日干不比，则干神二阳一阴，以阴为主，干神二阴一阳则以阳为主，譬如丁卯日，日干上为子，子上阴神为巳，两阴一阳，则为男。

传合西北为弄瓦[①]，传合东南定弄璋[②]。二阳包阴女衣裼，二阴包阳男衣裳。

注：根据课传格局而论，如果课传巳酉丑从革格或申子辰润下格，则生女；如果课传构成亥卯未曲直格，或寅午戌炎上格，则生男。三传二阳一阴生女，三传二阴一阳生女。关于此论不可执一。[③]

纯阳之课多生女，课传阴极复生男。罡加比日为男喜，不比端然作女参。

注：课体六阳则多生女，阳极生阴。课传六阴则多生男，阴极生阳。四上克下是男，四下克上是女。另有以天罡论断生产男女之法，天罡所加与日干比则生男，与日支比则生女，不比则难产。如甲子日占，天罡加寅卯，与日比，则生男，如果天罡加亥子则与支相比，生女，如果天罡加申酉则不比，申酉又克日干，恐伤子女。[④]

阴阳昴星两课举，阴俯是男阳仰女。不备何能十月全，阳备[⑤]为男阴备[⑥]女。

注：此段论述特殊格局，如果课体为昴星课，阳日仰视，阴日俯视，是其取用特征，因此昴星课，阳日则生男，阴日则生女，这一断法说明课体的

① 即从革润下局。

② 即曲直炎上。

③ 程树勋有云：六甲占男女法，前人皆以曲直炎上为男，从革润下为女，予试验以来，惟曲直为男，从革为母，确不可易，至炎上润下则不然也。窃思前人盖以木东火南，东南为阳方，故生男；金西水北，西北为阴方，故生女。殊不知申子辰、寅午戌、巳酉丑、亥卯未，此局也，非方也。三合局中，究以仲课作主，则子属坎为男，午为离为女，此炎上润下所以不然之故欤？往年，西商王洁庵翁卜妾孕得炎上，断其生男而得女，霞表弟占妾孕得润下，予已悟破此理，断其生男而不断其生女，及今晚果得男。

④ 天罡断男女法出自《金匮经》。

⑤ 即阴不备。

⑥ 阳不备。

大环境是必须要重视的。课体为不备课，则会胎月不足而生产，阴不备则生男，阳不备则生女。

一乳二子理甚约，年命课传须审确。重逢建将①是双胎，男女阴阳再思索。

注：此段论述双胞胎的论断方法，特别提出课、传、本命、行年都要仔细观察，当这些地方遇到月建、日建重叠出现的时候，会生双胞胎。除此外古人还有云：丙戌、辛巳、癸丑、癸巳、丁亥、丁未等六日，遇到干支交车相合，必双生。又有法，白虎螣蛇临子孙，重复出现于课传也为双生或多生。例如己巳日午将巳时，冬蛇课体，初中两申，申即虎本神，是两重白虎，占者果于申月申日申时生二子。

建阴为女建阳男，卦象阴阳一法参。② 男女双生何处断，干支胎位两重探。

注：此处指出遇到双胞胎的时候，如何论断男女，以日月建本身的阴阳性质而论，另外要结合其卦象而论，譬如酉为兑、为少女，卯为震、为长男，另外必须结合干支各自的胎神所临位置论断先后次序与男女性别。

欲识产期何者善，胜光所临最为便。又有冲胎一法看，女命纳音冲处验。

注：此段专论生产时间，以胜光午火所临之地盘为生产时间。另外还有一法：以生产妇女的本命纳音的胎神冲破之日论断生产时期，极准。另外有几个特殊情况必须注意，如果胎神临日，断生产有当日生产的可能，丑土加日，丑为腹，有胎象；如果丑加日干胎上或支胎上，有速生之象。占生产日期还要紧抓支母干儿之类象而推，如果课传见丁马刑冲或空亡旺相多主占后速产。

生养之下究产期，胎乘鬼死堕胎推。年命③冲克胎神者，生儿不育令人悲。

注：此段论断孕而不产，如果胎神为日鬼或为死气则堕胎之象，生产妇女的年命见月内死气、死神、月厌等凶神则都主堕胎。如果夫妻的年命冲破胎神则孕而不生，为死胎之象。另外天后临辰，占妻生产要防伤胎。

怀胎凶吉古今难，全凭落处地盘看。生旺比和祥可知，刑害克绝凶立验。

注：凡未孕者占孕期，已孕者占其产期，都要胎神无伤为吉。已孕者要注意看胎神所落之地，以其生克刑冲合害绝的关系，论断所怀之胎是平安还是多凶险。

子母平安最为欢，须用干支细参照。支伤损母干损儿，两处无伤母子笑。

---

① 日月建也。

② 如酉胎为兑少女，卯胎为震长男也。以此卦象参断。

③ 夫妇。

注：此为占生产时候子母是否平安的方法，干为儿，支为母，干支旺盛不受冲克则母子平安，干支乘鬼则母子两伤。

又审盘中合后神，死生克制细详论。合受下克伤儿命，下制天后危母身。

注：进一步从天将上论述母子是否平安，以六合为子息，以天后为母体，根据其象所临的生克关系而论断，如果六合、天后遭遇下克上，则更凶。这样判断可增加课信息准确的可靠性。

生儿顺逆理通玄，卯戌相加细细研。卯加戌上手指地，戌加卯位足朝天。

注：此段论述了生产顺逆的问题，以卯为手，以戌为足，论断胎位。

干加支上子恋母，支临干位儿生速。胎加生方子生艰，两仪[1]夹传产门塞。

注：以干支论断胎儿，天干为胎儿，如果干加支，则子恋母体，占胎稳，占产则迟。胎加长生，或临生气，则生产迟晚而难，此为胎恋生气。如果干支夹定三传，初传末传又是六合，气闭于中，子母难保，但是如果母命透出干支三传之外则母体可以保全。如果旬首加旬尾发用，容易生产出哑巴。

罗网日墓母多忧，蛇夹月厌亦同求。年命乘神若冲破，转凶为吉又何尤。

注：日干支乘前一位为天罗，对冲为地网，如果罗网加在干支上或干墓、支墓临干支上均生产迟晚或难产、凶丧。如果更逢螣蛇、月厌则更验，但是如果本命、行年上神能冲破罗网或墓则能转凶为吉。

贵传俱逆生颇难，贵传俱顺生最易。魁度天门阻滞多，煞没神藏应快利。

注：十二天将逆行，三传又逆行则生产难产；十二天将顺行，三传又顺行则生产容易。戌加亥为魁度天门，课传遇到主阻力迟滞。凶煞被制，吉神多现则生产顺利。

胎逢偏鬼及玄神，种子私妊断却灵。[2] 天乙发传名富贵，可知儿是石麒麟。

注：胎神如果为日干之偏鬼[3]天将如果又为玄武，则所怀之胎为私胎或非己所出。如果胎为贵人、青龙、月将等吉神，课传吉神多现则为贵子，但是要其生日干为妙。如果克日干，或泄日干皆有不利的一面。古歌诀有云："占孕若见日生传，此是今生取债人。"又云："三传还与日辰刑，相刑上下不堪亲，不是幼冲克父母，却也伤残有疾人。"因此根据课传、胎神与日干支的关系可以断出孩子出生后的命运趋势。

恋胎五等详宜忌，寅加亥上家禄利。临子为败巳病推，申辰衰绝君须记。

---

① 干支。

② 玄武主偷盗暗昧，他占亦可言之。

③ 阳克阳、阴克阴为偏鬼，如甲日申为偏鬼，乙日酉为偏鬼。

注：特别说明了五种不利于胎的情况，如寅加亥上，地支相合，恋胎之象，虽然寅亥合主富足，但是却不利胎产。寅加子为败地，胎不稳。寅加巳为病地，母体与胎儿容易患病。寅加申为绝为冲，不稳定。寅加辰为衰地，母体胎儿不利身体。

疾病章

病症之源寻虎鬼，沉屙之际看生龙[①]。须防虎鬼驾马恶，死墓绝空最为凶。

注：《大六壬心镜》有云："占病何如辨死生，先推白虎与谁并。"如果白虎乘金，主肝病，乘木主脾病，乘火主肺病，乘土主肾病。当然这并非定律，断病源，还必须结合整个课体和五行格局，譬如白虎乘未，课中土多克水时，有胰腺炎的可能。因为未主消化系统、消化作用，水土相克导致其壅塞的时候就有胰腺炎的病状（胰腺炎（pancreatitis）是胰腺因胰蛋白酶的自身消化作用而引起的疾病）。判断疾病一定要结合中西医常识，对课体格局、五行仔细推导才能正确。如果白虎乘日鬼构成虎鬼则更凶。最怕白虎临干支、三传、年命，正如《毕法赋》所云："虎临干鬼凶速速。"如果虎鬼空亡，则不治自愈。如果龙乘生气生日干则危而复生。虎鬼乘驿马克日干则大凶，其症来势迅速凶猛，虎乘丁鬼亦然。实际占断中要结合十二长生中的死、墓、绝、空等五行状态，并结合病符、丧门、吊客、丧车、死气等神煞进行判断。如果白虎乘绝，乘死气并丧车，或虎乘墓，乘病符作干支之墓，占病必死。

福德[②]加临名解厄，贵医年命病全安。丧吊死常分内外，病符亡鬼死生看。

注：子孙是相对官鬼而言，官鬼主病，子孙克官鬼，因此子孙象征痊愈、药物，为解除病痛之关键，是解除厄难的象征。因此古人云："子为杀鬼之神，主有良医解救。"最喜其入课传或在年命与行年上。但如果子孙坐在空墓之上，则不能解厄。所谓贵医，指贵人与天医、地医。医神加年命，生其年命，必愈。贵人加年命上，生其年命亦同。

所谓丧吊死常分内外，意思是丧门、吊客、死气等神煞与天将太常等结合为死丧危险或死亡象征，如《毕法赋》所云："丧吊全逢挂缟衣。"但是这要结合干支分内外而言，譬如鬼作死气乘太常加干，主有外孝服。如六壬日，干上未，夜占乘常，二月为死气。鬼作死气，乘常加支，主有内孝服。如乙

① 龙逢生气。
② 即子孙爻。

未日，支上申，昼占乘常，三月为死气。白虎、死气、羊刃、空亡等组合起来加干支上也为死丧象征。如白虎乘死神、死气，有谓之虎衔尸、虎扛尸。所谓病符亡鬼死生看，指病符、空亡、天鬼，死气、生气等，表示病符，天鬼等神煞对疾病的影响程度要结合生气、死气、空亡，干支、旺衰等综合判断。《毕法赋》中就有云："病符克宅全家患。"另外古人有云：无父母者，不宜见父母，见之则为九泉之下相遇之兆。此法出于义理，也须配合整体生克象意而论。

引鬼为生忌收魂①，因妻致病嫌冢墓。全然脱败身衰羸，鬼死两逢痊愈痼。

注：所谓引鬼为生，指三传皆鬼而日干上为父母，或三传为鬼而天将为父母，这种情况虽然病者昏沉但是不至于死，鬼受上下夹克也不至于死亡。所谓玄乘日墓名收魂煞。惟六戊一干有之，如戊申日昴星，三传戌酉午，昼夜占，武乘日墓发用是也。② 所谓因妻致疾，指三传俱为财，生起日干之鬼。此格最怕遇到日墓。"全然脱败身衰羸"，指干支上神逢脱气，干支两泄，或干支乘败，互败③。"鬼死两逢痊愈痼"，指官鬼与死气入课传，如干支互乘死气，或干支皆逢鬼克，占病主日渐衰微。

鬼户宜关人恶入④，天门魁忌贵登佳。生空退茹寻死格，逆间迟痊倒拔蛇⑤。

注：有云："鬼户宜关，人若入而不利。"所谓鬼户，为地支寅位，占病为死亡的象征。因此最怕日干、行年、本命临寅，如六庚日返吟，申为本命者占病，有死亡的危险，盖申为身，鬼户是寅也，申加寅，是身入鬼门。亥为天门，戌加亥为魁度天门格，此格主谋用被阻，占病主隔气或食物积隔，邪祟为灾，服药宜下之，另外有登天之象，因此有死亡之征，具体要结合课体格局旺衰而论。天门适合贵人临之，贵人临天门，贵人能解厄，登天门则贵人得位，因此其力加倍。逆间迟痊倒拔蛇，指出三传代表疾病发展过程，当出现逆间传时则疾病反复难痊，而且特别指出倒拔蛇格。所谓倒拔蛇格，为三传逆间传，如三传戌申午逆间传等，又名悖戾格。⑥

身尸入棺亡可断⑦，两蛇夹墓疾难除。忌支血症多崩呕，常后婚筵起病初。

---

① 玄乘日墓。

② 此处按日干分阴阳十二长生而论，不代表笔者观念。

③ 败，沐浴。

④ 日干年命加寅。

⑤ 空连茹死格，逆间传难愈。

⑥ 戌申午，属于比较典型的，因为从象意上说，午为阴气始生，申戌乃阴之盛，自深退浅，逃祸不能，有勉强后退之象，故曰悖戾。

⑦ 庚日申加卯。

注：身尸入棺，六合乘申临卯，干带凶神或申、卯值月之死气，又名六片板格[①]为死尸入棺之象。如三月六丙日占，申加卯，昼将申乘六合。申者为身，上有六合，下有卯木象征棺材，庚日申加卯也是。如果没有六合，而乘生气则代表卧病在床。《毕法赋》中有例曰："三月丙戌、丁卯二日，申加卯，旦将上乘六合，入占妻病必死，缘妻财爻入棺故也。"[②] 两蛇夹墓格，如丙戌日，昼占戌加巳，戌临螣蛇，螣蛇与地盘巳火双蛇夹日墓。参考《毕法赋》之"两蛇逢墓凶难免"。忌为血忌，支为血支，如虎乘病符克干，年命上又乘血忌血支等煞，必有血症，妇占主崩漏堕胎，尤准。太常天后临支克干或入课传，多主病因酒食而起。看病症还需要结合格局，譬如古人说返吟带白虎多翻胃、伏吟做日鬼多水蛊等等，但是具体还要依象分析，不可草率。

金水逢丁须两论，旧新疾病验空亡[③]。岁墓干墓并蛇虎，如临卯酉犯重丧。

注：《毕法赋》有云：金日逢丁凶祸动，水日逢丁财动之。根据这两歌诀的意义，丁神为极度变化之神，因此金日遇到丁入课传，丁为日鬼，凶祸急速。如果水日逢丁，占病多主因为妻财导致生病，除了天干关系外，同时判断中要注意丁乘神与日干支是何种关系。所谓"旧新疾病验空亡"，指久病逢空亡发动，主丧，新病遇空亡发用，主痊愈。所谓岁墓者，岁后五墓也。子年在未，卯年在戌，午年在丑，酉年在辰。如干之墓神乘蛇虎临卯酉，加干支或年命上，为冢墓门开。如六癸日夜占，辰墓乘蛇临卯，六辛日昼占，丑墓乘虎临酉，占人年命在卯酉。如岁后五墓又为干墓，主有重丧。

网罗日墓覆支干，善神冲克厄即安。闭口绝禄忌合绝，华盖孝帛命年难。

注：罗网为天罗地网，指干上乘干前一辰，支上乘支前一辰。占病，逢天罗地网或日墓临干支，主疾病昏沉，如果课传有地支冲破罗网或日墓，则疾病会转好。占病还要看日禄，如作闭口，加临绝乡，必绝食而死。如天将乘六合更确，如辛未日，三传酉辰亥，酉为日禄，遁干癸作闭口，酉加于寅之绝乡。所谓"华盖孝帛"，指年命或干支上乘太常、华盖、死气、吊客相并，为孝帛盖头，必死。

蒿矢见金亦甚凶，浴盆[④]有水还须忌。自墓传生危即安，初生末墓多忧事。

注：蒿矢格，四课上下无克，取神遥克为用。神遥克则力远而难以克日。但是蒿矢格见金则为有镞，具有杀伤力，因此蒿矢格占病。如果申、酉、太

---

① 六合其象类似六片木板。

② 三月申为死气。

③ 新病应空字，旧病应亡字。

④ 神煞。

阴、白虎、旬遁庚辛等发用或入传，则占病主凶。浴盆为浴盆煞，春辰夏未秋戌冬丑，浴盆有水则可以淹人，凡是浴盆煞乘天后、玄武，或加在亥子上，均主凶。如地盘见浴盆，上更忌乘玄后二将。如丙寅日三传戌午寅，秋占戌为浴盆，昼占乘后是也。占小儿病必死。因为亥为孩子，天后也是子，玄武亦是孩子之象。所谓自墓传生，是初传为干墓，末传为干之长生，占病主疾病转好。如果是自生传墓则凶。

虎头蛇尾重还轻，龙末虎初凶变吉。庸医杀人官鬼乘，子爻丸散能疗疾。

注：初传白虎，末传螣蛇，则为虎头蛇尾，凶而不死。同理，初传青龙，末传白虎也是初凶后吉。庸医杀人，谓天地医作日鬼也。如六壬日干上辰，正月占，为天医作鬼，如医神坐墓或空亡，虽有医也和无医一样。最怕天医乘虎鬼，定主庸医害人，而天医一旦起作用，则在所生的时间内有效。所谓“子爻丸散能疗疾”，指通过子孙爻来预测医疗手段或药物疗法，如金鬼则不能用针法或手术，木鬼则不能用散剂，水鬼则不能用汤剂，火鬼则不能用电疗、激光或灸法，土鬼则不能用丸剂；同时根据子孙爻的特性判断适合的疗法，如子孙为水，则适合汤剂，其他类推。

德丧禄绝最为凶，贵临福集祸转福[①]。回环周遍二课名，占病逢之多反复。

注：德丧禄绝，指德神与日禄忌坐空、墓、绝，占病主凶。所谓“贵德临身，能解万祸”，一旦失去作用则凶祸难挡。而子孙为杀鬼之神，因此占病喜逢子孙、贵人，日德旺盛。占病，如果课体遇到回环格[②]，或一旬周遍格[③]则主疾病反复难以脱体。这是通过课体特征来判断疾病。古人还有一些相关经验，譬如铸印斫轮死最速，意思是占病遇到铸印课与斫轮课都比较凶，当然真正确定生死必须要以课体特征与五行旺衰为主，课名只是一种判断的参考因素，是入手格局判断的始入点。

卯加戌逆主风搐，子临巳位定死亡。六处还常逐类推，看课大吉[④]两端详。

注：类神中，卯为手，戌为足，戌加卯，象征着足在上，手在下，因此占病主癫痫风症，占讼则其象主吊拷。子临巳位为绝位，不利占病，而且从字象上论，子加巳，有死象。这种判断方法很多，譬如巳加子为改字，主更改之象。巳乘朱雀也是改字。所谓六处为日干、日支、初传、中传、末传、

① 福集，子孙爻也。

② 三传在四课之中。

③ 干上旬尾，支上旬首，宜名周而复始格。

④ 大吉课占官则宜，占病大凶。

年命，实际是七处，年命分为本命和行年。[①] 所谓“看课大吉两端详”，表示占官喜见官动，占病则不喜见之，事情不同，判断方法也不同，告诉我们要以事体为体，以预测模式为用，不可颠倒体用。占病时有关日干支关系也要重视，一般日干病于日支容易有遗传性疾病，或有自身抗体出现问题的可能。但是有关 DNA 遗传基因引起的疾患还要注意伏吟、勾陈、自刑等象。

出行章

出行先看天干踪[②]，务求地道五成逢[③]。中末两仪玩其意，七战当须断是凶[④]。

注：天干踪指天盘日干所临处。五成，为德、合、生、旺、相。七战，指刑、害、冲、克、空、墓、绝。如天干临地盘得五成则吉，得七战则凶。如六丙日，巳加寅为长生，加申为六合则吉；巳加子为克，加亥为冲则凶。两仪指日干支。在预测出行中，支也是比较重要的，古人云：“支墓做干财，商贩哭将来”。

中末逢空初不空，行人半路欲回程。初中空陷末传助，在此艰难在彼丰。

注：三传代表出行的整体发展过程，因此初传不空而中传、末传空亡则代表行人出行到半路就要返回。所谓末传助，指得末传得日之长生财禄等吉神。如丙子日三传申亥寅，初中空陷，末作日之长生，此类为艰难进步，获取吉祥之象，如果末传为脱气、空亡、官鬼则不可进，不动为吉。

更忌驿马居天中，劝君不必似萍踪。若逢台士[⑤]及关隔[⑥]，道路四塞何时通。

注：出行首先要看天马、驿马、丁神等动神是否出现，并要看干支课传中是否有动象。如果驿马加空亡上，则出行不定，不利出行。所谓抬士即月建，又名小时煞，主阻滞，忌行师。如乘蛇虎加干支，主有惊恐。原歌诀以天罡加四仲为关隔，因为辰戌为天关，辰是斗杓，戌则是斗魁第一星，为北斗七星的始末，北斗星一旋转，则天下阴阳节候就会发生变化，北斗星为天

---

① 《毕法赋》与《中黄经》、《心镜》都将行年、本命并于一处，本文大多格局选自《毕法赋》，因此当从《毕法赋》六处之说。

② 即天上日干所临处也。

③ 天干临地盘生旺德合相也。

④ 谓刑冲克害空墓绝。

⑤ 月建。

⑥ 天罡加四仲。

体中的太极中心，因此辰戌能主管天地阴阳变化，其本身在十二地支中就有了特殊作用，象征事体的始末玄机变化，在大六壬的体系中，辰戌的特殊作用导致大六壬中出现了以它们为核心的一些判断方法，甚至还形成了判断体系。而四仲中，子午为天关，卯酉为地格，因此关格相加则出行不利。在六壬课体中还有斩关课，凡魁罡加日干支发用，为斩关课，表示有关卡出现，如传见寅卯未子，将乘贵龙阴合，为天地独通。盖寅为天梁，卯为天关，两木能克辰戌，所谓“木克土三天具动”。而且未为玉女，能护身[1]；子为华盖，能掩形；天乙为神光，能庇佑；青龙为万里翼，能致远；六合为私门，主隐匿；太阴为地户，主潜藏。得到这些组合，最利逃亡、出行。

逼迫令人难进退，干前之神测何因。狐假虎威休妄动，若逢强动有忧辛。

注：所谓逼迫难进退，如进茹三传皆空，前后俱不逢吉神。例如壬寅日，三传辰巳午皆空，不能前进，欲退一步，又逢卯寅为日干盗气。再退一步，逢丑又为日鬼，如此便观干前一位之神，即知其所因。如用夜将，地盘壬（亥）前一位天盘丑乘太阴作鬼，主有阴人缠绕；用昼将，地盘壬（亥）前一位天盘丑，乘太常作鬼，主有衣食缺憾等事。再如，初传为地盘所克，其本宫又为天盘所克，此类夹克也为逼迫难进退。所谓狐假虎威格，如丁未日，日上临子水，丁被子克，依赖日支未土制子，此时丁不能妄动，一旦通过三传行动，脱离了未土本宅，则易遭子水所伤，因此不利有动谋。

远行谁不渡江河，发用支干要合和。干逢生旺宜行陆，支上无伤听棹歌。

注：干支和合，指干上神与干生合，支上神与支生合，发用神与干支生合。如干支交车相合，主不能行。在预测水陆出行时，以干为陆路，支为水路，因此干逢生旺则陆路安全，支逢生旺则水路安全。

河井相加不可往，卯辰覆立死不爽。太岁遭虚[2]宜避之，登明加季须放桨。

注：壬癸子为天之三河，卯辰酉为地之三井，如三河有一河加井，舟不可行。如戊戌日三传卯寅丑，卯上遁癸加辰发用，为天河地井相迫，主有沉溺之灾。(亥加酉也为河覆井，亥即壬也，其余类推)《六壬大全》以未辰相加为天河，子卯相加为地井。又有云：专看天盘辰、未、卯、子为天河，如果天盘辰、未、卯、子加地盘辰、未、卯、子为天河覆地井。歌诀中指出卯辰为重，因为卯为舟船，辰为关卡也为恶神，同时卯辰又是天河，因此干支课传不宜见卯辰。卯为船之象，如果卯被干支冲破也不利水路。因此古人有

① 六丁也是玉女。

② 子中有虚宿。

支者，如丁巳日，干上卯三传亥未卯，是抵干也。戊午日支上寅，三传戌午寅，是抵支也。

支上传干人固来，干传支上亦同测。干若克支离彼方，反此卜归归未得。

注：所谓支上传干，如庚辰日，支上子，干上辰，三传子申辰。所谓干上传支，如丁亥日，干上酉，支上丑，三传酉亥丑。干克支者，谓日干克其支上神，如庚寅日，支上卯是也。反之如果支神与干上神作六合则难回，如壬辰日，干上酉与支六合。（又有一说认为，支传干，人来，干传支，人不来）

刚日伏吟丁马见，立刻游人到草堂。柔日丁马逢刑战，关河虽远亦还乡。

注：指出伏吟课判断方法，虽然伏吟为潜伏不动，但是要结合日干支的阴阳性，以及课传中是否有动态的丁神，二马综合判断行人是动还是静。刚日伏吟有自任格，柔日伏吟有自信格，自任难期，但柔日伏吟，如占人年命上乘丁马，亦主动。

初传若是逢空陷，有阻还当逐类推。末遇天中邻近滞，仍详神将为何迟。

注：此歌诀专论空亡，指三传空亡的不同结果。

中传空亡途路阻，详察何神知为谁。返吟四绝人必至，虽见天中亦不羁。

注：同上，指出中传空亡代表行人半路遇到阻力，具体结合神将性质进行判断。

四季玄临法最奇，六三合用地盘宜①。玄神乘季传末入，更在支辰下位知②。

注：四季玄临，指甲戊庚日三干，玄武乘辰、戌发用是也。凡占值此，则以用神合处断其来期，近地则用六合，远地则用三合。如甲寅日，三传戌申午，昼夜占，戌乘玄武，如近地则卯日可至，远地则寅午日可至。如玄乘辰戌，入于末传，则观支神下位所得神，便知归期为何日也。如庚戌日，三传子申辰，昼夜占，玄武乘辰，入于末传，支神戌，戌下得寅，则寅日可至。

正时天乙入支干，湖海行人会不难。久出不知踪迹处，游年分野细推看③。

注：正时贵人同加干支之上，主行人即至，因为天乙为本家神，正时取其近。如丁丑日巳时酉将占，干上亥为贵人，支上巳为正时。分野，子为青州之类。如不知行人踪迹，则看行人天上行年临于何宫，便知其所在之处。

天上行年遇陷空，游人染患客帏中。行年加孟他乡吉，加仲为灾施季凶。

注：以行人天上行年所落地盘宫，看行人在外的状态。在判断中，年命

---

① 以用神合处断来期，近用六合，远用三合。

② 断来期。

③ 以行人天上行年所加之分野测之。

也要看，如果年命、行年加支上，临生旺，则行人指日可回。

年居生旺比和喜，刑克墓绝悲哀拟。吉凶好向课传看，此法从来为正理。

注：同上，看行人行年所临之地。如逢德合生旺则吉，逢刑克害绝则凶，如值空陷，主有疾病。见墓绝主有凶灾，具体要结合课体与神将性质综合而论。

遥遥年命离支辰，地角天涯几度春。巳亥若临归日近，无期因是在寅申。

注：所谓年命离支辰，指行年上神与支辰相离三位以上。如甲子日，支上巳加子，行人行年在丑，为前一位，在寅为前二位，在卯为前三位，如居辰巳之前，则与支神相隔太远，行人不归。同时要结合类神，歌诀指出，巳亥临则行人归，寅申临则行人不归，均以其类神含义而论。巳近辰，亥近戌，为天门地户，寅申则为道路之神，动而难归。

不识行年何以分，又当辰上致殷勤。相生旺相俱为吉，恶煞刑冲作晦云。

注：不知道行人行年的情况下，以日支为主，看行人在外情况。（又有一说：不知行年视天罡，以加孟为安，加仲忧，加季死。仍视所乘之将言之。）

日与年神生合吉，日上年神刑害凶。支水干陆宜乘吉，玄劫并河祸事重。

注：日与行年上神生合，则行人吉利；日与行年、行年上神相刑害，则行人有灾。以日为陆路，辰为水路，分别判断行人归程的吉凶。

年临三四来期速，日之二课到时迟。书信几番人未至，支前四位上神知。

注：干为人，为外；支为宅，为内。如行年临三四课之上，即人来宅中，故主速，日主外，因此迟。如果日克干上神，更主凡事抑塞。如果行人屡次联系，但是人不回来，则看支前四位，所谓支前四神，指从地盘支神位上起，数至第四位上，观其所乘之神，便知其因。如丙寅日，支上戌，顺数至巳为第四位上乘丑，丑为日之泄气，昼占乘朱，必为文书阻滞；夜占乘勾，必为争讼、是非淹留。

孟迟仲中罡季速，用神墓绝日归来①。游神加孟归期远，仲在途间季速回。

注：看天罡所加，天罡加孟主速，加仲主半路，加季主速到。墓绝日归来者，阳日以用神之墓日来，阴日以用神之绝日来。如丙戌为阳日，三传亥申巳，亥墓于辰，主辰日至；己亥日为阴日，三传卯丑亥，卯绝于申，主申日至也。游神，春丑，夏子，秋亥，冬戌。戏神，春巳，夏子，秋酉，冬辰。

---

① 阳日墓所临之下来，阴日绝所临之下来。

如二神同入课传主必来。看游神所加之神的孟仲季判断行人是速度还是迟晚。[1]

所占若入课传中，逐其类兮天盘探。将神之司各有门，子父财官须一勘。

注：此主类神，如子为子息，丑为僧尼，如甲乙日以辰、戌、丑、未土为妻财，以亥、子水为父母，天后为妻，六合为子女，如果所占断的人的类神入课传，则必定要详审，可判断其状态与归期。关于类神的取用法则，课经有一句歌诀说得非常好，歌诀云："人事类神兼二三，以入课传为取用。"又有曰："占小儿责螣蛇，一岁至十四岁者，皆看螣蛇，如小儿迷失，向其方落处寻之。"不仅是走失，占小儿相关事情都须要注意螣蛇是否入七处。

发用前于本日支，便观天上日临时。若还发用居他处，旅次盘桓未动移。

注：初传临于日支前，则人不入宅，此时看天上日落临处和初传所临地盘看行人状态。

三千里外卜将军，千里须令看岁支。五百之遥看月建，百里干临五十时。

注：此以行人距离不同而定应期，因为行人所在地久无消息方用此法，行人在三千里外则看大将军煞下之神，千里之外则看岁支下所加之神，五百里看月建下所加之神，百里看日干所临之神，五十里看正时所临地盘之神，二三里看天罡下所临之神。所谓大将军煞，寅、卯、辰年在子，巳、午、未年在卯，申、酉、戌年在午，亥、子、丑年在酉。如寅年占，子下临卯，在卯年、卯月回。此类断法需要类神同时入课才能如此断之，空凭神煞则不验，而且要结合课传而论。

须度门限与二至，不度何须望遥征。更逢游戏二马到，生日之神定何程。

注：此以行人方位定应期，视天上方神。行人在寅卯辰为东方，巳午未为南方，行在此六方，以酉为限，以子上神为到期。若在申酉戌为西方，在亥子丑为北方，行人在此六方，以卯为限，以午上神为到期。如望寅地行人，寅加午为已发，加酉为度限，皆主来。若子上见申、酉，主庚辛申酉日到。望酉地行人，酉加戌为已发，加子为半道，加卯为得限，当来，以午上神为至期，如果午上神得神后则为壬癸亥子日归。如果不临限至，课内类神临游神、戏神、天马、驿马而生日，则以生日之时或其所加处论归程。游神，春丑、夏亥、秋戌、冬子，如果类神不作游神，则难归。也可以参考孟仲季，游神加孟不来，加仲已发，加季不久归。另外还有看戏神者[2]，如甲子日春

---

① 另外补充，飞廉加干发用，主行人立至，飞廉为迅速之神。

② 戏神，春巳、秋酉、夏子、冬辰。

占，巳为戏神，加卯乘朱雀，卯与甲干同类，此是外族表亲，当卯日至，不然定有书信，因为朱雀为信息。

传墓入墓不须疑，征途揽辔归心迫。间进间退两课名，他乡阻隔分明白。

注：传墓入墓，如甲辰日，三传寅未子，未为初传之墓，也是日干之墓，主行人有归心。间进、间退课，主行人有阻难动。如丁卯日，三传酉亥丑，间退，间一将为戌，戌为脱气。昼占乘螣蛇，主有恶小缠绕事而难动；昼占乘天后，主有女人或女色事情缠绕难动。

末传与支会日干，三会归时早晚间。魁罡二将乘二马，虽不入传回故山。

注：所谓末传与支会日干，指末传归计门与干支相加相会，例如末传之神互见干支之上而相会，如癸丑日，干上酉，支上酉，三传巳丑酉。

天罡加在日辰前，千里迢迢必着鞭。若要居在日辰后，纵然咫尺不思旋。

注：天罡，静者思动，动者思静，为不定之神，因此以天罡定行止，天罡加在日辰前则为动态，加在日辰后则为静态。

卯酉为隔子午关，魁罡加处事多艰。津梁风雨时时阻，中路行人未得还。

注：天罡加子午为关，卯酉为格。有云凡虎雀交车在卯酉伤，主夜宿关外。子上为天关，午上为地关。卯为天格，酉上为地格。天之关格，必因天时风雨之类所格；地之关格，必因路险河涨关津所格。河魁加之同论。又有以魁加午酉为地隔，罡加子卯为天关，备参考。

朱雀天鸡及信神，课传乘马信音频。三神若或逢空陷，鱼雁寥寥尺素沦。

注：此论行人信息，以驿马、天马结合朱雀、天鸡①、信神②而断，但是如果课传或类神空亡则音信渺渺，以三神所临处断信息应期。

克日生合书必来，干克用神书不寄。天日临时有便鸿，逐类求之识何事。

注：进一步引申上文，朱雀、天鸡、信神生合日干，则主书信信息相通，如果干克朱雀。天鸡、信神则音信不来，根据三者所临的神将论断信息内容。

循环周遍两课名，旦夕游人抵家下。初克末兮人已还，末克初兮车未驾。

注：此为一周旬遍格与回环格，主行人归家之象。考察三传，末传为归计门，因此初克末则人归，末克初则人未行。

传将若合三六中，眷恋他乡资斧丰。支干上逢罗网罩，淹留客舍叹漂蓬。

注：课传逢三六合，则人恋他乡而不归，干支上逢罗网亦然。

游子斩关退作传，丁马再动归旧处。游煞丁马行不停，退则来兮进则去。

① 正酉，逆十二。
② 正酉，顺十二。

注：游子、斩关课、课见游神、丁马都为出行之课，三传顺行，则居者必出，行者游而不归，如果三传逆行则行人归，此结合事理而论。

更详年月节旬候，日辰正时鳞次透。应期再向此中求，诸法精奇无注漏。

注：根据课传以及用神，结合太岁、月建、节候、旬日而论断行人回来的应期。

趋谒章

干谒之利三六合，彼我两仪欲相洽。六阳公事和谐看，六阴私谋素亲狎。
舍益就损忌动用，根断源消防耗失。逼迫旺禄守旧宜，周遍循环所求得。
初空末吉终有获，首上尾加干何益[①]。度亥塞鬼二者推，有阻无阻此处绎。
引从告谒往必唔，任信寻访必难谐。二贵合害分轻重，六亲生克吉凶排。
日德阴神见长短，末传合处是成期。斫轮空亡须图改，昴星蛇虎安旧宜。

选举章

帘幕贵逢黄榜策，魁罡将遇青云客。鬼斗临干魁可抡[②]，文华克岁犯时责。
从魁生扶亚魁中，辰未来临解首逢[③]。万里风云看龙奋[④]，一生泉石有蛇封[⑤]。
六阳月将生光辉，两贵拱夹荣名遂。墓神覆日文理差，罗网缠身书旨晦。
德入天门中必崇，河魁度亥失登庸。旬首冠群详五甲[⑥]，真朱超众忌三凶[⑦]。
格见天心贵异常，源消根断[⑧]费商量。雨露润泽[⑨]中无虑，刑害空亡取次详。

以上所论清晰，总体而论，凡占考试，以朱雀、官鬼、昼夜贵人为主试类神，参考魁罡、太阳、德禄、二马、青龙、太常、父母、长生等重要因素，结合岁月建，最后结合考生本命、行年，根据课传而作出判断。其中朱雀、父母为文书试卷，长生为学堂、印绶，课传喜见龙、常、官、贵、禄马、德

---

① 旬尾加旬首。
② 丑未相加。
③ 辰中角木蛟，未中鬼金羊，辰未加为“解”。
④ 蛇化龙。
⑤ 龙化蛇。
⑥ 甲戌、甲子、甲寅、甲辰、甲午也。
⑦ 一克太岁，一克幕贵，一榜将出忌乘丁马。
⑧ 谓四下生上也。
⑨ 谓四上生下也。

合等吉神，在课传为吉，逢六阳格局更主显达，逢太阳月将亦然，临日辰年命更吉。同时注意各种格局，干支或三传得昼夜贵或夹拱贵禄年命之类，或初末引从干支、天心格等均吉。源消根断则纵然成名终成疾患。占断中结合年命而论，譬如论断试卷，可以本命之印爻为用，论断时紧密结合课传，则无遗漏。

武举章

蛇蚓[1]象弓空最忌，觜参[2]如矢要如意。仲为中垛孟角花，午贯正鹄季落地。

一课一矢二课二，三课三矢四课四。发用箭数课中详，旺相休囚加减记。

仕宦章

欲问前程有与无，日辰虚实定荣枯。临官帝旺干支遇，爵禄峥嵘任帝都。

注：指出看事业、官运必须要以日干支为核心，如果日干支上临日禄、帝旺或日干支以及其上神得时令时，都象征事业发达，前景良好。因为日为身，辰为任，因此其上下须要详审，最忌落空乘空，如空亡有气还算无妨。干支俱忌刑冲破害。

六阳数足功名显，前后引从卿相荐。传神互克防诤章，课将遍生声誉遍。

注：《毕法赋》有云：六阳数足须公用，六阳为六阳格，干支四课三传皆阳，凡占皆利公干不利私谋，因此有利占官。所谓前后引从，如《毕法》所云："前后引从升迁吉。"如遇初传居干前为引，末传居干后为从，直此必升迁官职。另外此格内还有拱贵引从天干格与两贵引从天干格，所谓拱贵引从天干格，如庚辰日，寅加酉为初传，子加未为末传，此乃初末引从庚干在内，干上丑为昼贵人，子寅拱丑贵，主升迁官职；所谓两贵引从天干格，如壬子日，初传巳加子为昼贵，末传卯加戌为夜贵，必得上司提拔或两处贵人引荐成事。

三传退间蛇倒拔，三传引进龙飞天。将逢内战官超转，德禄天门名显传。

注：所谓倒拔蛇格，为三传逆间传，如三传戌申午，此类格又名悖戾格。遇此格则事业倒退，阻隔重重。三传引进，指遇到进连茹或进间连茹，或遇

① 巳。
② 申。

到前后引从格、拱贵格、两贵引从天干格等，则事业发达进步。[①] 地盘克用，用克天将为将逢内战，诸占皆忌，唯占功名事业有上达之象。日德加亥，为德入天门，或日禄临天门也吉，均主显达之象。

鬼曜逢虎号催官，禄神临支当替役。凶丧罗网返遭迟，富贵日辰丁见疾。

注：鬼乘白虎临日或年命为催官使者，占事业主升迁发达。日禄临支则为权摄不正，屈折于他人，受制于人或替职于人。

魁度天门龙化蛇，贵临鬼户蛇成龙。吉课殊情分仕庶，大格异用别贤庸。

注：戌加亥为魁度天门，凡事主阻隔不成，贵临鬼户，为贵塞鬼户格，鬼贼不出万事宽。三传龙化蛇则不利，蛇化龙则升达。象这种大格局也要因人而异，注意考察年命而论。

天乙卯酉号蹉[②]微[③]，朱雀值鬼防黜落。六处生旺远大推，凡占墓绝亏官爵。

注：贵人立卯酉为励德卦，日在贵人后为微服，日在贵人前为蹉跎，均主淹留。朱雀临鬼克日干则防止被免职。根据三传四课年命等处的五行状态论事业状态，如果生旺则事业远大，死墓绝则事业不顺。

武视太常文视龙，二神切忌怕逢空。龙常克下鸳班憎，丁克龙常灾废从。

注：此以事业分文武性质而论，文职看青龙，武职、技术职等看太常，以类神状态而论。龙常克下则上下不和，矛盾重重。丁神克龙常则不利事业，会突生灾害是非。

帝旺临官日辰上，城吏龙常仕途畅。迁期干年支月推，内外日用生克量[④]。

注：日辰上临临官、帝旺则事业发达，天城为申，天吏为寅，见天城、天吏则仕途通畅。根据用神类神论断升迁的时间和性质，如占文职以青龙为类神，青龙生日为内部调动，日生青龙为外调。因此龙常生日、比日、克日则内调，日生、克龙常则外调。应期则看龙常与日的关系，离日干几位是几年迁，离日支几辰是几月迁升，受生处是日期，受克处是时辰。如戊子日，卯时占，午为青龙，戊寄在巳，午离干一位，是一年，支至午是七位，是七个月，午火生在寅，寅上见亥，亥中有壬，当为壬寅日，水克火，当在亥子时，因此得出结果为一年零七个月的壬寅日亥、子时升迁。

---

① 以上格局可参《毕法赋》。

② 蹉跎格。

③ 微服格。

④ 龙常生日比日克日升有内，日生龙常克龙常迁在外。

求财章

财明休旺生官忌，彼我干支害合论。旺禄受脱名偿债，干财传助号还魂。

注：占求财，一定要重视妻财与青龙，因为青龙为财帛之神，喜龙居旺相之地无刑克，并生日辰则求财大利。《壬书》有云："青龙乘未入墓，乘巳午丧身，求财俱不利，青龙乘亥入水，求财大利，青龙乘子出水，青龙沐浴于子，虽得而少。"在求财课中财分三类，即干财、支财与命财，譬如戊申日，亥命人春占，干上子，支上卯，命上午，此为三财，春天木火旺相，求财大获。如果传财太旺，日干衰弱，反而求之不得。如果课传见财，天将又生，则大利。但是财旺不要生官，如果财旺生起日干之鬼，则为因财致祸。同时也要注意干支以及上神之间的关系，看其刑冲合害论求财之难易。所谓禄神受脱，譬如辛丑日，干上酉为旺禄，三传子亥戌，为日干之脱气，是以己财偿还债务。干财传助，名取财还魂债，如六甲日，干上戌为财，三传戌午寅，合局生之，大宜求财。不能做脱气来看。

顺克非凶递生吉，妻防生计兄争力[①]。末助初财暗助多，支干相加彼我益。

注：顺克，为三传递克，如庚辰日，三传寅未子，干克初，初克中，中克末，主求财大获。递生，为三传递生，如庚寅日，三传申亥寅，初生中，中生末之财爻。凡是末传生初传财者，主有人暗中帮助成功，干支如果互相加临而相生，则彼此皆利，如果初传是支发用，末传归于干上，乃彼求我，求谋大利。占求财最忌讳兄弟爻过旺。

艰难[②]避难[③]详坐末，塞户度门验发端。贵坐生合求财吉，财逢空墓最为难。

注：如果当前经济艰难，求测时候就要注意末传的变化，所谓艰难，为初中空亡或干乘败气等等，如果末传见财禄长生，正符合"进步艰难喜末吉"。如丙辰日，干上卯，为败气，三传丑亥酉，初中空亡，末见酉财，主艰难中更进一步，方能转机如意。所谓避难格，为传中财禄长生空陷克绝，此时要日下坐财，所谓避难之财坐身下，如壬午日，干上辰发用，为墓神覆日，中传酉空，末传寅为脱气，全无所得，但是详细视之，壬水之下有午火财可用。

---

① 比肩太旺。

② 指初中空，末传见财德长生。

③ 谓财坐空绝克脱处也，如是便看日干下坐财，此谓避难之财坐身下也。

交车十法损益配[1]，喜遇生合悉破碎。财乘丁马忌庚辛，壬癸见丁看事类。

注：指出求财喜见合而忌临月破、破碎等神煞。所谓交车十法，是指交车格的十种情况，凡日干与支上神相合，日支与干上神相合，为交车格，主交关交易合作。此格最利合作合谋。这种格局有十种情况：一为长生合，宜合本经营。如甲申日，干上巳为支长生，与日支相合，支上亥为干长生，与日干相合。二为财合，宜交关取财或财相交涉。如辛丑日，干上子为支财，子丑合，支上卯为干财，卯戌合。三为脱合，不宜交涉，主互相各怀相脱之意。如戊辰日，干上酉脱支，支上申脱干。四为害合，主彼此合谋，暗中相害。如丁丑日，干上子合日支而害日干丁（未），支上午和日干丁（未）而害日支丑。五为空合，主先好后恶，有始无终。如辛亥日，干上寅空，支上卯空。六为刑合，主和美中出争竞，彼此各不徇理。如癸卯日，干上戌，支上子。七为冲合，主先合后离。如甲申日，干上巳，支上亥，八为克合，主交涉中生出争讼或匿怨相交，笑里藏刀。如庚子日干上丑，支上巳。子丑克合，巳申克合。九为三交合，主必有奸私或涉及两三事。交车三交者，三传为三交（三传得子、午、卯、酉，更见太阴或六合为三交）如己酉日辰加己，丁卯日戌加丁，丁酉日辰加丁，己卯日戌加己，仅此四课。十为交车三合，为干支交车合，而三传又为三合，主内外相合或世代相合，更主有外人相助，凡事有成，唯忌空亡。如乙丑日，干上子与支合，支上酉与干合，三传巳酉丑又三合。财遁干临丁时，丁为极动之神，可得大财、速财，但是要结合日干，如果为庚辛日则为日鬼，主凶祸。壬癸日则为日财，必须仔细区分。

鬼财险出须急求，绝财了结入墓忧。玄武防失内争畏，龙生值喜徐徐收。

注：所谓鬼财险出，如丙申日，三传子辰申作鬼，初末空陷，独存中传申金为财，为传鬼化财，其财从危险中得出，即使得也不安稳，多为不正之财，如财临玄武则更验。还有一种危中取财格，干克支辰为财，支上神为鬼者，不免自惊危中取财，如甲辰日，甲木克辰土为财，辰上乘申，传财化鬼格也要小心，三传皆作日之财而生起干上日鬼而伤其日干。如辛未日，干上午，三传卯亥未。[2] 绝财，指财坐绝乡，如丙丁日，以申为财，申加于寅上，主宜结绝财物等事。入墓指财坐墓地，如戊己日，亥子坐于辰上，财难得而有忧虑。课见玄武则防破耗与盗失钱财，更逢神克将内战则更不利。青龙如果坐于生旺之地则为发财之象。

---

① 三吉七凶。

② 此段可参考《毕法》第二十七“传财化鬼财休觅”与第二十八“传鬼化财钱险危”。

奇仪周遍枯木荣，闭口昴星皆不成。网罗任信空费力，成期须将末合详。

注：此段专论格局与应期，格局中遇到三奇课、六仪课、一周旬遍格都有吉利之象，遇到闭口、昴星，求财不成，遇到罗网课、伏吟自任课、自信课为白费力气之象，这是一些大的前提。最后提出应期以末传为主，得财时间看末传所合的支神而论，但是这一点必须结合财爻所临之神。

有关求财还要根据财爻的五行以及所乘天将论断财的性质，以下列举有关求财的天将类神。

乘天乙为田宅、牛马，或桥梁、远处之财，或出贵官尊长。

乘螣蛇为忧疑、惊恐、营运之财及赏赐、炉灶、管钥、弓弩、妇人。

乘朱雀为闹市、口舌之财，及文字、六畜、交易，或尊长、宫娘、善人、使臣。

乘六合，为买卖、和合之财，及舟车、竹木或大夫商贩、经行、术士、沙门。

乘勾陈，为鱼盐、田土之财及文书、印信、宾质鳞介等，或二千石、书吏、恶人。

乘天空，为虚诈之财，及坟墓宅舍、印信、狱具，或出自宫府、长者、仆隶、空门。

乘白虎为道路、死丧、屠宰之财，及田园、湖荡、大麦，或兵卒、僧道、市贾、丧门。

乘太常，为衣服、医药、借贷之财，或羊酒，或出自贵人、长者、女亲、武职、老人。

乘玄武，为楼台、仓禀之财，或鳞介、畜类，或小儿、盗贼，防从中阻隔。

乘天后，为水利及酒醋之财，或出自妇女、妻妾。

又有占地下伏藏之财，看本日地盘下见财神旺相，或太阴青龙，则掘下必见，如上建干庚辛，则有石板盖之。

另有借贷之法曰：占者先辨日辰刚柔，刚日视日上神，柔日视辰上神。丑寅乘吉将主借得，巳午将吉迟缓终得，酉戌目下即得，亥子妇人阻，卯辰男子嗔，未申无望。若类神见财旺则不拘此例。

买卖章

交车生合动无迷，末助三般递生奇。互相生旺愁罗网，死墓如逢怕关妻[①]。
进步艰难喜末吉，[②] 病符遇生旧更新。生涯遂意两贵拱，禄神乘旺静无屯。
登天度门分善恶，内战外战察重轻。生气青龙财迭迭，常乘财印喜盈盈。
龙背兴舟独足利，虎头觅利九丑忌。闭口源消自不佳，天心周遍财如意。
传进当行间退止，有防生计为财多。损耗资财因劫重，财爻它绝必蹉跎。

占买卖除了要注意干支格局以外，还要注意类神，因此《心镜》有云："拟欲求财向日中，三传有类可成功。物与日辰无克害，买卖皆宜索必通。物状太常为绢帛，鱼盐属辰仆天空。金银刀剑珠传送，木器舟车竹太冲。有之旺相宜商贾，休废空亡妄用功"。

占讼章

占讼日辰分主客[③]，课传官鬼断输赢[④]。勾陈带木虎壬并[⑤]，庭成须如犯有刑。
子孙制鬼患有救，父母化官祸无伤。害合区分窥解结[⑥]，仍观旺败定灾祥。[⑦]
空亡喜惧推亨患，墓库欣桧分结散。传互克干有灾欺，用神内战窝相犯。
末初三般仔细论[⑧]，将传间逆祸难伸。贵罡杜户知殃退，虎鬼乘骐识祸频。[⑨]
朱勾克日莫兴词，妄举轻为自投死。二将若也生日干，勘官昭雪人欣喜。
虎头蛇尾[⑩]祸不凶，雀入勾乡[⑪]讼为最[⑫]。若犯岁君坐死推[⑬]，螣蛇夹墓小

---

① 财墓并关。
② 初中空亡，末传不空，要见财德长生。
③ 日为客，辰为主，先动为客，后动为主。
④ 日上有鬼不利客，支上有鬼不利主，发用克日客输，克支主输，如干支上神受克，及干支上下交互相克亦然。
⑤ 谓白虎带旬遁壬或亥中之壬也。
⑥ 逢合事解，逢害事结。
⑦ 逢旺者祥，逢财者灾。
⑧ 忌末生初鬼。
⑨ 即马载虎鬼。
⑩ 初虎末蛇。
⑪ 午加辰也。
⑫ 事情重大。
⑬ 朱雀克太岁也，笔者按此即赤鸟犯岁君。

翻大。[①]

丁动刃逢遭缧绁[②]**，龙阳生遇祸消时**[③]**。五行决罪明天将**[④]**，二赦**[⑤]**解凶分地支。**
兔犬相加防吊拷[⑥]**，鸡蛇发用定成徒**[⑦]**。循环周遍日缠绁，根断源消终罄无。**
勾陈白虎同克日，犯法之人遭刑戮。太岁贵人作恩星[⑧]**，罪虽至重还轻逐。**
格凶定当以凶断，课吉还须作吉推。鬼贼绝处讼了解[⑨]**，末传冲处定散期。**[⑩]

原论清晰，这里大概说明一下，一般情况下，凡占官讼，干为我方，支为对方，先看日辰，再结合年命，见勾陈、朱雀定应讼狱，见白虎刑克必是状词两诉，课传中官鬼旺盛则词讼必成，干乘鬼我伤，支乘鬼彼伤。课传空亡、休囚，则官司有形无影。传见青龙、六合，官司多因财物交关，见玄武、勾陈多是争斗是非，贵人多主换官，昼贵在夜，夜贵在昼，为贵人失位，占讼主断理不明，太阴入传也主断理不明，具体官讼性质结合天将性质而论。

隐遁章

天罗地网欲何之，塞鬼登天可遁驰。传将见凶干上吉，逃生无困不须疑。
干上子孙传鬼贼，患门有救便无伤。丁马最喜加年命，虎鬼临身祸急防。
有墓昏迷忌两蛇，无遥混沌防蛇虎[⑪]**。长生月德避之佳，天目直符逃者佳。**
暗鬼克日灾患侵，明犬当门[⑫]**祸自深。斩关游子天涯去，内战天心途路禁。**
远近发用凭休旺[⑬]**，传将最嫌逢墓空。天地两仪须细玩，避凶趋吉用无穷。**

---

① 笔者按，年神冲之可解。
② 羊刃，笔者按金日最凶。
③ 青龙、太阳、生气也。
④ 木主笞杖，火主流血，金主针刃，土主徒刑、水主流罚。
⑤ 即四季天赦及皇恩。
⑥ 卯手戌足。
⑦ 酉巳相加为配。
⑧ 谓生日也。
⑨ 要在官鬼绝处上字定应期。
⑩ 要在末传冲处上字定散期。
⑪ 即昴星是蛇虎。
⑫ 戌加亥上。
⑬ 休囚远，旺相近。

逃亡章

追寻达士详日德，捕捉逃奴看支刑。德克刑神必易获，刑克日德定难寻。

父子夫妻属六亲，还将逐类细详因。酉婢戌奴观异姓，空阴两魁落处真。

盗窃奸淫论贼邪，伏吟主近无依遐。里数多寡测魁坐[①]，谁格善恶定凶嘉。

贼盗章

占贼行藏须视鬼，玄神生克看加临。卜赃失得凭财断，子孙休旺定追寻。

注：占盗贼首先要看日鬼，盗贼的位置以及其能否抓捕到都要审视官鬼的状态，如果鬼遇到刑冲克害则可以抓获，否则难以抓捕。同时配合玄武，以玄武所乘所临的状态看贼的方位与状态。丢失的财物则以财论，子孙能克制官鬼，能生起妻财，因此子孙旺盛则能抓获盗贼以及找回财物，子孙休囚则贼难抓获，财物难回。其实归纳起来，玄武、螣蛇、天空、鬼贼、脱盗、兄弟等皆为偷窃之神，断课时须要根据课传具体而论。

玄武来方看所伫，地支临处知贼去[②]。穿户越窗是悬绳[③]，凿壁逾墙因马御[④]。

注：玄武看贼，玄武乘阳为男贼，乘阴为女贼；另一说法为天地盘皆阳为男，皆阴为女，上下阴阳互加不比，亦为男。玄武来方指玄武所乘之方，地支临处为玄武位下神所临之处，如六辛日，干上申，昼占酉为玄武，加亥，则西北为玄武来方，亥加丑，则东北为贼去路。玄武乘马则贼人穿壁爬墙，动态十足。如果乘悬索、长绳等神煞，则表示贼人使用盗窃工具入内。有关神煞请参考神煞章。

玄居夜地越关梁，武在昼方身莫藏。丁马交加遁必远，太阳照曜捉还乡。

注：夜地，为酉、戌、亥、子、丑、寅，昼方为卯、辰、巳、午、未、申（有以酉、戌、亥、子、丑为夜方者），玄武临夜方难获，临昼方贼会被人发觉。凡丁乘玄武，来意必占贼，课中丁马交加或与玄武相涉，则贼必远遁。太阳即月将，天盘玄武，地盘太阳，为太阳照武，急捕可得。

旬首乘玄度四获，河魁度亥隔难捕。游都之下访贼人，公胜盗时官克武。

---

① 看戌临何宫，以上下数乘之。

② 谓玄武所临地盘之支游于何方也。

③ 神煞。

④ 玄乘驿马。

注：占盗贼时，玄武主贼，其阴神为盗神，因此这一类神十分重要，尤其要详审其阳神与阴神，论其阳神与阴神的时候要注意在闭口课时，其阴神有特殊规定，本诀即论述特殊的玄武阴神。如果旬首临玄武为玄武阳神，退后四辰之方为其阴神位，知此阳神与阴神则可知贼所在方位。如甲子旬乘玄武，退后四位为酉则酉上捉贼。另有一说，如《课经》之闭口课所云，六甲日以玄武为阳神，以逆推度四位上所得神为阴神，阳神位下可以捕女，阴神位下可以捕男，如六甲日占贼或捕捉，辰为玄武阳神临申，因此西南可以捕女，丑为阴神，丑加巳，因此东南方面可以捕男。戌加亥为魁度天门，凡事主阻隔不成，因此占盗难捕。又参考游都所临处为贼人方位，当勾陈克制玄武或官克玄武时则贼易获。

宅逢盗脱人家窃，鬼乘生气去来频。子孙出现为赶贼，鬼遇刑冲自败擒。

注：日支为宅，宅上逢玄武阳神或阴神为脱气，则家里失窃或家内人所盗，如果官鬼在课中更乘生气、旺气，则贼来去频繁。子孙则为制鬼之神，如果子孙旺盛，官鬼遇到刑冲破害则贼人自败，因为刑乃伤残之煞，冲为破败之神，鬼贼遇之，虽不见子孙追赶，而必自败露被擒。如四土冲刑则为贼捉贼格，或鬼贼本家上乘太阳，也主败露。

发用为偷即贼身，中传为赃末捕人。一数至阴详数目，五行生处物藏真。

注：三传中以初传为贼，中传为赃物，末传为抓贼者，此三传可论贼人，可论财物去处，可论抓捕者。所谓“一数至阴详数目”，古有三说：一是从玄武阳神支数到地盘所加支，如玄武临亥加辰，从亥到辰为六位为六贼。二是只数玄武阴神位，如辰加酉为玄武，亥加辰为盗神，亥到辰为六位，为六贼。第三法有一诀，曰“玄武阴生为伴数”，假如卯加子为玄武，午加卯为盗神，午是火，火临卯逢生而旺，火生土，土为五，主五人，判断时候要注意阴神的旺衰，在实战中陈公献使用的即是第三种方法。所谓“五行生处物藏真”，指看赃物藏于何处，一般盗神所生就是藏物之处，如盗神为水，水生木，则藏于树林草木中。其余可以类推。

岁月克玄弥年月，日时伤彼期日时。首尾相加问不说，财爻空陷赃难寻。

注：太岁乘白虎、勾陈、朱雀克制玄武，则贼年中败露被捕。月日时同推。旬首加旬尾，遇到闭口课，则贼人不招，财爻空亡则财物难回。

六处无武难妄拟，贵顺玄藏自失忧。课见螣蛇乡邑寇，年乘玄武室人偷。

注：三传四课年命上无玄武则与贼无关，贵人顺行，玄武不现则更确。课中见螣蛇则为本土的惯偷，或有前科之人。行年上乘玄武则为近人或同室人所盗。另外如果宅中有很多人，怀疑是宅中人盗，则以众人年命视之，看

哪一个年命上临玄武。

循环周遍去复来，罗网破败失资财。鬼脱乘玄遭盗窃，伏支前后返冲排[①]。

注：三传不离四课为回环格。“周遍”为一周旬遍格，干上有旬尾，支上有旬首，表示贼人去而复来。罗网为天罗地网，指干上乘干前一辰，支上乘支前一辰。破为岁破、月破、破碎等煞，败为沐浴败气。此类组合主财物破散，无法寻回。伏吟、返吟课，占贼特殊，伏吟课主近，不取玄武。贵人顺行时，则以支前一位捕捉，贵人逆行时，在支后一位捕捉。当伏吟课见魁罡丁马亦主动，当责玄武，如果玄武不临魁罡丁马，贼仍不远。返吟课则在玄武对冲处捕捉。

贵人顺治终玄捉[②]，天乙逆行初武寻[③]。初将比和贼安处，玄神内战分赃争。

注：天乙贵人顺行玄武在末传，或天乙贵人逆行而玄武在初传，则贼可获。三传中，初传类贼，因此初传的上下状态可以看出贼的状态，如果上下相生比和则贼安宁无矛盾，如果出现下克上为内战，主贼分赃不均而有矛盾。

岁勾朱虎应自首[④]，龙合阴丁助有神。玄武三传日辰土，贼人还归莫告陈。

注：玄武阴神见太岁、勾陈、朱雀、白虎克玄武主贼人自首。其意义具体而论，各自不同：朱雀克玄武主被捕或被人举报；勾陈克玄武主被捕，螣蛇克玄武，贼人自惊而被捉或自首；白虎克玄武，贼被伤杀或畏罪自杀；如果盗神（玄武阴神）克下或遥克玄武阳神，则以上所论必验。如果青龙、六合、太阴、六丁临玄武阳神或阴神，则贼盗如有神护，难以捕捉。如果三传都是土，玄武本身是水，土克水，主贼可获。

三传玄神贼居处，初中有克末神寻。行年上神伤武盗，发使追求早见擒。

注：三传初传为贼，中传为赃物，末传为抓捕者，如果初中有克，则以末传论，看末传所临而断。如果末传、日辰或行年上神克制玄武阴神和官鬼，则贼可速擒。

盗神朱虎勾蛇合，不死遭官被吏捉。更将玄武三传算，上克下贼即败旋。

注：玄武阴神为盗神，盗神被朱雀、白虎、勾陈、螣蛇、六合克制则贼有灾害，将被捕捉。可参考上文相关注解。另外有一种特殊断贼的方法用于占捕盗，另立三传，以玄武乘神为初传，以玄武阴神为中传，用盗神之阴神为末传，如果三传相生则贼不可捕，如果三传克制，则贼可捕捉。用此法时，

---

① 伏吟贵顺支前一位捕之，逆支后一位寻。返吟贼在玄武对冲处也。

② 玄武末传。

③ 玄武初传。

④ 如玄阴见太岁、勾、朱、虎，主自首官。

第一传若上下比和生合盗则留此，若上下克害则畏而去，即视第二传盗神，看法如上，生留克去，如克则又看第三传，亦如上法。三传有一传不克害即是贼止处，若三传俱生，必难获。

天乙顺行贼游走，逆行方识贼藏瞒。里数但知玄武上，上下相乘数若干。

注：贵人顺行则贼人在行走转移中，贵人逆行则贼人未行，在隐匿之中。想要知道贼人远近距离，则以玄武所加神而论，上下相乘而计算，假如寅作玄武加子，寅为七，子为九，乘为六十三。主六十三里，如果旺相可论大概七十里，或三十里等等，如果五行为休，则按九加七，为十六里，如果五行死囚，则减半论为八里。

大贼亡神天目星①，贼居其下莫教惊。亡神旬内甲居乙，天目春辰顺季行。

注：大贼使用亡神与天目。亡神在旬内乙，譬如甲子旬，亡神为乙丑，甲戌旬为乙亥。天目春辰、夏未、秋戌、冬丑。此以入七处，否则以入玄武三传为的。

田蚕章

金宜二麦不宜他，水本稻粱须种禾。火防亢旱宜黍豆，土生万物自温和。早中晚田三传别，旺相空亡刑害详，胜光蚕命忌见子，太乙加午忧自僵。戌黄亥死丑则危，寅之兆不申为丝，辰薄相生本是吉，妇命伤午凶随之。

六畜章

楚鱼②周鹿③伏星稽，宋兔秦鹰暗曜栖。捕捉狼④熊⑤分鲁卫，猎田狐⑥雉⑦遁东西。

戌为犬兮寅属猫，鸡是酉兮马在午。丑牛未羊喜逢龙，卯骡亥猪怕见虎。旺相为吉不墓凶，六畜繁生可日见。

《大六壬心镜》中六畜章更为详细，特附于下：

---

① 如捕大贼视此二神。
② 巳。
③ 午。
④ 戌。
⑤ 亥。
⑥ 卯。
⑦ 酉。

六畜占时逐类详，胜光为马未为羊。玄武并时忧走失，白虎同为疾病殃。
地上属兮为本命，恶神临乃不能强。午并朱雀加金上，马欲咬人宜谨防。
假如牛病先看丑，上见何神来覆临。魁罡作虎应难治，寅卯加之恶煞侵。
牛马放时忌所在，胜光大吉主何方。东西南北看临处，神将相生不损伤。
下之克上遭拘禁，不克何忧被绊缰。天空玄武贼偷去，六合太阴人隐藏。
朱雀贵人官宦匿，加在干支归本方。远近至阴为里数，贵人顺责螣蛇宜。
获在所临辰日详，若也逆行玄武当。日辰克盗寻还易，不克谁人知去场。

第四节　李九万六壬百章歌

根据笔者考证，《李九万六壬百章歌》出自南宋以前一位名为李九万的易学学者，在歌诀中他自称贫道，歌诀中频涉南方方言，我们可以猜测他可能是一位生长在南方地区的道士。在命理书《五行精纪》中有多处引用他的命理之论，如《五行精纪》李九万云："火不长炎，惟托木以长焰，火多无木者，不可发早，发早则无寿。"因此我们可以知道李九万是精通四柱八字的，而通过本歌诀我们更加能深入认识到他的学识，他不但精通四柱八字，也精通大六壬，事实上四柱八字与大六壬之间有很深刻的联系，因此才导致不少古代八字学者涉猎足六壬领域或六壬学者涉猎八字领域。这里笔者再举一个例子，譬如《鬼谷遗文》云："罡中是乙，魁里伏辛，贵神得癸，小吉隐丁。"再结合鬼谷的九命说，其用法与大六壬日干寄宫以及传说作者为孙膑的《大六壬金口诀》中的金口测命之法等等的知识联系十分密切。鬼谷的这种四柱八字分析方法是中国最早的八字分析体系，笔者将其命名为"古八字"①，后期的子平八字分析体系只是其中以日干为主的一种论法，而真正的古八字体系早已十分完备。因此无论是大六壬还是早期的风水学说，都和古八字有着千丝万缕的关系。

列出歌诀如下：

课体已定诀来意，日辰年命三传记。来克日干无差异，参合天官为真议。
来意已定见灾祥，却来命上再评章。命上见财财吉昌，逢鬼官病见乖张。
兄弟父母及妻子，各各推迁本位寻。天官是谁亲不亲，因此推详理自明。

---

① 古八字体系的学者非常多，譬如鬼谷子、李泌、李虚中、李九万、莹和尚、林开等等。

类落空亡不可寻，却来类上致神明。上神降下是信辰，此法幽微信更真。
儿孙逃亡问阿谁，但看天上卯问之。却还地下卯上推，天罡乘害蛇惊危。
若问舟车有遗亡，亦如儿孙细评详。卯加巳上地户当。但言丑日信无妨。
克应不须死墓推，类应本神日上知。如问文书午上宜，上神降下的无疑。
酉类妻狩并信息，太阴乘酉三妻逼。财旺妻离镜分劈，加午议亲子淫泆。
逃亡奴婢天空图，传阴为婢传阳奴。天空加支事最殊，信至人归有所需。
有人失物问猫儿，便将天上功曹推。临支不捕自归来。临干物不离人时。
壬日失犬戌加壬，次日寻回不离人。各类如此准拟寻，或投邻家得信音。
六畜灾屯问太冲，上来子巳酉申同。刀砧汤火屠杀凶，余将临来皆可容。
兄弟太阴父太常，只看本类落何方。刑害死气及空亡，地上类下克应详。
梯子灯擎并衣架，折足桌面兼床下。尽从卯字作加临，端得言来实希诧。
每日两个天目鬼，四时居重辰上二。重克干上便是祟，以类言之无差异。
午加戌字作三传，妇人劳瘵血来缠。西北火炉相探言，久病妇人终不痊。
辰加午字床帐惊，人家寝室不安宁。上乘螣蛇蛇来侵，直保堂前有孕人。
酉加午上婢登堂，匪人为正或偏房。命上螣蛇心血尪，不然恶梦生惊惶。
酉加午字议婚姻，不然作伐做媒人。若见勾陈不可陈，毕竟缠绵事不成。
议亲须是问勾陈，勾陈立处寻其真。辰戌丑未事真诚，余外及空俱不成。
天罡加卯上勾陈，上门寻斗有忧惊。不然患病及相论，部众争田畔不明。
天罡将为部领看，主权出入事多端。天罡加临虎斩关，欲去不去彼此难。
传有太阴主托人，太阴立处见其真。辰戌丑未有诚心，余外徒劳不至诚。
太阴官员拟避差，传无刑克定和谐。太阴空亡明暗乖，官鬼空亡更不才。
贵人加未莫相论，贵人执拗事难明。只宜随顺莫相争，无罪无愆和且平。
干用初传见勾陈，用尽机谋事不成。先立玄武后勾陈，欲成不成徒用心。
玄武来加申子辰，天上地下一般陈。论讼取索干事云，百般阻难事难成。
白虎原是递牒人，末传见者被人论。中传互状递相申，初传我却讼他人。
月厌天罡六甲辰，若加卯上鬼来寻。屋头屋尾哭声频，三五年中命也倾。
辰戌丑未卯上加，台土当门事可嗟。空勾常贵更来捱，万般阻阂不伸赊。
子加卯上天后临，进一阴人退一人。若还生死气交侵，一生一死岁中云。
墓神覆日滞难通，四十九日身家蒙。占病气逆食不充，夜里惺惺日里慵。
墓神临支宅不宁，只堪望信与行人。病人不死也昏沉，宅暗人衰事不清。
墓神忽来覆命年，病人缠体定难痊。官方牢狱吏迍邅，出行万里自回还。
九个无头课不知，丁癸亥辛乙未推。官员诰命禄难移，常人还往事难为。
初传空亡虚事起，末若祯祥有终始。未传空亡无结果，反将实事作虚诡。

空亡不可便为空，空中喜恶最难工。天上机巧宜变通，地下只言旬内空。
遁时时里见空亡，甲乙日辰戌亥祥。求谋百事不相当，毕竟无成徒自伤。
天空加空少诚实，托人虚诈事难凭。些小忧疑莫挂心，灾福旬中总不成。
天空岁月破临支，宅破人离门户衰。天空加卯土地隳，信牒虽来病者悲。
天空加恶人造作，便以天空方位捉。他人造作非为恶，自家造作犹为虐。
天空本是奏书神，常人官府事相侵。大官登封奏乞频，小官求荐得相亲。
天空加巳灶口破，人口屯蒙多灾祸。外家信息来相过，咒诅奴婢灶中坐。
丙丁壬癸巳亥辰，天官天空共贵人。天头地角名返吟，空贵须将反复寻。
丙丁太乙作天空，利于进取功名通。常人口舌上门攻，求位求迁皆可容。
壬癸太乙作贵人，先贵后空退有成。及求后贵先空神，旧事重兴喜相寻。
天倾西北水之源，地陷东南水府宽。占人进退不能前，贵空先后不虚传。
五个阴干卯酉辰，病人服药斗相争。乙辛九丑又相并，不利阴人病日增。
寅申寅上乘青龙，对神隔将祸难容。卯酉上有六合攻，人离财散见灾凶。
午子午上见螣蛇，阴阳离散实堪嗟。官病相缠惊怪邪，蛇蟠灶下并庭奢。
巳亥巳上见玄武，船车反复水来苦。出入欲行多又阻，白浪翻江君记取。
癸丑癸未日返吟，期约人来日下迎。酒食自来寻趁人，余外徒劳枉用心。
赘婿乱首日同量，天网罡魁本命伤。四课三传实则昌，重冲重破亦无妨。
古言赘婿不由己，见贵求财皆不遂。天官若更土神值，万般违拗仍迍滞。
天罡课中有胜光，外盗原来在眼前。任是大寇也获全，占病缠身不久安。①
三合之课是杂神，两姓公婆及异亲。干事转手要托人，不然带众事忧心。
六甲日贵天门逢，斩关六合次青龙。中传阴生阳位空，末传冲破不相容。
六壬六癸用天罡，鲸鱼立涧好商量。否极泰来灾自散，一日之忧不相忘。②
六甲之日六合初，上逼下迫自相拘。风气不顺病未除，被人煎逼不伸舒。
六癸午乘天后武，心血不宁事多阻。不肤堂上尊长苦，年命逢之心栩栩。
三传传逆要更图，自家进退不伸舒。公人退职官退居，进寸退尺不能无。
三传传逆望行人，行人不日便相亲。若逢天耳有信音，信到人来决定真。
命上见财及用财，日上见财财自排。不必青龙六合挨，传财入空空手来。③
欲知人出向何方，但看发用在何厢。东西南北细推详，远近地里算短长。
玄武天空主堕胎，死符死气死神栽。勾陈惊滞不稳来，正时克干子不材。

---

① 注：天罡为右目将，胜光为左目将。

② 注云：一日之中换甲日，癸未救神他必忙。壬戌、癸未、癸丑、癸酉、癸亥，辰未戌。

③ 注云：日克命上将为命上见财，初传克命上神为用财。

占胎占产有两分，月日未足尚胎云。或触或病或胎惊，皆取天官验始真。
日月已足忽惊疑，支辰为母日干儿。却须仔细问占时，克辰伤母克干儿。
不要惊疑子即生，六合临支儿便真。不克辰兮不克干，自然母子两无虞。
占产不要见三合，三合时日必蹉跎。两姓外家生者多，不然过月胎平和。
占产不要逆连珠，孩儿不顺母伤躯。三传传顺迟有余，吉神吉将少惊虞。
孕母行年上见阳，生男必定有威光。阴将原来生女子，阴阳反覆命难长。
三朝四日不能生，但看十二支干辰。天目鬼来克母身，为祸为祟各区分。
午堂丑房卯酉门，天目鬼来相步行。若更传中有关神，看其等处作灾迍。
天目鬼与阿谁并，七宝滩中神勿论。祟祸求除即便生，免得爹娘忧与惊。
天目临他孕母年，未寅太阴不可兼。鬼胎鬼气相加缠，必不成人见祸愆。
胜光为女太冲儿，详考古文方始知。玄胎伏吟并见机，过月之时不用疑。
子午卯酉入传来，未入月时不可偕。若值凶神凶将排，更有天目堕其胎。
久病人身怕斫轮，门外备车促去程。本命对冲曰飞魂，十个须教损九人。
占事驿马在三传，事多不决主迁延。今日议定来朝迁，辘轳一煞少人言。
黄衣使者入传来，临辰尤得信相催。三传入墓天耳偕，当时立至下马台。
久病人身怕见马，杀名䝙尸当世下。贵人空亡更休话，后事须教准备也。
天马名为递牒神，望人望信向门迎。三传又逆便相亲，此法幽微真更真。
若望人来问天空，天空临辰在逡巡。若加卯上出门迎，信息须知在路程。
候舟直须问太冲，太冲六合有期程。申戌子兮在水津，卯加酉上多虚惊。
须分左右寻贵人，贵人逆则右边寻。贵人顺治左边觅，百章法内最幽深。
占人欲得问课名，玉历名多一例陈。断课从来灾福真，无令占者得知音。
失鹅未可问河魁，但问小吉落何支。或在空亡左右推，或临亥子必池塘。
卯酉对面及四邻，心镜推说占大真。使者行衙来按巡，来与不来问贵人。
临辰便到在逻巡，不来还是隔三辰。课中总不畏蒿矢，蒿矢有金血光起。
三传申酉地上是，公文吃棒应无理。弹射有丸伤痛楚，占命死人伤命苦。
辰戌丑未四丸所，此体死人知几许。占病老人与小团，逢此二体是逡巡。
一弹一射俱不任，须知性命速归阴。斩关须是有金气，虎阴申酉分明记。
若是青龙逃者逝，无龙争官多获辠。[1] 三传俱是日之财，丙丁从革做金栽。
求财未逐先见乖，财多害己父母灾。三传俱是日干类，须防兄弟相连累。
过房随娘并义儿，有忧疑虑心下记。三传俱是日之鬼，庚辛炎上图名遂。
否极泰来更改至，大宜从官有禄位。三传相续吉凶随，一事未脱一事来。

① 注：辠同罪。

根苗不断信不诬，旧事新来想不疏。虎视传中与螣蛇，占病绝食事可嗟。不是喉中命参差，满口生疮火上炎。课名独足只虚惊，不宜占病问行人。占贼不来惊未宁，任是危除三日清。辰加子上后玄乖，此是占人宅破星。散家破宅人淫奔，夫妇乘离有异心。午加申上见虎阴，财散人离事鼎新。庚辛逢鬼在门庭，闪人避债面逢迎。辛日用巳上见蛇，助刑伐德更吁嗟。一人不喜众人邪，求谋不顺被人遮。[①] 酉加丁上见三妻，内外纷纭无定时。求财有应三日期，须知玄妙转幽微。行年本命破为祸，合用合动转相拘。欲为不为百事虚，自身疑惑无定意。初传巳破便无成，中传中辍事相凌。事欲成就却虚陈，末传见破太的真。戌亥加支为朱雀，宅中斛斗堆垛脚。常龙戌亥更的确，典质丰隆满架阁。寅未子巳作三传，毋令卯酉作行年。夫妇分飞起尽间，男女行年被掠伤。功曹作虎在门前，猫儿当门惹祸端。螣蛇惊怪朱雀喧，若克干神被人牵。天狗逆行四季神，破刑发害虎勾侵。加人本命火来惊，加宅左右对门寻。天马来临门与宅，他人书信多不测。吉吉凶凶神将推，死气物类与分擘。墓神死气带刑冲，加宅内外不安凶。更兼四废又来逢，毁拆迁居却可容。太岁并马作贵人，或同天月德加临。邻居左右及对门，必是曾迎大贵人。[②] 白虎乘墓及加支，其宅必定有伏尸。或在邻舍对门推，主祸频频被鬼欺。[③] 天地二医居宅傍，左右邻居有药房。天空狼藉粪堆墙，酒店小吉为龙常。天地二火与月厌，蛇朱狼藉有灾变。若更加辰宜须辨，定知一夕火光现。[④] 辰戌丑未为篱院，天空空亡须损陷。更加寅卯不堪为，篱穿壁倒无边畔。甲子乙亥土神行，篱穿壁倒枉支撑。更逢白虎转猩狞，男虚女血儿肚膨。天魁月厌并天鬼，上乘蛇虎加宅地。或在卯酉门初位，宅凶难住速迁徙。[⑤] 天鼠加支并月厌，蛇虎相乘丁又见。老鼠白日惊怪见，虚耗钱财官病占。[⑥] 月厌六月来居巳，天鬼其时加午地。加宅邻里邪鬼魅，童子师娘为祸祟。辰加午上螣蛇夸，更兼六合又相加。床席下面有毒蛇，若克日干命输它。劫煞临命大凶神，亥卯未传申生人。润下巳主从革寅，炎上亥生不安陈。吉凶期应日逐挨，凶会吉会共推排。今朝有酒今朝醉，明日当醒明日来。辰加亥上乙亥日，妇人久病命难存。

---

① 注曰：一云：加庚上见螣蛇，是刑中火克金也。辛德在丙上。

② 寅年正月润下日，巳年四月曲直日，申年七月炎上日，亥年十月从革日。

③ 甲子旬，辛未返吟。甲戌旬，乙亥干上子。甲申旬，乙酉返吟。甲午旬，己未伏吟。甲辰旬，辛亥干上子。甲寅旬，辛酉干上寅。按，白虎二句即“支乘墓虎有伏尸”也。

④ 注云：克宅天火之煞，甲首前四，卦内相逢，天烛同意，甲子旬在辰。

⑤ 天鬼，春酉、夏午、秋卯、冬子。

⑥ 天鼠，正月在子，逆行十二支。

庚辰日死极端的，十个九个无改易。子加卯上是相刑，天后乘之妻女淫。
更须求取天后阴，卯日之下雨霖霖。支破为阴忧中喜，公人有罪对案起。
除此不须别指拟，端的如神而已矣。甲辰旬中卯酉卯，甲戌旬中亦天耗。
三传空尽无凶挠，二八月中大小耗。权衡配偶龟蛇星，巳来加子降天神。
子若加巳蛇龟休，阴阳不备事难成。申加巳上号玄胎，六合内战子孙灾。
占事迟疑便未谐，期约儿孙指日来。占产天罡所加时，其时便是子生时。
未产将为生日期，远近推量决不移。何知人家产欲分，天喜为用立当门。
青龙玄武在逡巡，六合见子庆佳辰。乙亥占来未加乙，太与妇人不相益。
新旧病死庚辰日，占讼忽然枷锁逼。小儿有病苦淹延，生死二气俱入传。
命上逢生死在传，虽今危困也须安。三传无顺事缠绵，进退疑惑自迁延。
若卜行人会时间，进传带忌有根蟠。日上发用内事论，日阴彼我事推论。
辰上动时占别人，阴主小口宅灾迍。第四辰阴有刑战，定须小口生灾谴。
旺相向去自平和，常占否泰依公断。辰阴空亡及天空，多因虚诡诳相笼。
占人久病有灾凶，欺罔神明心不公。午酉遁加乘勾陈，宅中难产女人惊。
天空奴婢相欺凌，此类丙寅日死人。凡欲干事忌破神，干神冲破内人侵。
支破却被外人撑，太岁月建官事云。经年累月事须详，太岁相加数数将。
一年两岁次第张，不然患病与官妨。月建相加数几月，亦如太岁一般说。
若遇解神当解结，久滞难通也喜悦。白虎加宅乘生气，妇人有患或产至。
兼带血支并血忌，不久生产君须记。上件神煞带墓神，必须生产后灾迍。
本命行年死类并，因此灾迍主死人。仲年仲月仲时辰，何堪月厌又相并。
占人目前有祸迍，急令它去免惊人。官员迁转问何神，须求日禄在传并。
若传支马大分明，有马无禄却难成。六癸六戊日返吟，官旺三奇有禄神。
何堪传又入三刑，四十五日荷圣恩。六甲六庚也三刑，有禄备马备官星。
比如戊癸有艰辛，支干俱破乃申寅。庚辰之日午加庚，寂寂落空莫问官。
便是重权也失权，天罡加子法难宽。① 天后初传忌四季，白虎为阴多不意。
不出季中妻身废，此法切于心上记。吉星却入空亡内，凶星又来支干寄。
宅废人灾多不意，若占凶事反平易。② 太冲无令入酉申，床凳脚损不堪凭。
令人脚痛及腰疼，修换坚牢病自平。天空加卯望人来，戌为人力更和谐。
若带天喜吉频谐，定须报喜得开怀。天空临支或空亡，或在对门左右厢。

① “罡”，金氏旁注“魁”字。
② 末句即“已灾凶屯反无虞”之意也。

更带四废无吉祥，屋倒门摧欲废将。[①] 死气入传莫占病，忽然生气来加命。临危不死只重症，得入空亡尤更定。未加卯上曲直名，东司壁破见人身。老妇久病病难醒，乙日更乖官事频。玄武来加入浴盆，丰都使者号追魂。病人十日内须倾，出入须防溺水惊。文官驿马禄青龙，武职太常白虎通。文龙武虎皆不从，官星不旺也难容。贫道新添一百章，未必全为珠玉藏。若有后人精斯者，洞澈天机理妙长。(九万百章歌终)

附 录

注：原文下面原有以下句，因语句不连贯，因此另录之以备参考。

天空之阴作玄武，盗贼入家相凌侮。天后之阴是白虎，月中弦断应难补。三传年命及正时，若逢驿马莫推移。生月后四胎空推，脐带缠头不用疑。六戊六癸日伏吟，官旺三奇有福神。何堪传又入三刑，四十五日荷天恩。天空加卯地土芫，积秽不洁或当途。不能逐日香火疏，阻隔人财久不居。四绝又并马入墓，喜中生灾人无路。不问四墓覆四生，病痊再发讼复兴。仇人和了又重嗔，毕竟墓退生复生。

① 注云：四废，春庚辛，夏壬癸，秋甲乙，冬丙丁。

第五章 六壬格局汇总

前 言

前面我们在学习起课的过程中，掌握了最根本的宗门九课。其实我们的古人通过长年累月的经验积累，将六壬课体总结成各类格局。时至今日，六壬课的格局成为很多学壬者的重大包袱，甚至有人提出要轻格局废课经。那事实究竟如何呢？当然我们可以跳跃格局进行判断，但是这样学习到的大六壬绝对是一个不完善的六壬。因为六壬不但有《周易》、阴阳学、干支学的背景，还有天文学的背景，正因为它是一门研究天地人变化的学问，因此它的基础背景比较复杂。很多人不可能去一一研究这些背景，于是前人就通过总结的方式将一些背景框架通过组成课经、格局告诉我们六壬的各种要素。我们在学习中可以把它当做一个字典来查阅，在查阅中熟悉他们的构成，而不要当成一门必修课一样去对待，这样我们的思想也轻松了许多。本章的内容分为两节，第一节为六十四课经，是将干支结构、三传四课结构、五行旺衰、天文背景、神煞作用等多方面总结而成，通过课经的学习，我们可以更多了解课体格局、五行旺衰、神煞、天文背景等等在大六壬中的作用与应用，让我们更深层次的去了解六壬完善的框架结构，也方便我们更好的去应用这门术数。不同层次的学者都可以从中汲取不同份量的养分。第二节为《毕法赋》，从另一个角度来阐述课体格局构成，让我们学习如何将格局与事体有机结合起来进行理解和分析。

第一节　六十四课经

六十四课经课目总歌

元首一上克其下，天地得位品物亨。重审一下贼乎上，以臣诤君详审行。
知一上下二相克，择比而用允执中。涉害俱比俱不比，度难归家深浅逢。
遥克神日互相克，蒿矢弹射势为轻。昴宿四课无克遥，阴伏掩目阳转蓬。
别责无克三课备，刚三柔六九为中。八专二课俱无克，日阳辰阴顺逆从。
伏吟天地俱不动，乙癸有克法不同。返吟有克往来取，井栏丑未丁己辛。
三光用神与日辰，时旺将吉万事通。三阳日辰与用旺，日辰贵前贵顺登。
三奇子戌寻大吉，申午辰寅子亥承。六仪六甲旬头发，日仪午逆未顺宫。
时太发用岁月方，龙合财德最为强。龙德太岁与月将，天乙发用致福祥。
官爵岁月与年命，驿马魁常发用香。富贵天乙乘旺气，日辰年命相生良。
轩盖三传午卯子，正七两月正相当。铸印发用戌加巳，戌印巳炉铸太常。
斵轮太冲申上行，卯轮庚斧乙庚欢。引从三传引干支，又有贵引干年吉。
亨通三传递生日，天生地生有两般。繁昌夫妻年为用，德合旺相卦应咸。
繁华贵旺禄马发，干支年命吉将传。德庆天德与月德，干支二德为用先。
合欢日上递干合，吉将三六合用兼。和美专言四课事，各合互合皆为欢。
斩关魁罡日辰用，重土寒门斩关行。闭口旬尾加旬首，又有武阴逆四从。
游子季用又乘丁，再遇天马走西东。三交四仲来加仲，三传皆仲阴合逢。
乱首支加干克干，干加支上被克同。赘婿支临干被克，干加支上克支通。
冲破日辰冲为用，更兼岁月破神并。淫佚后合乘卯酉，狡童泆女此中情。
芜淫三课有克取，交车克下男女争。解离四辰互克上，年命互克亦同称。
孤寡四季之前后，如春巳阴丑寡星。地盘为孤天盘寡，阳孤阴寡三般呈。
度厄三课上下克，上下相克长幼惊。无禄四上来临下，以尊制卑君子凶。
绝嗣四下贼乎上，小人无礼肆纵横。迍福八迍兼五福，吉凶参驳此为名。
侵害日辰六害兼，年命发用最凶残。刑伤干支三刑用，又兼本命与行年。
二烦日月加四仲，斗击丑未此为言。天祸四立绝神用，昨日之干加今干。
天狱墓作死囚用，天罡日本之宫躔。天寇分至前一日，月加离辰发用先。

天网时用俱克日，物孕有损病缠绵。魄化死囚带白虎，干支年用吉凶连。
三阴贵逆日辰后，死囚玄虎时克年。龙占卯酉日兼用，年立卯酉事迍邅。
死奇月躔天罡用，再遇鬼墓事熬煎。灾厄丧吊游魂用，丘墓岁虎伏殃边。
殃咎三传克日因，神将克占乘墓真。九丑子午与卯酉，配合乙戊己辛壬。
鬼墓日辰鬼作墓，鬼克墓覆祸宅身。励德日辰看前后，天乙立在二八门。
盘珠岁月与日时，传课俱全此为云。全局三合之课是，水火木金土中存。
玄胎三传皆四孟，玄中有胎名义深。连珠联茹兼进退，间传顺逆此中论。
六纯十杂兼物类，三传之说最纷纭。

提示：当我们认真看完六十四课后，会发现上面这段歌诀十分精妙，在归纳上起到画龙点睛的作用。古人发明六十四课是为了达到壬易相合的目的，同时也是为了让学习者熟悉六壬课式的各种格局，实际上六壬并非只有六十四种课体。我们可以从较早的《大六壬心镜》中看到该书归纳的课体与我们现在看到的不尽相同，这是因为作者的思想出发点、研究角度不同。以下课经经过历代六壬专家整理而成，已经非常成熟完备，非常值得我们去理解去揣摩体会，里面几乎包含了六壬的各种判断技法。笔者在课经中将清代张官德所著的《六壬辨疑》中的六十四课案例增加进去，以方便读者在学习每一课式的时候，都能有先贤的案例参考，方便加强学习和理解。需要注意的是，课例中有张官德的个人经验和理解在内，仅为一家之言，因此读者在读案例时务必自行分辨，选择案例，参考学习。

元首课

凡一上克下，余课无克，为元首课，象天。如君克臣，必顺其正，无乱动反常之理。为九宗之元，六十四课之首，故名元首。君占则有伊吕之臣，臣占必遇唐虞之君；常人占之，万事顺利。大哉元首，元亨利贞，首出庶物，万国咸宁，统“乾”之体，乃元吉第一课也。

象曰：“天地得位，品物咸新。事用君子，忧喜俱真。君臣和合，父子慈亲。婚谐鸾凤，孕育麒麟。用兵客胜，论讼先陈。市贾出色，各利超群。官职首擢，柱石元勋。门庭喜溢，利见大人。”

如日辰、用神、年命值旺相气，乘吉将，更逢富贵、龙德、时泰、三光、三阳、官爵、高盖吉课，有一助之，则有乾之九五“飞龙在天”，云龙风虎相从，大人之象也。

如甲子日卯时子将占，寅命，行年在未，四课得一上克下，午加酉为用，曰元首课。[1]

	蛇	朱	合	勾	
	寅	卯	辰	巳	
贵	丑			午	青
后	子			未	空
	亥	戌	酉	申	
	阴	玄	常	虎	

青	常	虎	阴	子	庚午	青
午	酉	申	亥	兄	丁卯	朱
酉	子	亥	甲	父	甲子	后

此课子孙乘青龙发用，主文职，占子孙及本身前程、家宅事。他日父子均登高品官爵，儿子于午年发科，未年及第，屡于寅午火旺年月转官。本身见任，寅年应诏，官由词馆，屡于己丑年月转迁。家宅吉利，招女聪俊，获配武弁崇勋，多益母家。惟朔望弦晦日忌，此课为天烦也。

解曰：盖课得午加酉为元首，主首擢，利见大人。三传午为天马，卯为天车，子为华盖，为高盖乘轩，主公卿之贵。日辰用神旺相，吉将在中，为三光，主加官进爵，庆贺之荣。

又看青龙主文书，甲木以午火为子，值旺相气，上乘青龙，午上遁得庚金为官星。行年未上辰乘六合，亦为儿，主子求官。午岁火旺，上见卯木相生，乘朱雀，主文字发科。未岁上见辰为亚魁，乘吉将，主及第佳兆。火为威仪，主礼部。午数九，龙数七，庚数八，主二十四年。火数二，主极品高贵，尚书之位也。一阴二阳，以卯属阴为主，乘朱雀为文明，甲日为本身，值此旺相气，主见任干求官职。甲上亥为长生学堂，为天诏，主应诏，官由词馆。卯数六，朱雀数九，主十五年象首擢，旺气数倍，主师傅极品之贵。卯为羊刃，属肝木，主风疾。末传为归结，子数一，月将天后为恩泽，主乞求休时，有加一品之恩。子与天后九数相乘，主寿得八十一。支为家宅，子上见酉，主招女，乘太常吉将，主聪俊配武弁，相生主益母家也。

如四月丁丑日子时申将占，巳加酉为用，曰元首课。

---

① 此必正月仍用子将也，不然，发用何云旺相？

勾 青 空 虎
丑 寅 卯 辰
合子　　巳常
朱亥　　午玄
戌 酉 申 未
蛇 贵 后 阴

常 贵 朱 空　兄　辛巳 常 ⊙
巳 酉 亥 卯　子　丁丑 勾
酉 丑 卯 丁　财　　酉 贵 ◎

此课昔越王有郑妃当诞，召范蠡占之，以月将申加子时，得一上克下，巳加酉为用，上是旺火克下死金，上强下弱，故决生男。如秋占火囚气，课皆阴，则未然也。

如乙酉日，巳加酉为发用，一上克下，为元首课，巳岁占则吉凶应在一岁之内。若正月建寅，用起功曹，则事应正月之内。丙子日立春，用起太乙神后，则事应半月之内。甲子旬内起神后，则事应十日之内。庚申日寒蝉鸣，用起传送，则事应五日之内。日应日，时应时。旺气发用，主干求官职；相气经营财货；死言丧孝；囚主刑讼；休主疾病；墓主淹延；诸课应验，同此推断。

又于亥日未加亥、乙未日卯加未、丙申日卯加戌、壬寅日巳加申、辛酉日午加申发用之类，则为元首。六壬总计七百二十课，内合元首课凡一百一十五，举此数课为例，则余课可推矣。

《订讹》

元首：（一上克下），以尊制卑，大顺之征，为诸课首，故名元首。占主天地得位，品物咸亨，事从外来，起男子，忧喜皆实，臣忠子孝，婚谐谋遂，孕生男，兵讼先者胜，贾人获利，官职首擢，利见大人。如日、辰、年、命、发用、正时六处，值旺相，乘吉将，更逢富贵、官爵、三光、三阳等吉课，士人贵显不可言。此课大象，顺利十分，然或得凶神恶将，三传不顺，反主下顺上而上不从。又如一上克下，而上休囚死气，下却旺相、德合、岁月建，反主上虽制下，而下不受制，未可执一也。

《观月经》[①]

课中一克下，元首卦本宗。[②] 起岁年华问，[③] 逢蟾月里寻。[④] 传辰旬日应，[⑤] 值日目前辰。[⑥] 气动蟾分体，[⑦] 候来旬拆身。[⑧] 诸卦从此起，万类若通神。[⑨] 旺气言官职，[⑩] 妻财相气论。[⑪] 死言丧者起，[⑫] 囚动见官刑。[⑬] 休来忧病患，[⑭] 诸家卦备陈。得旨从天降，不误后学人。[⑮]

《心镜》

四课之中一克下，卦名元首是初神。臣忠子孝皆从类，忧喜因男非女人。[⑯]

上即为尊下卑小，斯为正理悉皆真。官词先者皆为胜，后对之人理不伸。[⑰]

---

① 名月未圆。

② 元者长也，首者初也，上克下者，诸卦之长也。

③ 本岁发用，其吉凶应岁内也。假令太岁在寅为功曹，其将勾陈，主一年内争讼田宅也。

④ 蟾者，月之名，十二月斗建是也。假令正月斗指寅，以功曹发用，其吉凶在一月内必应也。

⑤ 假令正月将甲子日午时占，第二课子加未，以神后为辰发用，其吉凶不出十日应也。

⑥ 假令今日甲子，以甲为日，课中功曹发用，其吉凶当日应也。

⑦ 蟾者，一月之数也。体者，全之数也。分体，半月之数也。气动者，二十四气之首日为发用，每气十五日。假令丙子日立春之节，四课之中，用起神后，其吉凶应在半月内也。假令丙子日立春，第五日庚辰子将卯时占，太乙加申上克下为用神，初传勾陈，主财物、田宅、斗讼、官灾不出一气之内也。巳火发用，即立春丙子日期也。

⑧ 候者，七十二候也。旬者，十日也。每一候五日。拆身，拆破一旬之数也。假令七月初一日寒蝉鸣为候，是甲申，第二日乙酉寅时午将占事，三传申子辰也，传送加乙，一上克下，其吉凶应在五日内也；或用起功曹，亦是。

⑨ 凡七百二十卦皆类此卦断之，取年月日时为应期。明五行之奥义，通万事之正理，如神明也。

⑩ 春木旺，夏火旺，秋金旺，冬水旺，四季土旺。如春月戊己日占事见木神发用，克今日干，君子有官职，小人争财官事。若传入三光、三阳、三奇、六仪，不可例断官事也。

⑪ 凡春火相，夏土相，秋水相，冬木相，季月金相。假如春月壬癸日占事，见火神发用，为妻财，主南帛事动。若不是妻财，则不可以财帛一例断之也。

⑫ 春土死，夏金死，秋木死，冬火死，四季水死。凡死气为用，乃丧亡之事，更与自克日的应。假令春月壬癸日，发用土神克今日干也。

⑬ 春金囚，夏水囚，秋火囚，冬土囚，四季木囚。凡囚气动者，更克日为官鬼也。假令春月甲乙日占，申酉发用，乘凶将，主官词刑伤也。

⑭ 春水休，夏木休，秋土休，冬金休，四季火休。凡占休气动，主疾病灾患也。

⑮ 诸卦用元首五行旺相死休囚断之，君子得五行之旨趣分明，神报吉凶祸福，人事、物类、数目、远近、应期皆同天降也。

⑯ 上克下，事起于男子也。

⑰ 上克下利为客，争讼先起是客，后诉者是主。

《袖中金》

元首卦，尊制卑，贵制贱，占事多顺，忧喜皆实，皆以神将吉凶。凡事宜先，事起男子。然就以神将、支干、四时、休旺、年命、三传推测，乃见吉凶。如一上克下为用，而上休囚死气，下却旺相、德合、当月建，乃下反胜上。如正月甲寅日，日上酉金加之为用，虽是元首，奈酉金囚气，甲寅乃月建，支辰为日德、禄，又旺气，下既得势，必不受制，则尊卑不顺，反乱之道也。如《心镜·占孕歌》曰："用神克下生男子。"若执此例，不以上下胜负推之，第恐有误。昔越王有郑妃当产，于四月辛巳日子时，召范蠡占之，月将申加子时，用得巳加酉上克下，是旺火克死金，此上强下弱，故生男也。如秋月占得此课，则不然矣。切在参详，不可执一也。

元首课案例：

例一：咸丰甲寅年辰月戊申日巳时，卢姓占回家耕田。元首课。

	合朱	蛇	贵	
	戌亥	子	丑	
勾酉				寅后
青申				卯阴
	未午	巳	辰	
	空虎	常	玄	

虎	贵	阴	合
午	丑	卯	戌
丑	申	戌	戊

官	卯	阴	
子	戊申	青	
兄	癸丑	贵	⊙

正议　丑为田地，干支上神，乘墓相刑，必因田地与弟相争，弟亦有病在床，恐不寿而有破耗。正时太常为衣服，乘日禄，不如以成衣为业之有补也。

参议　问：何以知弟病？曰：支上丑墓病符，作兄弟爻，其弟必有脾虚黄肿之症，申乘死气加卯，身尸入棺之象。

案验　其弟不和，分居未久，已得肿病。占者在外成衣，欲归耕，亦恐与弟有争。

附议　《毕法》："宾主不投刑在上"、"干支乘墓各昏迷"。

例二：咸丰辛亥年酉月癸巳日巳时，武昌司马梅筱素公祖占进京。元首，连茹。

	蛇	贵	后	阴	
	辰	巳	午	未	
朱卯					申玄
合寅					酉常
	丑	子	亥	戌	
	勾	青	空	虎	

朱	蛇	空	青	子	辛卯	朱
卯	辰	亥	子	子	庚寅	合
辰	巳	子	癸	官	己丑	勾

正议　问：魁度天门，传逢退茹，岂能行乎？曰：连茹课，进中有退，退中有进，现在岁君乘马，为河魁所制，年内即能赴京，亦与天阶遥隔，必交子年节气，初逢岁建，青龙当阳，定荷圣眷。此际旺禄临身，当有委署，不能远行。初传朱乘月破，同僚亦小有言；中传六合乘寅，又与岁合，自有居间者和之。

问：青龙盘泥若何？曰：青龙加丑，为其水渴，故名盘泥。今得子水加之，则飞矣。何盘之有？

参议　问：两蛇夹墓凶难免，太阳身宅逞阳曦，支上一爻兼此二格，吉凶孰是？曰：雀加天喜临门，正贵先锋作日德，幕贵发用作子孙，又两贵拱支，指顾间令嗣定有捷音到署。夫墓作太阳，原不以墓论，然天喜乘蛇克日，不免喜处生忧，末传又逢死气丧门，宅内亦主病丧，所谓吉凶互见者，此类是也。

案验　原似秋间北上，因奉委修城，延至年终始动。来年正月二十五日丙子引见。本科乡试，嗣君果中，却大病，未赴会试。胞兄作古，亦见口舌。

附议　凡初传乘朱勾及岁月日破，中末见六合或岁月日合，主先破后合，反则主主合中有破。

附议　《毕法》“帘幕贵人高甲第”，科举喜见。若在官者，占之为林下贵人，又得退茹，故不久归隐。末传丑勾克日，癸丑年湖北失守。

《易》曰：“圣人有以见天下之动，而观其会通，以行其典礼。”按：会通，即圆而神。典礼，即方以知。圆神者，将动之机。方知者，已定之局。如今考试，亦像此意。发案先出圆盘，后列方榜。盖典礼既定，无可游移，而初占之时，须要会通，不会则缺，不通则窒，会在多记古人条例，通则神明存乎其人。《易》又曰：“穷则变，变则通。”如魁度天门，逢冲则开。青龙盘泥，得水则飞。即此可悟变通之诀。以后所载，言不尽意，而吉凶进退，消息盈虚，详注一课，余可类推。

例三：咸丰癸丑年卯月丁酉日午时，江忠烈公臬楚时，占去留。元首，曲直。

	朱	蛇	贵	后	
	酉	戌	亥	子	
合	申			丑	阴
勾	未			寅	玄
	午	巳	辰	卯	
	青	空	虎	常	

空	阴	常	贵	官	巳亥	贵
巳	丑	卯	亥	父	癸卯	常
丑	酉	亥	丁	子	乙未	勾

正议　驿马、天书加年加干，天诏加命，此举师之象，其不能留守必矣。正时青龙会禄，贵德临干发用，三传会印当旺，一岁屡迁之兆。但自生传墓，末传勾神伤官，年终有不吉耳。

附议　又按：三合课宜合众以为功，独行则失势，迟行则失时，本局当旺，宜乘春夏之气，扫尽尘氛，至秋则反受克矣。夫一人决拾，千夫皆从，我兵望风而逃，非贼劲也，我自靡耳。此时官兵疲玩，已成痼疾，急难整顿，欲成大功，非用素练之勇不为力，能多更妙，不多则择其尤者，以为先锋，所谓“率马以骥，骀亦堪用”也。自古名将，多以家卒成功，背嵬五百，尤为明证。盖性情技艺素所服习，如手足之卫头目，不待教诫而自知也。

案验　大人籍系楚南，居乡练勇屡捷，以大挑教职，升知府衔。壬子冬，楚北城陷贼退，癸丑春，大人随张制军自南至北，尽复余烬，署臬印，随即补授江南，困楚乏员，制军保留，故有此占。四月复征至九江，贼围江右，入城拒贼见捷，升江南巡抚，时已秋矣。在路抱病，至江南兵力不足自尽。本年十二月十八日也。以广文至中丞，仅互战耳。自是江右皆军乡勇，用之有效。占时欲不带勇，故有附议一则。初传一上克下为元首，是亥为成卦之主，又为日官、日德、正贵，亦即主卦之主也。[①]

---

① 天书，正月起戌，顺行十二位。主官迁财喜。

例四：咸丰甲寅年巳月甲申日子时，江西黄维型占友被掳回否。元首，闭口，玄胎，回环。

	蛇	朱	合	玄	
	寅	卯	辰	巳	
贵丑					午青
后子					未空
	亥	戌	酉	申	
	阴	玄	常	虎	

蛇	勾	虎	阴	子	癸巳	勾
寅	巳	申	亥	兄	庚寅	蛇
巳	申	亥	甲	父	丁亥	阴

正议　问：自支传干，末足抵日，课名回环，干得长生，皆生还之象，奈闭口发用，恐逃而不能出？曰：初癸末丁，先有所阻后有所冲而动，出围后寅禄被劫，末遇女眷相助，始可到家。

案验　本日已动，又被贼拦，后因贼攻别处，得脱，被劫。到姐家相助，乃回。五月初三辛丑到，四月节也。

附议　凡闭口课不利出行托荐，然课传年命得冲神间之，转吉。凡占逃难，用得太阴六合者出，此课太阴作长生，泄虎鬼，冲闭口，只此一爻便可决其生还。盖巳为成卦之主，亥为主卦之主，巳为病，亥为药，故能转凶为吉。

重审课

凡一下贼上，余课无克，为重审课。象地，事逆，以下犯上，如臣诤君，不敢擅为，必再三详审，定计而后入，故名重审。积善者庆，积不善者殃。君子占之，利以攸往。至哉重审，含章可贞，或从王事，无成有终，统“坤”之体也。

象曰：“顺天厚载，柔顺利贞。一下逆上，岂无忧惊？贵顺福至，贵逆乱兴。事宜后起，祸从内生。用兵主胜，受孕女形。诸般谋望，先难后成。”

如初传墓绝，末传生旺，灾祸自消。生旺传墓绝，不吉；墓绝传生旺，吉。初传克末凶，末传克初吉。或逢龙、常、阴、后、六合吉将，生气、解神、天德、月德、天喜、德神、合神、吉神，得一在末传，可化凶为吉。君子厚德，中道而行，则有坤六五“黄裳，元吉。”之象也。

如四月丙戌日巳时申将，子命，行年在酉，申加巳一下贼上发用，为重审课。[①]

	合	朱	蛇	贵									
	申	酉	戌	亥		虎	阴	贵	合		财	甲申	合
勾	未			子	后	辰	丑	亥	申		官	丁亥	贵
青	午			丑	阴	丑	戌	申	丙		父	庚寅	玄
	巳	辰	卯	寅									
	空	虎	常	玄									

断曰：此课申为相气加巳，妻财乘六合为用，主谋为利禄事。中传官鬼乘贵入亥，为天门，主以财纳官的京职。末传父母乘玄武，主发财能发身。三传递生日干，大吉，决主上人举荐，终始成就高贵。为子求官，亦不免用财取贵。用起孟神，传入四孟，为玄胎。戌支为妻，上见丑为丙日火之子，申财亦为妻，乘六合，亦为子，丑为天喜，主妻怀孕，课象弄瓦。中传属阴为主，阳包阴，生女也。如乙亥日辰时酉将占，申命，行年在亥，寅加酉一下克上为用，曰重审课也。

	朱	蛇	贵	后										
	戌	亥	子	丑		合	常	阴	合		兄	戊寅	阴	⊙
合	酉			寅	阴	酉	辰	寅	酉		财	癸未	青	
勾	申			卯	玄	辰	亥	酉	乙		父	丙子	贵	
	未	午	巳	辰										
	青	空	虎	常										

此课李司马占，旺气发用。日辰旺相乘吉将，为三光卦。主干求官职，有迁升庆贺之荣。果应验也。

《订讹》

重审：亦名始入。一下贼上，以下犯上，为逆征，事有可虞，须再三详审，故名重审。然止于一下克上，为发难之端，故名始入。占主不忠不孝，事从内起，由女人，孕生女，兵讼后者胜，谋望先难后胜。大抵贵顺吉，贵逆凶；墓绝传生旺吉，生旺传墓绝凶；初克末凶，末克初吉。全要末传得吉

---

① 四月如何申为相？取用长生也。

将天月德等，可化凶为吉也。

此课利下不利上，然或一下贼上而下休囚上旺相，则下虽乖违，终不能肆害，如生金不畏死火之类。

《观月经》[①]

一下贼其上，重审卦本音。[②] 父子相离析，夫妻不敬恭。[③] 顺行犹自可，逆去忧来深。[④] 入墓应难避，[⑤] 传生可容易。[⑥] 太常与阴后，合乙及青龙。同并生神处，恩来祸不从。[⑦] 空玄并蛇虎，勾雀墓末逢。喜事翻成恶，[⑧] 亲者也成凶。[⑨] 诸卦皆如此，学人莫乱攻。[⑩]

《心镜》

从下贼上名重审，子逆臣乖弟不恭。事起女人忧损重，防奴害主起妻从。

万般为事皆难顺，官病相侵恐复重。论讼对之伸理吉，先讼虚张却主凶。

《袖中金》

一下贼上，卑犯尊、贱犯贵之象，占事多不顺、事起女人。如春占，土加寅卯，其土死木旺，是旺鬼贼上，正应此课体。若夏得巳午火加亥子水，下贼上为用，则火旺水囚，不能贼上，有乖违之患。大抵生金不畏死火、生水不畏死土、生旺不畏死囚也，不可执一而论之。

---

① 名鸽鹞同笼。

② 四课中有一下贼上，名重审卦，其体凶也。

③ 看发用的卦是今日子孙刑并，乘勾虎蛇，必害父也。若用是今日财，必妻害夫。此卦乃臣弑君，子弑父，妻杀夫，奴杀主也。

④ 天乙在亥顺行犹轻，天乙临戌逆行忧重。又曰顺行则忧浅，逆行则忧深。

⑤ 假令初传木，末传小吉，为木入墓，主杀害之事难避，他墓例此也。

⑥ 发用木神，末传亥为长生，事易避也，他生例此。

⑦ 若贵龙合常等同入长生之地，主反祸为福耳。

⑧ 凡玄武、天空、蛇、雀、勾、虎者为凶将，同末传入墓者，喜事反成恶事也。

⑨ 从生入墓者吉变为凶，害有刑害者，纵亲者也成仇怨也。

⑩ 下面诸卦皆如此例推之，此是奥理难见也，后人不得乱攻胡乱断之也。

重审课案例

例一：同治甲子年辰月己酉日卯时，在保康，占观察张洊山老夫子荆州动静。重审课。

	贵	后	阴	玄
	子	丑	寅	卯
蛇亥				辰常
朱戌				巳虎
	酉	申	未	午
	合	勾	青	空

蛇	常	合	阴	财	辛亥	蛇
亥	辰	酉	寅	父	丙午	空
辰	酉	寅	己	兄	癸丑	后

正议　问：日马加命发用，天空乘日禄生干，官星皇书月马加日，应主升迁？曰：此动而不动，何也？辰命合支，遁甲合干，必不能离荆。皇书乘马旬空，中传文书天空，朱雀临门坐空，升迁之信不确。喜太阳照武，此次贼寇，荆州可以无忧。

案验　占课后，数日来书，命速转荆，同赴省垣。云督抚委署臬篆，现有札据，非虚谣也。将启行，又改委唐臬台矣。师属原任，贼匪下行，荆亦无恙。

补议　太阴为臬台，作官星，逢空，青龙外战，传贵俱逆，日马带病符投墓，不但升信不确，旋告病赋闲四载，至己巳冲去病符，贵人加岁，起假引见，升臬台，此占时所未见及者。

例二：道光己酉年午月庚子日亥时，自占月将。重审，全局，回环。

	空	虎	常	玄
	丑	寅	卯	辰
青子				巳阴
勾亥				午后
	戌	酉	申	未
	合	朱	蛇	贵

玄	蛇	青	玄	子	庚子	青	☉
辰	申	子	辰	兄	丙申	蛇	
申	子	辰	庚	父	辰	玄	◎

正议　课名回环，占事有成。青龙得水，贵登天门，太岁乘丁马朱雀加命，本年科场必中。正时亥逢勾陈，日上玄被墓克，辰为领袖，三合会局必与大众协攻萑苻。

参议　问：子为月破，三传脱日，能无劫耗之累乎？曰：现在不吉，至秋冬子水天财得令，青龙会日，自有众人相助。然所入不逮所出，以课传皆脱神也。问：辰墓并关加日，奈何？曰：逢戌月冲之，始吉。

案验　夏月破耗拮据，因水灾，科试改至戌月，果中。时亲友俱为助喜。然至年终，担石无存，本里守望有团，因大水后盗贼猖獗，各家协力拒之，始安堵。

附议　合观一卦之象，细玩一爻之义。如《易》有剥卦，剥者，落也，凶象也。然卦凶而爻吉，仍以吉断。不独上九“得舆”为吉，即众阴剥阳，而五以比上为利，三以应上无咎，说不尽言凶也。此课全脱，大象本凶，然青龙主财帛，在庚日亦为财神，又五月子为天财，中末递生，此主喜事生财，众人合助，所谓凶卦中之吉爻也。而青龙坐空投墓，终归虚耗，又为吉中之凶。三传脱气，财临日上，为取还魂债，言耗而复聚也。此课日上无财，得初传青龙泄水作财，亦取还魂之主。

知一课

凡课有二上克下，或二下克上，择课之阴阳，与今日比者而为用神，曰知一课。比者和也，阳日阳比，阴日阴比。二爻皆动，事有两岐，善恶混处，必知择其比，和一善者而用之，故名知一。事宜惟一，允执厥中。占物占人，皆在近也。统“比”之体，乃去谗任贤之课也。比者，亲辅也，有“不宁方来”意。

象曰：“比者为喜，不比为忧。词宜和允，兵利主谋。祸从外起，事向朋谋。寻人失物，近处堪求。”

如课下克上有嫉妒，日辰贵后主迟疑，或至三克度厄，四克无禄，乱动狐疑，则有上六“比之无首”凶象。或上克下有嫌疑，日辰贵前主事顺，及止二克，贞固择一，则有比六二“自内，贞吉”之象也。

如八月壬辰日巳时辰将占，得二上克下，壬日属阳日，取戌加壬与日比发用，曰知一课。

	蛇	贵	后	阴								
	辰	巳	午	未								
朱卯				申玄	合	朱	常	虎	官	丙戌	虎
合寅				酉常	寅	卯	酉	戌	父	乙酉	常
	丑	子	亥	戌	卯	辰	戌	壬	父	甲申	玄
	勾	青	空	虎							

断曰：此课天魁官鬼乘白虎发用，主事由家奴起祸，中致妇女衣服食物失盗，终可捕获，在西邻也。盖三传戌为奴，酉为妇女，太常为衣服食物，玄武为失盗，比用为近，秋占旺气，失物可获也。

《订讹》

知一亦名比邻。择课之阴阳与日干比者为用神，阳日阳比，阴日阴比，二爻皆动，事有两岐，必知择而定于一，故名知一。①

占主事起同类，祸自外来，失物寻人俱在邻近，兵讼宜和。凡事狐疑不决，若是吉神比者为近，不比为远。若是凶神比者为喜，不比为忧。②

《观月经》

二下贼上为比用，

欲知比用卦，四课里头生。二体原来别，分身是两名。甲壬庚戊丙，比阳子戌呈。申午辰寅类，可应五阳精。③ 乙丁己辛癸，比阴卯酉成。登明丑未巳，可应五阴精。④ 要用求相克，不比亦得行。⑤ 下克先取用，无下上神凭。⑥ 二下双克上，比者是亲情。俱比俱不比，涉害卦详明。⑦ 双上来临下，亦依此路行。⑧

二上克下为知一。

课中知一卦，体是相比邻。二上来临下，贼盗在逡巡。小心须准备，看

---

① 课中或二上克下或二下克上故亦名比邻。
② 此课大端舍远就近，舍疏就亲，恩中有害之象。
③ 甲丙戊庚壬是阳日，若天盘内见申子辰寅午戌为阳神，有克者是比，若阴神有克者是不比。
④ 此五阴干，若天盘上四课中见亥卯未巳酉丑，有克为比，见阳有克是不比。
⑤ 如阳日无阳克，有阴克，便以阴神相克者为用。
⑥ 四课之中下贼上为用，故曰下克先取用。无下贼上，取上克下者为用，故曰无下上神凭。
⑦ 或有二下贼上，俱比俱不比，以涉害取用也。
⑧ 四课无下贼上，只有二上克下，与日是比者亦依先克为用，亦仿此而取之。

看惹祸迍。若言失脱事，闭口卦中寻。[①]

《心镜》

知一卦何如，用神今日比。婚姻失谐和，事因同类起。

逃亡不远离，失物邻人取。论讼和笑好，为事尚狐疑。

《袖中金》

一上克下，二下贼上，以比为用，舍远就近，舍疏就亲，恩中生忧。[②]

《金匮经》

欲知其一，必知其日。二上克下，同类相加。朋友谗佞，祸从外来，利客不利主。二下贼上，妻财争讼，咒诅不宁。

知一课案例

例一：道光庚戌年寅月甲午日酉时，观察张仲远夫子莅武邑时占县治。知一，玄胎。

	青	勾	合	朱	
	申	酉	戌	亥	
空未					子蛇
虎午					丑贵
	巳	辰	卯	寅	
	常	玄	阴	后	

蛇	勾	青	常
子	酉	申	巳
酉	午	巳	甲

官	丙申	青	◎
父	巳亥	朱	
兄	壬寅	后	

正议　初传日马坐克，道路皇皇。至中末长生日禄，相生相合，三传递生，青龙内战，必得荐举。支上勾乘破碎，又逢丁马，恐因驿路人夫致生口舌。幸四课子水生日，必得邻县李姓解救。生气加酉，定主妾孕。

案验　春季劳动，冬季得升迁信，为差拏犯，与别县致讼，得邻县李公化解，妾孕亦准。

附议　讼者为邻，解者亦为邻，应比用课也。支上一生一克，故熏莸并见。

附录　酉为日胎属兑，《易经·说卦》："兑为妾为羊"，故应妾孕，然又得子为生气，课名玄胎，始可决之。

---

① 四课之中二上克下，取比者为用，是知一卦，主贼盗亡失事。若追寻遗失，得不得在闭口课内寻也。

② 凡事狐疑，仍看上下克贼，全在变而通之，消而息之。

补议　问：何以生女？曰：下克上为用，干支皆巽、兑之卦。问：何以生女母死？曰：酉为午火死气所克也。

例二：同治丁卯年子月戊子日子时，寓襄阳，刘大茂占往荆门州署。知一，进茹。

蛇	贵	后	阴
午	未	申	酉
朱巳			戌玄
合辰			亥常
卯	寅	丑	子
勾	青	空	虎

青	空	贵	蛇	官	庚寅	青
寅	丑	未	午	官	辛卯	勾
丑	子	午	戊	兄	壬辰	合

正议　问：干支罗网，似不能行，而初传日月时三马乘龙，又是动象，果宗何说？曰：静则安，动则否。何也？日上文书虽空，而三传撞干以助上神，待其就我。坐而受生则吉；若往从于彼，干支相害，连茹鬼方，舍生投克，终无益也。然龙马克干，日月时皆属转神，势在必行，行而必转，且比用课，宜移就近，不宜舍亲求疏。

案验　此人以剃发为生，是役也，系旧东有约而去，去不相宜，居三月而反棹矣。

附议　此等课，进退吉凶互相混淆，最难断决，须看出静中动、进中退，又辨其孰吉孰凶，方肖情事。

例三：咸丰甲寅年未月甲申日申时，江西萍乡易姓占流年。知一，退茹。

合	朱	蛇	贵
辰	巳	午	未
勾卯			申后
青寅			酉阴
丑	子	亥	戌
空	虎	常	玄

蛇	贵	虎	空	父	戊子	虎
午	未	子	丑	父	丁亥	常
未	申	丑	甲	财	丙戌	玄

正议　土旺作贵，占者田多，有功名。但正时劫煞克日，又冲命上禄神，末传玄武临财，必遭贼匪劫掠。墓作太阳，有屈而求伸，告官昭雪之象。比用究归和局，干支两财逢破逢空，赃可获半。

案验　贼过萍乡，土匪劫去家财，告官追赃，稍获。本人监生土富。

附录　《易》曰：“变通不居，周流六虚，上下无常，刚柔相易，不可为典要，唯变所适。”此占课之总诀也。盖课之干支、年命、正时、发用六处，即《易》之六爻也。六爻皆虚位而上下相易，不外九六两字。九六之义，究不尽在本爻，须看比应承乘于诸爻相关处决之。执此以推，则占课全在六处，看其德合刑冲，而真情始可见，其变化亦无穷矣。如此课，正时克日冲命，即是此窍，余可类推。

例四：同治甲子年申月甲子日午时李姓占墓。知一，退茹。

	合	朱	蛇	贵	
	辰	巳	午	未	
勾	卯			申	后
青	寅			酉	阴
	丑	子	亥	戌	
	空	虎	常	玄	

玄	常	虎	空
戌	亥	子	丑
亥	子	丑	甲

父	甲子	虎	
父	亥	常	◎
财	戌	亥	◎⊙

正议　一课三家，难以分别，但据其妣姓氏断之。丑乘天空为郭氏，丑上见子，郭字亦有子傍，此妣墓尚好，以白虎有水到堂，生日合丑，丑为日财，可以旺财。而萧万二氏坟不及也。占者书姓时，先郭次萧万，初传不空，而中末空，故又以机决之，虽交车相合而有虚实之分。

案验　占者云：“有地师阅之，亦如此说，其形势亦肖。”

附议　凡遇一课，两人同占一事，先以年命分之，或年命又同，则以来之先后与坐位方向决之。

涉害课[①]

凡课有二上克下或二下克上，与今日俱比、俱不比，则以涉地盘归本家，受克深处为用，为涉害课。涉者，度也。害者，克也。若五行属土，则以土为深浅。如亥加丑土，前行历辰、戌、未、己、戌土位五重，归本家亥位，不论孟仲季比用，止取涉度害克位之最深者，故名涉害。占者凡事艰难，必有稽迟，然历尽风霜而后得。统“坎”之体，乃苦尽甘来之象也。

---

① 尉山人云：“上克下取天盘孟仲为验。”存之。

象曰：“风波险恶，度涉艰难。谋为利名，多费机关。婚姻有阻，疾病难安。胎孕迟滞，行人未还。”

如神将凶，三四克，灾深难解，则应坎初六“习坎，入坎”象也。或我克他，日辰旺相，神将吉，受克浅，忧浅易解，事难终成，则应坎卦辞“有孚心亨”象，以是而行，必有功矣。

如正月丁卯日丑时亥将占，二下贼上，若论仲季，则丑加卯前行，只历辰中乙木一重归本家丑位，以亥加丑前行辰、戊、未、己、戌土位五重归本家亥位，此涉害深者当取亥加丑为用，为涉害课。

	空	虎	常	玄	
	卯	辰	巳	午	
青	寅			未	阴
勾	丑			申	后
	子	亥	戌	酉	
	合	朱	蛇	贵	

朱	勾	空	常
亥	丑	卯	巳
丑	卯	巳	丁

子	乙丑	勾	
官	亥	朱	◎
财	癸酉	贵	⊙

断曰：此课得涉害，亥岁占，朱雀发用，事干奏章，论讼犹豫，时宜见机而作，可行则行，可止则止，失计妄动，决如重险，始获宁家。

凡课有二上克下或二下克上，甚至四克贼，俱比俱不比，以寅申巳亥孟神用为见机格。如课中有仲季必必待用孟之机深者，盖事之初起，祸福随之，见事必知机而作，故名见机。占事有疑急须改变，若守旧则有稽留难解之患也。

象曰：“利涉大川，有孚贞吉。动作知机，不俟终日。名利难遂，胎孕未实。疑事急改，犹豫有失。”

如神将吉以吉言，凶以凶论，乃多算胜，少算不胜，将涉水不轻进之象也。

如四月庚子日戌时申将占，二上克下，以午加庚四孟位者用，为见机格。

	勾	合	朱	蛇	
	卯	辰	巳	午	
青	寅			未	贵
空	丑			申	后
	子	亥	戌	酉	
	虎	常	玄	阴	

后	玄	合	蛇	官	甲午	蛇	
申	戌	辰	午	父	辰	合	◎
戌	子	午	庚	财	壬寅	青	⊙

凡课有克贼俱比俱不比，无孟取仲季用，为察微格。盖孟深、仲浅、季作微分。课克无孟，必审察仲季之微克者，故名察微。占者恐人不仁，或有小人谋害之意，必思虑提防，无可患也。

象曰："笑中有刀，蜜中有砒。大人利见，旧德微施。人情浅薄，世事难披。防范机密，物欲必齐。"

凡事详神将吉凶言之，乃少算胜而无算不胜。尚中正，不利涉大川之象也。

如庚戌日辰时申将占，得二上克下，以辰加子四仲位用，曰察微格。

	勾	合	朱	蛇	
	酉	戌	亥	子	
青	申			丑	贵
空	未			寅	后
	午	巳	辰	卯	
	虎	常	玄	阴	

虎	后	玄	蛇	父	甲辰	玄
午	寅	辰	子	兄	戊申	青
寅	戌	子	庚	子	壬子	蛇

凡课涉害者复相等，以四课中先见者用，为缀瑕格。盖涉害数归本家，又复相似，则日以日上先见神为用，柔日取辰上先见神为用。如二物相并，深中取先，高中取捷，冠上有缀瑕玉饰之，故名缀瑕格。占事艰难，首尾牵连，惟才德服众者吉也。

象曰："两雄交争，经延岁月。人众牵连，灾耗不绝。君子宜亲，小人可辍。胎孕逾期，行人失约。"

如月建吉神入传吉，日辰有气，虽事迟延有成之象也。

如六月甲午日辰时午将占，课得辰加寅，历卯木一重归本家辰位；申加午，历丁火一重归本家申位，乃涉害相等。刚日以日上先见神为用，柔日以辰上先见神为用，名曰缀瑕。

	空	虎	常	玄
	未	申	酉	戌
青	午			亥	阴
勾	巳			子	后
	辰	卯	寅	丑
	合	朱	蛇	贵

玄	虎	青	合	财	辰	合	◎
戌	申	午	辰	子	甲午	青	⊙
申	午	辰	甲	官	丙申	虎	

凡涉害课，用神畏日干所胜，以比和者为用，曰比用格。如甲戌日，论孟用辰加寅，辰土畏甲木克，则取子加戌，子生甲木，比者为用也。戊辰丙子日例同此推。又如甲辰三传戌午寅为脱气，凡谋难成，惟忧可解，殊不知戌土畏甲木为不比，不取涉害，当取子水比和者为用，三传子申辰生日，凡为吉事皆成，惟凶事难散。戊子日午卯子，壬戌日申丑午，庚子日戌申午，乙卯日亥酉未，皆用比，不用涉害，故名比用，若妄用三传，而灾祸异也。

假如乙卯日寅时子将占，二下贼其上，当取亥加丑为用，乃为比用格。

	青	勾	合	朱	
	卯	辰	巳	午	
空	寅			未	蛇
虎	丑			申	贵
	子	亥	戌	酉	
	常	亥	阴	后	

玄	虎	常	空	财	癸亥	玄
亥	丑	子	寅	父	辛酉	后
丑	卯	寅	乙	官	己未	蛇

《订讹》

涉害：① 涉，渡也。害，克也。从地盘历数归本家受克深者。假如庚子日午加庚，戌加子，两上克下，俱与阳日比。午加庚金，前行历酉辛金二重归本家地盘午位。戌加子水，前行历癸水一重归本家地盘戌位。二重者较一重为深，取午发用。丁卯日丑加卯、亥加丑，两下克上俱与阴日比。丑加卯木，前行历辰中乙木一重归本家地盘丑位；亥加丑土，前行历辰、戌、未、己、戊土五重归本家地盘亥位，五重者较一重为深，取亥发用。此皆遍历艰难险

---

① 二三或四上下相克，俱比俱不比，以涉害深者为用。

阻，故名涉害。

占主疑难迟滞，欲行不得行，事有两而取一，历尽风霜而后吉，乃苦尽甜来之兆也。上克下忧轻，下贼上忧重。二克又神将吉忧轻，三四克又神将凶忧重。

见机[①]孟为时令之首，一季之气候悉已胚胎，如事之初起，祸福藏焉，须见机详慎可也，故名见机。

占主事有疑，急须改变，若守旧则愈稽留难解矣。此多算胜少算，趋安避危，先难后易之兆。若魁罡加日辰，官事欲起。

察微、[②] 孟为四生地，生处见克，受害独深，由孟及仲，害渐浅而微矣。无孟必审仲季而察其微，故名察微。

占主恐人不仁，或有计算谋害意，必思虑提防可无患也。此少算胜无算，乃思患预防之兆。若魁罡加日辰，妇人产难。

缀瑕，亦名复等。[③] 阴日取支上神为用。干上神乃干两课之先见者，支上神乃支两课之先见者，二物相并，深中取先，高中取捷，冠上缀有瑕玉饰之为裹，故名缀瑕。

占主两雄交争，经延岁月，人众牵连，惟才德服众者吉也。切宜亲君子而远小人。[④]

《观月经》

涉害卦相争，还从比用生。前头看同类，路涉阿谁同。有克量重轻，偏多得用情。[⑤] 忽然涉害起，先举莫相争。[⑥] 看入谁家体，相随灾福生。[⑦]

见机察微。[⑧]

二上双克下，卦元分两名。见机起四孟，求事后须成。[⑨] 用起季兼仲，察

---

① 涉害俱深则四孟上神发用。

② 涉害俱深，无孟则取仲上神发用。

③ 涉害俱深，孟仲季复又相等，则阳日取干上神为用。

④ 无缀瑕取法，姑存之。

⑤ 假令甲辰日亥将卯时占，河魁加寅下贼上，看地下前去离河魁本宫有八辰，路涉前头一重卯木、二重乙木，为涉害。其神后加辰下贼上，看前去神后本家亦离八辰，巳上戊土、未土、未上己土，前又戌土，共四重，为受克多，故当以神后发用为精也。又神后为仲，河魁为季，孟深仲浅季无取，用戌者非也。

⑥ 俱孟俱仲，受克地盘俱同，为复等卦。如六月甲午日申加午下贼上，路涉丁火一重；辰加寅下贼上，前涉卯木一重，此受下贼俱同，为涉害复等，辰加日为先举，当以辰为用，三传辰午申也。

⑦ 看卦入何体，随卦吉凶断之也。

⑧ 用孟为见机，仲季为察微。

⑨ 四课之中有二上克下，分见机、察微也。假令正月己丑日卯时占事，系二上克下，卯临未，巳临酉，以巳为初传，是巳为孟故，以巳为用。求事先难后易也。

微产妇惊。魁罡临四孟，必定举哀声。[1]

《心镜》

神有两比两不比，上天垂象见人机。涉害发用为初传，作事稽违多忧疑。

患难消散经几日，占胎伤孕忌当时。失物定知家内窃，逃亡亲隐已非遥。

《袖中金》

涉害浅深为见机，欲用不用，欲言不言，事有两件而取一也。事主迟疑艰难，进退不定，难于先而易于后也。以受克神往前数至本位止，遇地所克深多者即起用传。若所克俱多，先取孟神，如无即取仲神为用，如无孟仲方取季神。或俱孟俱仲季，受克又同，此之谓复等，阳日用日上神，柔日用辰上神也，故曰孟深仲浅季无取，复等柔辰刚日拟。

《指要》

舍轻就重，趋安避危之象，事宜见机而作。涉在孟，事多反复。四仲四季，进退无定，《心镜》云："略举课体而已，吉凶便以五行天将定之。一应四课取象克贼为用，惟有元首、重审决事有准，余者各详之。"经云："入不入，事最急。"凡课以克贼发用者为入，无克贼发用者为不入。

涉害课案例

例一：咸丰丙辰年巳月辛亥日午时，寓老河口，石冠延占开钱店。涉害。

　青　空　虎　常
　未　申　酉　戌
勾午　　　　　亥玄
合巳　　　　　子阴
　辰　卯　寅　丑
　朱　蛇　贵　后

蛇　后　贵　阴
卯　丑　寅　子
丑　亥　子　辛

父　癸丑　后
财　　卯　蛇　◎
官　乙巳　合　⊙

正议　干上脱气，财爻旬空，又逢劫煞，不可求财。丑墓克宅，贼符游都加干二课，此地必有兵灾。涉害为用，且主流离，何贸为？

案验　丑月土匪劫掠河口，人皆远离。

附议　此占开店，其凶昭然，然亦须相其时势，若世界安静何得妄言有

① 涉害用仲季者为察微也，主产妇惊恐。如魁罡临四孟发用，即主伤产妇也。如正月庚寅日卯时占事，戌加寅为初传，是河魁临孟也。又酉时占事，天罡临寅亦是也。

兵？课即不利，抑或年命得救者，转吉。上占无救而兵象已着，因离贼甚远，处堂者怡然，止之不得，竟至废坠。

例二：同治戊辰年午月己卯日卯时，寓襄阳，自占动静。涉害，察微，全局，乱首。

	合	朱	蛇	贵	
	酉	戌	亥	子	
勾	申			丑	后
青	未			寅	阴
	午	巳	辰	卯	
	空	虎	常	玄	

蛇	青	玄	蛇	兄	癸未	青
亥	未	卯	亥	财	乙亥	蛇
未	卯	亥	己	官	己卯	玄

正议　问：时支三传会鬼无制，应主大凶？曰：大象固凶，幸得丑命上巳火泄鬼生干，可以化凶为吉。但此时不能回家，三合回环，课传无马，必待酉月冲破全局。又会年上虎马，方可动身。且干神加支受克，为乱首课，主族中匪徒犯尊，以致讼事牵连，遽难制伏，惟有推让以脱鬼气，其事乃息。

案验　五月次子入学，八月己身抱病，自襄回家，至淦口，水流船折，幸遇渔舟得救。盖卯为舟车，乘玄克日，又会螣蛇，故有此惊。尚未溺者，自墓传生，木浮水上故也。本族老成调谢，为宗嗣事，讼经几载，到家后即赴县以寝其事，此化鬼为生之验也。

例三：咸丰辛亥年巳月己卯日戌时，自占会试去否。涉害，逆间，断桥，六阴。

	青	勾	合	朱	
	卯	辰	巳	午	
空	寅			未	蛇
虎	丑			申	贵
	子	亥	戌	酉	
	常	玄	阴	后	

玄	虎	青	合	财	乙亥	玄	
亥	丑	卯	巳	子	酉	后	◎
丑	卯	巳	己	兄	癸未	蛇	⊙

正议　六合乘月建驿马加日，日干坐而受生，现在来从者众，静守为宜。奈太岁乘丁马加命发用，冲破六合之神，岂能安于弦诵？虽以卯冲酉，格名凑合，处处有助，而涉害断桥，险阻备尝，逆间又为倒拔蛇，终无成也。

参议　印逢月建，堂上应健。胎逢岁建，课得纯阴，本年定有生男之喜。但子孙带死气，遇旬空，似恐不育。

案验　亲老家贫，原拟课读不出，至九月因直隶张洊山夫子回籍之便，促令同舟，家严亦催督之，应太岁遥冲日马也。由水路直向天津，应初传水将也。阻风日久，冰澌胶河，半途以车易舟，折轮受惊，应涉害断桥也。师友相助，庚癸不呼，应凑合也。会试报罢，应逆间也。本年生男，六岁不育，因酉乘死气，其数六也。次年三月丁继母忧，应天后空也。

附议　问：天后何以不在妻而在母？曰：下克上为用，又逢太岁，太应在尊长。又亥水冲克文书，则是生者之害，深而克者之害浅也。

附录　《大全》："未加酉为继母。"

遥克课

凡课无克，取日干与四课上神相克者为用，曰遥克课。遇有两克，相比为用，遥相克贼，故名遥克。如蒿矢无镞，弹射无丸，射物难中，不足为畏。凡事祸福不测，忧在西南而在西北有喜，乾阳方也。盖此课先尽四课上神克日干为用，曰蒿矢格。如遥神克日，缓而且轻，折蒿为矢，力弱难伤，故名蒿矢。占事始而雷吼惊恐，终却无妨。统"睽"之体，乃狐假虎威之课也。又睽，乖异也，小事吉。

象曰："始有凶势，愈久愈休。忧喜未实，文书虚谋。外祸干己，有客为仇。兵利为主，不利他求。"

如神将凶，贵逆，日辰用神无气，主盗贼阴谋，有"载鬼一车"之凶象。若神将吉，贵顺，日辰用神有气，则干贵有喜，行人来，来访人见事有成，灾祸渐小而安，有婚媾遇雨吉象也。凶吉应在睽上九推之。

如壬辰日巳时申将占，课上下俱无克，取遥克，则以辰上阴神戌土克日干壬水为用，曰蒿矢格。

	合	勾	青	空	
	申	酉	戌	亥	
朱未					子虎
蛇午					丑常
	巳	辰	卯	寅	
	贵	后	阴	玄	

青	朱	贵	玄
戌	未	巳	寅
未	辰	寅	壬

官	丙戌	青	⊙
官	己丑	常	
官	壬辰	后	

如课上下无克，又无神克日，则以日干遥克课上神为用，曰弹射课。盖我去克他，以致远如弹丸，当箭遥射，傍物难中，故名弹射。占者事远难就，纵成虚名虚得，不得实用。或日克两神，为箭中双鹿，事尤多心两意。

象曰："己谋他事，祸从内施。兵用客利，事宜后为。访人不见，行人未归。空亡发用，动作尤虚。"

如神将凶带刑害，贵逆，主事不睦，多冤仇盗贼凶象。神将遇德合、贵顺，则亲朋和气吉象也。

如壬申日申时亥将占，用日克神、巳加寅为用，曰弹射。

	合	勾	青	空	
	申	酉	戌	亥	
朱	未			子	虎
蛇	午			丑	常
	巳	辰	卯	寅	
	贵	后	阴	玄	

玄	空	贵	玄
寅	亥	巳	寅
亥	申	寅	壬

财	己巳	贵
父	壬申	合
兄	亥	空 ◎

《订讹》

蒿矢：[①] 神虽遥克，力弱难伤，不能为害，如折蒿为矢，故名蒿矢。

占主始如雷吼惊恐，终却无事，愈远逾小，渐渐消磨。此时有客不可容纳，主小人口舌。凡事忧在西南，喜在西北，干天门也。占事人谋己，利主不利客，利后动，利小不利大。神将凶，日辰无气，主盗贼阴谋。神将吉，日辰有气，则干贵有喜，行人来，访人见。

弹射，无神遥克日，则取日遥克神为用，日虽克神，终不能害神，如弹丸为箭，故名弹射。

占主己谋人，利客不利主，利先动，利上不利下。神将吉，遇德合、顺贵，主亲朋和气。神将凶，带刑害、逆贵，主事不睦，及冤仇、盗贼，访人不见，行人不来。若克两神，为一箭射双鹿，事尤多心两意也。

此二课俱主远事，虚惊不实，纵有成就，亦虚名虚利。带金土煞则能伤人，盖蒿矢见金为有镞，弹射见土为有丸，主蓦然有灾。若传空又名遗镞失矢，不能成事，大端祸福俱轻。若见太阴、玄武、天空，当有欺诈之事而祸起。

---

① 上下俱无克，取神遥克日为用。

二课有近射、有远射。第二课发用为近射，是日之两课自战，多主外事，不干于内，凶势略大，不可出尖。第三课第四课发用，为远射，凶势渐小，盖第三课乃辰阳，与日干相竞，尚觉凶重有力，不可先动。若第四课无力也。

遥克中克多论比，涉害论深，以后凡克多者皆如此论。

《观月经》[①]

四课俱无克，须看日本因。[②] 三神何地类，[③] 类内阿谁嗔。俱比俱不比，先举用为真。[④] 吉将朝天去，[⑤] 凶神祸到身。[⑥]

弹射卦[⑦]

欲知弹射卦，日克卦中神。[⑧] 求财合吉将，[⑨] 凶害遇仇人。[⑩] 刑动阴谋窃，[⑪] 相生各自伸。[⑫] 谋刑劫盗贼，[⑬] 合来喜事频。[⑭] 分明是两卦，体段一般陈。[⑮]

《心镜》

神遥克日名蒿矢，射我虽端不足畏。日克课神名弹射，纵饶得中还无利。

贵神逆转子无良，天乙顺行臣不义。家有宾来不可留，每忧口舌西南至。

《袖中金》

神遥克日名曰蒿矢，日克神名曰弹射。然事多动摇不定，主人情倒置。若带金土煞，足能伤人。占人祸福俱轻，求事难成。以蒿为矢，以泥为丸，无利势也。若第二课为用，乃日上两课自战，作事无力多虚，不干内事，不

---

① 蒿矢卦，神遥克日名蒿矢。

② 四课无克者，以神遥克日为用。日本者，即十干也。

③ 三神者，日之阴神，辰之阳神辰之阴神也。

④ 四课之中两课克日干，以今日比者为用也。比者乃举也。

⑤ 初传及中末俱见吉将，乃出外朝天去也，触类而言之。

⑥ 若三传凶将动者，阴将主有盗贼阴谋，阳将主有人来害己身。吉凶灾祸在重审卦注定矣。

⑦ 日遥克神名弹射。

⑧ 四课无克又无神遥克日，以日遥克神为用，或有日克两神，以今日比者为用。

⑨ 三传不比，与今日是三合或六合，逢吉将者必为喜庆之事也。

⑩ 若凶将与六害动者，主欲为报仇人也。六害者，合冲助仇也。如甲日冲申，得巳为六害发用是也。丙戌日得寅为发用，亦是害。日上六害乘凶将发用，为外动，仇怨是他人也。辰上六害乘凶将发用，为内动，仇怨是己身也。

⑪ 日干克神更与三刑并，又用凶将，主窃盗贼也。

⑫ 相生或吉将主各自伸舒也。

⑬ 若三刑有杀害之意。如子日得卯，为子刑卯也，为内动，己身谋害他人也。

⑭ 若三合六合主喜庆之意。如甲子亥发用为六合，或寅午戌为三合，更得吉将，主内动喜事或青龙财帛喜庆婚姻，逐类推之。

⑮ 陈，说也。一名蒿矢，一名弹射。支德亦喜，子日在巳顺十二支也。

可出尖。第三课为用，乃辰之阳神自战，两阳相克，作事凶重有力，不可先动。用第四课又无力。蒿矢利主不利客，利小不利大，利后动。占行人来，访人见。若朱雀勾陈，当有官事，祸从外来。

弹射利客不利主，利上不利下，利先动，不利占讼，行人不来，访人不见，忧事主散。若见太阴、玄武、天空，当有欺诈虚诞之事，祸从内起。蒿矢传金为有镞，弹射传土为有丸，事主蓦然有灾。若传空亡，又名遗镞失丸，不成事也。

遥克课案例

例一：同治己巳年申月癸未日未时，占同寓监利县熊海洲病归吉凶。遥克，弹射。

	蛇	贵	后	阴	
	辰	巳	午	未	
朱	卯			申	玄
合	寅			酉	常
	丑	子	亥	戌	
	勾	青	空	虎	

贵	后	空	青	财	辛巳	贵
巳	午	亥	子	官	庚辰	蛇
午	未	子	癸	子	己卯	朱

正议　（以下原书有脱漏）终咸宜。

曰：此生死不得相见之象也。干上禄逢死气，支上财逢生气，青龙天后为夫妇，子午相冲，干支互害。害者，阻也。冲者，离也。此行难卜生还，骨肉何能面晤，魁度天门，亦主关隔。弹头射无力，四课发用，可及于邻，离家约数十里之遥。

案验　次日自省开行数十里至蒲草地方作古，转棹省垣外书敛。

参议　问：属纩时，隔家七百余里，与前断不合。

属纩，古代汉族的丧礼仪式。即病人临终之前，要用新的丝絮（纩）放在其口鼻上，试看是否还在气息。因而“属纩”也用为“临终”的代称。《礼记·丧大记》：“属纩以俟绝气。”

曰：此心粗之过也。退茹中传鬼墓，命上酉为转神，死气加干，明明不能出境，乃泥于四课为邻之一说，而不知弹丸作箭即邻居亦不及射。

问：青龙为纸钱煞，占病固凶。若亡人在柩，而太阳照宅，何也？曰：胎财生气，家有弄璋之兆。

附录　凡事有定数，数所在即理所在，故君子知命，必兼言理数。德与海洲非旧交，适同寓病归。时东君外出，高足年幼。德虽无力资助，而治丧固其分也。监利李殿春兄离寓稍远，闻讣亦来共筹。初传巳为张姓，末传卯为李姓，一先一后，恰如课象。不但死有其所，即与敛亦由天定。此占断所不及者，事后方见字字皆有着落。

例二：咸丰甲寅年午月己卯日巳时，虞姓占地。遥克，弹射。

	青	勾	合	朱	
	未	申	酉	戌	
空午					亥蛇
虎巳					子贵
	辰	卯	寅	丑	
	常	玄	阴	后	

青	虎	蛇	合
未	巳	亥	酉
巳	卯	酉	己

财	乙亥	蛇	⊙
兄	丁丑	后	
官	己卯	玄	

正议　此必占女坟，巳山亥向，但六合子孙逢空，乃损丁之墓，不迁必绝。而天后乘丁文书作马，已有迁改之意。太阳会青龙，向西南方求之则吉。

附议　问：棺可迁否？曰：白虎乘文书，主有白蚁。玄武乘卯克日，又主水伤。巳为破碎，卯棺逢冲，棺木已朽。

案验　此系占祖母墓，坐东南朝西北。葬后父行四人皆死，现存二孙，亦未生丁，本年欲迁。

补议　问：何为女坟？曰：巳属巽，未属坤，皆女象也。问：四下生上占地应好？曰：占天宜下生，占地宜上生。固有此说。然须详其大局，不可以一格论之。如三传四课全逢冲破，不能藏风聚气。墓神宜静，丑乘丁马，不安格。加以干支受脱，岂非虚耗无气乎？

例三：咸丰甲寅年辰月甲戌日子时，占贼来袁州否。遥克，蒿矢，闭口。

	青	勾	合	朱	
	寅	卯	辰	巳	
空丑					午蛇
虎子					未贵
	亥	戌	酉	申	
	常	玄	阴	后	

合	贵	后	常
辰	未	申	亥
未	戌	亥	甲

官	申	后	◎
子	辛巳	朱	⊙
兄	戊寅	青	

正议　蒿矢乘虎鬼，固属可畏。幸值空亡，为遗镞失矢，初如雷吼，末

却无事。况月德长生加干，尽可静守此处，不必图迁。但遥克为用，贼必犯界，鬼作战雌，败窜各县，畏及府城。然旬尾加支，府城必闭。三传递刑，支阴六合作财冲支，西南百三十里县内必有为粮起争者，大约乌合之众耳。

参议　问：闭城必有贼至？曰：贼过其境，人必动摇，岂待至而后闭乎？

问：何以知西南有事？曰：蒿矢忧在西南，喜在西北，未为鲁都，申作蒿矢，俱属坤方，未八戌五相乘，百三十里也。

问：戌为州城，又作日支，鲁都加之，应入城内？曰：戌支刑未，未为旬尾者，末也。逃窜之余，畏刑而去，何敢入也？若以干为府城，支为边界，干支合刑，更见分晓。

案验　乙亥日夜县试头场，闻贼逼近，开城播迁。丙子日乃闭。越三日探知西贼自长沙败北，余匪窜入袁州所辖境内，器具不合。由株树潭过万载而去，适萍乡县乡勇争口粮而劫夺，探报不实，府城因此胥动。丁卯日开城，男妇复归此。德避难江西袁州时占也。因此课声大噪，藉为糊口之资。

附录　《指南》"鬼临旬尾，官灾不起"，推之游都亦通。

附议　课最难定者，分数也。如此课，审贼势之强弱，离城之远近，城门之开闭，西南之虚实，历历如画，可谓分数不差。然而奇中者特偶然耳，安得尽如所占？

例四：同治己巳年寅月甲戌日卯时，张洊山老夫子占年运。遥克，蒿矢，玄胎。

	青	勾	合	朱	
	寅	卯	辰	巳	
空丑					午蛇
虎子					未贵
	亥	戌	酉	申	
	常	玄	阴	后	

合	贵	后	常
辰	未	申	亥
未	戌	亥	甲

官	申	后	◎
子	辛巳	朱	⊙
兄	戊寅	青	

正议　问：两贵坐狱，干支解离，似不吉。曰：贵虽坐狱，加干支年命却好。惟干支解离，天后逢空，防妇眷不利。中传朱雀逢月德，有人居间为之揄扬。末传青龙建旺，又会德禄皇书，合干上亥水长生天诏岁马，必得大员保举升迁，官星显荣之象。

参议　问：幕贵加命乃休处林下之象，何以进用？曰：告病几载，现处林下，非比在官忌此也。况乘丁马，是由幕而动之象。又逢天空，乃奏对之神，起假引见，在指顾间耳。未贵日墓加戌作闭口，得命上丑贵冲之，定主出谷迁乔，此时日马旬空，到四月巳亥马必动。

案验　果四月底进京，五月初闻升臬台，详注三阳课内。

附议　白虎踞门，乘子水雨煞，游都贼符加年命，不免岁荒忧烦，然蒿矢逢人，只是虚惊耳。

例五：道光己酉年寅月庚戌日申时，邑侯张仲远夫子占年将。遥克，弹射，玄胎。

	青	勾	合	朱
	申	酉	戌	亥
空未				子蛇
虎午				丑贵
	巳	辰	卯	寅
	常	玄	阴	后

玄	贵	后	朱
辰	丑	寅	亥
丑	戌	亥	庚

财	寅	后	◎
官	乙巳	常	⊙
兄	戊申	青	

正议　问：支上贵人乘墓履狱，占官似不吉。曰：喜本命戊辰上见夜贵，乘丁冲墓，亥水太阳加日，末传青龙乘驿内战，乃出谷迁乔之象。但脱上逢脱，财爻旬空，宦囊不免空涩耳。

参议　问：亥水子孙剥官，奈何？曰：壬课占官以龙为主，不忌。问：庚日逢丁如何？曰：常占主有祸动，在任则为官星乘马，反主升迁。

案验　向来两袖清风，是岁大水，更加脱耗。至辛亥年春迁汉阳，数月又升司马。

附录　太阳入课，功名显达，故亥年再迁。凡乙、辛、辰、戌日辰及辰、戌年命之人，不以坐狱论。

例六：道光庚戌年丑月壬申日戌时占行人。遥克，弹射，玄胎。

	合	勾	青	空
	申	酉	戌	亥
朱未				子虎
蛇午				丑常
	巳	辰	卯	寅
	贵	后	阴	玄

玄	空	贵	玄
寅	亥	巳	寅
亥	申	寅	壬

财	己巳	贵	
父	壬申	合	
兄	亥	人	◎

正议　巳为双女，六合为媒，天空为奴婢，中路必有燕会婚姻事耽延。末传旬空，出旬必到。先锋河魁为鬼克日，亦有风波之惊。然传贵俱顺，此行无恙。但防仆妾别有不利耳。

案验　此张仲远先生迎姐占也。果为甥娶妾，携与同行，以致耽延，亦见风波。出旬清吉。抵署数月后，甥亡妾寡，此戌为寡宿，后乘哭神故也。

附议　问：遥克课近射格，究竟为远为近？曰：遥克者，隔省相迎也。近射者，离境不远也。

例七：道光辛卯年巳月癸未日亥时，自占月将。遥克，弹射，解离。

	贵	后 阴	玄
	卯	辰 巳	午
蛇	寅		未 常
朱	丑		申 虎
	子	亥 戌	酉
	合	勾 青	空

贵	阴	空	勾	财	辛巳	阴
卯	巳	酉	亥	子	己卯	贵
巳	未	亥	癸	官	丁丑	朱

正议　干支上下对冲互克，水日逢丁，夫妇别离之象。初传胎临月建，末传在喜作吊，必因产亡。纯阴之课，当生男子。两贵相加，又逢岁月建，此子可成。末传朱雀克日，因葬生事。

案验　本月妻孕，冬月子生，丑月妻亡，买穴破财，招口舌。

附议　问：此课克妻破财，固无疑。然冲而不合，何以协孕？曰：胎财生气妻怀孕，况逢建旺乎？干支上神虽冲，而戌寄于巳，与癸日相合。巳丑亥未又为三合，何得无孕？但自生传墓，先吉后凶耳。

附录　《易》曰："刚柔者，立本也。变通者，趣时也。"凡占以课体为本，而变通则在年月日时，最不可忽。如此课解离，兼以四破俱见，如何不凶？

例八：同治甲子年申月甲辰日寅时，寓新堤街，有人占父病。遥克，蒿矢，润下。

勾	合	朱	蛇
酉	戌	亥	子
青申			丑贵
空未			寅后
午	巳	辰	卯
虎	常	玄	阴

蛇	青	合	虎	官	戊申	青
子	申	戌	午	父	壬子	蛇
申	辰	午	甲	财	甲辰	玄

正议　此必三年老病也。因洋烟而成，肝肺受伤，气痛发咳，药之不效，死之不得，戊辰年则难过矣。

附议　问：洋烟为千古未有之变，圣贤亦不及料，课无成例可援，何以知病由此致？曰：有此物即有此象，烟名为土，非火不燃。此课虎乘午火会戌，后课未土乘朱加支克日，其伤于烟可知。且此系不正之物，一以玄武墓命，一以玄武脱干，吸烟者尽属昏迷脱耗，而蒿矢射日，又似枪形，故断之如此，非无据也。

附录　德着《乡居杂纪》中，有不食洋烟说。又有诗七十韵痛陈其弊，留心世道者，望别梓广传，以为其人劝。

例九：同治甲子年酉月壬辰日丑时，有人占病。遥克，蒿矢，天网。

合	勾	青	空
申	酉	戌	亥
朱未			子虎
蛇午			丑常
巳	辰	卯	寅
贵	后	阴	玄

青	朱	贵	玄	官	丙戌	青	⊙
戌	未	巳	寅	官	己丑	常	
未	辰	寅	壬	官	壬辰	后	

正议　此亦洋烟所致也。土鬼重重，精液枯竭，四肢疲弱，有形无气，日上子孙虽是救神，奈阴神见巳，泄木生土，救我者反为仇。盖此时以烟为救命之药，药愈多则死愈速矣。

案验　死期未至，不知如何，而病起于烟，其症悉符。呜乎哀哉，人不病而求烟以病，病欲死而烟不许死，似人而难为人，名鬼而又非鬼，造物何心，而使种此毒哉？窃叹人能自满其数而死，此之谓正命。以烟戕其生者，果正命乎？诚哉，自作孽，不可活也。

附录　凡占天网课，即《易》所谓“不能退，不能遂”之状。故有以兵阻者，有被狱陷者，有因风雨山川间隔者，皆象此，而烟馆之害，何异身坐狱中，神明特降此课以示警焉。吾愿世人未失足者，早鉴及之，则幸甚。

例十：咸丰甲寅年未月乙巳日巳时，袁州西门烟店占逃亡。遥克，弹射，进茹。

	朱	蛇	贵	后	
	午	未	申	酉	
合巳					戌阴
勾辰					亥玄
	卯	寅	丑	子	
	青	空	虎	常	

蛇	朱	朱	合	财	丁未	蛇
未	午	午	巳	官	戊申	贵
午	巳	巳	乙	官	己酉	后

正议　巳火子孙乘六合，逢生气，不惟此去清吉，后来渐有好处。丁马乘未必在西南方张姓亲戚家，离此百二十里。以未八蛇四相乘故也。支来加干，不必追寻，人自送来，三日内当有信到。

案验　果在萍乡张姓女儿之家，里数亦符。未日有信，后数日送回。盖旬丁主奔走，得支上午未相合，便止而不行。萍乡在袁州西南，是伊家乡。巳午有张宿及弓旁之姓，又作子孙，巽离为妇象，故在女儿之家。

例十一：咸丰癸丑年卯月癸巳日申时，江忠烈公臬楚时访延，占可就否。遥克，蒿矢，源消根断。

	朱	合	勾	青	
	未	申	酉	戌	
蛇午					亥空
贵巳					子虎
	辰	卯	寅	丑	
	后	阴	玄	常	

蛇	朱	朱	合	官	未	朱	◎
未	午	午	巳	父	乙酉	勾	⊙
午	巳	巳	乙	兄	丁亥	空	

正议　卯为建旺，乘太阴遁辛干，此臬宪之类神也。为人胆雄有谋，任事强干，身长而瘦，额高有须。时逢六合生日，见必相投，两贵夹拱行年，

先有二贵人推荐，但可暂而不可久耳。

参议　问：何以不可久留？曰：贵作财德之神，情谊甚厚，但乘马坐旺，升迁最速。四月必离楚省。而课传逶迤脱去，末传丁马乘亥冲贵，终必有损。勾朱二破加支之二课，本省秋季亦防贼兵骚扰。

案验　接见礼意殷勤，形状俱肖所占。四月奉旨南征，苦留随辕，德以家严衰老辞归，及江西奏凯，旋升安徽巡扶，年终殉节。后知二贵推荐者，乃张司马王明府二公也。

附录　太阴肃杀之神，故主臬宪。木形本长，体长而瘦，须象松叶。逢建旺，强干有胆，凡言体性情以此类推。

昴星课

凡四课上下无相克，又无遥克，取从魁上下神为用，曰昴星课。夫昴星者，酉中有昴宿也。酉位西方白虎金位，性主刑杀，义司决断，死生出入之门户。此从酉立传，从魁酉之神名，故名昴星。刚日仰视地盘酉上神为用，中传辰上神，末传日上神，为虎视转蓬格。一曰春虎视，夏转蓬，秋昴星，冬蛇掩目。刚者，阳也。夫阳性从天，男子气浮，仰视之，如虎视之转蓬而动，故名虎视转蓬。占事惊恐，守静则吉。统“履”之体，乃蛇虎当道之象也。履有所蹑而进之意，履虎尾而不见伤之象。

象曰：“关梁闭塞，越度稽留。行人作禁，孕男无忧。事恐惟外，祸起无由。家居守静，方免闲忧。”

如用囚死，罡乘死气，蛇虎入传，大凶，病者死，讼者狱，见龙亦凶，应六三“履虎尾咥人凶”象。或日用旺相见魁罡龙虎为吉，占科举主高中，则有上九“视履考祥，元吉”之象。

假如戊申日卯时辰将占，刚日昴星取酉上戌为用，曰虎视格。

	青	空	虎	常	
	午	未	申	酉	
勾	巳			戌	玄
合	辰			亥	阴
	卯	寅	丑	子	
	朱	蛇	贵	后	

玄	常	空	青
戌	酉	未	午
酉	申	午	戊

兄	庚戌	玄
子	己酉	常
父	丙午	青

凡昴星课，柔日伏视天盘酉下神为用，曰冬蛇掩目格。中传日神，末传辰上神。柔者阴也，阴性从地，女子气沉，则伏视之，如冬日蛇之掩目，故名冬蛇掩目。刚日本乎天者亲上，末传归干，从天类也。柔日本乎地者亲下，末传归辰，从地类也。占者事多暗昧，犹豫难行，惟欲潜藏者吉也。

象曰："人情失意，进退无凭。女多淫泆，内有忧惊。访人不见，作事难成。行者淹滞，逃亡隐形"。

如螣蛇尤多怪梦忧疑，或申加卯为车轮倒斫，传见虎武甚凶。惟午加卯为明常，主万事昌隆，盖午为离明，卯为天驷，房心明堂之宿，纵遇衰败凶神亦主吉象也。

假如丁丑日辰时丑将占，柔日昴宿取酉下神为用子。

	合	勾	青	空	
	寅	卯	辰	巳	
朱	丑			午	虎
蛇	子			未	常
	亥	戌	酉	申	
	贵	后	阴	玄	

常	后	朱	青
未	戌	丑	辰
戌	丑	辰	丁

官	丙子	蛇
子	庚辰	青
子	甲戌	后

《订讹》

虎视转蓬，① 酉中有昴宿，属秋分，为天地关梁，为日月出入门户，且属白虎金位，性主肃杀，义司决断，取以为用。故总以昴星名之。刚者阳也，阳性从天，男子气浮，则仰视之如虎视转蓬而动，故名虎视转蓬。

占主惊恐，关梁闭塞，津渡稽留。出行身不得归，恐死于外。大抵祸从外起，惟家居守静则吉。

此课如日用囚死，罡乘死气，蛇虎入传，大凶，病者死，讼者狱。若日用旺相，又不在此论。

冬蛇掩目，柔日四课无克，又无遥克，取酉下神为用，中传干上，末传支上。柔者阴也，阴性从地，女子气沉，则俯视之如冬日蛇之掩目，故名冬蛇掩目。

占主事暗昧不明，进止两难，女多淫泆，祸从内起，访人不见，行者淹滞，逃亡隐形。

---

① 刚日四课无上下克，又无遥克，取酉宫上神为用，中传支上，末传干上。

此课如螣蛇入传，尤多怪梦忧疑，或申加卯为车轮倒斫，传见玄武，凶甚。惟午加卯为明堂，主万事昌隆。盖午为离明，卯为天驷，房心明堂之宿，遇凶亦吉也。

上二课刚日本乎天者亲上，传终归干上，从天类也。柔日本乎地者亲下，传终归支上，从地类也。以天道言，昴星阴气用事，微霜始降，枯槁皆死，此决断万物、收敛精神之时也。以人事言，昴星于五行为金，五常为义，当其言不必信，行不必果，惟义所在，然后决之，故以昴星作课，然虽断之以义，亦归责于己，斯可矣，故终末从其日辰也。酉为天狱，二课最忌，刑狱大端，惟潜藏稍吉耳。

《观月经》①

四课无遥克，神仙立此门。五阳看酉上，见发卦基根。② 辰作中传用，末传日上论。③ 出行遭禁系，淫乱暗乾坤。④

冬蛇掩目卦，⑤

冬蛇交掩目，万事不相从。五日柔为用，从魁初传临。中传在日上，末传在辰宫。⑥ 伏罪何须出，无劳西与东。⑦

《心镜》

用起昴宿为虎视，秋分在酉知生死。出入关梁日月门，举事稽留难进止。

刚日出身身不归，柔日伏匿忧难起。女人淫泆问何因，此地名为难禁止。

《袖中金》

刚日看酉所得之神为用，是虎视转蓬也；柔日视从魁所临地盘之神为用，是冬蛇掩目卦，此论昴星也。占主人事稽留伏匿，阳日如虎睛光，转运不息，主病多惊恐，转蓬不已；阴日如冬蛇蛰藏，掩目不动，主事多暗昧，进退迟疑惊恐。阳日稽留于外，阴日隐伏于内。酉为天之私门，肃杀之地，故仰俯取之为用。昴日鸡酉中之宿，刚日昴星者，取鸡鸣必仰之象，西方白虎亦昴

---

① 虎视转蓬，阳日昴星，名蓬游无止。

② 四课无克贼又无遥克，刚日看酉上所得天盘之神为发用初传也。

③ 看辰上所得之神为中传，日上所得之神为末传也。

④ 昴星主淫乱奸邪之事也。

⑤ 柔日昴宿，名蝙蝠遇昼。

⑥ 五柔日看天上从魁临地盘下之神为用也。假如乙未日寅时辰将占，一课寅乙，二课子寅，三课巳未，四课卯巳，上下无克又无遥克，当以昴星观之，从魁加亥，亥为初传，寅作初传，巳作末传，取上卦为例也。

⑦ 主匿罪不通，不宜出行也。此凶神之卦，再遇凶将，尤凶也。

宿也。柔日虎视者，是取虎视必伏之义，尤忌子午卯酉日得之，昴星虎视必灾危也。

昴星课案例

例一：咸丰甲寅年寅月己巳日戊时占行人。昴星课。

朱 蛇 贵 后
午 未 申 酉
合巳　　戌阴
勾辰　　亥玄
卯 寅 丑 子
青 空 虎 常

蛇 朱 后 贵
未 午 酉 申
午 巳 申 己

子 壬申 贵
子 壬申 贵
父 庚午 朱

正议　问：交车合，支上与支阴又合，似无来意。曰：大不然。二马年命加于四课，自干传支，传逆贵逆，用在日前，皆必来之象。午日天马合干，必动。申日月马合支，必到。

附议　问：支上火神太多，有火灾否？曰：水火相激始为灾，火为土泄不妨。

案验　果午日动，申日到。

例二：道光庚戌年亥月丁丑日午时，张姓占侄病。昴星，灾厄，冬蛇掩目。

合 勾 青 空
寅 卯 辰 巳
朱丑　　午虎
蛇子　　未常
亥 戌 酉 申
贵 后 阴 玄

常 后 朱 青
未 戌 丑 辰
戌 丑 辰 丁

官 丙子 蛇
子 庚辰 青
子 甲戌 后

正议　问：占子辈宜子孙旺相？曰：固是。然土宿太多，日干衰弱，此内伤脱漏之证。冬蛇掩目，一室潜藏，如在狱中，青龙加日，缠绵不治。阴日从地，自干归支，支为墓库，乃归阴入墓之象。目下无妨，丑年困畏。蛇鬼发用，丁神逢朱，乘天火大煞，子为火鬼，乘蛇。子月当有火烛之惊，却无大碍。

案验　失血内伤，病痔成漏，缄户数年，一步难举，屡治不痊。子月宅旁柴堆被人纵火，大惊。癸丑年丑月故。

附议　问：丑年何以可畏？曰：丑加辰命，又为脱气日墓故也。

别责课

凡三课无克，别取一神为用，曰别责格。盖阳干常动而易位，故刚日初传用干合上神，如戊癸合，癸寄丑，即丑上神为用。阴支常静而守位，故柔日以支三合前一辰，如未日三合前一辰即亥字为初传，中末俱并日上。此三课不备，别从其类，责取一合神为用，故名别责，占者凡事不备，主有留连之体。

象曰：“谋为处正，财物不全。临兵选将，欲渡寻船。求婚别娶，胎孕多延。损而能益，事遇神仙。”

如神将凶，日用休囚，则应凶象。神将吉，日用旺相，则应吉象也。

如丙辰日卯时辰将占，昴星四课不备，刚日取丙合辛，辛寄于戌，即戌上亥发用。

	青	勾	合	朱	
	午	未	申	酉	
空	巳			戌	蛇
虎	辰			亥	贵
	卯	寅	丑	子	
	常	玄	阴	后	

青	空	勾	青
午	巳	未	午
巳	辰	午	丙

官	癸亥	贵
兄	戊午	青
兄	戊午	青

《订讹》

别责：亦名芜淫。不备课无克又无遥克者，别取一合神为用，中末传重并干上。阳日取干合上神为用。如戊日合癸，癸课寄丑，取丑上神为用。丙日合辛，辛课寄戌，取戌上神为用是也。阴日取支前三合神为用。如未日取未前三合亥，酉日取酉前三合丑为用是也。盖四课不全，又不克，欲如昴星取酉，而课又不备，只得别从其类，责取一合神为用，故名别责。阴阳全无克制，二阳一阴如二男争一女，二阴一阳如二女争一男。舍正而别求合，夫妇各得无淫泆之意乎？故亦名芜淫。

占主凡事不备，谋为欠正，且合神事主留连，临兵欲进不进，胎孕多延。

凡事倚仗他人，借径而行，吉凶多系于人，不干己也。求婚另娶，占家宅夫妻事，当以淫断。

此课外又四课备有日辰互克各生者，亦名芜淫。如甲子日，戌甲、午戌、申子、辰申，三传戌午寅。甲干夫也，子支妻也，甲欲从子忧申克，子欲就甲畏戌克，然申子又自相生，乃妻与人有私，夫上戌为用，传逢三合，内外生奸，各相背也。

戊午、戊辰与丙辰，干上皆午是为亲。辛丑、辛未各二日，干上皆是丑未真。丁酉当为巳丁是，辛酉原来是酉辛。

法云：皆以天上作初传，刚日人皆知取天盘矣，柔日人皆取支前三合，独不用三合上之神，何也？如巳日取酉上神非取酉也，存疑。

别责虽亦名芜淫，其实芜淫乃另一取三课有克者是也，别责无克。

别责课案例

例一：咸丰甲寅年辰月辛未日午时，占迁移远近。别责课。

	空	虎	常	玄	
	申	酉	戌	亥	
青	未			子	阴
勾	午			丑	后
	巳	辰	卯	寅	
	合	朱	蛇	贵	

后	贵	朱	后	子	亥	玄	◎
丑	戌	辰	丑	父	乙丑	后	⊙
戌	未	丑	辛	父	乙丑	后	⊙

正议　别责者，别有所借援也。干与支上下相刑，支阴与支上又上下相刑，此处全无吉象。惟于支前三合取用而得亥水子孙作救神，系与同居相好者，可以偕行，乃北方杨姓之象。离城约四里之遥，去必相宜。

问：亥乘月德甚好，奈旬空何？曰：出旬填实可迁。

案验　出旬贼至袁州界，城内尽逃，时同寓有邓姓者，与枣树下杨寿宗素好，邀与俱去，甚安。后贼未进城，而土匪抢劫，不出必凶。

附议　凡占迁移，须看支上与末传，为所迁之地。而此课独取初传，以课情如此，不可泥也。况初传为成卦之主，亦即主卦之主，课传只此一爻不同，他何取焉？

例二：咸丰辛亥年午月戊午日午时，自占次子府试。别责，自在。

	青	空 虎	常	
	午	未 申	酉	
勾	巳		戌	玄
合	辰		亥	阴
	卯	寅 丑	子	
	朱	蛇 贵	后	

虎	空	空	青
申	未	未	午
未	午	午	戌

官	甲寅	蛇	⊙
父	戊午	青	
父	戊午	青	

正议　问：初蛇末龙，为蛇化为龙，又乘日月建加干，小试应利？曰：干支罗网作合，四课不全，难以终场。别责者，别有所图，正贵旬空，必待十年以外，子丑填实方可成就。

案验　本届府试未终，院试亦空。至戊辰年始取古入学。

附录　《指南》“别责如花待时”，言其迟也。况丑贵又空，此非月日可填实。发用甲寅，须到甲子年旬，然后利考。戊辰行年在亥，上见子水，与丑贵相合，此所以游泮也。然青龙重重，午年乡试应捷。

八专课

凡干支同位无克，取阳顺阴逆三神为用，曰八专课。盖八专日有五，除癸丑日俱有克，无克者甲寅、庚申，刚日从阳，主超进顺布；己未、丁未，柔日主退缩逆行。中末传俱并日上神。如甲寅日干上阳神亥，顺数至丑，乃丑亥亥也。丁未日辰上阴神卯，逆数三辰至丑，乃丑巳巳也。皆日辰阴阳共处论。伏吟四课，八字干支神同一位，如八家同井事专，故名八专。占理家务，重轻易举，不利奔波于外。统“同人”之体，乃诸侯会盟之课也。

象曰：“二人同心，其利断金。阳进男喜，阴进女淫。兵资众捷，物失内寻。成功异路，显擢士林。”

此八专为两课，阴阳并，虽主事乖疏，凡事以两课决之。阳日尊长欺卑幼，则主超进，主事欲速出。阴日夫妻怀背及奴婢反主，柔主退缩，主事迟欲归。占婚姻进人口，主口舌分离，则应九三“三岁不兴”之凶象。若龙常天乙吉将及天月二德善神，则应同人九五“大师克相遇”吉象也。

如甲寅日辰时丑将占，刚日顺数至丑用，曰八专课。

	蛇	朱	合	勾	
	寅	卯	辰	巳	
贵	丑			午	青
后	子			未	空
	亥	戌	酉	申	
	阴	玄	常	虎	

虎	阴	虎	阴	财	丑	贵	◎
申	亥	申	亥	父	癸亥	阴	
亥	寅	亥	甲	父	癸亥	阴	

凡八专课遇天后、六合、玄武一将入传，为帷簿修格。盖重门树塞，以限内外。讲堂设帐，以别男女。今阴阳共处，男女混杂，又遇后合阴私之神，郑风尤甚，故名帷薄不修。主私泆不明，内失其礼也。

如丁未日丑时辰将占，八专课遇天后入传，名帷簿不修格。

	蛇	贵	后	阴	
	申	酉	戌	亥	
朱	未			子	玄
合	午			丑	常
	巳	辰	卯	寅	
	勾	青	空	虎	

常	后	常	后	官	辛亥	阴
丑	戌	丑	戌	子	庚戌	后
戌	未	戌	丁	子	庚戌	后

凡八专课逆数到日，中末相并，为独足格。夫三传皆归一神，如路遥驿递，无人传送，独展一足难行，故名独足格。凡事不能动移，自己尤多费力，或中末传皆空亦然也，惟利乘舟。

如己未日未时酉将占，三传皆日上神归，为独足格。

	青	勾	合	朱	
	未	申	酉	戌	
空	午			亥	蛇
虎	巳			子	贵
	辰	卯	寅	丑	
	常	玄	阴	后	

蛇	合	蛇	合	子	辛酉	合
亥	酉	亥	酉	子	辛酉	合
酉	未	酉	己	子	辛酉	合

《订讹》

八专：[1] 有克照常，以克、贼、比、涉等项论。干支同位，专聚一处，故名八专。

占主二人同心，其利断金，兵资众捷，物失内寻。阳日尊长欺卑幼，主事超进迅速。阴日妻奴背夫主，主事退缩迟缓。占婚及进人口，主口舌分离。占忧喜，事俱重叠。此课若逢龙常天乙吉将，及天月二德，则又有同人协力，众轻易举之象也。

帷簿不修，[2] 如甲寅日干之阳神亥，顺数三位至丑，乃丑亥亥也。丁未日支之阴神卯，逆数三位至丑，乃丑巳巳也。八专之课，已为尊卑共室，人宅不分矣。但有克者尚有制缚，不可以淫泆断。独此无克者，任顺逆数去伸缩而用之，全无克制防范，故名帷簿不修。占主外不隔内，不备事多重迭，忧喜再来，干涉妇人，久而反背。若后全玄阴入传，淫必矣。

独足，[3] 盖三传皆归一处，如路遥，驿递无人传送，独占一足难行，故名独足。占主不能动移，极是费力，商贾不可行，占胎不成，远行宜舟。此课外有八专中末传皆空者亦如此断。

《观月经》[4]

日辰同一位，便是八专门。五日阴阳配，[5] 三传逆顺存。阳来顺数去，阴至逆行奔。[6] 伏观日辰上，中末此处论。[7] 奸邪惊怪起，淫欲乱乾坤。[8] 逆到日辰上，三传别起根。神仙隐秘法，此课少人温。[9]

《心镜》

日值八专为两课，阴阳并杂不分明。不修帷薄何存礼，夫妻占之总不宜。

厌翳合门玄武袭，嫂通于叔妹淫兄。人间密事难推测，玄女留经鉴

---

① 四课缺二，止有两课。

② 八专无克又无遥克，刚日从干之阳神连根顺数第三位为用，柔日从支之阴神连根逆数第三位为用，中末俱重并干上。

③ 八专课内己未日未时酉将占，三传皆日上酉酉酉。

④ 两课无克名曰八专。

⑤ 五日者，癸丑、甲寅、丁未、己未、庚申是也。

⑥ 凡八专两课无克者，是刚日从日上之神顺数三辰为用传也。

⑦ 如阳日八专，庚申日亥将申时占，一课亥庚，二课寅亥，下二课俱同，无克，从申上亥顺数三辰得丑为初传，日辰上见亥为中末也。又如己未日亥时酉将占，一课酉己，二课亥酉，辰上二课同无克，从亥逆数三辰至酉，复以本日所得之神见酉为中末传也，此课三酉，是独脚课也。

⑧ 主阴罪是也，凶将自不教觉，吉将事不彰露，重审卦注也。

⑨ 逆行三辰者，神仙隐秘之术，诸人错用，不得明显，术人少得温寻，今已明之尽矣。

此情。[1]

《袖中金》

帷薄，八专卦。干支共位，阴阳两课，尊卑同处，人品不分，凡事忧喜再来，事干妇人。帷簿不修，多有不正也。支干共位，阴阳两课，五日四辰，表里拱于八极，故曰八专。尊卑共室，人伦不分也，又曰帷簿不修。内不隔而外不遏，事多重迭，忧喜再来，干涉妇人，久而反蔽，后合入传，则男不知耻，女不知守，门墙生茨之兆也。

《指要》

八专日顺逆数为用者，曰帷簿不修，名为芜淫卦。盖日辰一位而无别，奸邪之所由生。凡占遇之多主不正，又不能分析，须当以存心正大。若占婚及进人口，当有口舌离别之兆。尤忌太阴六合临日辰。凡有所占，只于日辰上神将决之，无不应也。

《曾门》

一神二神，阴阳共焉。日辰重之，惟用二神。阴阳不克，逆顺数之。数至三辰，上神为用。中末二传日上神，当此之时，内乱淫泆，父子同妻，姑嫂共夫。[2]

八专课案例

例一：道光戊子年寅月己未日丑时，徐姓占产。八专课。

　青 勾 合 朱
　卯 辰 巳 午
空寅　　　未蛇
虎丑　　　申贵
　子 亥 戌 酉
　常 玄 阴 后

青 合 青 合
卯 巳 卯 巳
巳 未 巳 己

兄 丑 虎 ◎
父 丁巳 合
父 丁巳 合

正议　占产喜虎，以其传送，今作血支、血忌发用，本日必生，且丑为腹，值旬空作支破，乃子离母腹之象。课传纯阴，主生男。

案验　本日戌时生，果男子也。

---

① 天后为厌翳，六合是私门。初传见此二神，或见玄武，主淫乱之兆。传见玄武阴后主淫乱也。

② 《定章》曰：此谓日辰合为一神，阴阳不相克，刚日从阳，顺数至三神；柔日从阴，逆数至三神，中末在日上，名曰八专。主父子同妻，姑嫂共夫，尊卑不分也。

附议　此课六合逢死神，丁驿重重，虎墓发用，内外无别，阴神又克干支，厥后此子浮薄无用，且不寿。

伏吟课

凡课月将加时，十二神各居本宫，取神克日为用，曰伏吟。如子加子之类，则以神克日干为初传，取刑为中末传。此六癸日初传丑，中戌，末传未是也。其天地神自居本家，日辰阴阳伏而不动，自相克贼，独隐呻吟，故名伏吟。占事静中有动，统“艮”之体，守旧待新之课也。

象曰：“科举高中，求名荣归。病忧土怪，讼争田庐。春冬灾浅，秋夏势危。律身谨慎，动作无虞。”

如春占木旺能克土鬼，冬令水旺不畏土克，季忧土鬼乘旺气，至秋鬼为祟，更乘凶将，其势危也，当应艮九三“危厉，熏心”凶象。或天马、天喜、恩德吉神入传，日辰旺相，科举主中魁，求官职等事，则应上九“敦艮”吉象也。

如癸丑日午时午将占，日上神丑加癸用，为伏吟课。

	贵	后	阴	玄	
	巳	午	未	申	
蛇	辰			酉	常
朱	卯			戌	虎
	寅	丑	子	亥	
	合	勾	青	空	

勾	勾	勾	勾
丑	丑	丑	丑
丑	丑	丑	癸

官	癸丑	勾
官	庚戌	虎
官	丁未	阴

凡伏吟课无克，刚日自以日神为用，曰自任格。刚者阳也，日辰阴阳各居本家，并无相克。如甲日自用寅，三传寅巳申；丙戊日自用巳，三传巳申寅；庚日自用申，三传申寅巳。然自任未免强暴用刑，故以刑为中末传。此天地神不动不克，无所取择，自任其己之刚进用于时，故名自任。占者自强出头，此当闭塞，为柔顺吉而事可成。

象曰：“任己刚暴，必成过愆。行人近至，逃亡眼前。胎孕哑聋，祸患留连。干谒不出，株守吉言。”

如甲日春占，丙戊日夏占，庚日秋占，三刑全有气无克，传逢驿马劫煞，主守己待时，或不获已而动，亦动中有成，则应吉象。惟庚寅日三传申寅巳，末太乙为勾陈刑克日干，非秋占者多凶象也。余详神将吉凶推之。

如丙辰日申时申将占，伏吟无克，刚日以巳为用，曰自任格。

	空	虎	常	玄	
	巳	午	未	申	
青	辰			酉	阴
勾	卯			戌	后
	寅	丑	子	亥	
	合	朱	蛇	贵	

青	青	空	空	兄	丁	巳	空
辰	辰	巳	巳	财	庚	申	玄
辰	辰	巳	丙	父	甲	寅	合

凡伏吟无克，柔日以支神为用，曰自信格。柔者，阴也。天地神不动不克，如丁巳、辛巳、己巳，自用巳，三传巳申寅；丁丑、辛丑、己丑用丑，三传丑戌未；丁未、辛未、己未用未，三传未丑戌，此自信其己之柔进用于人，故名自信。凡事不能动身，家宅不宁之体也。

象曰："潜藏伏匿，身不自由。逃亡近觅，盗贼内搜。病人喑哑，行者淹留。检身谨恪，无不优悠。"

如三刑全有气，主不获己协动事，四季全争讼及田土事。日用休囚，神将凶，则主凶象。日用旺相，神将吉，则有吉象也。

假如丁丑日未时未将占，伏吟无克，柔日用丑，为自信格。

	空	虎	常	玄	
	巳	午	未	申	
青	辰			酉	阴
勾	卯			戌	后
	寅	丑	子	亥	
	合	朱	蛇	贵	

朱	朱	常	常	子	丁	丑	朱
丑	丑	未	未	子	甲	戌	后
丑	丑	未	丁	子	癸	未	常

凡伏吟，用起自刑之神，传行杜塞，为杜传格。盖用日则终投于辰，用辰则终投日。次传复自刑，以冲为末传。次传非自刑，以刑为末传。如壬辰日三传亥辰戌，壬午日三传亥午子，乙亥日三传辰亥巳，乙酉日三传辰酉卯，皆初传用日自刑，中传杜塞而用辰。次传支又自刑，取冲为末也。丁卯、己卯、辛卯日卯子午，皆柔日用辰，取卯支刑子为中传，子卯两刑，不复再传，以子冲午为末传也。壬申日亥申寅、壬戌日亥戌未，壬子日亥子卯，壬寅日

亥寅巳，乙丑日辰丑戌，乙未日辰未丑，乙巳日辰巳申，乙卯日辰卯子，皆用日自刑，中传支辰，以刑为末传也。丁酉、己酉酉未丑，辛酉酉戌未，丁亥、己亥亥未丑，辛亥亥戌未，皆用支辰自刑，中传用日，及日刑为末传也。盖用起辰午酉亥自刑，传刑杜塞，故名杜传。占事中止，改求则可成也。

象曰："居者将移，合者将离。道由中止，事宜改为。传阳人至，传阴未归。占人求物，不出庭除。"

如将乘龙常贵人，身吉坐而获喜。见虎合二马，静中有动，人信到门。见勾陈沉屈不伸，动止稽留。见太阴，阴私难明。见天空，主虚诈。见六合孟神，传阳生男子，或子午全，则主道路及望信事。卯酉全，主门户事。四季全，主争讼田产事。四孟全，主不获已与人协动事。日用旺相有吉象。

假如壬辰日酉时酉将占，刚日用自刑，中传支辰又自刑，取冲戌为末传，曰杜传格。

	朱	合	勾	青	
	巳	午	未	申	
蛇辰					酉空
贵卯					戌虎
	寅	丑	子	亥	
	后	阴	玄	常	

蛇	蛇	常	常	兄	丁亥	常
辰	辰	亥	亥	官	壬辰	蛇
辰	辰	亥	壬	官	丙戌	虎

《订讹》

伏吟：[1] 占主屈不得伸，静中思动。

自任者，[2] 盖天地鬼神不动不克无所取择，自任其己之刚进用于时，故名自任。占主自强出头而当闭塞，惟柔顺守静，吉而事成也。若任己过刚，必成愆咎。行人立至，然亦本家暂出之人，原非远也。失物逃亡，俱不远。胎孕哑聋，祸患流连。病主不语而呻吟，淹滞岁月，干谒不出。此课如甲日春占，丙日夏占，庚日秋占，壬日冬占，三刑有气无克，传逢驿马，或不得已而动，亦动中有成也。

自信者，[3] 占主不能动身，乃家宅不宁之兆。此课与自任课占病产盗逃俱

---

① 十二神各居本位，如子加子、丑加丑之类。有克以克者为用，中取初传所刑，末取中传所刑。盖俯伏本家不能变动，只有呻吟愁叹而已，故名伏吟。

② 伏吟课阳日无克，取干上神为用，中末传取刑。

③ 伏吟课阴日无克，取支上神为用，中末传取刑，自信其在己之柔而自用，故名自信。

同，讼狱俱主土田，关梁俱主杜塞，惟行人则自任立至，自信难期。出行则自任欲行中止，自信潜藏不出。若有丁马俱可言动。

杜传者，[1] 盖传行杜塞，故名杜传。占主事中止，改图则可成。

《观月经》[2]

天地伏吟卦，阴阳归本家。[3] 刚以日来用，刑处作中涯。[4] 末在刑冲处，三传立爪牙。[5] 居者将离析，逃亡路不遐。[6]

自信卦[7]

自信伏吟体，同前分两者。六辰柔日用，[8] 刑处作中程。末在刑冲处，[9] 三传为兄弟。忽然值恶将，破散别离情。[10] 刚日刑中正，柔日宅内惊。[11]

《心镜》

任信伏吟神，行人立到门。失物家内盗，逃者隐乡邻。

病合难言语，占胎聋哑人。访人藏不出，行者却回轮。

《袖中金》

伏吟，支干各居其位，日辰只有两课，用刑以起传。刚日自任，柔日自信，占事静则宜，动则滞，藏匿不动之象。主事屈不得伸，静中鬼动，且藏伏而呻吟，岂能已哉。考用见日则舍阴，用辰则舍阳，故天地不备，阴阳独彰，实为不足之体。然有克无克，三刑自刑，至于六乙日财多害已，六癸日否极泰来，六甲丙庚有禄有马，六戊日有三奇，六壬日自刑，壬辰、壬午重犯，壬申日不为空亡，丁巳、辛日用支无德。阳日先刑后冲以见伏外，阴日刑害破冲以见伏内，皆是刑中有害，破中有合，凶中有吉，祸福倚伏，不可一概而推，更有助刑戕德，岁月日辰、冲破、空亡，全在五行、德、马、天官、神煞、刑冲破害，详之可也。

---

① 伏吟课发用干自刑，则次传取支；发用支自刑，则次传取干。次传非自刑，末传仍取刑。次传复自刑，则末传取冲。

② 自任卦，刚日伏吟，名隔山照水。

③ 十二神将各归本家，如子加子、丑加丑是也。

④ 刚日取日为用。如甲用寅、丙戊用巳、庚日用申、壬日用亥为初传，刑处为中传也。

⑤ 中传刑处为末传，若遇自刑，更用冲处也。

⑥ 刚日伏吟自任，主家中不宁，的有哭泣，定主分离之事，若占逃亡不远也。

⑦ 柔日伏吟。

⑧ 柔日用辰为初传，巳、酉、丑、亥、卯、未是也。

⑨ 以初传刑处为中传，中传刑处为末传，中传自刑以冲处为末传也。假令丑日丑为初传，丑刑戌为中传，戌刑未为末传。

⑩ 值恶将者，主破散、哭泣、逃亡、离别之兆也。

⑪ 刚日伏吟卦欲刑中正，柔日伏吟卦主家宅动摇不宁也。

《指要》

自任自信，天地如一，隐伏未发之象。静则宜，动则滞。一云主事藏匿不动，静中求劳，有屈不得伸之象。失物不远，访人不出，病主不言语而呻吟。《心镜》云：“行人立至门者，是本家暂出之人，非远行人至也。阳日尚可言立归，阴日则难期矣。盖所主皆迟也。”

伏吟课案例

例一：同治己巳年申月乙未日巳时，竹山邑侯周廉臣占官。伏吟。

	合朱	蛇	贵	
	巳午	未	申	
勾辰				酉后
青卯				戌阴
	寅丑	子	亥	
	空虎	常	玄	

蛇	蛇	勾	勾	财	辰	勾	◎⊙
未	未	辰	辰	财	乙未	蛇	
未	未	辰	乙	财	辛丑	虎	

正议　问：伏吟游子，不见丁马，静象也。曰：正时行年巳为日马，命上寅为月马，由静而动之机。辰为病符、天喜发用，自干传支，仍归旧任，至辛未年冲动末传白虎，当别有所委。

案验　原任竹山六年，官民相洽，为驿站致讼卸事，赋闲一载，占后数日上司令回本任，出旬方动。

附议　问：杜传兼以斩关逢空，应不能行？曰：勾乘病符，财逢空陷，耗费稽留，俱应从前，凡在外得自干传支者，必归于家。占官赴任，亦可类推。纵遇旬空，不过待填实日期耳。

例二：咸丰甲寅年辰月壬戌日酉时，自江右往湖南，舟次助袁州占行止。伏吟，杜传。

	贵后	阴	玄	
	巳午	未	申	
蛇辰				酉常
朱卯				戌虎
	寅丑	子	亥	
	合勾	青	空	

虎	虎	空	空	兄	癸亥	空
戌	戌	亥	亥	官	壬戌	虎
戌	戌	亥	壬	官	己未	阴

正议　问：日禄作闭口，伏吟见天马，宜急去之。曰：自刑发用，传行杜塞，中末虎阴克日，前行必遇兵贼，不如伏处闭藏，静守此禄之为愈也。癸为闭，丁为动，闭者死，动者生，占禄遇癸，固不吉，然此占行止则只取艮止之义。而有德较动而虎阴伤身，则吉凶相去远矣。禄遇登明，宜居河边之家，戌虎加支，不宜入城。

案验　寓城外河边水府祠，亥为水，又为神祠也。主祠者杨姓，业厨，同寓煮盐作贩，姓邓。末传未为味，初传亥为登明也。居数日湖南兵塞不行，后贼过袁境，城内俱摇，得邓姓引避相契之家，亦姓杨。

附录　旬尾加旬首，为闭口课。此非其例，然奇门遇癸亦作闭塞论，盖十干至癸则止也。

例三：咸丰甲寅年午月丁巳日申时，祝姓占家宅。伏吟，玄胎。

	空	虎	常	玄	
	巳	午	未	申	
青	辰			酉	阴
勾	卯			戌	后
	寅	丑	子	亥	
	合	朱	蛇	贵	

空	空	常	常
巳	巳	未	未
巳	巳	未	丁

兄	丁巳	空
财	庚申	玄
父	甲寅	合

正议　三传玄胎，胎神又加妻命，妻必有孕。血支乘天空，丁马发用，冲胎刑财，今日申时必生，生则男也。

参议　问：巳为双女，属巽，又自支发用，如何生男？曰：妻年四十矣，必是末胎，末传艮为少男，又初阴传入太阳太岁，故知其为男也。但天后乘戌土死气，妻防不寿。

案验　果如期生男。

附议　凡占须要参会，如玄胎不必尽以孕断，而胎神又加妻年，则孕象决矣。天空可断产期，取其腹空之义。乘丁刑财，财刑六合，发用又是本日支神，则速产决矣。此方以类聚之一证也。艮为少男，因妻年取象，然非财逢太阳，六合逢太岁，亦未敢决此，又变通趣时之一证也。

例四：咸丰癸丑年辰月壬寅日戌时，江臬台占出剿。伏吟，杜传。

贵	后	阴	玄
巳	午	未	申
蛇辰			酉常
朱卯			戌虎
寅	丑	子	亥
合	勾	青	空

合	合	空	空	兄	己亥	空	
寅	寅	亥	亥	子	壬寅	合	
寅	寅	亥	壬	财	巳	贵	◎⊙

正议　问：戌虎克日，传行杜塞，似非吉占。曰：虎乘天喜作催官星，是破贼有喜而升官也。然亦须以课传参之。课传不吉，又当别论。此课初末两传，以德制刑，以禄击空，何异用石投卵乎？且皇书乘马，两马相会，到通城必奉天诏之荣。

案验　臬司原无接诏之例，此次特旨速赴金陵，时已出署，故在通奉檄，因剿匪奏凯，已升藩司。

例五：咸丰癸丑年未月戊戌日午时，司马张仲远夫子占出差工。伏吟，三刑。

勾	青	空	虎
巳	午	未	申
合辰			酉常
朱卯			戌玄
寅	丑	子	亥
蛇	贵	后	阴

玄	玄	勾	勾	父	巳	勾	◎⊙
戌	戌	巳	巳	子	丙申	虎	
戌	戌	巳	戊	官	壬寅	蛇	

正议　正时龙乘太阳作将军生日，辰命冲武，课名自任以递刑，虎蛇游鲁之贼，巳又为战雄日禄，指挥在我，奏凯无疑。玄武加支，必犯楚界。戌为罗为山为黄，如此等字府县及大山驿路，防贼窜伏。初传马空，旬内有阻，申月巳午日进可以用兵。

参议　三传递克日干，奈何？曰：刑始于我，我能制人而人不能制我。况日上巳能泄鬼，不畏克矣。

案验　贼自河南窜过罗山、黄州等处，七月巳日午时，遇贼于黄冈鹅公项，大破之，并获船只衣物马匹，制军奏升知府。

例六：咸丰辛亥年酉月癸巳日辰时，前任东湖县张涔山夫子占开复。伏吟，天网。

	贵	后	阴	玄	
	巳	午	未	申	
蛇	辰			酉	常
朱	卯			戌	虎
	寅	丑	子	亥	
	合	勾	青	空	

贵	贵	勾	勾
巳	巳	丑	丑
巳	巳	丑	癸

官	己丑	勾	
官	丙戌	虎	
官	未	阴	◎⊙

正议　伏吟利潜藏，不利仕进。干凶支吉，宜于家不宜于外。戌印时破而未绥空。三传递刑，鬼多无制，此时以伏处为安，支上两重贵德作财，必有两家亲眷助以资斧，将来可望开复。

问：正时鬼墓加命，奈何？曰：蛇乘天喜，主忧危中有喜信。墓作太阳，主屈抑时有人昭雪。况中传戌虎冲辰，可以破网破墓，不致久羁于此。

案验　张师为官清慎勤敏，案无留牍，历任嘉鱼、蒲圻、东湖，歌声达于邻邑。己酉科幸出门下，开导维殷，越明年，以驿递罢官。又因蒲邑交代羁留。时同寅代为调处，得归梓里。次年粤匪破楚，得免于难。丁巳年胡中丞书复省垣，保调江陵知县，叠升道宪，告病四载，己巳年李宫保劝进，旋升藩臬，前断大势固准，犹未悉其精也。

附议　此卦凶爻吉，专取一字为主者，起复两次，皆属巳年，神明之指示妙矣哉。

例七：同治甲子年酉月甲申日巳时，熊姓占女命何如。乙巳命。伏吟，玄胎。

	勾	青	空	虎	
	巳	午	未	申	
合	辰			酉	常
朱	卯			戌	玄
	寅	丑	子	亥	
	蛇	贵	后	阴	

虎	虎	蛇	蛇
申	申	寅	寅
申	申	寅	甲

兄	庚寅	蛇
子	癸巳	勾
官	甲申	虎

正议　三传四孟，若已出室，当作胎论。未嫁则死期至矣。鬼临三四，

后乘日绝矣。癸水将绝之象。申属肺，巳火刑之，必是痨症。伏吟见马，神魂出游，旬空止于巳，水绝于巳，巳日难过。

案验　占者不问病而问命，将以试余也。余曰：此女在室无病，则不占，非痨病亦不占。应曰：然。余遂叹曰：女有才德，可惜不久。果月内巳日故。

附：奇门乙亥时，乙又加酉，乙死于亥，绝于酉，虽生门到宫，亦不为救。《奇门心传》云："此占儿女决不育。"故不出酉月而亡。

问：奇门论死绝以时干为主，固无可疑。若壬课殊多混眼，如以申为日绝而申又为后之长生。如以巳为日之病神，而寅又为巳之长生。巳长女，既得初传青龙之生可以制鬼，何为殁？曰：看课之难正在此处。然得其主脑，亦不难辨。凡占病以干为人，支为病，干克支吉，支克干凶。况鬼临三四而又当旺令乎？课既以刑相传，见生不生，木已枯槁。伏吟于床，一旦见马，则动而舆尸可知。课传已凶，何问类神？即以类神论，天后作鬼而不得为人矣。且三传递刑于申，岂能救乎？巳火遁癸，丁主生，癸主死，食神既闭，其禄已终，尚能制鬼乎？

凡占妇女，须问出室否，夫在否，不可妄言取祸。

例八：同治甲子年未月辛丑日午时，新堤同寓王东桥占病。伏吟，稼穑。

	合	勾	青	空
	巳	午	未	申
朱	辰			酉	虎
蛇	卯			戌	常
	寅	丑	子	亥
	贵	后	阴	玄

后	后	常	常
丑	丑	戌	戌
丑	丑	戌	辛

父	辛丑	后
父	戊戌	常
父	乙未	青

正议　此痨病也，不能脱体。正时午鬼逢勾，肺家受伤，咳嗽不止，课传纯土，肾水已干，不能制。医药无效。此时太常加干，饮食尚好，丑月防加病，复胀气喘，则难救矣。

案验　东桥沔阳人，诗书门第，长于画。避乱以此为生，性孤高不苟求于世。初见请占，别后丑月闻讣，余亦哀之。

附议　问：土多生日何妨？曰：生多者伪况，辛日土多而旺，反为所埋。占病更忌，所谓见生不生者是也。

返吟课

凡课十二神各居冲位，取相克为用，曰返吟课。盖诸神返其位，坎离交易，震兑互换，日辰阴阳往来克贼，反复呻吟，故名返吟。凡占来者思去，离者思归，得失未可一定，惟有利复旧事。统“震”之体，重重震惊之课也。

象曰：“高岸为谷，深谷为陵。得物乃失，败物反成。安营离散，出阵虚惊。得生于外，害人自承。”

如巳亥巳返吟，多主改动取索，财物、文章事。卯酉卯，占家宅门户道路事。寅申寅，占远行、移动、争讼事。遇凶神凶将，主损失，虽动无益，有重重惊恼，则应六五“往来，厉亿”凶象。遇吉神将，主赴省求恩，转官之喜，则应初九“笑言哑哑”吉象也。

如庚戌日寅时申将占，十二神各居冲位，为返吟格。

	勾	青	空	虎	
	亥	子	丑	寅	
合	戌			卯	常
朱	酉			辰	玄
	申	未	午	巳	
	蛇	贵	后	阴	

合	玄	蛇	虎	财	寅	虎	◎
戌	辰	申	寅	兄	戊申	蛇	⊙
辰	戌	寅	庚	财	寅	虎	◎

凡返吟课无相克，以支辰傍射敌上神为用，曰井栏格。盖返吟多相克，无克惟四日，己丑、丁丑、辛丑、辛未。然丑无克，以用巳上神亥，未日用亥上神巳，如傍井倚栏，斜冲射之，不易井外，故名井栏射。井栏无来去，必中投辰上神，而末投日上神为传，此其法也。占者无事依倚，一身两用之体也。

象曰：“行人阻遏，盗贼相攻。内外多怪，上下不恭。傍求事就，直求道穷。三传救护，喜见青龙。”

如神将凶则有凶象，吉则有吉象。

假如正月辛丑日巳时亥将占，返吟无克，以丑支遥射巳上亥为用，曰井栏射格。

	青	空	虎	常	
	亥	子	丑	寅	
勾	戌			卯	玄
合	酉			辰	阴
	申	未	午	巳	
	朱	蛇	贵	后	

虎	蛇	勾	阴
丑	未	戌	辰
未	丑	辰	辛

子	己亥	青	⊙
父	乙未	蛇	
父	辰	阴	◎

《订讹》

返吟：亦名无依。[①] 有克照常克贼比涉等项论。彼此相冲往来，咨嗟不宁，故名返吟。且十二神各易本位，无所凭籍依附，故名无依。占主事带两途，远近系心，往返无常，欲动不动。祸自外来，事从下起。背逆分离，有疑莫决。安营离散，出阵败奔。来者思去，去者复来。得失未有一定，巢穴改官易位，亲情无始终，病亦两症相侵，行多反复。惟利复旧事。大都凡动无凭，但当久动思静而已。巳亥巳占改动、取索、财物、文字事，卯酉卯占家宅、门户、道路事，寅申寅占远行、移动、争讼事。神将凶俱主凶动，有重重惊恼。此课多主动，若去来空亡又不以动论。

井栏射，亦名无亲。[②] 盖无克者，惟丁未、己未、辛未、丁丑、己丑、辛丑六日。丑无克，以丑宫癸水遥射巳宫丙火，未无克，以未宫己土遥射亥宫壬水。故丑日以巳上亥神为用，未日以亥上巳神为用。如傍井倚栏，斜冲射之，不出井外，故名井栏射。全是冲开涣散不属，故又名无亲。占主内外多怪，上下睽隔，井上架木，易攲易斜，不能长久之象。动则宜，静则扰。事无凭依，一身两用，傍求易就，直道难容，凡事速成易破。此课如遇吉神良将，凡事半遂，尤喜见青龙救护也。

《观月经》[③]

己未连丁未，返吟是两般。[④] 臣背明君意，子欺慈父心。无端须绝后，有罪自相擒。更若逢凶将，乖狡祸尤深。[⑤]

---

① 十二神互换其位。

② 返吟课无克，以支辰斜射为用，中传取支，末传取干。

③ 返吟无依卦。

④ 此二卦为无依也。假令亥将巳时占，丁未日，一课丑丁，二课未丑，以未直冲亥上见太乙为初传也。此二课犹属八专，阴日逆退三辰为用，初传日上丑，辰上亦是丑作中末传也。己未日同。

⑤ 此返吟二课更逢凶将，故主灾祸也。

返吟

返吟居易位，坎户入离宫。返吟有不克，柔日以辰冲。[①] 冲处初传发，临辰却作中。虽然看日上，所见乃为终。[②] 此是课家法，学人莫乱攻。[③] 凶卦盗贼起，[④] 去者路难通。父子不和睦，[⑤] 亲情无始终。三传如有救，翻祸见青龙。[⑥]

《心镜》

无依是返吟，逃者远追寻。合者应分散，安巢别改林。守官须易位，
结友也分襟。臣子俱怀怨，夫妻有外心。所为多重复，占病两般侵。

《袖中金》

返吟，阴阳各异其位，刑冲破害，事带两端。天地乖隔，南北相违。睽而复合，反而复往。欲不动则扰攘。又云，无依是返吟，刑冲破害，事带两途，远近系心，更相仇怨。且反复而呻吟，是无预夺而叹息也。睽而复合，反而更往，欲动不动，疑贰不决，事从外起，臣慢其君，子逆其父，夫妻离背，朋友失义，凡动无得，何以依恋。惟当久动思静。柔日非一事，须有两事，事成亦破。子午乘蛇，官病灾凶。卯酉乘合，人离财散。寅申乘龙，隔墙有祸。巳亥辛日灭德，辰戌多凶，不论空亡。丑未不吉。惟癸日约期不爽。六阴日谓之井栏课，如井上架木，易欹易斜，不能长久之象也。

《指要》

天地乘隔，南北相违之象。占事动则宜，静则扰，主两事。俱阴主滞，用旺相始宜。所主皆速。卯酉上发用，主门户动摇。若遇井栏射取传，占事难成易破，虽遇吉神，亦是半遂。一云反复不定，病主两症。

---

① 无克者，丁丑、辛丑、丁未、己未、辛未、己丑，以辰直冲为用也。

② 假令正月将辛丑日巳时占，一课辰辛，二课戌辰，三课未丑，四课丑未，俱不相克，用丑直冲，巳上见登明为初传也，以辰上见小吉为中传，日上见天罡为末传也。

③ 看是辰冲何神为用，辰中、日末是课法也。

④ 凶卦为伤，盗贼以应也。

⑤ 主父子分离，有路难通，不和顺也。

⑥ 青龙是卦中喜神，重审卦注。定主反祸为福者也。

返吟课案例

例一：同治己巳年卯月甲子日辰时，江夏邑侯恒献之占赴大冶县任。返吟。

	勾	青	空	虎	
	亥	子	丑	寅	
合	戌			卯	常
朱	酉			辰	玄
	申	未	午	巳	
	蛇	贵	后	阴	

青	后	虎	蛇
子	午	寅	申
午	子	申	甲

兄	丙寅	虎
官	壬申	蛇
兄	丙寅	虎

正议　问：返吟占官不能满任，此课虎马逢冲，本年亦难终局，殊非吉象？曰：占课全在相机。余素不喜返吟，而此以吉断，何也？因历任已着劳绩，上司原卓异候升，今去大就小，不过暂憩弹丸，展骥在指顾间耳。青龙戏水，子为旬首，必升首县。正时辰为领袖，又为山岗，其色黄，应补黄冈实缺。然蛇虎纵横，虚惊劳攘，道路奔驰，所不免也。

案验　到大冶五月，即升黄冈。适逢水灾，奔波不遑，在大冶下乡相验之案，亦多自冶来省，自省赴黄，来去无常皆返吟之象也。

附录　凡姓氏地名，适逢其会，偶有所中，不可为典要，占事不难于一课奇中，而难于每课平准也。

例二：咸丰甲寅年卯月辛卯日巳时，路上自占往崇仁县。返吟，龙战。

	合	朱	蛇	贵	
	亥	子	丑	寅	
勾	戌			卯	后
青	酉			辰	阴
	申	未	午	巳	
	空	虎	常	玄	

后	青	勾	阴
卯	酉	戌	辰
酉	卯	辰	辛

财	辛卯	后
兄	乙酉	青
财	辛卯	后

正议　戌印冲破，官已报罢。禄逢日月二破，时乘玄武，其家亦破财不堪。往投不惟无益，反致破财。且我去彼来，势必相左，即相遇亦不佳。

案验　到省问讯，已革职，伊亦来省，即转。

例三：道光庚戌年寅月辛卯日巳时，张姓占贸易。返吟，龙战。

	合	朱	蛇	贵	
	亥	子	丑	寅	
勾	戌			卯	后
青	酉			卯	后
	申	未	午	巳	
	空	虎	常	玄	

后	青	勾	阴	财	辛卯	后
卯	酉	戌	辰	兄	乙酉	青
酉	卯	辰	辛	财	辛卯	后

正议　官反作先锋，破碎临门克宅，格成龙战，定有官非入门搔扰。幸干支上下皆作六合，终归和局。返吟心系两途，怀疑不决，主买卖反复无常，有利少成。

参议　问：官非应主何事？曰：贼神临财发用，多历贼匪钱财事故。戌为太岁作勾陈，辰为将军乘太阴，并关重大之务及动众之事。

案验　春季果为差务破财受辱，不久和释。次年西贼入城，劫毁一空。

附议　凡龙战课遇勾朱破碎，多有横逆临门。

例四：道光辛卯年申月壬子日子时，自占月将。返吟，比用，解离。

	空	虎	常	玄	
	亥	子	丑	寅	
青	戌			卯	阴
勾	酉			辰	后
	申	未	午	巳	
	合	朱	蛇	贵	

虎	蛇	空	贵	财	丙午	蛇
子	午	亥	巳	兄	壬子	虎
午	子	巳	壬	财	丙午	蛇

正议　发传乘胎财，又逢生气，当以胎论。然坐克，课属返吟，名解离，不免破镜之悲，其余人情亦多反复。

参议　问：六合内战，妻财生气，应妻吉而子凶？曰：财虽生气却被白虎冲克，又下贼上，自支发用，天后乘辰加戌，并受墓克，帮主伤母。六合虽逢内战，却喜月日时旺相生合，亦可养育。问：纯阳应生女？曰：比阳为用，三传两离夹坎，以坎为主，当是男儿。财爻出现，论妻则以财爻为主，天后只可参看。

案验　子月生男，越二年妻故，口舌亦多。

三光课

凡课用神、日辰旺相，吉神在中，为三光课。盖日为人，旺相，不但诸鬼不能胜，而人口又能峥嵘，一也；辰为宅，旺相，不但宅居广宽，而诸邪又不能入，二也；用神为日用动作，旺相，不惟所干无阻，而又事得光耀，三也。此三处神更乘吉将，又光其身，又光其宅，又光其动作，三者皆有光华，故名三光。占者万事任其所为，皆无费力而成，且有吉利，统“贲”之体，乃光明通达之课也。

象曰：“课入三光，万事吉昌。刑囚释放，疾病安康。市贾得利，谋干俱良。福佑自至，凶祸消亡。”

如神将俱和合相生，日神用神旺相，主迁官进职之荣，终始获喜，必有庆贺，万事吉昌。纵年命凶杀亦不为凶，则应贲六五“束帛戋戋，吝，终吉”象。若日辰居天乙后，中末囚死，则应三光失明之象，前有功德虚喜，后复抑塞难通，当应贲六四欲与初九婚媾，乃为九三间隔，未获相贲之象也。

如甲日未时酉将春占，日辰旺相，用神旺相，上乘吉将，为三光课也。

未	申	酉	戌
午			亥
巳			子
辰	卯	寅	丑

青	六
午	辰
辰	甲

妻	辰	六合
子	午	青龙
官	申	白虎

《订讹》

三光：① 日为人，辰为宅，用神为动作，三处旺相乘吉将，是三处皆有光辉，故名三光。占主光辉通达，百事吉昌，皆无费力而成。官荣病安，囚释，市贾得利，如神将俱和合相生，初末逢吉将，居官迁职，始终庆吉，纵年命凶煞亦不为凶。此课主吉，然末传亦最要紧。若日辰居天乙后，并末囚死乘凶将，为三光失明之象，前有功德虚喜，后复抑塞难通。

① 日辰、发用者旺相，乘吉将。

《观月经》[①]

用神如旺相，分配一光时。[②] 吉将临其上，二光得礼仪。[③] 日辰兼有气，三光不改移。[④] 求事多来速，当官职不迟。[⑤] 末传无刑害，车马镇相随。三合与六合，逍遥自在期。[⑥] 忽然刑害破，凶将皆颦眉。[⑦]

《心镜》

用起日辰兼旺相，传中复有吉神并。三光并立无相克，作事皆欢病回凶。

纵逢凶将无忧患，囚系官灾事不停。六月戊寅寅时课，三传俱旺贵人荣。

《袖中金》

用神旺相，吉神临支干有气，末传又逢吉神吉将或带合，三光并照，福佑自至，灾祸自消，吉无不泰矣。若用神旺相，吉将亦临支干有气，末传却值凶将刑害交互者，则光而复翳，明而反暗，先祖有财，后来家道萧索。凡遇此者名三光埋影，不可不审末传，勿一概言之。

假令六月戊寅日寅时午将占。[⑧]

	勾	合	朱	蛇	
	酉	戌	亥	子	
青	申			丑	贵
空	未			寅	后
	午	巳	辰	卯	
	虎	常	玄	阴	

合	虎	贵	勾
戌	午	丑	酉
午	寅	酉	戌

兄	丁丑	贵	⊙
父	壬午	虎	
子	酉	勾	◎

此课虽是昴星虎视，却为三光。夏传得丑，又是贵人临上。戊课在巳，是日有气。寅支传午，又是辰有气也。

---

① 名开云观日。

② 如春木旺火相之类，用神得旺相者为一光也。

③ 如发用是吉将，即贵青常合等乘时旺相者，二光也。

④ 如春甲乙，夏丙丁之类，所值日时当为三光也。

⑤ 若无三刑六害，主喜事，求官必得。

⑥ 末传三合六合，主有喜事也。

⑦ 如三刑六害，或冲破兼凶将，主先祖有财，后来家道颦眉不足也。

⑧ 笔者注：课经原文此处为午时寅将，当为错课，根据课经上下文规律，笔者更正为寅时午将。

三光课案例

例一：咸丰辛亥年寅月甲寅日亥时，前任汉阳司马张仲远夫子占谋望。三光，德应，玄胎，三刑。

	勾	青	空	虎	
	巳	午	未	申	
合	辰			酉	常
朱	卯			戌	玄
	寅	丑	子	亥	
	蛇	贵	后	阴	

蛇	蛇	蛇	蛇
寅	寅	寅	寅
寅	寅	寅	甲

兄	甲寅	蛇
子	丁巳	勾
官	庚申	虎

正议　干支发用俱乘旺气，是为三光。初传日德，中传巳为月德，丁为天德，诸德咸备，余庆可喜。伏吟自任太旺，三光传入三刑，四破入传，虽官声显赫，气象峥嵘，而得意之时，更宜小心，方免是非、破耗、刑伤。正时太阴作日长生，玄胎课子得相气，主有婚姻胎产之兆。年、月、日、时、本命及旬丁禄马交驰，可卜屡迁之荣。

案验　是岁再迁，声名藉藉，差务烦重，负累甚多。生女娶媳，及追呼口舌并见。壬戌年以道宪出差上海，父子俱殁。

附录　岁破加临月破，人情不协，财物空。

参议　问：蛇虎勾陈布满课传，无一吉神，何以能光？曰：常占大凶，有官人得之反吉。盖蛇乘寅为生象，有化龙之象。虎乘干鬼，为催官使者，故也。然遍历军营，危地得升，终殁于差，未必非蛇虎刑伤之兆也。

三阳课

凡课，天乙顺行，日辰有气居前，旺相气发用，为三阳课。盖天乙贵人左行正理，阳气顺，一也。日辰前于天乙，阳气伸，二也。日辰旺相，阳气进，三也。此三者阳气开泰，万物光辉，更兼吉将，故名三阳。占者凡事吉庆，所求皆遂，统“晋”之体，乃龙剑呈祥之课也。

象曰：“课入三阳，官爵翱翔。讼狱得释，疾病无妨。财古遂意，行人还乡。贼来不战，孕产贤郎。”

如神将上下相生，营谋万事皆利，有官者职位高迁，病者死欲入棺当活，囚者刀虽临项无虞。纵逢刑害，喜事不迟，则应晋六五，往吉无不利之象。

若天乙在辰戌为贵人坐狱。狱，阴地，用神为鬼贼克日，中末无救，则应三阳不泰，占事暗昧难就，未免先吉后否，则应晋九四“鼫鼠贞厉”之象也。

如乙丑日酉时戌将，天乙子临亥顺行，日辰在天乙前，寅为旺气加丑发用，为三阳课也。

	空	虎	常	玄	
	午	未	申	酉	
青	巳			戌	阴
勾	辰			亥	后
	卯	寅	丑	子	
	合	朱	蛇	贵	

合	朱	空	青
卯	寅	午	巳
寅	丑	巳	乙

兄	丙寅	朱
兄	丁卯	合
财	戊辰	勾

《订讹》

三阳：[1] 天乙左行，阳气顺，一也；日辰前于天乙，阳气伸，二也；用神旺相，阳气进，三也。三者阳气开泰，故名三阳。

占主吉庆，凡求皆遂，官擢讼解，病愈财获，行人来，贼退，孕产贵子。如神将吉，上下相生，定主官职高迁，纵逢刑害无妨。

此课主吉，然或天乙在辰戌，为贵人坐狱。狱，阴也，岂阳乎？用神为鬼克日，中末无救神，则三阳不泰。占事暗昧难就，先吉后否。

附：课传中六阳俱备者，名六阳课，利公用不得私谋。

《观月经》

一阳天乙顺，用旺二阳知。好将临其上，三阳次第推。病者应无死，死者再生之。狱囚脱灾厄，临刑无罪议。[2] 举事皆言吉，求财利必随。纵逢刑与害，喜事不迟迟。[3]

《心镜》

天乙顺行一阳言，日辰有气复居前。立用之神并旺相，三阳吉庆保安然。

上下相生神将吉，出行有利职高迁。病解讼伸诸事吉，纵逢刑害亦无愆。又云刀虽临颈却无愆。

---

① 天乙顺行，日辰居前，发用旺相。

② 病者遇良医救治，罪者逢赦宥也。

③ 三阳卦即救神，末传有刑害者，主喜事亦不迟也。

《袖中金》

天乙顺治，龙合立于干前，末旺生初，正时生年。曰三阳者，天乙顺治，一也；用神旺相二也；吉将发用三也。凡占百事大吉，为明为泰，为生为长，举事亨壮，病人复苏，囚者无罪也。

《订讹》

四顺，初神将凶，末神将吉，一也；初死囚，末旺相，二也；天乙顺行，三也；传出天乙前，四也。四者皆为顺利，故名四顺。占主始虽阻滞，终获通泰。

三阳课案例

例一：咸丰乙卯年子月壬申日子时，郧阳廪生江海帆占弟赴县考试。三阳，六仪。

	朱	合	勾	青	
	未	申	酉	戌	
蛇	午			亥	空
贵	巳			子	虎
	辰	卯	寅	丑	
	后	阴	玄	常	

虎	青	阴	常
子	戌	卯	丑
戌	申	丑	壬

兄	甲子	虎	⊙
子	丙寅	玄	
官	戊辰	后	

正议　问：虎鬼入传，干支相刑，考必不利。曰：凶固有之，与考无干。小试月建发传，当列前茅。正贵加命，两贵拱年，子为弟爻，又作旬首，头场必定冠军，惜末传墓地，难作案首耳。天后乘死气墓神克日，太常乘丧门加干，家中必有内孝。巳为弓加卯命，为四正之方，箭必全红，来岁行年在卯，院试必进。

案验　县试头场第一，末场第三。次年寅月辰日，祖母故。院试果时。

附录　此课贵人顺行，一阳也。日干有气居前，二阳也。建旺发用，三阳也。

例二：同治戊辰年五月甲辰日亥时，占观察使张洊山老夫子出处。三阳，时泰。

空 虎 常 玄
未 申 酉 戌
青午　　亥阴
勾巳　　子后
辰 卯 寅 丑
合 朱 蛇 贵

虎 青 青 合
申 午 午 辰
午 辰 辰 甲

财 甲辰 合 ⊙
子 丙午 青
官 戊申 虎

正议　贵登天门，传登三天，青龙加命，又生太岁，支神加干斩关而出，白虎催官，诸格皆起用之兆，非山林气象也。巳卯拱干，张姓引荐，李姓推升，太岁发传，先必入觐而保升臬台，文书在公车未动之前，因太阴作长生为先锋，龙居日辰虎故也。

参议　问：初遭夹克，禄马俱空，课名回环，如何可动？曰：涉害为用，财遭夹克，主路途辛苦耗费。回环，去而复来，仍归楚北。初马此时虽空，转盼交春进气填实，明年己巳，丁马天空加岁，四月必入都，秋月应到任。

案验　时张师已告病四载，将入霍山，为菟裘计，见此课殊不然，亦无张李知交。越明年三月，敝县孝廉张廉卿自皖回访，德盛称张师历任善政，德曰："子有素乎？"曰："否！耳熟之久矣，现今李宫保下车延访，请辟之。"德曰："德师无复进意，强而后可。"继蒙劝驾再三，四月启行，未至京而升信到省矣。可见显荣有定数，而实至名自归，彼营营者徒为耳。[1]

附录　贵作月建太阳顺行，日辰居前有气，发用太岁旺相，又带六合青龙，此三阳兼时泰六仪之课，首拨可望。

三奇课

凡课得旬日之奇发用或入传，为三奇课。如甲子、甲戌旬用丑，甲申、甲午旬用子，甲辰、甲寅旬用亥，此为旬三奇。"甲日用午丙奇辰，乙巳丁卯戊奇寅。己丑庚未辛申位，壬奇取酉癸戌云"，此为日奇。盖鸡鸣乎丑，日精已备；鹤夜半鸣，月精已备；斗转于亥，星精已备。又丑为玉堂，子为明堂，

① 菟裘：地名，山东泰安东南。菟裘归计，比喻准备告老还乡或退隐。

亥为绛宫，此三者日月星精为旬用之奇，故曰三奇。占者百祸消散，凡事吉利，统“豫”之体，乃上下悦怿之课也。

象曰：“万事和合，千殃解除。婚求淑女，孕育贤儿。士有奇遇，病获良医。纵乘恶将，凶去吉随。”

如旬、日奇并临，吉课为上。有旬奇无日奇，亦可用。或逢亥子丑兼全，为三奇联珠，大吉。更遇天上三奇乙丙丁或地下三奇甲戊庚入传尤利，居官则因异政超擢，出军利用奇兵取胜，凡事逢凶化吉，则有豫六二“贞吉”之象。若有干奇无旬奇，神将凶，则应初六“鸣豫，凶”也。

如乙酉未时申将，初传亥加戌，旬奇发用，为三奇课。

	空	虎	常	玄	
	午	未	申	酉	
青	巳			戌	阴
勾	辰			亥	后
	卯	寅	丑	子	
	合	朱	蛇	贵	

后	阴	空	青
亥	戌	午	巳
戌	酉	巳	乙

父	丁亥	后
父	戊子	贵
财	己丑	蛇

《订讹》

三奇：[1] 甲子甲戌旬用丑，甲申甲午旬用子，甲辰甲寅旬用亥，此为旬三奇。盖丑为玉堂，鸡鸣于丑而日精备；子为明堂，鹤鸣于子而月精备；亥为绛宫，斗转于亥而星精备，日月星三者之精为六旬之奇，故名三奇。若三传亥子丑为联珠三奇，或天上三奇乙丙丁、地下三奇甲戊庚为遁奇，又甲日午、乙日巳、丙日辰、丁日卯、戊日寅、己日丑、庚日未、辛日申、壬日酉、癸日戌，此干奇也。旬奇、干奇并临为上，有旬奇，无干奇亦可，若止有干奇，不名三奇。

占主凡事逢凶化吉，不忌刑杀，士有奇遇，官以异政超擢，出军奇兵，取胜婚谐，孕生贵子，病讼解。

此课如奇作空亡，未免奇精有损，其福减半，先明后暗，吉凶皆无成。

① 旬奇发用或入传是也。外又有联珠奇、遁奇、干奇。

《观月经》[①]

甲子与甲戌，大吉两旬奇。[②] 甲申与甲午，神后镇相随。[③] 甲辰与甲寅，登明救疗师。[④] 万事皆和合，千灾速解离。忽得亥子丑，连茹百祸移。上自元道卦，从此立根基。[⑤]

《心镜》

三奇发用逐旬行，两处区分共一名。[⑥] 甲申甲午神后是，寅辰二旬在登明。子戌旬中加大吉，不忌杀之并与刑。

又云：甲日胜光乙在巳，[⑦] 支逆干顺己丑停。[⑧] 庚却顺流奇在未，[⑨] 癸尽天魁总有灵。占值两奇皆有庆，传内天喜更要精。

又云：传内天官更要精，两奇得一即吉。

《袖中金》

三奇亥子丑，分旬发用，课中各正体，不必拘奇也。子戌旬丑、申午旬子、辰寅旬亥，主灾散福临。

大抵三辰连茹，事欲行不行，欲止不止，节外生枝。顺则先进后退，吉而顺。逆则先退后进，凡占必见人情不和，兄弟、朋友失和气之象。死三奇卦，后有死奇卦甚明。

顺连茹三奇十二课

亥子丑阳光在下，空怀宝以迷邦。子丑寅含春，和气积中，勿炫玉而求售。丑寅卯将泰，有声名而未蒙实惠；寅卯辰正和，展经略而果沐恩光。卯辰巳离渐，利用宾于王家；辰巳午升阶，亲观光于上国。巳午未迎阳，名实相须；午未申丽明，威权独盛。未申酉回春，若五夜残灯；申酉戌流金，似

---

① 名枯木重荣。

② 此二旬之中，大吉为三奇发用，虽凶将，复得大吉，即在三传中亦吉不凶。

③ 此二旬之中，见神后发用者，三奇卦也。

④ 此二旬发用见登明为三奇卦，病者速痊，官事即解散也。

⑤ 亥将有九课，癸酉、乙酉、丙戌、丁酉、戊戌、己酉、庚戌、辛酉、壬戌九日，俱亥将戌时占，是亥子丑为三传也。以上九课连茹三传，名曰三奇卦，更乘旺相将神即大吉也。亥将戌时甲子日占，三传辰巳午为三奇。乙丑日寅卯辰、丙寅日辰巳午、丁卯日辰巳午，俱比涉害。壬申日丑寅卯、甲戌日辰巳午、丁丑日申酉戌、戊寅日己卯日辰巳午、庚辰日午未申，神遥克日。辛巳日午未申，神遥克日。壬午日丑寅卯三位相连，顺三传为顺连茹。逆连茹是逆三传也，不克尽述。已上时前一课名顺连茹，后课逆连茹，随神将旺相时类断之。前九课多吉，此三奇卦是课中救神，用此立为根基也。

⑥ 卦名两般，奇亦有两般奇。

⑦ 甲日午上起甲，午是三奇，乙日在巳，逆行至丑住。

⑧ 到丑回向未上起庚为奇。

⑨ 庚日在未，顺行癸日到戌。

霜桥走马。酉戌亥革故鼎新，小人退而君子进；戌亥子隐明就暗，私事吉而公事凶。

逆连茹三奇十二课

亥戌酉回阴，必怀暗昧之私；戌酉申返驾，主行肃杀之道。酉申未出狱、出丑、离群，疏者亲而亲者疏。申未午凌阴，主行险侥幸，危者安而安者危。未午巳渐希，脱凡俗而入高明。午巳辰登庸，舍井蛙而旋登月阙。巳辰卯正己，人物咸亨；辰卯寅返照，行藏攸利。卯寅丑联芳悔吝，须知否极泰来。寅丑子游魂、乘凶，坐见事成立败。丑子亥入墓，有收藏之态，仕进无心；子亥戌重阴，安嘉遁之贞，宁甘没齿。

三奇课案例

例一：道光己酉年酉月丁卯日午时自占出行。三奇、连珠、引从。

青	空	虎	常
辰	巳	午	未
勾卯			申玄
合寅			酉阴
丑	子	亥	戌
朱	蛇	贵	后

朱	合	空	虎
丑	寅	巳	午
寅	卯	午	丁

子	乙丑	朱	
官	甲子	蛇	
官	亥	贵	◎

正议　问：退茹此行不吉？曰：屡试此例，退而复进。如戌度天门，三传水鬼，定有风雨阻隔，然非终于退也。干上虎乘日禄，巳马加干阴，出旬亥马填实，一冲而动。

问：两贵皆空，不利赴试？曰：三奇联珠，奇仪会合，初末引从丑命，此行必有奇遇，幕贵乘岁月建加年，不为坐空，丑命乘朱，又生幕贵，必膺荐拔。正贵出旬可填，又因水迁期，亥月出榜更吉。

案验　出旬乙亥日动身，风雨连期。辛巳日到省，进场腹痛，转寓渐减，门尚未封，复来补贴。此亦退茹之验也。是科果中。朱克正贵，系副主考见取。

六仪课

凡课的旬首之仪发用或入传，为六仪课。甲子旬用子，甲戌旬用戌，甲申旬用申，甲午旬用午，甲辰旬用辰，甲寅旬用寅，此为旬六仪。子午、丑巳、寅仪辰，卯卯、巳丑、辰仪寅，午未、未申、申仪酉、酉戌、戌亥、亥子神，此为支仪也。盖旬首为六阳支神星宫之长、直符之使，有礼仪之尊也。故名六仪课，占者凡事吉庆，家集千祥。统“兑”之体，乃喜气溢眉之课。

象曰：“兆多喜庆，求旺相宜。罪逢赦宥，病遇良医。投书见喜，干贵逢时。杀神回避，喜转愁眉。”

如魁罡加日辰年命，遇六仪为用，变凶为吉。或旬日仪神俱在传，更乘天乙吉将，为富贵六仪。传并支干之用，主人宅皆吉。或乙丑、己巳日夜占，乙酉、己丑日昼占，皆旬首作帘幕官，占科举必获高第。更得奇仪全会，万事动用无阻有喜，纵并诸恶，不能为害，初终传神将吉，乃终始有庆，应兑初九“和兑，吉”之象。如有支仪无旬仪，神将凶，则应兑九五“有厉”凶象也。仪用克行年者凶。

如丙辰日寅时未将，寅为旬仪，又为支仪，加酉，一下贼克上为六仪课。

　蛇 朱 合 勾
　戌 亥 子 丑
贵酉　　　　寅青
后申　　　　卯空
　未 午 巳 辰
　阴 玄 常 虎

青 贵 空 蛇
寅 酉 卯 戌
酉 辰 戌 丙

父 甲寅 青
子 己未 阴
官 　子 合 ◎

《订讹》

六仪：[1] 旬仪支仪并临，为上有旬仪。无支仪亦可，若止有支仪，不名六仪。占主凡事逢凶化吉，不忌刑杀，求望得，投书干贵宜，病遇良医，罪赦官擢。若旬首为用，更作今日贵人，为富贵六仪。作帘幕官，士人高第。若奇仪全遇，凡百吉不可言。此课吉，惟仪克行年凶。

《观月经》

甲子神后是，旬中即用之。神仙致六仪，六甲本根基。[2] 甲戌旬中看，河魁改变时。[3] 甲申传送是，甲午胜光期。甲辰天罡怒，愁容作笑眉。[4] 甲寅功

① 旬仪、支仪发用或入传是也。

② 甲子旬中神后发用六仪卦。

③ 河魁本是凶神，甲戌旬中遇之发用，是六仪卦，主改祸为福，亦是喜神也。

④ 天罡本是凶神，主死亡。死奇卦中注定，甲辰旬中，若天罡发用者，不得断为凶兆。终来欢喜，故曰愁容作笑眉，每遇争竞，亦先凶后吉也。

曹动，万类得其仪。[1] 六甲取首用，有罪计非危。家事皆如此，病者得天医。[2] 求财倍获利，投书喜不迟。[3]

《心镜》

六仪一段居旬首，甲子旬中神后为。更复子当从午配，

又一段六仪。子日起午，丑日在巳，逆行至丑上得巳是也。

逆行相配逐辰移。驱来巳日终于丑，午还居未顺求之。

午日未，未日申，顺数行之。

用得此神名善卦，又须传末吉将临。

凡用神六仪，中传又乘吉将，乃始终有庆也。

《袖中金》

六甲旬首见于初传用之，又子日在午，丑日在巳逆行，午日在未顺行，俱为仪神发用。末传得吉将终始喜庆，大吉之卦也。

六仪课案例

例一：咸丰甲寅年巳月乙巳日申时，江西孝廉段梅臣占产。六仪，伏吟。

	合	朱	蛇	贵	
	巳	午	未	申	
勾	辰			酉	后
青	卯			戌	阴
	寅	丑	子	亥	
	空	虎	常	玄	

合	合	勾	勾
巳	巳	辰	辰
巳	巳	辰	乙

财	甲辰	勾
子	乙巳	合
官	戊申	贵

正议　问：三传两阳夹阴，又皆坤巽之位，当以女断。曰：非也。天罡原属刚强之神，又自干上发用作旬首，此长男之兆也。且支上子孙乘建旺，时上胎逢正贵，此子必贵。

问：斩关逢血支，象主连生？曰：辰为自刑，传行杜塞，又作勾陈，数日内恐不准，午月可也。

案验　虎三索皆女，本年六月十一日卯时生男，仍是五月节。

附议　问：辰为季土何以言长？曰：胎非初生而男则居长，以季土乘

① 甲寅旬中，功曹发用，为六仪卦，其万类皆动。

② 六仪救之也。

③ 见贵投书亦喜，诸事皆吉庆之兆。

申也。

补议　问：卯日逢生，何也？曰：生气在卯，又卯克勾陈故也。克应原非一端，须看课体，与所占之喜忌断之必准。如占产，勾陈见木则通之类是也。

例二：道光己酉年辰月戊申日巳时占回家。六仪、元首、和美。

	勾	合	朱	蛇	
	酉	戌	亥	子	
青	申			丑	贵
空	未			寅	后
	午	巳	辰	卯	
	虎	常	玄	阴	

玄	蛇	贵	勾
辰	子	丑	酉
子	申	酉	戊

兄	甲辰	玄
子	戊申	青
财	壬子	蛇

正议　问：三传水局，雨师会毕，而太阴勾陈临日当旺，果以雨乎？曰：天罡动神，发用乘玄，出必冒雨。但己酉、庚戌二日可晴，嗣后则久雨耳。

参议　正时巳火太常生日加命，课名和美，太岁、太阳、月建照临课传，不但此行萍踪作合，秋冬并有奇缘。

案验　正月因事迫至沔，三月转汉，是日渡江，到省遇雨，萧然一身，进退维谷，茶室中袖起一课，即冒雨出城，宿巡检司河，遇伴同塌，次日天晴开舟，第三日抵家，嗣后风雨绵绵，可知大象属雨，其中亦有晴日。须细参之。秋闱幸中，事亦小康。

附议　问：雨师加酉，天后加戌，此二日何以天晴？曰：酉为太阳，乘勾加巳，戌土制水，加午受克，此以天盘参看也。

例三：咸丰癸丑年亥月壬午日未时占行人。六仪，周遍，斩关，解网，交车。

	勾	合	朱	蛇	
	丑	寅	卯	辰	
青	子			巳	贵
空	亥			午	后
	戌	酉	申	未	
	虎	常	玄	阴	

虎	合	朱	阴
戌	寅	卯	未
寅	午	未	壬

官	甲戌	虎
财	壬午	后
子	戊寅	合

正议　传逆贵逆，日在用虎，斩关发用，正时加午，其来甚速，癸为旬

尾，干从虎止，未加干与支合，今日必到。且寅木子孙解网入宅，是由险而得夷也。

问：干鬼岁刑发用，天网四张，合中犯煞，当贼纵横之际，岂不可危？曰：卯为私门，未为玉女，寅为天梁，利于逃亡。况月德作子孙，以制鬼，何凶之有？

案验　果遇贼逃匿，本日到家。

附录　《指南》：“遁环周遍两课名，旦夕游人抵家下。正时天乙入支干，湖海行人会不难。”

时泰课

凡课用起太岁、月建，乘青龙、六合，又带财德之神，为时泰课。盖太岁为天子，月建为诸侯，青龙为官长尊贵、钱财喜庆吉神，六合为谋干利禄、婚姻合和吉利。四者为用并入传，更为日辰财德吉神，如人时运通泰，故名时泰，占者万事亨利，统“泰”之体，乃天地和畅之课也。

象曰：“课入时泰，皇恩欲拜。灾患潜消，谋为无碍。逃亡必归，盗贼自败。孕育贵儿，前程浩大。”

如初传青龙末传六合，或初传六合末传青龙，但逢太岁月建月将并财德合吉神，则为福神相助，利见大人，朝天子、谒诸侯大贵人皆吉。仕宦则逢荣宠、诏命、乔迁，常人则获财吉，大有嘉庆，当应泰六五“帝乙归妹，以祉元吉”之象也。

如子年戌月戊寅日戌时卯将，子为太岁，又为日财德合加未为用，初传青龙，末传六合，为时泰课。

	合	勾	青	空
	戌	亥	子	丑
朱酉				寅虎
蛇申				卯常
	未	午	巳	辰
	贵	后	阴	玄

青	贵	常	合
子	未	卯	戌
未	寅	戌	戊

财	丙子	青
父	辛巳	阴
兄	甲戌	合

《订讹》

但逢太岁、月建作日财德，太岁发用更佳，入传亦可。

天恩，[1] 干支属本季旺气，谓之得用。如春占值甲寅、乙卯日之类，兼贵龙后凑合，是上天布降恩泽，故名天恩。占主仕者膺朝廷恩典，常人获贵人恩惠，孕生贵子，病痊囚赦。此课若传见空亡，又名天恩未定，事多虚喜，上人虽有意施惠，犹豫不决。

时泰课案例

例一：道光壬辰年辰月丙寅日酉时，占婚姻。时泰、连珠课。

	青	勾 合	朱	
	午	未 申	酉	
空巳				戌蛇
虎辰				亥贵
	卯	寅 丑	子	
	常	玄 阴	后	

虎	常	勾	青
辰	卯	未	午
卯	寅	午	丙

子	戊辰	虎
兄	己巳	空
兄	庚午	青

正议　正时幕贵作财，青龙临日，太常加支，太岁月建发用，三传联珠旺相，应是相夫宜男之造。惟初虎末龙，先难而后得安耳。

案验　于归后，夫贵生子三。先是诗书门第，岁凶兼疫，骨肉死者过半，远方作合，亦应白虎斩关之意。

附录　《易》象吉二，凶悔吝三，故六十四课吉者不多，而占之又罕遇焉。此课青龙乘午加干，名曰时泰，亦节取之耳。若真龙德课，数十年所占不下千余课，竟未之遇。惟谒圣林月将乘贵发用，太岁不过入传，未并在一处，甚矣，好课之难也。

参议　问：干支罗网如何？曰：互旺皆旺坐谋宜，此类惟不宜动，动则为刃静则为旺，占妻取其旺宅旺人，何动之有？故不以罗网论。

龙德课

凡太岁月将乘贵人发用，为龙德课。当时太岁，人君也，首出庶物，而德被天下。月将，一月主宰之神，太阳也，悬象在空，而明照四方。天乙贵人，吉将之首也，降福致祥，而消苦超贫。若太岁与月将并者，更乘今日之贵神作用神，如龙行雨泽，德及万物，故曰龙德课。占者主天子恩泽，福神

---

① 干支得用，乘贵人兼青龙、天后入传，或在年命是也。

相助，统“萃”之体，乃云龙际会之课也。

象曰：“君恩及下，万姓欢忻。罪囚出狱，财喜临身。利名易萃，争讼休陈。官爵超擢，利见大人。”

如太岁乘贵人发用，传中见月将亦是。主仕宦者加官进爵，君臣际会，及恩诏宠泽之荣。若仕人干求禄位，则有天官赐福，见宰相及君，所谋并吉，当获重重财喜，则应萃九四“大吉，无咎”之象，纵逢凶将，亦不为害，惟尊贵求卑下不吉，或带杀为日鬼，占讼则事干朝廷，则应萃初六“有孚不终，乃乱”象也。

如癸巳年七月癸酉日酉时巳将，巳为太岁，又为月将，又为日贵加酉，上克下为用，龙德课也。

	勾	合	朱	蛇	
	丑	寅	卯	辰	
青子					巳贵
空亥					午后
	戌	酉	申	未	
	虎	常	玄	阴	

勾	贵	贵	常
丑	巳	巳	酉
巳	酉	酉	癸

财	己巳	贵
官	乙丑	勾
父	癸酉	常

《订讹》[1]

《心镜》

太岁今朝作贵人，立用还须月将神。龙德卦宜干禄位，恩赐真官拜圣君。[2]

《袖中金》

龙德天乙乘太岁发用，主朝廷恩命，仕宦升擢，利有攸往。

《通神集》

升迁美兆干禄位，指日衣冠拜紫宸。

① 同意。

② 发用神有月将也，太岁乘天乙发用，传有吉将，官从诏命而出也。

龙德课案例

例一：咸丰辛亥年子月甲寅日辰时，占由王家营迁道敬谒圣林。龙德，八专，交车。

青 勾 合 朱
寅 卯 辰 巳
空丑　　午蛇
虎子　　未贵
亥 戌 酉 申
常 玄 阴 后

勾	贵	贵	常		财	己巳	贵
丑	巳	巳	酉		官	乙丑	勾
巳	酉	酉	癸		父	癸酉	常

正议　太岁作文星，逢月德，互生干支，得见无疑。且正时辰遇六合，乃山林之象。丑命月将夜贵加正时发用，主吉神佑助，得入庙林也。

参议　问：八专干支阴神作鬼，似不吉。曰：八专阴阳无别，固有不宜者。此占谒圣，正宜专切。使内外如一为好。申主道路行人，喜其迅速。况申生亥，亥生干支，而天后亦可以化鬼，但交车以换马更好耳。

案验　自童时已存此愿，三十余年不得遂。是届会试乏资，附载进京。当圣林不远之地，或迂道，或停候，俱不能商之同车。计惟孤往，兼程以展其期，庶谒后得会大车。临歧时，雨无盖，夜无火，执鞭者仅成童。窃心危之，适栈有回顾夫马，愿交易，甚捷，冥行数十里，前后若有光，次日天晴，直达圣林。

官爵课

凡课得岁、月、年、命、驿马发用，又天魁、太常入传，为官爵课。驿马者，三合头冲是也，为驿递之神，传命之使也。人命行年、太岁、月建并用之马，华丽异常。又戌天魁为印绶，荣加官职爵禄，名曰官爵也。占事吉庆，仕宦升擢。统“益”之体，为鸿鹄冲霄之课也。

象曰：“官爵印绶，得之荣华。财名吉利，病讼堪嗟。访人不在，行者还家。孕生贵子，仕宦尤佳。”

如四马带印绶，更遇德神、天马、青龙、日辰二马，尤吉。日用旺相，主事速成，仕宦有迁官进爵之庆，常人有见贵、财利之喜，士子何忧上选不通，则应益初九“利用，为大作，元吉”之象。若驿被破，魁常值空亡，日用囚休，主事迟滞，而返栖惶，则为官爵失印之课，主官遭黜罚，文书沉匿，谋为不成，变喜为忧，当应上九“立心勿恒，凶”之象也。

如未年二月丁亥日巳时戌将，癸亥生命，行年在午上见亥，岁月日命俱马在巳发用，传见魁常，为官爵课也。

	蛇	贵	后	阴	
	戌	亥	子	丑	
朱酉					寅玄
合申					卯常
	未	午	巳	辰	
	勾	青	空	虎	

朱	虎	空	后
酉	辰	巳	子
辰	亥	子	丁

兄	癸巳	空
子	丙戌	蛇
父	辛卯	常

《订讹》

官爵：[①] 天魁，印也。太常，绶也。驿马，使命之神也。此拜除官爵之象，故名官爵。占主无官得官，有官进爵，传中合神动，更主重迁。如寅为驿马发用，末传亥是也。驿马既动，行人至，贼来，求望遂，病必魂游千里，讼者遍于诸司，孕生贵子，访人不在。此课若驿马逢冲破，官爵淹留，印绶空亡，官爵脱失。

《观月经》[②]

驿马当头发，官爵卦中流。[③] 四路分明取，年月日时周。[④] 三合头冲是，年月一般求。日时同年月，四孟上追游。[⑤] 发用君王诏，加官移好州。[⑥] 忽然驿马破，官职有淹留。[⑦] 末传合神动，重前喜不休。[⑧]

《袖中金》

天魁乘太常入传，更值岁月日时四路驿马，主应举得中，仕宦升官，故曰平地登霄也。

---

① 或驿马发用，印绶入传，或印绶发用，驿马入传，都要临日辰年命为的。

② 名平地登霄。

③ 驿马发动者为官爵卦，若庶人的入官分，准此推之。

④ 记年驿马、月驿马、日驿马、时驿马俱全，为四路分明取之。

⑤ 申子辰马居寅，亥卯未马居巳，巳酉丑马居亥，寅午戌马居申，发用准求，年月日时三合也。

⑥ 若见驿马四路俱动者，主大僚得位，别加其官。百姓得此主官中有喜事。

⑦ 若申子辰日时，功曹发用，是驿马动也。若课中见传送是驿马破也，主帝王降罪之兆也。

⑧ 如申子辰年月日时，见功曹为驿马，不见传送，末传见登明，为驿马合神也。

《心镜》

印绶两般初用现，① 四驿马以传内逢。② 值此就是名官爵，末吉何忧选不通。③

官爵课案例

例一：道光辛丑年戌月壬子日巳时，王姓占贸易。官爵，连珠。

蛇	朱	合	勾
辰	巳	午	未
贵卯			申青
后寅			酉空
丑	子	亥	戌
阴	玄	常	虎

虎	常	空	虎
戌	亥	酉	戌
亥	子	戌	壬

官	庚戌	虎
父	己酉	空
父	戊申	青

正议　问：引鬼为生，应主初凶终吉？曰：此课无吉象，虎鬼加干发用，日禄加支，带劫煞，又被阴神虎鬼克之，内外交伤，不独店事无成，即家产亦归消磨。惟有速退以就末传之长生。然河魁凶将白虎凶神，干支受克，不能自由。况末传青龙内战，又逢旬戊遁鬼，是见生不生而反成鬼耗矣。

问：正时巳贵作财何如？曰：财非不生，助之者亦众。奈支上劫煞，冲克财爻，主兄弟虚花不实，以致破耗。

案验　本年盗贼官非，朋伙脱泄，其家产店业，不数年而荡然矣。

附录　辰戌阴空忧脱赚，白虎猖狂满屋伤。

附议　天驿二马入传，印绶俱全，兼以虎临干鬼，为催官使者，此占官则吉，而常占不吉也。

朱子谓"看易须晓得象占分明。"所谓吉凶者，非爻之能吉凶，爻有此象，亦视占者为吉凶耳。如恒之六五"妇人吉，夫子贞凶。"遁之九四"君子吉，小人否。"之类是也。

富贵课

凡课得天乙乘旺相气，上下相生，更临日、辰、年、命发用，为富贵课。

---

① 天魁为印，太常为绶，此两般初用俱遇，是大吉之卦也。

② 四驿马者，太岁、月建、日辰、行年。假如二月建卯，太乙是驿马；行年在申，功曹是驿马。

③ 更若末传德合吉神吉将助马，求官入选迁改并通。

盖天乙在紫微门外近左枢，居太乙右，为十二神元首，主干贵、上官、田土等事。然贵人理事而且贵，占者家道荣昌，官职显耀，统“大有”之体，乃金玉满堂之课也。

象曰：“天降福德，万事新鲜。财喜双美，富贵两全，孕生贵子，婚配婵娟，狱讼得理，谋望胜前。”

如戌加巳则富贵权印之象，最吉，更逢太常为绶，逢驿马乘青龙，则主获财利珍宝，积代富贵，无官必遇上台委用，有财喜胜常，有官者决遇明君取擢，享福禄尤浓，则应大有上九“自天佑之，吉无不利”之象。若贵人临辰戌为入狱，其势消减，则不美，当应九三“小人弗克，为害”之象也。

如二月辛巳日丑时戌将，寅命行年巳占，寅为天乙旺气临行年，日支巳相气，上下木火相生发用，为富贵课。

	贵	后	阴	玄	
	寅	卯	辰	巳	
蛇	丑			午	常
朱	子			未	虎
	亥	戌	酉	申	
	合	勾	青	空	

合	贵	阴	虎
亥	寅	辰	未
寅	巳	未	辛

财	戊	寅	贵	
子	乙	亥	合	
兄		申	空	◎

《订讹》

富贵，① 又干支逢禄马亦是。天乙为十二神元首，专主财喜官爵等事，富而且贵，故名富贵。

占主家昌官显，富贵两全，孕生贵子，讼理谋遂。如传遇戌加巳，又富贵权印之象，更吉。若遇常为绶及驿马乘青龙，尤主积代富贵，无官者有官，有官者高官。

此课如贵人入狱，又名势消课，告贵不允，所占皆凶。乙辛辰戌日及辰戌年命之人又不以坐狱论。又贵人坐狱为受贿，宜阴祭私祷。凡传见昼夜两贵，主告贵求事必干两处成就，然或四课三传皆昼夜贵，为遍地贵人，乃贵多不贵，告贵反无依，在任多差使，或权摄不一，占讼主干多官尤凶。日贵在夜，夜贵在日，为贵人蹉跌，告贵干事多不归一。然日贵在夜，开眼作暗。夜贵在日，自暗而明。日贵临夜贵，夜贵临日贵，官访官得见，下人谒官不

① 天乙发用乘旺相，临日辰行年，传终有气是也。

见，以贵在往见贵故也。贵在干前事不宜迫，迫反为贵所怒。贵在干后，宜催不催，事慢。两贵逢空，或事许后无成，或误报虚喜，换旬可成。两贵坐受克方，不可告贵用事，占讼贵人怒。朱雀所乘神克贵，求文书贵人忌惮。六丁日贵作日鬼临日，占官利，占病神祇所害，临支家神致病，宜修设安慰宅神。墓鬼尤凶，贵作六害，占讼理直而遭曲断，此皆不论发用与否也。

《观月经》[①]

富贵天乙卦，发用最为良。因此名富贵，家门日日昌。[②] 四月申加卯，壬子入本乡。富贵兼权印，官私两用张。[③] 怀孕生贵子，生下置田庄。福禄从天降，万里有馨香。约信依时到，家业合宫商。[④]

《心镜》

天乙幸来乘旺相，临在行年与日辰。发用传中吉有气，即是从前富贵人。中遇凶神近业显，更喜青龙足宝珍。[⑤]

《袖中金》

天乙发用，乘旺相神或临行年日辰，三传有气，是富贵卦。在朝有恩命，仕宦升擢，利有攸往。

富贵课案例

道光乙巳年亥月丁巳日午时，自占妣墓。富贵，全局，三光。

	朱	合	勾	青	
	丑	寅	卯	辰	
蛇子					巳空
贵亥					午虎
	戌	酉	申	未	
	后	阴	玄	常	

阴	朱	贵	勾	官	癸亥	贵
酉	丑	亥	卯	子	己未	常
丑	巳	卯	丁	父	乙卯	勾

正议　贵人乘轩策马发用，又逢建旺作官星德神，三传会局，得时令相

---

① 名葵花向日。

② 凡天乙发用，富贵也。

③ 假令四月壬子日申将卯时占，一课辰壬，二课酉辰，三课巳子，四课戌巳，三传巳戌卯，天乙在巳加子为用，此名富贵卦。又巳戌卯为铸印，公私皆喜，加官进财之象也，又为权印。

④ 天乙发用顺行，言有印绶者，主与贵人有约信也。贵人乘巳发用，传中见戌加巳为权印，即加官进财，孕生贵子。合宫商之姓者尤验。若为信，亦主依期而至。

⑤ 末传吉将，求官必达之兆也。

气以生干支，应主人丁利名，发福攸远。惜朱雀逢空，酉财坐空，对岸关水不紧，目下不免破耗耳。须填补之乃吉。

案验　葬后二纪，酉年发科，以幕贵加次子之丑命也。累添孙曾，皆系木局之年。而亥命者居半，三纪次孙入学，夫安亲非为后计也。然不验于后，无以知其安否，故录之。

附录　三光两格，一则干支发用俱旺，一则专论发用吉神，得令富贵课亦有两格，一则干支禄马，一则贵用旺气。

附议　占坟喜合，合中犯煞，又主破败。丑为日墓，尤忌空亡，然天地无全功，培补剪裁，在乎人力。此系平地左右开塘烧窑，先天本体已坏，兼以上砂尖射，下砂空缺，口舌破耗俱见，痛妣劳苦毕世，自恨无财，不可为悦，一砚所入，稍余蝇头，则效愚公之移，精卫之填，迄今四十余年，犹未了此心愿也。

轩盖课

凡课值胜光为用，遇太冲、神后，为轩盖课。神后，子也，为紫微华盖。太冲，卯也，为天驷天车。胜光，午也，为天马。此三神并遇，如乘驷马轩车，高张华盖，故名华盖。占者加官荣显，凡事吉庆，统“升”之体，乃士子发达之课也。

象曰：“课遇高轩，车马皆全，朱轮稳上，诏用荣宣，求财大获，疾病难延，干贵欢会，行者必旋。”

如胜光又作月内天马，太冲又作月内天车，正七月内是也。然车马既动，出者必行，闻贼必来，余月轩盖又带三交，出军冲野，决防战斗。论讼换司易衙，病者魂游千里。或年命有龙，出行大雨。车马作财，财自外来，更日用旺相，又为太岁月将，德神上乘贵人、龙常后合吉将，当主出入见君，拜官驿马，高车华盖，执饰喜庆，宠禄十全之荣，官爵当践公卿之位，则应初六“允升，大吉”之象。若三传带杀，乘蛇虎死气，克年命日辰，或空亡，或卯作丧车，则刑冲从凶而动变轩盖为三交，身弱人衰，则为轩盖落马之象。主伤躬被脱，望事无成，则应上六“冥升，消不富”之象也。

如甲子日卯时子将，三传卯午子，为轩盖课。

	蛇	朱	合	勾	
	寅	卯	辰	巳	
贵	丑			午	青
后	子			未	空
	亥	戌	酉	申	
	阴	玄	常	虎	

青	常	虎	阴
午	酉	申	亥
酉	子	亥	甲

子	庚午	青
兄	丁卯	朱
父	甲子	后

《订讹》[①]

《观月经》[②]

胜光本是马，太冲本是车，神后为华盖，三传有不虚。[③] 终末传神后，华盖下铺书。[④] 明君加宠禄，圣主赐天书。官职自特别，皇宫亲不疏。从前圣天子，目下自相如。[⑤]

《袖中金》

卯乘天马或龙、常为华盖，轩车之象，占宜加官喜庆事，论见三交卦。

《心镜》

紫微华盖居神后，天驷房星是太冲。马既胜光正月骑，六阳行处顺同申。华盖乘轩又骑马，更得龙常禄位丰。[⑥]

轩盖课案例

道光乙巳年卯月己酉日丑时，黄陂范彝舟兄占年将。轩盖，闭口。

---

① 意同。

② 名鹏得摇风。

③ 假令正月己酉日寅时占，发用天马，是午胜光加酉，上克下，中传见太冲木，本为车也。

④ 大抵午卯子三传便是甲子日首课也。癸酉、丙子、戊子、丁酉、庚子、己酉、壬子、辛酉已上九日首一课。午卯子三传，返吟者有六日，丙子、壬子等。午卯子三传是华盖卦也。

⑤ 相如即有气度之官也。

⑥ 太冲卯即天驷房星，又为轩车。天马，正月午顺行六阳。华盖是紫微宫，在神后上，凡得此入传，主恩诏加官。

	空	虎	常	玄	
	寅	卯	辰	巳	
青	丑			午	阴
勾	子			未	后
	亥	戌	酉	申	
	合	朱	蛇	贵	

虎	阴	青	常	父	丙午	阴	
卯	午	丑	辰	官	卯	虎	◎
午	酉	辰	巳	财	壬子	勾	⊙

正议　轩盖课卯轮逢空，为朽木难雕。此时未可远谋，惟合本营生则吉耳。

问：营生何事？曰：日上甲与己合干，干支交车合，故利合贸。干上太常为衣服，辰为旬首，支上太阴为妇女，见火为金银首饰，乃衣店或首饰之类。相生有气，其事可为。申贵作日子孙登天门，加辛亥本命，其子有一贵者。

案验　长生午命，三子辰命，与人伙开两店，一则衣服，一则网巾髻尾，以辰为天网枚也。俱有利。申年次子游泮，现在孙辈济济，成童府县冠军入学者两人。彝舟赤贫幼慧，学问渊博，心厚品端，科场屡屈。其后昌炽，应未有艾也。

铸印课

凡课得戌加巳中传，为铸印课。戌天魁也，为印。巳太乙也，为炉。盖戌中有辛金，与巳中丙火作合，全凭火炼，铸成贵器，为符印，故名铸印。占者符命入手，官增权柄，统“鼎”之体，乃炼药成丹之课也。（笔者注：此课象根据实际经验，在占涉宗教时，可类比舍利、圣药、符印之类）

象曰：“顽金铸篆，藉火功全，官职高擢，诏命重宣，产孕大吉，干谒良缘，庶人不吉，疾病官愆。”

戊己日又为生日之印，更遇太常为绶，乃印绶双全。传见太冲为车轮，则铸印乘轩之象，占科举、求官爵、见君王、进策上书，主官爵高迁，所求遂意，当获印信喜庆恩命之荣，乘贵人龙常阴合吉将，日用旺相大利，则应鼎上九玉铉大吉之象。若春夏巳午日时火旺，戌值空亡、月破，日辰俱无气，则有破印损模之象。如遇神将凶，主先成后破，徒劳心力，事终不济，及庶人占之，反主官灾刑害之事，则应九四“鼎折足，覆公餗，其形渥，凶”之象也。

如丙子日未时子将，巳加子用，传遇天魁，末乘太常，为铸印课。

	蛇	贵	后	阴	
	戌	亥	子	丑	
朱	酉			寅	玄
合	申			卯	常
	未	午	巳	辰	
	勾	青	空	虎	

蛇	空	常	蛇
戌	巳	卯	戌
巳	子	戌	丙

兄	辛巳	空
子	甲戌	蛇
父	己卯	常

《订讹》

铸印：[①] 巳为炉，戌为印，卯为印模。戌中辛金逢巳中丙火作合，煅炼铸成符印，故名铸印。卯为车，又名铸印乘轩。

占主符命入手，科甲官爵俱高，干谒吉。如戊己又为生日之印，更遇太常为绶，乃印绶双全，定主转迁超擢。

此课多主事成迟晚，然惟利官，庶人不吉，更不利于病、讼、忧、产四事。又夏月巳午日时，或值蛇雀火太旺，戌卯或值空亡，则为破印损模，官必不迁，兼遇神将凶，主先成后破，徒劳心力。大都铸印乘轩须得驿马、太阳、六合，乃为真体。又有丙子日戌加干上得吉将，亦名铸印。春夏丙丁日火太过，不在此论。然须白虎、太阴、蛇、雀金火之将入传。若金少火多，火少金多，为五行不备，必有所伤。或末传得天后、玄武，更临水乡，与日相破，名曰铸印不成。来意主望官爵吉事，欲成中阻耳。又铸印课乘日墓，主退失或旧事再新。

《观月经》[②]

河魁本是印，火至自然成。[③] 丙子正月占，午时无改更。传中逢印绶，此是卦中情。[④] 在职重逢职，居官更举荣。宣命看看到，天书驿马程。[⑤] 庶人逢

---

① 三传巳戌卯。

② 名鹏翼冲天。

③ 三传见河魁加巳名铸印卦。

④ 河魁到巳便是铸印印绶之卦。丁卯、己卯、己巳、丙子、丁丑、癸未、丁亥、戊子、己丑、己未、乙未、己亥、庚子、丁未、壬子、丁巳，以上系巳戌卯三传也。

⑤ 将有使命，加官进职而必应者也。

此卦，官事自然生。[1]

《袖中金》

戌加巳，传中见卯。盖戌为印，巳为炉，卯为轩车，三者为传，名铸印乘轩，得吉将，有职加官迁擢之象，庶人主官讼。

铸印，戌加巳丙，传有太冲。戌为印，巳为炉冶，卯为轩车，主官禄迁擢之象。不见太阴、天马，即非真体。常人反生灾，且为事迟钝，夏三月丙丁日又乘蛇雀，名曰印模损，是火太过反为凶之兆。

铸印课案例

例一：咸丰甲寅年巳月己丑日辰时，杨振乡占家宅。铸印。

	朱	蛇	贵	后	
	戌	亥	子	丑	
合	酉			寅	阴
勾	申			卯	玄
	未	午	巳	辰	
	青	空	虎	常	

蛇	空	虎	贵
亥	午	巳	子
午	丑	子	己

父	癸巳	虎
兄	丙戌	朱
官	辛卯	玄

正议　此必合伙烧陶生意也。又主家有两孕。先生者女，后生者男，不出四五两月。干支相冲，合伙者其后必分。

问：铸印何以不断为官？曰：青龙逢空，贵人相害坐空，岂作官者乎？而巳火乘虎，故知为陶冶铸器之人。

问：何以知为双胎？曰：子为支胎，亥为干胎，巳火建旺重见，巳亥又为双数，故云。

问：何以知先女后男？曰：初传巽方，末传震方，巳孟为长，卯仲为次故也。

案验　果以陶冶为业，巳月巳日兄生女，午月酉日弟生男。

附录　《玉成歌》："巳为又女亥双鱼，用起须知两事俱。"

[1] 庶人难消此印绶，故主官事也。

例二：咸丰辛亥年辰月乙未日巳时，罗生琴樵占母病。铸印。

	朱	合	勾	青	
	戌	亥	子	丑	
蛇	酉			寅	空
贵	申			卯	虎
	未	午	巳	辰	
	后	阴	玄	常	

蛇	空	虎	贵		父	癸巳	虎
亥	午	巳	子		兄	丙戌	朱
午	丑	子	己		官	辛卯	玄

正议　铸印占病不吉，天后不见，以子为类神，坐墓夹克，萱其萎而。斗系日本，母命辛亥，天罡克之，申为死气，加卯名身尸入棺，子巳相加，亦成死字。

案验　本月丁未日故。印爻坐墓受克之期也。

附议　张宏康占妻病，取天后为主，未月辰日以伤后故。张宗年占父病，以日干为主，酉月辛日以伤干故。此课取印为主，辰月未日以伤印故。盖主爻一定，克应乃准，不可以一例泥也。又案干象父，支象母，子为印爻，又天后本家而加于支上，六处不见天后，其以此为类神也何疑？若讼干上酉鬼正时发用克之，其病何至于死？

例三：道光辛丑年辰月己巳日辰时，甘姓占病。铸印，灾厄。

	朱	蛇	贵	后	
	戌	亥	子	丑	
合	酉			寅	阴
勾	申			卯	玄
	未	午	巳	辰	
	青	空	虎	常	

玄	朱	虎	贵		父	己巳	虎	
卯	戌	巳	子		兄	戌	朱	◎
戌	巳	子	己		官	丁卯	玄	⊙

正议　斫轮铸印，占病皆忌。盖卯戌相加，合棺入土之象。此课初传白虎乘劫煞墓门，末传玄武带天鬼丧门克日，病符大煞加干，伏殃墓神加支，主疫疠为灾，不止一人受伤也。

参议　申为死气加卯名身尸入棺，子巳相加合成死字，皆属凶象。

案验　一家染疫，死者四人。

附录　铸印斫轮死最速，天鬼逢时疫作厉。

例四：道光庚戌年巳月己未日辰时，吏部主政丁晓园先生占官。铸印，无禄。

	朱	蛇	贵	后									
	戌	亥	子	丑									
合酉					寅阴	虎	贵	虎	贵	父	丁巳	虎	⊙
勾申					卯玄	巳	子	巳	子	兄	壬戌	朱	
						子	未	子	己	官	乙卯	玄	
	未	午	巳	辰									
	青	空	虎	常									

正议　课名铸印，利于占官。况月建驿马发用，太岁又居中传，岂可出退。

参议　问：白虎临生，似为丁艰之象。曰：印逢建旺，堂上甚健，但丁驿二马发传，必有差遣耳。

问：何差？曰：贵乘丧车，虎马传墓，逢太岁，必主护送梓宫。因此加级论官阶，可望掌印给事之任。

案验　本月果因西陵差遣加级，先生性情恬淡，不久告归作古。

附议　问：正时冲戌，是为破印，占官主不利？曰：现印怕冲，额外人员奉文差遣，何损于印？但贵逢克害，四下贼上，不宜禄食。

例五：咸丰甲寅年巳月己亥日卯时，江西太史萧庚笙兄占年将。铸印，知一。

	朱	蛇	贵	后									
	戌	亥	子	丑									
合酉					寅阴	合	常	虎	贵	父	巳	虎	⊙
勾申					卯玄	酉	辰	巳	子	兄	戊戌	朱	
						辰	亥	子	己	官	癸卯	玄	
	未	午	巳	辰									
	青	空	虎	常									

正议　课得铸印，占官固好。然巳火旺而逢空，支上辰又冲戌，铸印未成，待时而动之象。课名知一，舍疏求亲，移远就近。太阳照武，子孙作勾，似自京归家督勇御贼之占。支胎上见血支，家有孕妇，丧吊全逢，有吊送姻亲之事。朱雀逢冲，破碎加支阴，且有小讼。

案验　由编名，本年奉旨回籍练勇。萍乡贼破，小有争论。媳有孕，后生孙男。

例六：咸丰甲寅年巳月戊子日辰时，邓顺习占生意。铸印、乱首。

	合	朱	蛇	贵
	戌	亥	子	丑
勾	酉			寅 后
青	申			卯 阴
	未	午	巳	辰
	空	虎	常	玄

合	常	阴	合
戌	巳	卯	戌
巳	子	戌	戊

父	癸巳	常
兄	丙戌	合
官	辛卯	阴

正议　此课太常发用，主治饮食之物。又与乘虎者不同也。日禄加支受克，四月恐因下犯上而动。然课名回环，终不离此地也。

案验　以煮盐为业，四月果晚辈不顺而回，后复来此地。

斫轮课

凡课卯加庚或加辛为用，曰斫轮课。卯为车轮，庚辛为刀斧，木就金斫，故名斫轮。占者官禄位高迁，统“颐”之体，乃革故鼎新之课也。

象曰：“木欲成器，须假金斫，孕病凶险，财喜欢跃，禄位加增，官职超擢，戌印常绶，遇之犹乐。”

如太冲加庚为上，加辛次之，缘卯中有乙木与申中庚金作合，乃成贵器，更遇天乙、龙、常、阴、合吉将，及驿马德合吉神入传，主官爵践公卿之位，或壬癸日见水神为舟楫，初末有马引从为轩车，能任重致远，有除授官职之喜，则应颐上九“利涉大川”吉象。或木休囚，乘白虎为棺椁；值空亡为朽木难雕；春季甲乙日寅卯时为伤斧；秋季庚辛日申酉时为伤轮返凶。或辛卯日干上卯为财就人象，宜急取之，缓则被卯木克其戊土，反有害也。

乙未日未加乙同，当颐初九“观我颐”之凶象。

如辛丑日辰时亥将，一下克上，卯加申为用，曰斫轮课。

空虎常玄
子丑寅卯
青亥　　辰阴
勾戌　　巳后
酉申未午
合朱蛇贵

玄　朱　空　后
卯　申　子　巳
申　丑　巳　辛

财　癸卯　玄
父　戊戌　勾
官　　巳　后　◎

《订讹》

斫轮：[1] 卯为车轮，金为斧斤，木就金斫，故名斫轮。

占主禄位高迁，革故鼎新之象，更喜戌为印，太常为绶入传。卯加庚与申为上，辛酉次之。缘卯中乙木与申中庚金作合成器。或壬癸日见水神为舟辑，初末有马引从为轩车，能任重致远，除官必矣。斫轮来意主谋望官事，先历艰难，后却有成。盖木畏金，故主艰难然后成也。将得龙、常、阴、合方成其体，求财大获。寅亦是木，如何不作斫轮？盖寅乃天梁，成器不须斫也。

此课多主事成迟晚，占孕与病讼忌之。或木休囚，乘白虎为棺椁；值空亡为朽木难雕，须另改业。春季甲乙日寅卯时，木太重，为伤斧；秋季庚辛日申酉时，金太重，为伤轮，反凶。或辛卯日干上卯为财就人，宜速取之，缓则被木克其戌土，反有害也。与乙未日未加乙同。若传见本日墓神，名曰旧轮再斫，来意主退官失职，再谋复兴之意。大都斫轮课木日艰难；火日灾疾；金日获福；水日心不定，变易艰难中遂意；土日流转。

《观月经》[2]

斫轮团圆象，本自太冲生。太冲原是木，车轮因甚成。[3] 成形须仗器，斤斧自然明。[4] 申酉庚辛位，太冲上头行。破伤斤斧得，发用斫轮名。辛丑正月占，辰时无改更。太冲传送上，发用得其情。[5]。求官必获禄，逢事得均平，

① 卯加庚辛申酉发用。

② 名飞龙入渊，忌占病。

③ 太冲为舟车之类。

④ 庚申辛酉为斤斧，若申加太冲是斫轮卦也。

⑤ 如辛丑日卯申丑，是假令辛丑日亥将辰时占，太冲加申金，斫卯木贼上发用，为斫轮卦，卯戌巳三传也。辛酉返吟一课，卯酉子是也。尉山人取法，末传取破。乙丑、癸酉、丁丑、癸未、己丑、癸巳、辛巳、癸丑、癸亥，以上九日，第三课俱卯戌巳三传。丁卯、己卯、乙酉、辛卯、丁酉、癸卯、乙卯、己酉、辛酉，以上九日，俱返吟卦，俱卯酉子三传，斫轮卦也。

立事先敲磕，后乃立身荣。[1] 莫嫌职位小，官朝好弟兄。[2]

《袖中金》

卯加申酉为用，名斫轮卦。庚申辛酉金俱为斧斤，若太冲加其上者是。卯为车轮，加申酉上，为斫削之象。若天将龙、常、阴、合，方成其体。占人有除授营运之事。木日艰难，火日灾疾，金日成器，水日心不定、变易艰难中遂意，土日流传。若秋三月庚辛日得之，将乘阴、虎，名曰斫轮伤斧，其金太过也。凡卯木坐空，谓之朽木难雕，宜弃业别作生理营运。

斫轮课案例

例一：咸丰乙卯年辰月癸未日寅时，寓谷城，黄姓占侄逃亡。斫轮。

	合	朱	蛇	贵	
	子	丑	寅	卯	
勾	亥			辰	后
青	戌			巳	阴
	酉	申	未	午	
	空	虎	常	玄	

空	蛇	贵	虎
酉	寅	卯	申
寅	未	申	癸

子	乙卯	贵	⊙
官	甲戌	青	
财	辛巳	阴	

正议　问：太岁太阳乘贵人发用，为龙德，此课太阳未用而入课，亦当以吉论？曰：常问不应逢吉象，逃亡得此反凶。且戌加卯位，手足颠倒，乃疯颠而逃者。卯木子孙落空坐克，六合临绝，日马投墓，此人已就木矣。然申酉旬空，斧斤不利，有板而非棺也。两贵拱印，所葬之土，必出仕有印之家，其姓则木傍也。

参议　问：方向何在？曰：传贵逆行，人在上流，日马乘太阴加戌，先到西北山冈庙内烧香，卯为转煞，已经回头。卯申相乘，离此百三十里。戌属土为州，可向均州界找寻，其处有高山峻石，当大路旁有庙，遇刘姓李姓及执铁器者之探之。

案验　疯疾多年，忽于去岁十二月，自家来谷。谷有店业甚丰，居数日，不知其踪。已四月矣。后在均州寻着，其葬所，则朱知县地也。余悉符。

附录　申为春分离神，本月二十一日月宿，月宿加离神发用，为天寇，本日巳时立夏，寅时当用春分离神。虽无明文，可以理度之。《指南》云：

---

① 敲磕，即先雕琢而后成器也。

② 官本朝迁职，亦先费力而后成也，庶人亦得官也，传得太阴、龙、合尤妙。

“戌加卯位足朝天。”又《大全》云：“太阴乘幕贵，主有神佛愿。”此人果在武当山朝庙而还。

例二：咸丰辛亥年寅月己丑日巳时，徐姓占帮贸。斫轮。

贵 后 阴 玄
子 丑 寅 卯
蛇亥　　辰常
朱戌　　巳虎
酉 申 未 午
合 勾 青 空

玄 勾 合 阴
卯 申 酉 寅
申 丑 寅 己

官 辛卯 玄
兄 丙戌 朱
父 癸巳 虎

正议　问：斫轮自斧斤成器，配木难雕别作为，此课卯木当旺，斧斤不空，兼岁月二马入于课传，远行何不利之有？曰：卯加申为斫轮，取乙与庚合，木就金斫也。若四课再逢酉冲卯，则为破轮无用矣。况此占欲为人役，干支上下相冲，岂能作合远行乎？六合乘破碎煞，即偶合亦终归于破散。

案验　所谋不济，未能远行。次年东家亦被贼兵劫耗，玄武乘贼神发用故也。

引从课

凡课，日辰干支前后上神发用为初末传，曰引从课。如庚辰日干上丑，昼贵人，初传寅加酉居日前，末传子加未居日后，日干得前引后从，为拱天干，又为拱贵。主官职升擢，诸事最吉。壬子日干上辰，初传巳，末传卯，为两贵引从，主上人提携，或众贵引荐成合事，大利。甲午日初传子居支前，末传戌居支后，前后遇引从，为拱地支。主迁修家宅大利。丁酉日酉为夜贵加丁干，亥为昼贵加酉支，年命在申，为贵临支干拱年命，宜告贵用事，必得两贵成就。丁巳、己巳、癸亥日伏吟，为干支拱日禄，宜占食禄事。庚午、己酉日伏吟，拱夜贵。甲子日伏吟，拱昼贵，为干支拱贵，宜干告贵处事，此贵人出行，前者引，后者从，故名引从，统“涣”之体，乃车马蜂拥之课也。

象曰：“拱夹支干，仕人佳兆，官职升迁，名利荣耀，孕生英儿，婚招玉，出行取财，干贵欢笑。”

如日辰上乘墓鬼遇引从，六处有冲克，凶散最吉。或干支并初中及中末拱地贵，告贵谋事亦吉，则应涣六四“元吉”之象也。

假如壬子日巳时戌将，初传巳加子，末传卯加戌，拱定干神，为二贵引从天干格课。

	青	空	虎	常							
	戌	亥	子	丑							
勾酉					寅玄	青	贵	勾	后	财	乙巳 贵
合申					卯阴	戌	巳	酉	辰	官	庚戌 青
	未	午	巳	辰		巳	子	辰	壬	子	卯 阴 ◎
	朱	蛇	贵	后							

《订讹》

引从：[1] 主得人提携成合事，大利。或两贵拱干，主官职升擢。或初末传拱支，或两贵拱支，主家宅吉庆。或贵临干支拱年命，主得两贵成就。或干支拱日禄，宜占食禄事。或干支拱贵，宜占告贵事。又有干支并初中及中末拱地贵亦是。此前引后从，故名引从。占主求官、求财、出行、婚孕皆宜。

引从课案例

例一：咸丰丙辰年丑月壬子日未时，寓兴安府汉阴县漩窝，占动静。引从。

	青	勾	合	朱							
	戌	亥	子	丑		青	阴	空	后	财	乙巳 阴
空酉					寅蛇	戌	巳	酉	辰	官	庚戌 青
戌亥					子丑	巳	子	辰	壬	子	卯 贵 ◎
	未	午	巳	辰							
	常	玄	阴	后							

正议　格合引从，华盖覆日，不必居此，二课天空乘酉，正时旬丁克日，必有家丁携书相迎。

参议　问：辰冲戌印，似乎破局。曰：无官何忌，天后乘墓，财逢死气，正喜戌来冲破，妻可免于厄。所谓日辰逢墓，冲神号作天恩是也。

案验　次年正月兴安诸生专丁来迎。妻病数月，临产几危，子堕地死，以卯空故也。

---

① 前引后从，或初末传拱干。

亨通课

凡课，用神生日，及三传递生日干，或干支俱互生旺，为亨通课。如丙申日三传申亥寅，初生中、中生末、末生日干也。癸丑日三传酉丑巳，末生中、中生初、初生日干也，为递生。主上人推荐，或官员请举，及文状事，始终成就。辛卯日干上亥，支上辰，为互生。丙寅干上寅生丙，支上亥生寅，为俱生，主彼此和顺，两相有益，遇生气两家合本求利。甲申日干上酉乃支之旺神，支上卯乃干之旺神，为互旺，主客两相投奔，互有兴旺。壬寅日干上子，支上卯为俱旺，自在坐用，谋为省力，或事已失欲复旧，或本职迁转极妙，或坐待通太，无心中得人照扶兴发。此三传递生日辰生旺，主人亨利，时运开通，故名亨通，统“渐”之体，乃福禄来临之课也。

象曰：“三传相生，干支有情，官逢荐擢，士获科名，婚姻合和，财利生成，经营诸事，贵人欢迎。”

如三传递生，俱要与日干有情，此则隔三隔四有人于上位推荐。或末助初传生日，主傍人暗助吹嘘。或末助初传作日财，主暗地人以财相助。或支加干生日，为自在格，主人来资助于我。或三传生日，俱为大吉，当应渐六二“鸿渐于磐，饮食衎衎，吉”象。若递生值空亡、破、刑、克、害，无甚解救为凶，凡事亦难就。或初生中、中生末、末克日干，为恩多怨深，作事美中致怨。或干支俱旺及禄临身，传财逢空，不可舍此别谋动作，倘有意外之图远动谋为，则羊刃变为罗网缠身，反为灾祸，六处有冲为破罗破网，无冲克为凶。当应渐九三“利御寇”之凶象也。

如丙戌日申时亥将，申加丙为用，初传申生中亥，亥生末传寅，寅生日干丙火，为亨通课。

	合	朱	蛇	贵	
	申	酉	戌	亥	
勾	未			子	后
青	午			丑	阴
	巳	辰	卯	寅	
	空	虎	常	玄	

虎	阴	贵	合
辰	丑	亥	申
丑	戌	申	丙

财	甲申	合
官	丁亥	贵
父	庚寅	玄

《订讹》

亨通：[①] 或初生中、中生末、末生干，用语末生中、中生初、初生干，为

① 干支生旺。

递生格。或干上生干、支上生支，为俱生格。或干上生支，支上生干，为互生格。或干上乃干旺神，支上乃支旺神，为俱旺格。或干上乃支旺神，支上乃干旺神，为互旺格。此皆亨通泰之象，故名亨通。

占主大吉，递生得人重重举荐，始终成就。或末助初传生日，主傍人暗助吹嘘。或末助初传作日财，主暗地人财相助。俱生，人宅各安。互生，彼此相助和合。俱旺，谋用省力。互旺，彼此两相投奔，互有兴旺。

亨通课案例

例一：咸丰乙卯年丑月壬寅日戌时，安陆府艾朴庵公祖前任郧县占往省垣。亨通。

合	勾	青	空
申	酉	戌	亥
朱未			子虎
蛇午			丑常
巳	辰	卯	寅
贵	后	阴	玄

合	贵	贵	玄	父	丙申	合	⊙
申	巳	巳	寅	兄	己亥	空	
巳	寅	寅	壬	子	壬寅	玄	

正议　戌时鬼乘青龙，支上贵坐长生，中传皇书乘马，三传递生，城吏全逢，大吉之象。戌为河魁，传成四孟，去可署首县。不待俸满，叠次升迁。申为七品，亥为四品，自申传亥，快转府职。六合生日发用，似有婚姻之兆，支来加干，奔者为妾，三传玄胎，可占弄璋。

案验　时楚省贼退，先署首县，叠升府衔。现有纳宠之事，其后生子亦准。

例二：咸丰甲寅年巳月甲申日巳时，骆姓占前程。亨通，润下。

勾	合	朱	蛇
酉	戌	亥	子
青申			丑贵
空未			寅后
午	巳	辰	卯
虎	常	玄	阴

玄	蛇	合	虎	财	壬辰	玄
辰	子	戌	午	官	甲申	青
子	申	午	甲	父	戊子	蛇

正议　问：正时巳逢建旺，可许子多？曰：日上午空，三传会水，申命上子又冲午。此孤命也。然午坐长生，绝而不绝，螟蛉抱养，可以生财。三传递生，支辰三合，现有内亲合伙营生，得利。丧吊孤寡俱见三传，父母早丧，亦防克妻复娶。

案验　同胞者四，仅有一侄。现在郎舅合伙得利，将与四弟议婚图继。

附议　本日未时一课，中传午空，却有四子，以乘龙相生故也。终亦不能皆成也。此课不惟子爻逢空逢墓，而末传与命上冲之更可忌。

繁昌课

凡夫妻年立德方发用，为繁昌课。盖夫妻行年乘本命旺相气，又值干支德合，或年立时令旺相之乡，此阴阳俱胜，运气交接，夫妻合好，情欲必动，妊娠繁华昌盛，故名繁昌课。占者人丁旺相，胎孕招贵，统“咸”之体，乃男女交感之课也。

象曰：“阴阳和合，万物生成，命招贵孕，娠必男形，谋为大利，家道自兴。如逢互克，分散零丁。”

夫命是水，行年甲寅，上见子水，水木相生。妻命是金，行年己亥，上见酉金，金水相宜。甲与己合，寅与亥合，各乘本命旺气，为德孕格。或用用此二命，主怀孕，年内必生贵子。或已有孕，妻年上酉，法主十一月乙日午时当产。甲己合主生子，黄色壮大端厚，好读书得官也，当应咸“亨利贞，娶女吉”象。产期法取妻年位上神前三临官位为生月，冲位干为生日，乃分十干次第推。辰戌月用戌，丑未月用巳。后三绝位为生时。如妻行年上见申，主十月甲日巳时分产。余仿此。生子善恶情性，如夫妻行年丙辛作合，主生子黑色，肥满多力，凶恶为人，好武得官。丁壬主青色，目深秀，多道艺文学得官。乙庚主白色，清俊好音律，善兵法得官。戊癸主赤色，上尖下大，爱畋游，善伎术得官。行年值败绝刑害，为德孕不育，当应咸上六“咸其辅，颊舌”之象。

如壬申日未时巳将，夫行年甲寅，妻行年己亥，上下相生作合，乘本命旺气，为繁昌课、德孕课。

	朱	蛇	贵	后
	卯	辰	巳	午
合寅				未阴
勾丑				申玄
	子	亥	戌	酉
	青	空	虎	常

蛇	后	阴	常
辰	午	未	酉
午	申	酉	壬

财	庚午	后
官	戊辰	蛇
子	丙寅	合

《观月经》

夫妻行年上，德孕卦如何。夫年四十九，岁在甲寅落。妻年三十四，己亥五行科。[①] 己得亥上甲，产子更无过。[②] 此年的有子，依理定无差。此为怀孕卦，行年若调和。[③] 不论三传事，学人奈如何。他例还依此，欢唱是高歌。

《心镜》

德孕行年课十干，还如甲己类同攒。夫年立甲妻居己，孕即灵胎贵复安。乙将会庚丙辛合，[④] 受气妻年上是端。午上有神须觅取，日月时皆递互看。

《曾门》

夫妻之年，甲己相合，更立德乡，子孙繁昌。

旺孕格

凡夫妻行年俱随旺相气三合位上，为旺孕格。盖三合异方同类相望，又逢兴旺之时，当主胎孕，故名旺孕格。受孕法：如妻行年见巳，主正月壬日申时受孕。其法取妻年上神后三位受气为孕月，冲位干为孕日，亦分十干次第。辰戌月用戊，丑未月用己，前三位临官为孕时。妻行年上见午，二月癸日酉时当受孕。余仿此。

《观月经》

夫妻年命上，旺相两般推。妻金三十四，夫水三十七。女命亥上觅，夫年寅上推。七月未时占，妊孕无改移。从魁临在该，金旺更无疑。[⑤] 神后立于寅，夫运五行知。[⑥] 二旺当怀孕，合卦宜所归。[⑦] 阴阳生是子，胎命合如斯。他年依此起，[⑧] 旺孕卦推移。不干三传事，此课少人知。[⑨]

《心镜》

夫妻行年旺相神，异方三类合同群。春占有孕在何处，妻午夫年立在

---

① 男行年一岁起丙寅，逆总顺零，四十九在甲寅。妇行年一岁起壬申，顺总逆零，三十四在己亥也。

② 甲与己合，寅与亥合。

③ 男女行年若相调和也。

④ 干合即甲己之类，如夫年立庚，妻年立乙，皆主福德之孕也。

⑤ 妻命是金，年上见酉，金旺也。七月金旺占。

⑥ 夫命是水，行年上见子，是水旺也。

⑦ 夫妻行年俱旺，当怀孕生子也。

⑧ 其它夫妻行年亦依此起。

⑨ 不与四课三传事同。

寅。[1] 受气于秋何以决，妻在子兮夫立申。[2] 此类悉皆为合类，欲求他年在区分。

《曾门》

年立旺相，子孙有象。谓夫妇行年立旺相之乡，三五相望，同类异位，时立旺相气，其岁中必有受孕生贵子也。

《定章》曰：夫妻之年同类异位者，寅午戌、亥卯未、巳酉丑、申子辰。如寅午戌俱火相与同类，寅本东方，午本南方，戌本西方，此同类而各一方，为异方同类也。三辰相去五位，谓之三五相望为合也。

如春占，夫年立午，妻年立寅，春木旺火相，是夫妻之年俱立旺相之乡，受气岁中，必产贵子。如子临年，当八月丁丑日卯时受孕大吉。

如寅加年，主四月庚日亥时产。

法曰：取妻年上神后三位为受孕之月，再后三三为受孕日时也。取妻年上神前三位为生月，再前三三是当产日时也。

荣华课

凡禄马贵人临干支年命，并旺相气发用入传，更乘吉将为荣华课。如丙寅日干上申，支上巳，为干支禄马，申发用，中传贵人，主君子加官进禄，常人谋为财利，进身修宅俱吉。壬申日干上寅之类亦然，此禄马又遇贵人，主人荣达，又遇光华，故名荣华，统“师”之体，乃士众拥从之课也。

象曰：“干支吉神，入宅俱利，经营俱亨，动止均美，孕育麟儿，婚成连理，用兵征讨，得地千里。”

如癸丑日巳加癸，日贵为财；丙寅日申加丙，日马为财之类，大利求财。甲申日干上丑之类，为干支见昼夜贵人，主事得两贵周全成合。乙酉日子加申之类，为昼贵坐夜贵；丁卯日夜酉加亥之类，为夜贵从昼贵，宜告贵求事，必于两处贵人成就。惟占谒不见，缘贵往见贵，多不在宅，或官长访官得见。

甲戌庚日干上丑例，为贵人临身，宜干贵成事，乙辛二日干见贵人临身辰戌上，非坐狱，亦宜干谒。余日坐狱为受贿，宜阴阳私祷。或一日全无逆贵，凡进取、告贵、催督诸事，皆顺无阻，贵为月将尤美，当应师九二“承

---

① 如春占木旺火相，夫年三十七，行年在寅，妻年二十七，行年在午，故云夫妻行年旺相神。寅在东方，午在南方，寅午三合，故曰异方三合也。

② 或秋占金旺水相，申子亦是三合也。

天宠”吉象。如一日全无顺贵及贵人坐狱，告贵不允，宜退不宜进，进则返坐。甲子日昼贵丑坐酉，夜贵未坐卯，为贵人蹉跎，告贵干事多不归一。丁酉日干上酉，支上亥，四课皆是昼夜贵人，为遍地贵人，乃贵多不贵，告贵无成，事反无依，在任多差使，或权摄不一，占讼尤凶。日贵在夜，开眼作暗；夜贵在日，自暗而明。贵在干前，事不宜迫，迫反为贵所怒。贵在日后，宜催不宜慢。丙丁日亥加未，酉加巳之例，两贵坐受克方，为尖担两头脱，不可告贵用事，或白虎乘丑临丑，占讼贵人嗔怒。朱雀乘神克贵，求文书贵人忌惮。此例不论在传与干支见也。丁丑日酉加未、亥加酉为例，两贵逢空，凡事许后被人搀越，或人误报虚喜，喜反有所费事，换旬可成。六丁日亥加未例，贵作日鬼临干，占官利，占病神祇为害，临支家神致病，宜修设安慰宅神则吉，墓鬼尤凶。贵作六害，占讼理直而作曲断，小就大，巧就拙，惟宜识时屑就不妨也，余皆不利。当应师六五“弟子舆尸，贞凶”之象也。

如丙申日卯时子将，干上寅为驿马，支上巳为日禄，初传巳为相气，加申为用，末传亥为贵人，寅命上亥为贵人，行年巳为禄，上见寅马，俱乘吉将，为荣华课。

合 勾 青 空
寅 卯 辰 巳
朱丑 午虎
蛇子 未常
亥 戌 酉 申
贵 后 阴 玄

合 空 贵 合
寅 巳 亥 寅
巳 申 寅 丙

兄 巳 空 ◎
父 壬寅 合 ⊙
官 己亥 贵

此课如庚辰日亥加寅，寅命，占科举必高中，盖昼以夜贵、夜以昼贵为帘幕官。寅命上见亥为月将官贵，行年辰上见丑为帘幕官，魁星并照，朱雀翱翔，乘巳临身故也。

青 勾 合 朱
寅 卯 辰 巳
空丑 午蛇
虎子 未贵
亥 戌 酉 申
常 玄 阴 后

玄 空 青 朱
戌 丑 寅 巳
丑 辰 巳 庚

官 辛巳 朱 ⊙
财 戊寅 青
子 乙亥 常

荣华课案例

例一：咸丰壬子年巳月壬申日午时，湖南张坚甫占会试。荣华，遥克，玄胎，源消根断。

	青 空	虎 常	
	申 酉	戌 亥	
勾未			子玄
合午			丑阴
	巳 辰	卯 寅	
	朱 蛇	贵 后	

后	常	朱	后
寅	亥	巳	寅
亥	申	寅	壬

财	己巳	朱	
父	壬申	青	
兄	亥	常	◎

正议　禄马加干支，正贵加午年，幕贵加命，朱雀建旺发用，及衣锦荣归之象。但四下生上，日禄空亡，又带病符月破，须防身宅脱耗，明年辰墓克日欠吉。

案验　是科果中十名。

德庆课

凡课，日辰干支德神，及天月二德发用，并在年命乘吉将，为德庆课。德者，和气也，主福家吉神也。干德者，甲己德寅乙庚申，丙辛戊癸在巳轮，丁壬亥位取日德。课若逢之万象新。支德者，子日起巳顺行十二辰。天德者，正丁二坤宫，三壬四辛同，五乾六甲上，七癸八艮逢，九丙十居乙，子巽丑庚中。月德者，正五九月丙，二六十月甲，三七十一壬，四八十二庚。二德扶持，众凶皆散。善莫大于德，故德有庆会，盖德能利物济人，掩凶作善，转祸为福，而有喜庆，故名德庆课，统"需"之体，乃君子欢会之课也。

象曰："德神在位，诸杀潜藏，囚禁的释，病危无妨，婚成佳配，孕产贤郎。凡占谋望，事事吉昌。"

如德神为鬼，占功名利，病无妨，乘龙尤吉。或四煞辰、戌、丑、未没四维乾、坤、艮、巽，大吉，百事无碍，虽凶将无灾，当应需九五"贞吉"之象。若带杀乘虎，或德空，或神将外战被刑克，不吉。或子日巳德归亥，乘玄武夹克，为减德，事参商。或乙日申德加酉为用，酉来克乙，申化鬼，乃君子为小人，四杀不没，应九三"致寇至"之凶象也。

如戊子日戊时卯将占，巳为德神加子发用，为德庆课。

　合勾青空
　戌亥子丑
朱酉　　寅虎
蛇申　　卯常
　未午巳辰
　贵后阴玄

合　阴　常　合　　父　癸巳　阴
戌　巳　卯　戌　　兄　丙戌　合
巳　子　戌　戊　　官　辛卯　常

《订讹》[1]

德庆课案例

例一：道光乙巳年巳月丁巳日亥时，肄业汉阳书院，自占制宪月课。

　青空虎常
　寅卯辰巳
勾丑　　午玄
合子　　未阴
　亥戌酉申
　朱蛇贵后

朱　青　勾　虎　　官　癸亥　朱
亥　寅　丑　辰　　财　庚申　后
寅　巳　辰　丁　　兄　丁巳　常

正议　问：龙作旬首生日，雀乘幕贵日德作官星发用，此次应高列？曰：旬首加支，又与支阴作合，其情专注他人。日上重土晦火，又乘凶煞，不能受其生，且三传自支归支，与己无涉，但同砚者必作首耳。

问：比邻共炊者六七人，应在何友？曰：两木加支，当是林姓第一。

参议　是次窗友林理臣首选，已列于后。年终有湖南岳麓之行，其后官德幸中。因两贵拱命，理臣两次副车，教授生徒济济，敦行孝友。其子五人，两人秀才，前程远大。此应亥水文德之象。

合欢课

凡课，日辰遇天干作合，及支三合、六合发用，并占人年命俱乘吉将，为合欢课。天干合者，甲己为中正合，乙庚为仁义合，丙辛为威权合，丁壬

① 意同。

为淫讹合，戊癸为无情合。六合者，子合丑实，丑合子空；亥合寅就，寅合亥破；戌合卯旧，卯合戌新；辰合酉合，酉合辰离；巳合申顺，申合巳逆；未合午晦，午合未虚。三合者，亥卯未繁冗驳杂，巳酉丑矫革离异，寅午戌党侣未正，申子辰流而不清、滞而不竭、宜动不宜静。凡日辰年命见合，主和合，合则新，则人欢事成，故名合欢课，统“井”之体，乃婚姻团圆之课也。

象曰：“乾坤匹配，奇偶交并，占孕迟生，行人荣省，名利乔迁，财喜欢称，婚姻天缘，万事佳庆。”

如三合，事关众，克应过月。六合，阴阳配，夫妇和顺。或日辰阴阳年命六处，传逢吉将，四杀没，合多吉多，凡事成就顺利，往无不吉。从凶杀亦主凶中和合，或合带刑害，有德在末有气，乃入凶遇吉，可以小用宛转。或二阴作合，求婚大吉，当应上六“井收，勿幕；有孚，元吉”之象。若占凶事，守旧愈迟疑。求文书干事，见合无气，终滞，似不决意，不若不见为妙。占病凶将尤甚，传进病难退。占失脱，藏匿难获。或合带刑冲破害，合而藏祸，内吉外凶。合空事费力难济，传退连茹，合带暗鬼克日，乘蛇、虎、雀有害，不可意外狂图，及托人干事，当应九二“井谷射鲋”之凶象也。

如戊申日子时申将，子与干上丑作六合，加辰发用。戊日天干上丑遁得癸作合，支辰与三传合作三合，亥命见未为贵人，行年在辰见子为青龙，日辰阴阳上下作三合，四杀没于四维，又乘吉将，为合欢课。

　　空　虎　常　玄
　　丑　寅　卯　辰
青子　　　　　　巳阴
勾亥　　　　　　午后
　　戌　酉　申　未
　　合　朱　蛇　贵

青　玄　朱　空
子　辰　酉　丑
辰　申　丑　戊

财　壬子　青
子　戊申　蛇
兄　甲辰　玄

《订讹》

占主人情欢悦，相助成事，求名干贵皆宜，交易婚姻更吉。惟孕迟生，病迟愈。战讼俱和为贵。三合事关众，克应过月。六合夫妇和顺，婚姻尤妙。或六处逢吉将，四煞没，合多吉多，凡事成就，纵遇凶杀，亦主凶中和合。或合带刑害，有德在末有气，乃入凶遇吉，可以小用宛转。或二阴神作合，求婚独利。丙申日返吟，日辰阴阳上下神作三六合。辛卯日卯加辛、壬寅日亥加寅，干支相会作六合。甲申日干上亥与甲合，支上巳与申合。丁丑、己丑日干上午，干支上下作六合。戊辰日干上丑，支上子。辛酉日干上午，干支上下交互作三六合。或乙酉日三传申子辰水局生日，支上丑作六合并三合，为全吉，兼天将皆土为日财，利求财。丙申、丙辰、丙子三日，传逢水局伤日，而干上丑能敌水，不为凶。或上下交互相合，交关求财大利。或相生宜合本营生。或交合有二三，则应交涉二三事。或传遇三合全脱，本不利，而生起干上财神，或生支上财，为取还魂债，利取财。

此课虽吉，若占病讼，忧疑难散；占失脱，藏匿难获；占文书谋干必成；或合带刑冲破害，蜜里藏砒。合空事竟难济。合带暗鬼克日，乘蛇虎雀，有害，不可意外妄图及托人干事。

合欢课案例

例一：道光乙巳年亥月丙辰日戌时，占来年南行。合欢，重审。

朱 蛇 贵 后
酉 戌 亥 子
合申　　丑阴
勾未　　寅玄
午 巳 辰 卯
青 空 虎 常

后 合 阴 朱
子 申 丑 酉
申 辰 酉 丙

财 辛酉 朱
子　 丑 阴 ◎
兄 丁巳 空

正议　幕贵作财会局，干支交车相合，日上辛与丙合，此行相投者甚众。

问：来年准行否？曰；太岁乘丁驿二马，四课天马乘游煞，遥克日干，年内必有迫之使行者。

参议　问：破碎发用，有口舌否？曰；大象皆利，小言悉化。但四课子后克日，归时不免脱耗耳。

问：何以知耗在归时？曰：子为天马，又为转煞，末传逢空，故有此象。

案验　本年十二月原拟江汉书院度岁，至二十七日，忽因事迫，独往湖南。次年肄业岳麓，膏火足用，相契甚多。初去时，同舟有武弁借衣物与质未还，念其贫困不索，归家后，托人赎回。路被贼劫。马夫寻获，亦未见还故物。

例二：道光壬辰年寅月壬子日辰时自占年将。合欢、全局。

	朱	蛇 贵	后	
	丑	寅 卯	辰	
合	子		巳	阴
勾	亥		午	玄
	戌	酉 申	未	
	青	空 虎	常	

后	虎	贵	常
辰	申	卯	未
申	子	未	壬

官	丁未	常	
子	卯	贵	◎
兄	辛亥	勾	⊙

正议　日上遁丁相合，三传会局，课名合欢，水日逢丁，有妻则克，无妻则娶。干支丁驿二马，定有萍水结姻之事。子孙作正贵，会成旺局，可占宜男。正时鬼墓乘疫煞遥伤日干，课兼天网，须防险症。喜木局制鬼解网，又作长生，无大凶。

案验　本月因事赴沔，娶继室王氏。至癸巳年始婚，乙未生长男，癸卯生次男，辛亥生三男，皆应木局。雁序亦符，本年春在省染疫归，几至殒命。

附议　问：卯值旬空，辰为太岁，克我有权，救我无力，奈何？曰：卯乘进气，逾月填实，惟岁时作墓，一年波渣，屈抑难言。

例三：咸丰辛亥年巳月戊辰日巳时，张仲远夫子占新任本府差。合欢，遥克。

	贵	后 阴	玄	
	丑	寅 卯	辰	
蛇	子		巳	常
朱	亥		午	虎
	戌	酉 申	未	
	合	勾 青	空	

青	蛇	勾	贵
申	子	酉	丑
子	辰	丑	戊

财	甲子	蛇
子	壬申	青
兄	戊辰	玄

正议　传成三合，初与日上作六合，酉遁旬癸，与干五合，干支又交车相合，可谓情意欢洽矣。但日为上官，阴阳两课丧吊全逢，酉为死气，丑为天喜，不免忧喜并见耳。

案验　此课若问流年家宅，定拟朱陈结好。因占上官，不敢妄赘。距本府到任即以孙女娶张世兄，合婚数日，本府作古，益叹事有前定，神明之降课不诬也。

附录 干支二阴神作合，占婚尤准。

和美课

凡课，干支遇三合六合，上下递互相合，取为和美课。如三传三合，干支上见六合或生日作财，三六相呼，凡谋皆遂，全无障碍，中有人相助成合，行人喜忻而来。纵为鬼杀，事亦无阻可成。如乙酉、丙申日伏吟类，日辰上下阴阳神作六合。辛卯日卯加辛、壬寅日亥加寅类，干支相会作六合。甲申日干上亥、支上巳，丁丑、己丑日干上午类，干支上神作六合。乙丑日干上子、丙寅日干上亥类，干支上下作三六合。此人情合悦真美，故名和美课。占事主客怡顺皆成，统"丰"之体，神合道合之课也。

象曰："三合六合，上下欢悦，交易大通，财利不绝，婚吉事成，病危势拙，干贵相宜，占敌和决。"

如合多吉多，事急成。合少吉少，事迟成。乙酉日三传申子辰水局生日支上丑作六合，并三合为全吉，兼天将皆土为日财，利求财而不利尊长及营生计，土将克生气故也。丙申、丙子、丙辰三日，传逢水局伤日，而干上丑能敌三六合，呼恶不成嗔，近谋有成，久则畏人拨置。或上下交互相合，交关求财大利。或相生宜合本营生。或交合有二三，则应交涉二三事。或传遇三合全脱，本不利，而生起干上财神，为取还魂债。或生支上财神，为索还魂债，利取财，或家中取财还人尤准。当应丰六五"来章有庆，誉吉"之象。如三六合占解释忧疑及问病凶事，上乘凶将，为凶难散，逢冲可解。或合作六害及空亡，好里朦暗，主合谋事有变换。若传逢寅午戌，干支上见午为自刑，丑为六害，子为正冲，乃三合犯杀，为蜜中砒，主恩中有怨，事成有阻。或交合逢空，交时和美，后成画饼。交合盗气，彼此怀脱。交害主客各有嫉妒，交刑主合到争竞，交冲主先合后难，交克主合而争讼，笑里藏刀。壬申日干上寅，支上亥，干支上神作六合，而地下壬申作害，为外好里牙槎。主外面合而内有暗谗之意，当应上六"丰其屋，三岁不觌，凶"之象也。

如壬午日巳时丑将占，戌加寅为用，三传戌午寅，干上未与中传作六合，传逢三合，日辰上下作三合，日辰旺气，传财得用为合，和美课也。

勾 合 朱 蛇
丑 寅 卯 辰
青子　　巳贵
空亥　　午后
戌 酉 申 未
虎 常 玄 阴

虎 合 朱 阴
戌 寅 卯 未
寅 午 未 壬

官 甲戌 虎
财 壬午 后
子 戊寅 合

和美课案例

例一：道光己酉年巳月壬午日子时占雨。和美，比用。

勾 合 朱 蛇
丑 寅 卯 辰
青子　　巳贵
空亥　　午后
戌 酉 申 未
虎 常 玄 阴

虎 合 朱 阴
戌 寅 卯 未
寅 午 未 壬

官 甲戌 虎
财 壬午 后
子 戊寅 合

正议　问：三传火局当旺，应是久晴之象。曰：正惟其局属火，可卜甘霖普济，何也？午为卦主，天后乘之，子时冲之，是离变为坎而成即济之象矣。阴阳和而后雨泽降，三六相呼，干支交车，乃久雨之象。

参议　问：未墓覆日克制壬水，如何？曰：卯带雨煞加未，土受木克，不能制水，明日癸未必雨，稍缓三四日必久雨。

案验　癸未日果雨，继晴，四日连雨一月。

例二：咸丰甲寅年辰月壬子日申时，占家有人来否。斩关，进间。

勾 青 空 虎
未 申 酉 戌
合午　　亥常
朱巳　　子玄
辰 卯 寅 丑
蛇 贵 后 阴

蛇 后 贵 阴
辰 寅 卯 丑
寅 子 丑 壬

官 甲辰 蛇 ⊙
财 丙午 合
父 戊申 青

正议　问：斩关自支发用，而三传进间，奈何？曰：此动而不动之象。驿马逢空，恋生，斩关作鬼逢吏，又直符发用，必不能来。

案验　时避难江右，六月雇工送亲家周柏香来，至武宁，贼党甚伙，不能进而回。

附议　问：寅卯有合龙贵，皆潜逃吉神，而辰加寅卯，又为真斩关，何以见阻？曰：辰戌为天关，加日辰为重土闭塞，本难出行，因木能克土，故名斩关。今寅卯已空，辰土建旺，朽难克旺土，况辰为直符日鬼，如偷关而逢长吏，岂能越乎？而交车相合，转神入课，虽有吉星，不过回头无恙耳。何能飞度此关？

斩关课

凡卦，魁罡加日辰发用，为斩关课。盖辰为天罡，戌为天魁，日辰人也，魁罡天关也，魁罡加日辰，犹人遇凶神，重土闭塞，若天关难度，欲信道路，必须斩开关门，故名斩关。寅[①]卯[②]以木克土，三天俱动，利于逃亡，可以出行。未[③]能护身，子[④]能掩形，太阴地户主潜藏，六合私门主阴匿，天乙神光能庇佑，青龙万里骥可至远。传遇此数神，占者利阴私，行藏隐避，永无触碍，统“遁”之体，乃豹隐南山课也。

象曰：“关梁逾越，最利逃亡，捉贼难获，出行自强，病讼凶祸，厌祷吉详，书符合药，方法最良。”

如官鬼作直符，罡塞鬼户寅也，魁度天门亥也，乘凶将，为魁罡作罗网，加四仲为天地关隔，主关梁闭塞，不利隐匿、病讼、出行等事。子天关卯天格事因天时所格，午地关酉地格事因地理所格，更详五行言之。三传内战，内外不相见而格。中冲初末，首尾不相见而格。刚日昴星，道路关梁而格。柔日昴星及伏吟，潜伏不欲见人而格。返吟不相照而格。又三交、罗网、从革，皆主阻格，当应初六“不利攸往”凶象。若传遇寅、卯、未、子乘天乙、青龙、阴、合吉将，及甲戌庚日丑贵登天门，辰罡塞鬼户，六神藏，四杀没，为四大吉时。[⑤] 此时利出行逃走，避罪隐形，合药书符、祈祷等事皆吉，则应遁九五“嘉遁，贞吉”象也。

如甲寅日亥时未将占，戌加寅为用，曰斩关课。

---

① 天梁。

② 天关。

③ 玉女。

④ 华盖。

⑤ 六神藏者，螣蛇下临子名坠水，朱雀下临癸水名投河，勾陈临卯名入狱，天空临巽名初剥，白虎临午名烧身，玄武临坤名折足。四杀没者，辰戌丑未墓临乾坤艮巽，陷于四维。

	空	虎	常	玄	
	丑	寅	卯	辰	
青	子			巳	阴
勾	亥			午	后
	戌	酉	申	未	
	合	朱	蛇	贵	

后	合	后	合
午	戌	午	戌
戌	寅	戌	甲

财	壬戌	合
子	戊午	后
兄	甲寅	虎

此课戌天魁为天关加寅，寅为天梁，利出行。又夜贵神未登天门，螣朱勾空白玄六神俱藏，辰戌丑未四杀没于四维，为四大吉时，万事俱顺利也。

《订讹》

占主利出行逃遁，贼难获，病讼凶，书符、合药、厌祷最宜。传遇寅卯未子乘天乙、青龙、阴、合，为天地独通。时又为天藏地盖时盖，寅天梁、卯天门并魁罡为天关，以木克土，三天俱动，未玉女[①]能护身，子华盖能掩形，天乙神光能佑庇，青龙万里骥可致远，太阴地户主潜藏，六合私门主隐匿，传遇数神，逃亡出行如有神助。若甲戊庚日丑贵登天门，辰罡塞鬼户，六神藏，四煞没，更吉。又传见申酉虎阴为斩关得断，逃者永不获。更带血支、血忌、羊刃、呻吟大煞，必伤人而走。大都此课最宜更新，外出喜见丁马。若守旧家居，主阻塞且有暗昧事应也。

此课虽宜出外，若魁罡作官鬼为直符，或作罗网乘凶将，及罡塞鬼户、魁度天门，皆谓之斩关逢吏。加四仲为天地关隔。加子[②]卯[③]，事因天时所格。加午地关酉地格，事因地理所格。神将克战，内外不相见而格。中冲初末，首尾不相见而格。刚日昴星，道路关梁而格。柔日昴星及伏吟潜伏，不欲见人而格。返吟，人心不相照而格。又三交、罗网、从革及不见申酉虎阴，皆名斩关不断，阻隔难行，逃者易获也。

《观月经》[④]

魁罡日辰上，发用斩关风。[⑤] 出行应吉利，居住暗相通。三传六合卦，太

① 六丁又为玉女。
② 天关。
③ 天格。
④ 名鱼失其水。
⑤ 凡见辰戌加日辰发用者，为斩关卦，必有逃走之应也。

阴地户中。[①] 功曹与小吉，天梁玉女同。[②] 青龙万里翼，华盖紫微宫。避罪宜逃走，出入有始终。戊申正月占，酉时此卦攻。亡人华盖下，天降此利亨。[③] 终向六合上，双门万里同。[④] 若言不逃走，浊乱在家中。[⑤]

《袖中金》

魁罡临日辰，传见虎阴申酉为斩关得断，逃者永不获矣。更带血支、血忌、羊刃吟呻三杀，必伤人而走。

《通神集》

天乙神光引路，六丁玉女来扶，青龙飞腾万里，天门地户俱到。占逃亡是亡者之福佑矣。

《心镜》

日辰上见魁罡立，此卦名为是斩关。前一神光参玉女，天梁地户太阴间。

更有青龙万里翼，紫微天人有防闲。逃人难捕隐逸去，长往嘉遁信不还。

《曾门》

日辰踰于魁罡，名曰斩关。或发用传及功曹为天梁，青龙为万里翼，小吉为玉女，神后为华盖，魁罡为天关，太阴为地户，六合能隐形，遇此数神，利于逃亡。

《定章》曰：若欲伏匿，昼夜必得其道，当趋前三六合，后二太阴为天门地户。逃亡当令六合临日，太阴临辰而出，为天门地户，不可克逃人年上神。审以四五为太常、青龙、六合、太阴，青龙临日，太常亦可也。六合、太阴者，天道也。亡人乘之，乃万全。若有九天九地，必万瑞安，各有上下。

春寅为九天，胜光为九地。夏胜光为九天，子为九地。秋申为九天，胜光为九地。冬神后为九天，午为九地。必欲令六合、太阴治其上下临地户。地户者，除定开危之日也。如二月辰除、未定、戌危、丑开也。

又云戊己之辰可逃亡，乘四天尤妙。再得天上三奇乙丙丁者，追之不得，视之者蒙。孤虚法如甲子旬孤在戌亥、虚在辰巳。

又云：戊己之辰不可克今日之干。假令戊己之辰是巳午，今日是庚辛，乃为戊己之辰克今日之干也。四天不欲克害今日之辰，强行者，必受其殃。

---

① 传中六合是天之私门，太阴是地户。

② 传中有功曹为天梁，小吉名玉女，佑逃走之利。

③ 此乃天之所降，亨通之途，逃人得远去，路无阻障也。

④ 终传天罡乘六合是双门，出入万里也。

⑤ 若不逃走，主家破败，盗贼浊乱之事也。

天门不可克逃人年上神。孤虚神不可克始逃之日，出天门者，六合也，必在禹步。禹步者，左足在前也。

《照胆》

除定开危卯未方，龙常阴合可逃藏。

斩关课案例

例一：咸丰癸丑年戌月甲戌日未时，占卓庭侄在县何日回。斩关，回环。

	空	虎	常	玄	
	丑	寅	卯	辰	
青	子			巳	阴
勾	亥			午	后
	戌	酉	申	未	
	合	朱	蛇	贵	

虎	后	后	合
寅	午	午	戌
午	戌	戌	甲

财	甲戌	合
子	壬午	后
兄	戊寅	虎

正议　斩关而受夹克，欲动不能自由，行年与子孙俱投墓乡，有昏晦不豫之象。寅午日，白虎斩关得断始回。

参议　问：寅为月内死气，甲死于午，上神逢白虎，似可危？曰：占女病必死，因财受夹克。此占行人，义取斩关，虎主道，宜用此神，不以凶论。六合乘建旺，子孙自墓传生，月内死气不必泥。且亥水长生加本命，贵登天门，煞没神藏回环课，必去而复来。

案验　壬午日到，遇贼无害。

例二：咸丰甲寅年巳月甲申日申时，鞋匠占年将。斩关，进茹。

	蛇	贵	后	阴	
	午	未	申	酉	
朱	巳			戌	玄
合	辰			亥	常
	卯	寅	丑	子	
	勾	青	空	虎	

玄	阴	合	勾
戌	酉	辰	卯
酉	申	卯	甲

财	壬辰	合
子	癸巳	朱
子	午	蛇

正议　正时天后乘死神血忌，干支羊刃死气血支，又乘勾陈破碎，有口舌杀伤之灾。问：初传辰土应起田坟？曰：内战发用，干、被支克，事起女人。此祸不在外而在内也。酉为私门，武为奸邪，乘戌加酉，事必淫奔，先

合后逃，逃而被获，彼此以刃自伤，几濒于死，得中末子孙救之，绝而复苏。盖干阳支阴，卯戌合而不正，四课上神卯酉辰戌相冲。斩关而去，又逢夹克罗网，是去有所阻也。且课名连茹，阴阳六害，二三牵连，俱受其累。

参议　问：斩关断而不断何也？曰：申酉太阴俱作日鬼，何异斩关逢吏？克我不暇，尚能克人乎？

案验　妇因夫失职，代匠作女红而私通焉。年余，匠欲去，妇蹑之，至百里外，馆人得其情，遂餂其货，幽于室，贪壑未满，男女引刀刺其胸，绝倒于地，匍匐延医救之，始愈。亲夫领其妇而执匠，半途兔脱，可见财色之祸甚烈，而隐微之事，不可掩也。

例三：咸丰辛亥年午月庚寅日壬午时，饶鲁怡亲家占病。斩关，进间。

	空	虎	常	玄	
	未	申	酉	戌	
青	午			亥	阴
勾	巳			子	后
	辰	卯	寅	丑	
	合	朱	蛇	贵	

青	合	后	玄
午	辰	子	戌
辰	寅	戌	庚

父	壬辰	合	
官	午	青	◎
兄	甲申	虎	⊙

正议　问：生气发用，白虎烧身，兼坐旬空，病似可治。曰：辰土生气受夹克，戌土死气遁丙，干支上神，虽属土宿，见生不生。天后作子孙，自坐克方不救。自占以日与命为主，日禄本命乘虎马，俱坐旺鬼，是虎毙而身亦毙矣。

案验　本月夏至日己酉故。

附录　鲁怡潜心于学，远到可期。拾芹未久，遽作古人，殊堪悯惜。

闭口课

凡旬尾加旬首，或旬首乘玄武，或旬首位上神乘玄武发用者，为闭口课。如甲申日巳加申，丙辰日亥加寅之类，皆旬尾加旬首为用也。如丁酉日午加酉夜将之类，皆天盘旬首乘玄武为用也。如甲子日辰加子昼夜皆地盘旬首上神乘玄武为用也。如六甲占盗贼，责玄武旬首为阳神，逆数四神，六癸旬尾为阴神，不论发用，为闭口也。夫首尾相加，似物闭藏，环圆无端，不见其口，故名闭口。其旬首六仪神吉将凶，不能兴善。旬尾度四，即武之终阴，不论首尾相加发用，自有旬首尾之意。占人求事，不语有无之态，统“谦”之体，上下朦胧课也。

象曰：“禁口不语，事迹难明。寻人没影，失物潜形。告贵弗允，论讼不平。孕生哑子，占事终成。”

如旬尾加首传逢六合，事成而凶难散。朱雀讼屈难伸，白虎不明遭罪。占病痰气阻塞，喉肿口禁。失物人见不肯明言。凡事多有闭口之意。辛未日酉加寅，日禄作闭口，又系无禄，病者必绝食而死。甲戌、甲辰日旬首作玄武，旬尾作为终阴。甲子、甲申、甲甲寅四日，非旬首作玄武，俱以玄武所居为阳，逆数度四为阴神，不论旬尾，六癸神亦作闭口也。甲辰日辰为旬首，乘玄武为阳神加申，女走求男之下，去西南方捕之可获。逆数四，丑为阴神加巳，奴走从女之下向东南捉之可得。非六甲日玄武阳神本位上所得为阴神。乙卯日或卯为玄武，阳神临戌，女往西北方自追之。申为玄武阴神加卯，捕逃奴并盗贼，正东方获之。三传相克带凶神并勾陈克玄武，追逃亡，武受克日时决可获也。相生吉将则难获也。藏物阴神生处搜之，金神求水泽，水神隐林丘，木藏窑冶处，火藏泥窖投，土藏金石之下也。

如甲申日卯时子将占，巳为旬尾加申用，为闭口课。

	蛇	朱	合	勾	
	寅	卯	辰	巳	
贵丑					午青
后子					未空
	亥	戌	酉	申	
	阴	玄	常	虎	

蛇	勾	虎	阴
寅	巳	申	亥
巳	申	亥	甲

子	癸巳	勾
兄	庚寅	蛇
父	丁亥	阴

凡旬尾加干，旬首加支，为一旬周遍格，但日辰相离三位有之，占事不脱，所谋皆就，试宜代笔，讼宜换司，交易去而再来。

惟不宜占解疑事，及疾病难退也。

如乙未日卯时寅将占，首尾加支干，为一旬周遍格。

勾 青 空 虎
辰 巳 午 未
合卯　　　申常
朱寅　　　酉玄
丑 子 亥 戌
蛇 贵 后 阴

青 空 朱 合　　财 戊戌 阴
巳 午 寅 卯　　兄 癸卯 合 ⊙
午 未 卯 乙　　子 甲午 空

阳神作玄武课

空 虎 常 玄
贼与男走处← **丑** 寅 卯 **辰** →女走处
青子　　　巳阴
勾亥　　　午后
戌 酉 申 未
合 朱 蛇 贵

玄 蛇 后 合　　财 　戌 合 ◎
辰 申 午 戌　　子 庚午 后 ⊙
申 子 戌 甲　　兄 丙寅 虎

阴神作玄武课

朱 蛇 贵 后
戌 亥 子 丑
合酉　　　寅阴
玄阴贼与男走处← 勾**申**　　　**卯**玄 →女走处
未 午 巳 辰
青 空 虎 常

后 勾 阴 合　　兄 甲寅 阴
丑 申 寅 酉　　财 己未 阴
申 卯 酉 乙　　父 　子 贵 ◎

《订讹》

闭口：[1] 首尾相加，似物闭藏，环圆无端，不见其口，故名闭口。占主闭密，机关莫测，事迹难明，寻人没影，失物人见不肯言。纵乘贵，告贵不允。孕生哑子，病痰气格塞喑哑，或禁口痢，或喉塞不食。讼屈不得伸，有冤莫诉。传逢六合，喜事成凶难散也。日禄作闭口，病更凶。若又值无禄课必死。逆推四神，专为逃与盗而设。六甲日旬首乘玄武，是为玄武阳神，其加临位下，可以捕女。连根逆数四位，即旬尾，是谓玄武阴神，其加临位下，可以捕男。如甲辰日，辰旬首，则丑旬尾，辰乘玄武临申，则寻女于西南申方。逆四度丑临巳，则寻男于东南方是也。非六甲日不必度四，但看玄武乘地盘为阳神，可以捕女，天盘为阴神，可以捕男。如乙卯日卯乘玄武临戌，则寻女在西北戌方，寻男在正东卯方是也。三传相克带凶神，并勾陈克武，追逃亡，武受克日时，可获。相生带吉将难获也。失物在阴神生处寻，如玄武乘金，金生水，藏水中；乘水，水生生，藏林中；乘木，木生火，藏窑冶中；乘火，火生土，藏泥窖中；乘土，土生金，藏金石下也。

此课外有旬尾加干，旬首加支，或旬首加干，旬尾加支，名一旬周遍格。占忧喜事各皆不脱，试宜代笔，讼宜换司，交易去而再来。六阴日发用玄武，又名察奸课。

又有占寻人法，专看干德、支刑所临之处，相克何如。德如甲己在寅，乙庚在申之类。刑如子卯相刑及辰午酉亥自刑之类。如甲戌日，甲德在寅，戌刑在未，寅临未，君子隐西南；未临子，小人逃正北；而寅木克未土，是德克刑也，易获。如己巳日，己德在寅，巳刑在申，寅临亥，君子隐西北；申临巳，小人逃东南；而申金克寅木，是刑克德也，难获。

《观月经》

凡言闭口卦，其理两般陈。六甲当旬上，须推度四辰。[2] 阳神作玄武，阴逆四旬同。子为玄武上，从魁作阴神。[3] 假令河魁下，阴居小吉身。[4] 忽然临传送，太乙为使臣。[5] 易位胜光上，太冲隐去人。[6] 天罡若作武，大吉是其

---

① 或旬尾加旬首乘玄武发用，或旬首在天盘乘玄武发用，或旬首在地盘，其地盘上神乘玄武发用，皆是也。又法不论发用，但看玄武当旬首，逆推度四神，虽无首尾相加，自有首尾之意亦是。

② 六甲即甲子等六日，度四辰推之。

③ 逆四是终阴。阳神，六甲旬首。阴神，六甲旬终。子为玄武，阴神在酉，是甲子旬终也。

④ 戌上为玄武，未上有阴神，甲戌旬终也。

⑤ 申为玄武，则巳上是阴神，甲申旬终也。

⑥ 午为胜光，太冲是阴神，甲午旬终也。

宾。功曹居贼下，登明无处伸。失男阴下去，[1] 玄武女人奔。[2] 贼在阴神下，搜寻此处陈。[3] 假令正月占，卯时甲子旬。玄武天罡上，天罡下临申。女往西南去，[4] 急走在北邻。[5] 大吉东南去，阴位伏阳人。[6] 贼盗亦同此，两般一体陈。[7] 不见六旬日，阴居下法真。[8] 上法推阳首，此法相兼阴。[9] 玄武所乘者，为阳盗贼侵。阳之本位处，所见却为阴。[10] 正月乙卯日，午时课六壬。卯为阳在戌，传送本位金。[11] 女往西北去，[12] 男往正东寻。[13] 盗贼同阴作，[14] 此是一段陈。其贼擒不擒，传中生克明。三传不相克，吉将求难寻。凶将有相克，亡人贼自擒。[15] 欲知藏物处，阴神生处寻。[16] 金来在水下，[17] 水生在高林。[18] 木神窑冶处，[19] 言火隐高岑。[20] 土言坑壑内，空墓窑藏深。[21] 若论寻获日，玄武怕日擒。此法随身宝，价值百锭金。[22]

---

① 六甲日失男子，奔走阴神下去也。

② 如失了女子，玄武位寻也。

③ 假令甲子日亥将卯时占，来问女人事，其阳贵神自巳逆数至申为玄武，申为西南，其西南不见，寻阴神落处。申是玄武阴神，落于子，子为正北，若捉盗贼，阴神之下正北获也。此解乃尉山人书。

④ 玄武所立位下临申，去西南寻人也。

⑤ 西南不得，申临子位，即于正北上寻之。

⑥ 甲子日玄武在辰，大吉为阴神，丑临巳，是知东南上伏阳人也。

⑦ 若失盗亦东南去，两般一解也。

⑧ 若是六旬首日，玄武居之，即在本位下。不在六旬日者，用下法推之也。

⑨ 若非六甲日，玄武在巳酉丑、亥卯未，是阴神之下。除六甲之外，皆用此法推之，故曰相兼阴也。

⑩ 玄武所乘之神为阳神也，便是盗贼之处，其阴神本位上见者，为阴神也。看阳神与此方位相度处详之。

⑪ 其卯为玄武，是阳神，临戌。其本位上见申金也，为阴神。言阳金克木，即易见也。比合难见也。

⑫ 西北是玄武所临之下，戌地也。

⑬ 玄武所乘之神临戌地，亥将加午，其卯加戌，玄武临之，女逃西北，从地盘之戌，阴求阳也。男逃正东，从天盘之卯，阳求阴也。此解乃尉山人书。

⑭ 若失物，盗贼则在正东也。失牛问大吉，失马问胜光何方。鸡犬等项，各看所属而言之，乃阴神所临之下也。

⑮ 但凡玄武阴神所临之下，不见克者，看发用三传，若中二传逢吉将，三传上下相生，即亡不见也，贼盗难获也。故云三传不相克，吉将求难寻。若玄武所居之处，三传相克，更逢凶将，即亡人易获也，贼盗自擒，故云凶神有相克，亡人贼自擒也。今日玄武阴神申卯，上克下，将勾陈凶将，合主申时败贼也。

⑯ 申为玄武之阴神，属金，金生水，藏物当在水中也。

⑰ 金为武之阴，物在水之中也，谓金能生水也。

⑱ 水为玄武阴神，藏在林木之中也。

⑲ 木为玄武阴神，物在火焚之地。

⑳ 谓火生土，物在高崖之处。

㉑ 土为阴神，在壑穴之处也。

㉒ 木为阴神，金日得之，木怕被金克也。

《心镜》

阳神作玄武，度四是终阴。[①] 此名闭口卦，逃者远追寻。亡人随玄武，捉盗往终擒。[②] 顺行阳所起，逆行阴所临。[③] 婢走求阳处，奴逃责阴神。[④]

《袖中金》

旬尾加旬首，为闭口，逆数四神责玄武。凡占多主闭密，不能测其机关。如占病是哑，或中风不语，痰塞咽喉，或禁口痢，或咽喉肿疼，不能饮食言语。占失脱，纵有见贼亦不肯说。凡事闭口无语，又不相允，有无之意。余占更详天将言其事类。如其上乘贵人，告贵不允。上乘朱雀，占讼枉者不伸。上乘白虎，使人不明遭罪。

《观月经》[⑤]

五阳德自处，[⑥] 阴来合者论。[⑦] 乙日庚为德，丁开壬户门。己土居阳甲，辛金丙处云。癸德配在戊，[⑧] 刑来支上论。[⑨] 贤士去德下，奴婢走刑村。德若克其刑，逃亡路失魂。刑若克其德，逃亡有遁门。刑德不相克，闭口卦内寻。[⑩] 正月甲戌日，辰时发课占。贤士西南去，未地有灾烦。甲日德自处，贤士在西南。[⑪] 奴婢正北走，刑地蓦墙垣。[⑫] 六月己巳日，卯时走失看。贤士西北去，亥地上绕栏。[⑬] 奴婢东南窜，巳上乱情欢。[⑭] 此谓刑克德，走人若见难。[⑮] 巳申寅举二，此卦不一般。

《心镜》

刑德追亡好恶分，德在日兮刑论辰。阴德在阳阳自处，乙德在庚访好人。辛居丙上丁壬位，癸在戊中求见真。寅午戌兮刑在火，申子辰兮在东邻。金

---

① 阳神，六甲旬首。阴神，六甲旬终。功曹作玄武，终阴是登明。故曰四是终阴。

② 逃人在玄武方捉，盗在阴神方捉。

③ 天乙顺治，在玄武阳神所居为起，天乙逆行，在玄武阴。

④ 婢走求阳玄武，奴逃求阴玄武。婢走就奴，故求阳，阳是婢藏之家也。

⑤ 刑德卦。日干论德，高人隐之。日支论刑，贱者所隐方。

⑥ 甲丙庚壬戊自居曰德。

⑦ 夫唱妇随之道。

⑧ 以上论德取干合也。

⑨ 刑论支也。

⑩ 如有逃去，先以德刑克上推之。如不相克者，闭口卦中寻之。

⑪ 寅临未也。

⑫ 戌刑未，未临子，故奴婢走北去也。此名德克刑。

⑬ 己德在甲，甲在寅，寅临亥也。

⑭ 巳临申，申临巳也。

⑮ 申克寅，是刑克德也。

刚刑西木归根,[1] 贱者逃亡不妄陈。或有德刑同一位，良贱皆于彼隐身。德若克刑寻易见，刑之胜德捉无因。

《袖中金》

德者，干德也。阳德自处，阴德附阳。寅午戌刑在南方，申子辰刑在东方，亥卯未刑在北方，巳酉丑刑在西方。谓金刚火强，各刑其方也。水流趋东，木落归根，是君子赍德，小人责刑。德胜刑吉，刑胜德凶。

闭口课案例

例一：咸丰癸丑年辰月己酉日丑时，在臬署占寄通城行辕。闭口，轩盖。

	空	虎	常	玄	
	寅	卯	辰	巳	
青	丑			午	阴
勾	子			未	后
	亥	戌	酉	申	
	合	朱	蛇	贵	

虎	阴	青	常	父	丙午	阴	
卯	午	丑	辰	官	卯	虎	◎
午	酉	辰	己	财	壬子	勾	⊙

正议　岁乘青龙，常逢月建，高盖乘轩，贵登天门，官声之显赫无疑也。第旬尾加首，名曰闭口，或民有情而难伸于官，或官有意而难闻于朝。据干阴丑为田，龙为脉，此时帑项空虚，民力凋敝，田粮一件，实属两难。然交车相合，兼以相生，占事主交相为力，官为民达其隐，民为官献其囚。上下共济，将不劳而功成。不然，三交赘婿，自刑发用，其事缠绵不脱，而子水财空，师久饷运维艰，此所当预计者也。窃土匪胆敢毁署操刀，案已不小，何能轻恕?第作乱者，未必尽有粮之人，不过元凶藉此以动愚民也耳。山邑虽顽，究之不善者少，而善者多，用其善以诛不其不善，则不善者势孤而胆赛矣。且通城之匪与别县略异，他以抢劫为证，则玉石易分。此以抗粮为名，则一县蒙恶。官兵将到之时，不但匪徒走避，即善良亦皆畏罪而裹足不前矣。据课象，似宜恩威并用，先谕公正绅耆出首，导扬德意，协剿渠魁，并商善后事，宜为便。

江大人不弃刍荛，接阅此课，即将所获从犯数人释放，遍传恩意，从匪者数千皆散，复与绅士协缉首犯，其事遂结。

附录　原稿有八百余字，此特录其大略耳。

---

① 巳酉丑刑在申酉戌也，亥卯未刑在亥子丑也。

大六壬通解

叶飘然大六壬讲义

（中）

叶飘然◎著

六壬与遁甲、太乙，世谓之三式，而六壬其传尤古。大抵数根于五行，而五行始于水，举阴以起阳，故称壬；举成以该生，故曰六。其法有天地盘与神将相临，虽渐近奇遁九宫之式，然大旨原本羲爻。盖亦易象之支流，推而衍之者矣。

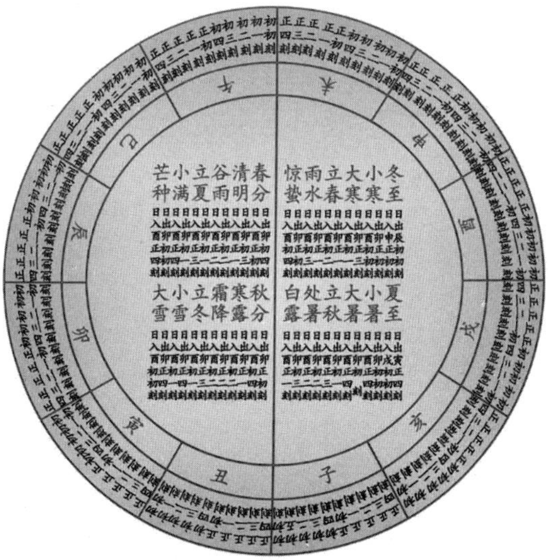

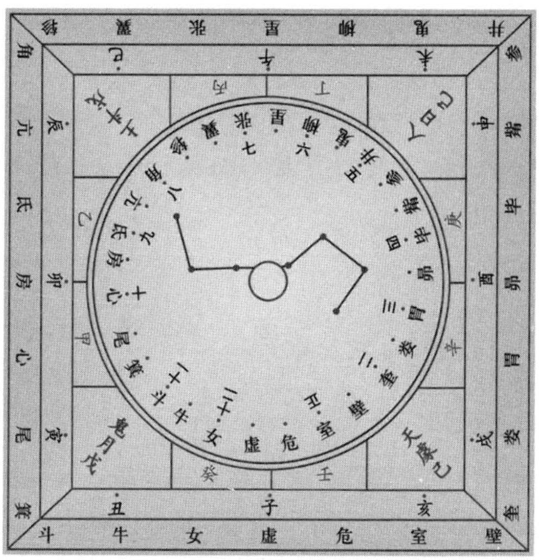

责任编辑：李成志　薛　治
责任印制：李未圻

图书在版编目（CIP）数据

大六壬通解／叶飘然著．——北京：华龄出版社，2011．1
ISBN 978－7－80178－791－0
Ⅰ．①大．Ⅱ．①叶．Ⅲ．①占卜－研究－中国
Ⅳ．①B992．2
中国版本图书馆CIP数据核字（2010）第242545号

书　　名：大六壬通解
作　　者：叶飘然　著

出版发行：华龄出版社
地　　址：北京市东城区安定门外大街甲57号　**邮　　编：**100011
电　　话：（010）58122246　**传　　真：**（010）84049572
网　　址：http://www.hualingpress.com

印　　刷：九洲财鑫印刷有限公司
版　　次：2011年1月第1版　2021年11月第2次印刷
开　　本：787×1092　1/16　**印　　张：**72.25
字　　数：1268千字　**印　　数：**4001～7000
定　　价：168.00元（全三册）

游子课

凡课，三传皆土，遇旬丁、天马为用，曰游子课。盖土者辰戌丑未，季神归墓，五行之时，主巡游考绩之期。旬丁者，每旬丁干所值之神，主摇动，事最速。天马者，正月起午，顺行六阳位也，又为驿递之神。身势摇动，使人好游，故名游子。居者占之欲游，游者欲还家也。统“观”之体，乃云萍聚散课也。

象曰：“丁马加季，奔走西东。出行吉利，坐守困穷。疾病难产，官讼多凶。天阴不雨，婚事胡从。”

如传出阳神，欲远行，初未中戌之类；传入阴神欲私归，初戌中未之类。或并斩关为绝迹，犹范蠡去越、张良归山，不欲露迹之态。与淫泆并，主私欲事，欲远行。与天寇并，主盗贼事，欲远匿；与行年并身，欲逃亡。与五墓四杀并，神将凶，主事迍邅，岁内官灾，行藏出入，恶祸相攻，破败在三年审定内，当应观初六“童观”凶象。若遇三奇、六仪、神将吉，年命、日辰六处有冲克救神，可解祸为吉，行人来，出者顺，事多遂意，当应观六四“观国之光”吉象也。

如三月将，乙巳日午时，三传土遇丁马用，为游子课。

	勾	合	朱	蛇	
	申	酉	戌	亥	
青	未			子	贵
空	午			丑	后
	巳	辰	卯	寅	
	虎	常	玄	阴	

蛇	勾	朱	青
亥	申	戌	未
申	巳	未	乙

财	丁未	青
财	庚戌	朱
财	癸丑	后

《订讹》

游子:① 土为季神，有遍历巡游之象。旬丁二马，俱主摇动，使人好游，故曰游子。见天马又名海角课。

占主利出行，不利守静，病凶婚阻，逃难获，天阴不雨。或支二课加干二课为用，或传送白虎为用，主动更的。未戌丑为阴传阳，欲在家远出。丑

① 三传皆土，又或见旬丁，或见二马。

戌未为阳传阴，欲在外思归。丑加辰为破游，戌加未为衰游，返吟四季为复游。传值墓神煞害，主冤家逼迫。传值合龙戏驿，主万里奋飞。斩关并为绝迹，课如范蠡、张良归山来迹。淫泆并，因阴私欲逃。天寇并，因为盗欲逃。行年并，主身欲逃故。来问，五墓四煞并，神将凶，主事迍邅破败。[①]

《观月经》

何类名游子，五坟稼穑同。三传皆四季，恶事亦相攻。[②] 病者应难愈，逃走与西东。[③] 破财三年内，官灾在岁中。三传如有救，反祸却为通。[④]

《心镜》

三传四季有六丁，不然天马又相并。占身欲出名游子，逃者天涯地角停。[⑤] 中见天魁为天马，末于大吉利斯成。若值墓神并杀害，恐有冤家来逼刑。[⑥]

《袖中金》

三传俱季名曰游子。若旬中六丁与天马上卦者，主其人若不远行必欲逃亡，占捕盗难获。

《指窍》

四季相传丑辰未戌，春曰稼穑，而生长以时；夏曰游子，而漂流不定；秋曰地角，据一隅而亡天下；冬曰五墓，舍朝市而守丘虚。逆传四季丑戌未辰，春占越库，散财不以其道；夏占传魁，委用不得其人；秋占杀墓，势将兴而将起；冬占伏阴，机渐收而渐藏。四季为稼穑，辰为五阳之促[⑦]，戌为五阴之促[⑧]，名为老阳老阴，病者气短，占物价高。辰戌无贵人见之者凶。辰罡戌魁，经魁经罡，压宅宅凶，压人人困。故曰“斗柄知时节，人间日履新。”辰为更新，戌为故旧，舅伯之亲，占病气满肠脾，小口灾，欲浮肿，以日鬼言之。四季为墓，占讼不动。独辰戌对冲，占事则紧。丑未贵常本家，占之者主兄弟和气不足，田园改拓亦是，倚势作威之象。壬癸日皆主不好，癸未

---

① 此课动摇不定之象，大端凶。若值三奇六仪，神将吉，六处冲克救神，可化凶为吉，主行人遂意也。

② 土为三传，名游子卦，主恶事起。

③ 主病疾连绵、人离。

④ 或传奇仪为救神，遇吉神亦救吉。

⑤ 三传四季，更有六丁天马者，天涯地角卦也。

⑥ 用神今日之墓与杀并者，即为五坟四杀卦也。

⑦ 《易》为夬卦。

⑧ 《易》为剥卦。

日得之有救有财。辰戌白虎凶重，作玄武有凶徒之搅，壬癸日用之尤凶。白虎主家有灵柩孝服之事，乙日得之不妨。虎蛇主虚耗。

游子课案例

例一：同治癸亥年戌月癸丑日辰时，自兴安府雇舟，占何日动身。李姓占弟被掳回否，同此。游子。

	贵	后	阴	玄	
	巳	午	未	申	
蛇辰					酉常
朱卯					戌虎
	寅	丑	子	亥	
	合	勾	青	空	

勾	勾	勾	勾
丑	丑	丑	丑
丑	丑	丑	癸

官	癸丑	勾
官	庚戌	虎
官	丁未	阴

问：占身及弟俱忌鬼多无制，兼以天网四张，行者难动，掳者难归，其若之何？曰：壬癸日遇鬼多，见卯为春雷脱难。此课无制，专看丁马，乘太阴、玉女，便可脱身。况中末两传冲破天关，不难高飞。但自占卯日可动，掳者必待卯月乃归。

问：卯何分日月？曰：近以日计，远以月计，亦因事因时为消息耳。

案验　出旬卯日登舟回家，次年得信，李果卯月归家。

三交课

凡四仲日占，四仲加日辰，三传皆仲将，逢阴合，为三交课。四仲者，子午卯酉四败神也。四仲日占，遇四仲加支辰阴阳为一交；仲神发用，传皆四仲，为二交；仲神乘太阴、六合将，为三交。此三者相遇交加，故名三交。占者事体勾连，统“姤”之体，乃风云不测之课。

象曰：“家隐奸私，或自逃匿。谋事不明，求财无益。讼犯刑名，兵逢战敌。更乘凶将，病患尤极。”

如遇凶神，男犯重法，女犯通私。乘阴合，主门户不利，阴小隐匿。遇天空主虚诈，玄武遗失，螣蛇惊怪，朱雀口舌，勾陈战斗，白虎杀伤。或在六阳日为交罗，主阴私上门，带凶将恶杀，有杀伤之祸。在六阴日为交禄，主以禄求私，乘玄武为阴私失禄，当应姤九四“包无鱼，起凶”象。若年命有吉神将，日用旺相，传逢午卯子，正七月为高盖乘轩，大吉，不论三交，当应姤九五“含章，有陨自天”之吉象也。

如戊子日午时酉将，卯加子为用，传逢卯午酉乘太阴，为三交课。

	青	勾	合	朱	
	申	酉	戌	亥	
空未					子蛇
虎午					丑贵
	巳	辰	卯	寅	
	常	玄	阴	后	

虎	阴	朱	青	官	辛卯	阴	
午	卯	亥	申	父	午	虎	◎
卯	子	申	戌	子	乙酉	勾	⊙

《订讹》

三交：① 子午阴阳所起，卯酉日月所从，此四败神，天地门户。占之日时，及课传并所乘将三处交加皆仲，故名三交。

占主事体交加，连累暗昧不明，进退两难，或家隐私，人或己身逃匿，谋事被人阻破，求望难，病讼凶。盖四仲纯全无父子相扶，是谓四正四平，互刑互破，前无孟之可隐，后无季之可奔，如遇兵贼，纵欲逃避而不及矣。值凶将，男犯重法，女犯奸淫。阴合门户不利，阴小隐匿；空虚诈，武遗失，蛇火惊，雀口舌，勾战斗，虎杀伤丧孝。六阳日为交罗，主阴私上门，带凶煞有惨祸。六阴日为交禄，主以禄求私，乘玄武为阴私失禄。午加酉为死交，酉加午为破交，返吟为反目交，皆不能成合之象。

此课无阴、合，则名三交不交。或年、月、日、时皆仲，则名三交不解，过与不及，二者祸更甚于交也。若年命日用旺相，乘吉将，传得午卯子，又名轩盖，占官大贵。

三交卦，华盖亦是四仲相加，但有吉神。

六月丁卯日午将卯时，天将日时皆仲，午加卯、酉加午、卯加子、子加酉是四仲。

---

① 四仲日时占为一交，课传皆仲为二交，将逢后雀阴合为三交。

	合	朱	蛇	贵	
	申	酉	戌	亥	
勾	未			子	后
青	午			丑	阴
	巳	辰	卯	寅	
	空	虎	常	玄	

朱	青	阴	蛇
酉	午	丑	戌
午	卯	戌	丁

财	癸酉	朱
官	甲子	后
父	丁卯	常

凡四仲相加，又遇雀后合阴，四仲相并，亦是三交。若遇螣蛇火灾，勾陈斗讼，玄武盗贼，白虎损伤。

《观月经》

四仲来加仲，发用谁为先，其中若有克，三交得此篇。[1] 男子逆其罪，女子外勾连。[2] 占人当六月，丁卯卯时看。仲秋加仲夏，被克是因缘。[3] 有救除华盖，非此罪迷天。[4]

《心镜》

昴星房宿加日辰，太阴六合又并臻。今日复当逢子午，三传四仲类相因。

三交家隐奸私容，不是自逃将避迍。螣蛇防火勾陈斗，玄武白虎因杀人。

《袖中金》

三传俱仲，名曰三交。凡四仲日，四仲相加入传发用为一交，得四仲正时为二交，上乘雀玄阴合为三交。主隐匿不明，失节阻碍，凡事被人阻破。三交，三传务要照上俱备，或三者不备，则名三交不交。或仲年月日时，则名三交不解，是皆过而不及焉。二者灾祸尤甚于交也。且四仲纯全，外无所寄，故无父子之相扶，是为四平四正，互刑互破，前不能进，后不能退，前无孟之可隐，后无季之可奔，交加其象，是欲逃匿而不及。主失节阻碍，谋事被人阻破。后合入传，主阴私不明，勾虎入传，主斗争、杀伤、丧孝之患。午加酉为死交，酉加午为破交，占事大概不能成合之象。返吟四仲为反目交，亦不吉也。凡三交见午卯子乘天马、龙、常，即华盖乘轩，宜占官。若空亡

---

① 即子午卯酉逆相加发用有克，名曰三交卦也。子加卯、酉加子发用，玄武、六合、天乙入传，主有奸淫之事；勾陈、白虎主杀伤逃亡之事。子午卯酉逆加，曰破加，凡事阻破。天后六合主奸邪这事而人破也。酉加午发用为媒。

② 男子逆罪而女子私通也。

③ 仲秋加仲夏是酉加午也。

④ 华盖，午卯子为三传，传中见天马、奇仪入卦更吉。

则为乘轩落马，躔日月宿为天地烦，宜详之。

《指窍》

四仲顺加子午卯酉，春占关隔，若羝羊之触藩；夏占关阑，似游鱼之舌饵；秋占四平，日逢弦望晦朔，名曰三光不仁；冬占历阳，时遇日月辰戌，号曰四门皆闭。四仲逆传子酉午卯，春占陷阱，如鸟投笼；夏占正烦，若牛受刃；秋曰失友，状若散离而复合；冬月出渐，名曰阴极而阳生。

三交有天马为华盖乘轩，又为四正。有正禄则为四正，无正禄则为四散。三交主三四人交往。天马为出行，四正得青龙朱雀吉神之类，主士人赴试得解沐浴。四散是五行无气，主妇人败血小产。酉加午、午加卯之类。或占妇人病，若遇死气，如午加酉之类。大抵午酉为自刑，午为少阴，酉纯阴，纯阴为老阴也。酉为妻，乘生旺之气。酉为婢为尼并尼为妻，无生旺之气。酉加子见玄武乘生旺气，多婢生子。午酉为血疾，又为丑恶脓血，看今日鬼言之，带鬼多为疲恶丑恶也。见血气青龙带禄马财喜，酉为酒，青龙为酒色故也。子午为道路神，子午日得之，定言道路之事。卯酉为分气则异，异则争，卯酉日得之，定言分争之事，卯为外门，春分之气在卯，得之者是春有发生之气。酉为内门，秋分之气在酉，得之者言杀气，秋有肃杀之气。生气吉杀气凶。

《曾门》

三交之因，家匿罪人，谓从魁、太冲、六合、太阴并加日辰为用，曰三交，又四仲复加四仲，三传俱得四仲亦为三交也。

《定章》曰：太冲、从魁、六合、太阴皆为门户，蔽匿万物，谓太冲、从魁、太阴、六合并加日辰为用神者，为三交卦，以此占人家匿罪人。

如乙巳日酉加巳将，得六合亦曰三交课。

如丁酉，午加酉，上克下发用，传见太冲，终于神后，为三传四仲，亦匿罪人，门户出入，公私所由。太阴为私蔽，六合为私门，蔽匿罪人。卯酉之位，日月所从出入。子午之位，阴阳所起，或明或暗，或公或私，三传四仲，出入微密，亦匿罪人。欲知何人，以终传决之。见白虎杀人，见玄武盗贼、勾陈斗伤、朱雀讼事、天后淫泆、太阴奸私准此。

三交课案例

例一：道光乙巳年卯月己酉日丑时，省垣书店王青云占回籍。三交，闭口，赘婿，冲破。

	空	虎	常	玄	
	寅	卯	辰	巳	
青	丑			午	阴
勾	子			未	后
	亥	戌	酉	申	
	合	朱	蛇	贵	

虎	阴	青	常
卯	午	丑	辰
午	酉	辰	巳

父	丙午	阴	
官	卯	虎	◎
财	壬子	勾	⊙

正议　轩盖逢空，课名闭口，乃阻塞难行之象。交车相合，此处人地相宜，不能离析，日禄克支，如入赘妻家，难以自由，仍以合伙营生为妙。又天鬼发用，为伏殃，丧魄加已未命，健者亦衰，弱者必死。

案验　次年身故，以婿入赘，伙开书铺，其眷属仍留楚省，壬子年，粤匪破城，劫散财物。以末传乘、子水冲禄故也。

附录　此与范彝舟占年将课占，范得命上子孙贵人救神，故身不凶。

《观月经》[①]

日为尊者父，辰作少年儿。尊者来加子，少者反克之。因名为乱首，老者必低蕤。家内应无礼，官司忌有仪。先祖是外姓，上宗别人儿。[②] 纵必家和顺，官司亦被欺。[③]

《心镜》

日往加辰辰克日，发用当为乱首名。[④] 臣叛君兮子杀父，妻背夫兮弟克兄。奴婢不从主委任，将军出塞偾其兵。日为尊长辰卑小，犯上之时忌此刑。正月酉时庚午日，传送初传午克庚。略举一端君须识，他占仿此理分明。[⑤]

乱首，日往加辰受辰克。赘婿，辰来加日被日克。乱首下欺上，赘婿上凌下。悖逆紊乱，绝上下之义。若更将得卯酉、神得后合，则主男女讹杂。

① 乱首卦，名白虹贯日。

② 凡乱首课皆主杂乱之姓，上祖必假名异姓。

③ 若上祖是如今之姓，老少和睦，亦遭官司。

④ 日为尊，辰为卑，尊就卑，被卑克之，故曰乱首。

⑤ 主家乱不利，占上祖别人之嗣。

更值魁罡勾陈，以至有不可形容之事。

甲申、乙酉①，丙子、丁亥②，戊寅、己卯③，庚午、辛巳④，不可尽述。上门乱首，辰来加日而克日，谓之上门乱首，大无礼也，戊寅、己卯⑤之类。

《订讹》

乱首：干临支被克，为自取乱首。支临干克干，为上门乱首，更兼发用尤的。下为尊上如首，支为卑下如足，卑下无礼作乱，故名乱首。上门乱首发用，又名反常课。

占主少害长，下犯上，家门背逆，不可举事。自取乱首，尊上自失礼，为支所犯，事体稍轻。上门乱首，尊不惹卑，卑下敢来犯上，事体重。自取乱首，事发于内而起于外，兵不利客，亦不宜攻，惟可固守解围。上门乱首，事发于外而起于内，兵不利主，贼来格战，总主来人迟，营寨多有刑伤。若见卯酉后合，主男女讹杂，不分长幼。自取乱首，若四课俱下贼上，不免窝犯丑声，祸自内出。

此课或主祖宗别姓。如将得青龙，来意因幼小不知别籍异居之事，三传年命克制乱我之神，名曰患门救。

附：干临支生支曰偃蹇，泄耗甚也。受生曰俯就，先难后乐也。同类曰培本，比和相助也。

凌犯：⑥ 日克辰，乃上凌下，却得下贼上为用；辰克日，乃下犯上，却得上克下为用。互相凌犯，故名凌犯。

占主尊卑不分，君骄臣逆，或主篡弑事。初传官鬼祸尤速。克下外事起，克上内事起。

---

① 寅加申、辰加酉。
② 巳加子、未加亥。
③ 巳加寅、未加卯。
④ 申加午、戌加巳。
⑤ 寅加戌、卯加未。
⑥ 干克支，下贼上为用；支克干，上克下为用。

乱首课案例

例一：同治丙寅年寅月壬戌日亥时占雇工。乱首，芜淫，回环。

	蛇	朱	合	勾	
	午	未	申	酉	
贵	巳			戌	青
后	辰			亥	空
	卯	寅	丑	子	
	阴	玄	常	虎	

虎	空	常	虎
子	亥	丑	子
亥	戌	子	壬

兄	癸	亥	空	
兄		子	虎	◎
官		丑	常	◎⊙

正议　正时发用，俱乘天空，子丑又值天空，应主欺诈不实。曰：占雇工以天空为类神，乘日德日禄，其人可用，不得以寻常欺诈称也。初遭夹克，中末逢空，必难成交。

问：自支传干，彼来就我，已成交矣，何空之有？曰：彼非不愿，奈两主相争，即来就我，亦属子虎，盖身不自由也。

问：所争何人？曰：课名不备，是两主争一仆也。干加支而受克。仍传于干上，干上子与丑合，丑为旧太岁，是仍归故主也。

问：前议以干为己，支为人，此又以支为己，干为人，岂不混目乎？曰：论主仆则以干为我者，分也。论新旧则以干为先者，序也。言各有当，自不相混。

问：乱首以下犯上，奴必欺主。曰：类神属亥，是干为奴也。戌支克干，是我克奴，而奴不为我用也。卦主既定，则乱首之说又不必泥。

附议　凡课须识得一象字，如《毕法》云："夫妻芜淫各有私"，此象也，非死局也。须看所占何事。如占家宅夫妇可断芜淫，若宾主往来交际，亦曰两男争一女乎？

案验　俸已议定，刻日来家。旋因故主不舍，仍归之。

赘婿课

凡课，日干克辰，又自加临为用，曰赘婿课。盖干为夫，支为妻，干克者为妻财。干临支以动就静，如男子婿赘妻家。支临干以静就动，如妇人随男就嫁，此舍己从人，以身入赘，为赘婿。占者凡事不快，寓居于人，身不自由。统"旅"之体，乃为客求财之课。

象曰："屈意从人，事多牵制。胎孕迟延，行人淹滞。财名可成，病讼未济。兵利为客，先动胜计。"

如日往加辰，干克支，以上取下，男就乎女，利尊长而不利卑幼，宜动而不宜静，用兵利为客，见阵利先动者胜也。若辰来加日，干克支，以小依大，女就于男，卑凌尊而尊长不容，用兵则客反为主，宜他来干我，而我能胜之。更遇天将白虎，主杀伤，勾陈主斗讼，朱雀口舌，螣蛇惊恐。或日用休囚，病人传染不离，则应旅九三"丧其童仆，贞厉"之象。遇天后主恩泽，天乙官长，六合阴私，太常酒食。及日用旺相，凡事谋为可就，则应旅六二"得童仆，贞"之象也。

如甲戌日卯时亥将，用戌加甲，干克支，为赘婿课。

贵	后	阴	玄
丑	寅	卯	辰
蛇子			巳常
朱亥			午虎
戌	酉	申	未
合	勾	青	空

后	虎	虎	合
寅	午	午	戌
午	戌	戌	甲

财	甲戌	合
子	壬午	虎
兄	戊寅	后

又如丙申日辰时丑将占，巳加申，干克支，亦为赘婿。

合	勾	青	空
寅	卯	辰	巳
朱丑			午虎
蛇子			未常
亥	戌	酉	申
贵	后	阴	玄

合	空	贵	合
寅	巳	亥	寅
巳	申	寅	丙

兄	巳	空	◎
父	壬寅	合	⊙
官	己亥	贵	

《订讹》

赘婿：[①] 干为夫，支为妇，干临支以动就静，如男子身赘妻家，俗所谓坐堂婿。支临干，以静就动，如妇人携男就嫁，俗所谓随娘儿。皆舍己从人，以身入赘，故名赘婿。

---

① 干临支克支，支临干被克，更兼发用尤的。

占主凡事不快，寄居身不自由，乃为客求财之课。屈意从人，事多牵制，孕迟病讼延，行人滞。干临支克支，利尊不利卑，宜动不宜静，兵利客。支临干被干克，卑凌尊而尊上不容，兵亦利客。日用休囚乘凶将，病人传染不脱。日用旺相乘吉将，求望利名可就，将得六合，必主招婿婚姻事也。甲戌日戌临甲，有女子衣服事；甲辰日辰临甲，有斗讼事；乙未日未临乙，有酒食言语事；癸巳日巳临癸，有有争衣服惊恐事；己亥日亥临己，有女子惊逃事；丁酉日酉临丁，有分离事；壬午日午临壬，有田宅相连事；戊子日子临戊，有女子疾病、就人财物事；丙申日申临丙，有言他人事；辛卯日卯临辛，有木器伤财事。

此课干临支克支，惟乘囚死作合、阴，名赘婿。若乘旺相作勾虎，又名残下，甚不利卑小也。皆主仗他人势，事乃可成。支临干，看支神，原受艰难，则为不得已而出，随他人受磨折。如支上原有存处，岂可轻易舍己从人，君子于此，审其可否，则免失身之咎。若支乘脱气，必无正屋可居，终非自立之象矣。二项若中在见救神克日，或年命得神将吉，又名赘婿当权，可任意所为也。

附：支临干生干，曰自在坐享也。受生曰求受，反竭我力也。同类曰壮基，并国相济也。

《观月经》

欲知赘婿卦，将身就妻家。辰往临其日，被克妾称邪。[①] 上下相勾引，行年作爪牙。假令正月占，甲戌卯时加。辰来临日上，被子克更无差。[②] 此名赘婿卦，仔细自吁嗟。妇人将子嫁，次后没荣华。[③]

《心镜》

赘婿日干加克辰，辰来加日制其身。[④] 如男寄于妻家住，若女携男适就人。意欲所为全不肯，心怀不愿抑勒云。凶灾吉庆皆生内，故以天官决事因。[⑤]

《袖中金》

乱首赘婿，日往加辰受辰克为乱首，辰来加日被日克为赘婿。上凌其下

---

① 支临干被克是也。

② 假令甲戌日亥将卯时，一课戌甲，是戌临甲被克发用，是辰临日也。乙丑日亥将寅时占，丑加乙，下贼上亦是赘婿卦也。

③ 此卦将嫁他人为男，或随母之子。

④ 今日干加克支辰，辰来加日上被日干克。卑被尊制，尊被卑制，故不自由。

⑤ 正月甲辰日酉时，辰加甲是也。

紊乱，下欺其上悖逆。

赘婿课案例

例一：道光乙巳年申月甲戌日寅时，杨姓占病。赘婿，盘珠。

	勾	合	朱	蛇	
	酉	戌	亥	子	
青	申			丑	贵
空	未			寅	后
	午	巳	辰	卯	
	虎	常	玄	阴	

虎	后	合	虎
午	寅	戌	午
寅	戌	午	甲

兄	戊寅	后
子	壬午	虎
财	甲戌	合

正议　三合脱日，病因肺伤，气虚下陷，课名盘珠，难以脱体。

参议　问：女病何如？曰：日临支而克支为赘婿，又午加长生，其女嫁而未归也。天后为火土所煎，乃水亏火炎之症，自生传墓，终非有寿之征。

案验　此系初观病状已符，别后不知究竟如何。

例二：咸丰甲寅年午月甲戌日卯时，钱姓占店事。赘婿，盘珠。

	朱	合	勾	青	
	酉	戌	亥	子	
蛇	申			丑	空
贵	未			寅	虎
	午	巳	辰	卯	
	后	阴	玄	常	

后	虎	合	后
午	寅	戌	午
寅	戌	午	甲

兄	戊寅	虎
子	壬午	后
财	甲戌	合

正议　此课子必螟蛉，妻必后娶，三合递生，不离四课，又兼赘婿，占事不脱，系众人借助开店，退则不能脱身，进则可取还魂债也。三合又逢后合，家有结姻之喜。

问：何以知妻子必继？曰：三传会火，又逢岁月日建，泄气太过，不能任子，幸正时卯坐长生，弟必有子可承。财乘死气，中传建旺助之，是克妻复娶妻也。

案验　妻重克，以弟之子为子，生意情形亦合。

附录　《毕法》云："传财太旺反财亏。"此《易经》盈虚消息之理，不独论财，即如此课，亦可触类旁通。

例三：咸丰癸丑年卯月壬午日辰时，族侄占母病。赘婿，回环。

	合	朱	蛇	贵	
	子	丑	寅	卯	
勾	亥			辰	后
青	戌			巳	阴
	酉	申	未	午	
	空	虎	常	玄	

虎	朱	朱	玄
申	丑	丑	午
丑	午	午	壬

财	壬午	玄	
官	丁丑	朱	
父	申	虎	◎

正议　正时天后作鬼墓，生遇旬空，乘虎投墓，病不可治。忌辰丑之月。太岁乘朱克日，丑午相害，又主人诅咒。

问：口舌为谁？曰：赘婿课当主婚姻。

案验　三月母故，夏终重见口舌并破财。

冲破课

凡课，日辰之冲神，加破为用，曰冲破课。冲者，动摇也。初虽有德，后必倾覆。如子冲午，主道路驰逐，男女争谋变动；卯酉相冲，主门户或改移，或逃亡失脱，外人淫乱奸私；寅申相冲，主人鬼相伤，夫妇异心；巳亥相冲，主事反复无实，重求轻得；丑未相冲，兄弟兴衰相持，谋心不同，干事不遂；辰戌相冲，主仆离异，贵贱不明，不义之争。破者，解散也，主事更改，多有中辍。若午破卯、酉破子，主门户破败，阴小有灾。辰破丑，主丘墓寺观破损。戌破未，先破后刑。亥破寅、申破巳，先破后合。盖冲主反复，破主倾坏，冲破凶为一类，故名冲破。统“夬”之体，乃雪上加霜之课。

象曰：“人情反复，门户不宁。婚姻不遂，胎孕难成。疾病凶散，财利事平。凡有谋望，成而复倾。”

如用时与岁月日时冲破，亦是。或甲岁忌见申，子岁忌见午冲、酉破之类，日时支干皆同此推。凡占凶事，遇白虎蛇雀凶将，及死神丧车恶杀宜冲，冲散则不成争。凶旺不宜冲，冲动则为凶也。类神岁月空亡，冲则暗动，日时次之。吉空宜冲，凶空不宜冲。冲则反实，破与冲同。宜散凶事，不宜吉事。乘破碎，又凶冲动，主人情不顺，暗中出入难久。乘凶将无救解祸甚，当应夬上六“无号，终有凶”象。若内有德合喜神吉将旺相气，凡事艰难，当应夬九五“中行无咎”之象。

如子年庚子日，午加卯占，子日以午为冲，以酉为破，午加卯为用。子岁、子日午为岁冲、日冲，酉为岁破、日破，卯为午破，又加刑发用，故曰为冲破之课。

	青	勾	合	朱	
	申	酉	戌	亥	
空	未			子	蛇
虎	午			丑	贵
	巳	辰	卯	寅	
	常	玄	阴	后	

虎	阴	后	朱
午	卯	寅	亥
卯	子	亥	庚

官	甲午	虎
兄	丁酉	勾
子	庚子	蛇

《订讹》

冲破：[①] 冲者，冲动意，亦反复意。破者，解散意，亦破损意，如子年庚子日未时戌将，三传午酉子，午为岁冲、日冲，酉为岁破、日破。冲又加卯破为用，又甲年忌见申冲亥破。冲破并而为课，故名冲破。

占主人情反复，门户不宁，婚难遂，孕难成，病凶散，财平常，谋望而复倾。子午冲，道路驰逐。男女争谋变动。卯酉冲，门户改移或逃亡失脱，淫乱奸私。寅申冲，人鬼相伤，夫妇异心。巳亥冲，事反复无实。丑未冲，兄弟兴衰相持，谋心不同，干事不遂，辰戌冲，奴仆离异，贵贱不明，不义之争。午卯破、子酉破，门户破败，阴小灾。辰丑破，坟墓寺观破损。戌未破，先破后刑。亥寅破、申巳破，先破后合。冲主人情暗中不顺，出入难久。乘凶将无救，凶甚。破加破碎煞尤凶。

此课旺不宜冲，衰墓宜冲；吉不宜冲，凶将宜冲；凶空不宜冲，吉凶宜冲。类神空亡，岁月冲则暗动，日辰次之。破不宜望成事，宜散凶事。

---

① 干支冲神加破为用，或用神与岁月日时冲破亦是。

冲破课案例

例一：道光庚戌年辰月己酉日午时，陈湘帆同年占会试。冲破，三交，励德，龙战。

	勾	合	朱	蛇	
	申	酉	戌	亥	
青	未			子	贵
空	午			丑	后
	巳	辰	卯	寅	
	虎	常	玄	阴	

玄	贵	后	朱
卯	子	丑	戌
子	酉	戌	己

官	卯	玄	◎
父	丙午	空	⊙
子	己酉	合	

正议　此课不中，更有官讼盗贼，以龙战、冲破、三交，皆凶格也。

问：何讼？曰：子为支破，卯为支冲，冲加破位，逢玄武带天鬼贼神，自支阴发用，必有内破坏山林，以致口舌，又朱雀乘月破加干。上下相刑，亦有外讼。

问：玄武临门，何以断其盗树？曰：卯木逢春，又坐水方，以此知为长生之物，非已成之物也。然中传午破卯，末传酉克卯，岂非伐木之象乎？但酉为太阳，贼必败露耳。

问：外来何讼？曰：魁罡事干众人，丑刑戌，朱，多属山林城郭之类。

案验　果不中。族议众山树茂拔，其尤者以为贺，时有不率之人，乘间攘窃，其值倍于贺仪，以致家长执送，又城内估客修公所，因地基兴讼，大众窃名具控，致有差扰，其祸皆起于人，非自致也。

例二：咸丰乙卯年未月丙午日酉时，李茂盛雷氏占夫病。冲破，比用，蒿矢，三交。

	合	勾	青	空	
	寅	卯	辰	巳	
朱	丑			午	虎
蛇	子			未	常
	亥	戌	酉	申	
	贵	后	阴	玄	

蛇	勾	贵	合
子	卯	亥	寅
卯	午	寅	丙

官	壬子	蛇	⊙
财	己酉	阴	
兄	丙午	虎	

正议　问：干阴亥贵为鬼，带死气，夫病不可救矣。曰：此课不忧夫而

忧妻，何也？阳爻见生，阴爻见克，寅木虽空而鬼反助其生，夫病无妨也。惟支科乘败气，兼以冲破为用，弦将断矣。

案验　夫病愈后，妻犯痢死。

淫泆课

凡课，初传卯酉为用，将乘后、合，为淫泆课。盖卯、酉为阴私之门，后、合乃淫欲之神，主淫奔泆欲，故名淫泆课。如用起六合，终于天后，为狡童格。主男诱乎女，有逃亡之事，如狡顽好色之童，不顾廉耻之风，故名狡童。凡系淫泆课，利私谋而不利公谋也。统“既济”之体，乃阴阳配合之课也。

象曰：“男子就室，女妇有家。阴私莫禁，淫欲转加。嫁娶不吉，逃亡可嘉。捕捉难获，访人自差。”

如与三交并，为浊滥淫泆，所私非一人一处而已。加天罗、地网甚凶，又主恶声。如子日丑为天罗，未为地网，并天烦，主男遭杀伤；并地烦，主女遭杀伤；并二烦九丑，男女皆遭杀伤。当应既济上六“濡其首，厉”之凶象。若后、合临日辰、男女行年并者，占婚不用媒，先奸后娶。值空亡为虚意也。神将吉，日用旺相，则应既济初九“濡尾，无咎”之象。

如辛未日申时辰将，乘后合，卯加未用，为淫泆课。

	青	勾	合	朱	
	丑	寅	卯	辰	
空	子			巳	蛇
虎	亥			午	贵
	戌	酉	申	未	
	常	玄	阴	后	

虎	合	勾	贵
亥	卯	寅	午
卯	未	午	辛

财	丁卯	合	
子	亥	虎	◎
父	辛未	后	⊙

凡淫泆课为用起天后，终传六合神，为泆女格。如淫奔泆欲，自嫁之女，故名泆女。主女随于男，有通私奔走之事也。

如戊戌日辰时午将，子加戌为用，初传天后，末传六合，为泆女格。

	空	虎	常	玄	
	未	申	酉	戌	
青	午			亥	阴
勾	巳			子	后
	辰	卯	寅	丑	
	合	朱	蛇	贵	

蛇	后	常	空
寅	子	酉	未
子	戌	未	戌

财	庚子	后	
官	壬寅	蛇	
兄	辰	合	◎

《订讹》[①]

《观月经》[②]

初传是卯酉，六合天后来。末传两相应，泆女闺门开。天后入六合，[③] 妇人暗使媒。背夫欲逃走，从此降成灾。六合入天后，此是狡童排。男诱他人妇，商量走去来。二神同二将，反复两徘徊。[④] 尽意思量者，不觉笑颜开。[⑤]

《心镜》

天后常为厌翳神，须知六合是私门。二将取名称泆女，夫妇俱怀淫奔心。

欲知男女为淫荡，更向传中把将论。六合即知男诱妇，天后女携男子奔。

《袖中金》

天后厌翳，六合私门。用起天后，终于六合，必有逃亡妇女，曰泆女。用起六合，终于天后，曰狡童。

《曾门》

天合为厌翳，六合是私门。谓用起天后，终于六合，名为泆女，家必有走妇。天后者，后宫妇女之位。六合者，为天地之私门，蔽翳万物，出入莫有禁止。女子游于私门，奔亡之象。

《定章》曰：天后，贵人后宫妻位。六合者，天之私门，蔽翳奸邪，出入无有制约。谓用起天后，终见六合，上下生合，乃为蔽翳；上下相克，乃为强逼。上克下曰强，下贼上曰逼。且人伦之礼，男子有室，女子有家，无相黩音独，垢也，数也。今女子游于私门，是不能禁制矣。以此占人，必主家

① 意同。
② 名龙虎交战。
③ 初传天后，末传六合。
④ 二神卯酉也，二将后合也。见斯决然如此。其它卦虽有后合不是。
⑤ 仔细思量自然见也。

中不正，及有逃亡也。上克下，过在男子；下贼上，过在女人。又云，用起天后，传见玄武，主妇女逃亡；传见六合，为他人有逃妇也。何以知之，以主事将决之。白虎杀人，勾陈斗伤，玄武逃亡，太阴阴谋、罪人，太常衣服，天空欺诈他人，朱雀文书口舌，螣蛇惊恐、忧疑，天乙天后贵人，以将决之无有不验者也。

淫泆课案例

例一：道光戊子年寅月辛亥日午时占婚姻。淫泆，侵害。

	勾	合	朱	蛇	
	戌	亥	子	丑	
青	酉			寅	贵
空	申			卯	后
	未	午	巳	辰	
	虎	常	玄	阴	

青	阴	空	后
酉	辰	申	卯
辰	亥	卯	辛

财	卯	后	◎
兄	戊申	空	⊙
父	癸丑	蛇	

正议　天后乘卯酉不吉，干支上神相害，阴阳卯酉相冲，而支上辰与支阴酉合，系与他人缔姻。中传天空月破，居间有人打破，此不成之兆也。

案验　果不成。

芜淫课

凡四课有克，缺一为不备。及日辰交互相克，为芜淫课。邵先生曰：课得不备，刚日从日上起第一课，柔日从辰上起第一课。凡见二阳一阴为阴不备，如二男争一女。二阴一阳为阳不备，若二女争一男。及日辰交互相克，各自相生是也。此夫妻皆有私通，两情相背，荒淫无度，故名芜淫。占者家门不正，事多淫乱，统“小畜”之体，乃琴瑟不调之课。

象曰：“阴阳不备，交克最嫌。利名碌碌，狱病淹淹。阴微晴久，阳少雨添。行人未至，征战愁占。”

占如阳不备，用兵利为主，贼不来。阴不备，利为客，贼来不战，射物必缺，凡得三课为不备，又逢日辰交互相克，占事最凶，更乘凶将尤甚，则应小畜九三“夫妻反目”凶象。或四课备、神将吉兼有救神，及课不备、无克不凶，事有迟延，夫妻拆散终复团圆，则应小畜“牵复，吉”之象。

如乙卯日午时未将，柔日从辰上起第一课，盖巳辰为辰之阴神，不复作日之阳神，此二阴一阳不备，曰芜淫课。

	空虎	常	玄	
	午未	申	酉	
青巳				戌阴
勾辰				亥后
	卯寅	丑	子	
	合朱	蛇	贵	

青	勾	空	青	财	丙辰	勾	
巳	辰	午	巳	子	丁巳	青	
辰	卯	巳	乙	子	戊午	空	

又如乙亥日巳时子将，为阴不备课也，此二阳一阴。

	贵后	阴	玄	
	子丑	寅	卯	
蛇亥				辰常
朱戌				巳虎
	酉申	未	午	
	合勾	青	空	

后	空	空	蛇	子	壬午	空	
丑	午	午	亥	财	丁丑	后	
午	亥	亥	乙	官	申	勾	◎

如甲子日卯时亥将占，四课备，日辰交克，芜淫课。

	贵后	阴	玄	
	丑寅	卯	辰	
蛇子				巳常
朱亥				午虎
	戌酉	申	未	
	合勾	青	空	

玄	青	虎	合	财	戌	合	◎
辰	申	午	戌	子	庚午	虎	⊙
申	子	戌	甲	兄	丙寅	后	

盖甲日夫也，子支妻也。甲欲从子忧申克，子就甲时畏戌侵。然申子又自相生，乃妻与人有私。夫上神为用，课传逢三合，主有他意或私异姓，内外相好，各相背也。

《订讹》

不备，[1] 有克照常以克、贼、比、涉等项论，但四课必须那动。刚日从日

① 四课缺一，止有三课。

上起一课，柔日从辰上起第一课。盖第一课为干阳，第二课为干阴，第三课为支阳，第四课为支阴。阴课缺一为阴不周全，阳课缺一为阳不周全。以四课之阴阳论，非以干支之阴阳论也。假如乙卯日午时未将，柔日从支上起第一课，辰卯、巳辰、巳乙、午巳。盖四课先尽，先数两课，巳辰既作支之阴神，为第二课矣，岂可复作干之阳神为第三课乎。此二阴一阳为阳不备。又如乙亥日巳时子将，亦柔日，从支上起第一课，午亥，丑午，亥乙，午亥。午亥既作支之阳神，为第一课矣，岂可复作干之阴神为第四课乎。此二阳一阴为阴不备。故名不备。

占主不周全，物偏缺，病难愈，求望难成，行人未至。阳不备，兵讼利为主，贼不来；阴不备，兵讼利为客，贼必来，皆战不成。三传阳多，事起男；三传阴多，事因女。阳多晴久，阴多雨添。凡占多以不周全为断。

《观月经》

四课如不备，其卦号芜淫。① 五月乙卯日，未将午时占。辰阳见天罡，② 太乙作阴神。③ 日上无阳类，④ 二女竞男心。⑤ 假令乙亥日，子将巳时占。午为辰之阳，⑥ 丑作午上兼。⑦ 日阳还从亥，⑧ 日阴无处添。⑨ 此名为不备，⑩ 双男竞妇兼。⑪ 主有奸淫事，逢时心意嫌。有救应无事，凶神刑狱淹。⑫ 戊午龙宫课，两辰丁酉占。金鸡皆一例，丑未二辛添。⑬

《心镜》

阴阳不备是芜淫，夫妇奸邪有外心。二女争男阳不足，两男一女共枕淫。上之克下缘夫过，反此诚为妇不仁。阳为阴将阴处合，阴来阳处为刑临⑭若知起例看正月，甲子时加卯课寻。甲上天魁子传送，甲夫阳也子妻阴。甲将就

---

① 此论日辰阴阳有不全，止三课备者，为芜淫卦也。

② 卯上见辰，为辰之阳神。

③ 太乙在辰上为辰之阴神也。

④ 缘乙课在辰，辰上太乙，却被辰之阴神占了。

⑤ 本分皆有四课，二阳二阴。今止三课，太乙为日之阳神，却被辰之阴神占了，不可更作日阳。胜光为日之阴神，天罡为辰之阳神，是二阴一阳也，故曰二女竞男心。

⑥ 一课亥乙，二课午亥，三课午亥，四课丑午。胜光为日之阴神，先被辰之阳神占了。

⑦ 大吉加午为辰之神。

⑧ 乙课在辰，辰上见亥，为日之阳。

⑨ 日之阴神被辰之阳神占了。

⑩ 四课止有三课，是二阳一阴之三课也。

⑪ 二阳一阴之象，是二男争一女也。

⑫ 三奇六仪德神为救。

⑬ 以上七日九课别责是芜淫卦也。

⑭ 日为夫，辰为妇。

子忧申克，子近甲时魁必侵。十干上神交互克，事乖夫妇失调琴。妻怀内喜私情有，申子相生水合金。[1]

芜淫课案例

例一：咸丰丙辰年子月戊子日亥时，占友处可寓否。芜淫，狡童。

	贵	后	阴	玄	
	未	申	酉	戌	
蛇	午			亥	常
朱	巳			子	虎
	辰	卯	寅	丑	
	合	勾	青	空	

合	青	阴	贵
辰	寅	酉	未
寅	子	未	戌

兄	壬辰	合	
父	午	蛇	◎
子	甲申	后	⊙

正议　问：上神互克干支，为芜淫。初合末后，为狡童，得无奸邪之应乎？曰：不必有此事，但人地不相宜耳。彼此相克，中末逢空，必难终局。且支阴发用，身遭夹克，友虽待我甚厚，必因兄弟不能自由。

参议　问：占婚得此如何？曰：必有淫泆，即占地方，亦多不正之人。

案验　年终往投，次年正月即转，情事亦符。

解离课

凡夫妻行年冲克，及上下神互相克贼，为解离格。如夫年立午上见寅，妻年立子上见申，乃子上申怕午克，午上寅怕申克。上下互相克贼，天地解离，各有异心，故名解离。占者非断弦之凶，必有反目之兆也。

如三月丁巳日未时酉将，夫年立寅，妻年立午，值三合，逢春旺相气，为旺孕格。

[1] 子上见申金，金水相生，又三合也。妻与西南有外情也。

	勾	合	朱	蛇	
	未	申	酉	戌	
青午					亥贵
空巳					子后
	辰	卯	寅	丑	
	虎	常	玄	阴	

朱	勾	贵	朱	财	辛酉	朱	
酉	未	亥	酉	官	癸亥	贵	
未	巳	酉	丁	子	丑	阴	◎

又如夫年立午上见寅，妻年立子上见申，夫妻行年上下互相冲克，为解离格。

《观月经》

夫妻天匹配，有难解离频。年命交相克，[①] 始终亦同陈。妻年行至午，夫年立于寅。六月申时占，妻逢配夫嗔。夫年上逢子，妻运仰观辰。[②] 辰逢克子水，的有解离迍。夫年反有克，与此一般伸。[③] 递相淫情起，暗地使媒人。[④]

《心镜》

解离之卦看行年，先须察地后观天。夫妻始终互相克，二月寅时课请占。妻年立子夫年午，神后须知克胜光。[⑤] 午上功曹子传，午上功曹子传送。[⑥] 递相伤残更何安。子水本来先克午。子上申金怕胜光。午上功曹怕申克，此为始终互相残。金盆覆水皆斯类，玉轸音悲是断弦。解离夫妻行年上，神将相克互相残。[⑦]

夫行年

丑	**寅**	卯	辰
子			巳
亥			午
戌	酉	**申**	未

妻行年

① 妻行年上神克夫，夫行年上神克妻，是交相克也。
② 夫运寅上见子，妻运午上见辰。
③ 夫行年上神克妻行年上神亦同也。
④ 此不与四课三全之事同，若两家行年相克，夫有外妻，妻有外夫心。余仿此。
⑤ 神后子是妻天上行年，胜光是夫天上行年，此解论天上行年另一说。
⑥ 夫年午上见功曹，妻年子上见传送。
⑦ 此课不干四课三传事，但夫妻行年相克者也。若无刑损，或夫有外妻，妻有外夫也。

《毕法》

真解离卦者，谓干克支上神，支克干上神。或夫妇行年又值此者尤的。此时占人必占解离事。已后例内唯详空亡而言之，则小畜九三“舆说辐，夫妻反目”不能正室也之凶象。

青	玄	合	虎
申	辰	戌	午
辰	子	午	甲

财	戊辰	玄
官	壬申	青
父	甲子	蛇

		勾	合	朱	蛇
		酉	戌	亥	子
	青	申			丑	贵
	空	未			寅	后
女行年←		午	巳	辰	卯
		虎	常	玄	阴
				↓	
				男行年	

甲子日干上午，甲木克支上辰土，子水克干上午火。① 甲午日干上酉、支上丑；甲戌日干上亥、支上未；甲辰日干上亥、辰上丑；乙亥日乙上午、亥上丑；戊辰、壬辰、辛丑、庚戌并干上子；丁卯日干上丑；乙酉日乙上寅；辛酉日辛上卯；癸卯、己卯日干上辰；丙午日干上申；辛巳日辛上申；丁亥日干上巳；乙巳日乙上酉；癸未日干上亥。②

《曾门》

夫妻行年在上相克，在下相贼。夫以阳年为始，阴年为终。妻以阴年为始，阳年为终。终始相生，为和合。终始相克，为俱解。是谓无阴，天地解离，各有他心。

《定章》曰：夫年立甲午，妻年立壬子。登明临午，上克下。太乙临子，下贼上。妻之阳年神后克午。此时天地解离，各有他心。所谓无阴者，无子孙也。天地解离者，言阳年为天上，阴年为地下。今登明加午上克下，太乙临子下贼上，故曰在上相克，在下相贼。夫以阳年为始者，言天上胜光也。妻以阴年为始者，言地盘神后也。以神后制天上胜光，为始相克。夫以阴年为终者，言地盘胜光也。妻以阳年为终者，言天上神后也。以神后制地盘胜

① 男行年三十五在子，女行年三十一在寅。

② 芜淫与解离之所以分者，芜淫乃干支上神互克下，解离乃干支互克上神。至于年命互克，则同取。

光为终相克也，故曰俱解。

始为上，终为下。上下相克，为刑伤；上下相生，为和合。

正月午时占，夫年立酉，妻年立亥。夫以阳年为始，天上从魁。妻以阴年为始者，年上神天罡也。从魁与天罡相生，为始吉。夫以地盘年上神为终者，功曹也。妻以阳年为终者，天上登明也。寅与亥相生为终吉，主夫妻和合也。

	夫			
	年			
戌	亥	子	丑	
酉			寅	**后夫年**
申			卯	
未	午	巳	辰	
		妻	**后**	
		年	**妻**	
			年	

《心镜》

居天寡宿地孤辰，发用须依六甲旬。欲识空亡何宿定，甲戌旬中用酉申。① 占人孤独离桑梓，财物虚无伴不亲。官位遇之须改动，出行访谒无亲人。所问百事皆无实，卒遭官司不害身。②

《袖中金》

地盘空亡为孤辰，天盘空亡为寡宿。盖十干不到之地，五行脱空之乡，能减凶祸，主人孤独离乡背井也。

春巳午孤、子丑寡，夏申酉孤、卯辰寡，秋亥子孤、午未寡，冬寅卯孤、酉戌寡。此二卦各看发用。如春占巳午发用，即孤辰卦；子丑发用，即寡宿卦。余例仿此。

总属亲情离散之象。若有奇仪三光等救神者反吉。

---

① 甲戌旬中胃昴毕觜参为寡宿，居天上也。申酉为孤辰，在地下也。

② 久病亦畏空亡。

《订讹》

孤寡：[1] 十干不到之地，五行藏脱之乡，前去后空，阴惆阳怅，所谓孤辰寡宿，故名孤寡。

占主孤独，离乡背井，官易位，财空手，婚断弦，孕虚有，出入防盗。日辰无气最凶。孤辰，父母灾，亦主离宗弃祖。寡宿，妻子离，六亲叛。如旬孤寡又并四时孤寡，为空孤空寡，更凶。凡值空亡，忧喜皆不成，托人多诈。谋望近事，出旬可图，远事终难。时空事亦难成。或中传空为断桥折腰，主事中止难就。或中末俱空，为移远就近，动中不动，寻远人即在近也。初中空推末传，中末空取初传，以不空者断吉凶。新病空病，久病空人，吉空反凶，凶空反吉。

此课大端不吉，或遇三奇六仪为救神，及遇太岁、月将、月建，为孤寡再醮。又今日所坐位值孤寡为用，曰孤寡得位。如庚日用申是也。皆主反祸为福，事前破后成。日辰年命不论空。又有纯空反实，或遇岁月日时冲起为逢冲暗动，祸福皆成。

《观月经》

孤辰卦[2]

元课孤辰卦，四时辰上推。冬北亥子丑，寅卯的孤危。

南方巳午未，申酉是孤夷。春三寅卯辰，孤在巳午题。

秋天申酉戌，亥子作孤推。父子分离析，夫妻有生离。

忽然诸卦救，祸灭福相随。前孤后是寡，骨肉纵睽违。

寡宿卦[3]

前言说孤辰，此卦论寡宿。仿象孤辰推，在后相驱逐。

冬月申酉戌，发用无骨肉。夏天寅卯辰，亲情不和睦。

秋来午未占，春遇子丑宿。吉凶与孤同，有救祸反福。

---

① 旬中孤寡有三：发用值旬空，阳空为孤，阴空为寡，一也；发用地盘空为孤，天盘空为寡，二也；发用空为孤，末传空为寡，三也。四时孤寡有二：如春以巳为孤，丑为寡等，一也；春又以生我之水绝神在巳为孤，我克之土墓神在辰为寡，二也。

② 名孤雁出群。

③ 久病畏空亡。

解离课案例

例一：道光辛卯年巳月癸未日亥时自占，月将酉。解离，弹射。

贵	后	阴	玄
卯	辰	巳	午
蛇寅			未常
朱丑			申虎
子	亥	戌	酉
合	勾	青	空

贵	阴	空	勾
卯	巳	酉	亥
巳	未	亥	癸

妻财	辛巳	阴
子孙	己卯	贵
官鬼	丁丑	朱

正议　干支上下对冲互克，水日逢丁，夫妇别离之象。初传胎临月建，末传天喜作吊，必因产亡。纯阴之神，当生男子。两贵相加，又逢岁月建，此子应贵。

案验　本月妻孕，冬月子生，五月妻亡。其后诗书未成，一监终身，以岁月冲破故也。

例二：咸丰乙卯年戌月癸亥日申时，人占妻病。孤寡。

勾	合	朱	蛇
丑	寅	卯	辰
青子			巳贵
空亥			午后
戌	酉	申	未
虎	常	玄	阴

朱	阴	贵	常
卯	未	巳	酉
未	亥	酉	癸

官鬼	己未	阴
子孙	乙卯	朱
兄弟	癸亥	空

正议　问：未鬼为病，卯木为医，三传又会子孙，似无妨？曰；初末两传，前孤后寡，又见天空，真孤寡也。况水日逢丁，占妻定克，不必看子孙也。即以子孙论，酉破全局。

案验　亥月冲巳，酉日破卯，妻故。

度厄课

凡四课内三上克下，或三下贼上，为度厄课。盖上为尊，下为卑。三上克下，则长欺幼，势必遭厄，为度厄。三下贼上，则长不正，幼乃凌长，为度厄。占者家宅欠利，老幼见灾。统“剥”之体，乃六亲冰炭之课也。

象曰：“事忧老幼，患病重来。家门不吉，骨肉尤乖。出军失利，行者多灾。类神旺相，祸去福来。”

如发用阳神乘凶将，主伯叔尊长有灾。阴神主姑姨幼小有灾。当应剥“不利攸往”之象。日用旺相乘吉将，主幼得长力，长得幼力，则应上九“君子得舆”之象。

如甲子日丑时申将占，三上俱克下，为幼度厄课。

　青 空 虎 常
　子 丑 寅 卯
勾亥　　　辰玄
合戌　　　巳阴
　酉 申 未 午
　朱 蛇 贵 后

虎 贵 玄 朱
寅 未 辰 酉
未 子 酉 甲

兄 丙寅 虎
官 癸酉 朱
财 戊辰 玄

又如壬申日子时未将，占三下俱贼上，为长度厄。

　合 朱 蛇 贵
　子 丑 寅 卯
勾亥　　　辰后
青戌　　　巳阴
　酉 申 未 午
　空 虎 常 玄

青 贵 朱 玄
戌 卯 丑 午
卯 申 午 壬

财 庚午 玄 ⊙
官 乙丑 朱
父 壬申 虎

《订讹》

度厄：[1] 三上克下，主卑小有厄难，故曰幼度厄。三下贼上，主尊上厄难，故名长度厄。

占主家门不吉，骨肉乖离。幼度厄，若子孙发用，凶神入墓，卑者更凶。长度厄，若父母发用，凶神入墓，尊者更凶。若仕者占，主事从邻邑发动，山雀合群，同气相亲之兆也。神将吉，因动成喜。神将凶，面合心离，或反有暗害，或与刑杀并及旺相气，凶易成。若与德合并，不能害也。

---

① 三上克下曰幼度厄，三下贼上曰长度厄。

此二课同下二课俱以比者为用，俱不吉，然有救又不以凶断。如火克金则水为救之类。

《观月经》

长幼卦

三上来临下，根源长幼推。[①] 子孙先发用，小者必低蕤。[②] 父母相临用，凶神入墓悲。[③] 此看三传末，诸卦总如斯。[④]

度厄卦

三下制其上，六亲竟不虞。事还同长幼，凶即暗嗟吁。[⑤] 生气逢欢乐，休囚下泪珠。五行皆如此，消息要工夫。[⑥]

《袖中金》

三上克下为长幼，三下贼上为度厄。长幼不利于小，度厄不利于大。再详神将吉凶，有救无救酌而用之。

度厄课案例

例一：道光庚寅年子月丙寅日午时，陈友占录科。度厄，殃咎，周遍。

	合	勾	龙	空	
	子	丑	寅	卯	
朱	亥			辰	白
蛇	戌			巳	常
	酉	申	未	午	
	贵	后	阴	玄	

白	贵	阴	合
辰	酉	未	子
酉	寅	子	丙

官鬼	甲子	合
子孙	辛未	阴
父母	丙寅	龙

正议　三上克下为幼度厄，三传递克为殃咎，兼以日鬼发用，不独考试不利，且有病灾。

问：何病？曰：正时午属离为目，玄武克之。日干丙为太阳，被子水克制，皆失明之象。岂非目病乎？破碎克宅，贵人乘之，说不免阴人口舌。

案验　果因眼病不能完卷，口舌亦见。

---

① 四课之中三上克下是长幼卦也。

② 甲乙日用起火神发动也，是子孙低蕤不利之名也。

③ 甲乙日水神发用，是父母应也。土神发用是妻财，木神发用是比和兄弟。

④ 诸卦入生、入死、入墓、吉凶，在重审卦注定也。

⑤ 今日何神发用，亲情与长幼卦同也。

⑥ 三传入生则欢乐，入死墓为忧愁。凡五行务要精熟，灾福自然见也。

附议　问：月建为主文，发传又作六仪生末传太岁，应利考试？曰：岁月俱受上克，未可全以吉断。

问：周遍格有始有终，何以不完卷？曰：首尾克干支，是始终皆病也。病不脱体，岂能作文完卷乎？

问：引鬼为生如何？曰：寅为酉伤，见生不生，况三传递克主文，不可作引鬼看。

无禄绝嗣课

凡课四上俱克下，为无禄课。盖日神阴阳俱相克，不得其所，不免投辰上两课，辰上阴阳又相克，则无所投之路，占者多主孤独。如四上俱克下，为无禄格。主庶人不禄，有官罚职，轻者罚俸，重则削职。盖以上制下，臣子受殃，屈者难伸，对敌利客，讼宜先起者胜。惟火多克金，有水可救。其课统“否”之体，乃上下僭乱之课也。

象曰：“上克无禄，下克绝嗣。君臣悖逆，父子分离。求谋不遂，动作多疑。三传有救，方免灾危。”

如神将凶，则应六三“包羞”凶象。神将吉有救神，则应上九“先否后喜”之象也。

如三月己巳日寅时酉将占，四上俱克下，为无禄格。

　勾 青 空 虎
　子 丑 寅 卯
合亥　　　辰常
朱戌　　　巳玄
　酉 申 未 午
　蛇 贵 后 阴

后 勾 蛇 空
未 子 酉 寅
子 巳 寅 己

子 癸酉 蛇
兄 戊辰 常
财 　亥 合 ◎

凡四下俱贼上，乃为绝嗣之格。乃主小人无礼、暗算、横灾、殃祸，病者死，逃者转匿，尊长见灾，战斗利主，讼宜后对。中年多子息，老后主孤独。

如正月庚辰日辰时亥将占，四下俱贼上，为绝嗣格。

	蛇	贵	后	阴	
	子	丑	寅	卯	
朱	亥			辰	玄
合	戌			巳	常
	酉	申	未	午	
	勾	青	空	虎	

虎	朱	合	阴
午	亥	戌	卯
亥	辰	卯	庚

官	壬午	虎	
父	丁丑	贵	
兄	申	青	◎

《订讹》

绝嗣：[1] 上不容下，而下难自存，故名绝嗣。

占主在上无礼，卑小不利，孕伤胎，病易死，占子病死更验，奴婢逃，骨肉散。若旬空发用，来人必主独身而已。事起男子，兵讼先者胜，凡事动而必静。

无禄，[2] 以下犯上，被上夺禄，故名无禄。

占主孤独失业，多刑伤，病必死，事起女人，兵讼后者胜。凡事静而必动。

此课神将凶，骨肉分离。若神将吉，来意主分财异居。

《观月经》

无禄卦

四课俱临下，男鳏女寡孤。三传如有救，子必胜于吾。[3]

首尾俱相制，临年子失途。切须看用数，到老不如无。[4]

《心镜》

四课上神俱克下，法式严时不可论。[5]

臣子受殃从此起，无禄如何独处尊。占人孤老谁扶侍，空室穷炊岂得存。官门竞小必当罪，对者应知理不伸。

---

① 四上克下。

② 四下贼上。

③ 四课俱临下者，为无禄卦。如发用是水神，末传得金神为救。发用是金神，三传见土神为救神。吾者，父也，其五行并用此断之。假令己未日亥将辰时，占四上克下，取比用，酉为金神发用，中传辰土生金为父，末传亥水为子，即有救也。虽是无禄卦，不言绝也。

④ 临年老也。首尾，初末传。若今日发用水神在土上，终传复见土神，此道尾相制也。假令午将甲寅日未时占，神后临丑，下克上为用，是首制也。终传河魁土是尾制也。其神子水欲前就功曹为子，又下被大吉怒之，后欲亲从魁为母，又被天魁戌土上降灾祸，此占人必灾也。

⑤ 四上克下即法令严加，有屈不得伸雪也。

《袖中金》

无禄，四上克下。绝嗣，四下贼上。上下之分，贵于忠恕。四下贼上，是无其尊，为不忠矣。四上克下，是不容其下，为不恕矣。若得此体，则主奴婢散失，子孙他之孤子空室。上不能保其禄位，下不能友其妻子，不友不亲、不弟不义之耻焉。又曰：无禄主动而必静，室家孤独，病不久退，官事不妨；囚者脱，逃者获，凡事宜先举者。绝嗣主静而必动，小人犯上无礼之兆，暗横灾殃，病者易死，逃者转匿，凡事宜后施者。

《曾门》

四上克下名曰无禄，室空无人，老而孤独，臣子受殃，六亲死亡。当此之时，战斗客胜，利以先举。

《定章》曰：父以子为下，君以臣为下，夫以妇为下，兄以弟为下，四课皆上克下，是为孤独。法曰：君欲害臣，父欲杀子，兄欲损弟，夫欲伤妻，主欲害奴，是空室无人也。

《观月经》

绝嗣卦

四下贼其上，名为绝嗣凶。中年多子息，[1] 暮岁灭祖宗。[2] 有救同前例，[3] 无医断后宗。[4] 专看发用类，年月日时逢。[5]

《心镜》[6]

四课下神俱贼上，绝嗣如何保二亲。妻背夫兮奴叛主，子弑父兮臣弑君。

孕长为男刑克子，定是失业孤茕人。事讼切忌于先起，却被番兮难诉陈。

《袖中金》

四上克下为无禄，四下贼上为绝嗣。上下之分贵于忠恕，四下贼上为不

---

① 五旬为中年始有子也。

② 五十以后主老无子，初传发用是木，末传有水为子孙救之也。如末传见金克木，即主绝后也。假令甲寅日亥将午时占，即四下贼上，取未上子水为比用，子为水神，末传见戌土克之，又是孤辰无依也。又甲寅日亥将子时占，三传子亥戌亦是绝嗣。假令己未日亥将午时占，即四下贼上，三传巳戌卯，初巳火发用，与今日己土比合，中传戌土为子孙，末传卯木为父母，不得言绝嗣，为有救也。假令庚申日亥将辰时占，三传戌巳子，初传戌土，中传巳火为母，末传子水为子，即当头救神，不得言绝矣。

③ 亦用前例救之也。

④ 医者救也，无医者绝后也。

⑤ 此年月日时，元首卦内注定也。

⑥ 先起失礼。

忠，四下克下为不恕。

《曾门》

四下贼上名曰绝嗣，亡其先人，后有孤子，战斗利主，必不利客。

《定章》曰：臣忠君，子孝亲为正，今皆下贼上，是为灭绝。法曰：臣害君，子弑父，妻害夫，奴反主。生男则伤父，生女则伤母。经曰：亡其先人是为孤子。此占利居家，不利为客、访馆、训教子弟。

无禄绝嗣课案例

例一：咸丰戊午年午月辛巳日丑时，闻警占。无禄。

	空	虎	常	玄	
	子	丑	寅	卯	
青	亥			辰	阴
勾	戌			巳	后
	酉	申	未	午	
	合	朱	蛇	贵	

蛇	空	空	玄
未	子	子	巳
子	巳	巳	辛

父母	癸未	蛇
妻财	戊寅	常
兄弟	酉	合

正议　正时白虎，辛日逢丁巳受惊危，况四上克下，外胜于内，支来克干，阴犯于阳，三传递克，贼非一处，而贼符又克干支，岂能安枕？且寅木俯仰丘仇，末传日禄旬空，饷运维艰，兼以内战不和，何能同仇敌忾？

案验　果如所占。

例二：亥月癸卯日或占胎产。无禄。

	空	虎	常	玄	
	酉	戌	亥	子	
青	申			丑	阴
勾	未			寅	后
	午	巳	辰	卯	
	合	朱	蛇	贵	

常	勾	空	朱
亥	未	酉	巳
未	卯	巳	癸

父母	丁酉	空
官鬼	辛丑	阴
妻财	巳	朱

正议　三传纯阴，弄璋之兆。本月亥日冲胎必生。卯贵作子孙登天门，子乃诗书中人也。

问：四下贼上，恐子伤其母？曰：占产绝嗣无禄吉，盖取上下分离之义也。

曰：财空忌妻，如何？曰：妻看天后乘神，吉凶。若巳为日胎，胎空则子生，何忌于妻。但初孕不宜空耳。

问：全局逢冲，岂非合中犯煞乎？曰：占产忌合，正赖亥水破局，期其生也如达。

曰：水日逢丁有妻则克？曰：此格亦当参看天后，天后无恙，及课传无凶煞，不尽以克妻论。况占妻产喜动喜空，丁马乘天空，乃胎动腹空，何忌？

案验　本月丁亥日生男，母无恙，子大亦职俊，戊午入泮。

附录　《玉田四难歌》："胎孕生下行人逢，无禄绝嗣亦堪容。"

迍福课

凡八迍课，得五福为迍福课。如死气为用，旺气下胜，俯仰丘仇，带凶将刑害，传逢坟墓，下贼上，杀临日辰相克，为八迍格。用起初死，终旺，子母相生，始凶终吉，年神制初，旺相临日辰，为五福格。此八凶者为迍，五吉者为福，故名迍福。盖时令死气发用为一迍；下为旺气所胜为二迍；上见丘墓为三迍；下见仇克为四迍；乘凶将为五迍；带刑害，子为坟墓星，主死亡，为六迍；下贼上为七迍；凶神临日辰相克为八迍。若用起死气，末传旺相为一福；子逢凶，母带德解救之为二福；始为凶将，终有吉神为三福；初传见鬼贼，年命克制为四福；日神吉，临旺相为五福。占事先凶后吉，统"屯"之体，乃雷雨解灾之课也。

象曰："八迍并用，忧患将至。得病倾危，遭官坐死。营干不成，动作被累。五福相逢，变忧为喜。"

如课遇八迍，占者大凶，则应屯上六"泣血涟如"之象。或八迍变五福，主事先忧后喜，始终成就，则应屯初九"居贞"之象。

如癸酉日午时亥将春占，未上死气，下为寅木所胜，俯仰丘仇，乘朱雀凶将，末传相气贵人为迍福课。

	青	空	虎	常	
	戌	亥	子	丑	
勾	酉			寅	玄
合	申			卯	阴
	未	午	巳	辰	
	朱	蛇	贵	后	

朱	玄	空	蛇
未	寅	亥	午
寅	酉	午	癸

官	辛未	朱
兄	甲子	虎
财	己巳	贵

《订讹》

五福：[1] 占主一切吉。

迍福：[2] 假如癸酉日午时亥将，春占，课得午癸、亥午、寅酉、未寅，传得未子巳，将得雀虎贵。用死，一迍；未下寅，春木太胜，二迍；木墓在未，仰见其丘，土畏木克，俯见其仇，三迍；将雀，四迍；雀与刑合，五迍；子临未，下贼上又乘虎，六迍；子得虚宿，主坟墓哭泣，七迍；干上蛇支上武，俱凶将，八迍。初未死，末巳相，一福；末生初，子投母，二福；初雀末贵，三福；巳受子克，得救人救，四福；癸德附戊，戊寄丙，午临日，五福。迍中有福，故名迍福。占主化凶为吉，先忧后喜。

《订讹》

八迍：[3] 占主一切凶，病危，遭官坐死，谋无成。

小吉临寅为用。八迍，春土死，用神是死气，一迍；未土临寅，寅旺木胜之，二迍；木墓在未，仰见其丘，丘土畏木，俯见其仇，三迍；朱雀为初传，四迍；雀与刑并，五迍；中传子临未，下贼上，六迍；子为虚宿，与白虎同位，七迍；午加癸乘凶将螣蛇，又下贼，八迍。

凡遇八迍，须得旺相吉将相生为救。若其福力均，殃渐退，疾病瘥，官讼理得伸。

《心镜》

八迍五福详吉凶，以意推之无定神。欲别凶微吉有力，不然八五是常文。
冲破休囚刑墓杀，恶将都看有几迍。旺相相生吉神救，又祝福之多少均。
福力均时殃渐退，病瘥官事理得伸。

---

① 初传囚气，末传旺相，一也；子逢凶，母带德解救之，二也；初传凶将，末传吉神，三也；初传鬼，年命上神克之，四也；德临日上，五也。此五者转祸为福之象，故名五福。

② 八迍课又得五福。

③ 时令死气发用，一也；用被地盘旺气所胜，二也；俯仰见丘墓仇克，三也；乘凶将，四也；带刑，五也；下贼上，六也；见坟墓哭泣神，七也；凶神临日辰，八也。八者，濡滞忧患之象，故名八迍。

侵害课

凡课日辰六害相加，并行年为用，为侵害课。六者，父、母、兄、弟、妻、子，六亲也。害者，损也。如子畏午冲直上穿心，见未合冲，助仇而为害也。害则似水壅滞，血气未行，事多阻隔，然子未为势家害。子加未，举事无终始，及官非口舌；未加子，营谋阻塞有灾。丑午、卯辰为少凌长害。丑加午，官病忧惊，夫妻不合；午加丑，事不明不就；卯加辰，辰加卯，主事虚声，争财有阻。寅巳、申亥，为竞强争进害。寅加巳主出行改动，退利进阻；巳加寅主事艰阻，口舌忧疑；申加亥，事先的后疑阻，必无终始；亥加申，图谋未遂，事无终始。酉戌为鬼害，酉加戌阴小逃亡，病凶；戌加酉，时有阻病凶事。此害神主侵损相害，故曰侵害。统“损”之体，乃防人暗算之象也。

象曰：“六亲失靠，骨肉刑伤。财利谮害，疾病殴伤。求婚人破，出阵军殃。胎孕防堕，干谒不祥。”

如六害神临日辰发用，又乘凶将恶杀，主侵害凶祸，当应九二“征凶”之象。若带合德、善神、吉将，课体虽阻而终成，当应损上九“利有攸”之象也。

如丙子日申时卯将占，子日未害并用子，为侵害课。

	蛇	朱	合	勾	
	子	丑	寅	卯	
贵	亥			辰	青
后	戌			巳	空
	酉	申	未	午	
	阴	玄	常	虎	

合	常	常	蛇
寅	未	未	子
未	子	子	丙

官	丙子	蛇
子	癸未	常
父	戊寅	合

《订讹》

侵害：[1] 子未为势家害，丑午与卯辰为少凌长害，寅巳与申亥为竞强争进害，酉戌为鬼害。六处都能肆其侵损，故名侵害。

[1] 干支害神上下相加发用，临行年更的。

侵害课案例

例一：道光乙巳年戌月戊辰日巳时，张姓占失牛。侵害，连珠，三奇。

	合	勾	青	空	
	辰	巳	午	未	
朱	卯			申	虎
蛇	寅			酉	常
	丑	子	亥	戌	
	贵	后	阴	玄	

蛇	朱	朱	合
寅	卯	卯	辰
卯	辰	辰	戊

官鬼	丁卯	朱
官鬼	丙寅	蛇
兄弟	乙丑	贵

正议　众鬼连茹，盗必数人。丑加寅鬼死气，此牛已为砧上肉矣。魁度天门，勾陈生武乘神，追捕难获。然玄被乘神克制，玄阴酉戌相害，日上辰冲戌关，伙盗终必自供，以致生讼。

案验　盗已杀牛，因分赃不均，鸣团自供，以致送官。

附录　《毕法》：“所筮不入仍凭类。”如丑为牛，玄武为盗，此类神也。丑入末传而玄未入课传，亦凭此为断。

刑伤课

凡课中三刑发用，并行年为刑伤课。盖恶莫大于刑，刑主伤残。如寅巳申刑者，寅中有木火，巳中有土金，申中有金水，父子在位相伤，为无恩刑。寅刑巳，主举动险阻，官事灾害，彼刑我斗，前事生发。巳刑申，主长幼不顺，先犯后成，彼刑我解，仇将恩报。申刑寅，人鬼残贼，男女相制，彼刑我动。丑戌未刑者，三宫皆土，兄弟以力相伤，为恃势刑。丑刑戌，主官鬼刑，禁尊贵伤卑贱，有挠不明。戌刑未，少凌长，举事妻财凶。未刑丑，大小不和，或见丧服。子卯相刑者，水木母子，改节相伤，为无礼刑。子刑卯，主门户淫乱、死败，尊卑不睦。卯刑子，去明入暗，水路不通，子息不律。辰午酉亥自刑，寅申巳亥四冲，无亥；辰戌丑未四冲，无辰；子午卯酉四冲，无酉午，惟子卯互刑。是四位无所相刑，为自刑。主自逞高大，更改自害。受此四冲，缺一不全，欹而不正，三者各自相推，不齐着力，罚而相刑。刑必有伤，故名刑伤。若寻奴仆小人，奔走去向，详支之刑神所临之方，追之必获。统“讼”之体，乃大小不和之课也。

象曰：“偏欹失位，家门不昌。胎孕欲堕，婚姻不良。征下顺利，斗上刑伤。谋为乖戾，凡事遭殃。”

如刑神为用，或递互相加，乘凶将临日辰，皆主伤残、人情不和。刑干男伤，人身不利；刑支女病，家宅不安。时刑干，忧小口小人，时下事不利。善刑恶无忧，恶刑善凶至。刑月建者不可讼人，刑日神者不可远行。干刑速，支刑迟。或上下相刑遇日鬼，主公私之扰，尊长不分，凡事乖戾，谋干费力，忌小人。见蛇、血支、血忌，孕必堕胎，及血光灾。或辰自刑，又见辰乘凶将，主燥爆挟刃自伤。或六处有神作支之自刑，又作干鬼，结连三传，为鬼助刑，或伐德甚凶，当应讼上九“或锡鞶带，终朝三褫”凶象。若遇德神吉将有气，事有阻终遂象。

如庚午日寅时子将占，午为支刑临日用，为刑伤课。

	勾	合	朱	蛇	
	卯	辰	巳	午	
青	寅			未	贵
空	丑			申	后
	子	亥	戌	酉	
	虎	常	玄	阴	

青	合	合	蛇
寅	辰	辰	午
辰	午	午	庚

官	庚午	蛇
父	戊辰	合
财	丙寅	青

凡偷盗、男女奔走，止论刑德。盖尊贵以德，卑贱以刑，故为刑德格。刑者，寅午戌日，刑在巳午未方；申子辰日，刑在寅卯辰方；巳酉丑日，刑在申酉戌方；亥卯未日，刑在亥子丑方。德者，甲己德寅，乙庚德申，丙辛、戊癸德巳，丁壬德亥。阳德自处，阴德从阳。占奴仆寻刑，德胜刑，易获；刑胜德，难见。德刑不相克，见闭口课中推。寻常人占，但取天盘上德刑下所加之地，以别贵贱去向之主是也。

如庚子日戌时亥将，占走奴婢。支刑在卯下，加寅，主去东北方，追之可获。应在刑受克。金德，木刑也。若占贵人君子，日德在申下，加未，主往西南寻之可见，应德受生日时到也。其二者配为德刑格。

蛇 贵 后 阴
午 未 申 酉
朱巳　　　戌玄
合辰　　　亥常
卯 寅 丑 子
勾 青 空 虎

青 空 玄 阴
寅 丑 戌 酉
丑 子 酉 庚

财 壬寅 青
财 癸卯 勾
父 　辰 合 ◎

《订讹》[①]

刑伤课案例

例一：道光己酉年午月辛丑日未时，张姓占母病。刑伤，游子。

合 勾 青 空
巳 午 未 申
朱辰　　　酉虎
蛇卯　　　戌常
寅 丑 子 亥
贵 后 阴 玄

后 后 常 常
丑 丑 戌 戌
丑 丑 戌 辛

父 辛丑 后
父 戊戌 常
父 乙未 青

正议　刑伤课，自宅发用，病为参商所致。青龙为纸钱煞，加末传；太常乘死气为孝服煞，加日干。天后乘墓，亦舁棺入土之象。辛日伏吟逢丁卯年，课名游子，出殡在迩矣。

参议　问：文书旺相，或可无虞？曰：印爻重叠，专看天后。一水而七土克之，其能久乎？即以印爻论，亦月盈则亏之象也。

案验　次日壬寅戌时故。寅应青龙，戌死气也。

附议　占病遇纯土课，无论水日多鬼，火日全脱，不吉。即庚、辛、甲、乙、日皆为所埋，不能制，亦不能受其生。

---

① 意同。

二烦课

凡四仲月将遇四正及四平日占，得日月宿加四仲，斗罡系丑未，为二烦课。四仲者，子午卯酉也。日宿者，太阳躔度宫神也，正月起亥，逆行十二辰。月宿者，太阴星躔度宫神也。正月初一起室，二奎，三胃，四毕，五参，六鬼，七张，八角，九氐，十尾，十一斗，十二虚。每月初一移一宿，逐日数二十八宿，遇奎、张、井、翼、氐、斗宿，重算留一，数尽月宿住处为太阴所在宫神。更详《七政历》细度为准。斗罡者，辰也。四正者，朔、望、弦、晦也。初一为朔，初八为弦，十五为望，二十三为下弦，月终为晦。四平者，即四仲也，子平卯、卯平午、午平酉、酉平子也。如日月经仲宿度数多而有稽留，及天罡凶神交系丑未，贵人不得理事，则三光不明，德气在内，刑气在外。此二者，天地相并，故名二烦。占者家有灾祸。统“明夷”之体，乃荆棘满途之课也。

象曰：“男遇天烦，命遭刑戮。女犯地烦，身受虫毒。征虎伤亡，疾病号哭。狱讼徒流，胎孕不育。”

如将乘螣蛇主忧恐，勾陈主争斗，后合阴暗，白虎丧亡。此天地烦并，主男女俱有患。惟春夏可生，秋冬必死。当此之时，利居家，不利出行及干求事。凡百谋为造作，决招凶祸，则应明夷上六“后入于地，失则”凶象也。

如九月初三丙午日午时卯将占，寅命，行年在午。月将为日宿，躔氐二度，月宿躔氐五度。太阳、太阴俱值卯宫加午为仲。辰为斗罡临未，二并为天地烦，曰二烦课也。

	合	勾	青	空	
	寅	卯	辰	巳	
朱	丑			午	虎
蛇	子			未	常
	亥	戌	酉	申	
	贵	后	阴	玄	

蛇	勾	贵	合
子	卯	亥	寅
卯	午	寅	丙

官	壬子	蛇	⊙
财	己酉	阴	
兄	丙午	虎	

凡日宿临四仲，斗罡系丑未，为天烦格，主男子犯法。盖男禁天烦，无抵四正朔望弦晦。如春夏，男行年并日宿，临卯午，主犯县官刑囚、见血及徒配之患。秋冬临酉子，有犯刀兵刑戮污葬之灾也。

凡月宿临仲，斗罡系丑未，为地烦格，主女子受灾。盖女禁地烦，无冲四平子午卯酉。如春夏，女行年并月宿临卯午，主产难、流血、斗讼之愆。秋冬临酉子，有刑丧犯法死亡之残殃也。

如三月十五，己卯日子时酉将，男命行年在子，日宿酉并临子为加仲，罡下系未，为天烦格。又女命行年在午，月宿卯并临午为加仲，罡下系未，为地烦格也。

子勾
酉蛇
午阴

蛇　勾　青　常
酉　子　丑　辰
子　卯　辰　己

　　　女
　　　年
寅　卯　辰　巳
丑　　　　　午
子　　　　　未
亥　戌　酉　申
　　　　男
　　　　年

《订讹》

二烦：[1] 日宿者，太阳躔度也，正月起亥，逆行十二辰。月宿者，太阴躔度也，正月初一起室，二月初一起奎，三月胃，四月毕，五月参，六月鬼，七月张，八月角，九月氐，十月心，十一月斗，十二月虚，每一日行一宿。如遇奎、井、张、翼、氐、斗，皆重留一日，数至占日，即知月宿所在也。子午卯酉为天地关格，四极之地。太阳、太阴切忌临之。丑未贵人之首也，斗罡凶神加临其上，使贵人不得理事，此门门闭塞，三光不明，德气在内，刑气在外，天翻地覆，莫大忧烦，故名二烦。

占主极凶，春夏尚可生，秋冬必死，百事祸散复至，殃及子孙，喜者反怒，解者更结，虽有吉神不救。日宿临卯午，为春夏天烦，男犯刑囚徒配。临酉子为秋冬天烦，男犯刀刑法，死不葬。月宿临卯午，为春夏地烦，女产难，斗讼血流。临酉子为秋冬地烦，女犯重法，为男所杀。男女行年并尤的。月宿遇重留者更凶。大抵弦望晦朔四正日，男行年抵日宿，主被吏执。子、午、卯、酉四仲日，女行年抵月宿，主被盗贼。假如壬子日午将卯时，四课

① 日宿临仲，斗系丑未，曰天烦。月宿临仲，斗系丑未，曰地烦。日月宿俱临仲，斗系丑未，曰天地二烦。

寅壬、巳寅、卯子、午卯，三传午酉子。若正月十四占得此课，则为地烦。盖正月初一起室，数至十四日为柳，乃乃午宫宿是也。若六月初二占得此课，为天地二烦。盖午为六月月将临卯，此日宿临仲。又六月初一起鬼，初二柳，乃午宫宿此，又月宿临仲，故名二烦也。二课俱斗系丑。

此课四仲月日及四正日占之更的。然日月宿不发用者不真。[①]

《心镜》

日月宿行为四仲，此卦名为天地烦。更被斗罡加丑未，复以兼称为杜传。

男行抵日女抵月，举事灾殃为汝言。祸散更生欢复怒，仇人和了又成冤。

弦望晦朔天烦合，男犯刑伤被吏缠。子午卯酉地烦会，主女流血迍复邅。[②]

春酉将八课

乙卯，丁卯，己卯，辛卯，癸卯，庚午，戊午，壬午。

并酉加午临仲发用，斗系丑未。

夏午将十二课

甲子，丙子，丁酉，己酉，庚子，壬子，癸酉，辛酉。

并午加酉临仲发用，斗系丑未。

秋卯将三课

戊子，辛酉，己酉。

并系卯加子发用，斗系丑未。

冬子将七课

丁卯，丁丑，丁酉，辛卯，丙午，己卯。

并系子加卯发用，斗系丑未。

二十八宿，角亢氐房之类。正月起室，已见于前。假令正月初一日起室，二日壁，三日四日俱奎，五日胃，六日昴，七日毕，八觜，九参，初十日十一日俱井，十二鬼，十三柳，十四星，十五张，加四仲发用者是也。

起月宿法

正室二奎三在胃，四毕五参六鬼期，七张八角九月氐，十心一斗十二虚。[③]

---

① 附：日月宿临仲，斗不系丑未，又名杜传，传行杜塞也。

② 弦望晦朔为四正日。男行年抵日者，主被吏执缠。

③ 每日一宿，遇奎、张、井、翼、氐、斗，重留一日，遇本日星发用者是地烦。地烦又要斗系丑未。月宿加四仲发用是也。

月宿所属十二辰

辰角亢，卯氐房心，寅尾箕，丑斗牛，子女虚危，亥室壁，戌奎娄，酉胃昴毕，申觜参，未井鬼，午柳星张，巳翼轸。

日期＼月份			
正月	十四	十五	十六
二月	十二	十三	十四
三月	初九	初十	十一
四月	初七	初八	初九
五月	初五	初六	初七
六月	初二	初三	初四
七月	初一	初二	
八月	二十六	二十七	二十八
九月	二十五	二十六	二十七
十月	二十二	二十三	二十四
十一月	十九	二十	二十一
十二月	十五	十六	十七

如上表，正月十四、十五、十六，二月十二、十三、十四，三月初九、初十、十一，四月初七、初八、初九，五月初五、初六、初七，六月初二、初三、初四，七月初一、初二，八月二十六、二十七、二十八，九月二十五、二十六、二十七，十月二十二、二十三、二十四，十一月十九、二十、二十一，十二月十五、十六、十七。[①]

日期＼月份			
正月	初六	初七	初八
二月	初四	初五	初六
三月	初一	初二	初三
四月	初一		
五月	二十九	三十	

① 丁丑昴星，丁亥、己卯、甲子、癸酉、丙子昴星俯，己丑、丁酉、庚子、己酉、壬子、辛酉并系午加酉为用，以上月内逢者是。

六月	二十六	二十七	二十八
七月	二十三	二十四	二十五
八月	十八	十九	二十
九月	二十六	二十七	二十八
十月	十四	十五	十六
十一月	十一	十二	十三
十二月	初八	初九	初十

如上表，正月初六、初七、初八，二月初四、初五、初六，三月初一、初二、初三，四月初一，五月二十九、三十，六月二十六、二十七、二十八，七月二十三、二十四、二十五，八月十八、十九、二十，九月二十六、二十七、二十八，十月十四、十五、十六，十一月十一、十二、十三，十二月初八、初九、初十。①

日期 \ 月份			
正月	三十		
二月	二十八	二十九	三十
三月	二十六	二十七	二十八
四月	二十四	二十五	二十六
五月	十九	二十	二十一
六月	二十三	二十四	
七月	二十六	二十七	二十八
八月	十一	十二	十三
九月	初九	初十	
十月	初六	初七	初八
十一月	初三	初四	初五
十二月	初一	初二	

① 乙卯、庚午、己卯、壬午、辛卯、癸卯、戊午、丁卯，并系酉加午为用，以上月内逢者是。

如上表，正月三十，二月二十八、二十九、三十，三月二十六、二十七、二十八，四月二十四、二十五、二十六，五月十九、二十、二十一，六月二十三、二十四，七月二十六、二十七、二十八，八月十一、十二、十三，九月初九、初十，十月初六、初七、初八，十一月初三、初四、初五，十二月初一、初二。①

日期＼月份			
正月	二十二	二十三	二十四
二月	二十一	二十二	二十三
三月	十八	十九	二十、二十一
四月	十六	十七	十八
五月	十四	十五	十六、十七
六月	十一	十二	十三、十四
七月	初八	初九	初十、十一
八月	初三	初四	初五、初六
九月	初一	初二	初三、初四
十月	初一	三十	
十一月	二十七	二十八	二十九
十二月	二十四	二十五	二十六、二十七

如上表，正月二十二、三、四，二月二十一、二、三，三月十八、十九、二十、二十一，四月十六、十七、十八，五月十四、五、六、七，六月十一、二、三、四，七月初八、九、十、十一，八月初三、四、五、六，九月初一、二、三、四，十月初一、三十，十一月二十七、二十八、二十九，十二月二十四、五、六、七。②

子午卯酉四项通计三十余课，值此月此日方是。

假令正月二十二日己酉申时，月宿在卯，此日偶值己酉，卯加子仲，临

① 己卯、丁卯、丁丑、己丑、辛卯、丁酉、丙子，并系子加卯酉发用，如前月日逢者是。

② 戊子、己酉、辛酉、癸酉、乙酉、丁酉，并系卯加酉发用者是。

仲发用，为地烦课也。

斗不系丑未者，名杜传课，四位俱闭，三光不明，德气在内，刑气在外，利于居家，不可远行。

假令戌将卯时己卯日占，四月丙午日申将午时，六月癸酉日未将酉时，皆乃天烦杜传。

假令九月辰加酉，初一日起氐，数十四日乃月宿在戌，庚戌日戌加卯发用，是地烦杜传。

《观月经》

日宿加四仲，发用在其中。斗系丑兼未，天烦卦本宫。

愆招男子罪，如何走西东。兵甲将诛戮，加刑忧命终。

地烦卦

月宿加四仲，地烦发用名。天罡临丑未，女子血光惊。

产妇多忧惧，胎成子不成。传中有恶将，必定举哀声。

《曾门》

日宿临四仲为天烦，月宿临四仲为地烦，斗系丑未为在地烦，不系丑未为杜传。当此之时，四位俱闭，三光不明，德气在内，刑气在外，利于居家，不宜远行。男子抵日，女子抵月，凡举百事，喜者反怒，解者复结，殃及子孙，祸更复作。男禁天烦，无抵四正弦望晦朔之日，以此举事，刑戮大惊。女禁地烦，无抵四平，子平卯，卯平午，午平酉，酉平子，以此举事，流血见腥。

《定章》曰：朔望弦晦，日月加四仲占事，与九丑同。以九丑同，以举百事必被殃也。又曰：日宿加午卯为春夏天烦，男子囚禁，流血见官。日宿加酉子为秋冬天烦，男子兵戮，法死不葬。月宿加卯午为春夏地烦，女子斗讼流血。月宿加酉子为秋冬地烦，女子斗讼为男子所杀。二烦之禁，不可不慎。以举百事主死亡。如二月朔日，辛卯时加卯，天魁临卯为用，将得勾陈主斗讼刑伤。次传天后，事因妇女。终见天空，耗散破灭。此时日月宿在魁下临仲，为二烦。并斗不系丑未，为杜传。此时德气在内，刑气在外，以举百事，必因妇人斗讼刑伤，耗散家业，或被刑戮大惊，殃及子孙。三月午时，斗系丑未曰天烦。四月二十七日巳时，名地烦。

附录：二十八宿次序表

宿区 / 名称	四木宿	四金宿	四土宿	四日宿	四月宿	四火宿	四水宿
东七宿	角木蛟	亢金龙	氐土貉	房日兔	心月狐	尾火虎	箕水豹
北七宿	斗木獬	牛金牛	女土蝠	虚日鼠	危月燕	室火猪	壁水㺄
西七宿	奎木狼	娄金狗	胃土雉	昴日鸡	毕月乌	觜火猴	参水猿
南七宿	井木犴	鬼金羊	柳土獐	星日马	张月鹿	翼火蛇	轸水蚓

二烦课案例

例一：咸丰七年，丁巳年戌月癸酉日未时占山寨。轩盖，地烦。

合 朱 蛇 贵
寅 卯 辰 巳
勾丑 午后
青子 未阴
亥 戌 酉 申
空 虎 常 玄

朱 后 阴 虎
卯 午 未 戌
午 酉 戌 癸

财 庚午 后
子 丁卯 朱
兄 甲子 青

正议　八月初一日，月宿起角，至廿五日抵牛，午加四仲发用，为地烦，又乘天后，必有女灾，不可投足。

参议　问：高盖乘轩，丁马入传，末传青龙得禄，似宜迁居？曰：初以吉断。后查得地烦，互作六害，始知其凶。

案验　此寨于本年二月间，有妇因雷震死，以卯为雷乘丁故也。其后人情不谐，亦未去。壬戌年寨内掘煤，压死二人。

天祸课

凡四立日，占得今日干支临昨日干支，或昨日干支临今日干支，为天祸课。盖立春日木旺水绝，立夏日火旺木绝，立秋日金旺火绝，立冬日水旺金绝。一年之内，只此立春、立夏、立秋、立冬四立日前一日为四绝。如四立日干支神加绝神干支，或绝神干支加四立干支神，此四时之气，德绝用刑，如天刑时灾，人受其祸，故名天祸。占者动有凶咎，不可妄为。统“大过”

之体，嫩草遭霜之课也。

象曰："以新易旧，天有灾祸。咎事莫为，身宜谨守。战斗流血，造死丧偶。出行死亡，干谒空走。"

如四立金日前一日是火神，相加又发用，占者主火殃或雷震天灾。木日水动，主水灾，或盗贼淫乱。木主屋梁崩折，金主兵戈战斗，土主土瘟墙壁险陷。更乘白虎，主死丧，玄武失脱，朱雀口舌，勾陈争斗，带恶杀必有不意凶祸，不出时节九十日也。或四立日值朔望先一日月穷，为四废并，此四绝之日上望见月宿，其凶尤甚。当此之时，不可出行造作等事，犯者大凶，当应大过九三"栋挠"之象也。

如正月立春甲申日，绝日癸未，寅加癸，为天祸课。

	蛇	贵	后	阴	
	午	未	申	酉	
朱	巳			戌	玄
合	辰			亥	常
	卯	寅	丑	子	
	勾	青	空	虎	

玄	阴	合	勾
戌	酉	辰	卯
酉	申	卯	甲

财	壬辰	合	
子	癸巳	朱	
子	午	蛇	◎

《订讹》

天祸：亦名四穷天祸。[①] 立春日木旺水绝，立夏日火旺木绝，立秋日金旺火绝，立冬日水旺金绝。四立前一日为四绝。如四立日干支加绝神干支，或绝神干支加四立日干支，此四时之气，德绝用刑，日上日下皆不愿处。如天行时灾，人受其祸，故名天祸。绝神为四时穷日，亦名四穷天祸。

占主动凶，不可妄为，出行死，干谒不见，造葬更忌。如绝神是火，主火灾，或雷霆变异。水主水灾，或盗贼淫乱。木主屋倾，金主兵战，土主土瘟或官司牵累。应验不出节内九十日也。或四立日值朔望先一日为月穷，又为四废，并此四绝之日上，望见月宿，凶尤甚。

① 凡四立日占得今日干支临昨日干支，或昨日干支临今日干支。

《观月经》

四立干上神，分明末日临。此名天祸卦，乖角竟相侵。[①] 火动烧人死，[②] 水临劫盗深。[③] 木因梁屋事，[④] 土动为争论。[⑤] 金则兵戈乱，闹处起哀声。[⑥]

《心镜》

四立日占为百事，切忌干临向绝辰。[⑦] 遇此是名天祸卦，天咎之灾四五旬。[⑧] 今日立春当乙酉，昨暮穷冬是甲申。假令乙酉戌时课，乙将临甲害凌人。欲知祸患缘何起，以将推之决是因。白虎死亡玄武贼，官事追朱斗勾陈。天空作事主欺诈，若依此法岂遭迍。[⑨]

假令甲申旬乙酉日立春，子将戌时。

	蛇	贵	后	阴	
	未	申	酉	戌	
朱	午			亥	玄
合	巳			子	常
	辰	卯	寅	丑	
	勾	青	空	虎	

虎	玄	贵	朱
丑	亥	申	午
亥	酉	午	乙

官	甲申	贵	⊙
财	丙戌	阴	
父	戊子	常	

---

① 立春前一日名水绝，立夏前一日名木绝，立秋前一日名火绝，立冬前一日名金绝。立春之日是甲，甲前一日是癸，癸是水，末日也。甲日占得甲上见丑，是末日临也。主癸课在丑也。立夏之日是庚，前一日是己，己是木之末日。庚日占事，干上得小吉，是末日临也，言己课在未也。如癸丑日立秋，前一日是壬，壬是火绝之日，癸日占得丑上见亥，主壬课在亥也。立冬之日是丁，前一日是丙，丙为金绝之末日也。丁日占事，未上见太乙，是末日临也，以丙课在巳。此是四立干上神，分明末日临也。大抵天祸四立日干上见昨日天干上发用者是也。

② 若庚之日为四立日，见末日临之又发用，若火神动者，主雷霆逆祸事，天降火烧人。或天中有诧异之事。如庚辛为末日，又火神动者，主此灾祸。

③ 若水动有水灾贼盗，亦是家中浊滥而生凶祸也。丙丁为末日，又得水神发用者，课主贼盗也。

④ 若木动主屋塌梁坠下札而致死亡之事。如戊己为末日见木神主此灾祸也。

⑤ 壬癸日立春得末发用见土神者，主此灾祸也。

⑥ 如金动主兵戈、刀死、刃伤。甲乙日立春立春时得末发用是金神，主此灾祸也。四立之日是课妙用，切须熟读记之。

⑦ 立春、立夏、立秋、立冬四立前一日为四绝。前日干临今日干是也。

⑧ 经云：祸不出一节。一节四十五日也。

⑨ 天祸，四立日，日干临前一日日干上。天寇，分至日，日支临前一日日支上。创始值于干绝，旺极值于支离。天祸主九十日，水绝水厄，火绝火灾。虎加病死，玄加盗贼。天寇主四十五日，出行遭劫，造屋火灾，骨肉不相保，疫疠必相伤。遇之者上天怒之咎也。

天狱课

凡课，囚死墓神发用，斗系日本，为天狱卦。盖囚死者，时令囚死之气也。墓者，日库也。我克者为死，克我者为囚，夫死囚发用，主死丧囚禁之事。斗者，辰为罡也。日本者，日干长生位也，若日本强旺生日有救。今日本又遭斗系，不能扶助用神囚死墓葬之气，如天降灾殃，至人罹狱难逃，故名天狱。占者忧患相仍难解。统“噬嗑”之体，萎靡不振之课也。

象曰：“日用迍邅，刑狱之愆。犯法难解，染病未痊。出行凶也，谋事徒然。兵家大忌，出军不旋。”

如用神囚死，俯仰丘仇，斗系日本，或乙日辰加亥孟神，忧父母；加卯仲神，忧同类；加未季神，忧妻子。或带刑杀灾劫，为真天狱。虽有青龙莫能救止。或为魄化，奇系日本，凶祸尤甚。当此之时，不可出行及造作，百事皆凶，则应噬嗑上九“何校灭耳，凶”象也。然辰为天牢，戌为地网，若罪囚入狱，喜见贵人临辰戌，有履狱录囚之义。更日辰行年得子孙生气，德合解神吉将，为狱清平，则危中有救，忧中有喜，官讼得理，贼围可解，当应九四“得金矢，利艰贞”吉之象也。

如乙酉日春占，未土死气发用，斗罡系亥，为天狱课。

	朱	合	勾	青	
	戌	亥	子	丑	
蛇	酉			寅	空
贵	申			卯	虎
	未	午	巳	辰	
	后	阴	玄	常	

后	空	空	蛇
未	寅	寅	酉
寅	酉	酉	乙

财	未	后	◎
父	戊子	勾	⊙
子	癸巳	玄	

《订讹》

天狱：[①] 日本者，干长生也。我克为死，克我为囚。死囚发用巳主死丧囚系，又是斗罡凶神临日本之上，如天降灾致人罹狱难脱，故名天狱。

占主犯法入狱，病多死，出行用兵，一切造作凶。如用神囚死作日墓，俯仰丘仇者更的。丘乃三丘，天盘见之曰仰见其丘。仇乃克制，下受地盘克，

① 发用死囚，斗系日本。

曰俯见其仇也。斗加日本带刑煞灾劫，为真天狱，乃致死之地，虽有青龙莫救。或魄化为用，斗系日本，谓之绞斩卦，祸尤惨。

此课甚凶，主家有人系狱。如将得贵、龙、常、后，又不带灾劫等，变凶为吉。来意主望天恩事。有贵临辰戌，未入狱者遇之，则贵人不得地不能察讼，讼凶。若罪囚在狱，喜见贵人，有履狱录囚之义，更日辰年上得子孙乘生气，德解吉将，为天狱清平，危中有救，讼伸围解。

《观月经》

欲知天狱卦，发用死囚神。斗系加日本，相临犯法人。传中灾劫杀，刑害转生嗔。正墓加同类，灾迷受祸迍。①

《心镜》

占课用神当死囚，仰见其丘俯见仇。更值斗罡加日本，② 四凶天狱是其由。正月乙酉午时课，小吉临寅故曰丘。③ 春占土死未为墓，土畏于寅又是仇。④ 乙生于亥将为本，⑤ 斗系亥当父母忧。⑥ 临仲己身兄弟患，⑦ 加季儿孙妻妾愁。⑧ 登明小吉例难得，如为如木忌逢秋。⑨ 行人不可此时出，百事能知不免忧。

《袖中金》

天狱，用神死囚，仰见其丘，俯见其仇，斗罡加日本，出行百事不吉。欲知天狱卦。

假令七月乙丑日巳加子。

---

① 日本者，亥为甲乙之本，寅为丙丁之本，申为戊己壬癸之本，巳为庚辛之本。斗是天罡，若天罡加日本，又遇死囚神发用，三传逢劫杀灾杀刑害，更本命墓来临日，入狱刑诛，难有出期。或上祖曾遭诛戮者应之。

② 今日长生处是也。

③ 未土是木之墓。

④ 未土被寅木克，小吉与木为仇。

⑤ 乙木生于亥，亥是本父母。

⑥ 斗柄指亥，故当父母之忧。

⑦ 斗指仲，兄弟忧。

⑧ 孟亥仲卯季未，亥卯未是木之位也。

⑨ 秋木死火囚也。

	朱	合	勾	青	
	戌	亥	子	丑	
蛇	酉			寅	空
贵	申			卯	虎
	未	午	巳	辰	
	后	阴	玄	常	

合	阴	空	蛇
亥	午	寅	酉
午	丑	酉	乙

兄	丙寅	空
财	辛未	后
父	甲子	勾

此课功曹加酉，下贼为用。功曹为时之死气，又天罡临亥，是斗系日本。小吉加寅，是正墓临同类。寅为劫杀，未墓又是日刑，占人家凶祸终年者也。

天寇课

凡四离日，占得月宿加离辰，为天寇课。盖春分、秋分，卯酉月中，阴阳均分而离。冬至、夏至，子午月中，阴阳俱到而离。四时之中，惟此春分、秋分、冬至、夏至四至前一日为四离，乃阴阳生杀，主盗贼。月宿者，乃太阴躔度之辰，正月初一起室，逆行二十八宿，每日约行十三度，所到之宫辰，为月宿，阴精刑杀，主盗。加此四离之辰，明中为盗，如天降凶寇，殃及于人，故名天寇。占事破坏，多值乱离，统“蹇”之体，乃时势多艰之课也。

象曰：“阴阳分离，气不得反。盗贼滋生，军兵惰懒。病者即亡，孕妇当产。出路死伤，婚姻拆散。”

如月宿加离辰发用，祸事尤速。乘玄武勾陈作游都盗神，定主盗贼，来则必战。或乘虎作鬼劫，为真天寇，其凶尤甚。此时出行市贾，主劫盗丧亡，百事不遂，则应蹇险在前也，其道穷也凶象。若占人年命见月宿加离辰，必己身欲为盗来问也。故月宿值太阳，日月并，主盗贼露，为败寇，当应蹇“见险能止，大人济蹇”之吉象也。

如癸卯日春分，离辰壬寅，月宿在辰，加寅，为天寇课。亦非发用。

未	申	酉	戌
午			亥
巳			子
辰	卯	寅	丑

未	巳	巳	卯
巳	卯	卯	癸

官	乙未
父	丁酉
兄	己亥

《订讹》

天寇：[1] 春分、秋分，阴阳均分。冬至、夏至，阴阳俱至。分至前一日为离，乃阴阳离拆，盗生盗杀之时。月宿详见二烦课中，即正月起宝宝室，二月起奎等是也。逢奎井张翼氐斗皆重留一日，数到四离日，若是月宿加之，当主寇盗。假如八月初五日丁酉秋分，辰将酉时占事。初一角、初二亢、初三氐、氐该重留一日，初四仍在氐，初五房。房宿在卯，申为离辰，而卯加之，是离辰上望见月也。月乃金水之精，主刑杀，又乘四离盗气之辰，如天降凶寇，殃及于人，故名天寇。

占主凡事破坏，多值乱离、盗猖、兵败，病者死，孕妇即产，是女而凶，出路死伤，婚拆散，营造见火灾，谋望不成，一动即有生分死别之象，虽有救神莫解，惟居家守静可也。月宿临离辰，不在课传亦凶，发用更甚。乘无勾作游都盗神，盗必来，来必战，乘虎作鬼劫，为真天寇，凶尤甚。此时不可出行市贾，主劫盗丧亡。若占人年命见月宿加离辰，必己身欲为盗来问也。或月宿值太阳，日月并明，主盗贼败露，为败寇。

《观月经》[2]

分至四神上，蟾光月正临。[3] 名为天寇卦，百祸俱来侵。[4] 夫妻有离拆，君臣义不深。[5] 传中虽有救，父子泪淋淋。[6]

《心镜》

阴阳生杀言分至，[7] 前之一日是离神。假令春分今日卯，离神昨日乃居寅。占时月宿在寅上，[8] 详其多少悉殃人。月是积阴为杀气，离上逢之天祸

---

① 分至日占得月宿临离辰。

② 四离见月宿，离神地盘上看，月宿天盘上看。

③ 分至者，即春分、秋分、夏至、冬至四辰也。如二月初二日春分是丁卯，先一日是丙寅。初五日卯时占，从奎数至昴为初五，酉是月宿，用戌将加卯时，寅上得酉，是蟾光月正临也。凡此四日有之。

④ 四课日辰上，得月宿太阴之星，举百事皆凶。

⑤ 主夫妻别离，君臣失义也。

⑥ 主离别失财、破散，为四离课也。假令寅日春分卯时占，寅上见离辰太阴，更得金神发用，即凶卦也。假令午日夏至得巳为离辰，值月宿加午，更得水神发用者，以凶断之。假令申日冬至，将得未作太阴加申，更得火神发用，即凶也，其灾害所主大概与天祸同。

⑦ 阳至主生，阴至主杀。春分阳气，盗杀在卯，故榆荚落。夏至阴气，盗杀在午，故菁麦死。秋分阳气旺，杀在酉，故麦生。冬至阳气初生，杀在子，是根本，故兰菊生，萌芽动。此四者名曰朝气不得久立也。

⑧ 月宿在二烦之卦注定。

迍。非是行人去遭劫，即是修营害其身。[①]

天网课

凡课，占时与用神同克日，为天网课。盖时为目前，用为事始，时、用既为日鬼，如人举目见天网，故名天网。占者凡事不能踊跃登高致远。统“蒙”之体，乃罗网在头之课。

象曰：“天网四张，万物尽伤。产孕损子，逃亡遭殃。战有埋伏，病入膏肓。先凶有救，后获吉祥。”

如占时与用同克日干，为天网。[②] 入传凶甚，主官灾口舌难消，出军被围难出，则应六四“困蒙，吝”之凶象。若末传及年命有救神克初传，为解网，反凶为吉，则应蒙九二“子克家”吉象也。

如庚辰日午时辰将，午加庚，用时俱克日，为天网课。

	朱	合	勾	青										
	卯	辰	巳	午		后	蛇	合	青		官	壬午	青	⊙
蛇寅				未空		子	寅	辰	午		父	庚辰	合	
贵丑				申虎		寅	辰	午	庚		财	戊寅	蛇	
	子	亥	戌	酉										
	后	阴	玄	常										

凡日辰前一位为之天网杀，对冲为之地网杀，并日辰年命发用者，为之罗网格。若遇丁马主官灾厄难。更以神将言其吉凶，再论末传年命有救神克初传吉。

如甲寅日辰将酉时，用酉俱克日，并日前冲位为罗网格。

	青	空	虎	常									
	子	丑	寅	卯		玄	朱	玄	朱		官	辛酉	朱
勾亥				辰玄		辰	酉	辰	酉		财	丙辰	玄
合戌				巳阴		酉	寅	酉	甲		父	癸亥	勾
	酉	申	未	午									
	朱	蛇	贵	后									

---

① 要知心月狐在卯，危月燕在子，张月鹿在午，毕月乌在酉，遇此乃真月宿也。

② 又天网正月起亥，逆行四孟。天刑煞春酉、夏子、秋卯、冬午。又天网辰也，地网戌也。

《订讹》

天网：[1] 时为目前，用为事始，二处既皆日鬼，则至近之处先有所阻。如人举目见天有网，故名天网。

占主动见阻滞，不能踊跃登高而致远也。孕损子，战有埋伏，病在膏肓。金鬼主斗讼、疾病，水鬼忧女子病或讼，木鬼斗讼、钱财、毁伤，火鬼主火灾、惊恐、经官、对吏，土鬼争讼田地、坟墓事。传遇三煞，定主官灾。又遇灾劫，谓之入网。旺相克囚死，谓之天网四张，万物尽伤。与天网正月起亥，逆行四孟。天刑春酉、夏子、秋卯、冬午。并或天罗辰也。地网戌也。入传，凶甚，主官灾口舌难消，行军被围难出，若与天狱死奇并必死。

此课凡占凶，惟利田猎、行刑、追逃、捕盗。或日与中末及年命有子孙及冲破克鬼者为解网，反凶为吉。

《观月经》[2]

时用俱克日，百祸竟相逢。事多争斗竞，人伤祸必从。传中灾劫杀，犯法的难容。颠狂偏僻病，免得法场凶。[3]

《心镜》

用起并时同克深，天网四张被灾临。[4] 庚辛占值日中课，火作初用火克金。[5] 甲乙申时得传送，他皆仿此例须寻。问其忧事缘何发，消息天官解客心。[6]

天罗地网卦

日前一辰天罗真，对冲名为地网神。发用行年支干上，官灾病厄是其迍。朱雀火殃白虎病，螣蛇忧梦怪惊人。

《订讹》

罗网：[7] 前位神覆盖遮隔不得出头，故名罗网。

---

① 时与用神俱克日。

② 正月庚子日午时值此。

③ 假令六月乙酉日酉时次客占，月将用大吉加酉，一课申乙，二课子申，三课丑酉，四课巳丑，传送为用，申乃六月劫杀，带灾杀亦相气发用，传送克乙干，酉是死囚气，十一月将申入墓因斗而亡，虽有青龙，入墓难救，是大凶。

④ 经云：天网四张，万物被伤。

⑤ 用神得火与时同克日。

⑥ 天网发用，与正时同克日。天网四张，万物尽伤。动作过度，以遇天嚢。若更三煞入传，定主官灾，虽有解神吉将，亦不能免其咎，惟畋猎、追亡、捕盗利耳。

⑦ 日前一位为天罗，罗之对冲为地网；又日前一位为天罗，辰前一位为地网。

占主身宅俱不便利，病危官灾，谋为多拙，遇丁马更凶。

此课得年命冲破罗网之神为有救。

天网课案例

例一：道光乙巳年子月庚午日巳时，占张姓店事。天网，玄胎。

	蛇	朱	合	勾	
	寅	卯	辰	巳	
贵	丑			午	青
后	子			未	空
	亥	戌	酉	申	
	阴	玄	常	虎	

后	朱	蛇	勾
子	卯	寅	巳
卯	午	巳	庚

官	己巳	勾	
财	丙寅	蛇	
子	亥	阴	◎

正议　课名天网，勾朱又加干支，不免口舌是非。幸末传克初传解网，然值旬空，店事终于不振。

案验　本年事坏，得人维持，至壬申年粤匪劫掠遂空。以天网又逢贼符，丁鬼入传故也。甲戌以后店业渐兴，此课之应验远矣。

附议　《指南》：“课传有鬼子孙名为救神，无鬼便为脱气。”课名天网，尤赖子孙。虽值旬空，而年月填实，终能解救。

魄化课

凡白虎带死神、死气临日辰、行年发用，为魄化课。盖虎乃凶将，乘旺相气受制，不能为害，若遇死神、死气及时囚死之神，则为饿虎，定是伤人，如魄神受惊，化而飞散，故名魄化。[①] 统“蛊”之体，乃阴害相连之课。

象曰：“人身丧魄，忧患相仍。病多丧死，讼有忧惊。产孕伤子，征战损兵。谋而招祸，切莫远行。”

如日墓乘虎，或魁罡作日墓，带死囚神发用，为虎衔尸，极凶。或在年命又为日鬼，乃自己丧魄，动则自寻死也。或日墓虎鬼临干，主身受殃且凶速速。日墓虎临支克支，宅有伏尸作怪，或有形响。虎在阳忧男，在阴忧女。上克下及日，外丧。下克上与辰，内丧。或人年在魁罡蛇虎之下，无冲克救

① 死神，正月起巳。死气，正月起午。俱顺行十二辰。其神乘虎克日，占忌己身之灾，克辰，门户之灾。

解，决有身主死亡之殃。当应蛊虫在器，六四“往见吝”之凶象。若虎临鬼门，虎阴神制虎，日辰年命处有冲克，及吉神救解，为魄化魂归，先忧后喜，则应上九“高尚其事”之吉象也。

如壬戌日，戌加壬为用，虎乘死神迫日年为魄化卦。

	蛇	贵	后	阴	
	辰	巳	午	未	
朱	卯			申	玄
合	寅			酉	常
	丑	子	亥	戌	
	勾	青	空	虎	

玄	常	常	虎
申	酉	酉	戌
酉	戌	戌	壬

官	壬戌	虎
父	辛酉	常
父	庚申	玄

《订讹》

魄化：[①] 死神，正月起巳。死气，正月起午。俱顺行十二辰。虎乃凶神，乘旺相自贪其旺，或受克制，皆难为害。若遇死神死气，及时令囚死，则为饿虎，定是伤人，如魄神受惊消散，故名魄化。

占主凶，病者死，无病亦有病讼忧惊，孕伤子，战损兵，谋为招祸，远行更忌。如日墓作鬼乘虎，或作魁罡带囚死发用，为虎衔尸，更凶。若在年命上，主自寻死。并金神三杀、血支、血忌，主刀下身亡。或木神天河地井相迫，必是自欲投水溺死，或为悬索勾绞主自缢死。大抵虎克干防身，克支防宅。上克下外丧，下克上内丧。若在阳忧男，在阴忧女。如二月甲戌日课得戌甲、午戌、午戌、寅午，三传戌午寅，将得虎乘天上死神迫日辰，必有死丧事。午为阳，忧男子。下克上，内丧。又如六月壬戌日，课得戌壬、酉戌、酉戌、申酉，三传戌酉申，将得虎乘地下死神迫日辰，必有死丧事。戌为阳，忧男子，上克下，外丧。

此课十分凶，若贵临鬼门，日辰年命得吉神，虎被冲克，为魁化魂归，先忧后喜。

《观月经》[②]

死囚为白虎，来临日用由。魄化魂消散，死亡病者愁。行年同位上，患

---

① 白虎乘死神死气及囚死，临日辰行年发用，又曰墓乘虎作鬼加日亦是。

② 名旱苗无雨。白虎乘死神死气临日辰、行年，主有灾殃，病者不苏。

者命难留。细意看年用，凶神祸病尤。[①]

	合	朱	蛇	贵	
	寅	卯	辰	巳	
勾	丑			午	后
青	子			未	阴
	亥	戌	酉	申	
	空	虎	常	玄	

空	合	阴	虎	官	丙戌	虎	
亥	寅	未	戌	官	未	阴	◎
寅	巳	戌	癸	官	壬辰	蛇	☉

《心镜》

白虎西方本是金，性专刑杀忌加临。若遇死神相会合，日辰年上见灾侵。遇此即名魄化卦，假如无病也昏沉。二月寅时甲戌日，胜光为虎是其阴。[②] 死神正巳二居午，[③] 止怕相兼作害深。[④] 六月未时壬戌日，天魁乘虎又加壬。六月死神来至戌，下逼行年依此行。贼上为内下克外，阳为男子女为阴。行年若遇魁罡立，身须逢害必加迍。[⑤]

《订讹》

丧魄：[⑥] 四土凶神能丧人魄，故名丧魄。

占主病将死，壮健亦衰。

飞魂卦

游魂来加年日上[⑦]，用起兼之恶将并。但是飞魂魂不定，行逢鬼魅祟神惊。若问杀居何所在，顺行正月起登明。

《袖中金》

飞魂丧魄，魂属阳，魄属阴。二者聚散去来之神。若于日辰行年上见者，壅滞魂魄之往来。若更值天乙逆行，白虎入传，三传隔角不见生气，健者忧衰，病者忧死。

---

① 假令正月癸巳日寅时占，戌加癸为发用，上克下，白虎乘死气来克癸水，三传又见天罗日之正墓也，将是螣蛇，此卦有死亡之事。若人行年至丑必凶。依元首卦推之，万无一失。

② 甲上天魁，戌上胜光，是甲之阴神。

③ 死神，正月在巳，顺行十二。

④ 虎为死神兼之相逼也。

⑤ 用在阳忧男，在阴忧女。上克下为外丧，下贼上为内丧。行年在魁罡，月下自丧身躯也。

⑥ 正月未，二月辰，三月丑，四月戌，周而复始。加人行年或日辰发用。

⑦ 加行年、日辰上。

《订讹》

飞魂：[1] 令人魂有飞扬千里之象，故名飞魂。

占主夜多凶梦，鬼祟相侵，恍惚不宁。

魄化课案例

例一：道光己酉年巳月戊辰日午时，云姓占家宅及水患。魄化，进茹，重审。

	空	虎	常	玄	
	未	申	酉	戌	
青	午			亥	阴
勾	巳			子	后
	辰	卯	寅	丑	
	合	朱	蛇	贵	

虎	青	常	空
申	午	酉	未
午	辰	未	戊

子	壬	申	虎	
兄		戌	玄	◎
财	甲	子	后	⊙

正议　问：青龙乘旺入宅，应主家多喜庆。子水坐空受制，水患似无忧。曰：课名魄化，太常破碎吊客加日上，主有孝服。青龙生干冲胎，主添丁之喜。此吉凶相参课也。但水患无妨。

案验　午月生一孙，冬季丁生母忧，未月大水破宅。

附录　同一天后乘子加戌，论母以天后为类神，落空坐墓受克则主丁忧；论产以子为胎爻，遇冲受克则产速而吉论。水患以土为堤防，土空则水溢，况午龙入宅，乃主卦吉星，最忌冲破。又午与未合，遇子则为合中犯煞，原断谓水患无妨，亦辨之不精耳。

三阴课

凡天乙逆行，日辰在后，用其囚死，将乘玄虎，时克行年，为三阴卦。盖贵人逆治，日辰在后，阴气不顺，一也；用神囚死，动作无光，阴气不振，二也；将乘玄虎，时克行年，阴气不利，三也。此三者暗昧幽晦，故名三阴课。占者凡事不能，多有晦滞。统“中孚”之体，乃群阴当恶之课。

象曰：“动作困苦，百事沉沦。见官屈伏，占病多迍。仕忧禄位，男忌婚

[1] 正月起亥，顺行十二宫，加人行年或日辰发用。

姻。求财破散，孕主女娠。”

如日辰三传始终囚死、带墓，时克行年，最凶。主公私事皆不成。或丧魂游魂，五鬼伏殃，诸煞并临，其祸尤甚。丧魂杀，正月起未，逆行四季。游魂杀，正月起亥，顺行十二辰。天鬼伏殃杀，正月起酉，逆行四仲。其杀并临日辰年命，占病必死，行兵多败，谋为及占家宅，主家破人离，百事凶殃，宜禳之。则应中孚六三”得敌或鼓或罢，或泣或歌”之凶象。六处有救解神，末传旺相，则应九二“鸣鹤在阴，其子和之”之象也。

如正月癸丑日卯时子将，占人申命，行年在丑，天乙乘巳加申，逆理天乙，日辰在天乙后，戌为死，乘白虎凶将加癸为用，卯时属木，克行年丑土，为三阴课。

戌白
未阴
辰蛇

阴	白	阴	白
未	戌	未	戌
戌	丑	戌	癸

			贵	
寅	卯	辰	巳	命
丑			午	
子			未	
亥	戌	酉	申	
	年			

《订讹》

三阴：[1] 三者俱主暗昧无光，幽阴之象，故名三阴。

占主暗滞沉沦，见官屈伏，病多迍，名位失，财破，婚无就，孕生女。如日辰发用带墓，鬼克行年，最凶。公私事皆不成。或丧魂、游魂、天鬼诸煞，占病必死。

此课主凶，然六处有救解，末传旺相，反之。

附：课传中六阴俱备者，名六阴课。利私谋，不利公干。昼传夜迷甚。

《心镜》[2]

天乙逆行为不顺，玄白二神居日前[3]。用终囚死复相克[4]时贼行年凶又残[5]。

① 贵人逆治，日辰在后，一也；发用传终，各带囚死，二也；将乘玄虎，时克行年，三也。

② 又丘墓临日辰，亦曰三阴。

③ 一阴。

④ 用神囚死，神将相克曰二阴。

⑤ 占时克行年为三阴。

三阴任汝能行履，卦主精神入墓间。百事总乖家业散，纵使登科位不迁。①

《袖中金》

天乙逆治，玄白立于前，大旺克初，日辰囚死，正时克行年，名曰三阴。为悔为否，为杀为消。凡事屯蒙，健人失志，喜事反凶。

《订讹》

四逆：② 四者皆属拂逆，故名四逆。

占主事体隔绝，有头无尾，志意不遂，妻奴不顺。

龙战课

凡卯酉日占，卯酉为用，人年立卯酉，为龙战课。盖卯月阳气南出，万物生；阴气北入，榆荚落。酉月阳气北入，万物凋；阴气南出，麻麦生。此阴阳出入之位，刑德聚会之门，时气分离，不可复合。如卯日占课，遇卯为用，人年复立卯上。酉日占事，逢酉发用，人年并立酉上。此阴气主刑杀，阳气主德生，其体如龙，一生一杀，相战于门，故名龙战。主占事疑惑，反复不定，统“离”之体，乃门户不宁之课也。

象曰：“合者将离，居者将徙。欲行莫行，欲止莫止。出路迍邅，求婚莫娶。胎孕不安，财物弗聚。”

如三传入三交课，主贼来必战。游神（春丑、夏子、秋亥、冬戌）相加，主行人必来，求财不得，占病反复，占官改动。或夫妻年立其上，主室家离散。兄弟年立其上，主争财异居。将得天后，事起妇女。乘蛇、虎、玄，尤加惊恐。事宜决断，进退不能，南北俱凶，纵有吉神将，不免其咎，当应离九三“大耋之嗟”，凶象也。

如丁卯日辰时戌将占，卯加酉发用，人年立卯地，为龙战课。

① 日辰见玄武白虎为一阴，日辰在天乙后为二阴，用神囚死为三阴。

② 用吉终凶，一也；用旺终衰，二也；天乙逆行，三也；传入天乙后，四也。

	贵	后	阴	玄	
	亥	子	丑	寅	
蛇戌					卯常
朱酉					辰虎
	申	未	午	巳	
	合	勾	青	空	

常	朱	勾	阴
卯	酉	未	丑
酉	卯	丑	丁

父	丁卯	常
财	癸酉	朱
父	丁卯	常

《订讹》

龙战：① 卯月阳气南出，万物生，阴气北入，榆荚落。酉月阳气北入，万物凋，阴气南出，麻麦生。此阴阳出入，刑德聚会，其体如龙，一生一杀，相战于门，故或龙战。

占主疑惑反复，门户不宁。出忌南行，入忌北行。合者将离，居者将徙。欲行莫行，欲止难止。婚阻，孕不安，财不聚。如传入三交，贼来必战。游神并，行人来，病反复，官改动。或夫妻年立其上，主室家离散，兄弟年立其上，主争财异居。将得天后，事起妇人，乘蛇虎玄，犹加惊恐。

《观月经》

日辰是卯酉，所临作用神。名为龙战卦，进退事逡巡。② 父子难同室，夫妻亦不亲。③ 分财争内外，论盗在比邻。立秋乙卯日，辰时发用神。天罡临卯上，发用正含嗔。④ 人年立卯酉，正是涉迷津。⑤

《心镜》

龙战玄黄二八门，春生秋杀决于分。⑥ 燕至燕归离会兆，雷发雷收见潜

---

① 卯酉日占，卯酉上神发用，行年卯酉更的。

② 凡卯酉日占事，行年在卯酉上，又遇卯酉入传，卯酉上发用者，是龙战卦。其余日卯酉上发用者，亦是龙战卦也。

③ 若是仲口神位发用在卯酉上，主分离之事也。

④ 假令乙卯日巳将辰时占，一课巳乙、二课午巳、三课辰卯、四课巳辰，取辰加卯下贼上发用，是天罡在卯也。

⑤ 人行年本命立卯酉，得此卦其人应涉迷津也。

⑥ 二月建卯，春分生万物。八月建酉，秋分杀万物。卯是日出月入之门，酉是日入月出之门。但遇卯酉日占事，用起其上，或人行年本命立卯酉者，则用此卦也。

因。[①] 如今卯酉日占事，行年用起立斯辰。[②] 刑德两途俱合此，[③] 出南入北忌遭迍。行人进退心疑贰，兄弟乖张妻不亲。

《袖中金》

卯酉日占事，卯酉上发用，名曰龙战卦。卯酉，天之私门，生杀有限，分社有期。雷动龙奔，示其有战。主人心疑惑，进寸退尺，动有乖离之象。

假令立秋乙卯日巳将辰时占，天罡加卯发用，凶。若行年又在卯酉者尤凶。

	空	虎	常	玄	
	午	未	申	酉	
青巳					戌阴
勾辰					亥后
	卯	寅	丑	子	
	合	朱	蛇	贵	

青	勾	空	青
巳	辰	午	巳
辰	卯	巳	乙

财	丙辰	勾
子	丁巳	青
子	戊午	空

《曾门》

二八门上一为发用，欲行难行，欲止难止。人年立之，或分或异。刑德集聚，俱合于门。天地解离，不可复合。

《定章》曰：二月建卯，出万物之门。八月建酉，纳万物之门。日出卯，月生酉，此皆日月所游，万物所从。故曰卯酉之辰为二八之门。用起立此，占人欲行不得行，欲止不得止，以象刑德，俱合于门。生者东南，入者西北。人年立卯，卯日占事，用起卯上。或人年立卯，以酉日占事，用起酉上。以此占人，动摇不安。夫妻年在上，室家分绝。兄弟年立之，争财异居。以应刑不应德。合者将离，居者将徙也。

丁卯日，戌加卯用，年在卯上，曰二门。是欲行难行，欲止难止。主室家分离，兄弟异居也。

龙战课案例

例一：咸丰辛亥年申月丁酉日辰时，钱生占父寿。龙战，间传，盘珠，

---

① 二月玄鸟至，以象会。八月玄鸟归，以象离。二月雷乃发声，龙见德。八月雷始收声，龙潜形，应离会之象。

② 卯酉日占，或行年本命在卯酉上，或用神在卯酉上，是龙战卦也。

③ 二月春分生万物，主德复有杀气，盗刑而榆荚落。八月秋分杀万物，主刑复有德气，盗施而蒜麦生。故曰刑德两途俱合此也。

励德，不备。

	勾	合	朱	蛇									
	未	申	酉	戌									
青午					亥贵	阴	贵	贵	朱	财	丁酉	朱
空巳					子后	丑	亥	亥	酉	官	己亥	贵
	辰	卯	寅	丑		亥	酉	酉	丁	子	辛丑	阴
	虎	常	玄	阴									

正议　问：印爻不见，谁为类神？曰：父母有严君之象，当以贵德为主。岁建加支，得相气。日本加命，合贵，父有难老之征。

参议　问：干支发用，三处皆旺，为三光。贵临干支发用旺相，为荣华，更有吉事否？曰：贵多转失所依。普以贵人蹉跌，曷为荣华？三传酉亥丑皆属夜方，为凝阴格，何光之有？惟龙战逢破碎，酉支乘雀加干宅，宅内必有少女陵也。合者将离，胎作死神，四课不备，生子不能足月。初末两传，丧吊全逢，有外姻执绋之事。

案验　子死侨寓岳家。酉月因姨妹诟谇分居，自寻笔墨生涯，吊送姻亲亦验。

例二：咸丰甲寅年辰月乙卯日辰时，避难江右，舟中口占樟树镇寓处。龙战，伏殃。

	合	勾	青	空									
	亥	子	丑	寅									
朱戌					卯虎	虎	蛇	常	朱	兄	乙卯	虎
蛇酉					辰常	卯	酉	辰	戌	官	辛酉	蛇
	申	未	午	巳		酉	卯	戌	乙	兄	乙卯	虎
	贵	后	阴	玄									

正议　问：住庙住店孰便？曰：时逢太常，乙寄于辰，必东门辰家饭店也。虽返吟变合，而行年在卯，发用属卯，终属动体。不久即去，且课名龙战，蛇虎纵横，门户动摇，必有兵灾，岂可久乎？

案验　上坡大雨，各店不遇，在陈店住三日，即行。乙卯年贼至，水火死伤无算。

附录　《指南》："用起天魁，主杀伤之灾。"天魁，即天鬼也。

死奇课

凡斗罡系日辰阴阳发用，为死奇课。斗罡者，辰也，盖天罡为死奇凶恶厌翳之神，死囚带杀，所在者殃。如罡加四课之神，主死亡奇怪之事，故名死奇。月为刑奇主刑杀，占者咸凶，故主病疾忧患。日奇为福德，主奸盗并息，反凶为吉。统"未济"之体，忧中望喜之课也。

象曰："辰为天罡，刑狱之曜。疾病死期，征战凶兆。论讼被囚，干贵失靠。婚嫁出行，祸患自招。"

如带日鬼日墓，灾劫恶煞相并克贼，及乘白虎，为必死之兆，大凶。更临岁月之上，为三死课，祸尤凶。经曰"三者尽伤，岁必受殃。"此天罡临日，旬内忧；临辰，月内忧；临岁，岁内忧。孟忧二亲，仲忧己身，季忧妻奴，当应未济初六"濡其尾，吝"之凶象也。若旺相德合相生遇吉将，或六处有冲克救神及日奇，反吉。辰为月将尤美，为死奇回光，除祸为福，则应六五"有孚，吉"象也。

如甲子日丑时巳将占，辰为天罡，加子为用，死奇课。

	勾	合	朱	蛇	
	酉	戌	亥	子	
青	申			丑	贵
空	未			寅	后
	午	巳	辰	卯	
	虎	常	玄	阴	

青	玄	合	虎
申	辰	戌	午
辰	子	午	甲

财	戊辰	玄
官	壬申	青
父	甲子	蛇

《订讹》

死奇：[①] 天上日月星三奇，天罡星宿为死奇，月宿为刑奇，日宿为德奇。盖白昼万物光辉，夜则鬼神不潜，奸盗为害，所以日主德，月主刑，星主死也。日宿即月将是也，月宿乃月躔度。天罡太阴同见，六处有月将照之，谓死奇回光。只有太阴刑奇单见，亦主病患。而又天罡恶神并，且无月将救援，定主死亡奇祸，故名死奇。

---

① 天罡发用，月行度到角亢之分，或月宿临太岁，日辰皆是。

《观月经》

式加死奇卦，天罡日月论。死亡推斗下，忧患月中陈。日至能除祸，诸家卦备均。

所生为父母，同类兄弟亲。墓处论妻妾，三奇推苦辛。斗临遭死损，月至忧患频。日到灾殃散，思量卦有神。①

《心镜》

天上三奇日月星，日为福德月为刑。② 星是死奇为北斗，更互加之各有灵。③ 加孟所生忧父母，临仲为身及弟兄。季上见之妻与子，看其臧否与谁并。④ 日主旬中辰月里，⑤ 岁上一年之内程。⑥ 星月独临当死患，⑦ 其中日照免危倾。⑧

《曾门》

三光媞媞，更立三奇。斗为死亡，月为忧患。日为福德，孟为二亲。仲为己身，季为妻子奴婢。谓斗系之，忧死亡。月照之，忧疾病。日加之，有喜庆。日，太阳也，日加年，虽见斗月，即免凶忧。日为旬期，辰为月期，岁为年期。三者不伤，岁中无殃，三者尽伤，岁中受殃。谓斗系今日日辰，及岁辰也。

《定章》曰：日月星谓之三光，悬象着明为媞，若今日日月及斗并见，应天三奇。斗为凶神也，所系者死。月为刑气也，所临者忧。日为福德也，则能救之。所生为孟，所旺为仲，所死为季。

如甲乙日亥为所生，卯为所旺，未为所死。斗月临孟忧二亲，斗月临仲忧己身兄弟，斗月临季忧妻子奴婢。

---

① 如甲乙，亥为生，寅卯为类，未为墓是妾。如丙丁，寅为生，巳午为类，戌为墓。戊己，巳午为生，四季为类，辰为墓。庚辛日巳为生，申酉为类，丑为墓。壬癸日申为生，亥子为类，辰为墓。

② 三奇皆灵奇也。日为福德者，日出则奸盗止，鬼神潜，恶兽伏，病者愈，故为福也。月为刑者，月夜曜也，则奸盗不止，鬼神不潜，恶兽不伏，病则剧，故主刑也。

③ 星是死奇，为北斗星也。星斗之光不及日月之曜，处暗之中奸盗不止也。

④ 假令今日丙丁，斗加寅，为孟，所忧父母；临午为仲，所忧己身及弟兄；临戌是季，为妻子奴婢。寅是火生，午是火旺，戌是火墓。他例此看，何奇加何位即可知之。

⑤ 奇加日，吉凶在旬内。奇加辰，吉凶在月内。遇奇则吉凶有应。

⑥ 奇在太岁，吉凶在一年之内应也。

⑦ 星奇主死、月奇主患。

⑧ 星日之奇虽主凶恶，若日辰太岁上或有日奇，则星月不能为灾殃也。盖日出则星月没故也。日奇者，月将也，是太阳故曰日宿。月奇者月宿也，是太阴，是二十八宿值日发用也，亦如二烦卦论也。

《订讹》

死绝：[1] 如甲日午加亥发用是也。甲木死在午，午火绝在亥，故名死绝。占主纪纲紊乱，壮者病，病者死，百事衰微凶败。

死奇课案例

例一：道光己酉年巳月乙丑日酉时，张宗年占父病。死奇，游子，斩关，伏吟，稼穑。

青	空	虎	常
巳	午	未	申
勾辰			酉玄
合卯			戌阴
寅	丑	子	亥
朱	蛇	贵	后

蛇	蛇	勾	勾
丑	丑	辰	辰
丑	丑	辰	乙

财	戊辰	勾	
财	乙丑	蛇	
财	戌	阴	◎☉

正议　酉为月之死气，日之绝神，年月日时会成鬼局，课未起而凶已知矣。死奇斩关发用，伏吟游子见天马，皆必动之象。课传纯财，破印爻克壬子命，日本旬空，其能生乎？但勾陈加日，一时无妨，至秋旺则木绝矣。

参议　问：类神不见，谁为主爻？曰：父象日，日为病人，专视干神可也。

案验　酉月辛巳日故。正干绝会鬼之期也。

附议　斗罡加日辰发用，为死奇。必见死气虎鬼，方作此。

灾厄课

凡丧车、游魂、伏殃、病符、丧吊、丘墓、岁虎发用者，为灾厄课也。盖丧车一名丧魂，正月起未，逆行四季。为恶鬼临门，主病疾忧死，妇人产厄，非病有危。游魂，正月起亥，顺行十二辰。为鬼祟、妖怪、不详，主精神惊恐，病患凶灾。伏殃者，正月起酉，逆行四仲，为天鬼煞。主殃祸所侵，伏兵杀伤。病符，旧太岁，临支克支，主合家病患。并天鬼是疫，并白虎死丧，甚凶。或临干支旺相，带日财贵人，即宜成合残年旧事。丧吊，岁前二

[1] 日之死乡又加死地之绝乡发用。

辰为丧门，岁后二辰为吊客。若全加支干或年命发用，主身披孝服。或并死气绝神，白虎临身，吊客入宅，主自身死亡，致宅人挂孝。白虎，岁后四神并旬虎临日辰凶。并鬼，病不可疗。五墓者，金丑、木未、火戌、水土辰。主死丧病元。三丘，库墓冲位。并虎雀丧门，有葬埋事。临丑有墓田事。或丘墓入传，季神逢丁神，将凶，主恶祸官病，凶灾最速。此凶杀灾殃危厄，故名灾厄。统“归妹”之体，乃鬼祟作孽之课。

象曰：“家门厄会，妖孽为害。疾病死亡，财喜破坏。婚孕多凶，征战大败。行人不归，访人不在。”

绝神，如申子辰用巳类，取水绝在巳也。亦为墓门，为女灾，为劫煞，主孕凶，宜了绝旧事。血支，每月闭也。血忌，正丑二未三寅申，对位顺数。忌针刺。并天空沐浴为产。血支血忌为破胎神，临产宜见。胎神，绝前一位。羊刃，禄前一位，主兵刀血光。或值日用囚死，凶将并诸丧车恶杀，大凶。或青龙作日鬼，为幸中不幸，则应归妹“征凶，无攸利”之象。若病符女灾，虎墓囚死，日辰年命有冲克，及天地医救解，凶散为吉，病可疗。或白虎作长生，为不幸中之幸，则应初九“跛能履，征吉”之象也。

如亥年正月将，乙亥日卯时占，未为丧车，春占死气，加亥乘虎，亥年未为岁虎，曰灾厄课。

　蛇　朱　合　勾
　丑　寅　卯　辰
贵子　　　　　巳青
后亥　　　　　午空
　戌　酉　申　未
　阴　玄　常　虎

合　虎　常　贵
卯　未　申　子
未　亥　子　乙

财　癸未　虎
兄　己卯　合
父　乙亥　后

灾厄课案例

例一：咸丰辛亥年卯月壬戌日丑时，卓庭侄占年将。灾厄，顾祖。

　朱　蛇　贵　后
　卯　辰　巳　午
合寅　　　　　未阴
勾丑　　　　　申玄
　子　亥　戌　酉
　青　空　虎　常

后　玄　阴　常
午　申　未　酉
申　戌　酉　壬

财　戊午　后
官　丙辰　蛇
子　甲寅　合

正议　天鬼死神发用，吊客大煞加干，墓门劫煞加支，本年主有孝服。

问：何服？曰：酉乘孝服煞加干，天后逢天鬼，又自支阴发用，自是内丧。

问：内丧何人？曰：孝服煞逢上丧，主丁母忧。胎神逢天后，末传子孙得令，以生初南，主妻有孕育之兆。

参议　问：出外肄业何如？曰：课名顾祖，传贵俱逆，驿马恋宅，夏季必为母病归家。

案验　五月闻母病笃，自省回顾，六月丁忧，九月生子。

例二：道光辛卯年寅月癸亥日丑时，自占年将。灾厄，间传，天网。

	贵	后	阴	玄	
	卯	辰	巳	午	
蛇	寅			未	常
朱	丑			申	虎
	子	亥	戌	酉	
	合	勾	青	空	

常	空	空	勾
未	酉	酉	亥
酉	亥	亥	癸

官	己未	常
财	丁巳	阴
子	乙卯	贵

正议　丧魄发用克日，正时作吊伤日，游魂劫煞加干，天鬼破碎加支，水日逢丁，财乘死神丧门，主发人产亡，家多疾病。

附议　问：干上亥冲传中巳，凑成木局如何？曰：凑合固佳，须看其冲吉冲凶。如此课，巳为南交驿马贵德吉神，被亥水劫煞冲之，虽凑成木局，生子可望，而妻则去矣。

案验　是岁生子丧妻，多病患口舌。赴试荐而未中，以三传递生，二贵皆受冲克。

殃咎课

凡三传递克日，神将克战，或干支乘墓，为殃咎课。如己巳日，三传巳申寅，初传克中，中克末传，末克日干。如丙子日，三传子未寅，末传克中传，中传克初传，初传克日干，为递克。主他人欺凌，互相克害。为官宜自简束，防人论劾。常人有凶横之祸，或被邻人雷状攻讼。凡将克神为外战，祸患易解。神克将为内战，祸患难解。初遭夹克，凡占夹同类，身不由己，受人驱策。夹财，财不由己费用，惟夹克鬼反吉。将逢内战，主谋事将成，被人搅扰。天后内战为用，妻不和或多病。余详天将言之。壬申日亥加辰，申加丑，为干支坐墓，乃心肯意肯人宅甘受晦祸。丙寅日干上戌、支上未为干支乘墓，主人宅皆不亨利，此例非殃祸必过失之咎。故名殃咎，统“解”之体，内外凌辱之课。

象曰：“五行克贼，征战凶祸。疾病增危，论讼反坐。官遭弹劾，人罹罪过。营干不成，出行不乐”。

如三传递克日干为凶。如末助初传克日，主他人教唆贼害。如三传下贼上及日辰内战，主家法不正，致争窝犯，丑声出外，病讼极危。惟占官自慎从微至着，迤逦转迁则吉。舍此皆凶。如墓神覆日为天罗自裹，主命运衰弱，作事昏迷，常被人挪揄亏算，且醮谢本命星位免殃。如干支逢墓，两空亡可解。如三传众鬼虽彰，有制无畏。或春占木旺克土，鬼自贪荣盛无意兴灾，至夏秋其祸仍发。如传财太旺财反倾危，或冬占水旺克火，长上主灾，但财自贪生旺，身弱难受，至身旺财衰之时，或可取。余仿此。

如辛酉日三传未子巳，初传未，递克日干，为殃咎课。

	勾	青	空	虎	
	戌	亥	子	丑	
合	酉			寅	常
朱	申			卯	玄
	未	午	巳	辰	
	蛇	贵	后	阴	

蛇	常	朱	玄
未	寅	申	卯
寅	酉	卯	辛

父	己未	蛇	
子	子	空	◎
官	丁巳	后	⊙

《订讹》

殃咎：[1] 递克者，初克中、中克末、末克干，又末克中、中克初、初克干是也。夹克者，用神下既坐克，上又受将克，如午加亥，将乘玄武是也。外战者，三传皆将克神。内战者，三传皆神克将。乘墓者，干上支上各乘墓神。如丙寅日丙上戌、寅上未是也。坐墓者，干下支下各临墓神。如丙寅日巳加戌、寅加未是也。此等皆殃祸灾咎之兆。故名殃咎。

占主病讼危，营干出行俱阻。末助初克日，主他人教唆贼害，官防论劾，常人有横祸，或被邻人连名攻诉。如三传下贼上及日辰内战，主家法不正，丑声出外。惟占官细微谨慎，迤逦转迁则吉耳。夹克如夹同类，身不自由，受人驱策。夹财，财不由己费用，惟夹鬼反吉。乘墓，主人宅各欠亨通。坐墓，主人宅自招晦祸。

---

① 递克、夹克、内战、乘墓、坐墓皆是。

伏殃卦

天鬼临从四仲神，建寅居酉逆相寻。行年日上来相用，殃伏兵伤乱杀人。

《心镜》

伏殃，即天鬼也，[1] 如行年日辰发用，主殃伏兵伤。

《订讹》

伏殃：[2] 天鬼者，正酉二午三卯四子，周而复始。发用伏藏灾祸，故名伏殃。占主伏兵杀伤或全家病，惟宜禳祷以除之。

殃咎课案例

例一：道光乙巳年亥月丙午日申时，自占妻墓。殃咎课。

	合	勾	青	空	
	子	丑	寅	卯	
朱	亥			辰	虎
蛇	戌			巳	常
	酉	申	未	午	
	贵	后	阴	玄	

后	勾	阴	合
申	丑	未	子
丑	午	子	丙

官	壬子	合	
子	丁未	阴	
父	寅	青	◎

正议　三传递克，为众所欺。然末传青龙带天解喝散，引鬼为生，终归和局。且日鬼被阴神所制，为害者亦必自受其殃。

案验　此系田穴，葬后被众蓄水，侵害十余年。得人调处，将界上余土买入始和。其谋害者家道渐落，妻子离散，死无葬所，可见害人终自害，而有忍必有济也。

例二：咸丰甲寅年卯月壬寅日卯时到江西省占。伏殃，六仪。

	合	朱	蛇	贵	
	子	丑	寅	卯	
勾	亥			辰	后
青	戌			巳	阴
	酉	申	未	午	
	空	虎	常	玄	

后	空	朱	玄
辰	酉	丑	午
酉	寅	午	壬

财	甲午	玄
官	辛丑	朱
父	丙申	虎

---

① 正酉二午三卯四子周而复始。

② 天鬼临日辰发用或临年命发用。

正议　初遭夹克，夏季财为水伤。交秋白虎冲支，丁马临宅，贼内不能无事。中传病符坐生，旧贼复来之象。酉为月破，又日之财气，门户不免破财动摇。后阴墓鬼，三月近省州县亦难保全。

案验　越三日，武宁城破，义宁亦危。三月九江饶州各处被害，余已走袁州。

九丑课

凡戊子、戊午、壬子、壬午、乙卯、乙酉、己卯、己酉、辛卯、辛酉十日，为九丑日。如四仲时占，丑临日加四仲上发用，为九丑课。盖子、午、卯、酉为阴阳易绝之神，有生杀之道。乙、戊、己、辛、壬乃刑杀不正之位，三光不照，此五干四平合而为九丑，乃岁终物必纽结，丑恶同时，故名九丑。占事多凶，统“小过”之体，乃上下迍邅之课也。

象曰：“刚日男凶，柔日女祸。重阳害父，重阴害母。婚姻有灾，造葬无补。诸事谋为，徒劳辛苦。”

如刚日日辰在天乙前为重阳，害父。柔日，日辰在天乙后为重阴，害母。上乘白虎决主死亡。当此之时，不可举兵远行、移徙、嫁娶、造葬、求谋，万事灾祸，不出三年三月，更与大时[1]小时[2]二杀相并，祸不出月，或神将吉有解。或神将凶，再与大小时杀并，一切事皆不就，且多殃咎，则应小过上六“灾眚”之凶象也。

如二月将乙卯日子时占，丑临支时加仲又加卯上发用，为九丑课。

	青	勾	合	朱	
	卯	辰	巳	午	
空	寅			未	蛇
虎	丑			申	贵
	子	亥	戌	酉	
	常	玄	阴	后	

玄	虎	常	空
亥	丑	子	寅
丑	卯	寅	乙

财	丑	虎	◎
父	癸亥	玄	⊙
官	辛酉	后	

① 正月起卯，逆行四仲。
② 月建是也。

《订讹》

九丑：[1] 子为冬至，以阳易阴；午为夏至，以阴易阳；卯为春分，阳盛阴绝；酉为秋分，阴盛阳绝。此阴阳易绝之辰，有生杀之道焉。乙者，雷始震之日；戊己，北辰下降之日；辛者，万物断绝之日；壬者，三光不照之日。丑者，岁功既毕，诸神奏事，会集明堂，以考善恶。乙、戊、己、辛、壬五干合子、午、卯、酉四支为九。此等日遇丑临仲，乃凶祸，不美之兆，故名九丑。

占主大祸，臣叛子逆，奴欺妻背，不可举兵、嫁娶、移徙、起土、出行、埋葬。吉将祸浅，凶将祸深，祸不出三月、三年。若与大小时并，不出月内。

《观月经》[2]

四辰连五日，九丑主恶声。[3] 大吉将加仲，天灾莫举兵。远行人必死，嫁娶犯哀声。修造妨家主，迁移人口惊。殡埋防长幼，买卖不能成。大小两时并，[4] 凶神在四平。三年与三月，不出大凶生。[5]

《心镜》

乙戊己辛壬五日，四仲相并九丑凶。大吉临其支干上，值此凶灾将及人。大小二时并相际，刚日男凶柔女迍。重阳害父重阴母，[6] 测祸天官决事因。[7] 不但纳妻并嫁女，最忌游行及出军。

九丑课案例

例一：咸丰癸丑年申月辛酉日辰时，在家占中丞江岷樵大人消息。九丑，丧魄。

	青	空	虎	常	
	未	申	酉	戌	
勾	午			亥	玄
合	巳			子	阴
	辰	卯	寅	丑	
	朱	蛇	贵	后	

后	玄	贵	阴
丑	亥	寅	子
亥	酉	子	辛

父	丑	后	◎
财	乙卯	蛇	⊙
官	丁巳	合	

---

① 戊子、戊午、壬子、壬午、乙卯、己卯、辛卯、乙酉、己酉、辛酉，此十日占，丑临四仲发用是也。不发用而临支上者亦是。四仲时占更的。

② 阳日男凶，阴日女凶，重阳害父，重阴害母。日辰若与白虎并，主有死亡之事。

③ 四辰，子午卯酉。五日，乙戊己辛壬。配子午卯酉是也。

④ 大时者，正卯二子逆行四仲也。小时者，月建也。

⑤ 四平者，子平卯，卯平午，午平酉，酉平子，皆顺行。此课但看占日合此便是也。

⑥ 刚日日在天乙前为重阳，害父。柔日日辰天乙后为重阴，害母。

⑦ 大吉与朱雀并，主官讼口舌；与玄武并，主失物或奸淫；与勾陈并，斗讼；白虎并，疾病死亡。乃是天官决事因也。

正议　九丑日丧魄发用，干支受脱，亥子俱乘死神死气，天井逢丑为势穷力竭而投于井之象。岁刑加命，破碎加年，亦有争讼之事。

案验　时在江右守城有功，而乡勇兴讼，复过湖北田家镇，兵败亦干参议。丑月十七日庐州城破，赴水殉节。公臬楚时，访延幕下月余，每坐淡以身许国，卒殉于难。谥忠烈，立专祠，《易》所谓“过涉灭顶，无咎”是也。

鬼墓课

凡日辰墓神及日鬼发用，为鬼墓课。盖鬼者，贼也，阳见阳，阴见阴为鬼。如甲日用申，乙日用酉，丙日用子，丁日用亥，戊日用寅，己日用卯，庚日用午，辛日用巳，壬日用辰戌，癸日用丑未，为鬼也。鬼多主事不美，谋望不成，且灾凶及己身。阴鬼星宿神祇，阳鬼公讼是非。墓者，蒙昧也。如甲乙寅卯见未，丙丁巳午见戌，戊己、辰戌丑未、壬癸亥子见辰，庚辛申酉见丑。若用起丑加申、辰加亥、未加寅、戌加巳，为用起四墓格。或甲日未加寅为墓神覆日，主人口灾晦；或丁卯日戌加卯为干墓临支，主宅舍衰废，为关神尤甚。关神，春丑、夏辰、秋未、冬戌也。或壬寅干上辰支上未，为干支乘墓，如人在云雾中行也，家宅凋弊，凡占皆不亨快。如申加丑、亥加辰、寅加未、巳加戌，为自坐四墓格，乃人自招其祸，身心甘受昏迷，家宅愿假与人作践兑赁，终不能出脱，占病颠狂，行人失路。或甲申日寅加丑、申加未，为干支互换坐墓，乃彼此各招晦滞，不宜两相投奔。盖鬼主伤残，墓主闭塞不通、暗昧不振，凡事逢墓则止。此五行受鬼克贼，又加四墓，故名鬼墓。凡人占，鬼入传及传墓不吉，非官讼必疾病。辰未为日墓，暗中有明，及夜墓坐日亦吉。丑戌为夜墓，昏昧自甚。日墓坐夜亦然。辰戌墓主刚猛急速，丑未墓主事迟延柔缓。统“困”之体，乃守己待时课也。

象曰：“五行克贼，死墓之乡。人丁多耗，家宅不昌。行人可至，病者如狂。谋为迟滞，捕盗深藏。”

如鬼在日上发用，常人占卜事多凶。或内有德神旺气，求官大利。或辰戌丑未作日鬼为魁罡，占科举必高中，余占用神克日，吉凶相半，事反复而后成。鬼带恶杀，多主怪祸，举动不利。若寅加酉、巳加子、申加卯、亥加午为用，乃传墓入墓，自明投暗，如人下井，一脚深于一脚，健人必病，病人必死。或未加亥、戌加寅、丑加巳、辰加申用，墓加长生，旧事再发，讼断了又论，病痊了又作，事许了又悔，人喜了又怒，仇和了又怨。或生旺人墓，事成终止；墓入生旺，事废又兴。中传见墓，主进退，求财无，百事不称意，合则晦甚。日鬼墓神俱发用无气，占病大忌，乘虎必死。或财神、禄神、官星、长生，中末见墓，仕人不利，当应六三“困于石”之凶象。若日鬼盗气，中末逢墓，常人为喜。或鬼墓临日作生气，或自墓传生，或鬼墓有克制冲破，变凶为吉，病者生，囚者释，凡事先忧而后喜也，当应困“亨贞，大人吉”之象也。

如壬申日丑时午将，壬日属水，以辰为墓，又为日鬼，加日发用为鬼墓。

青	勾	合	朱
戌	亥	子	丑
空酉			寅蛇
虎申			卯贵
未	午	巳	辰
常	玄	阴	后

玄	朱	空	后
午	丑	酉	辰
丑	申	辰	壬

官	戌辰	后	⊙
父	癸酉	空	
子	丙寅	蛇	

凡日辰墓神乘蛇虎加卯酉，并人行年，为墓门开格。如日墓加卯为外丧，支墓加卯为内丧，出外宜迁葬以禳之。日墓加酉为内丧，支墓加酉为外丧，入内宜合寿木以禳之，惟不可纳人。此水火木日辰有之外，有丁癸卯酉四日，墓临卯酉，真墓门开格，或见丧吊、死神、死气尤的。更发用囚死，克贼归墓何类神，以定何人丧也。

如壬戌日巳时，丑月子将，命在戊子，七月二十六日。卯时生，行年未交，生在酉上见辰墓，将乘螣蛇，为墓门开格。

青	勾	合	朱
子	丑	寅	卯
空亥			辰蛇
虎戌			巳贵
酉	申	未	午
常	玄	阴	后

青	贵	勾	后
子	巳	丑	午
巳	戌	午	壬

财	戊午	后	
官	丑	勾	◎
父	庚申	玄	⊙

此课得一下贼上，为重审课。主女人祸从内起，三传递生为亨通课，主举荐。初传午加壬下克上，将逢天后上克下，为财受夹克格，主财不由己费用。盖日为我，子命水旺冬令，喜戌支冲辰，凶散交生，前四月内生疔，服药危自可救。壬日以午为妻，乘时死气，火以戌为墓，加卯将乘白虎。妻辛

卯六月命，交生后，行年并临卯，正墓门开格，故因时患饮水不药身亡。予初以课传夹克妻财，财生官，官生印，印生身，只谓破财加纳，岂果妻病不服调理而死，财仍浪费，何其验效如是之神哉。录此以为记云。

《订讹》

鬼墓：[①] 假如壬日辰加亥发用，既作日鬼，又作日墓，故名鬼墓。

占主一切凶。盖鬼者贼也，主伤残；墓者昧也，主暗塞，都不利谋望。家不昌，病凶财耗，盗难获。阳鬼公讼是非，阴鬼神祇星宿。墓有五格，日上得日墓为墓神覆日，主人昏晦，乃命运衰弱，天罗自裹，宜醮禳之。辰上得日墓为干墓临支，主宅倾颓。或日上得日墓，辰上又得辰墓，为干支乘墓，人宅俱不利。或日下临日墓，辰下又临辰墓，为干支坐墓，乃自招祸，身心甘受昏迷，家宅愿假与人作践，占病颠狂，行人失路。或日上得辰墓，辰上得日墓，为干支互换坐墓，彼此各招晦滞，不宜两相投奔。辰未为日墓，暗中有明，夜墓坐日亦吉。丑戌为夜墓，昏昧自甚，日墓坐夜亦然。辰戌墓主事刚速，丑未墓主事延缓。墓临长生，旧事再发，讼断又起，病痊又作，事许又悔，仇解又生。生旺入墓，事成中止。墓入生旺，事废复兴。凡日辰墓乘蛇虎加卯酉与行年并，为墓门开。如日墓加卯为外丧，辰墓加卯为内丧，出外宜迁葬以禳之。日墓加酉为内丧，辰墓加酉为外丧，入内宜合寿木以禳之。卯酉日墓临卯酉为真墓门开，见丧吊、死神、死气尤的，更看发用囚死，克贼归墓，是何类神，以定何人丧也。大都鬼墓发用无气，病最忌，乘虎必死。或财神、禄神、官星、长生在中末见墓，仕人不利。

此课常人更忌见鬼，鬼带恶杀更凶。惟内有德神旺气，求官大利。或魁罡及丑未作日鬼，占科名高中。若日鬼发用，中末逢墓，常人为喜。或鬼墓临日辰作生炁，或自墓传生，或鬼墓有克制冲破，或墓逢空，变凶为吉，病者生，囚者散，凡事先忧后喜也。

《订讹》

鬼呼：[②] 鬼临墓则鬼为得地，引类呼朋，故名鬼呼。

占主壮者亦病，病必有祟，事多暗害，或连累入狱。

五坟四煞，稼穑课作本日墓神乘凶将发用，五墓为坟，四神为煞，故名五坟四煞。

---

① 干支上神发用，或作干鬼干墓，或作支鬼支墓。

② 天盘作鬼加地盘墓神是也，行年神将凶更的。

占主不可独行远出，出逢凶祸，或讼病相缠。

《心镜》[1]

丧门正月未为之，[2]四季流行逆数推。用在行年支干上，病人忧死健人衰。白虎若临转凶恶，所主之事必无疑。

鬼墓课案例

例一：道光庚戌年五月壬申日申时，前任邑侯张仲远夫子占胎产。鬼墓，死奇。

	青	勾	合	朱
	戌	亥	子	丑
空	酉			寅 蛇
虎	申			卯 贵
	未	午	巳	辰
	常	玄	阴	后

玄	朱	空	后
午	丑	酉	辰
丑	申	辰	壬

官	戊辰	后	⊙
父	癸酉	空	
子	丙寅	蛇	

正议　初传天后发用，课传多巽离坤兑之方，此瓦兆也。天后被鬼墓死神克制，产母有伤。天喜加母寅命，而未为本命之墓，天后克日，说主喜处生忧。六合乘子，正时申作六合之长生，加母行年，女可无恙。

案验　辛亥四月三十日丙戌未时生一女，五月十二日戊戌产母故。

附议　问：墓冲则吉，戌日产而又以戌日亡何也？曰：墓加干，干为儿，逢冲则儿出。天后已受墓制，更逢戊戌重土，则绝矣。一喜一忌，原议亦见不及此。

问：伤干忧子，伤支忧母。此课干受克，支受生，何以子全而母伤？曰：天后六合既见，吉凶须凭此断，不独干支难泥。即子爻财爻亦不作类神看。前云墓神冲儿出，仍以六合为主。若不遇长生，更乘恶煞，虽冲墓亦不吉。

---

① 丧门卦。

② 正月未逆行四季。

例二：咸丰戊午年寅月癸酉日酉时，寓兴安，占回家。鬼墓，游子，斩关，交车。

	青	空	虎	常	
	申	酉	戌	亥	
勾未					子玄
合午					丑阴
	巳	辰	卯	寅	
	朱	蛇	贵	后	

贵	玄	勾	蛇
卯	子	未	辰
子	酉	辰	癸

官	戊辰	蛇
官	辛未	勾
官	戌	虎 ◎

正议　问：游子斩关，俱是动象。日禄归支，利于回家。魁罡又加年命，胡不归？曰：玄武贼符加支，课传众鬼重重，斗系丑未，故土难安。斩关逢吏，交车相合，仍是动而不动之象。且游子见丁，总属浮云。惟癸日重土，为春雷脱难，卯木子孙作贵，震雷当春，平地一声，群凶自解耳。

案验　夏季粤匪复来麻城，杀伤无算。冬月英夷入汉通商，回家不果。

励德课

凡天乙立卯酉，为励德课。盖卯酉为阴阳交易之位，贵人由之而迁易。如日辰阴神在天乙前，贵人不得引从则退阴，主小吏退剥。盖小人恃势，不知谨身修德则凶。若日辰阳神在天乙后，贵人前引而从则进阳，主君子进用。盖君子知机而能行仁布德则吉，此天道福善祸淫，奖励有德，占利君子不利小人。统“随”之体，乃反复不定之课也。

象曰：“阳神前引，阴神后随。君子则吉，小人则危。阴神前立，阳神后居。小人得意，君子失机。”

前既曰阳后得贵人接引利君子，此又曰阳神后居，君子失机，何也？前乃止于阳后，今乃阴前阳后俱全，故云君子失机也。如阳前则贵人得其接引，阴前则贵人受其羁绊。阴在贵人前，讼则卑遭责。阳在贵后，灾则修德自愈。若贵立卯酉，阳前阴后，当应随六三“系丈夫，失小子”之象。阴前阳后，当应随六二“系小子，失丈夫”之象也。

如戊子日申时午将占，昼丑加卯，为励德也。

	朱	合	勾	青	
	卯	辰	巳	午	
蛇	寅			未	空
贵	**丑**			申	虎
	子	亥	戌	酉	
	后	阴	玄	常	

虎	玄	贵	朱	兄	己丑	贵
申	戌	丑	卯	财	丁亥	阴
戌	子	卯	戊	子	乙酉	常

夫天乙为门内君子，处事之所，小吏犯罪而到。如日辰阴阳俱在天乙后，为微服格。主君子迁官，小人退职，事体稍迟，大干则可，小处则不可也。如辛丑日寅时丑将。

	朱	合	勾	青	
	辰	巳	午	未	
蛇	卯			申	空
贵	**寅**			酉	虎
	丑	子	亥	戌	
	后	阴	玄	常	

玄	阴	空	虎	子	庚子	阴
亥	子	申	酉	子	己亥	玄
子	丑	酉	辛	父	戊戌	常

如日辰阴阳俱在天乙前，为蹉跎格。主小人进职，君子退位，事体稍迟，处小则可，大干不可，如庚申日

	勾	合	朱	蛇	
	卯	辰	巳	午	
青	寅			**未**	**贵**
空	丑			申	后
	子	亥	戌	酉	
	虎	常	玄	阴	

合	蛇	合	蛇	官	戊午	蛇
辰	午	辰	午	父	丙辰	合
午	申	午	庚	财	甲寅	青

《订讹》[①]

励德：[②] 卯酉为阴阳交易之位，贵人临之，门户摇动，进退分焉。如干支

① 解之甚明。

② 贵人临卯酉。

阴神属卑，乃妄立贵人前，是小人恃势不谨，定当黜下，主小吏退剥。干支阳神属尊，乃退处贵人后，是君子谦冲循省，定当进用。主大吏升迁。此天道福善祸淫，奖励有德，故名励德。

占主反复不定，理宜迁动官位，君子迁，小吏黜，庶人身宅不安，宜谢土神。

此课外有干支阴阳俱在贵人后，为微服。君子升迁，小吏黜，事体稍迟，大干则可，小处不可也。有干支阴阳俱在贵人前，为蹉跎格。主小吏迁，君子黜，事体亦稍迟，小处则可，大干不可也。

《观月经》①

天乙立二八，卯酉日月门。贵神当其上，励德卦基根。② 六月甲子日，寅时得此门。③ 辰午阳在后，④ 申戌阴前存。⑤ 小吏犯剥退，官人转更尊。⑥ 忽然申时算，微服别一般。阴阳俱在后，君子赐朱栏。⑦ 小人逢此卦，四大不能安。⑧ 要知蹉跎体，阴阳翻在前。⑨ 君子灾迍闷，小人喜牵连。⑩

《心镜》

励德阴阳何以分，卯酉将为日月门。天乙此时居位上，⑪ 贵贱尊卑位各陈。⑫ 阴妄立前阳处后，⑬ 大吏升迁小吏迍。庶人身宅忧移动，魂梦不安谢土神。⑭

此课通龟与《订讹》皆说不明，止曰日辰阴神在天乙前，而不说出阳神在何处。如俱在前为蹉跎，如在后为君子失机，止曰日辰阳神在天乙后而不说出阴神在何处。如俱在后为微服，如在前亦为君子失机矣。此课止宜以四段定之：一曰日辰阴阳俱在天乙前，为蹉跎格，主小人进职，君子退位；二

---

① 名鸾失凤。

② 日出卯为二门，入酉为八门。天乙立其上，更详日之阴阳二神，辰之阴阳二神，居前后者是也。

③ 天乙立酉是八门也。

④ 辰是辰之阳神，午是日之阳神，俱在天乙之后也。

⑤ 申是辰之阴神，戌是日之阴神，俱在天乙之前，正是天乙励德之卦也。

⑥ 居官贪禄，小吏剥退也。

⑦ 假令六月甲子日申时，一课子甲、二课戌子、三课戌子、四课申戌。天乙立二门卯上，子为日之阳神，戌为日之阴神，戌又为辰之阳神，申为辰之阴神，俱在天乙之后也，主君子得之，加官进禄。

⑧ 天乙立二八，阴阳在后，名凶卦，小人退职之象。

⑨ 天乙立二八之门，其日辰阴阳居天乙之前者，名蹉跎卦也。

⑩ 蹉跎卦小人喜，君子忧也。

⑪ 天乙立卯酉之上。

⑫ 尊卑以陈贵贱位，失则尊卑之分紊矣。

⑬ 阴者，乃日辰之阴第二课、第四课，属卑，不合妄居贵人之前，必主黜退。阳者，乃日辰之阳第一课、第三课，属尊，不合居于贵人之后，必迁进也。

⑭ 二八月是祭祀社稷之月，故曰土神。

曰俱在后，为微服格，主君子迁官，小人退职；三曰阳前阴后，君子则吉，小人则危。虽曰小人危，乃得阴阳之定位，小人如守分循理，亦获吉象；四曰阴前阳后，小人得意，君子失机。虽曰小人得意，盖阴在天乙前，贵人不得引从，则必退抑，其阴又小人恃势，不知谨身修德，必至于凶。虽曰君子失机，然阳乃贵人同类，贵人前引则必进，扶其阳又君子知机而能行仁布德，终当获吉。盖小人得意，君子失机者，其象也。其吉凶自取者在人也，此理须明。

《定章》曰：天乙立卯酉之上，为二八门，刑德之会，摇动不安，所居法有转移。阳立于阴者，在天乙之后也。阴立于阳者，在天乙之前也。

假令七月辛亥日巳将申时，小吉加辛，天罡为阴神。传送加亥，阴得太乙。胜光为天乙，立酉逆行。小吉传送为日辰之阳神，居天乙之后。天罡太乙为日辰之阴神，反居天乙之前，故曰阴立天乙前，阳立天乙后，阴阳错乱，居非其居。故曰不安。阳在阴位，今当进上。阴在阳位，今当黜下。以此占人贵者将迁，下吏罢退，庶人居宅不安。

	勾	合	朱	蛇	
	寅	卯	辰	巳	
青	丑			午	贵
空	子			未	后
	亥	戌	酉	申	
	虎	常	玄	阴	

蛇	阴	朱	后	官	乙巳	蛇	
巳	申	辰	未	财	寅	勾	◎
申	亥	未	辛	子	辛亥	虎	⊙

励德言前后者，指天将而言，非论日辰午以未为前，巳为后也。赋曰：天乙居中，后六前五是也。

励德课案例

例一：咸丰丙辰年酉月癸卯日卯时，友人占贸易。励德。

	朱	合	勾	青	
	未	申	酉	戌	
蛇	午			亥	空
贵	巳			子	虎
	辰	卯	寅	丑	
	后	阴	玄	常	

朱	贵	贵	阴	官	乙未	朱	⊙
未	巳	巳	卯	父	丁酉	勾	
巳	卯	卯	癸	兄	己亥	空	

正议　贼符加干支，逶迤脱泄，因兵事而大耗财物。惟遥克坐空，日上子孙制鬼，罡塞鬼户，勾陈克玄，只在西南告警，不得来此。而贵临卯酉，心多疑惑，丁马冲支，门户不免动摇。

案验　贼在平利而安康闭城，人心惶惶，以致播迁，耗财。后却无事。巳年财爻填实，教读稍补前空，然精卫衔石，终觉徒劳耳。

盘珠课

凡太岁、月建及日、时并三传皆在四课之中，曰盘珠课也。如甲子年七月乙巳日酉时巳将占，岁月日时皆在四课之上，为天心格。主事远大非常，及干朝廷，可以成就。如辛亥日占，三传戌酉申，皆在四课之上，为回还格，主谋为得遂，吉凶之事皆成。此二格合一，如盘中走珠，不出于外，故名盘珠。统“大壮”之体，乃凤翔丹山之课也。

象曰：“三传四课，偶合异常。吉则成福，凶则成殃。贼不出境，行人还乡。阴私解释，事反不良。”

如日用旺相，神将吉，大利。或四课不备，守旧动作亦吉。课体吉，诸事利，则应大壮九二“贞吉”之象。外如返吟课为远，初传太岁，中末月日，为移远就近，缓事为速也。或斩关课日辰乘龙合，及占时为用，中末传空，乃动中不动，寻远就近。惟柔日昴星伏匿不动耳。又如太岁加河魁、魁加岁为重阴，忧女。月建加天罡、罡加月为重阳，忧男。戌与岁加月为阴覆阳，事在内。月与辰加岁为阳覆阴，事在外。此时传及年命，虽吉亦凶。若盘珠课占病讼、生产、忧疑、解释事，反凶。日用囚死，神将凶，凡事成祸，忧疑难解，灾甚，则应大壮九二“小人用壮，贞厉，羝羊触藩，羸其角”之象也。

如庚戌年十二丑月甲子日丑时子将占，子加丑为用，年月日时、三传皆在四课之上，曰盘珠课。

　合朱蛇贵
　辰巳午未
勾卯　　申后
青寅　　酉阴
　丑子亥戌
　空虎常玄

玄	常	虎	空	父	甲子	虎	
戌	亥	子	丑	父	亥	常	◎
亥	子	丑	甲	财	戌	玄	◎⊙

如戊子日子时未将占，三传俱在四课之上，为回还格。

《订讹》

天心：[1]

四建偶尔同聚，遭遇异常。若天作其合，有心成就者然，故名天心。

占主事远大非常，及干朝廷，可立就。如三传年月日时顺去，为移远就近，缓事速也。日用旺相，神将吉，诸事利，贼不出境，行人回。若天空朱雀临太岁，主朝信即动，尤的。

此课吉事成福，若占病讼、阴私、生产、忧疑、解释事反凶。日用囚死，神将凶，祸更难解。

盘珠课案例

例一：道光己酉年巳月乙丑日——时，夏姓船占失物。盘珠，和美，周遍。

	蛇	朱	合	勾	
	丑	寅	卯	辰	
贵	子			巳	青
后	亥			午	空
	戌	酉	申	未	
	阴	玄	常	虎	

青	玄	常	贵
巳	酉	申	子
酉	丑	子	乙

子	己巳	青
财	乙丑	蛇
官	癸酉	玄

正议　问：三传秋局，朋克日干，斧斫干柴，干乘正贵，保无官事乎？曰：课名盘珠，去而复来。首尾相见，物可全获。三六相呼，不至伤情。众鬼虽彰，幸子水脱传生干，群凶悉化，何事之有？三传纯阴，巳为双女门第。四课发用，必宅旁西南二阴人盗去。酉鬼被阴神克制，盗有危心自首，其物有三件，破碎入传，现在拆散，后必全归。干支周遍故也。月建为用，不出朋内可获。

参议　问：以鬼为贼则巳为擒贼之神，何为二女盗去？曰：酉克日，巳会酉，均日上子水为救神耳。

案验　时夏船来占，月之二十七日也，原断三日必获，至二十九日辰刻毫无踪迹。次日寄语于二十九日夜获，乃担夫误送别家，非盗也。过数日，

[1] 岁月日时俱在四课之上，或俱在三传之中，皆是也。传止有三，而四建偶或同宫，故有岁月日时俱在三传之中者。

亲诘之，却悉如所占，前盖有所讳而托辞耳。

例二：咸丰癸丑年卯月辛丑日巳时，江廉访忠烈公在制署闻通城变，回署占动静。周遍。

勾 合 朱 蛇
戌 亥 子 丑
青酉　　寅贵
空申　　卯后
未 午 巳 辰
虎 常 玄 阴

合 常 空 后
亥 午 申 卯
午 丑 卯 辛

财 癸卯 后
兄 丙申 空
父 辛丑 蛇

正议　此课不独近剿，用有远征。初传月建，末传太岁，是由小及大，由近及远之象。干支首尾相加，剿贼之任，寄于身，非止一二处也。日上闭口发用，此匪易除，支阴又乘马制鬼，彼处必有献囚之事。

案验　越二日奉制檄往通，复至广济、江西剿守兼营，旋奉旨南征，献囚之说亦准。

全局课

凡课，得三合俱在传者，为全局课。如三传申子辰水局，名润下格，主沟渠、鱼网等事，占天阴雨。寅午戌火局，名炎上格，主炉冶、文书等事，占天晴旱。春夏火旺相，水囚死；秋冬水旺相，火囚死。值旺相，老凶少吉。囚死者，少凶老吉。用有气，孕生男。亥卯未木局曲直格，主船车、种植，利修造。巳酉丑金局，名从革格，主兵戈、金铁，利更改。春冬木旺相金囚死，季秋金旺相木囚死。值旺相经求利，值囚死坐守利。用无气，孕生女。辰戌丑未名稼穑，季夏旺相，动作遂意；秋冬衰败，田墓有忧。此三方神全入传，同类一局，故名全局。统“大畜”之体，乃同类欢会之课也。

象曰：“三方会合，得成秀气。吉事必成，凶事难弃。尊长恩荣，常人财喜。利合婚姻，谋为大利。”

如求财，传有财，财易得。有官，官易就。日用旺气相生，神将吉，大利，则应大畜上九“何天之衢，亨”象。若日用衰，水倒主事迟逆；火并火鬼，主火灾；金并血支忌，忌行兵；木并木怪，土木压。戊己日用丑未，田宅事。丑戌未乘虎，病死讼狱，则应九二“舆说輹”象也。

《观月经》[①]

三传俱是水，润下水因由。[②]后合奸情起，玄武盗贼愁。天后并六合，奸情必有忧。忽然盗贼起，玄武倍添愁。万般皆有忌，壬水任追游。纵有阴私事，救神立便休。[③]

《心镜》

立用传中申子辰，卦名润下水之因。占者必缘沟渎意，不然舟楫网鱼新。占胎定知是女子，疾病为殃谢水神。

《袖中金》

申子辰水局，主淹留屈伏，然终不能静也，主丛杂。凡三合，若支干见一课与六合，凡占必遂，全无阻滞。

邵公云："三传俱合课，若干支见一神与中一字作六合，凡谋必遂，全无阻滞。亦有人于中相助成合。俱求解事则不能散。若见天将六合亦妙。或一传与支干上神作刑冲破害者，名三合犯杀，合如不合，人情美中有恶，俗谓笑中藏刀者也。"

大抵五行正气入于杂揉之体，三合是异方三合生旺墓之神，事主丛杂不一，主关众谋，不然三处干事，委曲托人，与人相合之类。

《订讹》

润下：三传申子辰，水生申、旺子、墓辰，水性润泽就下，故名润下。

占主悠悠长久，事不急迫，亦主迟留屈伏。然终不能静也。木日生气，金日盗气，事多系舟楫、沟渠、网罟、鱼鳖等。性就下，吉凶多下贱人当之。占讼亦牵连下人。占天雨，孕生女，病凶，以天罡作墓故也，宜祷水神。占宅虽不凶，亦不振。占文书不利，为克雀也。寻常水将水神多者，亦欠吉。三传喜顺，倒非水性，主事逆迟。大都润下主事浮游不安。后合并，定主淫。玄武并，定主盗。惟智者乐水，兼有润泽之象，宜施惠于人也。

《观月经》[④]

三传皆是火，炎上热冲天。利为窑冶事，文明炉火燃。五姓看宅上，切

---

① 润下卦，主人有口舌，占讼官事不成。

② 申子辰三合水生旺死也，申生水，子旺。水辰中死。水十杂之类，三者为传，润下卦也。

③ 课中奇仪等神为救，主吉。占雨宜用此课也。

④ 炎上卦。

怕见行年。若到火炎上，火起主烧田。[①]

《心镜》

寅午戌为炎上卦，三传皆是火之名。日上象人为性急，釜鸣炉冶卜天晴。占人欲行忧口舌，妇人怀孕是男婴。

《袖中金》

寅午戌火局，主多虚少实，所占明事反为暗昧。炉冶事来寻大忌。戌加寅是墓临生也，谓火以明为主，虚则生明，实则生暗，是失其体也，所占事明者反为暗昧。壬日常用为财，其实为鬼，谓火生土，土能克水，名子母鬼。占事主破骨肉解破其事。又云，火上主所图不遂。

《订讹》

炎上：[②] 火生寅，旺午，墓戌。火性炎蒸上行，故名炎上。

占主文书，金并主炉冶事。土日生气，木日盗气。火为日象君，宜奏对。得驿马贞位，为天子持权，仕人差遣快心。驿马贞位者，以罡加日建，视马上所得神为贞神，年命遇更吉。常人占主口舌及宅不安。火鬼并，火灾；朱雀并，官讼；天空并，屋坏。病者多热，或在于心。见后合，妇人血病。占天大晴，占人性急、文明，行人来，火性动也。失物藏窑炉处。事主急速，枉图不遂，虚多实少。或朋党疏狂鼓扇而成，先喜后嗔，先合后散，盖火焰焰不久成灰矣。忌戌加寅为墓临生，盖火以虚而明，实则暗，占事明反为暗。午加戌主失马，入墓故也。戌为狱神，传墓有讼狱事。壬癸日为财，其实是鬼，盖火生土，土能克水，名子母鬼，凡占主破骨肉解破其事。大都炎上利于见官，雪明皂白。秋夏占为恃势谋事成。庚辛日名带杀，来意占病讼。如年命更乘火神，病死讼凶。辛酉日寅加辛为用，主因财成怨也。

《观月经》[③]

三传皆是木，其位名曲直。利为船车事，修造觅材植。震动虽然有，求财无壅塞。百事愁皆通，春占必好极。[④]

---

① 此主文书相害，以炉冶、火烛、争讼。宅神者，即宫商角徵羽五姓之宅也。宫辰、商酉、角卯、徵午、羽子，卦得炎上，若行年见宅辰者，必有大火起是也。不但本家宅，羽姓行年自有火起也。

② 三传寅午戌。

③ 曲直卦。

④ 春木旺，故好极也。

《心镜》

曲直东方是木形，三传亥卯未相并。占人桴筏栽培木，病者因风致有萦。[①]

《袖中金》

亥卯未木局，木以水为根，占人主先屈后伸，亦有伐断及木植之事。秋冬气收敛，则曲直外伐而内实；春夏气发散，则曲直内伐而外柔。壬癸乙准此。己日根固，丁日枝枯，辛日当作成器。用事主先曲后直。[②]

《订讹》

曲直：[③] 木生亥、旺卯、墓未。木性曲折又直，遂故名曲直。

占主进退未决，动则如意，不动不宁。盖木为震，主动也。火日生气，水日盗气。利则作舟车、修营、栽植。木以水为根，秋冬气敛，外伐内实；春夏气敷，外刚内柔。壬癸乙日准此。己日根固，丁日枝枯，辛则成器论矣。春占最宜，自下传上则直，未加亥是也。自上传下则曲，亥加未是也。卯加亥先曲后直，卯加未先直后曲。先曲后直者，始难终易，先直后曲者，有始无终。木主风，风传事多不实，病因风肝症，宜托人求贵暗祷。凡亥加卯作雀，望信未来，雀内战也。亥加未作蛇内战，主失财。未主桑绢之属，卯加未作虎身灾，克命尤应。未加卯作后，阴人灾病，有离哭之兆，失物藏茂林木器中。曲直作鬼，讼主枷杻。

己日根固者，木得土为根也。丁日枝枯者，火脱木也。此以成局论也。若以日干论，则干己为官鬼，干丁为父母矣。大约君子吉小人凶，润下君子凶小人吉。

《观月经》[④]

三传皆是金，从革卦生心。兵家为大忌，恐见血光临。求财获珍宝，远行利相寻。求财反复旺，百祸亦难侵。

《心镜》

巳酉丑为从革卦，兵革相持位属金。改故入新多别业，病伤筋骨肺

---

① 亥卯未三传俱全，主风事也。

② 甲戊丙庚四日无曲直。

③ 三传亥卯未。

④ 从革卦，主头绪多端，先阻后当成。占宅主更改，阴人。离。占讼互换官吏，事求阴人。

痨侵。[①]

《袖中金》

巳酉丑金局，主先后从革。占人将有兵革金铁之事，不可以更改。以上曲直、炎上、润下、从革，曰推磨者无休歇之事，一事去又一事来，往来不歇，必得吉将，用事须得人引进方可。凡三合与连茹，又四仲，须带众用，十回五度乃可。曲直，先曲后直；从革，先从后革；炎上，有影无形；润下，往而不返；稼穑，艰难作事无头。

《指要》

经曰：论从革一卦，若旺相气与吉神并者，主有革变，为富贵之福。若与岁月相冲，与蛇虎并者，主死丧、兵革之凶。若日干囚死，有西行之兆，吉利进。从革者，酉丑巳，故有气则革而增进，无气则革而退失。主干事有萌而欲就，必主阻隔革变而不顺。

《订讹》[②]

从革：[③] 金生巳、旺酉、墓丑。既煅炼相从，又故旧可革，故或从革。

占主变动革故鼎新。水日生气，土日盗气。丙丁日虽为财，若丑发用，将见贵常勾，乃为降气，却主父母灾，被恃势力之人强抑而不得伸也，事先阻后就。若遇旺相气，吉将并，主革变富贵。遇岁月破及蛇虎，主死丧兵革。日干囚死，有西行之兆。巳酉丑为顺，有气则革而进，无气则革而退。酉巳丑主萌芽，欲就而又被隔。巳丑酉变而不顺，又主革。酉加巳为愁课，盖酉为秋令肃杀，万物愁苦。巳加酉，仕人差遣，改易；常人道路门户，改革不宁，或有阴人离别之象，占婚大忌，仍以衰旺神将言之。大都从革与金鬼并，遇秋作游都，定主金革血光，逃亡遇从革，藏山石道途之处，病在肺、在筋骨，讼有罪，三传见劫杀故也。求财获珍宝，远行隐避最宜。

此课虽宜改动更新，然值酉加巳、巳加酉，方乎改革之应。若火多金少，火旺金囚，或将得武后盗金气，即名从革不革，来意主事欲动未能。如六癸日巳加癸，酉发用，亦难以改动言也。将得六合，亦主欲动不动。[④]

---

① 主阴人离别。占官主革故鼎新。

② 凡从革无丑酉巳。

③ 三传巳酉丑。

④ 凡巳加癸，止有勾空无六合。

《心镜》

稼穑卦

戊己日占用土神，[1] 三传四季合斯文。此名稼穑缘从土，筑室开田墓宅因。

《袖中金》

戊己日用四季为传，土气重，主艰难之象。如壬癸日，当为脱难煞，为物极则变，变则通也。久厄者反有解散之意，无事。常占则名鲸鲵归涧，凡事逼迫不由己出。若遇雷神，方能变化。雷神者，太冲六合是也。六癸日伏吟同。

《指要》

游子稼穑，亦名五坟卦，不宜占病。巳上三交玄胎，游子稼穑，三体并由孟仲季之命名也。盖孟为隐伏，仲为进退，季为游动，皆属刑冲破害。况孟有孤神，仲有败煞，季有华盖，不可谓面前常见之体而忽之者也。

《指窍》

若顺三合理势自然，申子辰为润下，以和顺为义。寅午戌为炎上，以发达为名。亥卯未为曲直，当举直错诸枉。巳酉丑为从革，宜革故鼎新。三传稼穑，田土稽停。若逆三合，事主乖违。子申辰为循顺，贵无躐等。戌午寅为就燥，行合中庸。未卯亥为正阳，发生之意。巳丑酉为发罡，肃杀之危。四土迎财，尚宜守旧。

《订讹》

稼穑：[2] 土主稼穑事，故名稼穑。

占主沉滞，戊己日更属艰难。惟壬癸日为脱难杀，谓物极则变，变则通，危反解散。常人占则名鲸鲵归涧，凡事逼迫不由自己，遇雷神方能变化。雷神者，太冲、六合也。凡占多系耕农、土工、筑室、田宅事。若日辰年命乘死气，为坟墓事，乘煞坟墓不安。巳午加日辰年命，则理窑灶事，寅卯加为耕农，申酉加为修城筑室，亥子加为治沟河，六合青龙为田宅交易。大凡为事迟钝，病者在脾。

此课如占田土，发用辰将得空、贵、勾、常，主因田土争斗带众，盖天罡为部领之神，勾陈又住戊辰土，定主带众。如将不遇此，主两人争竞田土。甲乙日主争钱物。大都土气重带煞冲破者，托人费力，谋事反复。

此上五课，总名三合，又名全局，皆主事丛杂不一，伙众共谋，不然两

---

① 戊己日占，大吉、小吉发用是也。

② 三传辰戌丑未，无丁马是也。

三处托人干事。或一传与干支上神作六合，及见天将六合者，凡谋必遂，名利皆宜，主人相助成合也。大都三合是无休歇之象，一事去又一事来，必得吉将用事，须人引进方可，但不利解事。

五课外，有寅卯辰亦作曲直，巳午未亦作炎上，申酉戌亦作从革，亥子丑亦作润下。

全局课案例

例一：咸丰丁巳年寅月甲子日申时，自兴安府迁汉阴县，占起馆。润下，解离。

	朱	合	勾	青
	酉	戌	亥	子
蛇申				丑空
贵未				寅虎
	午	巳	辰	卯
	后	阴	玄	常

蛇	玄	合	后
申	辰	戌	午
辰	子	午	甲

财	戊辰	玄
官	壬申	蛇
父	甲子	青

正议　问：三传会局递生日干，是“朋盍簪”之象也。然合中犯煞，干支互克，支上玄武发用，又似寇氛未靖，不可以馆之象。曰：吾初亦以凶断。细玩，火曰炎上，干上午火脱气，六合逢空。水曰润下，支能化鬼生身，是在下吉而在上凶也。且斩关主动，解离宜去此而复故处也。何为故处？辰旧太岁，又自支而传支，水冬局非现在也。合中犯煞，在此则破局，而投彼则无碍也。如此看去，自面面圆活。

附议　神明降课，自有深意，断之不准，遂谓不灵。而又不能复按其故，是以终无进步。

案验　汉阴馆尚未定，本月兴安来接，雇舟下流，连年生徒颇多。

例二：咸丰癸丑年寅月丙寅日卯时，邹姓占寄寓久暂。炎上。

	勾	青	空	虎
	丑	寅	卯	辰
合子				巳常
朱亥				午玄
	戌	酉	申	未
	蛇	贵	后	阴

玄	蛇	贵	勾
午	戌	酉	丑
戌	寅	丑	丙

子	戌	蛇	◎
兄	庚午	玄	⊙
父	丙寅	青	

正议　支作长生，寄寓者，母家也。合中犯刑，外面似好，而内实不谐。干墓加支，屈而不快之象。辰月冲戌，必归本宅。

参议　问：正时丁马乘卯，二月应动？曰：卯为转神固当动，然与戌合，尚有所绊，必冲墓之月而始行也。

附议　问：因谁不谐？曰：财逢破碎，后逢支月二破，主阴人不谐。又初传乘天喜旬空，三传皆阳主生女不育，自墓传生不育而又孕也。

问：三传火局制后，安知非母不利？曰：戌为子爻，空则不实。戌为天喜，空则不吉。而后坐本家，会水，火不足虑也。

案验　时寓母家，母与舅母有不谐之意。三月回宅，七月生女不育，不久又孕。

例三：咸丰甲寅年卯月戊戌日午时，在江西省占杨乐庵何日到。炎上。

	勾	合	朱	蛇	
	酉	戌	亥	子	
青	申			丑	贵
空	未			寅	后
	午	巳	辰	卯	
	虎	常	玄	阴	

虎	后	贵	勾	官	壬寅	后
午	寅	丑	酉	父	甲午	虎
寅	戌	酉	戊	兄	戊戌	合

正议　本传会局，偕行者多。初末后合，必携女眷。子孙乘丁加干，我家亦有子来。自岁传日，由远而近，末足抵支，今日应到省城。

案验　本日薄暮抵岸，次日进城。

参议　问：丁马旬空，雨师会毕，应为同雨所阻？曰：白虎催程，不致久羁。自生传墓，墓绝为至期，而墓即日支，故主本日至。

附议　凡占须看何事，如《指南》云“后合占婚岂用媒?”此课不得援以为例，即占婚无不正神将，亦不遽指为泆女，不过女家先有意耳。

例四：咸丰甲寅年午月辛酉日辰时，黄姓代占讼事。炎上。

	青	勾	合	朱	
	酉	戌	亥	子	
空	申			丑	蛇
虎	未			寅	贵
	午	巳	辰	卯	
	常	玄	阴	后	

玄	蛇	常	贵	财	甲寅	贵
巳	丑	午	寅	官	戊午	常
丑	酉	寅	辛	父	壬戌	勾

正议　此案有抢夺，有人命。事关大众，两造皆受其累。岁月入传，案必达部，非州县可了也。

问：何以知有抢夺？曰：三合作鬼，初传寅财劫煞，非伙众劫抢而何？

问：何以知有人命？曰：支乘蛇墓，戌作勾陈，带死气，又丑戌相刑，是争斗而死也。但抢劫在先而斗死在后耳。

问：在狱者有生路否？曰：三传递生，贵神俱属土，泄火生辛，正时辰为生气，可不致死，然酉巳相加，发配则不免耳。

案验　先有数百人劫抢告官，已拿获数人，而原告复率多人抢烧被告之家，彼此争斗，杀死原告数人。

例五：同治己巳年申月乙未日酉时，有人占宾主。全局，曲直，刑害。

	蛇	朱	合	勾	
	丑	寅	卯	辰	
贵	子			巳	青
后	亥			午	空
	戌	酉	申	未	
	阴	玄	常	虎	

后	合	常	贵
亥	卯	申	子
卯	未	子	乙

兄	癸卯	合
父	己亥	后
财	乙未	虎

正议　问：宾主不投刑在上，合中犯煞蜜中砒，当见几而作？曰：干支互刑交害，非主有疑忌，而主所属者不谐也。盖子贵生日，而干阴德神助生化刑，不致相离。卯为支之三合，乃东家亲眷，得天后长生，彼亦不得脱去。但天后传墓乘白虎会丧吊，其内主人恐不久耳。

案验　居停系现在大员，曾为房荐获中，情如前漆，不投者，亲属耳，究竟无疑。

参议　问：今为大员，昔为房师，于课象有所取否？曰：官建旺，非显宦乎？幕生正贵文书，非房师乎？但于事后参之以见神机之密，非前知也。

问：干支加支克支，为赘婿，卯为日禄，应属本身，何以又为主之亲眷？曰：此要分干支，若以禄属己，则混眼矣。盖子卯为互刑，非自刑也。卯既刑干上神，自是他人。申子既以德生我，自是我之贤东。此亦如君子责日德，小人责支刑之例。

附议　干为己，干阴为从。支为人，支阴为人之从。如支上生干，合干。支阴克干，此主好而主之从不好。正格也。而此却以第三课作第四课看，变格也。《易》卦初为始，末为终，而遁又以初为尾，干又以上为首，亦随卦情为变通耳。

例六：道光庚戌年亥月乙亥日未时，张仲豪先生占谋望。全局，涉害，侵害。

	青	空	虎	常	
	丑	寅	卯	辰	
勾子					巳玄
合亥					午阴
	戌	酉	申	未	
	朱	蛇	贵	后	

虎	后	贵	勾
卯	未	申	子
未	亥	子	乙

财	癸未	后
兄	己卯	虎
父	乙亥	合

正议　幕贵当旺生日，得有势之上人提携，子月必成。

问：干支上神子未相害，其如彼此猜忌何？曰：正惟猜忌，必来助我。盖支为日之长生，宾主相得，已入伊处，虽有亲着仇忌，而自墓传生，究竟顾我情深，且财由支动，乙木坐而受生，并不待我往求也。

参议　天后逢天喜入墓，末传六合作长生，主妾现在生子不育，而复孕终有四子。

案验　仲翁为人端厚友爱，贺姓聘管典事，倚重数十年。因造房受累，不无旁议。至冬月东家自愿助以千两，居奇自补。而宾主如初。其妾果生一子不育，厥后多男。

附议　占交关事，须看人情曲折处。或合有有害，或害中有合。究竟是合是害，必细心玩索乃准。若见侵害课便言凶，和美课便言吉，则误矣。

附录　三合支神为眷亲，未为偏财，故主妾孕。

例七：同治己巳年未月癸丑日卯时，藩库厅姜春圃先生占致仕回籍。全局，从革。

	勾	青	空	虎	
	酉	戌	亥	子	
合申					丑常
朱未					寅玄
	午	巳	辰	卯	
	蛇	贵	后	阴	

勾	贵	勾	贵
酉	巳	酉	巳
巳	丑	巳	癸

父	己酉	勾
官	癸丑	常
财	乙巳	贵

正议　课传三合回环，发用勾陈，一时难动。且三传推生，太岁作贵人日德加本命逢生气，行年上见戌土青龙佩印，正当时旺。三传递生，官必升迁，毋庸告致。正时卯为舟车，值旬空，被课传冲克，不利涉大川。

案验　占课后三日，半夜起病，天明作古。余闻之诧然。向来占必存案，其不验者，必覆思其故，惟此课再三详覆，竟无死象，不可强解，请俟高明酌之。

附录　先生年六十五，强健无异少时。德忝同庚，气体远不及，乃赴夜台，如期其速，亦人情所不能料者。回忆五年前到省，屈驾三顾相左，今岁一见，如旧相识，未匝月而遽别，何缘之悭也？先生为人忠厚坦白，有怀必吐，无言不真，取不苟，施不吝，在厅十四年，不求显达。虽气象微粗，而磊落光明，晚近亦不多见，故录之以志余过，且不没其真为。

例八：咸丰甲寅年卯月乙巳日午时，在路占江西武宁。从革。

	蛇	朱	合	勾
	酉	戌	亥	子
贵申				丑青
后未				寅空
	午	巳	辰	卯
	阴	玄	常	虎

青	蛇	勾	贵		官	己酉	蛇
丑	酉	子	申		财	癸丑	青
酉	巳	申	乙		子	乙巳	玄

正议　蛇鬼发用，主土匪生变。春得从革，难免肃杀之凶。三六交车相合，结连日久不散，邻县俱遭劫掠，省垣亦必动摇。但游者恋生，此时西贼无意于省垣耳。秋旺此地亦不能安静。

案验　土匪杀人不省，据城破狱，旋即散处湖北界上，官兵收复武宁，四月又引西贼攻破之，官兵屡战不克。

例九：咸丰丙辰年申月己丑日巳时寓兴安，占往谷城接眷。稼穑。

	青	空	虎	常
	巳	午	未	申
勾辰				酉玄
合卯				戌阴
	寅	丑	子	亥
	朱	蛇	贵	后

蛇	蛇	虎	虎		兄	己丑	蛇	
丑	丑	未	未		兄	丙戌	阴	
丑	丑	未	己		兄	未	虎	◎⊙

正议　问：任信无丁，似乎不动？曰：自支传干，虽无丁马说，必由彼来此。从其象也。且蛇虎纵横，游都加支发用，定因寇贼惊恐。而土主迟滞，三刑亦多参商，喜时上青龙生日，不致大凶。

案验　八月果因兵警启行，延至十月始到，因船户刁拦之故。

玄胎课

凡孟神发用，传皆四孟，为玄胎课。盖四孟者，寅申巳亥，四生之局，又为五行受气之位。如木生于亥，火子受气；水生于申，木子受气之类。此玄中有胎，故名玄胎。占者事皆新意。统“家人”之体，开花结子之课。

象曰：“三传长生，胎孕成形。官加恩爵，婚获娉婷。病讼淹滞，财利迭兴。行人敌贼，恋生不行。”

恋生者，如寅加巳，巳加申，申加亥，亥加寅，为进步长生，主事迟。如用值天后财爻，主妻必怀胎。外有妻财值生气，胎神发用，主妻有孕。如正月戊己日用子，四月庚辛日用卯，七月壬癸日用午，占妻怀孕无疑。或年命见之，遇玄胎尤的。或玄胎带喜神吉将，吉利。远行又经求名利，百事皆吉，当应家人六四“富家大吉”之象。若老少占病，为后世投胎之兆，最凶。或常占遇三刑及凶神恶将，必有忧疑惊恐。父母用事，家中尊长见灾。或日用休囚，天后落空，为玄胎不育，家招干儿义女接续，当应九三“妇子嘻嘻，终吝”之象。

如甲寅日寅时巳将占，三传申亥寅孟神，为玄胎课。

	蛇	朱	合	勾	
	申	酉	戌	亥	
贵未					子青
后午					丑空
	巳	辰	卯	寅	
	阴	玄	常	虎	

蛇	阴	蛇	阴
申	巳	申	巳
巳	寅	巳	甲

官	庚申	蛇
父	癸亥	勾
兄	甲寅	虎

《订讹》

玄胎：[①] 三传长生为五行母气，此玄中有胎，故名玄胎。

---

① 四孟神作三传。

占主事皆新意，有婴儿隐伏之象，最宜于产，求官、求财、求婚，皆以长生大利。病讼淹滞，行人不来，捕贼不获，恋生故也。若老幼占病，为后世投胎之兆，凶。寅加巳、巳加申、申加亥、亥加寅，为进步长生，主事速，又名病胎。盖上生下为五行病处，怀胎有忧。寅加亥、亥加申、申加巳、巳加寅，为退步长生，主事迟，又名生胎。盖下生上，乃身临长生之乡，怀胎大吉，发用财爻，得天后，值生气胎神，定主妻有孕。如正月戊己日用子，四月庚辛日用卯，七月壬癸日用午，占妻怀孕无疑。年命见之尤的。常占遇三刑及凶将，必有忧疑惊恐。父母发用，尊长见灾。子孙空亡，为玄胎不育，凡占无成，更艰子息。天后空亡，因孕伤母。

此课虽系新鲜喜庆之兆，然多身喜心忧。盖为腹中有孕，心自悬悬也。事主远而多伏，暗昧不通，触则成祸，若反吟课为绝胎。

《观月经》

五行受气处，四孟是怀胎。[①] 寅中金受气，火生从此来。[②] 木从申上起，水产五行推。[③] 金逢巳上生，水上却栽培。[④] 登明上生木，火因此路开。[⑤] 欲知怀胎妇，因此卦中推。要知此端的，女人必有灾。[⑥] 或然无产妇，来占为求财。正月丙申日，申时卦作陪。孟秋申发用，寅亥俱一孩。[⑦] 学人依此语，求发不迟回。[⑧]

《指窍》

巳申亥寅，春玄胎者，生意已萌于中。夏励阳者，机关略见于外。秋者四牡，驱驰不息。冬者全福，行止亨通。若逆相加，势情为悖，三传亥申巳寅，六合亦名六害。春元毓，有始勤终怠之形。夏秉弘钧，中正权衡之象。秋含义而无中生有，冬传庆而暗事将明。

《心镜》

三传俱孟是玄胎，五行生处主婴孩。所占百事皆新意，或卜怀娠结

---

① 三传见寅申巳亥者，为玄胎卦也。
② 寅中金绝，名曰受气，火生于寅。
③ 木受气于申，水生于申也。
④ 水土巳上受气，金生于巳也。
⑤ 火受气在亥，木生于亥也。
⑥ 主妇人先有患，后有怀胎之事也。
⑦ 孟秋即申为初传，亥为中传，寅为末传。
⑧ 三传俱孟，依此为玄胎卦也。

偶来。[1]

《袖中金》

三传俱孟，名曰玄胎。其象婴儿，隐伏之状，利上不利下，事主远而多伏，暗昧不通，触则成祸。申加巳名生胎，为忧课，女人怀孕必的，安得不忧？巳加申为病胎，又名怕课，又名四病课，胎孕有病，安得不怕？生胎主事生新，病胎主疾病，见虎入传为验。然皆身喜心忧。事主四人共谋，终见灾异。又在临时消详。反吟四孟为绝玄胎也。

玄胎有四，驿马、龙、雀、贵人，大利举人占试。四孟是五行初气，事多迟缓。四马四禄俱吉。官员占差除，是学馆有旺气。若辰戌丑未，是亲民守土之位，无土是学馆。此四位用处不同，不可一例而推。谓有刑合冲破害克。如丙日亥申用，有克害，必有害事，更见玄雀勾，定有五件事。又寅日见巳申用，虽合于内，有冲有刑。盖申破巳，巳刑申也。占主刑中之合，薄有所就，欲出行则可。大抵四孟须看人情状。如家樵小人，岂有学馆。如勾朱白，必有讼事相交，或有病人也。如见日辰生处用，主妇人胎产，更行年见龙，必生男子，见后玄是女。螣惊，虎伤，阴难产，勾有厄。惟朱空近产，只如寻常。巳作天后，亦主怀胎。巳是螣蛇本宫。太常占病主血疾。若巳作太阴，定伤血。如占妇人，多因产卧得之。若丈夫占病，得此上伤气。若见阴常，须有脓血。见青龙，病不吉。占官事，见常阴白皆有官厄。

玄胎课案例

例一：道光庚戌年丑月壬申日辰时，前任邑侯张仲远夫子占赴汉阳。玄胎。

	蛇	贵	后	阴	
	寅	卯	辰	巳	
朱	丑			午	玄
合	子			未	常
	亥	戌	酉	申	
	勾	青	空	虎	

蛇	阴	阴	虎
寅	巳	巳	申
巳	申	申	壬

财	己	巳	阴	
子	丙	寅	蛇	
兄		亥	勾	◎

正议　申为天城，作日长生，三传递生，此去必得保举。又申为传送大

[1] 三传俱孟，是五行生处，应此卦。主怀胎及结偶之事。

将军，支来加干而生干，主驿递督兵，大宪提携。但日干遇空，末传旬空，明年太岁冲克财爻，未免大耗之累。进步长生，为病中玄胎课，死气发用，胎产亦危。

案验 明年九月新任制宪督兵过汉，遥驻湖南，冬月保升二府，四月生女妾故。

附议 日干遇空赤贫断，支临日而生日名自在。

例二：咸丰甲寅年辰月丙寅日午时，易怀林占终身。玄胎，富贵。

	蛇	贵	后	阴	
	申	酉	戌	亥	
朱	未			子	玄
合	午			丑	常
	巳	辰	卯	寅	
	勾	青	空	虎	

蛇	勾	阴	蛇	财	壬申	蛇	
申	巳	亥	申	官	亥	阴	◎
巳	寅	申	丙	父	丙寅	虎	⊙

正议 问：干支禄马，当是富贵之象？曰：天罡加丑命，贵而不贵。勾陈会禄，白虎乘寅，乃公门役吏也。三传递生见食于人，颇得荐举。初传申财岁破，又遭夹克，干支合中有刑，常为朋友损己。中传幕贵作官，冲禄害财，中年与官不合。末传长生，晚境颇好。辰丑相加，寿有八十五岁。虽有小病，不妨。子作青龙，喜逢建旺，可谓代有传人矣。今年妻防损，或因胎不足月而堕。

案验 系宜春县学书办，所断皆符。

附议 此老已七十余矣。若英年占终身，决不答。盖事之成败，半由天命，半由人力。尽委于数，便是无志。有志者，人定胜天。即一时一事且有转移之方，况终身岂可妄断乎？《易》曰“上下无常，进退无恒。”亦在人之自求耳。

连珠课

凡用神传在一方，相连作中末，为连珠课。如三传寅卯辰之类。盖中末传孟仲季神相连若贯珠，故名连茹。茹，菜也。盖拔茅连茹，言其相牵引也。吉事占之，若连珠可爱。凶似连茹可恶。统“复”之体，乃山外青山之课也。

退连茹又名失友格，主事欲行不行，人情欠美。

象曰："阴阳拱夹，奇偶有主。凶则重重，吉当累累。孕必连胎，事获交举。时旱多晴，天阴久雨。"

若传进宜进，贵顺事顺速成。值空亡则宜退，可以全身远害。传退宜退，贵逆迟阻，遇空亡则宜进，可以消灾避祸。或三传亥子丑日月星奇全者，为三奇联珠，主万事合和，乘吉将尤吉，当应复六五"敦复，无悔"之象也。

如乙丑日酉时戌将占，三传寅卯辰，为连珠课。

凡日辰前后夹定三传在内，为夹定三传格。凡事进退皆不由人，以其夹定故也。上病讼解除事不利，问财喜并成合事可为美也。如癸酉日亥加戌，庚子日戌加亥，甲午日辰加卯之类是也。凡日辰前后夹定少一位，为夹定虚一格，凡事有小节不完，其势稍缓。或前虚一主初时有阻，或后虚一主将成小阻。如虚一位是日财，主财上不足，父母则长上不足。丁卯日干上申，三传辰巳午，欠一未字，是子孙乘朱雀，主卑幼文字口舌不足，年命填实不在此限。此三传被干支夹定，不能进退，毕竟吉凶皆不散也。凡三传透出日干之外，为夹不住格。经云：夹住不住，留中有去。若进透出者，因进之太过；退透出者，因退之不及。如甲子日，三传子亥戌是也。若干透出支，不利外动事，有回还；支透出干，不利于内，惟宜外动。或透鬼，鬼在外，有凶；透财，财在外，有破耗。余仿此。凡三传有支上发传朝日格，神吉传吉，主成合事，不求自至，无心中得。或神凶传凶，主祸来不测，及占病生产事忌。如丙寅日干上午，三传辰巳午；戊寅日干上午，三传辰巳午；壬寅日干上戌，三传子亥戌之类是也。

凡三传有干上发传及他处发传，归支上；有支上自发用相连作三传者，三传朝支格。如臣使君，子使父，不免俯就于人，被人抑勒不自由。旺相尤可，死囚更凶，利卑不利尊，利静不利动也。

如甲午日三传辰巳午，末传引入死地，缘何会好？占病必死，行人未来，以上图例仿此前。

《订讹》

连珠：[①] 连如贯珠，故名连珠。

占主吉凶各重迭不已，进连珠事顺，退连珠事逆。

---

① 三传孟仲季相连，或三传岁月日相连。

连珠课案例

例一：咸丰甲寅年午月丁卯日午时，袁州欧阳姓占讼。斩关，进茹。

	青	勾	合	朱
	午	未	申	酉
空巳				戌蛇
虎辰				亥贵
	卯	寅	丑	子
	常	玄	阴	后

空	虎	朱	合
巳	辰	酉	申
辰	卯	申	丁

子	戊辰	虎
兄	己巳	空
兄	庚午	青

正议　此劫案多人而领首者则子侄辈也。盖辰为领袖作子孙，巳带血支，更妨伤人。

参议　问：何故得脱？贵加辰戌为录囚，或逢赦而出乎？曰；亥贵逢空，又坐死狱，支上神虎克之，是贵人自罹凶灾，狱人得乘隙而出也。

案验　查系抢案。族侄为首，后粤匪至袁，狱囚自出。

例二：咸丰壬子年五月戊戌日丑时，占来年家祠可馆否。退茹。

	合	朱	蛇	贵
	辰	巳	午	未
勾卯				申后
青寅				酉阴
	丑	子	亥	戌
	空	虎	常	玄

后	阴	勾	合
申	酉	卯	辰
酉	戌	辰	戊

官	癸卯	勾	⊙
官	壬寅	青	
兄	辛丑	空	

正议　日上六合逢空，此处丧朋，而他处有所适也。。

问：三传退茹，魁度天门，如之何，其可去也？曰：退茹退中有进，而辰冲河魁，不终于止也。

问：何事而进？曰：白虎太阳加命，勾陈发用，支上太阴皆争战之神。明年太岁幕贵加年，定有督兵官或提刑官延入幕中。

案验　馆事未就，次年江臬宪访延至省。

例三：咸丰癸丑年辰月戊午日戌时，王子章占前任方伯唐子方大人来否。退茹，撞干。

合 朱 蛇 贵

辰 巳 午 未

勾卯　　申后

青寅　　酉阴

丑 子 亥 戌

空 虎 常 玄

合 朱 勾 合　　官 乙卯 勾

辰 巳 卯 辰　　官 甲寅 青

巳 午 辰 戊　　兄　丑 空 ◎

正议　问：日禄加支，传作退茹，似非出山之象。曰：命作幕贵，志甘林泉。皇书乘马克日，朱雀乘丁生岁，交车推荐，天诏难辞，是退而仍进也。但魁度天门，时有阻隔，四月必动，动则不吉耳。盖丑命逢空，被初中贼神鲁都克之，又日上河井相加，太岁遭虚，身入鬼门，皆非吉象也。

案验　甲寅年寅月赴水殉难。

例四：咸丰癸丑年卯月壬申日酉时自占家宅。六仪，进间。

朱 合 勾 青

未 申 酉 戌

蛇午　　亥空

贵巳　　子虎

辰 卯 寅 丑

后 阴 玄 常

虎 青 阴 常　　兄 甲子 虎 ⊙

子 戌 卯 丑　　子 丙寅 玄

戌 申 丑 壬　　官 戊辰 后

正议　太岁有严君之象，乘常克日，青龙为长者，作鬼中长生之位，又为孝服纸钱煞，下季定有孝服。两贵夹拱寅年，水日逢丁，六仪发用，本朋即有贵人相助。

问：辰冲戌，凶可散否？曰：凶倾家荡产不宜冲，冲则反动。

案验　本月江廉访托张公相延，八月见父孝。本年四月廉访下江南，劝同行，情意诚恳，予以父年高婉辞，不然，则抱终天之恨矣。

例五：咸丰甲寅年卯月辛卯日酉时，占人来否。进间，遥克，源消根断。

	蛇	朱	合	勾	
	未	申	酉	戌	
贵	午			亥	青
后	巳			子	空
	辰	卯	寅	丑	
	阴	玄	常	虎	

蛇	后	常	空	官	癸巳	后	
未	巳	寅	子	父	未	蛇	◎
巳	卯	子	辛	兄	乙酉	合	⊙

正议　二马发用遥克日干，自支发也。今日已从家起程矣。亥日马绝必到。

参议　问：女眷同来否？曰：初传巳为双女乘骐，末传酉为少妇，必妻与女俱来。且仰首见子，占者之子亦来相会于西门外，以末足抵日故也。

问：中末逢空，半路或转？曰：未为风伯，不过中路稍阻。传贵俱顺，必不转矣。路上遇贼亦无妨者，鬼临旬尾也。

案验　阻风一日，卯日动，亥日到，来人俱符。

例六：咸丰甲寅年辰月庚戌日申时，占往湖南。进间。

	空	虎	常	玄	
	未	申	酉	戌	
青	午			亥	阴
勾	巳			子	后
	辰	卯	寅	丑	
	合	朱	蛇	贵	

蛇	后	后	玄	子	壬子	后	
寅	子	子	戌	财	寅	蛇	◎
子	戌	戌	庚	父	甲辰	合	⊙

正议　问：贵登天门，罡塞鬼户，利于迁移。而支上脱干，又宜不动，奈何？曰：动则动矣，但半途而止耳。

问：何故中止？曰：游者加支发用，中末逢空，彼处必有兵灾，不可前行。但玄武月破，贼必败走。至明春可由中路前行也。

案验　行至袁州行旅困乏，遂止焉。十余日湖南寇至，败过袁州，进必有阻。乙卯年正月由袁州进湖南。

例七：同治甲子年酉月庚寅日卯时，嘉鱼人占舟中失钱。斩关，进间，凑合。

空虎　常　玄
未申　酉　戌
青午　　　亥阴
勾巳　　　子后
辰卯　寅　丑
合朱　蛇　贵

青　合　后　玄　　父　壬辰　合
午　辰　子　戌　　官　　午　青　◎
辰　寅　戌　庚　　兄　甲申　虎　⊙

正议　此钱非窃去，乃受载时周姓之钱未来，而舟中遽开也。盖格名凑合，系众人凑载，而中传午为周姓，逢旬空，有虚一待用之象，时上朱雀临门，天喜斩关发用，辰日必有信到。

案验　第三日信来，是周姓收票未收钱，而船家误执收票，以为钱到矣。

附议　问：玄武临干，初遭夹克，青龙落空，应主贼劫财空？曰：见玄以为盗，见虎以为病，则泥而不通矣。须看玄武受制，而乘神生日，正时与支作财不空。且克玄武乘神，何患于盗？中传午鬼，正喜旬空，青龙乘空，钱未到船也。夹克非财，又属他人，于我何忌？

问：午何以为周？曰：周国分野在午。

问：午宫姓不止周，何独举此？曰：见凑合格便嘱船家“悉报凑载之人”，内有周姓故云。

例八：咸丰甲寅年巳月丙午日午时，饶姓占家宅。进间，重审，交车。

朱蛇　贵　后
未申　酉　戌
合午　　　亥阴
勾巳　　　子玄
辰卯　寅　丑
青空　虎　常

后　蛇　贵　朱　　财　戊申　蛇
戌　申　酉　未　　子　庚戌　后
申　午　未　丙　　官　壬子　玄

正议　初传财遭夹克，干阴财逢破碎，应主兄弟之女，有口舌自缢之事。申为日马，合日而逢岁破，合则为孕，破则为产，乘马则动，申日必生。纯阳是女也。子孙乘丁加日，必有子辈来上得信。

案验　四月二十八日丙申生孙女，五月初一日侄来，侄女之媳口舌自缢。

附议　问：口舌何以应在兄弟之女？曰：干上未为子孙，丁为丙之弟，午支亦为干之弟，支阴戌作子孙天后逢墓，故知为兄弟之女也。

附录　《大全》：“酉未加之姑嫂离。”言酉未相乘主阴人别离，而酉为死气更的。

问：口舌起于侄女，而死何以在其媳？

曰：死气在酉，酉又为未之子孙，未乘丁，自生而克酉。

问：何为自缢？曰：蛇形如带，又坐午为悬索，夹克申财，非自缢而何？

例九：咸丰甲寅年辰月乙亥日未时，江西宜春县东门李姓占家宅。进间，解离。

	青	勾	合	朱	
	未	申	酉	戌	
空	午			亥	蛇
虎	巳			子	贵
	辰	卯	寅	丑	
	常	玄	阴	后	

玄	后	勾	空
卯	丑	申	午
丑	亥	午	乙

官	申	勾	◎
财	甲戌	朱	⊙
父	丙子	贵	

正议　干支互克上神，为解离。必有析居之事。虎朱相加，丑午相害，各怀疑忌，致有雀角。破碎克支，兼作寡宿，主寡妇口舌。太阴月破，戌财遁甲，乃兄之妻也。朱乘脱气，事因子辈虚花，被人脱赚，以起争端。丑戌相刑，为田产。凡入公庭，喜引鬼为生，不致成讼，白虎乘丁，恐为贼摇，内眷不免迁移。

案验　侄有虚花，叔嫂不和，急欲分居，次日闻谣，城内皆迁。

附录　乡勇局绅士刘秀谷兄，占家宅同前，时宜春谣传贼来，占家宅者多因此断云：发用值空，游都夹克，贼在湖南必败，末冲日上午火，败贼不免过界。支上丑克游都，不能入城。但朱雀脱日，浮言动众。支上丁马，课名解离，必有播迁之事。外患无妨，须防克妻。

后数月，秀谷无病而终，应丑命，不应支神也。

例十：同治癸亥年午月戊戌日酉时，寓陕西汉阴占动静。退间。

	勾	合	朱	蛇
	卯	辰	巳	午
青	寅			未贵
空	丑			申后
	子	亥	戌	酉
	虎	常	玄	阴

蛇	后	空	勾
午	申	丑	卯
申	戌	卯	戊

兄	辛丑	空
财	己亥	常
子	丁酉	阴

正议　问：交车相合，一旬周遍，似不能动。曰：现在不动可也。八月酉乘丁马，其势必动。盖丑命乘天空主逃亡。又坐克方，不能安于此地。贼符游都加干支，全赖末传酉为救神，冲破卯鬼，更遇太阴乘丁，正好脱去重围，久则为倒拔蛇矣，其能退乎？

案验　果酉月动身，示久贼来，稍迟则船路梗塞，必陷于贼矣。

附议　象者，像也。像则无物不该，非可以一端泥也。如交车、周遍，在平时则为宾主相投，情意周洽，而此课乃寇贼重围交结之象，不遇丁酉一冲，则有翅难飞，危矣哉！

例十一：同治甲子年申月辛未、壬戌日未时朱、张姓占病。间传。

	贵	后	阴	玄
	卯	辰	巳	午
蛇	寅			未常
朱	丑			申虎
	子	亥	戌	酉
	合	勾	青	空

玄	虎	常	空
午	申	未	酉
申	戌	酉	壬

财	戊午	玄
官	丙辰	后
子	甲寅	蛇

	蛇	朱	合	勾
	卯	辰	巳	午
贵	寅			未青
后	丑			申空
	子	亥	戌	酉
	阴	玄	常	虎

蛇	合	勾	空
卯	巳	午	申
巳	未	申	辛

官	庚午	勾
父	戊辰	朱
财	丙寅	贵

正议　此两课俱是时症，决其难过子时。盖不论生克，而以课体课象与命断者也。二人俱在客途，而课得顾祖乃舆尸伴祖之象。子命逢月内死气，

上乘疫煞，而下投鬼门，一交子时必死。

问：后一课，末助初鬼，辛日逢丁，固凶；而前课末传子孙制鬼，虎作长生似无妨？

曰：子为印伤，印为财破，见生不生，见救不救。且玄武为收魂煞，太常为孝服煞，申酉为锹镢煞，初传天马传墓，正时关墓克日，禄空命空，大象凶多难救矣。

间传课

凡课间位作三传，为间传课。此顺间传十二格，逆间传十二格，其义各有所主，详具于后。盖间一位递作三传，故名间传。占者顺主事顺，逆主事逆。统“巽”之体，乃阴阳升降之课也。

象曰：“间位相传，事多间阻。顺有登天，向阳出户。逆有回阳，励明顾祖。占者逢之，皆为吉课。”

如日用旺相，神将吉，凡事吉利，则应巽“小亨，利有攸往，利见大人”之象。若日用休囚，神将凶，则应上九“丧其资斧，贞凶”之象也。

如甲子日辰加甲，三传间位而行，为间传课，辰午申亦名登三天之格也。

顺十二格

凡巳午未申四位皆为天，如间传遇辰午申为登三天格，盖龙登天则行雨，官登天位主迁转，惟忌空脱。争讼事情转大，占病症候弥深，贼来行人至，久旱则雨也。午申戌为出三天格，盖亢龙有悔，事情远大，出行失约，病讼皆凶也。盖戌为天头，有超三天之象矣。申戌子为涉三渊格，盖龙涉三渊不雨，贼涉三渊不来，病讼危险，目前阻隔，占官不吉，谋望不成也。戌子寅为入三渊格，盖亥子丑寅属地，故有入三渊之象，凡举皆凶，如履春冰，蹈虎尾，其祸在前。或末传乘蛇虎为鬼煞，病必死，祸尤凶也。子寅辰为向阳格，盖子属北方幽暗之乡，寅辰乃日出之方，故有向三阳之象，凡举皆自暗入明，初凶后吉，病愈讼解，人情皆美也。寅辰午为出阳格，盖午后阴生，自寅传午，有出三阳之象。凡占灾咎相仍，病讼皆凶也。

丑卯巳为出户格，盖卯为门户，巳为地户，自丑传巳，有人出户之象。凡占访人不在，行人出，利干望，君子升扬，小人狐疑而不吉也。卯巳未为盈阳格，盖卯巳为二阳，未乃阴之始，自卯传巳未，日中将反阳已至盈，物物极必反故也。凡事当急就之则吉，迟干则为凶也。巳未酉为充盈格，盖阳至午而盈，未为一阴，酉为二阴，自巳传酉，物满必缺，势过人衰故耳。凡占皆凶，占官被黜，占物非当时用者，占新病死，久病愈也。未酉亥为入冥格，盖酉亥日冥之时，有明消暗长之象。凡占事体速干则可，缓则不及时，病讼凶，官不利，吉渐消而凶渐长也。酉亥丑为凝阴格，盖亥丑属北，冬令阴气凝结，有严霜冰坚之象。凡占有淫欲奸盗之事，多主幽暗及事之不明也。亥丑卯为溟蒙格，盖亥丑阴极，卯为一阳始生，二阴之下，有明在溟蒙时之象也。凡占事体不真，忧惧不宁，进退未决也。

逆十二格

寅子戌为冥阴格，盖寅为日出晓方，子戌阴气盛旺，自寅传戌，有阳退入阴之象。凡占事自明入暗，凶暗在前，犹防暗损，占官最为凶也。子戌申为偃蹇格，盖申亦阴方，自子传申，以阴入阴，历涉艰难，有重遭荆棘之象。凡举迷暗不明，行军被围，出入作为亦不吉。戌申午为悖戾格，盖午为阴气始生，申戌乃阴之盛旺，自深退浅，逃祸不能，有勉强后退之象。占行人未至，占贼不来，作事成祸。申午辰为凝阳格，盖辰为一阳，申午皆阴，自申传辰，阳凝在阴，有灾尚萦系之象。占事前者未了，行人来迟，占讼留连，谋迟。午辰寅为顾祖格，盖午为寅之子孙，寅乃午之长生之地，自午传寅，子回顾母，有复旧庐之象。凡求财谋望皆吉，占贼去，行人来。惟庚日占病凶，占官大吉也。辰寅子为涉疑格，盖阳主进，寅子不进而反退，又自明退入暗处，有涉历疑难，莫知深浅之象。占事进退不决，行人未来，欲出不出，关渡防人贼埋伏，安营不吉，不可举兵用事，官病皆凶也。

丑亥酉为极阴格，盖阴主退，自丑传酉而终于极，有阴人入阴之象。凡占有淫泆酒色奸乱等事，病主死，讼至省部，或淫乱而生疾也。亥主淫乱，酉主酒色耳。亥酉未为时遁格，盖酉为太阴，未中丁为玉女，利隐遁潜形。自亥传未，如人入幽暗求隐，有遁身之象。占行人不出，出行不行，捕盗不获，贼去不来，君子吉而小人凶也。酉未巳为励明格，盖巳为阳明之地，自酉传巳，从暗入明，有历阴暗而后得明之象。凡举皆由勉强而后去，君子利取禄位，小人宜早营运也。未巳卯为回明格，盖未为一阴，巳卯为二阳，自未传卯，由阴至阳，有缺月渐回之象，凡事不可骤举，只宜迟进。久雨则晴，吉事渐成，凶事渐消也。巳卯丑为转悖格，盖巳卯二阳，丑乃纯阴，巳入丑避明向暗，以巧就拙，弃正归邪，事转悖戾之象。主家零身怯，怪梦，作事似邪摩随，事好出头，不知省检守分以安命也。卯丑亥为断涧格，盖卯为一阳，丑亥二阴，自卯传亥，一阳深入二阴，阳明断送，渐入深涧水底，有暗长明消之象。凡占君子退职，小人遇凶事者也。

以上阴阳各有三说，或以昼为阳，夜为阴。或以子丑寅卯辰巳为阳，午未申酉戌亥为阴。或以子寅辰午申戌为阳，丑卯巳未酉亥为阴。

撞干格　撞支格[1]

凡日干支有期限，又为关隔。如三传通连日干为撞干格。或初末传撞日之关，主事急，及我若向前有为也。若三传自干支内发用，传出日辰之外，事虽急而终闲慢。或自干支外发用，传入干支之内，事先缓而后急也。辛巳日丑加卯，三传丑亥酉，本是退间传，凡事偃蹇阻滞，缘被末传撞辛之关，所以先缓而后急也。吉凶如此。如三传通连日之支辰，为撞支格。盖初末传撞支之隔，主事宜急倏，彼动而我应之也。或传带日贵日财为用，末传墓绝，大不利贵人交易，因财而有所屈也。

六纯课

凡四课三传俱阳，如三传俱阴，为六纯课。如四课属阳，中一课发用并中末皆阳，为六阳课，宜尊贵占天庭高尊事。初中空，君子畏之减力，常人赖之省力末事得理。若四课阴，中一课发用并中末俱阴，为六阴格。宜卑下占阴谋奸私事，病者死。此六者阴阳皆纯，故名六纯，占孕阳男阴女。统"革"之体，乃天渊悬隔之象也。

象曰："六阳动达，如登三天。私凶公吉，官遇升迁。六阴朦昧，似涉重渊。公凶私利，病患缠延。"

如甲午日干上子，六阳遇退间传，为倒拔蛇，名悖戾。及兼初传戌财，引入中末鬼乡，凡事艰辛不免功劳。或夜传昼，事有明白。或遇五阳，以人年命定之。或六阴遇丑卯巳为出户，卯巳未为盈阳，酉未巳为励明，未巳卯为回明，未可以昏迷断之，凶中有吉，则应革九五"大人虎变"之象。如己卯日酉加未，六阴遇昼将入夜，昏迷尤甚。将乘后合玄，支干遇盗气，弹射发用，坐空费力不可言。问病必死，求望虚耗。或遇五阴以人年命定之。夫五阴相续，盗气迤逦脱去，为源消根断，本命缘不摄而死。凡占皆脱耗，则应革上六"小人革面，征凶"之象也。

《观月经》[2]

十杂看发用，本姓真不真。[3] 寅中有生火，水土墓于辰。辰中有死水，生

---

① 干支前一位为关隔。

② 十杂卦。

③ 辨人家有两姓同居也。

死有缘因。[1] 巳上有生金，土乃寄于申。[2] 未中有死木，[3] 水乃便生申。[4] 戌中有死火，[5] 木生亥上亲。[6] 金在丑中墓，[7] 十干辨假真。生杂本祖宗，死杂两姓人。[8]

《心镜》

甲与己合

戊己宫中忌木克，己来嫁甲合亲情。六月己回归奉戊，瓜果虽熟色带青。[9]

乙与庚合

甲乙东方木畏金，甲将乙妹去合庚。春时木旺乙归本，所以园木开琼花。[10]

丙辛合

庚辛性怯南方火，便以妹辛丙合同。秋间火死辛归去，枣霜刑叶落红。[11]

丁壬合

南方火畏北方水，故将丁妹配属壬。夏旺丁来归应丙，桑椹熟时带紫深。[12]

戊癸合

北方水惧中央土，戊癸成亲燕新妆。立冬水旺癸还舍，土孕严凝杀草黄。[13]

杂状课

凡课俱取初传动爻，以别五行纯杂、数目、物色为用，曰杂状课。纯者，子午卯酉四仲为纯。寅中有生火，一杂；辰中有水土墓，二三杂；巳中有生金，四杂；申中有生土，五杂；未中有木墓，六杂；又申中有生水，七杂；

---

① 水土墓于辰，故辰中有杂水土也。

② 金长生在巳，水土生于申也。

③ 木墓在未，故有杂木也。

④ 申中有杂水。

⑤ 戌为火墓，故有杂火也。

⑥ 亥中有杂木。

⑦ 有杂金也。

⑧ 发用得本长生者，上祖是本姓也。如甲乙日用亥，戊己壬癸日用申，庚辛用巳，丙丁用寅，生杂卦也，故曰生杂本祖宗。如甲乙日用未，丙丁日用戌，戊己壬癸日用辰，庚辛日用丑，为死杂卦，家中有两姓人同居，故曰死杂两姓人也。

⑨ 六月木死土旺，己却归戊，故怀木胎，瓜果虽熟，尚带青色，为怀木胎也。

⑩ 东方木畏西方金克，甲兄乙妹，将乙配与庚合，至春木旺金囚，乙却还东方，木色青，金色白，乙怀庚胎归还，所以春开白花，是乙中有金。

⑪ 丙火死，辛归庚，刑杀万物，叶落，枣亦成赤色带红，为辛临丙色，有火气也。

⑫ 夏火旺水囚，丁怀水胎归丙，水黑火赤，相杂成紫，为丁中有水气也。

⑬ 立冬水旺土囚，癸怀土胎而归，故杀百草而有黄色，为癸中有土气也。

戌中有火墓，八杂；亥中有生木，九杂；丑中有金墓，十杂。如寅卯为木，春寅怀火杂木，故卯为纯木也。季火金水皆然。惟土守中宫，分旺四季，每季前各旺十八日，总七十二日，合而成岁，故辰中有余木，未有余火，戌中有余金，丑中有余水，各十二日。然四孟月怀胎，仲月娠壮，季月死墓葬，为五行十杂，纷纭众事，其应不同。

象曰："五行阴阳，万物纯杂。凶视救神，吉防害鬼。数目日期，颜色物类。觅物寻人，克应可取。"

如甲乙初用亥例，为生杂家，是上祖本姓人居住。庚辛日用丑例，是死杂家，有两姓同居也。如戌为五数，加未八数，吉凶应在五八四十日，或四个月也。旺相倍数，休囚减之。如正月将甲子日寅时占物色，午加酉为用，主上赤下白色也。

物类课

凡课俱取初传动爻，以别五行六亲、物类亲疏、旺相休囚为用，曰物类课。如甲乙日，日干及寅卯发用，为己身同类占，寅为兄，卯为弟，寅中甲为姐，辰中乙为妹，亥中甲为伯之兄弟，未中乙为叔之兄弟；子为父，亥为母，亥中壬为伯，丑中癸为叔，申中壬为长姑，辰中癸为小姑；申为祖父，酉为祖母，巳中庚金为伯祖，戌中辛金为叔祖，丑中辛金为祖姑；未墓为妻，辰为继妻，丑为妾，戌为婢妻；土生庚申金为媒人，午为男，巳为女，寅中火为兄之男女，未中火为弟之男女，戌中火为姐妹之男女；生祖者为曾祖，生曾祖者为高祖，男生者为孙，孙生者为元孙。丙丁日火，戊己日土，庚辛日金，壬癸日水，六亲之类各仿此推。惟妻妾则阳为妻，阴为妾也。若占父母，要父母出现；占子孙，要子孙出现。或父母兴旺则克子孙，兄弟兴旺必克妻财。旺相相生吉，休囚刑克凶。阳神下临阳宫，有德合为亲；入阴宫为疏。阴神下临阴宫，有德合为亲，入阳宫为疏。更以神将吉凶参详，则富贵贫贱存亡应验，了然可见。此六亲吉凶之族类也。

如刚日用起阳神，旺相有气加日上，是新物。用起阴神，休囚无气加日上，是旧物。或甲日日辰见亥，乃木生，为生事，将来新物，应在父母；见卯乃木旺，为目下事，主不新不旧之物，忧在同类己身朋友；见未乃木死处，为死事，主已过旧事及旧物，忧在妻奴下人。又刚日用神在干前为未来，干后为过去。柔日用在干前为过去，干后为未来。或乙日属阴，妇德从夫，日上见辰为阳，是生新物；见未为阴，亦是新物，乃阴德在阳，乙庚化金，辰巳金生处，未亦金冠带之位也。丑加日上为死故物，金死墓于丑也。此阴阳盛衰、生死新旧之物类也。如初传旺相，神将吉，末传囚死，神将凶，为始吉终凶，事先成后败。若初传休囚，神将凶带刑害，末传旺相，神将吉，见合德救制，为始凶终吉，事先难后遂。此始终吉凶之物类也。统节之体，乃蜃气楼台之课也。

象曰："物以声应，方以类萃。六亲俱现，以用为主。旺相吉言，休囚凶语。始终吉凶，神将分取。"

如甲乙推六亲，见亥卯为今日族类也。或用起水神无气乘凶将，占者当忧父母长上及文书。见木神，忧己身兄弟及同类争财事。见土为妻奴及婚姻财产事，推类见亥为猪，卯兔、未羊及酒食之类。六畜有刑无气，主残伤，有气无刑即生育。更神将凶吉、旺相相生、休囚，逐类推之。如丙午日三月占，三传寅午戌火局，与日辰同类，为生物，占事必干新象。火有气，谋为成就而速，秋冬火囚死事稍缓，成就艰难中得。如乙日阴德从庚化金，金虽以土生，然死墓于丑，故辰临乙为新，丑临乙为故，盖丑中之土恶见乙中之木也，乙中之木恶见丑中之金也。如初传凶，克末传吉神，为始克终，所事困穷。或末传吉，克初传凶神，为终来克始，万物皆美。或将乘六合，旺相私事私心，囚死暗昧不明。螣蛇旺相，惊恐稍散，囚死倍起忧惶。凶将囚休，凶事至甚。吉将旺相，吉事永久。凶将乘旺相气不为凶，吉将乘囚休气不为吉。初传言事之始，末传决事之终，初末神将凶，始终皆凶，则应节九二不出门庭凶象。初末神将吉，始终皆吉，则应九五甘节吉之象也。

如甲寅日冬占，子水母旺气用，为新气，曰物类课也。

子

亥

戌

子　丑　子　丑

丑　寅　丑　甲

卯辰巳午

寅　　未

丑　　申

子亥戌酉

《观月经》

木火土金水，物类认疏亲。甲乙东方木，亥为父母身。[①] 太冲与功曹，甲乙合三春。甲木为兄弟，姊妹乙为真。小吉为妻妇，巳午作子孙。甲来欲求己，庚便作媒人。外孙是丁火，与木为子孙。[②] 其日是丙丁，父母配寅中。巳午为身类，丁火姊妹宫。丙火兄弟是，河魁次妻同。辰与丑未土，子孙有始终。辛来欲嫁丙，壬水作媒人。寻思己中土，外孙此处穷。[③] 假令戊己日，传送父母期。未土丑同类，兄弟戊中推。己土为姊妹，申酉子孙宜。外孙辛上推，天罡小妻室。癸水欲妻戊，甲媒送信知。若遇庚辛日，太乙父母师。申酉为同类，庚金兄弟知。辛来作姊妹，亥子子孙期。癸日为外孙，丑墓小妻儿。乙来欲嫁庚，丙火作月冰。[④] 其日是壬癸，传送父母居。辰墓为妻妾，亥子身类推。壬水为兄弟，姊妹癸相知。寅卯子孙类，外孙乙不虚。丁来欲壬位，戊己土送书。媒者正妻子，取其正丈夫。细心分配定，墓上小妻居。[⑤]

《心镜》

用神与日类须详，物气分明辨否臧。[⑥] 甲乙初传水为气，[⑦] 占者当有父母匡。若见木神为兄弟，同类之称是可量。如逢小吉为妻类，[⑧] 鹰雁妻奴及酒羊。亥猪卯兔甲乙类，旺相尤生墓已伤。[⑨]

六亲表

地支 \ 日干	甲乙日				
子		癸水母			
丑	辛金祖姑	癸水叔			己土妾
寅			甲木兄祖	丙火兄之男女	
卯			乙木弟		
辰		癸水小姑	乙木妹		戊土继妻

① 生我为父母，我生为子孙，克我为官鬼，我克为妻财，同类为兄弟姊妹，惟墓为妾也。

② 甲以己为妻，己土生庚金，为媒人也。

③ 阳为子阴为孙也。

④ 乙木生丙火，火作媒，惟求阳干通信也。

⑤ 正妻者，甲乙见土，丙丁见金，戊己见水，庚辛见木是也。墓为小妻，木墓未、火墓戌、金墓丑、水土墓辰，六亲依此卦推之。

⑥ 立用之神与日有族类。

⑦ 甲乙木得水神为有气也。

⑧ 甲乙木见亥卯未皆今日之族类，墓为妾也。

⑨ 旺生物，墓死物。

巳	庚金伯祖			丙火女	
午				丁火男	
未			乙木叔之兄弟	丁火弟之男女	己土妻
申	庚金祖	壬水伯			
酉	辛金祖母				
戌	辛金叔祖			丁火姐妹之男女	戊土婢妾
亥		壬水父	甲木伯之兄弟		

地支＼日干	丙丁日				
子	癸水祖母				
丑	癸水祖姑			己土弟之男女	辛金婢妾
寅		甲木父	丙火伯之兄弟		
卯		乙木母			
辰	癸水叔祖	乙木叔		戊土男	
巳			丙火兄姐		
午			丁火弟		
未		乙木小姑	丁火妹	己土女	
申	壬水伯祖				庚金继妻
酉					辛金妻
戌			丁火叔之兄弟	戊土兄之男女	辛金妾
亥	壬水祖	甲木伯			

地支＼日干	戊己日				
子					癸水妻
丑			己土叔之兄弟	辛金姐妹之男女	癸水婢妾
寅	甲木祖	丙火伯			
卯	乙木祖母				
辰	乙木叔祖		戊土伯之兄弟		癸水婢妾
巳		丙火父		庚金兄之男女	
午		丁火母			
未	乙木祖姑	丁火叔	己土弟		

申				庚金子	壬水妾
酉				辛金女	
戌		丁火姑	戊土兄	辛金弟之男女	
亥	甲木伯祖				壬水继妻

地支＼日干	庚辛日				
子				癸水女	
丑		己土叔	辛金妹	癸水姐妹之男女	
寅	丙火伯祖				甲木继妻
卯					乙木妻
辰		戊土父		癸水弟之男女	乙木婢妾
巳	丙火祖		庚金伯之兄弟		
午	丁火祖母				
未	丁火祖姑	己土母			乙木婢妾
申			庚金兄姐	壬水兄之男女	
酉			辛金弟		
戌	丁火叔祖	戊土伯	辛金叔之兄弟		
亥				壬水男	甲木妾

地支＼日干	壬癸日				
子			癸水弟		
丑	己土叔祖	辛金姑	癸水妹		
寅				甲木子	丙火妾
卯				乙木女	
辰	戊土伯祖		癸水叔之兄弟	乙木弟之男女	
巳		庚金伯			丙火继妻
午					丁火妻
未	己土祖母			乙木姊妹之男女	丁火婢妾
申		庚金父	壬水伯之兄弟		
酉		辛金母			
戌	戊土祖	辛金叔			丁火婢妾
亥			壬水兄姐	甲木兄之男女	

人类神

父母生气与日本，父兼德神母天后。妻责天后并财爻，神后之神亦为取。兄弟姊妹责太阴，及兼兄弟之爻神。子孙六合子孙爻，太冲登明亦可寻。奴责河魁及天空，婢责从魁太阴中。朋友单来责六合，以上人之类神从。

事类神

求官龙常及官星，求名文书朱雀中。干贵贵人婚天后，求财青龙财爻通。衣服酒食责太常，雨责青龙晴天空。田土勾陈路白虎，以上事之类神名。人事类神兼二三，以入传课为取用。若是皆入皆不入，不用兼神责将神。如妻止去责天后，财爻神后不须论。不在课传为局外，所临地位看原因。有气亦远无气难，旺相德合终可亲。

人身类神

甲胆乙肝丙小肠，丁心戊胃己脾乡。庚是大肠辛主肺，壬癸膀胱癸肾藏。子肾膀胱耳腰液，丑脾腹兮与两足。寅胆风门筋脉发，卯肝血筋手背目。辰皮肤肩暨背项，巳焦小肠面齿股。午心目神气与舌，未胃腹口唇齿户。申为大肠筋骨间，酉肺口鼻声血路。戌乃命门膝胁胸，亥膀头髓二便呼。

农桑类神

木主谷林及瓜果，当于寅卯位中寻。火主黍稷与红豆，巳午之位乃为亲。午神又为蚕之命，螣蛇蚕象妙有因。土主麻与大黄豆，辰戌丑未为其根。金主二麦八月时，申当别论酉为真。水主黑豆与稻菜，亥子之位所必云。旺相德合为收成，死囚克墓是所嗔。日辰农人辰禾类，生合吉将喜忻忻。日克支上农事荒，支克日上禾必损。太岁上神生何类，即主何类收十分。太常小吉为棉花，又在五行之外存。

十杂

子有癸水。	丑有己土、有余癸水、有死辛金。
寅有甲木、有生丙火。	卯有乙木。
辰有戊土、有余乙木、有死癸水。	巳有丙火、有生庚金。
午有丁火。	未有己土、有余丁火、有死乙木。
申有庚金、有生壬水、有生土。	酉有辛金。
戌有戊土、有余辛金、有死丁火。	亥有壬水、有生甲木。

经云：阴阳五行，中有十杂。其类异方，万物存焉。或得凶，或得吉，或得短，或得长，纷纷众事，其应不同，各怀其子，以救其穷。故曰忧与不

忧，传自相求。

颜色

甲青乙碧。盖青者，东方正色，象木叶也。甲木畏金，以乙妹嫁庚金为妻，甲往召乙，乙怀金气以应甲，故有间色碧也。

丙赤丁紫。盖赤者，南方正色，象火炎也。丙火畏水，以丁妹嫁壬水为妻，丙往召丁，丁怀水气以应丙，故有间色紫也。

庚白辛栗。盖白者，西方正色，象霜露也。庚金畏火，以辛妹嫁丙火为妻，庚往召辛，辛怀火气以应庚，故有间色栗也。

壬黑癸绿。盖黑者，北方正色，象水中泥淖色也。壬水畏土，以癸妹嫁戊土为妻，壬往召癸，癸怀土气以应壬，故有间色绿也。

戊黄己绛。盖黄者，中央正色，象黄中通理也。戊土畏木，以己妹嫁甲木为妻，戊往召己，己怀木气以应戊，故有间色绛也。

子黑，午赤，卯青，酉白，寅碧，申黑白，巳斑点，亥淡青，辰戌丑未纯黄。寅卯为木，春旺时寅怀火，故卯为纯木，寅为杂木。巳午为火，夏旺时，巳怀金，故午为纯火，巳为杂火。申酉为金，秋旺时，申怀水，故酉为纯金，申为杂金。亥子为水，冬旺时，亥怀木，故子为纯水，亥为杂水。土居中央，分旺四季，故春夏秋冬辰戌丑未月，各寄旺十八日，四季共七十二日。五行之旺，各为三百六十日，以为一岁功成。故辰中有余木，未中有余火，戌中有余金，丑中有余水也，各十二日。木死于未，火死于戌，金死于丑，水死于辰。故四孟之月为怀生气之所由也。四仲之月为正位，盛旺之所立也。四季之月为死气葬送之所由也。是五行十杂，其应不同，阴阳五行，万物所存，吉凶之应，各以其类。或吉中有凶，或凶中有吉，征吉而有大凶，或征凶而有大吉。凶则视其所救，吉则视其所害。凶则有救不致于祸，吉而有害不及于庆。纯凶则祸成，纯吉则福生。言举百事姓音不同。一云：五情不同时日，神将上下不和，四时旺相新故差别，和同则吉，乖异则凶，凶则有短，吉则有长。纷纷众事，其应不同者，言五行各有所利，各有所伤，故曰不同。各怀其子以救其穷者，土中有金，金中有水，水中有木，木中有火，火中有土，此怀子救母之谓也。万物消息尽在其中，不可不明。

乙中金刑己中之木，己中木刑癸中之土，癸中土刑丁中之水，丁中水刑辛中之火，辛中火刑乙中之金，是谓五刑也。

乙中之金，从魁传送是也。于物为斧斤；于人为下贱土匠；人形为头、口、咽喉、缺齿；于色为白；于怪为釜鸣。

己中之木，功曹太冲是也。于物为船、车、树木；于人形有奇骨耸起，若病为痈肿；于色为青；于怪为音声；于畜为野兽驴兔。

癸中之土，辰戌丑未是也。于物为砖瓦、泥土类；于人形为大头、腹肿黄、四肢痈肿；于色为黄；于怪为风尘、垣壁崩颓、孔穴土聚；于畜为子母牛、羊、狐、犬类。

丁中之水，登明神后是也。于人形为肾，于色为黑，于怪为井沸，于畜为鼠猪。

辛中之火，太乙胜光是也。于物为文书、皮毛、文章、炉冶、血光、飞鸟；于人形为髭发、赤目、有苍缺损、股肿有疾；于色为赤；于怪为光明；于畜为马蛇。言十二辰以观亲疏也。

亲疏

日与辰三六合者为亲，不合者为疏。

生日干者父母。如甲乙日以子为父，亥为母，壬癸为外翁姑，午为子，巳为女，丙火为外孙，寅为伯为兄，卯为叔为弟，甲为姊，乙为妹，辰戌丑未为妻妾。

日干所克为正妻。如甲乙见土，丙丁见金，戊己见水，庚辛见木，壬癸见火是也。以干之墓神为妾。如甲乙见未，丙丁见戌，庚辛见丑，戊己壬癸见辰是也。

妻前一位为媒人，己为甲妻，则己前庚与申为媒。乙为庚妻，则乙前丙与巳为媒。辛为丙妻，则辛前壬与亥为媒。丁为壬妻，则丁前庚与申为媒。癸为戊妻，则癸前甲与寅为媒也。

日干所克干神为奴婢。如甲乙日戊己，丙丁日庚辛之类，总之干属外，支属内，外翁姑、外甥、奴婢皆以干言。

媒辰所合为亲家。如申为媒，则卯为亲家，乙庚合也。巳为媒，则戌为亲家，丙辛合也。亥为媒，则未为亲家，丁壬合也。寅为媒，则未为亲家，甲己合也。

子日见亥，寅日见卯，日辰同气，为本家人。子见丑、丑见寅，为邻人。

十二支类神不就日干而言者：

子为子息渔屠儿，丑为贤者又僧尼。寅婿道士更胥吏，卯术沙门长子宜。

辰为魁卒凶顽恶，巳朋长女为窑皂。妇人宫女蚕姑午，姑姨舅妹小吉时。

申猎医巫银铁匠，少女婢妇姐从魁。卒奴吏官仆凶戌，幼子寇盗亥宫推。

凡占动众，三合为兄弟朋友之众，同类为眷属之众，戌为部领之众，反吟连茹牵连之众。

亥中木为功曹太冲之父母，甲中木为兄姊，辰中木为弟妹，未中木为外孙。

寅中火为太乙胜光之父母，丙中火为兄姊，未中火为弟妹，戌中火为外孙。

申中水为登明神后之父母，壬中水为兄姊，丑中水为弟妹，辰中水为外孙。

巳中金为传送从魁之父母，戊中土为兄姊，丑中土为弟妹，辰未中土为外孙。故曰万物比类，以观亲疏也。

假令正月甲子日辰时上，是功曹临未为发用，上克下，与日比，将得天后；传见从魁，将得勾陈；终于天罡，将得玄武。以此占人法，忧外孙，事因妇女斗讼相伤，终到亡遗偷盗。他仿此。

甲乙日日干及寅卯发用为己身同类，占寅为兄，卯为弟，寅中甲为姐，辰中乙为妹，亥中甲为伯之兄弟，未中乙为叔之兄弟，子为父，亥为母，亥中壬为伯，丑中癸为叔，申中壬为长姑，辰中癸为小姑，申为祖父，酉为祖母，巳中庚金为伯祖，戌中辛金为叔祖，丑中辛金为祖姑，未墓为妻，辰为继妻，丑为妾，戌为婢妾，土生庚申金为媒人，午为男，巳为女，寅中火为兄之男女，未中火为弟之男女，戌中火为姐妹之男女，生祖者为曾祖，生曾祖者为之高祖，男生者为孙，孙生者为元孙。

凡十二支中亲属论者不一，姑两存之。如甲乙日有取子阳水为父，亥阴水为母者，有取子中癸水为母，亥中壬水为父者，余说类此。

《观月经》[①]

凡事知新故，得之变生死。五阳德自处，[②] 五阴德改移。[③] 甲为己德合，庚与乙为德。丙与辛为宜，丁德配在壬。癸德配在戊，生死后篇推。甲生原在亥，未是死根基。丙生寅上是，死戌是分离。壬壬生传送，天罡见死悲。庚来生太乙，大吉死无疑。生加日辰上，凡事焕为新。死加日辰上，凡事更无新。[④] 前篇论生死，后法五行中。新来推旺相，[⑤] 休囚死后终。[⑥] 其气两相见，新故一半通。[⑦] 传中先见者，此法续无穷。[⑧]

《心镜》

新故阴阳不易分，刚柔异类辨斯文。刚日用阳及有气，是物装成不染尘。

---

① 新故卦。

② 甲丙戊庚壬各以本干为德，故曰五阳德处也。

③ 夫自处德妇从夫，德以阳为正。

④ 假令甲乙日登明加甲上，为新，故曰焕为新。如今日甲乙小吉加甲，为故。刚日以本干之生为新，死加日辰为故，故曰更无新。

⑤ 凡事旺相加日是新事也。

⑥ 凡休囚死加日辰是旧事也。

⑦ 或曰日上旺相气，辰上休囚死气，其物新故相半，故名新故一半通也。

⑧ 凡四课三传先见者知新故，便以日辰推之，故曰传中见事续无穷。

刚日用起阳神及有气神加日上并主生气，曰物乃是新物。柔日用起阴，及无气神加日上，并主死气物，是旧物。

柔须求德看临日，乙德居庚土是因。大吉临干为死旧，天罡加日是生新。

假令乙日是柔，即乙德在庚，生于土，天罡加日上即生新物，大吉临干上是死旧物也。

《袖中金》

刚日用起阳及有气神加日，并主发物类。柔日用起阴及无气神加日，并主死物及为旧物。旺相加日辰为生新，囚死加日辰为旧。

拘铃卦

十杂拘铃，支干配合色数，以四时休旺断之。数目颜色言倍者，加一倍也。言进者一十进一百也。

甲子日亥将寅时占

	青	勾	合	朱	
	寅	卯	辰	巳	
空	丑			午	蛇
虎	子			未	贵
	亥	戌	酉	申	
	常	玄	阴	后	

蛇	阴	后	常
午	酉	申	亥
酉	子	亥	甲

子	庚午	蛇
兄	丁卯	勾
父	甲子	虎

此午克酉为用，午是九数，酉是六数，色从赤白。春月火相数，宜加倍。甲己子午九，乙庚丑未八，丙辛寅申七，丁壬卯酉六，戊癸辰戌五，巳亥无干四。此一节论走失、远近、物类多少，依此推之。《观月经》曰：甲己半青黄，乙庚碧绿竹，丙辛带赤白，丁壬暗惨黑，戊癸灰黄样，天干十数居。《观月经》曰：酉白子纯黑，卯青午赤逐。辰戌丑未黄，寅来绯碧服。申主白黑色，巳上斑点绿。亥来淡淡青，发用为骨肉。先乃穷颜色，次神言数目。正月甲子日，寅时来买卜。胜光加酉支，上下相驱逐。下神本白色，上神赤不黑。上神其数九，下神本管六。六九五十四，地里宜数足。旺相倍加进，囚死退数目。休者五十里，囚死者，五十四里之半也。旺相五百四十里。

不离反与覆。贼盗依数推，万数悉皆卜。六十四卦中，从头尽检束。圣人言会者，神仙见骨肉。

《观月经》[①]

诸卦推始终，此卦最为良。初传为始位，末传是终乡。始吉兼终吉，万事太无妨。初凶末有吉，从空喜并强。[②] 始吉终不善，先喜后乖张。[③] 始吉终见破，遇克却馨香。消息皆如此，论情道理长。[④]

《心镜》

始终之卦再临时，神将相传为正义。始吉终凶终不善，先凶后吉庆相随。

善恶等分无咎誉，首末俱吉福大奇。中末克初无不利，始往克末忧害身。

三传相生万事成，若或相克为鬼贼。[⑤]

《袖中金》

论三传初中末，即事有创始，有成终，方为始终有全。凡初传凶，终末吉，能解之。三传凶，行年吉，能解之。三传行年尽凶则凶不可解也。

《曾门》

始之与终，传自相穷。进退轻重，何喜何怒。始吉终吉，自穷于吉。始凶终凶，自穷于凶。始吉终凶，先吉后凶。始凶终吉，先凶后吉。神将俱和，是为大吉。相克不和，名曰大凶。

《定章》曰：终始即初终二传，以见吉凶。神将俱和，如子归母为吉。神将不和，即仇怨为凶也。

第二节　六壬毕法赋

《毕法赋》为宋凌福之所撰。凌福之为宋理宗宝庆年间人，他根据邵公断案，整理出很多系统法则，并将当时流行的六壬格局并收于内，因此后世之言壬术者多奉为秘钥。此赋具有相当的实用价值，但是内容比较散漫，其内容主要将干支、阴阳、贵人、神煞、六亲等与事理结合形成一些格局模版，方便后人更深、更细地了解六壬的复杂构造，但是也增加了六壬学习的复杂

① 始终卦。

② 初传囚死刑害，天空朱雀，是初传凶。末传见吉将三合、六合、青龙，主喜事从空而来也。

③ 初传见吉将良神，末传见三刑六害凶神者，主先吉后凶也。

④ 克末破也。

⑤ 用神生旺，吉凶为方来，囚死为已往。

性。读者在学习中，要领会其精神，而不可拘泥其说。因为其中很多格局都是临时经验所会，属于六壬之用，如果我们强行记忆而不分体用则舍本逐末，有百害而无一益。我们应该细心揣摩其构成原理，从而发掘自己的壬学思路，这才是学习此赋的关键。

《六壬毕法赋》歌诀

第一法：前后引从升迁吉，第二法：首尾相见始终宜。
第三法：帘幕贵人高甲第，第四法：催官使者赴官期。
第五法：六阳数足须公用，第六法：六阴相继尽昏迷。
第七法：旺禄临身徒妄作，第八法：权摄不正禄临支。
第九法：避难逃生须弃旧，第十法：朽木难雕别作为。
第十一法：众鬼虽彰全不畏，第十二法：虽忧狐假虎威仪。
第十三法：鬼贼当时无畏忌，第十四法：传财太旺反财亏。
第十五法：脱上逢脱防虚诈，第十六法：空上乘空事莫追。
第十七法：进茹空亡宜退步，第十八法：踏脚空亡进用宜。
第十九法：胎财生气妻怀孕，第二十法：胎财死气损胎推。
第二十一法：交车相合交关利，第二十二法：上下皆合两心齐。
第二十三法：彼求我事支传干，第二十四法：我求彼事干传支。
第二十五法：金日逢丁凶祸动，第二十六法：水日逢丁财动之。
第二十七法：传财化鬼财休觅，第二十八法：传鬼化财钱险危。
第二十九法：眷属丰盈居狭宅，第三十法：屋宅宽广致人衰。
第三十一法：三传递生人举荐，第三十二法：三传互克众人欺。
第三十三法：有始无终难变易，第三十四法：苦去甘来乐里悲。
第三十五法：人宅受脱俱招盗，第三十六法：干支皆败事倾颓。
第三十七法：末助初兮三等讼，第三十八法：闭口卦体两般推。
第三十九法：太阳照武宜擒贼，第四十法：后合占婚岂用媒。
第四十一法：富贵干支逢禄马，第四十二法：尊崇传内遇三奇。
第四十三法：害贵讼直作曲断，第四十四法：课传俱贵转无依。
第四十五法：昼夜贵加求两贵，第四十六法：贵人差迭事参差。
第四十七法：贵虽在狱宜临干，第四十八法：鬼乘天乙乃神祇。
第四十九法：两贵受克难干贵，第五十法：二贵皆空虚喜期。
第五十一法：魁度天门关隔定，第五十三法：罡塞鬼户任谋为。

第五十三法：两蛇夹墓凶难免，第五十四法：虎视逢虎力难施。
第五十五法：所谋多拙逢网罗，第五十六法：天网自裹已招非。
第五十七法：费有余而得不足，第五十八法：用破身心无所归。
第五十九法：华盖覆日人昏晦，第六十法：太阳射宅屋光辉。
第六十一法：干乘墓虎无占病，第六十二法：支乘墓虎有伏尸。
第六十三法：彼此全伤防两损，第六十四法：夫妇芜淫各有私。
第六十五法：干墓并关人宅废，第六十六法：支坟财并旅程稽。
第六十七法：受虎克神为病症，第六十八法：制鬼之位乃良医。
第六十九法：虎乘遁鬼殃非浅，第七十法：鬼临三四讼灾随。
第七十一法：病符克宅全家患，第七十二法：丧吊全逢挂缟衣。
第七十三法：前后逼迫难进退，第七十四法：空空如也事休追。
第七十五法：宾主不投刑在上，第七十六法：彼此猜忌害相随。
第七十七法：互生俱生凡事益，第七十八法：互旺皆旺坐谋宜。
第七十九法：干支值绝凡谋决，第八十法：人宅皆死各衰羸。
第八十一法：传墓入墓分憎爱，第八十二法：不行传者考初时。
第八十三法：万事喜忻三六合，第八十四法：合中犯杀蜜中砒。
第八十五法：初遭夹克不由己，第八十六法：将逢内战所谋危。
第八十七法：人宅坐墓甘招晦，第八十八法：干支乘墓各昏迷。
第八十九法：任信丁马须言动，第九十法：来去俱空岂动宜。
第九十一法：虎临干鬼凶速速，第九十二法：龙加生气吉迟迟。
第九十三法：妄用三传灾福异，第九十四法：喜惧空亡乃妙机。
第九十五法：六爻现卦防其克，第九十六法：旬内空亡逐类推。
第九十七法：所筮不入仍凭类，第九十八法：非占现类勿言之。
第九十九法：常问不应逢吉象，第一百法：已灾凶逃返无疑。

《六壬毕法赋》上

前后引从升迁吉第一[①]

夫前引后从格者有二等，如遇初传居干前为引，末传居干后为从，值此格者，必升擢官职；又如遇初传居支前引，末传居支后为从，值此格者，必

① 引干宜进职，引支宜迁宅。

迁修家宅，二事皆吉。其共有八格。

拱贵格 引从天干格内，如庚辰日寅加酉为初传，子加未为末传，此乃初末引从庚干在内，干上丑为昼贵人，兼三传下贼上，岂不应升擢官职也？

	合	朱	蛇	贵	
	戌	亥	子	丑	
勾	酉			寅	后
龙	申			卯	阴
	未	午	巳	辰	
	空	虎	常	玄	

后	勾	虎	贵
寅	酉	午	丑
酉	辰	丑	庚

财	戊寅	后	⊙
父	癸未	空	
子	丙子	蛇	

夜占乃墓神覆日亦无畏，缘中传未作天乙冲破丑墓，乃为吉课也。

	合	勾	龙	空	
	戌	亥	子	丑	
朱	酉			寅	虎
蛇	申			卯	常
	未	午	巳	辰	
	贵	后	阴	玄	

虎	朱	后	空
寅	酉	午	丑
酉	辰	丑	庚

财	戊寅	虎	⊙
父	癸未	贵	
子	丙子	龙	

两贵引从天干格 如壬子日初传巳加子为昼贵，末传卯加戌为夜贵，亦是墓神覆日，赖中传之戌冲辰，不畏墓也。

	龙	空	虎	常	
	戌	亥	子	丑	
勾	酉			寅	玄
合	申			卯	阴
	未	午	巳	辰	
	朱	蛇	贵	后	

龙	贵	勾	后
戌	巳	酉	辰
巳	子	辰	壬

财	乙贵	贵	
官	庚戌	龙	
子	卯	阴	◎

凡值此例，必得上人提携，或两处贵人引荐成事，如辰为月将尤妙也。

初末引从地支格 如己亥日初传巳加子，末传卯加戌，亦系引从地支格，虽初末加其干墓覆支，赖中传之戌冲辰亦无畏，宜迁修家宅则吉。

朱 蛇 贵 后
戌 亥 子 丑
合酉 　　 寅阴
勾申 　　 卯玄
未 午 巳 辰
龙 空 虎 常

合 常 虎 贵
酉 辰 巳 子
辰 亥 子 己

父 　 巳 虎 ◎
兄 戊戌 朱 ⊙
官 癸卯 玄

又如丁亥日，初传巳加子，末传卯加戌，亦初末引从地支格，奈昼夜天将皆是白虎居于支上，岂宜迁修宅舍乎？殊不知亦赖中传戌蛇冲辰虎，不为害也。如用辰为月将尤为妙也，或占人行年、本命又居巳位，以巳上二戌冲辰，众凶皆散矣。

蛇 贵 后 阴
戌 亥 子 丑
朱酉 　　 寅玄
合申 　　 卯常
未 午 巳 辰
勾 龙 空 虎

朱 虎 空 后
酉 辰 巳 子
辰 亥 子 丁

兄 癸巳 空
子 丙戌 蛇
父 辛卯 常

昼夜贵人临干支上，拱其年命在内者，宜告贵用事，必得两贵人成就。如丁酉日酉加丁，亥加酉，占人年命在申；

勾 合 朱 蛇
未 申 酉 戌
龙午 　　 亥贵
空巳 　　 子后
辰 卯 寅 丑
虎 常 玄 阴

阴 贵 贵 朱
丑 亥 亥 酉
亥 酉 酉 丁

财 丁酉 朱
官 己亥 贵
子 辛丑 阴

丁巳日亥加丁，酉加巳，占人年命在午；

朱 蛇 贵 后

酉 戌 亥 子

合申　　　丑阴

勾未　　　寅玄

午 巳 辰 卯

龙 空 虎 常

阴	朱	常	贵	财	辛酉	朱	
丑	酉	卯	亥	子	丑	阴	◎
酉	巳	亥	丁	兄	丁巳	空	⊙

癸亥日，巳加癸，卯加亥，占人年命在子。

勾 龙 空 虎

酉 戌 亥 子

合申　　　丑常

朱未　　　寅玄

午 巳 辰 卯

蛇 贵 后 阴

朱	阴	勾	贵	父	辛酉	勾	
未	卯	酉	巳	官	丑	常	◎
卯	亥	巳	癸	财	丁巳	贵	⊙

凡干支夹拱在下层，惟甲子、甲辰、癸亥、癸卯。在上层惟庚午、庚戌、丁巳、丁酉。

二贵拱年命格　如癸未日初传巳加子，末传卯加戌，占人行年本命在亥，宜告贵成事，名末助初财初德，亦贵人助贵人也。

龙 空 虎 常

戌 亥 子 丑

勾酉　　　寅玄

合申　　　卯阴

未 午 巳 辰

朱 蛇 贵 后

贵	虎	空	蛇	财	辛巳	贵
巳	子	亥	午	官	甲戌	龙
子	未	午	癸	子	己卯	阴

干支拱定日禄格　惟伏吟卦为的，如丁巳、己巳、癸亥皆伏吟，宜占食禄事。癸亥为嫌禄空。

干支拱夜贵昼贵格　惟伏吟为的，如庚午、己酉支干拱夜贵，甲子支干拱昼贵，皆伏吟卦，宜告贵人求事。

初中拱地盘贵人格　如庚午日干上戌、支上申，乃支干并初中拱夜贵也；

	贵	后	阴	玄	
	未	申	酉	戌	
蛇	午			亥	常
朱	巳			子	虎
	辰	卯	寅	丑	
	合	勾	龙	空	

玄	后	虎	玄
戌	申	子	戌
申	午	戌	庚

兄	壬申	后	
父	戌	玄	◎
子	甲子	虎	⊙

又庚午日干上酉、支上未，又庚午日干上午、支上辰，乃支干初中皆拱地盘之夜贵，皆宜告贵而成合事。余皆仿此。

	蛇	贵	后	阴	
	午	未	申	酉	
朱	巳			戌	玄
合	辰			亥	常
	卯	寅	丑	子	
	勾	龙	空	虎	

后	贵	玄	阴
申	未	戌	酉
未	午	酉	庚

父	戌	玄	◎
父	辛未	贵	
兄	癸酉	阴	

	勾	合	朱	蛇	
	卯	辰	巳	午	
龙	寅			未	贵
空	丑			申	后
	子	亥	戌	酉	
	虎	常	玄	阴	

龙	合	合	蛇
寅	辰	辰	午
辰	午	行	庚

官	庚午	蛇
父	戊辰	合
财	丙寅	龙

首尾相见始终宜第二①

谓干上有旬尾，支上有旬首，名周而复始格，亦名一旬周遍格，凡值此者，占事不脱，凡谋皆就，试宜代工；讼宜换司易局；交易用事，去而复来，亨利有攸往，利涉大川。惟不宜占释散事，如有忧疑，其事尽在未能决断。

干上有旬尾，支上有旬首，惟乙未卯加辰、辛丑卯加戌、丙申卯加巳、壬寅卯加亥、戊申丑加巳五日有之。干支隔四位方有。前四日俱甲午旬，惟戊申乃

① 攻必取，战必胜。

甲辰旬。

干上有旬首，支上有旬尾，惟乙丑子加辰、辛未子加戌、丙寅丑加巳、戊寅戌加巳、壬申子加亥五日有之，诸占亦照前断。惟戊寅乃甲戌旬，其余四日俱甲子旬。

天心格 乃年月日时皆在四课之内，凡占乃非常之事，即日而成，或干天庭之事，定然成就。如占阴私、常用鄙俚之事，反成咎也。

回还格 乃三传在四课之中。如辛亥日干上酉、亥上戌，三传戌酉申是也，此以不备言之。三传不出四课，吉不全吉，凶不全凶。一曰吉则永吉，凶不终凶。

	朱	合	勾	龙	
	辰	巳	午	未	
蛇	卯			申	空
贵	寅			酉	虎
	丑	子	亥	戌	
	后	阴	玄	常	

虎	常	空	虎
酉	戌	申	酉
戌	亥	酉	辛

父	庚戌	常
兄	己酉	虎
兄	戊申	空

至于干支自作三合者，内多回还格，乃干支相会，不可作不备言之。如丁卯、丁亥、己卯、己亥，皆干上卯或干上亥，诸如此类，占凶凶成，占吉吉就，凡事只宜守旧，不能动作。如占病，其病难退，讼不解。如女命占得干加支，男命占得支加干，来意占婚尤验，宜详其生、克、空、脱、刑、冲、破、害、墓以断之。

帘幕贵人高甲第第三①

帘幕官者，如昼占得夜贵，夜占得昼贵。如占科目，专视此神，临于占人年命之上，或临日干上，试必高中矣。凡庶人占得帘幕，得林下官扶持。如有官人占得之，为休官之象。

旬首作帘幕官者临年命、日干之上尤的，惟乙己辛日有之。

又辰戌作旬首临年命、日干者必中魁元，乃甲辰、甲戌两旬二十日有之。

斗鬼相加格 或丑加未，或未加丑作年命日干者，亦中魁元，缘丑有斗，未中有鬼，斗鬼二字合而为魁故也。

亚魁星 天盘酉临年命日干者，占试必高中，缘酉为从魁也。以上诸说

① 班超封万里之侯。

忌空亡。

德入天门格 乃日德加亥为用，士人占之必高中。亥为天门，德者得也。

真朱雀格 如六己日于四季年占，用夜贵逆布，乃朱雀乘午，占春闱，其文贴上意，必得高中，缘朱雀主文书，生太岁又生日干。如真朱雀克太岁，占讼必达朝廷，罪必致死，惟申酉岁的。

蛇 贵 后 阴
未 申 酉 戌
朱午　　　亥
合巳　　　玄酉
　　　　　子常
辰 卯 寅 丑
勾 龙 空 虎

后 蛇 玄 后　　财　亥　玄 ◎
酉 未 亥 酉　　兄 乙丑 虎 ⊙
未 巳 酉 己　　官 丁卯 龙

朱雀乘神克帘幕官，占试其文不贴主文意。

朱雀乘丁马，榜将出，忌。

昼夜贵人拱年命者 赴试必中。如丁酉日干上酉、支上亥，占人年命在申，大宜占试，缘干支上神作昼夜贵人，拱年命上河魁。

勾 合 朱 蛇
未 申 酉 戌
龙午　　　亥贵
空巳　　　子后
辰 卯 寅 丑
虎 常 玄 阴

阴 贵 贵 朱　　财 丁酉 朱
丑 亥 亥 酉　　官 己亥 贵
亥 酉 酉 丁　　子 辛丑 阴

源消根断格 如癸卯日干上卯、支上巳，年命在寅，大宜占试，不在此论，缘只取二贵拱年命也，但高中矣，恐以不摄终成劳瘵。

朱 合 勾 龙
未 申 酉 戌
蛇午　　　亥空
贵巳　　　子虎
辰 卯 寅 丑
后 阴 玄 常

朱 贵 贵 阴　　官 乙未 朱 ⊙
未 巳 巳 卯　　父 丁酉 勾
巳 卯 卯 癸　　兄 己亥 空

帘幕贵人尤分喜畏，细具于后。甲日不喜未墓为之，庚日不喜丑墓为之。又甲寅日亦不喜丑空为之，庚寅日不喜未空为之，丙寅、丁卯日不喜亥空为之，己卯、乙亥日不喜申空为之，壬子、癸丑日不喜卯空为之，壬寅、癸卯日不喜巳空为之，六辛日不喜午克为之，又辛亥日不喜寅空为之，空亡尤甚，使试官置卷不视，徒劳一次。

占武举法，以巳为弓弩，申为矢箭，申加午必箭中红心。如申加寅、申、巳、亥为四脚花，以第几课发用言其箭中之数。四墓脱垛。

催官使者赴官期第四①

凡占上官赴任，见日鬼乘白虎加临日干或年命之上，乃名催官使者，纵是远缺，必催速赴任也。如催官使者空亡，又是虚信，或被遣差。

催官符 如官星临日干年命者，其三传上神生其官星是也。

恩主举荐例 传、年、日辰有父母爻者是，亦为食禄之地，如值长生作贵人亦如之。如乙日见日贵为父母，己日见夜贵为长生。外乙卯日昼贵空，己卯日夜贵空不用。

四时返本煞 占赴任极迟。夫返本煞者，春得金局，夏得水局，秋得火局，冬得土局是也。如赴任占得返吟，多不满任。

六阳数足须公用第五②

六阳格 谓支干四课三传皆居六阳之位是也，凡占皆利公干而不利私谋。假令庚子日第一课戌加庚，第二课子加戌，第三课寅加子，第四课辰加寅作初传，其中传午加辰，末传申加午，卦名登三天，宜占天庭事，有动达高尊之象，如君子占之稍畏初中空亡而减力。如常人占之，赖初中空却省力也，尤未免公干，明白事理。

悖戾格③ 如甲午日干上子，虽四课三传皆处六阳之地，缘三传退间，主事间阻艰难，兼被初传戌财引入中末鬼乡，凡占事皆艰辛，尤不免公用也。

① 惟将赴任宜见。

② 随六三，系丈夫，失小子，随有求得，利居贞，扬兵于九天之上。

③ 亦名倒拔蛇。

	朱	合	勾	龙											
	卯	辰	巳	午			蛇	合	玄	后		财	戊戌	玄	
蛇寅					未空		寅	辰	戌	子		官	丙申	虎	
贵丑					申虎		辰	午	子	甲		子	甲午	龙	
	子	亥	戌	酉											
	后	阴	玄	常											

如甲戌日干上子，四课三传亦皆处六阳位，以上是自夜传出昼，尤明白。

	空	虎	常	玄											
	未	申	酉	戌			蛇	后	龙	合		财	庚辰	合	
龙午					亥阴		寅	子	午	辰		子	壬午	龙	
勾巳					子后		子	戌	辰	甲		官	申	虎	◎
	辰	卯	寅	丑											
	合	朱	蛇	贵											

五阳格　课传居五阳之上者，或占人年命填之，亦名六阳，事主公用明白，利公不利私也。此例极多，不暇细具。

六阴相继尽昏迷第六[①]

六阴格　谓课传皆居六阴之位是也，凡占利阴谋私干，不利公闻，尤尽昏迷也，或自昼传夜昏迷愈甚。如己卯日第一课酉加巳，第二课亥加酉作初传，第三课巳加卯，第四课未加巳，中传丑加亥，末传卯加丑，课名溟蒙，凡占事必是阴谋奸私之象，兼天将天后、螣蛇、六合、玄武，支干上皆乘盗气，又是弹射发用坐于空乡，至费力而不可言也，占病必死，求望皆为脱耗。

	龙	勾	合	朱											
	未	申	酉	戌			龙	虎	蛇	合		财	乙亥	蛇	⊙
空午					亥蛇		未	巳	亥	酉		兄	丁丑	后	
虎巳					子贵		巳	卯	酉	己		官	己卯	玄	
	辰	卯	寅	丑											
	常	玄	阴	后											

① 随六二，系小子，失丈夫。伏兵于九地之下。

又己亥日干上巳同。

合 勾 龙 空

卯 辰 巳 行

朱寅 未虎

蛇丑 申常

子 亥 戌 酉

贵 后 阴 玄

虎 玄 合 龙 官 癸卯 合 ⊙

未 酉 卯 巳 兄 辛丑 蛇

酉 亥 巳 己 财 己亥 后

五阴格 课传止五阴者，占人年命填之，凡占利私不利公，利小人不利君子。

源消根断格 如癸卯、癸未、癸巳，干上卯，课传俱在五阴之位，又是下生上神，迤逦而脱去，占病缘不摄而致病，岂不危绝乎？凡占皆脱耗，其法如神，切宜秘之。

朱 合 勾 龙

未 申 酉 戌

蛇午 亥空

贵巳 子虎

辰 卯 寅 丑

后 阴 玄 常

朱 贵 贵 阴 官 乙未 朱 ⊙

未 巳 巳 卯 父 丁酉 勾

巳 卯 卯 癸 兄 己亥 空

又如辛卯日干上子，自干至支及初中末，迤逦下生上神，尽被脱盗，虽不系五阴位全，其理其理一同。以上例除占病外，诸占未免脱耗，日渐消铄也。

蛇 朱 合 勾

未 申 酉 戌

贵午 亥龙

后巳 子空

辰 卯 寅 丑

阴 玄 常 虎

蛇 后 常 空 官 癸巳 后

未 巳 寅 子 父 未 蛇 ◎

巳 卯 子 辛 兄 乙酉 合 ⊙

旺禄临身徒妄作第七[1]

谓日之禄神，又作日之旺神，临于干上者，切不可舍此而别谋动作。如乙卯日干上卯，幸得乘日之旺禄，何不守此，乃舍而就初传之财、中末之生，殊不知皆是旬内空亡，既逢干空，不免啰呖，再归干上就禄就旺，诚所谓“到处去来，不如在此。”之语也。

	勾	龙	空	虎	
	辰	巳	午	未	
合	卯			申	常
朱	寅			酉	玄
	丑	子	亥	戌	
	蛇	贵	后	阴	

蛇	朱	朱	合
丑	寅	寅	卯
寅	卯	卯	乙

财	丑	蛇	◎
父	子	贵	◎⊙
父	癸亥	后	⊙

又乙酉、乙亥日干上卯，癸巳、癸丑日干上子，辛卯、辛丑、辛酉日干上酉，己亥、己酉、己巳日干上午，虽不系己土旺神，亦可用也。以上皆在铃内。

又如辛巳日，虽干上酉为日之旺禄，奈是旬空，既旺禄空亡，必所得不偿所费，反不宜坐用，未免弃禄而就三传之财，及别谋改业，遂致亨旺，切不可如前论之。

	朱	蛇	贵	后	
	辰	巳	午	未	
合	卯			申	阴
勾	寅			酉	玄
	丑	子	亥	戌	
	龙	空	虎	常	

合	朱	阴	玄
卯	辰	申	酉
辰	巳	酉	辛

财	己卯	合
财	戊寅	勾
父	丁丑	龙

又如癸亥日，干上虽乘子为日之旺禄，亦是旬空，未免弃禄而就初传之戌，乃值日鬼乘白虎，又不免向前投中传酉，又值败气，又坐鬼乡酉加戌为鬼乡也，迤逦至于末传申，始逢日之长生，凡值此课，未免舍空禄而就艰难中，更进一步，始得如意，此意法奇妙。

① 不战而屈人之兵。

　蛇贵　后　阴
　辰巳　午　未
朱卯　　　　申玄
合寅　　　　酉常
　丑子　亥　戌
　勾龙　空　虎

常　虎　空　龙
酉　戌　亥　子
戌　亥　子　癸

官　壬戌　虎
父　辛酉　常
父　庚申　玄

丁亥日干上午，乙巳日干上卯同。

外有乙未日干上卯，缘是闭口之禄而不可守，遂投初传，奈是昴星不入之财，不免中传再归干上受其旺禄，又不能守，致于末传，弃禄而归于末传宅上，受其干墓之乡，以此占之，乃是食于人，把心不定，终处于家中受困厄而已。

　勾龙　空　虎
　辰巳　午　未
合卯　　　　申常
朱寅　　　　酉玄
　丑子　亥　戌
　蛇贵　后　阴

龙　空　朱　合
巳　午　寅　卯
午　未　卯　乙

财　戊戌　阴
兄　癸卯　合　⊙
子　甲午　空

禄被玄夺格　如辛卯日，干上酉为日旺禄，缘昼乘玄而夜乘虎，遂不可守，未免投初传丑，又是日墓，中传子又是脱气，末传又是丁亥乘虎而遥伤日干，自末传至干，虽欠一位，终不能复投其旺禄也。此例尚有，皆在钤内，甚详。

　朱蛇　贵　后
　辰巳　午　未
合卯　　　　申阴
勾寅　　　　酉玄
　丑子　亥　戌
　龙空　虎　常

龙　勾　阴　玄
丑　寅　申　酉
寅　卯　酉　辛

父　己丑　龙
子　戊子　空
子　丁亥　虎

又辛未日干上酉，夜乘虎，支上午火，初巳、中归巳乡，末丁卯。

权摄不正禄临支第八[①]

谓日干禄神加临支辰上者，凡占不自尊大，受屈折于他人。如占差遣，主权摄不正，或遥授职禄，或正宜食宅上之禄；或将本身之职禄替于儿男者，斯占尤的。且此例每日有一课，可逐类而言之。假令甲子日寅加子，乙丑日卯加丑之类，不暇细具，皆仿此。

	空	虎	常	玄	
	未	申	酉	戌	
龙	午			亥	阴
勾	巳			子	后
	辰	卯	寅	丑	
	合	朱	蛇	贵	

合	蛇	龙	合
辰	寅	午	辰
寅	子	辰	甲

财	戊辰	合
子	庚午	龙
官	壬申	虎

禄被支墓克脱　外有日干之禄加支上，被支辰墓其禄；或被支克其禄神者，必因起盖房宅而失其禄；或被支辰脱其禄神者，必因起盖房宅而以禄偿债。假令辛丑日，酉加丑，乃禄神受墓。

	龙	勾	合	朱	
	丑	寅	卯	辰	
空	子			巳	蛇
虎	亥			午	贵
	戌	酉	申	未	
	常	玄	阴	后	

蛇	玄	勾	贵
巳	酉	寅	午
酉	丑	午	辛

官	巳	蛇	◎
父	辛丑	龙	⊙
兄	丁酉	玄	

又乙酉日卯加酉，乃禄神受宅克。

	蛇	贵	后	阴	
	亥	子	丑	寅	
朱	戌			卯	玄
合	酉			辰	常
	申	未	午	巳	
	勾	龙	空	虎	

合	玄	常	朱
酉	卯	辰	戌
卯	酉	戌	乙

兄	辛卯	玄
官	乙酉	合
兄	辛卯	玄

① 不为邻国之游士，亦作幕府之客臣。

乙巳日卯加巳，乃禄神受脱。此例极多，不暇细具。余仿此。

合 勾 龙 空
卯 辰 巳 午
朱寅　　未虎
蛇丑　　申常
子 亥 戌 酉
贵 后 阴 玄

蛇	合	贵	朱	财	癸丑	蛇	⊙
丑	卯	子	寅	父	辛亥	后	
卯	巳	寅	乙	官	己酉	玄	

避难逃生须弃旧第九[①]

避难逃生格 如甲子日戌加子作初传，虽曰日财，乃是旬空，中传申金又是日鬼，末传午火作日之脱气，且三传既无所益，不免只就干上子水而受生，乃应避难而逃生之语。

朱 合 勾 龙
卯 辰 巳 午
蛇寅　　未空
贵丑　　申虎
子 亥 戌 酉
后 阴 玄 常

虎	玄	玄	后	财	戌	玄	◎
申	戌	戌	子	官	壬申	虎	⊙
戌	子	子	甲	子	庚午	龙	

丁卯日干上亥，乙亥日干上酉，戊寅日干上申，庚戌日干上午，辛未日干上丑，戊午日干上辰，己巳日干上酉，辛酉日干上亥，壬申日干上寅，庚辰日干上子。

避难逃生，如甲子日辰加寅为初传，虽曰日财，奈昼夜天将皆是六合，其财受上下夹克，终不可得，中传午火乃日之脱气，末传申金又是日鬼，三传既无所益，不免日干就子支上而受生，亦谓之避难而逃生。

---

① 四面受敌，亦有无敌之处。

空虎常玄
未申酉戌
龙午　　亥阴
勾巳　　子后
辰卯寅丑
合朱蛇贵

合	蛇	龙	合	财		戌辰	合
辰	寅	午	辰	子		庚午	龙
寅	子	辰	甲	官		壬申	虎

又如庚子日子加申，此乃支神上门而脱干，兼三传水局皆作脱气，及昼夜天将蛇龙武皆是水中之兽也，愈击其水而蚀庚金，诚所谓脱耗迍邅，而不可逃；熟视之，天盘申金坐于辰土之上就生，子水坐于申金之上长生，岂能蚀天上之申金？亦为避难逃生也。

勾合朱蛇
酉戌亥子
龙申　　丑贵
空未　　寅后
午巳辰卯
虎常玄阴

龙	玄	玄	蛇	父	辰	玄	◎
申	辰	辰	子	兄	丙申	龙	⊙
辰	子	子	庚	子	庚子	蛇	

占人本命作丁神，动摇不安，而坐长生之上，亦为避难逃生。

避难逃生而终不能逃生者，例如丁亥日干上戌，夜占昴星，三传午戌寅，缘始弃干上之墓，遂投初传之禄，奈是旬空，不免弃空禄而再归干上中传戌墓，终不可受，其久困又投未之长生，奈值白虎，未免止居宅中，受惊危之长生尔。

蛇贵后阴
申酉戌亥
朱未　　子玄
合午　　丑常
巳辰卯寅
勾龙空虎

勾	虎	常	后	兄	午	合	◎
巳	寅	丑	戌	子	丙戌	后	⊙
寅	亥	戌	丁	父	庚寅	虎	

避难逃生得财格　如壬午日，辰加亥作初传，乃是墓神覆日为用，三传

辰酉寅，不免弃墓而投中传酉金之生，又是旬空，遂再投末传寅木，又是脱气，然后弃其三传，而壬干加午而取财也。

	龙	空	虎	常	
	戌	亥	子	丑	
勾	酉			寅	玄
合	申			卯	阴
	未	午	巳	辰	
	朱	蛇	贵	后	

后	空	勾	后	官	庚	辰	后	
辰	亥	酉	辰	父		酉	勾	◎
亥	午	辰	壬	子	戊	寅	玄	⊙

如丙寅日寅加丙，申财加亥乘玄，三传亥申巳，缘申见在之财落空，又焉能求外来之财也。

	合	勾	龙	空	
	寅	卯	辰	巳	
朱	丑			午	虎
蛇	子			未	常
	亥	戌	酉	申	
	贵	后	阴	玄	

玄	贵	贵	合	官		亥	贵	◎
申	亥	亥	寅	财	壬	申	玄	⊙
亥	寅	寅	丙	兄	己	巳	空	

舍益就损格 亦名不受福德，贲初九："贲其趾，舍车而徒"。如壬寅日不就干上之申金为长生，愿以壬干加寅木而受脱。如乙酉日干上亥舍去干上亥水之长生而就酉支之鬼克。辛丑日干上未，辛丑日舍去干上未土之生而就丑支之墓。

	合	朱	蛇	贵	
	寅	卯	辰	巳	
勾	丑			午	后
龙	子			未	阴
	亥	戌	酉	申	
	空	虎	常	玄	

贵	后	阴	玄
玄	空	贵	玄
申	亥	巳	申
亥	寅	申	壬

财		巳	贵	◎
子	壬	寅	合	⊙
兄	己	亥	空	

	贵	后	阴	玄									
	子	丑	寅	卯									
蛇亥				辰常	蛇	常	空	蛇	父	丁亥	蛇	
朱戌				巳虎	亥	辰	午	亥	子	午	空	◎
					辰	酉	亥	乙	财	己丑	后	⊙
	酉	申	未	午								
	合	勾	龙	空								

舍就皆不可格　唯有庚子日干上辰乃空亡，我者既空，而庚加子支，又脱我气；庚午日干上戌乃空亡，我者既空，而庚加午支，又为日鬼也。

	贵	后	阴	玄								
	丑	寅	卯	辰								
蛇子				巳常	玄	龙	蛇	玄	子	庚子	蛇	⊙
朱亥				午虎	辰	申	子	辰	兄	丙申	龙	
					申	子	辰	庚	父	辰	玄	◎
	戌	酉	申	未								
	合	勾	龙	空								

墓作太阳格　谓墓神覆日，却作太阳，处难中得上人提携，共有五等：一、就干上之生，二、就支上之生，三、日干坐地盘之生，四、本命乘丁坐地盘长生，五、日干下临财乡。

朽木难雕别作为第十

谓斫轮课中，卯为空亡者，故名朽木不可雕也。凡值此例，宜改科易业而别作营生。如庚戌日卯加申，辛亥日卯加辛，此二者尤的，余有癸丑日卯加申发用。

	蛇	贵	后	阴								
	子	丑	寅	卯								
朱亥				辰玄	蛇	常	合	阴	父	庚戌	合	⊙
合戌				巳常	子	巳	戌	卯	官	乙巳	常	
					巳	戌	卯	庚	子	壬子	蛇	
	酉	申	未	午								
	勾	龙	空	虎								

斧斤不利格　如丁丑日卯加申为发用，乃申酉空亡，卯木加空地，非朽

木难雕之例也，凡谋不遂。

蛇 朱 合 勾
子 丑 寅 卯
贵亥　　辰龙
后戌　　巳空
酉 申 未 午
阴 玄 常 虎

勾 玄 阴 合　父 己卯 勾 ⊙
卯 申 酉 寅　子 甲戌 后
申 丑 寅 丁　兄 辛巳 空

众鬼虽彰全不畏第十一[①]

假令壬辰日，戌加未为初传，丑加戌为中传，辰加丑为末传，三传戌丑辰皆是日鬼，诚为凶也，殊不知干上先有寅木可以敌其三传之土，制鬼贼不能为害，兼是蒿矢择比为用，又坐空乡，鬼力至轻也，凡占未免先值惊危，下稍无畏，但言必有人相谋害，终不能为祸也。

合 勾 龙 空
申 酉 戌 亥
朱未　　子虎
蛇午　　丑常
巳 辰 卯 寅
贵 后 阴 玄

龙 朱 贵 玄　官 丙戌 龙 ⊙
戌 未 巳 寅　官 己丑 常
未 辰 寅 壬　官 壬辰 后

如用夜贵，初乘白虎，尚可畏焉。如用日贵，全无畏矣。且论寅木切不可作脱气言之，实为救神，其寅木论如孔氏门下有子路能御侮者也。

支 空 虎 常
申 酉 戌 亥
勾未　　子玄
合午　　丑阴
巳 辰 卯 寅
朱 蛇 贵 后

虎 勾 朱 后　官 丙戌 虎 ⊙
戌 未 巳 寅　官 己丑 阴
未 辰 寅 壬　官 壬辰 蛇

① 虽有乌合之敌众，难当虎豹之雄师。

又如壬戌日干上寅，丙子、丙申、丙辰干上丑皆是。己亥日干上申夜贵，必得贵人力。

家鬼取家人 如己丑日干上申，支上寅为用，三传寅卯辰，如用夜贵，必得贵人解救，自支寅木发用，中末传俱归木乡，凡值支上有鬼，引入鬼乡者，皆如此说。

	朱	蛇	贵	后	
	午	未	申	酉	
合	巳			戌	阴
勾	辰			亥	玄
	卯	寅	丑	子	
	龙	空	虎	常	

龙	空	后	贵
卯	寅	酉	申
寅	丑	申	己

官	庚寅	空
官	辛卯	龙
兄	壬辰	勾

如丙申日干上丑，丙寅日干上辰，从支阴发用为鬼，亦以家鬼断，赖干上有救，有官人可，病讼凶。

	朱	合	勾	龙	
	丑	寅	卯	辰	
蛇	子			巳	空
贵	亥			午	虎
	戌	酉	申	未	
	后	阴	玄	常	

蛇	龙	阴	朱
子	辰	酉	丑
辰	申	丑	丙

官	庚子	蛇	⊙
财	丙申	玄	
子	辰	龙	◎

	龙	空	虎	常	
	辰	巳	午	未	
勾	卯			申	玄
合	寅			酉	阴
	丑	子	亥	戌	
	朱	蛇	贵	后	

蛇	朱	勾	龙
子	丑	卯	辰
丑	寅	辰	丙

官	甲子	蛇	
官	亥	贵	◎
子	戌	后	◎⊙

家人解祸格 如癸亥日辰加癸为用，三传辰未戌皆是土神，并来伤干，兼夜天将皆是蛇勾虎，诚为凶也。殊不知支上有寅木可以敌鬼，不为凶咎，此例必得宅中之人解祸。余仿此。

龙	空	虎	常								
申	酉	戌	亥								
勾未			子玄	朱	后	勾	蛇	官	丙辰	蛇	⊙
合午			丑阴	巳	寅	未	辰	官	己未	勾	
				寅	亥	辰	癸	官	壬戌	虎	
巳	辰	卯	寅								
朱	蛇	贵	后								

引鬼为生格　谓初传日鬼，而生其末传来育干者是也。如丙子日并干上子为初传，虽是鬼却生末传寅木，作丙火之长生，反不畏干上之子水，亦赖宅上未土为救，是丙子日是也。

蛇	朱	合	勾							
子	丑	寅	卯							
贵亥			辰龙	合	常	常	蛇	官	丙子	蛇
后戌			巳空	寅	未	未	子	子	癸未	常
				未	子	子	丙	父	戊寅	合
酉	申	未	午							
阴	玄	常	虎							

丙午日亦有丑土为救也，余不为救。

蛇	朱	合	勾								
子	丑	寅	卯								
贵亥			辰龙	玄	朱	常	蛇	官	壬子	蛇	
后戌			巳空	申	丑	未	子	子	丁未	常	
				丑	午	子	丙	父	寅	合	◎
酉	申	未	午								
阴	玄	常	虎								

己丑日卯加申，甲寅、甲午日酉加寅，乃先凶后吉。

传鬼为生格　三传皆作日鬼，反生起干上之神而育干者是也。如庚午日干上辰，三传戌午寅火局，虽全伤日干，殊不知三传反生干上辰土而育养庚金也。

贵 后 阴 玄
丑 寅 卯 辰
蛇子　　　巳常
朱亥　　　午虎
戌 酉 申 未
合 勾 龙 空

合 后 蛇 玄　子　戌 合 ◎
戌 寅 子 辰　兄 庚午 虎
寅 午 辰 庚　父 丙寅 后

又癸巳日巳加酉，用昼将皆土克日，殊不知土将生三传金局，三传金局生干，乃凶返吉也。

勾 合 朱 蛇
丑 寅 卯 辰
龙子　　　巳贵
空亥　　　午后
戌 酉 申 未
虎 常 玄 阴

常 勾 贵 常　财 癸巳 贵
酉 丑 巳 酉　官 己丑 勾
丑 巳 酉 癸　父 乙酉 常

贵德临身消除万祸格　如乙丑、乙巳日并酉加巳为初传，三传金局并来伤其乙干，如用昼贵，凶不可遏，设用夜贵反为吉，言初传酉金上被螣蛇克，下被巳火伤，又被中传丑土来墓，末传巳火来克其酉金，全无力来克干，纵然干上乘申金，又为贵人、又为日之德神临身，能伏诸煞。

蛇 朱 合 勾
酉 巳 子 申
贵申　　　丑龙
后未　　　寅空
午 巳 辰 卯
阴 玄 常 虎

蛇 玄 勾 贵　官 癸酉 蛇
酉 巳 子 申　财 乙丑 龙
巳 丑 申 乙　子 己巳 玄

天将为救神格　如辛巳日午加辛为用，三传火局并来伤干，诚为凶也，如观天将，昼夜皆是贵、常、勾土神，而窃其火气生其日干，亦宜免祸。

　龙 勾 合 朱
　丑 寅 卯 辰
空子　　　巳蛇
虎亥　　　午贵
　戌 酉 申 未
　常 玄 阴 后

玄 龙 勾 贵　官 壬午 贵
酉 丑 寅 午　财 戊寅 勾
丑 巳 午 辛　父 甲戌 常

脱气为救格　如壬子日未加卯为用，三传木局并来脱干，且此例既无日鬼，岂宜处于众鬼虽彰全不畏者之例，三传木局切不可作脱气言之，如用夜将，缘三传天将皆是勾、常、贵人土神，并来伤壬干，反赖三传木局去其土将，岂不应斯格也。

　空 虎 常 玄
　酉 戌 亥 子
龙申　　　丑阴
勾未　　　寅后
　午 巳 辰 卯
　合 朱 蛇 贵

龙 蛇 勾 贵　官 丁未 勾 ⊙
申 辰 未 卯　兄 辛亥 常
辰 子 卯 壬　子 　卯 贵 ◎

余五壬日干上卯，夜贵并如其说。壬戌、壬子、癸卯、癸亥，三传未卯亥夜同。

虽忧狐假虎威仪第十二①

狐假虎威格　如丁未日干上子，其丁火实畏子水所克，反倚赖支属土却能制其子水，不敢来伤丁干也，疑丁火喻狐，未土喻虎，故名为狐假虎威仪之例也。凡占切不可动谋，如动用离其未土，其子水随踪而伤丁火也。

　蛇 贵 后 阴
　戌 亥 子 丑
朱酉　　　寅玄
合申　　　卯常
　未 午 巳 辰
　勾 龙 空 虎

空 后 空 后　兄 乙巳 空
巳 子 巳 子　子 庚戌 蛇
子 未 子 丁　父 　卯 贵 ◎

① 夫仗他人之力，乞儿向火，何倚冰山之徒。

又辛亥日干上亥，昼虎夜玄皆乘脱气，尤赖亥水坐于戌土之上，尚惧戌土，不至辛金全脱，尤不宜动作，稍如前例。余五辛日亦可如此说。

	贵	后	阴	玄	
	午	未	申	酉	
蛇	巳			戌	常
朱	辰			亥	虎
	卯	寅	丑	子	
	合	勾	龙	空	

龙	空	空	虎	父	癸丑	龙	
丑	子	子	亥	财	寅	勾	◎
子	亥	亥	辛	财	卯	合	◎⊙

	勾	龙	空	虎	
	午	未	申	酉	
合	巳			戌	常
朱	辰			亥	玄
	卯	寅	丑	子	
	蛇	贵	后	阴	

后	阴	阴	玄	父	癸丑	后	
丑	子	子	亥	财	寅	贵	◎
子	亥	亥	辛	财	卯	蛇	◎⊙

鬼贼当时无畏忌第十三[①]

假令戊子日干上午，三传寅卯辰皆是日鬼，如春占木旺，诚所畏也，殊不知木至春令而荣旺，既贪荣盛而无意克土，故戊土不畏木克也。此例虽春占无畏，防至夏秋其祸仍发，如有祸时，便宜断绝，免致后患，其余传内全逢日鬼者，各详四季天令而言之。

	蛇	贵	后	阴	
	午	未	申	酉	
朱	巳			戌	玄
合	辰			亥	常
	卯	寅	丑	子	
	勾	龙	空	虎	

龙	空	贵	蛇	官	庚寅	龙
寅	丑	未	午	官	辛卯	勾
丑	子	午	戊	兄	壬辰	合

三合为鬼亦如前说。

① 吴释越而终为越灭吴。

传财太旺反财亏第十四[①]

假令戊申日干上丑，三传子申辰皆作日之财，兼昼夜天将皆是水中之兽，又于秋冬水生旺之月，占求财事即无财也，如取其财，切防反费己财，缘水自贪其生旺，不能与我作财，只待身旺之月，财气稍衰之月令，方可取其财。例尤多，余亦仿此。

　贵 后 阴 玄
　丑 寅 卯 辰
蛇子　　　巳常
朱亥　　　午虎
　戌 酉 申 未
　合 勾 龙 空

蛇 玄 勾 贵
子 辰 酉 丑
辰 申 丑 戊

财 壬子 蛇
子 戊申 龙
兄 甲辰 玄

进退连茹为财格　如网江鱼之谕。求财，不宜坐财墓，亦忌财加鬼墓。

财神空亡格　求财反费己财，缘现在之财已空，求外来之财岂有得也。如辛亥日干上寅、支上卯，二财皆空。庚戌日同。

　合 勾 龙 空
　酉 戌 亥 子
朱申　　　丑虎
蛇未　　　寅常
　午 巳 辰 卯
　贵 后 阴 玄

蛇 玄 贵 常
未 卯 午 寅
卯 亥 寅 辛

父 丁未 蛇 ⊙
子 辛亥 龙
财 　卯 玄 ◎

脱上逢脱防虚诈第十五[②]

谓日干生其上神，上神又生天将者，故名脱上脱，凡占尽被脱耗，多虚诈不实之象也。假令六庚日干上子，夜将上乘青龙，此乃庚干生上神，子水又生青龙木将，那更三传皆是水局并来盗日，凡占岂不遭虚诈乎。内有庚子日子加庚，乃支上门来脱干，三传又来脱之，并三传天将夜昼俱是龙蛇玄，尽被脱盗，倘熟视之，其庚居天盘坐辰土之上受生，子水居申金之上受长生，

---

① 汉黩武而海内空虚。
② 金以议和愚宋，而宋以议和自愚。

终不致脱尽，不可不知。

	朱	合	勾	龙								
	酉	戌	亥	子								
蛇	申			丑	空	蛇	玄	玄	龙	父	辰	玄 ◎
贵	未			寅	虎	申	辰	辰	子	兄	丙申	蛇 ⊙
	午	巳	辰	卯		辰	子	子	庚	子	庚子	龙
	后	阴	玄	常								

六甲日干上巳，昼占上乘太常；

	龙	勾	合	朱								
	申	酉	戌	亥								
空	未			子	蛇	虎	阴	龙	常	官	壬申	龙
虎	午			丑	贵	午	卯	申	巳	父	亥	朱 ◎
	巳	辰	卯	寅		卯	子	巳	甲	兄	丙寅	后 ⊙
	常	玄	阴	后								

六乙日干上午，昼占上乘天空；

	龙	勾	合	朱								
	未	申	酉	戌								
空	午			亥	蛇	虎	玄	勾	空	官	壬申	勾
虎	巳			子	贵	己	卯	申	午	财	戌	朱 ◎
	辰	卯	寅	丑		卯	丑	午	乙	父	甲子	贵 ⊙
	常	玄	阴	后								

六丁日干上丑，昼占上乘太阴。

	贵	后	阴	玄								
	亥	子	丑	寅								
蛇	戌			卯	常	常	朱	勾	阴	父	丁卯	常
朱	酉			辰	虎	卯	酉	未	丑	财	癸酉	朱
	申	未	午	巳		酉	卯	丑	丁	父	丁卯	常
	合	勾	龙	空								

无依脱耗格　惟丁未日反吟，昼占乃干生丑，丑生将，一火逢九土，如

忧事不止一件，若止见一件，别项又来，必有大灾。

贵 后 阴 玄
亥 子 丑 寅
蛇戌　　卯常
朱酉　　辰虎
申 未 午 巳
合 勾 龙 空

勾	阴	勾	阴	兄	乙巳	空
未	丑	未	丑	子	癸丑	阴
丑	未	丑	丁	子	癸丑	阴

六己日干上酉，夜占上乘天后。

脱盗格 乃干上逢脱气，天将作玄武者例，亦如前说。六辛日干上亥，夜占乘玄武；六壬日干上寅，昼占乘玄武；六癸日干上寅，昼占上乘玄武。余有甲午日午加甲，三传又是火局，并支来盗干，虚诈尤甚。内辛亥日干上亥尤可恶，缘支干上皆脱，初墓又坐脱方，中末空亡，昼虎夜玄之将日上俱值，其凶可见。

贵 后 阴 玄
午 未 申 酉
蛇巳　　戌常
朱辰　　亥虎
卯 寅 丑 子
合 勾 龙 空

龙	空	空	虎	父	戊子	蛇	⊙
丑	子	子	亥	子	癸巳	常	
子	亥	亥	辛	财	丙戌	合	

空上乘空事莫追第十六[①]

谓上见旬空乘天空者，凡占指空话空，全无实象。如甲申日干上未，昼占上乘天空。余占日上空亡，上乘天空，皆仿此。

合 朱 蛇 贵
戌 亥 子 丑
勾酉　　寅后
龙申　　卯阴
未 午 巳 辰
空 虎 常 玄

虎	贵	蛇	空	父	戊子	蛇	⊙
午	丑	子	未	子	癸巳	常	
丑	申	未	甲	财	丙戌	合	

① 陈隋基业于盛唐，五代收功于宋祖。

脱空格　谓干上有脱乘天空，亦名脱空神，凡占皆无中生有，尽是脱空，全无实踪，不足取信也。如辛卯日干上子，昼占上乘天空，初传又是遥克，中末皆空亡，凡占尽被脱空。

	蛇	朱	合	勾										
	未	申	酉	戌		蛇	后	常	空	官	癸巳	后		
贵午				亥龙		未	巳	寅	子	父	未	蛇	◎	
后巳				子空		巳	卯	子	辛	兄	乙酉	合	⊙	
	辰	卯	寅	丑										
	阴	玄	常	虎										

六辛日干上子，昼占乘空；六乙日干上午，昼占乘空，余日皆仿此。

但凡遥克为用作空亡，或坐空乡，或乘天空者，凡占皆虚无实也。

进茹空亡宜退步第十七[①]

假令壬子日干上子，三传寅卯辰，皆是空亡，既向前值三空亡，即宜退步，抽身缩首，却就支干上子与丑合，反有所得，庶使壬水不被传木全脱，可以全身远害，不利托人。

	蛇	朱	合	勾									
	午	未	申	酉									
贵巳				戌龙		玄	常	常	虎	子	寅	玄	◎
后辰				亥空		寅	丑	丑	子	子	卯	阴	◎⊙
	卯	寅	丑	子		丑	子	子	壬	官	甲辰	后	⊙
	阴	玄	常	虎									

如甲午日干上卯，三传辰巳午亦皆是空亡，亦宜退步，庶乎甲木不被传火脱尽，奈支干前后夹定脱气在内，尽被脱空而无穷也，如遇丑为年命，始宜退步就其禄神。

---

① 坎初六："习坎，入于坎窞，凶。"遇此课宜班师。

龙 空 虎 常
午 未 申 酉
勾巳　　　戌玄
合辰　　　亥阴
卯 寅 丑 子
朱 蛇 贵 后

虎 空 合 朱　财　辰 合 ◎
申 未 辰 卯　子　巳 勾 ◎⊙
未 午 卯 甲　子　甲午 龙 ⊙

脱空格　如癸丑日干上寅，自是空亡，那更寅卯辰为三传，使癸水生其脱空，虽有千金亦不周其足，如昼占乘玄武在干上尤甚，占讼费而不值，占病脱而虚甚，终不能退步。

蛇 朱 合 勾
午 未 申 酉
贵巳　　　戌龙
后辰　　　亥空
卯 寅 丑 子
阴 玄 常 虎

阴 玄 阴 玄　子　寅 玄 ◎
卯 寅 卯 寅　子　卯 阴 ◎⊙
寅 丑 寅 癸　官　甲辰 后 ⊙

踏脚空亡进用宜第十八[①]

谓退步传全值空亡者，故名踏脚空亡，既退后遇空，宜进而不宜退也。如戊申日干上辰，三传卯寅丑皆作日之鬼，幸遇鬼空，足可以脱灾避难，惟不宜守旧，缘干上乘墓，反宜于三传之外，向前一步，便逢禄神，此却不利有官人占之，缘官爻空亡故也。

合 勾 龙 空
辰 巳 午 未
朱卯　　　申虎
蛇寅　　　酉常
丑 子 亥 戌
贵 后 阴 玄

龙 空 朱 合　官　卯 朱 ◎
午 未 卯 辰　官　寅 蛇 ◎⊙
未 申 辰 戊　兄　癸丑 贵 ⊙

---

① 四课三传俱退连茹，丁巳日干上午，三传卯寅丑，宜深入重地。

寻死格　如丙午日干上辰，三传卯寅丑，虽三传生日，岂宜皆空，如占病，乃寻死格也。占父母病死尤急，如占子息病无畏，占讼理亏，必官人不主张，缘生我者空亡故也。

	龙	空	虎	常	
	辰	巳	午	未	
勾	卯			申	玄
合	寅			酉	阴
	丑	子	亥	戌	
	朱	蛇	贵	后	

龙	空	勾	龙	父	卯	勾	◎
辰	巳	卯	辰	父	寅	合	◎⊙
巳	午	辰	丙	子	癸丑	朱	⊙

如乙卯日干上卯，亦若寻死格。已上例如背后有三阱坑，岂宜退乎？如退则脚下踏空，反陷其身，凡占宜催督。

	勾	龙	空	虎	
	辰	巳	午	未	
合	卯			申	常
朱	寅			酉	玄
	丑	子	亥	戌	
	蛇	贵	后	阴	

蛇	朱	朱	合	财	丑	蛇	◎
丑	寅	寅	卯	父	子	贵	◎⊙
寅	卯	卯	乙	父	癸亥	后	⊙

踏脚空亡格　惟不宜进前者例，但占事虚声而无成就耳。如甲子日戌加子为初传，乃是本旬之空，申加戌为中传，乃后旬之空，午加申为末传，乃外后旬之空亡，故向后全无实意，尽无成就。

	朱	合	勾	龙	
	卯	辰	巳	午	
蛇	寅			未	空
贵	丑			申	虎
	子	亥	戌	酉	
	后	阴	玄	常	

虎	玄	玄	后	财	戌	玄	◎
申	戌	戌	子	官	壬申	虎	⊙
戌	子	子	甲	子	庚午	龙	

甲申日午加申，乙卯日丑加卯，丙辰日丑加卯，丁巳日丑加卯。

胎财生气妻怀孕第十九

谓日干之胎神，作日之妻财，又逢月内之生气者，如占妻必孕也。如壬寅日干上午，七月占，午加亥为发用，壬水胎在午，又是日之妻财，及七月生气在午，占妻必有孕而无疑。

	合	勾	龙	空	
	申	酉	戌	亥	
朱	未			子	虎
蛇	午			丑	常
	巳	辰	卯	寅	
	贵	后	阴	玄	

合	贵	贵	玄
申	巳	巳	寅
巳	寅	寅	壬

父	丙申	合 ⊙
兄	己亥	空
玄	壬寅	玄

五壬日干上午，七月占皆同。六庚六辛日干上卯，四月占皆然。六戊六己日干上子，正月占亦主孕喜，何故言？戊己土神胎亦在子，或有用午为胎神者，不可不知，未免略具，拟土神歌于后。歌云“戊己当绝在亥怀，明知子上是胞胎。”云云。

	蛇	贵	后	阴	
	子	丑	寅	卯	
朱	亥			辰	玄
合	戌			巳	常
	酉	申	未	午	

虎	朱	空	蛇
午	亥	未	子
亥	辰	子	戊

财	甲子	蛇
兄	辛未	空
官	丙寅	后

支之胎神作月内生气，占妻有胎孕尤的，不必作干之财，惟此胎神临妻之年命尤好，或临支上亦同。妻财作生气，纵不作胎神亦可用。

损胎格 如壬辰日干上午为发用，又七月占，虽妻财作胎神乘生气，必后有损孕，缘午作空亡故也。余仿此。

　龙 勾 合 朱
　子 丑 寅 卯
空亥　　　辰蛇
虎戌　　　巳贵
　酉 申 未 午
　常 玄 阴 后

后 空 勾 后
午 亥 丑 午
亥 辰 午 壬

财　午　后 ◎
官　己丑　勾 ⊙
父　甲申　玄

妾孕格　如辛癸巳日，胎神为生气，乃妻妾之妹有孕尤验。如丙丁日胎神在子，如正月占非妻有孕，即是偏室等也。

私孕格　如辛癸日乘玄有私。外有甲乙日胎神在酉，十月占；丙丁日胎神在子，正月占，非妻有孕，必是偏室婢妾有胎孕也。如作空乘死气，必是鬼胎也。

互胎格　如戊寅日干上酉，乃支之胎神，支上午乃干之胎神，又作夫妻之行年本命，必然妻怀孕喜，不必寻生气及财神也。

　勾 合 朱 蛇
　酉 戌 亥 子
龙申　　　丑贵
空未　　　寅后
　午 巳 辰 卯
　虎 常 玄 阴

合 虎 贵 勾
戌 午 丑 酉
午 寅 酉 戊

兄　丁丑　贵 ⊙
父　壬午　虎
子　酉　勾 ◎

乙丑、己未、癸未，干上子；己未、癸丑、己丑、辛未、丁丑，干上午；甲申干上卯，庚寅干上酉，已上并是干上得支之胎神，支上得干之胎神也。

忧子格　论孕产，乃六合三月占加申、四月占加酉，乃月之死气克六合，至产则忧子凶，此二例乃天后、六合为子母之类也。

忧母格　如十一月占天后乘辰，五月占天后乘戌，八月占天后乘丑，二月占天后乘未，已上者乃月内死气克天后也，如至产期必忧母凶。

子恋母腹格　如干加支、支加干而互相生者，乃名子恋母腹，利占孕则保育，不利占产，如至产期占之，迟生则吉。外有支加干而克干者，主产速，或无克亦产，支为母俯首已见其子也。

损孕格　如壬辰日午加亥，癸巳日午加丑，庚戌日卯加申，辛亥日卯加戌，戊午日子加巳，己未日子加未，甲戌、乙亥日酉加巳午，丙辰、丁巳日子加辰戌丑未，已上例缘胎神作空受克，占产当日便生，占孕必损。

月厌煞 如三月占，不宜申加母年命上，九月占，不宜寅加母年命上，缘死气作月厌，占产必凶。六月占，巳加母年命，十二月占，亥加母年命上，缘生气作月厌，占产必速生。

养神二血法 如丙丁、戊己日，胎神在子，养神在丑，如在正月占，言血支血忌皆在丑，并养神而克胎神，如占产生速，如或占孕有损无疑。如在十二月占，言血支血忌皆在子作胎神，如占产亦生速，如占孕亦防损。已上血忌作空亡或坐空乡，占孕占产亦无妨也。

三玄胎格 如寅加亥为生玄胎，怀孕之时渐有生意，生下男女，必兴旺家门也。如寅加巳为病玄胎，如值此怀孕之时，母常有病，生下男女多病不甚长进。寅加辰为衰玄胎卦，惟乙未日亥加丑昴星一课是也，怀孕之时，家道日渐衰替，生下男女身躯衰弱，全无生意。

昴星格 刚日生女，或柔日虎视生男，取俯仰而生故也。

胎受克绝格 胎神临本日及临绝受克。六壬日午加亥，六庚日卯加申，乃胎临本日，占产可言当日便生且安好。或六癸日午加亥，六辛日卯加申，乃胎神临绝受克，占孕占产俱畏。六戊日子加巳，同六甲日亦如前说，且占产稍不畏矣。

小产法 如母之年命上神冲克胎神者，纵作生气，必是小产，此法极验。

胎神坐长生格 如丙丁、戊己日子加申，庚辛日卯加亥，壬癸日午加寅，甲乙日酉加巳，大宜占孕，惟不利占产，占得此者反凶。

腹胎格 腹加胎神，丑为腹也。如甲乙日丑加酉，丙丁、戊己日丑加子，庚辛日丑加卯，戊己壬癸日丑加午，如值此，来意妻必有孕，缘胎在腹内，丑为腹之类，加临胎神故也。

腹空格 如天盘之丑作空或落空，如占产则生速，缘腹空而必已诞其子，占孕必损孕。

全伤格 支干全伤，子母俱凶，独支受伤害母，独干受伤害子。如产期以本月之内破胎之日生，或害胎之日生，或刑胎之日生，或月内生气之日生，或以子息爻中长生之日生，或以五行养处生，如甲乙日以戌为养神，或以逐季之天喜神所临之日生妙矣，夫天喜者，乃逐季之养神也。以上不利占孕，反有损。

纳音法，又妻本命纳音之胎神，冲破之日生产尤验。

夹定三传格 如干支夹定三传，或初末六合，如占产，子母俱不可保，缘气塞于中故也，如约母之年命透出支干之外，可免母之凶也。

胎财死气损胎推第二十

戊己日子为胎财，七月死气在子；庚辛日卯为胎财，十月死气在卯；壬癸日午为胎财，正月死气在午；甲乙日酉为胎财，四月死气在酉，甲戌旬鬼胎空亡，余亦仿此，全如前篇论，但凡胎神作月内之死气，妇孕不育。

交车相合交关利第二一[①]

交车长生 大宜合本而作营生，庚寅干上亥、支上巳，甲申干上巳、支上亥，戊申伏吟，戊寅返吟。

	龙	勾	合	朱	
	申	酉	戌	亥	
空	未			子	蛇
虎	午			丑	贵
	巳	辰	卯	寅	
	常	玄	阴	后	

龙	常	后	朱
申	巳	寅	亥
巳	寅	亥	庚

兄	甲申	龙
子	丁亥	朱
财	庚寅	后

交车合财 惟宜交关取财，以财交涉最好。辛丑干上子、支上卯，辛巳干上申、支上卯，壬申返吟，辛卯伏吟，癸未午加癸、子加未。

	蛇	朱	合	勾	
	未	申	酉	戌	
贵	午			亥	龙
后	巳			子	空
	辰	卯	寅	丑	
	阴	玄	常	虎	

后	玄	常	空
卯	寅	子	官
丑	子	辛	父

财	癸卯	玄	
官	巳	后	◎
父	乙未	蛇	⊙

交车脱 虽相交涉而用事，彼此各怀相脱之意，如壬午干上未、支上寅，乙亥寅乙，戊辰酉戊，丁卯戌丁；甲申巳甲，庚寅亥寅各自脱；壬辰酉壬；乙未午乙自脱。

---

① 临机应变，或战或守，或退或和，视课体而行焉。

勾	合	朱	蛇
丑	寅	卯	辰
龙子			巳贵
空亥			午后
戌	酉	申	未
虎	常	玄	阴

虎	合	朱	阴	官	甲戌	虎
戌	寅	卯	未	财	壬午	后
寅	午	未	壬	子	戊寅	合

交车害　彼此各相谋害，但不宜相交用事，各有戾害，辛酉伏吟，乙卯伏吟，丁丑午丁，己丑午己。

交车空　如占事始初相交之时，极和极美，后总成画饼，靡不有初，鲜克有终也。

交车刑　如结交朋友，正和美中必致争竞，各无礼也。丙寅、戊寅伏吟，辛未辛丑伏吟。

交车冲　不论亲疏，先合而后离，夫妇、父子、兄弟、客主皆然。丁丑、癸未、甲申、庚寅俱伏吟。

交车克　乃蜜里砒，笑里刀之喻也，匿怨而友其人，如相交涉，必至争讼。庚子丑庚，庚戌卯庚，辛未午辛自克。

交车三交　乃三交为三传，凡因交关用事，必有奸私，或相交涉二三事。己酉己辰，丁卯丁戌，丁酉丁辰，己卯己戌，子午日无。

交车三合　乃三合为三传，支支干交车相合，亦名交合格，凡值此者，家合仁义，外人相助而成合，惟忌空亡。乙丑子乙，三传巳丑酉；辛未午辛，三传卯亥未之类。已上谓日干与支上神作六合，地支与干上神作六合，故名交车合，凡占皆主交关交易，交加交换而成合也，惟不利占解散诸事矣。此例如六十日内除甲寅、庚申、丁未、己未、癸丑五日系八专日，干支不分，交车无合，其余五十五日每日一课，更宜详其相合凶吉而言之，内有伏吟相会合者亦同其说。内辛未日干上午、支上卯，三传卯亥未，如占交易，后必龃龉；始见龃龉，后却和合，因发用乘丁也。又丙寅日返吟亦同。

上下皆合两心齐第二二[①]

谓支干上神作六合，地盘支干亦作六合。如乙酉、丙申、戊申、辛卯、壬寅，此五日伏吟者是也。

---

① 上下同心，三军协力。

干支相会格 如乙酉日酉加乙，或乙加酉；丙申日申加丙，或巳加申；戊申日申加戊，或巳加申；辛卯日卯加辛，或戌加卯；壬寅日寅加亥，或壬加寅，缘上下作六合也。

上下俱合格 如日干与上神作六合，地支亦与上神作六合者。例如甲申日干上亥与甲干作六合，支上巳与地支申作六合。丁丑日干上午、支上子，己丑日同。癸未日干上子、支上午，庚寅日干上巳、支上亥。

独支干上神作六合格 如戊辰日干上丑与支上子作六合，又戊辰日干上未与支上午作六合。辛未日干上寅，又干上申；乙亥日干上酉，又干上卯；丙子日干上卯，又干上酉；戊子日干上卯，又干上酉。

交互六合格 如干上神与支作六合，支上神与干作六合。如乙丑日干上子、支上酉，丙寅日干上亥、支上申，戊辰日干上酉，辛未日干上午，乙亥日干上寅，丙子日干上丑，戊寅日干上亥，每日皆有。内有一字空亡，反为凶咎。已上相合，凡占主客相顺，神合道合之象。

外好里槎丫格 凡占皆如其言，缘支干上神虽作六合，奈何地盘支干上神却作六害也。如壬申日干上寅支支上亥作六合，殊不知壬干与申支作六害。乙基卯日干上丑与支上子作六合，其支干辰卯却作六害，况合空亡而害实在，凡事空喜而实害。辛酉日干上丑与支上子作六合，俱空，独留支干酉戌六害。又辛酉日干上未与支上午作六合，支干酉戌自作六害。乙卯日干上未与支上午作六合，卯辰支干自作六害。丙寅日干上寅与支上亥作六合，干巳与支寅却作六害。戊寅日干上寅与支上亥作六合，干巳与寅支干作六害。

日辰邻近格 缘干支相会，上神作六合者，凡占皆主有变换，彼我共谋求合之事也。如壬子日，子加亥与支上丑作六合，又是支加干兼支干相邻近也。戊午日干上午与支上未作六合，支是支加干兼支干相邻近，丙午日同。值此例者，客主相顺，神和道合。

干支相会格 缘上神相合而不相邻近者例，亦可相共谋而成合事。丙寅日寅加巳、亥加寅，丙戌日戌加巳及卯加戌，戊戌日戌加巳及卯加戌，壬辰日辰加亥及酉加辰。

彼求我事支传干第二三①

谓初传从支上起，末传归干上者，凡占必主他人委托我干谋事体，吉凶皆成，故占吉则吉遂，占凶则凶成，行人至，求取得。如癸酉日初传从支上

① 彼有事必来求于我者。

巳起，末传至干上酉止，乃三传巳酉丑也。

勾 合 朱 蛇
丑 寅 卯 辰
龙子　　　巳贵
空亥　　　午后
戌 酉 申 未
虎 常 玄 阴

勾 贵 贵 常
丑 巳 巳 酉
巳 酉 酉 癸

财 己巳 贵
官 乙丑 勾
父 癸酉 常

我求彼事干传支第二四

谓初传从干上起，末传归在支上者，凡事勉强，不免俯求于人，亦为人抑勒，难自屈伸，旺相尤吉，死囚不安，又主为卑下所屈，兼礼下求人之意，只宜低心下意，不宜高上，百事不举，家宅不和，行人未来，病者难愈，死。如丁亥日自干上酉作初传起，至支上丑作末传止也。

勾 合 朱 蛇
未 申 酉 戌
龙午　　　亥贵
空巳　　　子后
辰 卯 寅 丑
虎 常 玄 阴

常 阴 贵 朱
卯 丑 亥 酉
丑 亥 酉 丁

财 乙酉 朱 ⊙
官 丁亥 贵
子 己丑 阴

金日逢丁凶祸动第二五[①]

如有官人占之，则赴任极速，不欲占人行年上神克去六丁所乘之神。常人占之，反宜制丁乘神。谓庚辛二干，三传、年命、日辰逢旬内六丁神者，必主凶动。如乘勾陈必被官词勾追；如乘月之死气，必亲族在外府郡报死亡而动往；乘贵人必贵人差往；乘玄武主逃或妻有血灾，蛇雀尤的。如庚午、辛未二日，见卯是丁神，则因妻而凶动，不然取财而祸起，或先得财而后凶。庚辰、辛巳二日，见丑是丁神，则因父母之墓田而凶动，尤分旺相为田，死囚为墓；内辛巳日昼将顺行，丑乘白虎作丁神而遥伤日干，其凶动尤速。庚寅、辛卯二日，见亥是丁神，则因子息而凶动；内辛卯日昼将逆行，亥乘白

① 海内方宁，不料盗贼蜂起。

虎，凶动尤速。庚子、辛丑二日，见酉是丁神，则因兄弟或己身而凶动，尤分庚日是兄，辛日是弟及己身及禄有动遥；内辛丑日夜将顺行，酉乘白虎，其凶尤速。庚戌、辛亥二日，见未是丁神，则因父母长上而凶动，内辛亥日夜将逆行，未乘白虎，其凶亦速。庚申、辛酉二日见巳是丁神，则因官鬼及长上而凶动，尤分庚日主鬼动，辛日主官摇动。

火鬼蛇雀克宅格 缘火鬼乘朱雀而克宅神，其末传又乘丁而遥克日干者例，惟庚辰日卯加辰，冬占用昼将是也，如值此课，必遭天火焚伐而怨也。余有火鬼乘蛇雀而克宅者例。春占火鬼是午，如甲申、戊申、庚申三日并午加申，用夜将乘螣蛇而克宅，宜以井泥涂灶禳之，后例亦同。夏占火鬼是酉，如甲寅、庚寅、戊寅三日酉加寅，用夜将乘朱雀而克宅；乙卯、己卯二日酉加卯，用夜将乘螣蛇而克宅；丁卯日酉加卯用昼将乘朱雀而克宅。秋占火鬼是子，如甲午、庚午、戊午三日并子加午，用昼将乘螣蛇而克宅；丁巳日子加巳，昼将乘螣蛇而克宅；辛巳日子加巳，夜将乘朱雀而克宅。冬占火鬼是卯，如甲辰、戊辰、庚辰三日并卯加辰，昼将乘朱雀而克宅；癸未日卯加未，昼将乘朱雀而克宅；辛丑日卯加丑，夜将乘螣蛇而克宅；壬辰日卯加辰，昼将乘朱雀而克宅。

人宅罹祸格 缘日上神克日，而辰上神乘丁又克日，主身宅皆凶，人且灾而宅必动摇，惟有官人占赴任极速，宜乎昼将。凡六庚日巳加庚，六辛日午加辛者，皆丁神临宅。

	蛇	朱	合	勾	
	寅	卯	辰	巳	
贵	丑			午	龙
后	子			未	空
	亥	戌	酉	申	
	阴	玄	常	虎	

后	朱	蛇	勾
子	卯	寅	巳
卯	午	巳	庚

官	己巳	勾	
财	丙寅	蛇	
子	亥	阴	◎

	龙	勾	合	朱	
	丑	寅	卯	辰	
空	子			巳	蛇
虎	亥			午	贵
	戌	酉	申	未	
	常	玄	阴	后	

虎	合	勾	贵
亥	卯	寅	午
卯	未	午	辛

财	丁卯	合	
子	亥	虎	◎
父	辛未	后	⊙

蛇虎遁鬼格 专论蛇虎二爻，谓六甲日遁旬内之庚乘白虎在六处，并辛

日遁旬内之丁乘螣蛇在六处者，凡占至凶至危，至怪至动，纵空亡不能解救。如甲子日，庚午加戌，三传戌午寅，又庚午加子返吟，又庚午加丑，三传辰申子，并用昼将，此乃遁旬内之庚乘白虎而遥伤日干者例。辛巳日丁丑乘蛇加巳临宅，三传午寅戌；又丁丑加申，三传卯申丑，丁在末传；又丁丑加酉，三传酉丑巳，丁在中传，并用夜将。此乃遁旬内之丁乘螣蛇而遥作日干者例。

凶怪格 谓月厌、大煞、天目、墓神、丁神，皆主怪异凶灾，并临年命日辰。如乙巳日干上未，四月占；庚辰、辛巳日干上丑，十月占，此主极怪极凶。

马载虎鬼格 如甲寅日申加午为末传，昼将又乘白虎，又伏吟，又申加戌，又申加亥，并用昼将，戊午日寅加未昼将，戊辰日寅加未，又寅加酉，又寅加亥，并用夜将，白虎克干，余甲戌及戊申此二日，虽有此例，赖鬼空亡不能为害，其余日辰极多，不暇细具，凡占主凶速。

蛇虎乘丁格 如乙亥日丑加亥，辛亥日未加亥者，乃丁作白虎而克支辰，必因家宅而有动，不然屋宇塌倒以致损人口，或染灾病而不可免。余日鬼乘丁作螣蛇尤凶尤怪。乙未日干上酉，夜乘螣蛇亦凶。外有丁神作日鬼乘白虎而克日干者，未免本身有凶动也。惟有己巳一日卯加巳夜将乘白虎而克干者是也。

水日逢丁财动之第二六①

惟畏占人行年上神克去六丁所乘之神，则财不动。谓壬癸二日，三传、年命、日辰之六处，逢旬内之丁神者，必主财动，及远方封寄财物付本身之象。如未有妻，则有娶妻之喜，如已有妻，则主别妻之忧。如壬申、癸酉二日见卯是丁，则因子息动而有财。内癸酉日因门户之财动，或为子息而得财。壬午、癸未二日，见丑是丁，则因官鬼之财动，内癸未日伏吟，与癸丑日同说。壬辰、癸巳二日见亥为丁，则因己身或兄弟党之财动，内有癸巳日见亥丁马交加，财动又速。壬寅癸卯二日见酉是丁，则因父母或长上而财动，内癸卯日又因门户之财动。壬子、癸丑二日见未是丁，则因官鬼之财动，内癸丑日干上未，并初传是丁，缘三传皆鬼，不可取财。壬戌、癸亥二日见巳是丁，则因妻之财动，内有癸亥，巳为丁马交加，财动尤速，离妻娶妻更的。

财乘丁马格 缘财神乘丁，或为驿马者，必因出入求财或因妻动用者，如丁马交加，必因妻财而非细之动。如己丑日亥为财乘丁马，甲辰、乙巳见

---

① 掠敌人之粮必得。

未，丙申、丁酉见酉，戊子日见亥，甲戌、乙亥日见丑。太常乘日之长生临日干上者，来人必占婚姻之喜，或有锡赐物帛之事。如六甲日亥加寅，夜将乘太常。六己申加未，昼将乘太常，癸亥日干上亥，夜常，未巳卯皆财。

太常乘日之长生临支上者，宅中必有婚礼之喜，或宜开彩帛铺或开酒食店肆，后有长进。如甲子日夜占，亥加子作太常，为日长生，又是交车合并。甲戌日亥加戌，夜将亦是交车合，乘太常作日之长生，斯二例占婚尤的。甲寅日亥加寅夜，已未日申加未昼。

牛女相会格 缘丑中有牛宿，子中有女宿，子与丑合，乘太常为用。如乙丑、已丑，子加丑；丙子、壬子，丑加子乘太常，大宜占婚姻。内壬子日是芜淫体，后必不成。

传财化鬼财休觅第二七[①]

谓三传皆作日之财，而生起干上日鬼，而伤其日干者，必因取财而致祸，及防妻与鬼交而损失。余生支上鬼者，主破家。如辛亥日干上午，三传未卯亥，皆作木局为日之财，其财且不可取，欲待不取，奈财在目前，怎忍舍之，设取其财，即生起干上之午火而伤辛金，难免其凶祸也。此财如在虎口，又喻如刀上蜜，焉可舐，稍识事君子见其财自祸而出，必不取之，庶得全身远害。此例虽不利取财，惟宜以己财而告贵人成其事，言用昼贵，乃以财生贵，必宜侥求关节事，可谐也。

　龙　勾　合　朱
　丑　寅　卯　辰
空子　　　　巳蛇
虎亥　　　　午贵
　戌　酉　申　未
　常　玄　阴　后

合　后　勾　贵
卯　未　寅　午
未　亥　午　辛

父　丁未　后
财　　卯　合 ◎
子　辛亥　虎 ⊙

余辛卯、辛未二日干上午同前说。丁巳、丁丑二日干上亥，若丁酉日干上亥，三传亥卯未全生，但日上见鬼耳，幸为贵德，宜告贵得益，宜为长上占之。若壬戌日干上未，夜乘太常，三传全脱，占病则因伤食以致邪祟侵缠，尤恐不救，如得占人年命去其干上之鬼，稍轻。

---

① 不宜掠军粮，不可受敌贿赂。

	朱	蛇	贵	后	
	酉	戌	亥	子	
合	申			丑	阴
勾	未			寅	玄
	午	巳	辰	卯	
	龙	空	虎	常	

空	阴	常	贵	官	己亥	贵
巳	丑	卯	亥	父	癸卯	常
丑	酉	亥	丁	子	乙未	勾

内有丁丑日干上亥，三传酉丑巳，其金财不能生亥水，言初中空陷，末作天空，夜占三传天将皆土，能克去亥鬼，致使财亦不可取，祸亦不伤身，未免经繇此二事后，始无一成。并丁巳、丁酉二日，各视天将言之。

	朱	蛇	贵	后	
	酉	戌	亥	子	
合	申			丑	阴
勾	未			寅	玄
	午	巳	辰	卯	
	龙	空	虎	常	

朱	空	常	贵	财	酉	朱	◎
酉	巳	卯	亥	子	丁丑	阴	⊙
巳	丑	亥	丁	兄	辛巳	空	

	贵	后	阴	玄	
	酉	戌	亥	子	
蛇	申			丑	常
朱	未			寅	虎
	午	巳	辰	卯	
	合	勾	龙	空	

贵	勾	空	阴	财	酉	贵	◎
酉	巳	卯	亥	子	丁丑	常	⊙
巳	丑	亥	丁	兄	辛巳	勾	

传财化鬼格 缘三传作日之财，反生起支上神而克日干者，此等祸害，必自宅中而发，惟要行年、本命上神克制其鬼，庶不致深害。如乙巳日未加乙，三传未戌丑，支上申。

贵 后 阴 玄
申 酉 戌 亥
蛇未　　子常
朱午　　丑虎
巳 辰 卯 寅
合 勾 龙 空

玄 贵 阴 蛇　　财　丁未　蛇
亥 申 戌 未　　财　庚戌　阴
申 巳 未 乙　　财　癸丑　虎

乙亥日，干上丑，三传丑戌未；丁亥日干上申，三传申酉戌，支上子，惟宜纳粟得官，或以财告贵，买恩泽而补授极妙。但有官人占之则吉，必升擢官职也。

龙 勾 合 朱
午 未 申 酉
空巳　　戌蛇
虎辰　　亥贵
卯 寅 丑 子
常 玄 阴 后

阴 后 朱 合　　财　甲申　合 ⊙
丑 子 酉 申　　财　乙酉　朱
子 亥 申 丁　　子　丙戌　蛇

又如四己日，己卯、己亥、己酉、己未，干上亥，虽为日财，奈三传曲直木局，并来伤干，亦宜纳粟求官。

合 朱 蛇 贵
酉 戌 亥 子
勾申　　丑后
龙未　　寅阴
午 巳 辰 卯
空 虎 常 玄

蛇 龙 玄 蛇　　兄　癸未　龙
亥 未 卯 亥　　财　乙亥　蛇
未 卯 亥 己　　官　己卯　玄

因财致祸格　或畏妻室，如带凶将，或被妻伤者，缘财爻反克干上之神者是也。如庚辰日干上丑，初传寅木为财乘白虎而伤干上丑土，必被妻伤其命，又被丑旬中之丁作墓而覆日，亦是命运灾衰，以致然耳，不然娶恶妻而不孝于父母。

	合	勾	龙	空	
	戌	亥	子	丑	
朱	酉			寅	虎
蛇	申			卯	常
	未	午	巳	辰	
	贵	后	阴	玄	

虎	朱	后	空	财	戊寅	虎 ⊙
寅	酉	午	丑	父	癸未	贵
酉	辰	丑	庚	子	丙子	龙

财遁鬼格 缘日上神作财，却遁旬中干鬼，必因财致祸，为食丧身，因妻成讼。如甲戌日干上庚辰，甲辰日干上庚戌，乙丑日干上辛未，乙未日干上辛丑，丙寅日干上壬申，壬戌日干上戊午，癸酉日干上己巳，丁卯日干上癸酉，戊辰日干上甲子。

借钱还债格 如辛酉日干上卯、支上寅，壬子日干上巳，丙午日干上申，外有乙未日伏吟，凡干支相同者，不宜求财耳，此曰借钱还债不明。

	勾	合	朱	蛇	
	戌	亥	子	丑	
龙	酉			寅	贵
空	申			卯	后
	未	午	巳	辰	
	虎	常	玄	阴	

虎	贵	空	后	父	己未	虎
未	寅	申	卯	子	子	朱 ◎
寅	酉	卯	辛	官	丁巳	玄 ⊙

	勾	合	朱	蛇	
	亥	子	丑	寅	
龙	戌			卯	贵
空	酉			辰	后
	申	未	午	巳	
	虎	常	玄	阴	

合	玄	勾	阴	财	丙午	玄
子	午	亥	巳	兄	壬子	合
午	子	巳	壬	财	丙午	玄

传鬼化财钱险危第二八[①]

谓三传俱鬼，则能去比肩，既无夺财之神，于传内有一作财现，其财安

---

① 占后同前。

稳而无破也。谓三合课中，虽作日之鬼，两课俱空，独存一字，中间为财者，乃名全鬼变为财，其财终是危险中出，纵得之亦不安稳，倘君子识事，必不取其财也。如占人命年上乘日鬼，其祸仍发，亦不为财也。如丙申、丙子、丙辰三日并干上丑土，可以敌其水局，独存申金为财，如用昼将，少畏龙、蛇、玄皆水兽，恐为祸也。

	朱	合	勾	龙	
	丑	寅	卯	辰	
蛇子					巳空
贵亥					午虎
	戌	酉	申	未	
	后	阴	玄	常	

蛇	龙	阴	朱	官	庚子	蛇 ⊙
子	辰	酉	丑	财	丙申	玄
辰	申	丑	丙	子	辰	龙 ◎

取还魂债格 缘三传全为脱气，反生干上财神者。例如己丑干上亥，三传酉丑巳，虽为日之脱气，殊不知金局生起干上亥水，作日之财。

	合	朱	蛇	贵	
	酉	戌	亥	子	
勾申					丑后
龙未					寅阴
	午	巳	辰	卯	
	空	虎	常	玄	

合	虎	玄	蛇	子	乙酉	合
酉	巳	卯	亥	兄	己丑	后
巳	丑	亥	己	父	癸巳	虎

己巳干上亥空亡尤为的验。壬寅返吟，甲戌、甲午、甲申、甲辰、甲寅日干上戌。又如丁丑日酉加巳用，墓土将生空亡之财，亦如前说。

	朱	蛇	贵	后	
	酉	戌	亥	子	
合申					丑阴
勾未					寅玄
	午	巳	辰	卯	
	虎	空	虎	常	

朱	空	常	贵	财	酉	朱 ◎
酉	巳	卯	亥	子	丁丑	阴 ⊙
巳	丑	亥	丁	兄	辛巳	空

有三传为脱气，生起支上财神者，如壬寅、壬戌二日并支上午，甲午日

支上戌，亦为取还魂债。

	勾	龙	空	虎	
	酉	戌	亥	子	
合	申			丑	常
朱	未			寅	玄
	午	巳	辰	卯	
	蛇	贵	后	阴	

龙	蛇	朱	阴	官	乙未	朱
戌	午	未	卯	兄	己亥	空
午	寅	卯	壬	子	癸卯	阴

求财急取格 如乙未日未加乙，虽曰财就人格，惟宜速去取之，如缓则财反被未来墓其乙木，却恐为祸。

	贵	后	阴	玄	
	申	酉	戌	亥	
蛇	未			子	常
朱	午			丑	虎
	巳	辰	卯	寅	
	合	勾	龙	空	

玄	贵	阴	蛇	财	丁未	蛇
亥	申	戌	未	财	庚戌	阴
申	巳	未	乙	财	癸丑	虎

又如辛卯日卯加辛，虽名财就人格，亦宜速取其财，如少缓，亦被卯木克其戌土，反有害也。

	勾	虎	空	虎	
	戌	亥	子	丑	
合	酉			寅	常
朱	申			卯	玄
	未	午	巳	辰	
	蛇	贵	后	阴	

虎	朱	朱	玄	财	辛卯	玄
丑	申	申	卯	兄	甲申	朱
申	卯	卯	辛	父	己丑	虎

空财格 如丙子日酉加巳，乃空财，如用夜将反生三传之财，亦宜索债。

	贵	后	阴	玄	
	酉	戌	亥	子	
蛇	申			丑	常
朱	未			寅	虎
	午	巳	辰	卯	
	合	勾	龙	空	

蛇	龙	常	贵	财	酉	贵 ◎
申	辰	丑	酉	子	丁丑	常 ⊙
辰	子	酉	丙	兄	辛巳	勾

危中取财格 缘干克支辰为财，支上神为鬼者，不免自惊，危中取财。

如甲辰日乃甲木克辰土为财，如辰上乘申是也。

勾 合 朱 蛇
酉 戌 亥 子
龙申 丑贵
空未 寅后
午 巳 辰 卯
虎 常 玄 阴

蛇 龙 合 虎
子 申 戌 午
申 辰 午 甲

官 戊申 龙
父 壬子 蛇
财 甲辰 玄

甲戌日支上申空亡，似乎无畏。乙丑、乙未二日支上酉，丙申日支上亥，丁酉日支上子，戊子日支上寅，己亥日支上卯，庚寅日支上巳，辛卯日支上午作空亡，不可畏之。

眷属丰盈居狭宅第二九①

谓三传生其日干，反脱其支辰者是也，值此必人口丰隆而居宅窄狭也。如甲申日干上午，三传辰申子水局全来生日，乃应人口丰盈也，申金为支辰，反生三传之水局，乃应屋舍窄狭也，如得此课，切不可迁居宽广之屋舍，恐反生灾咎，此造化使然，不可逆天理而妄作也。其余占别事，即我盛而他衰，我胜而他负，后例准此。

勾 合 朱 蛇
酉 戌 亥 子
龙申 丑贵
空未 寅后
午 巳 辰 卯
虎 常 玄 阴

玄 蛇 合 虎
辰 子 戌 午
子 申 午 甲

财 壬辰 玄
官 甲申 龙
父 戊子 蛇

乙酉日干上申，三传申子辰，又干上巳，三传亥子丑。

人旺弃宅格 缘三传生其日干而克其支辰者，占人虽亨旺而无正屋可居，纵为官多是寄居，或欲逃亡而弃其家尤的。如丁未日卯加未，又亥加未用，癸卯日酉加巳用，甲午日子加丑，丙戌日卯加辰用。

① 凡占兵利先举。

朱	合	勾	龙
丑	寅	卯	辰
蛇子			巳空
贵亥			午虎
戌	酉	申	未
后	阴	玄	常

贵	勾	贵	勾	父	卯	勾	◎
亥	卯	亥	卯	官	六亥	贵	⊙
卯	未	卯	丁	子	丁未	常	

赘婿卦 缘支加干而被干克者，其支上又乘脱气，或克支者，必无正屋可居。如丙申日申加丙，亥脱申；丁酉日酉加丁，亥脱酉；戊子日子加戊，未克子；己亥日亥加巳，卯脱亥。

合	朱	蛇	贵
申	酉	戌	亥
勾未			子后
龙午			丑阴
巳	辰	卯	寅
空	虎	常	玄

玄	贵	贵	合	财	丙申	合	⊙
寅	亥	亥	申	官	己亥	贵	
亥	申	申	丙	父	壬寅	玄	

屋宅宽广致人衰第三十[①]

谓三传窃盗日干反生支辰者是也，凡值此课，必宅不容人居止，不然人口少而居宽广之屋舍，致使人口日渐衰羸，患难俱生，惟宜弃此住场而别迁居止，庶免此患。余占事皆我衰他旺，我负他胜，后例准此。如甲辰日戌加寅，甲戌日寅加戌，又壬午日未加卯。

贵	后	阴	玄
丑	寅	卯	辰
蛇子			巳常
朱亥			午虎
戌	酉	申	未
合	勾	龙	空

龙	蛇	虎	合	财	庚戌	合	⊙
申	子	午	戌	子	丙午	虎	
子	辰	戌	甲	兄	寅	后	◎

---

① 占兵利为主而后应，或营空虚。

卖宅备患格　缘三传生支克干，惟宜兑卖宅舍，以钱预备灾患之费，如癸酉日辰加丑用，己巳日卯加未，丙寅日子加丑，癸酉日伏吟。

合　勾　龙　空

申　酉　戌　亥

朱未　　　　子虎

蛇午　　　　丑常

巳　辰　卯　寅

贵　后　阴　玄

阴　虎　朱　后　　官　戊辰　后

卯　子　未　辰　　官　辛未　朱

子　酉　辰　癸　　官　　戌　龙 ◎

狮兽冲宅格　缘对邻兽头吻冲其本家，或有狮子道路冲宅，以致家道衰替，如对邻空亡不足畏也。如壬辰日，申加戌作白虎，冲支上寅。

贵　后　阴　玄

卯　辰　巳　午

蛇寅　　　　未常

朱丑　　　　申虎

子　亥　戌　酉

合　勾　龙　空

合　蛇　常　空　　子　庚寅　蛇

子　寅　未　酉　　兄　戊了　合

寅　辰　酉　壬　　官　丙戌　龙

辛巳日伏吟，亥作虎冲支上巳；甲午、庚午二日伏吟，子作虎冲支上午；辛丑日酉加未作虎冲支上卯。

血厌克宅格　缘天后乘血支、血忌作月厌，临支克支，凡交易买卖铺店，皆宜忌此。如七月癸亥日，辰作天后加亥，乃夜占，缘七月血忌在辰，月厌亦在辰，又墓克其宅神故也。止有七月占有血忌与月厌同处，余中有天后临血支、血忌之例。

合　勾　龙　空

申　酉　戌　亥

朱未　　　　子虎

蛇午　　　　丑常

巳　辰　卯　寅

贵　后　阴　玄

贵　玄　朱　后　　官　丙辰　后 ⊙

巳　寅　未　辰　　官　己未　朱

寅　亥　辰　癸　　官　壬戌　龙

三传递生人举荐第三一[①]

此格有二等，一自初传生中，中生末传，末传生日干；一自末生中传，中传生初传，初传生日干。凡占值二例，必隔三隔四有人于上位推荐之意，所谓皆赖众人之说。如欲干官及请举文状，皆宜得之，必得始终成就也。惟宜详初末空亡，如值空亡者，虽有举荐之心，终无成就之实，乃便作闲话多赤心少之语也。

如辛丑日，卯加丑为初传，生其中传巳，中传巳生末传未，未土生辛干，此中空末落空，如年月并干事人命填实可成。

	蛇	朱	合	勾	
	未	申	酉	戌	
贵	午			亥	龙
后	巳			子	空
	辰	卯	寅	丑	
	阴	玄	常	虎	

后	玄	常	空
巳	卯	寅	子
卯	丑	子	辛

财	癸卯	玄	
官	巳	后	◎
父	乙未	蛇	⊙

又辛酉日干上寅，癸未日干上卯，甲子、壬申、壬辰、甲申、壬寅、壬子、壬戌并干上午，丙子、丙寅、丙辰、丙午、丙申、丙戌干上申，三传申亥寅，此数日内有传空者，有传不空者，如丙子初中空，丙寅中末空。

将生财神格 缘三传作财，其天将又生财神者，大宜取财，如六丙日酉加巳夜。

	贵	后	阴	玄	
	酉	戌	亥	子	
蛇	申			丑	常
朱	未			寅	虎
	午	巳	辰	卯	
	合	勾	龙	空	

后	合	常	贵
戌	午	丑	酉
午	寅	酉	丙

财	癸酉	贵
子	乙丑	常
兄	己巳	勾

支干相生格 如壬戌日干上申，支上未土生申金，金来生日，可无畏未为鬼，然后作福。

---

① 生干客胜，生支主胜。

	蛇	贵	后	阴
	寅	卯	辰	巳
朱丑				午玄
合子				未常
	亥	戌	酉	申
	勾	龙	空	虎

后	常	阴	虎	财	丁巳	阴
辰	未	巳	申	子	甲寅	蛇
未	戌	申	壬	兄	癸亥	勾

两面刀格 如六戊日伏吟，巳申寅，末传寅能助初生干，亦能克干，俗谚云：成也萧何，败也萧何，作两面刀。

	勾	龙	空	虎
	巳	午	未	申
合辰				酉常
朱卯				戌玄
	寅	丑	子	亥
	蛇	贵	后	阴

合	合	勾	勾	父	己巳	勾
辰	辰	巳	巳	子	壬申	虎
辰	辰	巳	戊	官	丙寅	蛇

外有三传生干，天将又生传者，例如六癸日三传酉丑巳，或巳丑酉，昼占天将贵常勾。

	勾	龙	空	虎
	酉	戌	亥	子
合申				丑常
朱未				寅玄
	午	巳	辰	卯
	蛇	贵	后	阴

贵	常	勾	贵	父	癸酉	勾
巳	丑	酉	巳	官	乙丑	常
丑	酉	巳	癸	财	己巳	贵

三传互克众人欺第三二[①]

此例亦有二等，一初克中，中克末，末克日干；一末克中，中克初，初克日干。凡占值此二例，必有人递互而相克害我也，或使众口一词，总相欺凌，或如常人所为凶横，遂被他人雷攻状论。如或见在朝官占得此课，宜自

① 克干客败，克支主败。

检束提防，恐有台阁上言之患。

如丙辰日初传寅加酉，克中传未，其中传未克末传子，末传子克日干丙火。

	蛇	贵	后	阴	
	戌	亥	子	丑	
朱	酉			寅	玄
合	申			卯	常
	未	午	巳	辰	
	勾	龙	空	虎	

玄	朱	常	蛇	父	甲寅	玄	
寅	酉	卯	戌	子	己未	勾	
酉	辰	戌	丙	官	子	后	◎

辛酉日干上卯，己巳日伏吟，六戊日伏吟；

如丙子日，末传寅加未，克中传未，中传未克初传子，初传子克丙火日干。

	蛇	朱	合	勾	
	子	丑	寅	卯	
贵	亥			辰	龙
后	戌			巳	空
	酉	申	未	午	
	阴	玄	常	虎	

合	常	常	蛇	官	丙子	蛇
寅	未	未	子	子	癸未	常
未	子	子	丙	父	戊寅	合

求财大获格　如庚辰日干上丑，三传寅未子，自庚金克初传寅为财，初传寅木克中传未土，中传未土克末传子水，总为财，故求财可以大获。此法极好，他课例推。

	合	朱	蛇	贵	
	戌	亥	子	丑	
勾	酉			寅	后
龙	申			卯	阴
	未	午	巳	辰	
	空	虎	常	玄	

后	勾	虎	贵	财	戊寅	后	⊙
寅	酉	午	丑	父	癸未	空	
酉	辰	丑	庚	子	丙子	蛇	

又如乙酉日未加寅，或如乙丑日干上酉，三传寅未子俱同。

土将助财格 如六丙日酉加巳，三传皆财，夜将又皆土神，尽生起财神，大宜求财事，尤宜成合万事，却不利父母，占病死，兼此人不义，多贪横发。

	贵	后	阴	玄									
	酉	戌	亥	子									
蛇	申			丑	常	后	合	常	贵	财	癸酉	贵
朱	未			寅	虎	戌	午	丑	酉	子	乙丑	常
	午	巳	辰	卯		午	寅	酉	丙	兄	己巳	勾
	合	勾	龙	空								

雀鬼格 朱雀作日鬼加干，如在朝官，防弹章，及不宜上书献策，反受责黜。六丙日干上亥夜，六庚日干上巳暮，六甲日干上酉夜，六戊日干上卯昼，壬癸日未乘雀昼贵顺行有之，但不临干，如临年命亦可用。

	朱	合	勾	龙								
	亥	子	丑	寅								
蛇	戌			卯	空	龙	后	常	朱	父	丙寅	龙
贵	酉			辰	虎	寅	申	巳	亥	财	壬申	后
	申	未	午	巳		申	寅	亥	丙	父	丙寅	龙
	后	阴	玄	常								

三传内战格 缘三传俱下贼上，迤逦克去，递相侵伐，乃名三传内战，凡占必是有窝犯，讼自家庭而出。

如癸酉日，未加寅下克上，中传子加未受克，末传巳加子亦受克，且天盘未克子，子克巳，地盘寅克未，未克子，尽相伤伐而无穷也。

	龙	空	虎	常								
	戌	亥	子	丑								
勾	酉			寅	玄	朱	玄	空	蛇	官	辛未	朱
合	申			卯	阴	未	寅	亥	午	兄	甲子	虎
	未	午	巳	辰		寅	酉	午	癸	财	己巳	贵
	朱	蛇	贵	后								

又如戊辰日寅加酉为发用亦同。

	合朱	蛇	贵	
	戌亥	子	丑	
勾酉				寅后
龙申				卯阴
	未午	巳	辰	
	空虎	常	玄	

后	勾	阴	合	官	丙寅	后
寅	酉	卯	戌	兄	辛未	空
酉	辰	戌	戊	财	甲子	蛇

有始无终难变易第三三[1]

此一句，乃是二项事体。夫有始无终者，乃因初传是日之长生，末传为干之墓是也。夫难变易者，乃初为干墓，末为干之长生是也。

如乙未日，初传亥加未为干之长生，末传未加卯为干墓。占得此例者，如初起谋事之时，如花似锦，后将必无成合。

	合朱	蛇	贵	
	酉戌	亥	子	
勾申				丑后
龙未				寅阴
	午巳	辰	卯	
	空虎	常	玄	

玄	蛇	贵	勾	父	己亥	蛇
卯	亥	子	申	兄	癸卯	玄
亥	未	申	乙	财	乙未	龙

又如乙丑日亥加丑，初传亥，末传未，皆自生传墓也，亦如前说。

	合勾	龙	空	
	卯辰	巳	午	
朱寅				未虎
蛇丑				申常
	子亥	戌	酉	
	贵后	阴	玄	

玄	后	贵	朱	父	亥	后	◎
酉	亥	子	寅	官	癸酉	玄	⊙
亥	丑	寅	乙	财	辛未	虎	

又如丙寅日戌加寅，初传戌为干墓，末传寅乃丙火长生之地，占事先难后易。

---

① 占兵有先后，互为胜负。

　朱 合 勾 龙
　丑 寅 卯 辰
蛇子　　　巳空
贵亥　　　午虎
　戌 酉 申 未
　后 阴 玄 常

虎	后	阴	朱	子	戌	后	◎
午	戌	酉	丑	兄	庚午	虎	⊙
戌	寅	丑	丙	父	丙寅	合	

又如壬子、壬寅二日，辰加寅为初传，申加午为末传，此乃自墓传生，先迷后醒，如占得此例，谋事之初，虽值艰难，已后却有成合，凡占未免先暗后明。

　朱 合 勾 龙
　未 申 酉 戌
蛇午　　　亥空
贵巳　　　子虎
　辰 卯 寅 丑
　后 阴 玄 常

后	玄	阴	常	官	甲辰	后	⊙
辰	寅	卯	丑	财	丙午	蛇	
寅	子	丑	壬	父	戊申	合	

舍损就益格　如甲辰日丑加甲，丑乃日之破碎，支上卯又作六害，又是干之羊刃，宜弃此而就三传子亥戌为生干，凡占不免舍无益而就亨旺也。占得此例，一则有寿，二则自微至显。

　合 勾 龙 空
　辰 巳 午 未
朱卯　　　申虎
蛇寅　　　酉常
　丑 子 亥 戌
　贵 后 阴 玄

蛇	朱	后	贵	父	壬子	后
寅	卯	子	丑	父	辛亥	阴
卯	辰	丑	甲	财	庚戌	玄

又如甲子日亥加甲，六月占，乃父母爻作空亡，又是死气，又为木之长生，主父母灾，如父母殁后不论。余极多，仿此。

蛇 朱 合 勾
寅 卯 辰 巳
贵丑 午龙
后子 未空
亥 戌 酉 申
阴 玄 常 虎

龙 常 虎 阴
午 酉 申 亥
酉 子 亥 甲

子 庚午 龙
兄 丁卯 朱
父 甲子 后

苦去甘来乐里悲第三四[1]

此一句亦宜分为二项说，且夫苦去甘来者，如戊午日，末传申生中传亥水，中传亥水生初传寅木，而克日干之戊土，诚为被寅木之苦，殊不知反赖末之申金冲克其寅，又为戊土之长生，乃应苦去甘来之喻也。凡占未免先受磨折，后却安逸。

蛇 朱 合 勾
寅 卯 辰 巳
贵丑 午龙
后子 未空
亥 戌 酉 申
阴 玄 常 虎

后 朱 阴 蛇
子 卯 亥 寅
卯 午 寅 戊

官 甲寅 蛇
财 癸亥 阴
子 庚申 虎

又如六戊日伏吟，乃初克中，克末，末克日干，亦是先被寅苦，殊不知又赖寅径生其巳火而生戊干也，以上二例，亦可作成败萧何。

勾 龙 空 虎
巳 午 未 申
合辰 酉常
朱卯 戌玄
寅 丑 子 亥
蛇 贵 后 阴

合 合 勾 勾
辰 辰 巳 巳
辰 辰 巳 戊

父 己巳 勾
子 壬申 虎
官 丙寅 蛇

一喜一悲格 如癸亥日，干上戌乘龙克日，乃幸中不幸；支上申乘虎生

---

① 不成功处反成功。

日，乃不幸中幸。

蛇　贵　后　阴
寅　卯　辰　巳
朱丑　　　　午玄
合子　　　　未常
亥　戌　酉　申
勾　龙　空　虎

阴　虎　常　龙　　财　丁巳　阴
巳　申　未　戌　　子　甲寅　蛇
申　亥　戌　癸　　兄　癸亥　勾

又癸卯日干上申乘虎，支上戌乘龙；又壬寅、壬子，戌加子发用，夜将同。如干上长生于月令无气，却喜传中见鬼，乃甲日上见亥，月令无气，传中见申酉为可生亥水也，亦名不幸中幸。

乐里生忧格　如庚寅日干上巳乃庚金之长生，支上亥乃寅木之长生，此乃先各有长生之意，然后递互相参，其庚金反被亥水脱，寅木又被巳火脱，却反为两边脱盗，凡占皆然。

蛇　朱　合　勾
寅　卯　辰　巳
贵丑　　　　午龙
后子　　　　未空
亥　戌　酉　申
阴　玄　常　虎

虎　阴　蛇　勾　　官　癸巳　勾
申　亥　寅　巳　　财　庚寅　蛇
亥　寅　巳　庚　　子　丁亥　阴

又甲申日干上亥、支上巳同前。

庚辰日干上戌生干，支上午，此例止宜坐待用事，尽有其益，如若动，其支干皆坐于克乡。

空　虎　常　玄
未　申　酉　戌
龙午　　　　亥阴
勾巳　　　　子后
辰　卯　寅　丑
合　朱　蛇　贵

虎　龙　后　玄　　兄　　申　虎◎
申　午　子　戌　　父　甲戌　玄⊙
午　辰　戌　庚　　子　丙子　后

如庚午日干上辰土生庚金，支上寅木生午火，亦宜坐用，倘动，其支干坐于脱气乡。

		贵	后	阴	玄		
		丑	寅	卯	辰		
蛇	子					巳	常
朱	亥					午	虎
		戌	酉	申	未		
		合	勾	龙	空		

合	后	蛇	玄	父	戌	合◎
戌	寅	子	辰	官	庚午	虎⊙
寅	午	辰	庚	财	丙寅	后

如庚子日干上巳作干之长生，殊不知巳火亦能克庚金，且支上酉生支，殊不知水败于酉。

		蛇	朱	合	勾		
		寅	卯	辰	巳		
贵	丑					午	龙
后	子					未	空
		亥	戌	酉	申		
		阴	玄	常	虎		

龙	常	蛇	勾	官	甲午	龙
午	酉	寅	巳	财	癸卯	朱
酉	子	巳	庚	子	庚子	后

如癸酉、癸丑、癸巳三日，酉加癸昼占，三传虽金生日，其天将皆来伤日，虽有面前之生，背后反为深害，占病死，占讼刑，乃应俗谚云：贪得一粒粟，失却半年粮。凡占俱如是。

		勾	合	朱	蛇		
		丑	寅	卯	辰		
龙	子					巳	贵
空	亥					午	后
		戌	酉	申	未		
		虎	常	玄	阴		

勾	贵	贵	常	财	己巳	贵
丑	巳	巳	酉	官	乙丑	勾
巳	酉	酉	癸	父	癸酉	常

如庚辰日干上巳，虽曰日之长生，却被末传生中传，中传生初传之巳火而克庚干。

	蛇	朱	合	勾	
	寅	卯	辰	巳	
贵	丑			午	龙
后	子			未	空
	亥	戌	酉	申	
	阴	玄	常	虎	

玄	贵	蛇	勾	官	辛巳	勾	⊙
戌	丑	寅	巳	财	戊寅	蛇	
丑	辰	巳	庚	子	乙亥	阴	

丙申日夜占，干上申，三传申亥寅，初传申加巳作日之财，受上下夹克而无用，中传为日之鬼，末传乘虎遁壬水克干，先是初生中，中生末，末生日干，后却变出许多不美，亦如前说。已上诸例，变宫商薤露。[①]

	蛇	贵	后	阴	
	申	酉	戌	亥	
朱	未			子	玄
合	午			丑	常
	巳	辰	卯	寅	
	勾	龙	空	虎	

虎	阴	阴	蛇	财	丙申	蛇	⊙
寅	亥	亥	申	官	己亥	阴	
亥	申	申	丙	父	壬寅	虎	

恩多怨深格　缘干生初恩也，初生中，中生末，末却克日干，反成仇是也。如己巳日，申加巳生中传之亥水，中传水生末传之寅木，反克日干之己土。

	勾	合	朱	蛇	
	申	酉	戌	亥	
龙	未			子	贵
空	午			丑	后
	巳	辰	卯	寅	
	虎	常	玄	阴	

蛇	勾	后	朱	子	壬申	勾	
亥	申	丑	戌	财	亥	蛇	◎
申	巳	戌	己	官	丙寅	阴	⊙

乙亥、乙未、乙巳、乙卯四日午加亥用。

不幸中幸、幸中不幸格　缘白虎却作长生，青龙却乘日鬼是也，凡占皆

---

① 笔者注：宫商为唱曲，薤露为挽歌。

然。如六戊日伏吟，昼占三重白虎作长生，乃不幸中幸；如夜占三重青龙作日干之鬼，乃幸中不幸。

	勾	龙	空	虎	
	巳	午	未	申	
合	辰			酉	常
朱	卯			戌	玄
	寅	丑	子	亥	
	蛇	贵	后	阴	

合	合	勾	勾
辰	辰	巳	巳
辰	辰	巳	戊

父	己巳	勾
子	壬申	虎
官	丙寅	蛇

	朱	蛇	贵	后	
	巳	午	未	申	
合	辰			酉	阴
勾	卯			戌	玄
	寅	丑	子	亥	
	龙	空	虎	常	

合	合	朱	朱
辰	辰	巳	巳
辰	辰	巳	戊

父	己巳	朱
子	壬申	后
官	丙寅	龙

外有戊己日返吟，三月占，生气克日，主病，死气生日主生。

人宅受脱俱招盗第三五[①]

此例亦有二等，一则支上干上皆乘脱气，一则干上脱支、支上脱干。以上二例，凡占人被脱赚，家宅必被盗窃财物，如占病定然起盖屋宅费用，以致心气脱弱而成虚惫，宜服补元气药饵获愈。内有支干递互相脱者及相交涉，必是我欲脱漏彼，彼亦早办脱漏我也，既各怀脱漏之意，故应道典云：“天网恢恢，疏而不漏。”

遥克、昴星、别责，乘空落空为初传发用，将乘玄武者，凡占定主失脱，此法极验。如乙亥日蒿矢，酉玄加亥用。

---

① 占兵主客俱不利。

合 勾 龙 空

卯 辰 巳 午

朱寅　　　未虎

蛇丑　　　申常

子 亥 戌 酉

贵 后 阴 玄

虎 玄 贵 朱　官　酉　玄 ◎

未 酉 子 寅　财　癸未　虎 ⊙

酉 亥 寅 乙　子　辛巳　龙

丙子日弹射，申玄加子用昼将；己巳日弹射，亥玄加酉；辛丑日别责，巳玄加申夜将；庚午日昴宿，戌加酉昼将夜将有之。

又有庚子日元首，辰空玄加子昼将皆乘玄武。

勾 合 朱 蛇

酉 戌 亥 子

龙申　　　丑贵

空未　　　寅后

午 巳 辰 卯

虎 常 玄 阴

龙 玄 玄 蛇　父　辰　玄 ◎

申 辰 辰 子　兄　丙申　龙 ⊙

辰 子 子 庚　子　庚子　蛇

辛亥卯加戌昼将，此等日乃空亡乘玄武为用，但初传不系遥克并昴星。

财空乘玄格　或临支发用，亦防失脱。如甲子日戌加子，昼占上乘玄武，此例极多。

朱 合 勾 龙

卯 辰 巳 午

蛇寅　　　未空

贵丑　　　申虎

子 亥 戌 酉

后 阴 玄 常

虎 玄 玄 后　财　戌　玄 ◎

申 戌 戌 子　官　壬申　虎 ⊙

戌 子 子 甲　子　庚午　龙

鬼脱乘玄格　缘日鬼或脱气乘玄武，来意占失脱，为发用尤的。如己酉日卯加酉昼，辛丑日亥加丑夜。

	蛇	贵	后	阴								
	亥	子	丑	寅								
朱	戌			卯	玄	合	玄	龙	后	官	卯	玄◎
合	酉			辰	常	酉	卯	未	丑	子	己酉	合⊙
	申	未	午	巳		卯	酉	丑	己	官	卯	玄◎
	勾	龙	空	虎								

	蛇	朱	合	勾								
	卯	辰	巳	午								
贵	寅			未	龙	虎	玄	勾	空	子	己亥	玄
后	丑			申	空	酉	亥	午	申	兄	丁酉	虎
	子	亥	戌	酉		亥	丑	申	辛	父	乙未	龙
	阴	玄	常	虎								

干支皆败势倾颓第三六[①]

谓干支上皆逢败气者，占身气血衰败，占宅屋舍崩颓，日渐狼狈，全无长进，更不可捕捉奸私，告讦他人阴事，倘若到官，必牵连我之旧过，同时败露，各获罪也。其余占用，彼此皆值衰败，乃应俗谚云："杀人一万，自损三千"之意也。如甲申日干上子、支上午，庚寅日干上午、支上子，丙申、丙寅日干上卯。

	朱	合	勾	龙								
	卯	辰	巳	午								
蛇	寅			未	空	合	龙	玄	后	子	午	龙◎
贵	丑			申	虎	辰	午	戌	子	财	壬辰	合⊙
	子	亥	戌	酉		午	申	子	甲	兄	庚寅	蛇
	后	阴	玄	常								

破败神临宅格 缘支上有败气，又为破碎煞，必宅中有人不利，而致日渐衰残，家道破败，宜详其破败者类神是何人。如己巳、己亥二日，干上乘

① 占兵同前。

酉，乃干之败气又作支之破碎，故总名为破败神也。以类推之，昼占必家中有破败之子，缘酉为己土之子息故也；夜乘天后因妾败。

龙 勾 合 朱
未 申 酉 戌
空午　　亥蛇
虎巳　　子贵
辰 卯 寅 丑
常 玄 阴 后

玄 后 蛇 合　兄　辛丑　后
卯 丑 亥 酉　官　癸卯　玄
丑 亥 酉 己　父　　巳　虎 ◎

蛇 贵 后 阴
未 申 酉 戌
朱午　　亥玄
合巳　　子常
辰 卯 寅 丑
勾 龙 空 虎

龙 虎 玄 后　兄　辛丑　虎
卯 丑 亥 酉　官　癸卯　龙
丑 亥 酉 巳　父　　巳　合 ◎

又戊申、戊寅日干上酉，壬寅、壬申、癸巳、癸亥四日干上酉，并同其其酉为婢类，亦缘酒色而败家。其余破败神临之同说。一说破败神临干主凶，非临支。

末助初兮三等论第三七[①]

谓末传助其初传而生日干者，亦有末助初而克干者，亦有末助初传而作日之财神者，此三等皆是，傍有相助而和各成其上说。内末助初生日者，欲年命制末始可言吉，年命生末反凶。

如庚午日干上午，三传午辰寅，末传寅加辰，生起初传午火而克伐庚金，末传之寅木乃教唆词讼之人也，其为公曹吏道士，为胡须人，或属虎人，或姓从木，详天将逐类而言而之，尤不宜求财取财，反为祸也。

① 占兵视其或利主或利客。

	朱	合	勾	龙									
	卯	辰	巳	午									
蛇寅					未空	蛇	合	合	龙	官	庚午	龙	
贵丑					申虎	寅	辰	辰	午	父	戊辰	合	
	子	亥	戌	酉		辰	午	午	庚	财	丙寅	蛇	
	后	阴	玄	常									

又庚辰、庚申二日寅加辰，辛未日卯加戌，甲辰日辰加子。

抱鸡不斗格 缘己亥、己酉日卯丑亥为传，庚寅日午辰寅为传，癸亥日丑卯巳为传，虽末助初而克日干者，因初传或空亡或落空本无意克其日干，其末传徒为怨憎，奈初传无力终不能克干，故取喻于抱鸡不斗之例也。

	合	勾	龙	空									
	卯	辰	巳	午									
朱寅					未虎	虎	玄	合	龙	官	癸卯	合	⊙
蛇丑					申常	未	酉	卯	巳	兄	辛丑	蛇	
	子	亥	戌	酉		酉	亥	巳	己	财	己亥	后	
	贵	后	阴	玄									

枉作恶人格 如庚戌日午辰寅为三传，末空，干上午；又庚子日午辰寅为三传，末传落空亦是。末助初传而克日干者，缘末传空亡不能助其初传，其教唆人必自败露，所以喻枉做恶人也。

	朱	合	勾	龙									
	卯	辰	巳	午									
蛇寅					未空	龙	虎	合	龙	官	丙午	龙	
贵丑					申虎	午	申	辰	午	父	甲辰	合	
	子	亥	戌	酉		申	戌	午	庚	财	寅	蛇	◎
	后	阴	玄	常									

谒求祸出格 乃支上神作财生干上神为鬼者，大不利谒贵求财，犯之即有祸出。如甲子甲午日干上酉，甲辰甲戌日干上申，乙亥乙巳日干上酉，乙卯乙酉日干上申，丙寅日干上子、又干上亥。

蛇 贵 后 阴
子 丑 寅 卯
朱亥　　　辰玄
合戌　　　巳常
酉 申 未 午
勾 龙 空 虎

后 空 玄 勾　　兄　丙寅　后
寅 未 辰 酉　　官　癸酉　勾
未 子 酉 甲　　财　戊辰　玄

二等者，如辛酉日末传巳加子，助其初传之未土，生日干者例，必傍有人暗地相助推荐而致亨旺，如值末传空亡，亦名闲话多赤心少也。

勾 龙 空 虎
戌 亥 子 丑
合酉　　　寅常
朱申　　　卯玄
未 午 巳 辰
蛇 贵 后 阴

蛇 常 朱 玄　　父　己未　蛇
未 寅 申 卯　　子　　子　空 ◎
寅 酉 卯 辛　　官　丁巳　后 ⊙

六戊日伏吟，己巳伏吟，己丑、辛亥、己巳、己卯、己亥、己未、辛酉七日并干上子。

三等者，如甲辰日干上子，三传戌申午，末传午加申，助其初传之戌土而作甲干之财者，凡占值此，必暗有人以财相助也。如占博奕，宜此末助初为财者作例，来意占婚尤的。

朱 合 勾 龙
卯 辰 巳 午
蛇寅　　　未空
贵丑　　　申虎
子 亥 戌 酉
后 阴 玄 常

后 蛇 玄 后　　财　庚戌　玄
子 寅 戌 子　　官　戊申　虎
寅 辰 子 甲　　子　丙午　龙

如甲寅、甲午、癸未日干上子。

末助初传作日财反克干上神者，如甲子日干上子，三传戌申午；

	朱	合	勾	龙	
	卯	辰	巳	午	
蛇寅					未空
贵丑					申虎
	子	亥	戌	酉	
	后	阴	玄	常	

虎	玄	玄	后	财	戌	玄	◎
申	戌	戌	子	官	壬申	虎	⊙
戌	子	子	甲	子	庚午	龙	

又壬申日干上酉，三传午辰寅同。

自招其祸格 缘年命自助其初传而克干者，乃自招其祸，必致患害也。

闭口卦体两般推第三八①

《心镜》云：阳神作玄武，度四是终阴。闭口卦止宜捕盗贼而追逃亡，此课纵值，目前时师多未尝拈出，故立成法于后。

地盘旬首上神乘玄武者，每日有一二课推之，如甲子旬中，甲子日辰戌加子，昼夜皆乘玄武；戊辰戌加子昼夜，乙丑日卯加子昼，乙丑日亥加子夜，戊辰日辰加子夜昼，庚午日戌加子昼夜，庚午日辰加子昼夜，己巳日卯加子昼，己巳日亥加子夜，丙寅日伏吟夜，丙寅日申加子昼，丙寅日寅加子昼，丁卯伏吟夜，丁卯日返吟夜。

甲申旬中，甲申日辰戌加申昼夜，戊子日辰加申昼夜，又戌加申昼夜，庚寅日辰戌加申昼夜，乙酉亥加申夜，卯加申昼，丙戌日子午加申夜又返吟、伏吟昼，丁亥日午子加申夜、返吟伏吟昼，壬辰日子午加申夜、返吟伏吟昼，乙酉日巳加申夜、酉加申昼。

甲戌旬中，凡甲戌庚返吟、伏吟昼夜皆是，乙亥日巳亥加戌夜、卯酉加戌昼，己卯日卯酉加戌昼，己亥加戌夜。

甲午、甲辰、甲寅三旬，止有天盘之旬首乘玄武，无地盘旬首乘玄武，因玄武不到东南方也，亦可如其说。凡旬尾加旬首作玄武者，惟甲子甲申二旬，甲戌旬无之。

旬尾加旬首为发用者例，更值初末上下六合，则气塞于中，如占病即是痖重或患禁口痢，不然咽喉肿塞，或痰厥症，不纳饮食，如占胎产定是哑儿，如占失脱纵有傍人见其贼盗窃物，竟不肯言之，凡求人说事，人但闭口而不语有无之意。余占更详天将而言其事类，且如上乘贵人，告贵不允，上乘朱

---

① 捕盗亦可察。

雀，占讼屈枉难伸，乘白虎占讼使人不明而伏罪，余皆仿此。但不免应闭口之意，此法尤好，如甲申、丙戌、丁亥、壬辰、庚寅日并巳加申用，甲寅、戊午、癸亥、丙辰、丁巳、己未、庚申日并亥加寅，内惟丙辰、丁巳为闭口发用，若甲午、庚子、丁酉日卯加午，甲辰日丑加辰，乙巳日丑加辰，甲子、丁卯日酉加了，甲戌、乙亥、未加戌，以上不必皆属闭口发用，但旬尾加旬首即有闭口之意，六旬中皆有。

禄作闭口 缘辛未日酉加寅，大不利占病，缘日禄作闭口，非旬尾加旬首，如乙未日卯加申酉，夜又乘白虎，或乘玄武，不在传课，就天盘言也，亦非旬尾加旬首，辛未日酉加戌夜亦乘白虎，外有丙戌、戊子日巳为闭口禄神，但不乘虎，壬戌日亥为闭口，亦无白虎。

财作闭口或食神空亡 皆如前说。丙寅日干支上酉，丁卯日干支上酉，甲戌日干支上未，壬辰、癸巳日干支上巳，庚子、辛丑日干上卯，甲辰、乙巳日干支上丑，戊午、己未日干支上亥。

	朱	蛇	贵	后	
	酉	戌	亥	子	
合	申			丑	阴
勾	未			寅	玄
	午	巳	辰	卯	
	龙	空	虎	常	

蛇	龙	阴	朱	财	癸酉	朱
戌	午	丑	酉	子	乙丑	阴
午	寅	酉	丙	兄	己巳	空

太阳照武宜擒贼第三九[①]

谓玄武坐于太阳月将之上，占贼必败，缘贼人喜夜而可以隐形，岂宜被太阳之光照耀，以致盗贼之形现露，不劳捕捉，必然自败，纵太阳月将乘天空或作空亡，及坐空亡尤好，缘太阳不被云翳，更光明也，惟畏占时在夜，贼反大幸也。尤宜逐季推寻日出日入之时，极准。如止以卯为日出，酉为日入，则玄武止有临地盘之申上者为昼，缘不临地寅卯辰巳午未故也。如推究节气，日出日入，则玄武纵临酉戌，尚可作太阳照武之用也。如壬申日返吟卦，十月占，且支上寅木乃是日之盗气，上又乘玄武，必是家中人作盗，后必败露，缘寅为月将照破玄武故也。

① 不利劫营伐路。

	空	虎	常	玄	
	亥	子	丑	寅	
龙	戌			卯	阴
勾	酉			辰	后
	申	未	午	巳	
	合	朱	蛇	贵	

合	玄	空	贵	子	丙寅	玄
申	寅	亥	巳	父	壬申	合
寅	申	巳	壬	子	丙寅	玄

如辛亥日亥将戌时，三传丑寅卯，此课所合主失脱而无疑也，缘干上亥是日之盗神又乘玄武，又初传是日之墓神，中传虽寅卯为日财，又是旬空，虽是太阳照武，奈何是戌时，太阳已归地下，其贼难获，此例极多，余皆仿此。

	勾	龙	空	虎	
	午	未	申	酉	
合	巳			戌	常
朱	辰			亥	玄
	卯	寅	丑	子	
	蛇	贵	后	阴	

后	阴	阴	玄	父	癸丑	后	
丑	子	子	亥	财	寅	贵	◎
子	亥	亥	辛	财	卯	蛇	◎⊙

至玄武虽不临太阳之上，如于卯辰巳午申天盘之上者，尚可捕盗，或玄武临天马六丁，更临酉戌亥子丑上，其贼终不败露，必至远窜。如占失财，其财坐长生之上者，终不致失，或所失物类坐于长生之上者，亦不至失也。

天网四张格　最宜占贼必获，谓用神与正时同克日是也，惟在破网卦反难捉贼矣。破网者，有神克其初传是也。

贼向防连坐者例　缘玄武所临之神有神作六合是也。如玄武加子临丑，子与丑作六合故也。

捉贼不如赶贼格　假令甲日占，以申为贼，不可便以丙火克克之，虽去其鬼贼，亦窃甲干之气，尤忧所费，以此推之，不如以壬水暗窃其申金，尤生其甲木为妙。

游都下捉贼必获，游都煞者，甲己日丑，乙庚日子，丙辛日寅，丁壬日巳，戊癸日申。

玄武加丁主失脱。

贼捉贼格 如壬癸日辰戌未丑等为传，三传自相刑冲，可以凶制凶，又内有四金字可以化鬼也。又玄之本家上神能制玄亦是。

	贵	后	阴	玄	
	巳	午	未	申	
蛇辰					酉常
朱卯					戌虎
	寅	丑	子	亥	
	合	勾	龙	空	

阴	阴	勾	勾		官	丁丑	勾
未	未	丑	丑		官	甲戌	虎
未	未	丑	癸		官	癸未	阴

鬼作生气，贼来不已，如日之劫财，或占失财，亦以此为贼，或鬼贼本家与玄武本家上神乘太阳，占盗立获。

后合占婚岂用媒第四十[①]

谓干为夫，支为妻，凡占婚全看此，岂宜支干上乘天后、六合，以应私情，那更女之行年居在干上，男之行年居在支上，此乃私情，先相交通，至嫁娶之时，何有用媒伐乎？如占婚值此者，必有有先奸后娶之意也。如丁卯日干上寅，昼乘六合，支上戌乘天后，又干上子夜乘六合，支上申乘天后，又干上戌乘天后，支上午乘六合夜。更看哪边空亡，审其真伪，如值空亡，则虽乘天后、六合，既已坐空，乃止怀虚意也。

	蛇	朱	合	勾	
	子	丑	寅	卯	
贵亥					辰龙
后戌					巳空
	酉	申	未	午	
	阴	玄	常	虎	

空	后	阴	合		子	戌	后	◎
巳	戌	酉	寅		兄	己巳	空	⊙
戌	卯	寅	丁		官	甲子	蛇	

	蛇	朱	合	勾	
	戌	亥	子	丑	
贵酉					寅龙
后申					卯空
	未	午	巳	辰	
	阴	玄	常	虎	

勾	后	常	合		兄	己巳	常	
丑	申	巳	子		子	戌	蛇	◎
申	卯	子	丁		父	丁卯	空	⊙

① 大过九五，枯杨生花。家人九三，嗃嗃嘻嘻，占兵有敌与臣下私谋者。

蛇 贵 后 阴
申 酉 戌 亥
朱未 子玄
合午 丑常
巳 辰 卯 寅
勾 龙 空 虎

贵 合 常 后　财　癸酉　贵
酉 午 丑 戌　官　甲子　玄
午 卯 戌 丁　父　丁卯　空

富贵干支逢禄马第四一①

谓干上有支驿马，支上有干禄神者，故名真富贵卦，凡君子占之加官添俸，富贵双全，常人占之，病讼俱凶，宅移身动。如丙寅日干上申，乃支驿马，支上巳乃干禄。余仿此。

合 朱 蛇 贵
申 酉 戌 亥
勾未 子后
龙午 丑阴
巳 辰 卯 寅
空 虎 常 玄

合 空 贵 合　财　壬申　合
申 巳 亥 申　官　亥　贵◎
巳 寅 申 丙　父　丙寅　玄⊙

尊崇传内遇三奇第四二②

且夫三奇者有二等，有三传全遇甲庚戊者，有三传全遇乙丙丁者。其法亦有二，有遁旬中之干者，有遁五子元建之法者，凡值此二例，君子占之，官居一品之尊，贵人岩廊，纵使常人占之，虽无吉泰之兆，亦可消除灾祸。

遁旬中之干者，如己卯日干上午，第四课发用，初传丁丑加寅，中传丙子，末传乙亥。

① 功成受赏。
② 如占大吉，有成功封拜之喜。

勾	龙	空	虎
辰	巳	午	未
合卯			申常
朱寅			酉玄
丑	子	亥	戌
蛇	贵	后	阴

蛇	朱	龙	空	兄	丁丑	蛇
丑	寅	巳	午	财	丙子	贵
寅	卯	午	巳	财	乙亥	后

又己巳日丁卯加辰，丙寅加卯，乙丑加寅，又壬申日初传乙丑加子，中传丙寅，末传丁卯。戊辰日初传丁卯加辰，中传丙寅，末传乙丑。

遁甲己还生甲者，如辛巳日干上午，初传甲午加戌，中传庚寅，末传戊戌。

龙	勾	合	朱
丑	寅	卯	辰
空子			巳蛇
虎亥			午贵
戌	酉	申	未
常	玄	阴	后

玄	龙	勾	贵	官	壬午	贵
酉	丑	寅	午	财	戊寅	勾
丑	巳	午	辛	父	甲戌	常

己酉日初传乙亥加戌，中传丙子，末传丁丑。余仿此。

空	虎	常	玄
午	未	申	酉
龙巳			戌阴
勾辰			亥后
卯	寅	丑	子
合	朱	蛇	贵

后	阴	玄	常	财	辛亥	后
亥	戌	酉	申	财	壬子	贵
戌	酉	申	己	兄	癸丑	蛇

害贵讼直作屈断第四三[①]

如甲申日未加申为夜贵，乃日之墓神，丑作昼贵，又受寅木克，又作天空，初传子与未又为害，如占讼理虽直而必致曲断，事小而必大凶。余占皆

① 虽有深谋密计，终主败露无成。

弄巧成拙，止宜识时而屑就，庶不为大祸，其余五甲日未加寅用夜贵，亦如其说。

	合	勾	龙	空	
	辰	巳	午	未	
朱	卯			申	虎
蛇	寅			酉	常
	丑	子	亥	戌	
	贵	后	阴	玄	

龙	空	后	贵	父	戊子	后
午	未	子	丑	父	丁亥	阴
未	申	丑	甲	财	丙戌	玄

又如乙酉日未加寅作初传，害中传之昼贵，其象稍相类占，亦如前说。

	朱	蛇	贵	后	
	戌	亥	子	丑	
合	酉			寅	阴
勾	申			卯	玄
	未	午	巳	辰	
	龙	空	虎	常	

龙	阴	阴	合	财	未	龙	◎
未	寅	寅	酉	父	戊子	贵	⊙
寅	酉	酉	乙	子	癸巳	虎	

曲直作鬼枷锢，如六己日逢曲直课也，卯加亥先曲后直，卯加未先直后曲。

	蛇	朱	合	勾	
	丑	寅	卯	辰	
贵	子			巳	龙
后	亥			午	空
	戌	酉	申	未	
	阴	玄	常	虎	

合	虎	后	合	兄	乙未	虎
卯	未	亥	卯	官	癸卯	合
未	亥	卯	己	财	己亥	后

凡申加午为白虎投朱雀，午加辰为朱雀投勾陈，皆主讼。

课传俱贵转无依第四四①

如丁酉日第一课，干上酉乃夜贵，第二课酉上见亥乃昼贵，第三课酉亥

---

① 李广不封侯，乐毅见疑。

相加，第四课又归亥乡，然后三传酉亥丑，此四课三传，皆是昼夜贵人所聚，名曰遍地贵人，贵多者不贵，凡占不归其一，反无依倚，或权摄所委不一，托事无成，如用夜贵，乃名咄目煞，如贵人咄目专视，反坐罪也，大不利告贵，占讼尤凶，外有三传皆是贵人者亦可用。

	勾	合	朱	蛇	
	未	申	酉	戌	
龙	午			亥	贵
空	巳			子	后
	辰	卯	寅	丑	
	虎	常	玄	阴	

阴	贵	贵	朱
丑	亥	亥	酉
亥	酉	酉	丁

财	丁酉	朱
官	己亥	贵
子	辛丑	阴

	朱	蛇	贵	后	
	未	申	酉	戌	
合	午			亥	阴
勾	巳			子	玄
	辰	卯	寅	丑	
	龙	空	虎	常	

常	阴	阴	贵
丑	亥	亥	酉
亥	酉	酉	丁

财	丁酉	贵
官	己亥	阴
子	辛丑	常

辛巳日干上午，丁卯日干上酉，乙亥日干上子、又干上午。

昼夜贵加求两贵第四五[①]

谓六处有旦暮天乙相加者，如占告贵求事，必干涉两贵人而成就。或占谒贵，必不得见其贵人，缘贵人往见别贵，多不在宅，纵然在宅，必会贵客而排筵，盖贵临贵位，乃官人见官人也。如是同官，占之反宜谒见。已后虽值昼夜贵人相加在传，视其合用之贵，如值空亡，不可照前说，如六丁日亥加酉昼，丁巳、丁亥、丁丑日酉加亥夜，六丙日酉加亥夜，六癸日巳加卯昼，癸未卜先知、癸亥、癸巳、癸酉日卯加巳夜，辛酉日午加寅昼，辛巳日寅加午夜，乙酉日子加申昼，申加子夜，甲戌庚日返吟，余虽有之，缘不在传课，故不具载。

① 亦可请谒于诸侯。

勾 合 朱 蛇
未 申 酉 戌
龙午　　　亥贵
空巳　　　子后
辰 卯 寅 丑
虎 常 玄 阴

勾 空 贵 朱
未 巳 亥 酉
巳 卯 酉 丁

财 癸酉 朱
官 亥 贵◎
子 乙丑 阴⊙

贵覆干支格　缘干支上皆乘昼夜贵人例，凡占亦得两贵人周全而成事，如甲申日干上丑、支上未，庚寅日干上未、支上丑，己卯日干上子、支上申，己亥日干上申、支上子，丁巳日干上亥、支上酉，丁酉日干上酉、支上亥。

合 勾 龙 空
辰 巳 午 未
朱卯　　　申虎
蛇寅　　　酉常
丑 子 亥 戌
贵 后 阴 玄

龙 空 后 贵
午 未 子 丑
未 申 丑 甲

父 戊子 后
父 丁亥 阴
财 丙戌 玄

两贵空害格　如己卯日干上子、支上申，用夜贵乃空亡之贵加宅上，又克宅，干上之昼贵却作勾陈，又为六害，凡占必家庭神位不齐，尊卑相厌，邪正同处，以致人口灾患，又不宜告贵，告贵反逢其怒，或夜贵人加在昼贵人上，宜求关节也。

朱 蛇 贵 后
戌 亥 子 丑
合酉　　　寅阴
勾申　　　卯玄
未 午 巳 辰
龙 空 虎 常

后 勾 虎 贵
丑 申 巳 子
申 卯 子 己

父 辛巳 虎
兄 甲戌 朱
官 己卯 玄

贵人差迭事参差第四六[①]

谓昼贵临于夜地，夜贵却临昼方，故名贵人差迭，如占告贵人求事，多不归一，如俗谚云：尖担两头脱也。此例极多，不暇细具，或每日有二课者，但仿此而言之。如甲子日丑为昼贵坐在酉上，未为夜贵却坐在卯上是也。

	勾	合	朱	蛇	
	酉	戌	亥	子	
龙	申			丑	贵
空	未			寅	后
	午	巳	辰	卯	
	虎	常	玄	阴	

龙	玄	合	虎
申	辰	戌	午
辰	子	午	甲

财	戊辰	玄
官	壬申	龙
父	甲子	蛇

贵人顺治格　缘一日内全无逆贵人者，凡告贵皆顺，竟无阻却，兼宜催督复进取。唯有巳为月将，甲戊庚日有之，内有空亡贵人乃无用，如丑未坐于辰戌上，贵人怒嗔。

贵人逆治格　缘一日内全无顺贵人者，凡告贵竟无相允意，止宜退步，不宜进前，如进则反受挫，惟亥为月将，甲戊庚日有之，内忌空亡。

日贵在夜，开眼作暗。夜贵在日，自暗而明。

贵在干前事不宜迫，迫则反为贵所怒，事必无成，贵在日后，事宜速催，不催事反被散漫，久必有灾。

贵虽在狱宜临干第四七

谓天乙贵人加临地盘辰戌上者，虽名入狱，如是乙辛二日占，却名贵人临身，反宜干投贵人周全成事。其余八干，昼夜贵人坐地盘辰戌之上，始名天乙入狱，干官贵怒，惟宜私谋阴祷，亦名贵人受贿。如辰戌二日占之，乃为贵人入宅，非坐狱论也。

鬼乘天乙乃神祇第四八[②]

如六辛日午加干，如用昼占，虽是日鬼临身，缘为贵人，切不可作鬼祟看，占病必是神祇为害，如临宅上者，必是家堂神像不肃而致病患，宜修设功德安慰宅神，庶得无咎。

---

① 权臣在内，忠臣不能在外立功。

② 当行反间，可得敌人之助。

	蛇	贵	后	阴								
	丑	寅	卯	辰		合	后	贵	常	财	丁卯	后
朱子					巳玄	亥	卯	寅	午	子	亥	合 ◎
合亥					午常	卯	未	午	辛	父	辛未	虎 ⊙
	戌	酉	申	未								
	勾	龙	空	虎								

又六丙日昼将亥加巳或亥加支，六丁日昼将亥加未，或亥加支，六乙日申加乙或申加支。

空亡贵人格 缘贵人作空亡者，亦是神祇挠害，占讼大凶，亦为之闲贵人尤忌。

贵人作墓格 六甲日丑为夜贵作墓神加干，六庚日丑为昼贵作墓神加干。

贵人脱气格 如六壬、六癸日以卯为夜贵作脱气，必被贵人脱赚，或神祇降殃，以致脱耗。

两贵受克难干贵第四九[①]

凡昼夜贵人皆立受克之方者，切不可告贵用事，缘二贵自受克制，必自怒而不能成就我也，不论在传不在传，皆可用之，占得此课，不如不告，天乙谩被怒阻也。如六乙、六己日申加午、子加戌，六丙、六丁日亥加未、酉加巳，六辛日午加子、寅加申，六壬、六癸日巳加亥，卯加酉，惟甲戊庚三干无此例。

	龙	勾	合	朱								
	未	酉	酉	戌		虎	玄	勾	空	官	壬申	勾
空午					亥蛇	巳	卯	申	午	财	戌	朱 ◎
虎巳					子贵	卯	丑	午	乙	父	甲子	贵 ⊙
	辰	卯	寅	丑								
	常	玄	阴	后								

白虎或乘临丑格 乃贵人怒恶之貌，凡占干贵官值此，必招贵人嗔怒，占讼尤忌，缘丑乃天乙之本家，不宜见白虎也。或欲告贵人求文书事吉。

---

① 栖栖皇皇，终身不遇知己之主。

贵人忌惮格 缘朱雀乘神克贵人，不可告贵求托，必贵人忌惮而不肯用事。如甲日丑加寅，乃昼贵临身，如占用文书之事不吉，缘朱雀乘卯克天乙之丑土故也。

	合	勾	龙	空	
	辰	巳	午	未	
朱	卯			申	虎
蛇	寅			酉	常
	丑	子	亥	戌	
	贵	后	阴	玄	

玄	阴	后	贵
戌	亥	子	丑
亥	子	丑	甲

父	甲子	后	
父	亥	阴	◎
财	戌	玄	◎⊙

又六己日申为夜贵临身，朱雀乘午而克贵，又六己日昼贵人是子临身，朱雀乘戌而克贵。

真朱雀格 缘朱雀临午，惟可求文书于朝廷，或达于至尊之前最宜。戊己年或辰戌丑未年占之，以真朱雀生太岁故也。若申酉年占之大忌。

二贵皆空虚喜期第五十[①]

凡昼夜贵人皆空亡者，如干投贵人，事已蒙许允，后却被人搀越，凡占若值此，事事成拙，或有人报喜且勿信，恐为同名姓人，后非我喜，诚为虚喜，而己反有所费也，故俗谚云：争似不来还不往，亦无欢喜亦无忧。如丁丑日酉加未作空，亥加酉又落空之类，主告贵先允而事未决，后换旬始可有望。

	勾	合	朱	蛇	
	未	申	酉	戌	
龙	午			亥	贵
空	巳			子	后
	辰	卯	寅	丑	
	虎	常	玄	阴	

空	常	贵	朱
巳	卯	亥	酉
卯	丑	酉	丁

财	酉	朱	◎
官	乙亥	贵	⊙
子	丁丑	阴	

① 《咸·象》曰："山上有泽，咸，君子以虚受人，功无成而终多不见用。"

《六壬毕法赋》下

魁度天门关隔定第五一[①]

谓戌为天魁，亥为天门，凡戌加亥为用者，占谋用皆被阻隔，或壬癸日占，旦暮皆乘白虎，占病多是隔气，或食积隔，或是邪祟为灾，服药宜下之为佳。如占盗贼难获，访人不见，诸占总不免关隔二字也。如壬午、壬辰、壬子、壬戌、癸亥五日并戌加亥为用，旦暮天将皆是白虎；

	蛇	贵	后	阴	
	辰	巳	午	未	
朱	卯			申	玄
合	寅			酉	常
	丑	子	亥	戌	
	勾	龙	空	虎	

蛇	贵	常	虎	官	甲戌	虎	
辰	巳	酉	戌	父	酉	常	◎
巳	午	戌	壬	父	申	玄	◎⊙

又乙亥、丙子、丁亥、戊子、乙未、己亥、庚子、己酉、辛亥，此九日亦见戌加亥为用者，宜视昼夜之天将以定其吉凶之兆。

罡塞鬼户任谋为第五二[②]

谓辰为天罡，寅为鬼户，凡辰加寅为罡塞鬼门，不论在传不在传，皆名罡塞鬼户，使众鬼不得窥觑，宜闪灾避难，阴谋私祷，或吊丧问病，合药书符。如甲戊庚日尤的，缘昼贵登天门，天罡塞鬼户，凡占无不亨利，又如己丑日卯加丑为初传，乃是日之鬼，中传巳又入鬼乡，末传未空，诚为凶课，如用辰为月将尤妙，名天网四张，赖天罡塞鬼户，使万鬼潜恶兽伏，所作任意谋为，无阻无障碍也。

	龙	勾	合	朱	
	未	申	酉	戌	
空	午			亥	蛇
虎	巳			子	贵
	辰	卯	寅	丑	
	常	玄	阴	后	

虎	玄	蛇	合	官	辛卯	玄	
巳	卯	亥	酉	父	癸巳	虎	
卯	丑	酉	己	兄	未	龙	◎

---

① 贲六五，贲于丘园，束帛戋戋，吝，终吉。犹驾舟楫而登剑阁，如御辎重而过江津。

② 当行周文仁义之师。

贵塞鬼户格 缘三传作日鬼，赖贵人塞鬼户也，亦任谋为。如壬戌、壬辰日巳加寅，癸丑、癸亥、癸未、癸酉四日亦巳加寅，三传辰未戌皆鬼，如用昼贵乃名贵人临寅鬼门，杜鬼贼不出，万事皆宽。以上例如不在传上，或占人行年本命在寅亦是也。

	合	勾	龙	空									
	申	酉	戌	亥									
朱未				子虎	朱	后	朱	后		官	甲辰	后
蛇午				丑常	未	辰	未	辰		官	丁未	朱
	巳	辰	卯	寅	辰	丑	辰	癸		官	庚戌	龙
	贵	后	阴	玄									

神藏煞没格 如甲戊庚三日以丑未临亥者尤的，余日有神藏无煞没，有煞没无神藏，缘贵人登天门，百煞拱护，凡谋亨利，且夫六神藏者，如甲戊庚日，丑未为昼夜贵加地盘亥，乃名贵登天门，螣蛇临地盘子，名堕水；朱雀临地盘癸丑，名投江；勾陈临地盘卯，名受制；天空临地盘巳，名投绝；白虎临地盘午，名烧身；玄武临地盘申，名现形，此乃六神藏也。夫四煞没者，缘辰戌丑未五墓煞，陷于四维而没，故也。四孟月占尤的，缘四维为月将故也。余月尚未可用。

	空	虎	常	玄									
	未	申	酉	戌									
龙午				亥阴	合	蛇	龙	合		财	戊辰	合
勾巳				子后	辰	寅	午	辰		子	庚午	龙
	辰	卯	寅	丑	寅	子	辰	甲		官	壬申	虎
	合	朱	蛇	贵									

两蛇夹墓凶难免第五三[①]

谓丙戌日戌加巳及支辰来墓日干，兼昼夜天将皆乘蛇及地盘之巳亦是螣蛇之位，故名为“两蛇夹墓”也，如占病必有积块在腹中，因此疾以至不救，或行年本命是戌，其死尤速。如年命居亥上乘天罡辰虎冲戌蛇故名“破墓”，

① 兵战流血，视其主客孰先预定。

庶得少延。

蛇 贵 后 阴
戌 亥 子 丑
朱酉　　寅玄
合申　　卯常
未 午 巳 辰
勾 龙 空 虎

合 常 常 蛇　财 甲申 合
申 卯 卯 戌　子 己丑 阴
卯 戌 戌 丙　兄 　午 龙◎

如丙申日得此，终不能救，缘辰作空虎，无力冲其戌蛇也，外四丙日亦然。但不得如丙戌日例，巳上占讼必被囚禁，凡占事已见凶祸卒难脱免，转昏转晦不能亨快，占病难愈，占产凶。此例邵师为“抱石投江”之喻。

蛇 贵 后 阴
戌 亥 子 丑
朱酉　　寅玄
合申　　卯常
未 午 巳 辰
勾 龙 空 虎

龙 阴 常 蛇　父 癸卯 常
午 丑 卯 戌　财 丙申 合
丑 申 戌 丙　子 辛丑 阴

外有六己日辰加未夜占，乃两常夹墓；辰加辰伏吟，两勾夹墓。六壬日辰加亥乃两后夹墓；六辛日丑加申两虎夹墓。六甲日未加丑夜贵，两贵夹墓；未加戌昼贵，两空夹墓。六乙日未加巳两蛇夹墓。六壬、六癸日辰加巳，两蛇夹墓。六庚日丑加丑，两贵夹墓；丑加戌两空夹墓。六丁日戌加巳两蛇夹墓，六己日辰加辰两勾夹墓。

虎视逢虎力难施第五四[①]

谓虎视课者，乃柔日也；昴昨课者，乃刚日也。缘鸡鸣则仰首，虎视则俯首也。如柔日虎视卦中，天将又乘白虎者，譬如前后皆有猛虎，纵勇夫至于此时，亦难施力，凡占岂免至惊至危乎？

如丁亥日夜将，寅加亥作白虎在末传，丁丑日辰加未夜将，又辰加丑昼将，辛卯日子加卯夜将，辛未日亥加戌昼将，虽白虎临戌亥，是空亡，缘临

---

① 颐六四，颐虎视眈眈，其欲逐逐，无咎，项羽临垓下，韩信入未央。

干上乃白虎临身，兼中传并干上是两重虎，又支上乘申，及初末申亦作白虎之本位，乃支干三传乘其虎五，凡值此课，惊天动地，而凶祸难免也。

贵 后 阴 玄
午 未 申 酉
蛇巳　　戌常
朱辰　　亥虎
卯 寅 丑 子
合 勾 龙 空

玄 阴 空 虎　兄 壬申 阴
酉 申 子 亥　子 亥 虎 ◎⊙
申 未 亥 辛　兄 壬申 阴

及有戊寅日丑加酉旦占，虽是刚日，亦如前详，俗谚云，双拳不敌四手，何况逢刚猛虎乎？

勾 合 朱 蛇
酉 戌 亥 子
龙申　　丑贵
空未　　寅后
午 巳 辰 卯
虎 常 玄 阴

合 虎 贵 勾　兄 丁丑 贵 ⊙
戌 午 丑 酉　父 壬午 虎
午 寅 酉 戌　子 酉 勾 ◎

履六三咥人凶，九四诉诉终吉，外有己巳日干上申，初传申，中传申又上虎视卦，凡占既历四重虎穴，岂免至惊至危。

空 虎 常 玄
午 未 申 酉
龙巳　　戌阴
勾辰　　亥后
卯 寅 丑 子
合 朱 蛇 贵

虎 空 玄 常　子 壬申 常
未 午 酉 申　子 壬申 常
午 巳 申 己　父 庚午 空

又己酉日第四课白虎未加申，末传又是申，又是虎视卦体，凡占亦如值三虎。

勾 龙 空 虎
辰 巳 午 未
合卯　　申常
朱寅　　酉玄
丑 子 亥 戌
蛇 贵 后 阴

虎 常 龙 空　兄　庚戌　阴
未 申 巳 午　父　丙午　空
申 酉 午 己　子　戊申　常

又癸未日乃虎视卦，初传申，中传寅亦是虎，末传又是申，一如四虎。

蛇 朱 合 勾
午 未 申 酉
贵巳　　戌龙
后辰　　亥空
卯 寅 丑 子
阴 玄 常 虎

勾 合 阴 玄　父　申　合◎
酉 申 卯 寅　子　戊寅　玄
申 未 寅 癸　父　申　合◎

乙未日寅加辰亦是虎，又是虎视卦，未乘白虎临酉，酉为年命者更凶。

所谋多拙逢罗网第五五①

谓干上乘干前一辰，支上乘支前一辰，故名一在罗地网，凡得此卦，网罗兜裹身宅，诸占岂能亨快，此例如进连茹课中多有，不必细具。如甲申日干上卯、支上酉。余仿此。凡占止利守己，则为支干乘旺，倘若动谋，变为罗网缠其身宅，及作羊刃之煞，伤其身而毁其宅，又乘凶将，其祸尤甚，如占人年命上神冲破支干之网，始无咎也，或遇空亡亦名破罗破网。

干上乘支之网，支上乘干之罗者例，凡占事我欲网罗他，他已网罗我，互相暗昧，如庚寅日干上卯、支上酉，余干四绝体中多有。值干之天罗地网，有官人主丁父服；值支之天罗地网，主丁母服。丁丑日干上寅为互网，又干上申为皆网，癸未日干上寅申，己丑日干上寅申，庚寅日干上下班卯酉，丙申日干上午，庚申日干上酉，戊申日干上午，壬寅日干上子。

天网自裹己招非第五六②

如甲申日未加寅，乃墓神覆日，如占人本命又是未生，乃名天网自裹，

---

① 犹瞽者纳诸陷阱之中。

② 霍光有废立之功，卒招夷族之祸。

凡值此课，必是自招其祸，非干他人暗算，所作昏晦，如处云雾，常被揶揄，必是命运灾衰，星辰不顺，惟宜醮谢本命星位，庶免前殃，余干仿此，或是用起并时同克日课，又值本命作日墓神，尤为凶甚。

	合	朱	蛇	贵	
	戌	亥	子	丑	
勾	酉			寅	后
龙	申			卯	阴
	未	午	巳	辰	
	空	虎	常	玄	

虎	贵	蛇	空
午	丑	子	未
丑	申	未	甲

父	戊子	蛇	⊙
子	癸巳	常	
财	丙戌	合	

丁神厌目格 如乙巳日未加乙，乃墓神覆日，如夜占上乘螣蛇，如四月占，又为月厌，亦是飞廉大煞，亦是天目煞，又乘旬内之丁神，如占人未为本命，必是夜多怪梦而至身位灾衰，亦宜祷禳上天星煞，庶免极凶。

	勾	合	朱	蛇	
	申	酉	戌	亥	
龙	未			子	贵
空	午			丑	后
	巳	辰	卯	寅	

蛇	勾	朱	龙
亥	申	戌	未
申	巳	未	乙

财	丁未	龙
财	庚戌	朱
财	癸丑	后

余甲辰旬中，遇未加支于四月占，皆如前说，必宅中多怪现形，盖未为丁神乘厌目等凶煞故也。

费有余而得不足第五七[①]

如丙午日干上寅、支上卯，此支干全生，岂宜俱空，其第二、第四课却全见鬼贼。如壬午日干上申，虽为日之长生，奈是旬空，既见生不生，不如无生，不免寻初传巳火为财，又坐空乡，又为破碎，及至破费钱财，岂宜中传见寅为脱气，及支上卯木并力而盗脱其日干之气，以此推之，得之不足，费之有余，亦喻所得不偿所费。

① 四夷虽服而海内空虚矣。

合	勾	龙	空
寅	卯	辰	巳
朱丑			午虎
蛇子			未常
亥	戌	酉	申
贵	后	阴	玄

蛇	勾	贵	合	官	壬子	蛇	⊙
子	卯	亥	寅	财	己酉	阴	
卯	午	寅	丙	兄	丙午	虎	

又如癸未日干上申金，乃长生作空，支上寅木乃脱气却实。

龙	勾	合	朱
子	丑	寅	卯
空亥			辰蛇
虎戌			巳贵
酉	申	未	午
常	玄	阴	后

常	合	朱	玄	子	己卯	朱	⊙
酉	寅	卯	申	官	甲戌	虎	
寅	未	申	癸	财	辛巳	贵	

又戊子日干上午虽是生气，奈是旬空，既生我者空亡，岂宜三传寅卯辰皆鬼，引起干午反为羊刃，其凶难免，如亥子本命稍缓。

龙	空	虎	常
午	未	申	酉
勾巳			戌玄
合辰			亥阴
卯	寅	丑	子
朱	蛇	贵	后

蛇	贵	空	龙	官	庚寅	蛇
寅	丑	未	午	官	辛卯	朱
丑	子	午	戊	兄	壬辰	合

又癸未日丑加巳，三传金局生日，岂可初末空亡，独留中传丑土不空，并昼将贵勾常土将尽来克干。

勾 合 朱 蛇
丑 寅 卯 辰
龙子　　　巳贵
空亥　　　午后
戌 酉 申 未
虎 常 玄 阴

空 朱 贵 常　　财　辛巳　贵 ☉
亥 卯 巳 酉　　官　丁丑　勾
卯 未 酉 癸　　父　　酉　常 ◎

又乙巳日干上卯空亡，情愿以干加支而受脱也。以上总皆生空，脱与鬼皆实论耳。

勾 龙 空 虎
辰 巳 午 未
合卯　　　申常
朱寅　　　酉玄
丑 子 亥 戌
蛇 贵 后 阴

合 勾 朱 合　　兄　　卯　合
卯 辰 寅 卯　　兄　　寅　朱 ◎☉
辰 巳 卯 乙　　财　癸丑　蛇 ☉

得少失多格　如甲寅日干上卯，乃日之旺神，三传辰巳午，彼此引入初传，辰乃干上卯之六害，中末盗气，此所谓贪他一粒米，失却半年粮也。

龙 空 虎 常
午 未 申 酉
勾巳　　　戌玄
合辰　　　亥阴
卯 寅 丑 子
朱 蛇 贵 后

合 朱 合 朱　　财　丙辰　合
辰 卯 辰 卯　　子　丁巳　勾
卯 寅 卯 甲　　子　戊午　龙

用破身心无所归第五八[①]

如戊申日干上未，三传子寅辰，初传虽是日财，奈坐戌土之上受克，又乘白虎，缘恋此惊危之财，引入中末鬼乡，尤幸鬼亦空亡，凡占乃应俗谚云："争似不来还不往，亦无欢笑亦无愁。"

---

① 志决身藏，三军务劳。

空 虎 常 玄
未 申 酉 戌
龙午　　　亥阴
勾巳　　　子后
辰 卯 寅 丑
合 朱 蛇 贵

后 玄 常 空　财　壬子　后
子 戌 酉 未　官　　寅　蛇 ◎
戌 申 未 戊　兄　甲辰　合 ⊙

又丙寅日申加巳，夜乘蛇夹克财，中末空陷。

合 朱 蛇 贵
申 酉 戌 亥
勾未　　　子后
龙午　　　丑阴
巳 辰 卯 寅
空 虎 常 玄

玄 贵 贵 合　财　丙申　合 ⊙
寅 亥 亥 申　官　己亥　贵
亥 申 申 丙　父　壬寅　玄

丁卯日酉加丁，昼乘朱雀夹克财，中末鬼空。

勾 合 朱 蛇
未 申 酉 戌
龙午　　　亥贵
空巳　　　子后
辰 卯 寅 丑
虎 常 玄 阴

勾 空 贵 朱　财　癸酉　朱
未 巳 亥 酉　官　　亥　贵 ◎
巳 卯 酉 丁　子　乙丑　阴 ⊙

癸未日巳加子作财，乃传墓入墓，中末虽是日鬼，缘贪墓其巳火不能为鬼。

龙 空 虎 常
戌 亥 子 丑
勾酉　　　寅玄
合申　　　卯阴
未 午 巳 辰
朱 蛇 贵 后

贵 虎 空 蛇　财　辛巳　贵
巳 子 亥 午　官　甲戌　龙
子 未 午 癸　子　己卯　阴

己酉日亥加己作财受克，虽三传克干，奈中末空亡。

合 朱 蛇 贵
酉 戌 亥 子
勾申　　丑后
龙未　　寅阴
午 巳 辰 卯
空 虎 常 玄

虎 后 亥 蛇　财　辛亥　蛇
巳 丑 卯 亥　官　卯　玄◎
丑 酉 亥 己　兄　丁未　龙⊙

壬寅日返吟，弃干上空财就初末脱气，幸受申生干也。

空 虎 常 玄
亥 子 丑 寅
龙戌　　卯阴
勾酉　　辰后
申 未 午 巳
合 朱 蛇 贵

玄 合 空 贵　子　壬寅　玄
寅 申 亥 巳　父　丙申　合
申 寅 巳 壬　子　壬寅　玄

壬寅日伏吟，干上虽逢日之禄，如昼占乃乘天空，中值脱，末财又空。已上财禄俱作空被克，总无实得之意也。

贵 后 阴 玄
巳 午 未 申
蛇辰　　酉常
朱卯　　戌虎
寅 丑 子 亥
合 勾 龙 空

合 合 空 空　兄　己亥　空
寅 寅 亥 亥　子　壬寅　合
寅 寅 亥 壬　财　巳　贵◎⊙

华盖覆日人昏晦第五九[1]

谓辰之华盖作干之墓神，临于干上发用是也。凡占身位，多昏多晦，卒难明白；或遭冤枉，难以分诉；占行人不归，尽在彼处不如意也。如壬申，壬辰二日辰加壬为用；乙亥、乙未二日未加乙为用。

① 君有羁縻之令，将有无用之功。

	龙	空	虎	常	
	戌	亥	子	丑	
勾	酉			寅	玄
合	申			卯	阴
	未	午	巳	辰	
	朱	蛇	贵	后	

蛇	常	勾	后	官	戊辰	后 ⊙
午	丑	酉	辰	父	癸酉	勾
丑	申	辰	壬	子	丙寅	玄

太阳射宅屋光辉第六十[①]

如丙午日戌加午，乃是支墓，如占家宅，诚为宅舍不亨快，如用戌为月将，反名太阳辉照家宅，其屋必向阳而明朗，不然常有上人光饰尤胜。如太岁、贵人入宅更美，其余占彼我，乃我不利而利于他人，以支属他人也。

	朱	蛇	贵	后	
	酉	戌	亥	子	
合	申			丑	阴
勾	未			寅	玄
	午	巳	辰	卯	
	龙	空	虎	常	

玄	蛇	阴	朱	财	己酉	朱
寅	戌	丑	酉	子	癸丑	阴
戌	午	酉	丙	兄	乙巳	空

又如乙卯日子将卯时，此乃太阳作贵人而生宅，如占宅下必有宝藏，或是子年占之，其年必产贵子，其子虽是旬空，缘太阳乃悬空之象，不畏空亡故也。余论太阳惟忌坐于夜方而不可用，或太阳临身甚宜辨明雪恨。

	朱	合	勾	龙	
	寅	卯	辰	巳	
蛇	丑			午	空
贵	子			未	虎
	亥	戌	酉	申	
	后	阴	玄	常	

玄	贵	阴	蛇	财	丑	蛇 ◎
酉	子	戌	丑	财	壬戌	阴 ⊙
子	卯	丑	乙	财	己未	虎

① 无邀正正之旗，无击堂堂之阵。

干乘墓虎无占病第六一[①]

论曰："墓晦虎噬，占病必死，凡事凶恶、昏迷。谓六辛日丑加戌，昼将乘白虎作墓神，内辛酉日丑为空亡尤可畏也，及辛巳日尤可畏，缘丑作丁神乘虎作墓，占病必死，诸占且昏且迷，又且凶恶，提防仇人冤执而遭棰楚。（棰，木棍；楚，荆杖。古代打人用具，因此引申为杖刑的通称）如冬占稍轻，缘丑至冬旺可作库说。

	朱	合	勾	龙	
	申	酉	戌	亥	
蛇	未			子	空
贵	午			丑	虎
	巳	辰	卯	寅	
	后	阴	玄	常	

龙	朱	阴	虎	兄	申	朱	◎
亥	申	辰	丑	子	乙亥	龙	⊙
申	巳	丑	辛	财	戊寅	常	

外有六乙日昼贵顺行，虽是未乘白虎，上有临行年本命上者，即无加干者也，夏占稍轻，缘未旺亦为库也，余干无此例。

	龙	空	虎	常	
	巳	午	未	申	
勾	辰			酉	玄
合	卯			戌	阴
	寅	丑	子	亥	
	朱	蛇	贵	后	

蛇	蛇	勾	勾	财	戊辰	勾	
丑	丑	辰	辰	财	乙丑	蛇	
丑	丑	辰	乙	财	戌	阴	◎⊙

虎鬼加干格　如六己日卯加己夜、六壬日戌加壬昼夜、六癸日戌加癸昼，除乙辛二日及甲丙戊庚壬丁己癸八日无之。

	龙	空	虎	常	
	丑	寅	卯	辰	
勾	子			巳	玄
合	亥			午	阴
	戌	酉	申	未	
	朱	蛇	贵	后	

蛇	龙	合	虎	官	丁卯	虎	
酉	丑	亥	卯	财	亥	合	◎
丑	巳	卯	己	兄	辛未	后	⊙

① 不利交兵接刃。

支乘墓虎有伏尸第六二①

此例有二等，一者干墓临支，二者支墓临支，以上二例占宅必有伏尸鬼祸或有形响，如又克宅者为的。假令乙亥日未为干墓临支而克支，如昼占上乘白虎，其余乙未日伏吟，并乙酉日未加酉，虽是墓虎临支而不克支，外有辛未辛酉二日虽是丑加支，缘不克支稍轻，其墓作月将不在此限。

	蛇 朱	合	勾	
	丑 寅	卯	辰	
贵子			巳龙	
后亥			午空	
	戌 酉	申	未	
	阴 玄	常	虎	

合	虎	常	贵
卯	未	申	子
未	亥	子	乙

财	癸未	虎
兄	己卯	合
父	乙亥	后

第二等者，假令丙子日，辰加子昼占，乃支墓临支而克支乘虎，如占家宅值此课者，必家中有孝服动或有丧吊，其年内必有停丧，尤详其墓属何类，而言何人死。又丁亥日辰加亥夜。

	朱 蛇	贵	后	
	酉 戌	亥	子	
合申			丑阴	
勾未			寅玄	
	午 巳	辰	卯	
	龙 空	虎	常	

合	虎	阴	朱
申	辰	丑	酉
辰	子	酉	丙

财	酉	朱◎
子	丁丑	阴⊙
兄	辛巳	空

虎鬼克支格 缘支鬼乘白虎而克支者，例如壬子日戌加子昼，丁丑日寅加丑夜，壬寅日返吟夜，癸卯日申加卯夜，壬午日返吟昼，乙未己未卯加未夜，丙申日午加申昼，癸亥日戌加亥昼夜皆乘白虎。

---

① 大过九三栋挠凶，不利深沟高垒。

蛇 贵 后 阴
辰 巳 午 未
朱卯 申玄
合寅 酉常
丑 子 亥 戌
勾 龙 空 虎

虎	空	常	虎	官	庚戌	虎
戌	亥	酉	戌	父	己酉	常
亥	子	戌	壬	父	戊申	玄

合 朱 蛇 贵
午 未 申 酉
勾巳 戌后
龙辰 亥阴
卯 寅 丑 子
空 虎 常 玄

空	虎	贵	蛇	财	申	蛇 ◎
卯	寅	酉	申	财	酉	贵 ◎⊙
寅	丑	申	丁	子	甲戌	后 ⊙

墓门开格 如卯酉日占，干墓乘蛇虎加支，主重重有丧。

蛇墓克支格 缘干墓乘螣蛇而加支又克支者，必宅内怪异频见。如丙子日戌加子夜，壬子日辰加子夜，余有虽临支而不克者稍轻，然亦未免怪异。外有三十三日例，不欲细具，已上例宜召法官行遣或安镇之吉，此乃墓门开，占病，主死三两口，乘白虎者亦的也。

空 虎 常 玄
卯 辰 巳 午
龙寅 未阴
勾丑 申后
子 亥 戌 酉
合 朱 蛇 贵

后	蛇	勾	空	子	丁丑	勾
申	戌	丑	卯	官	乙亥	朱
戌	子	卯	丙	财	酉	贵 ◎

彼此全伤防两损第六三[①]

谓支干各被上神克伐者，故名此例，如占讼必两家皆被扑责。诸占必两边各有所亏，如占身被伤，占宅崩损。如丁亥日干上子水克丁火，支上辰土

① 鹬蚌相持，渔人坐收其利。

克亥水之类是也。诸例欲去其所克者，内辛未日干上午，支上卯，如占交易等，后必龃龉，如先有龃龉，后却和合。

	蛇	贵	后	阴											
	戌	亥	子	丑											
朱酉					寅玄		朱	虎	空	后		兄	癸巳	空	
合申					卯常		酉	辰	巳	子		子	丙戌	蛇	
	未	午	巳	辰			辰	亥	子	丁		父	辛卯	常	
	勾	龙	空	虎											

夫妇芜淫各有私第六四[①]

谓干被支上神克，支却被干上神克者，为芜淫卦，既名芜淫，何又云夫妇各有私乎？缘夫妇乃人之大伦，既无夫妇好合之情，必有奸私不协之意，却详何处有情而言夫妇之私情也。如《心镜》中以甲子日干上戌，支上申一课为例，乃甲将就子受申克，子近甲兮魁必侵，妻怀内喜私情有，申子相生水合金是也。

	贵	后	阴	玄											
	丑	寅	卯	辰											
蛇子					巳常		玄	龙	虎	合		财	戌	合	◎
朱亥					午虎		辰	申	午	戌		子	庚午	虎	⊙
	戌	酉	申	未			申	子	戌	甲		兄	丙寅	后	
	合	勾	龙	空											

余有癸巳、壬午干上子，庚子、乙亥干上丑诸例，凡占不可执为芜淫卦，非专言夫妇而已，如先有人相允许，后各不相顾接，非独存无情，尤彼此各怀恶意。

真解离卦，缘干克支上神，支克干上神，或夫妇行年又值此者尤的。如甲子日干上午、支上辰，干克支上辰土，支克干上午火，如男命年在支上，女命年在干上，此时占人必占解离事，已后例内唯详空亡而言之，小畜九三“舆说辐，夫妻反目”。

① 两敌阴相图议。

	勾	合	朱	蛇							
	酉	戌	亥	子							
龙申				丑贵	龙	玄	合	虎	财	戊辰	玄
空未				寅后	申	辰	戌	午	官	壬申	龙
	午	巳	辰	卯	辰	子	午	甲	父	甲子	蛇
	虎	常	玄	阴							

干墓并关人宅废第六五[①]

谓日干之墓作四季之关神发用者是也，宜分干支发用。如日干之两课上作发用者，主人衰，如支辰之两课上发用者，主宅废。

夫关神者，春丑、夏辰、秋未、冬戌。如乙丑、乙未、乙酉、乙亥四日于秋季占之，未乃干之墓作关神为发用，临于干上，乃应人口灾衰。余六甲日除甲辰秋占未作丁更凶，其余各占皆如前说。

	勾	合	朱	蛇							
	申	酉	戌	亥							
龙未				子贵	龙	常	朱	龙	财	辛未	龙
空午				丑后	未	辰	戌	未	财	戌	朱 ◎
	巳	辰	卯	寅	辰	丑	未	乙	财	乙丑	后 ⊙
	虎	常	玄	阴							

如丁卯日戌加卯为发用，冬占乃干墓临支上，乃应宅颓废。余仿此。

	蛇	朱	合	勾							
	子	丑	寅	卯							
贵亥				辰龙	空	后	阴	合	子	戌	后 ◎
后戌				巳空	巳	戌	酉	寅	兄	己巳	空 ⊙
	酉	申	未	午	戌	卯	寅	丁	官	甲子	蛇
	阴	玄	常	虎							

墓神覆日作生气格　如占作库务差遣必得，勿作墓看之。

① 关即寡也。

支坟财并旅程稽第六六[①]

谓地支之墓作日干之财者，必主商贩折本，在路阻程，凡谋蹇滞不亨通也。如甲子日辰加子，乃支之墓神而作干之财为发用；

	勾	合	朱	蛇
	酉	戌	亥	子
龙申				丑贵
空未				寅后
	午	巳	辰	卯
	虎	常	玄	阴

龙	玄	合	虎
申	辰	戌	午
辰	子	午	甲

财	戊辰	玄
官	壬申	龙
父	甲子	蛇

甲午日戌加寅用，甲午日戌加子用，乙酉日丑加辰用。

	贵	后	阴	玄
	丑	寅	卯	辰
蛇子				巳常
朱亥				午虎
	戌	酉	申	未
	合	勾	龙	空

合	后	虎	合
戌	寅	午	戌
寅	午	戌	甲

财	戊戌	合
子	甲午	虎
兄	壬寅	后

疑惑格 卯酉日占事，如行年又在卯酉之上者，必行人进退疑惑，此《心镜》内龙战卦中具载，尤忌天车煞。天车煞者，春丑、夏辰、秋未、冬戌也。

受虎克神为病证第六七[②]

金神乘白虎，必是肝经受病，可治肺而不可治肝。

木神乘白虎，必是脾经受病，可治肝而不可治脾。

水神乘白虎，必是心经受病，可治肾而不可治心。

火神乘白虎，必是肺经受病，可治心而不可治肺。

土神乘白虎，必是肾经受病，可治脾而不可治肾。

以上诸法，常得灵验，惟虎受克及家亡，不必治也。

---

① 钟邓终没于蜀。

② 受虎克之国民流兵疫。

运粮神格　占治病专视日干之食神，尤妙干、行年乘之，乃名运粮神，忌空。

禄粮神格　缘宜观干之禄神，亦名禄粮神，唯不可落空亡及作闭口，或受克。如占久病值此，必绝食而饿死。如辛未日酉加寅，乃是禄坐绝乡，又作闭口，又名无禄卦，占病必死，占食禄事亦忌。

	空	虎	常	玄
	子	丑	寅	卯
龙	亥			辰	阴
勾	戌			巳	后
	酉	申	未	午
	合	朱	蛇	贵

合	常	空	后
酉	寅	子	巳
寅	未	巳	辛

兄	癸酉	合
父	戊辰	阴
子	亥	龙 ◎

绝体卦　乃是柔干之禄受绝，返吟卦乃是刚干之禄受绝，绝嗣体先亡为祟。

生死格　宜观生气死气尤验。如正月生气在子，死气在午，乃生气克死气也。如在甲寅旬中占之，乃生气空亡而死气实在，占病可畏。如行年上神是亥水尚可医疗，缘亥水克其午之死气故也。如死气克生气，又落空亡，或行年上神生其死气者必死。如生气与死气不相克者，占病虽无妨，但迁延而未即痊瘥也。

白虎乘日鬼而作空亡，必已病而未瘥。

虎墓格　缘日干之墓乘白虎在六处者，如占病必是积块病，宜以破积药治之，如六乙日昼将顺行，乃未乘白虎；内乙酉日未空亡无畏，或易疗，非年深积块也。

又六辛日昼将顺行，亦丑乘白虎，辛酉日丑空亡，亦容易治疗。

虎乘丁鬼格　如六辛日有白虎乘丁者，占病必知所患疼痛之处也。

如辛卯日亥加丑作中传，昼占乃亥乘白虎作丁神，必为头疼以致不救，余观丁虎类而言之。

	合	朱	蛇	贵	
	卯	辰	巳	午	
勾	寅			未	后
龙	丑			申	阴
	子	亥	戌	酉	
	空	虎	常	玄	

虎	龙	贵	阴
亥	丑	午	申
丑	卯	申	辛

父	己丑	龙
子	丁亥	虎
兄	乙酉	玄

丑为脾疼或腹疼，卯手疼或目疼，巳齿疼或咽喉疼，未胃疼或积块疼，酉大肠，亥临戌亥子丑寅卯为头，亥临辰巳午未申酉为肾，余逐类言之。

如日鬼临于六处不乘白虎，但拟其鬼亦为病证，如火为鬼便言肺病，水为鬼便言心病，金为鬼便言肝病，土为鬼肾病，木为鬼脾病。如鬼受克并空亡不必疗亦瘥。

蒿矢卦　亦宜言有疼痛处，金加火上，筋骨疼痛，惟庚日申酉加巳午尤的。

连茹卦　作日之财，占病必因伤食而得，如人年命上神能制其财神者，尚可医疗。如年命上神生其财神者，必致死亡。

斫轮格　如卯加申，戌加卯，占病必手足不举，或有伤。

空禄格　缘日之禄神作空亡又坐克方，占病必绝食而饿死。

如甲辰日寅加酉，夜又乘白虎，返吟夜；

	合	勾	龙	空
	戌	亥	子	丑
朱酉				寅虎
蛇申				卯常
	未	午	巳	辰
	贵	后	阴	玄

虎	朱	龙	贵
寅	酉	子	未
酉	辰	未	甲

兄	寅	虎	◎
财	丁未	贵	⊙
父	壬子	龙	

乙巳日卯加申夜，返吟夜；丁亥日午加亥夜，日之食神在禁方与前课同。

禄神闭口格　缘禄神作闭口，为旬尾乘白虎者是也。

如乙未卯加申，又返吟夜；

	勾	龙	空	虎
	子	丑	寅	卯
合亥				辰常
朱戌				巳玄
	酉	申	未	午
	蛇	贵	后	阴

蛇	空	阴	合
酉	寅	午	亥
寅	未	亥	乙

子	甲午	阴
财	辛丑	龙
官	丙申	贵

丙戌、戊子，巳为禄神闭口；辛未日酉加戌夜；壬戌日亥为闭口禄。

六片板格　缘六合乘申临卯，为尸入棺。缘申者身也，于三月占尤的，乃是死身，即死尸也，且上有六合，下有卯木，是为棺也。尸入棺，占病必死，尤宜详其类神而言之，或申加卯不乘六合，于九月占，但病在床而未愈，缘申是生气，卯为木床。癸卯日申加卯，占父母长生病死尤速，缘父母爻入棺故也。又如丙戌、丁卯二日申加卯，昼将上乘六合，如占妻病必死，缘妻财爻亦入棺故也。已上皆三月占尤验。

白虎入丧车格 缘申加巳发用为的，占病可畏。

人入鬼门格 如庚日申为本命，返吟课占病必死。

收魂神 乃戊日辰为玄武者是，夜顺昼逆有之，于十一月占尤的，缘辰为死气故也。

浴盆煞 缘忌浴盘有水。夫浴盘者，春辰、夏未、秋戌、冬丑是也。如地盘见浴盆上，忌乘亥子水；天盘见浴盘上忌天后玄武二将，如占小儿病死尤速，缘亥为孩，子为子息，故不要见水也。天后亦是子，玄武亦是亥。

寒热格 如巳午加亥子，如或克日主痨病，十干返吟必心患痁悒（原字组合为疒十邑，通悒，读 yi）。

宴喜致病格 如癸酉、癸亥、癸丑三日并支上未作太常为用，夜贵有之。

	贵	后	阴	玄	
	卯	辰	巳	午	
蛇	寅			未	常
朱	丑			申	虎
	子	亥	戌	酉	
	合	勾	龙	空	

阴	常	空	勾
巳	未	酉	亥
未	酉	亥	癸

官	辛未	常
财	己巳	阴
子	丁卯	贵

壬戌、壬子、壬寅日并支上未作太常，夜贵有之。以上六日例，缘未为太常克干，居于宅上，或为发用，如占病必因喜事及宴饮，或往亲戚家带病而归。若是官人占之，必因赴宴席过觞而得病，余占皆因前事而致不美。

因妻致病格 如壬子癸丑二日，未遁旬丁者，必往妻家得病极验，惟占人行年本命上有卯木为救，如乘寅木必得神护，尤宜命法官治之为妙，倘少缓，寅木反被未墓，便难救也。

	勾	龙	空	虎	
	酉	戌	亥	子	
合	申			丑	常
朱	未			寅	玄
	午	巳	辰	卯	
	蛇	贵	后	阴	

合	后	朱	阴	官	丁未	朱⊙
申	辰	未	卯	兄	辛亥	空
辰	子	卯	壬	子	卯	阴◎

血厌病虎作鬼格　白虎乘病符克干尤可畏，或年命上乘血支血忌者，必是血病。或女命占病又带月厌作血支血忌，病必是血崩或堕胎尤验。

制鬼之位乃良医第六八[①]

凡鬼喜见者，惟妻占夫与有官人为宜，其余皆凶。巳午作虎鬼，不宜灸，申酉作虎鬼，不宜针。

如乙丑日酉加乙，乃日之鬼，却赖支上有午火而克其酉金，此午火便是良医，或是本家亲人能医，或得家堂祖宗神位保护，其余可逐类而言之。除占病外，凡占虽值危难灾患之中，必得人解纷，诚为救神也，其神临于占人行年本命之上者，宜雪理辩明，自解其祸。如制鬼之神上乘贵人，必得上人除释过愆，如见被囚禁，必有救援而可免祸，或乘蛇虎，必得神护，更详神类而还谢，且制鬼之神即是良医，缘皆是日之食神故也，赶贼神宜占捕盗，即制鬼之神。

	朱	蛇	贵	后	
	戌	亥	子	丑	
合	酉			寅	阴
勾	申			卯	玄
	未	午	巳	辰	
	龙	空	虎	常	

蛇	空	阴	合	兄	丙寅	阴
亥	午	寅	酉	财	辛未	龙
午	丑	酉	乙	父	甲子	贵

如甲戌日干上酉，虽为日鬼，奈是旬中空亡，不足为畏，兼支上巳火坐于墓上，亦不能为救，似此一例求医，其医虽言病证甚的，其实庸愚不能治疗，奈何有福而成功也，必竟巳火克空鬼。

---

① 访贤求救于制鬼。

蛇 贵 后 阴
子 丑 寅 卯
朱亥　　辰玄
合戌　　巳常
酉 申 未 午
勾 龙 空 虎

蛇 常 玄 勾　父　丙子　蛇
子 巳 辰 酉　财　癸未　空
巳 戌 酉 甲　兄　戊寅　后

又己丑日干上卯、支上酉，壬辰日干上戌、支上卯，其余救神不在支上而临三传之上及临行年本命，亦可为救，虎鬼临处为畏期。

蛇 朱 合 勾
丑 寅 卯 辰
贵子　　巳龙
后亥　　午空
戌 酉 申 未
阴 玄 常 虎

龙 玄 后 合　父　癸巳　龙
巳 酉 亥 卯　兄　己丑　蛇
酉 丑 卯 己　子　乙酉　玄

且如制鬼之神加亥子，宜服汤药，加寅卯并四土之上宜服丸散，如巳午宜灸，加申酉宜针砭。其余制鬼神空亡者，乃言不副行之喻，医神所生为瘥期，所克为死期，乃天地医也。

天医作虎鬼格　不宜医者治，虎乘干鬼，必有不明之人作祸。

病体难担荷格　如丁丑日干上申，三传申酉戌俱日财，占病必因伤食而得，以致不救，缘丁火逢病死墓，更于秋冬占之无疑也。如求财，春夏二季却有，缘干强之故，尤宜详空而忧喜俱无，如占病，三传俱财，无制财者必死，有制财者可救。丁丑、丁未、丁亥干上申用。

龙 勾 合 朱
午 未 申 酉
空巳　　戌蛇
虎辰　　亥贵
卯 寅 丑 子
常 玄 阴 后

常 玄 朱 合　财　申　合◎
卯 寅 酉 申　财　酉　朱◎⊙
寅 丑 申 丁　子　甲戌　蛇⊙

	龙	勾	合	朱	
	午	未	申	酉	
空巳					戌蛇
虎辰					亥贵
	卯	寅	丑	子	
	常	玄	阴	后	

朱	合	朱	合	财	戊申	合
酉	申	酉	申	财	己酉	朱
申	未	申	丁	子	庚戌	蛇

虎乘遁鬼殃非浅第六九[1]

谓白虎加临旬内之干为日鬼者例，此法应验如神，凡占皆畏其咎弥深，难以消除，纵空亡亦不能为救。如甲子日昼占，乃虎加庚午临戌为用，又旦占虎加庚午临子在支上，又旦占庚午作虎加干，或返吟。

	贵	后	阴	玄	
	丑	寅	卯	辰	
蛇子					巳常
朱亥					午虎
	戌	酉	申	未	
	合	勾	龙	空	

玄	龙	虎	合	财	戌	合◎
辰	申	午	戌	子	庚午	虎⊙
申	子	戌	甲	兄	丙寅	后

乙丑日昼占虎临辛未加戌，戊辰日夜占，虎临甲子加戌。

明暗二鬼格　乃干上神作日干明鬼，又支上神遁旬干作日干暗鬼。如六甲日申加甲、庚加支；六乙日酉加乙，亦庚加支；六丙日亥加丙，即壬加支；六丁日子加丁，即壬加支；六戊日寅加戊，即乙加支；六己日卯加己，即乙加支；六壬日未加壬，即戊加支；六癸日占无。

鬼临三四讼灾随第七十[2]

谓日干之鬼临于第三四课全者，官词病患继踵而至，唯宜修德作福，及归正道，庶得稍轻，犹未免于病词二事也。如或全值空亡，始能免此，然亦且先见此而后无虑。如乙未日申加未为第三课，酉加申为第四课之类；

① 入险巇之敌境，遇伏藏之强卒。

② 先和好而后有兵谋。

空 虎 常 玄
午 未 申 酉
龙巳　　戌阴
勾辰　　亥后
卯 寅 丑 子
合 朱 蛇 贵

玄 常 空 龙　官 丁酉 玄
酉 申 午 巳　财 戊戌 阴
申 未 巳 乙　父 己亥 后

如甲戌日酉加戌为第三课，申加酉为第四课，虽日鬼加临辰两课，尤幸皆作空亡，不能为害，似可无畏也。

合 勾 龙 空
辰 巳 午 未
朱卯　　申虎
蛇寅　　酉常
丑 子 亥 戌
贵 后 阴 玄

虎 常 后 贵　父 丙子 后
申 酉 子 丑　父 乙亥 阴
酉 戌 丑 甲　财 甲戌 玄

岁破作鬼临支格　如再克支辰，讼灾免难。

天鬼作日鬼格　在六处占病，必是疫气，如天鬼作日鬼空亡者病，虽似疫，旋即无事，但未免头疼发热而已。

朱勾相会格　如丙辰午加辰，乃朱雀入勾陈，必有非常之讼。

勾 合 朱 蛇
未 申 酉 戌
龙午　　亥贵
空巳　　子后
辰 卯 寅 丑
虎 常 玄 阴

合 龙 朱 勾　财 庚申 合
申 午 酉 未　子 壬戌 蛇
午 辰 未 丙　官 子 后◎

病符克宅全家患第七一[1]

夫病符者，每年旧太岁是也，且如子年亥为病符，丑年子为病符，余年

① 兵疲师老，为主将者宜深忌焉。

仿此。若病符临支又克支者，乃主阖家病患，更乘天鬼，定遭时疫而无疑也，病符乘白虎而临支克支尤凶。如病符作月之生气，尤主阖家病，或作月之死气必死。以上乘天鬼尤凶。天鬼者，正月酉，逆行四仲，涉害深者必久病。

宜成合旧诸事格 缘病符临宅反来生宅，或生日干，或作日财，或作贵人者，却宜成合残年旧事，一切之事宜逐类而推之，勿作病符论。

丧吊全逢挂缟衣第七二[①]

谓岁前二辰为丧门，岁后二辰为吊客。如支干上全逢此二位凶煞，主凶，又于占人行年本命上神乘之，其年必哭送亲姻，身披孝服也。若论支干上全逢丧吊者，唯甲午、丁亥、己亥、庚子、癸巳，乃干上乘吊客，支上乘丧门。甲戌、丁卯、己卯、庚辰、癸酉，乃干上乘丧门，支上乘吊客。

内外孝服格 如日鬼作死气而乘太常加干上，必主有外孝服，至如六辛日午加戌，正月夜占为死气作太常；

	蛇	贵	后	阴	
	丑	寅	卯	辰	
朱	子			巳	玄
朱	未			寅	玄
	戌	酉	申	未	
	勾	龙	空	虎	

合	后	贵	常	财	丁卯	后
亥	卯	寅	午	子	亥	合◎
卯	未	午	辛	父	辛未	虎⊙

六壬日未加亥，二月夜占，又六壬日丑加亥，八月旦占；六癸日未加丑夜占，二月为死气。内辛亥日太常临午加戌，支上未亦为太常，上又乘白虎作丁神而克支，此必有内外孝服。

	蛇	贵	后	阴	
	丑	寅	卯	辰	
朱	子			巳	玄
朱	子			巳	玄
	戌	酉	申	未	
	勾	龙	空	虎	

后	虎	贵	常	父	丁未	虎
卯	未	寅	午	财	卯	后◎
未	亥	午	辛	子	辛亥	合⊙

---

① 主帅丧亡，三军皆服缟素。

内壬子日太常临未加亥，支上申又乘白虎，三月占又是死气乘虎入宅，亦主内外孝服。

朱 蛇 贵 后
丑 寅 卯 辰
合子　　巳阴
勾亥　　午玄
戌 酉 申 未
龙 空 虎 常

后 虎 贵 常　官 丁未 常
辰 申 卯 未　子 卯 贵◎
申 子 未 壬　兄 辛亥 勾⊙

又壬戌日太常临丑而克亥，干支上子为白虎作空亡羊刃入宅。

蛇 朱 合 勾
午 未 申 酉
贵巳　　戌龙
后辰　　亥空
卯 寅 丑 子
阴 玄 常 虎

虎 空 常 虎　兄 癸亥 空
子 亥 丑 子　兄 子 虎◎
亥 戌 子 壬　管 丑 常◎⊙

孝白盖妻头格　如癸亥卯未三日，干上未夜将，酉年二月丑为年命，如是妻占夫病必死，缘妻之年命上乘华盖作太常为日鬼，又是死气为吊客故也。如八月内占之，乃未为生气，尚有孝服未巳。

朱 蛇 贵 后
丑 寅 卯 辰
合子　　巳阴
勾亥　　午玄
戌 酉 申 未
龙 空 虎 常

龙 蛇 贵 常　官 甲戌 龙
戌 寅 卯 未　财 壬午 玄
寅 午 未 壬　财 壬午 蛇

又如日干之鬼作死气乘太常，如于支上主有内服至，再见丧吊更凶。又乙未日申加未，三月占用昼将，作死气乘太常入宅。

空 虎 常 玄
午 未 申 酉
龙巳　　戌阴
勾辰　　亥后
卯 寅 丑 子
合 朱 蛇 贵

玄	常	空	龙	官	丁酉	玄
酉	申	午	巳	财	戊戌	阴
申	未	巳	乙	父	己亥	后

又戊戌日卯加戌，十月占用夜将，乃卯作死气乘太常入宅，而又克宅，凶尤甚也。

合 勾 龙 空
戌 亥 子 丑
朱酉　　寅虎
蛇申　　卯常
未 午 巳 辰
贵 后 阴 玄

蛇	常	常	合	子	丙申	蛇
申	卯	卯	戌	兄	辛丑	空
卯	戌	戌	戊	父	甲午	后

又戊子日卯加子作太常，死气入宅刑宅，亦十月占，用夜将有之。

蛇 朱 合 勾
申 酉 戌 亥
贵未　　子龙
后午　　丑空
巳 辰 卯 寅
阴 玄 常 虎

后	常	勾	蛇	官	辛卯	常
午	卯	亥	申	父	午	后◎
卯	子	申	戊	子	乙酉	朱⊙

又壬子日丑加子，八月占，用昼将，乃日鬼乘太常作死气入宅克宅。

合 勾 龙 空
午 未 申 酉
朱巳　　戌虎
蛇辰　　亥常
卯 寅 丑 子
贵 后 阴 玄

后	阴	阴	玄	子	寅	后◎
寅	丑	丑	子	子	卯	贵◎⊙
丑	子	子	壬	官	甲辰	蛇⊙

又辛酉日午加酉，正月占用夜将，乃死气作日鬼乘太常入宅克宅，凶甚。

	贵	后	阴	玄	
	寅	卯	辰	巳	
蛇	丑			午	常
朱	子			未	虎
	亥	戌	酉	申	
	合	勾	龙	空	

后	常	阴	虎	官	戊午	常
卯	午	辰	未	财	乙卯	后
午	酉	未	辛	子	子	朱◎

又壬戌日未加戌二月占，夜将乃死气作鬼乘太常入宅。
又癸亥日未加亥，二月夜将，乃死气作日鬼乘太常入宅又克宅，凶。
又癸酉日未加酉，二月夜将，乃死气作日鬼乘太常入宅。
辛未日九月昼将，寅加未作死气乘太常入宅又克宅。
甲戌、庚戌二日卯加戌，十月占，夜将乃死气作太常入宅又克宅。
己亥日戌加亥，十一月占，昼夜将乃死气作太常入宅又克宅。
辛亥日戌加亥，五月占，昼夜将乃死气作太常入宅又克宅。

墓门开格 如岁后五墓又为干墓，临卯酉作蛇，又作月厌，必主重丧。如子年四月乙酉日未加酉，放乘蛇同上。

	龙	勾	合	朱	
	卯	辰	巳	午	
空	寅			未	蛇
虎	丑			申	贵
	子	亥	戌	酉	
	常	玄	阴	后	

合	蛇	常	空	财	未	蛇◎
巳	未	子	寅	子	癸巳	合⊙
未	酉	寅	乙	兄	辛卯	龙

又午年十月辛酉日，丑加酉乘蛇作月厌，为岁后五墓而又作干墓。

	龙	勾	合	朱	
	酉	戌	亥	子	
空	申			丑	蛇
虎	未			寅	贵
	午	巳	辰	卯	
	常	玄	阴	后	

玄	蛇	常	贵	财	甲寅	贵
巳	丑	午	寅	官	戊午	常
丑	酉	寅	辛	父	壬戌	勾

前后逼迫难进退第七三[①]

假令壬寅日干上子，三传辰巳午皆空而不可进，欲退后一步，逢地下寅盗气，又退一步，逢丑为干鬼，乃前不可进，后不可退，以此推之，惟宜守干上旺，切不可轻举妄动，如动则虚耗百出。

蛇 朱 合 勾
午 未 申 酉
贵巳　　　戌龙
后辰　　　亥空
卯 寅 丑 子
阴 玄 常 虎

后 阴 常 虎　官　　辰　后◎
辰 卯 丑 子　财　　巳　贵◎⊙
卯 寅 子 壬　财　甲午　蛇⊙

又癸巳日干上子，乙巳日干上卯，三传卯寅丑。甲寅日干上卯，三传辰巳午。壬申日干上子，三传丑寅卯。癸卯日干上寅，三传辰巳午。此于逼迫二字不合，若克处回归，又受克还似。

初传被下克、继归地盘之本宫、又被上神所克格　此例乃克处回归又受克，虽虎贲之勇，亦不可为。如癸巳卯丑亥四日，午加癸为初传，乃午火受癸水所克，及归本家午上，又被亥水所克，使其午火去住不能也。且午火之类神为日之财，主财聚散。如用夜将玄武加午，主失财，其午火之上亥亦为玄武，主重重失财。亦为日干之妻，主妻常病，亦为马类或有马而常被人挠。亦为屋类，主频迁徙而耗费用。亦为心类，主心病。亦为眼类，主常患眼目。以上之类皆不宜占。

龙 勾 合 朱
戌 亥 子 丑
空酉　　　寅蛇
虎申　　　卯贵
未 午 巳 辰
常 玄 阴 后

贵 龙 勾 玄　财　　午　玄◎
卯 戌 亥 午　兄　丁亥　勾◎
戌 巳 午 癸　官　壬辰　后

全伤坐克格　如支干各受上神克，又坐被克方者。假令甲午寅、丙寅午

① 前有强敌，后有追兵。

辰戌、癸卯巳，并是返吟。

	朱	蛇	贵	后	
	亥	子	丑	寅	
合	戌			卯	阴
勾	酉			辰	玄
	申	未	午	巳	
	龙	空	虎	常	

虎	蛇	后	龙
午	子	寅	申
子	午	申	甲

兄	壬寅	后
官	丙申	龙
兄	壬寅	后

顾祖格并回还格 止宜守旧，亦进退不能也。

空空如也事休追第七四[①]

谓三传皆空亡者是也，于进退连茹课中多有，如三合课两传空亡，纵有一传不空，而上乘天空将者，亦系此例，不必细具。凡值此等例，占事皆主指空话空，全无实象。惟宜解散忧疑，欲成事而不可得也，或鬼空尤妙。如遇占病，久病者死，新病者空，欲望事成合，须待改旬再谋之方可也。凡鬼空亦宜制之，不然尤有虚挠之凶，为我难见彼之象。

四课全空格 四课无形，事不出名，纵然出也，也是虚声。如乙巳日干上寅为空亡，第二课又入空亡乡，支上卯作空亡，第四课又入空亡乡，此乃四课皆空，故应前言。

	合	勾	龙	空	
	卯	辰	巳	午	
朱	寅			未	虎
蛇	丑			申	常
	子	亥	戌	酉	
	贵	后	阴	玄	

蛇	合	贵	朱
丑	卯	子	寅
卯	巳	寅	乙

财	癸丑	蛇⊙
父	辛亥	后
官	己酉	玄

丙午日干上寅，戊辰日返吟，戊戌日返吟，以上前例内，如年命上乘空亡，但非成事，或替他人占事，或初传遥克作空亡坐空乡，尤无力也。

宾主不投刑在上第七五[②]

凡支干乘刑者有三等，凡占未免相刑之意，所谋交涉事，必各有异心。

① 不可受降盟约。

② 犹金宋之和议而毕竟南侵。

一字刑者，乃四课上神全逢辰午酉亥者是也。甲辰日第一课酉加寅、第二课辰加酉、第三课亥加辰、第四课午加亥，此乃四课上神全逢辰午酉亥者也。又癸亥日干上午同。

	蛇	贵	后	阴	
	子	丑	寅	卯	
朱亥					辰玄
合戌					巳常
	酉	申	未	午	
	勾	龙	空	虎	

虎	朱	玄	勾	子	丙午	虎
午	亥	辰	酉	财	癸丑	贵
亥	辰	酉	甲	官	戊申	龙

又乙酉日第一课亥加辰、第二课午加亥、第三课辰加酉、第四课复亥加辰，支干上乘辰午酉亥又克支干者，尤可畏也。壬午日干上辰克干壬、支上亥克支午。又己酉日辰加己，上为墓覆干，午加酉而克支。丙戌日干上亥克干，支上辰墓支。如甲子日支上辰，其三传辰申子，乃名自刑在干支上。又乙丑日支上酉，其三传巳丑酉，亦支上重逢自刑。又丙寅日干上酉，其三传酉丑巳，乃干上重逢自刑之酉也。余并仿此。

二字刑者，乃支干上全乘子卯是也。子卯相刑者，两边无礼。乙未、丙申、戊申、壬申、辛丑五日，干上子、支上卯。

	蛇	朱	合	勾	
	丑	寅	卯	辰	
贵子					巳龙
后亥					午空
	戌	酉	申	未	
	蛇	朱	合	勾	

后	合	常	贵	兄	癸卯	合
亥	卯	申	子	父	己亥	后
卯	未	子	乙	财	乙未	虎

乙丑、丙寅、戊寅、辛未、壬申五日，干上卯，支上子。以上十日，乃支干上神各无礼之刑也。

三字刑者，乃三传寅巳申或丑戌未是也。寅巳申三刑者，未免无恩之义，凡占必恩反怨也。如丑戌未者，凡占多恃势而凌弱。尤宜观干上之神带生旺不空、乘吉将，乃名能刑于他人也。三传寅巳申、巳申寅或申寅巳、丑戌未、戌未丑或未丑戌俱是也。

金刚格 巳酉丑三合为三传，支干上复见酉者，乃应金刚自刑其方，缘巳刑申、丑刑戌，唯酉不能刑，故自刑其西方。

火强格 寅午戌三合为三传，支干上复见午者，乃就火强自刑其方，缘寅能刑巳、戌能刑未，唯午不能刑，故自刑其南方也。

水流趋东格 申子辰为三传，干支上复见辰者，乃应水流趋东也，缘子能刑卯，申能刑寅，惟辰不能刑，用趋其辰之本宫，以辰为水之墓库故也。

木落归根格 亥卯未为三传，干支上复见亥字者，乃应木落归根也，缘卯能刑子，未能刑丑，唯亥不能刑，故归其亥之本宫也，兼亥为木局之本，夫本者，乃木之父母乡也。

以上皆不宜值之。如占讼，不论一字刑、二字刑、三字刑，皆被刑责，如乘凶将其凶犹甚，唯空亡及皇恩、天赦可解，亦宜问罪犯轻重而言赦宥，如犯重但刑稍轻，而未免遭刑，如情轻则无刑也。皇恩者，正月起未顺行六阴位。天赦者，春戊寅、夏甲午、秋戊申、冬甲子。

四胜煞格 乃干上酉、支上午或支上酉、干上午者皆是。又就自刑中单言酉午为四胜煞，凡占各逞能，或皆邀功逞俊之意。如乙丑日、丙寅、戊寅、辛未、壬申五日，干上酉，支上午。又壬寅、乙未、丙申、戊申、辛丑五日，干上午，支上酉。以前无恩刑等中，如甲子日寅刑干上巳、子刑支上卯；丙子日干上申，日刑干上申、子刑支上卯；辛丑日戌刑干上未、丑刑支上戌；癸卯日丑刑干上戌、卯刑支上子；辛卯日戌刑干上未、卯刑支上子。于前例中，如此五日，乃支干相刑其上神，又是子卯无礼刑。外有甲寅、庚申、己未、丁未、癸丑五日，或干上乘辰午酉亥，亦作自刑例。

助刑戕德格 乃六处有神作支之自刑，又作干鬼，又结连三传为鬼是也。庚午日午加庚发用，又午加未暮将，天乙临干本身可以解凶。

彼此猜忌害相随第七六[1]

此例有五等：一者，干支上下皆各作六害，凡值此者，彼此各相猜忌，主客不相顾接，乃两意相谋，各有戾害。如甲申日干上巳与干为六害，支上亥与支为六害。外有庚寅、丁丑、己丑、癸未等日，皆干支上下作害者。

① 威振人主者身危，功盖天下者不赏。

龙 勾 合 朱
申 酉 戌 亥
空未　　子蛇
虎午　　丑贵
巳 辰 卯 寅
常 玄 阴 后

后 朱 龙 常　官　甲申　龙
寅 亥 申 巳　父　丁亥　朱
亥 申 巳 甲　兄　庚寅　后

二者，支干上神作六害，亦主各相猜忌。如乙亥日干上子与支上未为六害，辛巳、壬午、丙子、戊子日干上子，支上未。

蛇 朱 合 勾
丑 寅 卯 辰
贵子　　巳龙
后亥　　午空
戌 酉 申 未
阴 玄 常 虎

合 虎 常 贵　财　癸未　虎
卯 未 申 子　兄　己卯　合
卯 未 申 子　父　乙亥　后

三者，支干、天盘、地盘皆作六害，此等戾害尤甚。如辛酉日返吟，支干戌酉为六害，上神辰卯六害。又壬申、乙卯、丙寅返吟，又乙卯、戊寅、丙寅、壬申、辛酉伏吟，皆有之。

龙 空 虎 常
亥 子 丑 寅
勾戌　　卯玄
合酉　　辰阴
申 未 午 巳
朱 蛇 贵 后

合 玄 勾 阴　财　乙卯　玄
酉 卯 戌 辰　兄　辛酉　合
卯 酉 辰 辛　财　乙卯　玄

四者，干支三传作六害，此局全无和气。如辛卯日干上未，支上子，三传又子未子，皆作六害；辛未日干上亥，支上申，三传又申亥申皆作六害。

	勾	合	朱	蛇	
	寅	卯	辰	巳	
龙	丑			午	贵
空	子			未	后
	亥	戌	酉	申	
	虎	常	玄	阴	

玄	空	朱	后	子	戊子	空
酉	子	辰	未	父	未	后◎
子	卯	未	辛	子	戊子	空

五者，支干上下交互作六害，如我方动念害人，人已早思害我，此局更为危难。如乙未日，干上子与地支未作六害、支上卯与干作六害，而支干上子卯又复相刑，辗转为害，无从解免。外如甲申日干上亥，支上巳；庚寅日干上巳，支上亥；丁卯、己卯日干上辰。

	蛇	朱	合	勾	
	丑	寅	卯	辰	
贵	子			巳	龙
后	亥			午	空
	戌	酉	申	未	
	阴	玄	常	虎	

后	合	常	贵	兄	癸卯	合
亥	卯	申	子	父	己亥	后
卯	未	子	乙	财	乙未	虎

人喜我忧格　如辛丑日干上酉与干作六害，支上子与丑却作六合也。外有乙未、乙丑日并干上卯，辛未日干上酉。

	朱	蛇	贵	后	
	辰	巳	午	未	
合	卯			申	阴
勾	寅			酉	玄
	丑	子	亥	戌	
	龙	空	虎	常	

虎	空	阴	玄	子	庚子	空
虎	空	阴	玄	子	己亥	虎
子	丑	酉	辛	父	戊戌	常

互生俱生凡事益第七七[①]

虽有生而作墓败空亡者，知其人宅盛衰，彼此旺败。

① 南唐有顺正之忠，宋祖有褒封之惠。

互生格　干上神生支，支上神生干是也。此例两相有益，各有生意。如辛卯日干上亥生支，支上辰生干。庚戌日干上巳生支，支上未生干。庚子日干上酉虽生支而却败其支，支上丑虽生干而却是干之墓。庚午日干上卯虽生支，而却败其支，支上丑虽生干，而却墓其干。丁酉日干上丑虽生支，而却墓其支，支上卯虽生干，而却败其干。己酉日干上辰虽生支，而却墓其干，支上午虽生干，而却克其支。辛巳日干上卯虽生支而却败其支，支上戌虽生干而却墓其支。辛亥日干上酉虽生支而却败其支，支上戌虽生干而自克其支。壬午日干上寅生支，支上酉虽生干而作空亡，又为败气也。如值此等例，虽有生旺之名，反作衰败空耗论矣。

俱生格　乃干上神生干，支上神生支是也。此例各有生意，彼此和顺，或两家合本作营生尤应也。如逢月生气尤的。支干全受上神生，丙寅、丁酉日并干上寅，庚午子戌申日并干乘辰。丙寅日干上卯虽生干而亦败其干，支上子虽生支而亦败其支。丁卯日干上卯虽生干而亦败其干，支上亥虽生支而奈作旬空。乙卯日干上子虽生干而作空败，支上亥为长生，此一课乃利宅不利人，利彼不利己。己巳日干上巳生干，支上卯虽生支而反败支，此一课乃利己不利彼，利人不利宅。丙子日干上寅实生其干，支上酉虽生支而反败其支，又作旬空。丙午日干上寅，支上卯皆作空亡。

自在格　如甲子、乙亥、丙寅、丁卯、戊午、己巳、庚辰、辛未、壬申、癸酉十日，并支加干上而生日也。

	朱	合	勾	龙
	卯	辰	巳	午
蛇寅				未空
贵丑				申虎
	子	亥	戌	酉
	后	阴	玄	常

虎	玄	玄	后
申	戌	戌	子
戌	子	子	甲

财	戌	玄◎
官	壬申	虎⊙
子	庚午	龙

互旺皆旺坐谋宜第七八[①]

互旺格　止甲申、庚寅二日有之。甲申日干上酉，乃是支之旺神，支上卯乃是干之旺神。

① 运筹于帷幄之中，决胜于千里之外。

	蛇	贵	后	阴	
	子	丑	寅	卯	
朱	亥			辰	玄
合	戌			巳	常
	酉	申	未	午	
	勾	龙	空	虎	

合	阴	玄	勾	财	丙戌	合
戌	卯	辰	酉	子	癸巳	常
卯	申	酉	甲	父	戊子	蛇

庚寅日干上卯乃是支之旺神，支上酉乃是干之旺神。

	蛇	贵	后	阴	
	子	丑	寅	卯	
朱	亥			辰	玄
合	戌			巳	常
	酉	申	未	午	
	勾	龙	空	虎	

玄	勾	合	阴	父	丙戌	合
辰	酉	戌	卯	官	癸巳	常
酉	寅	卯	庚	子	戊子	蛇

凡值此者，惟宜两相投奔，各有兴旺，客旺主而主旺客，人旺宅而宅旺人，夫旺妻而妻旺夫，父旺子而子旺父，兄旺弟弟旺兄，朋友彼此助益。

皆旺格 支干上皆乘旺神者，乃彼我、客主、夫妇、父子皆然兴旺，凡谋事顺利，不劳其力，惟宜坐待，不利谋动，止可就本身之宅职而静听造转，或已遭失而欲复旧事极妙。倘若意外之求，或远谋动用，则变为网罗缠绕身宅，乃作羊刃，反为灾祸。如或坐待，则人口通泰，宅复兴隆，并无心中得人扶持而发旺，斯占最的。甲申日干上卯、支上酉，庚寅日干上酉，壬申、壬寅日干上子，丙申、丙寅日干上午，忌空亡。

	龙	空	虎	常	
	午	未	申	酉	
勾	巳			戌	玄
合	辰			亥	阴
	卯	寅	丑	子	
	朱	蛇	贵	后	

玄	常	合	朱	财	壬辰	合
戌	酉	辰	卯	子	癸巳	勾
酉	申	卯	甲	子	午	龙◎

干支值绝凡谋决第七九[1]

如甲申、甲寅日返吟，乃支干上皆乘绝神。又丙申、丙寅日亦是返吟，绝神作鬼，止宜结绝凶事，亦宜释解官讼，占病痊。丙辰、丙戌日如昼占，亦宜告贵结绝，凶吉二事皆可。

	朱	蛇	贵	后									
	亥	子	丑	寅		龙	后	后	龙	兄	庚寅	后	
合戌				卯阴		申	寅	寅	申	官	甲申	龙	
贵丑				申虎		寅	申	申	甲	兄	庚寅	后	
	申	未	午	巳									
	龙	空	虎	常									

戊寅、庚寅、壬寅、戊申、庚申、壬申六日返吟，缘绝神作日之财神，止宜结绝财物事，惟不利占妻病，值此必死；又作月内之死气者，妻死尤速。

	朱	蛇	贵	后									
	亥	子	丑	寅		后	龙	常	朱	官	戊寅	后⊙	
合戌				卯阴		寅	申	巳	亥	子	申	龙◎	
勾酉				辰玄		申	寅	亥	戊	官	戊寅	后⊙	
	申	未	午	巳									
	龙	空	虎	常									

壬辰、壬戌日，如旦占，亦宜告贵结绝财物事。以上返吟结绝事极速，缘绝神投绝乡故也。亦不宜占食禄事，缘神神投绝，如占病又作死气，必绝食而死。外有乙未日干上申为乙木之绝，支上亥乃未土之绝，如夜占却宜告贵结绝事理。又辛未日干上寅、支上亥，如夜占亦宜结绝告贵之事。

	空	虎	常	玄									
	亥	子	丑	寅		后	龙	空	贵	财	癸巳	贵	
龙戌				卯阴		辰	戌	亥	巳	兄	丁亥	空	
勾酉				辰后		戌	辰	巳	壬	财	癸巳	贵	
	申	未	午	巳									
	合	朱	蛇	贵									

① 立三穴而欲晋室，终不能遂其谋。

又癸未日干上巳、支上亥，昼占亦宜告贵结绝事理。丁未日支干上皆乘亥，己未日干上亥、又干上巳，以上皆宜结绝，亦不宜占食禄事，此言土内有寄寅者，故以亥为绝也。

绝神加生格　如庚辰寅加亥为用是也，凡巳加寅、申加巳、亥加申、寅加亥，最不宜占结绝事，缘绝神反坐长生之上，凡占事卒未了当，必止了又兴，或年命乘之。

	龙	勾	合	朱	
	申	酉	戌	亥	
空	未			子	蛇
虎	午			丑	贵
	巳	辰	卯	寅	
	常	玄	阴	后	

合	空	后	朱	财	戊寅	后
戌	未	寅	亥	官	辛巳	常
未	辰	亥	庚	兄	申	龙◎

递互作绝神格　最宜两相退换屋宇，或兑替差遣、交代职任等事。如甲申、庚寅二日伏吟，又癸未日干上亥、支上巳，丁丑日干上亥、支上巳，丁未日干上亥，癸丑日干上巳。

	勾	龙	空	虎	
	巳	午	未	申	
合	辰			酉	常
朱	卯			戌	玄
	寅	丑	子	亥	
	蛇	贵	后	阴	

虎	虎	蛇	蛇	兄	庚寅	蛇
虎	虎	蛇	蛇	子	癸巳	勾
申	申	寅	甲	官	甲申	虎

	朱	蛇	贵	后	
	卯	辰	巳	午	
合	寅			未	阴
勾	丑			申	玄
	子	亥	戌	酉	
	龙	空	虎	常	

朱	贵	常	空	财	辛巳	贵
卯	巳	酉	亥	子	己卯	朱
巳	未	亥	癸	官	丁丑	勾

人宅皆死各衰羸第八十①

干支上互乘死气格　如戊申日干上子、支上卯，庚申日干上子，庚寅日干上午、支上子，甲寅日干支上午诸例，惟不宜吊丧问病，如乘月内之死气尤的，如占病必死。

	蛇	贵	后	阴	
	子	丑	寅	卯	
朱	亥			辰	玄
合	戌			巳	常
	酉	申	未	午	
	勾	龙	空	虎	

合	阴	空	蛇	财	壬子	蛇
戌	卯	未	子	兄	丁未	空
戊	卯	未	子	官	寅	后◎

支干全乘死气格　如庚寅、庚申、辛丑日并干上子，乙丑、甲申、甲寅日干上午，己未、壬申、壬寅并干上卯，丙寅、丙申、丁丑日并干上酉，此例止宜休息，万事不利谋动。

	勾	合	朱	蛇	
	酉	戌	亥	子	
龙	申			丑	贵
空	未			寅	后
	午	巳	辰	卯	
	虎	常	玄	阴	

合	虎	玄	蛇	父	壬辰	玄
戌	午	辰	子	兄	甲申	龙
午	寅	子	庚	子	戊子	蛇

传墓入墓分憎爱第八一②

此等例详初传是何类神而言之，如是日之财神、禄神、长生、官星等，不可值中末之墓，如是日之鬼及盗炁等，却喜中末墓也，细具于后。

生我者传墓入墓，如辛未日，三传巳戌卯，巳加子为初传，乃日之长生，岂宜中传戌来墓巳，末传又入戌乡。

---

① 全师皆没。

② 当知主客孰憎孰爱。

勾 龙 空 虎

戌 亥 子 丑

合酉 　　 寅常

朱申 　　 卯玄

未 午 巳 辰

蛇 贵 后 阴

后 空 朱 玄 　官 己巳 后

巳 子 申 卯 　父 　戌 勾◎

子 未 卯 辛 　财 丁卯 亥⊙

又己巳卯未亥丑日，并巳加子为用，大不利占生计及长上之事，如辛未日有官人占之，缘官星、德神、长生入墓。如常人占之，反喜鬼入墓也。

德禄传墓格　如丙子日巳加子为用，癸未、壬子日巳加子为用，乃财神入墓；戊子日巳加子，乃德禄并生炁入墓。

蛇 贵 后 阴

戌 亥 子 丑

朱酉 　　 寅玄

合申 　　 卯常

未 午 巳 辰

勾 龙 空 虎

蛇 空 常 蛇 　兄 辛巳 空

戌 巳 卯 戌 　子 甲戌 蛇

巳 子 戌 丙 　父 己卯 常

长生入墓格　如庚子日巳加子用，常人占之，喜鬼入墓。

合 朱 蛇 贵

戌 亥 子 丑

勾酉 　　 寅后

龙申 　　 卯阴

未 午 巳 辰

空 虎 常 玄

合 常 虎 贵 　官 　巳 常◎

戌 巳 午 丑 　父 戊戌 合⊙

巳 子 丑 庚 　财 癸卯 阴

脱气入墓格　乙未日巳加子用。

朱 蛇 贵 后
戌 亥 子 丑
合酉　　　寅阴
勾申　　　卯玄
未 午 巳 辰
龙 空 虎 常

虎 贵 阴 合　子　巳 虎◎
巳 子 寅 酉　财 戊戌 朱⊙
子 未 酉 乙　兄 癸卯 玄

财神传墓格　丙戌日申加卯、庚辰日寅加酉乃财入墓、庚戌日申加卯用乃德入墓格。

蛇 贵 后 阴
戌 亥 子 丑
朱酉　　　寅玄
合申　　　卯常
未 午 巳 辰
勾 龙 空 虎

合 常 常 蛇　财 甲申 合
申 卯 卯 戌　子 己丑 阴
卯 戌 戌 丙　兄　午 龙◎

长生脱气入墓　戊戌日申加卯用。

合 朱 蛇 贵
戌 亥 子 丑
勾酉　　　寅后
龙申　　　卯阴
未 午 巳 辰
空 虎 常 玄

龙 阴 阴 合　子 丙申 龙
申 卯 卯 戌　兄 辛丑 贵
卯 戌 戌 戊　父 甲午 虎

鬼入墓格　戊辰日寅加酉用，以上占行人来迟。

合 朱 蛇 贵
戌 亥 子 丑
勾酉　　　寅后
龙申　　　卯阴
未 午 巳 辰
空 虎 常 玄

后 勾 阴 合　官 丙寅 后
寅 酉 卯 戌　兄 辛未 空
酉 辰 戌 戊　财 甲子 蛇

不行传者考初时第八二

夫不行传者，乃中末空亡是也，中末既空，但只以初传断其凶吉，言其事类，此例极多，不必细具，或一日内有三五课者，如甲子日干上巳，初传申是日之鬼，中传亥是日之长生，末传寅是日之德禄，既长生德禄皆空，岂宜独存初传之申金为日之鬼而坐实地，若以初传用事，必好事无而恶事有也。已后如值初传凶者，若是遥克者，好恶俱无，皆仿此，亦名守株待兔。

龙	勾	合	朱
申	酉	戌	亥
空未			子蛇
虎午			丑贵
巳	辰	卯	寅
常	玄	阴	后

虎	阴	龙	常
午	卯	申	巳
卯	子	巳	甲

官	壬申	龙
父	亥	朱◎
兄	丙寅	后⊙

独足卦　己未日干上酉，凡占万事皆不可行，此一例乃初中末并支干皆在未上，于七百二十课中，止有此一课，故名独足。既止有一足，焉可行乎。如欲商贩，利行舟而不利陆路，如欲逃亡者亦然，占病死。虽众皆知有独足例，殊不会稽考。己未伏吟卦亦名独足，且己未伏吟虽有未丑戌为三传，缘中传乃旬内空亡，既中传空亡，岂能刑其末传之戌乎？且中末既无，惟支干与初传皆在未上，与独足何异耶？凡谋皆不能成也。

龙	勾	合	朱
未	申	酉	戌
空午			亥蛇
虎巳			子贵
辰	卯	寅	丑
常	玄	阴	后

蛇	合	蛇	合
亥	酉	亥	酉
酉	未	酉	己

子	辛酉	合
子	辛酉	合
子	辛酉	合

万事喜忻三六合第八三①

谓三传寅午戌等，或干支上见未；三传亥卯未等，或干支上见戌；三传申子辰等，或干支上见丑；三传巳酉丑等，或干支上见辰，皆名为三合课，

① 民丰物阜，君明臣良。

又与中间一字作六合者是也。故经云："三六相呼见喜忻，纵然带恶不成嗔。"且夫带恶者，乃金日得寅午戌，土日得亥卯未，木日得巳酉丑，火日得申子辰，纵然三传克干亦不能为祸，尚可成合。其余占虽曰未尽善，究竟事亦可成就也，何况三传生日或作日之财。又三六相呼，凡谋皆遂，全无障碍，不然有人在中相助而成合事。唯不宜占解释忧疑事。如占病，其势弥笃。如占行人，忻喜而来。

如乙酉日申加辰用，三传申子辰水局并来生干，又支上见丑，乃名三合中有六合，为全吉之课，兼三传之天将昼夜皆是贵勾常土神，并作日之财，尽可求财。舍占财外，大不宜尊长，及不利占作生计，缘天将上神克生气故也。

合 朱 蛇 贵
酉 戌 亥 子
勾申　　　丑后
龙未　　　寅阴
午 巳 辰 卯
空 虎 常 玄

虎	后	贵	勾	官	甲申	勾
巳	丑	子	申	父	戊子	贵
丑	酉	申	乙	财	壬辰	常

又如丙申、丙子、丙辰三日干上丑，三传皆水局来作日干，殊不知三合六合相呼之格，带恶不成嗔之义也，兼干上丑亦可以敌其传水，凡谋虽有成意，终是可畏，但顾目下成合，余畏拨置事也。

朱 合 勾 龙
丑 寅 卯 辰
蛇子　　　巳空
贵亥　　　午虎
戌 酉 申 未
后 阴 玄 常

蛇	龙	阴	朱	官	庚子	蛇⊙
子	辰	酉	丑	财	丙申	玄
辰	申	丑	丙	子	辰	龙◎

又辛未日干上寅，壬午日干上卯，辛亥日干上午，壬寅日干上未，戊申日干上丑，三合课中又逢天将六合居干支上者，亦可用，但力稍轻。

合中犯杀蜜中砒第八四[1]

谓三传寅午戌，如支干上有午为自刑，见丑为六害，见子为冲；三传亥卯未，如干支上有子为无礼刑，见辰为六害，见酉为冲；三传申子辰，如干支上有卯为无礼刑，见未为六害，见午为冲；三传巳酉丑，如干支上有酉为自刑，见戌为六害，见卯为冲，凡值此例，所谓三合犯杀少人知，惟防好里定相欺，笑里有刀谁会得，事将成合失便宜。占得此者，必至恩中变怨，合中有破，虽是属我之事，亦被人在中阻隔，俗谚云：笑里刀，蜜里砒，正此意也。其中犯杀空亡，徒为冤憎，下稍成阻，不免先应其事。

初遭夹克不由己第八五[2]

谓初传坐于克方，又被天将所伤，故取名夹克。凡占必身不由己，及受人驱策，尤宜详其受克者是类而言之。且如夹克者是财，必财不由己费用；或是日之同类受夹克者，乃自身不由己。惟是日鬼受夹克者为妙，乃当忧不忧之义也。

如六甲日戌加寅为初传，昼夜天将皆乘六合木神，此乃夹克其财。

	贵	后	阴	玄	
	丑	寅	卯	辰	
蛇	子			巳	常
朱	亥			午	虎
	戌	酉	申	未	
	合	勾	龙	空	

玄	龙	虎	合	财	戌	合◎
辰	申	午	戌	子	庚午	虎⊙
申	子	戌	甲	兄	丙寅	后

六壬日午加亥为初传，昼夜天将玄武水神及天后水神，此乃夹克日财，必财不由己而费用。

	龙	勾	合	朱	
	子	丑	寅	卯	
空	亥			辰	蛇
虎	戌			巳	贵
	酉	申	未	午	
	常	玄	阴	后	

虎	朱	勾	后	财	庚午	后⊙
戌	卯	丑	午	官	乙丑	勾
卯	申	午	壬	父	壬申	玄

---

① 饵兵勿食。

② 指日克汴，而班师之诏屡颁。

外有甲辰日辰加卯为初传，昼夜天将皆是六合木神，夹克其财。

	龙	空	虎	常	
	午	未	申	酉	
勾巳					戌玄
合辰					亥阴
	卯	寅	丑	子	
	朱	蛇	贵	后	

龙	勾	合	朱	财	甲辰	合⊙
午	巳	辰	卯	子	乙巳	勾
巳	辰	卯	甲	子	丙午	龙

又甲申日戌加卯同上，或妻常病。

	蛇	贵	后	阴	
	子	丑	寅	卯	
朱亥					辰玄
合戌					巳常
	酉	申	未	午	
	勾	龙	空	虎	

合	阴	玄	勾	财	丙戌	合
戌	卯	辰	酉	子	癸巳	常
卯	申	酉	甲	父	戊子	蛇

家法不正格　缘三传皆受夹克例，唯乙丑、乙卯、乙亥日并寅加酉，旦占有之。

	朱	蛇	贵	后	
	戌	亥	子	丑	
合酉					寅阴
勾申					卯玄
	未	午	巳	辰	
	龙	空	虎	常	

蛇	空	阴	合	兄	丙寅	阴
亥	午	寅	酉	财	辛未	龙
午	丑	酉	乙	父	甲子	贵

俯丘仰仇格　甲子日夜将寅加未为用，乃俯见丘仰见仇。乙巳日酉加丑，乙未日卯加未夜。

	合	勾	龙	空	
	戌	亥	子	丑	
朱酉					寅虎
蛇申					卯常
	未	午	巳	辰	
	贵	后	阴	玄	

合	阴	龙	贵	父	甲子	龙
戌	巳	子	未	子	己巳	阴
巳	子	未	甲	财	戌	合◎

将逢内战所谋危第八六[1]

六合内战为发用者，凡用事将成合而被人搅扰也。如癸巳日昼占，六合加申，申金加巳火之上。天后内战为发用者，如丁卯戌加卯旦占，必妻常作而多病。

夜贵内战格 六癸日卯临申为用。

螣蛇内战格 丙辰日旦占，子临辰为用。

朱雀内战格 丁丑日夜占，乃朱雀乘亥临丑为用。

勾陈内战格 丁丑日昼占，乃勾陈乘卯临申为用。

青龙内战格 壬寅日夜占，乃青龙乘申临巳为用。

白虎内战格 丁亥日昼占，乃白虎乘午临亥为用。

太常内战格 丁酉日昼占，乃太常乘卯临酉为用。玄武无内战。

天空内战格 如丁丑日卯加申为用，夜占。

太阴内战格 壬辰、壬戌日返吟夜占，乃太阴乘巳临亥为用。

夫十一天将皆有内战，此例余尚有之，不暇细具。今略具一例，余皆仿此，而逐类言其内战之意也。

三传日辰内战格 支干三传皆下克上者，凡占皆是家法不正，或自窝犯，或丑声出于堂中，以致争竞，斯占极验。如癸酉日，癸水克上神之午火，酉金克上神之寅木，初传未加寅，中传子加未，末传巳加子，皆下贼上，凡占全无和气，占讼被刑，占病必死，吉事不成。惟宜占官从卑贱而迤逦迁转，大为兴旺，舍此皆凶。

---

① 不知祸起萧墙内，空筑防胡万里城。

龙 空 虎 常
戌 亥 子 丑
勾酉　　寅玄
合申　　卯阴
未 午 巳 辰
朱 蛇 贵 后

朱	玄	空	蛇	官	辛未	朱
未	寅	亥	午	兄	甲子	虎
寅	酉	午	癸	财	己巳	贵

己酉、辛酉日未加寅，戊辰日寅加酉皆如前说。

人宅坐墓甘招晦第八七[①]

谓天盘支干皆坐于地盘墓上者，乃心肯意肯情愿受其暗昧，凡事皆自招其祸，切不可怨天尤人也。不惟本身甘招其祸，犹且将家宅亦情愿假借与人作贱，欲兑凭终不能脱出也。如壬寅日亥加辰、寅加未，壬申日亥加辰、申加丑，己未日未加辰，丁丑日未加戌、丑加辰、庚寅日申加丑、寅加未，庚申日申加丑，刚日四绝体也。

龙 勾 合 朱
子 丑 寅 卯
空亥　　辰蛇
虎戌　　巳贵
酉 申 未 午
常 玄 阴 后

蛇	常	勾	后	财	甲午	后
辰	酉	丑	午	官	辛丑	勾
酉	寅	午	壬	父	丙申	玄

互坐丘墓格　干坐于支墓之上，支坐于干墓之上者，乃彼此各招其昏晦，惟不宜两相投奔，必是愚蠢人也。如丁丑日未加辰、丑加戌；戊寅日巳加未、寅加辰；甲申日寅加丑、申加未；庚寅日申加未、寅加丑，戊申日巳加丑、申加辰。余传内虽有所喜之神，其年命上却克去者，乃心多退懒，自不肯向前也。

① 鲁酒薄而邯郸围。

	合	朱	蛇	贵	
	申	酉	戌	亥	
勾	未			子	后
龙	午			丑	阴
	巳	辰	卯	寅	
	空	虎	常	玄	

勾	虎	阴	蛇	兄	壬午	龙
未	辰	丑	戌	子	甲戌	蛇
辰	丑	戌	丁	子	庚辰	虎

	朱	合	勾	龙	
	卯	辰	巳	午	
蛇	寅			未	空
贵	丑			申	虎
	子	亥	戌	酉	
	后	阴	玄	常	

玄	后	贵	朱	兄	丁丑	贵
戌	子	丑	卯	财	乙亥	阴
子	寅	卯	戌	子	酉	常◎

干支乘墓各昏迷第八八

如支干全被上神墓者，其人如云雾中行，其家宅敝而自尘暗，凡彼此占不亨快，经云："墓覆日辰，人宅昏沉。"壬申日干上辰、支上丑；壬寅日干上辰、支上未，己未日干支上辰；丙寅日干上戌、支上未；丙申日干上戌、支上丑；乙丑日干上未，以上诸例，乃干支两课皆见墓神，经云："干支墓全逢，所为皆不通，两处欲克害，犹忌合墓神。"如甲申日干上未，如用夜贵，则两处皆空，可以解疑。

	龙	空	虎	常	
	戌	亥	子	丑	
勾	酉			寅	玄
合	申			卯	阴
	未	午	巳	辰	
	朱	蛇	贵	后	

蛇	常	勾	后	官	戊辰	后⊙
午	丑	酉	辰	父	癸酉	勾
丑	申	辰	壬	子	丙寅	玄

互乘墓神格　干乘支之墓，支乘干之墓者，此例我欲昏昧他，却被他已昏昧我也。《道典》云："天网恢恢，疏而不漏。"戊寅日干上未，支上辰；戊申日干上丑、支上辰；辛未日干上辰、支上丑；甲申日干上丑实、支上未空；

庚寅日干上未空，支上丑实；乙未日干上辰空，支上未实。

	空	虎	常	玄	
	未	申	酉	戌	
龙	午			亥	阴
勾	巳			子	后
	辰	卯	寅	丑	
	合	朱	蛇	贵	

龙	合	常	空	兄	庚辰	合
午	辰	酉	未	父	壬午	龙
辰	寅	未	戌	子	申	虎◎

欲弃屋宇格 凡干加支，求宅必得，缘己身入宅故也。或被支所克或所脱，虽目下强，得其屋后无益也。凡支加干得之，尤不费力，缘宅来就人故也，亦不可受宅克、墓、脱，如我有屋宅欲出兑者，如值干加支，乃人尚恋宅，或支加干，乃屋恋人，二项皆不能脱也。其支干相加，宅生其人，切不可弃之，，后有长进，如被克、脱、墓者，终被屋所累矣。

任信丁马须言动第八九[①]

夫任信者，伏吟卦也。如刚日名自任，可委任于他人。柔日名自信，可取信于自己。凡值伏吟卦，切不可便言伏匿而不动。于传中及支干上有旬内丁神，或乘天马驿马者，必静而求动，不可不知。

如壬辰、戊午、丙辰、甲寅、庚申、癸未、癸丑、己酉、辛亥，以上俱丁神在传，如占访人必出外干事，如先允许，后必改易，故名无任无信也。天马逐月推之，如填内无天马、驿马、旬丁者，如始欲谋事，尽伏尽匿，终不可动谋矣。如已尝得人先蒙允许，后必有信也。凡占静中求动终是静，或动中求静终是动，诸占不易之故也。

	贵	后	阴	玄	
	巳	午	未	申	
蛇	辰			酉	常
朱	卯			戌	虎
	寅	丑	子	亥	
	合	勾	龙	空	

蛇	蛇	空	空	兄	丁亥	空
辰	辰	亥	亥	官	壬辰	蛇
辰	辰	亥	壬	官	丙戌	虎

---

① 如占访人虽不藏匿，必在他处相见，有仓卒之军旅。

伏吟卦内无丁马，却占人本命行年上乘魁罡及丁马者，亦主动尤速。又乙酉、己丑、癸巳三日伏吟，如占人年命是亥，乃丁马，又如占身动最速。又乙卯、己未、癸亥三日伏吟，如占人年命是巳，亦丁马交加，身动尤速。

龙	空	虎	常
巳	午	未	申
勾辰			酉玄
合卯			戌阴
寅	丑	子	亥
朱	蛇	贵	后

玄	玄	勾	勾	财	壬辰	勾
酉	酉	辰	辰	财	壬辰	勾
酉	酉	辰	辰	兄	辛卯	合

非伏吟而乘丁马者亦主动。如癸亥日干上巳为财动，余同。又癸酉、己未、丙子、戊寅、辛巳、丁亥、甲午、庚戌九日伏吟，占行人必中路被阻，缘中传空亡而不能刑至末传，故前后难进退耳。余占必先虽允许，后却无实惠也。

勾	龙	空	虎
酉	戌	亥	子
合申			丑常
朱未			寅玄
午	巳	辰	卯
蛇	贵	后	阴

朱	阴	勾	贵	父	辛酉	勾
未	卯	酉	巳	官	丑	常◎
卯	亥	巳	癸	财	丁巳	贵⊙

六丁加天马，或天马加六丁，必非小动也。如甲子日卯加甲，十一月占是也，余皆仿此言之。如值丑为本命，乃名本命恋宅，全无动意，此法极验。

龙	空	虎	常
午	未	申	酉
勾巳			戌玄
合辰			亥阴
卯	寅	丑	子
朱	蛇	贵	后

蛇	贵	合	朱	财	戊辰	合
寅	丑	辰	卯	子	己巳	勾
丑	子	卯	甲	子	庚午	龙

伏吟卦六丙日吉，缘初传为德禄，中传为财，末传为长生，各忌空亡。

空 虎 常 玄
巳 午 未 申
龙辰　　　酉阴
勾卯　　　戌后
寅 丑 子 亥
合 朱 蛇 贵

合	合	空	空	兄	己巳	空
寅	寅	巳	巳	财	壬申	玄
寅	寅	巳	丙	父	丙寅	合

伏吟卦六戊日伏吟凶，缘初传巳火克中传申金，中传申克末传寅木而作日干，似乎无和气也，且戊日伏吟切不可被时师惑作甲戊庚三奇言之，且初传天盘乃巳火，地盘乃戊土，岂可言三传甲戊庚耶，不可不知。

勾 龙 空 虎
巳 午 未 申
合辰　　　酉常
朱卯　　　戌玄
寅 丑 子 亥
蛇 贵 后 阴

合	合	勾	勾	父	己巳	勾
辰	辰	巳	巳	子	壬申	虎
辰	辰	巳	巳	官	丙寅	蛇

来去俱空岂动宜第九十[①]

夫来去者，返吟卦也，缘初传与末传、初中末往来交互也。故凡占得返吟卦，切不可便言凡事往来动移，内有三传皆空亡者，虽有动意，实不动也。尤详其空亡有用及无用言之。己酉返吟，三传卯酉卯，此用鬼皆空亡，正宜处难中解祸，余占空空然。

蛇 贵 后 阴
亥 子 丑 寅
朱戌　　　卯玄
合酉　　　辰常
申 未 午 巳
勾 龙 空 虎

合	玄	龙	后	官	卯	玄◎
酉	卯	未	丑	子	己酉	合⊙
卯	酉	丑	己	官	卯	玄◎

---

① 复，七日来复，虚张攻势。

乙丑日三传戌辰戌，此传财俱空亡，止宜占病，不宜问婚，妻及财凶。

蛇 贵 后 阴
亥 子 丑 寅
朱戌　　卯玄
合酉　　辰常
申 未 午 巳
勾 龙 空 虎

后 龙 常 朱　财　戌　朱◎
丑 未 辰 戌　财　戌辰　常⊙
未 丑 戌 乙　财　戌　朱◎

戊辰日返吟，三传巳亥巳，此乃生气落空亡，不利长上，或六月、十二月占之，尊长病死尤的。

朱 蛇 贵 后
亥 子 丑 寅
合戌　　卯阴
勾酉　　辰玄
申 未 午 巳
龙 空 虎 常

玄 合 常 朱　父　己巳　常⊙
辰 戌 巳 亥　财　亥　朱◎
戌 辰 亥 戊　父　己巳　常⊙

戊寅、戊午、戊戌、戊申、戊子、己亥、庚戌、甲辰等日返吟皆空，更宜逐类推之。

德丧禄绝格　乃阳日返吟者是，若阴日子加巳，乃四绝体也。

移远就近格　天罡乘青龙、六合在日上，乃真斩关卦。如占时为发用，名动中不动，寻远在近处。兼中末空亦然。如初见太岁，中末见月建或日胡，亦名移远就近，将缓为速。

又如己丑日干上辰、支上戌，虽干支上全乘魁罡，缘干上墓覆，又是柔日昴星，伏匿万状，终不能动。

朱 合 勾 龙
寅 卯 辰 巳
蛇丑　　午空
贵子　　未虎
亥 戌 酉 申
后 阴 玄 常

虎 阴 蛇 勾　财　戊子　贵
未 戌 丑 辰　兄　壬辰　勾⊙
戌 丑 辰 己　兄　丙戌　阴

庚寅日干上辰、支上戌亦是真斩关卦，必主动，缘中末空亡，反不能动；

	贵	后	阴	玄
	丑	寅	卯	辰
蛇子				巳常
朱亥				午虎
	戌	酉	申	未
	合	勾	龙	空

虎	合	蛇	玄	父	丙戌	合
午	戌	子	辰	官	午	虎◎
戌	寅	辰	庚	财	庚寅	后⊙

又干上戌、支上辰同。后二假令乃言斩关卦之义，非返吟也，须知之。

	空	虎	常	玄
	未	申	酉	戌
龙午				亥阴
勾巳				子后
	辰	卯	寅	丑
	合	朱	蛇	贵

龙	合	后	玄	父	壬辰	合
午	辰	子	戌	官	午	龙◎
辰	寅	戌	庚	兄	甲申	虎⊙

似返吟卦，癸未日干上寅，虽不系返吟卦，缘三传申寅申，往来皆在支干上，似乎与返吟相类也，如占事虽不免往来交通，下稍全无一事，缘始末皆空，又是柔日昴星，故伏匿也。如用昼贵，三传合玄合，阴私万状，兼支干上皆乘脱气，占事不出旋窝。诸返吟卦占事难成而覆破，访人差迭，复被诱差迭。

	蛇	朱	合	勾
	午	未	申	酉
贵巳				戌龙
后辰				亥空
	卯	寅	丑	子
	阴	玄	常	虎

勾	合	阴	玄	父	申	合◎
酉	申	卯	寅	子	戊寅	玄
申	未	寅	癸	父	申	合◎

虎临干鬼凶速速第九一[1]

谓日干之鬼上乘白虎者，凡占凶祸速中又速。如六己日卯加未夜占，六壬日戌加亥旦夜占，六癸日戌加丑昼占，此三干乃虎鬼临干者。六甲日申乘白虎旦将顺行有之，但不临干而在五处；六戊日寅乘白虎夜将顺行有之，亦不临干；六庚日午乘白虎旦将逆行，不临干而在五处。若乙、丙、丁、辛四干无此例。唯宜详其虎鬼或空亡，或鬼坐鬼方，或坐生方。及虎之阴神能制虎者，虽目前值其灾祸，后却无畏也。

如甲子日申加戌昼将，上乘白虎作中传，诚为可畏，殊不知申坐戌空，又赖虎之阴神上乘午火而制虎鬼。经云："虎之阴神还制虎，生者安宁病者愈"，此虎鬼论，如小人稍得其势，即为祸患极速，倘受制伏，随即缩首拘捉，灰飞烟灭而不能为害也。

	朱	合	勾	龙	
	卯	辰	巳	午	
蛇	寅			未	空
贵	丑			申	虎
	子	亥	戌	酉	
	后	阴	玄	常	

虎	玄	玄	后
申	戌	戌	子
戌	子	子	甲

财		戌	玄◎
官	壬	申	虎⊙
子	庚	午	龙

又如甲子日申加午昼将，上乘白虎作末传，其申不空，诚为可畏，尤赖申金坐于午火之上。经云："鬼坐鬼方无所畏"。又如戊寅日寅加亥夜将，上乘白虎作中传，纵干上有申金，缘作空亡而不能克其寅鬼，诚为凶也，殊不知寅木坐于亥水之上，寅木受亥水作长生，不来为害。经云："鬼自就生不来侵"。其余虎鬼无制不空等，占讼被刑，占病作死气必死，所占万事祸不可逃。唯有官人占赴任，却名催官符，赴任极速，反不宜受制及空。余仿此而推之。

① 克干客败，伤支主败。

空虎　常　玄
未申　酉　戌
龙午　　　亥阴
勾巳　　　子后
辰卯　寅　丑
合朱　蛇　贵

合　蛇　龙　合　　财　　戊辰　　合
辰　寅　午　辰　　子　　庚午　　龙
寅　子　辰　甲　　官　　壬申　　虎

马载虎鬼格　乃虎鬼作日之驿马是也，凶祸尤速。占讼必得罪于远方，极妙。如戊辰日夜将，得寅加未作末传，乃鬼乘白虎，又是驿马。

龙空　虎　常
子丑　寅　卯
勾亥　　　辰玄
合戌　　　巳阴
酉申　未　午
朱蛇　贵　后

后　勾　贵　龙　　财　　甲子　　龙
午　亥　未　子　　兄　　辛未　　贵
亥　辰　子　戊　　官　　丙寅　　虎

又戊辰日寅加酉夜，又戊辰日寅加亥夜，戊子日寅加未夜，甲寅日申加午昼，甲寅日伏吟昼，甲寅日申加戌昼，甲午日申加午昼。甲戌、戊申二日虽有，因虎鬼空亡，不足论也。

龙加生气吉迟迟第九二

谓青龙乘生干之神，又作月内之生气者，虽目下未足峥嵘，却徐徐而发福也。此例喻君子欲施惠于人，未尝启齿，缓而作吉，尤奈岁寒尔。如六丙日，寅加巳夜将乘青龙，三月占尤的。

龙空　虎　常
寅卯　辰　巳
勾丑　　　午玄
合子　　　未阴
亥戌　酉　申
朱蛇　贵　后

后　朱　朱　龙　　官　　亥　　朱◎
申　亥　亥　寅　　财　壬申　　后⊙
亥　寅　寅　丙　　兄　己巳　　常

六丁日干上寅夜将，三月占，内丙午、丁未日空亡不中用。六戊日干上申昼将乘青龙，九月占，内戊寅日申空。六己日干上巳昼将，六月占，内己亥日巳空。余干无例。

妄用三传灾福异第九三

时人起三传尚有错误，想灾福应无的验也。且问三传错误者何？辛酉日干上亥，既是辛日，岂可便以亥加戌为初传乎。又如乙酉日亥加辰，既是乙日，岂可便以亥加辰为初传乎？

	贵	后	阴	玄
	子	丑	寅	卯
蛇亥				辰常
朱戌				巳虎
	酉	申	未	午
	合	勾	龙	空

蛇	常	空	蛇
亥	辰	午	亥
辰	酉	亥	乙

父	丁亥	蛇
子	午	空◎
财	己丑	后⊙

乙巳日干上卯，既是乙日，岂可便以卯加辰为初传乎？戊寅日第四课申加巳有克。又如甲辰日干上戌，时人皆以戌加寅涉害为用，三传戌午寅皆作脱气，凡占谋用无成，有忧皆散，殊不知乃择此为用，非涉害也，何故？缘甲木与子水比和，戌土长甲木而不比，乃子申辰作三传皆来生日，凡占欲成合而不利解释灾祸，但凶吉二事皆成也。后学何得以知之。又甲戌日干上辰乃子加戌为用，非辰加寅用也。又戊辰、戊戌日返吟，丙子、戊辰日干上子，内戊子一日干上寅，庚辰、丁亥二日干上卯，壬戌、甲申日干上辰，庚子日干上午，乙卯日干上申，又乙卯日干上寅，庚寅日干上午，甲申日干上戌，各有其说也。

喜惧空亡乃妙机第九四[①]

凡空亡有要见，有不要见者，后学不辨，一例而言之，诚为可叹。盖天盘作空亡者，谓之游行空亡，其吉凶有七八分，如地盘作空亡者，谓之落底空亡，其吉凶有十分。此不可不知者也。且夫要空亡者，乃克、盗、墓神，及神遥克日，以上皆要空亡。惟生我者及救神并天德、生气、财官及日遥克神，并不宜空亡，皆返为凶兆，尤有遇不遇者，共列五等于后。

见生不生格 甲乙日以亥为生，其亥水居申上，他自恋生，不来生我。

① 强敌宜落空亡。

或是亥水居于辰戌丑未之上，为土所制，纵日辰行年上见之，亦不能生我。至于亥入空亡则大凶。如生我者空亡，占父母上人病，主不救，占干上位亦是徒然。略举一全例，十二仿此，各令占之，亦如上说。

	龙	勾	合	朱
	申	酉	戌	亥
空未				子蛇
虎午				丑贵
	巳	辰	卯	寅
	常	玄	阴	后

虎	阴	龙	常
午	卯	申	巳
卯	子	巳	甲

官	壬申	龙
父	亥	朱◎
兄	丙寅	后⊙

见克不克格 如甲乙日以申酉为克，其金居巳午火上，他自受克，何暇克我。又申酉坐辰戌丑未上，他自恋生，亦不来克我。鬼陷空亡，亦不能为害。惟鬼作空亡加日辰、传、年命上，无制伏者极凶，或失人口，或犯官司，费用百出。十干仿此。

	空	虎	常	玄
	未	申	酉	戌
龙午				亥阴
勾巳				子后
	辰	卯	寅	丑
	合	朱	蛇	贵

合	蛇	龙	合
辰	寅	午	辰
寅	子	辰	甲

财	戊辰	合
子	庚午	龙
官	壬申	虎

见财无财格 如甲乙日以辰戌丑未为财，其财居寅卯上，不可取财也。或财作空亡，虽得，反有所费。财陷空亡亦不得，尤费财。如财居申酉脱气之上，反有所费。十干仿此。戊辰日干上酉，壬午日干上未，壬寅日干上子，庚子日干上酉，丙午日干上午，己酉日干上申。

	空	虎	常	玄
	未	申	酉	戌
龙午				亥阴
勾巳				子后
	辰	卯	寅	丑
	合	朱	蛇	贵

合	蛇	龙	合
辰	寅	午	辰
寅	子	辰	甲

财	戊辰	合
子	庚午	龙
官	壬申	虎

	勾	合	朱	蛇								
	酉	戌	亥	子								
龙	申			丑	贵	蛇	龙	贵	勾	财	甲子	蛇
空	未			寅	后	子	申	丑	酉	兄	戊辰	玄
	午	巳	辰	卯		申	辰	酉	戌	子	壬申	龙
	虎	常	玄	阴								

见救不救格 如甲乙日，传内先有申酉金，于日辰上见巳午火乃为救神，其巳午火居亥子上，或作空亡，或陷空亡，或在寅卯上，他自贪生，此不能为救也。如此反为灾咎。如不见日鬼，其救神即盗神也。余八干仿此。

	龙	勾	合	朱								
	申	酉	戌	亥								
空	未			子	蛇	虎	阴	龙	常	官	壬申	龙
虎	午			丑	贵	午	卯	申	巳	父	亥	朱◎
	巳	辰	卯	寅		卯	子	巳	甲	兄	丙寅	后⊙
	常	玄	阴	后								

见盗不盗格 如甲乙日见巳午火居亥子之乡，或入空亡之内，皆是盗我之气不得也，反变成吉。十干日同。今人不看如何，见生便言生，见财便说财，见鬼便言有鬼，有救便言救，至于所立之地，所行之方，不少为分别，惜哉。

	朱	蛇	贵	后								
	亥	子	丑	寅								
合	戌			卯	阴	蛇	虎	后	龙	兄	丙寅	后
勾	酉			辰	玄	子	午	寅	申	官	壬申	龙
	申	未	午	巳		午	子	申	甲	兄	丙寅	后
	龙	空	虎	常								

德贵合局生身格，亦贵德临身消除祸患格 如乙酉日干上申，昼占，虽三传水局生日，缘天将昼夜皆贵勾常土神，使水局不能生其乙木。如用夜贵，尚赖贵临本身，犹能勉强倚贵而求生计。

合 朱 蛇 贵
酉 戌 亥 子
勾申　　　丑后
龙未　　　寅阴
午 巳 辰 卯
空 虎 常 玄

虎 后 贵 勾　官　甲申　勾
巳 丑 子 申　父　戊子　贵
丑 酉 申 乙　财　壬辰　常

蛇 朱 合 勾
酉 戌 亥 子
贵申　　　丑龙
后未　　　寅空
午 巳 辰 卯
阴 玄 常 虎

玄 龙 勾 贵　官　甲申　贵
巳 丑 子 申　父　戊子　勾
丑 酉 申 乙　财　壬辰　常

长上灾凶格　乃长生空亡之例。戊寅日申为长生作空亡，庚子日巳为长生作空亡，壬午日申为长生作空亡，甲子日亥为长生作空亡，丙午日寅为长生作空亡。月内生气亦忌空亡。

蛇 朱 合 勾
申 酉 戌 亥
贵未　　　子龙
后午　　　丑空
巳 辰 卯 寅
阴 玄 常 虎

蛇 阴 勾 蛇　子　　申　蛇◎
申 巳 亥 申　财　乙亥　勾⊙
巳 寅 申 戊　官　戊寅　虎

喜惧格　一则以喜，一则以惧之例，谓干上长生，三传皆鬼。

六爻现卦防其克第九五

财爻现卦，必忧父母。歌云："三传俱作日之财，得此须忧长上灾，年命日辰乘干鬼，争知此类不为乖"。如辛未日干上午，三传卯亥未木局，三传皆作日之财，虽忧父母，赖干上先有午火生其父母爻，窃其财爻，此名传财化鬼。人但知言父母等类，而不知言传财化鬼，如欲占财，则有灾祸耳。余日辰年命上无官鬼爻者，乃可言父母灾也，亦必支干年命上先有父母爻，后被传财克者，始可言父母长上灾。如无父母爻，则亦不言此例。

	龙	勾	合	朱
	丑	寅	卯	辰
空子				巳蛇
虎亥				午贵
	戌	酉	申	未
	常	玄	阴	后

虎	合	勾	贵	财	丁卯	合
亥	卯	寅	午	子	亥	虎◎
卯	未	午	辛	父	辛未	后⊙

如丁丑日干上先见卯为父母爻，岂应三传金局之财来伤卯木，此方可言长上灾。或求财而妨生计，或被恶妻逆其翁姑，此二事尤的。

	朱	合	勾	龙
	丑	寅	卯	辰
蛇子				巳空
贵亥				午虎
	戌	酉	申	未
	后	阴	玄	常

空	阴	贵	勾	兄	辛巳	空⊙
巳	酉	亥	卯	子	丁丑	朱
酉	丑	卯	丁	财	酉	阴◎

又有己丑日干上午，庚辰日干上未，丁酉日干上卯，戊戌日干上午，皆如前说。必待财旺月乃忧长上，其财休囚，却为财也。外有乙亥日，欲赖支上申生父母爻而窃其财爻，殊不知申空亡，仍主父母之灾。

	勾	龙	空	虎
	辰	巳	午	未
合卯				申常
朱寅				酉玄
	丑	子	亥	戌
	蛇	贵	后	阴

后	贵	龙	空	财	戊子	贵
亥	子	巳	午	财	丁亥	后
子	丑	午	己	兄	丙戌	阴

父母爻现卦，必忧子息。歌云："父母现卦子孙忧，日辰年命细参求，同类比肩居在上，儿男昌盛不为仇"。如戊寅日干上丑，三传戌午寅火局，皆作父母爻，虽忧子息，赖干上先有丑土生其子息，窃其父母。

贵 后 阴 玄
丑 寅 卯 辰
蛇子 巳常
朱亥 午虎
戌 酉 申 未
合 勾 龙 空

虎 合 勾 贵 兄 甲戌 合
午 戌 酉 丑 父 壬午 虎
戌 寅 丑 戊 官 戊寅 后

若子息爻现卦，必忧官事。歌云：“子息见时官事无，古法流传实不虚，岂知四处财爻现，官迁讼罪病难苏”。己巳日干上亥，三传酉丑巳金局皆作子息爻，虽忧官职，缘干上先有亥水生其官鬼，窃其子息爻，余如前说。官讼则忌。

合 朱 蛇 贵
酉 戌 亥 子
勾申 丑后
龙未 寅阴
午 巳 辰 卯
空 虎 常 玄

后 合 玄 蛇 子 癸酉 合
丑 酉 卯 亥 兄 乙丑 后
酉 巳 亥 己 父 己巳 虎

官鬼爻现卦，忧己身及兄弟。歌云：“官星鬼贼作三传，本身兄弟不宜占，父母之爻如透出，己身昆仲总安然”。如乙丑日干上子，三传巳丑酉金局皆鬼爻，虽忧己身及兄弟，奈干上先有子水生其己身兄弟，窃其官鬼爻也。余仿此。

蛇 朱 合 勾
丑 寅 卯 辰
贵子 巳龙
后亥 午空
戌 酉 申 未
阴 玄 常 虎

龙 玄 常 贵 子 己巳 龙
巳 酉 申 子 财 乙丑 蛇
酉 丑 子 乙 官 癸酉 玄

同类现卦，必忧妻及去财。歌云：“干支同类在传中，钱财耗散及妻凶，支干上神乘子息，妻宫无恙反财丰”。如丙寅日干上丑，三传戌午寅皆是日之同类，虽忧妻位及损耗钱财，奈干上先有丑土生其财爻，窃其比肩。余仿此。

朱 合 勾 龙
丑 寅 卯 辰
蛇寅　　未空
贵丑　　申虎
戌 酉 申 未
后 阴 玄 常

虎 后 阴 朱
午 戌 酉 丑
戌 寅 丑 丙

子　戌　后◎
兄　庚午　虎⊙
父　丙寅　合

六爻相生而成类，乃三传生起干上之爻象者。

传财化鬼者，如辛未日干上午，三传卯亥未生起干上之午鬼。

龙 勾 合 朱
丑 寅 卯 辰
空子　　巳蛇
虎亥　　午贵
戌 酉 申 未
常 玄 阴 后

虎 合 勾 贵
亥 卯 寅 午
亥 卯 寅 午

财　丁卯　合
子　亥　虎◎
父　辛未　后⊙

传鬼化父母者，如乙巳日干上子，三传酉巳丑生起干上之子水父母爻。

蛇 朱 合 勾
丑 寅 卯 辰
贵子　　巳龙
后亥　　午空
戌 酉 申 未
阴 玄 常 虎

玄 蛇 常 贵
酉 丑 申 子
丑 巳 子 乙

官　己酉　玄
子　乙巳　龙
财　癸丑　蛇

传父母化兄弟，如戊午日干上丑，三传戌午寅生起干上之丑兄弟爻。

贵 后 阴 玄
丑 寅 卯 辰
蛇子　　巳常
朱亥　　午虎
戌 酉 申 未
合 勾 龙 空

合 后 勾 贵　兄　壬戌　合
戌 寅 酉 丑　父　戊午　虎
寅 午 丑 戌　官　甲寅　后

传兄弟化子息，如丁亥日昴星，干上戌，三传午戌寅，生起干上之戌土为子息，乃不言墓。

合 朱 蛇 贵
申 酉 戌 亥
勾未　　子后
龙午　　丑阴
巳 辰 卯 寅
空 虎 常 玄

空 玄 阴 蛇　兄　午　龙◎
巳 寅 丑 戌　子　丙戌　蛇⊙
寅 亥 戌 丁　父　庚寅　玄

传子息化财爻，如甲寅日干上戌，三传戌午寅生起干上之戌土为财。以上如或占病，或父母、兄弟、子孙、妻妾、已身有病，如逐类现卦，虽曰不吉，其各类加干，令得地反不为凶。如位死绝又坐克方，死而无疑。

贵 后 阴 玄
丑 寅 卯 辰
蛇子　　巳常
朱亥　　午虎
戌 酉 申 未
合 勾 龙 空

虎 合 虎 合　财　壬戌　合
午 戌 午 戌　子　戊午　虎
戌 寅 戌 甲　兄　甲寅　后

三传内现类而传自墓克者例，皆是午丑申作三传者。如乙亥、乙酉、乙未、乙巳、乙卯五日，并午加亥为用，如有官人占之，不可得官，如常人占之，反宜急难除祸，缘末传之申金为官鬼，被初传午火所克，又被中传丑来墓申，兼末之申金自坐于丑墓之上，其申金全无气象。

	贵	后	阴	玄								
	子	丑	寅	卯								
蛇亥					辰常	后	空	空	蛇	子	壬午	空
朱戌					巳虎	丑	午	午	亥	财	丁丑	后
						午	亥	亥	乙	官	申	勾◎
	酉	申	未	午								
	合	勾	龙	空								

又如丙辰、丁亥二日，亦是午丑申为三传，乃申金财全无气象，亦缘初被克，中被墓也。己亥日长生无气，庚辰日德禄无气。辛亥日兄弟爻无气。六壬日长生无气。以上皆是午丑申为三传者。

支干同类格 难求财，缘支干各相争夺，惟有十二日，甲寅、乙卯、庚申、辛酉、丙午、丁巳、壬子、癸亥、己丑、己未、戊辰、戊戌。

白蚁食尸格 壬癸日申坐丑上，夜将上乘白虎，此乃父母爻乘白虎坐墓，必父母墓中生白蚁，或兴祸端。如父母在，主病灾。更作月内死气、死神，占父母病必死。

	龙	勾	合	朱								
	子	丑	寅	卯								
空亥					辰蛇	虎	朱	勾	后	财	庚午	后⊙
虎戌					巳贵	戌	卯	丑	午	官	乙丑	勾
						卯	申	午	壬	父	壬申	玄
	酉	申	未	午								
	常	玄	阴	后								

又六戊日午加戌，昼将上乘白虎。六己日巳坐戌旦将，上乘白虎，皆如前说。余干逐类而推之。

懒去取财格 六甲日干上寅或卯，纵传内见财爻，如求财，必心多退悔，懒去取财，恐争夺也。余日逐类看所乘何神而言其事类。

	龙	空	虎	常	
	午	未	申	酉	
勾巳					戌玄
合辰					亥阴
	卯	寅	丑	子	
	朱	蛇	贵	后	

蛇	贵	合	朱	财	戊辰	合
寅	丑	辰	卯	子	己巳	勾
丑	子	卯	甲	子	庚午	龙

德丧禄绝格 阳日返吟，阴日四绝体。

旬内空亡逐类推第九六[①]

甲子旬戌亥空亡。甲子、乙丑日妻财及父母空；丙寅、丁卯日墓、昼贵及官鬼空；戊辰、己巳日兄弟及妻财空；庚午、辛未日父母及子息空；壬申、癸酉日官鬼及兄弟空。又壬日德禄皆空。以上纵戌亥在六处亦不可用。

甲戌旬申酉空亡。甲戌、乙亥日官鬼空；丙子、丁丑日妻财空；戊寅、己卯日子息空；庚辰日德禄空，辛巳日兄弟己身空；壬午癸未日父母空。以上纵申酉在三传、年命、日辰上亦不可用。

甲申旬午未空亡。甲申、乙酉日子息、墓、妻财空；丙戌、丁亥日兄弟、子息空；戊子、己丑日父母、兄弟空，内己日禄空；庚寅、辛卯日官鬼、父母空，辛日旦贵空；壬辰、癸巳日妻财、官鬼空，内甲戊庚三日夜贵空。

甲午旬辰巳空亡。甲午、乙未日妻财、子息空；丙申、丁酉日子息、兄弟空；戊戌、己亥日兄弟、父母空；庚子、辛丑日父母、官鬼空及长生空，辛日官德空；壬寅、癸卯日墓及官鬼、妻财空，并昼贵尤不得力，内丙戌日德禄空。

甲辰旬寅卯空亡。甲辰、乙巳日兄弟、己身并禄空，甲日德空；丙午、丁未日父母空；戊申己酉日官鬼空，内己日德空；庚戌、辛亥日妻财空，内辛日夜贵空；壬子、癸丑日子息空，止宜脱祸。

甲寅旬子丑空亡。甲寅、乙卯日父母、妻财空；丙辰、丁巳日官鬼、子息空；戊午、己未日妻财、兄弟空；庚申、辛酉日子息及父母或墓空；壬戌、癸亥日兄弟、官鬼空；甲戊庚乙己五日旦贵空。

十恶大败日乃无禄之日也。盖甲辰、乙巳、壬申、丙申、丁亥、庚辰、戊戌、癸亥、辛巳、己丑，此十日内禄神空亡，故为无禄之日。

---

① 财空军储乏，鬼空敌人遁，救空谋策拙，比空赞佐慵，生空防失惠。

所筮不入仍凭类第九七

如占失脱，虽玄武并脱气、日鬼不在六处，亦宜用此类而言其方所、色目也。余所占万类皆如其法。

非占现类勿言之第九八[①]

如前贤有诸秘法，用之极灵。且如白虎临寅在支上发用者，必宅中有栋折榱崩之惊，斯法极验。设有占课君子问求财事，卜得此课，切不可言其梁栋摧折大抵与求财异。如此条贯犯之极多，时人不可不为自警。举此一法，其余可知。

常问不应逢吉象第九九[②]

诸龙德、铸印、高盖乘轩、斫轮、官爵、富贵、三光、三奇、三阳之吉泰卦，但有官君子占之则为吉兆，或迁官转职，或面君而奏事也。如常人占得上项吉卦，恐致灾咎临身，大难相压，盖常流百姓，既不事贵，兼以本身无官无禄，岂宜占得面君及见贵之卦乎。必因讼而名达朝廷，不然必到讼庭，面见太守而遭罪，占病必见阴司，如得远干出外，可免病讼。

已灾凶逃返无疑第一百

凡值丧魂、魄化、天祸、天寇、伏殃、天狱、天网四张、天地二烦诸凶否卦，如已见病讼灾迍，之后占得前项诸凶卦，其灾却可消除，不足为虑，如未见病讼之前占得此者，必病讼丧祸并至，更无疑也。天罡之神临身命、行年，静者主动，动者主静，如占讼入狱者，即出狱也，及问罪曾犯与不犯，然后言之，其余占凶者却吉，占吉者却凶。

结绝格 六丙日干上亥，或常问必主病讼，如已见凶灾，反宜结绝旧事，又作昼贵尤宜告贵人而结绝凶事。

	贵	后	阴	玄	
	亥	子	丑	寅	
蛇	戌			卯	常
朱	酉			辰	虎
	申	未	午	巳	
	合	勾	龙	空	

玄	合	空	贵
寅	申	巳	亥
申	寅	亥	丙

父	丙寅	玄
财	壬申	合
父	丙寅	玄

① 凡行师之日，以干为三军，支为营垒。

② 贵课利贵人不利小人，太平时虽有破敌之策而无所用之日。

以凶制凶格 六癸日辰加丑，此乃墓神覆克日，诚为凶也，如夜将又乘蛇尤凶，以末戌乘白虎冲辰，谓之破墓冲鬼，以凶制凶，凶即散而无咎也。

龙 空 虎 常
申 酉 戌 亥
勾未 子玄
台午 丑阴
巳 辰 卯 寅
朱 蛇 贵 后

贵 玄 勾 蛇
卯 子 未 辰
子 酉 辰 癸

官 戌辰 蛇
官 辛未 勾
官 戌 虎◎

又四癸日戌加丑昼将，亦赖末之蛇冲虎，辰冲戌，尤宜解忧。外无癸酉、癸亥日也。

合 朱 蛇 贵
寅 卯 辰 巳
勾丑 午后
龙子 未阴
亥 戌 酉 申
空 虎 常 玄

勾 蛇 阴 虎
丑 辰 未 戌
辰 未 戌 癸

官 甲戌 虎
官 癸未 阴
官 庚辰 蛇

第六章　历代六壬课例大全解要

本章知识，至关重要，无论任何理论体系，最后都要通过实践检验，才能融会贯通。因此，学习了前面的知识体系后，只有通过本章的研习，才能真正做到掌握知识，应用知识。本章案例汇集了历代六壬经典案例，足够任何层次的壬学者钻研学习。希望读者能够通过本章的研习结合自身的实践，提升自己的水平。

第一节　主要六壬学者简介

据《壬学琐记》云：善六壬者，《吴越春秋》则载子胥、少伯（范蠡）、文种、公孙圣，《晋书》则载戴洋，《龙城录》则载冯存澄，《五代史》则载梁太祖，《夷坚志》则载蒋坚，《稗史》则载朱允升、尧山堂，《外纪》亦载朱允升，《徽州府志》则载程九圭，《松江府志》则载陈雨化，《苏州府志》则载徐大衍、皇甫焯，《元史》则载刘文成。由此可见历代研习六壬的人不少，本节所介绍的是一些在本书中记录有案例的六壬学者，分列如下：

苗达：世称其为苗公，尊称苗公达。原名苗光义，因避讳改名苗达，生活在北宋时期，在宋仁宗赵祯手下担任司天台太监（非宦官，为天文官名）。其六壬，精断细断，颇具特色。其著作有后人所辑的《苗公断经》，其六壬水平非常高超。《大六壬秘本》中辑有司天苗达过将法，可备参考。其法如下：

雨水前日卯初刻，太阳入卫用登明（亥）。春分后二巳一刻，入鲁河魁作将明（戌）。

谷雨后四亥初刻，入赵从魁用可称（酉）。小满后五酉三刻，入晋还须传送兴（申）。

夏至后四未一刻，入秦小吉用其名（未）。大暑后三巳一刻，入周先用胜光灵（午）。

处暑后三巳二刻，入楚还当太乙迎（巳）。秋分后七寅三刻，入郑天罡用去亨（辰）。

霜降后九丑三刻，太冲运动宋州城（卯）。小雪后七戌一刻，功曹将领入燕京（寅）。

冬至后四刻一刻，入吴大吉便休停（丑）。大寒当日酉三刻，入齐神后岁功成（子）。

楚衍：据《宋史》记载，为开封阼城（今河南省延津）人，对于《九章》、《缉古》、《缀术》、《海岛》诸算经尤得其妙，谙熟相法，善推步、阴阳、星历之数，谈论休咎无不中。他是天文学家、数学家，也是术数学家。仁宗天圣初造新历，授灵台郎，制《崇天历》，进职司天监丞，后又造《司晨星漏历》，官终管勾司天监。历史上留下的课例较少，但是十分经典。

邵彦和（公元1605—1133）：邵彦和先生，北宋壬学大家。后人根据他的课例推断他出生于英宗治平二年乙巳，逝世于高宗绍兴三年癸丑，祖籍为浙江太末人（现浙江省龙游县）或衢州人。邵彦和德术兼备，因此后人评价他说："先生精于六壬，占无不中，且言忠教孝，规过劝善，各因人而施，是知为年高德劭之耆英，非徒以六壬见长也。"后人将其案例整理成册，其断例涉及一课多断，并且时常用六壬占人命运流年，因此后来学壬之人均祖其法。他的六壬水平也得到后人的推崇。但是他的案例分析大多是后人附会之论，因此要想知道他的原始思路，并不是一件容易的事情。邵公在断运时往往以壬课为此人之命运轨迹，因此其判断的角度与起点本身就比较高，因此其境界很高。有关邵公断法，笔者在下面的实例中，选注了部分课例

徐次宾：南宋末年时期的六壬专家，生活在南宋与金大定时期。其著作《一字诀玉连环》中，使用先锋、直事、外事、内事、发端、移易、归计、变体等占断八门进行占断，在占断来意、姓氏上有所建树。但是在一些判断模式上不无牵强之处。

祝泌：南宋人，字子泾，江西德兴人，得皇极数于西江廖应淮，咸淳十年，登进士第。历任饶州路三司提干，编修《壬易会元》。乞休后，御赐"观物楼"匾，因此建楼于所居之旁。元世祖登基后，诏取不赴，遣甥傅立持书上之，所著有《观物解》、《六壬大占》、《祝氏秘钤》、《革象新书》。

按《江西通志》：廖应淮，南城人。字学海，性奇敏，无书不读。一日入杭叩阍，疏丁大全误国状，遂配汉阳。忽遇蜀人杜可大于江干，呼曰："子非盱江廖应淮耶?"淮愕然，久之。杜曰："予待子久矣。康节以易数授王豫，豫死埋其书以殉。吴曦叛时，有掘其冢得之者，余贿归而学之五十年，数当授子。后廖传于祝泌，泌传于傅立。

刘日新：元明时期人，著有《大六壬玉藻金英》。在一些壬书中称其为泗

上真人，查资料，有泗上真人歌《大风》曰："运筹帷幄埽群雄。报韩未遂椎车志，辅汉终成蹑足功。黄石授书谋逐鹿，赤松辟谷羡飞鸿。建储聊借商山皓，脱屣荣名一笑中。"从诗歌中可见其道家思想与超脱的气度。

按《金华府志》：日新，金华星者，明祖下婺之日，召之推命，答曰："将军当极富极贵。"又推诸将校，则言或为公或为侯。明祖怒其不言官职，刘请屏去左右，曰："极富者富有四海，极贵者贵为天子。"明祖喜。洪武四年，召之曰："欲贵乎？"对曰："不愿。""欲富乎？"对曰："不愿。"问以所欲，曰："臣所欲者，求一符可以遍游天下耳。"明祖以手所挥白扇题曰："江南一老叟，腹内罗星斗。许朕作君王，果应神仙口。赐官官不要，赐金金不受。持此一握扇，横行天下走。"识以御宝。刘持此遍游十二年，回家，忽对妻子言："我当死以非命，故归，欲作别，去游京师。"遂至南京都市中推算，但讲命而已。都督蓝玉平云南回，因诣刘，言："将军将星见梁地，当封梁国，然七日必有一险，我当与将军同死。"后果封玉为梁国公，侍朝穿红袍在西班，时日当上照映，上目之曰："此将军不独外邦人畏之，朕亦胆寒矣。"有张尚书者，同往云南，与玉不睦，对曰："此人在陛下前不妨，但恐非少主臣也。"上由是欲诛之。玉临刑时叹曰："神乎刘先生之言。"问为何人，曰："刘日新。"上闻，因逮刘至，问："汝与蓝玉算命？"对曰："曾算。"又问："汝命尽几时？"曰："尽今日。"遂杀之。

陈公献：陈公献是生活在明末清初的一位六壬学者，出生于广陵（今扬州）的宦门世家。在仕途遭遇小人与阻力后，他专心研究六壬，留下六壬经典著作《六壬指南》，内有案例一百二十五则。他的预测特点是，紧密结合来人所问的事体性质，把握重点，由重点入手分析课体，简化而明了的把整个课体分析出来。他的风格与邵公明显不同，主要是简易而意全。

王牧夫：名为王谦，号师孝，又号种道道人，他是一位生活在清代乾隆年间的江苏六壬学者。他的六壬理论有一定的层次，据说家里经常是满屋子求测者，甚至院子里都有人等候求测，著有《六壬占验存略》两册，在六壬占断理论上，他的断法专重取象，他的贵人起例，壬日白天用卯，夜里用巳，其余则与普通起法相同。他论行年的时候，有时候会取取行年上神的上神进行判断，如六十岁行年在丑，丑上见巳，不以巳论吉凶，而以巳上之酉断吉凶也。

有文记录王牧夫的壬学观念，曰："生合有情，必搜其本。刑克无情，必究其根。则富贵穷通，可以据数而言之矣。天时者动也，吉凶悔吝生乎动。时，一念之动也；未动之前，阴含阳也；既动之后，阴阳分也。一念之动之先，阴阳未分，吉凶何由而见？既动之后，则为先锋，得推而测之者矣。一念之动，不可不慎也。推测之法有五：一曰诚意，意不诚则精神荒乱；二曰静心，心不静则妙人难通；三曰观理，理不观则专一隅；四曰测向，向不测则论雷同；五曰推义，义不推则数同胶柱。”又说：“数之吉凶，虽系于占类之所向，而数之变化，则在乎卜者之精粗。神以五气旺衰而告之卜，以六义吉凶而明之干支，犹未卜占也。神明之告之行之，求其权在于卜师，神告吉而师测以凶，神告凶而师测以吉，此谓之心不静，而误占人不浅矣。圣贤之理，非止一隅，而学者之心粗，只宜两片。遂使神化轧粘，奇文隐合，此又非占者之过，乃学者胶柱鼓瑟也。故先贤以未卜之先，以观其动，于其坐立之处，以察其方位。然后洞察正时，详格值事，合乎干支三合年命，而四方八面，玲珑剔透，不使丝毫窒碍为遗恨也。学子用如是断，能事毕矣。”

郭御青：明末清初人，《六壬大全》作者，生平不详。

张鋐：字江村，清朝嘉庆年间的一位壬学学者。其代表作为《六壬说约》。

刘赤江：生活在清朝道光年间的一位六壬学者，他的代表作是《六壬粹言》，著作内有《毕法补谈》较为精当，其著作内有实例六十则。

程树勋：清朝嘉庆年间一位壬学学者，刊行前人著述《大六壬一字诀·玉连环》、《毕法集览》、《大六壬心镜》等，并有自己的壬学心得记录《壬学琐记》。

其他如元轸、邵提刑、仲褒和尚、苗叔芳、陈天民、雪心、程翔云、庄公远、黄先生等一些壬学学者以及一些作者，无从考证之例，这里介绍从略，希望读者能在他们的案例中读出自己需要的知识点，继承先人的壬学智慧。

以上古代壬学高手的案例，限于篇幅，不可能全部注解，因此笔者随机选取一些层次较高或断法典型的案例在本书中注解，希望学者能够仔细研读学习。研习历代六壬高手的断案，可以让壬学者领略六壬判断之真谛，也为达到六壬高层的必须步骤。

第二节　壬课分类汇总

一　天时

天时占是六壬分类占中的一个大类，包括短期天气预测与年时预测。以下实例多为短期天气预测。关于年时预测，古人提出很多特殊起课方法，如诸经所论的大吉（丑）加元旦（大年初一），占一年之晴雨以神后、天冲、天罡下为雨月。又以大吉加月朔，视神后下为大雨日，太冲下为小雨日，申酉下为雨日，遇空亡则否。还有人提出用岁朔（大年初一）所得月将加岁干，用太岁干支立四课三传，定一年的晴雨变化，如果细分十二个月，又用月将加月干，用月建干支立四课三传，定一个月内的阴晴变化，还可以用每月所得的月将加不同日干，用日辰起四课三传，定一日的阴晴变化。这两种方法值得我们去实践证之。除此外还有以月符加月建上，壬癸下为雨日，丙丁下为晴日，[1] 除此外还有多种特殊起法。另外在天气论断的过程中我们要注意类神，有关气象类神我们排列于下。

气象类神：子为阴云，云雨，为华盖神，为江河水神；丑为雨师，为牵牛星；寅与未为风伯，寅为三台星，未为酒星；卯为雷为雪；辰为雾为水库、为哭星，为海；巳为虹霓，为风门；午为电为晴；申为白虎，主风，为水母；酉为阴为霜为虹，为文星；戌为云为尘霾；亥为雨水为天河；贵神为阴；螣蛇为电，为霓虹，为兵荒疫疠；朱雀为行火招风之神；六合为雨师为电；勾陈为兴云之师，乘子为连雨，为积雪；青龙为甘雨之师；天后为阴为雾为霖雨；太阴为霜雪，为水；玄武为苦雨之师；太常为和风；白虎为大风，为霰雪，为雹，为冻为雷；天空为尘雾之神。

庚寅年公历七月十九日，占断当日天气变化。

庚寅　癸未　庚午　庚辰

六月未将甲子旬戌亥空

	青	勾	合	朱									
	申	酉	戌	亥									
空	未			子	蛇	蛇	勾	后	朱	兄	癸酉	勾
虎	午			丑	贵	子	酉	寅	亥	子	甲子	蛇
	巳	辰	卯	寅		酉	午	亥	庚	财	丁卯	阴
	常	玄	阴	后									

断：此课天罡临玄武，且为正时，辰为水库，天罡指阴，酉金毕宿发用，正所谓："箕宿好风，毕星好雨。"因此必然主雨。而且此课日上亥水立于长生之地，三传酉子卯，中末两传子卯相刑，主大雨，而且初传癸酉与末传丁卯冲克，庚日丁鬼临卯主雷电，因此今日必然有雷雨大风天气。十二天将贵

[1] 月符，春辰、夏未、秋戌、冬丑。

人逆行，主雷雨迟晚。青龙临巳上天，主巳时有云层变化。发用癸酉临于午上，癸酉闭口，上临勾陈，下遭火克，且沐浴于午，因此主午时有云层小雨，但是不久太阳即显于天空。申时，亥临申上长生之地，主申时下雨。酉传出子，酉时主大雨。

事实：出门时候多云，巳时末云彩顿集，午时下了几分钟云彩雨后，太阳出现，热到下午 4 点 40 分后，乌云起，雷声低沉成片，一会风势大起，雨起，酉时变为大雨。此课极验。断完此课后，笔者告诉家人，巳时云层变化，午时天有云层小雨，申酉时候风云雨至。此课体现了断即日天气的关键。在学习以下古人案例后，读者会更深刻体会到天时预测的关键要素。

例一：明道二年，岁在癸酉，京城自三月不雨，以至六月，仁宗召苗公占之。甲寅日未将辰时。(《玉连环末卷》)

	青	勾	合	朱	
	申	酉	戌	亥	
空	未			子	蛇
虎	午			丑	贵
	巳	辰	卯	寅	
	常	玄	阴	后	

青	常	青	常
申	巳	申	巳
巳	寅	巳	甲

官	庚申	青
父	癸亥	朱
兄	甲寅	后

苗公达奏曰：今日申时风云大作，雷声进发，酉时收敛，甘泽不至。至庚申日午时，风雷后作甘泽浥尘，其势虽急，不至滂沱。直至甲子日，雷电风暴及一昼夜，大雨滂沱，自此后，数风雨应时丰兆，后俱一一不爽。①

论曰：发用青龙跨虎，当有风云微雨；中传朱雀临亥，为水火交战，故发雷声；日上巳火乘太常土神，故不降雨；课以水神为雨，登明为水神加申，故庚申日雨应；午后阴盛，故主午时雨降；中传亥是青龙之阴，申主迅速，然乘朱雀火神，故不主滂沱；末传寅加亥，乘天后为云神，故云起西北；甲子日卯加子，云雷相加，子为云，卯为雷，夏为雷电风暴，上得太阴金神，金能生水，故雨大作；恰一昼夜，缘太阴临子，至午上加酉，而酉上却见神

---

① 有本作：果于当日申时风雷具作至晚无雨，至庚申日卯时又宣，问今日有雨否？奏曰：午时三刻有黑云自北而来，必兴大泽。上令中使监守公达在内东门伺候。果于是时风转西北，有云飞至，暴雨大注。一时雨止，晚复晴。至甲子日早，天色晴快，并无雨意，上又宣问：今日天色晴明，安得雨乎？奏曰：只就此时，有风云雷电，甘雨大注。不久之间，果有阴云蔽日，雷雨不觉而至，大注至于一时。上大喜。

后也。此诀不可不熟，非深于易理不能言也。

解：明道二年，为公元1033年，此年六月十九壬子日大暑，二十一日甲寅。如真有此课，月将当为午火胜光。

例二：十二月庚申日子将申时，占晴雨。

庚申日　甲申时

　勾 合 朱 蛇
　酉 戌 亥 子
青申　　　丑贵
空未　　　寅后
　午 巳 辰 卯
　虎 常 玄 阴

玄	蛇	玄	蛇	兄	甲辰	玄
辰	子	辰	子	子	戊申	青
子	申	子	庚	财	壬子	蛇

邵彦和曰：润下课，玄临子作用，中传龙又乘申，末又是夜青龙。若春占主水涨，今冬占必有大雪。果辛亥日雨，丙辰日大雪，戊午日晴而起风。

解：此课三传四课一片水，润下之局，而且是冬天占断，其象必然主雨雪。初传辰土水库，天将玄武主雨雪，中传临青龙，青龙临申酉主下雨，不以克制论。因为申为水母，酉为兑泽。而且末传如果换成夜将，也是青龙，因此定然下雨雪。

例三：庚辰年浙江大旱，八月癸丑日辰将辰时，占雨泽。

　贵 后 阴 玄
　巳 午 未 申
蛇辰　　　酉常
朱卯　　　戌虎
　寅 丑 子 亥
　合 勾 青 空

勾	勾	勾	勾	官	癸丑	勾
丑	丑	丑	丑	官	庚戌	虎
丑	丑	丑	癸	官	丁未	阴

邵彦和曰：伏吟课，定是今日未时有云，一霎时起大风，又下小雨，明日甲寅，一日大风，下微雨，至乙卯日风止，大雨一日，水暴涨也。

盖丑在癸上，即癸丑为初传，而中传戌未叠叠刑开，使癸水下注。癸丑纳音为木，木主风，故未时兼有风。是八月十五日也。至十七日乙卯是大溪水，故大雨水涨，由丑寅二日风以动之也。太阴月宿，十五日在戌，十六十七日在酉，乃是月离于毕，毕在酉宫也。十七日朱雀加卯，火败于卯而得月离于毕，故主大雨。雨常附阴而降，以酉为太阴之门，纯阴之位，凡占雨，但用月宿到今日，看临在酉，则是月离于毕也。癸丑纳音木克乘神勾陈土，土溃而水漏，故一霎时风雨。甲寅乘六合，木盛多风。至十八日，丙火辰土而纳音又土，辰又为八月太阳，上乘螣蛇火神，至是日雨霁而晴也。

例四：建炎三年己酉岁十一月初四，己卯日寅将酉时，韩太守因祈雪而请邵彦和占课。

	朱	合	勾	青	
	戌	亥	子	丑	
蛇	酉			寅	空
贵	申			卯	虎
	未	午	巳	辰	
	后	阴	玄	常	

青	贵	玄	勾
丑	申	巳	子
申	卯	子	己

父	辛巳	玄
兄	甲戌	朱
官	己卯	虎

邵彦和曰：数日以来，天气和暖，宛如三九月，州县祈雪，皆无响应，今得此课，明日（有本作今日）天色必变，巳时风起转寒，未时有雨，亥时作雪，厚有七寸。众官皆叹曰：今日晴暖，雪从何来？当日已晚，次早众官在坛，待至巳时，果然风起。霎时云合，未时微雨，众官散后，北风大作，甚冷，二更后下雪，至次日未时方止，果积七寸。

盖此课，火伏于下，水升乎上，不拘占雪占雨，皆当日有。况申为夜贵，正是权柄。日上又见天河之水，腾运乎上，必流乎下。初传巳火临子被克，上见玄武，变成大风雪。盖巳戌卯铸印，春夏秋必雨，冬必雪。末传卯作白虎，与申皆是白色，申乃空亡，正是空中降下，乃造化之所生也。夫火伏于下，水腾乎上，一雨也；申子为水，加临日辰，二雨也；三传顺行，三雨也；卯为雷，雷过酉方为虎所制，虽冬月无雷，岂深冬无雪乎？子作勾陈，占雨主连绵，主雪主深厚。（凡铸印课，占天时必大雨雪）

解：邵彦和所断十分精采，断次日天气发生变化，巳时起风转寒，未时开始下雨，到亥时变成雪花，雪花落地堆积有七寸之深。首先我们注意课体，这是一个标准的铸印课。铸印，主锻造、变革。天气已经数日和暖，遇到如此铸造变化之课，有大变急转之象，此其一。既然天气和暖，我们占下雪否，就要注意水火，而此课水火入课，其象已出现，那就更要重视。

此课巳火发用，巳火临子，巳临子绝，火降于子，再看子水，升于日干己上，因此代表水升火降，此其二。（亥子加在巳、午、未、申，巳午加在亥、子、丑、寅，为水升火降）日上子水，辰上申金，半合水局，为雨雪之象，此其三。而次日为庚辰日，正好凑成三合，因此次日必然下雪。初传巳乘玄武，而且巳中藏丙（丙寄于巳），与遁干丙辛化水，巳为水象（歌诀曰：太乙巽蛇头有雪，天干遁起丙辛加）此其四。

天气变化的详细过程是如何得出的呢？首先，根据干支三合，我们已经断出应期为次日，再根据初传辛巳正好与次日辛巳时干支吻合，因此可断次日巳时天气开始变化。而且巳临子位，正是火降水升，因此巳时天气开始转寒。未时，子加未穿害，开始下雨。而戌时，卯加戌上，卯为末传，其天将白虎主白雪（白虎申金在冬季代表寒气为雪，只是卯戌合火，雪花融化而不积雪），进入亥时，水库辰土加亥，水入库中，此时积雪无疑。而初传为课之引导，遁干为辛，暗藏丙火，丙辛寅申七，而亥时水土相加，水土一五七，因此以七寸而论。

例五：明崇祯十一年公元1638年三月初六丑时，天气亢旱，崇祯皇帝因大旱而祈雨，莱阳台中的迟父师因此而占问何日下雨？（《六壬指南》）

戊寅　丙辰　己巳　乙丑

	空	虎	常	玄	
	寅	卯	辰	巳	
青	丑			午	阴
勾	子			未	后
	亥	戌	酉	申	
	合	朱	蛇	贵	

合	空	青	常
亥	寅	丑	辰
寅	巳	辰	己

官	丙寅	空	
财	亥	合	◎
子	壬申	贵	⊙

陈公献曰：巳午之日，先有狂风起。出旬甲日小雨，乙日大雨。盖斗罡加未为风伯发用。又发用功曹劫杀克日，故主有狂风。又贵登天门，龙神飞天，皆行雨之象。因中末亥申空亡，故言出旬有验。甲日小雨者，乘休气空亡也。乙日大雨者，子卯相刑也。

解：大六壬中天罡为北斗，天下气候变化都由天罡管理。它代表天体变化的始动力。譬如云雨变化，大气变化，气流流动等等，都需要有一个原动力，这个原动力就是天罡。此课天罡临日上，天罡已经出现，因此先看天罡。天罡指未阴土，未为风伯。初传寅木劫煞，寅木临天空克日干己土，因此为狂风。寅临巳，午上临卯木白虎，卯木生风，因此为巳午日风起。

接着我们看天气具体变化。我们看贵神，贵神为十二天将统领，在天气预测中，它为发号施令者，类似神话中的玉帝，因此我们要看它的旨意。贵人临申加亥，金生水旺，而且亥为天门，表示天体要发生变化。进一步我们看青龙，它相当于行雨的龙王，玉帝已经发“旨”了，接着就看龙王如何奉旨行雨，此课中青龙乘丑临辰，青龙加在辰、巳、午、未为龙神升天，为行雨之象。实际上根据科学道理，青龙就是存有雨水的云彩的运动模式。

最后我们看五行，雨水属于水，十二支中亥子为水，亥加寅，子临卯，因此推断甲、乙日下雨。而寅上亥临空亡，春天木旺水休，因此甲日雨小，刑是克的体现，克则重，而且子沐浴于卯，因此乙日雨水大。此课三传代表事情的发展过程，中末空亡，因此出旬才验。

例六：公元1650年，庚寅五月甲戌日辛未时，路上遇到一人，因天气亢旱，问何日有雨？此人口报未时。(《六壬指南》)

庚寅年　壬午月　甲戌日　辛未时

	青	空	虎	常	
	午	未	申	酉	
勾巳					戌玄
合辰					亥阴
	卯	寅	丑	子	
	朱	蛇	贵	后	

后	阴	合	朱
子	亥	辰	卯
亥	戌	卯	甲

财	庚辰	合
子	辛巳	勾
子	壬午	青

陈公献曰：明日必雨，六日后连雨。盖天罡加卯，日居贵前，虽三传火土亦主大雨。况龙神飞天，贵人居子，皆行雨之象。因神后加亥，故知明日必雨。辛巳居中传，壬午临巳位，巳中丙火暗与辛金作合，化而为水。又辛壬上见亥子，壬癸加临巳午，果六日后连雨。①

解：三传天罡发用，天罡临卯，主有阴雨气流。日干寄寅宫，寅居天乙贵人丑前一位主速，而天乙贵人加临子位，因此主天帝下旨行雨。而且末传青龙加午临巳，为青龙升天（龙临辰、巳、午、未，主雨），四课中干阴辰土引入三传火乡，支上亥子阴后为水，构成水火激战，主天时大变，必有大雨。贵人顺行，三传递进，而且亥上临子与天后，三水会聚，因此次日亥日就会下大雨。而中传巳中天干丙与遁干辛丙辛合化水，此为水火激战，火转为水

---

① 程树勋按：三四全逢亥子，又作雷公，且乘太阴天后，即主大雨连日也。

的五行标志。此课亥水引雨，支上戌亥子相连，因此主将来天气会连雨。根据亥加戌（辛）、子加亥（壬）金水相生主连阴雨，主六天后的辛、壬日有连阴雨。

例七：公元1650年，庚寅五月甲寅日丁卯时，因为天气亢旱，忽然听到鸠鸟鸣叫，陈公献起课看是否有雨。（《六壬指南》）

庚寅年　壬午月　甲寅日　丁卯时

	合	朱	蛇	贵	
	戌	亥	子	丑	
勾	酉			寅	后
青	申			卯	阴
	未	午	巳	辰	
	空	虎	常	玄	

蛇	空	蛇	空
子	未	子	未
未	寅	未	甲

父	子	蛇	◎
子	丁巳	常	⊙
财	壬戌	合	

陈公献曰：鸠虽唤雨，此课乃风大雨小之象。盖以神后发用旬空，中传白虎风杀旬丁，又风伯临干支、会寅，寅中有箕宿好风，岂不今日有风？夜子时填实旬空，岂不微雨？因休废空亡，故略洒尘而已。

解：陈公献根据民俗习惯，见有鸠鸟鸣叫而起课断是否有雨。首先此课天罡加亥临玄武，有阴雨之象，其次我们看初传发用为子水，但是这个子水为旬空，而且为月破，子临螣蛇，综合体现出有小雨。

根据发展观，中传巳临太常，巳为巽风，而且临丁马，丁马主速主大，因此为风大雨小。再察四课，干支上都临未土风伯临天空，为风象，而且未加寅，寅在二十八星宿中有箕宿，箕宿好风，因此今日有风。初传空亡，今夜子时填空，因此子时有毛毛雨。断当日是因为双未加日干支，子为未之阴神。①

① 箕宿好风，毕星好雨。《诗》曰："月离于毕，俾滂沱矣。"这属于二十八星宿的用法，古人在各类预测学中都曾强调过，成为千古的定律，在六壬中应用，也是因为六壬有深厚的天文背景，此处仅仅是取其支宿之象。

例八：公元 1644 年，甲申十二月甲申日癸酉时，陈公献去淮阴，凤阳施指挥使叫他一起去守岁，看见天气昏沉，就问占元旦是否下雪？（《六壬指南》）

甲申年　丁丑月　甲申日　癸酉时

　蛇 朱 合 勾
　申 酉 戌 亥
贵未　　　子青
后午　　　丑空
　巳 辰 卯 寅
　阴 玄 常 虎

虎 勾 蛇 阴
寅 亥 申 巳
亥 申 巳 甲

官　甲申　蛇
父　丁亥　勾
兄　庚寅　虎

陈公献曰：不但元旦有雪，今晚亦雪。因斗罡加丑，阴象也。况申为水母发用，生中传亥水，又乘螣蛇，乃双雪头，弯曲之形，是以断今晚、明日有雪，果然。

解：先看天体原动力天罡，天罡加丑，为阴天之象。再看发用初传为申金，预测天气变化，申金为水母（金生水，金为水母，多主阴雨），再根据发展观，中传传出亥水，下雪之象。而且初传申加在巳上，天将为螣蛇，螣蛇为花草好看之形，天气预测中类似雪花飘扬。而且当日干支发用，末传又见驿马入课，因此当天就下雪。

例九：公元 1637 年，丁丑十二月丁酉日癸卯时，江西前刑部兵长垣曾应遴先生，因为下雪后天气昏沉，自己又懂得数术，因此曾先生断明日必雪，陈公献则列六壬而断之。（《六壬指南》）

丁丑年　辛丑月　丁酉日　癸卯时

　勾 青 空 虎
　卯 辰 巳 午
合寅　　　未常
朱丑　　　申玄
　子 亥 戌 酉
　蛇 贵 后 阴

空 常 勾 空
巳 未 卯 巳
未 酉 巳 丁

子　辛丑　朱
兄　巳　空 ◎
兄　巳　空 ◎

陈公献曰：明日无雪且有日色。太阳发用，乘朱雀乃南方火之精也。且三传四课纯阴，阴极阳生，必有日色。至庚日未时有暴风起，酉为风杀，未为风伯，酉与未会故也。又日禄乘白虎加庚，上下克战，故有此应。

解：首先注意此课，年、月、日、时，四课、三传全阴，为纯阴象，已经阴到极点，因此可断阴极阳生，会出日头。接着看发用，丑为月将，月将为太阳，而且临朱雀火神，因此必然出太阳。

根据发展观我们审视三传，中传末传都传出巳火天空，而且都空亡，遇到空亡会发生变化，而且巳属于巽，见天空为风，而且巳加于未，未是风伯，如以日干为核心，日干未加于酉，十二月，酉为风伯，因此主天气有风的变化。①

那么何时有风呢？与日有关，日禄午在申，与申相克，而且申与巳刑合，刑与克是矛盾的产生点，因此可以论断庚日有大风变天，何时起风呢？巳火空亡，肯定不是巳时，巳加在未，未为风伯，因此断为庚日未时。

例十：雍正十二年十月十六日在海宁之夫山公署，可翁命占久雨何日晴。戊午日卯将卯时。(《残编》)

勾	青	空	虎
巳	午	未	申
合辰			酉常
朱卯			戌玄
寅	丑	子	亥
蛇	贵	后	阴

青	青	勾	勾
午	午	巳	巳
午	午	巳	戊

父	丁巳	勾
子	庚申	虎
官	甲寅	蛇

断曰：雨自十二甲寅日落起，连日日晴夜雨者，干为日间，支为夜间，日干上勾，宜日晴，支上龙，宜夜雨，湛湛不休也。况青龙升天，海水空地，自然久雨而又大也。问晴期在于何日？查雨虽甲寅落起，其实次日乙卯倾注大下，庶几在十九辛酉日方可晴耳。果于十九日大晴。有质余何以断十九日大晴之故。余曰：乙卯为雨之头，干支皆木；至十九日辛酉，干支皆金，两相克制，而雨不复猖狂，其势一也。又卯酉者，乃日月之门也。今太阳卯是也，久为云雨遮蔽，得酉一冲，推散其云，月主水，水入酉户也。日主火，火升卯门也。一轮红日皎皎出，安有不晴者哉！

① 风伯：正月申，二月未，三月午，四月巳，五月辰，六月卯，七月寅，八月丑，九月子，十月亥，十一月戌，十二月酉。

例十一：乾隆己亥年六月庚戌日未将未时，久雨占何日晴。（《牧夫占验》）

	勾	青	空	虎								
	巳	午	未	申								
合辰				酉常	玄	玄	虎	虎	兄	戊申	虎	
朱卯				戌玄	戌	戌	申	申	财	寅	蛇	◎⊙
	寅	丑	子	亥	戌	戌	申	庚	官	乙巳	勾	
	蛇	贵	后	阴								

王牧夫曰：是年自五月二十日雨起，终日闻檐溜声，闷甚，占之。余谓日干刑尽长生，一时难晴，至七月始能晴，岂知至九月初一始晴不雨，是年卑下之区，皆为水淹，三伏热气为雨淋尽，竟不知有暑月也。三月闻九头鸟盘旋鸣号不去，此鸟属阴，故能预知天时也。余断既不验，则复细视之。三传申为水母乘虎，水乘壮气，寅巳为风，乘勾缠绵而久，秋金旺，故不晴。至九月晴者，巳火受戌墓也。①

解：公元 1779 年，清乾隆四十四年，岁在己亥，该年农历九月初一为壬午日，农历八月二十九日为寒露，因此九月初一壬子日已经进入戌月。程树勋所按有误。

例十二：乾隆己巳年二月丙午日戌将子时，占阴晴（公元 1749 年，乾隆十四年，农历二月十八日丙申日清明）（《牧夫占验》）

己巳年　戊辰月　丙午日　戊子时

	空	虎	常	玄								
	卯	辰	巳	午								
青寅				未阴	青	虎	勾	空	子	癸丑	勾	⊙
勾丑				申后	寅	辰	丑	卯	官	辛亥	朱	
	子	亥	戌	酉	辰	午	卯	丙	财	己酉	贵	
	合	朱	蛇	贵								

王牧夫曰：课名极阴，初用土空，中传朱雀，又临亥位，丑为雨师，亥

---

① 程树勋按：巳火受戌墓，牵强之极，况九月壬申朔，尚未交寒露，岂戌建乎？

为水神，酉为兑泽，而水墓又在支，俱主阴雨之象。今日上卯乘天空生日，主无雨。丁未、戊申、己酉三日，未上巳为风，阴神卯木亦主风，是日主风晴。申日午受玄武制，阴神白虎天罡，主阴晦。酉日未乘太阴亦主阴晦，庚戌上申为水母，乘天后相生主雨，酉为贵人，加亥，亥日大雨，壬子日方晴，晴而未融，以蛇居太阳上也。丑日始为正晴。此拟一旬之内，阴晴如此。

例十三：乾隆甲子年六月己未日未将未时，占阴晴。(《牧夫占验》)

青	空	虎	常
巳	午	未	申
勾辰			酉玄
合卯			戌阴
寅	丑	子	亥
朱	蛇	贵	后

虎	虎	虎	虎
未	未	未	未
未	未	未	己

兄	己未	虎	
兄	丑	蛇	◎⊙
兄	壬戌	阴	

王牧夫曰：天虽晴明，午后主有大风，当拔木号空，风止有小雨，雨止天阴不久即晴朗。盖未为风伯，踞于干支，主风盈宇宙，乘虎主有力而大，故曰拔木号空。中传丑，未传戌相刑，土气不和，主有小雨。太阴在未，主天阴，三传纯土制水，故不久而晴朗也，午与未合，午后阴生，故验于午后，一一皆应。凡渡江河，咸池杀动，亦主大风，不可不知。

例十四：乾隆庚申年五月己未日申将未时，占云起有雨否。(《牧夫占验》)

朱	蛇	贵	后
午	未	申	酉
合巳			戌阴
勾辰			亥玄
卯	寅	丑	子
青	空	虎	常

后	贵	后	贵
酉	申	酉	申
申	未	申	己

兄	己未	蛇
子	庚申	贵
子	庚申	贵

王牧夫曰：此课今日午后风雷电俱大盛。盖八专为体，不辨干支。而水母重重见于其上，未为风伯，又乘白虎劫杀，卯为雷，勾陈加之，巳为电，丁神附之，是以主四者俱大也。主本日者，本日之支发动，末中有丁，主迅疾而至。是日午后，果大风雨雷电至，申时止，传中申不足故耳。再视贵登

天门，龙神升天，丙丁逢空，亦主雨之象。

例十五：戊寅年正月庚寅日子将酉时，占何日雨雪。（《牧夫占验》）

蛇 朱 合 勾
申 酉 戌 亥
贵未　　子青
后午　　丑空
巳 辰 卯 寅
阴 玄 常 虎

蛇 阴 虎 勾
申 巳 寅 亥
巳 寅 亥 庚

兄 甲申 蛇
子 丁亥 勾
财 庚寅 虎

王牧夫曰：水母发用，蛇乘于上，中传亥水，末见风神，用传日支，今日当雪，来日大雪。盖蛇乃雪象，中见极阴之水，寅为东北风，从东北当有雪也，况三传递生乎？今日雪小者，寅与亥合也。来日大雪者，太阳子卯相刑，春夏主雷，冬主雪，各因时而论耳。

例十六：乾隆辛巳年七月丙辰日午将卯时，江永兰翁有盐在场，因连日风大，恐有风潮，托占之。（《牧夫占验》）

合 朱 蛇 贵
申 酉 戌 亥
勾未　　子后
青午　　丑阴
巳 辰 卯 寅
空 虎 常 玄

蛇 勾 贵 合
戌 未 亥 申
未 辰 申 丙

财 庚申 合
官 癸亥 贵
父 甲寅 玄

王牧夫曰：海潮无碍，惟淮徐之地，恐有冲决。盖支辰纯土，能制四维之水，三传递生，箕星虽克支，支上未乃木墓，又土多不易克制，故主海潮无患也。亥为海水，水上乘寅木作合，尚有和气，亦不至是。淮徐之地，恐冲决者，传生风伯，又是闭口，主风大伤人，丑戌相刑又逢旬空，此处空虚，故风得摇荡。丑戌者，徐扬之分野也。次日邵伯镇倒口，果验。

例十七：己卯七月戊辰日亥时巳将，刘赤江在施南，正好天气下雨，道路难行，于是占天气何日放晴？（《六壬粹言》）

己卯年　壬申月　戊辰日　癸亥

	勾	青	空	虎									
	亥	子	丑	寅		玄	合	阴	勾	父	己巳	阴	⊙
合戌					卯常	辰	戌	巳	亥	财	亥	勾	◎
朱酉					辰玄	戌	辰	亥	戌	父	己巳	阴	⊙
	申	未	午	巳									
	蛇	贵	后	阴									

刘赤江断：太阳发用，罡加季位，且亥水临干，为干神戊土所克，今日必晴。但巳上乘亥，明日尚有大雨。本旬丙丁相加申酉位上，来旬丙丁加午未上，午未日以后，必得久晴，后果如其占。

解：刘赤江的断法有其自身体会，学者不可冒然模仿。此课首先看天罡，天罡加四季土戌上，所谓罡加四季天无云，而且月将太阳巳火发用，三传两个太阳巳火，正所谓火空则明。三传虽有亥水，但是亥水临勾陈被勾陈土克，而且亥临日上被日干戊土所克，综合体现当天就会雨后转晴，太阳会出现，但是明天还有大雨，因为课体是反吟课，代表反复，次日日支巳上临亥，巳加于亥，入三传而反吟，更说明次日天气会发生反复性的变化。

为了看以后天气是否晴朗，刘以丙丁火代表晴天来观察旬内变化，本旬为甲子旬，甲子旬内的天干丙丁分别为丙寅、丁卯，在课式中地盘寅卯上分别有申酉克制两木，申为水母，代表本旬天气还不稳定，下旬进入甲戌旬，丙子、丁丑分别上临午、未，火气升腾，因此断定，到下旬午、未日以后天必久晴。

例十八：辛巳年十二月壬子日寅时丑将，雪后天气还是阴天，崔仲和问还会下雪吗？（《六壬粹言》）

辛巳年　辛丑月　壬子日　壬寅时

	蛇	朱	合	勾								
	辰	巳	午	未		虎	常	空	虎	官	庚戌	虎
贵卯					申青	戌	亥	酉	戌	父	己酉	空
后寅					酉空	亥	子	戌	壬	父	戊申	青
	丑	子	亥	戌								
	阴	玄	常	虎								

刘赤江曰：明后日必有大风雪。盖天罡加巳，巳主雪。白虎临河魁加亥发用，与日干占克，中传酉乃太阴本家，且乘雨师、风伯、飞廉三煞，是以知明后日必有大风雪也。后果如占。

解：首先我们注意到此课连茹，戌酉申为返驾，为肃杀之气，阴凝为雪。其次我们看天罡临巳，冬天巳为花象，为雪花。发用戌土临亥，中传传出酉金寒气，而且发用为日鬼，因此下雪。连茹者，连阴下雪。（飞廉主速凶，正月戌，二月巳，三月午，四月未，五月寅，六月卯，七月辰，八月亥，九月子，十月丑，十一月申，十二月酉。雨师：正月子，二月卯，三月午，四月酉，五月子，六月卯，七月午，八月酉，九月子，十月卯，十一月午，十二月酉）

例十九：己酉年六月二十五日占天时，戌时午将得己卯日，程树勋占天气（乾隆五十四年六月十七辛未日立秋）。

己酉　壬申　己卯　甲戌

　青　空　虎　常
　丑　寅　卯　辰
勾子　　　　巳玄
合亥　　　　午阴
　戌　酉　申　未
　朱　蛇　贵　后

后　合　合　虎
未　亥　亥　卯
亥　卯　卯　己

兄　癸未　后
官　己卯　虎
财　乙亥　合

断曰：《中黄经》中《五恶》章，予试之。干上卯虎，三传未卯亥木局伤干，贵占天门，断其即有风暴，屋倒惊塌之惊。果至次日未时，迅雷暴雨从西南而起，仰见一红黑二云，或高或下，各处墙屋斜倒，人以为龙犼相斗云。

解：此例用到了五恶中的土恶，所谓五恶，为五行金、木、水、火、土的五种特殊大凶现象，其理不外乎五行生克之理。五恶之论如下：

一：水恶

落井沉河有死疑，逃亡贼盗去同推。天河地井相加见（注曰：未辰相加为天河，子卯相加为地井，是也。又曰：辰为天河，未为地井），贼盗须教近水追。河井相加日与辰，日辰又在水中存。三传俱金无土类，行者须教水溺人（注曰：日干建得水，又三传或巳酉丑、申子辰，更天河加地井上，定主水溺人也）。玄武要乘卯与子，临辰加未河井止。若教此煞克日辰，必主身亡在井死（注曰：未中有井宿，如三传内更旺水，传中见玄武，定主近水或水中死也。如乙酉日辰加未，是天河加于地井，而日干若坐落空亡，遇此必有沉溺之患）。

二：火恶

火恶从戌逆十二（即月厌），蛇雀来克日辰会。火烛从巳顺十二，火厄宅身与谁是（注曰：克日在身，克辰在宅）。

三：土恶

三传年命纳音木（土恶），建者相兼寄空宿（土空则崩）。日干一元是土神，凶灾落崖塌墙屋（注曰：三传、年、命皆是木，今日日干是土，更立在空亡地上，定主落崖塌房，有蛇虎言死也）。

四：金恶

行年本命共三传（金恶），俱在劫亡丧吊间。日木逢金生恶煞，支忌应须见血残（注曰：今日木干有鬼贼克日，更兼血支、血忌，定主血病，或刃伤恶死。劫煞，正亥逆行四孟。岁前二辰为丧门，岁后二辰为吊客。血支，正月丑顺行十二辰。血忌，正丑、二未、三寅、四申、五卯、六酉、七辰、八戌、九巳、十亥、十一午、十二子）。

五：木恶

日辰衰木见真金（木恶），三传无火却成迍。用起行神居空地（木空则折），倒树折支压体凶。

总体而论，五恶不外乎五行生克之理结合神煞而论。六壬中一切知识都是式事合一，只要明白此理，大多判断知识都不需要去专门记忆。

二　地理

地理占分为阴宅和阳宅，在中国古代的风水预测里，包括山、向、丁、财等类，并非单纯的预测风水山、向、龙、穴那么简单，尤其是宋代邵彦和的风水占例更是十分精彩，基本上超出了普通风水预测的范畴，而倾向于综合预测命运，由此可以体现出壬占凭占者意向所会。关键就看占者如何立意，立何等境界，为了方便读者学习，我们从分类占的基础例介绍起，不便一上来就解析邵公的高境界，但是很有必要告诉读者壬的高层境界。让学者前行有目标，让读者知道立意的高心境。

另外在本节阳宅阴宅案例中，有造葬修方之例，所谓造葬为竖造与安葬，所谓修方是在旧屋内外建造修整。这些都是结合择吉选择，进行风水改造命运的方法。六壬在风水选择中居于重要地位，其方法有走马六壬、透天六壬、五行壬运、猪头身壬等等。其中主要使用的方法还有六壬结合斗首。这些方法大多是六壬结合风水或结合其他风水选择法综合应用。本节中的六壬造葬修方选择法，主要介绍走马六壬和斗首六壬结合法。

首先我们介绍走马六壬。走马六壬法相传甚久，可见其必有验证之处。其法以天罡为首，顺行十二位，天罡象征北斗，因此其原理是应用天文北斗之力道解决人间之疾苦。其起法为子年以天罡加辰，每年退行一位，譬如子年，天罡加辰，则子加子，丑加丑，十二位都重叠相加，丑年退一位，则天罡加卯，寅年天罡加寅，依次类推。天罡一位一定，其他十一位都相应而排。此法以子、寅、辰、午、申、戌为吉，造葬则用山头吉星，修方则用方道吉星。譬如申年，子加辰，寅加午，辰加申，午加戌，申加子，戌加寅，则该年乙辰、丙午、坤申、辛戌、壬子、艮寅方可以修方营造，此十二吉山再结合申子辰，寅午戌月日时更佳。如修凶方，则从吉方起手，主十二年田财大旺。

其次我们介绍斗首六壬结合法，本节中凡是风水修造都使用此法。所谓斗首，为北斗之柄第一星，因此其能主宰天下地理吉凶。斗首的五行是以五子元遁来决定的，其二十四山五行性质里，壬、子、巽、巳、辛、戌六山属土，乙、辰、庚、酉四山属金，甲、卯、坤、申四山属水，艮、寅、丁、未四山属木，癸、丑、丙、午、乾、亥六山属火。要知道这种排法首先要知道十干合化，甲己合化土，乙庚合化金，丙辛合化水，丁壬合化木，戊癸合化火。因为甲己合化土，五子元遁遁出，甲子，己巳，甲戌，因此子、巳、戌均为土。而二十四山中，壬与子、巽与巳、辛与戌俱同宫，因此此六山都属于土，其他排法类推。

斗首选择之法，以坐山五行所属五行为主为我，名为元辰，我生者为子孙，名为廉贞。此星只喜一位，多则泄气，反损子孙。生我者为官星，名为贪狼，官员可用，但是只许一位，多则贪财降职。我克者为妻财，名为武曲。克我者为鬼贼，名为破军。在选择日期的时候，以年月为上、为外，以日时为下、为内，因此凶星不宜在日时，凶星入内，宅内、自身、妻妾招凶。在选择上，元辰、武曲为第一吉，廉贞次之，破军为第一凶，贪狼与破军最好都不要出现在日时上。如辰山，乙卯年，壬午月，戊寅日，丙辰时安葬，不满一年，连死三人。此例中辰山金，乙年金，为元辰；壬月土，为贪狼；戊日火，为破军；丙日火，为破军，日时都见破军，大凶。这里只是分析天元，实际上斗首选择需要综合天元、地元、人元。下面我们详细介绍。

所谓天元，指年、月、日、时柱中的四天干，所谓地元是四地支，所谓人元，是四柱遁五子元遁到座山。上面介绍了天元用法，这里首先介绍地元用法，地元要分化气六相与化气六替，所谓化气六相为长生、冠带、临官、帝旺，胎、养等良好状态，所谓化气六替，指沐浴、衰、病、死、墓、绝等衰败状态。原则为吉星要旺，凶星要弱。譬如午山子向，座山为火，如果选用癸丑、戊寅、戊辰、癸巳，戊午这些日子，都是养、长生、冠带、临官，帝旺支上，万一这样的日子，选时不得已在癸亥时，火绝于亥，元辰衰弱了，此时可以优先选择癸丑、戊午状态比较强壮的日子，再配合戊寅、戊辰类的年月，加强元辰，此为以元补元法。如果再不得已，用甲辰、甲午等廉贞，借子之力来补元。再不得已，用丁巳、壬午等贪狼病、死之支，而又为元辰临官、帝旺之支，来补元辰。灵活应用，在于生克制化之理。

最后我们介绍人元用法，譬如壬子山为土，年月日时见甲己两土，为元辰，大吉。再遁出人元，甲己还加甲，遁到座山为甲子，还是土，那么人元又是元辰，更吉。再如壬子山，年月日时见丁壬二干，丁壬为木，为破军，大凶，再遁人元，得庚子到山，为泄气，此为生出，为凶，因此大凶无疑。在实际应用中，天地人三元要综合考虑。

斗首再结合六壬课，综合生人或亡人的年命，结合禄马贵人等，再结合禽星，就可以达到修造风水，趋吉避凶的目的。关于斗首之法，读者可以参考相关书籍，本节介绍斗首，是为了方便读者读懂本节的相关课例。有关禽星，请看附录中的禽星知识介绍。

附录：演禽排法基础介绍

禽星术，是民间秘密流传的高级数术，其本身与奇门、大六壬有着千丝万缕的关系，古人将其单独使用或将其应用在奇门、大六壬当中去，同时它在中国古代军事占测与运筹上也占有重要地位。在预测方面它的主要特色是主、客定性明确，吉凶象意鲜明。并且，它在中国的风水运筹中，也占有重要的地位。《二度六壬择日要诀》中有其与六壬结合则选择案例。《象吉通书》有其单独理论系统与斗首二十八宿宜忌的篇章。笔者在此将禽星法简单介绍如下：

一、首先要记住的是二十八宿的排列次序。

角木蛟、亢金龙、氐土貉、房日兔、心月狐、尾火虎、箕水豹。

斗木獬、牛金牛、女土蝠、虚日鼠、危月燕、室火猪、壁水㺄。

奎木狼、娄金狗、胃土雉、昴日鸡、毕月乌、觜火猴、参水猿。

井木犴、鬼金羊、柳土獐、星日马、张月鹿、翼火蛇、轸水蚓。

二十八宿中包含经纬，纬就是七曜[①]日、月、金、木、水、火、土[②]，经

① 实际是十一曜。

② 炁孛罗计在此不用。

就是二十八宿。二十八宿的名称中包含有七曜之名，譬如角木蛟为木宿，心月狐为月宿，其余可以类推。

二、如何起年禽

一年一宿按照28宿次序循环，如1998年是星日马，则1999年的年禽是张月鹿，2000年的年禽是翼火蛇，2001年是轸水蚓，2002年是角木蛟，2003年是亢金龙，2004年是氐土貉，2005年是房日兔，2006年是心月狐，2007年是尾火虎，2008年是箕水豹。其中次序分别是日、月、火、水、木、金、土。其年代也分三元，如公元1864年—1923年为上元，1924年—1983年为中元，1984年到现在为下元。

通过以上方法可以完全确定年禽，不过在具体推断人事的时候，年禽基本不用。

三、如何起月禽

月禽很好推导，其歌诀：会得年禽月易求，太阳需用角为头。太阴室宿火寻马，金心土胃水骑牛。木星直年参星是，次第推求顺数周。

歌诀是什么意思呢？意思是说如果会起年禽，那么月禽很容易计算出来，如果年禽是日，为太阳，根据歌诀，太阳需用角为头，那么该年正月就是角木蛟，按照笔者上文介绍的28宿次序推导，那么二月就是亢金龙，三月是氐土貉，依次类推。

例如：2008年是箕水豹年，根据歌诀，金心土胃水骑牛，水宿之年的正月用“牛”，这个牛就是牛金牛，因此2008年农历正月为牛金牛，二月为女土蝠，三月为虚日鼠，四月为危月燕，五月为室火猪。

四、如何起日禽

日禽的推导是420天一个大循环，因为禽星是以日、月、金、木、水、火、土来组成28宿的，因此它以七为基本单位，而日干支我们都知道六十甲子一个基本循环，因此六十乘七构成了禽星的七元甲子。这么多日子，不好管理啊，因此古人就想了一个办法，每一元甲子管六十天，每一个甲子里面分配了几个班干部，这几个班干部是谁呢？分别是甲子、己卯、甲午、己酉，因为根据节气是十五天一个变化，而这四个正在交替变化中，为新节气的开始，因此为四进神，它们四个是六十甲子中的四个发动机。它们能够使六十甲子前进起来，是整个队伍的带动力量。因此每一元中甲子、己卯、甲午、己酉它们四个叫四将星。甲子一般为将头，己卯、甲午、己酉为气将，它们四个统称气将。一元中有四将，那么七元则为二十八个将，因此古人将七元所有气将称为七元二十八将。七元将头分别是：一元虚、二元奎、三元毕、四元鬼、五元翼、六元氐、七元箕。知道将头后，其他都按照 28 次序排列即可。下面我们介绍七元甲子日禽的排法。

一元甲子

甲子虚	乙丑危	丙寅室	丁卯壁	戊辰奎	己巳娄	庚午胃	辛未昴	壬申毕	癸酉觜
甲戌参	乙亥井	丙子鬼	丁丑柳	戊寅星	**己卯**张	庚辰翼	辛巳轸	壬午角	癸未亢
甲申氐	乙酉房	丙戌心	丁亥尾	戊子箕	己丑斗	庚寅牛	辛卯女	壬辰虚	癸巳危
甲午室	乙未壁	丙申奎	丁酉娄	戊戌胃	己亥昴	庚子毕	辛丑觜	壬寅参	癸卯井
甲辰鬼	乙巳柳	丙午星	丁未张	戊申翼	**己酉轸**	庚戌角	辛亥亢	壬子氐	癸丑房
甲寅	乙卯心	丙辰尾	丁巳箕	戊午斗	己未牛	庚申女	辛酉虚	壬戌危	癸亥室

上表中，甲子日（虚，将头），乙丑日（危），丙寅日（室），丁卯日（壁），戊辰日（奎），己巳日（娄）庚午日（胃），辛未日（昴）壬申日（毕），癸酉日（觜），甲戌日（参），乙亥日（井）丙子日（鬼），丁丑日（柳）戊寅日（星）

己卯日（张，气将），庚辰日（翼）……庚申日（虚日鼠），辛酉日（危），壬戌日（室）癸亥日（壁）......

其它六元可以根据原理依次类推，这是七元甲子的分布原理。

知道了以上知识，我们学习一种迅速推出日禽的方法。列表如下：

	申子辰日	巳酉丑日	寅午戌日	亥卯未日
星期天（日）	虚日鼠	房日兔	星日马	昴日鸡
星期一（月）	毕月乌	危月燕	心月狐	张月鹿
星期二（火）	翼火蛇	觜火猴	室火猪	尾火虎
星期三（水）	箕水豹	轸水蚓	参水猿	壁水㺄
星期四（木）	奎木狼	斗木獬	角木蛟	井木犴
星期五（金）	鬼金羊	娄金狗	牛金牛	亢金龙
星期六（土）	氐土貉	柳土獐	胃土雉	女土蝠

比如我们查 2008 年阳历 11 月 16 日的日禽，我们查看万年历，发现是星期日，为庚申日，根据上表对应的 28 宿为虚日鼠，那么当天的日禽就是虚日鼠。然后我们查看七元甲子表，发现庚申日（虚）属于一元甲子，说明此日为一元甲子虚日鼠。

五、如何推导时禽

首先我们介绍时禽歌诀，《禽星易见》歌诀云：七曜禽星会者稀，日虚月鬼火从箕。水毕木氐金奎位，土宿还从翼上推。常将日禽寻时禽，但向禽中索取时。会者一元倒一指，不会七元七首诗。这个歌诀是什么意思呢？意思是一元甲子的星期天的子时是虚日鼠，二元甲子的星期天的子时是鬼金羊，三元甲子的星期天的子时是箕水豹，四元甲子的星期天的子时是毕月乌，五元甲子的星期天的子时是氐土貉，六元甲子的星期天的子时是奎木狼，七元甲子的星期天的子时是翼火蛇。知道每元星期天的子时，其他就好推了。我们要记住顺序是虚、鬼、箕、毕、氐、奎、翼。比如一元甲子星期天的子时是虚，那么星期一的子时则为鬼，一元星期二的子时则为箕，一元星期三的子时为毕，依次类推。那么一天之内知道子时的时禽，其他时辰按照28宿次序推导即可，比如一元甲子的星期天的子时为虚日鼠，那么丑时的时禽就是危月燕（参考前文的28宿次序），寅时为室火猪，其余类推。

下面推导一个年禽、月禽、日禽、时禽的例子。

譬如公元2008年阳历11月19日星期三，上午9－11点。

查万年历，得出四柱为戊子年，癸亥月，癸亥日，丁巳时。

年禽：箕水豹

月禽：昴日鸡（一月牛金牛，二月女土蝠，三月虚日鼠……十月昴日鸡）

日禽：一元甲子，癸亥日，壁水貐

时禽：柳土獐（子时毕，丑时觜，寅时参，卯时井，辰时鬼，巳时柳）

至此，年月日时禽的基础排法全部介绍完了。

一　阴宅

例一：郑三公，辛亥年四月初一未时生，五十九岁占坟地，己酉年正月二十三壬寅日子将寅时。

	贵	后	阴	玄	
	卯	辰	巳	午	
蛇	寅			未	常
朱	丑			申	白
	子	亥	戌	酉	
	合	陈	青	空	

青	合	常	空
戌	子	未	酉
子	寅	酉	壬

官鬼	戊	戌	青
父母	丙	申	白
妻财	甲	午	玄

邵彦和曰：此课艮山行龙，坎山落穴，不是正龙。左边无山，右有两重白虎，第三重为案，主子孙贪淫好酒，后为酒家佣，妇人不正，随人淫奔。且墓内棺中有泥，白蚁食尸，右边有水，末主人为道童，自身为酒所败，老无妻，以他人之妾为妻，六年患酒病，更三年终矣。郑三公乍富，

教子读书，指望及第，故请先生占之，其地果艮山来，坎山落穴，无正山，以过山为主，右两重白虎，案山亦从右边来，似乎三重。

三公日夜饮酒，后二年妻死，娶徐知府之妾为妻，又行事颇不正。三公死后，次子伴徐氏卖酒，妻与媳被外人领走，子孙不成器，一向非为。三公六十四有酒病，六十七上终，皆如先生之言也。左边山无者，传不行也。申作白虎，午加申上，又是虎，故两重来为案山，子午作玄合，故主子孙邪淫。壬日酉作天空，故主酒败，子孙为酒家佣，亦主妇人为妓。酉六数，故主六年酒败，更三年死，酉增一半也。

例二：徐承务，丁未生六十三岁占坟地，建炎己酉年九月癸卯日辰将卯时。

	蛇	朱	合	勾
	午	未	申	酉
贵巳				戌青
后辰				亥空
	卯	寅	丑	子
	阴	玄	常	虎

贵	后	阴	玄	官		辰	后◎
巳	辰	卯	寅	财		巳	贵◎⊙
辰	卯	寅	癸	财	甲午		蛇⊙

邵彦和曰：此地甚好，但恐此时不可得而葬。徐曰：何故？先生曰：前后左右皆有空穴，主山侧又有一阴人坟，如何葬得？须于中赔钱去之，然后可葬，必出贵人。最好是水合星辰，山川清秀，文笔双峰，必是卯龙入首，作乙山辛向也。夫辰为坟地，作空亡而发用，故主有空穴，戌亦是墓，加酉，酉作天空，亦是虚坟，以初传为主山穴，对前戌墓也。卯为子孙作贵人，不为脱气也。

徐宅问汪家买山，汪兄弟三分，其二分，将来卖长兄一分，故将空棺埋于内。先前亦有三四个虚穴，皆不葬。徐丈赍钱问汪长兄买之。庚戌年九月葬妻，以后子孙皆中举及第，皆此地发也。① 巳加辰作贵，巳主双，故有双峰，号为文笔星。宅又得贵人，癸见卯不可为脱气，乃子孙贵人也。申酉为今日水母，故水来去皆合星辰，巳为双女，故出双贵人也。②

例三：顺治庚寅年五月乙酉日未将戊寅时，庠友刘二兄占风水吉凶。

---

① （《一针见血》）云：庚戌年七月葬妻，壬子年徐宅三房媳妇，两房得两男，至五六岁聪明，日读百余字，十岁五经读尽，十六岁入试场，十九岁发科举。二十二岁兄又发举，二十六岁及第，想此地应矣。

② 《一针见血》此例作癸亥日卯将亥时。

（《六壬指南》）

庚寅年　壬午月　乙酉日　戊寅时

朱 蛇 贵 后
戌 亥 子 丑
合酉　　　寅阴
勾申　　　卯玄
未 午 巳 辰
青 空 虎 常

青 阴 阴 合
未 寅 寅 酉
寅 酉 酉 乙

财　未　青◎
父　戊子　贵⊙
子　癸巳　虎

陈公献曰：此风水在西山，无真龙正穴。然不备之中亦有好处。何以论之？玄武为风水，临卯加戌是西北山岗也。未为来龙，虽空乘进气。螣蛇为穴，乘亥而落空亡，喜作旬丁长生，主穴情活泼。然美中不足，亦有可取，喜贵人左旋逆水之局。四课下寅之对冲为对案、是申，理合艮山坤向，兼丑未分金也。

勾陈主明堂，阴阳二将见财官、幕贵；朱雀河魁建丙临巳，是对案山出文明富贵，利于中房也。但嫌子爻空战，定艰于子息。酉为日之胎神，阴见寅木生巳火子孙爻，辰年十一月酉日主婢妾有妊，连生两儿。因巳为双义故也。但玄武（卯）建辛，主坟边小路克比肩，与兄弟官有碍；况龙虎空战，长季房分人财不旺。后阴为水口，螣蛇作罗城，喜与紧关包固，但初中两传财贵逢空，一二代虚利虚名。末传子爻为支之长生学堂，阴神河魁乃文明之宿，三代中房长房子孙，必出青衿科甲之贵。文兼武权之职，存此一案，以俟后学依而断之。

解：六壬风水占断比较复杂，因为古人风水断法层出不群，各有定式。此例只可参考，不可作为风水判断的固定模式。

陈公献的判断依据是以土神（土神，春辰，夏未，秋戌，冬丑）为来龙，辰阴为主山，此课未土土神发用，因此为未方来龙，未土空亡，似乎来龙无气，但是月建为午月，未土为进气，因此来龙总体来说气象不弱。玄武象征风水总体情形，此课中玄武临卯加戌，因此总体为西北山岗。以螣蛇代表穴，此课中螣蛇临亥，亥为日马，亥上遁干为丁神，因此主穴活泼有情，但是亥临午上，午火空亡，因此略有不足。以第四课下神为主山，以其所冲位为对面案山，此课辰阴为未加寅，以下之寅字为坐山（壬在子兮癸在丑，艮寅甲卯乙居辰，巽巳丙午丁纳未，坤申庚酉不须论，辛戌乾亥皆如法，天地移来一掌中），根据歌诀寅对艮方，因此坐山为艮，那么向就一定是坤，但是寅上临未，未非四正，丑乘天后临申，神将相战，因此代表山向有兼向，取未，为艮山坤向，兼丑未分金。

接着我们审查明堂，勾陈论明堂，勾陈阳神为内明堂，勾陈阴神为外明堂，根据课体，勾陈阳神申金官鬼，为幕贵，勾陈阴神为丑土天后，为日财，财官两现，主风水有利后人财官。以朱雀为案山，朱雀临戌加巳，而且建干丙火，火象旺盛，因此主风水有利出文化富贵之人，朱雀为二房，因此风水有利二房。青龙为长房，白虎为三房，青龙空亡，龙虎各居克地，因此长季两房人财不旺。玄武建干为辛卯，辛克卯木，辛金为道路，主坟边道路不利兄弟辈。课传中酉为日胎，酉阴神寅木生起子孙巳火，因为酉加于辰，子孙巳火临子，巳为双，因此断辰年十一月有孕，连生二子。分别以三传代表三代，初传为财，中传为贵，财空，贵陷，因此一二代虚利名而已。末传子爻为日之长生学堂，因此三代出文人科甲之贵，将乘白虎，主其风水也出武贵，因此主文兼武权。

例四：乾隆己巳年三月乙丑日酉将午时，某占风水。(《牧夫占验》)

己巳年　戊辰月　乙丑日　壬午时

	贵	后	阴	玄
	申	酉	戌	亥
蛇未				子常
朱午				丑虎
	巳	辰	卯	寅
	合	勾	青	空

蛇	勾	阴	蛇
未	辰	戌	未
辰	丑	未	乙

财	辛未	蛇	
财	戌	阴	◎
财	乙丑	虎	⊙

王牧夫曰：此地无风水，纯是粗石，不可买也。凡占风水以支辰为主，今支上戴墓。干上又戴墓，是前此已有坟墓，皆在平田处，因气不足，今皆衰替。此占乃未葬而占风水，已有穴处，故以蛇而论之。未乘蛇坐辰上，辰为恶山，辰戌重见，为石，未又不务，何能求全。若必扦葬，人亦衰败，安可买耶。后其人不信买之，开穴数处皆石，始弃也。

解：凡是专门断风水，以干为人，以支为坟，支上神将吉并生气生干者，人丁繁盛；支上神将凶恶煞克干者，人丁衰谢。干上神与干六合或支上神与支六合者，葬后久安而不动。干上神克支者，后必迁葬。此课中支上见辰土之墓，干上又是墓，四课全是土，因此表示周围早有坟墓，而且支丑为平田。

因为此例为选择风水而未葬，已经找到龙穴，王牧夫以螣蛇为穴，因此看螣蛇审查穴之好坏，此课螣蛇加在辰上，辰为高岗恶山，而且干支辰戌同见，因此山石多。三传中末空亡，因此最终也不会选择此穴。根据发展观，中末空亡，干支临墓，即使葬下去也会后代衰败。

例五：乾隆戊辰年闰七月乙丑日巳将巳时，占风水。（《牧夫占验》）

戊辰年　庚申月　乙丑日　辛巳时

　青　空　虎　常
　巳　午　未　申
勾辰　　　　酉玄
合卯　　　　戌阴
　寅　丑　子　亥
　朱　蛇　贵　后

蛇　蛇　勾　勾
丑　丑　辰　辰
丑　丑　辰　乙

财　戊辰　勾
财　乙丑　蛇
财　　戌　阴　◎⊙

王牧夫曰：庸寔七兄为以宁侄子容溪隐汰看风水，已定向封固，命余占是何向。以占数字精粗，余以前人看来龙山向法，用干支上神合者断之。曰："祖龙从西南坤上来，落脉在巽上，立乙山辛向兼卯酉。"以宁侄拆封阅之，果符所论。七兄曰："龙脉山向如见，此地可扦葬否？"余曰："勾陈居辰，为山。山高峻穴却在中平处，以蛇居中传丑为平土故也。此课虽伏吟静象，却不可葬。以太阴在末冲干刑支，戌中又怀暗鬼耳。穴乘丁，虽有情活泼，惟此处亦曾葬有人来，不然丑乃鬼墓垒垒，在支上何故。"以宁侄曰："此地名程家坟。"——果符所占，遂共叹服。

解：此断特殊，纯粹是刻意的断风水坐向，因为古人在风水占断上多有先例，而后人不得其法或不明其法，因此研究这一课题而进行探索试测，与古人断课中直断风水的水平与境界大不相同，因此此例在研究中只能参考，实离古断意境很远。

此课以干支上神所合者论断坟地坐向分金，此课干上神为辰（同乙），做壬子坤申山向，支上神为丑（同癸）为巽巳庚酉向，以干为龙，七月金旺，而且申子辰三合，申为日干局长生，干上辰又为四库杂神，因此取壬子坤申中的坤龙入首，辰土入传发用，因此落脉在巽上，此课发用辰土重，因此取乙山，但是第四课亡人之穴为丑，非四正，因此必然带兼向，丑三合包括巽巳庚酉向，根据罗盘之理，取兼卯酉。但是此课支上丑土破碎，而且丑为金库，为鬼墓，因此该地必然旧坟甚多。

说明：本例所论涉及风水中的双山三合五行，所谓双山五行，又名地卦五行，罗盘中，坤壬乙申子辰水，乾甲丁亥卯未木，艮丙辛寅午戌火，巽庚癸巳酉丑金。明代王御莹《地理直指原真》、清代赵九峰《地理五诀》皆以地盘双山立向。除此外，也有以天盘论双山消砂纳水者。风水之道，各有所宗，在此不叙。但是有关双山三合五行在六壬占断地理上有一定的参考价值。

例六：甲戌年十月丙辰日寅将巳时，占风水。

合 勾 青 空
寅 卯 辰 巳
朱丑　　　午虎
蛇子　　　未常
亥 戌 酉 申
贵 后 阴 玄

后 朱 贵 合
戌 丑 亥 寅
丑 辰 寅 丙

官 癸亥 贵
财 庚申 玄
兄 丁巳 空

王牧夫曰：此地当有桥梁庵观，但地形不周正耳，亦可用也。夫占风水，以支为地，干为人，干乘长生六合，支见纯土，风水不碍，纯土故可用。况三传初贵、末禄夹财，不见刑伤，其平稳之地可知也。但其间暗中要得财，始能成交耳。

盖丑乘朱雀，桥也，寅合亥，庵观楼台之象也，丑见戌相刑，主其地不周正也，暗中有人欲得财者，天空带丁，寅亥闭口也，末位归结，故言其象如此。

例七：庚辰年，庚辰月，庚辰日，庚辰时。薛姓坟，庚山甲向造葬。（《大六壬玉藻金英》）

庚辰年　庚辰月　庚辰日　庚辰时

朱 蛇 贵 后
亥 子 丑 寅
合戌　　　卯阴
勾酉　　　辰玄
申 未 午 巳
青 空 虎 常

玄 合 青 后
辰 戌 申 寅
戌 辰 寅 庚

财 戊寅 后 ⊙
兄 申 青 ◎
财 戊寅 后 ⊙

分析：四元得养，戌将加辰反吟，三传寅申寅，申做四庚得禄，寅做四马，又庚山禄在申，甲向禄在寅，禄马齐发传，所以壬午、癸未二年联捷；

演禽尾火、毕月互相比旺，故葬后二子登科。

解：此例使用大六壬造葬之法，所谓葬乘生气，因此造葬时主要注意要干支三传一定要有生旺之气。六壬风水修造中以日干为来龙，而造葬以补龙为主，因此在立课的时候一定要让日干旺盛，此课日干庚，在三月处于生旺之令，而且造葬还必须结合山、向与化命（亡人生年），此例中缺少了化命。

大六壬造葬同时讲究禄、马、贵人等能够到山到向，本例中，年禄、月禄、日禄、时禄申金到庚山，年马、月马、日马、时马到甲向，通过这些对风水进行了最大能量的催吉，并且使用四柱为天元一气格，四个庚辰，都处于生旺之地，庚金养在辰，因此原断语说四天元得养，四个庚辰，纳音皆为白蜡金，三元浑然一体为金。真正做到了葬乘生气，禄马到山到向。

例八：四月丙午日申将午时，占风水。(《张本占案》)

	勾	合	朱	蛇	
	未	申	酉	戌	
青午					亥贵
空巳					子后
	辰	卯	寅	丑	
	虎	常	玄	阴	

蛇	合	朱	勾
戌	申	酉	未
申	午	未	丙

财	戌申	合
子	庚戌	蛇
官	壬子	后

刘日新曰：干为龙，干上未是来龙，偏斜不正，支为穴，支上申是穴居高地，朱雀临酉作夜贵，前砂圆正，青龙临午加辰，左砂尖利有余，白虎临辰加寅，泄气受克，为不足于右砂也，未旺为丁未向，若戌则火墓不可用，三传为涉三渊，初主买卖破财兼伤小口，中蛇乘墓，主丧妻，末居子加戌，又因妇人败家，损害家长。

二　阳宅

阳宅占断，一般分为宅景判断与宅运判断，在占断中要两者并重，下面的课例我们先从宅景判断的例子开始。实际判断肯定是复合式占断，因此宅景判断例只做为学习参考之用。

例一：乙丑日占门景[①]

	贵	后	阴	玄	
	子	丑	寅	卯	
蛇	亥			辰	常
朱	戌			巳	虎
	酉	申	未	午	
	合	勾	青	空	

玄	勾	空	蛇
卯	申	午	亥
申	丑	亥	乙

兄	丁卯	玄	
财	戌	朱	◎
子	己巳	虎	⊙

断：门为油漆门，门上有符篆，厢边有铁钉兽象之文。一招口舌，二出教唆人以及恶习犬，三有小口之灾。

解：卯为门户，玄武为油漆，传出戌土，戌为火库，天将朱雀，主红油漆或门上有符篆。天将玄武、朱雀有玄学文字之象。日支上乘申金主铁钉，天将勾陈为兽，申入丑墓主镶入之象。中传戌与日支宅丑戌相刑，天将朱雀主口舌是非，戌又为犬为恶人，末传子孙乘天将为白虎，主不利小口。

例二：乙丑日占门景。

	蛇	朱	合	勾	
	丑	寅	卯	辰	
贵	子			巳	青
后	亥			午	空
	戌	酉	申	未	
	阴	玄	常	虎	

青	玄	常	贵
巳	酉	申	子
酉	丑	子	乙

子	己巳	青
财	乙丑	蛇
官	癸酉	玄

断：门上必有门神，门口路如蛇形而入田园，必有动石土，主添小口之喜。但是不利之处一主招贼上门骗财，二主不得田园，三主破财。

解：酉为门户，巳火临酉，巳本为神怪光影，其天将青龙为神，因此主有门神。酉加于丑，丑为田园、土路，三传三合，主弯环之形，而且丑上天将螣蛇为蛇形，因此主门口路如蛇形入田园。三传三合金局，酉金从丑传出为土石之象，从革主变化，动态，因此动过土石，而发用巳火子孙临青龙，而且日上临子水贵神也为子息，因此必主添小口之喜。中传丑临蛇，因此田

① 说明：宅景案例，原书文字词混乱，可读性差，因此笔者做了一定整理。

园上有虚扰，末传玄武临酉且为日鬼，主招贼上门骗财。

例三：壬申日占墙垣之景。

蛇 贵 后 阴
辰 巳 午 未
朱卯　　　申玄
合寅　　　酉常
丑 子 亥 戌
勾 青 空 虎

后 阴 常 虎
午 未 酉 戌
未 申 戌 壬

官 戌 虎 ◎⊙
父 癸酉 常 ⊙
父 壬申 玄

断：辰戌为墙，此课初戌为石，为兽，墙上是石头砌，又有兽头之物。中传太常酉金，酉为白石，末传申金玄武为沟。因此综合主墙头为石头所砌，有兽头装饰，邻有漏沟通过，一主奴仆不得力，或逃或恶。酉为墙边，酉为酒，乘太常为酒店，主墙边开有酒店或有奴婢的住房，末传申金乘玄武，主有贼来害，但是反而对主家有好处，因为申金生日干壬水。

例四：壬申日占墙垣之景。

朱 合 勾 青
未 申 酉 戌
蛇午　　　亥空
贵巳　　　子虎
辰 卯 寅 丑
后 阴 玄 常

虎 青 阴 常
子 戌 卯 丑
戌 申 丑 壬

兄 甲子 虎 ⊙
子 丙寅 玄
官 戊辰 后

断：初传子水在第四课发用，又临戌土，主廊厢边有水沟，子临戌土，因此是石头所砌。

初传白虎临子，中传寅木乘玄武，又临子水上，木在水中，寅为梁柱，因此主屋柱坏或漏水，末传辰临天后为污秽，辰为粪土，因此主家中卫生不干净。如果从人事而论，初传子水临白虎，不利小口，中传寅木功曹乘玄武，家中出小吏奸诈之人，末传辰乘天后，不利妇人胎产，因此主家中女人堕胎。

例五：癸酉日占灶景。

　勾 合 朱 蛇
　丑 寅 卯 辰
青子　　　巳贵
空亥　　　午后
　戌 酉 申 未
　虎 常 玄 阴

勾	贵	贵	常	财	己巳	贵
丑	巳	巳	酉	官	乙丑	勾
巳	酉	酉	癸	父	癸酉	常

断：巳为灶台，上乘贵人，主灶上有贵人所用之物，巳为炉台，文字，因此也主炉台上有文字雕画。中传丑乘勾陈为泥土，因此主灶旁有泥土一堆，末传酉乘太常，天干癸水，主有酒店买来的酒水一坛，课传三合金局生日，巳火临贵神主灶神，又为日财，因此主灶神得力，利于钱财。根据中末传，也主有利田土，利家井水与酒店，或做酒店生意可以发财。

例六：癸酉日占灶景。

　勾 合 朱 蛇
　亥 子 丑 寅
青戌　　　卯贵
空酉　　　辰后
　申 未 午 巳
　虎 常 玄 阴

空	贵	朱	常	子	丁卯	贵
酉	卯	丑	未	父	癸酉	空
卯	酉	未	癸	子	丁卯	贵

断：此课断灶，发用卯木主厨房边上有树木，卯乘丁神，主有动物，卯传出酉金，酉为飞鸟，乘天空为巢，因此主有鸟巢，也主旁有空缺窟窑一个。末传又见卯木，因此主边上还有草木，卯为花草，且上乘贵神，富贵花草，牡丹是也。因此断有牡丹花。

例七：丁丑日占厅堂景。

　青 勾 合 朱
　辰 巳 午 未
空卯　　　申蛇
虎寅　　　酉贵
　丑 子 亥 戌
　常 玄 阴 后

阴	玄	勾	合	官	丙子	玄
亥	子	巳	午	官	乙亥	阴
子	丑	午	丁	子	甲戌	后

断：初传子水乘玄武，主厅堂旁有一小沟，中传传出亥水乘太阴，主沟中有金鱼，亥为四，主四条金鱼。末传戌土，三传四课，戌亥子丑直逼丑土，因此课传关系极大，戌逼亥，戌为子息，乘天后，为末传，主小女儿喜欢鱼，戌又为奴仆，综合其象，主小女儿喜欢养金鱼，因此让仆人在沟里养了四条金鱼。但是课传水太旺盛，子水加丑土宅上，因此主家里容易漏水，房子也潮湿。戌亥为腿足，子水发用，因此主子息多腿足之病。日上临午火，课传水火交战，主人也多脓血之灾与心血之疾。课传发用子水临玄武主淫荡，且临于日支，而且戌土奴仆逼克太阴亥水，因此家中奴仆与主母有不正当关系。

例八：乙巳日，占家宅。

	朱	蛇	贵	后	
	午	未	申	酉	
合巳					戌阴
勾辰					亥玄
	卯	寅	丑	子	
	青	空	虎	常	

蛇	朱	朱	合
未	午	午	巳
午	巳	巳	乙

财	丁未	蛇
官	戊申	贵
官	己酉	后

刘日新曰：四课纯是火神，三四课且乘蛇朱，不免火灾怪异，乃出口眼有疾之人。巳支临日而作六合，主进外口分食，及过房不定，小口逃亡之事。未蛇加午，小口落井，蛇为怪异，阴神见申贵，是神佛为灾。未财化鬼，主损妻。酉作天后，主以婢为妻。并刑及死，出寡妇人也。

例九：元祐六年辛未九月初六辛卯日卯将亥时，角音人戊子生四十四岁占家宅。

	青	勾	合	朱	
	酉	戌	亥	子	
空申					丑蛇
虎未					寅贵
	午	巳	辰	卯	
	常	玄	阴	后	

合	虎	常	贵
亥	未	午	寅
未	卯	寅	辛

父	未	虎	◎
子	丁亥	合	⊙
财	辛卯	后	

刘日新曰："君家修造宅舍，不依方所，误用日时，不知禁忌。故怪异骈集，频有丧服哭泣之事，留滞月日。"占人曰："实有此灾怪，丧病久矣。愿求禳治之法。"刘曰："必犯六甲黑道，今已日月滋久，不须禳谢。只是君家井厕相近，又厕畔有桃树，叶落厕中，故有此灾，君当去此桃树，移厕远井，则灾怪自消矣。"占人信之而归，将桃树除去移厕远井，后果安静。

议曰：未加卯为用，上得白虎，其卯是久居之宅，又卯为门户，兼角音之宅神在卯，中传有丁神，乘六合，加太岁之上，行年上又是丑乘螣蛇，故云宅中有怪异。末传天后乘卯加亥，亥为双鱼宫，即为阴怪，九月飞魂丧魄，同居未上乘白虎，故有丧病哭泣之事。九月以寅为月厌，以戌为天目，寅临戌上，乃是月厌加于天目也，所以怪异留滞月日。法以亥为厕，未为井，今相加则近，寅为桃，卯为树，课得曲直属木，木至秋则叶落，又六合加井厕上，故云桃叶落在井厕中也。

解：宋元祐六年（公元 1091 年），岁在辛未，此年农历九月二日丁亥霜降，九月六日辛卯，此课时间正确。有关宅神之论，请参考本书之天空论以及课经中的相关内容。

例十：辰年四月乙未日，族人有名希贤者，庚午年生，占宅得伏吟课。

	青	空	虎	常	
	巳	午	未	申	
勾辰					酉玄
合卯					戌阴
	寅	丑	子	亥	
	朱	蛇	贵	后	

虎	虎	勾	勾	财	辰	勾	◎⊙
未	未	辰	辰	财	乙未	虎	
未	未	辰	乙	财	辛丑	蛇	

程树勋曰：白虎乘天目、墓库加支发用，主有伏尸为患。课传纯财，克去行年上子水印绶，断不可居。希贤于袖中出一课，系十年前罗日亭先生为其占宅，丁卯日卯将未时，亦断其宅有伏尸不利。然其家并无响动怪异之事，惟人丁萧索，孤寡零丁，希贤越丙午年亦殃，究竟有无伏尸与否，终不得而知也。

例十一：程树勋占自宅。

甲戌日　某时

　合 朱　蛇　贵
　辰 巳　午　未
勾卯　　　　申后
青寅　　　　酉阴
　丑 子　亥　戌
　空 虎　常　玄

后	阴	虎	空
申	酉	子	丑
酉	戌	丑	甲

父	丙子	虎
父	乙亥	常
财	甲戌	玄

程树勋曰：占家宅须分新宅旧宅，或求宅得失，或人宅吉凶，不可混同。以干为人，以支为宅，此常经也。若问新旧两宅谁吉，则又以日上神为旧宅，支上神为新宅，故不可混同也。大概占宅吉凶，支上克干，便为不吉。鬼临三四更凶。予往年曾卜一宅可居否，得甲戌日干上丑，支上酉，鬼临三四，畏之而不敢居，因《毕法》有“鬼空无畏”之说，观亥水长生在传，仍还居之。谁知自甲寅至癸未十年，虽财窘而人口平安，且添二丁。至甲子年亥水长生一空，予便大病，辛未年妻又大病，庚午、壬申连丧二子，癸酉又因他事耗财，皆由此十年长生即空则申酉之鬼为患也。甲戌年后方安，因长生又实耳。予既自误，敢告同人，且以自警。

解：此课宅上临日鬼，但是官鬼空亡，因此程心里虽然担心，还是忍了忍还是接着住了，毕竟搬迁对很多人来说是一件很麻烦的事情，而且程认为鬼空就会消除灾祸，程看到三传有日之长生亥在中传，认为就没什么可怕的了。结果从甲寅到癸未年，虽然经济不景气，但是人口平安，而且家里还添了两个人口。但是一到甲子年，程就生了一场大病，辛未年妻子大病一场，接着庚午年、壬申年两个儿子又相继去世，癸酉年接着破财，一直到甲戌年才转好。为何呢？程事后总结，因为宅上毕竟临鬼，虽然三传中有长生，但是一到甲子年，甲子旬中亥空亡，长生空亡，那么就不能救日，因此在这十年中灾祸相继到来。进入甲戌旬后，长生不空了，因此又转好了。

只所以此课会克子息，是因为初传子水临白虎，六壬大全中有规定，十二支类神不就日干而言者（意思是可以不看与日干的生克关系而直接取其类象，在以后的占断中多用此类类神，笔者不再重复说明），子为子息渔屠儿，因此子就是子息，临白虎凶神则克子，三传从子发用化退有退子之象，而且以日干而言，日干为木，以火为子息，三传一片水乡，传走西北阴湿之地，火走墓绝之地，怎能不丧子呢？此课因为不知道具体时间与其年命，因此我们只能做大概推导。但是其论法我们要注意。

例十二：何七秀才，壬申生三十七岁占宅，戊申年二月甲子日亥将午时。[①]

	合	朱	蛇	贵	
	戌	亥	子	丑	
勾	酉			寅	后
青	申			卯	阴
	未	午	巳	辰	
	空	虎	常	玄	

合	常	蛇	空	父	甲子	蛇
戌	巳	子	未	子	己巳	常
巳	子	未	甲	财	戌	合◎

邵彦和曰：岁内眷属人来，必成大狱。天罡加日本，名天狱故也。《指掌赋》云：太常乘破碎为孝服，加天狱螣蛇生灾致讼。破碎作太常入宅，主有丧服人归来分挠，被他争屋，以行年与身作一处。[②] 只是今年事，末后须添一口，又见分灶也。盖未加甲乃墓神，未为眷属，天空为平地起堆之象。初传子为父母，未为眷属，而作六害害人也，螣蛇扰人也。传归入宅，却是两重破碎，巳为厨灶，必主分灶不宁也。何秀才兄弟五人，最小者与姑为子，父母在日家产已作四股均分。当年四月其姑丈死，姑已先亡，家务又已久退，故小弟于六月归家，诸兄皆不容，遂兴讼，州县断理，拨财产与之，着依旧归姑家过活，小弟乃不服，直上控至大理寺，始有归条。自戊申六月兴讼，至壬子年十二月方止。[③]

例十三：某占家宅，正月丁卯日子将卯时。

	合	勾	青	空	
	寅	卯	辰	巳	
朱	丑			午	虎
蛇	子			未	常
	亥	戌	酉	申	
	贵	后	阴	玄	

阴	蛇	朱	青	官	甲子	蛇
酉	子	丑	辰	财	癸酉	阴
子	卯	辰	丁	兄	庚午	虎

---

① 《口鉴》作占流年。

② 爱函曰：盖未交生，行年尚在丑，丑加申命，故曰行年与身作一处。

③ 甲以巳为子息，末传戌刑未，故动而有事。所谓不冲不发，不刑不动也。戌乘六合，卯与戌合，主进人口，主此子归来之兆。当年六月兴讼，未加申蛇挠之。初子与未相害，故兴讼。壬子年十一月又子水克火，制破碎，故宁贴。

邵彦和曰：此课占宅，主门户幽暗，有重丧。又阴小有灾，盖子作蛇入宅为用，虎乘午在酉上作末，是蛇虎加二八门也，故主重丧。又子加卯相刑也。当年其人果死，其孙又亡。因虎乘死气在末传，又子午为道路神，而乘蛇虎加门户，上乘死煞，故尔如此。[①]

例十四：叶油饼店店主，庚戌生五十九岁占宅，建炎戊申年六月戊辰日未将酉时。

勾 合 朱 蛇

卯 辰 巳 午

青寅　　未贵

空丑　　申后

子 亥 戌 酉

虎 常 玄 阴

虎	青	空	勾	兄	乙丑	空	
子	寅	丑	卯	财	亥	常	◎
寅	辰	卯	戊	子	癸酉	阴	⊙

邵彦和曰：丑亥酉为极阴课，幸甲子旬中末皆空，故虽有灾危，不至不测。只是子孙多门户事扰，遂消折财本，晚年主不得意而死。不合土塞东门，门壁外又不合堆木板，太阴乘酉加亥，败处乘空，母患酒病死，家业衰矣。叶宅东边有门，果有泥土，乃戊辰干支加土，丑土又加卯门之上发用，故主土塞东门。二木来克干支二土，故知壁外有木板。课得极阴，主灾变，最喜空亡可解。今中末空，不入亥地阴极之处，故不于大灾。然毕竟阴耗财物也。子孙众多者，戊辰一带皆是东方丑寅卯之旺气也。甲子旬中乙丑、丙寅、丁卯乃真三奇，所以无灾。不合退归亥酉西北方，土败于酉，三奇亦暗，日月星倾于西北，自然消折也。母患酒病，死于辛亥年者，太阴老妇象母，酉乘亥为酒也，太岁填实亥，仍入极阴不空也。男女七人婚姻所费，家业消乏矣。

解：首先课体三传丑亥酉逆传，为极阴课，因此占宅运为阴晦之象，主有灾危，但是三传中末传都空亡，因此邵公曰："虽有灾危，不至不测。"初传丑土天空乘卯发用，卯为门户，干支戊辰皆土，因此主住宅东边土塞门户。干支上神分别是寅、卯木克日干支，而且支为宅，支上见青龙乘寅来克宅，因此主家宅外有众多木板。课体极阴而且为逆间传，主淫佚酒色，幸好中末空，因此只主虚耗，财子落空，折财而且子孙多门户之扰（子孙临酉加太阴，

---

① 愚按：郑本云，正月占不宜出路，以此方于子午道路之神句有着落。郑云子酉午皆属妇人，子午为道路，酉为天鬼，恐是妇人在道路中染了疫气至家，以致满门受伤也。

酉为门户，阴私），末传太阴为母，加亥主败于酒（酉病于亥），因此其母因酒而身体不好。辛亥年填实空亡时，其母去世。

例十五：某占家宅，正月己巳日子将酉时。

	勾	合	朱	蛇
	申	酉	戌	亥
青未				子贵
空午				丑后
	巳	辰	卯	寅
	虎	常	玄	阴

蛇	勾	后	朱	子	壬申	勾	
亥	申	丑	戌	财	亥	蛇	◎
申	巳	戌	己	官	丙寅	阴	⊙

邵彦和曰：主家中有妇人，损了牙齿。近来又因新修厨灶，你家地上须用新砖结砌。盖用申作勾加巳，巳为双女为口，申为骨牙，乘勾陈主损折，且又传破也，故主此。更巳为炉灶，乘旺相主新修，果其人有乃妹缺口齿，而灶新修。

解：申金于日支巳上发用，凡占宅，干为人，支为宅，宅上发用，必验于宅中人。巳刑申，刑为伤损，巳申刑合主合能伤物之位，申为骨为牙，天将勾陈主勾连，综合为牙齿被损。申加巳上，巳为宅位，申为传送，行动之神，己巳为厨房，泥灶之象。己日土旺金相，传送申金相，主新修厨灶，新砖结砌。

例十六：建炎己酉年八月二十七，癸酉日巳将申时，占宅。

	合	朱	蛇	贵
	寅	卯	辰	巳
勾丑				午后
青子				未阴
	亥	戌	酉	申
	空	虎	常	玄

朱	后	阴	虎	财	庚午	后
卯	午	未	戌	子	丁卯	朱
午	酉	戌	癸	兄	甲子	青

邵彦和曰：凡四正相交，非死即败。今午加酉作后发用，午火至酉而无光。天后水又败在酉，即用死败神，则主男女淫奔。今加于宅，主宅中有淫乱不明之事，大不可居，占者不听，竟居之。后果公淫其媳，家丑外扬。盖子作龙加卯，为无礼刑。又酉乃酒色淫败，龙乘水则脚浮。戌加日上主动，

故应此也。

解：此课原断十分清晰，无需详解。需要注意的是课体为三交课，凡三交课，四仲日，四仲相互相加入传发用为一交，得四仲正时为一交，上乘雀、玄、阴、合为一交，此课三交不全，因此为三交不交课。而且午加酉为死交，意为不能交而交之，为逆反之象，再结合天将，课意十分清楚。另外此课占于八月二十七日，为地烦课。

例十七：邵巡检癸亥命（九月初九日酉时生）四十六岁，占宅。戊申年六月二十七庚辰日午将寅时。

	朱	合	勾	青	
	酉	戌	亥	子	
蛇	申			丑	空
贵	未			寅	虎
	午	巳	辰	卯	
	后	阴	玄	常	

青	蛇	玄	青
子	申	辰	子
申	辰	子	庚

父	庚辰	玄	
兄	申	蛇	◎
子	丙子	青	⊙

邵彦和曰：金日得水局，三传日辰皆子孙，脱处见青龙，生年见玄武，禄上见螣蛇，一生被子息作吵，一个死了，一个又来，取尽父母气力了方休，家计亦被子孙磨灭。此宅十二年后出怪，住不得，必别迁。初受任日，兵卒不合，末后却吉。后任必在水陆之处，更后在水边屯三任，六十三上难过也。邵娶宗女为妻，得被恩泽，前后生八子，或三岁、二岁、一岁即死。及妾生三子，亦然。再纳一婢，又生二男一女，前后果被子息坏尽心血。先生初不与巡检相识，便知其详如此。及巡检任满，果授英州水陆巡检，本州驻扎。至绍兴十五年乙丑四月初三作古，果年六十三。

盖金日得润下局，及干支上神各为脱气，庚以子为真气，子息乘青龙脱气，又有玄武螣蛇二凶，兼青龙三个皆水兽，只管盗其真气，故一子死，一子又来。日临辰作蛇，日申七数，辰五数，凑成十二年。螣蛇变异，所以出怪扰害，遂迁寺中居住。六十三上死者，盖子加申，子九数，申七数，七九共六十三也。

解：此课，干支各自三合，再加三传，三处水局泄日干之气，因此人宅并泄。子加日上泄气，而且三合子孙局泄气，且子临青龙，落于空亡，因此子孙丧亡难成，日支为宅，宅上临申金传送，天将螣蛇，都为变动迁移之象，申七辰五，和为十二，三传代表事情的发展阶段，发用为宅，传出申金，因此主十二年后住宅变迁。只所以当时不会变迁，是因为课体三合，合主留滞。发用辰土为天罡，天罡为死奇，为凶恶厌翳之神，主凶，主奇怪之事，传出中传申金，天将螣蛇也为怪异，因此十二年后住宅出怪事。

但是此课也不可全断为凶，因为起课月份为六月，六月日干金旺，本根还不算弱，而且三合课有三合课的一定好处，人宅遇合，三传也代表邵巡抚今后的运程。初传天罡为凶神，矛盾之神，而且辰加子上，子为青龙为事业、官运，因此开始官运上会出现矛盾。到中传见日禄，见申子三合，因此后来能转好。但是毕竟日禄临蛇，到后期还是不安定的。末传为青龙子水，也是事业，代表事业的最后阶段，根据子水三合的性质可以判断邵巡检会在水边为官。但是子为三合中心，到此泄体严重，而且初中空亡，寿已不久，只是靠三合的合力延长而已，根据末传子九申七，七九六十三，主寿命为六十三岁。断到这里我们可以进一步看其行年，六十三岁行年在辰，上临日禄申金，申金入传，申上临子，而且申金日禄空亡，又遇到天将螣蛇克制，禄伤损严重，人无禄则亡。

例十八：邵三公，壬申生三十八岁占宅，己酉年正月壬午日子将子时。[1]

	朱	合	勾	青	
	巳	午	未	申	
蛇辰					酉空
贵卯					戌虎
	寅	丑	子	亥	
	后	阴	玄	常	

合	合	常	常
午	午	亥	亥
午	午	亥	壬

兄	乙亥	常
财	壬午	合
兄	丙子	玄

邵彦和曰：此课本身自然禄，又有持服人相助，一生守己，衣食自如，但难为六亲并妻妾子女。干支上本身自刑，自身若得残疾压之方吉。宅上主添造，造后却进人口。盖乘六合、天马故也。后被子孙出来使钱。初因猪上发，后因猪上败。妻能起家，生子又多。[2] 但刑伤太多，恐九年之上患痨病，连克子孙矣。考邵三公，十七岁丧父，自起家，一生守己，养猪成家，妻有才干，生男女十二人，死七人，只存三男二女。本身有偏僻疾，后因娶妇造屋。壬子年娶第次媳，乃宦家女，费用数倍。又因猪瘟死，食其肉，举家遂

① 有本作占终身，当为占终身。

② 午乃妻财故起家，乘六合故多子。

病，其妻即成痨，至癸亥，仅存一女而已。日上自刑，乃人刑人也。宅上自刑，宅不居人也。末传子作玄武，子者子息也，玄武为费用之神，玄武便是本身之亥，我去刑他，玄武便走在子息上，故主子息使钱也。己巳年家退尽。

解：壬禄在亥，壬日水旺，为旺禄临身，且发用又是亥，此为重象，必验。亥旺取其本相，而且日遁干辛亥，亥旺则取本象无疑，因此断其因猪发财，但是日阳日阴和发用之亥，共五个亥，亥水自刑，主禄中带刑，而且亥为本命申金病地，因此久必变灾，于自身不利。干支上亥午自刑，刑者，伤损也，上下具刑，坏了根本，主本身容易有残疾有损伤，也主因财因禄害身，因为午为财，亥为禄。午火妻财又为老婆（日上遁干丙午真火为妻），午乘天将六合也为子息，因此主不利老婆与孩子。

再看三传，末传子水临玄武（子为子息）与中传午火妻财相冲，更主克妻损子无疑。午火妻财又为正月天马，午加午，午火日支又为宅，为财动于宅，主妻子能干持家。也主宅上整修添宅，午乘六合，也主宅进人口，子息多。三传先见亥而发财，后见午也是财乡，走到中传亥午开始自刑，午为引发点，午九，午加午本该取为十八，但是壬日火死，因此只取本数，主九年后病。末传子水兄弟临玄武，玄武为贼神，子水为子息，子水兄弟冲克中传午财，主因为子息大破钱财。到己巳年，壬身绝于巳，亥禄破绝于巳，且末传绝于巳，家财破尽。

例十九：汪四六公，癸丑生五十七岁占家宅，建炎己酉年年闰八月壬午日辰将申时。

	勾	合	朱	蛇	
	丑	寅	卯	辰	
青	子			巳	贵
空	亥			午	后
	戌	酉	申	未	
	虎	常	玄	阴	

虎	合	朱	阴
戌	寅	卯	未
寅	午	未	壬

官	甲戌	虎
财	壬午	后
子	戊寅	合

邵彦和曰：水日火局，人皆曰财，不知反生日上未土，土反克水，是财化为鬼矣。然皆是眷属未了，或男未娶，或女未嫁，使用太过。宅上子息不齐，堂屋栋梁，若不是蛇居木，即雷惊木，屡出作怪；否则是庙宇中木，主雷击惊人，更十年，因讼而死。汪公家计悉为扳高亲费尽，甲寅年屋被雷震，戊午年因讼得病而死。

盖八月雷杀在戌，[1] 戌加寅，更见虎，自是雷惊；寅加午在高处也。故当是栋梁。自己酉至戊午，恰是十年，甲木死于午，故此年死。[2]

笔者按：雷杀还有两种，一是八字中的雷霆煞，有关雷霆煞，古人云："正七下加子，二八在寅方，三九居辰上，四十午位伤，五十一申位，六十二戌方。"此煞逢吉神压制则好行阴骘，为法官，掌雷霆，行符赦水之人；如逢凶煞主天嗔雷伤，虎咬天谴，瘟疫或溺水囹圄死。二是大六壬中有一雷杀，正月亥，二月申，三月巳，四月寅，五月亥，六月申，七月巳，八月寅，九月亥，十月申，十一月巳，十二月寅。无论是哪一种，八月都是寅。

例二十：某占家宅，戊申年九月甲申日辰将亥时。

	合	勾	青	空								
	戌	亥	子	丑								
						后	空	青	贵	父	戊子	青 ⊙
朱酉					寅虎	午	丑	子	未	子	癸巳	阴
蛇申					卯常	丑	申	未	甲	财	丙戌	合
	未	午	巳	辰								
	贵	后	阴	玄								

邵彦和曰：此宅原是空坟，因墓神作梗，宅内常有声见，见一人裹帽而行，乃六十老人葬于内，尚有游尸，所以出来作怪。每主克子，因灶下坟更多，若移灶则无声，更第三间阁下是此裹帽老人葬处，掘下五尺便见，迁去即安矣。试之果然，因丑为裹帽老人也。

例二十一：冯修职，己卯生三十岁占家宅，建炎戊申年五月乙酉日申将卯时。

	朱	蛇	贵	后								
	戌	亥	子	丑								
						青	阴	阴	合	财	未	青 ◎
合酉					寅阴	未	寅	寅	酉	父	戊子	贵 ⊙
勾申					卯玄	寅	酉	酉	乙	子	癸巳	虎
	未	午	巳	辰								
	青	空	虎	常								

---

① 程树勋按：雷杀正月起卯，顺行十二辰。

② 程树勋按：甲木死于午，似指寅加午而言，然非日干之死，何以之断死，愚窥邵公之意，盖因戌为虎鬼，戌五数，两戌则十年，况岁干得戊，与戌同类，戌为牢狱，财又生鬼，故断其十年因讼而死。

邵彦和曰：此课支来加干，名上门乱首；又用神当囚死，斗罡系日本加寅，名天狱，不有大服，必有大祸。支神犯日，酉为婢妾，恐婢妾死亡为累。初中两传，贵人六害，行年又在其上；乙日以子为父母，主先遭横扰，次值凶丧，又防失火，此凶课也。时冯为主簿，五月初二日占课，六月十七（一作七月）日，婢子争宠，因责之，遂自缢，县尉与主簿不足，依法看验申州，被拘在能仁寺将及一月；母亡，遂得丁忧而去。又两月，母之妹又殁，此乃冯之姨母，供养在家者也；未葬而厨下火发，延烧将及堂而灭。

盖支辰犯日，乃下犯上也。酉为婢，六合为人口。五月火鬼在酉，故婢横死；酉金克乙木，故为所累。贵人六害，所以被拘。又未为眷属，上见子为父母，既受土克，又受未害，行年加之，重克重害，所以母亡。五月以巳为月病符，行入末传，乘虎加母之本宫，归丧于家也。大凡火鬼克人，不是一个可当。六合为棺木，卯神亦是，所以一年内连见三人殁也。

解：经笔者考证，戊申年为宋高宗建炎二年，公元1128年，该年农历五月初一甲申日芒种，五月初二是乙酉日，六月十七日大暑，该日为庚午日，七月十七日是己亥日，节气在立秋后。考证此两日，以便读者研究此案应验日期。

例二十二：任太公，甲午生七十五岁占宅，戊申年正月丙戌日子将辰时。

	朱	合	勾	青	
	丑	寅	卯	辰	
蛇	子			巳	空
贵	亥			午	虎
	戌	酉	申	未	
	后	阴	玄	常	

合	虎	阴	朱
寅	午	酉	丑
午	戌	丑	丙

财	乙酉	阴
兄	癸巳	空
子	己丑	朱

邵彦和曰：此课干支六害，一生牛马自伤，戌以丑为刑神，作朱雀，是害牛也。何不言田而言牛？春丙火相气相生，主生息，牛乃生息之物也。[①] 午为屋、为马，言马不言屋者，因午空亡，乃不定之物，且正月天马在午故也。入墓乘虎，是害马也。二主妇人失明，盖午为妇人，午乃离，为目，入墓是失明也。三主自身有淫婢，而仆从淫僭。

盖以巳加酉，巳即丙，为本身，以申为妻，以酉为婢，巳加酉是宠婢也。

① 程树勋按：正月丑是天牛煞，一云朱雀丙午火，丑午六害，是以丑作雀，乃害牛也，不细参此，何以见雀便害牛。

天空为奴，从而加之，是仆从僭乱有奸也。四主老妇血疾成痨，盖初传太阴与酉一体。太阴为老妇，酉为血，加丑上为墓所埋，是血不行也。丑带破碎而成痨，从革又主痨也。五主山地有争，乃末传丑是也。春占丑是相气，火生丑土，丑遇生气，本牛也。然至末传则是秋冬，非丙火之旺，可以生丑土言也，故曰山地。朱雀主争，子主池塘，行年上见子加辰，又乘螣蛇，主争必失理也。

解：干主人，支主宅，此课干支上神，丑午相害，主相害是非，丙日火旺土相，时令又是春天，午火又为天马，因此取象为牛马引起的灾害。日支上午火临戌，火入戌墓，主不利眼目，且午为妇女，而且发用酉金太阴为妇人、暗匿，传出巳火天将天空，主阴而匿明之象。日干丙（巳）加酉，酉财乘太阴为婢，因此主宠爱婢女，但是巳酉丑三合，为三人世界，巳火又乘天空为奴，主婢女与奴仆有私情。发用酉金成太阴加丑，丑为老妇，传出阴神巳火，巳酉丑从革之课，而日干上寅午戌三合火局，课传中火金交战，火主心主血，金主肺，综合主老妇心血病构成痨症。而且本命午火入课，其象必验。

例二十三：徐大夫，乙丑命（生于三月初六辰时）四十四岁占家宅，戊申年正月初一丙戌日子将未时。[①]

	蛇	贵	后	阴	
	戌	亥	子	丑	
朱酉					寅玄
合申					卯常
	未	午	巳	辰	
	勾	青	空	虎	

合	常	常	蛇
申	卯	卯	戌
卯	戌	戌	丙

财	甲申	合
子	己丑	阴
兄	午	青 ◎

邵彦和曰：支来加日墓日，上又螣蛇夹住，主人如处云雾中，进退不得。且天地转杀加宅克宅，上作太常为服，丙以卯为母，母当六月亡。妻加天地转杀上，六合夹之，妻不宜孕，孕主亡。[②] 本命上午作末传，虽空却是帝旺阳刃。先防妻与母。子年，己身不善终矣。徐现授湖广监司，当年五月母亡丁服，六月妻亡。庚戌年八月，从吉授监司。辛亥年赴任，壬子十一月赃败自刎。

盖一者支加干墓干，又被螣蛇夹住，是真墓不可脱；墓上见卯，乃天地

---

① 有本作占前程。

② 按申财，妻也。作六合，儿也。卯木即申金之胎，故以孕断，妙绝！

转杀，乘旺克宅而太岁又加转煞上，本命又加太岁主，是本命为墓压太岁，太岁遂来逼杀，杀遂入宅克宅，宅遂加干墓干，递互相逼，遂成凶咎。况空亡阳刃加本命反克太岁，若不是申作太岁，丑作本命，未可如此说。五月丧母，六月丧妻者，是今日之鬼所加处也。壬子年十一月自刎者，行年在丑，再见阳刃之午，又被太岁冲动，午为自刑，故不法而死也。

解曰：此课十二位上下皆带杀，五月六月是今日鬼月，子丑年是丙火绝地，本命加太岁，岁逼杀入宅，一凶也；本命加岁墓岁，二凶也；空亡阳刃加本命反克岁，三凶也；子丑年丙之同类不得地，四凶也。壬子年太岁在子，行年在丑，不法死也。①

例二十四：邵氏，丁巳生五十二岁占家宅，戊申年正月丁亥日子将寅时。

	勾	青	空	虎	
	卯	辰	巳	午	
合	寅			未	常
朱	丑			申	玄
	子	亥	戌	酉	
	蛇	贵	后	阴	

常	阴	勾	空
未	酉	卯	巳
酉	亥	巳	丁

财	乙酉	阴	
子	未	常	◎
兄	癸巳	空	⊙

邵彦和曰：此课名弹射格，一主妇人患血气；二主门户不宁；三主婢妾出走；四主家主患口齿之疾。此课可改门户，否则口舌立至矣。至五月十五日己丑皆应。

例二十五：何承务，丁巳生五十三岁占宅，己酉年三月戊子日戌将巳时。②

	合	朱	蛇	贵	
	戌	亥	子	丑	
勾	酉			寅	后
青	申			卯	阴
	未	午	巳	辰	
	空	虎	常	玄	

合	常	阴	合
戌	巳	卯	戌
巳	子	戌	戊

父	癸巳	常
兄	丙戌	合
官	辛卯	阴

① 爱函曰：午为阳刃死气加命害命，子年冲动大凶。况行年又见阳刃，午为自刑，是以自戕而死也。金墓于丑，支墓命即五行墓，盖丑为申金之墓。丑加申是太岁被本墓所压也。

② 古本作丁未生六十二岁，盖未交生日故也。

邵彦和曰：此课日往加辰，是人广而宅狭也。宅上发用，传出日上，是宅居不得许多人而后移出也。末传归第二课，又见宅不纳人，然非宅克人，是人多欲自出也。若移出，各人自为活计，将来因老阴人扰动而兴讼，十三年后见之。① 人财尚可兴旺也。

何居祖宅，宅窄人众，此是日来加宅相逼，又作破碎也。本年十一月移出店房居住，自做经营，② 前原是兄嫂家掌家，十三年后，岁在甲子，果因家财争讼，是巳加子，人宅相克也。巳四子九，并之合当十三年起讼。缘壬戌年有卯制，故不动。癸亥年天罡压之，亦不动。甲子年人宅相逼，所以至此方争也。讼起于甲子之春，至乙丑四月方止，宅上见禄神，尚自兴旺，人财尚可旺发也。

例二十六：邵伯达占宅基，建炎己酉年十月十五庚寅日寅将酉时。

	合	勾	青	空	
	戌	亥	子	丑	
朱	酉			寅	虎
蛇	申			卯	常
	未	午	巳	辰	
	贵	后	阴	玄	

青	贵	后	空
子	未	午	丑
未	寅	丑	庚

子	戊子	青	⊙
官	癸巳	阴	
父	丙戌	合	

邵彦和曰：大凡占求宅基，须看支辰，以日为人，辰为宅，今支上空亡，是宅不可得而图也。本身近墓，宅又近墓，何以得移？初传脱气，虽得青龙，又在空地，亦是暂住，尚未有定论也。中传巳作太阴，庚干长生在巳，巳为店业，太阴为妇人，是买得老妇人店业，便是宅基，其妇人善于干办，是本人亲族，事皆由他也。伯达以兄弟众多，伯叔共住，谋迁外居，累求未许，伊房叔母，有一店屋，因无生计，却与伯达当家，伯达增价买得其店屋，至丁巳年方才改造而移居之。

大凡阳宅，要看支，支上空，便未有宅基也。却见中传长生，便就长生上言，况求新宅，看何方生旺即是。巳为店，加子为北方，太阴为妇人，未戌属土，生今日之庚，乃是尊长作干人。戌为仆从佣工之类，有当家之象焉，六合则成就也。

---

① 按太阴乘卯为今日鬼，故就卯上论之，在末传，故至十三年后。

② 亦应初传巳为店业，妙！妙！

例二十七：林丞务，丙辰生五十四岁占宅，己酉年六月辛卯日午将辰时。[1]

	蛇	朱	合	勾										
	未	申	酉	戌										
贵午				亥青		蛇	后	常	空	官	癸巳	后	
后巳				子空		未	巳	寅	子	父	未	蛇	◎
	辰	卯	寅	丑		巳	卯	子	辛	兄	乙酉	合	⊙
	阴	玄	常	虎									

邵彦和曰：日上子为盗气，又见天空，主下部遗泄，兼子息不美。支上破碎，又兼发用、中传空亡，末传禄神，又加空亡之上，禄神即空，前程不永。宅犯破碎，子作盗气，是诸子耗盗财物，各抽入己，于我则空。除非另爨，则可少延。否则家破财散矣。林丞务有四子，两妻所出，家道不齐，堂前之物，子盗一空。本身常有淋疾。家计渐觉退败。

盖辛见子盗气，宅上又见破碎，子为一阳之始，巳为六阳之终，始于身而终于宅也，故始主自身下部遗泄，而终于破家。子为子息，所以败家由子也。初传宅上，中末俱空，号曰不行，故只以干支二处分断。[2] 然初传更加一重破碎，子为脱空，六阳至此极处；又见破碎作初传，上见天后，名泆女卦，故其继妻最淫荡，第四子最蠢者是其所生，更有两小女，尤作手脚。若占病、占前程，脱精而亡。

例二十八：王解元，辛未生三十九岁占宅，己酉年三月癸巳日戌将未时。

	合	勾	青	空									
	申	酉	戌	亥									
朱未				子虎		空	合	朱	后	父	甲申	合
蛇午				丑常		亥	申	未	辰	兄	丁亥	空
	巳	辰	卯	寅		申	巳	辰	癸	子	庚寅	玄
	贵	后	阴	玄									

---

① 《口鉴》作占平生。

② 中末皆空，初仍宅上，等之无传矣，故只就干支分断。若初传不从宅与日上起，则又当细审，不得概为不行也。

邵彦和曰：此课利宅不利人，若占病讼，真闭口卦也。日上墓作天后，天后本是滞神，见墓愈加迟滞，主时运未通。幸得宅上之六仪长生引进，又与宅合，主进人口，妇人怀胎，然终不安。中传亥作天空乘丁，乃移动缸瓮之故，幸作长生可以保全。末传寅是子孙，乘玄武为风湿，主子息因湿感风，西南西北二处，不可修动，主田遭水患，行年在申，主内争讼。得一道士权和。

王自发解后，皆不利，疑其宅生灾，故占之。身乘墓作天后，辰虽月建，主兴旺，却是墓神滞神，目下如何发得？宅上见本旬仪神长生，旬首加旬尾，乃周而复始格。六合发用，故主进人口血财，以其乘长生也；中传亥乘丁，加旬首上，属西南西北不可兴工。辰加丑为破，不可开田，必被水冲。后其田丑年开，尽被水冲作污沙。又除夜移水瓮，妻胎几堕而得全。

盖寅并玄武主堕胎。幸申作六合引长生，能制之，故保全也。其长子十二岁，自学舍归而澡浴，因湿感风，却无大碍。家族争讼，得族人为道士者劝和。盖寅加长生之地为道士也。《中黄经》曰：“寅作长生道士身。”

例二十九：何宣义，丁丑年三十三岁，生于二月二十四日丑时，占宅。（有本作占身命）建炎己酉年三月癸巳日戌将酉时。[①]

己酉年　戊辰月　癸巳日　辛酉时

合　勾　青　空
午　未　申　酉
朱巳　　　　戌虎
蛇辰　　　　亥常
卯　寅　丑　子
贵　后　阴　玄

勾　合　贵　后
未　午　卯　寅
午　巳　寅　癸

官　　未　勾　◎⊙
父　甲申　青　⊙
父　乙酉　空

邵彦和曰：本身贪色，心高志大。三传与宅并在南方。家计异日比今日增数倍，但初传未土空，一生难为眷属。末传至酉，晚年愈贪色欲，有一妾为主，反欺众人，终死于此妾之手，虽劳心费力，积得财物，只是后来被此妾盗去。行年上支破作太常，今年五月主外服，又主三月七月，儿妇因病小产也。何果高傲好胜，劳心费力，营运积财。子年暂停，以子与身居于下也。宅上财与三传之生皆在南方，后来运货至南方发卖，获利成家。只是不合过

① 一作辛丑生，爱函曰：古本作辛丑生，六十九岁二月二十四日卯时生。

宠一妾，盗财归于母家。

当年五月何有丈母之服。[①] 三月长媳小产，七月次媳因感风发热亦小产。盖日上天后乘寅木脱神，而寅木又脱于巳午，故主三四月妇人小产，寅以酉为破碎加申，故七月亦然。其晚年愈贪色者，酉作天空加癸水之长生上也。

例三十：童秀才，庚辰生，二十九岁占宅，建炎戊申年，三月十一乙未日戌将丑时。

	空	虎	常	玄	
	寅	卯	辰	巳	
青	丑			午	阴
勾	子			未	后
	亥	戌	酉	申	
	合	朱	蛇	贵	

青	常	朱	青
丑	辰	戌	丑
辰	未	丑	乙

财	辛丑	青 ⊙
财	戊戌	朱
财	乙未	后

邵彦和曰：此课人来就宅，正是求新宅之课。夫宅要坚牢，不可无土，今四土俱备，是前后左右皆有山也。主山太高来逼宅，奈山有新坟，欲开辟，定与坟主争竞。宅左青龙带破碎。[②] 须用土填，将来必富。[③] 但无清秀之土，以课传无水，故出人重浊。初传青龙，妻为之主，中传成作朱雀，主家西北界未备，因与人争界。末财作天后，主妇人守寡。[④]

乙以土为财，又临旺地，天将更无凶神，故主此宅大发。又缘初财爻，兼得青龙财星也。造宅二十年，应未八戌五，五八相乘得四十，春木旺土死，当折半，故二十年而应也。

---

① 亥冲支为支破，作太常临行年主服。亥卯未三合，未临午上，故知应五月。

② 按：此云宅左青龙是以支阴论，不以天盘论。惟断坟墓方用天盘看坐山朝山等，家宅则止就四课言，邵公诸案皆然也。

③ 按：青龙加丑，虽云破碎，却又不备，故左必不完，宜用土填也。

④ 按：未财作后，何以便曰妇人守寡？盖财妻也，后女也，未妇人也。未又今日乙未之墓，却来刑日上之丑，刑则克，故主妇人皆寡。程树勋曰：愚按未为年之寡宿杀，故邵先生敢作此断。爱函窃谓：未为年之寡宿杀，故邵公敢如此断。又主家西北界未修，主与人争界。西北当作东北。爱函见数本皆作西北。玩味“争界”二字，似指戌乘朱雀而言，戌为西北，雀主争也。奈何都无水出，主出人重浊。

例三十一：江文老，占家宅，建炎戊申年，七月十五丁酉日午将辰时。

	勾	合	朱	蛇	
	未	申	酉	戌	
青	午			亥	贵
空	巳			子	后
	辰	卯	寅	丑	
	虎	常	玄	阴	

阴	贵	贵	朱
丑	亥	亥	酉
亥	酉	酉	丁

财	丁酉	朱
官	己亥	贵
子	辛丑	阴

邵彦和曰：汝家中所奉之神非正，乃邪也。是独足五通之类。与正神相反，是自招其祸，侵淫了少女，又坏你一缸酱，兼有蛇入宅也。是时江氏供一五通神，损折一足，只有一足在。盖酉为五通，丁止一足，朱雀即午。七月尚是午将，将下见酉，乃酱字也。丁主怪异坏物，课中有酉丑暗会起巳，巳临门，故主蛇入宅。酉又为兑，兑少女也。故主侵淫少女。丁以酉为妻，丁主独足，故主妻生独足儿。

解：课经有云："六丁日，贵作日鬼临日，占官利，占病神祇所害，临支家神致病。"实际上六丁日并非只在占病方面体现神鬼之事，在其他方面也是体现神鬼性质的，因为六丁在六壬中有着特殊地位，六丁为丁马，在六壬课中出现，主速变、通灵、神怪、变更、不可预料，如果是六丁日则更加强了丁马的这种性质，如果六丁日再遇到贵神就会有神鬼之论，当然这也要结合课传的特征以及配合月厌、天鬼、天目等神煞而论。

此课中提到了五通神，这里解释一下这个概念，所谓"五通神"，又称"五郎神"，是横行乡野、淫人妻女的妖鬼，因专事奸恶，又称"五猖神"。来历复杂，一说指唐时柳州之鬼；一说是朱元璋祭奠战亡者，以五人为一伍；一说为元明时期骚扰江南、烧杀奸淫的倭寇。总之，五通神为一群作恶的野鬼。人们祀之是为免患得福，福来生财。遂当作财神祭之。五通神以偶像形式在江南广受庙祀。通过本课我们可以知道，五通神绝非源于元明时期，早在北宋期间就在民间受到供奉。

例三十二：任三翁，庚午生，三十九岁，占宅，建炎戊申年十一月壬寅日丑将申时。

	青	空	虎	常	
	戌	亥	子	丑	
勾酉				寅玄
合申				卯阴
	未	午	巳	辰	
	朱	蛇	贵	后	

虎	朱	勾	后
子	未	酉	辰
未	寅	辰	壬

兄	庚子	虎	
财	巳	贵	◎
官	戊戌	青	⊙

邵彦和曰：此课占宅，身宅居墓无气，因婢妾相争，遂出其婢，后再归，必是辰日。又常被子息及兄弟作扰，门户上口舌不足，只喜末空亡，又临绝乡，下稍口舌扰乱俱绝无矣。盖酉为婢，作勾陈，主相争，酉不在宅中，居于干阴，故主厨也。何以知婢再归？以酉之阴神乃寅，又是宅也。兼酉加辰与辰合，天将勾陈夹住，勾陈为牙人，故主辰日其婢再还也。[①] 只是发用与宅上六害，故事多阻。巳既绝地，故至甲辰乙巳日自绝也。果一一如占。[②]

例三十三：邵秀才，癸丑年生，五十七岁，占宅及父母，己酉年三月乙巳日戌将亥时。[③]

	勾	合	朱	蛇	
	辰	巳	午	未	
青卯				申贵
空寅				酉后
	丑	子	亥	戌	
	虎	常	玄	阴	

青	勾	空	青
卯	辰	寅	卯
辰	巳	卯	乙

财	甲辰勾
兄	卯龙
兄	寅空

邵彦和曰：凡传用，若干支阴阳已先据其位，只以不备推测，不可重复取用。今第一课卯加辰，卯木，辰内乙亦木，不克，已先据其位矣；第二课寅加卯，第三课辰加巳，俱不克；第四课卯加辰，乙已为干先据，何得重传？是支课不足用也，当以日遥克为用，卦名弹射，如此占之方应，术人多以第四课发用为元首，传用已差，占何得应？皆由用术不精，反云六壬不灵，岂

---

① 又辰为日上神故也。

② 细参此课，占家宅断法，日辰逢墓便作凶推，则知邵伯达庚寅日干上丑之课是断迁移法，非断家宅法矣。

③ 邵秀才名百一，闰月十二日辰时生。

不诬哉？

此课乙木克辰土，卯来害日，宅不容人。初传辰作日财，自宅上传出，中仍归卯位，此乃夺父之财禄，另居乙以卯为禄，寅为同类，三传不离支干，必有兄弟出去了，后复归来。辰为勾陈主争讼，课中不见父母，止同类互相吞并，占者与父母各居十六七年，至五十九、六十，行年到亥子，见父母，则有服矣。后一一不爽。

解：此课邵秀才的出生时间有误，宋熙宁五年，公元 1072 年，岁在壬子，此年有闰七月。公元 1073 年，岁在癸丑，但是此年并非闰年。

例三十四：伊伯廷，甲戌生，三十六岁，占宅，建炎己酉年九月丙午日卯将申时。

蛇　朱　合　勾
子　丑　寅　卯
贵亥　　　　辰青
后戌　　　　巳空
酉　申　未　午
阴　玄　常　虎

玄	朱	常	蛇	官	壬子	蛇
申	丑	未	子	子	丁未	常
丑	午	子	丙	父	寅	合 ◎

邵彦和曰：子与丑合，末见长生，虽子水克丙，初中六害，得寅木引鬼为生，可望先凶后吉。奈何寅是空亡，所以不能引进，见生不生，反成凶咎。甲寅必有大灾。子丑年多事，急移可免。伊为人狂妄自高，果子丑年多事，甲寅年与大辟人过财，干人命，入狱百余日，几死。己未年妻母皆丧；庚申年丧子，后移居殆免灾。大凡干支相合，须有实则为好课。今甲辰旬却入见寅，进则空亡，退又子克，所以灾起子丑之年，几死于甲寅之岁也。夫以旬末而又引入空亡，故即以其年分言之。

例三十五：童三十四公，丙申生七十四岁，占家宅。己酉年戊申日巳将卯时。

空　虎　常　玄
未　申　酉　戌
青午　　　　亥阴
勾巳　　　　子后
辰　卯　寅　丑
合　朱　蛇　贵

后	玄	常	空	财	壬子	后
子	戌	酉	未	官	寅	蛇 ◎
戌	申	未	戊	兄	甲辰	合 ⊙

邵彦和曰：此课老反送幼，良为不利。初子即为子息，天后为少女，既有初而无中末，是家务不进也。身上见眷属，行年上引出破败，宅上戌作玄武，主诸子分居，财各入己。戌为季，主第三子尤不肖。四课上发用，是玄武之阴神传出，乃子孙皆贼也。童公有五子，果是各将家财肥入己囊。当年丧第三媳，又嫁（有本作丧）少女，次年争讼，丧第二子，壬子年丧长子，甲寅年丧第四子，财物悉尽。童公有五子，至此仅存其二矣，财物悉尽，老反送幼，于斯毕验。

盖日上未为眷属，阴上见酉，酉属兑，兑为少女。初传见子，子是子息也。皆是己下之人，而无老阴老阳之辈。且行年上巳为老阳，却临卯上自败，亥为老阴，却在酉上自败，中寅日德而空亡，末辰为财库，库既空，财亦空矣。

例三十六：刘秘教，占宅，四十一岁己巳命，己酉年六月初一戊申日未将酉时。

	勾	合	朱	蛇	
	卯	辰	巳	午	
青寅					未贵
空丑					申后
	子	亥	戌	酉	
	虎	常	玄	阴	

合	蛇	空	勾	兄	癸丑	空 ⊙
辰	午	丑	卯	财	辛亥	常
午	申	卯	戊	子	己酉	阴

邵彦和曰：家势退矣。日上空亡克日，又作勾陈，旧事百般，尽牵在己，宅上午作螣蛇带羊刃，主家人争屋，四散分飞。初传丑作天空加卯，主泥土塞门户，妇人肚腹常疼痛，又有白带。自身主脾泄，末传尽去破败，来年难过，主太阴少妇人掌家，乙卯年（有本作己卯）果将住宅拆毁，各人四散分居矣。

例三十七：刘将仕，庚午生，四十岁，占宅，己酉年五月戊申日未将卯时。戊申乃六月朔，因未交小暑，故言五月也。

	勾	合	朱	蛇	
	酉	戌	亥	子	
青申					丑贵
空未					寅后
	午	巳	辰	卯	
	虎	常	玄	阴	

玄	蛇	贵	勾	兄	甲辰	玄
辰	子	丑	酉	子	戊申	青
子	申	酉	戊	财	壬子	蛇

邵彦和曰：即恋一旧妾，又讨一新妾，精气衰耗，渐不支持。三传皆财，又不入库。为家贼所偷，宅上子作螣蛇，主子外横，乃宅中水不合被长生耗去，故多招是非，常不安妥。今年太岁值水败尚可，明年不利；本身有脏毒，终为所苦。沟渠为土淤塞，[1] 坤申方有涧水来冲，子必不肖，而婢为宅主也。

刘将仕果有亲旧二宠，盖酉作勾陈加行年，又在日上，是有两婢也。破碎临勾，主旧事扰攘。戊日水局，财气太盛，自库传生，则反传出去。只因库中有鬼贼，[2] 所以偷去。子作蛇加申，主子息非理废用。至丁巳年退至八分，庚申年退尽。[3] 辛酉年四月脏毒死矣。盖酉为脏毒，临巳为四月，又遇酉年，破碎重见故也。

例三十八：汪解元，丁卯生，四十三岁，己酉年二月朔，占宅基。

	贵	后	阴	玄	
	未	申	酉	戌	
蛇午					亥常
朱巳					子虎
	辰	卯	寅	丑	
	合	勾	青	空	

青	虎	虎	玄	子	壬子	虎	
寅	子	子	戌	财	寅	青	◎
子	戌	戌	庚	父	甲辰	合	⊙

邵彦和曰：宅后逼山，宅前逼水，水虽东流，过宅反直去。若为宅基，主女多男少，子为吏人，孙为军卒仆从，财退人散。盖四阳虽临东南，无关格拘束，日后主水坏宅。因身役而尽败也。

此宅基乃庚兑山行龙，坎山为主，盖缘逼迫，遂欲凿半山为之。果是后逼山，前逼水，次年建造，不过十年，连产四女。男作县吏，自后诸孙为屠儿，又有为仆从者，又有投军者。此宅因为公人押纲，犯罪籍没，因此折破败坏。后卒为水冲其基也。盖为宅来加申，戌为山岗，是后逼山也。宅上子作天后，是前逼水也。水横过寅为直去，东南两处风路，为螣蛇所挠，故主为吏人，又主失陷财物，兼木败坏在子故也。末传辰为军卒仆从，六合加之故也。

---

① 子作沟渠，上加辰作玄武，故为土淤塞。

② 辰比劫财，又玄武为盗神故也。

③ 巳上见酉为破碎，故丁巳退八分。申上见子作蛇挠之，故退尽。

例三十九：王德卿，辛酉生，四十八岁，占宅，戊申年十月壬子日卯时卯将。

	贵	后	阴	玄	
	巳	午	未	申	
蛇辰					酉常
朱卯					戌虎
	寅	丑	子	亥	
	合	勾	青	空	

青	青	空	空	兄	辛亥	空
子	子	亥	亥	兄	壬子	青
子	子	亥	壬	子	卯	朱 ◎⊙

邵彦和曰：此课财禄极稳，但自有膀胱气及阴肿水气之扰。宅上帝旺，财物兴隆。今年进子又添孙，中传及支皆子也。子边作亥，乃孙字也。末传卯作朱雀，主门户不安，徭役事扰。堂上不合安符，主家中无一时安静，[①] 家资得池塘之利，必然大发。尚有十六年寿，主水肿而亡。王乃士人，善治家，只是受膀胱气病累，本年三月生子，十二月又添孙，常为户役聒吵。堂上挂一天师符，自此梦寐不安，怪异响动，遂去之，果无事。其家池塘最盛，一年有数万鱼利，越十六年果死。

盖壬子日，十月亥子水旺，又壬禄居亥，而旺于子，亥四数，课中四个亥，四四一十六年也。[②]

例四十：郑宣义，己亥生，生于五月十六日酉时，七十岁，占宅。戊申年八月癸丑日巳将丑时。

	空	虎	常	玄	
	酉	戌	亥	子	
青申					丑阴
勾未					寅后
	午	巳	辰	卯	
	合	朱	蛇	贵	

空	朱	空	朱	父	己酉	空
酉	巳	酉	巳	官	癸丑	阴
巳	丑	巳	癸	财	乙巳	朱

---

① 盖卯雀脱壬子而刑子支，故其断如此。如不刑支，不作如是断也。

② 此非先生意，乃及门诸子增入之辞也。何则？课传止二亥，亥为旺气，当倍进，即曰伏吟，断少则二亥八年，又不可云十六年矣。且亥乃日禄，何反以之决死？是此说之谬可知矣。按邵公之意，或用越十六年而行年在辰，辰为壬日之墓，流年太岁在亥，太岁乘空临身，所谓当头立也。太岁即临身而行年又临墓地，故主十六年而亡耳。邵公之意，毋乃在此乎？

邵彦和曰：此课人盛宅狭，人兴宅替；不出四年，必主修造酒房，厨下一婢酒中死；不要买叔婆之产，必有退悔；又主有三所店，先开二所见财，后开一所主败；宅前不合置淘锅，主八年内淘锅屋下必停丧，是时其家四分矣。郑兄弟十人，共四十余口，未曾分；至辛亥年，公果造酒房；十二月婢盗酒饮，醉死。己酉年与叔婆交易，叔婆有二子，年幼者不曾预名，后来果退悔。又丙辰戊午二年两店兴旺，己丑又开淘锅，正对门前，至乙卯二月弟妇死，殡于内。

盖谓人盛人兴者，癸日遇巳酉丑，八月旺金来生也。宅狭宅替者，丑为宅，值金局而脱气也。丑为八月死气，加于酉婢之上，丑上见巳，巳为厨灶，癸水见酉，乃酒也，故主婢死于酒房厨下。三店者，日上、支上、传上见三个巳，巳为店业。一所败者，癸水绝于巳故也。又为巳为锅，值癸水乃淘锅也。八年者，双巳四数也。[①]

例四十一：叶助教，丙辰年四月初九日寅时生，五十四岁，占家宅。建炎己酉年二月初四癸丑日亥将午时。[②]

	青	空	虎	常	
	戌	亥	子	丑	
勾	酉			寅	玄
合	申			卯	阴
	未	午	巳	辰	
	朱	蛇	贵	后	

空	蛇	空	蛇
亥	午	亥	午
午	丑	午	癸

财	丙午	蛇
兄	辛亥	空
官	甲辰	后

邵彦和曰：主宅后东厕水沟不通，一主人患眼疾，二主人常有肠风泻痢之疾，三主妇人血脉不通，四主人浮肿而死，只因西北水路塞闭，所以如此。若不开通，定主妇人癫狂重病也。叶家果有人常患眼，兼妇人有病。盖因西北水沟为人所塞，凡雨后东厕及后屋常为水浸，助教自有肠风之疾，妻妾每患吐泻。

盖三传辰土塞住亥水，亥水克午火，午却逃临身宅，身虽制得他，宅却

① 附论：支上巳，末传巳，皆为日财，故二所见财。日上巳独不以财爻论，乃绝神加日也，故主败，丑为宅，上加巳，是必宅前置淘锅也。又一人论曰：癸绝于巳，似矣。然予犹有说焉，丑生于申，宁不绝于巳乎？则绝巳云云者，非其至也。其或癸水克巳，巳为店受克，则自败。庶几近是。爱函曰：此二论不知何人之笔，附录于此，以便对考。要知先开二所见财，似指干支上二巳而言也；后开一所主败，似指末传上巳而言也。末传为归计，不宜逢绝之意欤？

② 爱函以历法推之尚是正月节，此与姜伯达占前程之数同，然彼是未将寅时，说见姜伯达课内。

为他所害，故宅被害而反害人也。干属水，支属土，土来克水，中传又是水，末传天罡截住，壅塞亥水，故水不通，血脉不行，致生诸疾。至戊午年妇人产后遂患癫狂，盖午为妇人，为螣蛇所挠故耳。午又为心，血脉不通而克心，故有是病。

例四十二：郭仲起，辛未生三十九岁占宅，己酉年六月甲寅日未时寅将。

	合	勾	青	空	
	戌	亥	子	丑	
朱	酉			寅	虎
蛇	申			卯	常
	未	午	巳	辰	
	贵	后	阴	玄	

青	贵	青	贵	父	子	青	◎
子	未	子	未	子	丁巳	阴	⊙
未	寅	未	甲	财	壬戌	合	

邵彦和曰：本命自来墓身，谓之天网自裹。子作空亡，又来本命上发用，中传又临空处，乃子息上见子息，主克子退子，定是星运不利。青龙既空，虽登仕路，亦无寸进。末见妻财，必是再娶，晚年始享。未为井，墓干支，宅中有井不吉。若不迁移，必主十六年而死。未乃八数，两个八年是十六年也。次年郭丈即迁居，其凶乃免。

例四十三：郭德音，占家宅，壬申生三十八岁，建炎己酉年六月甲寅日未将午时。

	青	空	虎	常	
	午	未	申	酉	
勾	巳			戌	玄
合	辰			亥	阴
	卯	寅	丑	子	
	朱	蛇	贵	后	

合	朱	合	朱	财	丙辰	合
辰	卯	辰	卯	子	丁巳	勾
卯	寅	卯	甲	子	戊午	青

邵彦和曰：人宅皆逢旺神，今六月占非本姓之旺，乃守东方之旺，只宜守旧，不宜运用。若安分守旧则自然享福，运用便有艰辛。辰加卯六害，六合又锁之，巳加辰作勾地网，又逢勾陈锁之，迤逦传出巳、午子息，子息破费钱物，因此衰败。子又多病，费尽却死，是取债之子，来年、后年行年见巳午，子愈取债也。

例四十四：童保仪丁巳生五十二岁占宅，戊申年六月丁巳初七未将酉时。

　空虎　常　玄
　卯辰　巳　午
青寅　　　　未阴
勾丑　　　　申后
　子亥　戌　酉
　合朱　蛇　贵

勾　空　空　常　　子　　丑　　勾◎
丑　卯　卯　巳　　官　　癸亥　朱⊙
卯　巳　巳　丁　　财　　辛酉　贵

邵彦和曰：此课六阴相继，更无阳神，兼六月建未，又是阴月，丁巳又是阴命，从此衰败不振；兼婢不测，殒命于厕；丁巳二火，自旺方递归死绝之地。宅前有大树枯朽，若不去之，闲事相扰；主有一子患腹气。又不合将后阁为猪圈，猪盛克人；四年败，六年败尽也。

童保仪因地方寇发，遂得名目，自后成家兴旺；及先生与占，却云四年败，六年败尽也，彼不甚信。本年十月一婢上厕，不觉坠死厕中。宅前有二百年大枫树，已枯朽大半，系族人祖坟。[①] 十二月外乡一人来树下自缢。其第二子常患疝气。其家屋宽，兄弟分出去后，无人居住，遂以后阁养猪。第四年拆四边屋卖，六年果败尽。仅存五口，移出店屋居住。

大凡丑、亥、酉、卯此四支，先生皆以极阴；却又丁巳日传归阴方绝地，宅上卯，末传酉，俱六数，故主六年败尽。[②] 加于巳亥上，亦四年之数。甲寅旬乙卯为真木。一作卯加巳为真木。故有大树在门。天空主朽；丑为阁，亥加丑上，故作猪圈；酉加亥为今日死神，酉为婢，亥为厕，故主婢死于厕也。

例四十五：童得松，丁巳生五十三岁占宅，己酉年六月壬戌日未将丑时。

　勾合　朱　蛇
　亥子　丑　寅
青戌　　　　卯贵
空酉　　　　辰后
　申未　午　巳
　虎常　玄　阴

青　后　勾　阴　　财　　丁巳　阴
戌　辰　亥　巳　　兄　　癸亥　勾
辰　戌　巳　壬　　财　　丁巳　阴

---

① 阅此更妙，卯阴上得丑为墓，日治得朱，暮治得勾，且又发用，是以主闲事相扰。

② 此断家宅，故取宅上神，酉为归计门，是以取此二处决之也。

邵彦和曰：此课德丧神消，人亡家破。何以言之？盖壬德在亥，亥为闭口，无德可言，是谓德丧。程树勋按：《毕法赋》，德临绝地为德丧。身命临亥，火被水克，是谓神消。生气受克而死气为主，是谓人亡。辰来破宅，又为干支之墓，是谓家破。

一为宅水不通，二为灶厕不便。[1] 我去彼绝，彼来此绝，墓来克日，是为凶课。童闻先生之言，遂迁店居住，其户遂宁，而祸亦解。

例四十六：徐八公，甲寅生五十五岁占宅，戊申年六月初十癸亥日未将酉时。

	朱	蛇	贵	后	
	卯	辰	巳	午	
合	寅			未	阴
勾	丑			申	玄
	子	亥	戌	酉	
	青	空	虎	常	

阴	常	常	空
未	酉	酉	亥
酉	亥	亥	癸

官	己未	阴
财	丁巳	贵
子	乙卯	朱

邵彦和曰：癸亥是六甲极日，阴长阳消，而此课又为六阴相继，宅势到此，耗力极矣。然物极必变，今宅中现有六分共居，而甲寅人多是从门侧出入。[2] 来年有阴人死，各自东西南北去，后必升进，颇胜于前时，娶得贵家阴贵人为妻，遂得其力，故成家业。其子又好，必晚年亨福，寿又高也。

徐八公兄弟六分共居，果是窄狭，常从便路出入到店，多是后边过。次年太孺人故，八公即出外居住。盖癸亥是极日，亥来加癸，又极。却喜自北复转至西，自西投东南，见卯，自半夜亥至黄昏酉，自酉至未，自未至巳接卯，谓之迎阳课。中末传见贵人，用并太阴，故徐公续娶，得某先待制之妾，带二千贯财物嫁来。盖癸以巳为妻财，而太阴作贵人之侧室，故有宠人嫁他。其子又乘夜贵，临日贵人财上。[3] 徐公委其官干，自此发迹，公终身享福，八十四寿终。言六分者，酉为破碎入宅，而败癸水，酉乃六数也。

解：邵公从日干支入手，癸亥为六十甲子之末，阴长阳消，而且课传六阴相继，四课不备，为宅不备，因此主宅多耗损。酉亥自刑结合不备，为人多宅窄之象。酉金临宅不备，且为破碎煞，酉为六，因此主宅现在六分共居。

---

① 巳为灶，亥为厕，巳亥相加为不便。

② 本命寅，阴神六合为私门，又在卯侧，故主从门侧出入。

③ 卯子息爻，乘夜贵加巳妻财之上，则此子为待制妾所生可知。

但是此课三传有转机，三传未巳卯为回明格，因此以后会有转机。结合年命，占者为甲寅年生人，寅临六合加辰，六合为门户，辰为天马，主动态，且在地盘卯前，主甲寅生人从门侧出入。占者行年在申，其上为午火，天将玄武，此次年行年到酉，上见未土，未土又为发用，定然引发相应事件，未为日鬼乘太阴伤日干，主丧阴人，接着未上传出巳火，巳为日马，冲宅而散，主家人离宅各自东西南北而去，看四课三传，从日上亥水西北极阴之地，传入未、巳、卯到东南阳地，六阴顿然一改，中末两传更是昼夜贵人，从丧阴人后，宅运顿改，中传巳火为妻贵，且为丁神，主因后娶之妻而发财禄，末传卯木子孙为夜贵，主子孙也发贵。而且三传与四课亥卯未三合，主占者寿高。

例四十七：一课两断。第一课占前程，第二课占身位与家宅。

何秀才，丁亥生，二十二岁，占前程。戊申年五月丁酉日申将辰时。

	朱	蛇	贵	后
	酉	戌	亥	子
合申				丑阴
勾未				寅玄
	午	巳	辰	卯
	青	空	虎	常

空	阴	常	贵
巳	丑	卯	亥
丑	酉	亥	丁

官	己亥	贵
父	癸卯	常
子	乙未	勾

邵彦和曰：本命在日上作初传，既是官星，上见贵人，是贵人带官来，三十岁定主及第，及第后须见大病，病后却吉。迤逦至守土官。宅上丑作太阴，终身居于旧宅，一生不能建造，但有守土之名，无守土之实。残病在身，不能卦美任矣。何二十九中举，三十及第。第六任授台州府太守，因风瘫不能赴任。

盖亥水克丁为官，本命又是官，是自家官星相催也。三十乃丙辰年分，辰上见申，申金生亥水，官星有气，故及第。[①] 及第后大病四十余日方安者，先论官，次论克也。病得不死者，亥卯未木局，木能生火故也。卯乃生丁之神，卯数六，故六任。末传未是本身，加日禄卯上，为勾陈所拘，木能生风，死败之气，乃虚风也。勾陈留滞之神，故终为之缠也。未即今日之丁，未土死于卯，丁败于卯，未为守土之任，既死败故不能赴任也。

何学录，庚申生四十九岁，占身位及家宅同得此课。

---

① 程树勋按：三十岁行年在未，未上见亥水官星，故及第。

	朱	蛇	贵	后	
	酉	戌	亥	子	
合	申			丑	阴
勾	未			寅	玄
	午	巳	辰	卯	
	青	空	虎	常	

空	阴	常	贵	官	己亥	贵
巳	丑	卯	亥	父	癸卯	常
丑	酉	亥	丁	子	乙未	勾

邵彦和曰：前课二十二岁，官星未过，是取官之年，今乃四十九，官星已过，乃是绝神克身，末又受克，不能制水，是数不永。辛亥必死矣。况卯乃截路空亡，未加于上，亦以空言。所以不得力。更宅前左手，不合被人迁坟掘断龙脉，葬老阴人，因此生事，家计悉破也。何公三十二岁中举，已满官星之数，四十外已无力，故不及第，为学录。至辛亥年果死。

盖亥克丁为官，亥四未八，四八三十二，故四十外即不得力，既不为官，即是鬼，鬼来克身，又是丁之绝神，命上又添一子水之鬼，至亥年鬼旺，则数不可逃，故死。又酉日丑加酉为墓神，丑为北，酉为西，西方看北方，是左也。太阴，老阴人也。故言宅前左手被人葬老阴人也。夫同此一课，而命上添一鬼，便乃迥异如此。[①]

例四十八、建炎己酉年七月庚戌日，巳将丑时，伍七二秀才，辛未生，三十九岁，占家宅。(《一针见血》)

	朱	合	勾	青	
	酉	戌	亥	子	
蛇	申			丑	空
贵	未			寅	虎
	午	巳	辰	卯	
	后	阴	玄	常	

后	虎	玄	青	父	甲辰	玄
午	寅	辰	子	兄	戊申	蛇
寅	戌	子	庚	子	壬子	青

邵彦和曰：此课第二课发用，末传又归日上，水自墓中发出，中传同类去受生而为螣蛇所克，后归本宫，又被子蚀，得一而失十。龙玄蛇皆水兽，尽取辨于我，宅上又三传之驿马，家势更进，子孙好胜而败。宅中马作虎，

① 一云五十二死者，命上子水变杀破禄也。

家中必喧吵之人，定主分离。壬子年因喜事而破产，甲寅年因争竞而分开，丙辰受制于人，庚申自身丧矣。

庚日得水局，又传归日上，自他更蚀来，最是怕人。兼龙蛇武，愈紧来蚀庚，便无事之人亦为病者。若占病人，无疑是凶，今占宅是财退之兆也。子女皆因缘而败也。伍七二秀才，自他尊大，及令嗣好宾客筵宴，凡事好胜，家事尽退。宅中弟兄不齐，又不和睦，值白虎作驿马在宅也。壬子年女嫁有官使家，皆出产为之。冬又为儿子纳妇，亦出产为之。甲寅诸子喧争，遂至私给。丙辰年少汪？钱文千贯，为他追扰，自此困窘。不无数年，庚申年十一月身丧矣。果如先生之言也。

例四十九：己酉年闰八月丁丑日巳将卯时。王子进，庚午生，四十岁，占家宅。(《一针见血》)

	勾	合	朱	蛇	
	未	申	酉	戌	
青	午			亥	贵
空	巳			子	后
	辰	卯	寅	丑	
	虎	常	玄	阴	

空	常	贵	朱
巳	卯	亥	酉
卯	丑	酉	丁

财	酉	朱	◎
官	乙亥	贵	⊙
子	丁丑	阴	

邵彦和曰：第一课与第三课冲，第二课与第四课冲，一课作初传，二课作中传，三课作宅，四课作行年。初中又是空亡，主所居之宅乃五露，无环抱之处，前后有路冲射，又有新丧之门在前。东主露风，西主水直去，多招公事破财风声是非。男子先丧，妇人主家，读书不成，何不急就西方近阴人坟靠山而居，不然则一纪之内，屋败绝，人星散矣。王是秀才，其宅基果在田坡中，一大路自南直下，渠乃骑路造宅，果是前后相克，东边旷荡，更无收束，东风不可当，西边庚辛水迢迢直去，自入此屋，只是破财，六畜不留，奴婢常走，妇人且有不良之名。占后见断语切当，遂移过北方，近母坟而居。

盖四课相克相冲，更无一行，不然此名空冲，主在五露之间局止。卯酉加在南北，出入主冲。行年上巳为风门，中传亥为水路，末传在西北角，丑为坟墓，惟此可居。前新丧之门，乃太常加卯也，因乳母死，将丑艮方开门出。①

① 一云：丑为坟墓，加亥，丁干见壬德为合，故西北方近阴人之墓可居。

例五十：邵三翁，癸亥生，四十六岁，占宅。戊申年十一月辛巳日寅将酉时。

勾 合 朱 蛇
戌 亥 子 丑
青酉　　　寅贵
空申　　　卯后
未 午 巳 辰
虎 常 玄 阴

后 勾 空 后
卯 戌 申 卯
戌 巳 卯 辛

财 己卯 后
兄 　申 空 ◎
父 丁丑 蛇 ⊙

邵彦和曰：此课财作天后，加干发用，乃妻为主，日去加辰，夫往就妻而脱妻，妻年长，夫反年少也。然汝之妻，本兄之妻，而汝得之，日后只得九年相守。第八年因结生圹，与兄弟不足，生虽得此地，而死不得葬也。目下主丧妻，缘是磨塞东门，所以有再娶之患。

盖申为磨，中卯为塞东门也。辛以卯为妻，上见天后，妻为主。干又就支，反致勾留，上见勾陈故也。申加卯上作天空，申乃今日之同类，而加妻上，是兄之妻也。① 只得九年相守者，戌加巳，上五下四共九数也，末丑为辛金之墓，丑土加申金长生上，故为生地，申为兄弟，而丑墓作蛇加之，故与兄弟不足，丑八数，故云八年也。②

例五十一：戊申年八月庚寅日辰将未时。张九翁，戊午生，五十一岁，占宅。

蛇 朱 合 勾
寅 卯 辰 巳
贵丑　　　午青
后子　　　未空
亥 戌 酉 申
阴 玄 常 虎

虎 阴 蛇 勾
申 亥 寅 巳
亥 寅 巳 庚

官 癸巳 勾
财 庚寅 蛇
子 丁亥 阴

邵彦和曰：干支皆受上神来生，且乘长生，利宅不利人。何则？干上发用归传支上，末传亥脱今日之干而生今日之支，必因充役费用，又因妻与姓

① 申同类为兄，加卯妻爻上，是为兄之妻。然不知申酉空亡，又作天空，必兄已亡过，遂有其妻，所以邵公敢开此口。若申不空，则不可乱断。

② 直指云丑为卯财，故得此地。内遁丁鬼，主得此地而死。

陈吏人争讼，末后为儿娶妇，所费尽坏家计。十一年间阴人守寡，是时家产四分矣。张九翁果先好，后因充役，大有所费；又为妻叔与陈姓吏人作鬼，来动店内财物，因此争讼；后二年又与子娶妇，倍赔女家；后五年因弟有事，遂作四分分也。

盖庚生于巳，寅生于亥，庚脱于亥，寅脱于巳，干支俱受生而互受脱，是先兴旺而后衰败也。亥数四、寅数七，乃十一年也。亥脱今日干，则耗泄我矣，故主费财。亥为支之长生，生宅脱我，岂不是为宅旧役累而费用乎？宅上亥乃脱神，又发出而为末传，再来脱我，亥为妇人，故为子娶妇废坏也。亥作太阴，为老阴人，故又主阴人守寡，中传寅为吏人，上为螣蛇所挠，又为今日绝神，且寅又为今日财神，阴神得亥为脱气，故主因妻与吏人争讼也。

例五十二：戊申年正月辛卯日子将未时。叶助教，戊午生。生于二月十三日寅时。五十一岁，占家宅。

	勾	青	空	虎	
	戌	亥	子	丑	
合	酉			寅	常
朱	申			卯	玄
	未	午	巳	辰	
	蛇	贵	后	阴	

虎	朱	朱	玄
丑	申	申	卯
申	卯	卯	辛

财	辛卯	玄
兄	甲申	朱
父	己丑	虎

邵彦和曰：此课支来就干，为干所制，曰赘婿。太岁入宅克宅，宅来就人，又被人克。六年中家破屋拆，遂成墓地，必葬尊长在内。六年之后，四分五裂，门户分账，主外姓或还俗僧人入扰，遂家破矣。

盖末传丑为辛日之墓神，临太岁上，太岁为其所墓，遂来宅上克宅。《太岁歌》曰：太岁当头立，诸神不敢当。若无官事扰，必定见凶丧。今既入宅，克宅，宅被克走来日上，又为日所克，宅既不留，屋何存立？又自身上发传入宅，仍是太岁来加，太岁上又见今日之墓神丑，丑土生申金，是尊长，庚辛墓于丑，是尊长埋葬之处。卯数六，故不出六年。申为僧，申与辛同类，还俗僧也。[1] 卯上见玄武，故主门户分张。

后癸丑年，其叔死，遂殡于内。叔有三子，一子还俗，思分家产，助教不肯，经官断定，同诸子均分，助教兄弟与叔之子，共六人，家财作六分分，

① 或乙酉见辛卯，或辛酉见乙酉，皆为还俗僧，乙为沙门，辛为僧舍也。

助教止得一分。戊申至癸丑，恰六年也。若不是太岁入宅，克宅，又不可如此断，当年又死一男一女，亦因太岁克宅也。其经官者，亦因太岁入宅克宅也。

例五十三：己酉年九月丙辰日辰将卯时。伊伯一，秀才，壬申生，三十八岁，占家宅。

	青	勾	合	朱	
	午	未	申	酉	
空	巳			戌	蛇
虎	辰			亥	贵
	卯	寅	丑	子	
	常	玄	阴	后	

青	空	勾	青
午	巳	未	午
巳	辰	午	丙

官	癸亥	贵
兄	戊午	青
兄	戊午	青

邵彦和曰：此课别责、昴星，自亥至午，午至亥，皆是老阴、少阴，并不行阳道，喜得今年、来年行年尚阳位，后年灾生，必有殃咎。将后老阴长寿，少阴可保，难为六十以下三十已上人。日上午是阳刃，午与未合，又临午上，眷属亦难保全，是外来者可以居此，中年男女皆难保，除是更改，却不见如此也。

伊伯一秀才，弟兄三人，有祖母及母在堂，父五十一岁已丧，壬子年，伯一秀才死，果是后年灾生也。伯二秀才见课灵验，遂惊惧而移居。丙辰年，伯一秀才之妻又死。丁巳年方尽行迁移，祖母方死，先生谓三十以上，六十以下难保，果如是也。课中只有亥为老阴，午为少阴，惟老少可存，若中年人皆不上课，尽为昴星虎视所食。自移居后，却有外嫁姊妹来居此屋，无事。

例五十四：正月癸卯日亥将巳时，占宅。

	空	虎	常	玄	
	亥	子	丑	寅	
青	戌			卯	阴
勾	酉			辰	后
	申	未	午	巳	
	合	朱	蛇	贵	

阴	勾	常	朱
卯	酉	丑	未
酉	卯	未	癸

子	癸卯	阴
父	丁酉	勾
子	癸卯	阴

邵彦和曰：家内有私财，兄弟来争之象。盖卯酉为门户，酉主阴私，加宅作克，而发传用下贼上，是阴私财也。勾陈主争讼，乘酉克宅，未为官鬼，

乘雀加干，未兄弟也，丑未相刑，小刑大也，为贼乱之刑，丑年已曾争竞一番，今酉乘勾克卯，当复来争竞也。果胞弟争财。

例五十五：吴四公，丙午生，六十四岁占进畜，建炎己酉年九月癸亥日卯将辰时。

蛇 贵 后 阴
辰 巳 午 未
朱卯　　　申玄
合寅　　　酉常
丑 子 亥 戌
勾 青 空 虎

常 虎 空 青
酉 戌 亥 子
戌 亥 子 癸

官 壬戌 虎
父 辛酉 常
父 庚申 玄

邵彦和曰：欲进六畜，而猪牛栏皆不得其所。戌加亥作白虎，大猪入栏反小，只如犬大，兼且多病死伤。牛临寅地，自是畏乡，岂能长久？要好，移栏到西南长生之地，牛羊猪皆可养之。宅基皆不利畜，牛羊猪鸡皆无位，至于犬反要咬猪，猫亦不能捕鼠。

盖缘天目在宅作白虎，宅中有伏尸，所以不荣。五年之内，伏尸必伤人矣。吴宅自造新屋十三四年来，诸畜皆养不得，故占之。当先宅前一半是田，一半是山，其山有古塚骸骨，不知何人之墓，吴尽撤去造屋，是以不利。后至甲寅三月，宅中屡现火光，怪异并作。吴记先生断课之语，遂迁他宅居住。大凡占宅，天目加支，多主伏尸。秋以戌为天目，戌数五，故主五年必现影响。

例五十六：六合朱科院在西南社坛废址白站起宅第，斯人富豪权势，竟往县中请佃，盖欲阻当，彼处有人妒其所为者，往邵提刑卜课，问其起宅吉凶。

空 虎 常 玄
午 未 申 酉
青巳　　　戌阴
勾辰　　　亥后
卯 寅 丑 子
合 朱 蛇 贵

虎 空 玄 常
未 午 酉 申
午 巳 申 己

子 壬申 常
子 壬申 常
父 庚午 空

邵提刑曰：课得昴星，三传申申午，犯重叠金神白虎，旧址上神祇往来之处，又值火旺，本人辛亥生，火克金，犯初传，又犯本命，又犯岁君，然西南方有佛地，亦被他害，屋宇未十分完备。不及一年伤害宅母并中子，本人因南首有火发，飞火近燎于本宅。新屋片瓦不存，本人惊后得患，半月后亦死矣。①

例五十七：淮西安丰军，霍邱孙池信卿，仕于钱塘，久不得归。一日往苗太监侄孙苗叔芳处问宅。壬辰日亥将丑时。②

	贵	后	阴	玄	
	卯	辰	巳	午	
蛇	寅			未	常
朱	丑			申	虎
	子	亥	戌	酉	
	合	勾	青	空	

合	蛇	常	空
子	寅	未	酉
寅	辰	酉	壬

子	庚寅	蛇
兄	戊子	合
官	丙戌	青

苗叔芳曰：此宅团转水绕。盖壬辰水日，四课又见子水也。寅为火之长生，克宅为用，又乘螣蛇，主两三回火发于宅，幸得水多有救，但中末传，龙虎回环艮方，③ 主有雷伤坟墓，及惊损老者，宅眷却无恙，旦夕必有信至。半月后果有一仆，自安丰来，诘问仔细，竟如叔芳所言。④

笔者注：根据此文的官职与人物描述，苗叔芳很有可能是宋仁宗时期的一位壬学家，其叔公是苗达。

例五十八：辛卯年正月癸酉日亥将巳时，占宅。(《一针见血》)

	空	虎	常	玄	
	亥	子	丑	寅	
青	戌			卯	阴
勾	酉			辰	后
	申	未	午	巳	
	合	朱	蛇	贵	

勾	阴	常	朱
酉	卯	丑	未
卯	酉	未	癸

子	丁卯	阴
父	癸酉	勾
子	丁卯	阴

---

① 《一针见血》按：按此课不载月将正时，未可执一。

② 张本《占案》有月将正时，《一针见血》无。

③ 程树勋按：此句又当是用巳贵。

④ 张本作惊蛰后此信至。愚按：龙虎回环艮方，何以主雷？况龙虎实不回环艮方乎？鄙见必是寅为雷公煞，乘螣蛇加宅克宅，阴神又见六合，故主雷惊。辰为日之墓库，凡四季土皆为老人，故曰雷伤坟墓，及惊损老者也。

断曰：课得反吟，主门户内有私财，外人欲来争。盖酉是宅为门，太阴为私财，则水日逢丁，兼下克上，亦为财也。勾陈主争，卯私门入太阴，主私暗隐藏之财。未作雀加癸为官鬼，未是兄弟，丑年曾争论，今年再论，丑刑戌未故也。小刑大，为逆乱之刑也。

例五十九：丁丑日占宅。(《预见经》)

蛇 贵 后 阴
申 酉 戌 亥
朱未　　子玄
合午　　丑常
巳 辰 卯 寅
勾 青 空 虎

朱 青 常 后　兄 壬午 合
未 辰 丑 戌　子 甲戌 后
辰 丑 戌 丁　子 庚辰 青

断曰：此课主其宅内有伏埋珍宝，曾见光影，又见伏尸，主妇人多灾。何以言之？曰：课是昴星俯视，初有青龙加午为财宝；丁火见螣蛇，为怪；未为地煞，上见天光（天光煞正申，行十二月）为光明之怪。未与辰为五墓（春、未、夏、戌、秋、丑、冬辰），辰又为地狱煞（春、辰、夏、午、秋、戌、冬子），伏尸之象，故言伏埋财宝，曾见光影，又有伏尸。午为妇女，在初传之上，上见六合，丁日火局，主妇人不利也。

例六十：某占宅内鬼哭，丁卯年未月丙寅日未将寅时。(《牧夫占验》)

丁卯年　丁未月　丙寅日　庚寅时

六月未将甲子旬戌亥空

蛇 朱 合 勾
戌 亥 子 丑
贵酉　　寅青
后申　　卯空
未 午 巳 辰
阴 玄 常 虎

合 阴 空 蛇　官 甲子 合
子 未 卯 戌　兄 己巳 常
未 寅 戌 丙　子 　戌 蛇 ◎

王牧夫曰：鬼由四课发用，乃宅内之鬼，天后主哭泣，子属半夜，后为女鬼，仪神为尊长，当自东北而依西北迤逦哭去，主家中有月厌气事，此来警觉耳，于人无伤也。中传巳作天空，天空乃奏事之神，又为月厌煞，又是生气，家中恐有糊涂不明事，不然何自宅内传归戌地，乃是日墓，又归干上，以墓丙火，支辰又乘墓，人宅招晦，不得分明，当慎之也。夫事见理明，尚义体仁，关照大局，弃小遇，内外整肃，则祟可禳而祸自可远矣。

例六十一：癸卯年，戊午月，癸酉日，甲寅时，某富商，甲子命，其妻庚午命，癸山丁向，阳宅修造催子。

	勾	合	朱	蛇	
	亥	子	丑	寅	
青	戌			卯	贵
空	酉			辰	后
	申	未	午	巳	
	虎	常	玄	阴	

空	贵	朱	常	子	丁卯	贵
酉	卯	丑	未	父	癸酉	空
卯	酉	未	癸	子	丁卯	贵

曰：子命天喜在酉，午命天喜在卯，癸山五行为火，戊癸作元辰，癸卯元辰加女命天喜上，癸酉日元辰加夫命天喜酉上，甲寅时上一位廉贞，为子女。元辰火生于寅，旺于午，造后次年生二子。课妙在夫妻天喜皆动，而三传中，卯作癸山贵人，酉作丁向贵人。

三　来意

来意预测在古代六壬的发展中已经形成了一个大的分支，尤其以徐次宾的《一字诀玉连环》为代表作品。以下实例大部分选自徐次宾的来意实例，因此下面首先介绍徐次宾的来意判断的系统方法。

《一字诀玉连环》曰：中式大体有八门，一曰先锋，二曰直事，三曰外事，四曰内事，五曰发端，六曰移易，七曰归计，八曰变体，曰时、日、辰、年、命、三传也。先锋门者，谓所占之正时也，为财、为合、为刑、为害，不待运式而先有所主，故曰先锋门。直事门者，谓天上正时也。假令甲日，未时为日下之财。若小吉上乘天空，是虚妄干财也。谓天上正时将直事，故曰直事门。外事门者，以日干为外也。若时与日合为外合，若时与日害则主外忧。盖日为阳、为尊、为外事，故曰外事门。内事门者，以辰为内也。若时与辰害则内忧，若与辰冲即主内动。盖辰为阴、为卑、为宅、为内事，故曰内事门。发端门者，初传是也。假令正月占事，若用起大吉丑，即为过去事；用起功曹寅，即为目今事；用起太冲卯，即为未来事；以其为灾福发用之端，故曰发端门。移易门者，中传是也。谓如初传凶，中传吉，即移易其凶象，变而为吉，故曰移易门。归计门者，末传是也。如四月甲日占事，而用传见申酉，末传见午，即主五月内无事，故曰归计门。变体门者，本命行年也。谓四课虽同时而人命不同，以人命所见神将各异，故变其卦体，所主灾福亦不同，故曰变体门。管子曰：命者，论占人之终身，年者，论占人之行年。如课传中不见财官，则视占人年命上财官，与日干或生或合以定之，斯为课法。盖日上神克命上神为吉，命上神克日上神为不吉，此论命之神也。日克行年上神为凶，行年上神克日上神亦凶，此论年之神也，大抵课传年命，或生或比或合，斯为美数。

凡占一课，八门之内须要消息详审，择其精要而断之。若习之不正，择之不当，则毫厘之差，千里之失。

案例除了徐次宾的来意断法外，还列举了其他诸家的来意断案，以供读者参考学习。

例一：正月甲子日子将丙寅时占来意。（《一字诀玉连环》）

正月　甲子日　丙寅时

	朱	合	勾	青	
	卯	辰	巳	午	
蛇	寅			未	空
贵	丑			申	虎
	子	亥	戌	酉	
	后	阴	玄	常	

虎	玄	玄	后
申	戌	戌	子
戌	子	子	甲

财	戌	玄	◎
官	壬申	虎	⊙
子	庚午	青	

徐次宾曰：来意因失陷官钱，勾唤入官，而得惊恐，以致患脾虚下脏之疾，见祟持刃相惊。可移病人于南方，设绯幕，至第九日，南方有属马巫医，以撇、火为姓名，下赤药、艾灸、书朱符，其祟自除也。

何以知失陷官钱而惊恐？盖发用天魁为财，上得玄武，为失财之象。时为日德、日禄，主动官，上见螣蛇主惊恐。何以知脾虚下脏之疾？盖发用天魁，主脾，春土无气，又为甲木所克，故主脾虚；上得玄武水与天魁内战，故知下脏病。又言有祟者，《经》云："传见天魁为有祟"。又中传申金为鬼，上得白虎，为刀兵，故言见祟持刃相惊。移于南方设绯幕者，南方及绯幕，皆火象，火能制金祟矣。末传胜光为救神，胜光九数。故云九日。胜光为马、为灸、为赤、为巫，故云巫医也。《经》云：土丸，木散，水汤，火灸，金针，今申金为鬼，若针则病加，灸则病减也。金为日鬼，火为救神，故宜书朱符以镇之。春月木旺火相，金无气矣，救神秉相气，病当瘥也。

解：徐次宾占断来意主要从正时上引入，后人对其正时断来意法有所体会，有人说："凡占时与初传相冲，或与类神相战，或于正课有碍，便多不利，纵课传全吉，亦主阻滞。"此课甲禄在寅，时为日禄，寅上天将螣蛇，主是非惊恐，寅加辰土天罡，木入土中为刑狱，主官刑禁系（天罡主官，主是非牢狱），结合初传财临玄武，主失去财物，中传白虎伤身，因此综合得出结论，来意是因为失去官家财物而被官方审讯，因此人受惊恐而患疾病。而初传河魁为鬼，玄武为祟，其阴神为白虎临申，因此此人在病中见鬼怪拿刀恐吓。

既然已经判断出有疾病，则以初传引发判断其症状，初传戌土在春天无气，又在甲日为死地，因此脾脏过虚。末传子孙与初传合为子孙局，可以克鬼救身，午火子孙在春旺，在甲日更旺盛，因此可以利用午火治病，三合戌为库为玄武，因此可找巫医，可将病人在南面进行治疗，并在治疗时候拉上红色的大布帘，可以起到更好的效果。根据末传断此事最后结局，午为九，因此到第九天，这个巫医就出现了，会用符咒、赤药或红色符等医治，病自然就好了。

例二：七月甲子日午将壬申时，占来意。(《一字诀玉连环》)

七月　甲子日　壬申时

```
  朱 合 勾 青
  卯 辰 巳 午
蛇寅       未空
贵丑       申虎
  子 亥 戌 酉
  后 阴 玄 常
```

```
虎 玄 玄 后      财  戌   玄 ◎
申 戌 戌 子      官  壬申 虎 ⊙
戌 子 子 甲      子  庚午 青
```

徐次宾曰：来意因西南上，紧速追捕一盗，坠马折伤右足，感风七日而殒。

盖时为日刑是破，与日马并，主外动。发用天魁，为日干之财，上得玄武为盗贼，故知西南上紧追一盗也。先锋门传送为白虎，作中传，带日马克日，又与刑杀并，故主坠马也。愚按：管子神书，马加辰戌为跌扑杀。戌为足，在日辰之右，是伤右足也。白虎为风神，七月申为风杀，故感风也。甲木秋死而被旺金所克，申数七，至第七日庚午，又并起白虎，故知七日殒也。末传胜光不论救神者，盖秋火休囚也。

解：徐次宾的断法主要从正时上引入三传，然后根据刑冲克害、禄马贵人等层层分析，这是他的来意断法的最大特色。本例中，首先我们分析日时关系，时为日干甲（寅）的驿马，而且时申与日干甲（寅）刑，刑马相并，申上天将为白虎，申为西南，因此来意主西南坠马之伤，因何坠马？看初传如何引发，初传为玄武，玄武为盗贼，甲日克戌土玄武，戌土不备，因此为捕捉盗贼而坠马受伤。中传又行到时上，特别强调了申，天将白虎，表示七日内会死亡，再看末传为青龙临午，日干死于午，表示感风而死。末传子孙与初传三合泄日而亡。

例三：六月乙丑日午将未时，占来意。（《一字诀玉连环》）

六月　乙丑日　癸未时

　勾青空虎
　辰巳午未
合卯　　申常
朱寅　　酉玄
　丑子亥戌
　蛇贵后阴

后　贵　朱　合
亥　子　寅　卯
子　丑　卯　乙

父　甲子　贵
父　　亥　后 ◎
财　　戌　阴 ◎⊙

徐次宾断：来意事干西北方承继姓王人财产也。相托一属鼠有官人。九月内定见成就，又目下西南方虚望外财，道路有所畏隔，不敢往也。

盖末传天魁为日干之财，天魁临亥主王字，发用神后为日干三合，上见天乙为贵人，又子属鼠，故知承继姓王人财产而得属贵人力也。九月成就者，归计戌为九月建也，又言西南虚望外财者，未时为日干之财，阴神见天空主虚诈，又值事门上见白虎主道路，白虎金也，为日之鬼，故知畏而不敢往也。

解：此为来意占断，一气呵成。首先我们注意到此课有特殊的地方，就是三传连茹，因此判断来人定因为他人的事情而牵连到其他人。发用贵人为子，整个三传从戌开始，戌亥子直拱日支丑，日支丑类象为田产，并且丑为日之财，而且三传从戌开始连茹，根据戌为土画，为横，加亥为王姓，三传戌亥空亡，唯独贵人不空，因此结合前论，表示为西北王姓人继承财产而忙，目前无成，正托一属老鼠的当官人来处理。根据末传可以判断农历九月会成功。再根据时干分析，时干未也是日财，但是未的阴神午上乘天将天空，表示为西南虚诈之财，而未上临白虎克干为鬼，因此畏惧而不敢去取。

例四：六月丙寅日午将未时，占来意。(《一字诀玉连环》)

	青	空	虎	常	
	辰	巳	午	未	
勾	卯			申	玄
合	寅			酉	阴
	丑	子	亥	戌	
	朱	蛇	贵	后	

蛇	朱	勾	青	官	甲子	蛇	
子	丑	卯	辰	官	亥	贵	◎
丑	寅	辰	丙	子	戌	后	◎⊙

徐次宾曰：来意主北面近水酒筵，间与额尖眼小之人相争，又一贵人与彼相助照，乃息怒而欲见官，却得一姓王人劝合无事也。

盖值事门上见太常主酒食，发用亥子为北面又临亥为近水，神后为日之鬼，见蛇为眼小额尖之人，中传登明亦为日鬼，上见贵人，稳中有降与彼相助照缘。日上见天罡土能制亥子水，又主怒恶，故知息怒恶，而欲见官。卦体比且主和，合末传天魁亥主王字，故云姓王人劝合也。

解：此为来意占，首先我们注意到三传连茹，戌亥子丑寅，一直连入日支，表示所问事情人多或牵连他人，因为三传中末空亡，发用为螣蛇，多为无谓是非。从正时分析，我们看正时未乘太常，为饮食，加在传送申金道路之神上，表示出外饮食宴席。发用子水，三传水多，因此为去北方吃酒席。发用子水为官鬼，且临蛇克日，子加螣蛇为黑脸、额尖、眼小之人，表示与此类人发生是非争斗。传出中传贵人临亥与子相比，因此有贵人帮助此人，官鬼发用，因此要去见官解决，但是日干为本人，上得辰土水库克制子水，能收敛亥子二水，因此主最后息怒。而且四课中两下克上为比用课，表示事起同类，祸自外来。也表示有人和解有人帮衬。根据发展观，最后我们看末传，戌土子孙为解祸，河魁临亥类象为王，因此有王姓人劝解后不了了之。

例五：戊戌年八月甲戌日辰将未时，占来意。(《一字诀玉连环》)

戊戌年　辛酉月　甲戌日　辛未时

	蛇	朱	合	勾	
	寅	卯	辰	巳	
贵	丑			午	青
后	子			未	空
	亥	戌	酉	申	
	阴	玄	常	虎	

合	空	虎	阴	官	申	虎	◎
辰	未	申	亥	子	辛巳	勾	⊙
未	戌	亥	甲	兄	戊寅	蛇	

徐次宾曰：来意主七月中劝和公事到官，以所得财尽数搜检，法拟断徒罪。申上至来年正月文字来，只得杖罪，以寄居作日月相折，无事而出。

何以知七月公事劝和到官，盖发用传送，为七月建。以正时为日干财，上得六合，又为日贵，又主劝和公事到官。以所取财数，检法定徒罪，而申上者何也，盖时为日干之财，并日贵，又发用申为日鬼，上带白虎，又为日刑，中传太乙上得勾陈，与日为刑害，末传得螣蛇。此课始末俱凶，主重刑，而只言拟定徒罪者，盖值事门得天空，又发用空亡，中传临空亡故也。而不言解散而言拟定申上者，盖时犹未解也。缘白虎乘秋正旺而又为刑害，故言拟定徒罪也。何知至正月文字来，只得杖罪，以寄居作日月相折。无事而出者。盖七月白虎鬼旺，至十二月支干并无制白虎者，至来年己亥岁正月建丙寅能制虎，且白虎传送金至寅而绝，又为旺火所制，又太乙螣蛇二火至此俱旺，共为救神，又初中申巳俱空亡，故知正月无事得出也。

解：此课预测来意，首先看正时，正时为未，未为甲日之财，而未为日贵，未阴神为辰土，辰主官司，辰临六合，主合作，或劝和，涉及官事，综合得出因为劝和公事而涉及财物招惹官司。再看发用，申为日鬼，临白虎更代表官司，而且为日刑，且时令又是秋天，金正临旺时，根据发展观，初传空亡，中传落空，其象表示官方正要拟定罪刑，根据申传送与空亡的性质为徒刑，因此表示官方要判为徒刑。但是根据发展观，中传巳与初传以及日构成三刑，巳申又刑，表示会被二次判刑，本人会向上申诉，末传寅为木棒，加螣蛇为杖刑，而且寅为正月，到正月木旺火相，发用白虎被火所制，因此上面会发来判决，杖刑后而得释放。到正月正好凑足三刑，然后寅申一冲而散讼。能够无事而出，主要是因为初中空亡，正时未上乘天空，课体不实。

例六：四月丙子日申将丑时，占来意。（《一字诀玉连环》）

合	勾	青	空
子	丑	寅	卯
朱亥			辰虎
蛇戌			巳常
酉	申	未	午
贵	后	阴	玄

青	阴	阴	合
寅	未	未	子
未	子	子	丙

官	丙子	合
子	癸未	阴
父	戊寅	青

徐次宾曰：来意主内外和合之事，又主添妾媵之喜。盖丑时与日干三合，与日支六合，故言内外和合事也。日上神后水，时上天后水，不言鬼者，缘先锋门得大吉土，值事门得勾陈土，为今日之子孙爻，以克死绝之水，水岂

能为鬼也。太阴主妾媵，六合主和合婚姻，青龙主喜庆，此课始末俱吉，岂不是和合添妾媵之象也

解：妾媵就是侍妾的意思，本例预测来意根据正时引入，正时为丑与日丙（巳）三合，又为日的子孙，与日支子六合，干外支内，因此代表内外和合。而且丑之阴神为申金天后，申临丑入库，而发用为子水六合，主婚姻喜庆。中传太阴，末传青龙都是喜庆之象。综合其象，必为婚姻喜庆。

例七：四月丙子日申将酉时，癸巳命人，占来意。（《一字诀玉连环》）

	青	勾	合	朱	
	辰	巳	午	未	
空	卯			申	蛇
虎	寅			酉	贵
	丑	子	亥	戌	
	常	玄	阴	后	

后	阴	空	青	子	甲戌	后	
戌	亥	卯	辰	财	酉	贵	◎
亥	子	辰	丙	财	申	蛇	◎⊙

徐次宾曰：来意本人于家西耕荒地，种麦，至麦熟时，有带官人来割麦，曰："是我之地。"相争到官，劝和，得麦一半，归其地。

何以知之？缘酉时与日干三合，故言外。酉为西方，故言家西耕荒地也。酉为日下之财，不言金玉，而言麦者，若妇人占，酉财为金玉首饰之类，今老农来占，酉主小麦，既为日下之财，故言麦也。值事门及中传，上见天乙，故为带官人。何知相争到官？盖日上见天罡，为自己怒恶。时为日贵，中传又得天乙为动官之象。何知劝和得麦一半？盖时与日合，卦又得比用，故主劝合。申酉为财而空亡，故主得一半矣。

解：此课直接判断来者的来意，判断求测者本人在家里的正西方开耕荒地，种下麦子，麦子熟的时候，官府来人收割麦子，本人看到与之争论说："这是我的地，你们凭什么收割。"于是到官府争论，经过劝和后，得到一半麦子，土地也划分给自己。我们可以看到，全课断的十分清晰。

首先能得到以上判断是对人对事，来问者是一个老农，这就对取象有了一定的约束力，这对判断者来说是一个可用信息。根据来意占的方法，首先我们看真时，真时为酉，丙日干寄宫为巳，巳酉三合，干外支内，而且酉为日财，因此可以判断是为财事牵扯到外部。因为是老农来占，酉有麦子之象，上乘贵人，因此为土地麦产，酉与日三合金局，金旺为西，而酉空亡，其阴神申空，因此为开荒废地。接着我们看三传，首先看发用为戌土乘天后，水土竞争为庄田之争，传出中传酉金临贵人，因此因为麦子（财）而见官。而且

日上神天罡与初传相冲，因此本人发怒与其争执。但是三传化退，因此事情演变为小，而且末传财爻申金空亡临螣蛇，因此最后得到一半，只所以一定能得到是因为，真时与日三合，合身之财必得，前面的判断已经埋下了伏笔。

例八：四月己卯日申将午时，丁丑人，占来意。(《一字诀玉连环》)

	青	勾	合	朱	
	未	申	酉	戌	
空	午			亥	蛇
虎	巳			子	贵
	辰	卯	寅	丑	
	常	玄	阴	后	

青	虎	蛇	合
未	巳	亥	酉
巳	卯	酉	巳

财	乙亥	蛇 ⊙
兄	丁丑	后
官	己卯	玄

徐次宾曰：来意主人外和合中虚诈不实，所论必邪僻之事，又主财上惊恐之象，财却为姓牛人、衣青衣者所取，并有驴一头，亦被姓牛人所有，意欲远行，缘心有所畏，紧速而归也。

盖时为日干六合，主外和合，值事门上见天空，主虚诈不实也。日上从魁即三交为隐匿不明，上得六合，主私门，故言邪僻之事。发用登明，为日干之财，上见螣蛇主惊恐。中传大吉为牛上见卯为青衣。大吉取登明为财，故财为姓牛人所取。何知连驴亦为姓牛人所取？盖命上见太冲，为驴，上见玄武，为贼神，卯又为大吉之阴神也。先锋门胜光主道路，用神立酉，中传大吉为丁神，主动。与日刑并故意欲远行，末传为玄武，太冲为日之鬼。上见玄武为贼人，故心有所畏，欲速而归也。

解：此为来意占，从正时上引发，即先锋门。己日午时，己干寄未，午未争合，因此表示来人占问与人合作事情。但是午上天将天空，为虚诈不正之事，而且发用初传螣蛇主虚诈，亥为日财，因此来意是因为合作虚诈之财，惊恐不安而问。而且从课式上看，卯日为四仲日，全课六阴一片迷蒙，日上从魁，天将六合，为三交不明之象。中传为兄弟丑土，加在亥水财上，财已落空，因此为姓牛的人所得。为何如此确定是牛姓人所得，因为丁丑为来人本命，此为本命入课传，因此为牛姓而不取笔画。而丑阴神表示此人的相貌衣着，丑阴神为卯，因此姓牛的身着青衣。最后看末传，卯贼玄武临官鬼，卯贼临本命上克命，卯为驴，因此驴也被牛姓人所得。而本命入传临丁马，丁马为极动之神，用神亥临酉为门户，亥酉自刑，而且亥水空亡临蛇，因此自己畏惧，准备逃跑。

例九：四月戊寅日申将酉时，占来意。(《一字诀玉连环》)

	合	朱	蛇	贵	
	辰	巳	午	未	
勾	卯			申	后
青	寅			酉	阴
	丑	子	亥	戌	
	空	虎	常	玄	

虎	空	勾	合	财	丙子	虎
子	丑	卯	辰	财	乙亥	常
丑	寅	辰	戌	兄	甲戌	玄

徐次宾曰：来意主外望北面阴暗之财，为姓王人所把，其人怒恶，两分其财也。

盖时为日干三合，与空亡并之，又为夜时发用，亥子为北面，值事门上见太阴，主蒙蔽。神后登明俱为日下之财，又亥子皆为阴私故知北面阴暗之财也，何知姓王人所把，缘末传见天魁属土，下临亥属水，水数一，一加土为王字，天魁为奴，上见玄武，天魁亦取亥子为财，故为王姓所把。其本人怒恶者，日上见天罡，主怒恶也。戌与戌俱取二水为财物也。言两分其财者。

解：首先分析正时，时为日干三合（戊干寄巳，巳与酉三合），而且正时酉临太阴为日旬空亡，表示有里勾外连的不明阴暗之事，进一步我们看发用为子，三传子亥戌都是夜里的时辰，更阴，而且发用为日财，子为北方，三传水多，更确定是北方，因此知道来意是“外望北面阴暗之财”。但是末传遇到河魁土克，而且临兄弟劫财，天将又是玄武，因此此财为姓王的把持（戌为土，下临水，水数为一，组合为王）日上临天罡，天罡主怒而发火，主争夺，辰戌相冲，因此会和对方发狠，最后财被分成两份，各得其份。辰戌都克传中之财，而且三传连茹，出现亥子两财，因此断之。

例十：十月戊辰日寅将亥时，占来意。(《一字诀玉连环》)

	蛇	朱	合	勾	
	申	酉	戌	亥	
贵	未			子	青
后	午			丑	空
	巳	辰	卯	寅	
	阴	玄	常	虎	

合	贵	勾	蛇	财	亥	勾◎
戌	未	亥	申	官	丙寅	虎⊙
未	辰	申	戌	父	己巳	阴

徐次宾曰：来意主西北上出入干财，有李姓人无发鬓者暗为鬼贼，其事自解，其财不得主空回也。

何以知西北上出入干财？先锋与发用皆亥，亥主西北又为日财，日为也。何以知李姓人无发鬓者为？鬼贼盖中传功曹为木，下临壬水，配合为李字也。白虎主无发鬓人，为日下之鬼，故知此人为害也。言自解者，经云鬼自受制忧将自救，寅木为日之鬼，上得白虎金刚制之，故曰自解也。其财不得而主空回者，盖发用登明为空亡。虽为日下之财，而进亦空亡，岂不是空回也？

解：此课正时亥为日财，亥临长生，而且十月水旺，初传又是亥，而且亥为日干之马，因此必验西北。主西北求财。但是亥上有勾陈土将，财有劫夺，再根据发展观，中传见鬼克日，表示有人劫夺，寅为木，寅加亥，亥为壬之寄宫，为水未，壬为子，因此木子组合为李姓人，寅临白虎，寅为木为发，白虎克断，因此表示此人无发鬓，但是此鬼无法害日，因为白虎克倒寅木官鬼，因此此事自解。发用亥财空亡，财空，中传贼也落空，大家都白忙活一场。

例十一：四月乙亥日申将未时，占来意。（《一字诀玉连环》）

	空	虎	常	玄
	午	未	申	酉
青	巳			戌 阴
勾	辰			亥 后
	卯	寅	丑	子
	合	朱	蛇	贵

蛇	贵	空	青
丑	子	午	巳
子	亥	巳	乙

财	丁丑	蛇
兄	戊寅	朱
兄	己卯	合

徐次宾曰：来意主人外出取索旧财两重，系丑年交易，其钱三百二十贯，至六月得钱五十六贯，至十二月再索，此钱主口舌相争，却赖姓董人和劝而得也。

何以知索旧财？缘时为日干财，值事门见白虎，主道路。又发用大吉，亦为日财，大吉土无气，故言出入取索旧财两重。系丑年交易者，发端门是丑也。三百二十贯者，盖大吉财八数，螣蛇四数，相乘得三百二十贯也。六月中得财五十六贯，何也？盖时为日干财，小吉八数，白虎七数，相乘得五十六也。缘白虎无气，又未为六月建，故于六月中先得五十六贯也。至十二月再索有口舌相争，得姓董人劝和，尽得之，何也？盖发用大吉为财，为十二月建。中传功曹为子辈，上得朱雀，主口舌争竞；末传卯主千里，六合为草头，配成董字；又六合为和合之象也。

解：预测来意，以正时开始入手分析，正时为未土，为日干乙之财，其天将白虎代表道路之财或争夺之财，发用初传丑土也是日财，天将临螣蛇，也为虚浮耗损之财，两土财都无气，因此表示取索两比旧财。初传为丑与宅上子水相合，因此丑年会交易，根据初传丑为八，螣蛇天将，巳火为四，四八三十二，因此可断为取索的财总共是三百二十贯。因为发用为丁神且天将螣蛇，都为动摇变化之象，因此一时不可得，根据时支未土为日财的特征，说明六月可以得到一部分，未八，天将白虎为七，七八五十六，说明六月可以得到五十六贯钱，到十二月真正走到丑之发用，所有钱财终于全部了结。根据发展观我们看到，中传传出朱雀临寅，说明中间发生了口舌是非，末传六合，说明有人劝解。因此根据六合和寅搭配起来，徐次宾得出劝和者姓董的判断结果。此课三传丑寅卯连茹，因此事情发展必须要经历几个阶段，不会一次解决。

例十二：五月丙戌日未将亥时，癸酉命人，占来意。（《一字诀玉连环》）

朱 合 勾 青
丑 寅 卯 辰
蛇子 巳空
贵亥 午虎
戌 酉 申 未
后 阴 玄 常

合 虎 阴 朱
寅 午 酉 丑
午 戌 丑 丙

财 乙酉 阴
兄 癸巳 空
子 己丑 朱

徐次宾曰：来意主西北上远行，理会自己差遣文字，一路并无难阻。得差遣必是近任。八月内丁酉日还家。当月得俸。本州太守姓刘，是一刚毅正直之人，主蒙太守美爱，而有聚财之庆。

何以知西北上远行？盖时为日干之驿马，又与天马并，故主远行，登明为西北方也。又登明为日贵乘朱雀，主文字，岂不是自身差遣文字也，命上见天恩，上见官爵，又用传俱是三合，故知近任。何知一路并无难阻？以式中无关隔故也，用起从魁，中传太乙，归计大吉而临巳，上乘酉，酉上得丁字，故知丁酉日还家也。从魁为日下之财，故八月得俸，太守为刚毅正直姓刘者，发用天乙乘酉，酉为金，主义，为刚正，酉为金刃，故曰姓刘。何知蒙太守美爱？盖天乙与日三合也。有聚财之庆者，卦体属金，为日之财也。

例十三：七月己丑日巳将辰时，占来意。(《一字诀玉连环》)

　空虎　常　玄
　午未　申　酉
青巳　　　戌阴
勾辰　　　亥后
　卯寅　丑　子
　合朱　蛇　贵

合　朱　玄　常
卯　寅　酉　申
寅　丑　申　己

官　庚寅　朱
官　辛卯　合
兄　壬辰　勾

徐次宾曰：来意主正月间与一姓杜人争田土，又有一姓藺人挟势力相助，却得一张姓贵人力，只于七月，事务了毕。

盖时为日墓，值事门上见勾陈，故言争竞田土事，发用寅木加丑土，木配土为杜字，又寅为日下之鬼，上得朱雀主口舌文字，寅为正月月建，故知正月间与杜姓人相争也。又言藺姓人相助者，中传卯主门，六合为草头，下临寅位艮方为重土，主佳字，合之为藺字也。寅卯为等辈，故言相助，日上得传送为今日贵人，上得太常吉将，具寅卯二木相并克日，日上传送金，正旺于七月，反制二木，传送为弓，为长，合之为张字，故言一姓张贵人力，传送为七月建，故言七月事务了毕也。

例十四：壬戌人，辛酉日午将申时，占来意。(《一字诀玉连环》)

　合朱　蛇　贵
　卯辰　巳　午
勾寅　　　未后
青丑　　　申阴
　子亥　戌　酉
　空虎　常　玄

蛇　后　贵　阴
巳　未　午　申
未　酉　申　辛

官　戊午　贵
父　丙辰　朱
财　甲寅　勾

徐次宾曰：来意因藏有夫之妇，事败露到官，旬日案成，累罪断徒五年，杖一百，丁丑日决之，发邻州居住。

何以知之？盖本命日上见太阴，主伏匿阴人不正之事，加在我本命日上，故知藏匿妇人也。何知事败？盖先锋门胜光为发用，上见贵人为今日之鬼，故言事败到官。何以旬中案成？时为日马，主紧速，故言旬日也。何知徒罪五年，盖传天乙克日干，中传天罡得朱雀火神，又为今日之鬼，末传勾陈又是凶神，此课伤日，始末俱凶。又辰午为两重自刑。古经云：三刑弃市，二刑徒递。故曰徒五年是也。何知丁丑日断发邻州居住？缘丁马为今日之鬼，丑又为日刑故也，又时为日之鬼马也。带疮行路艰难，住邻州者，盖为日上鬼见马也。

例十五：己未日辰将午时，占来意。（《一字诀玉连环》）

	合	勾	青	空	
	卯	辰	巳	午	
朱	寅			未	虎
蛇	丑			申	常
	子	亥	戌	酉	
	贵	后	阴	玄	

合	青	合	青	兄	丑	蛇 ◎
卯	巳	卯	巳	父	丁巳	青
巳	未	巳	己	父	丁巳	青

徐次宾曰：来意主与南面属马妇人往来事败，内有一姓孙人，吓诈惊恐，坏钱十一贯。至庚申日即无事也。

盖午时为日干六合，卦名八专，主淫乱，午时属马，为南方也。何知事败？日上见太乙，得青龙木将克日为鬼故也。发用大吉主姓孙，上乘腦蛇主惊恐。何知坏钱十一贯？日上青龙主财帛，青龙寅为七数，太乙巳为四数，共十一数也。庚申日无事者，何也？盖青龙木鬼，至庚申日死绝，又为庚申所克，又申上有天空，故知庚申日无事也。

例十六：壬申日申将辰时，占来意。（《一字诀玉连环》）

	勾	青	空	虎	
	酉	戌	亥	子	
合	申			丑	常
朱	未			寅	玄
	午	巳	辰	卯	
	蛇	贵	后	阴	

后	虎	朱	阴	官	辛未	朱
辰	子	未	卯	兄	亥	空 ◎
子	申	卯	壬	子	丁卯	阴 ⊙

徐次宾曰：来意因家内不和，其妻姓王，性甚刚暴，常口舌争斗，因此休弃，后因生子而复还合也。

何知内事不和？缘时与日支三合带鬼，主内不和，天后为妻，乘天罡，下临子，故知姓王。天罡主欺诈恶人，故主妻性暴。因口舌相争休弃者，为门户上发用，朱雀主口舌，占时与初传同克日，日既落空亡，不能相争，故知罢亲也。何以知生子复合？卦得曲直，属木，为今日子孙爻，时为日支合，用传为日干合，内外俱合之象，占时用传俱鬼，今得子孙制之，是因生子还合也。

例十七：四月丙辰日申将丑时，丙寅人，占来意。(《一字诀玉连环》)

	合	勾	青	空	
	子	丑	寅	卯	
	亥			辰	虎
蛇	戌			巳	常
	酉	申	未	午	
	贵	后	阴	玄	

玄	朱	阴	合
午	亥	未	子
亥	辰	子	丙

兄	戊午	玄	
子	丑	勾	◎
财	庚申	后	⊙

徐次宾曰：来意主与邻右无子妇人暗合，事败而不到官，至戊午日辰时无事。

何知邻右？卦得比用。何知无子妇人暗合？盖丑时为日干三合，传送为日干六合，上带天后，又日上有六合，天后主厌翳，六合为私门，又用起玄武，名泆女卦，岂不是阴暗私通。申为嗣部，上得天后，子水子为旬空，故知无嗣妇人也。何知事败？缘日上神后水为鬼，初传玄武水，末传天后水共来克日，焉得不败。何知终不到官？日上鬼空，时又为空亡也。何知戊午日辰时无事？缘值事门与中传大吉上得勾陈，二土克水为今日救神，戊午日戊合勾陈大吉，三土俱旺，至辰时水气绝墓，又见丙子加辰，故知辰时无咎也。

例十八：七月乙巳日，亥将巳时，辛酉人，占来意。(《一字诀玉连环》)

	合	勾	青	空	
	亥	子	丑	寅	
朱	戌			卯	虎
蛇	酉			辰	常
	申	未	午	巳	
	贵	后	阴	玄	

玄	合	常	朱
巳	亥	辰	戌
亥	巳	戌	乙

子	乙巳	玄
父	辛亥	合
子	乙巳	玄

徐次宾曰：来意家内属鸡小儿病，心腹疼痛，血痢频并，脉气相反，病症反复，身体羸困，只得脾胃气壮，而善进饮食，则至九月节病势反增，至

甲子日脾胃困，不能饮食，不可救也。

何知家内属鸡小儿病？盖时为日支冲动，主内动，又用起子孙爻，临死气，临绝地，故主小儿病。因白虎临酉，故知家内属鸡小儿病也，何知心腹疼痛，血痢频并？以巳为心胞络，上得玄武，水克于火，故知心腹疼痛也。巳主血应赤色，水主黑色，水火相杂，故为血痢。末传又得巳，故知血痢频并。脉气相反者，秋用起火，故脉气相反也。

症反复者，卦得反吟也；身体羸困者，以值事门与中传是亥，亥为幼子，上见六合，为棺椁，又用起死气，故知羸困也；得脾胃气壮而进饮食者，缘日上戌土，上得朱雀火，火生土，土生脾胃，故壮而进饮食也。

何知九月病势复增？缘中转亥，八月为解神，九月则非解神故也。甲子日脾胃困不能饮食者，缘日上戌土主脾胃，甲子旬空则脾败而无力也。言不可救者，所赖者解神与胃气，今既无解神，又脾胃气落空亡，故云不可救也。

例十九：十月庚子日卯将未时，甲子命妇人，占来意。（《一字诀玉连环》）

	贵	后	阴	玄	
	丑	寅	卯	辰	
蛇	子			巳	常
朱	亥			午	虎
	戌	酉	申	未	
	合	勾	青	空	

玄	青	蛇	玄
辰	申	子	辰
申	子	辰	庚

子	庚子	蛇	⊙
兄	丙申	青	
父	辰	玄	◎

徐次宾曰：来意主三月胎气不安而有惊恐，至十一月见喜生男，主子母俱庆。

盖时与支害，主内忧，发用神后为今日子孙，上见螣蛇为日干之鬼，下临辰为三月，故言三月胎气不安而有惊恐之象。至十一月见喜生男者，中传传送为嗣部，上得青龙，吉将下临子为十一月；又言生男者，天罡所击与日比阳，又三传俱阳故也。母子俱庆者，三传与日辰为三合，虽有螣蛇克日，卦得润下属水，又日上有玄武水，其四水乘旺相气而为救神，其螣蛇不能为害也。

例二十：八月辛酉日辰将未时，占来意。(《一字诀玉连环》)

	勾	合	朱	蛇										
	寅	卯	辰	巳										
青	丑			午	贵	合	贵	朱	后	官	戊午	贵		
空	子			未	后	卯	午	辰	未	财	乙卯	合		
	亥	戌	酉	申		午	酉	未	辛	子	子	空◎		
	虎	常	玄	阴										

徐次宾曰：来意主本人欲往运司理会旧房钱，其外动必速，其中一姓马人作鬼贼，却得姓陈人力，至丁亥日见事务定归计。

何知往运司理会旧房钱？盖胜光发用，上见天乙为三品衙门，中传太冲主门户，下临午，四正为方，相配为房字。卯上得六合，俱为日下财，故言房钱。既是三品衙门理会房钱，故言运司。何知动速？时为日刑又发用，午为道路，又天乙在酉临门，为励德，故知外动必速。何知姓马人作鬼贼？盖初传胜光为马为日鬼，却得姓陈人力者，末传神后水为曲阜，下临卯为东字，相配为陈字，神后反克胜光日鬼，故言得姓陈人力。至丁亥日定见归计者，缘甲申旬午鬼落空，丁和壬与亥水克胜光也。不言戊子日者，缘戊为大杀也。

例二十一：七月癸卯日巳将午时，占来意。(《一字诀玉连环》)

	蛇	贵	后	阴								
	辰	巳	午	未								
朱	卯			申	玄	勾	六	空	青	官	辛丑	勾
六	寅			酉	常	丑	寅	亥	子	兄	庚子	龙
	丑	子	亥	戌		巳	卯	子	癸	兄	己亥	空
	勾	青	空	虎								

徐次宾曰：来意主因当日丑时三人巡更，与地分中姓马人相争，来日申时到官，因姓孙司吏为鬼，三人并遭杖责。

何知当日丑时？发用大吉，便为今日丑时。何知三人夜巡？今日癸水，中末亥子为等辈爻，便为三人，因丑时相争，故言夜巡也。先锋门胜光为姓马人，又为日下财，与日为六害，又发用勾陈为鬼，岂不是相争也。发用丑为鈕丝，中传神后与丝相配成孙字，大吉与勾陈克干，故云孙姓吏人为鬼。

今日癸与子亥俱属水，为大吉勾陈所克，勾陈位杖棒，末传虽有天空，亦克今日，故言俱受杖责也。

例二十二：六月辛未日午将寅时，占来意。(《一字诀玉连环》)

	青	勾	合	朱	
	酉	戌	亥	子	
空	申			丑	蛇
虎	未			寅	贵
	午	巳	辰	卯	
	常	玄	阴	后	

后	合	常	贵	子	亥	合	◎
卯	亥	午	寅	财	丁卯	后	⊙
亥	未	寅	辛	父	辛未	虎	

徐次宾曰：来意主酒筵间有姓刘人做媒说亲，一席便成，其新妇必是亥生也。

盖时上见太常主筵会，值事门见六合为和合，又为日干子孙，酉为酒，发用子孙上见六合，岂不是酒筵上与子孙说亲也。发用从魁，为今日等辈，酉为金刀，故言姓刘。上见青龙吉将，主婚姻礼仪之庆。时为日劫煞，主紧急。又中传天罡为天马，故言一席便成其新妇。亥生者以末传登明为子孙，故知为亥生也。

例二十三：四月壬申日申将未时，癸酉命人，占来意。(《一字诀玉连环》)

	蛇	朱	合	勾	
	午	未	申	酉	
贵	巳			戌	青
后	辰			亥	空
	卯	寅	丑	子	
	阴	玄	常	虎	

青	勾	常	虎	官	乙丑	常
戌	酉	丑	子	子	丙寅	玄
酉	申	子	壬	子	丁卯	阴

徐次宾曰：来意主在外，因姓王人失了水牛一只，为眼疾老男子老阴人相逐，牵牛往东北去，其牛终不得见也。

何知在外失牛？盖时与日干三合，故言在外。不言和合而言失物者，未时为日鬼故也。何知姓王人失牛？发用大吉为日鬼，下临子水，水数配一，配土为王字，大吉为牛，中传功曹乘玄武，克大吉为贼，岂不是失牛也。言水牛者，月建得壬字，故言水也。何知患目老男子并老阴人？盖寅为老翁，玄武为眼疾人，卯上见太阴，主老阴人，寅卯相连，故言逐也。言东北者，下临丑也。何以知终不得见？以占时发用本命上神俱为日鬼，又日干落空亡，故言终不得见也。

例二十四：四月壬申日申将午时，占来意。(《一字诀玉连环》)

朱 合 勾 青
未 申 酉 戌
蛇午 亥空
贵巳 子虎
辰 卯 寅 丑
后 阴 玄 常

虎 青 阴 常
子 戌 卯 丑
戌 申 丑 壬

兄 甲子 虎 ⊙
子 丙寅 玄
官 戊辰 后

徐次宾曰：来意主人出外，东南上干财，因崔姓人成合交易。此人内怀欺诈，终不敢发。又有一属犬人姓王，欲相侵害，终而自解。

何以知之？发用神后将得白虎，主道路，又天魁临支为斩关，故言出外。午时为日干之财。乘螣蛇下临辰，故言东南上干财，末传天罡为山，加寅配艮，为叠土，艮数八，似为人傍。以山配叠土，又有人傍，是崔也。然天罡为日鬼，何以姓崔人成合交易？缘天罡临寅，自受其制，又中传功曹制之，故不能为鬼，反为我照应，但怀欺诈而不能害也。支上天魁为属犬人，日上大吉为姓王人，皆为今日之鬼。而侵害自解者，日既落空，彼我不见，孰为争也。

例二十五：七月壬午日巳将戌时，占来意。(《一字诀玉连环》)

合 朱 蛇 贵
子 丑 寅 卯
勾亥 辰后
青戌 巳阴
酉 申 未 午
空 虎 常 玄

虎 朱 朱 玄
申 丑 丑 午
丑 午 午 壬

财 壬午 玄
官 丁丑 朱
父 申 虎 ◎

徐次宾曰：来意主失驴一只，其驴在西北方十三里外被一姓贾人收得。至甲午日往牛市得信，自往姓贾处牵回。至甲午日果然。

盖时为日破（时克干为日破）主走失，上得青龙发用，胜光为日下之财，玄武临之，本合失马，以胜光无气，故言失驴。不言盗而言失者，以财在日上，身上，故不能盗也，胜光数九，玄武数四，相并得十三里也。何知姓贾人收得？末传为归计门，白虎加申，主西字，又主贝字，配成贾字也。何知牛市得驴信？盖申旬胜光空亡，至甲午旬填实，又午为日财，故甲午日复见而喜矣。壬与申相生，故自往牵回也。

例二十六：十一月癸卯日丑将酉时，占来意。(《一字诀玉连环》)

	空	虎	常	玄
	酉	戌	亥	子
青申				丑阴
勾未				寅后
	午	巳	辰	卯
	合	朱	蛇	贵

常	勾	空	朱	父	丁酉	空 ⊙
亥	未	酉	巳	官	辛丑	阴
未	卯	巳	癸	财	巳	朱 ◎

徐次宾曰：来意主西南近寺，与姓周老阴人争竞，后移东北近庙处居住。

盖先锋门与日支冲而又发用，主宅不安，中传大吉，为日下之鬼，下临酉为寺，合酉为佛为金仙，又酉为西方，大吉得太阴，主老阴人争竞，因此家宅不宁。太阴主口舌事，大吉为土，地盘酉属兑，主口舌。以大吉下见土、口配合为周字，故曰西北近寺与姓周老阴人争也。辰为宅，时既冲克之，不安之象，何以移住东北近庙居住？盖卦得从革故鼎新，从革本主西南而去，东北者何也？盖大吉临酉为日鬼，畏其鬼不敢往，末传太乙得朱雀，为日下之财，下临丑，丑为庙，故言东北近庙居也。丑为天乙本家，故言庙也。

例二十七：七月丁亥日巳将午时，占来意。(《一字诀玉连环》)

	青	空	虎	常
	辰	巳	午	未
勾卯				申玄
合寅				酉阴
	丑	子	亥	戌
	朱	蛇	贵	后

阴	后	空	虎	子	丙戌	后
酉	戌	巳	午	财	乙酉	阴
戌	亥	午	丁	财	甲申	玄

徐次宾曰：先一人戊申生，五十四岁男子来占，徐次宾曰：来意因其子

在外，饮酒过多，胃有宿食冷气得病。盖时为日干六合，主在外，支上发用，本命上俱得子孙爻，乘休气，故为子孙病。命上小吉太常为饮食，并发用戌为脾胃，上得天后水为冷饮，又值事门得白虎，为道路，故云因子孙在外，因饮食伤脾胃，得病来占。

又一人丁卯生，三十五岁男子来占，徐次宾曰：来意因在外与二卑下妇人往来，得气痞嗽血之病。盖命上见六合为私门，发用天后主厌翳，中传太阴主伏匿，天魁从魁主奴婢，将得天后太阴，故曰与二卑下妇人往来。天后克日，末传玄武又克日，戌酉申俱是日干死墓之乡，丁主心血，故知得病嗽血也。

又一人辛巳生八十一岁来占，徐次宾曰：来意因家中走失奴婢两口，得一马姓人往西南方追捕捉获。盖发用天魁为奴，从魁主婢，末传玄武临门为窥户，又值事门上得白虎主道路，卦得斩关，主逃亡。今年老有官者来占，岂不是奴婢逃亡也。先锋门胜光为今日等辈，又主马姓人克制玄武，故捉获。言往西南追捕者，盖玄武阴神所居也。

例二十八：七月甲子日巳将未时，占来意。（《一字诀玉连环》）

	朱	合	勾	青
	卯	辰	巳	午
蛇	寅			未	空
贵	丑			申	虎
	子	亥	戌	酉
	后	阴	玄	常

虎	玄	玄	后
申	戌	戌	子
戌	子	子	甲

财	戌	玄	◎
官	壬申	虎	⊙
子	庚午	青	

断曰：来意主奴仆奸谋，道路出行之状。又主一外任武官不满任而回者。何以知之，戌为用主奴仆，玄武主奸谋。初传在天乙后，末传在天乙前，名传阴入阳，主在家者远出，况申与白虎俱是道路之神，而午又为天马也。又申并白虎为武官，以申主刀兵且为日之官星也。奈末传胜光克之，故云不满任而回也。①

解：首先要说明《指归灵文论》中常用传阴入阳与传阳入阴之论法。该论法以天乙前后分阴阳，天乙前为阳，天乙后为阴。课中初传在天乙后，中末日辰在天乙前，则为传阴入阳。课中初传在天乙前，中末日辰在天乙后为

① 余按：四课不全，亦为不满任也。万田孙记。

传阳入阴。初传中传在天乙前，末传在天乙后，也为传阳入阴。《指归灵文论》常用此法。

此课断的不算高明，以初传测来意，根据初传戌为奴仆类象，又为日财乘玄武，因此主奴仆不正，为谋财之奸人。初传在天乙贵人后，末传为天乙贵人前，为传阴入阳，因此有出行象。再分析中传，中传为白虎，申加戌位，金旺得地，而且为月建，临白虎更旺盛，金旺主武官，而且申与白虎都为道路，而且这个官不稳当，因此接着末传传出午火子孙克官，而且午在七月为天马，午乘青龙，龙虎相冲，末传与初传合甲日（寅）三合火局克制申金，三传长生于寅，因此为不满任而返家之象。另外四课不备，也说明凡事不健全，不能正常结束。

例二十九：五月丁酉日午将辰时，占事。（《指归灵文论》）

	勾	合	朱	蛇	
	未	申	酉	戌	
青	午			亥	贵
空	巳			子	后
	辰	卯	寅	丑	
	虎	常	玄	阴	

阴	贵	贵	朱	财	丁酉	朱
丑	亥	亥	酉	官	己亥	贵
亥	酉	酉	丁	子	辛丑	阴

断曰：初传在天乙前，末传在天乙后，此名传阳入阴，必主旦暮有奴仆，附书信而至。何也？酉在天乙前为奴，在天乙后为婢。[1] 今酉在天乙前，又并朱雀故也。天乙在酉，主门户动摇，又得传阳入阴，故主外来书信立至。

例三十：正月甲子日亥将壬申时，占来意。（《指归灵文论》）

	青	勾	合	朱	
	申	酉	戌	亥	
空	未			子	蛇
虎	午			丑	贵
	巳	辰	卯	寅	
	常	玄	阴	后	

虎	阴	青	常	官	壬申	青	
午	卯	申	巳	父	亥	朱	◎
卯	子	巳	甲	兄	丙寅	后	⊙

① 程树勋按：此论诸家所无。

断曰：来意主望道路行人，其人路遇奸贼，欲相谋害，幸而奸贼自受其难，谋害不成，但主道路上迟延，终平安而归也，又主有文字，两重一明一暗，藏在楼阁中，其楼柱系用物垫着。

何以知之？盖初传在天乙前，末传在天乙后，名传阳入阴，主在家不出，远人归家，外来之信立至。况申主道路，又主行人，奈为日鬼，又在巳上被刑害，故遇奸贼。申鬼受旺火克，故云贼人受难，干为占者上得巳火为救，故谋害不成，但主迟归耳。朱雀乘亥主明文字，天后乘寅主暗文字，寅加于亥上，故藏在楼阁，亥是旬空，其柱必有损而用物垫之也。

解：此课断的十分清楚，判断来意是等候行人归来，行人路上遇到坏人，坏人要谋害该人，但是没谋害成反而使自己受害，但是也因此导致行人路上耽误，最后平安抵达，而且还显示有文字之事，有两类文字，一明一暗，藏在一个楼阁里，楼柱子是用东西垫着的。那么以上断语是如何得来的呢？

从时上引入，申为日鬼，而且为初传，申临日阴与日构成三刑，刑为刑杀，而且申为日干之马，申为传送，因此为贼人道路谋害。但是申金自坐巳地，而且中传申亥相害临空亡，因此代表本人无妨，贼人自受其害。而中传朱雀临空亡，三传从初传开始，到中传空亡不行传，表示还有它事虚扰，朱雀临父母为文书，因此表示有文书，亥临父母，类象为阁楼，末传功曹乘天后，天后为暗，功曹也为文书，因此表示明暗两文书（也可以朱雀为文书准用神，六壬中亥与巳均为双）而亥临空亡，被申害，因此楼阁有损。而亥阴神为寅，寅亥相合，因此柱子有问题，而有物体垫着。

例三十一：八月乙巳日辰将寅时，占来意。（《指归灵文论》）

	青	勾	合	朱	
	未	申	酉	戌	
空午					亥蛇
虎巳					子贵
	辰	卯	寅	丑	
	常	玄	阴	后	

合	青	勾	空
酉	未	申	午
未	巳	午	乙

官	戊申	勾
财	庚戌	朱
父	壬子	贵

断曰：来意是起官人，道路往来，欲合婚姻，奈有所隔，而终不成。

盖申为夜贵，故云官人，申为道路，既作勾陈，则勾留不定，往往来来。乙日为占人，庚寄在申，乙与庚合，巳与申合，干支俱与初传合，岂非欲合婚姻？中传戌作朱雀，为奴婢，是官人欲买一妾，故道路往来也。奈申金畏干上火，其妾家畏而不允，故终隔而不成也。

例三十二：四月癸亥日申将巳时，占来意。（《指归灵文论》）

	合	勾	青	空	
	申	酉	戌	亥	
朱	未			子	虎
蛇	午			丑	常
	巳	辰	卯	寅	
	贵	后	阴	玄	

贵	玄	朱	后
巳	寅	未	辰
寅	亥	辰	癸

官	丙辰	后	⊙
官	己未	朱	
官	壬戌	青	

断曰：来意事起阴人粗恶，暗中设谋，众人入官之状，终不成忧。

盖辰为用，为日鬼，天后为阴人，主阴翳事，天罡为凶恶神，故云粗恶阴人暗中设谋相害。三传皆是日鬼，小吉未被刑并朱雀，故云众人入官之象。日为占事者，甲寅旬中癸落空亡，三传皆鬼，不见占者，将与谁争？故云终不成忧也。

例三十三：辛亥年正月辛酉日亥将辰时，占来意。（《指归灵文论》）

	空	虎	常	玄	
	子	丑	寅	卯	
青	亥			辰	阴
勾	戌			巳	后
	酉	申	未	午	
	合	朱	蛇	贵	

青	阴	空	后
亥	辰	子	巳
辰	酉	巳	辛

子	癸亥	青	
官	戊午	贵	
父	丑	虎	◎

断：此课来意十月有迁官之喜，至壬子年正月主有大人见怒，谪降虚扰之忧，至亥年十月却复有迁官之庆。

盖亥为用，是十月建，又将得青龙，下临天罡为青龙之象，如龙之见天，臣之见君，故言十月有迁官喜庆。中得贵人与末传丑为六害，故言贵人见怒。午加亥为火临绝地，式中午丑为六害，甲寅旬丑落空亡，故云虚扰。亥为太岁，主人君之象。又十月亥为月建，将得青龙而与旺气并，故云有迁官之庆也。

例三十四：六月己巳日午将酉时，占来意。（《指归灵文论》）

朱 合 勾 青
寅 卯 辰 巳
蛇丑 午空
贵子 未虎
亥 戌 酉 申
后 阴 玄 常

后 朱 蛇 勾
亥 寅 丑 辰
寅 巳 辰 己

官 丙寅 朱
财 亥 后 ◎
子 壬申 常 ⊙

断曰：发用在天乙前，中末在天乙后，此名传阳入阴。申主道路，又为足神，末传为足，发用朱雀，主先见外来远信，远处官员遣人送书至，亦主官员罢职之信至也。

例三十五：三月癸酉日酉将未时，占来意。（《指归灵文论》）

朱 合 勾 青
未 申 酉 戌
蛇午 亥空
贵巳 子虎
辰 卯 寅 丑
后 阴 玄 常

常 空 贵 阴
丑 亥 巳 卯
亥 酉 卯 癸

官 乙丑 常 ⊙
子 丁卯 阴
财 己巳 贵

断曰：来意主行人进发，复有盘桓，往还三日而再发立至。盖大吉是阳局之神，退而临亥，还为阴局之用神，退而在阴局，凡春冬占得者，主发动而复还。以月建而言，丑是十二月建，亥是十月建，丑至亥三位，即三日也。癸日为占者身，发用丑，此人必动。末传巳作贵人加卯，凡末传为足，卯酉为门户，贵人临此，为人身与足俱动矣，故云立至也。

例三十六：四月癸未日申将午时，占来意。（《指归灵文论》）

朱 合 勾 青
未 申 酉 戌
蛇午 亥空
贵巳 子虎
辰 卯 寅 丑
后 阴 玄 常

空 勾 贵 阴
亥 酉 巳 卯
酉 未 卯 癸

财 辛巳 贵
官 癸未 朱
父 酉 勾

断：来意事起官员出行，道路必远，行至中途，逢改差，权监酒税文字。又主本家二妇人，蒙蔽不睦，婢落井内死，因此不满任而回。

何以见之？盖天乙为官员，乘巳加卯，主门户。又传阴出阳，主出行赴外任。卦名遥克，主道路。中传未乘朱雀，主改差。下临巳月建上，主权。未为酒，朱雀主文字，故云权监酒税文字。日上卯作太阴，主妇人，末传酉亦为妇人，故云二妇人。太阴为妾，又为蒙蔽，酉为婢，作勾陈，主口舌争讼。酉临未，未有井宿，甲戌旬酉为空亡，四月酉为死气，故云落井而死。初传克末传，末传又空，不满任而回也。

例三十七：未年四月庚辰日申将酉时，占来意。（《苗公达断经》）

	合	勾	青	空	
	辰	巳	午	未	
朱	卯			申	白
蛇	寅			酉	常
	丑	子	亥	戌	
	贵	后	阴	玄	

蛇	朱	青	空
寅	卯	午	未
卯	辰	未	庚

财	己卯	朱
财	戊寅	蛇
父	丁丑	贵

苗公达断曰：据来意，必有飞禽受不足之忧，目下已飞了，其飞却不去，只在东南树间住。本时有贵人将同一飞禽往来此处，二禽相见飞下相斗捉得；其禽亦是好斗之禽。

何以言之？盖发用见朱雀又所居辰与生气并，故知飞活之物。其禽受不足之忧者，以卦名天狱也；今飞了，为正时得钥神也；其禽却不去者，为日上见太岁，又年上见天地狱神也；更在朱雀之方，故不能去也。在东南树间者住，盖生气之下是寅卯树木之乡也。有一贵人至本时，将同类物从此过者，二飞禽却相争飞去致斗，却捉得此禽者，为日上见月厌又为相生，又冲末传，得贵人带天杀也。斗本时者，发用辰上，更三传连併，皆主疾速往来之象也。

解：来意是有一只饲养的飞禽，已经逃脱飞走了，但是落在附近的东南树叉上，此时有一个贵人从此路过，贵人带了一只私养的飞禽，二鸟相见，争斗起来，于是贵人借机把该鸟捉住关了起来。此课正时酉临太常，太常为游乐，而且临酉有禽象[①]，再看发用朱雀临卯，而且此朱雀从日支宅上发用，

① 酉鸡为禽类毛类。

而且卯为生气[①]，朱雀为鸟，因此知道为飞禽。此课天罡加巳[②]，按照苗公以日定生旺的方法，庚日发用卯死[③]，且课体为天狱课，表示活鸟被捉。

例三十八：十月甲午日寅将丑时，泗上真人访汪童，见主其家，遇志公长老问数例，占何人扣门。

	蛇	贵	后	阴									
	午	未	申	酉									
朱巳					戌玄	后	贵	合	勾	财	辰	合	◎
合辰					亥常	申	未	辰	卯	子	巳	朱	◎⊙
	卯	寅	丑	子		未	午	卯	甲	子	甲午	蛇	⊙
	勾	青	空	虎									

刘日新曰：此来捕汝也。盖甲上卯挟刃太旺，卯为沙门，勾陈临之故也。然勾陈土为木所克，不妨。未上见申天后，甲己非正合，带奸门，曾犯强奸，宅上阴神申克甲，是宅人不容，拒逐而败。卯克辰为财，甲又克之，是偷师傅之银而走。辰数五，午九数，共一百四十四两，为救他一命，藏于汪龙先生家内，外人果来搜寻，后指他走南方，有少女随之可脱。至北河，可以活命。以中传巳作朱雀，为飞腾之象也，夜半果逃至溪边，有少女洗菜，见和尚来，惊走，和尚随之，果往南脱去，少女者，巳也。利北河者，水能生甲木也。

例三十九：甲子日，占来意。（《预见经》）

	蛇	朱	合	勾								
	寅	卯	辰	巳								
贵丑					午青	青	常	虎	阴	子	庚午	青
后子					未空	午	酉	申	亥	兄	丁卯	朱
	亥	戌	酉	申		酉	子	亥	甲	父	甲子	后
	阴	玄	常	虎								

断曰：来意妇人宴会有争斗口舌，从丝绵上起。问：何以知之？曰：午

---

① 生气，正月子，二月丑，三月寅，四月卯，顺行十二支辰，射覆中生气代表活物。

② 庚长生于巳。

③ 金克木死。

为仲神，为发用，将得青龙，胜光和会青龙主酒食，午为妇女，末传天后又为妇女，故曰妇人宴会。卯为阴神，上见朱雀主口舌争竞，子为丝绵，故曰争斗口舌因丝绵上起。询之果然。

例四十：甲子日占来意。（《预见经》）

	朱	合	勾	青	
	酉	戌	亥	子	
蛇	申			丑	空
贵	未			寅	虎
	午	巳	辰	卯	
	后	阴	玄	常	

蛇	玄	合	后	财	戊辰	玄
申	辰	戌	午	官	壬申	蛇
辰	子	午	甲	父	甲子	青

占曰：此课来意主盗贼恶人侵害，父母惊恐破财不利之兆。何以言之？曰：初传辰，昼夜皆乘玄武，辰为罡星乃恶人，玄武为贼，子为甲之父母，土旺九月，故主侵害父母。甲木克辰土为财，上见玄武贼神，主破财。中传夜占螣蛇，主惊恐。又为官鬼，末子夜里乘青龙，子为甲之父母，昼见螣蛇，其惊恐可知。螣蛇主怪异，其家当见怪，阴人不利。

例四十一：己巳日占来意。（《预见经》）

	青	空	虎	常	
	巳	午	未	申	
勾	辰			酉	玄
合	卯			戌	阴
	寅	丑	子	亥	
	朱	蛇	贵	后	

青	青	虎	虎	父	己巳	青
巳	巳	未	未	子	壬申	常
巳	巳	未	己	官	丙寅	朱

占曰：此课来意主望远信未至，为阴雨阻隔，亦主遗失文字，及有患病人头疼、心痛不利。何以言之？盖以伏吟主信，初传巳为雷公煞，故云风雨阻隔；巳与申合，寅上见朱雀，夜见天空，主遗失文字也；末传寅在岁后一辰，为病符，合亥，亥上见天后，主头疼。寅又合午，午为心，故心不利。亥数四，至四日方安。

例四十二：丙子日，占来意。（《预见经》）

	空	虎	常	玄									
	巳	午	未	申									
青	辰			酉	阴	蛇	蛇	空	空	兄	辛巳	空	
勾	卯			戌	后	子	子	巳	巳	财	申	玄	◎⊙
	寅	丑	子	亥		子	子	巳	丙	父	戊寅	合	
	合	朱	蛇	贵									

占曰：此课来意主妇人迁移失脱。何以知之？盖丙为初传，日上发用，丙与辛合，辛上见天后，丙日神得天空为落空亡，中传申上又见玄武在日刑之位，贼神无力，不能偷物，此必是妇人自遗失其物，亦主有信而难得。盖以末传六合，是为信息，被玄武金克，故云难得。

例四十三：丙子日壬辰时，未将，占来意。（《预见经》）

	合	朱	蛇	贵									
	申	酉	戌	亥									
勾	未			子	后	青	常	贵	合	财	申	合	◎
青	午			丑	阴	午	卯	亥	申	官	乙亥	贵	⊙
	巳	辰	卯	寅		卯	子	申	丙	父	戊寅	玄	
	空	虎	常	玄									

占曰：此课来意主官中有买卖之喜，又主贼盗事情连累，兼以田产妇女侵欺，及有树影在宅西北上，主阴人小口不利。

何以言之？曰：初传申金与日时三合，上见六合，寅亥又为六合，贵人中传为官鬼，故云官中买卖之喜。末传寅为四足怪，上见玄武主贼盗事，寅刑巳，故云连累。丙辛合，辛上见丑为田产，亥为贼神，寅为玄武，是有侵欺也。寅为大树在亥，亥西北，本位上见天空，丑戌合上又有太阴，故云树影也。

例四十四：丙申日占来意。(《预见经》)

	空	虎	常	玄	
	巳	午	未	申	
青	辰			酉	阴
勾	卯			戌	后
	寅	丑	子	亥	
	合	朱	蛇	贵	

玄	玄	空	空	兄	巳	空	◎⊙
申	申	巳	巳	财	丙申	玄	
申	申	巳	丙	父	壬寅	合	

占曰：此课来意主有遗亡、盗贼、狱讼兼官中文字未了，亦有求望文书。又主四年前修造申酉方，致阴人有灾。

何以言之？盖初传上见天空、天狗，两重贼煞，天空主遗失，玄武主盗贼，玄武又在中传加天牢被刑，故云遗亡、盗贼、讼狱。末传六合主文书，传在寅上为公吏、官府，故云官中文字，求望音信。又六合在寅为天柱，六月木墓又是六合，故云修造。言四年者，六合在寅上见中传申为四绝，发用巳乃四数也。丙合辛上见太阳，妇人之灾所不免也。上神德日，日上克辰上。

例四十五：十一月乙丑日癸未时，占来意。(《中黄经》)

	蛇	贵	后	阴	
	亥	子	丑	寅	
朱	戌			卯	玄
合	酉			辰	常
	申	未	午	巳	
	勾	青	空	虎	

后	青	常	朱	财	戌	朱	◎
丑	未	辰	戌	财	戌辰	常	⊙
未	丑	戌	乙	财	戌	朱	◎

断：此课主有一僧人起意相害。何以言之？盖初传戌临辰，上见朱雀；中传辰临戌，上见太常；末传又是朱雀，辰、戌俱主恶意，朱雀主口舌，又本命、行年皆立在辰临戌，为空亡、华盖，故主一僧人相害也。其课初建甲申鬼，复建庚申，申绝于寅地而克乙，是申上建甲绝在申克今日，正应申临绝地行尼僧。

例四十六：十一月丑将甲戌日己巳时，占来意。(《中黄经》)

	空	虎	常	玄											
	丑	寅	卯	辰											
青	子			巳	阴	虎	后	后	合		财	甲戌	合		
勾	亥			午	后	寅	午	午	戌		子	壬午	后		
	戌	酉	申	未		午	戌	戌	甲		兄	戊寅	虎		
	合	朱	蛇	贵											

断：此课主亲人和会起口舌，病者虽重而不死。何以知之？盖初传戌临寅得甲戌，下得元遁丙寅，戌中有辛与丙合，将得六合，是亲人因和合中生起口舌，丙克辛且丙生辛绝，辛不能相救，中传午临戌，元遁得庚午，将得白虎，主因亲人和合得病难瘥，五行火入墓，凶而不死，因白虎自战，又天上甲在戌，戌居寅病，故虽重而不危也。

解：《中黄经》论断壬课注重遁法，以日干为我，以合为亲，三传为他，以我为核心，注重看课中明暗之鬼，以及鬼所经历的地盘位置，同时注意看救神，使用初建和复建法，比较各类相关地支、天干之间的生克关系而论，其六亲论断则以与日干、行年、本命三合，六合、干合为亲，其他为疏。本例中，三传四课一片三合火局，主亲人和会之象，初传发用天将六合，十分明确。初传遁为甲戌，戌加寅，寅遁为丙寅，戌中藏辛，丙辛合，因此根据遁法更确定了和合这种性质。辛是日鬼，因此会生口舌，但是辛被丙克合，则能压制这种口舌是非。而且丙火长生在地盘寅位，辛金绝在地盘寅位，因此子孙得生，官鬼临绝，官鬼不为惧。中传传出午火，午火遁出为庚午，庚为日鬼，午与日干寅三合为亲属，因此主亲人有病患。而且午临戌，入火墓，则病患有凶险，但是白虎自战，而且戌墓临寅，戌墓本身临于病地，且寅为日禄，因此可以无妨。更何况寅遁出为丙寅，丙为子孙救神。有关其他所有《中黄经》断案均可详参笔者在此之论。

四　婚姻

例一：五月甲戌日未将丁卯时，三十五岁妇人占亲事。(《一针见血》)

	勾	合	朱	蛇	
	酉	戌	亥	子	
青	申			丑	贵
空	未			寅	后
	午	巳	辰	卯	
	虎	常	玄	阴	

虎	后	合	虎
午	寅	戌	午
寅	戌	午	甲

兄	戊寅	后
子	壬午	虎
财	甲戌	合

苗公达曰：尔有二夫，正夫不告而去，偏夫已入于贼中，音信不通。尔今年求别嫁，有邻家一仆作媒，必有新喜，但请成之。议曰：阴不备是妇人不贞之兆，法以青龙为夫，乘申金克日，又属空亡，主逃窜，是不告而去也。青龙之阴神为偏夫，见子水乘蛇，主阴私隐匿，再传子上是辰，乘玄武，是入贼党。课得炎上，夏旺则为新，三合六合则为喜，法以纳音为媒人。甲戌是阳火，以午为媒位，午上见河魁为奴仆。今日支干在传，为邻近，故云邻仆。妇人行年在戌，上见功曹，夏寅木休囚，课传属火，夏为正旺，故有再嫁之说。初传天后与日辰相生而气和，必成之理也。果然。

解：此课取课理结合类神而断，断婚姻以青龙为夫婿。此课四课两阳一阴为阴不备（阴课不备男竞女），凡占婚姻，干为丈夫，支为妻子，此课初传从日上发用，而且干支三传都是三合丛杂，伙众之象，与日构成三合，因此主多夫。首先以青龙看其第一个丈夫，青龙临申为伤鳞，申又为日鬼，因此青龙退鳞折角，其夫不告而去。但是申金空亡，在五月其状态为死，表示丈夫的离去为过去之事。

再看青龙阴神为其第二个丈夫，子乘螣蛇，主阴私隐匿，表示丈夫为不明不正之人。我们考察子的阴神，子的阴神是辰土，上乘玄武，子入水库，更说明丈夫进了坏人堆。水隐匿于水库，因此音信不通，全课四课三合，三传三合，合为喜庆，说明目前有人介绍婚姻。而且甲戌日，纳音为阳火，因此午为媒人（有法以初传为男，中传为媒人，末传为女，本例之法以纳音为身，类比事态中的参与者，系宋以前流行的一些命理干支用法），午上临河魁，河魁为奴仆，日干支都在三传，因此表示为邻居的仆人为介绍人。

最后我们看行年，求测者行年为戌，行年上神为寅，都入传三合，婚姻定成。而且夏天初传寅木（寅是行年上神）休囚为旧，三合火局，火在五月旺气为新，正符合舍旧从新，为再嫁之象。初传天后与日上午火相生，也是必成。

例二：湖州城西沈尚书宅娘子与本郡赵府结姻，沈女丑生人，赵氏未生人，求陈天民占成后夫妇如何？（《一针见血》）

蛇	朱	合	勾
午	未	申	酉
贵巳			戌青
后辰			亥空
卯	寅	丑	子
阴	玄	常	虎

虎	空	常	虎
子	亥	丑	子
亥	戌	子	壬

兄	癸亥	空	
兄	子	虎	◎
官	丑	常	◎⊙

陈天民曰：壬戌日占得亥子丑连茹课，但只上门乱首，何况夫妇本命丑未相刑，他日主不到头，虽有德容，性欠尊重。其后夫妇果不和，公姑不睦，其女忽生喘疾，半年而终。

例三：孔七公，戊午生五十二岁占婚，己酉年十月癸巳寅将亥时。

青	空	虎	常
申	酉	戌	亥
勾未			子玄
合午			丑阴
巳	辰	卯	寅
朱	蛇	贵	后

常	青	勾	蛇
亥	申	未	辰
申	巳	辰	癸

父	甲申	青
兄	丁亥	常
子	庚寅	后

邵彦和曰：孔丈五十二岁，又做新郎，今日上方出墓寻生，其亲必成也。此女清白轻盈，知书算，善持家，即生二子享福，但恐不久尊堂服动。孔曰：何以知之？曰：课象中自见，奈今人不习耳。盖日上逢墓，从前自身必昏滞。长生发用，故言出墓寻生。婚姻之占法，以支辰为妻位，上见长生仪神学堂，故年富貌美，知算善持家。申金主清白也，巳与申合，寅与亥合，所以无不成就。四课三传无空亡，所以终身享福。长生为父母，亥遁丁神作太常临之，故主服动。况亥申又为六害，见于辰阴，故为内艰。末传寅为子孙作天后，

加亥上，得长生，故成亲后即有子息也。

孔公前妻李氏亡，续娶童氏，占得此课，果成。次年即生子，五十八又生一子，而此妇于前夫处，颇有积蓄带来，且能书算，善持家，娶来未十四个月而母果亡。

解：此课格局为玄胎课，六仪课，斩关课。三传四课构成寅申巳亥，且课体为玄胎课，四孟发用，并都加于长生处，而且三传初生中，中生末，为万物更新，喜气新生之象，因此其亲事必成。三传相生而无空，代表享福绵远。

四课中，日墓加于日上，但是发用为日之长生，象征脱墓临生，代表要告别丧妻之痛，要再次新婚了。日支为女方，支上申金发用，因此以申金判断此女长相。申金临青龙，主女方皮肤清白，体态轻盈。根据青龙的性质表示女方善于治家理财。青龙主文化，申为日之长生学堂，因此代表女方是知识分子。

根据发展观，发用为日之长生代表新婚，中传传出丁马则不利，因为中传丁亥冲克日干支癸亥，而且其天将太常代表丧事，亥为日马，又临丁神则更速，因此表示婚后不久，将会发生亲人丧亡，亥临太常为女人，日上遁干癸亥代表近亲丧亡，亥加申上，申为长生，因此为母亲去世。末传为日干子息，从中传丁马传出，而且亥为寅之长生，因此也表示婚后不久就可以得子。

例四：李二伯，乙酉生，二十五岁，占成亲。己酉年十月庚子日寅将未时。

	蛇	贵	后	阴
	子	丑	寅	卯
朱亥				辰玄
合戌				巳常
	酉	申	未	午
	勾	青	空	虎

后	空	合	阴
寅	未	戌	卯
未	子	卯	庚

父	戊戌	合	
官	巳	常	◎
子	庚子	蛇	⊙

邵彦和曰：此课必成，但恐成亲后再归去，生小口舌，兼难得子。盖日上便见妻宫，妻宫上作天罗地网，作合兜牢不欲开去故也。子作蛇，名退子，纵生子亦不育。天后之阴神酉作勾陈，主妻患血风，从此成废疾矣。程树勋按：妻宫止作天罗者，盖庚日以酉为天罗，今卯乘太阴，太阴即酉，而卯本地网也。

解：占成亲，卯木妻财临日干，为妻加于身，类神加身，占亲必成。并且卯中带乙，乙庚相合，为夫妻之合。而且卯木妻财的阴神戌土发用，上乘六合，卯戌相合，都是结婚之象。

我们注意，卯木妻财虽然加于日上，但是卯乘太阴，卯被上下双金克死，金克木死，因此有克妻之嫌，卯为风气，临申传送，主血气流行不畅，构成血风。幸好为十月占断，十月水旺木相，木有根源，不至于克死。既然判断可以成亲，那么我们就必须看日支，日支为宅，可以看新人入宅后的家庭情形，日支上临未土，子未穿坏，天将天空，害则必无和气，主闲是闲非，因此口舌不免。日支子又入课传，子为子息，空亡而乘螣蛇，且子加巳，绝于巳，主克子息。而卯为日胎，临日遭双金夹克，又与子相刑，因此主生而不育，有胎无子。

例五：祝省元，占婚，男戊辰生，四十二岁，女己丑生，二十一岁，己酉年二月己卯日戌将辰时。[①]

	蛇	贵	后	阴	
	亥	子	丑	寅	
朱戌					卯玄
合酉					辰常
	申	未	午	巳	
	勾	青	空	虎	

玄	合	青	后
卯	酉	未	丑
酉	卯	丑	己

官	己卯	玄	⊙
子	酉	合	◎
官	己卯	玄	⊙

邵彦和曰：此课占婚，何必用媒？私情久已通矣。其家房舍广阔，东西皆有小门，因婢子为脚，遂与人通。今所议之人，亦与女有奸，血支在卯，乘玄武，必非女身，主暗有退子。且男以克干为嗣，女以干生为子。[②] 一土生二金，主暗有退子也。夫女命上见日干青龙，是女先有其夫也。男年并日上见天后，是男先有其女也。女命乘男，男年乘女，婚姻岂有不成之理？酉乃婢，六合加之，为和合。又并玄武奸淫之神，更加酉上，婢子为引无疑。且门来加户，户又加门，是主门户重迭，卯为宅，上见酉，故云小门在宅也。凡占婚，遇此等课，必然之应。卯酉为私门，六合天后玄武皆淫佚之神，故断私通。占者嘿然而去。

① 爱函按：断语中有血支在卯一言，则当是三月占，盖血支正月在丑，顺行十二支也。

② 爱函曰：此二句乃禄命家之言，今亦用之，何也？

解：古人在婚姻方面都讲究媒妁而成，此例发生在北宋年间，课中的一对男女婚前相会，并自由恋爱，在婚前发生关系，打胎后而成婚，这已经类似现代社会的婚姻自由恋爱与男女同居现象，因此本例有很大的研究价值。

此课以日干为男方，日支为女方，我们可以看到天后妻星加在日上，代表妻星的天后加在日干之上，并且丑为女方本命，男女关系已非寻常，而且日阴为青龙，青龙与天后互相叠加，这有夫妻之实的象征，女方行年上神为其本命咸池，其象尤明。课中三传都在辰阳辰阴，辰为宅，三传通过宅来发展事态，那么重象就落在了宅上，三传卯酉卯，卯酉为日月出入之门户，为阴私暗昧之神，因此为私通之象，而且卯酉为门户，临空亡则门户不闭，私下往来。三传通过卯、酉、六合等门户象，达到门户互通的结果，以酉为婢女，六合为中间人，我们可以断定有婢女做他们的中间联络人。

例六：占婚姻，夫三十一岁行年在申，妻二十六岁行年在未。（《中黄经》）

蛇	贵	后	阴
午	未	申	酉
朱巳			戌玄
合辰			亥常
卯	寅	丑	子
勾	青	空	虎

青	空	合	勾
寅	丑	辰	卯
丑	子	卯	甲

财	戊辰	合
子	己巳	朱
子	庚午	蛇

断：主夫在外淫荡不来，妻独在家亦淫荡。何以言之？盖夫行年遁得壬申，甲上得丁卯，壬以丁为合，是夫在外别有其妻也。妻行年遁得辛未，未上申冲寅，寅在丑上得丙寅，甲干在寅，丙与辛合，是妻别有其夫也。夫妻各有淫乱之事，所以知其必不归家。

例七：戊辰年正月丁未日亥将酉时，占婚姻。（《牧夫占验》）

朱	蛇	贵	后
未	申	酉	戌
合午			亥阴
勾巳			子玄
辰	卯	寅	丑
青	空	虎	常

阴	贵	阴	贵
亥	酉	亥	酉
酉	未	酉	丁

财	己酉	贵
官	辛亥	阴
子	癸丑	常

王牧夫曰：此婚主男克二妻，女克二夫，鳏寡相配，先私后娶，不日即合卺也。盖丁日以酉为妻，酉带自刑加身，阴见亥水官鬼，主克夫再醮。丁以酉为妻，何酉之多也，故亦主克妻再娶。丁主动，为新喜，支未中亦有丁火，男女之位皆逢，岂非合卺在即乎。八专为课，干支不别，帏薄不修，男女往来，非止一次。盖干即支，支既干，仰首皆见，何用媒为验？验甚，验甚。

例八：乾隆丙子年十二月癸丑日，丑将，申时，占婚姻。男辛卯生，四十六岁。女壬子生，二十五岁。

	青	空	虎	常
	戌	亥	子	丑
勾	酉			寅	玄
合	申			卯	阴
	未	午	巳	辰
	朱	蛇	贵	后

空	蛇	空	蛇
亥	午	亥	午
午	丑	午	癸

财	丙午	蛇
兄	辛亥	空
官	甲辰	后

王牧夫曰：此婚必成，成后有老阴人不能安静。然财临绝地，不能齐眉，亦主贫穷，五年之内一梦醒矣。老阴人者，天后作墓鬼也。五年者，辰数五，癸干亦五数也。婚成后，岳母随女落子婿家，年老琐碎，吵闹无时，三年而卒。妻怀孕得病分娩，至次年卒，一梦醒矣。五年之内，拮据异常，亦主妻家穷极。

例九：乾隆丙子年十月甲申日，寅将，辰时，占婚。因路遇疑即此女，故占之。

	朱	合	陈	青
	卯	辰	巳	午
蛇	寅			未	空
贵	丑			申	白
	子	亥	戌	酉
	后	阴	玄	常

合	青	玄	后
辰	午	戌	子
午	申	子	甲

子孙	午	青
妻财	壬辰	合
兄弟	庚寅	蛇

王牧夫曰：所遇之人在道路上，以子午辰戌干支并见也。有云子午为道路，辰戌乃仓促，急遽之见也。午乘青龙，其女体长，肤融赤而整齐，诚美

妇耳。彼有夫，乃归母家，所遇非是所定之女，然所定之女亦美而贤，以冬占，天后加子水色白，水旺故美，生干故贤。后娶归，果非所遇者。

何以知所遇之女有夫？午坐官鬼上耳。何以知其回母家？课得顾祖，自内传外，末之寅即干之身也。干支互成三合，故因遇到此妇而后成此婚，此妇乃引入桃源之仙客也。支上午为遇，申为道路，午加申为疑虑，以支神测之亦如是也。

例十：己丑五月癸酉日辛酉时，相知友人李庚白，占续弦婚姻成否。(《指南》)

己丑年　庚午月　癸酉日　辛酉时

	蛇	贵	后	阴	
	辰	巳	午	未	
朱	卯			申	玄
六	寅			酉	常
	丑	子	亥	戌	
	勾	青	空	虎	

阴	玄	空	青
未	申	亥	子
申	酉	子	癸

官	辛未	阴
财	庚午	后
财	己巳	贵

陈公献曰：占婚必成，成后必有讼。盖因干支上下相合，支上神又生干，女愿与男连姻。喜财官旺相，夫妇偕老，有子之象也。有讼者何？中末生助初鬼，克害日上龙神。又财乘旬鬼，必主因妻致讼。果娶来月余，前夫之弟告理，破财百金；庚寅岁果生佳儿。

解：分析婚姻注重干支关系，干为男方，支为女方，此课，干支上神构成申子三合半合，干支本身酉丑构成三合半合，而代表女方的日支的上神，申又生日干癸水，表示女方愿意嫁给男方。而且会夫妻偕老，并且会有子息，为何？因为日干为男方自己，子水加于其上，与日干癸（丑）构成子丑相合，为牛女相会的格局，而且子水阴神为亥水，亥子均为子息，因此必定男女恩爱，婚后有子息。但是这段婚姻还是有干扰的，因为发用为未土，未为日之官鬼，在第四课发用遥克日干，并且未土穿害日上子水，因此会突起官司是非。根据发展观，未之阴神为午，午火为日之妻星，而且午未相合，中末妻财生鬼克日，因此官司因妻而起。那么起诉人是谁呢？看初传官鬼未土，其初建遁干为己未，中传初建遁干为戊午，戊为日鬼，为妻前夫，则己为前夫之弟。

大六壬通解

叶飘然大六壬讲义

叶飘然◎著

（下）

六壬与遁甲、太乙，世谓之三式，而六壬其传尤古。大抵数根于五行，而五行始于水，举阴以起阳，故称壬；举成以该生，故曰六。其法有天地盘与神将相临，虽渐近奇遁九宫之式，然大旨原本羲爻。盖亦易象之支流，推而衍之者矣。

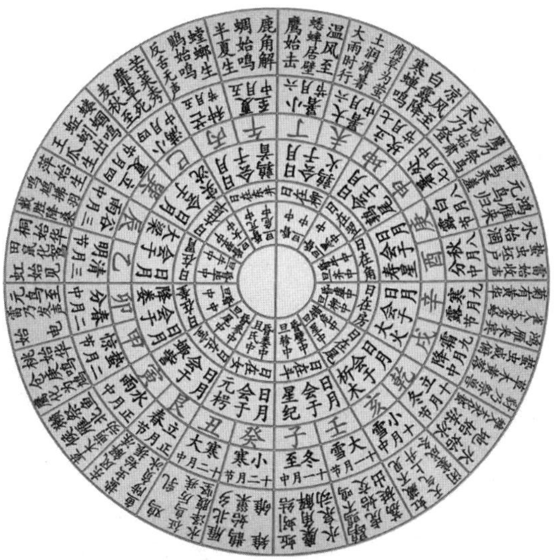

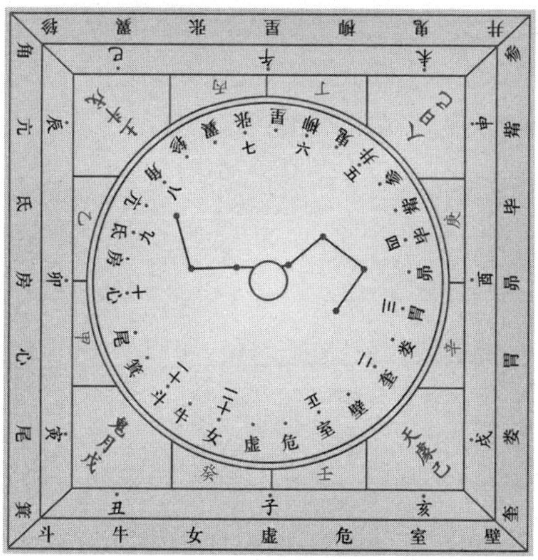

责任编辑：李成志　薛　治
责任印制：李未圻

图书在版编目（CIP）数据

大六壬通解／叶飘然著．—— 北京 ：华龄出版社，2011．1
ISBN 978－7－80178－791－0
Ⅰ．①大．Ⅱ．①叶．Ⅲ．①占卜－研究－中国
Ⅳ．①B992．2
中国版本图书馆 CIP 数据核字（2010）第 242545 号

书　　名：大六壬通解
作　　者：叶飘然　著

出版发行：华龄出版社
地　　址：北京市东城区安定门外大街甲 57 号　**邮　　编**：100011
电　　话：（010）58122246　**传　　真**：（010）84049572
网　　址：http://www.hualingpress.com

印　　刷：九洲财鑫印刷有限公司
版　　次：2011 年 1 月第 1 版　2021 年 11 月第 2 次印刷
开　　本：787×1092　1/16　**印　　张**：72.25
字　　数：1268 千字　**印　　数**：4001～7000
定　　价：168.00 元(全三册)

五　胎产

胎产预测涉及到产妇和胎儿的身体健康，还涉及到男女的生殖系统问题，因此在实际占断中比较复杂，而现代社会又产生了剖腹产、人工授精等医学手段，更增加了胎产占的复杂性。因此现代学者务必结合现代新事理结合而论。下面首先附录一则现代胎产预测。

我想怀孕，结婚四个月多，避孕二个月，不知道什么时候能怀上。谢谢！去年10月19日结婚。81年9月13出生（农历）

己丑　丁卯　丙辰　己亥

二月亥将甲寅旬子丑空

	勾	合	朱	蛇	
	巳	午	未	申	
青	辰			酉	贵
空	卯			戌	后
	寅	丑	子	亥	
	虎	常	玄	阴	

青	青	勾	勾
辰	辰	巳	巳
辰	辰	巳	丙

兄	丁巳	勾
财	庚申	蛇
父	甲寅	虎

断：青龙入庙，家门要进喜事了，今年三月至四月会怀孕。明年生产。

反馈：今天去医院检查，确定已怀孕，时间不是很长，非常感谢！（阳历4月28日，戊辰月，癸卯日反馈）

解：此系笔者学生所断。此课支上青龙，日上日德，而且为玄胎课，主宅中添喜。辰土为日干丙火子孙，天将青龙，因此应在三月。末传寅木乘虎，为生产之象，而且日干丙火长生在寅，因此主次年正月立春后生产。只所以其在癸卯日检查出怀孕，是因为卯拱日辰上辰、巳二支。其本命为酉，本命上下天、地盘均为酉，女占干为夫，支为妻，辰生合酉，与本命相合。且干上巳火与酉三合，均为喜象，而且本人行年在辰，辰土临子孙青龙，因此必验无疑。

例一：皇祐三年辛卯岁三月丙午日[1]**，仁宗皇帝宣楚衍，立夏日占课，衍依课奏对罢。帝又占陈贵妃六甲，年二十二岁，妊身十月未产，得未时，以月将从魁加未。**

勾　合　朱　蛇
未　申　酉　戌
青午　　　　亥贵
空巳　　　　子后
辰　卯　寅　丑
虎　常　玄　阴

蛇　合　朱　勾
戌　申　酉　未
申　午　未　丙

财　戊申　合
子　庚戌　蛇
官　壬子　后

笔者考证，如果真有此案例，实际壬课当如下：

空　虎　常　玄
未　申　酉　戌
青午　　　　亥阴
勾巳　　　　子后
辰　卯　寅　丑
合　朱　蛇　贵

玄　虎　后　玄
戌　申　子　戌
申　午　戌　庚

兄　壬申　虎
父　戌　玄　◎
子　甲子　后　⊙

楚衍奏曰：“此课占产，臣不敢言。”帝曰：“但实言课意。”衍奏云：“于今月二十三日庚戌日辰时，降生一公主，必失左目。生后五日，恐有不测之忧。虽产危而无损，宜预备之。”上云：“有禳法否？”衍云：“无法禳之。臣当万死。”上当日渐有怒色，云：“且出外听音。”即时差人监守楚衍。至二十三日庚戌日辰时降生一公主。贵妃产时甚艰苦，至当日晚公主忽搐搦，遂损左目，至二十七日，公主死。即时赐楚衍御酒香药，次日引见，乞恩谢罪。上云：“应验如神。”

议曰：母行年立亥，上见丑加之，丑与子合。庚戌日辰时生，午火旺，申金死，下胜于上，故生女。申金乘六合，内战外伤六合之木，木属眼，申属阳，阳主左，故损左目。生后五日见寅，寅是金绝之地，以日干为子，则庚戌自绝于寅，寅上又天罡白虎，故五日后子死无疑。变入乱首，故母有产

[1] 公元1051年农历三月十九日庚午日立夏，本课立课时间有误。

厄，支本属母，午火四月正旺，建上有天医乘青龙吉神，故母产后无恙。

解：按校正时间，公主当为甲戌日辰时诞生，戊寅日丧。三传出现子孙，且加日干，因此以其定子息性别，天后主女。日干为子息，申加日支午上受克，且天将临白虎，为凶丧之象。陈贵妃行年在亥，上临丑土贵神，土加水上，为迟晚闭塞之象，因此生产迟晚而产时痛苦，且支午为母，其上白虎传送，生产艰难之象。

根据发展观，三传末传子临天后为公主，空亡主丧。为何公主于戌日诞生？因为三传中末空亡，只行初传，且为日干子息，而且三传皆入课回环，凡事整体过程必走一遍，因此公主必然降生出现而后丧亡，戌土空亡覆日，且刑陈贵妃行年上神丑土，丑为腹，刑则产。三传中末传子水空亡主死，此时考校子水上下所加，子水加于玄武戌土，子水被坏主丧，子上神寅木乘蛇，幼儿最怕见蛇，且寅冲破申（庚），申绝于寅，因此应验于寅日。此课因为课三传只取初传，中末不行，因此重象皆于初传取，初传申金子息临虎加午，为损目之象，申午具为阳性，为左。

例二：淳祐七年丁未七月十二戊戌日，奉御旨，占丙子女命月事不行将及三月，或疾或胎，明白具奏，得子时。(《一针见血》)

	合	勾	青	空	
	戌	亥	子	丑	
朱	酉			寅	虎
蛇	申			卯	常
	未	午	巳	辰	
	贵	后	阴	玄	

蛇	常	常	合
申	卯	卯	戌
卯	戌	戌	戊

子	丙申	蛇
兄	辛丑	空
父	甲午	后

祝泌奏曰：臣谨以此课，今秋月属金，金胎在卯，亦于卯上发用，申字有胞胎之象，此主孕有胎之课。课中无鬼杀，行年见青龙，为喜。终传午乘天后，七月之生气也，此胎可育。第阴数耳，惟三传申午，行年上有子，皆阳神，可变为阳胎，道家有此术，不可为虚无，诞在正二月。

解：根据笔者考证，此课时间有误，公元 1247 年淳祐七年，七月十三甲子日处暑。

例三：淳祐七年八月初一丙辰日，奉旨再占前月十二戊戌日事，具奏，巳将子时。

蛇 朱 合 勾
戌 亥 子 丑
贵酉　　　寅青
后申　　　卯空
未 午 巳 辰
阴 玄 常 虎

青 贵 空 蛇　父　甲寅　青
寅 酉 卯 戌　子　己未　阴
酉 辰 戌 丙　官　　子　合◎

祝泌奏曰：子为今日六丙之胎，六合主小儿，为阳生之胎，此在行年之上，若不入课犹未为奇，今在末传，此课之收藏也。主国本胚胎，况发用青龙，主喜庆非常，寅加酉，亦有喜事，又值月建之位，仰惟陛下亲质卜筮，其课得此，是诚为宗社之福气。

例四：淳祐丁未年九月壬子日卯将戌时，奉御笔再占，丙子女命怀孕或是或非、或男或女，具奏。

青 勾 合 朱
戌 亥 子 丑
空酉　　　寅蛇
虎申　　　卯贵
未 午 巳 辰
常 玄 阴 后

青 阴 空 后　财　乙巳　阴
戌 巳 酉 辰　官　庚戌　青
巳 子 辰 壬　子　　卯　贵◎

祝泌奏曰：此课三传巳戌卯，皆有合，巳加子，巳中有戊，子中有癸，戊与癸合，中传戌加巳，戌中有辛，巳中有丙，丙与辛合，末传卯加戌，卯与戌合，臣故曰三传皆有合。此课名铸印乘轩，真吉课也。但三传阴将神稍多，中传戌与阴，恰教案为诸臣之主照，自是阳胎未可必。

例五：六月癸酉日午将卯时，占生产。(《一针见血》)

合 勾 青 空
申 酉 戌 亥
朱未　　　子虎
蛇午　　　丑常
巳 辰 卯 寅
贵 后 阴 玄

阴 虎 朱 后　官　戊辰　后
卯 子 未 辰　官　辛未　朱
子 酉 辰 癸　官　　戌　青◎

断曰：腹中必有双儿，恐子母当日死，因天罡为鬼为墓覆干，魁罡又是刑祸，三传皆土，克干又伤破支上神。经曰：罡作天后临日上，主伤胎。子作白虎临宅，又是母位有破，日辰尽伤故也。

例六：己酉年九月庚申日卯将寅时。白生，占产妇。夫丁卯生，四十三岁，妾戊子生，二十二岁。

	蛇	贵	后	阴	
	午	未	申	酉	
朱巳					戌玄
合辰					亥常
	卯	寅	丑	子	
	勾	青	空	虎	

玄	阴	玄	阴	子	癸亥	常
戌	酉	戌	酉	兄	辛酉	阴
酉	申	酉	庚	兄	辛酉	阴

邵彦和曰：干支不分，人宅不辨，故不可晓。且庚为子，申为母，见酉为阳刃，乃面前阳刃也。太阴兼之尤甚。申母以酉为破碎，乃面前破碎也。夫行年兼之，是与妻子皆受破碎，女行年亥上见子乘虎，又泄气，作大福方可保。夫干支中末，俱见阳刃破碎，又是自刑自害，必不利于母子也。果于庚戌年生子，其子倒生，用刀破身方出，母几不保。幸秋占申旺，偶得性命，后连生子皆不育。白生复问于先生，先生曰：公生子不育，皆倒生之子作祟耳。恐终久必来害母。盖干支见酉，皆阳刃破碎自刑，故先害身，终来害母耳。于是白生与妾分居，乃得免。

例七：翁秀才，占子息，二月丙申日戌将亥时。

	青	勾	合	朱	
	辰	巳	午	未	
空卯					申蛇
虎寅					酉贵
	丑	子	亥	戌	
	常	玄	阴	后	

合	朱	空	青	父	癸卯	空 ⊙
午	未	卯	辰	父	壬寅	虎
未	申	辰	丙	子	辛丑	常

邵彦和曰：此课干支皆子息，而初中父母反克之，是上人坟墓不招也。况身上子孙并龙作空亡，是子息无分也。末传子孙受下克，又不招也。宅上未并雀，子息可招。又被末传丑来冲破，虽屡得子息，皆花而不实。若要得子，须移了艮山坟墓，使丑寅不来冲克宅上之未，未临申上，乃是长生，可招一子。

盖日上辰作青龙值空，夫宫自是孤虚，不得子息。惟宅上未作朱雀，妻宫可招子也。日为夫，支为妻，妻宫虽有子带生，奈何被末传丑来冲破，丑为坟墓，坐在丙日所生之神上，生日者，寅卯也，不合反来克子息，妻虽得子而不存也。除非移了艮山坟墓，不克妻宫，庶几丙火生未土，土长生于申，子息所以存住也。

解：占问有无子息，首先看四课三传中有没有子孙或相关类神出现，此课日上辰土子孙，申上未土子孙，末传丑土子孙，虽然出现三个子孙，但是都有问题，首先是三传卯寅丑，二月木旺克子孙土，其次我们分别来看，日上辰土子孙空亡，而且辰土天将青龙为喜，与辰一起空亡。辰土又遭其阴神卯木逼克，遭末传丑土所破。而且辰土天罡为坟地，也主坟地风水不招子孙。

日支上神未土子孙，长生于申金妻财，似乎不错，表示自己的妻子命中招子，但是被末传丑土冲破，末传丑土子孙，自坐寅上被寅木克破，因此综合看，丑出了问题。丑是日支之墓，为风水象，三传卯传寅，寅传丑，寅卯为父，而且发用癸卯空而闭口，中传寅木临白虎，表示是已经去世的父母的坟地风水存在问题，丑土加寅，丑加寅为艮，因此表示坐向在艮山的坟地风水有问题，如果迁移坟地或更改坐向，则丑发生变化不去破坏本课中的未土，则可以得一子。

例八：建炎戊申年八月己未日巳将卯时。何解元，癸酉生三十六岁占子嗣。

青 勾 合 朱
未 申 酉 戌
空午　　　亥蛇
虎巳　　　子贵
辰 卯 寅 丑
常 玄 阴 后

蛇	合	蛇	合	子	辛酉	合
亥	酉	亥	酉	子	辛酉	合
酉	未	酉	己	子	辛酉	合

邵彦和曰：课名独足，若传飞散，便不应也。何兄此占，当有五女，若要得子，除非过房。行年在丑，酉为六合，而冲卯之玄武，毕竟男胎不成也。本身有肠风痔病，乃好色得之。不利成名，成名则不过四十八矣。

盖身宅三传俱是酉，酉为兑，兑为少女；六合乘酉，亦是女；三传日辰俱见酉，故主五女也。行年上见卯，为震，为长男，酉来合丑，而卯相冲，上又见玄武盗耗，所以不成胎也。酉金为大肠，又酉为血，故为肠风脏毒也。酉为脱气，又为色欲，六合为女，故主好色也。酉六未八，乃六八四十八也。

同日张世南得此课，占讼。邵彦和曰："两边行不得，只好从中自后行。若两边争时不知安息，公潜地用轿自走去地头，定解。"果如其说。二月己未日亥将酉时，张克用商人占远行买卖，亦得此课。以酉为兑，兑为泽，六合为船只，只利舟行，独足只一足，不利陆行，若行船加倍得利，果应。

解：占问子嗣，首先看课中有无子孙。此课三传三酉，干支上各加酉金，共五个酉金，酉为子孙，而且酉临六合，六合为子息，因此判断该人生有五女。因为酉为干支共同的子孙，因此其本人与妻子都不招子，其人行年在丑，丑上临卯，卯木为震，震为长男，为子之象，但是卯木被课传中的酉金冲破，而且行年丑与课传之酉三合克卯，因此主命不招子。且卯临玄武，也是不利胎产生育之象。

课传酉金泄气太过，对本人身体还不利，日干沐浴在酉，酉为大肠，而且又加未上，未为脾胃，因此其象更确。沐浴为隐私、败露，其天将六合为女子象，更主好色而不利下体。《六壬大全》中，六合相关歌诀云："问疾阴阳心腹痛。"特指阴阳不调，心腹虚弱。干支具泄于酉，而且酉是本命，其行年上神又为日鬼，天将玄武，都是影响寿命的预兆。根据酉为六，日干己（未）为八，六八四十八，主其四十八岁亡。

例九：己酉年九月十六日辛酉卯将午时。季官人，己卯生，三十一岁，占过房子息。

勾	合	朱	蛇
寅	卯	辰	巳
青丑			午贵
空子			未后
亥	戌	酉	申
虎	常	玄	阴

合	贵	朱	后
卯	午	辰	未
午	酉	未	辛

官	戊午	贵	
财	乙卯	合	
子	子	空	◎

邵彦和曰：此乃天网课，若继子，便是一个冤家入门，自后生出无限事。支干上午与未合，合起天网，妻卯加鬼上，必无亲子。末传子爻加妻爻上作天空，天空本家戌，即今日之辛，是己与妻皆空，何能有子？惟子之阴神见，主妾能生子，奈酉作玄武，又非己出，主因奸成也。

季子见先生不允过子，遂买一妾，两年不生。季子有妹夫郑元益，时常往来，妾遂与私而得孕，季知风而不较，至乙丑年生儿，实甲子年有孕。因酉加子，故子年乘玄武是偷合。先生曰：将来妾子亦是取债人也。家业必为所败矣。季官人前私姑家一女，又私一婢，恐其有孕，欲以绝胎药阻其经，两女后皆不生子，季亦无子，此报应之不爽也。

例十：己酉年十月二十二丁酉日寅将子时。郭彦和，壬午生，二十八岁，占讨一继子。

	朱	蛇	贵	后
	未	申	酉	戌
合	午			亥阴
勾	巳			子玄
	辰	卯	寅	丑
	青	空	虎	常

常	阴	阴	贵	财	丁酉	贵
丑	亥	亥	酉	官	己亥	阴
亥	酉	酉	丁	子	辛丑	常

邵彦和曰：三传干支，皆是贵人，此子恐日后必不服，而心有回家之意。酉作贵人，内中有丁，且又发传，终久主动。宅亥作中传，丁绝于亥，丑权住脚，似尊阃不看顾他，惟赖老阴人抚恤，终老阴人之世，他必去矣。然此子不贵，吾兄年三十二上，自有子。

盖贵人太多，所以贵多不贵，两头不得也。子就父作贵人，支投干作贵人，可见此子不合留。丁以酉为妻，妻后自有子，故不看顾他，他乃去也。[①]然宅中有上穹像，不合触秽，又兼主山不合造猪圈，所以缺子。乾亥山来冲右胁，主妇人堕胎。盖亥为上穹，作鬼入宅，阴神见月厌，亥又为血忌，故主触秽，支上为主山，作太阴为鬼，亥属猪，改造猪圈，丑为墓，加乾亥上，丑乃丁之子孙，丑土犯亥，故墓不利。若移了猪圈及供上圣，修乾亥墓，自然有子矣。后果如占。

例十一：七月丙辰日午将午时。某丁亥生，占产。

	空	虎	常	玄
	巳	午	未	申
青	辰			酉阴
勾	卯			戌后
	寅	丑	子	亥
	合	朱	蛇	贵

青	青	空	空	兄	丁巳	空
辰	辰	巳	巳	财	庚申	玄
辰	辰	巳	丙	父	甲寅	合

---

① 酉乃丁之妻，亥乃酉之子，亥加酉上，故曰妻有子，三十二岁行年到酉乃应也。

邵彦和曰：产必生女，子母无事，谓丙以巳为德神，又秋以辰为天喜，作龙入庙，中传申为水土长生，末传为干之长生，日辰有德与长生，是厚德载物也。故生女。

例十二：某占产七月乙丑日午将申时。

合 勾 青 空
卯 辰 巳 午
朱寅　　未虎
蛇丑　　申常
子 亥 戌 酉
贵 后 阴 玄

玄	后	贵	朱	父	亥	后	◎
酉	亥	子	寅	官	癸酉	玄	⊙
亥	丑	寅	乙	财	辛未	虎	

邵彦和曰：此课主母死子存。母死者，后被丑克，传玄虎入内门，酉为内门，卯为前门。经曰：支是母兮干是儿。今天后被支所克，父母发用，传归凶将，白虎乘墓入酉之内门，故母死。子存者，乙干是儿，乘寅为少阳，朱雀火又乘其上，乙日木旺火相，日干得旺相之气，故儿存也。

例十三：二月丁亥日戌将亥时，占生产。（《直指》引《古鉴》）

青 勾 合 朱
辰 巳 午 未
空卯　　申蛇
虎寅　　酉贵
丑 子 亥 戌
常 玄 阴 后

贵	后	勾	合	子	丙戌	后
酉	戌	巳	午	财	乙酉	贵
戌	亥	午	丁	财	甲申	蛇

邵彦和曰：占时与日比，用神克下，当生男，亥为头，戌为足，恐有倒生之象。末传蛇对冲寅作白虎为血忌（血忌当作血支）加卯上，卯日当生矣。果验。

例十四：三月壬寅日酉将戌时，卜生产。（《一针见血》）

蛇 朱 合 勾
辰 巳 午 未
贵卯　　申青
后寅　　酉空
丑 子 亥 戌
阴 玄 常 虎

玄	阴	空	虎	兄	庚子	玄
子	丑	酉	戌	兄	己亥	常
丑	寅	戌	壬	官	戊戌	虎

刘日新曰：日辰皆阳，壬属水，用玄武水，传入三渊皆水，子是女宿，主生女。① 支为母不受克，母平安，干为儿，受戌克，玄武加子发用，为武入三渊，末传仍归戌虎，克干儿不吉，故生女而弃水死。河魁加日主迅速，故当日生。

例十五：戊辰年闰七月己卯日巳将酉时，占胎产。(《牧夫占验》)

戊辰年　庚申月　己卯日　癸酉时

	青	空	虎	常	
	丑	寅	卯	辰	
勾	子			巳	玄
合	亥			午	阴
	戌	酉	申	未	
	朱	蛇	贵	后	

后	合	合	虎
未	亥	亥	卯
亥	卯	卯	己

兄	癸未	后
官	己卯	虎
财	乙亥	合

王牧夫曰：占产虽易，但生难存，母却无碍，盖此课秋占木局为鬼干日，此凶微也。己日未乃其身，由身传鬼自克，故先产后凶，母能保者，传比日支也。支辰又乘亥水长生，故母无恙，产亦易也。后为初传，又属厌翳，木衰而朽，主女。而不吉也。

仪征吴兄占产，其母年带死气白虎，生后当不保，果厄于产。程秀田兄夫人当产期，腹痛已有欲下意，来占。余曰："尚未，旬日后方是产期。"初不信，至夜痛止，果隔旬日而生，日时俱不差。其课遗失。秀兄每叹其异验也。

仪征朱礼山兄，浯村人，其先乃族后，故亦以宗绪相称。曾于扬州取侧室，七年不孕，欲遣之，问数于余。余为占之曰："此数来年二月必怀孕，去此不过三个月耳。如数不验，再遣何如?"礼曰："吾已带来扬矣。"余谓之曰："七年可待，三个月反不能待耶。"礼笑而允之。至次年二月果怀孕，十一月生男，腊月至余寓谢，谓余曰：君何数神如此?"其课遗失，附记于此。

---

① 程树勋按：下克上亦是女。

例十六：己卯年七月甲寅日巳将寅时，占胎产。男命辛亥二十九岁，女命戊午二十二岁。(《牧夫占验》)

　蛇 朱 合 勾
　申 酉 戌 亥
贵未　　　子青
后午　　　丑空
　巳 辰 卯 寅
　阴 玄 常 虎

蛇 阴 蛇 阴　　官　庚申　蛇
申 巳 申 巳　　父　癸亥　勾
巳 寅 巳 甲　　兄　甲寅　虎

王牧夫曰：占胎而得闭口，又系夫占，胎神作鬼，此私胎也。只芜淫之课，多主淫乱。因干支不分，内外无别耳。况行年男交女命，女交男命，此岂夫妇之道乎？况明日七夕，日近巧期，卯酉私门，往来无忌，幸见老阴人救解耳。后知为苟合之胎，辛亥命非其夫也。神不可欺如此。

例十七：丁卯年五月甲辰日未将丑时，甲戌命，五十四岁，占子息。(《牧夫占验》)

　朱 蛇 贵 后
　亥 子 丑 寅
合戌　　　卯阴
勾酉　　　辰玄
　申 未 午 巳
　青 空 虎 常

玄 合 后 青　　兄　　寅　后 ◎
辰 戌 寅 申　　官　戊申　青 ⊙
戌 辰 申 甲　　兄　　寅　后 ◎

王牧夫曰：此课占子息，主有子不育，直到五十六岁，偏胎之一子可许也。此课三传无子，惟遁出丙火子孙，又为日鬼克绝，木受金伤，则子孙何所托以为体，丙受克则子孙何处以为生？此三传之现在者，不得有所存也。

支乘六合，六合乃子孙类神，居于冲墓之地，不得为旺。然五月火司其正，戌乃火墓，子息临库旺乡，尚有一子可许。若非五月火有气，则支上之重土乃丘墓重叠，主孤寡也。己巳之岁，胎见长生，又与命上生气做合，酉为妾，卯为长子，故主是年偏胎生一子也。后果验。

例十八：庚辰年九月庚戌日辰将辰时，占六甲，丁酉命，四十四岁。(《牧夫占验》)

勾	青	空	虎									
巳	午	未	申									
合辰			酉常	玄	玄	虎	虎	兄	戊申	虎	
朱卯			戌玄	戌	戌	申	申	财	寅	蛇	◎⊙
寅	丑	子	亥	戌	戌	申	庚	官	乙巳	勾	
蛇	贵	后	阴								

王牧夫曰：此课甚奇，乃是双胎，然母子俱不能保，何也？年月日时月将俱是罗网魁罡，何得出此难？况三传刑尽妻财，夫占更为不吉。何以知是双胎？月建重叠故也。女命丁酉，酉是庚日之网，重重凶征。故于次年二月先生一女，腹仍未消，子母俱不能保也。

例十九：辛巳年五月庚戌日申将午时，占胎产。男己卯生，六十三岁。女丙戌生，五十六岁。(《牧夫占验》)

空	虎	常	玄								
未	申	酉	戌								
青午			亥阴	蛇	后	后	玄	子	壬子	后	
勾巳			子后	寅	子	子	戌	财	寅	蛇	◎
辰	卯	寅	丑	子	戌	戌	庚	父	甲辰	合	⊙
合	朱	蛇	贵								

王牧夫曰：占胎产当以支位之胎神为类用，六十三岁人，血气已衰，不当以干之胎神论也。今正时即支之胎神，发用天后冲破，中见蛇，又逢空，末见六合子息之神，又为日破，此似胎而非胎也。午于五月为月厌杀，天后为血，寅木为肝，肝乃藏血之脏，带蛇主不足，此主气旺血不足，似胎而非胎，不能产也。后竟不产而腹自消。又初传子冲时，中传寅冲日，末传戌冲支，其气散也。

例二十：甲戌年九月辛巳日辰将卯时，占胎产。

	勾	青	空	虎	
	午	未	申	酉	
合	巳			戌	常
朱	辰			亥	玄
	卯	寅	丑	子	
	蛇	贵	后	阴	

青	勾	阴	玄	官	壬午	勾
未	午	子	亥	父	癸未	青
午	巳	亥	辛	兄	申	空◎

王牧夫曰：此数合当产过，喜信在途，巳日可到。此父占子息之胎，干上仰首，见子孙之神，而子边亥，已成孩也。初传午火克辛金，支乃母位，午与亥绝，乃胎已出腹之象，皆兆已产。三传午为马，未为青龙，皆主文书，申为传送，天空亦主音信，申为道路，故主音信在路也。己日到者，末传甲申，遁合当在己丑日耳，数得连茹，不止一信，当是女，喜两阳夹又支干不比也。此数又主本身有遗精白浊之疾，兼吐衄也。盖子亥水泄气，故亦有吐衄之症也。[①]

例二十一：乾隆戊辰年丑建庚寅日子将丑时，占胎产。母丁未生，二十二岁。

	蛇	朱	合	勾	
	寅	卯	辰	巳	
贵	丑			午	青
后	子			未	空
	亥	戌	酉	申	
	阴	玄	常	虎	

虎	阴	蛇	勾	官	癸巳	勾
申	亥	寅	巳	财	庚寅	蛇
亥	寅	巳	庚	子	丁亥	阴

王牧夫曰：占胎产，主易生，母无恙，子难保也。凡占孕，与产不同，孕忌蛇虎，产喜蛇虎，以其为血神也。干位为子，支位为母，定体也。今干支俱乘墓，互相制，是怀此孕，即当有病，母子皆不安宁。

产易生者，蛇虎在干支之阴，其为辅也。母无恙者，支寅木，春占得旺气也。子难保者，传归夜时而遁出丙丁，皆克干支鬼也。生女者何？干支上

① 凡占病，用蛇司内，虎司外，在干支者，现于肢体。此论不视白虎，非正见，乃旁通附见耳。

神相比，皆阴而正时又下克上也。推而言之，戌为蛇足，加于亥，亥为天头，足上头下，亦易产业，传退亦易产业，三奇亦无恙也。干空子不利也，母位之丑，乃庚日之墓，又带丁克干，子亦不利。干上之未虽墓母位之支，然带癸水生神，母亦无恙也。子午道路也，蛇虎血神也。故产一女，而后不育也。后果一一俱验。

例二十二：丙子年十一月丙辰日寅将辰时，占生产。

	勾	青	空	虎	
	卯	辰	巳	午	
合	寅			未	常
朱	丑			申	玄
	子	亥	戌	酉	
	蛇	贵	后	阴	

蛇	合	朱	勾	子	丑	朱	◎
子	寅	丑	卯	官	癸亥	贵	⊙
寅	辰	卯	丙	财	辛酉	阴	

郭御青曰：余为凌九弟占生产，据常法干上不比，三传俱阴似女，岂知太阳照宅，上乘六合，小儿之象。又干上卯，初传丑夹月将于中，下临本辰，丑为腹神，腹空速产之象，若非本日必戌日。何也？天上丙寄申，下临戊戌，丙火生戊土，乃真父子相见。果于本日丙辰戊戌时生男。

例二十三：壬申年十月己丑日寅将巳时，自占明年得子否？

	朱	合	勾	青	
	寅	卯	辰	巳	
蛇	丑			午	空
贵	子			未	虎
	亥	戌	酉	申	
	后	阴	玄	常	

虎	阴	蛇	勾	财	戊子	贵	
未	戌	丑	辰	兄	壬辰	勾	⊙
戌	丑	辰	己	兄	丙戌	阴	

郭御青曰：壬申余因伤子，偶动意占明年得子否，意中不观课体吉凶，但传出子字即取为子，果传出子字，乘贵人且发用，三奇旺相，后果于癸酉年甲子月戊戌日庚申时生子。八字甲戊庚三奇，与课同，其何神符也。[①]

① 程树勋曰：子贵发用，众土克之，生而不育之象。观丁丑年十月戊申日子时占梦一课而知此子之不育，郭君虽不论课体之吉凶，但六壬神应，无微不到，吉凶何尝豫报耶？

例二十四：癸酉年十月丁亥日寅将未时，占产期。

　蛇 朱 合 勾
　子 丑 寅 卯
贵亥　　　辰青
后戌　　　巳空
　酉 申 未 午
　阴 玄 常 虎

朱 虎 阴 合　　兄　　午　虎◎
丑 午 酉 寅　　子　己丑　朱⊙
午 亥 寅 丁　　财　甲申　玄

郭御青曰：干上寅，支上午，必戌日生，寅为干之长生，六合小儿之象。后果于戊戌日申时生子，应末传之申字也。

解：此课三传初中空亡，因此以四课与末传而论应期。

例二十五：崇祯癸酉年十一月戊戌日寅将午时，占产期。

　贵 后 阴 玄
　丑 寅 卯 辰
蛇子　　　巳常
朱亥　　　午虎
　戌 酉 申 未
　合 勾 青 空

后 虎 勾 贵　　官　壬寅　后
寅 午 酉 丑　　兄　戊戌　合
午 戌 丑 戊　　父　甲午　虎

郭御青曰：前为产期，丁亥日寅丁一课，知在戊日矣。至戊戌日占果是日生否？此课贵人临干，丑为腹神，落空必产而后腹空也。又午为戊之胎神，作白虎，速产之象，又临戌，必是日生也，前寅丁一课，寅午虚邀戌字，今即三传寅戌午，又壬申年己丑日辰己一课发用，子作贵人，今干上丑作贵人，三课呼，应如一课，奇矣！[①]

例二十六：乙亥年四月壬寅日申将卯时，占产男女。

　青 空 虎 常
　戌 亥 子 丑
勾酉　　　寅玄
合申　　　卯阴
　未 午 巳 辰
　朱 蛇 贵 后

虎 朱 勾 后　　兄　庚子　虎
子 未 酉 辰　　财　　巳　贵◎
未 寅 辰 壬　　官　戊戌　青⊙

① 笔者按：前两课，见本例前两例。

郭御青曰：子字发用，即取为男，不必别求，虽中末空，至二十五日甲辰旬则不空矣。课名三奇，与壬申年己丑日辰已一课占得子，亦名三奇相合。但嫌人宅乘墓，谁知后课又相应也。

例二十七：崇祯乙亥年四月壬寅日申时午将，再占产期。

勾 青 空 虎
未 申 酉 戌
合午　　亥常
朱巳　　子玄
辰 卯 寅 丑
蛇 贵 后 阴

合 蛇 贵 阴
午 辰 卯 丑
辰 寅 丑 壬

官　辰　蛇 ◎
财　甲午　合 ⊙
父　丙申　青

郭御青曰：前嫌人宅乘墓，此即自墓传生，两课相解，前课初实中末空，此课初中空末实，至甲辰旬，俱不空矣。当在丙午日生，以月将临午作六合，小儿之象。又壬水胎处也，先乙巳饮于同袍亲姻张贞明家，余预达明日过余贺生子，张贞明犹骇异不信。至第二日，丙午日寅时果得男。凡产育、行人，期候最难，亦有决不准者，此其验之奇中者耳。

例二十八：壬申年丁酉日，占子息。

勾 青 空 虎
卯 辰 巳 午
合寅　　未常
朱丑　　申玄
子 亥 戌 酉
蛇 贵 后 阴

空 常 勾 空
巳 未 卯 巳
未 酉 巳 丁

子　辛丑　朱
兄　巳　空 ◎
兄　巳　空 ◎

郭御青曰：壬申年东鹿李望川者为余占子息，是年余伤子，即己巳所生者。李断此课，巳空即主所伤之子，天上日寄未临酉，土金相生又遁干丁己，火土相生乃真父子相见，酉年必得子。果于癸酉年十一月得一子，李断亦奇妙矣。附此。且课名别责，亦弃先后别图，后望之意。[1]

① 程树勋按：中末空亡，生子不能长大，此前人所未发，余屡因试验知之，故特附记于此。

例二十九：丁丑十月癸丑日辛酉时，大司理讳化淳曹公奉上传，令灵台牌子太监陈国用，占东宫田妃六甲。(《指南》)

丁丑　辛亥　癸丑　辛酉

	空	虎	常	玄								
	亥	子	丑	寅								
青	戌			卯	阴	常	朱	常	朱	官	丁未	朱
						丑	未	丑	未	官	癸丑	常
勾	酉			辰	后	未	丑	未	癸	官	丁未	朱
	申	未	午	巳								
	合	朱	蛇	贵								

断曰：此男子之祥也，然生而难育，应在卯年。盖因纯阴返阳，支上神与支相比，故主男必矣。然而卯年不育者何也？胎神夹克无气，此追魂之魔，卯为东宫子宿，受酉将阴杀冲克，是以知其卯年不育。未几田妃生第六子，卯年命殒。

例三十：庚辰三月辛卯日丙戌时，予寓埂子街，邻人江右傅姓者求占六甲。(《指南》)

	合	勾	青	空								
	巳	午	未	申								
朱	辰			酉	虎	蛇	蛇	常	常	财	辛卯	蛇
						卯	卯	戌	戌	子	戊子	阴
蛇	卯			戌	常	卯	卯	戌	辛	财	辛卯	蛇
	寅	丑	子	亥								
	贵	后	阴	玄								

陈公献曰：此必双胎，皆男子也，主八月戌日辰时生，母子清吉。何以知为双胎？以月建重叠，作胎神乘旺气故也。何以知为两男？卯属震，为长男，日上河魁，乾宫所属，亦男也。何以知八月生，酉冲卯胎也，戌日辰时者，戌为养神，候辰来冲干上戌也。

例三十一：崇祯丁丑年四月乙酉日酉将乙酉时，嘉兴冯尔忠占六甲。(《指南》)

合 朱 蛇 贵
巳 午 未 申
勾辰　　酉后
青卯　　戌阴
寅 丑 子 亥
空 虎 常 玄

后 后 勾 勾
酉 酉 辰 辰
酉 酉 辰 乙

财 壬辰 勾
官 乙酉 后
兄 辛卯 青

陈公献曰：产必双胎，一男一女，然男必生，而女必死。何也？酉为日之胎鬼死气，偏房婢室之孕不必言矣。但末传卯作支之胎神生气，中传酉属兑，为少阴，末传卯属震，为长男；其男子生者，胎财生气也；女子死者，作死气日鬼也。

例三十二：己丑二月辛丑日己亥时，偶有一回子烦庠友孙石渠占生育，将所占课与予断看吉凶。(《指南》)

朱 合 勾 青
辰 巳 午 未
蛇卯　　申空
贵寅　　酉虎
丑 子 亥 戌
后 阴 玄 常

玄 阴 空 虎
亥 子 申 酉
子 丑 酉 辛

子 庚子 阴
子 己亥 玄
父 戊戌 常

陈公献曰：占产难生，子母皆亡。友人曰：一手先出矣，据课子必难保。予曰：不然，先母生余时，先一日晚手出，次早脚出，母子无恙。此课河魁渡亥，子被阻隔，天狱无冲，其子何由而出？日干上虎来遁鬼，支上子乘游魂；天后象母，受寅贵劫煞制克，是以子母不保。未几，子未出母已死矣。

例三十三：甲子四月癸卯日戊午时，予同公明长兄访徽州戴羲宇，占课。(《指南》)

	朱	合	勾	青											
	未	申	酉	戌											
蛇午				亥空		朱	贵	贵	阴		官	乙未	朱 ☉		
贵巳				子虎		未	巳	巳	卯		父	丁酉	勾		
	辰	卯	寅	丑		巳	卯	卯	癸		兄	己亥	空		
	后	阴	玄	常											

余问戴曰：知来意否？曰：时为日之胎神，必为六甲占也。余曰：然，男乎？抑女也？曰：干上卯属震，长男之象。又是暮贵，三传四课纯阴，阴极阳生，生贵儿必矣。且支加干，仰首见子，生必顺利。但四课不备，未能足月。生于何时？曰：六月生。果一一如所断。余又细看之，子冲胎神，子上见寅，子日寅时生。

六　疾病

疾病预测，在古代预测学中是结合中医而论的，中医的很多医学概念与现代西医的概念有很多是名同而意不同，因此在研究疾病预测的时候，务必要注意这个问题，以免在预测中造成双方理解上的偏差。因为我们学习的是中国易学，在预测疾病方面自然而然就涉及到了祖国的中医，当然为了准确预测出疾病症状，我们还有必要对现代西医有一定的了解，易学的任何一门分类预测都是事理与预测的完整结合，我们要准确预测疾病就必须了解人体构造与疾病的因素。下面笔者介绍一下中医的病理知识。(西医方面的知识请参考现代西医书籍)

首先我们介绍中医的主要特点，中医把人体内脏和体表各组织和器官的关系看做是不可分割的，同时中医还认为环境的变化对人体的生理和病理有重大的影响，因此中医强调人体内部的统一性，也重视人体和外在环境的统一性。中医很重视人体内脏的生理功能，把内脏根据其性质和作用分为五脏六腑，又把另外的一部分称为奇恒之府和传化之府，五脏是心、肝、脾、肺、肾，六腑是胆、胃、小肠、大肠、膀胱和三焦。下面我们首先一一介绍脏腑。

1、**心**　心生血，主藏神，是人体生命活动的主宰。心脏如果不健全或有疾病就会发生心悸、失眠、善亡、喜怒失常、神识昏迷，还会影响其他脏腑。

2、**肝**　肝藏血，主谋虑，肝性刚强，因此中医上又称之为将军。由此我们想象到肝火，发火、生气、强制，当人受到精神刺激的时候，往往会影响肝脏功能而发生恼怒、头胀，甚至火气上逆发生吐血。肝同时也是女子的先天（有生殖机能的意思），因此中医上在调经、种子上很重视对肝的治疗培养。

3、**脾**　脾统血，主运化。我们知道维持生命的力量主要是营养，而脾就起到消化水谷，把食物的精华运输到全身，因此它是“后天”之本。如果脾出现问题，则会出现消瘦、精神疲乏。脾又主运化水湿，因此当出现疾病也会出现胸闷呕恶，大便泄泻，肌肤浮肿。

4、**肺**　肺主气，司清肃。肺气不降，则会引起咳嗽，气喘，如果是虚症则会出现无力少气、言语低怯，肺对于心脏所主的血液循环有调节作用，因此两者有密切的关系。

5、**肾**　肾藏精，主作强。对人的精力充沛有着重要的作用。肾虚则耳鸣、眼花，腰痛、懒惰无神。肾为男子的先天，有生殖功能的意义，肾有两枚，左为肾，右为命门，肾主阴，命门主阳，因此肾又有水火之脏的说法。

6、**胆**　胆为清净之腑，主决断。胆与肝为表里，肝气虽强，非胆不断。肝胆相济，勇敢乃成。人身心为“君火”，胆与命门为“相火”，胆火如果偏亢，就会出现头胀、口苦、胸闷、胁痛、呕吐苦水。

7、**胃**　胃为水谷之海，主受纳。胃与脾为表里，胃能受纳也能消化，因此脾胃经常并提。

8、**小肠**　小肠为受盛之腑，主化物。小肠承受胃中腐熟的水谷，进一步分别清浊，使精华归于五脏储藏，糟粕归于六腑排泄，并将糟粕中的水液归于膀胱。渣则归于大肠。

9、**大肠**　大肠为传导之腑，主排泄。是整个消化的最后阶段。司管大便，因此大便干结、泄泻都从大肠下手。

10、**膀胱**　膀胱司气化，膀胱为水液会聚之处，如果气化不好，则出现闭溲、遗尿、小便不禁。膀胱的气化和肾脏还有关系，肾气足则能化，虚则不化。

11、**三焦**　为决渎之宫，主行水，三焦由上焦、中焦、下焦构成。主要作用是疏通水道。

其实内脏与四肢有着密切的关系，譬如肝与目、两腋，脾与口，心与舌、脉、四肢，肺与鼻、毛，肾与耳、骨、发。除了脏腑之外还有奇恒之府，即脑、髓、骨、脉、胆、女子胞。它们是似脏非脏、似腑非腑的器官，但是它们不是孤立的，譬如脑和心、肝有关，又因为脑和髓有关，髓和骨有关，骨属于肾，脑又和肾有关。女子胞就是子宫，和肝、心、脾有关。除此外，还有另外归结的传化之府，就是胃、大肠、小肠、三焦、膀胱，都属于消化系统。

其次我们介绍中医的病因分类。中医将病因定为内因、外因和不内外因。所谓外因有风（气候影响，风邪有伤风、中风、内风等等）、寒（阴邪譬如伤寒、中寒）、暑（夏令主气热病热症）、湿（重浊之邪）、燥（秋燥）、火（热邪）。所谓内因有，七情（忧、思、喜、怒、悲、恐、惊）痰、饮食、虫。所谓不内外因有，房室伤，金刃伤、汤火伤、虫兽伤、中毒。实际上不内外因都和内外因有关，不能独立起来。

最后我们介绍十二经脉，人体经络相当复杂，主要有十二支，称做正经。即手太阴肺经、手少阴心经、手厥阴心包络经，是为手三阴经；手太阳小肠经、手少阳三焦经、手阳明大肠经，是为手三阳经；足太阴脾经、足少阴肾经、足厥阴肝经，是为足三阴经；足太阳膀胱经、足少阳胆经、足阳明胃经是为足三阳经。此为十二经脉，这十二经的循行路线，有一个简单的口诀："手之三阴，从脏走手，手之三阳，从手走头；足之三阳，从头走足，足之三阳，从足走脏。"意思是手阴经从胸走手而交于手阳经，再由手阳经从手走头而交于足阳经，再由足阳经从头走足而交于足阴经，再由足阴经从足走内脏而交于手阴经，成为一个循环。十二经循行全身，很自然的将人体划分为若干个区域，并建立了体表和内脏的表里关系，腑属阳经，脏属阴经。因而可以从某一区域内所发的症状而测知发病的经、脏，并能根据这一经、脏进行治疗。譬如大肠手阳明经发病，常见齿痛、喉痹，肩前臑内作痛，食指痛不能动。与正经相对的有奇经，包络任脉、督脉、冲脉、带脉、阴维脉、阳维脉、阴跷脉、阳跷脉，称作奇经八脉，可补正经之不足。

下面为笔者为人占断病症的一个例子，供学者参考。

求占女友身体健康，女友最近身体不适，求占问题在哪？

时间：2009 年 02 月 25 日 15 时 39 分

农历：己丑年二月初一日申时

干支：己丑　丙寅　辛丑　丙申

朱	合	陈	青
申	酉	戌	亥
蛇未			子空
贵午			丑白
巳	辰	卯	寅
后	阴	玄	常

蛇	阴	阴	白
未	辰	辰	丑
辰	丑	丑	辛

官鬼		巳后
父母	辛	丑白
父母	辛	丑白

笔者在网站断：日上乘墓见白虎，主腹部有疾。胸腹闷、满，另外主不利泌尿，易见白带，此外外症还要注意皮肤瘙痒，主要病源根源于内脏，主肝脾不和，稍带风气。

实际反馈：全对。看来要看看中医了，谢谢叶师。

在学习完下面的古人例子后，相信读者能够分析出本例的断语。

例一：皇祐元年有李都尉公主年三十三岁，忽于五月初间染患不安，至于病危，医官拟议不敢下药，于当月二十三日奉旨遣楚衍至李宅中占课，立等回奏。当日乙卯，亥时，月将小吉。

青	空	虎	常
丑	寅	卯	辰
勾子			巳玄
合亥			午阴
戌	酉	申	未
朱	蛇	贵	后

后	合	贵	勾
未	亥	申	子
亥	卯	子	乙

财	己未	后
兄	乙卯	虎
父	癸亥	合

衍奏云：公主所患因食冷物，被白兽动，至惊风透入经络，日中则发搐搦，入夜则稍定，此病肝胆之下隐伏不见，当于今夜子时有神医入梦，觉即吐逆，至晚脉细应至，自后即安。乞今医官预备调和之药。果于当晚三更四点，公主梦一紫衣和尚手执杨柳带水洒身，觉汗流而吐，便觉渐安。上知甚悦，遂遣中使至李宅，令供病因，依左奏答。公主云：重午日申时以来与都尉饮酒吃冷粽子之间，有本宅白狮猫跳上桌子，触倒酒器，即时便不快。上一见回奏，因依便令宣楚衍至便殿，诊询昨日之课如故应验如此，勒令敷奏。

议曰：昨日乙卯得亥时，月将小吉加亥，就作发用，上得天后，中传太冲加未白虎，终传登明加卯六合，此课正元首之课，白虎凶神不来克日则占病无忧，发用未是木墓，加于亥上，亥是阴极之位，主于冷，又未中有丁，乙以丁为食神，故言曾食冷物。中传太冲加未得白虎乘卯木来制，初传未土，故有白兽惊恐。法以丑未为经络，巳亥为气脘，故惊风透入经络，课变曲直，木聚，主风，发用月将，传出太冲，因此日中发抽搐。木乘未墓为隐藏，故病在肝胆之下隐伏不见，五月天医在申，今加子上，行年是子，今得传送乘之，申是木绝之地，法谓木绝则魂贵天游，行年之阴上得天罡为梦神，所以感梦。申是今日贵人，有天医乘之，故有神医入梦。日上有勾陈入水，所以吐逆而安也。[①] 臣供是实，谨奏。

解：公元1049年，皇祐元年，该年五月十四日乙巳日夏至，五月三十日辛酉日小暑，因此本课如果真实存在，则真实时间当为五月二十四日乙卯日。

例二：五月甲辰日未将丑时，父占子。

	勾	青	空	虎	
	亥	子	丑	寅	
合	戌			卯	常
朱	酉			辰	玄
	申	未	午	巳	
	蛇	贵	后	阴	

玄	合	虎	蛇
辰	戌	寅	申
戌	辰	申	甲

兄		寅	虎	◎
官	戊申		蛇	⊙
兄		寅	虎	◎

苗公达曰：甲木旬空，已为朽木，申金又克之，甲木上乘蛇，此子七岁以前，被风惊，或仆，不能立，以寅数七，被申克，故主风，白虎亦主风，七岁以后，申又加寅，寅上亦做白虎，寅逢旬空，当是在前山木林第七株树下遇一戏猴人，失猴一惊，害病几死。

以申为猴申也，蛇为牵猴，又空为失索而走也。辰投入宅，与申三合拱生甲木，颇有生意，寅申俱七，辰戌俱五，盖至二十五年内，人颇精彩。宅上见戌为财，辰戌冲断，又为斩关，遂出外买卖，戌上又见辰，为武合相并，主有阴私，一连三个财，财多身弱，武为盗神，武乘辰龙则能变化，化为美妇，盗其精血，日后贪淫一十五年，中传申化为鬼，日夜跟随，不离梦醒，寅为夜时为梦醒，又见蛇虎缠绕，如此七年。三传反吟来来往往，不得断绝，申月寅日因天风吹倒大树，压在门前，中风而死。魂无所归，安望归乎？父

① 凡占病不可不察，以日将为得病之由，辰为受病之因，以发用为医生，以三传四课定浅深，以行年本命决生死，看何神将加临以断吉凶也。

子至情，徒生悲切耳。

解：原断十分精彩，此例重点突出了空亡、神将关系以及魁罡的特殊性质等论法。但抄本中断语凌乱，因此，此课只可参考。有本作刘日新断。

例三：杭州灵芝寺住持印宗师，一日害背疽（背部毒疮）甚重，臭秽至见骨，往求苗叔芳卜医生。（《一针见血》）

	蛇	朱	合	勾	
	寅	卯	辰	巳	
贵	丑			午	青
后	子			未	空
	亥	戌	酉	申	
	阴	玄	常	虎	

青	常	虎	阴	子	庚午	青
午	酉	申	亥	兄	丁卯	朱
酉	子	亥	甲	父	甲子	后

苗叔芳曰：无妨，可救，宜向南方求医。初传青龙胜光，须用火针，一开即愈。后果得南方医者，用针一开之后，却不溃脓，乃子卯相刑之故。再加一针，脓方出尽。用凉药敷贴，旬日全愈。此是天医之验，加于三传，病必可治。[①]

例四：六月甲子日午将申时，占病。（《通神集》）

	朱	合	勾	青	
	卯	辰	巳	午	
蛇	寅			未	空
贵	丑			申	虎
	子	亥	戌	酉	
	后	阴	玄	常	

虎	玄	玄	后	财	戌	玄◎
申	戌	戌	子	官	壬申	虎⊙
戌	子	子	甲	子	庚午	青

断曰：四课不足，脉息短小，发用戌土祟，玄武主脾病泻痢，中传申鬼并白虎，主沉重。然得末传午火作青龙克制虎鬼，久而自安，药宜辛温及升阳耳。

---

① 愚按：此课不载月将正时，若按午为天医制鬼而吉，则七月占或十一月占也。若三月占，则不用昼贵矣。天医有两种，一是正月起子顺行四仲，一是正月起辰，顺行十二支。

例五：六月癸丑日巳将亥时，壬辰老人占病。

	勾	合	朱	蛇	
	亥	子	丑	寅	
青	戌			卯	贵
空	酉			辰	后
	申	未	午	巳	
	虎	常	玄	阴	

朱	常	朱	常	官	丁未	常
丑	未	丑	未	官	癸丑	朱
未	丑	未	癸	官	丁未	常

徐次宾曰：此人因酒食过多，伤脾胃下痢，小肠不通，添心腹胀满，用药不效，饮食不进，旦暮即死也。

盖日上小吉主羊、酒，太常主筵席，土主脾胃，各乘休气，故言酒食伤于脾胃也。癸水受未土制，故下痢，三传皆土，癸水不能流行，故主小肠不通，心腹胀满，癸水不得外行也。小吉为药，太常为饮食，既为日鬼，故主药不效，饮食不进矣。且时为日马，卦得反吟、游子，天涯地角之外，其病身一虚壳耳。又命上丧魄，三传俱鬼，以四鬼守虚壳，岂不旦暮而死乎。

例六：己酉年三月月壬午日戌将丑时。孟承务，占子病，己亥生，十一岁。

	蛇	贵	后	阴	
	寅	卯	辰	巳	
朱	丑			午	玄
合	子			未	常
	亥	戌	酉	申	
	勾	青	空	虎	

合	贵	阴	虎	财	辛巳	阴	⊙
子	卯	巳	申	子	戊寅	蛇	
卯	午	申	壬	兄	乙亥	勾	

邵彦和曰：此课主病，上热下冷，上膈虽热而不渴，中间风气相击，下部不通，因食冷咸物损肺，遂上痞下满，今宜补肺通肠。盖曾寄出家，未曾还愿之故。今若寄出家，可以免灾，终是衰弱，二十一岁后状如老人，皮肤消瘦，若痨病状；二十八岁，不能过也。其子病症，果是上热下冷，因食冷鲞鱼汤与麻糁，遂得此病。昔日舍在净安寺，继又赎归，遂不安，常若痨怯状；寄在外祖家养育，瘦弱愈甚，不曾娶妻，至绍兴十六年丙寅四月初三日病故，果二十八岁也。

夫日上长生是空亡，申为寺院，虚生是寄舍也。壬受申之虚生，却去生寅木，木生巳火，巳火克申金，申金受克，走来壬上避之，非本意来生也，故终身瘦弱。申数七，亥数四，四七二十八也。初巳火主上热，末亥水主下冷，初传巳火，上下皆金，故虽上膈热而不渴，中传寅木，主风气相击，末传水作勾陈，故下部不通。又巳火伤申金，肺喘必矣。

例七：戊申年六月甲寅日未将卯时。王县丞，甲戌生，三十五岁，占病。

	勾	合	朱	蛇	
	酉	戌	亥	子	
青	申			丑	贵
空	未			寅	后
	午	巳	辰	卯	
	虎	常	玄	阴	

合	虎	合	虎	官	庚申	青
戌	午	戌	午	子	戊午	虎
午	寅	午	甲	子	戊午	虎

邵彦和曰：此课日辰皆见午，甲寅二木，皆死于午，那堪中末又是午，初传又是绝神，六月午为月病符，旺火蚀休木，本宫又克父母，既无父母，亦难为子息及自身。幸行年在子，子能制午，木烧不尽，三十七行年到寅见午，恐难过。三十九行年到辰见申，尤难过矣。须先克了子，便成心病，且作废人也。王县丞授邵武军，是年丧男女四人，果成心病，不赴任，恣狂而走。至三十七癫痴，不知人事，亦不知饮食，几两月方瘥。三十九上，又复如此，却不死。四十一岁上，太岁到寅，死矣。

盖日上午、辰上午、中传午、末传午，共四午来蚀甲寅，是四个月病符、四个天鬼。[1] 四个天地转杀。[2] 四个白虎，所以丧四子。午为心，遇虎，故主颠狂。木死于午，故为废人。天鬼多生于疫病，故死者非二四即五六也。[3]

例八：戊申年五月癸巳日申将卯时。徐孺人，己卯生，三十岁，占病。

	青	空	虎	常	
	戌	亥	子	丑	
勾	酉			寅	玄
合	申			卯	阴
	未	午	巳	辰	
	朱	蛇	贵	后	

阴	青	空	蛇	财	午	蛇	◎
卯	戌	亥	午	兄	丁亥	空	⊙
戌	巳	午	癸	官	壬辰	后	

---

① 天鬼常传四仲神，建寅居酉逆相巡，行年日上如遭着，灾祸刑伤病扰人。

② 春卯，夏午，秋酉，冬子。

③ 用五月禄，说神煞用六月，以得节论。此处论生死，太岁到寅，上见午，为日之死神。四午字，为死神、天鬼、病神、白虎加之，为脱耗，日干甲木之休气。午为心作昏迷煞，白虎为道路神，故狂而走。

邵彦和曰：日上午作蛇见空亡，为偏室阴人所苦，遂至心下不足，遇饥则气攻心胸，眼目昏暗，生子多不实，内一子足多一趾。中年血海败，五十左右则成血瘿，不宜破，破则死矣。平生不宜养蚕，五十四五之间，恐因养蚕得病也。徐孺人之父有妾，即孺人乳母。父死随孺人在徐司理家，常与司理不足，孺人因此郁闷得病，生子十一胎，仅存三人，内一子多趾。四十一血败，三年成瘿，五十四因养蚕夜出，胃冷致疾，瘿破出血数升而卒。

盖日上见午为心，癸水灭午火又空亡，是心受制而不足，午为阴人，空则无位为妾，蛇在午上扰，故知为此阴人所苦。又午为目，蛇扰水制，又空亡，自然昏暗。饥则痛者，己卯生人，禄在午，空则饥也。蛇扰故痛。生子多不实者，中传亥孩童，支上青龙木，四课卯木皆是子孙，故多，无奈亥落空亡，故不实也。戌为足，见青龙未多趾。血败者，亥坐空亡，又乘天空故也。血瘿者，辰加亥为天后，辰为坚土，加血上，故为血瘿。天后主污秽，癸水入辰墓，故瘿破而卒也。

例九：建炎己酉年十月丙申日寅将寅时。伊秀才，占父病，父丙午生，六十四岁。

勾	合	朱	蛇
巳	午	未	申
青辰			酉贵
空卯			戌后
寅	丑	子	亥
虎	常	玄	阴

蛇	蛇	勾	勾	兄	巳	勾 ◎⊙
申	申	巳	巳	财	丙申	蛇
申	申	巳	丙	父	壬寅	虎

邵彦和曰：此课自本身传归妻宫，妻宫又传归父母，六旬向上人，占病不宜见父母。盖父母既故，故是下世重见父母也。行年与本身并，因财上及旧事不足，以致伤心。中间又财爻乘蛇入课，必是财物，兼与妻不足，遂激成病。末传生气，本主未死，缘父母宫艮山坟，左边地风吹骨转，右边白蚁入棺，若急移坟，可以延年。否则归冥也。

伊父之病，因为子娶妇囊空，不顺意、烦恼，遂心热消渴成病，日渐狼狈，兼子又无书舍，愈增烦闷。先生令其移坟，渠闻可延，移意遂决。及开棺视之，果然骨殖被地风吹得颠倒，白蚁满棺，泥土淤塞，于是易棺移葬，病日渐退，从此安好。次年其子又得一好书舍，雍容而过，安乐八十岁方卒。

盖丙日寅为父母爻，上见白虎，定是父母坟不安。[1] 白蚁之凶，乘白虎也。此伏吟上下皆父母，非他占可单用也。[2]

例十：戊申年九月初九庚寅日辰将丑时。张逸士，庚戌生，五十九岁，占病。

	蛇	朱	合	勾	
	申	酉	戌	亥	
贵未					子青
后午					丑空
	巳	辰	卯	寅	
	阴	玄	常	虎	

蛇	阴	虎	勾	兄	甲申	蛇
申	巳	寅	亥	子	丁亥	勾
巳	寅	亥	庚	财	庚寅	虎

邵彦和曰：此课大凶，上下俱脱，其病恐是吐泻上得之，自后寒热往来，必成五痨七伤。又兼翻胃吐食，况日上生水，金去生水，多主冷涎，兼之白浊。支上见巳，巳主心胞络，木生虚火，被寅所刑，必心下不宁，遂至沉重。死在二十八日，不然再历二十八日，难过矣。盖此课始终见凶神，上下皆盗气，巳亥俱四数，申数七，四七二十八，两处皆见，五十六日也。

解：占病以日干支为人体，则日为上部，支为下部，此课干支都被上神所泄，因此可以判断病症是泄泻之症。三传申亥寅，申生亥，亥生寅，递生为传导之象，而且干支上神分别为亥水与巳火，亥加申，巳加寅，各临长生，为水火寒热之象，因此主寒热往来。日干庚生日上神亥，为冷涎之象，而且申为日马，亥遁干为丁神，丁为流动，因此必然有上涌口吐之象。（丁神之动多主异常之动）三传都是凶将，而且初传与末传以及巳火构成三刑，因此以初传为应期，申七巳四，相乘为二十八数，主二十八日死。

---

① 六旬人见父爻，本不利。然寅为丙之长生，故得不死，而以父母坟断也。

② 愚按：巳、寅、虎皆为风，故云地风吹骨转。

例十一：戊申年十二月辛卯日丑将巳时。叶八郎，癸亥生，四十六岁，即行医求占生意。[①]

	青	勾	合	朱
	丑	寅	卯	辰
空子				巳蛇
虎亥				午贵
	戌	酉	申	未
	常	玄	阴	后

后	虎	勾	贵
未	亥	寅	午
亥	卯	午	辛

父	未	后	◎
财	辛卯	合	⊙
子	丁亥	虎	

邵彦和曰：金日得木局，满盘皆财，不合午来化出许多败气，木又死于午，作贵人主医贵人不利，却有天医在中传，地医在末传，能制午火，是临危之病，方来相请。初有一妇人害翻胃者，当医肝不医胃；有一小儿患风气者，当通水脏不得治风，依此行之，可以取效。汝家屋上不合安一兽头东立，邻家亦有一兽头，相触害人，故财不入耳。叶八郎医道不甚行，治小儿有效，才治大人家便不效。其先人因屋之对面有破山头，遂安兽头于屋上镇之。西北邻家亦然，在叶氏屋前对冲。

盖亥作白虎加宅，是本家屋上之兽头也。亥本宫上见未，有夜将之白虎，是西北邻家之兽头也。叶因先生之言而去之。次年正月初七日，杨宅一女患翻胃，延数十医俱不效，乃请叶治之。叶思先生之言，遂调治肝经即效，得钱二百余缗。至三月十八日，徐参议之孙六岁，中风四五日，瞑目不动，来请。叶又思先生之言，遂以泻药利其水脏，六七日能行，脱然无虞。又获钱三百余缗。自此医道大行。缘天后在未，天后为妇人，未为胃，卯来克未，故翻胃，三传木局又克未土，卯木属肝经，所以当治肝而不治胃土也。辛日，亥为幼子，加卯六数，是六岁，亥水生木成局，则生风。若导水使行，则水不生风而风自息。故理水脏而不治风木，白虎在亥，通之为佳，故宜泄也。[②]午克日，故寅卯为日财，午耗之，亥乘虎自刑又伤午贵。未乘天后为妇人，未又为胃，卯克之，制倒木局，故翻胃。卯为肝，治肝不克胃，六合为小儿。

---

① 《口鉴》作癸丑年八月十四日戌时生，四十六岁。据此则非戊申年占也，又以时宪法推之，戊申年十二月无辛卯日，其十一月辛卯日则未交冬至。

② 爱函按：未加亥并非受生，则覆在卯下为是。三传木局，木克土，故治肝木而不治胃土。辛日亥为幼子，加卯六数，是六岁。亥水生木，木主风，故理水脏而不治风木也。白虎在亥，通之为佳，故宜泻也。年月日时俱以前二辰为天医，对冲为地医。日地医从子起顺行十二辰。

例十二：己酉年九月甲子日卯将申时。樊郎中，往治项秀才病，来占。项丁丑生，三十三岁。

	蛇	贵	后	阴	
	子	丑	寅	卯	
朱	亥			辰	玄
合	戌			巳	常
	酉	申	未	午	
	勾	青	空	虎	

后	空	玄	勾
寅	未	辰	酉
未	子	酉	甲

兄	丙寅	后
官	癸酉	勾
财	戊辰	玄

邵彦和曰：此病因往妻家有私情，暗中违约，又失去情人所赠之物，遂思虑而得病，久而不治，必成痨怯。丑事固难言，然必说明而病乃安。[①] 当时樊亦庸医，因闻此断，假托诊脉为名，言其病症，人皆惊异以为神医。盖项因妻母死，往妻家与舅嫂通，被妻舅知觉，项遂归。舅嫂以手帕赠之，项归而失去，被妻拾得收藏，项不敢问，思之成病，肌肤消瘦。项既不言，妻亦不解；及闻樊郎中之言，妻乃以帕还之；樊深戒利害，兼服药饵而愈。

盖此课日干投入四课发用，复传归日之二课，主循环不断。支为宅，支上未为妻。四课者，宅内也，是妻家矣。今寅投入四课，加妻财上作天后，是与妻家妇人通矣。日上酉作勾陈，酉为色，勾为思虑，今为日鬼，思虑已伤肌肤，安得不病？然甲子旬酉为闭口，此事难言。辰为皮，为肌肤，加酉败气上，乘玄武为走泄，故主消瘦。行年在戌，戌上巳，作太常，常主丝棉，是手帕也。巳与酉三合，故主情人之物也。[②]

例十三：戊申年二月初四戊午日亥将戌时。某占病。

	蛇	贵	后	阴	
	午	未	申	酉	
朱	巳			戌	玄
合	辰			亥	常
	卯	寅	丑	子	
	勾	青	空	虎	

后	贵	贵	蛇
申	未	未	午
未	午	午	戌

官	甲寅	青	⊙
父	戊午	蛇	
父	戊午	蛇	

---

① 日上见酉作勾陈，思虑已伤肌肤，酉为闭口，此事难言也。

② 爱菡曰：太常临空，故遗失。明说而安者，行年上巳火能制酉金之鬼也。

邵彦和曰：天鬼午，受病鬼之生，犯了东岳城隍香火神，乃疫气入宅，主合宅病。盖寅正春旺之鬼，鬼有气不止一人，其家七口，病死三人，急告东岳，余人遂得免。盖中末日上三个羊刃杀，所以丧三人。龙到巳午皆名命神，最不利。[1]

例十四：建炎己酉年闰八月丁亥日辰将亥时。尹邦达，庚申生，五十岁，占妻病。妻同庚。

蛇 朱 合 勾
戌 亥 子 丑
贵酉　　寅青
后申　　卯空
未 午 巳 辰
阴 玄 常 虎

贵 虎 常 合
酉 辰 巳 子
辰 亥 子 丁

兄 癸巳 常
子 丙戌 蛇
父 辛卯 空

邵彦和曰：丁日会起水局，[2] 日上子作六合，主孕，恐是鬼胎。众人大笑曰：五十岁何能有胎？先生曰：《心镜》云，受气于秋何以决？妇在子兮夫立申。今正秋占，及时之课，故主怀孕。只不合水局，为丁日之鬼，故是鬼胎。空中必有响动，来年二月定见鬼形矣。尹妻数月后渐安，腹渐大，果是孕。次年二月三日生，乃鬼胎也。生后时时或瓦落，或物响，更不令安宁。

盖丁日火生于寅，胎在子，子又为子息，更作六合临日，正应《心镜》之论。然会起水局为鬼，故曰鬼胎。末见卯与子刑，故次年二月见鬼形也。若他人占行年，不并不见鬼，不可云鬼胎。若不会起申子辰，却是官星，必生贵子，非鬼胎也。

解：此课邵公引用《大六壬心镜》旺孕卦之歌诀，课中日干支上子辰会水局，且秋占金旺水相，水局旺盛为金之子。丈夫行年在卯，其上为申金旺盛得气，妻子行年在未，其上见子，正好也是申子辰三合水局，为秋天金气之子，因此符合旺孕卦的条件。邵公依此而断。其他论断根据课体本身特征而论。

例十五：建炎庚戌年六月壬辰日午将巳时。叶解元，丁丑生，三十四岁，占病。

---

① 爱函按：此句似用昼贵，其故何也？

② 程树勋按：干上子，支上辰，本命申，故会起水局。

蛇 朱 合 陈
午 未 申 酉
贵巳 戌青
后辰 亥空
卯 寅 丑 子
阴 玄 常 白

蛇 贵 常 白
午 巳 丑 子
巳 辰 子 壬

官鬼 己 丑 常
子孙 庚 寅 玄
子孙 辛 卯 阴

邵彦和曰：此课干上乘旺，本身虽坚固，不合传进迤逦脱气，初传丑与子合作太常，因与人相会，饮酒喜乐太过，遂感风邪。今已愈七八分了，以行年退一步而就禄，壬水又旺，玄又同途，水既太盛，虽生木不为害，但只补元气，其风自退。宅上见绝神，三传丑寅卯，若非行年退却一步，定见进脱，必不可疗矣。

大凡壬日得丑寅卯，迤逦进脱，支上又见绝神，必不可治，不问老少皆以死论。惟此课行年在后一位，引退就禄。传虽名进，其实就退，只不合初传本命来与子合，太常为宴乐之神，饮酒过余，遂使风邪入内，以致生病。然喜时令在秋，壬癸水又得亥子相并旺相，必不至死。主今冬得子。若在来年正月节生，其子必贵。内有暗贵人故也。目下主服，初传丑为破碎，作太常是以主之。

例十六：庚戌年七月己亥日午将未时。韩省干，戊寅生，三十三岁占子病，子五岁，丙午生。

勾 青 空 虎
辰 巳 午 未
合卯 申常
朱寅 酉玄
丑 子 亥 戌
蛇 贵 后 阴

玄 阴 青 空
酉 戌 巳 午
戌 亥 午 己

兄 戊戌 阴
子 丁酉 玄
子 丙申 常

邵彦和曰：此病至危，宅中请医谢神，费尽千万钱，而不知病在目前。今主至困而又发吊，手足拳束，口眼歪邪，还是风症否？曰：然。若作风症，其病必死。其病因尊仆领出，与冷粽子吃，及归又吃冷淘面，二物积中，遂发热，积坚肠涩，致令手足拳束耳。可依此治即安也。韩丈之子，因七月十五仆家裹粽祀祖，遂与食之，归又吃令淘面，晚遂得病，日渐沉重，求神请医，费千万钱不效，闻先生言，医遂以陈皮、青皮、乌药汤治之，便觉身轻，下黑粪三五块而愈。

盖己日见戌为同宗，日上见午，火中之物也。巳乃未形似米，以未配宗字，象粽子，加亥水上，故曰冷粽。太阴老妇，乃仆人之母与之也。酉麦申面，故曰面，玄武主过水，是以为冷淘也。[1]

例十七：建炎己酉年八月辛酉日巳将寅时。蒋六公，乙巳生，六十五岁，占自身不安。

	空	虎	常	玄	
	申	酉	戌	亥	
青未					子阴
勾午					丑后
	巳	辰	卯	寅	
	合	朱	蛇	贵	

蛇	阴	朱	后
卯	子	辰	丑
子	酉	丑	辛

财	乙卯	蛇 ⊙
官	戊午	勾
兄	辛酉	虎

邵彦和曰：吾丈年高，尚有此病，何也？凡三交中有空亡六合者，皆不正之合，其患有三：一主吾丈思前妻，二主恋一少妇不在眼前，多方烦燥，遂致下部流利不实；三主长子非横，因斯三者而成病。今末传酉禄居行年午火之上，为鬼所算，不免贪食生冷酸咸之物。若能如愿，尚可活七八年，否则怀思便死矣。蒋公之病，果因欲取一意中人，诸子不肯，遂生烦躁。又大郎私一奶子，蒋公更加不悦，遂得下部病，只好酸咸物吃。后先生劝彼乃郎取此意中人与之，其病渐减。直至丙辰年死。

盖干支上子丑合，而乘太阴，夜神是淫乱合也。却又空亡，乃虚想其合，而无实事。四课遥克为传，事主在内。长子非横，乃卯为长子，作蛇故主非横。卯子相刑，因奸妇而成祸。日上丑土得中午生，土遂生金，丑八，故八年也。

程树勋按：丑为墓库，何得因此而活八年，此转抄者之误，或疏解者之错也。盖此课幸赖墓空，可救。八月辛金旺，末传酉金，年命上生酉金，重重相比，日干旺甚，故不可死，金数四，旺则倍之，故八年也，又按思前妻者，干上天后为妻，乘丑已入墓也，恋少妇者，支上子作太阴且加行年上也。

---

① 吴稼云曰：魁度天门，知其为积，案中却不肯说破，此古人秘藏也。

解：此课为三交课，阴日为交禄主，以禄求私，因此很可能本人为了喜欢的女人而花费自己的钱财。且三交课不见太阴、六合入传为三交不交，三传发用又是空亡，主合而空合，被人阻断。三传全为四仲，前无四孟可隐，后无四季可奔，因此更主思谋被人阻破。

接着我们看课传，日上丑土天后为妻，也为身墓，丑土空亡，主已经发生，亡妻之象。发用卯木妻财为现在所恋之女，但是卯乘螣蛇，为虚扰，卯加子上为无礼之刑，只是意淫而无果，而且日干支上子丑空亡虚合，更为明显。三传四仲，无孟无季，进退无果。

本命巳火上乘六合，主婚姻，巳加寅为日干妻财，寅刑巳，恋女而闹心生疾，且本命上神申金临天空为虚望。课传发用为重，卯木为震，也为长子，临蛇也主其病因为长子作孽而生疾，这也是病因之一。只所以可以如此兼断，是因为日干辛金寄戌，戌土为库，本身藏干复杂。而且干支上神中子水泄日干之气，子为子息。干支两仪信息早已明显。

例十八：己酉年八月辛酉日巳将申时。蒋七婆，戊申生，六十二岁，占子病。子辛未生，三十九岁。

勾	合	朱	蛇
寅	卯	辰	巳
青丑			午贵
空子			未后
亥	戌	酉	申
虎	常	玄	阴

合	贵	朱	后
卯	午	辰	未
午	酉	未	辛

官	戊午	贵
财	乙卯	合
子	子	空◎

邵彦和曰：病因情人或眷属不足，致得此病。此情人今已卖入官家为使女之类，尔子欲见不能，思恋极矣，故生心病，日脯潮热，临晚泄精。若要病好，须是释思。更此妇人临别，赠有手迹，他尝留身畔，须与彼烧毁，与他另娶一妻方可，否则日渐成痨矣。蒋七婆之子因丧妻，遂与邻妇通奸，彼夫知之，却典雇与何通判，此子苦思成病。又妇人别时，绣一香囊与之，其子时常观玩，睹物思人，其病更甚。七婆闻先生之言，遂与彼烧毁，又为彼娶一妇，病果自愈。

盖未作后生日，支上午鬼与未合，乃是鬼合，便为不正之交，传退与妇人相离也。三交交易之象，宅上贵人，是此女卖入贵宅去也。末传是子，行年上丑，子又与丑合，更日辰上实合，末又见空亡合，即是思望悬切，欲合不合，传退既值空亡，只得在此思想，所以成痨。午未合，子丑合，化而为子午冲，丑未冲，合处相伤，反成不足。子丑又空，是往彼不得见矣。

例十九：二月庚辰日亥将辰时。某占男人病。

蛇	贵	后	阴
子	丑	寅	卯
朱亥			辰玄
合戌			巳常
酉	申	未	午
勾	青	空	虎

虎	朱	合	阴
午	亥	戌	卯
亥	辰	卯	庚

官	壬午	虎
父	丁丑	贵
兄	申	青◎

邵彦和曰：四课俱下贼，绝阴之象。白虎乘午作鬼，男病主三日内死也。何则？无阳气也。既不宜灸，又不宜服药，此是血病。盖午主心，心主血也。宅中有阴人，死得不明，作鬼为祸。若要阴鬼退，须门前社庙作福，（吴稼云曰：用支上亥制午鬼）午是阴人，乘虎作鬼故也。又午是天之真火克日，主灸神，乘虎克日故不宜灸。又是天医，故不宜服药。涉害深者为用，主久病。若是阴人则死尚可缓。且火加水上，主寒热往来，克日，主痨血。

解：午加亥临于绝地，且四课均为下克上，为四绝课，无禄课，四课上神阳气被克绝，占病无禄主凶。无禄课一般要看三传有无相救，此课三传逢午丑申，三传递生，似乎有救，其实不然，因为申金日禄空亡，丑为日墓，因此更添凶象，占病必死，只是发用壬午，传出丁丑，丁壬合木，木为三数，主能迁延到三日内。午火白虎发用又为日鬼，也为凶象，但是午临第四课发用，不临日上，非立即凶。日上卯木乘太阴，卯生午，午克庚，助鬼伤身，午火为心、血之疾。二月午为天鬼，死神，不但为凶，也主怪异，此课日支辰土为天目，也主鬼怪，日支上神亥水墓与日支，主宅有死人。结合发用午火天鬼而论为妇人。因为午为天鬼、天医，因此占病也不宜采取灸与医药的方式。

从此课中我们可以认识到占病时白虎的重要性。《大六壬心镜》有云：“占病何如辨死生，先推白虎与谁并。假令今日干居水，土神为虎病难醒。”这四句歌诀可以作为本例的归纳总结。

例二十：五月丁巳日未将寅时。某占病。

　蛇 朱 合 勾
　戌 亥 子 丑
贵酉　　　寅青
后申　　　卯空
　未 午 巳 辰
　阴 玄 常 虎

空 蛇 常 合　兄　丁巳　常⊙
卯 戌 巳 子　子　壬戌　蛇
戌 巳 子 丁　父　乙卯　空

邵彦和曰：主病人狂言发喘而死，巳作常为用，主言语。丁日巳用皆火，中又蛇乘戌加巳，是火加旺地，故主发狂。火墓戌，阴气尽也。凡人，内以阴气为主，阴能养阳，今阴已绝，则阳气上攻，而不能生阴，阴绝阳弱，更主发喘，果狂言发喘而死。

例二十一：十二月丙午日子将亥时。某占病。

　合 朱 蛇 贵
　午 未 申 酉
勾巳　　　戌后
青辰　　　亥阴
　卯 寅 丑 子
　空 虎 常 玄

蛇 朱 朱 合　财　戊申　蛇
申 未 未 午　财　己酉　贵
未 午 午 丙　子　庚戌　后

邵彦和曰：定是咳嗽狂言，见鬼见神之状，其人必死。盖三传金，主肺主嗽，而午火又加丙，午火盛发，心神散乱，故主发躁狂言。鬼神之状者，申加未，未临宅，未主鬼神也。其人死者，传归死墓也。①

解：首先我们注意日干支为丙午，干支皆火，日上巳午未三会南方，未土天将又是朱雀，支上午未申，午为阳刃，火行入西方金地，初传发用为申金，为病之引导，三传申酉戌三会西方金地，四课三传整体构成火金交战。申金发用，天将又是螣蛇之火，火金战主伤肺喘咳，甚至为痨疾状。丙日火旺金死，十二月火休金库，因此病在火金心肺。同时四课中，朱雀不备，朱雀未土加于午上，为朱雀本位，主发燥狂言，言语不备。而且发用申金临巳，

① 未中有鬼宿。

其上天将螣蛇锁住，主气管咳嗽狂言。而发用申金又是第四课，此课在六壬占断中为亡人之位，不见白虎与墓，不以风水论。其天将为螣蛇，主怪异，祟象。进一步，申加于未，未中有鬼宿，因此有鬼神之状。以三传为疾病发展状态，日病于申，死于酉，墓于戌，因此该病的发展趋势是死亡之象。

例二十二：己丑日丑将辰时。某占儿病。

	朱	合	勾	青	
	寅	卯	辰	巳	
蛇丑					午空
贵子					未虎
	亥	戌	酉	申	
	后	阴	玄	常	

虎	阴	蛇	勾
未	戌	丑	辰
戌	丑	辰	己

财	戊子	贵	
兄	壬辰	勾	⊙
兄	丙戌	阴	

邵彦和曰：昴星课，纯阳之象，阴掩其阳，是无阳气也。辰作常覆日，阴上丑破，末戌加丑，阴气将尽于戌，阳气将尽于辰，阴阳气绝，绝者促也，病人当气促而短。阳气将尽，外应虚热烦躁，又主热渴。其人果先热渴，而后喘死。

例二十三：己酉年闰八月癸未日辰将子时，方五解元，己未生，五十一岁，占子病。其子壬辰生，十八岁。(《一针见血》)

	空	虎	常	玄	
	酉	戌	亥	子	
青申					丑阴
勾未					寅后
	午	巳	辰	卯	
	合	朱	蛇	贵	

贵	常	空	朱
卯	亥	酉	巳
亥	未	巳	癸

父	酉	空	◎
官	丁丑	阴	⊙
财	辛巳	朱	

邵彦和曰：日上见巳，巳者，嗣也。宅上见亥，亥者，孩也。孩与嗣自是相同，奈何癸水绝在巳，是嗣自绝也。日上既见绝而初中空亡，末传仍归于此，且带驿马，主死后再来，来了又死，故令政不宜怀孕，若怀孕，是此子托生也。此时若出继与人，即非他绝，或不可死。[1] 方解元之次子，名寄哥，往年一病，死而复生，今又病，故来占，解元之妻钟爱，不肯继与弟家，

① 程树勋按：即非他绝四字，殊不可解，盖出继与人以应巳与嗣绝之意云尔。

八日外果死，半日又甦，至十一月二十三日再病而死。其时方妻已怀孕十月，当日未时即产一男，揣其事蹤，似乎寄哥之托生也。夫初传空亡，是先来空也。遇日二课为传，是去空也。末传又来干上，是复来投胎也。不合日上见巳为嗣，支上又见亥为孩，是重来为婴孩也。

例二十四：甲戌年元旦戊子日，子将卯时，占阴人病。

	蛇	朱	合	勾	
	寅	卯	辰	巳	
贵	丑			午	青
后	子			未	空
	亥	戌	酉	申	
	阴	玄	常	虎	

青	常	阴	蛇	官	庚寅	蛇
午	酉	亥	寅	财	丁亥	阴
酉	子	寅	戊	子	甲申	虎

郭御青曰：余况占阴人病，此病已至危急无望。今课得干上寅鬼，三传自下遁生克干，支上酉乃旬乙，末传申乃旬甲，纯木克土，诚为难当，然病危不死。《毕法》云：鬼贼当时无畏忌。至初八日立春，木旺贪荣。上生枝叶，下不克土，渐有生意。果至初八日渐愈，凡占遇死囚鬼反可畏。若鬼得时，反不伤人，不足畏矣。虽然，惟木则如此，凡木性克土，全在秋冬。若金水火土，旺愈伤人，不可以一例而论。①

解：原断与程注论断十分清楚，尤其程的注解十分合理，此课，赖支上酉金与申金制寅鬼，而且末传为归计门，甲申为六仪有生发之气，而且又为日干支长生，因此有救。

例二十五：正月壬戌日子将巳时，自占。

	青	勾	合	朱	
	子	丑	寅	卯	
空	亥			辰	蛇
虎	戌			巳	贵
	酉	申	未	午	
	常	玄	阴	后	

青	贵	勾	后	财	戊午	后	
子	巳	丑	午	官	丑	勾	◎
巳	戌	午	壬	父	庚申	玄	⊙

---

① 程树勋按：此课之所以痊愈者，实赖申酉二金克寅木之鬼也。初八日后，申酉二金值日，自当渐愈，予不知郭公何故不引“制鬼之位乃良医”之句耶？

郭御青曰：初传天后水与亥水夹克妻财，财生官，官生印，印转生身，时人或以破财捐官断，岂知壬以午为妻，乘死气。火以戌为墓，带白虎，加妻卯命上为墓门开格，后果因好饮水致病丧身。何其效验如此。

例二十六：乾隆乙卯年子月甲子日丑将巳时，某占辛亥女病，二十九岁。（《牧夫占验》）

丁亥　辛亥　甲子　己巳

　贵　后　阴　玄
　丑　寅　卯　辰
蛇子　　　　巳常
朱亥　　　　午虎
　戌　酉　申　未
　合　勾　青　空

玄　青　虎　合
辰　申　午　戌
申　子　戌　甲

财　　戌　合◎
子　庚午　虎⊙
兄　丙寅　后

王牧夫曰：占病得寅午戌炎上之局。天后在下，上生午火，戌墓盖之，火不能出，炎上为狂荡，病由高兴太过所致，无碍，久而自痊。此数细看，支上申作青龙为夫星，而天后即乘寅，本命上未作天空。申阴神又作华盖，此与僧人有私，狂荡太过，有所伤而致病耳。不然何故局得炎上，支得申子相生，子乃妇人，行年上与申会合，种种可疑。后有人道其事，始知数不妄发耳。①

解：此课占病，首先我们分析四课，日上构成寅午戌火局，辰上构成申子辰水局，而三传传出火局，因此火现水隐，心肾不调，王因此论之，五行中火为喜，为狂燥，而且三传四课所有地支都是阳性，纯阳过燥，因此得出其病因为狂荡、高兴导致，其实这属于外象外症。三传戌午寅逆行有火炽火热之象，但是根据病症发展观，三传自墓传出长生，因此此病无恙。末传寅冲动支上夫星申金青龙，行年辰上子水与青龙申金相合，因此可论断此事与男女房事有关，此女本命为亥，命上神为天空，研究其夫星青龙的阴神，为玄武临辰华盖，华盖辰土是和尚。

例二十七：己卯年八月乙未日，月将辰加子时，徐棣存先生占母病，己丑生，五十一岁。

① 愚按：此课正是芜淫，所以有奸淫之事也。

蛇　朱　合　勾

酉　戌　亥　子

贵申　　　　丑青

后未　　　　寅空

午　巳　辰　卯

阴　玄　常　虎

虎　合　勾　贵

卯　亥　子　申

亥　未　申　乙

父　己亥　合

兄　癸卯　虎

财　乙未　后

王牧夫曰：此数若占男子病可医可治，女人病则难医治而终于凶也。盖女人以支位为主，末为日墓，三传亥卯未木局克制支辰，此其本体已弱矣，其得病受病之由则风疾夹湿，为多肝经受病为的，以曲直生风，亥水为痰，木侵淫为湿，白虎居卯带癸，日禄坐闭口，不能饮食矣。虎在中，病在中焦，命乘马作玄武，魂已出游，木主瘦弱，未为风伯，又为日墓，风藏于内而不得出，其病日深一日，医药所不能治也。仪神救之无缘，且命年巳戌合中传卯，已成铸印，死形已见。岁作虎，为支之鬼乎？病深重矣。己亥之日，其难过乎？后果己亥日卒。亥日凶者，冲命上巳也。巳破而铸印坏矣，安能久乎？若占男，则支上之亥乃长生，又木局自生，故不死也。

例二十八：戊辰年戌月戊申日辰将寅时，占病。

贵　后　阴　玄

未　申　酉　戌

蛇午　　　　亥常

朱巳　　　　子虎

辰　卯　寅　丑

合　勾　青　空

虎　玄　阴　贵

子　戌　酉　未

戌　申　未　戊

财　壬子　虎

官　　寅　青 ◎

兄　甲辰　合 ⊙

王牧夫曰：此病其患在背，迟迟而愈，无碍也。何以知之？病患在背，书曰："三壬，天后临子，遁壬一也。"[①] 又寅属艮，艮为背，是以知之。但官鬼带蛇，不能即好，未年墓合，又是仪神，既合且墓，能扠口也。仪神月将皆吉神，故能化凶为吉也。

又丙子日为人占得戌酉申三传，余断其病在舌，盖心属火，舌根于辛，

---

① 程树勋曰：此句有错误字，当云三壬为背，天后属壬一也，甲辰旬是壬子二也，戊日五子元遁得壬子三也。

发用火墓，申酉金主声，为墓所闭，必病哑也，果验，善推于理，确然必中。

例二十九：戊辰年寅月癸丑日亥将辰时，余思五兄占仆病吉凶。

	青	勾	合	朱	
	子	丑	寅	卯	
空	亥			辰	蛇
虎	戌			巳	贵
	酉	申	未	午	
	常	玄	阴	后	

朱	玄	朱	玄
卯	申	卯	申
申	丑	申	癸

子	卯	朱	◎
官	庚戌	虎	⊙
财	乙巳	贵	

王牧夫曰：此课占仆病大凶不治，必死。来日寅冲去支上长生，是其期耳。盖主占仆，干支乘金克卯木为棺椁、为铸印、为炼尸，而戌为仆之类神，已在棺椁之内，安能望其生乎？至次日果死。

例三十：乾隆己巳年未月辛未日未将午时，某占子病。（《牧夫占验》）

	勾	青	空	白	
	午	未	申	酉	
六	巳			戌	常
朱	辰			亥	玄
	卯	寅	丑	子	
	蛇	贵	后	阴	

白	空	阴	玄
酉	申	子	亥
申	未	亥	辛

兄	壬申	空	
子	亥	玄	◎⊙
兄	壬申	空	

王牧夫曰：主腹中有冷病，或上或下，乃痫症也。曰：然，可得愈否？曰：此病婴之于身，终难愈矣。夫以一辛金而生二水，亥上乘玄，脱尽辛干之气，支上申酉金坚固不化，金寒水冷，何能望愈？用申乘天空，玄武居中，申为传送，空无所阻，而痰得以上下往来，中见亥为痰母，故时好时发，医无益也。逢金之岁，命难保矣。后果验。

解：王牧夫准确的判断出病人所得的是痫症，那么什么是痫症呢？《痫症脉论》曰：“诸痫病发，卒倒抽掣，叫吼吐涎。因其声之似，而有猪痫、马痫、羊痫、牛痫、鸡痫之分。溯其源，卒倒无知者，痰迷心窍也；搐搦抽掣者，风入肝经也。名虽不一，不外心肝二经。”其实就是俗称“羊痫风”。是一种发作性神志异常的疾病。其特征为发作时突然昏倒，口吐涎沫，两目上视，四肢抽搐，或发出如猪羊的叫声，醒后除感觉疲乏外，一如常人，往往不定时地发作。中医认为其病因系大惊大恐，伤及肝肾，肾虚肝旺所致。或续发于其他疾病，痰聚经络，致使肝气失于调和，气逆痰涌，阻塞清窍，而突然发作。亦有由于先天因素而得者，多发于儿童时期。临床上痫症分为“阴痫”和“阳痫”两类。

首先我们以日干为求测者，日干辛金其上临亥水，天将玄武，一金生两水，因此可以判断身体虚弱，并且日支未生其上神申金，干支两泄，因此身体虚弱无疑。而且申金发用，中传传出亥水，末传又是申金，申金传送为传导，发用为病的关键判断点，申起自未上，未土为腹，申金为传送，中传亥水乘天将玄武为冷痰，因此判断为腹中冷病，初中传送，将中传亥水冷痰上下传导，闭塞胸腹，申也为人体的咽喉，气管，导致空亡的亥水更是上下传导，闭塞心胸，迷乱神志。再加上日支上两课金多而刚坚，众金生水，导致五行严重失衡，因此遇到申酉年此人就会有生命危险。

例三十一：甲戌年亥月戊申日卯将子时，汪昆自兄代占婴儿病。

	蛇	朱	合	勾	
	申	酉	戌	亥	
贵	未			子	青
后	午			丑	空
	巳	辰	卯	寅	
	阴	玄	常	虎	

虎	勾	勾	蛇
寅	亥	亥	申
亥	申	申	戌

官	寅	虎	◎
父	乙巳	阴	⊙
子	戊申	蛇	

王牧夫曰：此风搐之症，虎乘寅为虎踞山林，故主风搐也。七日之内，即为婴鬼矣。盖小儿占，不宜见刑，用见刑者，百无一存也。此乃三刑，刑尽长生，本元既绝，虽有些小吉象，亦无益耳。常占以虎头蛇尾，先重后轻，余独谓是小棺具之象也。何也？巳乃日德，居于蛇虎之中，成了三刑，安能望其生乎？果验。余又占得一九岁见病，乃是癸丑日伏吟，丑乘勾陈，断曰：此乱坟堆耳，不能治也。后果然。

解：此课王氏从事理出发而论课，有独到之处，值得后人思索。但是有一点笔者强调一下，事理固然重要，但是不能脱离干支核心，此课日上申金，申上亥水，重重泄气，四课不备，日禄又遭三刑，已为死征。

例三十二：乾隆戊辰年戌月甲寅日卯将辰时，占天花。

合 勾 青 空
辰 巳 午 未
朱卯 申虎
蛇寅 酉常
丑 子 亥 戌
贵 后 阴 玄

后 贵 后 贵
子 丑 子 丑
丑 寅 丑 甲

父 子 后 ◎⊙
父 癸亥 阴 ⊙
财 壬戌 玄

牧夫曰：此课占子出痘无碍，课无鬼而子孙又立向明之方，天喜亦临生地，三传生干，贵后会和于干支之上，又甲禄在寅，父问子，支为卑幼，支旺亦无伤也。贵丑在前，戌支在后，夹住子亥克子孙者，皆吉象也。三传退入夜，先水末土，带玄武血厌之神，已结靨矣。后果验。凡占痘，不宜太阳过旺兼有刑克，痘乃先天火湿，故畏之。

例三十三：辛未年卯月壬寅日戌将寅时，某占甲子生八岁子病。

勾 合 朱 蛇
丑 寅 卯 辰
青子 巳贵
空亥 午后
戌 酉 申 未
虎 常 玄 阴

后 虎 朱 阴
午 戌 卯 未
戌 寅 未 壬

官 戊戌 虎
财 甲午 后
子 壬寅 合

王牧夫曰：戌为白虎，又是火局，内有积滞，关隔不通，火无力以化之，恐不能保。凡炎上得后合厌翳之神附之，主炎上不畅，后临午又相冲，火既受冲，其局散矣。况八岁行年见巳，末传寅，命上申，合成三刑，长生绝矣。七月上辰冲破支上戌土，此病不得过也，此病甚凶，极验。

解：此课白虎发用入宅，而且克日，因此占病有死亡之患。盖干为病人，支辰为病患，白虎为病神。《大六壬心镜》有云："占病何如辨死生，先推白虎与谁并，假令今日干居水，土神为虎病难醒。"王牧夫以本命、行年、课传论三刑之法十分恰当，读者当细心究之。

例三十四：丁卯年午月戊戌日申将卯时，程东起翁占其父病，乙丑命，六十三岁。

合朱　蛇　贵
戌亥　子　丑
勾酉　　　寅后
青申　　　卯阴
未午　巳　辰
空虎　常　玄

青　阴　阴　合　　子　　丙申　　青
申　卯　卯　戌　　兄　　辛丑　　贵
卯　戌　戌　戊　　父　　甲午　　虎

王牧夫曰：此课占病极凶，主心伤体弱，手足浮肿，十月不保。以课体言，支加干位成不备，戌主足，故病在足。不备则气血亏败，故主浮肿。命上午乃戊日阳刃，乘虎，虎乃病之主杀，午为心，心持刃，故曰心伤。十月不保者，命阴见亥水绝神也主死。

以三传而论，初亦主病症，申为金，金制木，今卯木不足，是肝脏也，肝藏血，肝里不能养血，则血气妄行，故主浮肿。中传丑乃本命，自墓长生，病由己身不慎所致，末午又归本命上神，作虎穿害，本命是心事，业杂自添其病，午阴终归亥绝，亥为十月之建，故主十月可畏。目今无碍者，申乃戊之长生，在初传也。覆视大象，丑乃本命，不应往墓申金，致申克卯，卯去合戌，戌畏卯克，往投于干，一路皆自本命逼到身上，以成不治之体，其咎在己自取也。长生乃父母之乡，丑墓压之，亦主坟墓所致。

以行年本命而言，命乘旺午，若阴神不见亥水作绝亦无妨，而亥上乘朱，重重见绝，何可当也？行年在辰而勾陈加之，酉乃戊日败气，辰乃戊日墓乡，又逢空位，六十三岁日已就老，又逢败支归于墓，止之也，岂能久乎？况亥上又乘辰，十月之建恰当其下，寿数由此而止矣。后果验于十月。

例三十五：己巳年三月庚戌日戌将申时，占友人病。

空虎　常　玄
未申　酉　戌
青午　　　亥阴
勾巳　　　子后
辰卯　寅　丑
合朱　蛇　贵

蛇　后　后　玄　　子　　壬子　　后
寅　子　子　戌　　财　　　寅　　蛇◎
子　戌　戌　庚　　父　　甲辰　　合⊙

王牧夫曰：此毒疮生于下部，由不正而起，将来必出头，血脓行过，放得全好。其疮当在左足腿叉，与肾相关处，喜是顺症可治，不致丧命。所病之处，果然丝毫不爽，一一如占。盖支加干，戌为足，玄武为不正，用见天后，故必要出头见脓血也。庚乃戌之左，子临戌上，故以左足腿叉，近肾也。子为血污，寅乘蛇，知其必出头耳。末辰带六合，尚得收口。寅数七，至有七十余日痛楚也。后果然。

解：原课解断清晰，这里笔者补充一点，六壬中亥子为男女之本根，所谓本根就是生殖器，根据笔者占断经验，此象奇验。此课中日干庚（申）临午，为沐浴败地，因此其人有不正淫污之行，而且日干上为玄武临身，四课中子乘玄武不备，这都是必须要注意的地方。

例三十六：壬子年未月庚申未将辰时，有占兄丙寅病者。

壬子年　丁未月　庚申日　庚辰时

	青	勾	合	朱	
	申	酉	戌	亥	
空	未			子	蛇
虎	午			丑	贵
	巳	辰	卯	寅	
	常	玄	阴	后	

后	朱	后	朱	父	丑	贵	◎
寅	亥	寅	亥	子	癸亥	朱	
亥	申	亥	庚	子	癸亥	朱	

程树勋曰：“日干加巳，而巳复加寅命，并丁马克干，于是往东南方得病，巳为妇，乘太常为孝服，八专主淫佚，丑墓发用，纵有淫佚之心，而无淫佚之实。得毋往东南方见孝服妇人而动心，故得病乎?”巳为生气非鬼，而干支乘死气亥水，为巳火之夫，既来叠叠脱干，是其乃夫之鬼不依也。然究竟夫鬼病无忧，太常须祭祷，脱多宜补剂自愈。此人因由郡中回家，行至洲沙桥，见一孝服之妇，而评价甚亵，到家即病，日渐昏沉。其家问予，问之不答，乃访所同行者，始得其详。次日病人忽作呓语，似嫠妇之夫凭身，责其出亵言者也。其家祭祷方安，兼服芪术而愈。

解：此课所占病为迷信所说的鬼附身，从我们现代科学角度来说可能是磁场干扰，究竟科学如何解释，留给将来的科学家去研究，这里我们以课体而论。占人得病的因由，古人主张从日支上入手分析，但是日支上仅仅是外因，还要分析日干上神以及日干加临，此课课体为八专课，课体因为干支不全，阴阳不备，本身就有淫佚性质，但是发用丑土空亡，因此课体的淫佚不具有实质性。接着我们看日支，日支上为亥水朱雀，而且朱雀亥还入传了，朱雀为言语，代表言辞说话，我们看亥的阴神，看这个言语的内在性，亥的阴神为寅，临天后为妇人，而且是他本人的本命，因此这个天后是他引发病的重点，这个天后可不是他老婆，在第四课发用，是别人的妻子，支上亥合寅天后，而且亥又加在日上，代表此人放荡的说别的女人。寅木天后囚于月，死于日，我们看寅木阴神为巳火，巳临太常为日鬼，则其类象为丧礼，表示为丧服中的女人。寅加亥以亥为其夫，六月亥为死气，亥加于日干支之上，而泄日干支，因此代表其夫的鬼魂令该人生病，我们再看该人乱说话的地点，亥朱雀临申传送，表示发生在路旁或在行路中。以日干为该人，日干申临巳，巳为东南，申巳刑合，表示在东南路上说不干净的话。三传纯阴，因此令其昏沉。但是日加巳为长生之地，而且六月金旺，因此无妨。

例三十七：壬子年七月，壬辰命人从武陵得疾于妇者，其侄来占之。丙申日午将辰时。

壬子年　戊申月　丙申日　壬辰时

勾　合　朱　蛇
未　申　酉　戌
青午　　　　亥贵
空巳　　　　子后
辰　卯　寅　丑
虎　常　玄　阴

后　蛇　朱　勾
子　戌　酉　未
戌　申　未　丙

官　庚子　后
父　壬寅　玄
子　　辰　虎◎

程树勋曰：予因蛇墓加支带天目，天后为鬼，既从墓上发传，主有女祟缠身，所以昏沉不醒。干上小吉，可以制鬼，中传功曹长生，末传天罡虽空，却是本命，可以冲去戌墓，又向三阳格，皆主无虑。然未为祭祀，须用史巫送之，此人因游西湖花神庙，见塑容端丽，竟动痴情，由是得疾沉重。后乃祭送而安。可见天间实有鬼神，吾人一言一动，不可不慎也。

解：六壬中测病，如果想知道此人是否鬼上身或宅有邪气怪气，要看几个重要神煞，分别是天目、月厌、天鬼、丁神，其中天鬼如果旺而克人，重则为瘟疫，这些神煞都要结合课传而论，不能单论。

例三十八：乾隆乙卯年正月己酉日子将丑时，戌命人占病。（《六壬说约》）

	勾	合	朱	蛇	
	辰	巳	午	未	
青	卯			申	贵
空	寅			酉	后
	丑	子	亥	戌	
	虎	常	玄	阴	

蛇	贵	合	朱	兄	庚戌	阴
未	申	巳	午	父	丙午	朱
申	酉	午	己	子	戊申	贵

张江村曰：冬蛇掩目，占病不起，然午加干，虽是死气，却作日禄生干，酉加命虽值四废，却做干之长生，因断此时少延，至三月辰日卯时必死。以辰上见卯，卯冲酉破午也，后果然。大凡占病，课传干支皆凶，尚有一点生意者，视此一点生意有力者可救也。无力者，视此一点生意尽于何时，以决死期。此课可为隅反。

例三十九：己未二月丙辰日卯时戌将。兄占弟病。

	合	勾	青	空	
	子	丑	寅	卯	
朱	亥			辰	虎
蛇	戌			巳	常
	酉	申	未	午	
	贵	后	阴	玄	

玄	朱	阴	合	兄	戊午	玄
午	亥	未	子	子	丑	勾
亥	辰	子	丙	财	庚申	后

断：类神夹克，或内外战为用者，病已深矣。中传制此克之之神者可救，反生之者无救。此课午加亥为用，乘玄武夹克。幸中传丑土制之，病就可痊。后果痊愈。

例四十：己未二月乙卯日巳时戌将。占族叔病。

	朱	合	勾	青	
	戌	亥	子	丑	
蛇	酉			寅	空
贵	申			卯	虎
	未	午	巳	辰	
	后	阴	玄	常	

青	贵	空	蛇	兄	甲寅	空	
丑	申	寅	酉	财	己未	后	
申	卯	酉	乙	父	子	勾	◎

断：寅加酉为用，乘天空内战，中传反生酉金，病不能救。后果死。

例四十一：乙卯年二月甲辰日巳时戌将，占病。

　合 勾 青 空
　戌 亥 子 丑
朱酉　　　寅虎
蛇申　　　卯常
　未 午 巳 辰
　贵 后 阴 玄

虎 朱 青 贵　兄　　寅　虎◎
寅 酉 子 未　财　丁未　贵⊙
酉 辰 未 甲　父　壬子　青

断：日干空而遭夹克，必死。寅加酉为用，乘虎来克，寅值旬空，后四月庚戌日死，庚又克寅也。

例四十二：乙卯年正月己酉日丑时子将，占病。

　勾 合 朱 蛇
　辰 巳 午 未
青卯　　　申贵
空寅　　　酉后
　丑 子 亥 戌
　虎 常 玄 阴

蛇 贵 合 朱　兄　庚戌　阴
未 申 巳 午　父　丙午　朱
申 酉 午 己　子　戊申　贵

断：三传戌午申，冬蛇掩目，占病不起。然午加干，虽系死气，却作日禄生干；酉加命，虽值四废，却作干之长生，因此时少延，至三月辰日卯时必死。以辰上见卯，卯冲酉、破午也。后果然。

解：昴星课，占病所忌。因为四课无克，此时生克在酉上下取用，酉为生死之门，刑杀之气，因此不宜占病。首先我们分析此课干支，干上两神与日干己（未）构成巳午未南方火，与支上申酉构成火金交战，火金克主病重，日上午火又是死气，均为凶象。

三传为事情的整体发展过程，三传戌午申，初末拱酉，少了酉金，当酉金凑齐，则巳、午、未克申、酉、戌，火金一克，人就遭凶。到农历三月时，辰土上临卯木，冲起对面戌上之酉，构成申酉戌，因此主该人亡于三月，辰日卯时的结论也由此而来。此课火金交克已经形成势态，因为初传戌与日上午，中传午也合成火局，只是因为日之长生申金出现在末传和支上，而且日上午火与日干己（未）相合，因此病能少延。

例四十三：庚辰日癸未时，占财福应病例。

庚辰日癸未时

	合	朱	蛇	贵	
	戌	亥	子	丑	
勾	酉			寅	后
青	申			卯	阴
	未	午	巳	辰	
	空	虎	常	玄	

后	勾	虎	贵	财	戊寅	后 ⊙
寅	酉	午	丑	父	癸未	空
酉	辰	丑	庚	子	丙子	蛇

予忆五十七年正月初十日，族人元正先生占终身财福，其时未交春，尚是丑建，庚辰日子将未时，丑墓并月建加干，根土太固，恐非中传之未所能冲去。况寅是本命，落于空克之地，休囚无气，末传子水螣蛇又脱日干，安可以求财大获格断？后果蹇滞。

例四十四：嘉庆十四年三月庚辰日酉将辰时，苏允文乙丑命，占将来就何处口举，财利若何。

三月　庚辰日　庚辰时

	合	朱	蛇	贵	
	戌	亥	子	丑	
勾	酉			寅	后
青	申			卯	阴
	未	午	巳	辰	
	空	虎	常	玄	

后	勾	虎	贵	财	戊寅	后 ⊙
寅	酉	午	丑	父	癸未	空
酉	辰	丑	庚	子	丙子	蛇

断：得求财大获格，予见天罗自裹，命上虎鬼，象最凶。况寅马落空，非特难动，须防灾病。后果未往岸店，次年正月暴亡。

解：此课说明占课能体现出求测人的关键信息，此人求测财利，课中却出现命终的凶象，尤其是本命覆日为日墓，而且命上见日鬼乘白虎，而且日禄申金空亡，日马落空地，禄马皆废，因此命禄也终。

例四十五：崇祯辛巳年九月丁亥日辰将亥时，庠友张奉初为乃弟观初占病吉凶，予袖传一课答之。（《六壬指南》）

蛇　贵　后　阴
戌　亥　子　丑
朱酉　　　　寅玄
合申　　　　卯常
未　午　巳　辰
勾　青　空　虎

朱　虎　空　后　　兄　癸巳　空
酉　辰　巳　子　　子　丙戌　蛇
辰　亥　子　丁　　父　辛卯　常

陈公献曰：课得铸印，占病不吉，三日必死，张友不言而去。少顷，一人至，占得未亥卯三传，飞魂丧魄发动，丧吊全逢，且木空则折，病主风寒，三日内死者。占者曰：适家伯先已来占矣，因不吉，故再占之。张友又扶鸾，吕纯阳下降，判曰：数合于数，吾无间言。果三日死。

例四十六：己卯六月己酉日戊辰时，维扬埂子街六如斋扇店浙江张澹宁相会占病。(《六壬指南》)

勾　合　朱　蛇
申　酉　戌　亥
青未　　　　子贵
空午　　　　丑后
巳　辰　卯　寅
虎　常　玄　阴

玄　贵　后　朱　　官　　卯　玄◎
卯　子　丑　戌　　父　丙午　空⊙
子　酉　戌　己　　子　己酉　合

陈公献曰："当年病无妨，何须再三详。黑马自东来，跨上往西方。早觅玄空径，教尔接命长。宅上见胎喜，一阴并两阳。"

盖太岁发用作日破旬空，目今无妨，但嫌医神发用克日，主医人用药不当。但木火为虎鬼，脾肺受病，未能脱体，须东南钱刘之医，平肝清心，其病渐愈。曰：何以言玄门？卯乃死我门，酉为生我户。玄空，长生在传，宜避初鬼就末生，须向玄空之门求接命延年之术。否则，壬午春必有他虞矣。曰：有胎者何？余曰：支上见胎神。曰：三儿妇俱怀妊矣。余曰：试言何命。曰：丁未、壬子、甲寅，余以行年推之，丁未生女，余二皆男。后果然，澹宁壬午春死。

例四十七：顺治乙酉年正月己亥日己巳时，总漕漂官召贤参将卢承山盟兄，占病吉凶。(《六壬指南》)

　贵 后 阴 玄
　子 丑 寅 卯
蛇亥　　　辰常
朱戌　　　巳虎
　酉 申 未 午
　合 勾 青 空

后 空 合 阴
丑 午 酉 寅
午 亥 寅 己

父 甲午 空
兄 辛丑 后
子 丙申 勾

陈公献曰：脾土受症，目今无虑。盖木为官鬼，则脾经受症矣。以平肝清心为上，切勿健脾理肺，七月恐有不测之虞。盖禄临绝地，马入墓乡，且子巳相加为阳临阳绝，又卯临申位是木被金雕，病人非宜，且年带二死克日，故断其七月必死。已而果然。

例四十八：辛卯年二月丁未日癸卯时，偶有楠姓者，为董晋侯占病。

　蛇 朱 合 勾
　子 丑 寅 卯
贵亥　　　辰青
后戌　　　巳空
　酉 申 未 午
　阴 玄 常 虎

阴 合 阴 合
酉 寅 酉 寅
寅 未 寅 丁

财 己酉 阴 ⊙
子 甲辰 青
官 辛亥 贵

陈公献曰：此病主手足不举，全无一点生气，因日禄临绝地，驿马投墓乡，又行年游魂，子巳相加，合为死字，三传死墓绝，安能有救乎？何以知病在手足不举？盖因卯加申、戌加卯，故知主风瘫发搐之症。问曰："死在何日？"答曰："久病应空亡之下，空亡是卯，加申，申日子时死矣。[①]

例四十九：乙丑年十月辛亥日甲午时，予往金陵成贤街会六壬王养吾索占之课。(《六壬指南》)

① 程树勋按：申日冲去干上长生，故死。未必尽因空亡之下。

勾 合 朱 蛇
寅 卯 辰 巳
青丑　　　午贵
空子　　　未后
亥 戌 酉 申
虎 常 玄 阴

蛇 阴 朱 后　　官　乙巳　蛇
巳 申 辰 未　　财　　寅　勾◎
申 亥 未 辛　　子　辛亥　虎⊙

陈公献曰：公为阴人占病。主胸膈不宽，饮食少进。曰：果妇病，其症若何？曰：传得病玄胎，又四课德鬼发用，巳作闭口，食神乘空，故知病在胸膈，不能饮食。且禄临绝地，何以养生？目今子爻制鬼无妨，恐来年初夏太岁生鬼可虑；况夫占妻岂宜财空，主半路断弦续娶也。辛日亦不宜占病，因辛作亡神故也。①

例五十：崇祯辛未年正月戊申日亥将，己未时，同乡彭城卫幕刘一纯占病。(《六壬指南》)

勾 合 朱 蛇
酉 戌 亥 子
青申　　　丑贵
空未　　　寅后
午 巳 辰 卯
虎 常 玄 阴

玄 蛇 贵 勾　　兄　甲辰　玄
辰 子 丑 酉　　子　戊申　青
子 申 酉 戌　　财　壬子　蛇

陈公献曰：病起少阴，目今无虑，但绵缠难脱体耳。微独病也，且防贼至。病起少阴者何？从魁临干为日之败气，是因少阴而败身也。病难脱体者何？传将合成财局，生起日之官鬼也。

占病而言贼至者何？玄武发用，传归支上，主贼人入我内室也。医当如何？木为官鬼，火作白虎，心脾二经受症，当觅东方之医，理肝清心，切勿健脾补肺。何时当愈？甲戌流年方且不保，遑问愈乎？缘戊日玄墓发用，是为收魂杀。又纯财生卯木死气克日，故是年冬可虑乎？

果后三日一贼入室，刘复来言及。余乃以原数断云：贼北方道路往来，

① 五亡神，六甲旬中六辛是也，有云：六辛便是五亡神。

陈姓年少人也。作贼无伴，一人耳，然必告官方获。玄辰乘相气，主年少，在子为道路，辰与陈姓同音，玄阴生水，水合一数也。官鬼遥克玄武，公命上神又制盗神，必告官而后捕捉也。何日可获？告官三日即获。后果然。及询其姓名则陈忠也。

例五十一：顺治六年戊子年六月庚戌日壬午时，陈惟一占扬州道台陈公祖病。(《六壬指南》)

	勾	青	空	虎	
	巳	午	未	申	
合	辰			酉	常
朱	卯			戌	玄
	寅	丑	子	亥	
	蛇	贵	后	阴	

玄	玄	虎	虎
戌	戌	申	申
戌	戌	申	庚

兄	戊申	虎	
财	寅	蛇	◎⊙
官	乙巳	勾	

陈公献曰：此课不利占病，丁巳日必死。盖因禄马发用入传，中空绝之乡，病人见驿马乃神气出游之象。课传玄胎，主别处投胎之象。虎鬼临处为畏期。传既无天医而末传巳火克日，故以是日决之。

例五十二：己丑八月乙未日辛巳时，徽友程孝延为同乡郑姓占病。(《六壬指南》)

	空	虎	常	玄	
	午	未	申	酉	
青	巳			戌	阴
勾	辰			亥	后
	卯	寅	丑	子	
	合	朱	蛇	贵	

玄	常	空	青
酉	申	午	巳
申	未	巳	乙

官	丁酉	玄
财	戊戌	阴
父	己亥	后

陈公献曰：占病不治，且临于床，八九月之会是其死期乎？盖干支互乘绝气，课传革故从新，且二马临身，宅乘青龙太常谓之孝服纸钱杀也。病人见驿马又非所宜，何以知其卧床？因身加卯上为床为棺也。何以知其死期？二阴一阳，中传戌加酉位，是八九交会之时。果交九月节日死矣。

七 失盗

一、盗贼

例一：天圣六年戊辰年正月二十八甲子日，亥将未时，七十四岁老人占逃亡。(《一针见血》)[①]

戊辰年　甲寅月　甲子日　辛未时

十月亥将甲子旬戌亥空

	勾	合	朱	蛇	
	酉	戌	亥	子	
青	申			丑	贵
空	未			寅	后
	午	巳	辰	卯	
	虎	常	玄	阴	

青	玄	合	虎
申	辰	戌	午
辰	子	午	甲

财	戊辰	玄
官	壬申	青
父	甲子	蛇

苗公达曰：主昨夜三更门户不闭，婢逃失财，网罗水际，辰为罗网，往正北所至人家藏匿。其钱藏水中，速寻可得。[②] 果于当日申时获之。论曰：贵人临酉，门户惊恐。天罡加子将得玄武，子为三更，在支上发用，是急应之兆。行年立卯上，天空乘未，属阴为婢，被旺木所制，故逃窜。玄武阴上见申金，金生水，故钱藏水中。言逃往北者，谓阳作玄武，婢走求阳也。法以初觉逃时只就玄武立处求之，今在子，逃亡未经旬，只看玄武立处。[③]

解：宋天圣六年，公元 1028 年，岁在戊辰，此年正月十八日甲寅雨水，正月二十八日甲子。原课时间正确。此课首先分析正时，正时未为甲（寅）之墓，而且未上临天空加卯，卯为门户且为求测者本人的行年上神（男子 74 岁行年为亥），日墓临门户，而且天空为虚空，为奴婢，为求测者自家门户不闭、自家门户暗昧之象，玄武临日财辰土加在宅位子上发用，因此必然门户虚开，发生内部偷盗之事，三传三合水局，子水为夜里。而且此课，天罡辰

---

① 愚按：甲木克玄武辰土，干上午火，克玄武阴神申金，故易获。

② 愚按：“门户不闭”句，似从斩关课取义也；失财者，玄武临财也。《精华摘锦》云：玄阴见青龙乘申为损鳞，故主失财。

③ 愚按：玄武从不临东南，岂逃亡未经旬者，从不往东南方乎？故云正北。本人行年在卯，卯刑子，是玄武遭刑可获。当日申时者，甲日属木，克玄武所乘辰土，又末传临申，是玄武三传之终也。

土加于日支上，课体为斩关课，主逃亡、行人类事情。本人行年上神卯木旺而克发用玄武，主贼人畏惧逃窜。但是同时此课三传全在四课上，为回环格，因此逃亡之人也走不脱。

根据发展观，初传财临玄武，主婢女盗财逃跑，中传传出申金青龙，青龙乘申为损鳞，故主失财，青龙钱财被制，也主申时会找回，而且末传传出当日干支甲子，末传为应期，说明当天就会找回失去的财物。而且申金为财，传入子水，说明财在北方，由于三合水局，水润下而行，因此必定藏在水中。到申时三合长生就会找到。[①]

例二：五月丙子日申将午时，二十六岁人占失贼。(《玉连环末卷》)

	勾	合	朱	蛇	
	未	申	酉	戌	
青	午			亥	贵
空	巳			子	后
	辰	卯	寅	丑	
	虎	常	玄	阴	

虎	玄	朱	勾
辰	寅	酉	未
寅	子	未	丙

子	庚辰	虎
兄	壬午	青
财	申	合◎

苗公达曰：主尔父及兄弟度关而遭贼失财，兄被贼伤左目，其贼不能捕也。本人云，某父自少为客在川陕，今年老思归京都，令某先带家眷入京置宅，后有一兄一弟从父而来，至关，晚，关已闭。无奈至关下宿，是夜被贼抢劫，兄不甘，仗刃敌之，关使惊觉吆喝而去，兄逐追，被贼回枪误中一目，所失金银缎物约五百余两，父兄及弟已至关所告官求捉，是以某来求占。

议曰：天乙临酉，门户不宁，丙以寅为日本，白虎加之，是长上惊危，寅为天梁，卯为天关，辰为天关恶神，恶神在上，故主关梁厄滞，虽然过关，而财遭贼劫。丙以巳为兄，午为弟，故有一兄一弟。日上勾陈为斗敌，五月作四月节，今大杀月厌俱在未。未临巳主损左目，法以四孟为两目，寅巳为左目，申亥为右目，玄武上下所临不战，又课得青龙、六合，飞腾万里，主贼有庇佑，必难获也。

例三：己酉年十月癸卯日寅将辰时。某占捕逃有罪人。

① 有关此课笔者补注一条，古人云：玄武初传两相当，如果玄武临初传克日或克支，就必然为贼盗或破财。

　朱　蛇　贵　后
　卯　辰　巳　午
合寅　　　　未阴
勾丑　　　　申玄
　子　亥　戌　酉
　青　空　虎　常

空　勾　常　空　　官　辛丑　勾
亥　丑　酉　亥　　兄　己亥　空
丑　卯　亥　癸　　父　丁酉　常

邵彦和曰：此课干来加支，即发用，退归西北，其人逃往买卖人汪家后空猪圈内藏匿。亥四丑八，去此三十二里。[①] 丑日有婢在宅前着孝衣洗酒器，可问之，不然即在崩败东厕内，可往擒之。水日见亥，亥内有壬，壬加水，汪姓也。酉加亥为酒器，酉又为婢，作破碎，乘太常为丧服。勾陈克日，追逃必获也。

例四：十月辛卯日寅将巳时。李四官，占失钱谷。

　勾　合　朱　蛇
　寅　卯　辰　巳
青丑　　　　午贵
空子　　　　未后
　亥　戌　酉　申
　虎　常　玄　阴

玄　空　朱　后　　子　戊子　空
酉　子　辰　未　　父　　未　后 ◎
子　卯　未　辛　　子　戊子　空

邵彦和曰：辛卯日，三传不行，单只在支干上，初传是支上之子，中传是干上之未，末传又归支上子。子未相害，虽喜未能制子，无奈未乃旬空，不能克制，徒作干上空亡，自合失脱也。未空不能生辛金，而辛金反去生支上子水，子作天空，为之脱气，故捉贼不得，但初传自宅发用，末传又归宅上，是贼不出门也。当主本家眷属为脚耳。后却知是大兄二兄之子，偷回房中去，三日后方携出使用。[②]

大凡占贼，日传归日，辰传归辰，皆不是外人，况辛卯日，三传俱在干支上乎。若末传出去，庶可向外寻耳。占人行年又在卯上，乃家贼无疑耳。

例五：正月乙卯日亥将申时，占捕捉。(《直指》)

---

① 张本作六十四里，旺加倍也。

② 有本作三月。

勾 合 朱 蛇
申 酉 戌 亥
青未　　子贵
空午　　丑后
巳 辰 卯 寅
虎 常 玄 阴

合 空 朱 青　官 辛酉 合
酉 午 戌 未　父 　子 贵 ◎
午 卯 未 乙　兄 乙卯 玄 ⊙

邵彦和曰：卯为玄武，上见午，贼自正东转正南，卯六午九，此去五十四里，卯主树木、坟茔，午上天空主藏窖穴中，中传子克午，初传酉克卯，必主擒获，遇酉子日即其期也。果验。

例六：三月辛卯日酉将辰时。僧占失度牒。

勾 青 空 虎
戌 亥 子 丑
合酉　　寅常
朱申　　卯玄
未 午 巳 辰
蛇 贵 后 阴

虎 朱 朱 玄　财 辛卯 玄
丑 申 申 卯　兄 甲申 朱
申 卯 卯 辛　父 己丑 虎

邵彦和曰：被一亲人偷去，火焚了，其人足跛，手指缺。盖度牒以朱雀为类神，申为僧人，而玄武乘卯合辛，故为亲人，辛克卯，故卯遂偷去。戌为足，被卯克，故跛。卯为手，被申克，故指缺。丑加申为僧，被卯木乘玄武来克，而丑又乘白虎，主被人亏算。朱雀乘申，遁丙火，火焚之象也。访知是外弟偷去，手足有疾，不谬。

例七：九月癸丑日卯将卯时。知县宴同僚，反失去银物衣物而占。

贵 后 阴 玄
巳 午 未 申
蛇辰　　酉常
朱卯　　戌虎
寅 丑 子 亥
合 勾 青 空

勾 勾 勾 勾　官 癸丑 勾
丑 丑 丑 丑　官 庚戌 虎
丑 丑 丑 癸　官 丁未 阴

邵彦和曰：贼从高处下来作窃，其物必藏在神庙中，未出衙门，今日午时，主姓徐王人败。丁己共在未，故主二姓人。癸为日主刑戌，戌为人力，又为高楼宿处，伏吟不离本家也。未为木墓，内有鬼宿乘太阴，主神庙。太阴主隐匿也。人在高处者，玄武在申，申为高处也。后果于本衙中神庙龛下寻见，乃更楼上更夫偷也。丑为官星，勾作刑，故获。

例八：九月丁卯日卯将戌时。某占失麦面。

	蛇	朱	合	勾	
	戌	亥	子	丑	
贵	酉			寅	青
后	申			卯	空
	未	午	巳	辰	
	阴	玄	常	虎	

勾	后	常	合	兄	己巳	常	
丑	申	巳	子	子	戌	蛇	◎
申	卯	子	丁	父	丁卯	空	⊙

邵彦和曰：据此课象，是人力勾引人来偷去。后知果是人力与对门面麦店博士合偷。盖巳为炉灶，又铸印课，太常为博士，亦主酒食，中传戌为人力，末传天空亦是人力，是两人合偷也。申为麦面，阴神丑土墓之，而作勾陈，故主勾引也。

例九：元圣九年闰九月初间，李都尉家被贼从后花园入堂内，偷去金银财物，辛巳日请元轸占之，卯将未时。(《玉连环末卷》)

辛巳日　乙未时

	青	勾	合	朱	
	丑	寅	卯	辰	
空	子			巳	蛇
虎	亥			午	贵
	戌	酉	申	未	
	常	玄	阴	后	

玄	青	勾	贵	官	壬午	贵
酉	丑	寅	午	财	戊寅	勾
丑	巳	午	辛	父	甲戌	常

元轸断曰：贼有五人，当是年及五旬妇人，原是婢女出身，一目有疾，在郊外东北方五十里坟墓间居住，依此捕之无获。又索占，元轸曰：不必另占，只以前课推之。[①] 可于丙丁日令捕人出东门，转北伺之，有两妇人穿绯衣

① 酉加丑入墓，故无踪迹。酉阴见巳，巳阴见丑，丑阴又见酉，不能远遁。三传午寅戌克之，贼必败露。

负薪而来者，询之必得贼踪。如言于丁巳日，捕人伺至午间，果有两妇人穿红裙负薪而至，捕人近前，妇人惶遽欲遁，拿住搜其身上，藏有金银钗钏。切究之，云伊之邻妇本是李都尉家旧婢，近因贫困，同其夫与子共五人至李家作贼，被二妇知觉，故分给钗钏。捕人遂押二妇至城东北苏相公坟后，拘获正贼真赃，其妇果患目也。

议曰：经旬只于玄武临处责之，今玄武临丑，故言东北，武之阴神酉，从丑至酉为五辰，故云五人，三传逆治，其贼不远。[①] 酉丑相乘四八之数，故不出五十里，酉金临丑墓，故云伏坟所。[②] 炎上火局又被阴神巳火所克，故丙丁日必败露。巳为双女，乘蛇，故云两妇穿绯衣服。火本无体，因木而发，故因负薪人而败。[③]

解：此课原断清晰，因为已经知道是贼所盗，因此直接可以分析玄武。玄武乘酉加丑，酉上遁干为乙，辛克乙为日财，酉为婢女。金临墓地，因此年纪不小，金四因此判断婢女有四十多岁，而支上构成巳酉丑三合金局，酉金为核心，因此是一个盗窃团伙做案。首领是一个婢女。三传从日上发用，构成回环课，因此会反复抓捕，而三传贵人、勾陈、太常三土都足以克制玄武，因此必定可以捕捉，三合火局克制三合金局，因此可以在丙丁火旺日捕捉。其后在丁巳日丙午时捕获完全可以说明火克金捕捉成功的正确性。此课贼不行传，要克制贼就必须三对三，寅刑巳，午克酉，丑刑戌来完成捕捉，因此要引发三传火就要去寅东北捕捉，玄武酉的阴神为螣蛇巳火，巳为双，巳上乘丑临青龙为柴火，因此贼出现的时候会穿红色衣服背负柴火，可以惊而捉之。

例十：十一月辛酉日丑将巳时，占捕盗。(《中黄经》)

	青	勾	合	朱	
	丑	寅	卯	辰	
空	子			巳	蛇
虎	亥			午	贵
	戌	酉	申	未	
	常	玄	阴	后	

青	蛇	勾	贵
丑	巳	寅	午
巳	酉	午	辛

官	丁巳	蛇	
父	丑	青	◎
兄	辛酉	玄	⊙

① 江村张鋐云：玄武乘酉，酉阴见巳，巳阴见丑，丑阴又见酉，故不能远遁。

② 程树勋按：酉为婢，阴见螣蛇巳火，故是婢而有目疾。酉六丑八，相乘得四十八岁，故云年近五旬耳。

③ 江村张鋐云：巳乘螣蛇，性易惊，故两妇一见捕人即欲逃遁，巳阴见龙，龙属木，木见火为薪。故皆负薪，巳酉丑三合辗转不能相离，故于东北伺之而获也，其于丁巳日午时者，酉阴见巳，用神午俱克酉金玄武也。

断：酉为玄武，临丑，其贼往东南方，盗得他人财。先向西行六里，便待往西南方还家，因正南见贵人不敢行。欲从西北方还家，因巳火绝地，又不敢行。只往北行五里，藏匿财物，后却于西北还家，藏匿五日后方敢再行。干上贵人克玄武勾陈，又克其藏处，即可擒获矣，果验。

例十一：甲子日占捕盗贼。(《通神集》)

	蛇	贵	后	阴	
	子	丑	寅	卯	
朱	亥			辰	玄
合	戌			巳	常
	酉	申	未	午	
	勾	青	空	虎	

后	空	玄	勾	兄	丙寅	后
寅	未	辰	酉	官	癸酉	勾
未	子	酉	甲	财	戊辰	玄

占曰：此课天罡加酉为玄武，逆四午上得大吉，是贼所在，宜往午地捉之。其贼在贵人家，相生难得，阴自去本家为人数，登明去亥六辰，是贼之同伴共六人也。末传玄武自相克战，辰上未及天乙能制盗神，捕之必得。

例十二：丁卯日占捕盗。(《通神集》)

	空	虎	常	玄	
	卯	辰	巳	午	
青	寅			未	阴
勾	丑			申	后
	子	亥	戌	酉	
	合	朱	蛇	贵	

朱	勾	空	常	子	乙丑	勾	
亥	丑	卯	巳	官	亥	朱	◎
丑	卯	巳	丁	财	癸酉	贵	⊙

占曰：此课主贵人有盗贼勾连之事，子孙能用力，贼伴四人，戊己日必然捉获，何以言之，盖以初传丑加卯为用，上见勾陈，中传亥酉及卯俱为贼，玄为日下之鬼，朱雀为口舌之神，末见天乙临于亥上，故主贵人有盗贼相连之事，丑土发用为丁之子孙来克鬼贼，亥数四，主贼伴四人，必于戊、己土日为贵人之子孙捉获也。

例十三：丙子日占捕盗。(《通神集》)

空	虎	常	玄
午	辰	巳	午
青寅			未阴
勾丑			申后
子	亥	戌	酉
合	朱	蛇	贵

后	蛇	勾	空	子	丁丑	勾	
申	戌	丑	卯	官	乙亥	朱	
戌	子	卯	丙	财	酉	贵	◎

《通神集·青钱论》云：贼当求玄武、三传尽处寻之，若乘空亡、六合、勾陈、游都下可捕，乘生气不败，若有制玄武之神入传，游都。勾陈制武、三传自战，或乘太阳皆主自败，此课玄武加午，三传尽处见寅有游都，乘驿马，子支阴见申为鲁都，克日上卯，贵人乘酉将登天门，贼无隐形，天罡为盗贼，乘白虎主凶恶之人为盗，在丑卯戌日败露，盖玄武乘午火，初意奔寅来三传静处藏身，不料寅为游都，本家迎子，即贼投水也。

例十四：丙子日占捕盗。(《灵辖经》)

朱	合	勾	青
丑	寅	卯	辰
蛇子			巳空
贵亥			午虎
戌	酉	申	未
后	阴	玄	常

青	玄	阴	朱	财	申	玄	◎
辰	申	酉	丑	子	庚辰	青	⊙
申	子	丑	丙	官	丙子	蛇	

占曰：凡占盗贼，先视三传，次明日下之鬼，及日辰制玄武并鬼，其贼可获。专责玄武之阴，知其处所。更看第二盗神，定其面色人物。此课申加子为用，上见玄武，其贼三人，一人白色，一人黑色，一人黄色，初起正北方之地，物藏于水中，失物之数共七，其中贼必自首之于官，而败在戊己日。盖为四课遥克，用神为玄武，申为白色，子为黑恶，辰为黄色，青龙为财，天罡受之，末传神后申之子为蛇为日下之鬼，故申为玄武是正贼，辰与子共盗亦为贼也。申为首，辰子为从，润下乃北方近水处，贼与物皆在北方，又水为日鬼，中传辰土克之，故中间贼自首，戊己日擒之，日制其贼也。

例十五：己巳年酉月甲戌日巳将辰时，占失脱。(《牧夫占验》)

己巳年　癸酉月　甲戌日　戊辰时

	青	空	虎	常	
	午	未	申	酉	
勾巳					戌巳
合辰					亥阴
	卯	寅	丑	子	
	朱	蛇	贵	后	

后	阴	合	朱
子	亥	辰	卯
亥	戌	卯	甲

财	庚辰	合
子	辛巳	勾
子	壬午	青

王牧夫曰：有友在寓所，失去人参二两来占。余细详之，今早有二人至，一人穿土黄衣，一人穿栗色衣，物之失也在此。友云：今早来者所穿衣不差，彼坐吾床边不语，即去并无他人至。数甚奇妙。盖凡脱气皆为失物，发用即贼之身，六合乃朋友之象，辰之姓又可知也。其衣黄者，辰土。栗色者，木临土也。发用为财作六合，乃有手足之物，巳午旺气生天医，非人参而何？

解：王牧夫主张观象而取，既然东西失去，那就要看是如何引发的，因此审查事情的起始点初传，这里初传为甲木之财，正好是土财，而且六合带木有须发分支之象，可以类比人参，而六合为朋友，因此断定与朋友有关，而且三传传出辰、巳、午，火乡泄体，为失物破耗之象。

例十六：乾隆甲戌年亥月己未日寅将丑时，辛未人六十岁占失贼。(《牧夫占验》)

	朱	蛇	贵	后	
	午	未	申	酉	
合巳					戌阴
勾辰					亥玄
	卯	寅	丑	子	
	青	空	虎	常	

后	贵	后	贵
酉	申	酉	申
申	未	申	己

兄	己未	蛇
子	庚申	贵
子	庚申	贵

王牧夫曰：八专之课，干支不别，一派寒金，自身又作螣蛇，事由自己疏懒，致有此也。财失五百金，必非一人。以玄武论之，乘亥，阴见子，乃少年也。亥四数，当主四人。玄武临戌，当在西北近水之地。乘太常，勾陈制之，太阳之阴又与相刑，告官必为捕役所获。果于辛酉日因包课之布为认

记，因是而获。同伙者共四人。

二、人口走失

例一：乾隆丁丑年亥月己巳日日卯将辰时，占走失，十二岁。（《牧夫占验》）

丁丑　辛亥　己巳　戊辰

	勾	青	空	虎	
	辰	巳	午	未	
合	卯			申	常
朱	寅			酉	玄
	丑	子	亥	戌	
	蛇	贵	后	阴	

合	勾	青	空	官	丁卯	合
卯	辰	巳	午	官	丙寅	朱
辰	巳	午	己	兄	乙丑	蛇

王牧夫曰：连茹之课，当数人同行，今已退归不能远去。干上午属姤卦，姤者遇也，午阴得日支青龙，少刻即是，验甚。近事争遂看天罡，天罡临宅，加孟亦不碍，当即见也。

解：首先，此课第四课发用，为突然发生之事，课体连茹，非常明显，因此判断走失人与多人在一起。而且三传化退，因此行人不远。并且此课所占为当时走失，为近处，为急事，因此可以看天罡，天罡加孟临宅，加孟主身不动，但是临宅则无碍。而且日上为午，午为天风姤卦[1]，姤者遇也，代表相遇。而且午的阴神为巳，正是本时，因此本时会到。实际上因为巳为宅，三传丑寅卯与支上辰土，直抵巳宅，而王牧夫的思路则走了一个弯路。

例二：乾隆己卯年寅月癸卯日子将酉时，占走失。

	合	勾	青	空	
	申	酉	戌	亥	
朱	未			子	虎
蛇	午			丑	常
	巳	辰	卯	寅	
	贵	后	阴	玄	

勾	蛇	朱	后	父	丁酉	勾
酉	午	未	辰	兄	庚子	虎
午	卯	辰	癸	子	癸卯	阴

[1] 此为十二辟卦在六壬中的应用，此为王氏用卦象解的经验之谈，其他如丑为临，寅为泰，卯为大壮，辰为夬，巳为乾，未为遁，申为否，酉为观，戌为剥，亥为坤。

王牧夫曰：此人非走失，乃酒后误落水中，已死矣，沿流寻其尸可也。其人曰：素闻王先生数学精妙，故特来请教。此是余邻居，若果如此，怎处？余曰：此数也。无可如何。盖此课干乘鬼墓，发用是酉，癸日见酉乃酒字也。墓为鬼，与作三合，三传递生，末见闭口，子卯相刑，岂非因酒误事乎，且死气在支，闭口亦在支，凡占事凶得闭口者，必死，落水死者，辰为水库，天后乘之，墓神作鬼故也。即往寻之，果得其尸。

例三：辛亥年除夕，廉阶先生占一邻妇因争斗而逃出赴水者。

庚午日　癸未时

蛇 贵 后 阴
午 未 申 酉
朱巳　　　戌玄
合辰　　　亥常
卯 寅 丑 子
勾 青 空 虎

后 贵 玄 阴
申 未 戌 酉
未 午 酉 庚

父　戌　玄◎
父　辛未　贵
兄　癸酉　阴

断：庚午日昴星课，并无凶煞。河不覆井，知其未赴水矣。太阴为类神加申，尚在西南，支上未贵生太阴，未得老妇，当有老妇劝回。果逃出遇西南方之老尼，拉往尼庵一宿，元旦送回。予始悟贵人为神佛，未为华盖，故在尼庵耳。

解：根据描述，我们可以推断此课是占邻居家的女人与人争斗是非，一时想不开要出门投河自尽，根据文字描述，我们可以推断出当时大致情景，应该是该女出门前说了投河不活之类的话，因此在占断的时候才会首先判断有无投河信息，这种断法纯属就事论事。因此占断者首先考察天河地井[①]此课中天盘辰、未、卯、子没有加在地盘的子、卯、辰、未上，因此河不覆井，表示没有投井这种象，而且发用玄武空亡，也代表投水之说为虚惊无事。接着我们考察三传，妇女取为太阴，太阴类神入传，则必看[②]因此以太阴酉论，太阴酉金临癸为闭口，代表人在隐秘之所，暂时不归，酉加于未，人在西南。未土为贵人也为华盖，华盖为僧尼之象，因此为庙宇之象，又发用戌为火库，

---

① 所谓天河地井在大六壬中有不同说法，有的认为未辰相加为天河，子卯相加为地井，有的认为，辰为天河，未为地井，还有的认为，辰、未、卯、子为天河，如果天盘的辰、未、卯、子加在地盘的子、卯、辰、未上则为天河覆井，本课当从此说。

② 凡是占走失、丢失物品，如果类神入传则其象必现，意味着全课都已经给你明示了。

为玄武也为鬼神之所。而且类神加日，日支宅入中传，人必归家。酉加于辛未之上，因此次日辛未日人即回。

例四：癸亥年七月，江恺堂先生占门人走失。

癸亥年　庚申月　己未日　丙寅时

　贵　后　阴　玄
　申　酉　戌　亥
　　　　　　　　　　虎　阴　虎　阴　　财　癸亥　玄
蛇未　　　　子常
　　　　　　　　　　丑　戌　丑　戌　　兄　壬戌　阴
朱午　　　　丑虎
　　　　　　　　　　戌　未　戌　己　　兄　壬戌　阴
　巳　辰　卯　寅
　合　勾　青　空

断：巳将寅时，己未日八专课，干支上皆太阴乘戌，初传亥为闭口，皆是藏匿之象，不主走飏。但闭口发传，无人肯言。太阴为老妇，又为神佛，无向僧寺尼庵中寻云。谁知此门人是被老乳媪藏于香火橱内，所以恐吓先生不敢督责耳。为蒙师者难矣哉！

解：干支一体，则干支不分，事情混沌不分。干支上乘天将太阴更为藏匿、隐蔽、不言的意思，而且发用癸亥临天将玄武，为闭口，为藏匿、隐蔽、不言。根据发展观，中末皆为太阴，太阴为老妇人、隐秘，四课三传出现五个戌土，戌为火库，天将太阴，太阴也为下人，戌为橱柜，因此表示有老年妇女将丢失者藏匿在有香火的器具里。中末皆临干支，因此人不离宅，同时戌土日上遁干为甲，与日相合，为日之官鬼，因此藏匿丢失者而吓唬江恺堂先生。

例五：乙丑年三月二十日午时，某人占妾逃亡者。

乙丑年　庚辰月　甲辰日　庚午时

　勾　合　朱　蛇
　酉　戌　亥　子
　　　　　　　　　　蛇　青　合　虎　　官　戊申　青
青申　　　　丑贵
　　　　　　　　　　子　申　戌　午　　父　壬子　蛇
空未　　　　寅后
　　　　　　　　　　申　辰　午　甲　　财　甲辰　玄
　午　巳　辰　卯
　虎　常　玄　阴

断曰："支上会成印局，申属坤之为母，是必逃亡母家。"妾逃责酉与太阴，皆临长生之地，但不入课传，而合中犯煞，虽寻得而不能合矣。因即往稻田伊母家寻之，伊母坚云未归，直至酉时，母家着人来报云："已于大六望亭寻得首饰也。"

例六：汪天赐兄占妻舅走失，戊子日申将未时，癸巳生，二十一岁。

戊子日　己未时

	青	空	虎	常	
	午	未	申	酉	
勾	巳			戌	玄
合	辰			亥	阴
	卯	寅	丑	子	
	朱	蛇	贵	后	

蛇	贵	空	青	官	庚寅	蛇
寅	丑	未	午	官	辛卯	朱
丑	子	午	戊	兄	壬辰	合

断：行年戌作玄武临酉为西方，支贵人乘丑，在神庙内无疑。况阴神功曹又带雷煞也。但驿马发传为顺连珠，亦不定在一处。干上午为天马，行年戌，初传寅戌三合，寻之可见。是人初逃往灵山天竺阁蹲一夜，次日逃于崖镇之下庙，因而遇得之。

例七：官人寓寺中失婢而求占，九月甲寅日卯将丑时。

	贵	后	阴	玄	
	未	申	酉	戌	
蛇	午			亥	常
朱	巳			子	虎
	辰	卯	寅	丑	
	合	勾	青	空	

蛇	合	蛇	合	财	丙辰	合
午	辰	午	辰	子	戊午	蛇
辰	寅	辰	甲	官	庚申	后

邵彦和曰：此婢走不远，被一凶徒藏在西南阁子上，只在今日败矣。辰加寅作六合发用，甲寅日纳音属水，水墓辰，人皆言斩关课。辰上见魁罡，必主动。近者远去。殊不知甲寅水墓辰，辰为初传，午为阴妇人，在辰上曰阻关，所以不进。末申作后，是女鬼，加午道路上，被鬼阻不行。天后主厌翳藏匿。又勾在卯，午在戌。戌为楼阁，故藏高处阁上，主败者，内战也。果次日于寺西南人家阁上擒之。

例八：某占失婢，三月己酉日酉将未时。

	青	勾	合	朱	
	未	申	酉	戌	
空午					亥蛇
虎巳					子贵
	辰	卯	寅	丑	
	常	玄	阴	后	

后	蛇	蛇	合	兄	癸丑	后	
丑	亥	亥	酉	官	卯	玄	◎
亥	酉	酉	己	父	乙巳	虎	⊙

邵彦和曰：此婢不失，但往东方寻之，六里内必见也。日辰三传俱在阴位，阴主伏匿，巳作虎临门户上，其人出门去便止也。盖己日为尊，酉辰为婢，今加日上，是婢来就尊，日辰相加，所以不失。酉六，故不出六里必见。果往东方六里内寻见，乃失路不能归也。

例九：某占婢走失，己未日子将戌时。

	蛇	贵	后	阴	
	未	申	酉	戌	
朱午					亥玄
合巳					子常
	辰	卯	寅	丑	
	勾	青	空	虎	

玄	后	玄	后	子	辛酉	后
亥	酉	亥	酉	子	辛酉	后
酉	未	酉	己	子	辛酉	后

邵彦和曰：独足课，酉为婢加未，不离身宅矣。兼独足体，一足焉能动焉？不须寻，当日归矣。

三、财物丢失

例一：鲍宅失一玉猴，乙丑年三月二十一日酉将申时。

	青	勾	合	朱	
	午	未	申	酉	
空巳					戌蛇
虎辰					亥贵
	卯	寅	丑	子	
	常	玄	阴	后	

合	勾	勾	青	财	戊申	合
申	未	未	午	财	己酉	朱
未	午	午	丙	子	庚戌	蛇

断曰："支加干，已出外矣。初传申为猴，次传酉为玉，明现此象，而入末传之火库戌，戌为奴作螣蛇，是奴仆盗去无疑，不必指初传为盗也。考酉为太阳而临申金上，干上午又制类神，必可得也。二课俱验。但徽州失去玉猴，次年从汉口卖货处得之，不知何故。

解：此课甚妙，发用申金为财，类神入传，必详析之。四课从宅上连茹进入三传，午未申酉戌，四课中未土不备，未土乘勾陈，因此表示家里奴仆里勾外连，移动财物之象。申金传送也是变化之象，其上六合为交易，表示东西被变卖成现钱。妙在末传为干支丙与午的库，而三传申酉戌，财又归于火库，被火库所克，因此他日还能通过财物转换得回来。

例二：某因亲友筵会失去银盏求占，三月庚辰日酉将辰时。

	合	朱	蛇	贵	
	戌	亥	子	丑	
勾	酉			寅	后
青	申			卯	阴
	未	午	巳	辰	
	空	虎	常	玄	

后	勾	虎	贵
寅	酉	午	丑
酉	辰	丑	庚

财	戊寅	后 ⊙
父	癸未	空
子	丙子	蛇

邵彦和曰：寅作天后加酉，为隐蔽，酉金类神也，合加支上，日上有丑墓，寅为用神，中又见未，作墓覆其上，凡见墓则为藏物，有类神，则物不失，中未墓作天空，主污秽，辰作玄武，酉作勾陈太阳，加玄武之上，又为玄武之败神，故主寻之必得。果于厕坑之侧寻见。

同日酉将午时，寻之未见，其子再求占。

	青	勾	合	朱	
	申	酉	戌	亥	
空	未			子	蛇
虎	午			丑	贵
	巳	辰	卯	寅	
	常	玄	阴	后	

合	空	后	朱
戌	未	寅	亥
未	辰	亥	庚

财	戊寅	后
官	辛巳	常
兄	申	青 ◎

邵彦和曰：其物在厕屋左右。盖寅加亥为用，亦乘天后隐蔽之将，末传申是类神，加于巳长生之上，其物不失。辰作玄武加丑金墓，上见天空，主

污秽处藏匿，寻之必见。果于申牌后于厕坑左右寻得，与前课不殊。

例三：某妇占失金耳环，十一月己丑日寅将戌时。

　蛇 朱 合 勾
　酉 戌 亥 子
贵申　　　丑青
后未　　　寅空
　午 巳 辰 卯
　阴 玄 常 虎

蛇	玄	虎	合	子	乙酉	蛇
酉	巳	卯	亥	兄	己丑	青
巳	丑	亥	己	父	癸巳	玄

邵彦和曰：金环以酉为类神，初传酉金，即加巳上，乃长生之地，不落空亡，又是三合金局，此物乃自己遗失，现在必得。巳为炉灶，酉加之，得蛇亦巳火，至冬而死，当失在炉灶灰中。果于炉下灰中寻见。

例四：某占失银，庚午日子将丑时。[①]

　合 朱 蛇 贵
　辰 巳 午 未
勾卯　　　申后
青寅　　　酉阴
　丑 子 亥 戌
　空 虎 常 玄

合	朱	蛇	贵	官	庚午	蛇
辰	巳	午	未	官	己巳	朱
巳	午	未	庚	父	戊辰	合

邵彦和曰：其物在南方炉灶近水边，湿泥土中藏之，或落水缸畔，中有杨树枝，乃有木果处寻之。后于灶边水缸下寻见。盖南方炉灶者，发用巳午蛇雀也。近水泥湿者，乃午未上遁得壬癸水也。类神酉临火墓作太阴，是以银不出去也。[②]

某寻银未见，再占。庚午日子将酉时。

---

① 占后未找到，又占一次，见后例。

② 吴稼云曰：午发用，南方也，传入巳，故在灶下也。末见辰作六合，乃水缸也。

	青	勾	合	朱
	申	酉	戌	亥
空	未			子	蛇
白	午			丑	贵
	巳	辰	卯	寅
	常	玄	阴	后

蛇	勾	后	朱	兄	癸酉	勾
子	酉	寅	亥	子	甲子	蛇
酉	午	亥	庚	财	丁卯	阴

邵彦和曰：物在南方炉灶前，水湿处寻之，乃自家人盗耳。盖辰作玄武，当主仆辈。酉为类神，作勾加午，更见太阴临水，太阴亦类神也，故主湿处寻之。后果然。凡失物须看类神在传，或加日辰定见。传日不出日，传时不出时，宜秘之。[1]

例五：某占失船，十一月朔日壬午丑将卯时。此与遂安官人占失马同式。

	朱	蛇	贵	后	
	卯	辰	巳	午	
合	寅			未	阴
勾	丑			申	玄
	子	亥	戌	酉	
	青	空	虎	常	

合	蛇	阴	常	子	戊寅	合
寅	辰	未	酉	兄	丙子	青
辰	午	酉	壬	官	甲戌	虎

邵彦和曰：船往南方寻之，初八日内即见，船在旱地上，所以不进耳。盖六合为船，寅作合加辰为用，船在旱地之象。辰为东南方也，且今日卯为类神加巳，是在地户东南上也。寅木三数，辰土五数，共八，故八日内也。果初八日于东南上寻见。

四、动物走失

例一：宋仁宗失鹦鹉，九月丁丑日辰将未时占之。(《玉连环末卷》)

	合	勾	青	空	
	寅	卯	辰	巳	
朱	丑			午	虎
蛇	子			未	常
	亥	戌	酉	申	
	贵	后	阴	玄	

常	后	朱	青	官	丙子	蛇
未	戌	丑	辰	子	庚辰	青
戌	丑	辰	丁	子	甲戌	后

① 吴稼云曰：大抵类神并见者则合而断指，此秘诀也，今乃悟之矣。程树勋按：类神未见则以初传为方向类神，已见则以类神所临处位方向。

帝自详之，以为昴星寻生物不复见，酉加子鹦鹉飞于北方，况阴神见白虎，是猫伤矣，责酉为羽毛飞禽之属也，越四日庚辰，忽宫人报鹦鹉在东南葡萄棚上，特诏楚衍问之，衍奏曰：据课象，鹦鹉飞在东南林木之间，被罗网缠而不死，今日庚辰不得来，辛巳有刺面戎人捕得之来献，果至辛巳日兵士获鹦鹉来献。

论曰：从魁为羽毛中斗禽，鹦鹉能言之禽，未尝有斗性，只以朱雀为类，今朱雀临辰，辰为东南，辰中有乙，为林木，辰为天罗宫，朱雀乘大吉临辰，大吉是丁丑日支，天罡是本月月将，故知不失，刺面戎人来献者，丑为朱雀，因河魁丑戌相刑，法以刑为刺，然庚戌被丁丑克，故头面带破也也。

例二：王寺丞占出兵往饶州取马何故未回。丁亥日戌将卯时。

	蛇	朱	合	勾	
	子	丑	寅	卯	
贵亥					辰青
后戌					巳空
	酉	申	未	午	
	阴	玄	常	虎	

朱	虎	阴	合	兄	午	虎◎
丑	午	酉	寅	子	己丑	朱⊙
午	亥	寅	丁	财	甲申	玄

邵彦和曰：其马必被虎伤死矣。五日后兵士报曰：放马山上吃草，被虎所食。盖午为马，乘虎加亥为用，自刑加自刑，上午被亥克，故然。

解：《大六壬心镜》有云："牛马放时忌所在，胜光大吉主何方。东西南北看临处，神将相生不损伤。下之克上凌拘系，不克何忧被绊缰。"这段断法即本例断法之根源。而且此课初中空亡，末传财乘玄武，申临丑墓，也为马死破财之象。根据四课关系，四课交车虚合，因此占测的时候还不知道消息，到五日后的巳日，巳冲亥，巳上子冲午，破去四课之合，同时与朱雀丑土构成巳酉丑三合，就会知道马的死讯。同时与日上寅，末传申构成寅巳申三刑，刑则伤财。

例三：遂安官人占失马。十一月壬午朔丑将卯时。

	朱	蛇	贵	后	
	卯	辰	巳	午	
合寅					未阴
勾丑					申玄
	子	亥	戌	酉	
	青	空	虎	常	

合	蛇	阴	常	子	戊寅	合
寅	辰	未	酉	兄	丙子	青
辰	午	酉	壬	官	甲戌	虎

邵彦和曰：午为马，不入课传，此马不见矣。午加申，道路之上正行也。

被人骑去矣。果然不见。[①]

解：查邵彦和所在年限内十一月朔日并无壬午日，因此本例日辰当有误。邵先生所在年限内，十一月朔日有壬子日。这些考证供读者参考。

例四：某占失马，正月丁丑日亥将申时。

　合 朱 蛇 贵
　申 酉 戌 亥
勾未　　　子后
青午　　　丑阴
　巳 辰 卯 寅
　空 虎 常 玄

勾 虎 阴 蛇　　兄　壬午　青
未 辰 丑 戌　　子　甲戌　蛇
辰 丑 戌 丁　　子　庚辰　虎

邵彦和曰：马在东方寺院围墙内不能出，须从一破门入去，寻见在己卯日也。果于二十五日，于东方寺院从轮藏前破门入墙内寻见。盖马属午，作龙为用，类神在传，故可寻见。破门者，午破卯，卯为门也。墙垣者，四土周围也。

例五：某占失羊，三月戊子日酉将寅时。

　蛇 贵 后 阴
　子 丑 寅 卯
朱亥　　　辰玄
合戌　　　巳常
　酉 申 未 午
　勾 青 空 虎

后 空 空 蛇　　财　戊子　蛇
寅 未 未 子　　兄　　未　空 ◎
未 子 子 戊　　官　庚寅　后 ⊙

邵彦和曰：子作螣蛇，加日为用，主非横之事。中未加子作天空，未羊也，加子为六害，羊非水中物，不宜临子，况上又作天空是戍戌土，戌刑未，戌为犬，子为水，此羊被犬赶入水中，而被人烹宰，盛于瓮器中，藏在厕屋中。天空无气为器物，又为污秽，故为瓮器、为厕屋。末传寅，即白虎加未，故伤羊。不出今日当捉获，果然。

① 吴稼云曰：寅为天马，传入青龙，万里之翼，故被人骑去也。

例六：某占失羊，六月丁未日未将未时。

	空虎	常	玄								
	巳午	未	申								
青辰			酉阴	常	常	常	常	子	丁未	常
勾卯			戌后	未	未	未	未	子	癸丑	朱
	寅丑	子	亥	未	未	未	丁	子	庚戌	后
	合朱	蛇	贵								

邵彦和曰：伏吟主近，其羊定在西南方兄弟姊妹亲眷家，并主今日申时可见。果申时在西南方妻姊家寻见。

盖未为羊，上见太阳月将，丁未日未发用，故在西南。亲眷者，未为眷属者也。伏吟在本位不旺，未乃月将，五月当相气，故不失。

例七：某占失羊，正月己卯日亥将未时。

	合朱	蛇	贵							
	酉戌	亥	子							
勾申			丑后	蛇	青	玄	蛇	兄	癸未	青
青未			寅阴	亥	未	卯	亥	财	乙亥	蛇
	午巳	辰	卯	未	卯	亥	己	官	己卯	玄
	空虎	常	玄							

邵彦和曰：春占曲直课，未加卯作龙为用，其羊不失。乃走入他人羊群中，信东方寻之必见。果于东方园内羊群中寻见。盖初传是类神，作龙入传而加日辰，故不失。

例八：某占失狗，二月甲辰日戌将寅时。

	空虎	常	玄							
	丑寅	卯	辰							
青子			巳阴	蛇	青	后	合	财	庚戌	合 ⊙
勾亥			午后	申	子	午	戌	子	丙午	后
	戌酉	申	未	子	辰	戌	甲	兄	寅	虎 ◎
	合朱	蛇	贵							

邵彦和曰：寻狗不见矣。盖戌为类神，加日虽主自归，奈寅与戌虽作三合，而戌又作六合，受上下夹克，寅又作白虎在未传克戌，故寻不得，定被杀矣。后知被木排上人杀而烹之。[①]

例九：某占失鸡，十二月辛亥日子将丑时。

朱 合 勾 青
辰 巳 午 未
蛇卯　　申空
贵寅　　酉虎
丑 子 亥 戌
后 阴 玄 常

虎 常 空 虎
酉 戌 申 酉
戌 亥 酉 辛

父 庚戌 常
兄 己酉 虎
兄 戊申 空

邵彦和曰：鸡寻不见矣。被犬冲入邻家，一奴便捉去杀而食之矣。盖戌为用，奴偷也。邻近人家者，酉与戌邻故也。酉为鸡，虽类神入传加日主，主自归，奈何加戌阳刃杀上，酉为刃作虎，申亦是虎，如何得活。盖申为白虎之本家，临于酉上，亦为宰割，乘天空为瓦器，此时覆在瓦盆之下，尚未烹饪耳。

解：动物走失，首先看类神是否入课传，一般类神临日辰或发用而不空，皆可寻[②]。酉为鸡之类神，此课酉鸡在日上，在家附近，以支亥为宅，鸡要归家，却被支上戌土相害相隔，而且三传中戌土发用，三传连茹，戌土逼退酉鸡，因此为狗逐鸡之象，而酉上临白虎为凶丧之象，因此鸡已经死亡。中末与日相比为兄弟，而且酉亥临近，为邻居之象。三传一片金气，因此鸡已被杀。根据发用戌土为社会地位低下的人，因此断为邻家之下人。

例十：顺治庚寅年十月癸卯日庚申时，同乡王怀荫问失马向何方、何日得？

青 勾 合 朱
子 丑 寅 卯
空亥　　辰蛇
虎戌　　巳贵
酉 申 未 午
常 玄 阴 后

贵 虎 朱 玄
巳 戌 卯 申
戌 卯 申 癸

子 癸卯 朱
官 戊戌 虎
财 　巳 贵 ◎

① 寅作虎克戌，寅木也，应木排上人，奇妙至此。盖卯为排，夹克戌土故也。

② 譬如《六壬百章歌》有云：壬日失犬戌加壬，次日寻回不离人。

陈公献曰：此马青黑色，在西北山岗，三日必获。盖因末传之马[①]而乘旬中之空，必俟出旬乙巳日填实，方能得马也。何以知其色为青黑？因马之阴神见子乘青龙，故知色青黑。何以知其在西北山岗也？因马居戌地故知在西北。果三日后自刘家集寻得。[②]

八　出行、行人

例一：五月戊申日未将辰时，占子久出何时回。（《张本占案》）

	青	勾	合	朱	
	申	酉	戌	亥	
空	未			子	蛇
虎	午			丑	贵
	巳	辰	卯	寅	
	常	玄	阴	后	

后	朱	朱	青	官	寅	后	◎
寅	亥	亥	申	父	乙巳	常	⊙
亥	申	申	戊	子	戊申	青	

苗公达曰：支与干会，行人必来。申为子孙，坐干上，不过七日，汝从东北四十里，大木桥上相等。汝子孙带有一妻，年二十八岁，朱冠穿青绸袄，下着白丝套鞋，乘马而来，有四担行李，得宪司牌封锁。一女许一少年医生，今同汝子来作赘婿。

盖末传申七数，故七日来，寅为天梁，故曰桥。亥四数，故曰四十里。寅七数，坐亥，故四七二十八。亥为丝绸，寅青色，寅为申马，故曰青衣乘马。朱雀带天空加财上，故曰宪牌。申金为锁也。亥为申之女，寅为医亦为婿，寅与亥合，乘天后在第四课上，是以女招婿赘到我家也。寅生巳，巳生申，申生戌，一路顺生，大得和谐。

例二：天圣二年，岁在甲子，四月庚子日申将子时，丁卯年生，命五十八岁，来占丙申命二十九岁行人。

---

① 此课取驿马为马。

② 程树勋按：自干阴而传归支，自外入内之象，故寻得。

	空	虎	常	玄	
	丑	寅	卯	辰	
青	子			巳	阴
勾	亥			午	后
	戌	酉	申	未	
	合	朱	蛇	贵	

玄	蛇	青	玄	子	庚子	青⊙
辰	申	子	辰	兄	丙申	蛇
申	子	辰	庚	父	辰	玄◎

苗公达曰：子去万里，音信不通，资财大获，出门迎归。其人云：某有一子，于天禧元年正月间因言语不足，将些财物往岐路兴贩，一去八年，不知道音信，何能望见之。苗曰：当于乙巳日早晨，可出北门外候之。有行李笼具数担，后有二人骑马，尔子衣白，骑青马；随一妇人，衣紫，骑赤色马，得意而归，本人云：八年音信不通，安能便归，时有同来人云：苗公之术如神，可至是日往伺之。果于是日出城外三里，见笼具十余担，远来先一人着白衣，乘青马，一见之便下马泣拜，乃是其子自陕西得利而归。

仪曰：课属斩关，发用神后，水是今日庚金之子孙，加辰为空亡，以下贼上为用，将得青龙，飞腾万里，又传入玄武乘空亡，主失信，故云子去万里，音信不知。行人年上乘寅木是今日之财，加在旺方，故云资财大获。课值日辰相加，其见必速而近。又庚德自处加子上，申本数七，当因死法以折半求之，本人五十八岁，行年在亥临卯，卯为门，将勾陈家在戊辰，辰为门外之路，发用水神，水旺在北方，故云出北门三里之外候之。行年有天驿二马乘寅，寅木青色，将得白虎，金白色，故主白衣乘青马。天上行年加戌作天后，戌是火墓，天后水乘午火，水黑火赤，相合而成紫色，天后妇人，故言妇人紫衣乘赤马。课变润下水之象，巳为绝，绝为至之兆，又行年临戌，以午为至期。午上见寅，寅中有甲，甲与己合，四月建己巳，又庚与乙合，数取四月乙巳日归。

解：此课时间不正确，笔者考证，公元1024年，天圣二年，农历五月初八甲午日夏至，五月中气已到，五月十四日才是庚子日，因此如果此课真实存在，当为未将亥时。此课所断十分神奇，但是分析是后人所加，参考阅之即可。

例三：丁亥年十一月甲午日丑将寅时占行人，其人甲寅生，三十四岁。(《中黄经》)

	合朱	蛇	贵	
	辰巳	午	未	
勾	卯		申	后
青	寅		酉	阴
	丑子	亥	戌	
	空虎	常	玄	

合	朱	虎	空	父	庚子	虎
辰	巳	子	丑	父	己亥	常
巳	午	丑	甲	财	戊戌	玄

断曰：三十四岁，行年在亥，临子，其人正北为客去矣，却从西北还家，何也？经曰：以行年立处为去方，行年上神为还家方位，是以合正北子方去，西北戌方还家，若问财，其人无财，以日上财坐天空，末传行年又被玄武夺，是以无财，问在外有病否？主无病。以行年立处不见白虎克，故无病，问远近路程，行二千二十里则还，以行年上下相乘，亥四子九，得三十六，又加遁干乙八丙七并之得五十一，远行人十则言百，合得五百一十里。又亥子水旺于冬，当加一倍，得一千二十里，入虚加一千之数，是以合主二千二十里。

问：有阻隔否？曰：无。以行年、日上不见关格，故无阻也。若关格上神乘玄武，主盗贼江河水涨之隔，乘六合太阴天后主妇人之隔，乘白虎主病患之隔，乘勾陈朱雀主官事口舌之隔，乘青龙主财帛这隔，乘贵人主官长之隔，乘太常主酒食稽留之隔。问：何月日还家？乃戊子年二月还家，非二月则四月决来。谓寅是十一月之天马、信神，临卯到门，二月建卯，主二月有信，四月来，以辰为十一月之戏神，辰临巳主动，是以主四月还家，四月建巳故也。①

例四：十一月甲午日午时占行人。(《中黄经》)

	蛇贵	后	阴	
	子丑	寅	卯	
朱	亥		辰	玄
合	戌		巳	常
	酉申	未	午	
	勾青	空	虎	

青	贵	玄	勾	官	丁酉	勾	
申	丑	辰	酉	财	辰	玄	◎
丑	午	酉	甲	父	己亥	朱	⊙

① 有本作两千六十里及两千六百里，其论两千六百里，曰何知两千六百里，行年上下相乘，亥四子九，共十三数，凡占远行人，言十则进百，一十三进作一百三十里，十一月水旺，旺则倍之，一百三十加倍，共二百六十，又进作二千六百，是其程途之里数也。

断曰：行年寅加未，问行人来否，答曰不来，何为不来。曰为天上日还地下日不得，盖地下日上见酉，酉能克甲，是日干难返本处矣。又贵人逆行，门上神是戌，戌中具辛，辛克寅，寅是行年，为门上神克行年也。卯酉为门，忌土神克年也。凡天乙顺行，要行年天上支顺还地下支，天上日顺还地下日，逆行亦逆还。此课天上寅为行年，天乙逆行，寅过卯上，卯有戊土，辛金克寅，是门上神课行年之神，甲又还地下寅，不得，寅上见酉，酉能克寅，故曰不来。

例五：甲子日午将申时，五十一岁，占行人。(《中黄经》)

	朱	合	勾	青	
	卯	辰	巳	午	
蛇	寅			未	空
贵	丑			申	虎
	子	亥	戌	酉	
	后	阴	玄	常	

虎	玄	玄	后
申	戌	戌	子
戌	子	子	甲

财	戌	玄	◎
官	壬申	虎	◎
子	庚午	青	

断曰：行年辰加午，初戌、中申、末午，天乙逆行，天上甲还地下甲，无克战，又行年神与门上神丑，亦不相克，虽天上辰还地下辰，逆行不过门，亦虚取门上有无相克，此课门上神是丑，行年是辰，其遁建干支与门上神不克战，此占行人必然来矣。又看二马及游神、戏神临处为到家之日，寅为驿临辰，则辰日到。

例六：五十岁男子，行年卯，占望其妻远去何日回。妻二十八岁，行年巳。

	朱	合	勾	青	
	卯	辰	巳	午	
蛇	寅			未	空
贵	丑			申	虎
	子	亥	戌	酉	
	后	阴	玄	常	

虎	玄	玄	后
申	戌	戌	子
戌	子	子	甲

财	戌	玄	◎
官	壬申	虎	⊙
子	庚午	青	

断曰：主九月内丙日必然到家也。盖男子行年卯立巳，遁得丁卯，与妻行年巳相生，更与初传卯戌相合，是发用与行年相合，行人必来。又妻年巳

遁得己巳，甲以己为妻，夫年加妻，上己与甲相合，天乙顺行，又为门，酉上得未，妻行年巳为四孟神，中路阻隔，即女人行年上下不克，必然中路有亲人留住。九月建戌，戌为发用，戌中有辛与丙合，主九月丙日必到家也。

例七：八月癸巳日辰将寅时，癸丑生人占行人。(《行人类证》)

	勾	青	空	虎	
	未	申	酉	戌	
合	午			亥	常
朱	巳			子	玄
	辰	卯	寅	丑	
	蛇	贵	后	阴	

空	勾	朱	贵
酉	未	巳	卯
未	巳	卯	癸

官	未	勾	◎
父	乙酉	空	⊙
兄	丁亥	常	

雪心曰：大凡断行人，看日干为行人，并看玄武及行人足。又曰：日为行人，看乘马与否，以决动静。今玄武乘于子临戌，合九月动，今日癸寄丑，丑寄亥，亥是马，主动。末是亥，足已动，亥为兄弟，交十月节归。末传为足，看乘二马，有无勾留恋厩，经云："马合则勾留，乘生则恋厩。空亡则折足。"

例八：十一月甲子日丑将巳时占行人。(《雪心行人类证》)

	贵	后	阴	玄	
	丑	寅	卯	辰	
蛇	子			巳	常
朱	亥			午	虎
	戌	酉	申	未	
	合	勾	青	空	

玄	青	虎	合
辰	申	午	戌
申	子	戌	甲

财	戌	合	◎
子	庚午	虎	⊙
兄	丙寅	后	

雪心曰：三传日同初。辰得申加子，占行人，是要来方动。盖初传戌加驿马上也，十二月节至。

例九：十月甲子日卯将子时，乙卯人占子命行人。(《行人类证》)

	蛇	朱	合	勾	
	申	酉	戌	亥	
贵	未			子	青
后	午			丑	空
	巳	辰	卯	寅	
	阴	玄	常	虎	

后	常	蛇	阴
午	卯	申	巳
卯	子	巳	甲

官	壬申	蛇	
父	亥	勾	◎
兄	丙寅	虎	⊙

雪心曰：占行人责玄武及末传，今玄武在辰加丑。末传寅为马，当主来，果于十一月十四癸巳日大雪归。

例十：正月乙丑日寅时上官。(《通神集》)

	朱	合	勾	青	
	寅	卯	辰	巳	
蛇	丑			午	空
贵	子			未	虎
	亥	戌	酉	申	
	后	阴	玄	常	

虎	阴	阴	蛇
未	戌	戌	丑
戌	丑	丑	乙

财	乙丑	蛇	
财	戌	阴	◎
财	辛未	虎	⊙

占曰：其人行年立巳，上得功曹，拜官之日乙丑，纳音属金，谓之金曹，正谓官克行年上神，金曹到秋方旺，当忧七月八月有凶也。

解：择日上官，古人有云："择日上官何所从，年上神遭官克凶，兵法二曹金是主，士曹为木水司空，户属火宫仓在土，水来伤火害于冬。"拜官之日，纳音不能伤克行年上神。

例十一：戊寅年四月甲午日酉将寅时，问赴任。

	青	空	虎	常	
	子	丑	寅	卯	
勾	亥			辰	玄
合	戌			巳	阴
	酉	申	未	午	
	朱	蛇	贵	后	

蛇	空	玄	朱
申	丑	辰	酉
丑	午	酉	甲

官	丁酉	朱	
财	辰	玄	◎
父	己亥	勾	⊙

郭御青曰：戊寅年用奇门，拟于四月初一甲午日寅时到任，先一日，再查六壬得此课，鬼作朱雀干上发用，有官音、防弹章，喜中末空陷，然行年在辰为填空，亦喜初鬼生末传育干，印能化煞，月将作雀鬼，亦日边之象，得此课，心甚疑惧，不便再更，果于到任之时闻邸报，真奇事也。

例十二：应秀才，三十四岁占出行，己酉年九月癸亥日卯将酉时。

	勾	合	朱	蛇						
	亥	子	丑	寅						
青戌				卯贵	勾 阴 朱 常		财	丁巳	阴	
空酉				辰后	亥 巳 丑 未		兄	癸亥	勾	
	申	未	午	巳	巳 亥 未 癸		财	丁巳	阴	
	虎	常	玄	阴						

邵彦和曰：此课占出行，当主半路归家。何也？盖自支上发出，末传复回支上，当主一骨肉有丧，遂遣人邀回。应曰：不去如何？先生曰：已从支上发用，如何不去，奈中传复回，末传又见巳，如何去得？应恐家中有事，先生曰：非也。应遂于月朔起程，欲往袁州岳丈任中，次至抚州界，却有一亲戚，乃伊亲姊，在信州玉山县赴任，病重，遂遣人赶应回，亲姐死，应遂不得袁州去。

盖宅上见巳，初末皆巳，巳乃癸之绝神，虽为绝神，却是三层驿马，又系旬丁，所以主动。但中传即宅阴，所以半路归也。日上未鬼作太常，主亲戚眷属之服。日主外，故主外服，发用太阴，主阴人丧，巳火亥水去了又来，互换相冲，不得不动，既动彼此俱绝，所以止也。

例十三：戊申年十月丙辰日卯将子时。本命乙巳，十月十八日亥时生六十四岁自占动静。用旦贵何也？

	蛇	贵	后	阴				
	申	酉	戌	亥				
朱未				子玄	后 朱 阴 蛇	财	庚申	蛇
合午				丑常	戌 未 亥 申	官	癸亥	阴
	巳	辰	卯	寅	未 辰 申 丙	父	甲寅	虎
	勾	青	空	虎				

邵彦和曰：我自占动静，今申生于巳，亥生于申，寅生于亥，宅上又是勾陈入庙，此时何能行。至辛亥年十月方得动身。当往东北，近二百里，为寅地。又转西北为亥地，后复往东北原处，终年六十九矣。果辛亥十月十七辛巳日起行，过婺州，自乡里行一百八十里，壬子年过严州，自乡中从东北过西北，癸丑又到婺州，终于州衙中。

盖丙日以申为妻，巳与申合，又作六合，更未作勾陈，在本家所以恋家，卒难脱解。至辛亥年，巳亥相冲，而寅申又冲，十月又是亥月，三个亥上寅，冲巳上三个申，何以三个申，初传一个，太岁一个，本命上一个，又寅马加亥得冲而动，所以能行动于东北者，乃寅马也；转西北者，寅加亥也；复往东北原处者，寅马合亥，究难脱也；癸丑死者，老人五行投生方也。[①]

解：按此例，邵彦和先生，当生于宋治平二年，公元1065年，岁在乙巳，十月十五辛丑日小雪，十月十八日为甲辰日，其出生四柱为乙巳年，丙戌月，甲辰日，乙亥时。邵彦和为宋代六壬大家，考证出此信息有利于研究其生平案例。

例十四：某人丁巳生五十二岁占出行，己酉年正月十五甲午日子将午时。

	朱	蛇	贵	后	
	亥	子	丑	寅	
合	戌			卯	阴
勾	酉			辰	玄
	申	未	午	巳	
	青	空	虎	常	

虎	蛇	后	青	兄	壬寅	后
午	子	寅	申	官	丙申	青
子	午	申	甲	兄	壬寅	后

邵彦和曰：主有三千里之动，七年八年方归也。七月果随一官员到广，二千三百里，至八年方归。

盖日上驿马交驰，寅申各七数，故有七年之测。行年亥加巳，天门加地足，故动必远也。

例十五：黄秀才，占行人，庚午生三十九岁，戊申年二月丁巳日亥将未时。

	朱	蛇	贵	后	
	酉	戌	亥	子	
合	申			丑	阴
勾	未			寅	玄
	午	巳	辰	卯	
	青	空	虎	常	

阴	朱	常	贵	财	辛酉	朱
丑	酉	卯	亥	子	丑	阴 ◎
酉	巳	亥	丁	兄	丁巳	空 ⊙

① 一曰：未加辰宅，辰加丑上，艮为岁之墓地也。

邵彦和曰：此课亥作贵人加丁，是绝神。又来克我，本主行人来，奈缘所干事未遂，兼以宅上财作文书乘破碎，文书次第未备，尚有更改之意。行年在辰，辰上见申，亥水又生在申，绝神带生，目下未归，在三月子日至也。

黄占友人过浙江干事，行人是庚午命，午加寅，是行人脚下生气，踪迹不定，又过东北干事也。亥为绝神，临日克日，主必归。行年上见申又来生，故不归。又不合初传自宅上发出，末传归今日支神，在东北上作末传，宅神反出在彼，是二不归。日上亥水，病于东北，巳乃水绝，反去彼绝，其人在彼，是三不归也。后果于三月初九戊子至。[①]

例十六：王知县，占新宰何时至，己丑年十二月甲申日子将申时。

	勾	合	朱	蛇	
	酉	戌	亥	子	
青	申			丑	贵
空	未			寅	后
	午	巳	辰	卯	
	虎	常	玄	阴	

玄	蛇	合	虎
辰	子	戌	午
子	申	午	甲

财	壬辰	玄
官	甲申	青
父	戊子	蛇

邵彦和曰：冬占得润下课，正及时也。新官今已至润州，值水浅来迟耳。果第三日得信，云已到润州，水浅不能前。

盖发用辰加子作玄武，子江也。上得辰土克之，故浅。甲日子加申，子乃十二月太阳，加支为临任所，月内必到任也，果应。

例十七：庚申日酉将未时占行人。（《玉连环末卷》）

	空	虎	常	玄	
	未	申	酉	戌	
青	午			亥	阴
勾	巳			子	后
	辰	卯	寅	丑	
	合	朱	蛇	贵	

后	玄	后	玄
子	戌	子	戌
戌	申	戌	庚

子	子	后	◎
财	甲寅	蛇	⊙
父	丙辰	合	

① 同是占行人，又是一样论应期，乃是论三合在行年上下。亥作贵，又作绝，加未即是加丁，是亥绝来克我。本主克干则行人来就我，奈缘所事未遂者，丁干为我，巳支为后，支亦为他，人则所干，为他人之事。巳临丑位入陷，主事未成，兼以宅上加酉字，乘雀为文书。孟月酉为破碎，则文书不备。酉为干阴之卯所冲，尚有改意。行年在辰，辰上见申生亥水，绝神变生，现尚未归，而申辰三合，只少子字，故此定辰月子日归也。以申为太岁，主年内三合全逢即验。

刘日新曰：主行人七日至，应西北来，戌上发用故也，已在道路也，七日至者，驿马在寅也，凡占行人信息，若发用并三传在日支后及将不顺，皆主不动。占他动，见天驿马、魁罡临日辰，或入传、将顺，定主动也。取日期先取魁罡加驿马来速，此课马在寅，末传得天罡加之，所以主寅日归也。又云：贵人临日，亦主归也。

例十八：九月丙寅日卯将卯时，占行人。（《玉连环末卷》）

丙寅日　辛卯时

	空	虎	常	玄	
	巳	午	未	申	
青	辰			酉	阴
勾	卯			戌	后
	寅	丑	子	亥	
	合	朱	蛇	贵	

合	合	空	空
寅	寅	巳	巳
寅	寅	巳	丙

兄	己巳	空
财	壬申	玄
父	丙寅	合

刘日新曰：此乃贵人占从人到否，须责天空，其人已动在路，巳乃地足，为用，更在日辰上，主亥日当到，末寅作六合，乃船车动也。又寅申巳亥乃传终也。凡天驿二马加日辰发用，定主行人至，更传尽处定归，或传送在日辰之后，阴神在日辰之后，未到也。

例十九：崇祯癸酉年十二月癸酉日丑将申时，占出行。

	青	空	虎	常	
	戌	亥	子	丑	
勾	酉			寅	玄
合	申			卯	阴
	未	午	巳	辰	
	朱	蛇	贵	后	

朱	玄	空	蛇
未	寅	亥	午
寅	酉	午	癸

官	辛未	朱
兄	甲子	虎
财	己巳	贵

郭御青曰：癸酉年冬，余与同袍内弟张君公函、王君肇兴约春正公车同行，得此课，初末引从日干，必不能同行，一在余先，一在余后也。果张公函于正月初三庚寅日先行，余于初八乙未日行，乃发用也。王君尚未卜行期，余密示余弟季升，王君必于子日行。盖张行于初传之地盘，王行于末传之地盘，干为余居中真引从也，人一动一履，莫非前定，奇哉！

解：此课占多人出行，值得研读。从课中可知，欲断课体，务必先熟悉事体之理。此课对郭公来说也是一次经验累积。可以说，在研易的道路上，每一个高手都是通过这样的研究途径逐步成长起来的。

例二十：崇祯庚辰年十一月十五，壬辰日丑将申时，占孟津。

　青 空 虎 常
　戌 亥 子 丑
勾酉　　　寅玄
合申　　　卯阴
　未 午 巳 辰
　朱 蛇 贵 后

玄 勾 勾 后
寅 酉 酉 辰
酉 辰 辰 壬

子 庚寅 玄
官 未 朱 ◎
兄 戊子 虎 ⊙

郭御青曰：撰台王公觉斯，自北部至怀庆，拟次日渡河回原籍孟津，余占得此课，支加干克干，卑凌尊，下犯上，为上门乱首，大凶之象。余痛止之，王公云，二人在堂，急欲往省，余劝以迎至河北，王公尚犹豫，次早，夫马骈集署门，余投书又止之。始听余言不行，迎其椿萱至覃怀。不数十日，而遭内艰。又春正廿一日，贼陷洛阳，危哉！设王公至家，即遇太夫人之变，将奈何也。

例二十一：戊寅年七月乙亥日午将戌时，占望行人。(《郭氏占案》)

戊寅年　庚申月　乙亥日　丙戌时

　青 空 虎 常
　丑 寅 卯 辰
勾子　　　巳玄
合亥　　　午阴
　戌 酉 申 未
　朱 蛇 贵 后

虎 后 贵 勾
卯 未 申 子
未 亥 子 乙

财 癸未 后
兄 己卯 虎
父 乙亥 合

郭御青：占行人，驿马类神不入传，课极难琢磨，墓从宅上发用，宅上发用，当于此日起身，奴仆天空乘寅临午，又千里看太岁所临，当于壬午日至或者癸未日，乃发用墓神上乘太冲白虎，只此二日可望。果于壬午日离府四十里为雨阻，癸未日至，为雨阻者，涉害故也。果是乙亥日动身。

解：占行人有多种方法，从郭御青的论断可以看出他很重视驿马与行人的类神，此课驿马没有入课，因此较难判断行人的行踪。此时我们注意发用，此课日墓从支上发用，支为宅，因此可以判断是乙亥日动身，未日回来，而且亥也是三传木局的长生，代表一个过程的开始。未为木库，代表一个事情的结束。同时占断行人，喜欢辰上两课发用，为宅动，表示动身归宅，而日上两课发用则迟缓，此为日外辰内之故。

占行人也可以看游神，① 此课游神加丑，行人不久归。又因占奴仆，因此寻类神，天空临寅加午，可断午日动身。而且千里外的行人看岁支下神，五百里看月建下神，因此此课看岁支所临，岁支寅加午，因此更确定午日动身。而且未日上临太冲白虎为行人，更确定未日回来。但是此课为涉害课，因此有风雨之阻。

例二十二：戊寅年五月二十八日庚寅日未将巳时，傅太尊占家下行人。(《郭氏占案》)

空 虎 常 玄
未 申 酉 戌
青午　　亥阴
勾巳　　子后
辰 卯 寅 丑
合 朱 蛇 贵

青 合 后 玄
午 辰 子 戌
辰 寅 戌 庚

父 壬辰 合
官 　午 青 ◎
兄 甲申 虎 ⊙

郭御青曰：课名斩关，又名登三天，又贵登天门，自是行路往北走之象，初传天马，不久即至。但中末空陷，须到甲午旬六月初三以后可到，以午字填实，三天可登也，然甲午旬辰字又空，天马本行空之物，不怕空也，子孙爻亥为劫杀，临酉，当在酉日到，课名涉害，路中有阻。果于六月初六丁酉日到，路中家人坠驴数次，几伤。

例二十三：崇祯丙子年十一月癸卯日子将丑时，占行人。

蛇 朱 合 勾
辰 巳 午 未
贵卯　　申青
后寅　　酉空
丑 子 亥 戌
阴 玄 常 虎

阴 后 常 玄
丑 寅 亥 子
寅 卯 子 癸

官 辛丑 阴
兄 庚子 玄
兄 己亥 常

---

① 游神：春巳，夏子，秋酉，冬辰，所谓游神加孟尚迟迟，加仲加季不久归。

郭御青曰：东鹿王宏宇者，为衡水令王询占行人，三传退茹，即断为归，所望行人乃贵人也。类神临辰，主明日到，果于甲辰日到。凡望行人，期候最难，此其准者也。附之此课，干上天马，初末引从子水墓于辰，所以辰日到。

例二十四：乾隆戊辰年戌月戊戌日辰将酉时，山西张贡生占回里。（《牧夫占验》）

	蛇	贵	后	阴
	子	丑	寅	卯
朱亥				辰玄
合戌				巳常
	酉	申	未	午
	勾	青	空	虎

蛇	常	空	蛇
子	巳	未	子
巳	戌	子	戌

财	庚子	蛇	⊙
兄	乙未	空	
官	壬寅	后	

王牧夫曰：此课不能还乡。出六月尚有带妾移居之事，恐终住此处也。盖发用蛇做妻财临身，还乡财不足，一也。巳作太常居支，巳乃戊身，归支墓岂能动乎？二也。自子传寅，末归东北而不到西，三也。有此三象，安能返故园乎？

更视支上巳，巳乃少女乘太常为亲戚，由外入内，当主妻妾之亲来就居，共居作缠绕也。初传螣蛇又在妻位与中传未害，天空主喧竞，是以有吵闹之事。未主六月，支上巳与申合，故主六月有移家之象。占课之时张兄已娶妾住关南，因妾家亲戚来共居，张见恶之，果于六月迁居小东门，家宅始安，至今尚未还乡。

例二十五：丙寅年十月辛未日卯将午时，吴畹春占侄在中不知何往，并问吉凶。（《牧夫占验》）

丙寅年　己亥月　辛未日　甲午时

	勾	合	朱	蛇
	寅	卯	辰	巳
青丑				午贵
空子				未后
	亥	戌	酉	申
	虎	常	玄	阴

青	朱	朱	后
丑	辰	辰	未
辰	未	未	辛

子	亥	虎	◎
父	辛未	后	⊙
父	辛未	后	⊙

王牧夫曰：目今在西南方，有杨姓人牵引而去。十二月必得信。彼曰：

去已一年，吉凶若何。曰：马作长生，土神生日，何必虑乎？至十二月果接信云：因杨姓结伴往河南固始县去买粮食。诸人叹服，盖巳马居西南，又支来加干，未属羊，羊杨同音，故拟姓杨人也。

解：此课直接以驿马断行人，未日马在巳，巳马临申相合，因此论断人在西南。而且为别责课，凡事借径而行，依仗他人，因此表示有人牵引而去。更何况驿马巳与申合，合为牵引。中末与日支未土临日，上门生我，干为行人支为宅，外人生我，因此以未论牵引之人，课中五未多而旺，因此未可论羊与杨。此课支上临墓，为朱雀，为信音。所谓墓神临支宅不宁，只堪望信与行人。宅临朱雀，因此主有信音。丑月冲未冲宅则信息到。

例二十六：己巳年五月己酉日申将午时，占行人。（《牧夫占验》）

　青　勾　合　朱
　未　申　酉　戌
空午　　　　亥蛇
虎巳　　　　子贵
　辰　卯　寅　丑
　常　玄　阴　后

后　蛇　蛇　合
丑　亥　亥　酉
亥　酉　酉　己

兄　癸丑　后
官　　卯　玄 ◎
父　乙巳　虎 ⊙

王牧夫曰：行人已出户外，到期不远，丙辰日验，其人果于丙辰日到。此在外望宅中行人之占，故以支加干为宅就人，酉乘六合，门户动，课名出户，马带蛇逢冲，俱是来象，动爻丑土乘后作合，中见官鬼，末见白虎，皆速到也，故即以马为应期。马亥临支，又与末冲，归者当在马，马带辛，丙与辛合，遁丙在辰，故断丙辰日也。

例二十七：辛巳年八月甲戌日巳将丑时，李仁夫占盐船何日到泰州。（《牧夫占验》）

辛巳　丁酉　甲戌　乙丑

　朱　合　勾　青
　酉　戌　亥　子
蛇申　　　　丑空
贵未　　　　寅虎
　午　巳　辰　卯
　后　阴　玄　常

后　虎　合　后
午　寅　戌　午
寅　戌　午　甲

兄　戊寅　虎
子　壬午　后
财　甲戌　合

王牧夫曰：此以类神并传上决之。卯为舟车，卯坐亥上受生，无险失阻滞。传出炎上炎局，火最迅速，戌为仪神，支辰为卯之合神，何阻之有。戌为仆，乃遣去探信之人，六合即卯，为舟临于其上，午为姤卦，姤者遇也。仆到，船已到，今日即抵泰州矣。戌坐午上，故有此应，此翁占二数，非丑即未，乃贵为财，主由贵处见财也，时为目前故应日内。

解：此课以类神而断，对方直接问船何时到，以卯为船的类神，卯坐亥上临长生之地，因此安全而没有险阻。而且三传代表行程，三传火局炎上，表示迅速可到。而且末传戌与日支同合卯，日支为目的地，卯戌相合，表示很顺利。同时戌为奴仆，临六合卯木舟车，表示派遣奴仆前去探信，六合船与戌奴仆相合，表示奴仆到的时候，船已经到了。此课三合从干支上同时发用形成回环课，表示当日内就到。

例二十八：戊辰年亥月辛巳日卯将辰时，两人弟占兄来否。(《牧夫占验》)

	朱	蛇	贵	后	
	辰	巳	午	未	
合	卯			申	阴
勾	寅			酉	玄
	丑	子	亥	戌	
	青	空	虎	常	

合	朱	阴	玄	财	己卯	合
卯	辰	申	酉	财	戊寅	勾
辰	巳	酉	辛	父	丁丑	青

王牧夫曰：行人不复至矣，宜自为归计，夫弟占兄，干上酉乃辛金同气，即其类也，酉作旺禄，带玄武走灭之杀，又居金乡，此固不动，难望其至，虽支上文书朱雀，未可凭也。丑为扬州，自卯退入金之墓乡，金畏墓亦不至也。卯乘六合，为弟兄一步步退归墓地，墓主迟滞，安能即至，况中末寅丑，皆在艮方。艮者止也，末为行人足，既墓且止，不易来矣。其人不信，余占后两年，尚犹未至，数理之可凭如此。

例二十九：予以甲戌年闰二月丙子日戌将戌时，卜往维扬。

	空	虎	常	玄	
	巳	午	未	申	
青	辰			酉	阴
勾	卯			戌	后
	寅	丑	子	亥	
	合	朱	蛇	贵	

蛇	蛇	空	空	兄	辛巳	空	
子	子	巳	巳	财	申	玄	◎⊙
子	子	巳	丙	父	戊寅	合	

程树勋曰：鬼临三四，水路有灾。幸末传有长生可求，即于次日启行。

戊寅日三更，舟为巨石碰伤，大水冒入而受大惊。是子鬼乘蛇之故，然则丙日阴贵在亥矣。若以酉为贵人，则子鬼乘玄武，当主盗贼矣。

例三十：庚寅五月初八庚申日丁丑时，徐盟鹿占得此课问远行，携有妻子同往，看吉凶。(《指南》)

	蛇	贵	后	阴	
	子	丑	寅	卯	
朱亥					辰玄
合戌					巳常
	酉	申	未	午	
	勾	青	空	虎	

合	阴	合	阴	父	壬戌	合
戌	卯	戌	卯	官	丁巳	常
卯	申	卯	庚	子	子	蛇 ◎

陈公献曰：男女远行俱不得意，中途被劫，死于他乡，有沉溺破舟之虞。盖因男干女支行入空墓之地，中传劫煞旬丁刑克支干，末传日死加巳，是阳生临阳绝，合为死字。且壬戌加卯发用，是河井相加，卯受干克，主车船破坏，其祸必矣。近江西百余里，男女五人被盗而死。

例三十一：乙酉七月庚子日甲申时，扬州兵盐道讳汉式刘公祖占，不言某事。(《六壬指南》)

	朱	合	勾	青	
	卯	辰	巳	午	
蛇寅					未空
贵丑					申虎
	子	亥	戌	酉	
	后	阴	玄	常	

虎	玄	合	青	官	甲午	青
申	戌	辰	午	父	辰	合 ◎
戌	子	午	庚	财	壬寅	蛇 ⊙

陈公献曰：胜光同天马，来意问行人，过月望赤龙，眷属到门庭。曰：然。盖因中末空亡，是以月内不来，过月驿马之足克辰，故应丙辰日。曰：此课占功名能复旧缺否？余曰：顾祖中末空，有初必无终。龙化为蛇，例请告为稳。盖因初龙末蛇，止于兵宪，龙神克下，上官不足，复任月余，被劾逮问。

例三十二：戊辰十一月壬戌日乙巳时，余在上京，江都倪子玄占父何日到京，路途平安否。(《六壬指南》)

	合	朱	蛇	贵	
	寅	卯	辰	巳	
勾	丑			午	后
青	子			未	阴
	亥	戌	酉	申	
	空	虎	常	玄	

蛇	阴	贵	玄	财	丁巳	贵
辰	未	巳	申	子	甲寅	合
未	戌	申	壬	兄	癸亥	空

陈公献曰：行人已抵燕界，丙寅日方到，但途过马贼劫夺。盖二马见于课传，末足临寅，乃幽燕之分，二阴夹阳，中传见寅，故主寅日到。玄武驿马临干，遥克庚午命神，主大路有马贼劫夺之应。果寅日到平子门外，雪中遇马贼，劫银四十两。

例三十三：庚寅七月丁丑午将巳时，江西吉水少司马李梅公先生在扬州，占家中行人。(《六壬指南》)

	青	勾	合	朱	
	午	未	申	酉	
空	巳			戌	蛇
虎	辰			亥	贵
	卯	寅	丑	子	
	常	玄	阴	后	

常	玄	朱	合	财	申	合	◎
卯	寅	酉	申	财	酉	朱	◎⊙
寅	丑	申	丁	子	甲戌	蛇	⊙

陈公献曰：行人尚未起程，九月节后子丑日方能到扬。李曰：何以迟来？曰：因连茹逢空，玄武劫杀入辰，主当地及交界兵戈盗贼扰害，宅中眷属退避山水之间，迟来必矣。果于九月公郎同亲家刘左车临扬。

例三十四：辛卯九月辛巳日辛卯时，庄公远在江宁，占东翁程翔云先生何日到省？(《六壬指南》)

	贵	后	阴	玄	
	午	未	申	酉	
蛇	巳			戌	常
朱	辰			亥	虎
	卯	寅	丑	子	
	合	勾	青	空	

后	贵	空	虎	官	壬午	贵	
未	午	子	亥	父	癸未	后	
午	巳	亥	辛	兄	申	阴	◎

庄公远断曰：行人自宅中已起程矣，应于丙戌日到。何也？盖驿马临干，贵人入辰。又蒿矢为用，行人速来，故知其起程。丙戌日者，因马临戌地，

又为发用之墓绝，且寅为本命，午为用神，与戌作三合也，后果于丙戌日到。

例三十五：庚寅年四月乙酉日酉将辛巳时，湾子街二人来占子逃往何方，何日可寻？(《六壬指南》)

	合	朱	蛇	贵	
	酉	戌	亥	子	
勾申					丑后
青未					寅阴
	午	巳	辰	卯	
	空	虎	常	玄	

虎	后	贵	勾	官	甲申	勾
巳	丑	子	申	父	戊子	贵
丑	酉	申	乙	财	壬辰	常

陈公猷曰：此子逃于西南四十八里亲戚之家，其家楼房近水，门前有羊二只，柳数株，尔子与金山僧往来，寻之丙丁日可见。盖申为金，加辰为山又水局围绕，岂非金山乎？玄卯居亥即近水之楼房，亥支居未，上下相乘，即西南四十八里；玄武之阴未加卯，门内有鬼柳二宿，故言门前有羊有柳。后四日，其子方自金山回，于所云处见之。

例三十六：丙寅四月丙寅日庚寅时，扬州关外建龙寺僧人丽天求占。(《六壬指南》)

	蛇	朱	合	勾	
	子	丑	寅	卯	
贵亥					辰青
后戌					巳空
	酉	申	未	午	
	阴	玄	常	虎	

青	阴	常	蛇	官	甲子	蛇
辰	酉	未	子	子	辛未	常
酉	寅	子	丙	父	丙寅	合

陈公猷曰：神后蛇鬼临干发用，必有阴人往来缠扰。僧默然久之，曰：凶吉若何？曰：干支首尾相见，一时不能拆离；且河魁加卯命，驿马临行年，必有相携而逃之意。然而传将互克，提防有人攻诉之事。因而众施主送僧渡江，后复来扬，携妇而去。

例三十七：戊寅日丑将寅时占一道士在外，不知道存亡，不知年命。(《青钱赋疏解》)

	合	朱	蛇	贵	
	辰	巳	午	未	
勾	卯			申	后
青	寅			酉	阴
	丑	子	亥	戌	
	空	虎	常	玄	

虎	空	勾	合	财	丙子	虎
子	丑	卯	辰	财	乙亥	常
丑	寅	辰	戌	兄	甲戌	玄

断曰：寅为道士，乘寅加卯，在东方木旺之地，此人当在东方无事，春首必回。数日遇其诸徒询之。答曰：往绍兴干事，正月下旬方回。

九　考试

例一：东京有僧仲褒，精通六壬，元丰八年乙丑二月十七辛巳日太学同人李明，癸未生，四十三岁求占得申时亥将。(《一针见血》)[①]

	朱	合	勾	青	
	申	酉	戌	亥	
蛇	未			子	空
贵	午			丑	虎
	巳	辰	卯	寅	
	后	阴	玄	常	

青	朱	阴	虎	兄	申	朱	◎
亥	申	辰	丑	子	乙亥	青	⊙
申	巳	丑	辛	财	戊寅	常	

仲褒曰：若占省试必主高中，只是不承恩命，省榜子当为首，当殿试为犯御讳，遂不及第。李君再谓褒曰：春前之数已验，不知异日如何？褒曰：且待别占矣。

议曰：发用朱雀，传入龙常，三传皆临长生，行年又得青龙，传入太常，正属省府，所乘功曹，本是青龙，春占为旺气，与月建上神三合，贵人顺冶发用在前，故主省试高选，法以太岁、青龙为殿试，今太岁不入，青龙正临空亡，魁罡加太岁本命，又日上丑土乘白虎作墓神，辛刑此，丑戌相刑，白虎入墓，故主不承恩命也。

---

① 愚按：元丰为神宗年号，是知仲褒在邵彦和先生之前也。

解：宋元丰八年，公元1085年，岁在乙丑，二月十八壬午日春分，二月十七正是辛巳日，此课时间正确。

例二：陈上舍，戊辰命，生于四月十六日巳时。四十二岁占前程，建炎己酉年正月己亥日子将未时四月十六巳时生。

	朱	蛇	贵	后	
	戌	亥	子	丑	
合	酉			寅	阴
勾	申			卯	玄
	未	午	巳	辰	
	青	空	虎	常	

合	常	虎	贵	父	巳	虎◎
酉	辰	巳	子	兄	戊戌	朱⊙
辰	亥	子	己	官	癸卯	玄

邵彦和曰：初末夹定日墓，又名引从，引既不起，从亦不动，前程只如此。巳戌卯铸印格，乃贵课；又贵人临日，可谓吉矣；须壬子年方脱墓神之滞，然后及第，便持两服；服满得任，又不终矣。有坎山坟，白蚁遍食，所以前程不通。陈生当年果不中，壬子年得解及第，补和州乌江尉，癸丑年持母服；乙卯又持父服。丁巳年授婺州浦江簿，庚申九月身亡。后其子开坎山坟，果是蚁食者矣。

夫引从之格，本吉。无如己日见巳为绝，辰为墓，卯为死，日上水子亦墓辰、绝巳、死卯，今反引出死墓绝及白虎玄武夹定支干之墓，墓加宅作太常，所以引起孝服。庚申年死者，行年又临巳宫，乃是绝地。巳与申合，合起墓绝，所以死也。①

例三：欧阳秘教，戊寅生三十三岁，占秋试。己酉年六月己卯日午将戌时。

	青	空	虎	常	
	丑	寅	卯	辰	
勾	子			巳	玄
合	亥			午	阴
	戌	酉	申	未	
	朱	蛇	贵	后	

后	合	合	虎	兄	癸未	后
未	亥	亥	卯	官	己卯	虎
亥	卯	卯	己	财	乙亥	合

---

① 程树勋按：庚申年五十三岁行年当在午，并不临巳宫。

邵彦和曰：上门乱首，不利有三：一者防犯讳字及时禁忌，二防场屋中有斗争，三防与尊长不足。第二场兼防污涂。因己日得木局，助支克干，专主凶伤，今科不是取功名之年。若免得是非，即是幸事矣。后入试，果聚众相争、喧闹场屋，试官申学罢斥。

大凡上门乱首，不是犯家中尊长，便是占尊长不足。今行年上见马，马主动在外，而破碎玄武，又是不正之神，已是不利，不合本命又来刑了行年上巳，是刑了马与破碎，扛起玄、合，故生起是非犯上，况己日卯加巳，是克己，兼木局又从而助之，是聚众来伤，势不可遏也。更天后、六合皆不正之神，并于传中而与白虎共做三合，白虎主争闹，六合又为朋友相识，自然聚众喧闹，合局克干，主试官申学罢斥。若非行年驿马引出，或主内乱，不可专言外也。

例四：徐秀才，丙子生三十四岁占秋试，己酉年二月壬戌日亥将申时。古本作十一月十六日寅时生。

	合	勾	青	空	
	申	酉	戌	亥	
朱	未			子	虎
蛇	午			丑	常
	巳	辰	卯	寅	
	贵	后	阴	玄	

后	常	贵	玄
辰	丑	巳	寅
丑	戌	寅	壬

官	丙辰	后 ⊙
官	己未	朱
官	壬戌	青

邵彦和曰：此课不可问试，防今年有瘫痪之疾。兼破碎作太常，乘鬼入宅，又主孝服。破碎空亡主外服。初墓加破碎上，虽空亦主妇人有血气疾。甲寅旬，寅加亥真闭口，三传并宅四土塞之，气血不行，荣卫不通，能早疏决，不致臃滞，可免瘫痪。徐于当年三月，因食菱成风，四肢不遂，状如瘫痪，后虽无事，却行履不得。六月丧妻母，九月又丧生母。

盖甲寅加癸亥真闭口，玄武又乘之，又是一重闭口，寅主风，玄武亦主风，寅与亥合，故主瘫痪。辰戌丑未重重臃塞，又兼闭口，便是血气不调，所以主此疾，要好，决坤申水，通艮寅风，便可免此风疾，否则更甚，其人当年因疾病未愈，果不得试。①

例五：伊秀才，戊辰生四十二岁占科试，己酉年六月癸亥日未将巳时。

---

① 程树勋按：鬼临三四，所以多灾，不得考试，中传虽有朱雀，末传虽有青龙，皆无益也。

朱合 勾 青

未申 酉 戌

蛇午 亥空

贵巳 子虎

辰卯 寅 丑

后阴 玄 常

阴 常 贵 阴

卯 丑 巳 卯

丑 亥 卯 癸

官 丑 常◎

子 乙卯 阴⊙

财 丁巳 贵

邵彦和曰：课名出户，占试甚吉。太阴乘卯作幕贵，加日干，又日贵在末传，先晦后明，准拟登科。来年五甲无疑矣。

盖癸亥乃六甲极日，日去加支，主终身如斯而已。喜传出幕贵，又出而向日贵，是旧蒙晦窒，从此发挥而出。日贵在夜贵之上，故先晦后明。且行年午上乘申，为干支长生，系文星学堂，合起日贵，寅上辰为本命，昼夜贵人拱之，故必及第也。伊乃伊知县之弟，屡试不中，今先生许其中，渠甚不信。及试，果得第，次年中五甲矣。

例六：谢省元，乙丑生四十五岁，占赴省试。建炎己酉年九月甲子日卯将寅时。

蛇贵 后 阴

午未 申 酉

朱巳 戌玄

合辰 亥常

卯寅 丑 子

勾青 空 虎

青 空 合 勾

寅 丑 辰 卯

丑 子 卯 甲

财 戊辰 合

子 己巳 朱

子 庚午 蛇

邵彦和曰：谢省元三次到场，今次又不得，更五次不遂，不免受文学中心病而死，烦董兄与他说知之，异日亦要课验，余不敢面说也。盖甲日迤逦生去，更不回顾。以此言之，无文学尚可，有则不利。

盖行年上亥加戌，亥乃甲之长生学堂，甲子旬戌亥空亡，学堂空而加空，而宅上日贵又作天空，故虚名文学耳。中末传巳午脱干，午主心病，见蛇病必死。谢果省试不中，后为文学不遂，遂纳贿，又是五甲，甚不如意，回家遂成心病，辛酉年十一月卒。盖甲木生巳、午、蛇、雀诸火，木又随火而上炎，又向南奔，本主便死。因背后有行年见亥，亥为甲木之长生学堂，尚有虚名而未死耳。造化前定，所以不由人也。

例七：赵公，占乃郎国子监试，其子戊子年正月十三日酉时生二十二岁，己酉年正月辛巳日子将亥时。未交己酉之立春。

勾 青 空 虎
午 未 申 酉
合巳　　　戌常
朱辰　　　亥玄
卯 寅 丑 子
蛇 贵 后 阴

青 勾 阴 玄
未 午 子 亥
午 巳 亥 辛

官 壬午 勾
父 癸未 青
兄 申 空 ◎

邵彦和曰：此课主泄精，否则小便频数，手足酸痛，四肢无力，二三月皆是病月，四月方安，官星临厨，必入天厨。今年必高中，官星作幕贵故也，癸丑科及第寅贵加丑上之故，只恐不享其福，终三十五岁矣。赵生自十九岁每患遗精，公因其病，以婢与之为伴，恐其未有房室也。当年果发解，癸丑年及第，授和州司户，丁巳年再授邵武司理，己未丁父忧，癸亥十月十二日死。[①]

盖亥年亥月加辛上作玄武，一金生二水，水主肾，自然遗泄。不合末又入空，空上又见天空，是得官徒空也。申七未八，空亡减半，平生为亥所苦，故又见癸亥年亥月而卒。

例八：赵将仕，丁巳生五十二岁占武职前程，己酉年正月初一庚辰日子将子时。赵生于丁巳年六月初七日亥时。

朱 蛇 贵 后
巳 午 未 申
合辰　　　酉阴
勾卯　　　戌玄
寅 丑 子 亥
青 空 虎 常

合 合 后 后
辰 辰 申 申
辰 辰 申 庚

兄 申 后 ◎⊙
财 戊寅 青
官 辛巳 朱

邵彦和曰：将仕之禄，乃虚禄也。夫武职兵权，惟要金盛，无金何武？

---

① 爱函按：此句当是己丑年生，十月十二日死。

此课无武有文，今任必不赴，改岳庙之职，就彼处宜读书取科第也。本年中举，来年庚戌及第，第二甲二十一名。

盖庚禄在申，禄空，太常又不入传，故不可为武。寅上青龙入庙，天后为恩泽之神，故宜习文。末传巳作朱雀为长生学堂，又为官星，故主科甲。日干天地盘皆空，禄空，故武不成。宜岳庙者，宅上见辰，辰为山岗，寅为庙，故宜就岳庙读书而取功名也。赵不信，后果不能赴广南任，遂授潭州岳庙，因邀数人同读书，本年投国子监中举，庚戌年登科。末传命上巳乘朱雀为文章，又日之长生学堂官星，庚德在申与巳合，应得文官。

例九：邹大官人，庚辰生三十岁，占比试弓马取功名，己酉年四月初一戊申日酉将申时。

	青	空	虎	常	
	午	未	申	酉	
勾	巳			戌	玄
合	辰			亥	阴
	卯	寅	丑	子	
	朱	蛇	贵	后	

玄	常	空	青
戌	酉	未	午
酉	申	午	戊

兄	庚戌	玄
子	己酉	常
父	丙午	青

邵彦和曰：课得昴星，名虎视，身上有马而无弓，马带阳刃，若见焦黄马，决不可骑，恐为他所害。况所走之地，有污秽，不可令新衣人在傍，如要去，须先解禳。盖干支上各自刑，宾主不投；行年上申是箭，却不得地。干见酉，支见午，名四胜杀，主各逞其能。阳刃午作青龙，仅得兵部垂顾，初戌作玄武，又六害，如何比得中？

盖巳为弓，申为箭，今有马有箭，而无弓，箭又不得地，所以事终不成也。邹后果屡试不中，得侍郎权兵部，乃与他一虚官衔。

例十：甲戌年十二月甲戌日子将戌时，占试上舍。（《一针见血》）

	贵	后	阴	玄	
	未	申	酉	戌	
蛇	午			亥	常
朱	巳			子	虎
	辰	卯	寅	丑	
	合	勾	青	空	

青	虎	蛇	合
寅	子	午	辰
子	戌	辰	甲

财	庚辰	合
子	壬午	蛇
官	申	后 ◎

邵彦和曰：是登三天之课，天罡为天关，功曹位天梁，六合为天门，三天俱动，必主身动，动则有扰，不能中也。末传旬空乘天后而败于午，主二妻，子乘白虎加宅，宅近水而子防水厄。果考试不中，其子在秋间坠水几死，赖人救之。

例十一：辛卯年正月辛巳日亥将卯时，曹丙道占在京来年释褐。

	青	勾	合	朱
	丑	寅	卯	辰
空子				巳蛇
虎亥				午贵
	戌	酉	申	未
	常	玄	阴	后

玄	青	勾	贵
酉	丑	寅	午
丑	巳	午	辛

官	壬午	贵
财	戊寅	勾
父	甲戌	常

邵彦和曰：炎上主文明，贵人乘相气发用，吾丈是午年生人，今午作贵人为用，末见太常乘天魁为印绶，又是天喜神，六仪吉将在辰上，行年得天后恩神，炎上三传相气，只是中传勾陈乘寅加本命上，主迟慢，来年定及第矣，果验。

例十二：辛卯年正月辛巳日亥将申时，曹丙道再占来年省试。(《一针见血》)[①]

	朱	合	勾	青
	申	酉	戌	亥
蛇未				子空
贵午				丑虎
	巳	辰	卯	寅
	后	阴	玄	常

青	朱	阴	虎
亥	申	辰	丑
申	巳	丑	辛

兄	申	朱	◎
子	乙亥	青	⊙
财	戊寅	常	

邵彦和曰：三传始见天城天吏，作朱雀太常，又是驿四马，又朱雀火克身，三传俱在长生学堂之上，定然得官，果次年壬辰三月，榜出高甲及第。

① 程树勋按：辛卯当是徽宗政和元年。称再占者，是日卯时已占过来年释褐课也。所谓释褐，喻始任官职。

例十三：崇祯丁丑年二月十四日甲申日亥将未时，赵景皋兄占会试。

丁丑　癸卯　甲申　己巳

	朱	蛇	贵	后	
	亥	子	丑	寅	
合	戌			卯	阴
勾	酉			辰	玄
	申	未	午	巳	
	青	空	虎	常	

青	后	后	青	兄	庚寅	后
申	寅	寅	申	官	甲申	青
寅	申	申	甲	兄	庚寅	后

郭御青曰：干支各自乘死气，又各脱耗，不利场屋明矣，且四课天将不正，三传水局，天将又皆水，虽能生日，不敌自受脱耗，凡水局见武蛇主梦幻鬼魅，安能中乎？放榜，果不中。

例十四：崇祯丁丑年二月十四甲申日亥将巳时，占马氏兄弟会试中否？(二月十一辛巳日惊蛰)

丁丑　癸卯　甲申　己巳

	朱	蛇	贵	后	
	亥	子	丑	寅	
合	戌			卯	阴
勾	酉			辰	玄
	申	未	午	巳	
	青	空	虎	常	

青	后	后	青	兄	庚寅	后
申	寅	寅	申	官	甲申	青
寅	申	申	甲	兄	庚寅	后

郭御青曰：余为陈留马君惕中讳孔健占会场，初嫌其返吟，德禄受克，未敢深许。其胞弟本命在未，行年在申，贵人驿马并值，似胜于惕中。及榜放，独惕中及第。后详课情，三传具孟，独应长者，何须幕帘贵人也。

程树勋曰：愚按登科者，禄马伏会，此课禄马如此，且乘天后恩泽之神，青龙吉将相并，安得不中，独无奈其相冲也。凡相冲者必须合，惕君之命在午，午与寅三合，午上见子，子与申三合，是以中也。若其弟命上见丑，行年上见寅，皆不会合，虽为贵人驿马，何益之有。郭君以惕中命上子为本日福星作螣蛇而临干，为飞空进用，卦爻应题，不必多求。此郭君事后之言。似是而非，余故删之。又吾郡吴稼云先生曰：此反吟课，故年命吉者不中，而中者反作年命不吉者也。此论太奇，余故附之。

例十五：丁丑二月十六丙戌日亥将寅时，为魏君冲占会试，酉命。

丁丑　癸卯　丙戌　庚寅

	青	空	虎	常
	寅	卯	辰	巳
勾丑				午玄
合子				未阴
	亥	戌	酉	申
	朱	蛇	贵	后

虎	阴	朱	青	官	丁亥	朱
辰	未	亥	寅	财	甲申	后
未	戌	寅	丙	兄	癸巳	常

郭御青曰：干上学堂青龙，发用幕帘朱雀，七马俱全，十分吉课，但嫌幕帘克干，朱雀又遁丁神，命上神作刃，乘玄武，辰上神墓日上神，主场屋不利，有此数端，以致坏局而不中。[①]

例十六：崇祯癸酉年八月二十七丙戌日辰时未将，张贞明兄占秋闱。[②]

癸酉年　辛酉月　丙戌日　壬辰时

	合	朱	蛇	贵
	申	酉	戌	亥
勾未				子后
青午				丑阴
	巳	辰	卯	寅
	空	虎	常	玄

虎	阴	贵	合	财	甲申	合
辰	丑	亥	申	官	丁亥	贵
丑	戌	申	丙	父	庚寅	玄

郭御青曰：是日揭晓，占得此课，贵人作官星，相气又乘劫煞，主极迅速，干上长生天德命马，初传岁时马，中传日马、天马，末传行年马，七马聚会，目下即捷音至矣，果酉时而报至。

例十七：丁丑年二月十六丙戌日亥将丑时，宗万弢占常熟章君会试，本命亥。

丁丑　癸卯　丙戌　己丑

---

① 程树勋曰：愚按命上乘空，亦非所宜。

② 公元1633年，明代崇祯六年八月十九戊寅日秋分。

空虎　常玄
卯辰　巳午
青寅　　未阴
勾丑　　申后
子亥　戌酉
合朱　蛇贵

玄　后　勾　空
午　申　丑　卯
申　戌　卯　丙

子　己丑　勾
官　丁亥　朱
财　乙酉　贵

郭御青曰：本命乘酉，恰是贵登天门，行年乘寅而为学堂、年马。[1] 且作青龙吉将，又太岁作初传，朱雀作中传，贵人作末传，而登天门之上，必中无疑矣。果然。

例十八：丁丑年二月十七丁亥日亥将巳时，金君占会试。

丁丑　癸卯　丁亥　乙巳

贵后　阴玄
亥子　丑寅
蛇戌　　卯常
朱酉　　辰虎
申未　午巳
合勾　青空

贵　空　勾　阴
亥　巳　未　丑
巳　亥　丑　丁

兄　癸巳　空
官　丁亥　贵
兄　癸巳　空

郭御青曰：凡得反吟，即主反复，马动而临绝地，年上乘墓，作螣蛇，主有惊疑事。课传又无廉幕，未敢许中也。果然。

例十九：丁丑年二月十八戊子日亥将子时，江西王君，孝廉会试。

合朱　蛇贵
辰巳　午未
勾卯　　申后
青寅　　酉阴
丑子　亥戌
空虎　常玄

玄　常　勾　合
戌　亥　卯　辰
亥　子　辰　戊

兄　丙戌　玄
子　乙酉　阴
子　甲申　后

① 年马程树勋曰：愚按年马是行年之驿马。

郭御青曰：此课墓禄覆日，虽初传有戌冲之，奈年上又乘墓神，命上乘酉，合住辰墓，则戌不能冲开矣，大端不美，余可一论。[①]

例二十：崇祯戊寅年正月二十四戊子日亥将酉时，为高公占功名。[②]

戊寅年　乙卯月　戊子日　辛酉时

	贵	后	阴	玄	
	未	申	酉	戌	
蛇	午			亥	常
朱	巳			子	虎
	辰	卯	寅	丑	
	合	勾	青	空	

合	青	阴	贵	兄	壬辰	合	
辰	寅	酉	未	父	午	蛇	◎
寅	子	未	戌	子	甲申	后	⊙

郭御青曰：课名登三天，嫌中末空陷，初传墓神，乃正月目下诸事不爽。未几，果有言属马人冲之，到四五月方美，行年上见白虎，必是台中，但恐考不能待，孰知果至期也。乃五月中传填实，三天方可登，此番曠与，乃真登三天也，与张坦课俱奇中。

例二十一：丁丑年二月十八戊子日亥将巳时，江西傅鼎臣，孝廉会试。

丁丑　癸卯　戊子　丁巳

	朱	蛇	贵	后	
	亥	子	丑	寅	
合	戌			卯	阴
勾	酉			辰	玄
	申	未	午	巳	
	青	空	虎	常	

蛇	虎	常	朱	父	午	虎	◎
子	午	巳	亥	财	戊子	蛇	⊙
午	子	亥	戌	父	午	虎	◎

郭御青曰：三传俱空，天将俱凶，日克朱雀，大不美课，凡诸同袍来占者，余皆含糊应之，独此课，余面直告，傅君变色，余不安，后果不中。

例二十二：崇祯丁丑年二月十九己丑日亥将午时，六安祝谦吉孝廉字尊光者占会试。

丁丑　癸卯　己丑　庚午

---

① 吴稼云曰：墓库加干，乃埋没不得出头之象。

② 正月二十二日惊蛰。

朱 蛇 贵 后
戌 亥 子 丑
合酉　　　寅阴
陈申　　　卯玄
未 午 巳 辰
青 空 白 常

蛇 空 白 贵　　父母　癸　巳白
亥 午 巳 子　　兄弟　丙　戌朱
午 丑 子 己　　官鬼　辛　卯玄

郭御青曰：帘幕临行年，亦为吉，但申临胎地无力，况干支上子午相冲而空陷，传课全无马，时即未敢深许，祝君精于五星，亦自知不第，后果落孙山。

例二十三：丁丑年二月己丑日亥将寅时，陈名夏孝廉，字百史者占会试(昼将)。

丁丑年　癸卯月　己丑日　丙寅时

朱 合 勾 青
寅 卯 辰 巳
蛇丑　　　午空
贵子　　　未虎
亥 戌 酉 申
后 阴 玄 常

虎 阴 蛇 勾　　财　戊子　贵
未 戌 丑 辰　　兄　壬辰　勾 ⊙
戌 丑 辰 己　　兄　丙戌　阴

郭御青曰：课得昴星，已为不美，况发用贵人作财，又为中传所墓，干上辰墓，虽戌能冲之，奈辰作勾陈，是又一辰也，似非戌所能冲矣。课传并无帘幕驿马，命乘朱雀，嫌克太岁，安能中乎？陈君为海内名宿，后果抱屈，信乎人遇合有时。[1]

例二十四：丁丑年二月己丑日亥将子时，金坛虞大定孝廉占会试。

丁丑　癸卯　己丑　甲子

① 吴稼云曰：命上朱雀、日德、月德，是即名士之应。

　　勾　青　空　虎
　　辰　巳　午　未
合卯　　　　申常
朱寅　　　　酉玄
　　丑　子　亥　戌
　　蛇　贵　后　阴

后	贵	青	空	财	戊子	贵
亥	子	巳	午	财	丁亥	后
子	丑	午	己	兄	丙戌	阴

郭御青曰：此课干上命上禄作天空，无帘幕贵人，宅上虽贵人发用，上下夹克为逼迫杀，贵人入庙，吉不为吉，天空虽在日相对，入庙则不见面，天空为恶矣。①

例二十五：丁丑年二月己丑日亥将戌时，常熟蒋畹仙孝廉占会试。

丁丑　癸卯　己丑　甲戌

　　空　虎　常　玄
　　午　未　申　酉
青巳　　　　戌阴
勾辰　　　　亥后
　　卯　寅　丑　子
　　合　朱　蛇　贵

合	朱	玄	常	官	庚寅	朱
卯	寅	酉	申	官	辛卯	合
寅	丑	申	己	兄	壬辰	勾

郭御青曰：帘幕覆日作长生学堂，必为本房首荐，年马岁马日马加于戌命之上，而与初传朱雀生合，且得连茹课，必中之兆。但马少于公亮，名次不高。② 蒋君中后赠诗云：

漠帝浮沱失道时，白衣老父指点之，嗣有通元隐中条，长生术得神仙师。
繇来下博多奇壬，谶纬星历能通窥，景纯少授青囊秘，五行翻驳参同契。
介休独上元礼船，户屦时盈占一第，后先得失镜于胸，余亦从君考轩轾。
君云马少几被落，覆身犹喜存帘幕，撤闱发策券先知，铩羽弹冠不一错。
君才绣虎兼雕龙，胡为九摈甘泥蠖，泄天应犯天公恼，困君之身识君老。
吾闻场中鬼有权，目迷五色烘头脑，入股不灵六壬灵，主司何如测数好。

---

① 吴稼云曰：贵人入庙，为隐而不出之象。

② 程树勋曰：张公亮课见丁亥日干上辰。愚按《六壬指南》亦有占蒋畹仙一课，见己巳日干上寅。

例二十六：丁丑年二月己丑日亥将申时，丹阳张孝廉锦鳞午命，占会试。

丁丑　癸卯　己丑　壬申

勾 合　朱　蛇
申 酉　戌　亥
青未　　　子贵
空午　　　丑后
巳 辰　卯　寅
虎 常　玄　阴

青　常　后　朱　　父　　午　空 ◎
未　辰　丑　戌　　兄　丙戌　朱 ⊙
辰　丑　戌　己　　兄　壬辰　常

郭御青曰：课得昴星，其名不佳。初传空而乘空，虽本命可填实，奈中传落空，为折腰，大体不美，况无帘幕驿马，朱雀乘戌，火为戌墓，未敢许也。果不中。[①]

例二十七：丁丑年二月庚寅日亥将午时，金坛虞君讳敬，占会试。

丁丑　癸辰　庚寅　壬午

合 朱　蛇　贵
戌 亥　子　丑
勾酉　　　寅后
青申　　　卯阴
未 午　巳　辰
空 虎　常　玄

蛇　空　虎　贵　　子　戊子　蛇 ⊙
子　未　午　丑　　官　癸巳　常
未　寅　丑　庚　　父　丙戌　合

郭御青曰：二月二十日午时为虞君占得此课，干支俱被墓覆，宅上乘幕贵，空亡无力，课传又无马，何敢许也，果不中。

例二十八：丁丑年二月庚寅日亥将巳时，宗万弢占王日余先生，会试夜占。

丁丑　癸卯　庚寅　辛巳

① 程树勋曰：愚按魁罡利于占功名，其所以不中者，以土气太多，克去行年上贵人也。

勾 青 空 虎
亥 子 丑 寅
合戌　　卯常
朱酉　　辰玄
申 未 午 巳
蛇 贵 后 阴

虎 蛇 蛇 虎　　财　庚寅　虎
寅 申 申 寅　　兄　甲申　蛇
申 寅 寅 庚　　财　庚寅　虎

郭御青曰：发用与干上俱命马，辰上得支马天马，行年乘太岁天空为奏书之神，有六七分可望，后中副榜。亦天将蛇虎，无帘幕之过。[①]

例二十九：丁丑年二月庚寅日亥将丑时，为金坛虞本忠孝廉，占会试。

丁丑　癸卯　庚寅　丁丑

勾 合 朱 蛇
卯 辰 巳 午
青寅　　未贵
空丑　　申后
子 亥 戌 酉
虎 常 玄 阴

玄 虎 合 蛇　　官　　午　蛇 ◎
戌 子 辰 午　　父　壬辰　合 ⊙
子 寅 午 庚　　财　庚寅　青

郭御青曰：干支俱乘败气，课传无马无帘幕，初中空陷，不中之象。其亲荆君庭宝问余数次，余皆不许，后果不中。

例三十：崇祯丁丑年二月乙未日亥将戌时，荆寔君占闵孝廉会试。（《郭氏占案》）

空 虎 常 玄
午 未 申 酉
青巳　　戌阴
勾辰　　亥后
卯 寅 丑 子
合 朱 蛇 贵

玄 常 空 青　　官　丁酉　玄
酉 申 午 巳　　财　戊戌　阴
申 未 巳 乙　　父　己亥　后

---

① 吴稼云曰：帘幕现临行年而曰无，可乎？此课虽是夜占，然既得巳时，乃用丑贵为是。

郭御青曰：廉幕加支而作太常吉将，青龙覆日又为驿马食神，官星发传，引入长生，以五子元遁之，三传恰合三奇格，必中之兆业，果然。

例三十一：崇祯戊寅年卯建辛卯日亥将辰时，新乡张坦公占功名。

	空	虎	常	玄	
	子	丑	寅	卯	
青	亥			辰	阴
勾	戌			巳	后
	酉	申	未	午	
	合	朱	蛇	贵	

后	勾	空	后	父	丙戌	勾
巳	戌	子	巳	官	癸巳	后
戌	卯	巳	辛	子	戊子	空

郭御青曰：本命上贵登天门，行年上青龙乘月将，断断乎青华一席矣。张公谦让不自信，后有民部之转，余细详课体，止嫌贵午旬空，然年上月将作青龙，上吉，极难得之课。岂终空乎。至四月有通选之命，余大喜曰：若至五月午字填实，坦公翰院无疑，其后果应如响。奇哉！余于壬数习之意久，不意其神妙包藏至此。此为真贵登天门，至五月而成者，午字填实，放得天门有贵，不然其贵尚虚也，初传戌作天喜，带勾陈，即稽留迟滞之象，至五月雨太岁寅字三合乃成官星，余初断亦不知其如此神妙也。

例三十二：崇祯丁丑年二月二十一辛卯日亥将卯时，常熟苏孝廉，祖萌占会试。

	蛇	贵	后	阴	
	丑	寅	卯	辰	
朱	子			巳	玄
合	亥			午	常
	戌	酉	申	未	
	勾	青	空	虎	

虎	合	贵	常	父	未	虎	◎
未	亥	寅	午	财	辛卯	后	⊙
亥	卯	午	辛	子	丁亥	合	

郭御青曰：幕贵覆干并行年，本吉，嫌其克日，又是空亡，马少，末传丁神，命上太岁作螣蛇，皆为不美，后果不中。

例三十三：丁丑年二月癸巳日寅将卯时，江右李君光，占会场。

	勾	合	朱	蛇	
	丑	寅	卯	辰	
青	子			巳	贵
空	亥			午	后
	戌	酉	申	未	
	虎	常	玄	阴	

常	勾	贵	常
酉	丑	巳	酉
丑	巳	酉	癸

财	癸巳	贵
官	己丑	勾
父	乙酉	常

郭御青曰：此课行年上得岁日二马，发用月马日德贵人，本为吉课，奈何中犯煞不能会金局生日，干上酉冲克帘幕朱雀，四课不备，乃不完美之象也，何能望中。

例三十四：戊午年八月浙江乡闱之后，兰溪柳书旂先生于十九日庚戌先报子时占，乃尊己酉命，在家安否。再报未时占自身，丙子命，今科中否。

	朱	合	勾	青	
	酉	戌	亥	子	
蛇	申			丑	空
贵	未			寅	虎
	午	巳	辰	卯	
	后	阴	玄	常	

后	虎	玄	青
午	寅	辰	子
寅	戌	子	庚

父	甲辰	玄
兄	戊申	蛇
子	壬子	青

断曰：予见子时第一课干为尊长上得青龙戏水，初传丑上是父母，中传申是其长生，末传子是其帝旺，定主安康。命上丑墓遁丁神，不过瘿大为患耳。又因青龙戏水，主东事，子水为子孙是因子孙而有东事也。子是书旅先生本命乘龙，由是行年为日禄，年命与辰土旬首结一子孙水局，更主因子命子孙而有蠢事，而致东也。朱雀虽不现，却乘月建加长生，缘子时第一课即应高中，不必推第二课而知矣。是科果中，其父病痰火而年安。

例三十五：乾隆戊午年八月初九己丑日巳将午时，占闱中头场四书题目。(《残编》)[①]

戊午　辛酉　己丑　庚午

---

① 公元1738年，乾隆三年，八月初十庚寅日秋分。

	勾	青	空	虎	
	辰	巳	午	未	
合卯					申常
朱寅					酉玄
	丑	子	亥	戌	
	蛇	贵	后	阴	

后	贵	青	空	财	戊子	贵
亥	子	巳	午	财	丁亥	后
子	丑	午	己	兄	丙戌	阴

断曰：此课余初断岁破发用，应出臣子尽忠之命意。及头牌出，方悟子为道路神，又为支之先，又丁神见丁马，皆是行神，是先行其言句也，又亥为四数，故只四字。第二题看中传，天后冠带，临于阴寝，阴神位有玄酒，太羹，非享亲达孝之命意乎？六字者，戌上见酉，六数也。[①]

例三十六：丁丑年二月乙未日辛巳时，太仓吴孝廉讳克孝者，偶至安庆阮实夫寓中，相晤间占会试。(《六壬指南》)

	蛇	贵	后	阴	
	亥	子	丑	寅	
朱戌					卯玄
六酉					辰常
	申	未	午	巳	
	勾	青	空	虎	

龙	后	常	朱	财	戊戌	朱
未	丑	辰	戌	财	甲辰	常
丑	未	戌	乙	财	戊戌	朱

陈公献曰：三传年命魁罡俱空，如何敢许甲榜？但丑未年丑未日，丑未合而为魁，又是必中之象。但中后居官未能满任，即有丁艰之事。盖传课纯财，则印爻被克矣，吾乡阎和阳先生辛未会试，乙丑日占得返吟而中，亦此课也。

例三十七：庚寅七月甲申日丙寅时，宜陵景兄占府院试可入泮否？(《六壬指南》)

	青	勾	合	朱	
	申	酉	戌	亥	
空未					子蛇
虎午					丑贵
	巳	辰	卯	寅	
	常	玄	阴	后	

后	朱	青	常	官	甲申	青
寅	亥	申	巳	父	丁亥	朱
亥	申	巳	甲	兄	庚寅	后

---

① 其言次题春秋，修其祖庙，然则此课是占浙江闱题也。

陈公献曰：不但府试高取，院考定然首荐。盖因月建、旬首发用。龙朱乘旺相，现于初中，末传德禄驿马，又干支交车生合，传将进行，斗罡、天喜加行年，朱雀乘丁神进气，文字必贴主司之意。且格合天心，主非常喜庆，是以首荐无疑。又问：该就府送考，就司送考？予曰：六合加于辰未，商籍稳妥，后果首荐。

例三十八：崇祯壬午年五月丙戌日申将己丑时，予住淮阴，有江阴六壬袁友，为宿迁陆庠讳夺翼者占考试。（《六壬指南》）

	蛇	朱	合	勾	
	子	丑	寅	卯	
贵	亥			辰	青
后	戌			巳	空
	酉	申	未	午	
	阴	玄	常	虎	

蛇	空	常	蛇
子	巳	未	子
巳	戌	子	丙

官	戊子	蛇	
子	未	常	◎
父	庚寅	合	⊙

陈公献曰：院试必取科举，省试未能遂志。问曰：史抚台已升凤督去否？余曰：必不能去。盖因驿马坐墓，干神归支，静象也。

又问女病，余曰：胎鬼发用，血支加支，又四课不备，病主脉息虚弱，心胸不利，以致失血，必因胎产所致，冬月不保。

又问：宿迁合岁安堵否？余曰：贼符加干支，冬月必有兵警，然日之阴阳自战，中传制初，来兵必败怯而退。干神生支，居守保固，无破城之虞。后四事俱验。

例三十九：崇祯癸酉年七月辛卯日庚寅时，扬州明经宗开先，同张向之来占科场事，报寅时。（《六壬指南》）

	合	勾	青	空	
	酉	戌	亥	子	
朱	申			丑	虎
蛇	未			寅	常
	午	巳	辰	卯	
	贵	后	阴	玄	

青	蛇	贵	常
亥	未	午	寅
未	卯	寅	辛

父	未	蛇	◎
子	丁亥	青	⊙
财	辛卯	玄	

陈公献曰：公今中矣。曰：何以报一时即知其中。盖因先锋为幕贵，且

临日上。月将官贵又加寅命，是以必中无疑。然发用未作旬空，必俟未年太岁填实，方中甲榜。

例四十：顺治戊子年八月丙辰日，余住金陵时，右方伯东省孙兴功老师写本日辰时，又写酉时，占两人乡试。（《六壬指南》）

	勾	合	朱	蛇	
	巳	午	未	申	
青	辰			酉	贵
空	卯			戌	后
	寅	丑	子	亥	
	虎	常	玄	阴	

青	青	勾	勾	兄	丁巳	勾
辰	辰	巳	巳	财	庚申	蛇
辰	辰	巳	丙	父	甲寅	虎

陈公献曰：辰时者前列，酉时者次之。盖缘天罡为领袖之神，从魁幕贵在后，故云。及排辰时课，三传巳申寅，干乘德禄，支见月将青龙，又禄马入传，凡士子已试后，得伏吟必中。

酉时三传乃午丑申也。太岁空战，幕贵又入墓库，故次之。发榜时，辰时者陆可球中二十二名，酉时者常熟赵姓中副卷，此二者俱以时断中也。

例四十一：天启丁卯年八月乙巳日甲申时，浙江金华何伴鹤访陈公献于扬州，陈母托占两子武乡试？（《六壬指南》）

	蛇	朱	六	勾	
	丑	寅	卯	辰	
贵	子			巳	青
后	亥			午	空
	戌	酉	申	未	
	阴	玄	常	虎	

玄	蛇	常	贵	鬼	己酉	玄
酉	丑	申	子	子	乙巳	龙
丑	巳	子	乙	财	癸丑	蛇

何伴鹤曰：昆弟皆中，午命在前，亥命在后。盖因蒿矢见金，如箭有簇，自四课发用，箭数合式。朱雀翱翔，文事武备皆得之矣。且贵临贵位，必得两贵周旋推荐而中，放榜后果前后一一不爽。问何以分前后，答曰：因三传逆合，又午命甲寅，亥命丁未，故知之。

例四十二：崇祯丁丑年正月己巳日己巳时子将，滕县讳盛美张盛美有八门生会试，请六壬诸友所断之课持出与余，占何人中。（《六壬指南》）

	贵	后	阴	玄	
	子	丑	寅	卯	
蛇	亥			辰	常
朱	戌			巳	虎
	酉	申	未	午	
	六	勾	龙	空	

青	贵	六	阴	子	癸酉	六
未	子	酉	寅	比	戊辰	常
子	巳	寅	己	财	乙亥	蛇

陈公献曰：惟戊戌者必中，余皆不然。众友与余争曰：属牛属虎者中。余曰：发榜时自验。张公曰：公之断即与众不同，此乃吾本房首卷，亦望其中，然昨阅其文，恐未必然。予曰：初末暗拱戌命，月将、申贵临年，是以中甲无疑，朱雀又生幕贵，其文甚贴试官之意。及发榜果中，始知为常熟蒋畹仙也。

例四十三：崇祯甲戌年二月戊辰日丁巳时，长兴前刑垣礼部讳继廉王公祖，令小童持字来为人占会试。（《六壬指南》）

	朱	蛇	贵	后	
	亥	子	丑	寅	
六	戌			卯	阴
勾	酉			辰	玄
	申	未	午	巳	
	青	空	虎	常	

玄	六	常	朱	父	己巳	常
辰	戌	巳	亥	财	乙亥	朱
戌	辰	亥	戊	父	己巳	常

陈公献曰：素所占者皆不许中，惟此君必中高魁。曰：何也？盖因戊日返吟是德入天门发用，又丑未两贵相加，斗鬼相合为魁字，是以必中高魁，不须疑虑冲克生空，必荷圣恩之象。及发榜后王公祖三公子偕来相顾，乃长兴周仲琏先生也。[①]

笔者注：此课有本为戊辰时，占课时为公元1634年农历二月十一，二月初八乙丑日惊蛰，二月二十三日庚辰日春分，因此月将为亥。占时当为丁巳时。

例四十四：崇祯癸未年二月乙丑日己卯时，何九叙为泰州孝廉宫子玄占会试。（《指南》）

① 程树勋按：此课之所以中者，实赖太阳填实空亡耳。

蛇　朱　六　勾

丑　寅　卯　辰

贵子　　　　巳青

后亥　　　　午空

戌　酉　申　未

阴　玄　常　虎

青　玄　常　贵　　子　己巳　青

巳　酉　申　子　　财　乙丑　蛇

酉　丑　子　乙　　鬼　癸酉　玄

断曰：此课占会试，必中无疑。缘传将递生，格合周遍，且干支交车生合，主文思滔滔，题目合举子之意。又喜朱雀乘旺气，遁丙奇，主文章华藻，正合时宜。试官必然首荐，高登黄甲矣，果验。

例四十五：崇祯丁丑年二月癸未日戊午时，同乡孝廉孙大宣先生口报午时，占会试中否，予袖传一课。(《指南》)

勾　青　空　虎

酉　戌　亥　子

六申　　　　丑常

朱未　　　　寅玄

午　巳　辰　卯

蛇　贵　后　阴

阴　空　勾　青　　印　乙酉　勾

卯　亥　酉　巳　　官　丁丑　常

亥　未　巳　癸　　财　辛巳　贵

陈公献曰：贵德财马临身，且居太岁之位，必应今年甲榜。况行年月将、青龙，① 主主片言入相，又旬首河魁为官乃文明之宿，二者会于行年。定是今年甲榜，后果应。

例四十六：崇祯丁丑年二月乙未日丙戌时，安庆保举明经，阮实夫代刘若宜先生占会试。(《指南》)

朱　蛇　贵　后

午　未　申　酉

六巳　　　　戌阴

勾辰　　　　亥玄

卯　寅　丑　子

青　空　虎　常

后　常　朱　六　　鬼　丁酉　后

酉　申　午　巳　　财　戊戌　阴

申　未　巳　乙　　父　己亥　玄

陈公献曰：为人代占，今年必中。盖发用日鬼、皇恩，中传河魁天喜，

① 程树勋按此句当是酉命。

末见长生、太阳，最利试场之象，支见幕贵官星。又朱雀生太岁，文字华藻合时。课名革故从新，更乡科而中甲榜必无疑矣。但嫌干支上乘互绝，居官未能远大。后补刑部主政，恬退不仕。又代占武会试曾中两名，亦此课。予曾占病亦死二人。

例四十七：崇祯戊辰年八月甲戌日丁亥时，占长兄公明进京会试。(《指南》)

空 虎 常 玄
丑 寅 卯 辰
青子　　巳阴
勾亥　　午后
戌 酉 申 未
六 朱 蛇 贵

白 后 后 六
寅 午 午 戌
午 戌 戌 甲

财 甲戌 六
子 壬午 后
兄 戊寅 白

陈公献曰：吾兄必联捷而去。盖因河魁临干发用，贵居命年上下；又太阴临卯，传将递生，格合盘珠，喜朱雀遁乙奇乘长生旺气，文字甚贴试官之意，传送加子，箭必中垛，是以中甲无疑。发榜时果中三十九名。后官至大元戎，晋官衔，封治安伯。

例四十八：乾隆己卯年八月丁未日辰将未时，癸卯人三十七岁占乡试。

合 勾 青 空
寅 卯 辰 巳
朱丑　　午虎
蛇子　　未常
亥 戌 酉 申
贵 后 阴 玄

朱 青 朱 青
丑 辰 丑 辰
辰 未 辰 丁

官 辛亥 贵 ⊙
子 甲辰 青
子 甲辰 青

王牧夫曰：贵德官星发传，青龙天喜太阳中末，气虽不足，却是功名之吉神。然今科主不得中，以年命逢空，谁为而受之乎。占事年命亦不可逢空，初七日榜发，果不中。

十 事业前程

例一：四月丙戌日申将巳时占前程。(《精蕴》)

合 朱 蛇 贵
申 酉 戌 亥
勾未 子后
青午 丑阴
巳 辰 卯 寅
空 虎 常 玄

虎 阴 贵 合
辰 丑 亥 申
丑 戌 申 丙

财 甲申 合
官 丁亥 贵
父 庚寅 玄

断曰：申为相气，财乘六合为用，中传官鬼登于天门，主以财纳官，考绶京职。末传父母乘玄武，发财发身。三传递生，必有上人提携。为子求官，亦不免用财取贵。支上丑为天喜，主妻怀孕也。

例二：甲戌日占迁官。

空 虎 常 玄
未 申 酉 戌
青午 亥阴
勾巳 子后
辰 卯 寅 丑
合 朱 蛇 贵

蛇 后 青 合
寅 子 午 辰
子 戌 辰 甲

财 庚辰 合
子 壬午 青
官 申 虎 ◎

断曰：凡占迁，文官先寻青龙，武官太常，二马印绶卜岁之远近，看日去青龙几位卜月之远近。看辰去龙几位，日则论二将所生，时则论二将所克。此课青龙临午与今日相生，吉庆之象。甲日去青龙隔三位，是为三岁之期。戌辰顺至青龙七位，是为七月之期。青龙所乘胜光为火，火生土是戊己，为戊己日，火克金是庚辛时，此迁官年月日时也。

例三：徐教授戊子命，十一月二十一日丑时生，二十一岁，占前程。建炎戊申年甲寅月丙寅日亥将申时。

合朱　蛇　贵
申酉　戌　亥
勾未　　　子后
青午　　　丑阴
巳辰　卯　寅
空虎　常　玄

合　空　贵　合
申　巳　亥　申
巳　寅　申　丙

财　壬申　合
官　　亥　贵◎
父　丙寅　玄⊙

邵彦和曰：申本时临日，为日所克，丙为夫，申为妻，既从日上发用，空亡又临妻宫，目下主克妻，亥数四，主克四妻，仲冬（有本作中年）子息亦克，以六合不得地也。申为西北之金，到巳之炉冶上，必有声名于西北也。申为今日之马，四维皆是，年高历任，至老不倦也。宅上丙火受寅而生，不可以外内言也。将四旬必遇曹姓人而显官，亦终于六曹。干又坐本命之马而长生，主为官至老不倦也。中传亥乃月将，不论空亡，但时少迟耳。月将贵乘临时上，又临身作传，四年之后，便显自绛帐，从此达于天庭。又寅来生身，十一月天马在寅，寅临天门，玄武归本家，为黑煞，为刑职。中传既有天门，末传寅又在天门上，以天见天，必出疆见诸侯，然后入奉天子，处六曹中而带刑职也。寅申巳亥为四维，主代天子而守四方，必四任也。

徐君当年服满，得江州德化县令，次年二月赴任，五月丧妻杨氏，庚戌正月再娶李氏。辛亥年宣抚使刘大中保举，得诸王府教授，李氏又亡，又娶毛氏。此应中传之亥，自绛帐而入绛帐，从此达于内庭。果然四年，自诸王府教授，出为饶州通判，丁母忧，服阕，得宣州通判。是时知州曹球，乃秦太师上客，曹赴京因荐之，徐随赴召，毛氏又卒，再娶江氏，转知江阴州军，召为监察御史，又除殿中侍郎，七月除吏部侍郎，出作奉使兼枢密院承旨，八十六矣，至老不倦。

程树勋按：内有十一月天马存寅之句，今系二月占，非十一月占也，岂用其生月乎？申为妻，上乘六合，是妻入棺。正时申故，断目下克妻。十月死气在卯，加命，六合加申，卯木绝申，故言克子。申为日马，传送故有声名，言西北者自申传亥也。亥临申生本命之马，六合为友得贵，因荐本身得官。贵上寅是功曹，乘玄武为武人本家，为黑煞，故主六曹中刑部，亦是曹姓举荐。寅临天门，寅玄加亥也。申是西北金方，巳火到彼煅申成器。又巳为炉，虽作天空，然巳在寅受生，不为空炉矣。

郑体功曰：命上神丁神太常，又上下相刑，使有丧服之凶，财为妻，六合为子受克，发用空亡加之，又得阴不备课，阳为尊，阴为卑，阴不备亦是妻与子不足。

解：正时为当前之运，此课正时申金发用，而且临于日上，主当前之运，申金妻财为妻子，申临日上遭克，而且申为月破、日破，而申金阴神亥水旬空，因此主丧妻。四课中，阴神申金妻财不备，也为克妻，而且三传申传亥，亥传寅，申加巳，构成寅巳申三刑，申为妻星，而其阴神亥水又空亡，因此一生在妻子上多有刑克不足，多妻才能配到老。水一、火二、木三、金四、土五，根据申金的五行性质，可以断为四妻。申之阴神亥水，亥又为四，申加巳相合，合主偶数，因此可以确定此人一生刑克四妻。申金天将为六合，六合也主子息，因此主当年克妻克子，结合本命行年，本命子上临天盘丁卯，子卯相刑，天将太常主丧，子为子息，因此主当年也有丧子之痛，行年戌上临丑，丑、戌为丙火子孙，天将太阴，丑戌刑，均不利子息。而且阴神丑上乘天罡辰土，天罡本为恶神，且天将为白虎，构成丧子之痛。根据三传次序，申传出亥空，根据次序亥空则主将来，亥与本命子连，因此可以断为仲冬丧子。

六亲之事已断，接着论断事业前程，因为本课主题为前程，日干上申为日马、月马，三传又为四孟，主一生劳累多动，但主富贵，四课中日禄巳火加寅，也为日加辰上，禄身遇长生，事业发达之象，寅为月建得令，而且又是本命马星，因此更为旺盛，富贵无疑。但是干近支远，因此根据巳为四可以断四十岁以后事业发达，寅木正月得令，可断因为曹姓人而发达，并且官职也和六曹有关，三传中，末传为功曹寅木，因此可断人生最后为六曹中的职务。（唐代各州府佐治三官亦分为六曹，即功曹、仓曹、户曹、兵曹、法曹、士曹。此亦称六司，即司功、司仓、司户、司兵、司法、司士。宋徽宗时，州县亦设置六曹，称之为兵曹、刑曹、工曹、礼曹、户曹、吏曹。故俗以六曹为地方胥吏之通称）

根据三传次序，申金传出亥水，申金为四，主四年，四年后走到亥位，亥临贵人，但是亥空亡，幸好为月将不论其空，只是主略有延误，因此四年后会逐步发贵，亥传出寅木，寅为本命马星，而且生日为日之长生，寅加亥入天门，主官职逐步靠近国家高级统治机构，而三传与日干构成寅巳申三刑，末传寅天将又为玄武，主其职务为带有刑杀性质的权力机构。

例四：己酉年八月庚戌日巳将酉时，王知县，丙子生，三十四岁，占前程。（《一针见血》）

	空	虎	常	玄
	丑	寅	卯	辰
青	子			巳阴
勾	亥			午后
	戌	酉	申	未
	合	朱	蛇	贵

虎	后	青	玄	子	壬子	青
寅	午	子	辰	兄	戊申	蛇
午	戌	辰	庚	父	甲辰	玄

邵彦和曰：尚是七月节，天马带将星入宅，中传我去被脱，初传脱神受制，末传土来生金，此名润下，其实先脱后生也。天马入宅，来年会起寅午戌，望见今冬十二月，即赴任也。本是九月动，被妇人病阻，故少迟也。初上任，彼处财赋虽缺，本制治有法，后为失财所苦，甚是不明，即终任必竟为此困也。

王知县待次年庚戌，不见从人来催，八月初五日忽然交代文书至赴任，十二月十九日交割，二十二日立春，本年九月起程，缘尊堂太宜人病极，遂未成行，十一月全安，遂行。初上任，为官缺乏钱，措置亦不费力。只是一年零三个月余，仓库中失银七片，库门封锁如旧，严堪了无限人，外人传言自是知县与库子合盗，遂将官诰勒书，往州府纳，州府不受，诸人勘无去著而止，自此不如意，却喜终任，全璧而归。此课先脱后生，支到生日，只不合玄武偷库中物，本喜土来生金，所以不成事也。若子加庚做玄武在末，则历底费力矣。

例五：己酉年八月壬戌日巳将卯时，蒋秀才，乙酉生，二十五岁，求占。(《一针见血》)①

	朱	合	勾	青
	未	申	酉	戌
蛇	午			亥空
贵	巳			子虎
	辰	卯	寅	丑
	后	阴	玄	常

玄	虎	阴	常	兄	子	虎◎
寅	子	卯	丑	子	甲寅	玄⊙
子	戌	丑	壬	官	丙辰	后

① 张本作苗公达占。

邵彦和曰：“汝问寿数，抑问功名？”蒋曰：“如何？”曰：“寿数却有中寿。若问前程，重重凶服。初中传空，末传不空，则到其时又是何日。”蒋曰：“何日得地？”曰：“更过二十四年方得地，是时胜如今日。吾丈平日衣食有余，但服阻多不利功名，后有十七年大富享福，寿年六十四五矣。”

蒋秀才读书正当年富力强，先生言其服阻多不利，况其人是过房，二重父母，初不知先生神口，那晓得果是四十八前四重丧服，所养父母先丧了，却丧所生父母，丁心丧服至四十八俱足其时，已废学多时年，不复望功名矣。支干子与丑合，皆是空亡，初传又空亡，上见太常为服，白虎为丧，进间值空，为服所阻，所以阻前程也，至末传辰加寅为财，辰为官鬼临财。[1] 辰数五，寅数七，五七三十五，折半得十七年，此十七年，二男先已娶，二女又已嫁，进多用少，果然荣旺，安然享福，至乾道五年二月十三日，终六十五岁矣。

解：此课从断法思路上看，当为邵公所断，非苗公之案。乾道五年，公元 1169 年，岁在己丑，该年二月十三日为丁卯月庚子日。

例六：己酉年二月庚戌日亥将辰时，杨秀才，辛未生，三十九岁，占前程。

	蛇	贵	后	阴	
	子	丑	寅	卯	
朱亥					辰玄
合戌					巳常
	酉	申	未	午	
	勾	青	空	虎	

蛇	常	合	阴
子	巳	戌	卯
巳	戌	卯	庚

父	庚戌	合	⊙
官	乙巳	常	
子	壬子	蛇	

邵彦和曰：庚上见卯空，已是朽木，不堪琢雕，徒有斫轮虚名。戌为模范，亦落空地，虽有巳之炉火，却无模范铸，是徒有铸印虚名。到老奔波，只是士人书会而已。末传子孙乘蛇盗气，主子孙不读书，宜改业。临于巳上，巳为店业，四年后得店屋为宅，家计虽不宽，亦不饥寒，子孙以水磨、水碓为生计颇好。

盖斫轮不成，止可作水碓之论；铸印不成，止可作磨舂之范而已。虽不富贵，却有寿。金长生在巳，巳数四，二巳得八，巳上见子得九，八九七十

① 程树勋按：此二句令人费解，大约寅是行年，克上辰土谓之行年见财。

二也。杨读书渊博，累试不中，后徐侍郎令权教授，人称杨教授，果是虚名。四十二分得店屋居住，其子作水碓生理，果如先生之言。

例七：己酉年六月己卯日午将丑时，应秀才，癸酉生，三十七岁，占前程。

	朱	合	勾	青	
	戌	亥	子	丑	
蛇	酉			寅	空
贵	申			卯	虎
	未	午	巳	辰	
	后	阴	玄	常	

青	贵	玄	勾
丑	申	巳	子
申	卯	子	己

父	辛巳	玄
兄	甲戌	朱
官	己卯	虎

邵彦和曰：课主吾兄心术多且又毒，以鼠忌羊头上，鸡惊犬吠喉。凡所行所为，皆是妒忌之心，好管是非，好谈人短，所以灭前程也。大凡七杀元辰，若占前程，多主妒忌，常占多主事体切害。初传破碎乘玄武，又是驿马，主面东指西，走南奔北，多图多觅之人。身宅虽皆有贵人，而子作勾陈，申作空亡，谓之指空话空，己以巳为父母，加妻宫，为妻所制，又乘马与破碎，是不在侍傍，踪迹不定，一不足也。子息倚身，为身所克，子息难得，二不足也。申犯空亡，作夜贵加宅，是神像破损，香火不安，三不足也。妻临身宫，上下夹克，若非不和，便多疾病，四不足也。铸印乘轩之课，巳作玄武加子，上火下水，玄武为贼，谓之走范。卯作白虎加戌，谓之破模。虎伤卯，又为坠轩，故主功名不成。且防覆坠骑乘之患也。后至壬戌年二月因争役乘轿入城，坠而折足，血气上攻而死。盖卯为车轿驴骡，己土死于卯，支辰最紧，若非己卯日，不可言死。

解：所谓七杀元辰，古又称毛头星或称大耗，歌诀曰："鼠忌羊头上，牛嗔马不耕。虎憎鸡喙短，兔怨猴不平。龙嫌猪面黑，蛇惊犬吠声。"此论法有不分男女者，有分男女者，分男女，则阳男阴女，六冲前一位，譬如甲子生男，则未为元辰，阴男阳女在冲后一辰，如乙丑年生男，则午为元辰，也有人以八字中的七杀为元辰。实际上根据古法，元辰为一种神煞，因此在六壬中是可以引用的，同时笔者在此指出六壬与八字以及七政四余术有密切的关系。元辰在预测中处于左右冲击之位，因避开正位，因此为人、为事不正，为动摇颠倒之象。

例八：建炎己酉年六月丁丑日午将未时，应贡元，戊辰生，四十二岁，占前程。[1]

---

① 公元1129年农历七月初一丁丑，六月二十八日乙亥日大暑。

	青	空	虎	常									
	辰	巳	午	未									
勾	卯			申	玄	贵	蛇	空	虎	官	丙子	蛇	
合	寅			酉	阴	亥	子	巳	午	官	乙亥	贵	
	丑	子	亥	戌		子	丑	午	丁	子	甲戌	后	
	朱	蛇	贵	后									

邵彦和曰：令弟年久而得朝郎，奈后不永。吾丈虽未第二，前程未易量也。此实阴德所致，日后必然位至郎官。应曰：何以言之。邵曰：此课虽魁度天门，不作阻隔论，乃六仪扶护，三奇拱秀，小则郎官，大则侍从。因有活人之功，故上天降福，北斗扶身，三光拱照，禄神催逼，即日食禄矣。人见此课，将谓退连茹，殊不知甲戌旬，戌为六仪，戌加亥，亥属乾，乾为天。谓之六仪朝天，亥子丑遁得乙丙丁，谓之三奇拱照。午乃丁禄临干，谓之日禄扶身。且行年并逼白虎，为催官符使，贵人在三奇之中，而前后拱之，此蛇为吉将，名前一先锋，高甲无疑矣。丁德在亥，戌亥子俱属阴，故知阴德洪大，神明福佑也。亥为上帝，子为紫微，丑为北斗，是以得上天之降福也。

考之贡元三十八岁时，[①] 北虏犯边，伊在京挟友三十余人，庇护李家宅眷七十余口，兼不识姓名者三十七人；又以所乘舟及朋之舟，载渡诸人，自率友沿岸西走，此所以感动上天，现之于课象也。后贡元庚戌科及第，授吴县尉，辛酉除左司郎官，戊辰升太常寺少卿，己巳二月升太常寺正卿，九月权礼部侍郎，管郊祀，庚午年五月卒于官，享年六十三岁。

例九：建炎己酉年正月元旦庚辰日子将酉时，何省干，己未生，生于闰月十三日丑时五十一岁，占应试。

	蛇	朱	合	勾									
	申	酉	戌	亥									
贵	未			子	青	合	贵	虎	勾	财	戊寅	虎	
后	午			丑	空	戌	未	寅	亥	官	辛巳	阴	
	巳	辰	卯	寅		未	辰	亥	庚	兄	申	蛇	◎
	阴	玄	常	虎									

① 是为徽宗宣和七年乙巳。

邵彦和曰：何丈已两次赴试，今次却又不中。惟令郎中二十八名。吾丈暮秋虽有喜，又有悲，十月防有炊臼之梦[1]。及至五十七岁后方能得官，然过一二年，便当寿阻，不能度甲子一周矣。何当时望中甚切，临场病阻，其子入场，其子入场，将旧文杂凑而成，全不得意，及放榜，果中二十八名。先生曰：何丈不入场，正使令郎中也。若入场，必不教子作此等文字，不下第必矣。

盖日上亥是庚之子孙，来夺庚之气，庚去生水，又得勾陈，不落第矣，所以子得中式。亥四申七，四七二十八名也。亥为水道，勾乃滞神，加日上，故本身痢病。庚以寅为妻，加盗气上，临于十月，又作白虎，所以丧妻。[2] 夜贵在宅作闭口，恰是本命，故将来虽可得官，不久即死。[3]

例十：己酉年七月初四庚辰日午将卯时，应秀才，乙亥生，三十五岁，占前程。[4]

	蛇	朱	合	勾	
	申	酉	戌	亥	
贵	未			子	青
后	午			丑	空
	巳	辰	卯	寅	
	阴	玄	常	虎	

合	贵	虎	勾
戌	未	寅	亥
未	辰	亥	庚

财	戊寅	虎
官	辛巳	阴
兄	申	蛇 ◎

邵彦和曰：此课先失后得，先虚后实，耗废尽了，却得妻财来助起家。因水利中得财，不可不知。若求功名，不可得也。须是败尽再发，兄弟并星散，所可喜者，妻与子成家，末年享福有寿，就店房居住，宅舍无气也。

盖日上见亥，金生水而脱气，自然受脱不能发也。[5] 又在脱上发用，脱上逢脱，必诗书荒废，家道空虚，初见妻宫，引归中传长生，中又引归末传，却见本身，是破败后方得妻子起家，因之有福。应一心只思及第，自后读书不成，家计败尽，方得妻家做酒生意，果然诸子皆好，日渐丰足，遂享福而寿终。

---

① 笔者按：此主丧妻。

② 寅财加亥，虽脱气，却六合而长生，不合做白虎，且是脱上逢脱，故邵公方敢开此口。

③ 程树勋按：申禄空亡，虽有官而不能享禄。后何公五十七岁登科，五十九岁死矣。未虽夜贵加宅，然其子既中则宅于先矣，而邵公复云何君自中何也？盖未系何公本命故耳，不可不知。

④ 《口鉴》、《捷要》此课日期作己酉元旦，后程树勋按《一针见血》中纠正。

⑤ 程树勋按：朱雀乘脱气，故不能得名。

盖日上初传俱脱，却得妻爻引归生路；寅上巳乃庚金长生也。末传申加巳，是得生路在末传。故主晚年亨福也。末申乃是禄神，故晚年亨福。[①]

例十一：戊申年六月戊辰日未将巳时，徐将仕，辛卯生，十八岁，占前程。辛卯年三月三十日巳时生。

	空	虎	常	玄	
	未	申	酉	戌	
青	午			亥	阴
勾	巳			子	后
	辰	卯	寅	丑	
	合	朱	蛇	贵	

虎	青	常	空	子	壬申	虎	
申	午	酉	未	兄	戌	玄	◎
午	辰	未	戊	财	甲子	后	⊙

邵彦和曰：涉三渊课，主跋涉奔波，劳力无成。干支上午与未合，出身甚妙，历事三授，两丁上服，申为子孙，居午火上，难为子息，日后以弟为子，妻又因产而亡，所授之差，一任远，一任劳，终死于外州矣。四十五六行年到子丑，为过三渊之外，然而落空，虽过得此年，亦不济事也。

盖涉三渊，一传远一传，又入空亡上去，况初传子息居阳刃鬼上，故难得子，中传同类为兄弟，加子息上，当以弟为子，末妻爻坐空，天后秽神，加之不吉，故因产而亡。戊辰干支皆东南神，辛卯命又是东方，三传反流入西方，那更涉三渊，顺行陷于西北，故死于外州。传既不回，故子亦不归也。徐二十五上铨试中，当年授岳州尉，二十七丁父忧，二十九授浑州尉，三十丁母忧，三十三授复州司户，当年冬赴任，三十四妻因产而亡，止有四女，遂以小弟为子，任满再授广西提学干官，又授广州东莞县令，年四十五岁终于任，继子遂家于彼而不归。[②]

凡间传多主阻隔而不顺利，其故则看初传，今初传是白虎，即以丁忧断之。郑云：邵公以长生为父，沐浴为母，戊日申为长生，酉为沐浴，俱乘空亡，所以伤父母也。

例十二：建炎己酉年六月丁丑日午将辰时，应寺簿，甲戌生，三十六岁占前程。

---

① 程树勋按巳为店，作太常为酒食，既为长生又有日禄加其上，故因做酒食生意而起家，因之享福，申禄不论空者，以得未建之生也。

② 戊胎在子为月破，生死神坐空亡，又子丧车，戌哭神，故因产死。

	勾	合	朱	蛇	
	未	申	酉	戌	
青	午			亥	贵
空	巳			子	后
	辰	卯	寅	丑	
	虎	常	玄	阴	

空	常	贵	朱	财	酉	朱	◎
巳	卯	亥	酉	官	乙亥	贵	⊙
卯	丑	酉	丁	子	丁丑	阴	

邵彦和曰：寺簿中年，水作官星，宜作朝郎，人所难及。奈何满局皆贵人，是多谋也。贵多则不贵，身与初中贵人皆空，是慕十不得一，徒费心力也。日上发用归亥官星，末传丑支为宅神，又加亥上，是日去投绝，支来迎绝，兼支上得卯木，丁火败于卯，丑土死于卯，此非酒色事之故。盖日上太岁作雀，是欲上书言事，然日贵作鬼，加岁克日，上书何益？徒遭贬窜耳。寺簿惊曰：现修书十条欲上，非因此乎？曰：献上即海外客也。寺簿曰：某不上此书，其他有何祸福。曰：寺簿生平所亏者有二，故灭前程。其一不孝母，与母各居。其二宠妾而贱妻。若能改过则吉，否则寿亦不永矣。应嘿嘿而去，盖其所上书中内有一条言张相刘四相等或死或窜，实无辜。此时秦桧正忌此言，若上此书，必招窜贬也。

夫丁日以卯为母而酉制之，是不孝母也。本宫见巳，会起酉丑，是与母隔别不同居也。丁以申为妻，临午火受制之地，酉为妾，反加日发用而作贵人，是宠妾而贱妻也。丁自败卯、死酉、绝亥，亏伦伤本，造物不容，何问前程。（程树勋按：寺簿想是应贡元之弟。盖寺簿先占而贡元后占也）

例十三：己酉年十月丙子日卯将丑时，冯知丞，戊辰生，四十二岁，占升迁。

	朱	蛇	贵	后	
	未	申	酉	戌	
合	午			亥	阴
勾	巳			子	玄
	辰	卯	寅	丑	
	青	空	虎	常	

青	虎	贵	朱	子	庚辰	青	
辰	寅	酉	未	兄	壬午	合	
寅	子	未	丙	财	申	蛇	◎

邵彦和曰：登三天本主升迁之象，但嫌登不过关。关者，子日也①。既不过关，难以升迁。若跳过则又进锐退速，白虎入宅临父母，目下必因丁艰而阻，堂上孺人定难久远。且主父母棺内白蚁食坏，以致不利子孙，遂成灾咎。服满之后，虽得一任差遣，恐不能终任矣。知丞乃机宜之弟，课象主服不利，彼此相同。（冯机宜课见事业前程第 23 例）果因阻服未升迁，及举母棺与父合葬，因起父坟视之，尽为泥水白蚁伤怀，遂不敢葬，续有堪舆人言此地本吉，因葬高露风不利，若葬低便发，知丞又来占，极断其不可，而知丞不听。竟合葬焉，及服满授黄州推官，任数月因病假归，十二月卒。

盖辰为命，为丙火子孙，自子升起登三天，却及身而止，午撞巳而止（日干是丙，即身也，故曰及身）末传虽透过身去，却是空亡，所以子孙不利也。所谓登不过关，及身而止也，行年未上见酉再作空亡，逢空则止，运亦尽矣。

例十四：己酉年十月壬午日寅将寅时，龚县尉，辛巳生，二十九岁，占前程。

朱 合 勾 青
巳 午 未 申
蛇辰　　酉空
贵卯　　戌虎
寅 丑 子 亥
后 阴 玄 常

合 合 常 常
午 午 亥 亥
午 午 亥 壬

兄 乙亥 常
财 壬午 合
兄 丙子 玄

邵彦和曰：此课本身，现在戴禄，又作太常，必有兼职之事，俸禄亦增。若论升转则未。盖干支自刑，日后因其宠，遂做不廉之事，又因纳一美妾，贪色致病，寻医而治，欲解任不能，幸遇一外路监司经过为公恳告，遂得解任。但伏吟时下未发，只等替时自见耳。

盖干支自刑，主自满，月建前一辰，子上是玄武，乃为天医，冲起行年上午之六合，昼贵又乘天后，为干之偏财，乃妾也。上见武合后，故主贪色不正，子又为天医，故主寻医之兆。子午乃官员往来之所，道路神也。月建前辰是外监司，必恳于此方解耳。龚尉因主簿坏去，遂权署其印，得太守宠爱，遂傍若无人，乃干支自刑，故自满也。又纳一妾，颇多淫乐。其后龚尉满替，因前看验事受贿，被人论告，欲去不能，州县又不与批结，遂求湖北运司胡某，胡向与龚父交好，又与太守是往日同寅，因经过见太守，为龚力

① 有本，关者，日干是也。

恳，遂准放行得归也。

例十五：己酉年四月戊申日酉将子时，邓巡辖本命寅，行年酉，占赴任。戊寅年六月十三日子时生，三十二岁，四月初一占。

	青	勾	合	朱	
	寅	卯	辰	巳	
空丑					午蛇
虎子					未贵
	亥	戌	酉	申	
	常	玄	阴	后	

青	朱	常	青	官	寅	青	◎
寅	巳	亥	寅	财	辛亥	常	⊙
巳	申	寅	戌	子	戊申	后	

邵彦和曰：大凡占官要见官，今寅值龙作官，奈何寅空，必不得也。干却就支宅上去作朱雀，乃戊禄临支也，宅神申又加亥为末传，此仕莫非虚度。

盖寅是官星，巳是禄位，寅乘龙不空，即当赴任，既空反作鬼论，鬼来逼日，日去加支，克支之申，主权摄不正。又戊禄在巳，巳与申合，禄在支，故正任不可望，却可食禄。内主陈姓人不足。[①] 且当西南上避嫌。[②] 待陈姓人退去，方得正任。行年上午乘蛇临行时主妇人缠绕也。邓果于当年十一月上任，因陈提刑与伊尊人有仇隙，故行至半途，遂不敢往，经过鄂州，素与太守有旧，遂令权公使库及提辖三酒税。至次年八月陈提刑替去，邓始得十月到任。来年者，太岁上有贵人也。十月者，支神所止也。

例十六：戊申年十一月辛巳日寅将丑时，邵廿一公占孙前程。邵廿一公癸巳年四月十二日丑时生，七十六岁。其孙丁亥生人，二十二岁。

	勾	青	空	虎	
	午	未	申	酉	
合巳					戌常
朱辰					亥玄
	卯	寅	丑	子	
	蛇	贵	后	阴	

青	勾	阴	玄	官	壬午	勾	
未	午	子	亥	父	癸未	青	
午	巳	亥	辛	兄	申	空	◎

邵彦和曰：此课干上盗气作玄武，主虚泄，宅上火生土，土生金空亡，不独前程不显，尚有夭丧之患。盖连茹喜进不喜空亡，主不出四年肾病而死。邵公之孙，果清瘦患遗泄，至壬子年十二月而亡。夫辛金生二水，初鬼作勾，

① 寅为陈姓。

② 戊即巳，巳加申，申为西南。

原属可制，奈泄气太甚，[①] 身不能任，故己酉年娶妻后，成痨而卒。末传同类空，故诸孙皆前后丧。

盖亥加辛乃面前脱气，午勾是日贵作鬼入宅，支干上皆自刑，自支上午一阴至亥乃六阴也，一味行阴道，如何得长久？更何问功名？[②]

例十七：戊申年十二月癸丑日丑将未时，何知丞，丙寅年二月三日酉时生，四十三岁，占赴任。

	空	虎	常	玄	
	亥	子	丑	寅	
青	戌			卯	阴
勾	酉			辰	后
	申	未	午	巳	
	合	朱	蛇	贵	

常	朱	常	朱	官	丁未	朱
丑	未	丑	未	官	癸丑	常
未	亥	未	癸	官	丁未	朱

邵彦和曰：此课旧政上又见旧政，不知已有几年。何曰：有三年。先生曰：以此观之，第六年方得赴任。何笑，以为不然。盖何欲归安县任，被吏部差一考，果第六年至任。先生曰：知丞终此任矣。果第八年丧归。

盖戊申年未为旧政，初末日辰皆见，又十二月月建丑，又加于旧上，来往皆是旧人，故不能速。六年者，未带丁六数也，满盘是鬼，丑为墓田，乘太常为亡化，丑未八数，故断其八年扶丧而归。

例十八：建炎戊申年九月甲申日辰将亥时，陈学谕，辛未年十二月二十八日生，三十八岁，占前程。

	合	勾	青	空	
	戌	亥	子	丑	
朱	酉			寅	虎
蛇	申			卯	常
	未	午	巳	辰	
	贵	后	阴	玄	

后	空	青	贵	父	戊子	青	⊙
午	丑	子	未	子	癸巳	阴	
丑	申	未	甲	财	丙戌	合	

邵彦和曰：干支皆墓，主前程迟滞，凡事不通。今喜甲申旬，未乃空亡，本身之墓既空，渐次脱去，次第亨通。初传与贵人六害，不利考试，巳作太

① 若女占即吉，男子未娶是克也。

② 按此课与赵公占子之课同，因亥为本命而脱干，故其凶较甚耳。

阴为闭口，主偏堂不利，终为疾扰，妻宫加闭口子孙上，主无子，今年防被医人所误。[1] 本命是木墓，本身上贵人又空亡，是虚贵，宅上又带墓，宅既不显，人亦不兴，三十发解便不济，如处云雾中，妻亦不利。其人果受乳母之气，得心痛疾，九年而卒，妻血病五年卒。本年又患痢，医人误作热症治之，几死。庚申年亡。

例十九：戊申年九月十五丙申日辰将丑时，施主簿，乙亥年七月初二日亥时生，三十四岁，占前程。

	蛇	贵	后	阴	
	申	酉	戌	亥	
朱未					子玄
合午					丑常
	巳	辰	卯	寅	
	勾	青	空	虎	

虎	阴	阴	蛇
寅	亥	亥	申
亥	申	申	丙

财	丙申	蛇	⊙
官	己亥	阴	
父	壬寅	虎	

邵彦和曰：支来就干，为干所克，其人主无正宅，多在寺观及外处居住，或在妻家。盖课名赘婿，所以无正居也。传见蛇虎必多丧服，将来终于曹职。末传寅作虎，止于水边作州府职官而已。其后果丁父母四丧，甲子年授江阴军知录，丙寅年赴任，己巳年有事矣。

盖宅加日受克，宅上见亥，反去生亥，安得正宅？末寅生于亥，丙生于寅，为水边州府也。寅为曹职，今知录亦然。大凡占官，寅申为迁转之神，既为蛇虎所挠，故止于知录。

例二十：戊申年九月二十一壬寅日辰将酉时，邵梓材，戊寅年三月初一辰时生，三十一岁，占前程。

	合	朱	蛇	贵	
	子	丑	寅	卯	
勾亥					辰后
青戌					巳阴
	酉	申	未	午	
	空	虎	常	玄	

后	空	朱	玄
辰	酉	丑	午
酉	寅	午	壬

财	甲午	玄
官	辛丑	朱
父	丙申	虎

---

[1] 行年上申为医而为蛇鬼故耳。

邵彦和曰：此课名四绝，且干支自刑，又初中六害，其不利有三：一者居偏室无正位，二者妻宫不利，三者眼不明，因父坟不利，皆是白蚁，左畔已虚空矣，前程非惟不远，又且寿夭，九年将屋基作田园，家破碎，贵贱皆因酒而败也。邵闻先生言，欲启父坟，因兄弟众多不肯行，妻不生子，常有血气，至辛亥年病眼。① 男女皆因酒而败，乙卯年众拆屋一半作田，一半作园。邵氏居于店屋。② 戊午身丧，己未兄弟启父坟，骸骨果皆为蚁食矣。

盖壬以申为父，父在墓乘白虎，主白蚁。日上午为目为妻，火绝于亥，故不利。丑加午六害，丑为田园，午为屋，水克午而屋坏，土克水而以屋成田园。宅上见酉，壬败于酉，故为所败，又是破碎，主男女皆因酒破败也。

例二十一：邓省干，癸未命，四月初七申时生，二十六岁，戊申年九月二十一日壬寅日辰将未时，占前程。

	合	朱	蛇	贵	
	寅	卯	辰	巳	
勾	丑			午	后
青	子			未	阴
	亥	戌	酉	申	
	空	虎	常	玄	

玄	空	贵	玄
申	亥	巳	申
亥	寅	申	壬

财	巳	贵	◎
子	壬寅	合	⊙
兄	己亥	空	

邵彦和曰：此课与前课大不同，干支皆受上神之生，学堂加干，贵人发用，尽可取功名。但嫌贵空，又学堂为玄武所滞，非科第中人，日上得申长生，却即去生寅，初巳贵人作财，只运司发解而已。初任管铜铁，次任管坑冶，三任水船官而止。邓果初任铸钱有功，再任坑冶司检踏官，次得明州船场，归家而死。

盖申来生壬为长生学堂，故壬子年发解，初巳作贵为德神加学堂上，寅又加巳生贵生德，故终得前程。铜铁者，申金也；坑冶司者，巳为炉冶，加申也；水船场者，亥为江湖临于寅上也。寅木未成船，而卯已成船，故主船场修造也。③

例二十二：汪司户，辛未年十二月廿一日午时生，三十八岁，建炎戊申年十月初七戊午日卯将寅时，占官职。

---

① 武壬皆亥，夹克午火故至亥年而应。

② 水死于卯，又戊鬼加卯上，故卯年应。

③ 直指云：寅作六合为船。

蛇	贵	后	阴
午	未	申	酉
朱巳			戌玄
合辰			亥常
卯	寅	丑	子
勾	青	空	虎

后	贵	贵	蛇
申	未	未	午
未	午	午	戊

官	甲寅	青 ⊙
父	戊午	蛇
父	戊午	蛇

邵彦和曰：司户今无正位，必主上司责罚，而别有迁改，寅乃今日之鬼，鬼生午火，午乃日阳刃杀，且是天鬼，在于中末传，与支上未合，亦忧宅眷人口有死者。

盖寅乃日鬼，生三个午，十月建亥，合寅来生。宅犯丁神。[①] 丁主动，天空主空屋，是宅因有事而空虚矣。汪司户，饶州人，为衢州司户，起得此课后，果宅中患时气，遂死三人。十月间因提举检踏常平仓事露，遂致贬斥。

例二十三：冯机宜，丁亥生，二十三岁，占前程，己酉年十一月丙子日卯将戌时。[②]

蛇	朱	合	勾
戌	亥	子	丑
贵酉			寅青
后申			卯空
未	午	巳	辰
阴	玄	常	虎

蛇	常	空	蛇
戌	巳	卯	戌
巳	子	戌	丙

兄	辛巳	常
子	甲戌	蛇
父	己卯	空

邵彦和曰：此课前程未通，必见回避，定是阻服，服满后得差。又合回避所恼，尚有九年端坐，方得出头，数已尽矣。盖卯来克戌，戌去墓丙，丙即巳遂走入宅，为宅所克，此乱首自下犯上，照管堂上孺人，即有大灾难治，皆自己命滞，所以如此。

夫丙火败于卯，墓于戌，败神逼克戌墓，戌墓遂来墓日，日遂奔入宅被克，去住皆不容。宅上巳四，日上戌五，共九数，故主九年。九年后，卯主事，卯败丙，加丙墓上，即是败木，乃棺椁入墓，自然死也。然卯为今日之

① 以未中有丁，非旬丁也。

② 爱函曰：当是寅将酉时，不然即非十一月也。

母，母先入墓，次及我身矣。冯乃待制之子，授江州安抚司，十二月母死阻服，癸丑年再授洪州，因妹丈除江西运使，遂回避，得台州崇道观，二十个月得病，戊午年卒。

例二十四：戊申年十月乙卯日卯将未时，刘运干，丁卯生，四十二岁，占前程。

蛇　朱　合　勾
丑　寅　卯　辰
贵子　　　　巳青
后亥　　　　午空
戌　酉　申　未
阴　玄　常　虎

虎　后　常　贵
未　亥　申　子
亥　卯　子　乙

财　己未　虎
兄　乙卯　合
父　癸亥　后

邵彦和曰：此课身坐贵人，又来生日，三传又是木局，乙木生亥、旺卯、库未，自墓传旺，自旺传长生，必由穷途渐至荣显至侍从。先丧妻害眷属，须先纳兄弟一子，后一小妻大有财物，寿近九十矣。钱此时为朝议郎，辛亥丧妻，乙卯丧子，继兄子为子，庚申又娶妻，其时年五十四，妻三十九，有数万贯钱来嫁，后直仕吏部侍郎，八十七而终。

盖乙卯皆木，亥子并生，曲直又助，自墓传生，一则有寿，二则自微至显。未亥为天门，木局为持台，故主侍郎也。此课本主无子，同类作六合，是纳兄弟之子，初传未财为前妻，墓而作虎，主先丧偶，末传天后长生，归于禄地，是后妻财物旺也。[①]

例二十五：戊申年十月乙卯日卯将辰时，郑子云，乙亥生，三十四岁，占前程。

勾　青　空　虎
辰　巳　午　未
合卯　　　　申常
朱寅　　　　酉玄
丑　子　亥　戌
蛇　贵　后　阴

蛇　朱　朱　合
丑　寅　寅　卯
寅　卯　卯　乙

财　丑　蛇 ◎
父　子　贵 ◎⊙
父　癸亥　后 ⊙

邵彦和曰：此课主来年再举，亥年及第高甲，迤逦在朝，更不外任，直

---

① 又曰：天后是妻，归卯地也。爰函曰：未财为前妻，乘白虎，阴神卯木克之，故丧也。天后为后妻，为长生而临日禄，故后妻财物旺也。

至八座位了，却贬降，终不得地，无正宅而居。郑子云二十九岁发解，三十五又发解，三十七登第，初任临安教授，历太学秘书郎，司业工刑二部，皆京官，因与秦桧一言不合而罢。

盖乙禄在卯，迤逦归亥长生之地，自亥至卯，一带生旺，地支相连，禄神作太阳，朱雀作仪神，中末若不空，则五府之课，今既迤逦入近天门，故在朝八座也。子为紫微宫，亥为玄穹宫，亦主八座，退入空亡，故主晚年谪降矣。

例二十六：何上舍，乙巳年八月二十日午时生，四十岁，占前程，戊申年十月辛酉日卯将未时。

	青	勾	合	朱	
	丑	寅	卯	辰	
空	子			巳	蛇
虎	亥			午	贵
	戌	酉	申	未	
	常	玄	阴	后	

青	蛇	勾	贵
丑	巳	寅	午
巳	酉	午	辛

官	丁巳	蛇	
父	丑	青	◎
兄	辛酉	玄	⊙

邵彦和曰：官星临日，初传助之，谓之催官符，官星又作贵人，辛藏于戌，主庚戌年及第，嗣后便丁父母服，服满赴任，见禄而终，[1] 止于五十四矣。兄弟相害，因分争分居而大生不足，又不得子息力，其旬丁作蛇，不云怪者，辛以巳为德神。子不得力者，三传无子爻也。辛见午为官，巳又助之，名催官符也。

何果庚戌及第，壬子丁母忧，乙卯丁父忧，庚申赴利州推官，辛酉五十三岁，八月十四卒。先是戊午年，兄弟争家财四次，入官估札以死。子三人，长十三岁，次者九岁，三者七岁，皆再娶所生。巳为长生作旬丁，又作蛇，是丙丁也。金日金局，是兄弟争也。三传无子爻，故子不得力。五十三者，乃午九酉六，六九五十四之内也。

例二十七：童七秀才，壬申生，三十七岁，占前程，戊申年六月丁巳日未将未时。

① 酉禄加空亡故也。

空 虎 常 玄
巳 午 未 申
青辰　　　酉阴
勾卯　　　戌后
寅 丑 子 亥
合 朱 蛇 贵

空 空 常 常　　兄　丁巳　空
巳 巳 未 未　　财　庚申　玄
巳 巳 未 丁　　父　甲寅　合

邵彦和曰：此课主来年发解，只是不及第，又妻为猿怪所迷，四年后移居妻家，因妻家子死，并为一家住。又合主科第，授推官将满，丧妻，再授财赋，再至任七月而终于奴婢之手，不见子息，一边动哀，一边子息喜事至。

童果次年得解，至冬赴省，其家近山，妻为猿怪所迷，终日歌笑不已，邻人记得先生言，治之而愈。四年遂移妻家居，七年，妻父止有一子而亡，遂与童共居。戊辰科，童果及第，授南安州司李，任满妻叶氏亡，再授临安楼务官，到任七月，二子归秋试，童死。只有五六奴婢措置后事，及子息来扶丧，次子得第七名解矣。

盖丁以末传寅为学堂，三十八岁行年在卯扶之，故发解。又曰上常为职，初传临官天空，主声誉也，中传妻宫，玄武乘之，并光怪杀，申为猿，武为贼，故主猿迷；归妻家者，日止一丁，巳有两个，支上初传，两巳相并也，丁巳皆生于寅。宅为妻，故主入妻家同居，晚年及第得官者，皆末传寅也。死不见子者，传中无子爻也。

例二十八：陈主簿，戊寅生，三十二岁，占官任吉凶，及问迁升，己酉年十月庚辰日寅将辰时。

朱 合 勾 青
卯 辰 巳 午
蛇寅　　　未空
贵丑　　　申虎
子 亥 戌 酉
后 阴 玄 常

后 蛇 合 青　　官　壬午　青 ⊙
子 寅 辰 午　　父　庚辰　合
寅 辰 午 庚　　财　戊寅　蛇

邵彦和曰：日上发传，退入支上，又是顾祖，末又见本命入宅，须是差出，经过乡里而有是非。① 不然须是有甚不到处，不合日上退归本命入宅，为蛇所扰，又是共屋人之事也。盖主簿族大房多，因争分家财，遂告台部，十一月文书下，令知州差人押归分析，后再赴任。陈被押归，分未及半，因占房产又入状监司，奏罢管压，始分成。

盖日上午为堂屋，又为官鬼乘龙加申为退鳞，欢中生悲，退财损身之兆。初午已是不好，奈中辰不归午，末寅又生午火，只管克庚，命又戊寅，是我反去生火，毕竟自已不是，致令如此，况在任只要升转，今初传是自上降下，中末又自外回家，岂不倒退？又名顾祖退归，夫复何疑？况庚以寅为财，是争财也，本命作财，我与彼争也，蛇在寅，我被挠也。行年乘夜贵，昼作天空闭口，是官未可告也。夜贵废职也，未为眷属，天空主争，是因眷属而争也。贵人闭口，告贵无用也。

例二十九：徐通判，戊午生，五十一岁，占赴任及前程，戊申年十一月壬辰日寅将未时。②

	青	勾	合	朱
	子	丑	寅	卯
空亥				辰蛇
虎戌				巳贵
	酉	申	未	午
	常	玄	阴	后

后	空	勾	后
午	亥	丑	午
亥	辰	午	壬

财	午	后	◎
官	己丑	勾	⊙
父	甲申	玄	

邵彦和曰：予详此课，不便明言。惟以廉洁二字勉之。并嘱其慎用奴仆，宜修父坟而已。乃退而告门人曰：此课名乱首，通判日后因在任中受贿，为仆所持，妻被仆奸淫，本身则死于仆手。其父墓玄武不垂头，拒尸之故。若速移此坟，可保佑性命，否则戊午年必见凶矣。门人问其故，曰：亥加辰，乃自取乱首。将得天空，仆犯主也。午为财，丑为官，丑官加午财上，故在任受贿，亥作天空为仆，财作天后为妻子，临于天空之上，故主仆淫其妻，天后又主淫乱也。壬以申为父，加丑是父墓，玄武长生，刚硬而不垂头为拒尸。午亥俱自刑，壬即亥，受辰土天空之夹克，乱首位下犯上，故终死于仆手也。

---

① 寅为驿马，故主经过，又是本命，所以主自蒙差出，而后经乡里也。

② 《口鉴》作丑将午时，错。

徐通判辛亥年赴任，权州事，有一妇人打死一婢，徐得二千贯，从轻发落，厥后新知州赵公怪其用度过奢，遂与不足，欲动申文，得华宪副为之和解。而徐有仆童吉，常持二十千以挟其主，遂奸其妻，徐知竟不敢明责。乙卯徐调池州通判，不带此仆去，仆因怀恨，戊午仆到池州，徐见叱之曰："尔尚敢来?"次日，仆持刃刺杀徐于门中。盖其父墓坎山，玄武七十余丈，葬在六十丈，前面又有十余丈，果不垂头。

解：此课原断清晰，这里诠释其所涉及的风水概念，所谓玄武拒尸，指北方地形或墓地后方的来龙尽头处不自然下降或昂首他去，或险峻高崖，以致无法寻觅墓穴的位置。

例三十：钱通判丁巳生，十一月二十一日午时生，五十三岁，占前程，己酉年正月初一庚辰日子将巳时。

	蛇	贵	后	阴	
	子	丑	寅	卯	
朱亥					辰玄
合戌					巳常
	酉	申	未	午	
	勾	青	空	虎	

虎	朱	合	阴
午	亥	戌	卯
亥	辰	卯	庚

官	壬午	虎
父	丁丑	贵
兄	申	青 ◎

邵彦和曰：无禄课，虽受通判，必不能食禄。兼父母年高先亡母后亡父，下来又有别差遣，将及瓜而止。末传又是禄作空亡入墓，亡在乙丑年六十九上。又荫不得子也。钱乃奉议郎，受临江军通判，庚戌春至任，至三月三日作寒食会，母醉死，壬子冬又差南康通判，甲寅又丁父忧，丁巳授江南安抚，己未避嫌，得主管台州崇道观，壬戌再转岳州通判，乙丑五月丧本身矣。

乙丑丧者，乙禄在卯，卯绝在申，而天盘申去入墓在丑又空亡，且申乃今日之庚，庚便是我身，身上有卯，卯中有乙，申乃今日之庚，墓于丑，故乙丑年死，相次转朝奉郎，止争二日，不得荫子，可见无禄课中有许多事也。

例三十一：时监庙，庚午生，四十岁，占谋动迁转，己酉年正月辛巳日子将酉时。

空虎常玄
申酉戌亥
青未　　子阴
勾午　　丑后
巳辰卯寅
合朱蛇贵

玄　空　朱　后
亥　申　辰　丑
申　巳　丑　辛

兄　申　空◎
子　乙亥　玄⊙
财　戊寅　贵

邵彦和曰：此课守妻家，卒不能动身。今喜日墓带丁，遂有变动之意。监庙满后，必得京局监当差，多是药院之类。末传寅在前引动墓，遂得出去。又是夜贵人，乃久困之贵人，今得用于朝，因此可以引之。若见厨灶煮面，仆子为汤所伤，即是喜事到之期。又主小儿落佛堂外水坑，亦应也。

时自二十三上寄居妻家，是年欲谋动，占得此课，庚戌七月试祠满，讨得监和剂局，因乃岳徐侍郎在九宫观，遂得台州差遣。所云夜贵久，即此人也。辛亥年其女生日，厨下煮面，仆子托面出，被人冲在身，而被汤伤。又宴客更深，亲戚小儿戏佛堂外，失足小水池中，次日早文字来催赴任。

盖丑加辛作墓神，天后又是滞神，丑中有旬丁为摇动移换，申为医药加巳，巳为厨灶，申又为面，天空为仆，亥加申为玄武，武乃水神为池，玄武又为堕水，辛以亥为子息，主孩童堕此池中。末传却见贵人登天门，便是赴任之期也。

例三十二：戊申年五月丙戌日申将未时，何知录，丁丑命，生于四月十一日丑时，三十一岁，占前程。

青勾合朱
午未申酉
空巳　　戌蛇
虎辰　　亥贵
卯寅丑子
常玄阴后

后　贵　勾　青
子　亥　未　午
亥　戌　午　丙

官　丁亥　贵
官　戊子　后
子　己丑　阴

邵彦和曰：吾兄今虽授台州知录，然此任不能赴，必有阻也。将来食禄在江西，有刑法二字，次任湖南北，三任广东作倅，四任近京为安抚司，恐此后虽有授州郡之名，不得赴任也。何当年乳母死，丁心丧不赴此任，后任江西崇仁县令，又调湖南北提刑司检法，因追究劫盗有功，升广东某州通判，任满又为江西安抚司参议，此任与京相近也，后升饶州府太守，未赴任而卒。

盖日上午作青龙，乘刃为退鳞，又是空亡也。午为心，所以遭心丧而不得赴任。次任江西者，亥加戌，水受土制则为江临西方，故言江西。刑法二字者，支干皆自刑，更法字从水从去，亥子丑顺流而去，故为法字。子为江湖，又在此方，初中皆官相连，故江西与湖南北相连也。又四任近京者，丁生人丙日占，丙丁皆寅为生地，父母之邦，故言京也。但与日远，故不言都下，而言近京。末传本命见太阴加子，丑土也，土为守土为太守，加在江湖地，依旧江西饶州也。授而不赴，太阴不显也。既不显安得赴？丙子年死，不出亥子丑也。丑是本命，乘阴不显，不显便是死也。[①]

例三十三：己酉年三月十七乙未日戌将巳时，童学士，戊寅生，三十二岁，占前程。

	朱	蛇	贵	后	
	戌	亥	子	丑	
合	酉			寅	阴
勾	申			卯	玄
	未	午	巳	辰	
	青	空	虎	常	

虎	贵	阴	合	子	巳	虎◎
巳	子	寅	酉	财	戊戌	朱⊙
子	未	酉	乙	兄	癸卯	玄

邵彦和曰：酉作六合，主生莲花痔，因色中躁怒而得。[②] 正妻无子，必主偏生，三下贼上，前程未能兴发。初巳作虎，子息防水厄。[③] 戌作雀，防妻有汤伤火厄。末卯作玄，防出入骑乘有伤手足，文书在盗气上，前程难显。宅上贵人六害，末财禄又入盗气，更三十不得意而死。

盖日上酉作合，酉为血，合为莲花来克身，故主莲花痔。以巳为子息，巳乃旬空，又作虎，中妻又临空，无子又妨妻，后辛亥年大水，子堕水几死，丁巳妻醉后烧脚，乙卯骑马入城，扑折左足，六十三因侄分去产，不得意而死。盖乙以戌为财乘空，末又被玄引将去，反失财也。卯六戌五，五六当三

① 秩九曰：丑是本命，为午龙六害。又作官星制神，既害官品、制官星，焉乎得显？不显自死矣。丑独加子，故不出丙子年。又曰：午得龙为官品，既空则此任虚庆矣。然脱此则就支上官星贵人，况更发用，三传皆是，焉得不显？故便从官贵上断之。

② 色者何？酉为色也。何言躁怒？酉克乙木，木为肝，肝主怒，非色中躁怒而何？

③ 初巳子爻，加于子水之上，作白虎凶将，又遭下克，是以主乎水厄。中戌，戌阳乙阴，正妻也，加子爻空亡上，焉能生子？奈又作子爻之墓何？

十，故更三十年而死。①

例三十四：盖判院，辛未生，三十九岁，占前程。己酉年六月壬子日未将子时。

合	朱	蛇	贵
子	丑	寅	卯
勾亥			辰后
青戌			巳阴
酉	申	未	午
空	虎	常	玄

蛇	常	朱	玄	财	丙午	玄
寅	未	丑	午	官	癸丑	朱
未	子	午	壬	父	戊申	虎

邵彦和曰：此课名涉害，动涉中皆有利害，又名四绝，前程偃蹇不通，身与初传玄武俱入庙，中雀又六害，末申作虎入墓，宅上未作常，六害，课象如此，前程可知，吾兄与妻必不足，妻死，又主亲戚入宅亦死。只因掘损艮方父母坟，所以前程不通也。

盖判院欲来年冬赴任，当年患眼，又因屋倒受惊，其目愈昏，所授之任不能赴，其先与妻果不和，辛亥年妻死，却令姨母来家住，亦死。因看父母坟，果艮方被人掘损，盖壬以申为父母，申墓于丑是父母坟也。白虎主损坏，以致家败身不荣也，至癸丑年而亡。

例三十五：应解元，辛未生，三十八岁，占前程，戊申年六月戊寅日午将子时。

朱	蛇	贵	后
亥	子	丑	寅
合戌			卯阴
勾酉			辰玄
申	未	午	巳
青	空	虎	常

后	青	常	朱	官	戊寅	后 ⊙
寅	申	巳	亥	子	申	青 ◎
申	寅	亥	戌	官	戊寅	后 ⊙

① 看验处着着俱妙，邵先生亦未之及也。亥辛年，亥巳相冲，子动也。妻戌加巳，巳火戌足，足加火上，非烧足而烧何？巳上故巳年应之，卯本日禄，不可言凶。乘玄乃凶耳。卯为驴马类也。克戌是折足，阳左阴右。故折左足。程树勋曰：卯乘玄武，又受酉冲，故主骑乘而扑折。若无酉冲，或不至此。大抵卯为舟车户舆骡驴，一遇酉冲，便主翻覆跌扑，予尝得验也。

邵彦和曰：此课主人脱空乱语，侮弄神祇，绝德丧身，命将不久。宜速祷神修德，前程未料，否则丧无日矣。应字仲敏，性轻狂，贪酒好色，家中姬妾最多，常携妓于祠庙行中饮宴，又侵欺众人造寺院之财，以为酒色之乐，故先生戒之。应见说，遂修身斋戒改过，尽将田产变卖，修造寺院，后至庚戌年十二月二十九夜死。冥君以其修省，放还阳间，应尝自述于人不讳。

盖戊德在巳，巳加绝，且又受克，宅又受申克，申上又克宅寅，今何以言神道也？寅申为寺观，申乃空亡，是空中神祇来克我也。我去又遭彼克，是死无日矣。日上亥，亥乃天门，乘勾是天欲勾追也，故主多凶。

例三十六：方县尉，己卯生，三十一岁，占前程，己酉年戊寅日申将辰时。[1]

	勾	合	朱	蛇	
	酉	戌	亥	子	
青	申			丑	贵
空	未			寅	后
	午	巳	辰	卯	
	虎	常	玄	阴	

合	虎	贵	勾
戌	午	丑	酉
午	寅	酉	戊

兄	丁丑	贵 ⊙
父	壬午	虎
子	酉	勾 ◎

邵彦和曰：日上空亡破碎，到好处又被不中事夺了。勾陈乘子息，乃是虚勾，时下有八年，且赴一任半，要特达须待五十四岁，方可言升迁。只做刑部官，长子中子俱不得荫泽，下稍第三子受之。五十四后再十四年，得边上太守，带武职而终。方后果授温州乐清尉，任满授饶州，任满又调宣州南凌军，到任十四月丁母服归，恰好八年也。嗣后丁父服，又丁生母服，直至五十三上，得台州黄岩县，又得提刑司干官，任满升大理寺正出知和州，兼淮上兵马路钤朝请郎致仕。长次子果俱不得受恩，第三子受恩。

盖行年在酉，青龙在辰，从酉数至辰八位，故八年。[2] 又五十四上显者，日上酉六，辰上午九，六九五十四，在空亡内也。[3] 十四年又迁者，丑加酉，丑八酉六，相并得十四也。丑作贵人加酉，虎视课，主边郡武职也。第三子

① 爱函见古本作己酉年五月初一日辰时占。

② 程树勋按行年何尝在酉，此门人错疏也，想邵公以丑为八年，丑作贵人故耳。

③ 程树勋按：此亦门人错疏，何也？酉为空亡、破碎、败神，午为阳刃白虎，何得取此断显达之年，想邵公之意或以午未天罗主孝服，况并白虎凶神，午九加寅七，共十六年，三十一岁起八年再十六年，是五十四岁也。

受恩者，丑作贵人，季乃三也。[①]

例三十七：何上舍，丁丑生，三十三岁，占前程，己酉年五月辛巳日申将寅时。

	合	朱	蛇	贵	
	亥	子	丑	寅	
勾	戌			卯	后
青	酉			辰	阴
	申	未	午	巳	
	空	虎	常	玄	

玄	合	勾	阴	官	辛巳	玄
巳	亥	戌	辰	子	乙亥	合
亥	巳	辰	辛	官	辛巳	玄

邵彦和曰：此课日上见辰，乃浊气所生，非秀丽也。长生学堂陷入鬼地，来去皆绝，此不是及第课，主三番读书，四番废学，多学少成，头不应尾，五年后做东不成，又去做西，丧妻又娶妻，十六年内家计荡尽，妻嫁武官，子无头尾。何上舍发解后，妻家以一庄赠之，己酉年至乙卯年尚如意，乙卯年后便不济，考试皆不利，癸亥年丧妻，饮酒无度，家计荡尽，子留外家，再娶一妻，第十六年，上舍死，后妻嫁一武进士。

大凡巳亥巳，惟壬日最得便宜，他来我处绝，又是财，只不利占病。丙戊日我去克处逢绝，凡事不利，若占病亦死，行人不来，谋事不就。若辛巳日，辛生于巳，巳绝于亥，初绝尚可，末又临绝，长生尚自忧克绝，何望生乎我？即不可望生，却就辰之生，为失十得一，岂不费力耶？[②]

例三十八：毛主簿，乙亥生，三十四岁，占前程，戊申年五月初四丁亥日申将午时。

	勾	合	朱	蛇	
	未	申	酉	戌	
青	午			亥	贵
空	巳			子	后
	辰	卯	寅	丑	
	虎	常	玄	阴	

常	阴	贵	朱	财	乙酉	朱 ⊙
卯	丑	亥	酉	官	丁亥	贵
丑	亥	酉	丁	子	己丑	阴

---

① 古本授黄岩县后，又得提刑司干官，任满得大理，因青龙在辰故也。寺正出知和州，兼淮上兵马路钤朝请郎致仕。

② 程树勋按，家计荡尽者，亥水加支，绝支也。子无头尾者，六合临冲地也，十六年内者，亥四巳四，四四一十六也，惟丧妻，妻嫁武官，不知何故。

邵彦和曰：日上酉为妻，雀乃文书，妻之恩泽也。日上破碎发用，中传官星即加其上，必因破财得官。三传日辰遍地贵人，主薄在任须多差使，兼之权摄。但九丑在宅，主淫乱，在本命主贪色，末传又见丑作太阴，加官星上，太阴者，阴晦也，主在任因色而死。毛巨富，受妻恩泽，缘此结纳四方，乃得此任。任中尽将家财夤缘（攀附上级），在任差使，更不曾停，其家中果淫乱，毛最贪色，昵于婢妾，乙卯年死。

盖乙卯年上有巳，会起酉丑，合起破碎九丑，日上死神兼与中传亥相冲，冲起绝神，死与绝会，是以死也。大凡课，最畏遍地贵人，又畏行年上会起杀神，今丁亥日有酉丑而欠巳，卯上见巳，所谓会起杀神也，故不能逃矣。

例三十九：王法司，乙亥命，十二月初八日未时生，三十四岁，占前程，戊申年六月甲寅日未将戌时。

	青	勾	合	朱	
	寅	卯	辰	巳	
空丑					午蛇
虎子					未贵
	亥	戌	酉	申	
	常	玄	阴	后	

后	常	后	常
申	亥	申	亥
亥	寅	亥	甲

财	丑	空	◎
父	癸亥	常	
父	癸亥	常	

邵彦和曰：亥是本命，加支干相生极好。只不合是旬末为闭口，主父母闭口，兼行年又在其上，而父母上见公婆，是父母见公婆也。空丑又乘天空作初传，虚墓已动，丑更加辰为锹锄杀，当主先丁艰，然后入学馆，历台谏侍从，只不守土，至戊子年七十四或七十八死矣。王当年十月丁母忧，次年正月丁父忧。三十七得温州法司，三十九得太常学录，又迁司业，又迁正言，权礼部侍郎，时年六十二岁，只是宫观，不曾守土，七十八卒。

此课旬末加旬首，名闭口。父母爻阴神又见申金作后与亥水六害，亥作常为孝服，故主父母亡，自身闭口，仕途不通。初，丑土也；空上乘空，故终身不能守土。亥乃天门，又是长生学堂，中末都是，是以入学馆也。然既言七十四，又言七十八，何也？亥加寅，亥四寅七，乃七十四也。亥有四个，又添四数，七十八也。况甲与寅上两个亥，故云。

例四十：赵监务，丁丑生，三十二岁，占赴任。戊申年辛巳日子将辰时。[1]

		青	勾	合	朱
		丑	寅	卯	辰
空	子			巳	蛇
虎	亥			午	贵
		戌	酉	申	未
		常	玄	阴	后

玄	青	勾	贵
酉	丑	寅	午
丑	巳	午	辛

官	壬午	贵
财	戊寅	勾
父	甲戌	常

邵彦和曰：主今年二月上任，日上官星作贵人，会火局，金被火官来逼，行年上又添一层官星来赶，必然动身。须见尊长病酒几死，即应矣。宅上丁神已动，临交代之时，必有所阻，得十六个月遭父丧而回。赵因前任填补，遂于二月催上任，二月二日父大醉几死，越七日而文字果至，八月方交割，以前任官要赵认亏空，方得交代，是以迟至八月也。次年十一月丁父丧归。共十六个月也。

大凡平人怕官鬼劈头来克，主有官事丧祸。惟官人赴任，须要官星旺，即赴任也。辛长生于巳，巳为父，巳加酉上见蛇，酉为酒，蛇挠之，所以为病酒。巳午相连，巳应了午便应也。[2]

例四十一：赵知县，丁巳生，五十二岁，在任，占前程，戊申年十一月乙未日寅将未时。

		贵	后	阴	玄
		子	丑	寅	卯
蛇	亥			辰	常
朱	戌			巳	虎
		酉	申	未	午
		合	勾	青	空

合	阴	空	蛇
酉	寅	午	亥
寅	未	亥	乙

子	甲午	空
财	辛丑	后
官	丙申	勾

---

① 爱函曰：实系己酉年正月初二日占，未交立春，故仍作戊申年也。赵生于丁丑年九月十日丑时。

② 程树勋按：遭父丧而回者，因丧吊全入三传而末为归计门作太常为孝服也，惟十六个月字不可解，且何以知为十六个月，而非十六年乎。

邵彦和曰：甜处遭苦，乐里生忧，此课是也。亥来生乙，螣蛇挠之。宅上寅作太阴，寅与亥合，因州中曹职吏人，暗谮而成不足。初是死地，午为心，见天空，主心间恍惚，又主子息暴病，妻宫产难几死。盖因火阁压中堂，下稍任满难脱，有七日曹职之权，后得卢姓人而解任矣。赵果与判官不足，遂被何孔目间谍，因屡谮于太守，太守亦与赵不足，赵遂下心恍惚暴燥，子病几死，次年妻产几不得生；任满权官，不能解任，值卢运使经过，与太守解纷，遂得归。

盖乙本生于亥，不合螣蛇来挠，寅作太阴，寅为曹职吏人，午为子息爻，加亥水上受克，自然不安。乙以丑为妻，丑又为产神，加六害上，故主产厄。末申七，申乃日鬼，入于深墓中作勾陈，故能谮不能脱。子作贵人生日加巳之年命上，子为漕，巳为炉，主卢姓运使解纷也。

例四十二：韩省干，乙亥生，三十四岁，占赴任及岁中事。己酉元旦（正月初一）庚辰日子将亥时。[①]

　蛇　贵　后　阴
　午　未　申　酉
朱巳　　　　　戌玄
合辰　　　　　亥常
　卯　寅　丑　子
　勾　青　空　虎

蛇　朱　玄　阴
午　巳　戌　酉
巳　辰　酉　庚

官　壬午　蛇
父　癸未　贵
兄　　申　后◎

邵彦和曰：支干夹定三传，更三四课及初传皆是鬼，有官人欲赴任，为催官符，上任必在三月尽四月初。奈何末禄却空亡，上任不久，必主尊堂服动，子又病。盖日辰夹定，凡事皆紧，只不合夹鬼与空亡耳。韩乃运使之子，授得监仓官，果于三月文字来催，四月赴任，韩信先生言不去，六月十七日丁母忧，二月子大病。[②]

《玉成歌》曰“日鬼加临辰两位，门中官病两相侵”，占赴任人，却名催官符，只不合日辰夹住，又空亡临身，太阴乘之，所以丧母。[③] 庚以子为子息，又加子息亥上，为虎所逼，幸不刑伤，所以不死只病也。[④] 大凡日辰夹定

① 己酉元旦尚未交春，仍作戊申年占。

② 笔者按：六月十三日庚申日小暑，十七日甲子。

③ 程树勋按，干支乘罗网，有官人占之亦主丁艰。

④ 程树勋按：子不入课传，何得断及之，邵公盖因其加命故耳。

有鬼，鬼应；有空，空应；俱有则俱应矣。

例四十三：伊知县，丙寅生，四十四岁，占赴任及前程，己酉年六月十六癸亥日未将亥时。

	朱	蛇	贵	后	
	丑	寅	卯	辰	
合	子			巳	阴
勾	亥			午	玄
	戌	酉	申	未	
	青	空	虎	常	

贵	常	阴	空	官	己未	常
卯	未	巳	酉	子	乙卯	贵
未	亥	酉	癸	兄	癸亥	勾

邵彦和曰：公既贪女色，又贪男色，若能调摄，可以赴任。若不节欲，必入泉乡。近日饮酒不得，渐欲呕吐。伊曰：果然。先生曰：此乃醉饱行房，肾气都耗，五脏走作，故呕逆也。子息加太阳上，公子清贵过于公。伊曰：得子强我尤妙，但我寿若何？先生曰：寿尽于今年八月，因公避妻并母，在灶后与婢行淫，灶君申奏于天，遂折公寿算。伊大惊泣曰：为之奈何？何以忏悔否？先生曰：须是露天谢罪七夜，庶可少延也。伊遂每夜拜天谢过，不入寝室，八月初一梦神告知曰："汝知过修德，增寿一纪。"伊后竟不仕，至庚申年八月十六日而殁。有三子，长早丧，次子戊辰科及第，少子甲戌科及第。

盖癸上见酉，为色欲，作天空，干支皆败于酉，阴阳俱败，故主女色男色，以阴阳皆败也。癸水见酉为酒，天空主吐逆，故渐不纳酒。癸亥为六甲极日，又此课六阴相继，癸亥二水败于酉，死于卯，更水日得木局。阴极而脱，自然暗消。巳为丁神，临行年酉上作太阴，巳为灶，太阴为阴私，酉为婢，是于灶间行淫，以致酉来败损。况又是破碎，破碎者，色与酒病俱发也。水日木局，故主子位，太阳发传，子爻又加太阳之上，故显。①

例四十四：童巡检，丁卯生，四十三岁，占前程，建炎己酉年八月丁未日午将子时。

① 程树勋曰：巳为日德，故改过修德，尚可延年也。

	朱	合	勾	青									
	亥	子	丑	寅									
蛇	戌			卯	空	阴	勾	阴	勾	兄	乙巳	常
贵	酉			辰	虎	未	丑	未	丑	子	癸丑	勾
	申	未	午	巳		丑	未	丑	丁	子	癸丑	勾
	后	阴	玄	常								

邵彦和曰：一火生四土，行年虽有木，又不得地，如何救我？次第须有旧事牵绊。初驿马动，便见起程，不是六十里，即一百二十里，后来降官坏任之忧，不是一件，定是二件。若止一件，必有大灾，只寿能永，便是大幸，不可别图迁擢也。重重丑土作勾，岂是一件可了？童十月起程，过信州，果一百余里，蓦见追回，究前任不了事，遂不能赴任，被拘四个月，得赦回家，方欲再去，被差保正。及分析了，又被侄儿争分家财，留连半年，竟失此任。又过母坟，被管山人所诳，开穴犯地风，次年六月遂死。

盖火生四土四勾，脱气太盛，丑为旧事，又为丁之子孙，又为坟墓，勾陈主争，又为申役，故主诸事脱耗财物也。

例四十五：应汝言，癸未生，二十七岁，占前程，己酉年九月丁未日卯将寅时。

	合	朱	蛇	贵									
	午	未	申	酉									
勾	巳			戌	后	贵	蛇	贵	蛇	财	戊申	蛇
青	辰			亥	阴	酉	申	酉	申	财	己酉	贵
	卯	寅	丑	子		申	未	申	丁	子	庚戌	后
	空	虎	常	玄								

邵彦和曰：若问功名难许，问财即富家矣。身宅初传皆财，中传上下皆财，财多宜以财营运，必因妻财起家。须把稳不可狂图，下稍主婢仆上耗费。盖末传是火库，非财库，丁以丑为财库，若是财库则收住。今见火库反熔坏财矣。蛇主非横，所以自婢仆生出事来。因此破财，不得意而死。

汝言此时尚未有妻，次年娶妻，颇有嫁资，遂将此营运，十余年成富翁，四十二典钱，四十七八愈厚，五十一岁癸酉年，因婢仆通奸，汝言责之，仆缢死，被告入官，费用财产一空，得罚赎而归，甲戌年死。

例四十六：姜子安，壬申年，三十八岁，己酉年九月己酉日卯将子时。

	贵	后	阴	玄
	申	酉	戌	亥
蛇未				子常
朱午				丑虎
	巳	辰	卯	寅
	合	勾	青	空

青	常	虎	阴
卯	子	丑	戌
子	酉	戌	己

官	卯	青	◎
父	丙午	朱	⊙
子	己酉	后	

邵彦和曰：吾丈暗昧，亦不永远。惟令郎好，与老阴人可享此。今则福谢灾生，身宫不明，何望显达？须管一有福之子，丧则君不禄矣。况初中空亡，惟末传撞在日之后，作败神，主酒色伤身夭寿，三年半期，恐难过也。姜子安好奇异，闻言哂而不信。至壬子年一子果死，其子温厚。姜氏悲怆，日夜追思，相继而亡。果三年半也。

盖己酉日见支前之太阴，是暗昧在前也。宅上子作太常，己以子为财，财来此败，太常己未土，亦随此败。初上见卯，土死于卯，卯又空亡，是空亡死也。初中既空，只在末酉，又在日后。[①] 夫太常到酉上败，是进败也。酉在日后，是退败也。太阴即酉，又来日上败我，是进亦败，退亦败，现成亦败，岂得不死？壬子年，子上卯宅自子引入本宫，己土至彼败且死，人宁不亡欤？

例四十七：童知丞，乙亥生，三十五岁，占在任吉凶，己酉年十月初四己卯日寅将丑时。

	朱	蛇	贵	后
	午	未	申	酉
合巳				戌阴
勾辰				亥玄
	卯	寅	丑	子
	青	空	虎	常

合	勾	后	贵
巳	辰	酉	申
辰	卯	申	己

兄	庚辰	勾
父	辛巳	合
父	壬午	朱

---

① 程树勋按，日干之后也。己寄在未，申为前，而午为后，酉加午，故曰在日后也。

彦和曰：此课因祸成福，本路除一监司，合主回避，回避中却有好处，终久此贵人不历此任，而我已别除了。童曰：何等贵人？曰：必提刑与知丞是亲，乘此得请职，因得周旋文字改官。初传辰卯六害，勾亦辰，主迟滞，所以先主回避；中驿马乘龙，飞腾豹变，行年上白虎乘丁，其势必动。末传午禄在马上，其职不停，巳为炉冶，六合为模范，主坑冶干官之属也。午与朱雀并，主文书职事在炉冶中也。此课初四占，二十二日妻父许郎中除提刑，童遂回避，改都城提点得坑冶司铸钱，此缺人人所喜，所谓因祸成福也。即受职而提刑遭章参劾，罢官而去。庚戌年又差诸路监司，辛亥改官。

盖日上贵人长生，乃尊长父母之属。乘空亡是前妻父也。申金未刑官，是提刑也。不久罢去，亦空亡也。[1] 行年丑作虎，丑乃丁神，虎乘丁是极动。又虎为道路神，宅见辰作勾六害，是久滞也。中马巳，丑合起，其势必动。午禄神，又临马上，其职不停。巳为炉冶，午为雀并之，故文书职事在炉冶中。日上贵人长生，故得此周旋文字改官，必竟空亡脱气，所以此任合当回避。

例四十八：赵主簿，丙子生，三十四岁，占前程，建炎己酉年九月辛亥日卯将巳时。

	合	朱	蛇	贵	
	卯	辰	巳	午	
勾	寅			未	后
青	丑			申	阴
	子	亥	戌	酉	
	空	虎	常	玄	

后	玄	贵	阴
未	酉	午	申
酉	亥	申	辛

官	丙午	贵
父	甲辰	朱
财	寅	勾 ◎

邵彦和曰：主簿美差不能赴，自是岳庙两次，二任岳庙，后虽授美差，不得赴，而丁忧服满，更授差遣，下稍丧妻，以妾为主，贪酒中风而死，赵不信。庚戌年当赴任，因新任运使是姑丈，遂回避，就岳庙二任，既满，授为乌江丞，丁父母忧，服满授寿昌令，诸宾作贺，醉后不律，中风而死。

盖初传日贵，传归夜贵，自治事终反不治事。日上申作太阴，申为神佛，太阴管阴私，寅为庙，艮为山岳，自日归夜，自然监庙，又是顾祖，何能赴

---

[1] 一云日上贵人长生，故得此周旋文字改官，毕竟空亡脱气，所以此任合主回避。吴稼云曰：此课不用青龙官星，全以三传支干做断最和规矩，惜乎后人不知取法也。

任？自干上一带引去，直至东南而止，潭州岳庙，正在东南上也。一味投绝，又自日传夜，所以如此。

例四十九：陈殿元，占谪官衢州。甲申秋壬辰日巳将子时。

	青	勾	合	朱	
	戌	亥	子	丑	
空	酉			寅	蛇
虎	申			卯	贵
	未	午	巳	辰	
	常	玄	阴	后	

蛇	空	空	后	子	庚寅	蛇	
寅	酉	酉	辰	官	未	常	◎
酉	辰	辰	壬	兄	戊子	合	⊙

邵彦和曰：寅作蛇加酉为用，名曰蛇入鸡穴而被伤。未加寅为中传，名曰鬼宿入鬼门。子加未作六合为末传，名曰势害。又辰加壬作天后，刑胜德，此课三不吉也。内有天后带天喜，虽曰恩神带喜，奈加日克日，主恩动而过多，则加官不起，后恐遭谪贬，而死于贬所矣。经曰："魁罡若向日辰游，贬出天涯地角头"，此之谓也。陈殿元后果编管柳州而死。

例五十：建宁李大夫占忧银纲事，恐罢官，己丑年十二月甲子日子将戌时。

	贵	后	阴	玄	
	未	申	酉	戌	
蛇	午			亥	常
朱	巳			子	虎
	辰	卯	寅	丑	
	合	勾	青	空	

合	青	蛇	合	财	戊辰	合
辰	寅	午	辰	子	庚午	蛇
寅	子	辰	甲	官	壬申	后

邵彦和曰：登三天主有挠，中午作螣蛇，五月末冲替可知。末申作天后，六月初有赦。寅作青龙入宅，明年三月必转官。果然庚寅年正月，朝廷差两浙提刑，三月转大夫，五月末冲替，六月赦。盖明年者，来年太岁上发用也。五月替者，蛇入中传也。六月赦者，太阳交午，申加午作天后，恩泽之神也。寅作龙入宅，寅为天吏，故必迁转。[1]

① 爱菡曰：以上两课恐非邵公断案，存考。

例五十一：姜伯达，丁卯生，四十三岁，占前程，己酉年六月初六日癸丑日未将寅时。[1]

　　青　勾　合　朱
　　戌　亥　子　丑
空酉　　　　　　寅蛇
虎申　　　　　　卯贵
　　未　午　巳　辰
　　常　玄　阴　后

勾　玄　勾　玄
亥　午　亥　午
午　丑　午　癸

财　丙午　玄
兄　辛亥　勾
官　甲辰　后

邵彦和曰：吾子平生有三苦：一为屋苦，二为妻苦，三为心所苦。初午被癸克，妇人常患心血不安；中亥为同类，临午上，主官讼争产。[2] 末墓作天后，主女人血气之灾。自身随传入墓，必是公婆乾亥山之坟内，有泥水侵棺，走兽入内为穴，所以前程不通。九年心病，又四年遭同族争产，又五年死。若不动移，必然丧身也。

伯达乃士人，占课之时，殊不为意，其后宅宇摧损，拆而再造毕，遂心气发作，日夜呻吟，财物耗散，妻亦心血不安，此九年午所管也。第十年兄弟日夜争吵，或塞东厕，或开西户，又争三处店房，遂致兴讼，此四年亥所管也。末辰却管五年，二年女人血病死，三年自身大病，遂移公婆之坟，启攒视之，泥土淤塞，除泥改葬，后乃安宁。盖午受癸克，走回本家，又受亥克，虽虎贲之勇，亦不能当，所以见诸般不利。午为心、为目、为屋、为妻，故皆不安也。

例五十二：冯干办，丁卯年八月十七日辰时生，占前程，己局酉年正月甲午日子将午时。

　　朱　蛇　贵　后
　　亥　子　丑　寅
合戌　　　　　　卯阴
勾酉　　　　　　辰玄
　　申　未　午　巳
　　青　空　虎　常

虎　蛇　后　青
午　子　寅　申
子　午　申　甲

兄　壬寅　后
官　丙申　青
兄　壬寅　后

邵彦和曰：此课德绝禄丧，妇人主家，干支尽伤，病符临身，不久主瘫

---

① 此课与叶助教占宅课相同，然彼是亥将午时，故邵公之断语不同。不知何人将二课皆作亥将午时占，而入于一课去掉二事各断式例内，删错误多矣。今将宋本改正，程氏爰菡识。

② 爰菡曰：勾陈主争也。此惟夜贵则乘勾，若作亥将午时，则用昼贵，亥乃乘天空，何从而断其官讼争屋乎？

痪风疾之忧。生气作蛇入宅，主生男子。见此子后，其病便生，须是珍重，不可贪色也。甲寅年尤甚，其宅十八年变为溪涧也。

冯受转运司干办公事，有三年缺，上任一载中风，自后瘫痪不能动，止因壬子得子，贺喜过饮，遂成风疾，解任归，日食自费两千之余，虽卧病不起，其食自倍。至甲子岁大水，宅为水所冲损坏，果作溪涧矣。

例五十三：邓十八官人，乙酉年二月十二日亥时生，占漕司，建炎己酉年四月初一戊申日酉将丑时。

	空	虎	常	玄	
	丑	寅	卯	辰	
青	子			巳	阴
勾	亥			午	后
	戌	酉	申	未	
	合	朱	蛇	贵	

青	玄	朱	空
子	辰	酉	丑
辰	申	丑	戊

财	壬子	青
子	戊申	蛇
兄	甲辰	玄

邵彦和曰：土日得财局，须是用财为之却吉。漕司正是申子辰水局也。既以漕司为财，须费己财为佳。身上是昼贵作天空，主帘幕贵人，驰声于我，我遂得功名也。宅上玄武，是本局作贼，须三换名字，及换卷子，并令人代之，此所以不正中也。甲辰旬十日，皆是魁星，故主魁首也。但不知何以有，即日东方江边鱼盐之职也。

邓宅虽是积世武官，却大有钱谷，申子辰正是漕司之局。戊以水为财，所费不可言。知有关节，又闻有易卷之说，不知何如也。末传归宅是辰，却是甲辰旬之魁首也。故本年中经魁，次年虽省试不中，却试了弓马，得明州象山县税务。盖戊土以辰为库。辰土生于申，乃真库也。凡墓与库二名而同体，何以分别？盖生处为库，死囚为墓。今辰生于申，实为真库。天罡为鱼盐之物，故监务兼煎盐也。

解：邵公在此运用魁星，所谓魁星，《广信集》云："自甲辰至癸丑一旬，俱是在日时上，无不及第，两三位者必作前名。"又称之为科名贵。以甲辰、丁未、庚戌、癸丑为真魁星。此为四柱论法，六壬本身是建立在四柱的基础上，因此可以顺理成章的应用之。

例五十四：刘干运，丙寅生，四十四岁，占前程，己酉年六月戊申日未将寅时。

	合	勾	青	空	
	戌	亥	子	丑	
朱	酉			寅	虎
蛇	申			卯	常
	未	午	巳	辰	
	贵	后	阴	玄	

后	空	常	合	官	卯	常◎
午	丑	卯	戌	子	戊申	蛇⊙
丑	申	戌	戊	兄	癸丑	空

邵彦和曰：此课无造化，戊以卯为官星，甲辰旬空亡也。戊以申为长生学堂，又入空亡，只有末传是丑，不空，奈又来刑日上戌，且作天空，虽作日贵乃贵而无位也。主晚年孤独，只与奴婢过残生，俱不见妻子，后果然。

例五十五：叶助教，三十二岁，占前程，建炎己酉年五月戊寅日申将未时。[①]

	青	空	虎	常	
	午	未	申	酉	
勾	巳			戌	玄
合	辰			亥	阴
	卯	寅	丑	子	
	朱	蛇	贵	后	

合	朱	空	青	兄	庚辰	合
辰	卯	未	午	父	辛巳	勾
卯	寅	午	戊	父	壬午	青

邵彦和曰：干支皆天罗羊刃，四课发传归于日上，主目下赴任，但值罗刃，来岁行年到地盘亥上见子，即凑今日之地网，必阻父服。三十七岁到寅上见卯，即是今日支辰，卯六数，初辰五数，中巳四数，共十五数，自三十七岁后，迤逦赴任绵绵不断，一气十五年，合作监司之职，十五年后入午天罗羊刃，必降官闲住；再八年，连前十五年共二十三年而寿阻。叶氏助教二甲二名，高中授抚州教官，己酉年八月赴任，庚戌年四月丁父忧，三十七岁得国学録，三十八岁召职高中，得除国子监丞，四十一岁除太常寺丞，四十四岁除工部侍郎，四十六岁升尚书都官郎中，四十九岁除司典卿，五十一岁淮西总领兼少卿，当年又兼淮西运使，五十二岁上支军粮交争。降三级停见任，自此闲居八年年。

---

① 有作四十五岁。

戊日以午为父又乘青龙；年上子冲午羊刃克父。卯乃戊之官，卯上见辰，辰为监司，在初传故有是官。三年由巳到到午，墓绝之地，又午破卯。

例五十六：建炎年己酉年七月丙戌日午将未时，程主簿，戊寅生，三十二岁，占前程。

　青　空　虎　常
　辰　巳　午　未
勾卯　　　　申玄
合寅　　　　酉阴
　丑　子　亥　戌
　朱　蛇　贵　后

玄　阴　勾　青
申　酉　卯　辰
酉　戌　辰　丙

父　辛卯　勾
父　庚寅　合
子　己丑　朱

邵彦和曰：辰为龙也，又见青龙，又名朝阙，三传又再见父母，自是好课，但临赴任，为母服所阻。宅上酉作太阴，是阴贵人，丙火死于酉而见太阴，来年必有母服。服阙后赴数任，皆得上宪提携（此父母长生之故也）先任海边船场，次任赴曹属官，迤逦至于太常，寿得其中矣。程丈现授饶州德兴主簿，当年赴任，次年丁母忧，服满得明州船场，任满再授户部架阁，任满又得煞文思院（煞字疑错）任满得太常簿，一年零四个月，除太常丞，至癸亥年冬郊祀权太常寺卿，甲子年三月卒。

例五十七：建炎戊申年二月甲子日亥将巳时。徐学士，戊辰年正月初四寅时生，行年四十一岁，占前程。(《方本占案》)

　朱　蛇　贵　后
　亥　子　丑　寅
合戌　　　　卯阴
勾酉　　　　辰玄
　申　未　午　巳
　青　空　虎　常

蛇　虎　后　青
子　午　寅　申
午　子　申　甲

兄　丙寅　后
官　壬申　青
兄　丙寅　后

邵彦和曰：主本身庚戌年及第，当在第三甲。令郎当亦沾恩。至庚戌年，徐果中，在第三甲，其子习《春秋》，中在第五甲。徐铨试不中，六月授潭州司户，七月病死。甲寅年其子亦死。

盖因日上见申，读书人见之为无后，又是太岁来克干，当年即应不宁。何直至庚戌年中后方死耶？盖因行年上子水生甲木，宅上午火制申金，且是催官使者，须见官而后死。及至庚戌年，行年在申，甲木临申金而绝，故死。初末寅作天后，两重两露恩神，在官星之上，甲与寅皆承其恩泽。甲尊也，父也；寅卑也，子也。故俱沾恩。庚戌年身死，甲寅年子死，乃刑冲之故。又行年神克第三课，死神乘白虎入宅，为水所克，又甲木以午为子息，故子必受殃也。

程树勋按：寅为德禄，马作天后为恩泽，寅与戌为三合，故戌年及第，寅既有两重又生支上午火子孙，故子亦沾恩，但返吟事不悠久，虽有德禄诸吉，及第后而即亡也，禄临绝地，岂能食禄乎？程圣一曰：此课全在德禄马上看出功名。郑体功先生曰：两重禄马日德官星，当有两重功名，一重系占人不待言矣，仍一重看支上是何六亲，今支上午为子息，故父子同及第。

例五十八：建炎己酉年闰八月丁丑日巳将酉时，王得俊，辛巳生，二十九岁，占前程。(《口鉴》)

	勾	青	空	虎	
	丑	寅	卯	辰	
合子					巳常
朱亥					午玄
	戌	酉	申	未	
	蛇	贵	后	阴	

常	贵	朱	空
巳	酉	亥	卯
酉	丑	卯	丁

兄	辛巳	常	⊙
子	丁丑	勾	
财	酉	贵	◎

邵彦和曰：卯木生丁火而不知火败于卯，又天空乘之，是虚生也，虚生不足，而实脱有余，此下稍功名，不就之象也，卯木不足生丁火，而丁火却克巳酉丑金为财，初不知巳火兄弟占酉为财发用，则非丁所得也，中传虽是财库，无奈酉财在末传而空，是库中无财也，末见酉作贵人加宅上，只是下稍买一武官，作名目耳，

王得俊家富而好学，人颇推重，伊惟以功名是望，及闻此断，伊不信，曰：我自有拗命文章。谁知后过三五举，并无寸进，始觉此课有验，遂罄帑库之财买一副尉欲图，试又不中。徐侍郎在处州与他权监湎县，后因呼为有干，终于此而已。大凡卯木加丁是真生也，卯木却有败火之意，是木太旺而火不能胜，反被木压灭也。如木败于子，子乃太盛之水，反将木泛其起，泛则浮根，又何生之？又酉财是空亡，是竭财而买小武官也，夜贵在宅，是不仕之官也。

例五十九：徐经干，辛酉命，三月二十日巳时生，四十八岁占赴任，建炎戊申年六月丙寅日巳时未将。

	勾	合	朱	蛇									
	未	申	酉	戌		青	虎	朱	勾	子	戊辰	虎	
青午				亥贵		午	辰	酉	未	兄	庚午	青	
空巳				子后		辰	寅	未	丙	财	壬申	合	
	辰	卯	寅	丑									
	虎	常	玄	阴									

邵彦和曰：辰午申登三天课，因高峻而致危险，占行人不归，占疾病不起。今经干占赴任得此，万不可往，恐有去无回。来年行年到寅，正是登三天，尤不可往也。经干不信，于己酉年七月动身赴任，八月到京西，庚戌年五月病死，自后子孙家眷俱不得归，以飞廉作白虎故也。[①]

例六十：寅年七月癸亥日巳将巳时，辰命人占谒选。(《直指》)

	贵	后	阴	玄									
	巳	午	未	申		空	空	勾	勾	官	丑	勾	◎⊙
蛇辰				酉常		亥	亥	丑	丑	官	壬戌	虎	
朱卯				戌虎		亥	亥	丑	癸	官	己未	阴	
	寅	丑	子	亥									
	合	勾	青	空									

邵彦和曰：稼穑乃守土之官也，干支上神合拱禄，三传皆官，中传白虎为催官符，而且两贵拱命，上乘喜神，行年又带天马与日禄青龙相会，谓之蛟龙得雨，天马腾空，子月必选，禄临女分，当在北方，果验。

例六十一：乾隆丙子年九月丁卯日辰将丑时，都转卢雅雨先生，辛未生，六十六岁，占迁官否。(《牧夫占验》)

	蛇	贵	后	阴								
	申	酉	戌	亥		贵	合	常	后	财	癸酉	贵
朱未				子玄		酉	午	丑	戌	官	甲子	玄
合午				丑常		午	卯	戌	丁	父	丁卯	空
	巳	辰	卯	寅								
	勾	青	空	虎								

① 按：六月飞廉在卯，不在辰。

王牧夫曰："不能升迁，安荣此任甚久。"公曰："三传递生人举荐，何故不能？"曰："递生虽属举荐，但是闭口不能显荐，况公年命皆空，不能着实，三传是大概之象，年命方切于己耳。且丁神心动身动，实有所望，奈自乘墓，又与支神作合，所以安荣此任不能升迁者也。"后果不能升迁，壬午冬告休而回。

解：卢雅雨也懂得六壬，他认为这个课三传递生，应该是有人举荐得以升迁，但是王牧夫却断不能升迁。此课甲子旬首在地盘癸酉上，此为闭口课，因此酉与子闭口，生我者不得其生，而且本命未上神为戌临空亡，因此无望，但是自己又心动想升官，因为末传丁马临天空，初末两传卯酉相冲，为门户之冲，都是一片心动之象。但是可惜日上临戌墓，而且墓与日支卯戌牢合，不能脱墓。因此必定不能升迁。此课应验壬午年退休是因为末传卯上临午，卯为宅，日禄午火入宅象征告老还乡（宅）。

例六十二：乾隆己巳年五月乙丑日未将丑时，扬州商人占监院复任否？（《牧夫占验》）

	合	勾	青	空	
	亥	子	丑	寅	
朱戌					卯虎
蛇酉					辰常
	申	未	午	巳	
	贵	后	阴	玄	

青	后	常	朱
丑	未	辰	戌
未	丑	戌	乙

财	戌	朱	◎
财	戊辰	常	⊙
财	戌	朱	◎

王牧夫曰：占此数新旧皆官，何以核实。因思数不妄传。今戌辰，辰为新，戌为旧，今戌居始末，实旧官复莅任也，夏占火墓发用，虽空然得时之旺气，况反复仍归干上，干为外，故仍莅外任也。贵居申上为刑宪，为往来又是日德，丑为扬州，未为太阳，丑见青龙，龙阳相遇亦无祸患，况丁神作日禄与马作合。将来戌旺辰衰，则旧官至矣，来期其在夏秋之交乎，果于六月末旬，立秋前一日到。

凡占官以官星为主，马附之，干为外任，支为内任，以新旧论，生气为新，死气为旧，天罡旺气为新，河魁休囚为旧，长生为新，死墓为旧，推而广之，干上为新，支上为旧，以职守而论，申为兵宪，亥子为盐法。以贵而论，则昼贵昼占为现任，夜贵夜占为退休。以动而言，则斩关为动，返吟为动，马作长生为动，贵临传送为动。钦差则以马为主，禄次之，以此类推无有不验。

例六十三：乾隆己巳年十二月辛巳日丑将寅时，泰州王州尊占前程。

朱合 勾 青
辰巳 午 未
蛇卯　　申空
贵寅　　酉虎
丑子 亥 戌
后阴 玄 常

蛇	朱	空	虎	财	己卯	蛇
卯	辰	申	酉	财	戊寅	贵
辰	巳	酉	辛	父	丁丑	后

王牧夫曰：当身之禄，不宜逢空。况冬月金寒不复起矣，见退茹，末归墓地，犹幸青龙赘坠，末得无事了解，墓者，止也，丑为扬州之分野，其止于是后，后数月竟卒于扬寓。

例六十四：崇祯丁丑年八月癸亥日，真定刘梦言占任所。

合勾 青 空
申酉 戌 亥
朱未　　子虎
蛇午　　丑常
巳辰 卯 寅
贵后 阴 玄

贵	玄	朱	后	官	丙辰	后 ⊙
巳	寅	未	辰	官	己未	朱
寅	亥	辰	癸	官	壬戌	青

郭御青曰：据此课，天上行年临酉，岂赵人选赵地乎？官星为用，临丑，北人难得吴越，驿马不在传，又临燕，亦本地也。细详干支上神，拱地盘子地，为山东，卯为草，必有草头处也。查现缺有莘（shen）县、蓬莱二缺，必为蓬莱，以子又水乡也，至十月乙亥日，果签选蓬莱，信乎食禄有方也。①

解：求测者在真定，真定府就是现在河北正定县，属于燕地。课中提及的莘县，地处山东西部，山东、河南、河北三省交界处，是聊城市内面积最大、人口最多的县份，明代，改行省为承宣布政使司（简称“布政司”），废路存府、州，全国分统于15个布政司，亦称15个省，当时，莘县属山东布政司东昌府。

---

① 程树勋曰：愚尝以支为任所，支上寅为山，玄武为草头，又为近水之处，寅加长生为道士，彼道家有蓬莱山在海中之说，似与县名符合，况木加长生则发生，蓬莱之莱字亦有木字形也。

六壬地支中寅为燕地，酉为赵分，丑为吴越。求测人行年为子，子临酉地。课中驿马为巳，巳临寅地。因此课中有推论燕、赵之论。郭论断任官之所，主要从行年、驿马临处和课体特征入手。程树勋所论以干支分人与地理，是从干支课体出发，这也是一个正确的入手点。通过此课，我们可以对地理位置预测有一定的认识。有关任所地理位置，古人还有他法，其法取本命禄神下辰为分野。又取垣中禽星之生本命者为禄方。假如壬生人，禄在亥，若临辰，当在辰宫分野，宫中有轸、角、亢、氐，则取亢金龙为用，以水受金生之故。

例六十五：山西姚君昌祚，于崇祯丁丑年五月戊辰日未将辰时，占任所。

丁丑　丙午　戊辰　丙辰

	青	勾	合	朱	
	申	酉	戌	亥	
空未					子蛇
虎午					丑贵
	巳	辰	卯	寅	
	常	玄	阴	后	

合	空	朱	青
戌	未	亥	申
未	辰	申	戌

财	亥	朱	◎
官	丙寅	后	⊙
父	己巳	常	

郭御青曰：此课天上行年加申为山西分野，岂有选本省之理？官马加临卫，初临燕。余初断非卫即燕，后选新野周分，传课全无影响。余后详课情数日夜，乃得之。盖四课暗拱地盘周地也。此断在官禄马行年之外。余后占刘梦岩任所日干上见癸亥法从此出。课体隐现无穷，执一便谬。后遇占任所又不必尽照此法也。[①]

解：此课是郭御青所断的一个错课。他以求测者行年所到的位置来确定其任职的地方，这本是古人常用的一个方法，但是在这个课作者并没有按这个取，而是根据事理分析，行年加申，申是山西分野，因为求测者本人是山西人，当时的官制又有限制，郭御青认为求测者不可能分在山西，因此直接舍之，这个做法是对的。然后作者认为发用为亥，亥为卫，而且亥上临寅，寅为日之官鬼，又为日之驿马，因此根据亥为卫地，又根据事理，看日禄为巳，巳加寅，寅分野为燕，因此郭御青认为结果是卫地或燕地。但是最后结

① 愚按：占任所或占官职以支上测之多验，然取初交未将非新乎？合之非新野乎？如此取象难乎不难乎？

果却让郭十分意外，地点竟然是新野，属于周分。此课的结果竟然与行年，官禄没有扯上任何关系，令郭困惑不解。经过数日的揣摩后，郭认为三传都拱了周的分野，因此是周。当然这个说法是有一定道理的，四课上神分别是未申戌亥，就拱出一个酉，酉加午，午为周分。后人有人是这么解释的，认为此课中支为任所，支上未土，其天将天空土就是野也，而此课起课日刚交夏至，太阳刚到未宫，就是新的意思，新也。[1] 这一解释符合结果，但是也不无牵强的地方。实际上此课行传空亡，课不行传，因此不能以三传定论。初中空亡不行，到末传好不容易出现了不空亡的巳，却被亥水冲破，但是它毕竟不空，因此前行一位到午，此当为课理。其他类象固然能取，不无取巧之弊。

例六十六：张鋐占幕馆，互为因果，三课参看。

(1) 甲寅四月初一，丁巳日申时酉将。

　青 勾 合 朱
　午 未 申 酉
空巳　　 戌蛇
虎辰　　 亥贵
　卯 寅 丑 子
　常 玄 阴 后

勾 青 朱 合
未 午 酉 申
午 巳 申 丁

财 庚申 合
财 辛酉 朱
子 壬戌 蛇

张鋐曰：三传申酉戌，申为道路神，主有行动；酉为月将作长生（张以日干分阴阳论长生），乘朱雀，主途次有大力人诩荐。酉生亥贵，荐必允从，此本指也。又看申为妻，乘六合内战，主妻患病。申遁庚，庚而为重金，主患腹疾；阴见太阴，不致伤生。后于七八月间妻果大病，始疟后痢，几几不保。

解：此课，发用传送为变动之象，而且中传酉为夜贵，三传直抵亥昼贵，为求贵见贵之象，因此张有"荐必允从"的断语。此课笔者在注解的时候，发现张鋐有丧妻之嫌，因为此课中酉为张的妻子，酉临朱雀，而且三传申金发用，末见戌土火库克金，天将又是螣蛇火，因此其妻必患内疾。而四课中，干上金乡，支上火乡，火金交战，因此克妻，七八月走到金地，金一出现则受克，因此七八月间其妻大病。

---

[1] 丁丑年五月戊辰朔子正一刻夏至。

但是此课之克不仅仅如此而已，张的妻子还会早死，因为酉到中传遇到朱雀火，戌库火与螣蛇火，为死亡之兆，而且申金为妾，张本人当纳妾。当然笔者论断到此点时，因无事实依据，并未发在本例之后，出于好奇，笔者详查张的案例，果然找到了事实依据。本例中包含三课，见第三课张断妻子坟地风水所云。

(2) 张鋐妻病重时为占妻生死。

七月二十七日，壬子日酉时午将，

	合	朱	蛇	贵	
	寅	卯	辰	巳	
勾	丑			午	后
青	子			未	阴
	亥	戌	酉	申	
	空	虎	常	玄	

后	常	贵	玄	财	丙午	后
午	酉	巳	申	子	卯	朱 ◎
酉	子	申	壬	兄	壬子	青 ⊙

张鋐曰：三传午卯子，午为妻乘天后外战，幸午为太阳，病虽重无妨，此本指也，又看干为我，申作长生临干，主有人作荐，巳作贵人临申六合，余亦有馆矣。旋于八月初九日癸亥由沈湘葵荐熊臬台来延，此皆占此而现出他事也。

解：第一课占其妻生病，到七八月时，张的妻子忽然患病，而且病重，因此张占得此课，看妻子的病情发展状况。发用为午火天后，三传一片败地，为泄象，只是午火为月将，因此暂时无事，但是午加酉为日落西山，也为午火死地，而且中末空亡，其妻寿命不永。其本人，以日干为主，上临长生，日阴为贵人，而且巳申合，因此如张所云，主有人作荐。

(3) 张鋐占妻子坟地风水如何?

丙辰年十一月庚午日子时丑将

	蛇	贵	后	阴	
	午	未	申	酉	
朱	巳			戌	玄
合	辰			亥	常
	卯	寅	丑	子	
	勾	青	空	虎	

后	贵	玄	阴	父	戌	玄 ◎
申	未	戌	酉	父	辛未	贵
未	午	酉	庚	兄	癸酉	阴

张鋐曰：盘内龙寅生螣午，本有真龙，奈蛇乘废神，穴不美，且蛇不加支而支之左，点穴稍偏矣。戌父母为用，真克子息，亥子作子息又直空亡，绝嗣之兆。幸戌值空亡，支上未贵生干酉阴，酉阴为婢妾，遁癸作子息，申酉年娶妾生子，以延一线而已。上余占妻茔存验。

解：此例张以青龙看龙脉，以螣蛇定穴。因为此课为张存验之课，因此不做解析。从此例中我们可以知道，张的妻子是在丙辰年左右去世的。

例六十七：戊午四月丁巳子时申将，蓟州判顾翼占委署县印。

	勾	青	空	虎	
	丑	寅	卯	辰	
合	子			巳	常
朱	亥			午	玄
	戌	酉	申	未	
	蛇	贵	后	阴	

贵	勾	朱	空
酉	丑	亥	卯
丑	巳	卯	丁

官	癸亥	朱
子	己未	阴
父	乙卯	空

断：命在丑，上见酉贵作长生。行年在卯，上见亥朱作夜贵，作德作合。三传亥未卯，递克到干，却又会局生干，主先受磨折，后方得委。是年蹭蹬异常，次年二月癸卯日方得委署县印。

例六十八：乙卯春间，舍弟在山东东平州署馆，况颇佳，因占何时来接舍侄赴署，闰二月初二甲申日午时亥将。

	合	勾	青	空	
	戌	亥	子	丑	
朱	酉			寅	虎
蛇	申			卯	常
	未	午	巳	辰	
	贵	后	阴	玄	

后	空	青	贵
午	丑	子	未
丑	申	未	甲

父	戊子	青	⊙
子	癸巳	阴	
财	丙戌	合	

干上未，支上丑，三传子巳戌。余看课传全无来接之象，此本事也。又视干上虽逢未贵，但干视未为财为墓，贵现干为鬼贼为寇仇，宾主岂能相安？兼子为败气发用，似已分手。寅加酉，主酉日到家也。果于次日乙酉舍弟回家，回后一月舍弟索占何时得馆，余即以前课推之，命在未上，见子水生干，主有人作荐，子与丑夜贵作合，主有官相延，俟子丑月可以得馆。后十一月，

由沈湘葵荐就江苏布臬台之招。盖贵临申，申主刑煞，故为臬台。然丑遭太岁克，亦不能久于此任。

例六十九：己未夏间，余附粮舟回南，同舟一人已得官，占选期。六月壬寅日戌时未将，三传巳寅亥。

	合	朱	蛇	贵	
	寅	卯	辰	巳	
勾	丑			午	后
青	子			未	阴
	亥	戌	酉	申	
	空	虎	常	玄	

玄	空	贵	玄
申	亥	巳	申
亥	寅	申	壬

财	巳	贵◎
子	壬寅	合⊙
兄	己亥	空

余曰："选期视长生，申作长生临干，亦临亥，主亥年得选。"余细推，干上见申作马，申主躁动，作马尤甚，此人性情必躁。申作长生乘玄武，玄武卑鄙龌龊，其官必不由正路得。申作马而干归支，其行而归家乎？支上亥为日禄，本是充裕之家，今天空，殆无蓄矣。支阴重见申马，归家后又必出行。申与用神巳六合，巳作日财乘贵人，行必投贵人求财。但巳值空亡，又是绝神，必无遇。中传寅脱气，末传亥仍归支上，徒劳往返，仍回家中耳。又推申为干之长生，巳又为申之长生，此人必祖与父俱在堂，但值空亡，其祖恐不久。巳又为妻，值空亡，当尚未娶。

当时萍聚，日久见其浮躁，无一刻闲，询其出身，由供事议叙得官，供事卑鄙，其非正路的矣。今欲归家，家中昔开布行，久歇。拟归后往投四川某知府。祖父俱在堂，祖已八十外，定亲未娶，一一皆准。然投贵无济，恐不能久，二节别后不知第，已往皆准，恐未来亦必验也。

例七十：辛未年三月甲申日戌将辛未时，莱阳迟芝莱、吉安王旋官两父师代占闵捴宪洪学升迁。(《指南》)

	青	勾	六	朱	
	申	酉	戌	亥	
空	未			子	蛇
虎	午			丑	贵
	巳	辰	卯	寅	
	常	玄	阴	后	

后	朱	龙	常
寅	亥	申	巳
亥	申	巳	甲

鬼	甲申	龙
父	丁亥	朱
兄	庚寅	后

陈公献曰：此课大吉，官爵必升。何以见之？课中龙常并见，城吏全逢，初传青龙内战，必有奇遇起迁。中传朱雀生日，主公卿交誉。末传驿马德禄俱入天门，居官定然显赫。且寅为天吏，天后为恩泽，非天官而何也？

后屡旨另推七次，终点闵总宪为冢宰。然式中贵履地网，龙神下贼，主自欲退位，次夏果请告归田。

例七十一：崇祯丁丑七月戊辰日丁巳时，淮阴蔡熙阳任北京中府时，占楚省杨大司马何日罢官？[①]（《指南》）

青　空　虎　常
午　未　申　酉
勾巳　　　　戌玄
六辰　　　　亥阴
卯　寅　丑　子
朱　蛇　贵　后

龙　勾　空　龙
午　巳　未　午
巳　辰　午　戊

鬼　甲寅　蛇
印　戊午　龙
印　戊午　龙

陈公献曰：司马寻入相出将矣。而以去任卜之，可乎？盖因发用螣蛇，中末月将青龙，生日辰年命，又蛇化为龙，太岁作贵人居命，皆入相之征也。天罡加卯，静有动机，况课传天吏二马全逢，干乘月将青龙阳刃，支乘勾陈，出将入相无疑。戊寅年六月（有本作正月），思宗召对称旨，果入相；己卯岁督师剿贼，果出将。

例七十二：崇祯戊辰年十二月庚寅日庚辰时，新安汪仙民、邵无奇占少宗伯马康庄能拜相否？（《指南》）

朱　六　勾　青
卯　辰　巳　午
蛇寅　　　　未空
贵丑　　　　申虎
子　亥　戌　酉
后　阴　玄　常

玄　后　六　龙
戌　子　辰　午
子　寅　午　庚

鬼　甲午　龙
印　壬辰　六
财　庚寅　蛇

陈公献曰：马宗伯不但不能入相，且不日还乡矣。何也？凡在朝为官，

① 愚按：此占必杨嗣昌也。

占得顾祖，多不满任。又初、中空亡，龙化为蛇，急宜猛省退步，且龙神克下，倘欲强进，定遭不足。后果枚卜不就，次年察处回里。未久，弃人间事，从赤松子游矣。

例七十三：丁丑十一月甲子日己巳时，云间杨方壶太史自燕京抵扬索占。(《指南》)

蛇 朱 六 勾
寅 卯 辰 巳
贵丑　　　午青
后子　　　未空
亥 戌 酉 申
阴 玄 常 虎

龙 常 白 阴　　子　庚午　龙
午 酉 申 亥　　比　丁卯　朱
酉 子 亥 甲　　父　甲子　后

陈公献曰：青龙发用无气，又上克下，是以暂归林下；明春禄马生青龙，定然出山，由此位践公卿矣。太史曰：星家云，十二月欠利，公献曰：更有当途推荐。曰：前此何月不利？余曰：勾龙刑克申酉，七八月间不利。曰：因何不利？答：嫌德蛇相加，有邪正同处之非耳。又问何非，曰：传中太岁朱雀遥克年上贵人，必为门户是非。太史遂默然。次年春初果起官，历转官詹。

例七十四：庚午十二月丁未日丑将，庚戌时迟王两父师偕予入觐，行到东门索占。(《指南》)

蛇 贵 后 阴
申 酉 戌 亥
朱未　　　子玄
六午　　　丑常
巳 辰 卯 寅
勾 青 空 虎

常 后 常 后　　官　辛亥　阴
丑 戌 丑 戌　　子　庚戌　后
戌 未 戌 丁　　子　庚戌　后

陈公献曰：所占必是显宦。何以知之？盖发用官贵日德，而式中贵人又居岁君、日禄旺位，断非寻常之官。曰：此公将来何如？答曰：不能久任。何也？干支乘墓，禄马空陷，又太阳入山，岂能久居庙堂乎？次年三月因言请归。后知为大冢宰王射斗先生也。

例七十五：崇祯丁丑年四月丙申日酉将丁酉时，安庆阮实夫在北京索占，不言所事。(《指南》)

	勾	六	朱	蛇	
	巳	午	未	申	
青	辰			酉	贵
空	卯			戌	后
	寅	丑	子	亥	
	虎	常	玄	阴	

蛇	蛇	勾	勾	兄	乙巳	勾
申	申	巳	巳	财	丙申	蛇
申	申	巳	丙	父	壬寅	虎

陈公献曰：仕途得此，主有台省参劾，秋解任去，然系何命？曰癸酉。此公必居相位，但不久矣。何以知之？以太阳日贵临命，非宰相而何？独嫌三传递克，伏吟丁马，定有参劾行动之事。况太阳西坠，挥戈返景，能几人乎。后知为乌程温首揆，占后果被论，秋月准驰驿而归。

例七十六：崇祯丙子年二月辛巳日亥将辛卯时，湖州陆金吾占总镇陈东明奉命出师江东。(《指南》)

	青	勾	合	朱	
	丑	寅	卯	辰	
空	子			巳	蛇
虎	亥			午	贵
	戌	酉	申	未	
	常	玄	阴	后	

玄	青	勾	贵	官	壬午	贵
酉	丑	寅	午	财	戊寅	勾
丑	巳	午	辛	父	甲戌	常

陈公献曰：春得炎上进气，又合元首、三奇，高爵宰官不复言矣。但干败支墓且乘火鬼，天魁合中犯煞，透《易》旅之九三："旅焚其次，丧其童仆，贞厉"，不惟兴师无济，且有他虞。即官至卯年亦不见利。由卯上乘白虎驿马，名为回马耳。然亥水虽是剥官之煞，幸结木局生起初传官星，故仅撤回剿贼。庚辰太岁受克，子水司令，制伤火局，必退位矣，后俱验。

例七十七：崇祯丁丑年八月己未日戊辰时，经筵讲官阮胤平曰：先日吴门申相公以八年讲官拜相，吾今亦八年，枚卜如何？(《指南》)

空 虎 常 玄
午 未 申 酉
青巳 戌阴
勾辰 亥后
卯 寅 丑 子
六 朱 蛇 贵

玄 常 玄 常
酉 申 酉 申
申 未 申 己

比 己未 虎
子 庚申 常
子 庚申 常

陈公献曰：太史虽有公卿推荐，恐不能也。曰：何以见之？盖因日比虎刃自他处发用，突有秦人，任风宪兵刑之职者，不由词馆入阁；且中末干支年命俱见罗网，是秦晋梁益之人在中阻隔。又夜贵居本命，太史必赋归来矣。后果黜。秦中薛国观先生、蜀中刘宗伯入阁。

例七十八：崇祯辛未年四月己未日戊辰时，东省兵长垣仇庸足先生占。（《指南》）

六 朱 蛇 贵
酉 戌 亥 子
勾申 丑后
青未 寅阴
午 巳 辰 卯
空 虎 常 玄

玄 蛇 玄 蛇
卯 亥 卯 亥
亥 未 亥 己

财 癸亥 蛇
鬼 乙卯 玄
兄 己未 龙

陈公献曰：此课占功名，将来远大，非常格也。曰：何以论之？传将木局，官星峥嵘，喜本命丁马、恩星以化之，为逢凶化吉，遇难呈祥之象。且木逢初夏，正在荣旺之时，又蛇化为龙，将来事业日新，功名显赫，不待言矣。后历任通州，擢云南大司农、大司马，请告归里。

例七十九：崇祯癸酉年七月甲寅日壬申时，浙嘉善讳龙正陈先生在京会试时，占同乡少宗伯讳士升钱太史可能入相否？（《指南》）

朱 六 勾 青
卯 辰 巳 午
蛇寅 未空
贵丑 申虎
子 亥 戌 酉
后 阴 玄 常

玄 后 玄 后
戌 子 戌 子
子 寅 子 甲

财 壬戌 玄
鬼 庚申 虎
子 戊午 龙

陈公献曰：发用干支旬空日败，本不许入相。然余终以入相许之。何也？

因中传驿马皇诏，末传月将、青龙，又岁建乘太常作官星加临年命。经曰：太常入官乡，当朝执政。月将乘青龙片言入相。非宰执而何？但嫌龙神克岁君，将来必不获意于君上而退位。后如其占。[①]

例八十：崇祯癸酉年二月甲子日亥将，己巳时，丹阳贺中怜先生居大寅台时请占。(《指南》)

朱 蛇 贵 后
亥 子 丑 寅
六戌　　卯阴
勾酉　　辰玄
申 未 午 巳
青 空 虎 常

蛇 虎 后 龙
子 午 寅 申
午 子 申 甲

兄 丙寅 后
鬼 壬申 龙
兄 丙寅 后

陈公献曰：朝官占此必主去位。贺曰：未去。曰：是何年生。曰：己巳年。曰：此必会状之命，但不能久居于朝堂矣。盖现任得夜贵即为不仕闲官也。况干支乘死绝，又德丧禄绝，四月尚有温旨相留，交秋必驰驿而去。朱雀、月将加巳生日，我知其四月有温旨相留。课传二马逢冲，我知其秋交驰驿而去。后知为宜兴周首揆占。[②]

例八十一：戊子四月丙子日壬辰时，予住金陵时，东省孙兴功老师，占左方伯赵福星先生何日升迁？(《指南》)

贵 后 阴 玄
亥 子 丑 寅
蛇戌　　卯常
朱酉　　辰虎
申 未 午 巳
六 勾 青 空

后 龙 空 贵
子 午 巳 亥
午 子 亥 丙

比 壬午 龙
鬼 丙子 后
比 壬午 龙

陈公献曰：在仕者占得此课，不惟官难满任，且有意外之忧。盖龙神乘旺气发用，理应升迁，但恶太岁作鬼，冲克青龙，惊忧在所不免。且财官禄马俱入空绝，意外之虞必应矣。六月升扬州抚台，余以为所占不验，未几疽

① 按鉴士升癸酉年九月入阁，丙子年九月罢归。
② 周延儒六月罢。

发于背而死。余然后信其数之莫能逃也。

例八十二：崇祯丁丑年七月甲戌日己巳时，浣中刘太史，占经筵讲官曲沃李括苍太史枚卜如何？（《指南》）

	青	空	虎	常	
	午	未	申	酉	
勾巳					戌玄
六辰					亥阴
	卯	寅	丑	子	
	朱	蛇	贵	后	

后	阴	六	朱	财	庚辰	六
子	亥	辰	卯	子	辛巳	勾
亥	戌	卯	甲	比	壬午	龙

陈公献曰：太史将来大拜，目今未可得，还有丁艰之事。刘曰：梧苍无父母，如何丁艰。答曰：仕宦逢罗网，主有此应。目下未得入相者，盖嫌初传辰卯相害，中传勾陈脱气也。喜末传月将青龙，是以将来大拜。后屡次枚卜，未点入阁，己卯年丁庶艰，至癸未年冬月始拜相，奉命督师剿贼。

例八十三：丁丑八月丙申日癸巳时，浣中阮胤平太史，占楚省袁副院鲸及同乡郑元岳两先生枚卜如何？（《指南》）

	空	虎	常	玄	
	巳	午	未	申	
青辰					酉阴
勾卯					戌后
	寅	丑	子	亥	
	六	朱	蛇	贵	

玄	玄	空	空	比	乙巳	空
申	申	巳	巳	财	丙申	玄
申	申	巳	丙	父	壬寅	六

陈公献曰：两公俱不能入相，且主台省弹劾而回。何也？盖三传递互刑克，全无和洽之气，刚日伏吟见马，归象已兆。此非台省有言而回乎？后两公枚卜不果，袁公当被参去，郑公为钦件下狱，拟罪而归。因郑命见地网、日墓，是以罗祸尤重。

例八十四：顺治甲申年十二月辛亥日丁亥时，长兄公明，占藩镇黄虎山功名。（《指南》）

青 勾 六 朱
酉 戌 亥 子
空申 丑蛇
虎未 寅贵
午 巳 辰 卯
常 玄 阴 后

虎 后 常 贵
未 卯 午 寅
卯 亥 寅 辛

父 丁未 虎
子 辛亥 六
财 乙卯 后

陈公献曰：据此课，藩台不得善后矣。何以明其然也，课中干乘绝气，支见死神，两贵空亡，禄神受制，功名安得久长。且官星空矣，谁与居位？营垒空矣，谁与御侮？财星空矣，谁与生官？况太阳西坠，桑榆之返照无多。冬木逢空，腐朽之折伤必应；岁在大梁，余言必验。曰以何故不利？曰：明岁行年酉为自刑，破坏木局矣，次年五月御敌自刎。

乙酉五月初十，福王出奔投黄得功，刘良佐追至，伏弩射中得功喉，得功叹曰：“我无能为矣”，归营拔剑自刎。

例八十五：崇祯辛未年四月丁酉日癸卯时，同乡彭城卫经历刘一纯，占梁大司马推冢宰可允否？（《指南》）

蛇 朱 六 勾
子 丑 寅 卯
贵亥 辰青
后戌 巳空
酉 申 未 午
阴 玄 常 虎

贵 龙 阴 六
亥 辰 酉 寅
辰 酉 寅 丁

鬼 己亥 贵
比 甲午 虎
子 辛丑 朱

陈公献曰：不惟不迁，寻常退位。何也？日马坐墓库，禄神临绝地，传将又逆行故耳。况命上官贵履天罗，年上蛇做日鬼，交夏月应有一番风波。幸官贵俱空，官禄退位却无大咎。后以浙江省大行水公参劾，请告而退。东省葛公名应斗者，在辰时壬申冬占此，亦逮问拟罪而回。

例八十六：戊寅三月丙寅日辛卯时，东省沂州讳昌时，王大行来燕京寓中索占。（《指南》）

蛇 朱 六 勾
子 丑 寅 卯
贵亥　　辰青
后戌　　巳空
酉 申 未 午
阴 玄 常 虎

青 阴 常 蛇　子　甲子　蛇
辰 酉 未 子　父　辛未　常
酉 寅 子 丙　财　丙寅　六

陈公献曰：在朝官占得此课，主有台省参劾。盖因官贵履天罗之地，禄马入空墓之乡。且身宅坐墓，必自甘受人欺，终难解脱，又传将递克，仕途得此理应请告而退，否则必挂弹章矣。后知为田大冢宰而占。果如其言，伊子仍被逮下狱。

例八十七：崇祯十五年壬午岁九月丁亥日丁未时，予住埂子街，一僧人偕十余人相顾，丙午命人索占。（《指南》）

六 勾 青 空
寅 卯 辰 巳
朱丑　　午虎
蛇子　　未常
亥 戌 酉 申
贵 后 阴 玄

空 玄 朱 龙　比　癸巳　空
巳 申 丑 辰　父　庚寅　六
申 亥 辰 丁　鬼　丁亥　贵

陈公献曰：来意必为功名，公乃未年甲榜。曰：然，何以知之？盖因贵德官星临年，月将青龙居干，且羊角相加，故应未年登科。曰：该做京官做外官？答曰：岁居干后，日生青龙，理宜先京城而后外任；所嫌身禄不得地。此去身不安而禄不养，况岁君临嗔怒之所，此番当为国家起见耳。后方知为吴门钱大鹤先生也。李贼破京遂归。

例八十八：崇祯壬午年十二月甲午日辛未时，江西南大司马熊潭石先生因河北声息紧迫，急聘予上金陵，随占一课。（《指南》）

六 朱 蛇 贵
戌 亥 子 丑
勾酉　　寅后
青申　　卯阴
未 午 巳 辰
空 虎 常 玄

玄 朱 蛇 空　父　庚子　蛇
辰 亥 子 未　子　乙巳　常
亥 午 未 甲　财　戊戌　六

陈公献曰：熊大司马功名非久远之象，来年秋初必解任去。盖初传岁破内战，命上龙马克下，必因宰执招非，上台不足，燕京有奏，自欲请退。且斗系日本，墓贵临干，为仰丘俯仇，干墓支绝，种种不佳。惟喜奇仪天赦发用，朱雀皇诏作恩，定然好旨归里。后果如占。

例八十九：崇祯戊寅年二月辛丑日癸巳时，东省刘太史讳正宗者相召，座间索占，余袖传答之。(《指南》)

	青	空	虎	常
	戌	亥	子	丑
勾	酉			寅玄
六	申			卯阴
	未	巳	午	辰
	朱	蛇	贵	后

龙	贵	朱	空	财	癸卯	玄
亥	午	申	卯	比	丙申	朱
午	丑	卯	辛	父	辛丑	虎

陈公献曰：太史所占定是一外官，曾经降罚者。曰：何以知之？曰：因日生青龙，故为外官，又上克下，故知降罚也也。曰：家兄任太平知府，为钱粮降罚，看有碍迁升否。余曰：支首干尾，格合周遍，何碍升迁。曰：升在何时，余曰：青龙离支六位，初传月建催官，中传天马，传送为驿邮，为兵马，为直符，七月内必升吴分兵宪。后果升嘉湖驿传兵宪。

例九十：崇祯癸酉年八月壬戌日戊申时，丹阳贺中怜先生任大寅台时，占升迁吉凶。(《指南》)

	六	朱	蛇	贵
	寅	卯	辰	巳
勾	丑			午后
青	子			未阴
	亥	戌	酉	申
	空	虎	常	玄

蛇	阴	贵	空	财	丁巳	贵
辰	未	巳	申	子	甲寅	六
未	戌	申	壬	比	癸亥	空

陈公献曰：目今必然荣转，日后因他人之事请告。盖因传将递互相生，城吏二马出现，定有公卿推荐，但嫌鬼临三四，必主他非退位。曰：应于何年？曰：丁丑行年，蛇墓克日，必自惊忧而退。月内升天津巡抚，后以标官劫皇销事发，请告归里。

例九十一：戊子六月乙未日癸未时，山右司化南在淮阴占得此课。己丑正月写出，求断何官所占。(《指南》)

六 朱 蛇 贵

酉 戌 亥 子

勾申　　　丑后

青未　　　寅阴

午 巳 辰 卯

空 虎 常 玄

玄 蛇 贵 勾

卯 亥 子 申

亥 未 申 乙

父 己亥 蛇

兄 癸卯 玄

财 乙未 青

陈公献曰：此必林木舟车官也，非科甲中人，却作科甲之官。将来功名远大。何以论之，夏占木局，枝叶正见茂盛，况蛇化为龙，定然居官荣耀。因幕贵坐空，是以不由科甲也。卯为林木舟车，见于中传，故知为舟车之官。曰：果何官？曰：印爻发用，中传皇恩，必是恩荫之官。问：可能升兵宪否。答曰：正官在日，偏印居支，先升知府，后转司道。曰：此清江刘工部所占也。后果升镇江太守。

例九十二：崇祯丁卯年正月丁巳日癸卯时，京营参将涂松亭先生，为彭南溟占升迁。(《指南》)

六 勾 青 空

寅 卯 辰 巳

朱丑　　　午虎

蛇子　　　未常

亥 戌 酉 申

贵 后 阴 玄

贵 六 常 青

亥 寅 丑 辰

寅 巳 辰 丁

鬼 癸亥 贵

财 庚申 玄

兄 丁巳 空

陈公献曰：太岁月建生日，目今必然迁擢，多是山环水绕之地。盖支为任所，寅艮为山，与亥水相合，故应此地。发用蒿矢逢金即箭之有簇，又贵德驿马入传，财官城吏全逢，催官迅速之兆。但忌日之阴阳制官，须防陈王田姓人为祟。癸亥日随授南京巡捕营都司，未几，田大司马以添注参将罢之。

例九十三：崇祯庚辰年正月丁丑日癸卯时，同乡潘云从，占安庆抚台郑潜菴先生升迁。(《指南》)

	朱	六	勾	龙											
	丑	寅	卯	辰			空	阴	贵	勾		比	辛巳	空	
蛇子				巳空			巳	酉	亥	卯		子	丁丑	朱	
贵亥				午虎			酉	丑	卯	丁		财	乙酉	阴	
	戌	酉	申	未											
	后	阴	玄	常											

陈公献曰：不惟难以迁转，且当请退。盖传将递生空亡，太岁龙神落陷，干支互乘死气，诸事只宜休息。况春得金局，名四时返本杀，定然官难满任。一交巳年即宜请告。果于辛巳年被安庆缙绅参劾而回，又被徐抚台接参，奉旨逮问，李贼破京方归。

例九十四：庚寅二月癸卯日壬子时，偶会徽友程孝延程翔云，因引部孙杨二公京师议论未定，占看来否。（《指南》）

	贵	后	阴	玄								
	卯	辰	巳	午	勾	朱	空	勾	鬼	辛丑	朱	
蛇寅				未常	亥	丑	酉	亥	兄	己亥	勾	
朱丑				申虎	丑	卯	亥	癸	父	丁酉	空	
	子	亥	戌	酉								
	六	勾	龙	空								

断曰：引部四月必来赴任，但居官不久耳。以两贵旺相，且虚巳贵以合三传之局，故知其四月赴任也。但嫌太岁克战，二贵空陷，虚喜而已。况传将退入极阴，格合回环，必主来而复去。故知其居官不久也。又干神临支，被支所克，纵来亦失意。果五月奉旨撤回，六月驿马加未，行矣。

例九十五：崇祯辛未年四月己未日戊辰时，东省吏科宋太斗先生，在仇兵科宅中占功名。（《指南》）

	朱	蛇	贵	后								
	戌	亥	子	丑	白	贵	虎	贵	父	丁巳	虎	
六酉				寅阴	巳	子	巳	子	兄	壬戌	朱	
勾申				卯玄	子	未	子	己	鬼	乙卯	玄	
	未	午	巳	辰								
	龙	空	虎	常								

陈公献曰：月内定转长垣，居官难以久任。盖因月建虎马发用，其力更

见雄矣。又铸印乘轩定应迁转。但嫌贵临空害，故难久任耳。果随转吏，长垣后因堤武场事，降大行。

例九十六：崇祯辛巳年十月己未日癸酉时，东省莘县孙兴功父师仕扬州时占功名。（《指南》）

	朱	蛇	贵	后	
	戌	亥	子	丑	
六	酉			寅	阴
勾	申			卯	玄
	未	午	巳	辰	
	龙	空	虎	常	

虎	贵	虎	贵	父	丁巳	虎
巳	子	巳	子	兄	壬戌	朱
子	未	子	己	鬼	乙卯	阴

陈公献曰：仲冬月令必有起官之征。曰：何以见之？干上贵虽空，幸乘进气，交仲冬子水司令，填实旬空矣。且喜虎马丁神发用，作岁君生日，又四墓覆生，已废复兴之象。起官何疑乎？后果然。凡有官君子得此，定主迁官转职，面君奏事。次年冬，推补兵部车驾司。

例九十七：顺治五年戊子七月丙寅日己亥时，扬州兵盐道胡公相召未去，随令乔中军来占，指一晚字，算十二笔用亥时午将。（《指南》）

	六	勾	龙	空	
	子	丑	寅	卯	
朱	亥			辰	虎
蛇	戌			巳	常
	酉	申	未	午	
	贵	后	阴	玄	

白	贵	阴	六	鬼	甲子	六
辰	酉	未	子	子	辛未	阴
酉	寅	子	丙	父	丙寅	龙

陈公献曰：日得夜时，见官贵旬空，反为不祥之占。曰：何故不祥？盖因太岁发用克日，传将递互相克，提防台谏封章，且龙神克下，主朝廷台谏不喜。况干支俱伤，日禄空墓，秋末冬初定有他忧矣。后请告未久，随被北台参劾勘问。

例九十八：戊寅二月丙午日戊戌时，淮阴蔡熙阳任汉中府时，占推吴淞总戎可得否？（《指南》）

蛇 贵 后 阴
戌 亥 子 丑
朱酉 寅玄
六申 卯常
未 午 巳 辰
勾 龙 空 虎

白	贵	常	蛇	子	甲辰	白
辰	亥	卯	戌	财	己酉	朱
亥	午	戌	丙	父	甲寅	玄

陈公献曰：先推吾兄后推翁也。何以见之？盖因亥贵作官星临支，亥乃吾兄之命，辰乃翁之命，入辰阴发用，是以先推亥命者，且辰自亥发传，与陈同姓同音，故知如此。果未及旬日，推吾兄吴淞总镇，两月后，推蔡翁狼山提督。

例九十九：崇祯丁丑年六月己未日甲戌时，浣中刘胤平太史，占推皖抚成否，日后结局如何？(《指南》)

蛇 朱 六 勾
丑 寅 卯 辰
贵子 巳龙
后亥 午空
戌 酉 申 未
阴 玄 常 虎

后	六	后	六	鬼	乙卯	六
亥	卯	亥	卯	财	癸亥	后
卯	未	卯	己	比	己未	虎

陈公献曰：目今会推必遂，但结局不佳耳。何也？用合干支，传成官局，推升必矣。但干支死伤丧吊全逢，又贵履天罗，斗系日本，且行年酉金冲破官局，末后，大有不如意事，若出兵击贼，必有被围失利之应。其后流贼犯界，统副将程龙、潘可大御之，全军覆没。己卯岁抚军丁艰而归。

例一百：辛卯三月癸酉日乙卯时，扬州府粮厅周公祖相召占功名。(《指南》)

龙 勾 六 朱
子 丑 寅 卯
空亥 辰蛇
虎戌 巳贵
酉 申 未 午
常 玄 阴 后

空	蛇	朱	玄	子	卯 朱
亥	辰	卯	申	官	戌 虎
辰	酉	申	癸	财	巳 贵

陈公献曰：太岁乘朱雀发用，主有文书动，事干朝廷，嫌中末财官空陷，占功名必有始无终。支上月建蛇墓克日，主上台不足，幸初末两贵拱支，中

传虎鬼冲朧蛇，以凶制凶，目今攸为少解。然贵人空墓，龙禄克绝，终非善后之象。且太岁坐克方，玄申临日上，必有喜里成填，贪污败名之事。后果被总漕吴公祖参罢。

例一百一：癸未年正月己亥日辛未时，予在金陵卞对端书房，偶有两客进坐索占。(《指南》)

	六	朱	蛇	贵											
	酉	戌	亥	子											
勾	申			丑	后		龙	玄	玄	蛇		比	乙未	青	
龙	未			寅	阴		未	卯	卯	亥		财	己亥	蛇	
	午	巳	辰	卯			卯	亥	亥	己		鬼	癸卯	玄	
	空	虎	常	玄											

陈公献曰：龙神发用，传课结成官局，来意必占今年功名事。六月即有钦召之应。盖春得进旺之木，遇夏则枝叶茂密，将来事业远大。曰：六月之说何也？曰：岁建皇恩发用，中传天诏，是以六月定有佳音。后知来占者即赵忻城昆弟也。果于是月奉诏进京授京营提督，甲申又升京营戎政。

例一百二：壬午十月辛未日甲午时，桐城大中丞方潜夫先生奉诏进京，住杨柳巷罗宅索占。(《指南》)

	空	虎	常	玄											
	子	丑	寅	卯											
龙	亥			辰	阴		六	常	空	后		兄	癸酉	六	
勾	戌			巳	后		酉	寅	子	巳		印	戊辰	阴	
	酉	申	未	午			寅	未	巳	辛		子	乙亥	贵	
	六	朱	蛇	贵											

陈公献曰：此去必不得意而归，前途遇大兵侵界。盖游都临支，贼符克干，课格无禄无路，安能得意乎？曰：病乎？余曰：病符坐空，阴神又制之，何虑乎病。所虑者，老母病耳，然母年生于甲子，寿合九九之数。因子命行年到申，见财则母被克矣。果至青州遇兵不能进，反至京，授天津屯田巡抚。甲申年，李贼破京遂归，乙酉年，母寿终。

例一百三：庚午十一月己丑日辛未时寅将，予谒山阳父师富平朱西昆，

占入觐考选何官。(《指南》)

贵 后 阴 玄
子 丑 寅 卯
蛇亥　　辰常
朱戌　　巳虎
酉 申 未 午
六 勾 龙 空

玄 勾 六 阴
卯 申 酉 寅
申 丑 寅 己

官 辛卯 六
兄 丙戌 朱
父 癸巳 虎

陈公献曰：考选不得铨部词林，定是风宪言官，且有贵子由科甲入翰院。盖因日上天吏官德空墓，阴神又制之，必有明暗相攻，不得铨部也。发用卯乘玄武为官，中传朱雀，末见白虎，是以主黄门金锁，风宪言官耳。果后考入垣中，历转山海巡抚都御史。又因支上申金子孙为幕幕贵人，且作长生学堂，故应子由科甲入翰院也。

例一百四：崇祯壬午年十月己亥日辛未时，徽友程孝延与沂州明经、任秦中州首王米山先生到埂子街访顾。(《指南》)

蛇 朱 六 勾
丑 寅 卯 辰
贵子　　巳龙
后亥　　午空
戌 酉 申 未
阴 玄 常 虎

六 虎 后 六
卯 未 亥 卯
未 亥 卯 己

兄 未虎
鬼 卯六
财 亥后

陈公献曰：王米山携子某，来扬谒陈东明求官，过小斋访道。余曰：先生少间，须臾有三客至，内必杨姓者。果如言。余曰：干神归支，传将逆行，郎君宜回东省取功名。但贵地不日兵动，且有攻城破邑之事，眷属宜迁他处避之。曰：祝老母九十寿，方可迁也。曰：尊堂寿止八十有九，因乙发用与地盘己字合断为八九之数也。此皆日后事，目今须防失脱也。

米山移住湾子街旧同寅陈宅书房，果被盗。王复来，余曰：玄武脱气居丑命，所盗者郎君物耳。曰：然。还防贼复来。果三日又来，将父子衣物尽盗去，曰：何以明其然也？余曰：课传回环，故知其贼之复来。米山问曰：山东兵动者何。盖因三传纯官鬼，又鲁都虎鬼克支，贼符将星克干，是以知贵省中外兵动，攻城破邑也。果冬月一一如占。米山迁居淮安新安镇，其母未度九十而终。

例一百五：顺治甲申年（崇祯十七年）二月乙丑日亥将申时，如皋铨部李大生，占进京补官。(《指南》)

勾　六　朱　蛇
申　酉　戌　亥
龙未　　　　子贵
空午　　　　丑后
巳　辰　卯　寅
虎　常　玄　阴

龙　常　朱　龙
未　辰　戌　未
辰　丑　未　乙

财　辛未　龙
财　甲戌　朱
财　乙丑　后

陈公献曰：必不能北行，即行亦必半途而旋。盖日干支乘墓，所为不通。况传课年命未见二马，干神归支，利静而不利动。又中末二传空亡，主半道言旋。青龙居干发用，今年却要起官，必补尚宝之职。因年上酉乃印也，阴神见贵人生日，岂非司印乎？后闻李贼陷京，未北上，而官南京尚宝。

例一百六：癸酉六月戊寅日巳未时，余往昌平会陈东明总镇府时，寇道台闻东明言及六壬，故索占功名。(《指南》)

勾　龙　空　虎
巳　午　未　申
六辰　　　　酉常
朱卯　　　　戌玄
寅　丑　子　亥
蛇　贵　后　阴

蛇　蛇　勾　勾
寅　寅　巳　巳
寅　寅　巳　戊

印　辛巳　勾
子　甲申　虎
鬼　戊寅　蛇

陈公献曰：仕途占得此课，当防台谏封章所劾，必解任而去。左右骇然，寇公随进后衙相晤，曰：旧事乎，未来事乎？曰：岁君在日后，斗罡又居支前，异日定有劾者。盖因传课互相刑克，且蛇雀官鬼入宅临门，龙神又克太岁，恐应在今秋矣。后果被侯大司农参劾解任。

庚寅冬或占总漕吴公祖亦得此课，辛卯春被台省参劾退位。

十一 官司牢狱

例一：司天太监苗光义避讳改作达，得唐李靖之法，通大六壬之书。天圣六年戊辰年五月丙寅日申将丑时，有富人，丁卯生，六十二岁占讼。（《一针见血》）

戊辰 戊午 丙寅 己丑

	合	勾	青	空
	子	丑	寅	卯
朱亥				辰虎
蛇戌				巳常
	酉	申	未	午
	贵	后	阴	玄

虎	贵	阴	合	官	甲子	合
辰	酉	未	子	子	辛未	阳
酉	寅	子	丙	父	丙寅	青

苗公达曰：主门户不宁，卑幼为尊长所欺，反有词讼，须坐狱两旬，必有贵人释罪。来日丁卯便见官入狱也。果是兄讼其弟，得大尹劝和。[①]

论曰魁罡乘蛇虎立卯酉，故知门户不宁，三上克下，为幼度厄，故主尊凌卑，神后加丙为用，水在五月为囚气，丙火正旺不受上神所制，则反起争讼，行年上见戌，戌为日墓，故主坐狱，发用神后为甲子旬首，年上河魁为甲戌旬首，应以两旬为期，传中合、阴、龙俱是吉神，又是比用课，故主和允。酉作贵人临日支，顺行与用神金水相生，故得贵人释罪，卯上见戌，戌为火墓，故在丁卯日见官入狱也。[②]

解：此课从课体特征入手，四课出现三个上克下，为度厄课，三上克下为幼度厄，干支都出现上克下，因此表示门户不安，下辈被长辈欺压而生出是非。此课在四课出现上克下的时候，为了进一步考察是否家庭是非，看了两个类神：卯和酉，卯酉在六壬中经常象征家庭门户。此课地盘卯酉所乘分

---

① 本人遂云：有兄分居三十年，不意前日令子往伊，有事具，兄云：要借银作本。小男云：与大人看何如？兄云：你对我无理，便将小儿殴打，得人解劝归家，今兄却于府中陈状要重处分，来日当出头见官，若得无事定当拜谢。后至六月初间，前占课人来谢并云："小男已蒙太伊和断了，并无责罪，课甚灵验。"

② 论占讼，日干为告状人，日支为被告人，又看发用在何位，如若用神与吉神临日上者主告状人有理，当看衰旺节气，如吉神吉将居衰囚，此君子困厄时也，不能见用，如凶神凶将居旺相，此小人得时持势亦不能安也，当以理推之。

别是天罡辰与河魁戌，均为打斗、是非、官讼的恶神。因此断定为门户不宁。而且此人生年为丁卯，卯为其人本命，卯上戌土为日墓，因此更确。

接着我们看发用初传，为子水发用，五月火囚，而且苗公一般还要以日来进一步论旺衰，本日为丙，子为囚气，因此子的囚象较重，而且子水乘六合官鬼，六合为官吏、为亲属，因此官司涉亲无疑。但是此课总体为比用课，因此表示有选择，有人合解。三传寅克未，未克害子，子克日干，层层克日，表示煽动官司，但是因为用神囚死，而且支上贵人酉金克制，因此有贵人出面和解缓和。而且三传天将分别是六合、太阴、青龙，表示官府以亲情说服。进一步定应期，初传为旬首发用，因此事情必然要发生在本旬内，末传为当日干支丙寅，因此事情马上就要发生，寅前为卯，卯日见到行年上日墓，因此判断卯日见官入狱。

例二：庚寅年十一月戊子日丑将寅时，一吏犯事占此。(《一针见血》)

	合	勾	青	空	
	辰	巳	午	未	
朱	卯			申	虎
蛇	寅			酉	常
	丑	子	亥	戌	
	贵	后	阴	玄	

玄	阴	朱	合
戌	亥	卯	辰
亥	子	辰	戊

兄	丙戌	玄
子	乙酉	常
子	甲申	虎

断曰：此事带众难了，出一狱入一狱，初传戌加亥，戌是天罗，戊子日纳音属火，戌是火墓，中传酉作太常，加戌六害，未临申作白虎，加酉旺地，连茹传阴，阴主杀，申酉临金，主伤主狱死，以戊子火克申酉金，故出一狱入一狱，带众难了，又见辰戌两墓乎，后至壬辰年正月配在本州。

例三：甲申日占官讼。(《一针见血》)

	空	虎	常	玄	
	未	申	酉	戌	
青	午			亥	阴
勾	巳			子	后
	辰	卯	寅	丑	
	合	朱	蛇	贵	

后	玄	青	合
子	戌	午	辰
戌	申	辰	甲

财	壬辰	合
子	午	青◎
官	甲申	虎⊙

断曰：此课因争产致讼，今又和而不解也，谓辰为日之财，上见六合夹克，必是同类争竞，又传见午火青龙以制末传申金白虎之日鬼，其事虽可了，奈申上戌做玄武，为午火所畏而白虎复旺，其事必又发矣，戌乃寅之亲，主亲戚为害，寅加子课传有寅午戌，申子辰，一火一水，争斗不已，其实合非全，故不能解也。

例四：扬州钱阴阳，一日与堂叔争分家私，因殴死其叔，受陷于囹圄，已及二载，一日邻人携其子往邵提刑占问六壬，犯罪者甲辰生。（《一针见血》）

	空	虎	常	玄	
	午	未	申	酉	
青巳				戌阴
勾辰				亥后
	卯	寅	丑	子	
	合	朱	蛇	贵	

虎	空	玄	常
未	午	酉	申
午	巳	申	己

子	壬申	常
子	壬申	常
父	庚午	空

邵提刑曰：己巳日得申申午，昴星云虎视眈眈，此课险恶且喜天乙乘天马，合起皇恩，天将又吉，然末传火，反克用神之金火生人。旺于午，合寅午戌。寅上日德朱雀，末又救神值天后[①]他日朝廷必有恩赦，至期人恐被喝而出狱无罪。半月后果有赦至，乃高宗晏驾，孝宗登极，此赦书轻重罪囚释放得脱。[②]

例五：戊寅日占官讼。（《一针见血》）

	青	空	虎	常
	子	丑	寅	卯
勾亥				辰玄
合戌				巳阴
	酉	申	未	午
	朱	蛇	贵	后

玄	朱	贵	青
辰	酉	未	子
酉	寅	子	戊

财	丙子	青
财	丙子	青
兄	癸未	贵
官	戊寅	虎

断曰：子加戊为用，子作青龙，未作贵人，乃子未六害，为贵人怒而加

① 愚按：此句有讹。

② 愚按：此课亦不载月将正时，然玩此断语，当是绍兴壬午年四月申将未时占。

罪，戊日所畏者，寅木，虽云白虎金能解，殊不知是鼠头虎尾，况青龙虽吉，见未则入墓，反以青龙为害也，此课用遗漏事占之，后果断徒。

例六：戊申年丁酉日午将辰时。童秀才壬戌生四十七岁，占讼。

	勾	合	朱	蛇	
	未	申	酉	戌	
青	午			亥	贵
空	巳			子	后
	辰	卯	寅	丑	
	虎	常	玄	阴	

阴	贵	贵	朱	财	丁酉	朱
丑	亥	亥	酉	官	己亥	贵
亥	酉	酉	丁	子	辛丑	阴

邵彦和曰：昼贵在夜，夜贵在昼，谓之贵人失位，不宜讼，必主断理不明。今贵人差迭，主以财结托，及暗通贵人关节。酉作雀故也，日干用支为财爻，临干是结托，遍地贵人治事不一，徒然结托，必主又换衙门。行年上见寅，为吏，又为今日父母而克命，主吏人及尊长为鬼。盖不合寅又加鬼乡故也。官断不明，末传太阴故也。以后彼必葬老阴人于内，太阴在丑为墓故也。

童有房，弟卖田并山，其兄有分，欲取赎，弟反增高价，遂讼于官，由州县而至部，买主系童秀才之姑，自戊申至辛亥六月姑死，彼家果扛姑葬于内，而赎不得。

例七：建炎戊申年三月辛丑日戌将巳时。汪淑仪，壬戌生，四十七岁占讼。

	勾	青	空	虎	
	戌	亥	子	丑	
合	酉			寅	常
朱	申			卯	玄
	未	午	巳	辰	
	蛇	贵	后	阴	

青	贵	朱	玄	财	癸卯	玄
亥	午	申	卯	兄	丙申	朱
午	丑	卯	辛	父	辛丑	虎

邵彦和曰：干上旬尾，支上旬首，为一旬周遍格，又为周而复始格。来了又去，去了又来。日上我也，支上彼也，我见卯旬尾，是事了毕。彼见午旬首，其事又起。末传丑与支上午六害，到了翻论，终是彼输，卯财乘玄武，

财又被人诓赚。辛墓于丑，丑墓于申，主在外州入狱而羁绊也。他是午火，反生他州狱神，我是卯木，能克狱神。翻至二次，却能胜也。汪与张氏争山起讼，汪氏初入状果胜，张氏翻论至州，半年不断，汪又入状上司，送邻州，张不待讯，又往上司翻，再送严州司理狱，又入州县狱，得严州府马公断胜，方得了绝，张氏理短。

盖午作贵人，为日鬼临支，却是六害，故彼自然失理也。汪氏被人啜了银一百两，乃卯作玄武临干也。卯乃闭口，说不得，又不敢问。凡人不识课名，此为一旬周遍格，若辛未日卯加未，午加辛亦然。谋诸事作吉成凶，作凶成吉，惟讼要散，不要关锁也。

例八：己酉年九月庚申日卯将巳时。陆孔目，癸亥生四十七岁，占讼。

	朱	合	勾	青	
	卯	辰	巳	午	
蛇	寅			未	空
贵	丑			申	虎
	子	亥	戌	酉	
	后	阴	玄	常	

合	青	合	青
辰	午	辰	午
午	申	午	庚

官	戊午	青
父	丙辰	合
财	甲寅	蛇

邵彦和曰：此课讼有源头，今乃再发，非蓦地生起也。盖顾祖课，主原有讼根耳。且金日得巳时，又午发用，为天网，此事已不及止，更与人多不足。始终被他害。末寅只管生午火，午火遂来克身，又是自取其灾也。兼为事太过当，故至此。

何以知之？行年上见戌，会起火局，自去烧身，所以患必自招。甲寅旬见寅，乃第一位公人害你。午为悬针，必遭刺配，且年上见戌为军，当配一千八百里也。陆初与徐都院不足，被他窘拾不服，至后来有短事，再被窘拾，遂送至院勘问，众人又来首。初时陆氏不合强骂众人，因被众谮。所谓会成火局，乃是他自凑起。又是天网，亦自取也。因彼之身与宅，先见克，则末寅乘势而生火。若不自招，如何得见此事？事了配鄂州，一千八百里。因午又见午，二九一十八，是其数也。午加申，乃西南方，阳刃破碎加本命，真针也。午鬼又为悬针杀，青龙加申为退鳞，所以答背。行年见戌，为配军也。

例九：己酉年闰八月戊子日辰将子时，姚博戊辰生四十二岁，占官讼。

朱　合　勾　青
酉　戌　亥　子
蛇申　　　　丑空
贵未　　　　寅虎
午　巳　辰　卯
后　阴　玄　常

蛇　玄　空　朱
申　辰　丑　酉
辰　子　酉　戌

兄　壬辰　玄
子　甲申　蛇
财　戊子　青

邵彦和曰：讼因后一项财，却争先一项财起，喜得有旧文书为证，姚曰果是收得伊父笔据，候到官前将出，曰今日有一人，面黑有痣，状貌魁肥，来谈尔口中言语，尔可设酒款待，却将此笔据出看，讼可便止。盖三传无官鬼，财在今日之长生上，所以不失财，故与此人说即止也。姚博昔与何知镇干财，知镇赴任时，姚博将账簿来呈，知镇于簿内批判清讫二字，其子名九者却不知，及知镇卒后二年，姚博再向何宅借钱三百贯，何宅将与之，而宅前有沈姓者开店，其人身肥，面黑有痣，却与何宅说知镇在日，姚博欠钱未还，其子遂欲进状来追，姚博因来占课，及占后回家，沈姓果来相探，姚博遂置酒相待，将知镇批据与看，沈乃向何宅言之，遂止。

盖酉作朱雀为旧文字，阳主新，阴主旧也，辰加子作玄武临财，是财上之库鬼，即沈也。申临库地，所以便了。财临生地，所以不失财。

例十：戊申年七月辛卯日午将戌时。林文丙辰生，五十三岁占讼。

合　勾　青　空
酉　戌　亥　子
朱未　　　　丑虎
蛇未　　　　寅常
午　巳　辰　卯
贵　后　阴　玄

青　蛇　贵　常
亥　未　午　寅
未　卯　寅　辛

父　未　蛇　◎
子　丁亥　青　⊙
财　辛卯　贵　玄

邵彦和曰：主有服妇人争讼，挟起卑幼，遂乃动众。夜贵加在日贵，宜暗中嘱托，庶可。传财太盛反化鬼，若要此事了，须是贴幼小财物自止。徒尔有众，不能成事也。林文兄弟三人，又叔伯兄弟四人，分家产时，诸弟皆小，所分不均，厥后兄死，嫂与小弟论伊往日分产不公，叔伯兄弟从之，因而起讼。后果暗贴幼弟财物，幼弟无言，诸人皆散。

盖木局生干上午鬼，火来克日，行年上又见寅贵人，午虽是关节，奈又是鬼。寅木又生鬼，故有事。贴幼子即止者，因宅上见亥，亥为幼子，亥水能制午火。然诸木又生于亥，故住与不住，皆由于亥，故必贴幼小方得止也。日上午鬼为妇人，作太常为服，故因寡嫂而动。三传生鬼，动众之象。夜贵加昼贵，贵人差迭，宜告贵人。亥水又作六合也，故挟起卑幼。午鬼空无力，可以不贴妇人。亥能制午，是以贴卑幼耳。

例十一：建炎己酉年闰八月乙酉日辰将卯时。祝秀才壬申生，三十八岁占讼。

	空	虎	常	玄	
	午	未	申	酉	
青巳					戌阴
勾辰					亥后
	卯	寅	丑	子	
	合	朱	蛇	贵	

后	阴	空	青	父	丁亥	后
亥	戌	午	巳	父	戊子	贵
戌	酉	巳	乙	财	己丑	蛇

邵彦和曰：主子偷物出外卖之，阴人乘势争财，少女从而应之，迤逦闲气成讼。盖因连茹课，故遂连绵起事，却幸我之行年自前截住，终为我遏。何也？盖自酉上见戌，亥子丑见卯为行年，加寅截住，此名挫锋，众议俱解，但前进则解，畏怕则被攻不止矣。祝有子将公众之物偷卖，其嫂与其弟之女说知，遂经官兴讼。祝秀才挽公人陈姓者调停，其事遂息。

例十二：己酉年己未日卯将丑时。陆孔目己巳生，四十一岁，占官事。

	蛇	贵	后	阴	
	未	申	酉	戌	
朱午					亥玄
合巳					子常
	辰	卯	寅	丑	
	勾	青	空	虎	

玄	后	玄	后	子	辛酉	后
亥	酉	亥	酉	子	辛酉	后
酉	未	酉	巳	子	辛酉	后

邵彦和曰：己巳生人，见酉乃破碎。今日又是己日，未即是己，支干又皆败于酉，酉合己，象配字，行年更在背后乘悬针杀，一因奸事，二防官钱，三防酒，必配本州。盖独足不行也。配后当再配西北牢城方止耳。陆漫应之，月余，太守差沽酒，渠夹带刘宅私酒，又与何盼盼凭照，因太守轿出，见他在面店，太守即搜寻他事迹，共用官钱五十多贯，及招认与何盼盼有奸，乃发配本州牢城，后在通判厅，累与人作闹，仍与何盼盼往来，通判大怒，禀

过太守，断配润州。

盖独足课，故在本州，来岁行年到日辰之上，与日辰并聚，凡并聚者必飞散，既飞散必再出外方。[①] 兼有二己字，岂一番可了？[②] 酉上见亥，不离西北，亥乃江海，必润州矣。况亥为点水，酉为门，酉上见丑土，似王字，合之成润字也。

例十三：庚辰年七月十六辛丑日午将巳时，衢州王四官人犯事求占。

	贵	后	阴	玄	
	午	未	申	酉	
蛇巳					戌常
朱辰					亥虎
	卯	寅	丑	子	
	合	勾	青	空	

合	勾	空	虎	财	壬寅	勾
卯	寅	子	亥	财	癸卯	合
寅	丑	亥	辛	父	辰	朱⊙

邵彦和曰：此课必有恩赦，是阴人明年辛巳正月内有灾，今上即位，又生太子，要有赦了。果十月十五日闻圣后还政放赦，至明年正月末旬太皇后升天也，午加巳上，巳上九乾纯阳，阳极于午，午阴令位，午是太阳，临乾上九纯阳之位，又作贵人，正当天心，在纯阳上九乾爻用事，虽是居上九极处，然传内三贵人并见，亥作虎加辛日也，亥是明年正月太阳，用午作贵加巳，是今日之德，又是辰，始于寅，辛丑日会明年辛巳年，更用午太阳加巳，又见亥作白虎加辛也，亥者，阴气之尽，明年辛巳岁正月太阳亥上，当天心。故辛巳年正月上升，此阴阳岁会例。

例十四：七月庚午日午将未时。某占讼。

	合	勾	青	空	
	辰	巳	午	未	
朱卯					申虎
蛇寅					酉常
	丑	子	阴	戌	
	贵	后	阴	玄	

合	勾	青	空	官	庚午	青
辰	巳	午	未	官	己巳	勾
巳	午	未	庚	父	戊辰	合

邵彦和曰：凡占官讼胜负，先以刑德言之，今庚午日，午作龙为用，午

① 若何解元占子嗣课，行年不加，故不飞散。

② 不合是己巳生。

火刑胜德，中巳火又助午伐德，末又罡加日本，凶课也，主事未了，又一事发，必吃棒也。果然。

例十五：五月乙未日未将卯时。某占讼。

合　朱　蛇　贵
酉　戌　亥　子
勾戌　　　　丑后
青未　　　　寅阴
午　巳　辰　卯
空　虎　常　玄

玄　蛇　贵　勾　　父　巳亥　蛇
卯　亥　子　申　　兄　癸卯　亥
亥　未　申　乙　　财　乙未　青

邵彦和曰：一出头，便被枷锢，后却无事。盖申作勾加身为鬼，所以枷锢，却是日德合，末有青龙，故无事。果丙申日被枷，后即疏放。三传曲直，应先曲后直也。

例十六：十二月辛丑日日子将未时，某占因人力打死欠米钱人，解官。

勾　青　空　虎
戌　亥　子　丑
合酉　　　　寅常
朱申　　　　卯玄
未　午　巳　辰
蛇　贵　后　阴

青　贵　朱　玄　　财　癸卯　玄
亥　午　申　卯　　兄　丙申　朱
千　丑　犯　辛　　父　辛卯　虎

邵彦和曰：一富人家人力讨债打人，其欠人服毒药，又来其门前无礼，人力又打，毒药发作而死。人力收狱中死。盖天乙作鬼，加丑支而六害，玄武乘卯加辛干而发用，却被中传申作朱雀来克，末传又是白虎乘墓，恐其人入狱而死，果二月死于狱中。

例十七：十二月壬辰日子将巳时，某占因二人力打死一人，解官。

青　勾　合　朱
子　丑　寅　卯
空亥　　　　辰蛇
虎戌　　　　巳贵
酉　申　未　午
常　玄　阴　后

后　空　勾　后　　财　　午　后◎
午　亥　丑　午　　官　巳丑　勾⊙
亥　辰　午　壬　　父　甲申　玄

邵彦和曰：此课虽凶，然今次却遇赦免，六年后俱恶死矣。盖天后发用，主遇恩赦，申金长生入墓，终主于凶，后果蒙恩赦而免死，充军。六年上，二人打死人，一人自缢，一人受戮。

例十八：三月壬辰日酉将寅时。或占杀死二人能遇赦否。

合　朱　蛇　贵
子　丑　寅　卯
勾亥　　　　辰后
青戌　　　　巳阴
酉　申　未　午
空　虎　常　玄

玄	勾	朱	玄	财	午	玄◎
午	亥	丑	午	官	巳丑	朱⊙
亥	辰	壬	壬	父	甲申	虎

邵彦和曰：此课大凶，盖自取乱首也。日加辰作勾，上下夹克，午作玄武为用，亦是夹克，日辰上下皆是自刑，宅上勾陈即是天罡，天罡是鬼，既是死奇，又是日墓，末传申是长生，又作虎入墓，其凶不可言，安能遇赦，后果处决。

例十九：丙戌年十二月辛酉日丑将丑时。张大郎占官事。

合　勾　青　空
巳　午　未　申
朱　辰　未　申
蛇卯　　　　戌常
寅　丑　子　亥
贵　后　阴　玄

虎	虎	常	常	兄	辛酉	虎
酉	酉	戌	戌	父	壬戌	常
酉	酉	戌	辛	父	己未	青

邵彦和曰：本主徒罪，因发用自刑，乘虎临门户也。喜得中戌太岁作常，末天喜乘龙作解神，必有恩赦相救，先凶而后吉也。果然。

例二十：甲辰日寅将申时，占官讼。

朱　蛇　贵　后
亥　子　丑　寅
合戌　　　　卯阴
勾酉　　　　辰玄
申　未　午　巳
青　空　虎　常

玄	合	后	青	兄	寅	后◎
辰	戌	寅	申	官	戊申	青⊙
戌	辰	申	甲	兄	寅	后◎

断曰：凡寅申入传，多应旧事发动，虽有凶，结末小也，如秋冬占之，在正月方入，若春夏占之，在七月方出，其凶解者，德神在寅乘天后也，凡见德神，更行年有气，空亡在传，主无害矣。

例二十一：庚午日午将未时，某占讼事。

	合	勾	青	空	
	辰	巳	午	未	
朱	卯			申	虎
蛇	寅			酉	常
	丑	子	亥	戌	
	贵	后	阴	玄	

合	勾	青	空
辰	巳	午	未
巳	午	未	庚

官	庚午	青
官	己巳	勾
父	戊辰	合

断曰：午作青龙，吉合在合，奈午是今日支辰，又是今日之刑，而德神遭刑之克，中传巳加午又刑申，下又见午刑也。末传辰加巳，又刑也。此之谓助刑伐德，事虽小而必大，三者来攻，天上德又临在酉，作白虎，以此占讼深为不利，即家国平安亦防寇盗也。

例二十二：未年五月庚寅日未将亥时，占讼。(《中黄经》)

	空	虎	常	玄	
	丑	寅	卯	辰	
青	子			巳	阴
勾	亥			午	后
	戌	酉	申	未	
	合	朱	蛇	贵	

后	合	青	玄
午	戌	子	辰
戌	寅	辰	庚

父	丙戌	合
官	午	后◎
财	庚寅	虎⊙

断曰：戌作初传，遁得丙火，克日最凶。上乘六合，是因和合上起口舌，却喜为五月解神，中传午乘天后，末传寅乘白虎，主同类阴谋已定死罪。幸三传虽是火局，合来克日，却是遁生日干，又贵人未土生干，太岁未土亦生干，初传戌土又生干，主减凶刑作配也。

例二十三：十一月乙亥日丑将巳时，壬子命人占讼。(《中黄经》)

蛇　朱　合　勾
丑　寅　卯　辰
贵子　　　　巳青
后亥　　　　午空
戌　酉　申　未
阴　玄　常　虎

合　虎　常　贵　　财　癸未　虎
卯　未　申　子　　兄　己卯　合
未　亥　子　乙　　父　乙亥　后

断曰：未乘白虎，本宜有凶，幸遁得癸水生干，自是救解，且贵人遁得丙子，来日上生日，更为救神，末传又喜亥为长生，是以来往有喜，纵白虎初传白虎落壬亦免责矣。[①]

例二十四：十一月乙卯日丑将巳时，甲申命人占讼。(《中黄经》)

蛇　朱　合　勾
丑　寅　卯　辰
贵子　　　　巳青
后亥　　　　午空
戌　酉　申　未
阴　玄　常　虎

虎　后　常　贵　　财　己未　虎
未　亥　申　子　　兄　乙卯　合
亥　卯　子　乙　　父　癸亥　后

断曰：初传用起支阴，未乘白虎，似乎虎墓为用可畏，喜三传会木局助日，又未乃十一月解神，虎虽乘之而临亥，主爪牙无用，不足畏也，更申命上虽是辰做勾陈，乙干自能制之，此辰即日干本位，辰遁建者庚乙从化于庚，有妻从妇之义，夫恋妻之仁，成仁成义之风，此合之至笃者，不相贼而相成，所以为善，况三合木局，行传乙得其助，勾陈受制，白虎失势，自墓传归长生，岂不美哉。

例二十五：戊申年十一月辛酉日丑将申时，乙巳命人六十四岁占讼。(《中黄经》)

---

① 愚按：《中黄经》用遁干自成一家之言，而后银河棹宗之，张星源、金竹江，咸用之重之注之。朱氏恒则谓断来情当用遁干变化参论。若断休咎不必用变求奇，此诚确论，即如是课贵作恩星，初墓末生即无责罚，不必尽因癸丙两干也。

	勾	青	空	虎												
	戌	亥	子	丑												
合	酉			寅	常		蛇	常	朱	玄		父	巳未	蛇		
朱	申			卯	玄		未	寅	申	卯		子	子	空	◎	
	未	午	巳	辰			寅	酉	卯	辛		官	丁巳	后	⊙	
	蛇	贵	后	阴												

断曰：初传未中有丁鬼，且作螣蛇，末传又是巳鬼，此鬼得党助为凶，所以必起官讼，未为眷属、阴人，蛇为小口惊恐，且末传巳加子与天后克辛，此讼多因阴人小口不足而起，戌作勾陈压命，必主囚系，巳鬼坐空不遭刑责，今年六月起讼，明年正月必了结。乃解神未临寅上故也，春木既旺，勾陈与戌之临命上者，均受其制，戌墓开而巳命之火光晖矣，主官断明晰而释放也。

解：此课专论官司解结时间，原课选自《中黄经》，此例主要注解“解神日旺初传吉，是故临年有夏秋”这一段。[1]

例二十六：壬寅年六月庚午日午将午时，占讼。(《一字玉连环》)

壬寅年　丁未月　庚午日　壬午时

	勾	青	空	虎										
	巳	午	未	申										
合	辰			酉	常		青	青	虎	虎		兄	壬申	虎
朱	卯			酉	常		午	午	申	申		财	丙寅	蛇
	寅	丑	子	亥			午	午	申	庚		兄	壬申	虎
	蛇	贵	后	阴										

徐次宾曰：六庚日伏吟者，古法以申寅巳为三传，一书以申寅申为三传，余当谓刑始于寅，终于申。甲戊丙日当尽三刑。庚日先刑而后冲也。壬寅秋七月余，以陇西公事匿村落中，父即求课于元公，得庚午日午将午时，三传申寅申，将虎蛇虎。至壬申日勾唤余妻到官，以中传寅为妻爻为用，申所克也。余于是日避难赴官出头。盖传送白虎俱为道路，故壬申日动也，此日余妻回家，余仍下村去，至戊寅日。唤余至州，盖应中传寅字为庚日之天马也，

① 春夏秋冬，官事何日起，何日决绝，只看初传与日旺处是决绝日也，鬼旺勾陈旺时是官事终发时分也。

至己卯日，闻陇西公承服，余复下村去，至壬午日断讫。盖庚日课中正是畏其螣蛇也。至壬午日制之矣。又发用申与白虎俱是七数，二七一十四数，彼以己巳日入州。壬午日事毕，恰是十四日也。戊申日余始归。

盖末传申为归计，申乃庚之本位也，故申日至家矣。先锋门为日破，主破财，又中传寅为财爻，被初末二申制之也，传送主姓张人，先锋门午亦姓张人，案吏姓张，住正南胜光也。占亲人请客亦姓张，往西南传送也。破财二七之数同前数也。余父经两个月对问，应余命上大吉为父母爻，见天乙，主动官也。所居村去州七里，连高阜，盖中传寅为东北为七里，建得戊字，寅配艮为山，得戊寅即阜也。村名黄村，戊土黄也，申数亦七，而止言七里者，伏吟主近故也。

解：此课徐次宾提出了在六壬课式上六庚日伏吟局自古有不同观念。徐次宾支持三传排成申寅申这种格式。为了方便讲解我们尊重原作的课式，按他的列法排课。此课为作者的亲身经历。作者因为陇西公做乱的事情在村子里躲避，课内中传妻子被申金白虎公家所克，而自己为庚，也为申①，申为传送临白虎为道路变动，因此体现自己申日要出行，而且申日官方会找自己妻子，结果作者在壬申日出门躲避了，自己的妻子果然被公家叫去。三传相冲为反复，作者妻子去了当天就回来了。作者到别的村子里去躲避了。结果到戊寅日作者被叫到县城去。正应课中寅为庚日的驿马。到己卯日作者听说，陇西公的事情有眉目了，到壬午日彻底解决了，因为壬午日的午火正好能克课中申金。作者最后到戊申日才回家，正应验了末传申的应期。

再回头看此课，发用申七，白虎七，二七一十四，正好陇西公己巳日进入县城，到壬午日结束，这期间整整十四天，而发用为日破代表破财②，而且中传财被初末兄弟劫夺，因此还应验了破财，数目也是十四。正时午为张姓为正南，正好涉及的当官的就姓张，他就在正南住，初末申也是张姓，为西南，而请客花钱，客人就姓张，是从西南请来的。作者父亲熬了两个多月，是因为作者本命上丑大吉，类神为父母，更见天将贵人，因此见官。而自己逃避所去的州，离自己家有七里路，申为自己，到寅而止，中传寅正是七，其遁干为戊土，寅属艮卦，艮为山，而作者去的地方就是个丘陵地，村子名字就叫黄村，黄不正是土吗。只所以是七里是因为全课伏吟，因此为近处。

---

① 庚寄在申。

② 徐所说的日破是甲乙日申酉时，丙丁日的亥子时，戊己日的寅卯时，庚申日的巳午时，壬癸日的辰戌丑未时，主破财走失之事。

例二十七：某占讼，己巳年五月丁卯日未将丑时，乙酉生四十五岁，行年为戌。(《牧夫占验》)

己巳　庚午　丁卯　辛丑　　十月未将甲子旬戌亥空

	朱	合	勾	青	
	亥	子	丑	寅	
蛇戌					卯空
贵酉					辰虎
	申	未	午	巳	
	后	阴	玄	常	

空	贵	阴	勾	父	丁卯	空
卯	酉	未	丑	财	癸酉	贵
酉	卯	丑	丁	父	丁卯	空

王牧夫曰：此讼乃见贵而起罪重落狱遣戍也。盖发用天空，三传反复是卯酉。卯酉乃私门也，贵人坐此一官未了，又换一官，反复不止一次。喜太岁上神亥克丁，乃是今日德神，年上辰戌为牢狱，乘白虎，故主落狱，阴神戌与命作合，罪止遣戍而已，且贵临卯酉，占讼多牵他人，后果一一如占。

解：其实六壬分析可以不拘一格，就连四柱时空也可分析，此课四柱，丁在午月建禄，财官皆损，因此不居本地要行远方漂泊。而且与年月构成卯[①]巳午，因此牵连多人，虚拱官杀之库，因此听官发配。当然在此笔者只是在此说明一下。下面我们回归思路，此课课体反吟，而且三传卯酉反复相冲，因此会被重叠审判，官司也因官而起。而且太岁巳上为亥临朱雀克日，因此官讼不免，但是所幸运的是亥为日德。本人行年为戌，其上临辰，为牢狱杀，而且天将白虎，因此必然落狱。而且初传末传天空为狱，但是因为卯酉相冲为门户冲，因此最终会被发配。再结合行年上辰之阴神戌与本命酉上神卯相合，因此会被发配边远地带。

例二十八：己卯年戌月丁未日辰将丑时，程载翁己卯生，六十一岁占讼。

	蛇	贵	后	阴	
	申	酉	戌	亥	
朱未					子玄
合午					丑常
	巳	辰	卯	寅	
	勾	青	空	虎	

常	后	常	后	官	辛亥	阴
丑	戌	丑	戌	子	庚戌	后
戌	未	戌	丁	子	庚戌	后

---

① 辰。

王牧夫曰：官讼渐息，身心渐安宁矣，但文书此次受驳，再递到十月，方可决绝了，释后果受驳，至十月始准详结。

盖丁乃柔火，动荡不常，今丁日戴戌墓，是火有所藏，则不乱动，况深秋火亦休息，故曰官讼渐息，身心安宁。其文书初受驳者，酉贵为今日之财，坐午上乃贵人坐堂上持权，本命乘天空相冲，正时又冲支辰，兼动身位，故需再递也，十月上寅木文书与官作合，亥为十月建，又丁火绝于亥，故主十月方能决绝了释也，验甚。此数若以戌墓为凶则当入狱，然官司已拖三年，不当以此论断法，当知权变，若新讼夏占又当以凶论也。

例二十九：乾隆己卯年巳月辛未日酉将申时占，己酉命人官讼，三十一岁。（《牧夫占验》）

	勾	青	空	虎	
	午	未	申	酉	
合巳					戌常
朱辰					亥玄
	卯	寅	丑	子	
	蛇	贵	后	阴	

虎	空	阴	玄	兄	壬申	空
酉	申	子	亥	子	亥	玄◎⊙
申	未	亥	辛	兄	壬申	空

王牧夫曰：此代占也，其友人之母已经改嫁，常来取索，一日先服毒药而来，其家恰门闭未开，坐移时吐黑水而死，友人代占其吉凶，余曰冬蛇掩目，主有凶事，上申下申，中见自刑之水主毒在中，或上或下，其象如此，且友人命在酉，上见戌而空而年立岁破[①]幸不至受刑落狱也，贵人坐丑冲支，其事可释，后果验，然事有权宜，生母非他人可比，千求万乞不宜拒绝，当顾养身，始为合理，今年立申酉顽金坚固之乡，而戌酉又在不明之地，亦为子者不善处耳，致有此不幸之事也，呜呼，能如范文正公者有几人耶。

例三十：乾隆丁卯年辰月丁亥日戌将辰时，占讼。（《牧夫占验》）

	贵	后	阴	玄	
	亥	子	丑	寅	
蛇戌					卯常
朱酉					辰虎
	申	未	午	巳	
	合	勾	青	空	

贵	空	勾	阴	兄	癸巳	空
亥	巳	未	丑	官	丁亥	贵
巳	亥	丑	丁	兄	癸巳	空

---

① 原作太岁，讹。

王牧夫曰：讼田地乎，曰然。何以知之，曰丁动逢丑未，是以知之，以丑未为田园故也，其讼有四年矣，以巳亥反覆皆四数也，曰何时得结，曰：四月其归结之月乎，始于巳而终于巳也。何以知其归结，鬼临旬尾，官灾不起，是以知之，果结于四月。

例三十一：乾隆己巳年四月癸未日申将戌时，扬商因借河饷事欲赴部谳。

	朱	蛇	贵	后
	卯	辰	巳	午
合	寅			未	阴
勾	丑			申	玄
	子	亥	戌	酉
	青	空	虎	常

朱	贵	常	空	财	辛巳	贵
卯	巳	酉	亥	子	己卯	朱
巳	未	亥	癸	官	丁丑	勾

王牧夫曰：上明下暗，半路必回，天上好音，凶去吉来，后果至。半路得恩旨释回，盖癸未旬尽，亥为支尽，二尽相交主灾晦，癸即丑，丑乘勾陈，主身被留滞，喜太岁作德神发传，占讼得此最美，自巳传丑，乃自明传夜，故曰上明下暗，丑卯巳为出户，今自巳传丑，乃入户之象，故主半路必回，太岁贵人作德神，故曰天上好音，又卯为朱雀，作子孙救神也，其后果然，推而言之，癸未乃旬尽之日，明日甲申又即申将管事，时上见申为仪神，救解百事，况发用与之作合乎，四月巳为皇诏，又为德神，年上见之，吉无疑矣。

例三十二：康熙乙巳年二月十二己巳日戌将申时，高邮王周士都司不说某事，代占友人壬子生，四十四岁。(《捷录》)

	青	勾	合	朱	
	未	申	酉	戌	
空	午			亥	蛇
虎	巳			子	贵
	辰	卯	寅	丑	
	常	玄	阴	后	

合	青	蛇	合	财	亥	蛇◎
酉	未	亥	酉	兄	乙丑	后⊙
未	巳	酉	巳	官	丁卯	玄

断曰：日上乘官符，支上亦是官符，是占此人之讼也，讼因奸诡蔽匿，事干朝廷，鬼乘玄武，已入宅也。当破家荡产，死中复生。盖四下生上，为

源消根断，且破败临身，岁破发用，支神死气用起返魂也。讼累多官，三传初中遁乙，末又鬼也，必须坐狱，法司械系。初旬空，中关神，命又乘寅鬼，奸吏为祸，故李抚臣起讼端，然始凶终救，必是恩赦，宥死发配，盖酉加巳为配，且日上年上乘皇恩，命上见月德也，后方知贾象因李抚臣诈赃事，因盗窝以致朝廷罪谴，况午加辰为朱雀入勾陈，午加病符是旧事复发。

例三十三：辛未四月丙辰甲午时，莱阳迟芝莱父师在京考选相会时偶占。(《指南》)

	六	朱	蛇	贵	
	申	酉	戌	亥	
勾	未			子	后
龙	午			丑	阴
	巳	辰	卯	寅	
	空	虎	常	玄	

蛇	勾	贵	六
戌	未	亥	申
未	辰	申	丙

财	庚申	六
官	癸亥	贵
父	甲寅	玄

陈公献曰：传、将、财官、驿马、城吏递互相生，大吉。迟公曰：曰：此公已撄重戮，付刑部狱，生全即出望外，矧敢非分求乎？曰：月德发传，中传贵绝，上见长生，此为绝处逢生，支上皇恩化戌，斗罡居命，指日出狱，难免谪戍，然将来仕途显达。后朝廷因亢旱祈雨，壬戌日赦文武大臣七人，此公在赦内。后知为张逢玄先生也。十二年后，果历仕途显要，今为少冢宰，寻转大司空。

例三十四：崇祯丙子年二月乙未日戌将己卯时，御马监太监冯允升被逮，刑部已定重辟，求占。(《指南》)

	贵	后	阴	玄	
	子	丑	寅	卯	
蛇	亥			辰	常
朱	戌			巳	虎
	酉	申	未	午	
	六	勾	龙	空	

六	阴	空	蛇
酉	寅	午	亥
寅	未	亥	乙

子	甲午	空
财	辛丑	后
官	丙申	勾

陈公献曰：此课必遇恩宥，仍拔重用之兆。盖以日上皇恩，支见天赦，又太岁贵人生日，罪虽至重，亦能转凶为吉。传将递生，初末引从子命，定

主上台推荐。果五月奉旨热审，开豁谪戌，发京营立功，后监洪黑二将，及予追剿有功复职。

例三十五：崇祯丙子年二月乙未日己卯时，东省登州戚都司讳司宗者因失机已定，重辟八载，占吉凶若何？（《指南》）

	贵	后	阴	玄	
	子	丑	寅	卯	
蛇	亥			辰	常
朱	戌			巳	虎
	酉	申	未	午	
	六	勾	龙	空	

六	阴	空	蛇
酉	寅	午	亥
寅	未	亥	乙

子	甲午	空
财	辛丑	后
官	丙申	勾

陈公献曰：六月遇赦，转凶为吉。缘长生临身，天赦加支，况太岁贵人俱作恩星，罪虽重，亦减轻矣。尤可喜者，传将递生，初末暗拱未命，仍有公卿推荐，他日出仕之象也。果六月奉命热审，豁罪谪戌，发京营立功自赎，后辛巳年升甘肃镇中军参将。[①]

例三十六：丙子三月己酉日戌将丁卯时，粤东少伯陈秋桃太史，为宗藩建言被逮刑部，占出狱。（《指南》）

	贵	后	阴	玄	
	子	丑	寅	卯	
蛇	亥			辰	常
朱	戌			巳	虎
	酉	申	未	午	
	六	勾	龙	空	

蛇	常	六	阴
亥	辰	酉	寅
辰	酉	寅	己

财	辛亥	蛇
印	丙午	空
兄	癸丑	后

陈公献曰：目今不能脱难，交四月甲戌日巳时方出狱也。同难诸缙绅皆曰：指日即出。余曰："不然，发用驿马坐墓，且赤鸟犯岁君。如上疏旨意必驳。"众不然其说，三月冯大司寇上疏，旨意驳下，四月上疏，依拟脱罪。因四月建巳，冲初传墓中驿马，方有出狱之应也。

例三十七：崇祯壬午年七月甲午日庚午时偶有一客至埂子街寓中，坐定

① 笔者按：此课与上例同一时间，课传相同。唯独年命不同，读者可以参考而阅。

时余为袖传课。(《指南》)

	六	勾	龙	空									
	辰	巳	午	未									
朱卯					申虎	六	勾	后	贵		父	庚子	后
蛇寅					酉常	辰	巳	子	丑		父	己亥	阴
						巳	午	丑	甲		财	戊戌	玄
	丑	子	亥	戌									
	贵	后	阴	玄									

陈公献曰：公科第中人，非田姓即王姓也，然有朝廷之事连累。盖贵临身人，必科第中人；然贵被干克，岁破发用，课传退茹，是以有获罪朝廷之事。喜初中后阴为恩赦，无大咎也。后知为襄阳知府王承曾，甲戌进士，以失城逮问，贼破燕京始出。[①]

例三十八：崇祯癸酉年四月癸亥日丙辰时，宜兴周首辅因陈科长弹论，命医者周诚生来占。(《指南》)

	龙	空	虎	常									
	戌	亥	子	丑									
勾酉					寅玄	勾	后	空	蛇		财	戊午	蛇
六申					卯阴	酉	辰	亥	午		兄	癸亥	空
						辰	亥	午	癸		官	丙辰	后
	未	午	巳	辰									
	朱	蛇	贵	后									

陈公献曰：朝官占此，必主去位。盖因传将递克，德不胜刑，主小人进用而君子退位。且贵禄财马俱逢空陷，岂能善后乎。又夜贵临行年，即不仕闲官也。交六月后，年上日禄天马冲动身命，是其行期矣。喜四墓覆生，仍有复起之兆。果六月准辞，驰驿回里。

例三十九：崇祯辛未年四月戊午辛酉时，山东吏垣宋大升相召占课，云非己占。(《指南》)

---

① 程树勋按：《明鉴》辛巳年二月张献忠入襄阳，杀襄王，焚王宫，知府王承恩遁，原书荆州知府错也。

朱　蛇　贵　后
巳　午　未　申
六辰　　　　酉阴
勾卯　　　　戌玄
寅　丑　子　亥
青　空　虎　常

蛇	蛇	朱	朱	父	丁巳	朱
午	午	巳	巳	子	庚申	后
午	午	巳	戊	鬼	甲寅	龙

陈公献曰：在朝官占此，提防台谏封章而回，还得好旨归里。盖因传将互克，伏吟丁马，且太阳无光矣，岂能久居廊庙乎？然喜朱雀德禄生日，故得好旨归里。后知为四明讳象坤钱相公所占。果因人言，请告而去。

例四十：崇祯丙子年二月乙酉日辛巳时，淮阳巡抚吴公振缨浙江湖州人，因贼焚凤灵被逮，刑部已定重辟，索占吉凶。(《指南》)

朱　蛇　贵　后
戌　亥　子　丑
六酉　　　　寅阴
勾申　　　　卯玄
未　午　巳　辰
青　空　虎　常

龙	阴	阴	六	财	乙未	龙
未	寅	寅	酉	父	戊子	贵
寅	酉	酉	乙	子	癸巳	虎

陈公献曰：目今必遇恩赦，六月便有出狱之征。盖因皇恩临干，天赦居支，又中传太岁作贵人生日，罪虽至重，亦能转凶为吉。但嫌戌临孟位，又为本命，谪戍未能免也。后曹大司礼奉命热审，开豁改戍。

例四十一：崇祯癸未年七月丁未日丁未时，丹阳茸村盛顺白，被逮进京，舟泊邗关请占。(《指南》)

六　勾　龙　空
寅　卯　辰　巳
朱丑　　　　午虎
蛇子　　　　未常
亥　戌　酉　申
贵　后　阴　玄

朱	龙	朱	龙	鬼	辛亥	贵
丑	辰	丑	辰	子	甲辰	龙
辰	未	辰	丁	子	甲辰	龙

陈公献曰：其事定然辩雪，到京公讼自休。盖月将青龙加临干支，勾陈生日，官鬼空陷，是以公讼辩雪，自休息矣。

曰：为周相公占课何如，手取棋子三十二枚，以十二除之，余八枚，亦是此课。曰：己丑命见日墓，年乘三刑，与寅命相去甚远，焉能无罪？十二月间相国赐死，甲申三月李贼破京城，盛脱自归。

例四十二：崇祯丁丑年五月甲子日巳时申将，浙上虞顾友与徽友吴子达为壬午命人代占吉凶。(《指南》)[①]

	龙	勾	六	朱								
	申	酉	戌	亥		虎	阴	龙	常	鬼	壬申	龙
空未					子蛇	午	卯	申	巳	父	乙亥	朱
虎午					丑贵	卯	子	巳	甲	比	丙寅	后
	巳	辰	卯	寅								
	常	玄	阴	后								

陈公献曰：月将龙官内战，必因宰辅窝里生非而败事。但龙官与年神生合，断非寻常可比，嫌干乘飞符，支见游魂，目今人宅必有灾非之事。且本命上勾陈为祟，又丁动刃逢，贵人履狱，必忧公讼拘係，然喜勾阴生日，事可辨雪。曰：日后如何？予云：喜德神禄马会入天门，定然位居显要，忌见旬空，难以久远。后知为常熟钱牧斋太史占也，甲戌岁官到大宗伯。

例四十三：崇祯丁丑年七月丁亥日甲辰时，太仓中翰钱是奄占常熟陈南洲逮问吉凶。(《指南》)

	龙	勾	六	朱								
	午	未	申	酉		阴	后	朱	六	财	甲申	六
空巳					戌蛇	丑	子	酉	申	财	乙酉	朱
虎辰					亥贵	子	亥	申	丁	子	丙戌	蛇
	卯	寅	丑	子								
	常	阴	后	后								

陈公献曰：占讼最凶，全无救解。盖皇诏发用坐空，又蛇虎二墓加临卯

① 原书未载本命，愚据《文武星案》书中补入。

酉，此为冢墓门开，必主重重死丧也。又传将纯劫杀，丁火日干，而病死墓绝俱见，如何有救？且年上勾刃带木，是用刑人执杖，定遭凶死。其后果奉旨廷杖，枷死二人。[①]

例四十四：崇祯丁丑年十一月癸未日丙辰时，山东李抚台（懋芳），被总镇刘泽清参劾逮问，占何日脱难。（《指南》）

	六	朱	蛇	贵	
	寅	卯	辰	巳	
勾丑					午后
龙子					未阴
	亥	戌	酉	申	
	空	虎	常	玄	

勾	蛇	阴	虎
丑	辰	未	戌
辰	未	戌	癸

官	丙戌	虎
鬼	乙未	阴
官	壬辰	蛇

陈公献曰：占讼最难辨雪，后却虎头蛇尾。盖课传蛇虎鬼贼，又太岁、岁破克日，主君相见责；所喜者，支上皇恩，命乘天赦；又以初末观之，以凶制凶，反无凶矣。但只今行年恩星泄鬼之气，明春太岁为救，脱难出禁当在彼时。果丑年冬月上疏，新正下旨谪戍。

例四十五：崇祯辛未年四月癸亥日戊午时，商城讳奋渭熊兵长垣，为戊寅命人代占。（《指南》）

	六	勾	龙	空	
	申	酉	戌	亥	
朱未					子虎
蛇午					丑常
	巳	辰	卯	寅	
	贵	后	阴	玄	

贵	玄	朱	后
巳	寅	未	辰
寅	亥	辰	癸

官	丙辰	后
鬼	己未	朱
官	壬戌	龙

陈公献曰：课象虽凶，终不为畏。曰：较张逢玄课何如？余曰：张公课好，此课太岁克日，君上不喜，须得木姓人求解，方可消释也。三传纯官鬼，又关墓覆日，岂不为凶？喜两贵拱身，福德仪神临支；又丁马贵德居命，且

① 程树勋按：此课行年在午，则当是酉生命，蛇墓加命，所以尤凶。年上勾刃带木句，带木二字不可解，以旬遁而言，则勾陈乘未，是空亡。以五子元遁而言，则未支遁得丁干，非乙干谒，何以言其带木耶。岂以未中藏有乙木故耶。

是皇恩天诏，定转凶为吉。其后刑长垣讳觉斯李先生上疏救之，减死谪戍，后知为云间钱相公也。

十二 出差

例一：建炎己酉年闰八月初十丙戌日辰将酉时，王四官，戊寅生，三十岁占差遣。

己酉年 癸酉 丙戌 丁酉

	合	勾	青	空
	子	丑	寅	卯
朱亥				辰虎
蛇戌				巳常
	酉	申	未	午
	贵	后	阴	玄

合	常	阴	合	官	戊子	合
子	巳	未	子	子	未	阴◎
巳	戌	子	丙	父	庚寅	青⊙

邵彦和曰：日来加辰，人向入宅，岂能快利。但日上子作六合，主得子之喜。中传又有六害，喜而又害是虚喜也。此课缘无头不正，遂有阻滞。禄随身入宅，且宜食禄，中末入空亡，乃父母入空，父母者，恩人夆主也，食禄之地更空亡，其事休矣。如要功名，须再修学，尚有高中之理。王丈只欲甚时讨差遣，先生只以可得子，不可望差遣之说告之，王丈笑而不信，及到行在，原文字并寄书铺处，并无片纸可验。方始大惊。既无出身文字，如何参部，遂气愤归家，用功读书，壬子年运司请夆，癸卯年及第，授得丽水县主簿，去任不禄。

盖日来加辰，辰为支所墓，势不能脱出，又本家有子水克制，退又不得，中空亡不进，末空亡更不得进，既两传不进，只得守株待兔耳，官星作合在日，如再求官可矣。守现再进者，不可也。

例二：乾隆壬午年未月癸未日午将卯时詹经历戊午生，二十五岁占有差遣否?

	青	空	虎	常
	申	酉	戌	亥
勾未				子玄
合午				丑阴
	巳	辰	卯	寅
	朱	蛇	贵	后

空	合	勾	蛇	父	丁酉	空
酉	午	未	辰	兄	庚子	玄
午	卯	辰	癸	子	癸卯	贵

王牧夫曰：日内即有差遣，不须过虑也。问是何差，余曰："太岁作财在支上乘六合，其财逢旺，甚大。主万数，当是解饷之差。"公曰："目下运气甚平常"，余曰："运气春夏原平常，但公才干能抵当，何畏。"是日晚，即接运司批命，解京饷数万。

盖此数今日癸卯，明日甲辰，辰在干，虽是墓气，然是次日旬首，解愁眉也，正时与支皆卯，又属贵人制鬼，故时下能振墓脱否也。三传天空递生，主有举荐，末又是日支，故主今日有差遣也，数以理断，其验如此。

例三：崇祯己巳年二月乙巳日辛巳时，楚黄洪半石先生占差，出一成课，已为何姓者批定大同饷部。(《指南》)

	朱	蛇	贵	后	
	戌	亥	子	丑	
六	酉			寅	阴
勾	申			卯	玄
	未	午	巳	辰	
	龙	空	虎	常	

玄	朱	阴	六
卯	戌	巳	酉
戌	巳	酉	乙

兄	甲寅	阴
财	丁未	龙
父	壬子	贵

陈公献曰：此南行数也。彼以禄临戌上，故云北差，不知守土官则论禄，钦差官只论马。今驿马长生居午，必是南差。曰：明日堂上该先拈后拈？予云：后拈得利。盖以初传中传空亡，末见贵人生日故也。次早关中张主政先拈得大同差，果存九江钞关，洪先生得之。

例四：顺治辛卯年二月戊子日戊午时，同乡亲友胡尹二兄，占淮阳巡抚差可复，吏书缺可照旧否？(《指南》)

	六	朱	蛇	贵	
	戌	亥	子	丑	
勾	酉			寅	后
龙	申			卯	阴
	未	午	巳	辰	
	空	虎	常	玄	

六	常	阴	六
戌	巳	卯	戌
巳	子	戌	戊

父	癸巳	常
比	丙戌	六
官	辛卯	阴

陈公献曰：巡方官必复，吏书缺未能如旧。何也？盖因铸印乘轩，主迁官转职，面君奏事，喜日禄临支发用，末传太岁作官，定有差遣，代朝廷巡

狩之官也，且官居奎娄，是风庐有官之兆。又格合回环，四墓加生，去而复来、已废复兴之象，未几工科上疏题复。其不复吏书者，四课不全故占二得一也。

十三　信息、谋为

例一：江府左府，年二十五岁，白身，求荫授，又无学术。一日往苗叔芳家卜课。

	朱	蛇	贵	后
	巳	午	未	申
合辰				酉阴
勾卯				戌玄
	寅	丑	子	亥
	青	空	虎	常

青	青	后	后	兄	甲	申	后
寅	寅	申	申	财	庚	寅	青
寅	寅	申	庚	官	癸	巳	朱

苗叔芳曰：天后、青龙、朱雀三吉将，末又与初传合，可以进身，且始终德合，天城、天吏入传，维持必可成就，天后为用神，须得阴贵人之力，可求刑官，以三传三刑之故，然不免艰辛耳，后果授泉州司马，乃刑官也，终得阴贵人之力而成。

例二：甲辰日辰将丙寅时，占信。(《玉连环末卷》)

	贵	后	阴	玄
	未	申	酉	戌
蛇午				亥常
朱巳				子虎
	辰	卯	寅	丑
	合	勾	青	空

后	蛇	蛇	合	财	甲辰	合⊙
申	午	午	辰	子	丙午	蛇
午	辰	辰	甲	官	戊申	后

雪心曰：三传日同初，辰同中，望占信，责朱雀，今朱雀乘巳，临卯，名朱雀临门，又曰雀腾空，巳为子孙，是卑小信来，应在乙巳、戊申日到，盖巳乃朱雀乘神，申乃朱雀之六合也。

解：占文书信息，古有多法，一般占时逢雀、丙、丁、巳、午，专主文书、信息、请乞类事，如发用或临命更验。因此古人云：“巳午乘贵雀龙常，占文书必应。”这其实是从类神角度出发。在断文书信息的应期上，有法曰：“请问文书何日降，朱禽合日求马上，合起绝处用为真，不见逢空休请望。”即雀马合处、发用绝处可以定文书之期。本例断法符合此法。

另外，有关信息类，有一条特殊断法录于此，可备读者应用研究之用，即罡为天后支干上，此为衣物送来时。即天罡作天后加支主馈送衣物者至。

例三：汀州府戴公讳仪，占风闻朝廷有文字的否，戊戌年六月乙亥日未将巳时。

	青	勾	合	朱	
	未	申	酉	戌	
空	午			亥	蛇
虎	巳			子	贵
	辰	卯	寅	丑	
	常	玄	阴	后	

玄	后	勾	空	官	申	勾◎
卯	丑	申	午	财	甲戌	朱⊙
丑	亥	午	乙	父	丙子	贵

邵彦和曰：七月内必有朝廷文字来，被蒿恼不意而动。果于七月癸巳日文字来，充替河州。盖初传勾陈乘岁马作鬼，中传雀乘太岁，末传贵人，月建前一辰为用，故应七月，申是岁马，带鬼克日，申为传送，又为道路，鬼害故来速也。

例四：三月甲戌日酉将卯时。某秀才，占赴省试，回家望得失之信。

	朱	蛇	贵	后	
	亥	子	丑	寅	
合	戌			卯	阴
勾	酉			辰	玄
	申	未	午	巳	
	青	空	虎	常	

合	玄	后	青	兄	戊寅	后⊙
戌	辰	寅	申	官	申	青◎
辰	戌	申	甲	兄	戊寅	后⊙

邵彦和曰：占求官、望文字，榜已挂报，即至矣，当在四十九名及第耳。果当日榜至，中四十九名。盖课传俱马，又乘青龙，作官星，禄又得后，故主得官。天罡加支，望事立至，用事严紧，故速来。

例五：四月辛亥日申将巳时。寺僧某，占举请长老，望州中文字到否。

	朱	合	勾	青	
	申	酉	戌	亥	
蛇	未			子	空
贵	午			丑	虎
	巳	辰	卯	寅	
	后	阴	玄	常	

后	常	阴	虎	官	乙巳	后⊙
巳	寅	辰	丑	兄	戊申	朱
寅	亥	丑	辛	子	辛亥	青

邵彦和曰：定得文字，目下便至。盖初传日马乘后，为恩泽神。又月建主州府文字。巳时为用，中传即见朱雀，朱雀为文字，故不出巳时见之也。只是长老得了文字，自却有灾，宜保重。乃虎乘墓加身也。果当日文字至，长老交割了，往谢州府，中路镶门柱损，撕下，手废而成疾。

例六：二月辛卯日亥将寅时。张一公占州中相论文字。

	贵	后	阴	玄	
	寅	卯	辰	巳	
蛇	丑			午	常
朱	子			未	虎
	亥	戌	酉	申	
	合	勾	青	空	

青	朱	阴	虎	子	戊子	朱
酉	子	辰	未	父	未	虎◎
子	卯	未	辛	子	戊子	朱

邵彦和曰：文字今日必来，果应。盖昴星课，卯日子加卯，朱雀临门，主文字立至。又子卯相刑，主其来迅速。又三传俱在日辰之上，自主日下必到也。果然。

例七：十月庚辰日寅将午时。李秀才，占往元真观访紫衣张道士。

	贵	后	阴	玄	
	丑	寅	卯	辰	
蛇	子			巳	常
朱	亥			午	虎
	戌	酉	申	未	
	合	勾	青	空	

青	蛇	蛇	玄	子	丙子	蛇
申	子	子	辰	兄	申	青◎
子	辰	辰	庚	父	庚辰	玄⊙

邵彦和曰：此课占访人，其人在本处水火之傍，造墨或为生计事。因事

未毕，必然不出见也。

盖子发用，虽与日辰三合，奈辰课不足，必主事务未毕也。且今日庚金，子水发用，庚落空亡，不能生子，子反畏日上天罡，所以主不出见。罡加孟，为在内，故言在家。言为生计者，庚为水之源，而生神后，神后加辰，神后北方黑色，交合辰土，生计是造墨也。润下卦，有螣蛇火神为用，故曰近水火之傍也。李果访之不见，后询之，果因造墨未毕也。

例八：戊辰日子将酉时。邵彦和，自占一人相访去吉凶。

	蛇	朱	合	勾	
	申	酉	戌	亥	
贵	未			子	青
后	午			丑	空
	巳	辰	卯	寅	
	阴	玄	常	虎	

合	贵	勾	蛇	财	亥	勾◎
戌	未	亥	申	官	丙寅	虎⊙
未	辰	申	戊	父	己巳	阴

邵彦和曰：其人是孤恤一身。盖亥加申为用乃六害空亡，是真正孤辰寡宿课，故知其人单独一人而已。

例九：管学正，辛酉生，四十九岁，往宜兴谒县尹杨公，己酉年十月甲午日寅将戌时。

	朱	合	勾	青	
	酉	戌	亥	子	
蛇	申			丑	空
贵	未			寅	虎
	午	巳	辰	卯	
	后	阴	玄	常	

虎	合	合	后	兄	壬寅	虎
戌	午	午	甲	子	甲午	后
寅	戌	戌	午	财	戊戌	合

邵彦和曰：详课意，吾兄若欲行正道，则不必见之。若行邪道，见之不妨。[①] 盖寅午戌相刁而为狂党，天后六合不正之神，又为失友，主下稍埋怨不足，互相冤抑。夫甲日火局，是十二分盗气，支又来耗我，故大有所费。吾兄纵有所得，左手得钱，右手便送娼家，被官知觉，亦轻视不肯惠矣。管笑

① 爱函曰：此四句当有讹错。

曰：杨尹有书来，安得无利，遂往。杨尹大喜，所赠甚厚，管皆送入娼家，杨察知之，曰：吾多方照顾，欲尔收拾养家，如此胡为，枉做人情矣。遂不相预，仅与盘缠而归。

盖炎上课，甲日自是不利，又午来蚀甲，天后六合皆不正之神，主酒色蛊惑，四课不足，虽厚本亦主消折，况赤手空拳乎。

例十：三月乙酉日酉将辰时。史某，占访僧见否。

	朱	蛇	贵	后	
	戌	亥	子	丑	
合	酉			寅	阴
勾	申			卯	玄
	未	午	巳	辰	
	青	空	虎	常	

青	阴	阴	合	财	未	青◎
未	寅	寅	酉	父	戊子	贵⊙
寅	酉	酉	乙	子	癸丑	虎

邵彦和曰：和尚出门撞见，要回寺。又有一贵人来访，僧设宴款待。吾兄不得豫也。史果至寺门相见，待欲留茶，俄有侍御来见，僧便设席，史不豫宴。

盖发用空亡，传入贵人，为日之三合，故有贵人来。未为酒食，原为此贵设也。酉来合乙得六合，故主寺门相见，酉为酒克日，未为酒，龙为宴，又作空亡，故虽有酒，不宴我也。[①]

例十一：己酉年八月丁亥日辰将未时，傅清钦乙亥生，三十五岁占出外谒贵。(《一针见血》)

	合	勾	青	空	
	寅	卯	辰	巳	
朱	丑			午	虎
蛇	子			未	常
	亥	戌	酉	申	
	贵	后	阴	玄	

空	玄	朱	青	兄	癸巳	空
巳	申	丑	辰	父	庚寅	合
申	亥	辰	丁	官	丁亥	贵

邵彦和曰：天罡作青龙，真斩关卦，必至出行，但求远在近，求久在邇，

① 一云：史公不预宴者，贵人乘子，加未空亡上也。

突然千里之外，只在目睫之处间，傅云：我往道州见太守，乃姑丈。曰：尔即往见彼，而恩人在近侧耳，求远得近，但看造物何如耳。傅往道州，姑丈却与一书，荐在本州汪通判处就馆，得二百贯钱。

盖天罡青龙千里无踪，故主远出，时上发用，传归父母，却在近宅，末又归在父母，皆归本乡也。

例十二：乾隆丁巳年三月戊戌日戌将午时，东阳寺僧祥明师，壬戌命，五十六岁，欲投阁宪呈词屡遁不收，叩余占断何日能收进？(《残编》)

	勾	合	朱	蛇	
	酉	戌	亥	子	
青申					丑贵
空未					寅后
	午	巳	辰	卯	
	虎	常	玄	阴	

虎	后	贵	勾
午	寅	丑	酉
寅	戌	酉	戊

官	壬寅	后
父	甲午	虎
兄	戊戌	合

断曰：占投呈，看文书、朱雀为主，今中传午为文书，旬遁甲木为官星，乘神是白虎，午与白虎皆道路之神也，寅者，卦属艮，是高山也，今天盘寅去在西北，是西北高岗官至，其处乘神天后，是大士之法像，末传戌为天喜，与卯六合，况寅卯大小官星俱聚于天门，意者，此月十五癸卯日阁宪大人必出拈大士香，登海会寺阙迎路而求之，可蒙收进也，至十五日果一一如断。

又一壬友曰十五日，癸卯得收进者，取末传戌为应期，地盘戌上见卯故得收进也，又云卯日者，卯加在亥，官星乘长生故也。

例十三：雍正乙卯年五月丁卯日未将卯时，阮帝臣老占求孔公司委买之事允否？(《残编》)

	朱	蛇	贵	后	
	酉	戌	亥	子	
合申					丑阴
勾未					寅玄
	午	巳	辰	卯	
	青	空	虎	常	

贵	勾	常	贵
亥	未	卯	亥
未	卯	亥	丁

子	辛未	勾
官	亥	贵◎
父	丁卯	常⊙

黄断曰：求贵不宜贵空，空则无力，且夏令得木局，乃休气。休气者，

废也，不成之象。果于七月另委他人矣。

解：此课占断简单，求贵人办事，贵人入传，那么其象倍现，贵人空亡，因此不成，而且三传三合木局，干支三合丛杂，表示事体多端，并且夏天木气休囚，因此事情不成功。此课三传不离四课，因此整个事情虽然不成功，但是要走一个过程，此为回环课的含义。有关谋望，古人曰：“谋望先须看类神，合神有气必成功。切忌刑冲并破害，成神不入枉劳功。”此课类神出现，合神无气，自然失败无疑。

例十四：乾隆乙亥年八月丁卯日辰将子时，占督院文书批发何如？（《牧夫占验》）

	朱	蛇	贵	后	
	未	申	酉	戌	
合	午			亥	阴
勾	巳			子	玄
	辰	卯	寅	丑	
	青	空	虎	常	

朱	勾	阴	贵
未	巳	亥	酉
巳	卯	酉	丁

财	癸酉	贵
官	亥	阴◎
子	乙丑	常⊙

王牧夫曰：省中文字不能如意，盐窝当大退。丙丁之日批，戊己之日到。果于丁日批，己日到。批语与生意甚无益也。连日大退数钱，甚验。凡占筦抚大位，俱以岁破为用，岁破之上生酉正冲木局，故不能如意也，正时与朱雀六害，与卯相刑，何能有望，窝价是以必退耳。朱雀为批辞，遁辛克支，支为卑下，受墓受克，安得有好语乎。丙丁之日批者，未即丁，又辛与丙合，以丙丁而为期。戊己之日到者，马带巳又合戊也。

例十五：乾隆己卯年十月壬午日寅将戌时，甲申命人，五十六岁占谒贵见否？（《牧夫占验》）

	勾	青	空	虎	
	酉	戌	亥	子	
合	申			丑	常
朱	未			寅	玄
	午	巳	辰	卯	
	蛇	贵	后	阴	

玄	青	朱	阴
寅	戌	未	卯
戌	午	卯	壬

官	癸未	朱
兄	乙亥	空
子	己卯	阴

王牧夫曰：明日必见，见必有言语，不致动气，此后水乳也。其人到辕，三次禀见，俱未见，次日往禀，果传见。见有责备言语。却未曾动气，验甚！盖本命行年逢空，故前此未见，今干支上卯与戌合，又年之阴见贵，来日未发传，木局生贵，故必见也，有言语者，未为朱雀，不动气者，乃未中藏丁，与干壬水作合也，三传木为脱气，则气有所消，故应之耳。

例十六：乾隆己卯年九月壬戌日卯时寅将，占事坏，今欲托人能挽回否？（《牧夫占验》）

	蛇	朱	合	勾
	午	未	申	酉
贵	巳			戌青
后	辰			亥空
	卯	寅	丑	子
	阴	玄	常	虎

虎	空	常	虎	兄	癸亥	空
亥	戌	子	壬	兄	子	虎◎
子	亥	丑	子	官	丑	贵◎⊙

王牧夫曰：此事不能挽回，无希望矣，盖亥乃壬身投支受克，乃身为他人之财，传归子丑空位，又入夜乡，前路黑暗，安能复见，而丑为太常，作鬼临身，此乃亲故中人来坏汝事耳，子亥乃干支罗网，岂能让汝出头乎，故曰无望也，果验。

解：凡占谋望最怕遇到坏人、诳语，古人曰："阴空蛇虎魁罡立，五者相逢必诳人。"此课发用天空立于河魁，正应此语。

例十七：乾隆甲戌年七月壬辰日巳将申时，占成合事。（《牧夫占验》）

	蛇	贵	后	阴
	寅	卯	辰	巳
朱	丑			午玄
合	子			未常
	亥	戌	酉	申
	勾	青	空	虎

青	朱	阴	虎	财	癸巳	阴
戌	丑	巳	申	子	庚寅	蛇
丑	辰	申	壬	兄	丁亥	勾

王牧夫曰：占成合事而财作闭口为用，虽三传递生，有人举荐，奈不能明言，况支辰纯土，闭塞不通，多有阻隔，事无益处，据余看此数，今年宅中尊长与妻宫，暨卑幼皆有灾咎，何也？干上长生，父母也，带白虎凶杀而

支上又值岁刑，巳妻财又坐三刑中为闭口，闭口主兆死亡，蛇为小儿，亦在刑内，支辰为卑幼，种种不吉，见于体用，况太岁在支阴刑冲，而日支又为墓鬼，家运如此，家境如此。岂能望事成合乎，尤当防口舌事争竞也，丑乘朱雀为岁刑克干，故主口舌，是年果间口舌死亡也。

程树勋按，此课之凶在于鬼临三四，且并岁刑太岁也，夫太岁为家长，既遭丑刑，自是不利，若曰长生带白虎，主父母不利，彼指掌赋云，将虽恶，生我则其喜终至。注云，虎勾生我，其力尤雄。此又何以称耶？况诸家壬癸日昼贵咸用巳，独牧夫先生昼贵则用卯，若依诸家用巳贵，则申又不乘白虎凶神矣。

例十八：辛巳年六月廿八壬辰日午将申时，乔继迁翁壬辰生，五十岁占楚匣可得否？（《牧夫占验》）

	贵	后	阴	玄	
	卯	辰	巳	午	
蛇	寅			未	常
朱	丑			申	虎
	子	亥	戌	酉	
	合	勾	青	空	

合	蛇	常	空	子	庚寅	蛇
子	寅	未	酉	兄	戊子	合
寅	辰	酉	壬	官	丙戌	青

王牧夫曰：正时冲初传，事即不能顺遂，况三传本寅午戌财局，为子乘六合者冲去财位而踞之，子与壬同气，乃同事之人有之也，天空在酉临身，乃败气。生之无力，荐之者亦无力也，命上寅，年上丑，皆属艮卦，艮者，止夜，巳为三楚，其地分乘卯为贵人，所合者戌戌加子上，午巳无情，安能得之，后知为张姓者任之，此用贵人者其权操之于官，以运司为之主耳。商总则以旬首为用，六合加于子，亦的，以子为地支之首，六合为商贾，其象可取也。

例十九：乾隆戊辰年戌月戊申日辰将卯时，弟占兄信息。（《牧夫占验》）

	青	空	虎	常	
	午	未	申	酉	
勾	巳			戌	玄
合	辰			亥	阴
	卯	寅	丑	子	
	朱	蛇	贵	后	

玄	常	空	青	兄	庚戌	玄
戌	酉	未	午	子	己酉	常
酉	申	午	戊	父	丙午	青

王牧夫曰：此课后日庚戌日必有信音，但行人不得至，已有动念，盖昴星为课，主信义，所动必准，故应庚戌日，午为文书，青龙乘其上，文书临身，故先有信至，戌酉申为返驾，当主行人至，而酉申皆金，坚固不化，虽有动念而未行也，此课乃唐公主所断，与余复视，其兄数年未有信息，又七十以上人客游在外，安能望其消息，不知道此课昴星，又无凶战，岂得以凶论之，余以理断，果于庚戌日得马溜船上人代寄信云，随后动身来杨也，其弟次日诞辰，青龙居午为宴会，午为南山，即此信到在宴会时，验甚。

例二十：妻占夫信。(《六壬说约》)

己未十月癸丑日申时寅将，

	空	虎	常	玄
	亥	子	丑	寅
青戌				卯阴
勾酉				辰后
	申	未	午	巳
	合	朱	蛇	贵

常	朱	常	朱	官	丁未	朱
丑	未	丑	未	官	癸丑	常
未	丑	未	癸	官	丁未	朱

张鋐曰：三传未丑未，未为官鬼为夫星，雀乘未临干克干为用遁丁，主速。又为日财，因断本日信到，并有财物，果然。

解：此课三传反吟，本身主速，初传丁神发动，而且天将为朱雀，因此应验极快。有财物到是因为癸克丁，丁为日财。

例二十一：兄占弟信。(《六壬说约》)

己未十月甲寅日丑时寅将

	青	空	虎	常
	午	未	申	酉
勾巳				戌玄
合辰				亥阴
	卯	寅	丑	子
	朱	蛇	贵	后

合	朱	合	朱	财	丙辰	合
辰	卯	辰	卯	子	丁巳	勾
卯	寅	卯	甲	子	戊午	青

张鋐曰：三传辰巳午，卯为比肩为弟，雀乘卯临干，有信到。卯克辰为用，辰为日财，亦必有财物，但辰乘合夹克，为数无多，后庚申正月果应，

应在正月者，卯雀临寅也。

解：三传连茹，干支上临罗网，表示近期不可得信息，辰巳午直拱太岁未土，太岁未上见申金传送，因此主次年才能得到信息。申年正月，申为驿马，干支本气旺盛，兄弟用神旺盛才能信息到来。张鋐以类神朱雀为应期，也可作为一说。

例二十二：崇祯己巳年正月己未日庚午时，闽中张少司空讳维枢者索占。(《指南》)

	贵	后	阴	玄	
	子	丑	寅	卯	
蛇	亥			辰	常
朱	戌			巳	虎
	酉	申	未	午	
	合	勾	青	空	

合	阴	合	阴	子	辛酉	合
酉	寅	酉	寅	兄	丙辰	常
寅	未	寅	己	财	癸亥	蛇

陈公献曰：正时胜光，值事天空，此为章奏而占。曰：吉凶若何？余曰：四课克下，名为无禄，况贵乘旬空，龙神克下，主在上者不足，轻则降罚，重则削权。又财官禄马俱入墓绝之乡，急流勇退为佳，否则必有意外之虞。曰：上疏旨意如何？余曰：朱雀乘天喜，阴神见天马，还得好旨归里，后唯冠带闲住，回家未久仙游矣。

例二十三：崇祯癸酉年七月庚子日丙戌时，云间董兑之为乃祖董玄宰太史辞大宗伯，允否？(《指南》)

	空	虎	常	玄	
	丑	寅	卯	辰	
青	子			巳	阴
勾	亥			午	后
	戌	酉	申	未	
	合	朱	蛇	贵	

玄	蛇	青	玄	子	庚子	青⊙
辰	申	子	辰	兄	丙申	蛇
申	子	辰	庚	父	辰	玄◎

陈公献曰：此课不能升迁，请告亦不能退位，却有加衔恩荫之兆，何用辞为？盖因三传全脱，递生空亡，虽有公卿推荐，不受口头虚誉，且日禄归支，印绶逢空，故不得掌篆正官；惟喜皇诏德禄居中乘旺，必有加衔恩荫之

征。又课传回环，进旺之气，岂退位之象，明年春末龙禄传墓，则当请告。次年春，晋宫衔，驰驿归里。

例二十四：崇祯丁丑年八月壬寅日癸卯时，浣中刘退斋太史索占，占问可知是何等人？（《指南》）

	朱	合	勾	青	
	未	申	酉	戌	
蛇	午			亥	空
贵	巳			子	虎
	辰	卯	寅	丑	
	后	阴	玄	常	

蛇	后	阴	常	官	辰	后◎
午	辰	卯	丑	财	甲午	蛇⊙
辰	寅	丑	壬	父	丙申	合

陈公献曰：余玩之良久，断曰：此近君阴贵人也，盖太岁常官临日，阴见夜贵，太阴又居岁位，必近君之阴贵人也。曰：此公主也。然有何事？曷一决之。曰：此必请封荫子之事。盖末传皇诏长生，六合为孩儿，是以知之。曰旨意允否？余曰：传将六阳登天，必事达天廷至尊之前。但嫌初中空亡，必须两次方许封荫。果如其占。

例二十五：崇祯戊寅年三月丙寅日戌将丙申时，兵垣孙鲁山先生，占上疏请告。（《指南》）

	勾	合	朱	蛇	
	未	申	酉	戌	
青	午			亥	贵
空	巳			子	后
	辰	卯	寅	丑	
	虎	常	玄	阴	

青	虎	朱	勾	子	戊辰	虎
午	辰	酉	未	兄	庚午	青
辰	寅	未	丙	财	壬申	合

陈公献曰：请告不允，更主升迁。盖因官登三天，又传将引进，安得退居林下乎？况青龙乘相气，太岁加行年又生青龙、日干，将来功名远大。到后吏部复疏，旨意不允，旋历任宣大制台。

例二十六：崇祯丁丑年六月乙未日甲申时，安庆张痒友占九江职方赵光汴先生请缨行边。（《指南》）

	勾	青	空	虎
	辰	巳	午	未
合卯				申常
朱寅				酉玄
	丑	子	亥	戌
	蛇	贵	后	阴

青	空	朱	合
巳	午	寅	卯
午	未	卯	乙

财	戊戌	阴
兄	癸卯	合⊙
子	甲午	空

陈公献曰：凡阴阳昴星，虽无蛇虎入传，只宜静守，不利动用。盖因贵居本位，驿马旬空，守旧为上。况河魁渡亥，中传断桥，凡事阻隔难行。且赤鸟犯岁君，上疏必撄上怒。后果谪戍，壬午岁授燕辽总督，失机建逮问典刑。如占词讼，名达朝廷，坐死。

例二十七：崇祯辛未年六月癸卯日乙卯时，台中王旋官父师占上疏。(《指南》)

	勾	青	空	虎
	酉	戌	亥	子
合申				丑常
朱未				寅玄
	午	巳	辰	卯
	蛇	贵	后	阴

空	朱	勾	贵
亥	未	酉	巳
未	卯	巳	癸

父	丁酉	勾⊙
官	辛丑	常
财	巳	贵◎

陈公献曰：传将递生，有疏荐人乎？曰：非也，有疏参人耳。余曰：虽三传递生，嫌初末逢空，独存中传，岁破为鬼。又朱雀乘太岁克日；太岁君也，岁破相也，恐得罪于君相，于公不利。后果以上章荐人，下狱拟配。

例二十八：丁丑四月丁酉日乙巳时，浣中刘退斋先生请假省亲占。(《指南》)

	朱	蛇	贵	后
	酉	戌	亥	子
合申				丑阴
勾未				寅玄
	午	巳	辰	卯
	青	空	虎	常

官	甲子	合
子	辛未	阳
父	丙寅	青

官	己亥	贵
父	癸卯	常
子	乙未	勾

陈公献曰：此奏不允所请，必有温旨相留。何以知之？盖天驿二马加临年命，理应行动之象。但发用官贵，德马夹克，天马又恋长生，主不由己而

动。且朱雀又空，为文书不就，中传卯与支上太岁相克，主君上隔阻，有温旨相留也。后果不允假旋。

例二十九：崇祯癸酉年二月丁丑丙午时，松江太仆沈云生先生被京营曹大司礼（曹化淳）参劾，占回奏吉凶。（《指南》）

	蛇	贵	后	阴	
	戌	亥	子	丑	
朱	酉			寅	玄
六	申			卯	常
	未	午	巳	辰	
	勾	青	空	白	

贵	青	空	后
亥	午	巳	子
午	丑	子	丁

兄	辛巳	空
子	甲戌	蛇
父	己卯	常

陈公献曰：天空发用，主为章奏而占。大凡有官君子占得铸印，必主面君奏事、迁官转职。曰：看回奏如何？曰：日禄之阴制禄，罚俸止矣，官何碍乎？交仲伙时，天吏皇诏生日，青龙日禄居丑，必然荣擢吴越斗牛之地。虽嫌四课上下冲害，又喜交车合禄，先虽参差，而后和好也。及回奏，果罚俸，秋升闽抚，有功，寻授两广总督。

例三十：崇祯丁丑年十一月丁亥日戊申时，东省户垣讳三杰孙科长代同乡丁科长，占守科失红本回奏。（《指南》）

	贵	后	阴	玄	
	亥	子	丑	寅	
蛇	戌			卯	常
朱	酉			辰	虎
	申	未	午	巳	
	合	勾	青	空	

贵	空	勾	阴
亥	巳	未	丑
巳	亥	丑	丁

兄	癸巳	空
官	丁亥	贵
兄	癸巳	空

陈公献曰：官必降罚，职必更改。曰：今朝廷责之，已过当矣，矧又重其责乎？曰：龙神克战，课将返吟，居官定难满任，况巳为驿马，上乘皇诏，主一任未了，二任又临。曰：此更职无疑。后部议降三级，回旨不准；拟降五级，又不准；拟降别衙门，然后依拟。

例三十一：崇祯戊辰年十二月戊申日庚申时，予在燕京，会高仁斋、夏客还、张环玉在礼部，李戴溪先生座索占。（《指南》）

	合	朱	蛇	贵	
	戌	亥	子	丑	
勾酉					寅后
青申					卯阴
	未	午	巳	辰	
	空	虎	常	玄	

虎	贵	阴	合	官	卯	阴◎
午	丑	卯	戌	子	戊申	青⊙
丑	申	戌	戊	兄	癸丑	贵

高仁斋断曰：卯与戌合，为大六合，六合加戌为小六合，喜末传月将贵人，定然片言入相。予反其意曰：太阴临卯，空即不能成名，此乃旧事又举行者，二月还宜慎重。曰："何以知其旧事？"余曰："旧太岁发用，且四墓覆生，主已废复行，沉而又举也。嫌初中龙官空战，朱雀阴见玄墓，若上疏，旨意不佳。"果后以改授上疏见驳，几至察处。

十四　战争

战争预测在大六壬典籍中占有相当多的专门论述，而且战争预测所涉及的范围也比较广，比如占伏兵、占避敌、占驻扎、占突围、占行军等等。其中最主要的是论贼兵来否，占贼兵来否的主体论法不外乎游都、鲁都，有关其他占法，读者可参考相关书籍，下面我们就游都、鲁都等重点进行论述。有关游鲁我们介绍以下歌诀：

贼欲相凌切要知，游都作限用推之。
游都甲己常居丑，乙庚在子丙辛箕。
丁壬居巳言非缪，戊癸从申更不移。
游都覆日今将到，前支一日在明期。
二三依次须防御，若临前四不侵围。
游都旺相支干畏，贼势凭凌难守持。
游都合处喜降卒，畏下难侵大战时。
居在东南灾稍重，若临西北祸当微。
不见游都视天乙，临处还如都将推。
子辰巳未加今日，贼盗猖狂疾似飞。

以上所介绍的为游都起法与用法，游都者，甲己日为丑，乙庚日为子，丙辛日为寅，丁壬日为巳，戊癸日为申，游都所冲之处就是鲁都。关于丙辛日，古人也有以亥为游都的。下面举例说明。

例一：己丑　戊辰　辛卯　乙未

	合	朱	蛇	贵							
	卯	辰	巳	午							
勾寅				未后	虎	青	贵	阴	父	己丑	青
青丑				申阴	亥	丑	午	申	子	丁亥	虎
					丑	卯	申	辛	兄	乙酉	玄
	子	亥	戌	酉							
	空	虎	常	玄							

解：日干辛金，辛日游都为寅，寅加辰，在地盘日支卯前一辰，因此根据歌诀“前支一日在明期”主贼兵明日到。

例二：己丑　戊辰　壬午　丙午

三月寅将甲戌旬申酉空

	勾	合	朱	蛇							
	丑	寅	卯	辰							
青子				巳贵	虎	合	朱	阴	官	甲戌	虎
空亥				午后	戌	寅	卯	未	财	壬午	后
					寅	午	未	壬	子	戊寅	合
	戌	酉	申	未							
	虎	常	玄	阴							

解：壬日游都在巳，巳加酉，在地盘日支午的前三辰，因此主贼后三日到。

例三：己丑　丙寅　庚子　丁亥

正月丑将甲午旬辰巳空

	贵	后	阴	玄							
	未	申	酉	戌							
蛇午				亥常	合	青	虎	玄	父	辰	合◎
朱巳				子虎	辰	寅	子	戌	官	甲午	蛇⊙
					寅	子	戌	庚	兄	丙申	后
	辰	卯	寅	丑							
	合	勾	青	空							

解：庚日游都为子，子加戌，在地盘日支后二辰，因此为游都不见，此时看天乙贵人，天乙贵人未加巳，在地盘日支前五辰，主贼兵已经过境，必然不来。

古例

例一：三月甲辰日酉将未时，越王占归国。

	空	虎	常	玄	
	未	申	酉	戌	
青	午			亥	阴
勾	巳			子	后
	辰	卯	寅	丑	
	合	朱	蛇	贵	

虎	青	青	合	财	甲辰	合⊙
申	午	午	辰	子	丙午	青
午	辰	辰	甲	官	戊申	虎

吴王赦越王归国，越王登车，范蠡①执御，至三津之上，仰天叹曰：嗟乎，孤之屯厄，谁念复生度此津也。谓范蠡曰：今三月甲辰，时加日昳，孤蒙上天之命，选归故乡，得毋后患乎。范蠡曰：大王勿疑，直眂道行，越将有福，莫当有犹。②

程树勋按：斩关卦，诸书只云利于逃亡及藏形遁迹等事，殊不知利于治国，亦利行师，观越王此归之后，终能霸越治吴，固为显证，尝读柳柳州（即柳宗元）《龙城录》云：上皇始平祸，在官所与道士冯存澄，因射覆，得卦曰合因，又得卦曰斩关，又得卦曰铸印乘轩，澄启谢曰：昔此卦三灵为最善，黄帝胜炎帝而筮得之，所谓合因斩关，铸印乘轩，始当果断，终得嗣天上皇掩其口曰止矣。默识之矣，后即位，应其术焉。（上皇即明皇也）又读欧阳公五代史，贺环传云：事郓州朱宣为都指挥使，梁太祖攻朱瑾于兖州，宣遣环与何怀宝、柳存等，以兵万人救兖州，环趋侍宾馆，欲绝梁饷道，太祖异地至中都，得降卒言环等兵趋侍宾馆矣，以六壬占之，得斩关，以为吉，乃选精兵，夜疾驰百里，期先至侍宾以逆环，而夜黑，兵失道，旦至巨野东，遇环兵击之，环兵大败，走，梁兵急追之，环顾路穷，登塚上大呼曰：我贺环也，可弗杀我，太祖驰骑取之。凡此皆足资考证，独是此两课，皆不载月将日时，无式可演，特因论斩关卦而附载之于此。

---

① 范蠡（前536—前448年），字少伯，春秋末期的政治家、军事家和经济学家。楚国宛（今河南南阳）人。著作有《计然篇》、《陶朱公生意经》等。

② 按此为斩关课，大利逃亡。

例二：晋元帝五年十月丁亥日寅将子时，闻毛宝叛兵当来攻武昌城，戴洋占之。

	朱	蛇	贵	后	
	未	申	酉	戌	
合	午			亥	阴
勾	巳			子	玄
	辰	卯	寅	丑	
	青	空	虎	常	

空	常	阴	贵	财	乙亥	贵⊙
卯	丑	亥	酉	官	丁亥	阴
丑	亥	酉	丁	子	己丑	常

戴洋曰：十月丁亥，夜半时得贼问，干为君，支为臣，干为征西府，亥为郏城，功曹为贼神，加子，时十月水旺木相，旺相气合，贼必来，寅数七，子数九，贼高可九千人，下可七千人，从魁为贵人加丁，下克上，有空亡之事，不敢进武昌也，贼果陷郏城而去。

例三：庆历八年，郝太尉统兵河东，忽探来报云：西番有使者入界，太尉遂召元轸占之，时八月丁丑日得未时，以月将天罡加未。(《玉连环末卷》)

	合	勾	青	空	
	寅	卯	辰	巳	
朱	丑			午	虎
蛇	子			未	常
	亥	戌	酉	申	
	贵	后	阴	玄	

常	后	朱	青	官	丙子	蛇
未	戌	丑	辰	子	庚辰	青
戌	丑	辰	丁	子	甲戌	后

元轸对曰：据此课象，有阴谋亏损主将及军兵之事，切勿与相见，相见必至无礼，内生恶意，太尉曰：奉使乃好事却课象不吉，未知祸生何处？轸曰："皮革之间，必藏凶器刃物，宜预备之。"太尉遂传令，进奉人等，可将随身所有刀枪之物，先于界牌之外搜索，逐队罄身而入，到帐相见。其进奉人等各物件，并于城门前，逐一搜检，稍有锋刃之物，尽收纳于城门之外，候回程日，仍旧给付。次日令番将担擎礼物，赴厅排列，并是朱红漆皮笼十余只。番使曰："笼内有香药、金银、酒器、盘碟之属。"太尉问轸曰："此言实否？"轸曰："昨日之课，有阴谋狡计在皮革之间。"遂令军士千人围之，先打开一只内，果有刀刃，即将番使擒下，次将皮笼尽行打开，并是阔刀、衣

甲、枪头、铁鎚之物，太尉大怒，番将曰："我等奉大王命令来谋算招讨，取夺城池，不期神明洞察，致败露矣。"

仪曰：课得阴日昴星，主有阴谋、诡计及惊恐，又魁罡在日辰，主欺诈奸恶。子水克日加卯，为鬼贼临门户，上乘螣蛇凶将无礼刑战，又太尉行年在子，受卯上螣蛇之刑，乃来使有无礼之谋、巧算之意，八月建酉，月建主州府，上见白虎乘午火，午为皮革之类，午是败火，酉是旺金，火不自胜，灼烁无功，上乘白虎为凶神，邀入金器，乃主毒藏皮革之中，子水克日本凶，却得辰戌土神在干支之上而为救援，故主败露，不成凶矣。

例四：十一月己亥日寅将申时，卜安丰贼寇。(《一针见血》)

	蛇	贵	后	阴
	亥	子	丑	寅
朱戌				卯玄
合酉				辰常
	申	未	午	巳
	勾	青	空	虎

蛇	虎	青	后	父	巳	虎◎
亥	巳	未	丑	财	巳亥	蛇⊙
巳	亥	丑	己	父	巳	虎◎

祝泌奏曰：死气临日支发用，将见白虎，杀气颇重，虏贼未退，月破临城，乘生旺之乡，不至大害，在危疑之间，不至大害者，螣蛇能制白虎也，亦主危疑者，游都加人民也，臣以术测之，安丰必先败而后胜，安丰受害之民必有损伤，然终可以全保。

例五：十一月戊子日寅将卯时，卜安丰敌寇。(《一针见血》)

	合	勾	青	空
	辰	巳	午	未
朱卯				申虎
蛇寅				酉常
	丑	子	亥	戌
	贵	后	阴	玄

玄	阴	朱	合	兄	丙戌	玄
戌	亥	卯	辰	子	乙酉	常
亥	子	辰	戊	子	甲申	虎

祝泌奏曰：三传戌酉申，连续而退，乃寇渐退之象。所占安丰，彼地受敌日多，今臣敢忘国家之忧，即以自占，亦到宥府占之，得数课，皆是临日辰月建，月建乃候伯之权，即所卜安丰之郡也，游都为寇，即栖其位，是虏

寇迫城之象，今之所占，游都在日干前四位，在日支后三位，占法云：二三依次须防御，若临前四不侵围。由此推之，可知虏寇已退矣。第未去，盖游都尤在日支后三位也，初传天魁，未免失利，又占戌加亥，日间动为信喜，而三日内音信当至矣。

解：此课，祝泌以干支前后看游都。读者要特别注意，盖干支为太极主体，以干支而论也是有道理的。

例六：丙午日占夷寇。(《一针见血》)

	合	勾	青	空	
	寅	卯	辰	巳	
朱	丑			午	虎
蛇	子			未	常
	亥	戌	酉	申	
	贵	后	阴	玄	

蛇	勾	贵	合	官	壬子	蛇⊙
子	卯	亥	寅	财	己酉	阴
卯	午	寅	丙	兄	丙午	虎

祝泌奏曰：四课皆无克，辰之阴神子，克日为用，日，内也，辰，外也。外来克内，夷来侵扰之象，遥克谓之无刑，幸而游都与贵人皆在三传之外，主虏目今在境矣。推此课，蛇虎在传，四仲相交，歌曰：今日辰当为子午，传中四仲类相因，三交家隐奸私客，不是逃亡将避迍，推目今边境，想已被外寇来侵，不利而去，但课之始终，吉气少而凶气多，未能免寇至之患，目今之吉者，发用落空，游都在三辰之外也，未能免寇者，四仲相续，蛇虎为初终也，不至大害者，太阴在传，贵顺而加日本也。

解：丙辛日的游都自古有争议，此处祝泌所用为丙辛在亥，以亥为游都而论。

例七：十月初一丙辰日卯将巳时，占边事。(《一针见血》)

	勾	青	空	虎	
	卯	辰	巳	午	
合	寅			未	常
朱	丑			申	玄
	子	亥	戌	酉	
	蛇	贵	后	阴	

蛇	合	朱	勾	子	丑	朱◎
子	寅	丑	卯	官	癸亥	贵⊙
寅	辰	卯	丙	财	辛酉	阴

祝泌断曰：此课传退名极阴，以此占边，旄头大煞在初传，其占，颂曰：丑卯求吉，吉凶便临，则主边疆平定之旨，今日再来游都贵人在日后，已隔三辰，虏已退，但上下游都皆入课传，恐无厌再来，期在十二月，三传天官无凶，宜不至大害，而不可忽也。

例八：十月丙子日卯将申时，上宣谕占边事。(《一针见血》)

	蛇	朱	合	勾	
	子	丑	寅	卯	
贵亥					辰青
后戌					巳空
	酉	申	未	午	
	阴	玄	常	虎	

合	常	常	蛇	官	丙子	蛇
寅	未	未	子	子	癸未	常
未	子	子	丙	父	戊寅	合

祝泌奏曰：臣详此课，三上克下，日阴不备，日之支来就日之干，而又客来伤主，主乃藏伏，谓螣蛇在巳，为入穴故也。此课宜固守，若论四课不备，又皆克下，势在再虞，惟勾陈是卯，与日干上子，不相伤，而玄武属金，反来克勾陈，又游都在日后，主寇添兵未已，卒战未利，若固守二三日，无有解围之期，臣曾占此事，皆见白虎，临月建。月建者，城邑也，即安丰之境土也。白虎为戎兵动扰，其所乘属火。今日丙上见子，足以制之，虽锥危而安，惟固守勿轻出战，遇此三四日，自可保全。若轻动则招忧也。[①]

例九：辛丑年九月二十三丁未日卯将戌时，占寇。(《一针见血》)

	蛇	朱	合	勾	
	戌	亥	子	丑	
贵酉					寅青
后申					卯空
	未	午	巳	辰	
	阴	玄	常	虎	

常	合	常	合	兄	乙巳	常
巳	子	巳	子	子	庚戌	蛇
子	未	子	丁	父	卯	空◎

祝泌奏曰：谨详此课，是八专课，有克为用，用起游都者，正主戎寇之神也。丁日天空在巳，巳火神临子被下贼上，今秋冬火无气，《心镜》曰：

---

① 愚按：祝泌，字子泾，善六壬，著有六壬大占，进呈。此课只云祝氏占，安知非祝泌也，故书其名焉。

“游都旺相支干损，贼势凭凌难守持”。今游都无气，传归巳上，见戌为火墓，则游都立位也，乃受抑塞，其神螣蛇归家，螣蛇亦贼神也，主贼狐疑而遁。

此课月将加戌，戌月建也，月建为城府，其将见天空，天空，卒位也。今天空又归家，主兵卒武战者已归城壁。此戌时课，三传之占也，臣之算术，曾言九十月之交有小寇，易曰：自我至寇，敬慎不败，即而参之。此课主丑类一时干犯，随即逃去，游都在日辰五位，贵人亦在日辰三位，虏已退矣。太常发用，是郡城拆搭未掣之占，然据此数，恐深冬虏再来，又宜戒守臣，无弛预备为主。

例十：十月初九戊午日卯将卯时，上宣谕卜泰州休咎事，或守或攻。(《一针见血》)

	勾	青	空	虎	
	巳	午	未	申	
合	辰			酉	常
朱	卯			戌	玄
	寅	丑	子	亥	
	蛇	贵	后	阴	

青	青	勾	勾
午	午	巳	巳
午	午	巳	戊

父	丁巳	勾
子	庚申	虎
官	甲寅	蛇

祝泌奏曰：课得伏吟，巳申寅，静中有动，守中有战，围中有功之应也。勾陈颂曰：“勾陈前四大将军，兵灾刑斗讼留连。”此课勾陈为用，虽主战而今日干为戊，勾陈乃是德神，与日支干不相克制，则是寇来向我，未至攻占也，申为游都，来在传，亦不制日辰，其神乘白虎，归家不来用事，当是寇兵已合而未临城，况泰州城守见太阴厌翳之神，亦未易动兵，有自刑临，恐人民惊动有伤，尚不至于大伤，蛇在末传，恐未宁静，只是未免忧疑。

例十一：崇祯壬午年正月初八戊寅日子将辰时占援兵何日到，贼何日退？(《课经集》)

	贵	后	阴	玄	
	丑	寅	卯	辰	
蛇	子			巳	常
朱	亥			午	虎
	戌	酉	申	未	
	合	勾	青	空	

虎	合	勾	贵
午	戌	酉	丑
戌	寅	丑	戊

兄	甲戌	合
父	壬午	虎
官	戊寅	后

郭御青曰：此课乃丁督师长公，在汴城头上所占。督台命予断，予断三传喜火局生身，但嫌干上丑为合中犯煞[①]，到十三癸未日，冲去丑字，则援兵到而贼退矣。果于十三日左兵有信，十五日贼移营去。[②]

例十二：崇祯丙子年七月癸丑日午将酉时，占兵。(《课经集》)

	合	朱	蛇	贵	
	寅	卯	辰	巳	
勾丑					午后
青子					未阴
	亥	戌	酉	申	
	空	虎	常	玄	

阴	虎	阴	虎	官	庚戌	虎
未	戌	未	戌	官	丁未	阴
戌	丑	戌	癸	官	甲辰	蛇

郭御青曰：七月十一间，大兵入寨之信，得此课，官鬼满目，幸以凶制凶，蛇虎自冲，不为大害，申为游都，乘月建旺相，主大兵势胜，至九月申入墓则衰，时有会稽陶湛生社丈，问八月科场移否，比时另占一课不记，止记朱雀乘戌为九月，后大兵果于九月初三东归，文场移于九月二十九。

例十三：崇祯甲申年四月庚申日庚辰时，如皋铨部李大生先生，占燕京安危。(《指南》)

	合	朱	蛇	贵	
	戌	亥	子	丑	
勾酉					寅后
青申					卯阴
	未	午	巳	辰	
	空	虎	常	玄	

虎	贵	虎	贵	财	乙卯	阴
午	丑	午	丑	父	丑	贵◎
丑	申	丑	庚	父	丑	贵◎

陈公献曰：贼自西山出奇，用骡车木辒，先攻西南，后攻东北，且有内变之虞。盖因贼符自戌发用，克中末干支贵人，而天空临寅，此地疏虞，贼必乘虚而入，两阴神虎鬼克干支及岁君，左右献城之象。后闻李贼明攻张掖，暗逾东直，城中鼎沸，开门出降，先帝自缢。

解：此课占断的历史时间为明崇祯十七年，公元1644年四月初三所占，

① 丑午相害。

② 愚按：此课之所以贼退者，实因未克初传也，观十五是乙酉日，非明征乎。

该年四月二日己未日立夏。据史载，李自成于1644年三月十七乙巳日兵围北京城，三月十八丙午日申时外城陷落，十九日崇祯皇帝缢死于煤山寿星亭海棠树下，李自成率兵攻进紫禁城。此课占断时北京已经被攻陷，此为古代信息不发达的缘故。但是这并不影响原课的解断。此课贵人丑墓空亡而覆干支，为国已丧之象，而且课体八专，阴阳不分，为国家混沌、混乱之象。贵人墓太岁，而且其阴神午火临白虎凶神，主君主亡。

例十四：乙酉正月丙午日丙申时，总漕部院田百原闻高镇睢州被许定国围困，占吉凶。(《六壬指南》)

　朱　蛇　贵　后
　酉　戌　亥　子
合申　　　　丑阴
勾未　　　　寅玄
　午　巳　辰　卯
　青　空　虎　常

玄　蛇　阴　朱　　财　己酉　朱
寅　戌　丑　酉　　子　癸丑　阴
戌　午　酉　丙　　兄　乙巳　空

陈公献曰：兴平公必被戮。课传从革，合中刑干害支。春占金局为返射肃杀之气；戌命长生被其克尽，全无一点化解，况干乘死气，支乘干支之墓，不惟主堕客计，而主亦自被其愚矣。又干支命年上神俱遭刑克墓害，死又何疑乎？三日后果应。

例十五：顺治二年，乙酉四月二十五[①]，丁丑日辰时，大兵用铳攻扬州，守西门将士索占吉凶。(《指南》)

　蛇　贵　后　阴
　戌　亥　子　丑
朱酉　　　　寅玄
六申　　　　卯常
　未　午　巳　辰
　勾　青　空　虎

贵　青　空　后　　兄　辛巳　空
亥　午　巳　子　　子　甲戌　蛇
午　丑　子　丁　　父　己卯　常

陈公献曰：游都建旺发用，忌临畏地，主大兵迫于不得已而死战也。今

① 二十六日戊寅日小满。

日干支虽旺相，然旺相之气在外，休囚之气在内，城安能保乎？嫌中传被支所刑，辰时又来冲破，铸印见刑冲则为破印矣。且戌为州城、牢狱，勾陈又克日上神，破城放狱，应在顷刻。果于午后，旧城破矣。

例十六：顺治戊子年二月乙亥日癸未时，兴化台中李少文先生相召汪宁牛湾园，虑金兵东下占。(《指南》)

	合	朱	蛇	贵	
	酉	戌	亥	子	
勾申					丑后
青未					寅阴
	午	巳	辰	卯	
	空	虎	常	玄	

青	玄	贵	勾	财	癸未	青
未	卯	子	申	父	乙亥	蛇
卯	亥	申	乙	兄	己卯	玄

陈公献曰：金兵不但不能东下，且不能持久也。盖游都居西南恋生，又离日辰远；虽有贼符临干支[1]，水陆布有伏兵。然乘死绝之气，且初传休囚夹克，末传建旺制初，是守坚敌弱，故知其必不东下而又不能持久也。但太岁合水局以生春夏之木，只今颇能坚守，一交丑年，巳酉丑金局破坏传中之木，即难支吾矣。次年正月果验。

例十七：顺治己丑年正月辛巳日亥将辛卯时，榆林王总兵，其子金吾，官在扬州，闻大同姜总兵乱，占吉凶。(《指南》)

	青	勾	六	朱	
	丑	寅	卯	辰	
空子					巳蛇
虎亥					午贵
	戌	酉	申	未	
	常	玄	阴	后	

玄	青	勾	贵	官	壬午	贵
酉	丑	寅	午	财戊	寅	勾
丑	巳	午	辛	印甲	戌	常

陈公献曰：游都居支前，贼符侵西地，且贵人克干发用，又合中犯煞，西北兵动，据城无疑。初传旺相生合末传，定主内外奸人勾连，中传月建克末传，必然破城杀将。又旬遁丁神临辰阳入辰阴，更有当地边界盗贼蜂起，

---

① 程树勋按：巳申子卯为贼符。

然后来终于归降。

盖因游都临合处也。但火局旺相于春夏，死于秋冬，又大吉日墓临支，是主受客愚而坠客计，交秋事败归降矣。

例十八：己丑三月，偶有六壬诸友相晤，持有丁亥日寅将子时课与余断，云：有贼兵攻武昌，看城池安危。(《指南》)

	朱	蛇	贵	后	
	未	申	酉	戌	
六	午			亥	阴
勾	巳			子	玄
	辰	卯	寅	丑	
	青	空	虎	常	

空	常	阴	贵	财	乙酉	贵
卯	丑	亥	酉	鬼	丁亥	阴
丑	亥	酉	丁	子	己丑	常

陈公献曰："贼自西南而来，城必无虞。"曰："游都离日辰甚远，何以知贼之必来?"曰："酉贵临干发用，故知其来而自西南也。"曰："有众几何?"曰："游都临日辰远，干上贵人又空，惟以正时上下合断，约有七九六千三百。"曰："城无虞者何？盖贵临干受克，故知贼不攻城而去也。"

此课乃晋元帝时，因毛宝叛兵屯郗城，命宰相戴洋占，后载之于史。予初不知，不意断法竟与古事相合，然纯阴之课，干之阴神鲁都克日，主贼有埋伏，又支为城，上神克之，而上神又被阴神所克，主居守不仁且欲自相攻击。又末传生合初贵，主内有暗降之人，此数事，皆前人未发之秘，予不惜笔之于书，以授后之学者。

例十九：顺治甲申年五月十三庚子日辛巳时，高杰率兵自黄河北来，围困扬城近半月，江都令讳日成李父师占城池安危。(《指南》)

	青	勾	六	朱	
	申	酉	戌	亥	
空	未			子	蛇
虎	午			丑	贵
	巳	辰	卯	寅	
	常	玄	阴	后	

白	阴	后	朱	鬼	甲午	白
午	卯	寅	亥	兄	丁酉	勾
卯	子	亥	庚	子	庚子	蛇

陈公献曰：城必无虞，不日围困可解。盖因干支休囚，旺气在内故也。

格合罗网，初传鲁都虎鬼月建，彼兵虽凶，然末传游都将星，又系蛇冲克初传，此为以凶制凶，不过虎头蛇尾而已，故曰不日围解。

例二十：顺治甲申年三月十八丙午日甲午时，卞孟井闻真定被围，占城安否？（《指南》）

	六	朱	蛇	贵	
	申	酉	戌	亥	
勾	未			子	后
青	午			丑	阴
	巳	辰	卯	寅	
	空	虎	常	玄	

后	朱	贵	六	财	戊申	六
子	酉	亥	申	官	辛亥	贵
酉	午	申	丙	父	甲寅	玄

陈公献曰：不惟真定内变城破，即燕京亦有他虞。盖因初传财爻内战，又乘相气冲克旬空之末传，干支又被两阴神所克，支又克支上神，主居民心散，兵马为钱粮内变，左右献城弑主之象。且末传寅为幽燕，被初传申马冲克，燕京安能无虞？即此日京城亦被贼所破，月余闻报，余言皆验矣。

例二十一：顺治乙酉年四月辛酉日丙申时，左藩南侵，总漕田百原恩师奉命勤王，已进发矣，诸将士索占吉凶。（《指南》）

	贵	后	阴	玄	
	午	未	申	酉	
蛇	巳			戌	常
朱	辰			亥	虎
	卯	寅	丑	子	
	六	勾	青	空	

虎	常	空	虎	子	癸亥	虎
亥	戌	子	亥	子	甲子	空
戌	酉	亥	辛	父	乙丑	龙

陈公献曰：此行不吉，主至半途而回。盖白虎驿马临干，虽有虎假虎威之势，赖戌土实能克制，如彼猖狂妄动，定有阻塞。但我兵此行，中末俱空，岂能前进？况辛日南征为灭没旺方，于军不利，干神临支，恐有锐卒前扰。后至扬州，高兵出城抢船，遂与阁部史公商议，抽兵而退。

例二十二：己丑十一月戊辰日甲戌时，山西司化南占得此时课，持来问予看地方安妥否？（《指南》）

	朱	六	勾	青									
	酉	戌	亥	子									
蛇	申			丑	空	龙	蛇	空	朱	财	甲子	龙
贵	未			寅	虎	子	申	丑	酉	比	戊辰	玄
	午	巳	辰	卯		申	辰	酉	戌	子	壬申	蛇
	后	阴	玄	常								

陈公献曰：此地如何得无事？盖游都乘螣蛇临支，定有兵戈扰攘，但城中人民固结居守，粮草器械无一不备。因支生支上神，建壬为财也。初传见子乃轻剽之兵，必自北而来。幸中传辰土山岗所隔，干上昴星作日之盗气、败气，来兵必败怯而退，但城中人民终于归顺。盖龙化为蛇，不成其大事，传将三六相合，末传又生合初传，居守必然归顺矣。曰：此敝地泽州也。果一一如占。

例二十三：乙酉五月初四乙酉日庚辰时，予避初四难于福终庵，同盟副师杨九苞督舟师随征时，修书差官相召同事，予因幼儿随身固辞，乃占一课寄之。(《指南》)

	六	朱	蛇	贵								
	酉	戌	亥	子								
勾	申			丑	后	白	后	贵	勾	官	甲申	勾
青	未			寅	阴	巳	丑	子	申	父	戊子	贵
	午	巳	辰	卯		丑	酉	申	乙	财	壬辰	常
	空	虎	常	玄								

陈公献曰：南都定然归顺，放心前行，但防东南有兵变之虞。盖因末传旺相，财爻生合初传官星，且结水局生日，又合中无煞，是为主者必归顺而贡降也。且干支休囚，则旺气在内，其城不可拔，亦无屠戮之惨，辰阴见太乙白虎，建旺合克酉支，因而提防东南兵变也。后果如其占。

例二十四：辛未四月丙子日丁酉时，莱阳迟父师与同乡宋氏昆弟相召，占东省地方安否？(《指南》)

	勾	六	朱	蛇	
	巳	午	未	申	
青	辰			酉	贵
空	卯			戌	后
	寅	丑	子	亥	
	虎	常	玄	阴	

玄	玄	勾	勾	比	辛巳	勾
子	子	巳	巳	财	甲申	蛇
子	子	巳	丙	父	戊寅	虎

陈公献曰：东南齐分，主有伏地兵将作乱，两军敌战尽遭伤也。日上勾陈月建被支之玄武将星克制，且乘天鬼凶煞，是以有伏地兵将屠杀破城之虞。又传将递克，伏吟见丁马，官防参劾，人民流离。冬月水旺时，玄武得令，必应矣。闰十一月，孔、耿、李三将兵起破山东七州县，人民逃窜，总兵张可大自缢，孙巡抚逮问典刑。

例二十五：崇祯癸未年十二月二十七丁亥日，已交甲申年春，程翔云居广陵，闻兵警，占甲申年岁吉凶，子将酉时。（《指南》）

	蛇	贵	后	阴	
	申	酉	戌	亥	
朱	未			子	玄
六	午			丑	常
	巳	辰	卯	寅	
	勾	青	空	虎	

勾	虎	常	后	兄	甲午	六
巳	寅	丑	戌	子	丙戌	后
寅	亥	戌	丁	印	庚寅	虎

程翔云曰：墓神覆日，虎符朝支，又丧吊入传，末见岁刑白虎，定有兵丧不测之虞。勾陈游都入辰阴，又作死神、阴煞，寅为幽燕之地，是以此地兵戈难免，且干支乘脱气，必主内外空虚，支阴游都刑克太岁，于君不利，日阴克辰，西北有兵变急进之虑，支又克辰阴，城东边将与兵民必生离异。其后贼果犯燕京，城中内变，而有三月十九日之事。

例二十六：四月壬辰日申将午时，占衡山战事。（《谭张遗迹》）

	勾	青	空	虎	
	未	申	酉	戌	
合	午			亥	常
朱	巳			子	玄
	辰	卯	寅	丑	
	蛇	贵	后	阴	

青	合	贵	阴	父	甲申	朱青⊙
申	午	卯	丑	官	丙戌	虎
午	辰	丑	壬	兄	戊子	玄

张其锽[①]断曰：敌人反攻，与我攻他人为法不同。当以日干为我军，日支为我占地域。干上神丑克干，天将盗土生干，虽克无畏。日支上神午生辰，天将六合生午，应主安全。三传申戌子，中传戌为虎鬼克干，甚属可畏。然日辰，辰冲戌，反与申凑合水局，主有意外救援，化险为夷也。右四月十七日占，是时张敬汤率一师以上之兵来攻衡山，叶竟秋团以四营御之，殊死战者二日，夷午师长躬率卫队营往援，形势盖岌岌矣。明日赵团长以两营自南岳后山来截敌后，滇赣军亦加入，敌遂大奔。

十五　躲避

躲避占在六壬类占中占有非常重要的地位，因为人们学习术数主要是为了解决问题，为了趋吉避凶。在此先从一则故事讲起，清代吴炽昌的《正续客窗夜话》记载，吴炽昌的家乡有个盐商的儿子张某，精通六壬，他与哥嫂、母亲一起住，有一天，他突然要求哥嫂搬家。哥嫂自然不同意，无奈之下。他恳求母亲做主，他对母亲哭诉说：“十天之内要是不搬家，我会成为不孝之子。”母亲十分疼爱这个儿子，无奈下就答应了这个无理的请求。他哥哥不敢违背母亲的意思，就到亲戚家借房子居住，于是全家开始搬家行动，在第九天下午，东西还没搬完，他母亲还在院子里收拾东西，他二话不说，背起母亲就朝新搬的住居而去。刚到新居不久，就听人说他们邻居家失火了，大火势头很猛，蔓延到他家，已经全部化为灰烬。幸亏及时搬家，家里的财物没有损失。事后母亲、兄嫂都问他，你为何不告诉我们要发生火灾呢。他说：“不能提前泄露，让你们搬家躲过不一样吗?”从这则故事我们可以得知灾害是可以躲避的，但是他过于迷信天机的态度是不可取的。

例一：假令子年巳生人十一月将甲午日酉时占。

勾	合	朱	蛇
酉	戌	亥	子
青申			丑贵
空未			寅后
午	巳	辰	卯
虎	常	玄	阴

后	合	合	虎
寅	戌	戌	午
戌	午	午	甲

兄	壬寅	后
子	甲午	虎
财	戊戌	合

---

① 张其锽（1877—1927）字子武，广西桂林人，清末进士。曾在湖南任知县以及南路巡防队、南武军统领等职，辛亥革命后，做过一任广西省省长。

《口鉴奥旨》曰：有避贵人乘驿马。太岁天乙生日干乘二马，主有官讼，宜出外作客，则可以回避无事。此课初传寅临戌为天后，冬寅为鑰神，主牢狱官灾，中传白虎，末传六合，本命巳上见酉为勾陈克日，主官讼必起。却有太岁生日，太岁月建天马驿马俱在日上，又上下三合，宜远行出外，回避可免。

例二：十月壬辰日寅将戌时，占逃亡。（《精蕴》）

勾　青　空　虎

酉　戌　亥　子

合申　　　　丑常

朱未　　　　寅玄

午　巳　辰　卯

蛇　贵　后　阴

虎　合　朱　阴

子　申　未　卯

申　辰　卯　壬

官　未　朱◎

兄　丁亥　空⊙

子　辛卯　阴

断：小吉加卯为用，主门户动摇，将得朱雀，主为词讼文书口舌，中见登明，将得天空，必因欺诈而逃，甲申旬，未为孤虚，逃亡终不可获，末见太冲，将得太阴，复临日上，辰上见传送，将得六合，为天门，冬日占，太阴临生门，逃亡必远去也。

例三：十一月丙寅日壬辰时，占官事。（《中黄经》）

合　勾　青　空

寅　卯　辰　巳

朱丑　　　　午虎

蛇子　　　　未常

亥　戌　酉　申

贵　后　阴　玄

玄　贵　贵　合

申　亥　亥　寅

亥　寅　寅　丙

官　亥　贵◎

财　壬申　玄⊙

兄　己巳　空

断曰：此课，主官事起于合会，出外可解，何以言之，盖课名蒿矢，初传贵神克日，中传申金生亥水鬼、玄武，末传巳火临身为日干失地，又取时至物类，随时变迁，本命甲午，午上见卯，卯本位有子癸水，日干上得寅六合，寅本位有亥水，遁干壬水，其课三处有鬼，皆自立无制，故来克日主官事起于和会，如要免得官事，出外可解，谓天上日临申，申中有戊土长生在，三水不敢相害，丙日得天解，更课有巳亥亦可出入，是可出外免其官灾也。

例四：崇祯九年丙子岁三月甲戌日酉将酉时，自占吉凶。(《郭氏占案》)

	朱	蛇	贵	后
	巳	午	未	申
合	辰			酉	阴
勾	卯			戌	玄
	寅	丑	子	亥
	青	空	虎	常

玄	玄	青	青	兄	戊寅	青
戌	戌	寅	寅	子	辛巳	朱
戌	戌	寅	甲	官	申	后◎⊙

郭御青曰：末传马载虎鬼，课传天将皆恶，犹幸申空，到七月月建填实可畏。四月辛巳日，又占得亥辛一课。三传午未申，蒿矢带金射中伤身，进茹，主事体瓜蔓相缠，又幸申空亦虑七月填实，两课一意，余每对亲友言知避居乡村，至七月二十八忽有不相干事被人缠绕，余欣然顺受不与较，数日而纷定。人皆服予之量，余安命而已。

凡遇凶课守正可免，不则凶如分数而止，愈横命愈决裂，于天何尤，人自作孽也。①

例五：崇祯辛巳年十二月初一壬寅日丑将酉时，在许州占可居否？

	空	虎	常	玄
	酉	戌	亥	子
青	申			丑	阴
勾	未			寅	后
	午	巳	辰	卯
	合	朱	蛇	贵

虎	合	勾	贵	官	乙未	勾
戌	午	未	卯	兄	己亥	常
午	寅	卯	壬	子	癸卯	贵

郭御青曰：此课干支上皆逢死气，毕法云：人宅皆死各衰羸，正合此句，遂同督师于次日癸卯北回汴城，越日贼至许而城破矣。

例六：崇祯辛巳年十二月己未日丑将巳时，为马愓中占陈留县城。

① 愚按：前课申鬼应在月建，后课五鬼应在日辰，七月二十八实庚午日也，申鬼空亡，五鬼蒿矢，皆为无力，故数日而纷定，况加以逆来顺受乎。

	蛇	朱	合	勾	
	丑	寅	卯	辰	
贵	子			巳	青
后	亥			午	空
	戌	酉	申	未	
	阴	玄	常	虎	

后	合	后	合	官	乙卯	合
亥	卯	亥	卯	财	癸亥	后
卯	未	卯	己	兄	己未	虎

郭御青曰：此课木局克身，又干支皆逢死气，与许州课同，卯为丧门又为死神，引中传天后入墓，主妻财受惊，大凶之课，为马公屡言之，勿令渡河，公不听，抵家即遇贼，家口遂多丧失，较之王公肯听余言吉凶天壤，始信人生祸福一定者也。

例七：顺治甲申年五月乙未癸未时，东省费县讳四知张相公，因高杰兵马屯北城外，借住府河厅公署，占进退行止。(《指南》)

	空	虎	常	玄	
	午	未	申	酉	
青	巳			戌	阴
勾	辰			亥	后
	卯	寅	丑	子	
	六	朱	蛇	贵	

玄	常	空	龙	鬼丁	酉	玄
酉	申	午	巳	财戊	戌	阴
申	未	巳	乙	父己	亥	后

陈公献曰：东南水乡居住安稳。盖因岁贵劫杀临支，贼符驿马加干，此地异日还有兵戈扰攘。幸日上罗网逢空，相公必当解脱而去。然昴星乘玄武克日，作来年太岁，革故从新，应在酉年必矣。相公遂渡江而南。

例八：顺治乙酉年四月癸亥日戊午时，予住淮阴，欲回扬州搬家眷，田百原恩师占课看该城住、乡住？(《指南》)

	六	勾	龙	空	
	申	酉	戌	亥	
朱	未			子	虎
蛇	午			丑	常
	巳	辰	卯	寅	
	贵	后	阴	玄	

贵	玄	朱	后	官丙	辰	后
巳	寅	未	辰	鬼己	未	朱
寅	亥	辰	癸	官壬	戌	龙

陈公献曰：此课正宜归隐住乡安稳，住城虽有众贼飞攻，亦不足畏。因

游子斩关，发用阳将传入阴位，理应归隐之象。住城虽有贼攻，赖支上寅木以敌之，不若就西北水乡卜居安稳。及到邦关，船被兵据，入城，史阁部命守西城，城破一家投水未死。

十六 终身

凡终身之占，以日干为身，视其上神与其所临，为人一生之动静，上神主贫贱富贵。日干所临空、克、囚、死、败、绝，则动多凶咎。以支为家室，视其上神以断休咎。三传为大运，逐岁视行年。此为总法。

终身总断有两类方法，一类是一课断终身，断事与断命合论，邵公即用此法，命式合一而论。还有一类是专门起课断终身，有关前者，本书邵公例多有涉及，有关后者古人多有成法，列举如下，学者参详。[①]

如起出生之命课，以生时月将加生时，而以生日干支演成四课三传，更以贵神审其吉凶。课成后，分三限，初传为初限，中传为中限，末传为末限。一传之中，上下相乘，得数减半作，再加以地之本数，即知一限为若干年，如未八加申七，是七八五十六数，减半乃二十八数，再加地盘申七，得三十五年也。

流年起法，则以岁合加月将，如壬午年，午与未合，用未加于月将之上而以太岁干支作四课三传，一传管四月，三传管十二月。

逐月起法，则以月合加月建，如十二月建丑，用子加丑上，而以月建干支作四课三传，一传管十日，三传管三十日。

日课起法，则以日合加正时，用本日干支作四课三传。若课传上下相生旺相，与吉神将并者，为福，反此为祸。而三限年月之祸福之取应，则以神将类神之所符决之，吉则从吉，凶则从凶断。

其断法更以天官、百杀，详数推决。如天乙临干支或入传，则仕宦显达，常人近贵。朱雀则仕宦文书，常人口舌。二马则仕宦转升，常人远行之类。其分命理十二宫，有从本命上起者，即一命宫、二财帛、三兄弟、四田宅、五男女、六奴仆、七妻妾、八疾厄、九迁移、十官禄、十一福德、十二相貌，随天官旦、暮逆行。有从寅上起命宫者，有以生时太阳加生时上顺数，遇卯起命宫者，一命宫、二兄弟、三妻妾、四男女、五财帛、六田宅、七奴仆、

① 有关这两类用法笔者在平时占断皆用，方法虽然不一样，但是结果一样，尤其是前类用法，能够命式合一而论，自然而然，在立意上为六壬之高境。

八疾厄、九游行、十官禄、十一福德、十二父母，随天官顺逆从地盘定之。有以行年起命宫者，行十二宫而断六亲行年之吉凶。青龙加胜光，午马化龙，本命逢之大吉。胜光作父母临干是读书人，功曹父母临干上是异路人。命上官鬼见煞，庶人忌。月鬼见杀，僧忌。日墓加用，道士忌。

这里介绍一种仿七政的命理十二宫排法，无论男女，皆以正月起于地盘子位，逆时针数十二位，至本人生月止，然后起本人生时，顺数到卯止，逢卯立命宫。其十二宫排法为：一命宫、二财帛、三兄弟、四田宅、五男女、六奴仆、七妻妾、八疾厄、九迁移、十官禄、十一福德、十二相貌，其小限起法，从命宫逆数十二位，譬如亥命人己丑年运，命宫在申，从申逆数，亥加申，子加未，丑加午，因此己丑年小限在午。其小运（即行年）男一岁起丙寅顺行，女一岁起壬申逆行，

又占流年月日法：

本命课定，即就盘不动，但换流年太岁干支作四课三传，以定一岁之吉凶。三传各管四月。本命式盘不动，但换流年月建干支成四课三传，以用神下辰为应时。

又或以太岁加本命，视行年上得寅申者，职官增禄秩，庶人获财福。得辰、戌者灾病。又男以丑，女以未，各加本命，视行年上，得寅、卯、辰、巳、午者，岁中有庆贺事。

又男以寅，女以申，加本命视行年太岁，支德并者福利。

又男以寅，女以申，加生月，视行年上见魁罡者，有丧服。

《连珠经》有法曰：男始以天罡，次以功曹，末以大吉，加本命，三复视其月上，俱不吉者，微贱。若前吉后凶或中吉前后凶者，否泰中人也。女先以从魁，再以传送，终以小吉，加本命，视其生月上见功曹主富贵，登明主狱讼，小吉主平平，又以大吉加女本命，视其日上见太乙、胜光主诰封。

又法出自《灵辖经》，占三等灾厄，男以天罡加本命，视寅上，女以天罡加本命，视申上。上下合数为初运。假如子加寅，子九寅七，则十六岁为初厄。次则倍之，三十二岁为中厄。终则乘之，七九六十三岁为终厄。又以天罡加本命，视生日上见金神三杀者，主伏法市曹，若止于生月上见杀者，主被人残害也。[1]

一法子、午、丑、未、寅、申生人以天魁加本命，卯、酉、辰、戌、巳、亥生人以天罡加本命，顺数视生月上见寅、申、子、午、丑、未者，主富贵。

---

① 金神三杀，即破碎杀，此处用年，孟年酉，仲年巳，季年丑。

又法以天罡加本命，视生月上，见亥为大贵、未为次贵，子午寅申亦贵，天罡贫贱。

除此外，还有穿壬透易断人终身之法，其断命之例，详见于下。[①]

终身

例一：唐汾阳王，生于甲申年九月，建甲戌庚寅日壬午时，以月将天罡加午，革得天泽履卦。

	朱	合	勾	青
	卯	辰	巳	午
蛇寅				未空
贵丑				申虎
	子	亥	戌	酉
	后	阴	玄	常

玄	后	合	青	官	午	青◎
戌	子	辰	午	父	壬辰	合⊙
子	寅	午	庚	财	庚寅	蛇⊙

三传　　　　艮宫：天泽履

【本　卦】

丙寅蛇	▅▅▅▅▅	兄弟壬申金		月日华盖、月建。
戊辰六	▅▅▅▅▅	子孙壬申金	世	月日马、太岁
庚午龙	▅▅▅▅▅	父母壬午火		时建、旬空、自刑
庚辰六	▅▅　▅▅	兄弟丁丑土		年月日贵
壬午龙	▅▅▅▅▅	官鬼丁卯木	应	月合、年日德合
甲申虎	▅▅▅▅▅	父母丁巳火		日刑、年劫杀、时贵

断曰：履，德之基也。君子之卦也，小人不能胜之，君子得之，其理相称，《海底眼》云："世在乾宫威德重，官崇与国为栋梁。"又云："世在五爻为得位，驿马贵人宜聚合，忽然官印煞当权，功高德重为人瑞。"汾阳王之命，福德旺气入五宫。世位太岁，统领三马聚扶，官爻见岁月德合临身应，而世属阳爻，不犯刑破，内外两体，各分旺相气，不落空陷，至贵命也，是以位极人臣，声震中外。

解：此为穿壬透易法，起法与具体断法详见第七章，后例不述。汾阳王即郭子仪（公元 697 丁酉—781 辛酉），由此可知，此例为后人杜撰，但其断

① 有关六壬占断终身，只要用法得当，与四柱批断一样，毫无逊色之处，因为术数之高下，在于用数之法，虚心以应之，万事可测。

法，卦理分明，值得参考。

例二：唐李青莲[1]是庚子年孟秋，甲申月丁亥日戊申时生，日遥克神，得弹射卦。革得山泽损卦。

三传　　　　　　伏神　　艮宫：山泽损

【本　卦】

三传		伏神		
辛巳空	▬▬▬	官鬼丙寅木	应	月德禄、月刑、岁月时马
癸未常	▬ ▬	妻财丙子水		太岁、将星
乙酉阴	▬ ▬	兄弟丙戌土		
丁未常	▬ ▬	兄弟丁丑土	世	岁合、岁月时贵
己酉阴	▬▬▬	官鬼丁卯木		岁刑，将空
辛亥贵	▬▬▬	父母丁巳火		时德禄、岁空

断：三传酉为初传，将得太阴，未为中传，将得太常，巳为末传，将得天空，课名励明。《海底眼》曰："驿马临身入艮宫，文词声价振寰中，寅为词馆宜逢丙，志大才高禄万钟。"又云贵人临丑名临阙，驿马临寅号学堂，谪仙之命合此格也，三马会身，三贵聚命，故进发迅速，平地青云，为清朝词客，天子嘉宾，文焕星斗，气截虹霓，为一时之毫也。但其生时日月两重，刑破空亡，方得志时，捉月沉江云尔。[2]

例三：唐狄梁公[3]，生于甲寅年丙寅月己巳日甲子时，以亥加子，三传卯寅丑。将为龙、空、虎，革得泽天夬卦。

三传　　　　　　坤宫：泽天夬

【本　卦】

三传				
丁丑虎	▬ ▬	兄弟丁未土		命墓、年时贵
丙寅空	▬▬▬	子孙丁酉金	世	月贵
丁卯龙	▬▬▬	妻财丁亥水		月贵、日马、年月合、年月劫杀
丙寅空	▬▬▬	兄弟甲辰土		匿刑
丁卯龙	▬▬▬	官鬼甲寅木	应	太岁、月建、日干德禄、时马
戊辰合	▬▬▬	妻财甲子水		旦贵

---

[1] 李白（701年－762年），生于辛丑年，字太白，号青莲居士。中国唐朝诗人，有"诗仙"、"诗侠"之称。

[2] 其将星以岁排。即三合之中心，申子辰年，将星在子，其余类推。

[3] 狄梁公即狄仁杰，生于公元630年庚寅，卒于武则天久视元年（公元700年）字怀英，唐代并州太原（今山西太原）人，唐代初期杰出的政治家，武则天称其为国老。初任并州都督府法曹，转大理丞，改任侍御史，历任宁州、豫州刺史、地官侍郎等职。

断：《海底眼》曰：太岁居阳当世应，更逢德合配为官，忠良重禄勋功业，神鬼奸邪不可干。消息云，太岁得位同贵煞，当旺相，干支属阳，主神威严重，即行正直，奸邪鬼神所不敢也，性刚果，能载大事。为天下一人，故当时武后欲移唐祚，中外臣，无一敢言者，惟狄梁公独拒之，有回天之力，此忠良正直之命，经云，夬者，决也，刚决柔也。

例四：唐武三思①，甲辰年壬申月戊申日壬子时生，以太乙将加子，三传卯申丑，将常、蛇、空，革得泽雷随卦。

三传　　　　震宫：泽雷随（归魂）

【本　卦】

三传				
丁丑天空	⚋	妻财丁未土	应	年贵、日贵
壬申螣蛇	⚊	官鬼丁酉金		匿刑、岁合
丁卯太常	⚊	父母丁亥水		匿刑、月日害、月德禄
庚申螣蛇	⚋	妻财庚辰土	世	匿刑、皇恩、岁华盖
乙卯太常	⚋	兄弟庚寅木		岁德禄、四干马、旬空
壬戌六合	⚊	父母庚子水		岁日月合

断：《海底眼》曰："日辰聚煞为殊绝，马贵临之人位昌。居官勋业致荣迁，他类随爻看阀阅。"四辰者，年月日时之爻也，其贵人禄马，聚于一处必主极富殊贵。然惟官鬼为己分所有，子孙则出于己身者，更有佳儿成名成利。至于父母兄弟妻财，必自彼属富贵，而己之利禄由彼致也。

故武三思，因武后而致富贵，非有道学功勋也。盖随之六二阴爻，四辰之马会其上，可知极贵在姊妹也，按世属阴柔，二犯太岁自刑，阴行不当其位，当有兵刑之祸。

例五：陈徐德言②，生于癸未年己未月辛卯日甲午时，未将加午，三传辰巳午，天将朱、蛇、贵。革得水泽节卦。

---

① 武三思，生年不详，卒于唐中宗神龙三年（707年），并州文水（今属山西）人，唐朝荆州都督武士彟之孙，女皇武则天异母兄武元庆之子，即为武则天的侄子。

② 徐德言，为南北朝时期江南著名的才子，后被南朝后主陈叔宝的大妹妹乐昌公主招为驸马。唐孟棨《本事诗·情感》载：南朝陈太子舍人徐德言与妻乐昌公主恐国破后两人不能相保，因破一铜镜，各执其半，约于他年正月望日卖破镜于都市，冀得相见。后陈亡，公主没入越国公杨素家。德言依期至京，见有苍头卖半镜，出其半相合。德言题诗云："镜与人俱去，镜归人不归；无复嫦娥影，空留明月辉。"公主得诗，悲泣不食。素知之，即召德言，以公主还之，偕归江南终老。后因以"镜重圆"喻夫妻离散或决裂后重又团聚或和好。

三传　　　坎宫：水泽节（六合）

【本　卦】

戊午贵	▅▅ ▅▅	兄弟戊子水		日刑、时冲
丁巳蛇	▅▅▅▅▅	官鬼戊戌土		时华盖
丙辰雀	▅▅ ▅▅	父母戊申金	应	年空、世刑、月贵、时马
癸巳蛇	▅▅ ▅▅	官鬼丁丑土		岁刑、时害、月刑冲、岁刑冲
壬辰雀	▅▅▅▅▅	子孙丁卯木		
辛卯合	▅▅▅▅▅	妻财丁巳火	世	岁贵、年月日马

断：《海底眼》云，妻临克位曰重财，金兑宫中火入来。贵马会同当旺相，禄同妻位比公台。又云朱雀巳午名当位，贵马相扶当显贵。今德言得节卦初九，妻财持世，当火旺气，贵马聚于上故尚天子女乐昌公主，其爻与身相合，而克而刑，所以亡国之后，祸亦由妻起也。公主为杨素所夺，然已生申而与申合，合而离，离而复合，五行之玄理也。夫内卦之尊者，二，卑者初；外卦之尊者五，卑者四。近五为近尊之卑，二为臣，初近二，为近卑之卑，德言妻在初爻，此昌乐公主，始为帝女，后为臣妾，失位之义也。

例六：唐一行禅师①，生于戊寅年甲寅月丙寅日辛卯时，月将亥，三传戊午寅，天将后、虎、合。革得火风鼎卦。

三传　　伏神　　　离宫：火风鼎

【本　卦】

甲寅后		▅▅▅▅▅	兄弟己巳火		年月日刑、日德禄、时马
戊午白		▅▅ ▅▅	子孙己未土	应	年月贵、月德、时空
壬戌合		▅▅▅▅▅	妻财己酉金		岁空、日贵、时禄、时冲
甲午后		▅▅▅▅▅	妻财辛酉金		岁空、时冲、时禄
戊戌白		▅▅▅▅▅	官鬼辛亥水	世	年月日合，日贵、旬空
庚寅合	父母己卯木	▅▅ ▅▅	子孙辛丑土		年月贵人、月空

① 一行禅师（673～727），唐代著名的天文学家与佛学家。本名张遂，河北巨鹿人，生于唐高宗咸亨四年癸酉，卒于玄宗开元十五年丁卯。开元九年（公元721年），据李淳风的《麟德历》几次预报日食不准，玄宗命一行主持修编新历。一行一生中最主要的成就是编制《大衍历》，他在制造天文仪器、观测天象和主持天文大地测量方面也颇多贡献。在术数领域，一行禅师是五星琴堂派的代表人物，琴堂派在论命中将四柱分虚实宫位，四柱化出五星结合星盘而论命。这种虚实论影响深远，其他预测学也深受其影响，佛门所传一掌经也是其将七政四余简化而创，于民间秘传，一掌经天、地、人三盘式结合大运流年，配合驾前、驾后神煞论命也颇有特色。

断：《海底眼》云，官位空亡临贵煞，贵应难作帝王臣。不为处士真君侣，定做空门掌教人。又云得位身爻处阴位，洞晓玄机实度外，忽然得位是阳爻，德泽功名垂后裔。

解曰：身世为德合神煞会其上，阳爻主盖世功名，阴爻主道德深蕴，若身命空亡，则栖身物外，不染名利，今一行得鼎卦六二，辛亥爻持世，生日在甲子旬中，亥属空亡，身应己未得位，岁月日德会临，年月贵人并之，第系阴爻，不当于五，故禅师学造高明，德行清洁，恒近至尊，而无禄位，为世、命、妻财俱犯空亡故耳。

例七：严子陵[1]，甲戌年甲戌月庚寅日戊寅时生，以辰将加寅为用，三传辰午申，将得合、龙、虎。革得天山遁卦。

	空	虎	常	玄	
	未	申	酉	戌	
青	午			亥	阴
勾	巳			子	后
	辰	卯	寅	丑	
	合	朱	蛇	贵	

青	合	后	玄	父	壬辰	合
午	辰	子	戌	官	午	青◎
辰	寅	戌	庚	兄	甲田	虎⊙

三传　　伏神　　乾宫:天山遯

【本　卦】

壬申虎		▅▅▅▅▅	父母壬戌土		太岁、月日华盖
庚午龙		▅▅▅▅▅	兄弟壬申金	应	日德禄、四辰马、岁月空
戊辰合		▅▅▅▅▅	官鬼壬午火		
壬午龙		▅▅▅▅▅	兄弟丙申金		日德禄、四辰马、岁月空
庚辰合	妻财甲寅木	▅▅　▅▅	官鬼丙午火	世	旬空
戊寅蛇	子孙甲子水	▅▅　▅▅	父母丙辰土		年月冲

① 严光，字子陵，又名严遵，是会稽余姚人。年轻时便很有名，与光武帝同在太学学习。到了光武帝即位，便改换了姓名，隐居起来不再出现。光武帝想到他的贤能，就下令按照严光的形貌在全国查访他。后来齐国上报说："有一位男子，披着羊皮衣在水边钓鱼。"光武帝怀疑那就是严光，便准备了小车和礼物，派人去请他。请了三次才到，安排在京师护卫军营住下，供给床褥等用具，宫中管膳食的官每天早晚供给酒食。但是他一生拒入仕途，八十岁时在家中去世。

断：子陵之命得遁是乾宫二世卦，得将星持之，四马聚于身爻，主身崇道德、学贯三才，奈俱化空亡，是以泥涂轩冕，不事王侯。

论曰：命有官爵贵者，有货殖富者，有道德内蕴者，有声明外著者，其四体皆身命、杀神、大象三体之所致也，然有均此杀生聚其上，而或则身命洁清，抱道怀德，或则才多身殀，或则禄重行卑，或则厚于学而薄于禄，或则富于道而贫于财，异乎同乎，曰非异也，致其类则各有所合耳。是以贵贱如右，复例其刑德如左。

凶刑格，经曰：阳气积德，阴气流刑，刑主杀，德主生，德为福祥，刑为祸殃，并贵煞，富寿康宁，刑合凶神，忧贫夭折。夫岁日天月干支，皆有德也。如岁在甲寅，身世己未，曰德合相会，值夜生人，名贵人扶德也。庚申岁身世在乙丑，如之，乙丑岁，身世在庚申，己未岁，身世在甲寅，亦如之。尤多喜庆，谓之阳德，若生月日时更相符合，不犯空刑破败则主享用五福，垂福后昆。

其次者，年在丙辰，身世在辛酉亦名德合相扶，年在壬戌，身世在丁卯，亦名贵人扶德。但卯酉为孤德，天德干德不临也。辰戌为弱德，贵人驿马不相临也，又辰酉为匿刑之爻，遇德名刑德相合，谓辰酉皆自刑也，故辰戌卯酉四支，纯遇岁月之德，犹不为大福，纵有官爵，亦不显达，或犯刑破尤为凶咎。其子午巳亥四爻，其德互处，午亥亦为匿刑，惟辛亥丙午二爻，遇德合蓄世应者，方可得福，而官爵亦不雄豪。一犯刑破，掩抑难进矣，但可依附尊贵而求仕。子巳二爻，若壬子岁，丁巳为身，己巳岁甲子为世身，曰贵人扶德合，而无匿刑之凶。若德位居阳爻，主福永远，无歇灭也，善莫善于德合，恶莫恶于刑破。爻犯匿刑尚不致福，况有刑无德乎。

例八：周，颜子[①]，生于壬午年甲辰月癸丑日己未时，月将酉，穿壬轨限，革得地山谦卦。

---

① 颜回，字子渊，春秋时期鲁国人，生于鲁昭公二十九年（公元前521年），卒于鲁哀公十三年（公元前481年），享年仅32岁（据熊赐履：《学统》）。他十四岁即拜孔子为师，此后终生师事之。在孔门诸弟子中，孔子对他称赞最多，不仅赞其“好学”，而且还以“仁人”相许。

	朱	合	勾	青									
	未	申	酉	戌		贵	阴	贵	阴	子		卯	阴◎
蛇午				亥空		巳	卯	巳	卯	财		乙巳	贵⊙
贵巳				子虎		卯	丑	卯	癸	官		丁未	朱
	辰	卯	寅	丑									
	后	阴	玄	常									

三传　　伏神　　　兑宫：地山谦

【本　卦】

三传	伏神	卦象	六亲	世应	神煞
丁未雀		▅▅ ▅▅	兄弟癸酉金		空亡、自刑、岁破
乙巳贵		▅▅ ▅▅	子孙癸亥水	世	劫杀、日刑、年日德
癸卯阴		▅▅ ▅▅	父母癸丑土		月贵、时冲刑、日建
丁巳贵		▅▅▅▅▅	兄弟丙申金		岁马、时贵、空亡
乙卯阴	妻财丁卯木	▅▅ ▅▅	官鬼丙午火	应	太岁、匿刑、月日害、将星、时禄
癸丑常		▅▅ ▅▅	父母丙辰土		月建、匿刑

经曰：谦，德之柄也。又曰谦尊而光，备不可逾。乃修德之卦也，凶人小人不可得此，以颜子而逢斯，故十八孝闻天下，是卦象之所主也，有王佐之才，亚圣之德，其道盖世而微。盖世有岁德，身见太岁故也。不幸短命死者何？盖大象无气，世皆匿刑胜德，其五爻癸亥水为命，遇太岁支德，其爻上匿刑入墓，丙午为身，其爻犯太岁自刑，三月水爻入墓，是为身命二爻皆匿刑入墓也，此所以遭夭折而死于壮年也。又谦卦六爻皆不见妻财，其爻为抵刑入墓，故不出此限而卒耳。夫孝行道德之所主也，箪瓢夭折者，刑之所主也，此类命为刑胜德。

例九：周，冉伯牛[①]，庚子年辛巳月壬子日庚戌时生，申将加时，三传戌申午，天将龙、虎、玄。革得风雷益卦。

① 冉伯牛（生卒年不详）姓冉，名耕。字伯牛。春秋末年鲁国人。孔子弟子中以德行著称者之一。得恶疾而亡。孔子任鲁国司寇时，任中都宰。孔子在总结其学生特长时，把他列为德行优秀者之列。班固和王充则认为他是行善而遭恶疾的典型，可见他的德行对后世影响之深远。

三传　　伏神　　　巽宫：风雷益

【本　卦】

三传　伏神		本卦		
壬午玄	▅▅▅▅▅	兄弟辛卯木	应	旬空、时合、日贵
甲申虎	▅▅▅▅▅	子孙辛巳火		月德、空亡
丙戌龙	▅▅　▅▅	妻财辛未土		大煞
戊申虎 官鬼辛酉金	▅▅　▅▅	妻财庚辰土	世	时破、匿刑、年日华盖
庚戌龙	▅▅　▅▅	兄弟庚寅木		岁马、日马
丙子合	▅▅▅▅▅	父母庚子水		太岁、月建

经云：云从龙，风从虎，虎入巽为从风，龙入震为从云，若得位相生，有贵煞扶之，则早有誉于天下，风云际会矣，在刑克爻必生恶疾。伯牛命得益卦，庚辰爻持世，其爻自刑，四月土绝于巳，上有玄武，抵刑入墓，上九辛卯木为身爻，犯太岁，于生日两重刑破，又四月木病乘玄，故恶疾而凶也，然后华盖日德岁合扶命，所以诣造大贤，列德行科。

例十：汉大梁王彭越[①]，癸巳年庚申月庚申日甲申时生，以胜光将加申发用，三传午辰寅，天将龙、合、蛇，革得山天大畜卦。

三传　　伏神　　　艮宫：山天大畜

【本　卦】

三传　伏神		本卦		
甲寅蛇	▅▅▅▅▅	官鬼丙寅木		岁马、劫杀
丙辰合	▅▅　▅▅	妻财丙子水	应	岁禄
戊午龙	▅▅　▅▅	兄弟丙戌土		
庚辰合子孙丙申金	▅▅▅▅▅	兄弟甲辰土		月日时华盖
壬午龙父母丙午火	▅▅▅▅▅	官鬼甲寅木	世	岁刑、劫杀、月日时马
甲申虎	▅▅▅▅▅	妻财甲子水		旬空

经曰：三刑聚于身世，贵贱死于非命。又曰三刑两破死于无辜。彭越生年太岁在巳，月日时俱在申，得九二甲寅为世命，为本宫官鬼来刑太岁巳，巳复刑日月时，日月时复刑世命甲寅爻，岁月日时交互相刑，故方当旺年，享富贵而不免于极刑也，然其贵至王侯着何，以其官鬼爻得位，聚三马之所主也，又巳为阴命，限从逆行，自世而初而至上九，聚三马发其官爵，主升迁疾速，而限爻属木，七月气绝，三刑之凶，悖然而发，致死于奇刑。乃刑

① 彭越（？—前196年），汉族，昌邑人（今山东巨野县），字仲，楚汉战争时汉军著名将领，西汉开国功臣，拜魏相国，又被封为梁王。与韩信、英布并称汉初三大名将，后因被告发谋反，为刘邦所杀。

会之行凶也。夫人之世命遭刑，须假子孙有气为之救解，可免刑，今梁王命之六爻中不见子孙，虽有岁德在寅，而终不能救官鬼之刑，艮为鬼门，逢官曰鬼吏当门，故限至上九而遭厄。

例十一：周卫弥子瑕[1]，生于壬子年壬子月壬辰日丁未时，以功曹为将，三传午丑申，天将天后、勾陈、玄武。革得地泽临。

三传　伏神　　坤宫：地泽临

【本　卦】

三传				
戊申玄	▅▅　▅▅	子孙癸酉金		时贵、匿刑、岁月日败
癸丑勾	▅▅　▅▅	妻财癸亥水	应	时贵、匿刑
丙午后	▅▅　▅▅	兄弟癸丑土		
辛丑勾	▅▅　▅▅	兄弟丁丑土		
丙午后	▅▅▅▅▅	官鬼丁卯木	世	沐浴、年月日贵、岁月刑
辛亥空	▅▅▅▅▅	父母丁巳火		时马、劫杀

经曰：命逢沐浴而犯岁月来刑，名裸形杀，女命万万不可得此，男子犯之，其秽迹丑行，亦为人贱恶，今子瑕得临卦九二以安命，官鬼得位持之，并太岁日月贵人，何其宠荣也，奈其爻属木，十一月其沐浴乡也，既名八败，又犯岁月刑破，身有匿刑。故以邪佞受宠于灵公而奸污丑恶著于当时，特闻至今也。[2]

例十二：里人有丧妻受难，求卜于炤者，里人是丁酉年戊申月甲午日己巳时生，月将胜光加巳，天罡临卯为用，三传辰巳午，将得合、勾、龙。革得雷天大壮卦。

三传　　　　坤宫：雷天大壮（六冲）

【本　卦】

三传				
丙午龙	▅▅　▅▅	兄弟庚戌土		月墓
乙巳勾	▅▅　▅▅	子孙庚申金		日马、时贵、月马
甲辰合	▅▅▅▅▅	父母庚午火	世	岁德禄
乙卯勾	▅▅▅▅▅	兄弟甲辰土		月华盖，匿刑
戊辰合	▅▅▅▅▅	官鬼甲寅木		月马、日禄德、时德
丁卯朱	▅▅▅▅▅	妻财甲子水	应	日冲、时贵

---

[1] 弥子瑕是春秋时期，卫国的一名美男子。是卫灵公身边一个卑躬屈膝嬖臣，很讨君王的欢喜。

[2] 世为命，应为身。

炤曰：进退不亦难乎，里人曰何也，炤曰羝羊触藩，不能进不能退。解曰：九三进惧其犯上，而下亦无所用也。夫大壮，大象属土，以甲辰为兄弟，甲子为妻财，土能克水，今子限入甲辰，辰为水墓，二十六岁大小限并在甲辰，大限自刑，小限并刑，此世爻自破其妻，数先有克妻之忧，后有破财之事，狐疑犹豫，进退不能，此限逢其匿刑克身，故有如此之灾也。

解：此处所谓小限，疑其从世爻起一岁，阴年出生自上而下轮至 26 岁到甲辰。

例十三：宋人丧子求卜于太原公，是甲申年甲戌月甲申日甲子时，三传申亥寅，革得火泽睽卦。

三传　　伏神　　艮宫：火泽睽

【本　卦】

三传	伏神	爻	六亲	世应	备注
丙寅虎		⚊	父母己巳火		
乙亥陈	妻财丙子水	⚋	兄弟己未土		旬空
壬申蛇		⚊	子孙己酉金	世	匿刑、月害、时破
乙亥陈		⚋	兄弟丁丑土		四干旦贵人
壬申蛇		⚊	官鬼丁卯木		
己巳阴		⚊	父母丁巳火	应	劫杀

公曰：死者多矣！宋人曰何也？公曰：先张之弧，后脱之狐。见豕负涂，载鬼一车，睽，离极矣，当必有丧子之祸，且睽卦大象属土，以金爻为子孙，犯自刑，生月六害、时破，先在己未限中，必生四子，限入己巳，当死绝处尽，夫五行之生克，各候其类，盖克金者火也，轨限阳命，法以顺行，三十五之外限入己巳火爻，四十之外，岁岁有凶，四十九岁，骨肉尽丧，独存一身，此限名父母爻持世，卜身来刑太岁，世命匿刑受害，不能为救，故致此祸，名曰："刑害临世，阳年一丧，阴年两丧。"

例十四：亳人有妻病，求于郭景纯[①]，亳人之生是甲戌年丁丑月癸酉日己

① 郭璞（276 年—324 年），字景纯，河东闻喜县人（今山西省闻喜县），西晋建平太守郭瑗之子。东晋著名学者，既是文学家和训诂学家，又是道学术数大师和游仙诗的祖师。《葬书》的作者相传是郭璞，因此他也是一代风水祖师。笔者根据史书中的郭璞断案，已经基本解析了郭璞的六爻体系，可以还原郭璞的六爻原本思路。根据笔者多次考证得出一个结论，古代很多大家的断法大多数并没有失传，而是散见于诸书，在随着历史朝代的更替，很多系统知识分散了，没有人去整理。如果学者都去认真考据的话，很多古代大家的术数思路大都可以还原。希望更多的有心人士能投入这项研究工作，能够真正意义上寻根寻源。还原术数在滚雪球效应前的本来面目。

未时，轨限革得雷泽归妹卦。

三传　　伏神　　兑宫：雷泽归妹（归魂）

【本　卦】

三传	伏神	卦爻	本卦	世应	神煞
辛未朱		▅▅ ▅▅	父母庚戌土	应	太岁、月刑、华盖
丙子虎		▅▅ ▅▅	兄弟庚申金		岁马
己巳贵	子孙丁亥水	▅▅▅▅▅	官鬼庚午火		匿刑、月时禄
己未朱		▅▅ ▅▅	父母丁丑土	世	时刑冲、年贵、月日华盖、月建
壬子虎		▅▅▅▅▅	妻财丁卯木		岁合、日贵、日破
丁巳贵		▅▅▅▅▅	官鬼丁巳火		日贵、时马

景纯曰：妇人之病，在于四肢，毫人曰何以知其状也，曰限行死鬼，妻入病乡。六位之中，不见子孙，互体有坎，亦有子象，妻爻旺相，贵煞德合扶之，必丁卯之妻，而生丁酉之男，癸卯之女。平生父子相违，或失恩义，六十五之后，父子分离，骨肉背散，去其乡土，流于别境。祸莫大于此也，毫人去后，果如所言，此命世刑太岁，生月助之，太岁临身，世复来刑，故主其性为关寡合，至限入身命绝处而罗此祸也。[①]

三传　　伏神　　艮宫：山火贲（六合）　　离宫：火水未济

【本　卦】　【变　卦】

三传	伏神	本卦爻	本卦	动变	变卦爻	变卦	世应
己巳贵		▅▅▅▅▅	官鬼丙寅木		▅▅▅▅▅	父母己巳火	应
丙子虎		▅▅ ▅▅	妻财丙子水		▅▅ ▅▅	兄弟己未土	
辛未朱		▅▅ ▅▅	兄弟丙戌土	应×→	▅▅▅▅▅	子孙己酉金	
壬子虎	子孙丙申金	▅▅▅▅▅	妻财己亥水	○→	▅▅ ▅▅	父母戊午火	世
己未朱	父母丙午火	▅▅ ▅▅	兄弟己丑土	×→	▅▅▅▅▅	兄弟戊辰土	
甲寅玄		▅▅▅▅▅	官鬼己卯木	世○→	▅▅ ▅▅	官鬼戊寅木	

例十五：渭人，乙未年壬午月癸酉日己未时生，月将传送，革得雷火丰卦。

坎宫：雷火丰

【本卦】

卦爻	本卦	世应	年数神煞
▅▅ ▅▅	官鬼庚戌土		13 年，月华盖，
▅▅ ▅▅	父母庚申金	世	15 年，岁贵
▅▅▅▅▅	妻财庚午火		17 年，年合
▅▅▅▅▅	兄弟己亥水		13 年，月干禄
▅▅ ▅▅	官鬼己丑土	应	17 年，月害
▅▅▅▅▅	子孙己卯木		15 年，月贵、日贵。

① 笔者注：本例排法异于它例，三传自上而下排列。原书注解更正为贲之未济。

管公明①曰：不利于江河行舟，商贾行货，求名利者有逃奔之灾，盖妻财为命，匿刑，乘旺气而不得位，父母田产非因人废而自废，此时用静则吉，逆动则凶。渭人啾然而去，逾岁方返，财货俱罄矣，乃复求见于公明，拜而言曰："不听先生之言，以致于此，愿请解之。"曰："坐，我明告子，你之命属庚午，妻财爻不得其位，且匿刑，今大限行至己丑，丑为午害，水利其舟，陆名其车，今子所为与命相远，岂得不凶。"渭人曰："以往之凶，既闻命矣，嗣后得失如何?"公明曰："辛未年必骨肉分散，奔逃千里之外。"曰："何也?"曰："三凶并矣!"曰："何谓三凶?"曰："太岁破刑大限一凶也，游年六月后螣蛇入身，二凶也，会其凶，三凶也，三凶既足，若灾止于此，犹轻也。"后果如其言。②

例十六、陈氏有子七岁生而聪慧，神气颇秀，因以其子之命求卜于关子明③，其子是甲寅年己巳月壬辰日乙巳时生，传送加巳。革得火地晋卦。

	合	勾	青	空
	申	酉	戌	亥
朱未				子虎
蛇午				丑常
	巳	辰	卯	寅
	贵	后	阴	玄

青	朱	贵	玄	官	丙戌	青⊙
戌	未	巳	寅	官	己丑	常
未	辰	寅	壬	官	壬辰	后

三传　　伏神　　　乾宫：火地晋（游魂）

【本　卦】

三传	伏神	卦爻	六亲	备注
辰后		▅▅▅▅▅	官鬼己巳火	13年，日贵
丑常		▅▅ ▅▅	父母己未土	17年，旬空
戌青		▅▅▅▅▅	兄弟己酉金 世	15年，日合，匿刑
丑常		▅▅ ▅▅	妻财乙卯木	14年，日贵
戌青		▅▅ ▅▅	官鬼乙巳火	12年
未朱	子孙甲子水	▅▅ ▅▅	父母乙未土 应	16年，年贵，旬空

---

① 管辂（公元210—256年），字公明，三国时期魏国术士，平原郡人（今德州平原县），是历史上著名的易学大家。管辂一生著述甚丰，主要有《周易通灵诀》2卷、《周易通灵要诀》1卷、《破躁经》1卷、《占箕》1卷。

② 笔者注：原书误以四爻为世爻而论，此处不做更改。

③ 关朗，字子明，北魏年间易学大家。有考证说其为关羽的后代。著作有《关氏易传》，在关氏易传的首篇《卜百年义》中，以与同州刺史王彦文对的形势，占断百年国运王朝更替的卦例颇值研究，但是历代以来没有其卦例的正确解法。其国运推断附录于下。

子明曰：子之妻非乙未生乎，陈氏曰是也，曰酉戌年间，此儿必丧其母。陈氏曰何谓也。曰子之子生日在甲申旬中，空亡午未，晋卦以乙未阴爻为父母，处空亡之宫属，应身又犯空亡。将逢酉戌之年，必有此祸。陈曰重犯空亡，理当克害，何止于酉戌年，曰辛酉壬戌太岁刑身命，游年吊客入身，加于乙未，其理灼然，岂有不孚乎，又问曰害母之祸固难逃矣，异日此子贵贱如何？曰自丧母之后汝之家道亦凌替，甲子丁卯之间必多灾危，庚午之际，此子必为非道，以玷闲世风，自是父子离间，若能度过癸酉可保再合，此乃逆行而遇凶限也，后一一符其言。[①]

附录：《关氏易传国运例》

景明四年，同州府君服阕援琴，切切然有忧时之思，子明闻之曰："何声之悲乎？"府君曰："彦诚悲先君与先生有志不就也。"子明曰："乐则行之，忧则违之。"府君曰："彦闻：治乱损益，各以数至，苟推其运，百世可知，愿先生以筮一为决之，何如？"子明曰："占算幽微，多则有惑，请命蓍，卦以百年为断。"府君曰："诺。"

于是揲蓍布卦，遇《夬》之《革》（兑上乾下）（兑上离下），舍蓍而叹曰："当今大运，不过二再传尔。从今甲申，二十四岁戊申，大乱而祸始，宫掖有蕃臣秉政，世伏其强，若用之以道，则桓文之举也；如不以道，臣主俱屠地。"府君曰："其人安出？"朗曰："参代之墟，有异气焉，若出，其在并之郊乎？"府君曰："此人不振，苍生何属？"子曰："当有二雄举而中原分。"府君曰："各能成乎？"朗曰："我隙彼动，能无成乎？若无贤人扶之，恐不能成。"府君曰："请刻其岁。"朗曰："始于甲寅，卒于庚子，天之数也。"府君曰："何国先亡？"朗曰："不战德而用诈权，则旧者先亡也。"府君曰："其后如何？"朗曰："辛丑之岁，有恭俭之主，起布衣而并六合。"府君曰："其东南乎？"朗曰："必在西北。平大乱者未可以文治，必须武定。且西北用武之国也。东南之俗，其弊也剽；西北之俗，其兴也勃。又况东南，中国之旧主也？中国之废久矣。天之所废，孰能兴之？"府君曰："东南之岁可刻乎？"朗曰："东南运历，不出三百，大贤大圣，不可卒遇，能终其运，所幸多矣。且辛丑，明王当兴，定天下者不出九载。己酉，江东其危乎？"府君曰："明王

---

① 笔者按：此卦一岁至十五岁大限行世爻，辛酉壬戌此子正逢八岁、九岁。天将戌穿酉，且世爻自刑。且卦中两重父母皆犯空亡。辛酉年，吊客在未。

既兴，其道若何?”朗曰：“设有始有卒，五帝三王之化复矣。若非其道，则终骄亢，而晚节末路，有桀、纣之主出焉。先王之道坠地久矣，苛化虐政，其穷必酷。故曰：大军之后，必有凶年；积乱之后，必有凶主。理当然也。”府君曰：“先王之道竟亡乎?”朗曰：“何谓亡也?夫明王久旷，必有达者生焉。行其典礼，此三才五常之所系也。孔子曰：文王既没，文不在兹乎?故王道不能亡也。”府君曰：“请推其数。”朗曰：“乾坤之策，阴阳之数，推而行之，不过三百六十六，引而伸之，不过三百八十四，天之道也。噫，朗闻之，先圣与卦象相契，自魏已降，天下无真主，故黄初元年庚子，至今八十四年，更八十二年丙午，三百六十六矣，达者当生。更十八年甲子，其与王者合乎?用之则王道振，不用，洙泗之教修矣。”府君曰：“其人安出?”朗曰：“其唐晋之郊乎?昔殷后不王而仲尼生周，周后不王，则斯人生晋。夫生于周者，周公之余烈也；生于晋者，陶唐之遗风也。天地冥契，其数自然。”府君曰：“厥后何如?”朗曰：“自甲申至甲子，正百年矣。过此未或知也。”

府君曰：“先生说卦，皆持二端。”朗曰：“何谓也?”府君曰：“先生每及兴亡之际，必曰‘用之以道，辅之以贤，未可量也’，是非二端乎?”朗曰：“夫象生有定数，吉凶有前期，变而能通，故治乱有可易之理。是以君子之于《易》，动则观其变而玷其占，问之而后行，考之而后举，欲令天下顺时而进，知难而退，此占算所以见重于先王也。故曰：危者使平，易者使颂，善人少恶人多，暗主众明君寡。尧舜继禅，历代不逢；伊周复辟，近古亦绝，非运之不可变也，化之不可行也?道悠世促，求才实难。或有臣而无君，或有君而无臣，故全之者鲜矣。仲尼曰：如有用我者，吾其为东周乎?此有臣而无君也。章帝曰：尧作《大章》，一夔足矣。此有君而无臣也。是以文武之业，遂沦于仲尼；礼乐之美，不行于章帝。治乱之渐必有厥由，而兴废之成终罕所遇。《易》曰：功业见乎变。此之谓也。何谓无二端?”府君曰：“周公定鼎于郏、鄏，卜世三十，卜年八百，岂亦二端乎?”朗曰：“圣人辅相天地，准绳阴阳，恢皇纲，立人极，修策迥驭，长罗远羁，昭治乱于未然，算成败于无兆，固有不易之数，不定之期。假使庸主守之，贼臣犯之，终不促已成之期，干未衰之运。故曰：周德虽衰，天命未改。圣人知明王贤相不可必遇，圣谋睿策有时而弊，故考之典礼，稽之龟策，即人事以申天命，悬历数以示将来。或有已盛而更衰，或过算而不及，是故圣人之法所可贵也。向使明王继及，良佐踵武，则当亿万斯年与天无极，岂止三十世八百年而已哉?过算余年者，非先王之功，即桓、文之力也。天意人事，岂徒然哉?”府君曰：“龟策不出圣谋乎?”朗曰：“圣谋定将来之基，龟策告未来之事，递相表里，安有异同？”府君曰：“大哉人谟！”朗曰：“人谋所以安天下也。夫天下大器也，置之安地则安，置之危地则危，是以平路安车，狂夫审乎难覆；乘奔驭朽，童子知其必危，岂有《周礼》既行，历数不延乎八百；秦法既立，宗祧能逾乎二世？噫！天命人事，其同归乎？”

府君曰：“先生所刻治乱兴废果何道也？”朗曰：“文质递用，势运相乘。稽损益以验其时，百代无隐；考龟策而研其虑，千载可知。未之思欤？夫何远之有？”

府君蹶然惊起，因书策而藏之，退而学《易》。盖王氏《易》道，宗于朗焉。

其后，宣武正始元年岁次甲申，至孝文永安元年二十四岁戊申，而胡后作乱，尔朱荣起并州，君臣相残，继踵屠地。及周齐分霸，卒并于西，始于甲寅，终于庚子，皆如其言。明年辛丑岁，隋高祖受禅，果以恭俭定天下。开皇元年，安康献公老于家，谓铜川府君曰：“关生殆圣矣，其言未来，若合符契。”

开皇四年，铜川夫人经山梁，履巨石而有娠，既而生文中子，先丙午之期者二载尔。献公筮之曰：“此子当知矣。”开皇六年丙午，文中子知《书》矣，厥声载路。九年己酉，江东平，高祖之政始迨。仁寿四年甲子，文中子谒见高祖，而道不行，大业之政甚于桀、纣。于是文中子曰：“不可以有为矣。”遂退居汾阳，续《诗》《书》，论礼乐。江都失守，文中寝疾，叹曰：“天将启尧舜之运，而吾不遇焉，呜呼！此关先生所言皆验也。”

例十七：姜子昭，庚午生四十岁占向后如何，建炎己酉年九月己酉日卯将丑时。

	蛇	贵	后	阴	
	未	申	酉	戌	
朱	午			亥	玄
合	巳			子	常
	辰	卯	寅	丑	
	勾	青	空	虎	

虎	玄	玄	后
丑	亥	亥	酉
亥	酉	酉	己

兄	癸丑	虎
官	卯青	蛇◎
父	乙巳	合⊙

邵彦和曰：支来加干败干，又作天后，一主不能读书，二不得妻子力，三宅气衰败，走失财物，四坟中满棺是水，又有泥并白蚁。吾丈又贪色，夫妻一味娇态，不管家务，今六阴皆备，不日便为泉下人矣。若改乾亥山向，决宅水东流，戒酒色，犹可延，否则死无日矣。姜好酒色，后月余吐红，遂成翻胃，小肠刺痛，大肠结，十月死矣。

大凡六阴，自是不利，自夜传出日尚可，日传入夜，其阴愈甚。今干生支酉，酉金生亥水，更行年上未，六阴俱全，本命又见脱盗，且迤逦传出卯巳，自败传死，自死传绝，行年又加绝上，即是巳禄本身与行年，相继投绝，安得不丧？日上酉为血，天后为厌秽，自内传出，是吐血也。武亥加血上，亥本宫被丑克，故翻胃。丑作虎，故小肠痛，大肠结也。巳作六合，绝处入庙锁定，兼六阴相继，所以不通，传绝而死。

例十八：顾孔目，甲子生四十六岁占平生，建炎己酉年九月己未日卯将寅时。

	朱	蛇	贵	后	
	午	未	申	酉	
合	巳			戌	阴
勾	辰			亥	玄
	卯	寅	丑	子	
	青	空	虎	常	

后	贵	后	贵	兄	己未	蛇
酉	申	酉	申	子	庚申	贵
申	未	申	己	子	庚申	贵

邵彦和曰：己去就禄，便就上作初传，若贵人相委财赋，须是仔细，不得走作财物，及非理饮酒，与亲戚妇人交往，皆主杖责，杖责了却得垂顾，带去终有名目相呼，此长生贵人垂顾之力也。

顾缘初太守委提点财赋，后用官钱失检，杖八十，月余又与妇人在酒店饮酒，被仇人翁中达理论，太守勘无赃，杖一百，又二月郑仕郎上任，顾甚得宠，遂成家计，得本州参军，后随郑去五年，大得意归。

盖己禄在午，刃在未作蛇，主非横得罪，未为眷属酒浆，蛇主棒，故见之，且不合在初传也。中末皆长生贵人，可以立身。郑贪贿，顾与他经画，因得意。盖土生金，申又作贵，为日长生，中末皆是，故以此终。

例十九：宣和三年辛丑年十二月二十七日丁巳日子将申时，丁丑人二十五岁，占终身。

	朱	蛇	贵	后	
	酉	戌	亥	子	
合	申			丑	阴
勾	未			寅	玄
	午	巳	辰	卯	
	青	空	虎	常	

阴	朱	常	贵	财	辛酉	朱
丑	酉	卯	亥	子	丑	阴◎
酉	巳	亥	丁	兄	丁巳	空⊙

邵彦和曰：丁日见亥，是鬼贵人，切不可近，当为贵人所害。以丁火绝在亥也。支为宅，见破碎，又作阴贵人，乘朱雀。丁巳二火，皆以酉为财，财即破碎，又是阴贵人，切忌与贵人交财，日后宅子及财物皆为人所有，当主为阴人所坏。中传丑作太阴加酉上，丑是空亡，中间家资必丧尽。有老阴人守寡，田地皆尽。末传巳即宅神，临丑下，是空亡，田园屋宇安能存留也？三十岁其不免乎？后果一一不爽。

人问其故，先生曰：予与此人占时，乃宣和三年十二月二十七日，十二月二十一日立春，则作壬寅岁占也。[①] 占人二十五岁，行年在寅见午，午为日之禄神，并干支旺相，故无恙。至二十八岁，其人为本处徐参议兜尽家财田宅，兜罗卷尽也。三十岁其人身亡。乃靖康元年丙午也。[②] 其母守寡，其屋零落，不久必卖，何也？丁为日干见亥是干支之绝气也。支上见酉，又是支干之死神，故主此人不长。况三十岁行年在未，又见亥水，是身与年俱绝，所以死也。大凡占人不见死墓绝，未可言死，既见休囚死墓绝，行年又临此地，鲜有能逃者矣。[③]

例二十：某占终身，戊申年正月初一日丙戌子将未时，乙亥生三十四岁。[④]

	蛇	贵	后	阴	
	戌	亥	子	丑	
朱	酉			寅	玄
合	申			卯	常
	未	午	巳	辰	
	勾	青	空	虎	

合	常	常	蛇
申	卯	卯	戌
卯	戌	戌	丙

财	甲申	合
子	己丑	阴
兄	午	青⊙

邵彦和曰：日上见戌作蛇，是支来墓干。巳本属蛇，与螣蛇夹一墓在中间，腹中必有疾病，戌土主块积。答曰：腹中果有一块。曰：此因感风起，后入丧家，伤素食而不化，遂成痞块，若不医命必不久。盖初传卯上见申作六合，六合亦是卯，两卯夹一申，卯为风，申为肺，风传入肺脏也。卯为申

① 爱函以历法推之，果不错误，盖知非后人之托名也。

② 爱函以靖康元年，岁在丙午，从丙午逆计之，则三十岁乃系丁丑年生也。他书作戊寅生者误也。今爱函改正。

③ 爱函曰：邵公断案，建炎年间多，宣和年间少，今得此案，不异随珠卞璧也。

④ 与徐大夫占宅同课。

金所克，遂奔戌上而克戌，戌作太常为丧吊家，太常又为食，戌为脾胃，是食素食伤于脾胃也。戌既为卯所克，便走来墓干，而被两蛇夹住，益主坚牢。是此病不能脱矣。是年占人年三十四岁，行年在亥，三十五岁遭官灾，大有破耗，八月卒。

盖丙即巳，巳加子，受官鬼克，作天空，主虚诈，又丙禄在巳，禄即财，子水克之，天空耗之，三十五岁行年到此，所以如是。八月卒者，八月火死土败，而前面便是戌，九月建戌，所以过不得也。

例二十一：或占平生，二月壬午日亥将酉时。

	勾	青	空	虎	
	未	申	酉	戌	
合	午			亥	常
朱	巳			子	玄
	辰	卯	寅	丑	
	蛇	贵	后	阴	

虎	青	贵	阴	父	申	青◎
戌	申	卯	丑	官	甲戌	虎⊙
申	午	丑	壬	兄	丙子	玄

邵彦和曰：申作六合加宅发用，主迁宅改宅。六年之内主造新宅。盖午为屋，恰好作支也。申为马，主迁居也。但主两娶妻，戌加申乘龙，主儿得解。子加戌作虎，明年主死小口二人，三年下状争田得胜，为丑作常加壬，丑为田。此课日上见类神，故得田也。①

例二十二：徐承局辛亥年正月初一日子时生，三十九岁占向后如何。己酉年三月初一己卯日戌将寅时。

	青	空	虎	常	
	丑	寅	卯	辰	
勾	子			巳	玄
合	亥			午	阴
	戌	酉	申	未	
	朱	蛇	贵	后	

后	合	合	虎	兄	癸未	后
未	亥	亥	卯	官	己卯	虎
亥	卯	卯	己	财	乙亥	合

邵彦和曰：承局服侍通判，岂可得犯上之课？此课支加干克干名上门乱

① 程树勋按：丑虽克干，然旬遁是丁，水日财动，又丁壬合，故得田也，克干，故争也。

首，传得曲直，又名失友，日后因触犯官长，断勒归家。又与长上争财，于争财中又不合强淫尊辈，遂犯重罪，减等充军于东海，与妻死在配所也。当年六月果因犯上责而遣归，与叔争分家产，而淫其婶，叔知之，借他事告发，配在明州，娶后妻同死于配所。

大凡上门乱首，多是下犯上，春占木鬼贪旺而不发，至夏木休，其事将发，到秋木囚死，则事乖张，便主争竞，冬木有生气，但存诸心，恐未形之口。经曰：旺相相生灾未发，死囚刑克便灾临是也。①

同日时有一行者，占得此课，邵彦和曰：先为鸡奸了禅堂及诸房，后归家，又扰兄弟，其身终无所归，却与一不正妇人苟合，中风而死。

例二十三：韩监仓修职，癸酉生三十七岁占平生，己酉年六月十五壬戌日未将巳时。

	朱	合	勾	青	
	未	申	酉	戌	
蛇	午			亥	空
贵	巳			子	虎
	辰	卯	寅	丑	
	后	阴	玄	常	

玄	虎	阴	常
寅	子	卯	丑
子	戌	丑	壬

兄	子	虎◎
子	甲寅	玄⊙
官	丙辰	后

邵彦和曰：此课虽曰向三阳，奈初中空亡，依旧不见阳光。四课间隔，事多阻隔，支内干外，支刑日上神，主孝服。② 子为虎刃，虽是空亡不死，人亦多是非。白虎乘子为棺。为何起棺而未葬，致亡者不安？传进而子息落空，才生一子便死，非是过去空亡，庶不害现在子息也。现在子息临宅，加于犬地而见虎，若见鼠咬衣服，小儿必有大灾，宅内不合蓄水，若不开导，监仓自损，宅亦难保矣。

例二十四：建炎戊申年十月初一壬子日卯将丑时，邵木匠乙丑年六月六日未时生，四十四岁占终身。

① 程树勋按：断勒归家者，干入第四课也，争分家产者乱首课，支上见财也，强淫尊辈者，淫泆卦而卯支加未，未作天后为尊辈之妇也。与妻死在配所者，天后为妻，乘死气也。三月初一尚是二月节，死气在未支也。

② 程树勋按：太常破碎加干，主服。

勾	青	空	虎								
未	申	酉	戌	蛇	后	贵	阴	官	甲辰	蛇⊙	
合午			亥常	辰	寅	卯	丑	财	丙午	合	
朱巳			子玄	寅	子	丑	壬	父	戊申	青	
辰	卯	寅	丑								
蛇	贵	后	阴								

邵彦和曰：登三天本至高至危之象，今细微中出入，人却能显焕，必富寿也。盖身宅皆居西北极地，迤逦出东南来，将来必做富人，中传见财，末传长生，有财有寿，长生入财位，子先死孙送终，以长生能害子孙故也，况寅卯空乎，邵仁占课时四十四岁，靠木匠工作度日正窘，后七年，造成山寺大殿，从此兴旺，六十左右，家典钱，连丧三子，丙寅又丧一子，辛未癸酉又丧二子，七十七岁充保正，甲午九十岁卒，七孙送葬。

盖壬子皆西北方，至幽至阴之地，转出东南阳方，中午未财，末申为长生，故有财有寿。宅上有寅，为子息，奈作空亡，初罡为鬼，又临子息之地，故难为子息也。①

例二十五：何三公丙午生六十三岁占身位，戊申年六月丙寅日未将寅时。

蛇	朱	合	勾							
戌	亥	子	丑	合	阴	空	蛇	官	甲子	合
贵酉			寅青	子	未	卯	戌	兄	己巳	常
后申			卯空	未	寅	戌	丙	子	戌	蛇◎
未	午	巳	辰							
阴	玄	常	虎							

邵彦和曰：干支带墓，第四课见子鬼发用，却又传归日上，六月死神在戌作蛇，主有伏尸，带迷惑煞，殃及于人，因宅中皆是旧墓，前后俱有尸骸。鬼入四课，在内之鬼也。传出日上，渐次侵害于人也，主不出八年，痨病相缠，当死五人。中传虽有生气，受克化而为鬼，是以不利，戌年戌月难以救也，考何三公宅内，原是旧塚，闻此言，乃掘之，共掘出十四穴，皆无主之

① 邵公盖取中传午为孙，云："问子须看脱气星，财宿逢之因见孙"，邵公以午财为孙，可知矣。午财乘六合相生，故孙吉也。

墓，庚戌年九月末日，何公不禄。七年之内，果丧五人。

例二十六：戊申年五月甲申日申将丑时，王知县己未生，生于二月十九日午时，五十岁占身位。

	青	空	虎	常								
	子	丑	寅	卯		合	常	玄	朱	财	丙戌	合
勾亥				辰玄		戌	卯	辰	酉	子	癸巳	阴
合戌				巳阴		卯	申	酉	甲	父	戊子	青
	酉	申	未	午								
	朱	蛇	贵	后								

邵彦和曰：日上破碎，作鬼克身，主与阴人兴讼，但不明，来年八月事起必相扰，干支罗网，不可受财，定被贬谪，更老阴人因一子不成器，用度不足，心常怏怏，但难开口，四月十一日必进人口，来年己酉太岁，防谪为曹属也，庚戌则大数莫逃矣。王知县次年受乡绅徐知府长子钱五百缗，被知府恭人所揭，王被责勘。盖徐长子乃义子，与次子分争家财，次子乃亲生子也，王受贿，判与长子，故至此，庚戌在任，不得意而终。

盖阳日，酉为阴官作雀，故本身有讼。官位不明，酉为兑，兑为泽，故因恩泽受财，初传在日之前，甲克戌为财，卯与之合。又得六合，是暗受财，被追扰者，干支罗网不可脱也。己酉遭谪，是酉克甲也，酉加寅上，故曰曹属，庚戌年死者，巳加戌，乃甲申旬末，故闭口不能言也，庚戌行年在巳，本宫为子所克，巳又加戌入墓，故闭口而死也，又云一老阴人，因子用度不足，心中怏怏者，乃王知县有弟，不才而窘，母深怜惜，王不垂顾，母常怏怏，盖巳为闭口乘太阴，故老阴人怏怏不言也，己下人者，甲以巳为子弟也。

例二十七：戊申年正月丁亥日子将寅时，王解元辛丑生，生于九月二十八日辰时，六十八岁占终身。

	空	虎	常	玄								
	卯	辰	巳	午		阴	贵	空	常	财	乙酉	贵
青寅				未阴		未	酉	卯	巳	子	未	阴◎
勾丑				申后		酉	亥	巳	丁	兄	癸丑	常⊙
	子	亥	戌	酉								
	合	朱	蛇	贵								

邵彦和曰：主外人有服者，来争家财，我终被他所扰，而入不明之地，且受太阴之抑。盖酉作贵登天门，乃夜贵用事，是不明也，酉即太阴，太阴即酉，互相掩蔽，终于失理，行年上太阴门户，亦主分破，况身、宅、三传、行年皆在阴上，正是不利之年，七十岁必死矣。何以见外人有服者入宅争财。盖巳作太常，乘马加干故也，太常己未土入本家，乃家人也，丁，我也，被巳乘马逼身而来，而丁遂加酉上，托于今日阴贵人用事，谁知阴贵人入宅却是破碎，宅反为他所蔽，阴翳不明，阴贵加阳贵上，阳贵为今日之鬼，又是不明，又自阳贵上发传，历阴贵而末传仍归我身上，依旧做支破，当主炉灶败坏，巳之本家，又见卯作天空，必主门户分破也。

王有一弟，少年与人为子，己酉年其父死，弟乘服未满归宗，六月入状，争分家财，王托乡绅徐通判料理，尽为徐所骗用，仍旧分给与弟，将中门拆断作两处，厨灶皆坏，此事戊申年何故不发，至己酉年四月方发耶，盖戊申阳年，虽六阴全而不能举，己酉阴年，故发耶，己酉年十月分定，仍是徐通判调停，酉贵作破碎加亥故也。

例二十八：己酉八月丁亥日辰将丑时，傅清卿壬申生三十八岁占平生。

	蛇	贵	后	阴	
	申	酉	戌	亥	
朱未					子玄
合午					丑常
	巳	辰	卯	寅	
	勾	青	空	虎	

勾	虎	常	后
巳	寅	丑	戌
寅	亥	戌	丁

兄	午	合◎
子	丙戌	后⊙
父	庚寅	虎

邵彦和曰：自有随身库，何必求财，傅曰：随身库所主何也？曰：只利书会，此是随身库，余不利。盖父母在鬼乡，又作虎，才讨生涯，便生不足，初禄加卯，又是空亡，故只好书会为活计耳。[1]

例二十九：戊申年十二月辛卯日丑将寅时，叶七秀才丁卯生，四十二岁占终身。

---

① 程树勋按：丁亥日是闰八月十二，是日传有两课，一是傅清卿乙亥生占出行，载于《一针见血》，一是傅清卿壬申生占平生，载于《方本占案》，未知是一人是二人，其人固不足深辨，其年命则不可不参详也。

	朱	合	勾	青	
	辰	巳	午	未	
蛇	卯			申	空
贵	寅			酉	虎
	丑	子	亥	戌	
	后	阴	玄	常	

后	贵	空	虎	父	己丑	后
丑	寅	申	酉	子	戊子	阴
寅	卯	酉	辛	子	丁亥	玄

邵彦和曰：丑墓发传，加于寅上，中末子亥水脱气，主令堂所葬之地，乃艮山坤向，水从胁下便陡泻，往西北出去，庚方有石山，其形甚丑，必主人腰钱而死，尔因妻起家，不是六年便是七年主丧妻，自此便退耗，一则男女债，二则子不成器，三则有水坏田，九年大退，十三年当患疝气而亡矣。叶母果葬艮山之坟，水从胁下流去，西北庚方果有一山，尽是怪石。壬子年，妻弟过访，因腰钱回入城中，途间腹痛而卒，甲寅年丧妻，年内卖产嫁女，长子最贪嫖赌，乙卯年大水溪田坏尽，庚申年十一月病，疝气而亡。

盖丑墓生辛金，故为母墓。① 加寅上故艮山也，辛以寅为妻，加宅作贵人，故因妻起家。金绝于寅，故主妻巳，传见子亥退传而脱，是以退也，辛以子为男，亥为女，太阴男不明，玄武女多赔耗，亥四子九，并之得十三，亥为肾，玄武主疝气，金死于子，故十三年疝气而亡。②

例三十：何子重，壬戌生，四十八岁，己酉年正月十五甲午日子将卯时，占平生。

	蛇	朱	合	勾	
	寅	卯	辰	巳	
贵	丑			午	青
后	子			未	空
	亥	戌	酉	申	
	阴	玄	常	虎	

后	朱	虎	阴	官	丙申	虎
子	卯	申	亥	子	巳	勾◎
卯	午	亥	甲	兄	壬寅	蛇⊙

邵彦和曰：来年行年到寅，因僧人丧亡水边，得物有十一年之宽裕，往后依旧不足，初犯刑，刑后做炉匠，被陈姓人坏了，次年果有一僧死于水，

① 沈曰：墓要不发用，不可乱断。

② 沈曰：水从胁下便陡泻，自西北方出去者，因亥子水逆入西北故也。

身上有银四锭，被何子重拾得作小买卖，果有十一年宽裕，又在此溪边，因伤人受刑。后作坑冶匠人，未足四年被陈姓人告抢踏做贼，配池州，亥四加寅七，乃十一年也，白虎作马鬼，故凶也。

例三十一：己酉年正月甲午日子将卯时，傅大禄己巳生，四十一岁占平生。

	蛇	朱	合	勾	
	寅	卯	辰	巳	
贵	丑			午	青
后	子			未	空
	亥	戌	酉	申	
	阴	玄	常	虎	

后	朱	虎	阴	官	丙申	虎
子	卯	申	亥	子	巳	勾◎
卯	午	亥	甲	兄	壬寅	蛇⊙

邵彦和曰：此课亥来生日，是官星垂顾，太阴神佑之象，但阳刃作雀入宅，乃本家之朱雀，恐目下本家有事情起，初虎作鬼，亡祟为害，是本家人所为，从此遂生事故，末寅加巳，远则四年，近则四月，被事牵缠。若见金，四年入讼，其身不便无疑，傅后与弟不足，弟挟恨，告其子违法事。后又受盗赃千贯，三年发觉禁勘，八月配英州死。盖第四年太岁在子，子上得酉，乃己酉太岁得助，故为祸百端，八月者，复助酉也。

例三十二：建炎戊申年十一月戊戌日丑将卯时，袁知镇癸酉生，三十六岁占终身。

	朱	合	勾	青	
	卯	辰	巳	午	
蛇	寅			未	空
贵	丑			申	虎
	子	亥	戌	酉	
	后	阴	玄	常	

青	虎	贵	朱	兄	辛丑	贵
午	申	丑	卯	财	己亥	阴
申	戌	卯	戊	子	丁酉	常

邵彦和曰：此极阴课，戊土死于卯，败于酉，初传贵人，享父之福；中传临官加丑，亦秉父之财。[1] 末传酉为日败，又是本命，而加于亥，主本身自

① 丑为父母类神，贵人加之，更的。故曰享父之福。

败坏矣。中水末酉，又乘阴常，丑土归西北而倾，必因酒色而成痨病。亥四酉六，主四十六岁亡。后又因有服尊长为主，凡事尽决于他。盖以宅上见申，戊土生于申，为尊长作白虎，为服，故为有服尊长也。后俱应。

袁知镇守湖州新市镇，合庚戌年赴任，己酉年十月有邵龙图知湖州，袁之父昔年曾有嘱托，他遂回避，得差监泽州南岳庙，满载而归，又覆德州嶺口仓半年，丁母忧，袁一向好酒色，久委房兄七官人主家，戊午年患色痨，至己未年正月二十七日死，先生每怕丑亥酉极阴，到此方是极地，何况戊戌二土皆死于卯，皆败于酉，可谓削极，故成痨，酉加亥可谓败极，故死。

例三十三：吴公望问终身，即以生年月日时演课断之，康熙二十四年乙丑岁，五月初七，丙寅日申将酉时。(《残篇》)

	青	勾	合	朱	
	午	未	申	酉	
空巳					戌蛇
虎辰					亥贵
	卯	寅	丑	子	
	常	玄	阴	后	

虎	常	勾	青
辰	卯	未	午
卯	寅	午	丙

子	戊辰	虎
兄	己巳	空
兄	庚午	青

黄先生曰：初传旬仪，二十岁以前自在快活之场，有无边之乐事，干支上神虽系龙常各载鬼墓，鬼亦官也，官星入墓，功名有不蹭蹬者乎。宜其十赴棘闱而悲于不遇耳，况甲科最要廉幕贵人得力，中传亥幕贵也，兼是官星，乃又旬空，空则无力也，欲填实，除是有亥年之恩科，则填补而可望，又或有巳年之恩科冲实亦可望，否则不能矣。末传子息又空，乃是天将后加，后，妻也，空而尚能育子乎，故须觅一肖夫之妾以填补之，邓攸之哭，吾知其可免矣。①

解：康熙二十四年，公元1685年，农历五月初四癸亥日芒种，因此吴公望之四柱为乙丑年，壬午月，丙寅日，丁酉时。

例三十四：张大人垣龄生于康熙辛酉年八月十三日癸巳日巳时，问终身，黄先生遂以其八字演课，以辰将加巳时，得三传卯寅丑。(《残编》)

辛酉年　丁酉月　癸巳日　丁巳时

---

① 有本曰：其十二岁亡父，十四岁亡母，十五岁入太学，十九岁生子，二十五岁所生之子又死，至四十七岁共三十二年，妻死，家业倾废。

	蛇	贵	后	阴	
	辰	巳	午	未	
朱	卯			申	玄
合	寅			酉	常
	丑	子	亥	戌	
	勾	青	空	虎	

朱	蛇	空	青	子	辛卯	朱
卯	辰	亥	子	子	庚寅	合
辰	巳	子	癸	官	己丑	勾

黄先生曰：日上青龙官禄，支上太阳照宅，又二贵拱天喜，且初传又喜簾幕，定是乡榜。张曰：既知乡榜，可知中在何科？黄鼓掌算之，遂决曰：中在辛卯科也，人问其故，黄曰：虽由理推，亦要意会。盖癸巳日主也，乃在甲申旬，法当从地盘戌上起一岁，至三十一岁行年在辰，辰上乘卯为朱雀，又系幕贵，下临辰为天喜，非中之时而何，故知即在三十一岁辛卯科也。① 又问有子否？黄曰：传中皆子星者，寅卯之墓也，合观其八字，纯金局，一派合勦子星，况寅卯为四废休囚，恐桂子稀疏也，果高官无子，是六壬之独步也，故详记其占案，以广所学云。

解：康熙二十年，公元 1681 年，岁在辛酉，农历八月十一辛卯日秋分，月将为辰。张遂龄的八字为辛酉年，丁酉月，癸巳日，丁巳时。备此八字以供读者参考学习。其行年用法，根据出生日旬，以六甲旬之丙位在地盘的位置起数。

例三十五：张鋐家人毛丹占终身，八月初八日，壬戌寅时巳将。（《六壬说约》）

	合	勾	青	空	
	申	酉	戌	亥	
朱	未			子	虎
蛇	午			丑	常
	巳	辰	卯	寅	
	贵	后	阴	玄	

后	常	贵	玄	官	丙辰	后⊙
辰	丑	巳	寅	官	己未	朱
丑	戌	寅	壬	官	壬戌	青

张鋐曰："干上寅为衙门，寅阴巳为月将乘贵人，大贵人也。遁丁与干五

① 程树勋按：此以生日起行年，未知所本何书。

合，汝一生只能在衙门中得贵人微财，不能别作营生。”此本指也。余又曰：“寅巳集于日上，事在月下。汝俟斯候，安能骤进衙门见大贵人？此必余有馆，汝随进耳。余今日本欲占课，今汝得此，可不必再占矣”。果于次日得馆，初十甲子日毛丹跟进，此为他人占及我也。

解：日之阴神白虎申金发用克日，而且本命酉金与申一起克日，表示有自身招来之灾祸，此为日后运气之关键，事情之起端。因为发用不在日上，而在日阴，因此事情必然具有间接性。申金白虎克日，但是日上临日之长生亥水，因此申要克日，必须先生日上亥水，亥水为日之长生，代表财源，起源，天将太阴为阴人之象，其阴神申为白虎，主得死人好处，亥为水边，但是毕竟申亥相害，先生后害，后来必有坏处。

根据发展观，三传三刑，末传为日且为日禄，主将来必受官司刑罚，但是中末空亡，目前不发。官司的来源还是申金白虎，是因为得到死人财物之事。三传为此人人生历程，先见申金生亥水，亥水生日干，申七亥四，主得十一年好处。第十二年开始，申与亥的关系变为害，同时也进入了三刑，因此第十二年发生官司。接着巳火传出日禄，代表事业，寅临螣蛇加在巳上，火为冶炼，刑为破坏，改变性质，酉日巳为破碎，因此断定为冶炼工作。但是同时也正式构成全传三刑，再次遭遇官司，旧事全部暴露。

流　年

例一：刘监仓庚午生三十九岁，生于庚午年四月二十九日，占年内事，己酉年正月初一庚辰日子将寅时。[①]

	勾	合	朱	蛇
	卯	辰	巳	午
青寅				未贵
空丑				申后
	子	亥	戌	酉
	虎	常	玄	阴

虎	青	合	蛇	官	壬午	蛇⊙
子	寅	辰	午	父	庚辰	合
寅	辰	午	庚	财	戊寅	青

邵彦和曰：日鬼传归宅上，宅上却又生鬼，一防仓库有火，二防当直人走或非理死，三防妻有暴风之疾；正月小子防有飞灾退失，二月因省墓起山林之扰，三月妻扰，四月官长追迫，五月当直人有失，六七月防火，八月因闻贵内扰，九月进横财，财中有失，十月婢妾阴私上有失，十一月仆走，十

① 程树勋按：正月初一未交己酉年春，故按三十九岁，实为正月初八丁亥日立春。

二月媳妇有服。果本年七月二十三日仓邻失火，竟焚仓。[①]

经曰：“火鬼春归午，夏月逐鸡飞，三秋寻鼠穴，冬至免相期。”今本身值火星，[②] 又传从火上起，支上与末传寅又生火也。五月十四日夜，[③] 一当直人差去捉人，暗中堕深坑死。三月初七日，妻偶中风遂成重疾。[④] 其余十二月分，祸福悉应。盖午为仓库火鬼，来乘克身，故应。九月妻之兄弟争分家财，刘在官处请假半月，为伊调停，分得田产财物二千余缗，遣人往行内买米，为贼所劫，始信数有前定如此。

例二：唐承务占一年事，己酉年正月初一庚辰日子将子时。

	朱	蛇	贵	后	
	巳	午	未	申	
合	辰			酉	阴
勾	卯			戌	玄
	寅	丑	子	亥	
	青	空	虎	常	

合	合	后	后	兄	申	后◎⊙
辰	辰	申	申	财	戊寅	青
辰	辰	申	庚	官	辛巳	朱

邵彦和曰：天后发用空亡，主丧妻，中传得妻财爻，主又娶妻，妻财作青龙，后妻必有财也，末传巳为店作朱雀为争，官鬼爻为讼，主争店事而起讼，有四人遭刑，以巳之数四，三传成三刑也，巳为长生，又为尊长，巳又为厨屋，主与尊长争厨屋地基，亦以巳作朱雀故也。唐于三月果丧妻，十一月再娶，乃客人之妻，甚有财产，遂以财开店，与原债人斗殴兴讼官嗔，聚党四人各杖二十，次年七月与乃叔争厨屋基地，却得理。

例三：建炎戊申年二月甲子日亥将午时，何七秀才壬申生，三十七岁占流年。[⑤]

	合	朱	蛇	贵	
	戌	亥	子	丑	
勾	酉			寅	后
青	申			卯	阴
	未	午	巳	辰	
	空	虎	常	玄	

合	常	蛇	空	父	甲子	蛇
戌	巳	子	未	子	己巳	常
巳	子	未	甲	财	戌	合◎

① 笔者按：七月十四日立秋，七月二十三为己酉日。
② 程树勋按：未交立春，何故以午为火星。
③ 笔者按：五月十二己丑日芒种，五月十四日为辛卯日。
④ 笔者按：三月初十戊子日清明，三月初七为乙酉日。
⑤ 《口鉴》、《方本》作占家宅。

邵彦和曰：岁内眷属人来，必成大狱。天罡加日本，名天狱故也。郑体功先生曰占流年以行年为主，行年上未来墓干，故主一年之事皆不横亨通。其事为何，体用，体是天狱课，用是子与未六害，故以官讼等事断之，讼起六月者未为六月建也。愚按《指掌赋》云：太常乘破碎为孝服，加天狱螣蛇生灾致讼，法本于此破碎作太常入宅，主有丧服人归来分挠，被他争屋。以行年与身作一处，[①] 只是今年事。末后须添一口，又见分灶也。盖未加甲乃墓神，未为眷属，天空为平地起堆之象。初传子为父母，未为眷属而作六害害人也，螣蛇扰人也。传归入宅，却是两重破碎，巳为厨灶，必主分灶不宁也。

何秀才兄弟五人，最小者与姊为子，父母在日家产已作四股均分，当年四月其姑丈死，姑已先亡，家务又已久退，故小弟于六月归家，诸兄皆不容，遂兴讼，州县断理拨财产与之，着依旧归姑家过活，小弟仍不服，直上控至大理寺，始有归条。自戊申六月兴讼，至壬子年十二月方止。甲以巳为子息，末传戌刑未，故动而有争。所谓不冲不发，不刑不动也。戌乘六合，卯与戌合，主进人口，是此子归来之兆。当年六月兴讼，未加甲，蛇挠之。初子与未相害，故兴讼。壬子年十一月又见子水克火，制破碎，故宁贴。[②]

例四：癸酉年正月甲戌日亥将寅时，辛卯命人，四十三岁占流年。（《牧夫占验》）

青　勾　合　朱
寅　卯　辰　巳
空丑　　　　午蛇
虎子　　　　未贵
亥　戌　酉　申
常　玄　阴　后

合　贵　后　常
辰　未　申　亥
未　戌　亥　甲

官　申　后◎
子　辛巳　朱⊙
兄　戊寅　青

王牧夫曰：此数宜出外不利家居，宅多蔽塞，不利妻妾，多主丧亡也。盖干人支宅，干动支静，干男支女，干外支内，此两仪之定体也。今年乘旺而衰否，是人吉宅凶，利动不利静，宜男不宜女，宜外不宜内，故曰宜出外不利家居也，且马乘天后相生，动之顺者也，干见太阳长生，末见青龙德禄，由动得吉者如此。宅逢纯土，未贵墓干，又未加戌为闭口，妻位当之卑幼之

① 爱函曰：盖未交生，行年尚在丑，丑加申命，故曰行年与身作一处。

② 愚按：此小注惟方本有之，盖后人所增也。愚按：邵诸课皆以六合为合，此注是也。《直指》以戌刑未字火为填小口大谬。

位当之，岂不兆丧亡者乎。况年命俱逢刑，久恋于家必受其害，后出外果清吉。家中妻死子亡，口舌频频，妾自缢。家破人宅分离。其验如此。[①]

解：王氏首先根据干支之理，将干支定位，日干为人，日支为宅，日干为外，日支为内，日干为男丁，日支为女眷，日干为动，日支为静，这样确定以后，方便判断。首先日干上见月将亥水，而且为日之长生，太阳为日长生，为吉利之象。

而且根据发展观，三传中末传临日禄更代表近官近贵之象，因为日干为动，因此判断动而得吉，本人得利。而日支上临日墓，且辰阴为天罡辰土，日支两课上一片旺土，为宅运闭塞之象，而癸未加于日支甲戌上，又为闭口难言之象，因此宅中妻子晚辈奴婢有暗昧之灾祸。总观四课，日上亥水生日，日阴申金助亥生日，因此本人动而得利，但是日支上重重土象克日干长生亥水，因此宅中灾害难免。而且此课干上亥，支上未分别为丧门吊客，正应丧吊全逢，本命卯上临子相刑，天将白虎主丧，因此必验丧死之事。只是日干生旺，本人无恙，而三传三刑，刑到日干本体寅木，初传天后妻位空亡，中传子孙空亡，具在三刑，因此妻妾子具亡，独留末传寅（甲）不空而遭刑，主本人有丧亲之痛而孤苦。

例五：孙履安代姐占休咎。姐癸亥生六十五岁，乾隆庚午年二月庚午日亥将卯时。(《牧夫占验》)

庚午年　己卯月　庚午日　己卯时

十月亥将甲子旬戌亥空

	贵	后	阴	玄	
	丑	寅	卯	辰	
蛇	子			巳	常
朱	亥			午	虎
	戌	酉	申	未	
	合	勾	青	空	

合	后	蛇	玄
戌	寅	子	辰
寅	午	辰	庚

父	戌	合◎
官	庚午	虎⊙
财	丙寅	后⊙

王牧夫曰：弟占姐用起支上得相气之，财又居支，天后临于其上，其家必富厚也，但嫌本合空亡，官星入墓，主早年守寡，然女利幽贞，不宜火局

---

① 愚按：未贵墓干，未戌为闭口，何致如此之凶，盖干支全逢丧吊，而三四课纯土克尽干上亥水长生也。

旺相，干支交互相克，家庭中必主官非口舌，皆由无和气而参商耳。末传见天后，却得好归结。

解：初传发自支阴，而且为戌墓，此占必然与风水有关，王占未涉及此点，但是我们不能苛求于王，因为六壬知识很是繁多，个人会意不同。三传火局，二月火旺，而且寅财临支宅，因此主其家庭富裕。但是三传初中空亡，官星午火入空墓，而且午官临白虎凶神，空则代表过去，表示已经丧夫。而且干支上下互相克制，寅克辰，午克庚，表示家庭不和睦，另外干支干上申子辰水，支上寅午戌火，三传火气腾上，火水未济，水火激射因此家庭不睦。但是三传初中空亡，三传回环于四课，末传天后恩泽，因此虽有口舌，终却无事。

例六：乾隆己巳年午建壬寅日申将辰时，庚午命六十岁占流年。（《牧夫占验》）

　勾　青　空　虎
　酉　戌　亥　子
合申　　　　　丑常
朱未　　　　　寅玄
　午　巳　辰　卯
　蛇　贵　后　阴

青　蛇　朱　阴
戌　午　未　卯
午　寅　卯　壬

官　乙未　朱
兄　己亥　空
子　癸卯　阴

王牧夫曰：此课多主子，木局子孙旺故也。凡三合之局，气聚最好，但以年命推测又有不好处在行年在巳，巳上有酉，用木局而年见从革，与用相冲，卯酉主门户，恐有乖乱事也，须慎之，支为家宅，旺火脱用传之气，恐有狂惑之人在宅生乱也，七月可畏，申上子乃刑卯之月也，后果于七月门中有杀伤事，因此课式中方知年命为要耳，若以干支三传视之，木火相生旺相，安能知之，凡占流年当要以年为紧切也，存此以俟高明。[①]

例七：乾隆甲戌年十月壬子日卯将申时，未命人占流年。（《牧夫占验》）

---

① 程树勋按：此断语甚多牵强附会而未得要领，六十岁行年在丑，丑上见巳，吉凶当从巳推测，何得以巳上之酉言，其卯酉相冲主门户乖乱事也，支上旺火脱用传之气与宅何干而言有狂惑之人在宅生乱也，七月可畏，亦是事后之言，何况支上午火乘旺气而脱支之气，阴神更见白虎死气作鬼，安得不凶乎，辰时未发用，皆克日为天网课，亦主刑伤，卯木虽能破网，无奈卯已休囚而辰未皆相气也，此余一得之愚，俟高明裁定。

	合	朱	蛇	贵	
	子	丑	寅	卯	
勾	亥			辰	后
青	戌			巳	阴
	酉	申	未	午	
	空	虎	常	玄	

蛇	常	朱	玄
寅	未	丑	午
寅	未	丑	午

财	丙午	玄
官	癸丑	朱
父	戊申	虎

王牧夫曰：此课干支上神虽作合，然大象颇有事，故心甚不宁，恐有私情口舌也。初传午为财，被夹克，玄武逼迫，论财有失而无得，况财与鬼穿坏乎，长生又作虎，本源受伤，年境何能得佳。以支辰论，子冲干上午，午为心，心受支冲克而本命又立支上穿害，自又午未作合，干为妻，主妻宫口舌不安，牵连父母亦不安也，且子见于行年，而未又是本命，玄武为用，毕竟由己不正，惹起事端，以致如此，后知其私乳妇，为妻撞遇，归母家同岳母来作吵，彼时余谓彼当出门以避口舌为吉，后因出门始免，行动免者，以马在寅，能制丑上朱雀也。

例八：乾隆己巳年五月庚申日未将子时女命丁丑生，五十三岁占流年。(《牧夫占验》)

	青	空	虎	常	
	子	丑	寅	卯	
勾	亥			辰	玄
合	戌			巳	阴
	酉	申	未	午	
	朱	蛇	贵	后	

合	常	合	常
戌	卯	戌	卯
卯	申	卯	庚

父	壬戌	合
官	丁巳	阴
子	子	青◎

王牧夫曰：妇人占用起鬼墓，不见官星，乃寡妇也。家本富厚，有模范，因阴人用事，先业渐亏，今便改削愈见衰落不振也。其人云：彼夫家夫亡后，尚有数万金为此妇用费，将尽矣。问流年者，看将来若何耳。余曰：末见青龙子孙为月破，又为囚水，聊且度日而已。

盖戌巳子亦铸印也，子去刑卯，卯为日财，乃先成后败之体，故铸印以巳戌卯三字为有成也，今得戌巳子，安能有兴家乎。故曰不振。干支同体而财无。别是人用我，我用人俱不论也，我之财，为他人之财，亦可也，外用内用，终日斧削，岂能不耗，庚与神，内外皆斧也，其家如此，能不衰乎。

例九：乾隆辛巳年八月甲戌日巳将辰时乙未命人，四十七岁占月建。（《牧夫占验》）

	青	空	虎	常	
	午	未	申	酉	
勾巳					戌玄
合辰					亥阴
	卯	寅	丑	子	
	朱	蛇	贵	后	

后	阴	合	朱
子	亥	辰	卯
亥	戌	卯	甲

财	庚辰	合
子	辛巳	勾
子	壬午	青

王牧夫曰：干上卯木乘朱雀，与支之戌交车合，正时发用冲破支辰，主因尊长之财而破财事，虽有始无终，然要费口舌破财，八月甚平常耳。盖支仪为尊长，卯乘朱雀与之合，是因尊长口舌也。支为财，初传与正时为财，是因财而破财也。年上丑贵人又与支相刑，戌支又坐酉月上，故主重重破财，若不忍耐顺受，恐致官非，喜三传辰巳午皆火，有始无终耳。果真于本月内因其父昔日借有银两来索，不婉转而使气，债主欲到官也。验甚。

解：此课涉及到判断来意，因此首先要注意时支与初传，此课初传与时支相同为辰，则为重象，因此其象必验。辰为财，而且天将六合，辰加卯发用，卯辰相害，庚为日干暗鬼，表示因财害事，双木夹克辰土，为财不由己，破耗无制之象，辰土主争斗，因此为钱财争耗。此时就要考校发用与干支四课的关系，辰土冲日支戌土，甲戌为旬首为六仪，为家庭尊长，辰戌相冲主争斗，而且日干甲木为身，上临朱雀，日上卯，支上亥，干支乘罗网，主因为长辈之财而破耗争夺。根据发展观我们看三传，三传连茹，与日干构成，寅卯辰巳午连茹，代表事情具有牵连性，具有延长、延误等性质。而且中末传出子孙，生起初传，为子孙生财，财被制，而且末传青龙，代表破财了事。其行年上为贵人，与支相刑克，主尊长之是非，更确。因为是占月内运气，因此要审查月支，月支酉上临戌，戌为日支为宅，酉戌相害，代表是非入宅。

例十：乾隆戊辰年九月戊辰日卯将寅时，程桐江甲申命，四十五岁占月建休咎。（《牧夫占验》）

蛇 贵 后 阴
午 未 申 酉
朱巳 戌玄
合辰 亥常
卯 寅 丑 子
勾 青 空 虎

蛇 朱 贵 蛇 官 丙寅 青
午 巳 未 午 父 庚午 蛇
巳 辰 午 戊 父 庚午 蛇

王牧夫曰：此课平看不过鬼克不利而已，然关系甚大，何以见之，今兹九月火潜之时，安得有此一派炎炎之气，午为阳刃罗网缠身，叠见必有大缠绕事来累身，彼云："目下无甚事，那得至此。"曰："本月内要见，然终无碍。先凶后吉。"彼云："祸应主何人。"曰："发用别责，青龙作鬼乃由别事而起，青龙为官位，木为舟车之官，必因此而起事也。"

不数日，果为借河晌事波累及身，数月因审实无事。次年春月复占月建独未吉，嘱慎防后复为漕督所奏，几付部谳。仰赖恩旨半路赦回，此课事关重大者，以太岁干支为日辰故也。火虽炎上，而火虚诞，中末相并不足，又兼生干，故有始无终，不须虑耳。凡螣蛇太旺则主惊疑，此以阳刃罗网为利害也。

十七 经济财物

例一：宋元祐二年，山阳吴员外年三十九岁，兴贩油蔴到东京，就其价逐于僧仲褒求占，是时元祐二年，正月戊午日子将戌时。

贵 后 阴 玄
未 申 酉 戌
蛇午 亥常
朱巳 子虎
辰 卯 寅 丑
合 勾 青 空

玄 后 阴 贵 子 庚申 后
戌 申 酉 未 兄 壬戌 玄
申 午 未 戊 财 子 虎◎

仲褒曰：君有货物欲求卖乎？若油蔴目下利薄，清明后可得倍利，究是何货物？曰：是油蔴。在此间日久矣，欲逐卖之。褒曰：信此课决无误事，逐将一半卖之，余寄顿在京而归，其年二月十五日复到京师，其油蔴价已倍增矣，吴客往问褒公云，可卖否？对曰：等数日必有厚利，自后清明后京无货到，果倍利。

议曰：戊土克水为财，水生于申是初不见财神，只备用财生倍之，故主货物油蔴，申之所生也，今加午上，法以午为市，正月申金囚死，虽货物入市场，缘市场未动故未有价。清明之后，土旺乃生申金酉金，相气助财虽被火克制而却得末传子水为救，而免其损伤，行年辰土上神午是今年支神，带他来临兼所得之物特与物同类，与今日干神相生，课值日辰支无损，因目下不如意，后有倍利也。此课以午为市，以申为蔴货，末传子水，申金生之，又常戊土克之，此所以待时而有倍利也。

例二：己丑年十二月丁未日子将戌时，京师富人江明叔，甲子生，六十二岁占求财。(《一针见血》)

	朱	蛇	贵	后	
	未	申	酉	戌	
合	午			亥	阴
勾	巳			子	玄
	辰	卯	寅	丑	
	青	空	虎	常	

阴	贵	阴	贵
亥	酉	亥	酉
酉	未	酉	丁

财	己酉	贵
官	辛亥	阴
子	癸丑	常

苗公达曰：君欲斗禽之财，当以己酉日卯时，斗禽必胜。财及万缗，是时当有商徵音中贵二人，武职一人，各敌到晚，当有酒食喧争，虽无刑狱，须防破财三分，以此课决课而去，后数日，江君来邀小饮，云前日在相国寺，王小垒栅内，合张直殿斗鹑子，共有一千余缗，某斗鹑子得胜，当日同二内官，一人姓陈，一人姓李，饮酒，次张直殿至晚前来同坐，却云早来斗得不是，因是言生气，领在铺中一宿，至晚劝和，不曾见官，所费三百余干，公之术应验如此，且以银物三十两为酬。

议曰：初见从魁是休气，丁死火所制，必有战敌，酉是羽毛，斗禽之属，其性见杀气，又是今日之财，是斗禽取财也，类神之阴，得亥加酉上作太阴，本属酉，行年立卯上见太乙乘勾陈，酉与巳合，勾陈主斗，故在己酉日卯时见斗也，财传月建，是财及千缗，酉金、丁火，故主商徵用事，中传亥加酉为入狱，太常又主酒食也，行年立卯上，带勾陈互合，则有喧争，勾陈临空，故不见官，无刑狱之咎，末传是月建为财数，被今日丁未损破，却亥中有壬，是旺气所胜，故财只破三分也。

例三：章监税，庚午生三十九岁占财产，戊申年三月十一日乙未戌将丑时。

	贵	后	阴	玄
	申	酉	戌	亥
蛇未				子常
朱午				丑虎
	巳	辰	卯	寅
	合	勾	青	空

虎	阴	阴	蛇	财	乙未	蛇⊙
丑	戌	戌	未	财	戊戌	阴
戌	未	未	乙	财	辛丑	虎

邵彦和曰：此课日上见财，主进田庄，不用钱买，中间一人争竞，又复还他，后却得众财，乃是服满人家得来。六月防家中斗殴，不然却门前有尊长新坟，与之争讼。所得之财，悉化为鬼矣。是年童监税与妻家主张分产，遂得田二十亩及财物，有第三房舅嫂守寡，得产不中意，要告官，众人因已分不欲破开，因将童氏所分得众人之二十亩田地与寡妇，另以财物偿童之田价。盖乙木以辰戌丑未为财，又以丑未为妻，故财自妻家而得。何以见彼之分产？乙未日破碎杀在丑，丑为田，田上有青龙，故得之不费钱买。中传戌作朱雀，故有人争。末传未作天后，是又彼人之产复还也。既还产又得众财者，乃辰加未，便是乙加未，乙去克宅；宅为彼，又为财，辰为众，故得众人之财也。

当年九月有一尊长葬于童氏门前坟地上，侵童氏地界，遂与斗争讼于官，所得之财，果然悉化为鬼矣。盖日为尊长，日为前，支为后，日加支，故宅前，辰为日墓，故曰新墓。[①] 经曰：三传全财化为鬼，若非春占，乙木旺于春，财不可得，则反损己财也。

例四：张克用商人占远方买卖，己未日酉将亥时。

	青	勾	合	朱
	卯	辰	巳	午
空寅				未蛇
虎丑				申贵
	子	亥	戌	酉
	常	玄	阴	后

青	合	青	合	兄	丑	虎◎
卯	巳	卯	巳	父	丁巳	合
巳	未	巳	己	父	丁巳	合

邵彦和曰：酉为兑，兑为泽，六合为舡，只利舡行，独足无足，不利陆行，若舡行加倍得利，果应。

---

① 按《心镜》，辰为新，丑为旧。

例五：邵七丞务戊寅生三十二岁占求财，己酉年十月癸巳日寅将丑时。

	合	勾	青	空	
	午	未	申	酉	
朱	巳			戌	虎
蛇	辰			亥	常
	卯	寅	丑	子	
	贵	后	阴	玄	

勾	合	贵	后	官	未	勾◎⊙
未	午	卯	寅	父	甲申	青⊙
午	巳	寅	癸	父	乙酉	空

邵彦和曰：尔欲妻家取往年所许之财，未得。又因生子，乃欲问令岳父借之，丞务笑曰：然。盖癸日以午为财，又为妻，旬空，故未得。日上寅为子孙，生起午财，故云以生子为由又借。中传申为日长生，为尊长，又乘龙为财类神，再借必得也。后遭奴婢之患，随得随失，酉与破碎并临故也。行年酉见戌为六害，白虎与血支相加，恐遭官讼，几不免刑。幸作三合，终能解散也。

邵丞务，名康伯。娶郑氏，先是乃岳许田未与，后经多年，生子，欲往取之，乃岳与之三百千。邵有仆宜童、婢荣奴，向有私情。荣奴偷钱与宜童，被邵见之，乃行吊打，当夜宜童持刀要伤主人，邵幸走脱，次日缚宜童送官惩治，宜童却供出家主去年用我私开白地三十余亩，许我上钱二百贯文，又许将荣奴嫁我，今背前约，故欲害之，官因根究私田不税，邵遂受杖责，所得之钱尽费用而无余。

例六：林子成，丙辰生，四十八岁，占平生养息，宣和癸卯年三月乙亥日戌将午时。

	合	朱	蛇	贵	
	酉	戌	亥	子	
勾	申			丑	后
青	未			寅	阴
	午	巳	辰	卯	
	空	虎	常	玄	

青	玄	贵	勾	财	癸未	青
未	卯	子	申	父	乙亥	蛇
卯	亥	申	乙	兄	己卯	玄

邵彦和曰：凡占课见传送空亡克日，不可者四：一者养鹅不得，二者不得为医，三者不宜买碓，四者不宜为道士。林曰：我自二十七岁亡父，二十

九岁买得一水碓及磨坊，日与争讼，今十七年矣，累得累失，是我命不招乎？先生曰：汝命不得碓磨力，莫妄用心。因传送空亡，四者终非己有也。支上幸有卯在长生上，一为驴骡，二为竹木，三为术士沙门，三者皆汝前程，必遂所得也。林遂弃碓磨养孳畜，多种竹木，有牝驴二头，七年生五驴，竹木又盛茂。先生过其门，林再三拜谢。先生又谓之曰：卯可舟车，何不兴贩？又从之，数年大发，乡人叩问曰："向者指彼数事，今皆大遂，可见吾丈神术有准。"先生曰："大不然，是此人造化所该耳。"

盖乙日木局，全旺在卯，生于亥，故卯全有气也。玄武入庙，又就本家生旺，此所以大全美也。且曲直木局，生于亥，旺于卯，末传逢禄逢旺，诸事遂意，尽在末也。初限未八卯六，乘之得四十八，折半得二十四。又加卯木地盘三数，共二十七年[①]正在父母庇荫之下享福，十六娶妻，财又大盛，至二十六岁限足，二十七岁交中限，父母便死，何以知其父先死，因中传亥加未上，亥为乾为父，亥又为乙木之父，下被未克，上见螣蛇凶将，所以先丧父也。二十九岁买水碓磨坊，争讼十七年犹不已者，是申加辰，申七辰五，五七三十五，空亡减半，得十七年。申空加日上，是平生所不利，故因碓磨而费十七年之财。若申不是鬼，犹不至于讼。后予相见时，林年已四十八岁，遂令息争改业，而向驴骡船只竹木营生，今己酉年已五十四岁矣，现在末限，末传卯加亥，卯六亥四，相乘得二十四，折半为一十二，加亥地盘四数，共十六数，五十六岁交末限[②]尚有十六年财利。此限遇亥与玄武水，并力生卯禄旺，是以诸事如意。

三传三限也，大凡日上所见者生我即利，脱我即为彼所苦。我克者为财，克我者，文武职人则为官，常人则为鬼。同类加干则是兄弟助我也。或又问曰：中限父亡之后，累累官司何也。先生曰：是螣蛇相扰，又申亥六害，害者害我也。或又问曰：初传未亦可以养羊卖酒，中传亥亦可以养猪，何独取卯乎？先生曰：曲直全在于卯，乙禄到卯，长生于亥，故取其全盛之地营之。且未加卯，亥加未，皆受下克，故受生为利，受克为害也。

例七：张九公癸卯十月初四亥时生，六十六岁，占店业。戊申年九月初九日庚寅日辰将丑时。

---

① 一云：初传未八青龙七，地盘卯六，未之本数土五，并之得二十六，故初限二十六年。

② 一云：五十岁交末限。

蛇　朱　合　勾
申　酉　戌　亥
贵未　　　　子青
后午　　　　丑空
巳　辰　卯　寅
阴　玄　常　虎

蛇　阴　虎　勾
申　巳　寅　亥
巳　寅　亥　庚

兄　甲申　蛇
子　丁亥　勾
财　庚寅　虎

邵彦和曰：干支上皆盗气，其家世店业，十退五六矣。初传申加巳，是禄来加蛇上，又是为蛇扰，必主少人钱物；中传亥又加日上，脱气太重；末财在脱气上，又遭虎克，到此十分去尽矣。主四年中去一半，七年中全退，又妻生病死。

张九公占时家甚费力，至辛亥年，两店皆歇。[1] 甲寅欠债狼狈，为人所讼。[2] 当年妻病浮肿[3]而死也。

例八：曹八秀才，戊辰生四十二岁，占开店。己酉年十月己亥日寅将酉时。

朱　合　勾　青
戌　亥　子　丑
蛇酉　　　　寅空
贵申　　　　卯虎
未　午　巳　辰
后　阴　玄　常

蛇　常　玄　勾
酉　辰　巳　子
辰　亥　子　己

父　巳　玄◎
兄　戊戌　朱⊙
决　癸卯　虎

邵彦和曰：日上见贵财，支上见财库，日上财神又归财库，此大利开店。初传巳又为店，但乘玄武，修葺有费耳。盖玄武为费用倍常也。中又为店之库，重重皆是财利奋发，但末传卯鬼破库，主后来被人取店，于是争竞。曹曰：莫赁，买之如何？先生曰：买亦争竞。以九年为期。曹曰：九年再问。乃问汪七娘赁房，大费修葺，入店三年大发，积百万，第六年汪七娘以店卖与之。第七年汪七秀才因分来取赎，曹不肯，汪乃进词兴讼，官断准取赎。

---

[1] 亥为庚之脱气，且巳为店，亥又克之，故重会亥而歇业。

[2] 寅爻为店，既为巳脱，故至寅而废也。

[3] 肿，有本作腮。

曹乃依之。果如先生言。

大凡占店，少得如此等课。日上见财，且是行年，安得不厚？更中传又乘巳火归库。若末非卯鬼破库，财可永久。今既遭破，且尽，巳之四，戌之五，共九年也。

例九：曹八秀才，癸酉生三十七岁占进屋，己酉年十月二十五庚子日寅将未时。

	蛇	贵	后	阴	
	子	丑	寅	卯	
朱亥					辰玄
合戌					巳常
	酉	申	未	午	
	勾	青	空	虎	

后	空	合	阴	父	戊戌	合
寅	未	戌	卯	官	巳	常◎
未	子	卯	庚	子	庚子	蛇⊙

邵彦和曰：斫轮课，须仔细，后必争竞。支受干制之课，犯者畜产不生，宅上天空作六害，主有阴小相欺，行年在寅上缠干之罗网，况酉临寅为绝地，必有小扰大之事，定是不足。太阴主宅母不明，中传太常长生，奈是空亡，便是无生意，末传螣蛇子孙临于绝地，主绝了又生，生了又绝，非佳宅也，切不可居。

例十：水四哥占求财，己酉年十月壬寅日寅将申时。

	空	虎	常	玄	
	亥	子	丑	寅	
青戌					卯阴
勾酉					辰后
	申	未	午	巳	
	合	朱	蛇	贵	

玄	合	空	贵	子	壬寅	玄
寅	申	亥	巳	父	丙申	合
申	寅	巳	壬	子	壬寅	玄

邵彦和曰：主尔先讨他已还本，今再问他讨利。是如此否？水曰：然。何以知之？先生曰：壬水绝于巳，巳财绝了。又见申金长生，是还本后再讨也。但讨得此财，下稍必被他扰害，实成不足。四年外必见是非。后癸丑年果争息钱殴伤下狱，得赦免罪。丑年者，惹动丑上朱雀鬼故也。

例十一：刘五官，己巳生四十七岁占店，乙卯年十月戊寅日寅将丑时。

蛇　贵　后　阴
午　未　申　酉
朱巳　　　　戌玄
合辰　　　　亥常
卯　寅　丑　子
勾　青　空　虎

合　勾　贵　蛇
辰　卯　未　午
卯　寅　午　戊

兄　庚辰　合
父　辛巳　朱
父　壬午　蛇

邵彦和曰：此课三传被日辰夹定，占店终久得之。亥卯未生人方成，其店被人买断，目下虽然杜卖，三年后卖主必定来赎此店却发，嗣后四五六年方见头尾清除，然必再求方得。谓日辰抛离后再赎，恐后有司事发不一，此屋死人多，无气故也。

例十二：甲申生人三十三岁，占求财，丙辰年五月十八日，丁酉日申将未时。

青　勾　合　朱
午　未　申　酉
空巳　　　　戌蛇
虎辰　　　　亥贵
卯　寅　丑　子
常　玄　阴　后

贵　蛇　朱　合
亥　戌　酉　申
戌　酉　申　丁

官　己亥　贵
官　庚子　后
子　辛丑　阴

邵彦和曰：进连茹三传皆鬼，只喜申财加日，而辰上却六害。日上申加丁作六合，支上戌作螣蛇，六合乃卯，螣蛇乃巳，此是卯与戌合，巳与申合，又末传见财之库，三传虽鬼，不过少阻无妨，此往来数次，再三方得之兆。本命行年俱在传课，且本命作财，必主喜兆，非鬼兆也。

例十三：己巳生人四十八岁占求财，丙辰年六月甲寅日巳将亥时。

勾　青　空　虎
亥　子　丑　寅
合戌　　　　卯常
朱酉　　　　辰玄
申　未　午　巳
蛇　贵　后　阴

虎　蛇　虎　蛇
寅　申　寅　申
申　寅　申　甲

兄　甲寅　虎
官　庚申　蛇
兄　甲寅　虎

邵彦和曰：此乃反复争夺之财，甚薄。应在辰戌日得之。据课体本无财，盖此人己巳乃是寅作德，又蛇制申金，行年财临，故甲戌日果得财也。此课又是论化气，甲日己命，甲己化土也。

例十四：钱三郎，甲戌生三十六岁占开店，己酉年闰八月，丙戌日辰将寅时。

朱	蛇	贵	后
未	申	酉	戌
合午			亥阴
勾巳			子玄
辰	卯	寅	丑
青	空	虎	常

虎	玄	贵	朱	官	戊子	玄
寅	子	酉	未	父	庚寅	虎
子	戌	未	丙	子	壬辰	青

邵彦和曰：此课开店后，当有他事相扰，方开店之时，便有人来算虚帐，主人本无此心，自是隔皮亲人，反去报他，遂来相攻，不能为害，其店终嘈杂不甚兴。令郎长大，因淘汰钱物使用，动众一挠，其店遂止。

此向三阳，乃向高之象，终不可止也。钱氏重阳日开店，有邵一郎，是钱之姨夫，因往日数次向钱氏假贷不允，今钱氏开店，邵唆彼主母入状，索前签过帐内钱七十贯，官断令追还，依旧开店。果不兴发。至壬子年，其子斗黄头鸟，因两边收钱不明，遂斗殴经官，于是歇店。盖日上未作勾陈空亡，空挠也。支上子作天后，厌翳也，故不兴发也。中传寅作玄武，子偷钱物也。末辰作白虎，动众相打也。

例十五：一课二事多断式，第一例占官，第二例占财。共录于此。

王县丞，丙寅生四十三岁占官职，建炎戊申年五月初一，甲申日申将巳时。

青	勾	合	朱
申	酉	戌	亥
空未			子蛇
虎午			丑贵
巳	辰	卯	寅
常	玄	阴	后

后	朱	青	常	官	甲申	青
寅	亥	申	巳	父	丁亥	朱
亥	申	巳	甲	兄	庚寅	后

邵彦和曰：日上见巳作太常，主兼职而费力。初传官星，主兼职，中传

长生临宅上，主上人垂顾，兼职而加俸，末传寅临亥，名必达天庭，是费力中得便宜，劳苦中得迁转。任满入朝面君，有内绛帐之荣。后王县丞因知县缘恩泽，受财事发，遂擢县印，两项职事，悉皆了辨，见知上司列荐，奉旨任满日引见，遂得诸王宫教授。

缘日上见巳，是甲木生巳火，故费力也。太常为职，巳为双女，故曰兼职。初传申官临于双女上之，亦是兼职。青龙主喜庆，中传亥与行年上亥，皆是官长之属。亥为天庭，朱雀为举荐，末传寅为己身，下临于长生之地，又登天门，上乘天后恩泽之神，同生甲与寅木。甲以亥为长生学堂，故主绛帐之职。在天门则为内绛帐也。甲木生巳火，虽云费力，却得天后水及亥水之生，申金官星居巳火长生之上，又作青龙，所以费力中而内升也。

汪五公丁未命，生于七月初八子时，六十二岁占买卖，同得此课。

	青	勾	合	朱	
	申	酉	戌	亥	
空	未			子	蛇
虎	午			丑	贵
	巳	辰	卯	寅	
	常	玄	阴	后	

后	朱	青	常
寅	亥	申	巳
亥	申	巳	甲

官	甲申	青
父	丁亥	朱
兄	庚寅	后

邵彦和曰："如何染得许多红紫？今已发变斑点，只好染皂用耳。"汪公尚不觉，及开包裹看之，果然红紫皆变色，又发斑点。汪大惊，曰：为之奈何？先生曰："不妨，十月染皂不折本，但滞得半年耳。"

盖日上见巳蚀甲，寅去亥上受生，未甚费力。今又添行年上午，便是两个火而蚀一甲，甲木虽寅受生于亥，费有余而得不足也。太常为绵丝衣帛，乘巳火为赤色，便是红紫之类。太常乘巳加于寅，寅为虎，主斑点，作天后为改色。初传官鬼破身伤财，又立于耗盗之上，好在中传亥来生甲，只宜染皂，以北方主黑，亥加申上，白而生黑，故为皂色。州人仿他铺染暗青黑绿都不好，八九月亦不翻腾。汪公至十月染皂，市中颇有行情，果不折本。盖末传有寅生于亥上，中传亥却为旬丁，主变动之神。末传天后亦为皂色，又为妇人，以此妇人俱重此色衣服，亥为十月，信知造物亦有时也。可见六壬占验之神，与造物无间耳。

或问："王县丞与汪五公同月将日时，同得此课，何以王县丞许其升迁，汪五公却说彩帛变色？"先生答曰："县丞本命寅下临长生得恩泽之神。行年即是官星，在任者宜见之，必然升迁。汪公本命未下临魁罡，上得虚诞之神，行年添一盗气，经纪者忌见之，必然败坏。幸得寅加亥上，中传亥又来生身，为不折本耳。”

例十六：一课两断，第一课刘判官占官反得财，第二课占身位，应在疾患，共录于此。

刘判官己未生五十岁占前程，建炎戊申年七月初一癸未日午将卯时。

	合	勾	青	空
	申	酉	戌	亥
朱未				子虎
蛇午				丑常
	巳	辰	卯	寅
	贵	后	阴	玄

常	青	朱	后	官	庚辰	后
丑	戌	未	辰	官	癸未	朱
戌	未	辰	癸	官	甲戌	青

邵彦和曰：日上见墓神，天后又是滞神，今方自墓中脱去。中传未是旬末，末传归家，却见旬首，旬首加旬尾，做官方始起，却又早归家，如何得改官迁转？不如治生，何以见之？本命在中传，甲戌旬末是癸未，未土癸水为三传全鬼，却变成财，若要求官仍复为鬼，所以治生，必然兴发，为甚佳也。

刘判官三十八上及第，到五十方授第一任，缘是庶出，丁了三服，服阕，方做判官，任满不得改官，任中文字又多不足，遂思先生之言，归家治生，开杂卖铺贩贱鬻贵，资财日旺，初开店时，止有三千余贯，后十二年共发至三十五万贯，造屋买田，如法做起，信知先生之言不妄也。

刘一翁代一人占身位亦同此课，其人丙辰生五十三岁。

	合	勾	青	空
	申	酉	戌	亥
朱未				子虎
蛇午				丑常
	巳	辰	卯	寅
	贵	后	阴	玄

常	青	朱	后	官	庚辰	后
丑	戌	未	辰	官	癸未	朱
戌	未	辰	癸	官	甲戌	青

邵彦和曰：此人不长久，目下如云雾中行耳。明年五十四岁，行年在未，

上见戌加之为闭口，戌为九月，其人九月间患积块疼痛，气塞鼓胀而终。

或问：此人与刘判官同月将日时，同得此课，何故前言治生，此言就死？邵先生曰：前是己未生，中传得本命，自墓引出来，末传见旬首，周而复始，三传全鬼，却化为财，所以治生发旺也。此是丙辰生，他的本命自来墓身，既来添墓，如何过得？邵先生尝谓门人曰：“古次客之法，以数人同时来占者，用前五后三，换将不换时之例，试之多不验，盖烛然祸福，全赖太阳之光明，故以正将正时为最，其次则换时不换将耳。余以个人年命为主，课虽同而理则异，区别悬殊，十不失一。”

例十七：周氏占与罗氏交易，己酉年正月乙巳日亥将巳时。

	蛇	贵	后	阴	
	亥	子	丑	寅	
朱	戌			卯	玄
合	酉			辰	常
	申	未	午	巳	
	勾	青	空	虎	

虎	蛇	常	朱
巳	亥	辰	戌
亥	巳	戌	乙

子	乙巳	虎
父	辛亥	蛇
子	乙巳	虎

邵彦和曰：反吟体见凶将，最难成。但日上见财乘雀，必见争闹而后成。只是两家俱有孝服，后来周姓果丧母，罗姓亦丧妻。又至后有三人来作闹，丁丑日事成。其闹者乃过房子也。盖乙以巳为儿，巳中丙戊，二姓之象，主过房子来争也。

例十八：庚戌年八月癸未日辰将戌时，叶秀才乙亥生，三十六岁，占交易。（《一针见血》）

	勾	合	朱	蛇	
	亥	子	丑	寅	
青	戌			卯	贵
空	酉			辰	后
	申	未	午	巳	
	虎	常	玄	阴	

常	朱	朱	常
未	丑	丑	未
丑	未	未	癸

官	癸未	常
官	丁丑	朱
官	癸未	常

邵彦和曰：辰来就日，日去就辰，来来往往，三传行年又在此上，但以多者为议事之处，末传更归行年，又在日上，初间文书自我发处发去，不遂

了，却又发来，我今又从整顿去，今取入手，虽然成就，毕竟内有弊病，不合又作太常，鬼并在此，又防有反复，然必竟无害，叶十七秀才与李宅对换交易，叶宅先印契，李家退悔，叶宅又将别项田产赔，再做契据，前印契不用，却印后来换者，所谓辰来就日，日去就辰，虽然反复，毕竟事有济也。

丁丑、庚寅、甲申、癸未返吟，皆是辰来加日，日去就辰，惟此课皆是初末在日，偶然行年又并在日，一起有四事，他只有二件，从我者是也，我遂终得此物，若其余日辰，及八专之类，从所乘者断指，此又名上门乱首，大不利占病，初末并太常克日，若占尊长病，是宅中已挂孝矣。不可救无疑，占讼乃彼来值我，若我是卑下，却好攻之，不利尊长先起也。

例十九：曹将仕丙午生六十四岁占谋干，己酉年十月癸卯日寅将辰时。

	朱	蛇	贵	后
	卯	辰	巳	午
合	寅			未	阴
勾	丑			申	玄
	子	亥	戌	酉
	青	空	虎	常

空	勾	常	空	官	辛丑	勾
亥	丑	酉	亥	兄	己亥	空
丑	卯	亥	癸	父	丁酉	常

邵彦和曰：支上丑作勾陈发用，自宜用旧，未利谋新。况三传四课皆阴，岂宜进干？若阳则宜进干，岂不闻《心镜》曰：大吉临干为死旧，天罡加日是生新。《心镜》全以阴阳二字分别，阳宜动，为生、为新、为德；阴宜静，为杀、为旧、为刑也。

例二十：四月辛丑日卯将申时，邓姓人占市侧造客店。（《一针见血》）

	空	虎	常	玄
	子	丑	寅	卯
青	亥			辰	阴
勾	戌			巳	后
	酉	申	未	午
	合	朱	蛇	贵

玄	朱	空	后	财	癸卯	玄
卯	申	子	巳	父	戊戌	勾
申	丑	巳	辛	官	巳	后◎

刘日新曰：尔欲市侧兴造店屋，奈此处有祖墓，如何造得，不上一年，必致兴讼吃棒，坐狱，出狱而死。

盖支为店业，丑为辛金之墓，巳亦为店业而加戌墓之上，故知此处有祖墓也，支上白虎作朱雀，中传勾陈故知兴讼，财作玄武，必主破财，白虎作朱雀加于丑墓，中传戌作勾陈，戌为牢狱，故必坐狱，戌能生日故不死于狱中，末传巳火克干，四月正旺，故知出狱而死，邓某人不听，后果遭讼被押，押久致病，保出而卒。

例二十一：戊寅年七月乙亥日巳将辰时，有所为而占。(《郭氏占案》)

戊寅年　庚申月　乙亥日　庚辰时

	空	虎	常	玄	
	午	未	申	酉	
青	巳			戌	阴
勾	辰			亥	后
	卯	寅	丑	子	
	合	朱	蛇	贵	

蛇	贵	空	青
丑	子	午	巳
子	亥	巳	乙

财	丁丑	蛇
兄	戊寅	朱
兄	己卯	合

郭御青曰：进茹主事尚不了，末传归禄作六合，将吉，丑乘螣蛇，因旧年事惊疑，进而寅卯比日更奇者，夹定虚一所欠者财，然行年在辰为补欠，奇妙奇妙。

解：三传连茹，因此表示事情连串，根据发展观，初传丑为病符，又名旧太岁，主旧事再图，其上天将螣蛇主为旧事惊疑不定，三传连茹和日上巳之间拱了一个辰，辰为日财，那么很明显是为了财事，而且其人行年在辰，身即是财，末传见六合终有所得。

例二十二：崇祯丁丑年二月初八日戊寅日，于京邸为张贞明姻亲占会场，亥将巳时。(《郭氏占案》)

丁丑年　癸卯月　戊寅日　丁巳时

	朱	蛇	贵	后	
	亥	子	丑	寅	
合	戌			卯	阴
勾	酉			辰	玄
	申	未	午	巳	
	青	空	虎	常	

后	青	常	朱
寅	申	巳	亥
申	寅	亥	戊

官	戊寅	后⊙
子	申	青◎
官	戊寅	后⊙

郭御青曰：余嫌反吟不美，时以課中财爻朱雀加干，驿马在中传，一、二日内必家中送盘费人来也。初九日，果家中人至，送银一封。张君尚未知数，至初十出场。张君过余寓云：家信果至，银钱几何？余曰：发用七数，干上四数，必七两四钱也；张君大笑。余于此课亦偶中耳，定数最壬课之难者。

解：首先看课体，为反吟课，有反复，速度之象。日上朱雀临财，而且干支交车相合，寅亥合，巳申合，表示很快就会有财物信息交往。初九对方送银一封，郭根据初传，寅七，日上财亥为四，判断是七两四钱。实际上完全可以根据，寅七，天后亥四，和为十一来计算。这也是古人常用的重要计数方法。但是郭也感叹说是偶中，由此可知六壬断数是很难的。

例二十三：张鋐家馆师周鹤池占求财，庚申六月十八己巳日亥时午将。（《六壬说约》）

	勾	青	空	虎	
	子	丑	寅	卯	
合	亥			辰	常
朱	戌			巳	玄
	酉	申	未	午	
	蛇	贵	后	阴	

后	勾	蛇	空
未	子	酉	寅
子	巳	寅	己

子	癸酉	蛇
兄	戊辰	常
财	亥	合◎

张鋐曰："亥财在末传，又值空亡，求财不能即得。"此本指也。但占财常事，忽得四上克下，大不吉，次日庚午其女骤病，再次日辛未遽亡，询其女年命在寅，酉金临寅克之而起，酉又乘蛇外战，故不可支也，其终于未者，寅临未入墓，未又遁辛克之也。

解：此课干上寅木，支上子水，干支两损，因此人宅有灾，而且既然求财，其子水临财绝于日上，子为子息，被天将蛇所扰，又为破碎（巳日酉为破碎煞）此处象意极明，而且四课四上克下，为无禄课，求财无益，人口招灾。而且正时亥财空亡，亥乘六合，为子女，亥为女象。且课体为四绝课。后得知其女本命为寅，寅本位被天将乘蛇克绝，本命又加未地入墓，均为死亡之象。

例二十四：乾隆辛未年闰五月庚辰日未将卯时，占壬申纲窝价涨否？（《牧夫占验》）

	勾	合	朱	蛇							
	卯	辰	巳	午		虎 青 合 蛇		官	壬午	蛇⊙	
青寅					未贵	子 寅 辰 午		父	庚辰	合	
空丑					申后	寅 辰 午 庚		财	戊寅	青	
	子	亥	戌	酉							
	虎	常	玄	阴							

王牧夫曰：此占古之所无，以利之权，不操于商也。古之盐法商人支盐。其窝在官，商无所利，故前人亦无成断章楷，致使后学无可执凭，然财利之占，古多成法，未始不可通变而详之也。窝价涨落之占，财关钜大，身家所系，何可漫言，且财乃国用之流通，得失关乎命运，未可视为轻忽，得与不得有数存焉。

今妄言一课，以证高明，以干支论，则庚金而生润下之水，脱气也，生财之源也，将得玄武青龙，水将也，乐育也。干支为财矣，安有不长者乎。润下舒缓之象，由渐而长也，脱尽干长亦大也，数不过八，以庚数八，脱尽庚身而止矣。甲子旬必有更变，以子乘蛇坐末故耳。后果由数分长至八钱，甲子旬为官司所禁而止。然窝之长落最疾，不可以月计也，而课之休象又繁，不可以一途视也。谚云："富则为金穴，失则为祸胎。"此释窝字之义最妙，而所关又在呼吸之间。存此一课以见数理之难。正不易占也。[1]

例二十五：杨商占散轮否，乾隆甲戌年六月丙寅日午将酉时。(《牧夫占验》)

	青	空	虎	常						
	寅	卯	辰	巳						
勾丑					午玄	后 朱 朱 青	官	亥	朱◎	
合子					未阴	申 亥 亥 寅	财	壬申	后⊙	
	亥	戌	酉	申		亥 寅 寅 丙	兄	己巳	常	
	朱	蛇	贵	后						

① 程树勋按：以支所克者为财，古原有此法，行商看干克之财，坐贾看支克之财，固窝与坐贾同，自当看支所克者，三传脱干而断其价长以脱尽庚身而止，断其数不过八，此则牧夫先生之心得者耶。

王牧夫曰：此等占惟淮南盐务中有之，古之所无，故无成断模楷。夫轮之为象，循序动而不息，中传传送，乃其象也，申又乘马，其象更的，贵人乘亥发用，贵为官，亥为监，盐，官司之首先，发用做不备是盐不足也，而贵为之踌躇也，申在中末巳合之，金火相合，有疑而未决之象，然初末相冲终必散也，散而不久，又必合也。其散期在秋后，果验。[①]

例二十六：乾隆己巳年三月己酉日戌将辰时，辛巳人四十九岁占谋生。(《牧夫占验》)

	蛇	贵	后	阴	
	亥	子	丑	寅	
朱	戌			卯	玄
合	酉			辰	常
	申	未	午	巳	
	勾	青	空	虎	

合	玄	青	后	官	卯	玄◎
酉	卯	未	丑	子	巳酉	合⊙
卯	酉	丑	己	官	卯	玄◎

王牧夫曰：夫妇商量欲为门户计乎，其人曰：何以知之，余曰：此课龙后相交，故知为夫妇商量也，卯酉相冲，故知为门户计也，曰将来如何，余曰：看来此事大不美，不惟门户不振，犹惧申酉之年有死亡之忧，盖酉为败金，卯为死木，死败相乘，岂能越申酉年乎，且玄合为不正，占亦丑矣。

例二十七：丙子年亥月甲寅日，卯将戌时辰命人占首尾。(《牧夫占验》)

	合	朱	蛇	贵	
	戌	亥	子	丑	
勾	酉			寅	后
青	申			卯	阴
	未	午	巳	辰	
	空	虎	常	玄	

蛇	空	蛇	空	父	子	蛇◎
子	未	子	未	子	丁巳	常⊙
未	寅	未	甲	财	壬戌	合

王牧夫曰：此课可叹，你的财是他的财，他的财是你的财，又两人各自误，你哄他，他哄你，遂至不清，可是否然？曰然。盖八专之课，彼此不别，各各戴墓，阴神自相穿害，其象如此，命上勾陈，年上丑贵，几至起讼，末

① 口岸之盐，各旗挨次轮卖，散轮则有人越次而卖也。

传幸得六合在戌，尚有模范可以勉强结局，太岁作恩星，可以化解，朱雀又生日，不然缠绕不清也，来年春二月可了，木绝于申，申加于卯也，验。

例二十八：乾隆己巳年未月壬申日未将辰时，某占弃产。(《牧夫占验》)

	青	空	虎	常
	申	酉	戌	亥
勾未				子玄
合午				丑阴
	巳	辰	卯	寅
	朱	蛇	贵	后

后	常	朱	后	财	己巳	朱
寅	亥	巳	寅	父	壬申	青
亥	申	寅	壬	兄	亥	常◎

王牧夫曰：此屋有两房人居住，甚安，若卖此屋，外人不得买，日后归本家。盖因日去加支受生，得太常眷属之神，加于亥上，亥主双，故主有两房人居住也，外人不得典买者，课上之寅入于宅内作合，成了不备，寅上后与亥同气，若要买必有本家之人作阻，此宅不得为外人有也，申乃日之长生，亦即亥之长生，壬带冲绝则亥与壬同气而踞其上矣，后果未得卖，至今尚是两家同居。

例二十九：甲戌年十月丙辰日寅将午时，占开店。(《牧夫占验》)

	朱	合	勾	青
	丑	寅	卯	辰
蛇子				巳空
贵亥				午虎
	戌	酉	申	未
	后	阴	玄	常

玄	蛇	阴	朱	官	子	蛇◎
申	子	酉	丑	财	庚申	玄⊙
子	辰	丑	丙	子	丙辰	青

王牧夫曰：此开店之占，得润下官鬼之局，店不甚旺相，虽有财不见财，开了歇，歇了开，无利益也。问之曰：三传皆水，有旋转之象，此何店也？曰：豆腐店。故有象如此，三传末传龙生蛇，故主开了歇，歇了开，到底是官鬼局，不成财也。

例三十：乾隆辛巳年七月乙丑日巳将未时，某占索债。(《牧夫占验》)

辛巳年　丙申月　乙丑日　癸未时

	合	勾	青	空	
	卯	辰	巳	午	
朱	寅			未	虎
蛇	丑			申	常
	子	亥	戌	酉	
	贵	后	阴	玄	

玄	后	贵	朱	父	亥	后◎
酉	亥	子	寅	官	癸酉	玄☉
亥	丑	寅	乙	财	辛未	虎

王牧夫断：此债非其人有心不还，实因好赌好饮，日就衰败，将来居屋都要卖，卖屋始能得其财，然亦不能全其数矣，问之果然。盖支上亥水生干，是有心要还也。奈阴神酉加亥上，酉乃乙日之鬼，乘玄武，酉加亥为酒，玄武为嬉戏之神，走减之杀，未乘白虎为赌博呼庐而散财也。三传自生传鬼，自鬼传墓，安得不败坏乎。卖屋者，支为宅，末传未乘虎冲之也，屋卖而末传见财，为干之财库，故尚有也。不全者，白虎临于其上耳。

解：凡索要债务，日干为我方，日支为对方，此课自支上发用，因此课传极类其人。初传天后临亥，天后滞神，又逢空亡，因此代表迟迟不得。支阳与支阴酉亥自刑，因此其人自作自累，亥临天后，其阴神酉临玄武，因此代表其人好赌好酒色。而三传也象征了其人的整体发展，初传为日之长生，中传日鬼，末传为日之墓，因此更走下坡。当然对于求测者来说最关心的是这个债务人能还债否。根据三传特征，初中空亡，唯独末传财显，因此财必得，而且末传未土冲日支丑宅，因此欠债人会卖屋还债。但是因为白虎临财，因此也只能得到一部分财，对方钱财不够。

又苗公曰：占索债，当以日为财，辰为债主，时为欠债人，时吉索得，若囚死克不得，时反克日辰者负债必无还心。干吉辰伤不能全得，干支俱吉，终久必得。按此分析，亦相符合。

十八　射覆与应侯杂占

（一）射覆占

所谓射覆，“射”是猜度、预测之意，“覆”是覆盖之意。求测者用瓯盂、盒子等器皿覆盖某一物件，射者通过占筮等途径，预测器皿里面是什么东西。射覆占在六壬中属于特殊占法。清代黄协埙著作的《锄经书舍零墨》中记载，清代在南邑鹿溪镇有一个进士，名叫马敬六，精通六壬，有一天，马敬六经过朋友的书斋，朋友故意在玉杯下覆盖一件器物，让他用六壬射覆，马敬六袖占一课，对朋友说："这玉器下面所盖之物，是竹子做成的器物，长不会超过二寸，腹空而头红。"朋友笑道："不错，我放了一个笔帽，确实让你说对了，但是你说头红，应该不对。"等朋友打开玉杯一看，笔帽头上果然被朱砂染红，原来这是被学生所染，而朋友并不知晓。通过这个故事我们可以学习到射覆的一些方式和判断规律。下面我们介绍六壬射覆的详细论法。

袁天罡先师射覆无移口鉴。[①]

一、刚日柔辰射覆基，用神定物五行推。

注：射覆之法，在四课、初传，阳干看日上神，阴干看辰上神；次兼初传发用之神，合而决之，不须看中末二传。欲定所射何物，只以用神五行与日辰上神推测便见。

用起水神，主珠蚌浆汁，水晶流转，中实之物。日辰上见水，为四足好走中实物。见火半虚半实，有头无尾，为已坏物。见水为轮转物。见金为生全物。见土为故土物。用起火神主经火炉冶、陶铸尖斜、中虚物。日辰上见火为故破物，见水为半虚半实、好行走物，见木为花果，见金为陶冶物，见土为砖瓦物。

用起木神，主草木、曲直、细长之物，日辰上见水为带花生物，见火为残缺枯物，见木为花竹木器，见金为陶冶金器，见土为凶具器物。

用起金神，主五行砖石紧硬方薄之物，日辰上见水为金石物，见火为炉冶物，见木为雕刻物，见金为成器物，见土为瓦石物。

用起土神，主尘沙土块、圆厚之物，日辰上见水为柔和物，见火为光明物，见木为牢狱物，见金为瓦石物，见土为重叠物、壁垒物。

假如正月亥将甲子日酉时课，天罡加寅发用，其天罡是土神，主尘沙土块之物。

假如正月亥将甲子日子时课，神后加丑发用，天后是水用，主水族浆汁之物。

凡神用五行皆仿此例。此乃射覆法门之大端，更须详其神将，兼推四行、五行、五气之旺、相、休、囚、死，然后决之，万无一失。

二、休囚失位何堪用？

注：若用神旺相加旺相位，是近贵可用之物，如用神休囚加休囚位，是不堪用之物。如用神旺相加休囚位上，其物亦不堪用也。

---

① 名《射覆金锁玉连环》，一名《海底眼》。

春占木火为用加东南上，夏占火土为用加东南上并四季位上，秋占金水为用加西北上，冬占水木为用加东北上，皆为近贵可用之物。

春占金土水为用加西北上，夏金水木为用加西北上，秋占木火土为用加东北上，冬占火土金为用加西北上。

假如正月亥将己酉日戌时课，登明加戌，下贼上为用，是春得水神发用，下临土位，为不堪用之物。

春令寅卯月：木旺、火相、土死、金囚、水休，

夏令巳午月：火旺、土相、金死、水囚、木休，

秋令申酉月：金旺、水相、木死、火囚、土休，

冬令亥子月：水旺、木相、火死、土囚、金休，

四季辰戌丑未月：土旺、金相、水死、木囚、火休。

三、已过将来问四时。

注：以用神与本月论，如正月建寅，用神是丑，为已过物，用神是卯为将来之物，用神是寅为正用之物。在日辰上发用，为正发之物。假如正月丁卯日子时课，大吉加寅为用神，寅是正月，丑为已过物也。

四、旺相日辰无故旧，刑伤不备体须亏。

注：带旺相气加日辰上发用者，为新鲜物；带休囚气加日辰上发用者，为故旧物；日辰与日干刑破及阴神不备者，其物主不完全。空亡，其形虚空，如末传空主底空，孤虚主有眼、穴，在三传主有开钻。六合主相合，三合主相穿连，此取三传。六害主病坏不足之物，冲破主有缝、破裂之物。

假如二月戌将巳时己巳日亥时，卯加辰为用，见旺气，日上午火为相气，主新鲜之物。又如正月亥将庚子日未时课，辰加子为用，见死气，日上子水为休气，主故旧物。又如八月辰将乙丑日未时，课名阴阳不备，三传戌丑未，犯三刑，兼乘休气，其物主为故旧而形象不全。

五、传成五体兼别责，远近惟从返伏知。

大六壬课六十四体中，惟八体入射覆法用，润下为近水曲形之物；曲直为草木斜长之物；炎上为近火上尖心虚之物；伏吟为近处之物、有稼穑之处。

第一段总论财物，当时不当时，新旧全在远近，共八句。返吟为远处之物。别责四课不备，不完全之物。除此八体外、其余各体俱不入射覆法内。

假如正月亥将甲子日卯时课，戌加甲干为用，戌午寅三传，格名炎上，主近火上尖心虚之物，余仿此。

六、甲青乙碧丙主赤，丁紫戊黄己红色，壬黑癸绿庚辛白，甲寅乙卯仿此说。

注：有云庚白辛，绛。十二地支，则寅同甲，卯同乙，其他类推。定物颜色，刚日看干上神，柔日看支上神，兼发用神分别旺相，从干色以定。凡旺从本色，相从子色，死从妻色，囚从鬼色，休从母色。

如春月甲子日干上木神，为旺气，须从本色，以青断之。火神为相，从子色，以赤断之。土神为死气，从妻色，以黄之也。金神为囚气，从鬼色，以白断之也。水神为休气，从母色，以黑之断也。

假如春月乙丑日，乙上见木为旺气，从本色，以碧断也。十干颜色皆从四时衰旺、刚柔断之。又有云不论刚柔，皆日辰上定。若阳神临日，从阳干之色；阴神临辰，从阴干之色；逐日不论阴阳皆从十干而推。若取旺相休囚，皆从日干而取之也。

盖执定四时取五行休旺，每多不灵。宜以日干与用神论，定其旺、相、休、囚、死也。如逢帝旺为旺气，长生、冠带、临官为相气，死、墓、绝为死气，胎、养为囚气，沐浴、衰、病为休气。

七、春夏蛇长秋冬曲。

注：春夏螣蛇火神在日辰发用，其形长。秋冬见之，其物盘曲。

假如五月未时己卯日申时课，丑土带相气加寅发用，将乘螣蛇，日上见午火，乘旺相气，主其物生而形长。

八、方圆天乙覆尊卑。卑府移切贱也。

注：尊卑者，日辰老少也。如天乙加日其物空圆，如天乙加辰其物主方。

假如十月寅将乙亥日戌时课，申加乙为用，是天乙加日，其物主圆。

九、季长孟角仲张口，金锐木斜火尖仪。

注：金神加金，其物锐利；木神加木，其物斜阔；火土加火，其物上尖。

假如正月亥将甲申日亥时课，寅加甲为用，是木加木，其物斜阔。

又正月亥将，辛未日子时课，巳加午为用，是火加火，其物上尖。

又发用四季主物长，有尖；四仲物方，有口；四孟主物圆、有角。

十、虚实坎离宗用论。

注：水神加日辰又发用者，其物中实。如火神加日辰又发用者，其物中虚。水火者，坎离也。坎中满，故春物中实。离中虚，故其物中虚。如日辰上火神而发用，又系水神者，或日辰上水神而发用，又系火神者，主其物半虚半实。又天空、旬空二神，有一神入传加日辰者，亦为中空之物。

十一、刚柔生死只从支。

注：凡论物之生死，不论刚柔，只看支上之神。如发用在支上带旺相气，五行相生，其物必活。如支上神带囚死气，纵无克贼，其物必死。

十二、龙常合旺初临日，堪食牛羊虎要比。[①]

注：龙、常、合三将主食物也。旺初临日者，乘旺发用而加日辰也。牛羊虎者，丑未寅也。要此者初传与日干相生也。日辰发用带旺相气，其物堪食；带死休，其物不堪食。如不在日上发用，但得丑未寅乘相气而与吉将并者，其物亦可食。如不旺相而与凶神并者，其物不可食。又初传与日上相生相并者可食。

十三、土木火加生陆地，干支从草出山岐。[②] 亥临卯位多居水。水当作木。白虎玄方物在池。

注：凡日辰发用见四季土、亥卯未木、寅午戌火自相临者，其物出于陆地。见巳酉丑金全者名从革，是金石之物，出于山谷之中。

亥卯未相临发用，在日辰上者，其物属木也。白虎申也，玄方，子也。申子辰相临发用，在日辰上者，是水中物也。

十四、数目日辰兼用看，旺多囚少半中披。披敷羁切，旁持曰披，一日介也。

注：射覆之数，日辰发用俱乘旺相，其物必多。如死囚休，其物必少。如日辰旺相死囚休，其物不多不少。凡断物数目之法，以初传干支数乘之。

后天五行数，甲己子午九，乙庚丑未八，丙辛寅申七，丁壬卯酉六，戊癸辰戌五，巳亥无干四。

先天五行数，水一、火二、木三、金四、土五。

五成数，水六、火七、木八、金九、土十。

除此外，更上下相因取数。如上见子为九，下见巳为四，上下相乘得四九三十六数。余依此例推之。

假如七月巳将丙戌日寅时课，申加丙为用，是日上发用秋金旺相，其数必多，以申得七数，丙得七数，上下相乘，得七七四十九数。旺气相乘倍而进之，倍则为九十八，进则为九百八十之数也。

十五、初传阳左空无物。

初传若得阳神在左手，如得阴神物在右手。阳者，子、寅、辰、午、申、戌也；阴者，丑、亥、酉、未、巳、卯也。

假如正月亥将戊子日辰时课，子加戊发用，初传见阳神，主其物在左手。

凡发用见天空，更落空亡，主射覆无物，即不见天空发用，但见诸空亡

---

① 比，和也。

② 岐，岐路也。

临日辰上者，亦主无物。如不见天空、旬空者，皆主有物。

假如三月酉将戊申日亥时课，大吉加卯为用，将得天空，下临旬空，主无物也。

十六、覆仰罡临视偶奇。

注：偶奇者，即阴阳也。天罡加阳物必仰，加阴物必覆。

假如七月巳将戊辰日酉时课，天罡加申为阳，主物仰，一云手执之覆仰也。

十七、眉眼虚张毛参尾，东西口腹见干支。

注：虚张子午也。如临日辰主是物有眉眼。参尾寅申也，如临日辰主是物有毛发。东西卯酉也，如临日辰主是物有口腹。

假如未将庚戌日丑时课，功曹临干，主是物有毛发。

十八、蛇猪面目牛羊窍。辰戌难藏手足差。[①]

注：巳亥临日上，物有面目。丑未临日上，物有孔窃。辰戌临日上，物有手足。

假如九月卯将乙丑日子时课，未临日上，主是物有孔窍。

十九、阳发加阴为只字，重刚反镘变双赀。[②]

双只者，物之数目也。字镘者，钱之反正也。只与字阳也，双与镘阴也。凡初传阳将加阴为只为字，阴将加阳为双为镘。阳将加阳，阳极阴生，反变为双为镘。阴将加阴，阴极阳生，反变为只为字。

假如正月亥将甲子日子时课，子加丑为用，是阳加阴，为只为字。

又如六月午将己丑日辰时课，卯加丑为用，是阴加阴，阴极阳生，主是物反变为只、为字。

又如三月酉将戊午日未时课，申加午为用，是阳加阳，阳极生阴，主是物反变为双、为镘。

二十、五行有象能生物，死克须从鬼上维。[③]

注：凡课中无木，不能生火，自不合射火。五行俱照此例。

二十一、五行相生须有本象，乃能生子。

假如十月寅将己巳日午时课，卯加未为用，亥卯未三传会木局，木能生火，射物主为经火所成者，其余仿此。

---

① 差，参差不齐也。

② 赀，财也。

③ 维，持也。

凡初传过占时死气者，为死物。又加在鬼上，应从鬼而变象。盖木死为器皿，须见金而应。火死为灰，须见水而应。土死为水石，须见木而应。金死为铜铅，须见火而应。水死为空，无须见土而应。

假如二月戌将丁卯日卯时课，戌加卯为用，春占土死，下木又克，主为沙石之物。即土死为沙石，见木而应也。其余仿此。

二十二、金旺金银相铜铁，休囚砖瓦死兵持。

注：铜铁之物，带囚气，休为砖瓦之物，带死气为兵器。

假如七月巳将丙戌日寅时课，申加丙为用，秋得金为旺气，主金银之物。

二十三、火文煤炭烟灯羽。

注：火带旺气为文明之物，带相气为煤炭，带死休囚为烟灯毛羽。

假如四月申将甲子日亥时课，午加酉为用，夏得午火，帝旺加死位，为烟灯之物。

二十四、流转曲形浆汁物，水晶珠蚌朔方移。

注：朔方者，北方水象也。凡水旺为正水，或水晶浆汁。如死囚休为珠蚌之类，流转曲形之物。

假如冬月占课，用神子亥为正水，或水晶浆汁之物。

二十五、茂林绘帛衰为草。

注：木神旺相为正木绘帛，如死囚休，便为草也。

二十六、酸辣甜咸苦各随。

注：木主酸，金主辣，土主甜，水主咸，火主苦，物之五味随发用五行而定。

假如六月午将丙戌日卯时课，申加丙为用，将见六合，用在日上季月金为相气，其物堪食，发用金神，其物味辣。

二十七、十二神类象

子、妇制祷神燕鼠豆。

注：子主妇人、布帛、裁制、祷祝鬼神，又神主大豆，又为虚日鼠、女土蝠、危月燕也。

丑、蜈蚣龟瓦食堪资。

注：丑为地厨，故主饮食。艮多足，故象蜈蚣。丑主瓦石、土器、饮食，又为斗牛、龟、蜈蚣也。

寅、斑点文书钱猫药。

注：寅主斑点、文书、钱物、竹木、医药、猫狸、虎豹也。

卯、刀俎鱼盐车管筛。

注：筛，竹器，又南方以为舡。卯主鱼盐、刀俎、舟车、车盖、管钥，又主竹木器盘合。又为貉鬼豺也。

辰、网罟井书坚土亢。

注：辰主网罟、井灶、敕书、坚刚土物，又为角木蛟、亢金龙及鱼也。

巳、五金珠玉药弓施。

注：巳为炉灶、金铁、珠玉、管乐、弓弩、木工、车乘，又为蛇、蚓、鳅、鳝鱼也。

午、绣书衣食丝蚕宜。

注：午主文绣、书籍、衣服、饮食、丝蚕、小豆，又为獐、马、鹿也。

未、五味余祭妇女缡。[1]

注：未主五味、祭祀、神鬼、酒食、桑木、樽壶、近耳之物，为妇人衣服，又为犴、羊、鹏、鹰、雕也。

申、药碓丝绵兵器骨。

注：申主金铁、兵器、医药、碓垲、丝绵、骨殖、牢狱，又为猴类、猜参。

酉、刀钱金玉麦粮隹。[2]

注：酉主仓禀、小麦、刀钱、金玉，又为雉、鸡、乌也。

戌、印兵塑画土形狗。

注：戌主印绶、兵器、塑画、土物、刑狱，又为狼、狗、豺、獾、契也。

亥、管钥文图仓稻涯。[3]

注：亥主阴水、楼台、管钥、文章、图画、仓稻、猪貐、鱼盐、近水物。

二十八、十二天将类神

天乙贵人：天乙日辰规矩为，珍馐黄白贵衣丽。光明女饰生麟角，水炎麻丝鳖蟹氂。

注：天乙贵人己丑土将，刚干日上，柔干辰上，如见上神，射物之形，日上规圆，辰上矩方，射物之色，黄白光明，珍馐美味，贵人文章，女子服饰，变异为水土之精，麟角之状，丝麻、鳖蟹、牛属。

螣蛇、螣蛇文彩赤琉璃，凉曲炎长内可吹。书信肥甘兼黍豆，火烧斑点似蛟螭。

---

① 缡，妇人纬也。

② 隹，鸟之总名。

③ 涯，水际也。

注：螣蛇丙火神，射物内空，或似蛇形，加日辰上，其物色赤，为文章金穴之类。质有斑点，变异为毒物、甘美可食。五谷为黍豆类，又主蛇蛟之类。又为文信，或为经火烧炼之物。

朱雀：朱雀火光色似缁，缁，黑绀色也。上尖形象却如箕。文书禽羽烟霞性，捕网衣裳黍粟骑。

注：朱雀火将，主文书、音信，加日辰上主赤黑色。为网捕捉，飞禽毛羽，变异为烟火能行，衣裳之物。又为黍粟獐马，又为上尖之物。

六合：六合形圆媒合怡，彩绵柔木杂金施。珠围翠绕声音异，味美谁怜驴子羸。

注：六合木将主丝蚕，加日辰上，五彩丝绵。柔杂竹木，金石仪像，声音之异，变异为可食之物，盐粟驴骡，又为媒合之状。

勾陈：勾陈模样手拳提，青异容颜草木疑。身有文章心似石，金钱落水网川迟。

注：勾陈土将，主手拳、戈枪，加日辰上青黑颜色、文章、草木。如被刑伤为勾连、鱼网，变异为瓦石、金钱，落于水中，为蛟龙，又为药石。

青龙：青龙善变系空垂，羽毛黄赤食甘饴。华服彩新人所重，文钱脯玺草精司。

注：青龙甲寅木将，主其物黄赤，草木悬空，可食。变异为文华羽毛、银钱财帛。

天空：天空金土结成埤，印绶逢时废弃遗。若附旬空为无有，此神乘用物如錡。

注：天空戊戌土神，主金土结成之物。加日辰上为印绶、金石，变异为废弃、臭秽之物。又为狼犬之属。如加空亡上，射物必无也。

白虎：白虎龙蛇其体奇，色多缟素偶然黟。昆虫五谷猿猴属，五金伤死定无疑。

注：白虎庚申金神，主龙蛇之物。加日辰上其物白色，五金刀剑，生虫类、五谷、又为猕猴之属。素者色之白也。虎何以属龙蛇？巳与申合为蛇中龙，辰为龙，三传申故生五谷。

太常：太常显象实圆弥，色深可食死黄鹂。毛发依稀耳目具，丝麻衣服雁羊篱。

注：太常己未土神，主衣絮饮食之物，加日辰上其物色黄，可食。形圆好，珍宝、变异为药、文章、耳目、毛发、丝麻、雁羊属类。

玄武：玄武真形麟甲胝，流转虚空雪白肌。肌居夷切，肉也。水性文华妇女饰，猪貐大豆及熊罴。

注：玄武癸亥水神，主虚空流转，加日辰上，其物色白，出于水中，勾连、文章，变异为中空、女子之物，又为大豆，又为猪、貐之类。

太阴：太阴颜色白黄私，瘦小身材似女尼。金器毡鞍并野物，刀针钱帛鸟犹雌。

注：后二即太阴辛酉金神，主金器、毡鞍，加日辰上其物黄白，金银刀针，又主阴私，变异野味之物、雉鸟之属。

天后：天后姿容色似脂，赋形柔软胜稀移。音持。缯帛玩饰佳人物，稻麻林麓女虚危。危鱼为切。

注：天后壬子水神，主衣物缯帛，加日辰上，其物色白，为妇人身上玩饰，有子中实之物，变异为草木、衣食、稻豆，又为林麓之象，鼠蝠之类。

二十九、将临天地言颜色。

注：天地乃本日之干支，即本日之日辰也。将者，即刚日日上神，柔日辰上神也。

三十、若论禽虫逐位窥。

注：欲知颜色，须视日辰上所加之神也。如卜禽鱼，须随本位三十六禽断之。如寅为虎，卯为兔是也。

三十一、三十六禽诗诀：

注："甲子宝瓶丙子鼠，戊子蟠泥蝠同处。庚子菱湖壬子燕，乙丑草田斗獬所。丁丑明方旱田远，己丑泥田龟共主。辛丑荒田牛蜈蚣，癸丑黑道江水浒。"

三十二、妙诀日辰兼发用，生死却同新故论。将神八体五行思，拘铃数色要随时。

注：射覆之法，兹以歌诀分其门类，庶所射各物，易入篇目。大凡射覆，先看日辰发用、十二神将、五行所主，壬课六十四体之中，仅用八体，乃润下、曲直、炎上、稼穑、从革、伏吟、返吟、不备是也。此外各体皆不以之占断，惟视其衰旺，控其消息而矣。

三十三、有无堪用与无用，形象方圆及须眉。

注：射覆占课，既定日辰及发用，须先辨物之有无、可用与不可用、新旧，当别颜色之浓淡、形象之方圆、毛发眉目之有无。

三十四、已过未来堪食否，实虚水陆并须视。规居随切，求计也。

注：射物辨时令已过未来，或是正发，堪食与否；形状虚实、水生陆产、数目多少皆须推究，并论神将之阴阳，及时令之旺相死囚休也。

三十五、只双字镘阴阳取，缓急公私纯撞测。覆仰相连左右持，本宗异姓杂寻枝。

注：凡射钱须辨字镘，射数须定双只，射各物或覆或仰，或断续或相连，左右持者，或在左手，或在右手。

三十六、最要初传神将体，丹亲内外物类取。刚柔先向日辰窥，凶吉当从终始追。

注：射覆之法，惟初传日辰十二将神卦体最为紧要，务当细辨者也。

三十七、课中定物规休囚，象合前篇可论之。

注：射覆专视初传，宜与占课时令、五行休旺仔细推详。如课象合了前篇，当依本文断之。

例一：射覆无物

六月　乙亥日　癸巳时

	朱	合	勾	青	
	戌	亥	子	丑	
蛇酉					寅空
贵申					卯虎
	未	午	巳	辰	
	后	阴	玄	常	

蛇	常	空	蛇	兄	戊寅	空⊙
酉	辰	寅	酉	财	癸未	后
辰	亥	酉	乙	父	丙子	勾

断：寅加酉为用，将得天空，下坐酉为旬空，覆射主无物，此即辨有无之法。

解：以发用初传射覆，寅木坐空亡之地无根，而且天将为天空，因此代表空而无物。[①]

例二：射覆中空之物

二月　丙子日　癸巳时

	蛇	贵	后	阴	
	戌	亥	子	丑	
朱酉					寅玄
合申					卯常
	未	午	巳	辰	
	勾	青	空	虎	

蛇	空	常	蛇	兄	辛巳	空
戌	巳	卯	戌	子	甲戌	蛇
巳	子	戌	丙	父	己卯	常

---

① 说明：此为分占法，是为了说明射覆的特点和方法，真正的射覆是需要全面的判断，以下分占法同，不再重复说明。

断：巳加子为用，将得天空，射覆为中虚物，此即辨虚实之法。

解：发用不空，但是临天空，可以断为物体中间虚空。

例三：射覆陆地之物。

正月　甲子日　丁卯时

	贵	后	阴	玄	
	丑	寅	卯	辰	
蛇子					巳常
朱亥					午虎
	戌	酉	申	未	
	合	勾	青	空	

玄	青	虎	合	财	戊	合◎
辰	申	午	戌	子	庚午	虎⊙
申	子	戌	甲	兄	丙寅	后

断：戌加寅为用，是自相加临，又发用，在日上，射覆主生于陆地之物，此即辨水生陆生之法。

解：凡课见三合火，而且木火土互相加临，而且在日辰上发用，则为陆地物。此课三合火局而且戌加寅为火局构成彼此加临，而且在日上发用，因此十分符合标准。

例四：射覆可食之物。

八月　壬辰日　丙午时

	朱	蛇	贵	后	
	卯	辰	巳	午	
合寅					未阴
勾丑					申玄
	子	亥	戌	酉	
	青	空	虎	常	

青	合	阴	常	子	庚寅	合
子	寅	未	酉	兄	戊子	青
寅	辰	酉	壬	官	丙戌	虎

断：刚日以用神兼日上射之，发和寅乘六合，日上酉乘太常，此是木类，半可食者；过时、刀伤之物，其色青黑。盖寅虎与壬辰比，将得六合，为木类，可食。发用囚死，日上旺相为半可食也。秋令用寅木带死气，为过时也。酉属金，在日上乘旺，寅属木在辰上带死，旺金克死木，故云刀伤也。寅木色青，壬色黑，故云青黑色也。此即定五行所属、可食与否、已过未来、完全破损、颜色若何之法。

解：龙、常、合三将主食物。此课按照射覆规律，看日上神与发用，日上神为太常，而且酉生日干壬水，生生不息，发用寅木受壬水所生，因此为食品。但是八月金旺木死，水日木不全死，而且日上酉为旺气，综合比较，此物只能说一半能吃，因为已经放的时间太长了。因为发用寅木在八月为囚死之气，发用代表当前状态，木死则过时。发用寅为青色，得到壬水相生，可断青黑色。而且酉金克死木，因此可断此物被刀刻划过。

例五：射覆物品数目。

九月　辛丑日　己亥时

　青　勾　合　朱
　酉　戌　亥　子
空申　　　　丑蛇
虎未　　　　寅贵
　午　巳　辰　卯
　常　玄　阴　后

青　玄　常　贵　　兄　丁酉　青⊙
酉　巳　午　寅　　父　辛丑　蛇
巳　丑　寅　辛　　官　　巳　玄◎

断：柔日以用神兼辰上神射之。发用酉乘青龙，辰上巳乘玄武，此是铜钱，为数二十四文。盖酉为秋令旺金，在巳为炉冶。将得青龙，是钱财也。玄武内虚，钱中有眼。用神酉加巳，巳数四，酉数六，上下相乘得四六二十四数也。此即射物数目之法。

解：阴日看发用与辰上神，此课发用酉旺相，因此为金属值钱之物，天将青龙为财帛，因此铜钱无疑。三合金局而且辰上与发用三合，因此为一堆物品。玄武为虚空流转中空，因此为内虚有孔之物。根据用神，酉六，巳四，上下相乘为二十四个铜钱。

例六：射物体形状。

二月　己巳日　庚午时

　合　朱　蛇　贵
　酉　戌　亥　子
勾申　　　　丑后
青未　　　　寅阴
　午　巳　辰　卯
　空　虎　常　玄

后　合　玄　蛇　　子　癸酉　合
丑　酉　卯　亥　　兄　乙丑　后
酉　巳　亥　己　　父　己巳　虎

断：柔日以用神兼辰上射之。发用酉乘六合，与辰上神并，此是有盖铜锡盒，内藏可食之物，曾经刀切，面上金石层层，经火所成。盖课体从革，金也。用酉亦金，春带囚死，主为铜锡。发用自相加临，为有底有盖之盒。酉金加巳，酉为金石，为炉冶，故云金石层层，经火所成。将乘六合，内藏可食之物。六合属木，乘在酉金，木受金克，故云曾经刀切，此即射物形状之法。

解：阴日以初传与辰上神判断，初传与辰上神都是酉，酉临六合，己日土旺金相，而且三合金局，因此此物有金属之质。六合卯加酉门户相冲，因此判断是一个金属盒子。春天金囚，因此判断此物为铜锡而非利器刚硬之铁器。而且酉加巳为冶炼之成型物。天将六合因此内中藏物，六合为可食之物。而且六合被酉克伤，因此此物被刀切割过。

例七：射物体有无。

八月　丙申日　乙未时

　合　勾　青　空
　寅　卯　辰　巳
朱丑　　　　　午虎
蛇子　　　　　未常
　亥　戌　酉　申
　贵　后　阴　玄

合　空　贵　合
寅　巳　亥　寅
巳　申　寅　丙

兄　巳　空◎
父　壬寅　合⊙
官　己亥　贵

断：巳为用神，将得天空，所射之物，或中虚，或无物也。盖丙申日在甲午旬中，以辰巳为空亡，用神旬空，将又天空，故主无物。此即射物有无之法。

解：发用空亡，而且天将为天空，因此主物体中空，或根本没有东西。

例八：射物完全否。

二月　己未日　庚午时

　合　朱　蛇　贵
　酉　戌　亥　子
勾申　　　　　丑后
青未　　　　　寅阴
　午　巳　辰　卯
　空　虎　常　玄

玄　蛇　玄　蛇
卯　亥　卯　亥
亥　未　亥　己

财　癸亥　蛇
官　乙卯　玄
兄　己未　青

断：用神亥乘螣蛇与日辰上神并，射物是图画文字，不完全之物。盖课名曲直，春占木旺，《明鉴》曰：“二十八宿分布十二宫，亥宫有壁宿，主图也。”螣蛇主文字，四课不备，故云不全。此即射物废完之法。

解：此课初传从日上发用，临螣蛇，螣蛇主图画文字，四课不备，而且发用就是不备之课体，因此物体必然残缺不全。

例九：射物能吃否。

三月　壬申日　甲辰时

	青	空	虎	常	
	戌	亥	子	丑	
勾	酉			寅	玄
合	申			卯	阴
	未	午	巳	辰	
	朱	蛇	贵	后	

蛇	常	勾	后	官	戊辰	后⊙
午	丑	酉	辰	父	癸酉	勾
丑	申	辰	壬	子	丙寅	玄

断：刚日以发用兼日上射之。辰加日又为用，所射乃鱼鳖之类。季月土旺，故云可食。如即辨否与食之物法。

解：阳日，以初传与日上神射覆，此课发用与日上神相同，为辰临天后，辰土为华盖，有壳、伞状，辰本身为鱼鳖象，而且辰加亥水，天将天后为水族，而且三月土旺盛，因此为可以食用的物品。

例十：射物体颜色与形象。

五月　乙丑日　甲申时

	勾	青	空	虎	
	辰	巳	午	未	
合	卯			申	常
朱	寅			酉	玄
	丑	子	亥	戌	
	蛇	贵	后	阴	

后	贵	朱	合	父	甲子	贵
亥	子	寅	卯	父	亥	后◎
子	丑	卯	乙	财	戌	阴◎⊙

断：柔日以发用兼辰上射之。子加丑上，又为用神，将乘天乙，此必阴人尊长衣服，其色黄白，上有水纹之象。盖《连珠经》曰：“天乙临日辰为尊长衣服，子名神后，主妇人，因女宿在子，主布帛裁制。”故云阴人。丑土黄

色，子水白色，故云黄白。子中有癸水，故云上有水纹，此即射物颜色形象之法。

解：阴日以初传与辰上神判断，此课发用与辰上神为一体，因此其象最明。发用子临天乙贵人，而且子加丑位，其阴神为天后，因此代表为女人衣服。子宫有女土蝠，有布帛之象。根据发用我们判断物体颜色，乙日水休，从母色，水母为金，金为白色，因此此处子水为白色，加丑为黄色，因此衣服为黄白色，发用为子水，阴神天后水，因此衣服纹理带水纹。

例十一：嘉祐七年，太岁壬寅，三月十七日甲子日，上宣苗公达赐当日午时占课，问射覆。(《苗公达断经》)

壬寅年　甲辰月　甲子日　庚午时

	青	勾	合	朱	
	申	酉	戌	亥	
空	未			子	蛇
虎	午			丑	贵
	巳	辰	卯	寅	
	常	玄	阴	后	

虎	阴	青	常
午	卯	申	巳
卯	子	巳	甲

官	壬申	青
父	亥	朱◎
兄	丙寅	后⊙

苗公达奏曰："臣闻古经云，凡传课，刚日先看日上神，柔日先看辰上神，次分天乙顺逆，及看三传，并太岁行年，只取胜者为事类。据来意，主贵人将妇人使用铜铁尖长之物，欲伤小虫之命；其虫必生于秽杂不洁之处，人所不喜；今虫却未伤死而飞去，而铜铁尖长之物，反在木上伤折，不堪用矣。"上宣问曰："何以知之？"

公达奏曰："日上巳作太常，卦名重审，亦名天网，天乙逆行，故取太岁是寅，并天后胜事言也。故云主有贵人欲有害心也；将妇人铜铁尖长之物者，为发用得申金，春占又是甲日，申金囚死，更加巳上受克，故为铜铁尖长之物也；妇人使用者，初传冲末传，见天后寅木，此乃旺相，又在所生之处也。在木上伤折者，为木受生旺，金受囚死，又在巳火之上，所谓重重无气也。小飞虫生于秽杂不洁之处者，为发用是月厌，为污秽，将得青龙，中传将得朱雀，皆有飞象；金为虫，虽然无气，又申亥相害，然末传见生气加亥，其生气春以日旺，又在生乡，故主欲害飞虫，究竟未伤死而飞去也。臣出于短拙，有犯圣皇，合当万死。"上曰："为适来有蝇子，在殿柱之上，朕戏以针刺之，而蝇飞去，其针在柱上伤折，故应课也。"

解：根据笔者考证，此课时间正确，公元1062年，宋嘉祐七年，三月六日癸丑日谷雨，三月十七日为甲子日。有关射覆占古人总结了一套方法，阳日看日上神，阴日看辰上神，并结合初传与三传、太岁中最旺盛的五行进行分析。从苗达的论述我们可以了解，这种射覆方法流传很古，至少是宋以前的学术成果。苗达根据此课判断，一个贵人用妇女使用的尖形金属物想要杀死一个小虫，而这个小虫子生长在污秽的地方，令人望而生厌，但是小虫子没被杀死，金属物反而扎在木器上损折而不能用了。根据射覆方法，此课先看日上神，日上巳火太常发用，为重审课，巳有飞虫之象。[①]

然后看三传与太岁中谁最旺盛，三传中，太岁寅木入传，春天木旺，甲日木旺，因此事件由寅木开始断起，寅木上临天后，寅加亥地临长生，种种迹象体现，太岁十分旺盛，因此事情必定由太岁引起，太岁为皇上，再看发用申金，春天金囚，甲日金更囚，而且申加巳被合克，因此为申为尖长的铜铁物品，而且巳申合，末传天后冲申，体现出为女子使用的金属尖长物，那么这个申金要干什么呢？根据发展观，中传传出亥水，申亥相害，亥临朱雀，亥为黑色，春天亥水休囚，因此亥为污秽，因此为生长的污秽处的黑色小飞虫。

再看末传，三月寅为生气，而且亥加申临长生，因此为亥水朱雀为活物。而且也不会死[②]。而申金因为囚死，与末传寅木相冲，因此代表金属物品扎木而折，冲为运动轨迹形态的体现。

例十二：苗公达之师于辛亥日，射覆。

	勾	合	朱	蛇	
	寅	卯	辰	巳	
青	丑			午	贵
空	子			未	后
	亥	戌	酉	申	
	虎	常	玄	阴	

蛇	阴	朱	后		
巳	申	辰	未		
申	亥	未	辛		

官	乙巳	蛇
财	寅	勾◎
子	辛亥	虎⊙

苗公达之师断曰：必有一个小飞虫活物，须至壬癸日，被小儿将铜铁物或刀状物作害而死。盖发用是癸巳，纳音属水，主一数，又带死数，故主小物之象，发用见月厌生气，更有蛇加巳，故主飞虫活物。

---

① 巳属巽，巽为飞虫，因此巳火太乙，螣蛇都具有飞虫象。

② 生气和长生都保其生命。

公达问曰：阴神是寅，何为水数一，师曰此法数与诸经不同，勿轻传于世也，此法更知道数目多少，无不验也，公达曰："弟子坚心二十余年，未尝闻此数，求师传之。"师曰："此法授于汝，切宜密之，只如此课，射物在发用，是太乙，以五子元遁之，即见纳音属甚数也。"故遁得癸巳，水数一也，甲乙日用干遁，庚午之数八五也。其间更看四时休旺加减乘除相因，请秘言之。余谓壬癸日，被小儿将铜铁物或刀状物作害伤死者，为壬癸所克螣蛇、胜光、月厌、生气；小者，末传亥加寅白虎；铜铁刀杖者，为支上见申；又辛日占言也，作害者，巳申相伤；死者，末传白虎带死气，后果验其课也。

例十三：嘉祐四年己亥岁三月十三日，老鹤在殿上，奉御旨宣苗公达，问此鹤何时飞去，后往何方，死在何年月日时，当日丙午，酉将辰时占之。(《苗公达断经》)

己亥　戊辰　丙午　壬辰

	蛇	贵	后	阴	
	戌	亥	子	丑	
朱酉					寅玄
合申					卯常
	未	午	巳	辰	
	勾	青	空	虎	

虎	贵	常	蛇	子	甲辰	虎
辰	亥	卯	戌	财	己酉	朱
亥	午	戌	丙	父	寅	玄◎

苗公达断曰：卦名斩关，此鹤在今日未时起去，飞正南方，不出一里，却往回正西方去，今年九月壬寅日辰时，此鹤在水边被军人将青黑食，用罗网而获，见血而死。

上曰何也，奏曰正时加太岁，逢白虎不出时下起，丙午日并在天网，择旺处，故往正南飞。不出一里，回往正西者，天乙太岁并立，故回兑上，酉为朱雀，阴是丛魁，更与生气并也，今年九月壬寅日辰时被军人于水边所获者，朱雀被日辰所制，日上见戌，应于九月，终于寅为玄武，故曰壬寅日，辰加亥，兼亥加支上则主近水，亥黑色食，天罡是军人，为大杀[①]并死气又见白虎，行年又值天罡，日上又见螣蛇，故即时见血死也。

解：笔者考证，公元1059年，宋嘉祐四年，岁在己亥，该年三月初三丁酉日谷雨，三月十二日为丙午日，月将为酉。因此，如果真有此课，正确时

① 大杀，正月起戌，行四季。

间当为三月十二日。

例十四：甲戌年酉月戊午日辰将巳时射覆。

	合	勾	青	空	
	辰	巳	午	未	
朱	卯			申	虎
蛇	寅			酉	常
	丑	子	亥	戌	
	贵	后	阴	玄	

合	勾	朱	合	官	乙卯	朱
辰	巳	卯	辰	官	甲寅	蛇
巳	午	辰	戊	兄	丑	贵 ◎

王牧夫曰：阳日视干上，天罡乃坚硬之物，六合又相合之形。又兼为手，再视发用，卯朱雀，一气连茹，乃长形金木一体坚刚，兼传见艮止，有断止之义。出之乃解手刀也。

例十五：甲戌年戊午日寅将戌时，友人于灯下射覆。

	朱	合	勾	青	
	酉	戌	亥	子	
蛇	申			丑	空
贵	未			寅	虎
	午	巳	辰	卯	
	后	阴	玄	常	

虎	合	空	朱	官	甲寅	虎
寅	戌	丑	酉	父	戊午	后
戌	午	酉	戊	兄	壬戌	合

王牧夫曰：炎上之课，主外明而内虚，三传带后六，淫泆，火旺主气当有芳香，干上酉乘朱雀与初传寅合参，形为圆，午酉又当可食，其味辛苦，其色青黄，酉属秋，成实于秋也，出之乃香橼耳。

例十六：辛巳年八月甲寅日壬申时，浙绍范玄同袖筒包有物件，占问何物。(《指南》)

	蛇	朱	合	勾	
	寅	卯	辰	巳	
贵	丑			午	青
后	子			未	空
	亥	戌	酉	申	
	阴	玄	常	虎	

虎	阴	虎	阴	财	丑	贵◎
申	亥	申	亥	父	癸亥	阴
亥	寅	亥	甲	父	癸亥	阴

陈公献曰：刚日发用，兼日上神射之。发用丑为牛，其色黄兼黑，亥为

双义，必是黄黑二件；又为日贵，必贵重之物，乘天医必能治病，其数四八。范大服，开筒视之，是牛黄二块，每块约重四分七八厘。

例十七：顺治庚寅年丑月甲申日未将癸酉时，司化南问彼袖中是何物件，予袖传一课以射之。(《指南》)

	朱	合	陈	青	
	卯	辰	巳	午	
蛇寅					未空
贵丑					申白
	子	亥	戌	酉	
	后	阴	玄	常	

合	青	玄	后	子孙		午青
辰	午	戌	子	妻财	壬	辰合
午	申	子	甲	兄弟	庚	寅蛇

陈公献曰：此乃文书之物。化南云：何以知之是文书，乞讲一理。予曰：用东方朔射覆断本课。三传纯阳，取遁甲丁卯仰视丑字，阴神是亥，故取亥为初传，三传亥酉未，亥主图书，又甲日，亥为文书爻。果是易书一册。予曰：八十四页。果然即以袁天纲本课断法，亦当以易书断，青龙主文书，子又为文书，子午为易气，即易书也。

例十八：乙卯年三月初九庚申日，张鋐的三女儿笑问：家里的老猫要生小猫了，能生几只？张鋐说：可以试试。于是三女儿拿壬盒在老猫背上转了三四圈，摇得亥时，张鋐以酉将加亥，布成一课。(《六壬说约》)

乙卯年　庚辰月　庚申日　丁亥时

	勾	合	朱	蛇	
	卯	辰	巳	午	
青寅					未贵
空丑					申后
	子	亥	戌	酉	
	虎	常	玄	阴	

合	蛇	合	蛇	官	戊午	蛇
辰	午	辰	午	父	丙辰	合
午	申	午	庚	财	甲寅	青

张鋐断曰："生三只，但有灾难，必不能全安。"举家笑余妄言，次日老猫生小猫一只，即欲食之，屡禁而不能止。老猫不复再生，直至次日又生小猫二只，俱为老猫压死。邻里亲戚闻以为异，问余何以知之，余曰："寅为猫，午为寅之子，午火数二，蛇亦为寅之子，故云三只。午为用，中传辰压

之，火逢压则灭，况天罡凶神又并天目煞，何可当乎？一也。乘蛇即巳，乃寅刑之，二也。占产顺传为吉，逆传为凶，三传逆行，则倒行而逆施矣，三也。”

解：猫类神为寅，因为占时老猫还未生产，因此寅为老猫，而寅生午，因此以午为待产的小猫，午上螣蛇巳火也为寅之子，火数二，加螣蛇一火，正是三火。其实也可以完全以午为猫的子息，三传四课共三个午，可断三只小猫。但是因为午上临蛇，螣蛇怪异，凶灾，因此小猫不保。而且中传天罡华盖加午，天罡不仅为凶神而且春天辰为天目煞，根据发展观，三传逆行间退，占产不利，表示隔日而生。实际上此课可以以干为小猫，支为老猫，干支都临鬼，而且末传生初专鬼临日上克日，因此小猫必死。

例十九：壬辰年七月巳将丁丑日卯时课，壬头课首法射覆。

	勾	合	朱	蛇	
	未	申	酉	戌	
青	午			亥	贵
空	巳			子	后
	辰	卯	寅	丑	
	虎	常	玄	阴	

空	常	贵	朱	财	酉	朱◎
巳	卯	亥	酉	官	乙亥	贵⊙
卯	丑	酉	丁	子	丁丑	阴

断曰：丁日配壬建，得壬寅，柔日三传阴多，俯视地下壬寅上乘辰，辰之本位上见胜光，以胜光射物，主圆黑直长，有尖内空，是下用之物，乃黑磁瓶一支。断曰：朱雀为事神加季，主瓷器也。主圆直长尖，次课言其形状，上见贵人主圆，亥水主黑，壬头寅是甲干，主长直。壬头上见阳季，主头斜，故先言磁，次言圆黑，后言尖斜，壬头言直长，初中空言其有空口也。课首临季，用神又在季，故言下用之已成之物。

解：此为壬头课首法，属于射覆中的特殊方法。该法以日建丁壬二干，为壬头课首，刚日建丁，阳干多则仰视，阴干多则俯视，多少看三传。仰视，天上所临之辰本位上所得之神为用。柔日建壬，阴干多俯视，阳干多仰视，俯视地下所临之辰为用。结合发用之事神而断，刚日课首为外，事神为内，柔日课首位内，事神为外，只以课首干支五行与事神相生克言之。以壬头上下支言物类，如金主方薄、土主圆厚、水主曲弯，木主直长，火主尖斜。分辨死活物时，看壬头上下，孟为活物，仲为塑画，季为死物，长生、帝旺地为活物，其他地为死物。有关方圆曲直，四孟主上节高物，四仲主中节空虚物，四季主下节地生物。阳孟主圆阴孟方，阳仲为弯阴仲伤，阳季缺斜阴季长。[①] 有关壬首之法，有说法认为柔日仰视，刚日俯视，此备一说。附录其壬首十二将所加断法如下：

天乙加四季，主吃食类，寅卯为树林出物，巳午为珠翠光明物，申酉金银之类，亥子宝贝。

螣蛇加四季为窑灶类，寅卯死灰物，巳午飞禽，申酉虫兽。亥子花果。

朱雀加四季为磁瓦器皿，寅卯飞禽，巳午图画，申酉红文字，亥子花木。

六合加四季为吃食类，寅卯驴马，巳午竹木，申酉箱盒类相合物，亥子楼台物。

勾陈加四季为绵索类，寅卯砖瓦，巳午瓶罐，申酉刀棒，亥子匹帛。

青龙加四季为菜蔬类，寅卯五谷，巳午神佛，申酉文字，亥子日月。

天空加四季为虚物类，寅卯捏塑，巳午破坏物，申酉柴草，亥子簪笼

白虎加四季为伞盖类，寅卯裁剪，巳午豆麦，申酉骨角，亥子毛发。

太常加四季为印信类，寅卯肉食物，巳午纸笔类，申酉鐺金类，亥子茶。

玄武加四季为毬绵物，寅卯弓箭类，巳午粪土类，申酉布皮类，亥子，水生物。

太阴加四季为熟食类，寅卯刀剑类，巳午碟器类，申酉，环佩类，亥子，水族物。

天后加四季为鞋袜，寅卯冠帽物，巳午碗碟物，申酉钗钏，亥子木土之物。

（二）岁占、灾异

岁占，是通过壬课断一年内的国家大事，除了用普通起课法判断外，古人还确立了一些特殊起课法，譬如古人占断的方法有立春之日，以月将加立春之时，用本日起四课三传，断岁中之事。以日为国家，辰为大臣、庶民，如果想知道岁中国家的粮食收成，则看太岁上神和五谷类神，以三传生克定丰歉，以十二辰加临神将星煞定诸方之吉凶。[②] 如果想知道养蚕[③]、交易等看胜光午火所加立三传而定。

---

① 有曰：孟仲季法，若季神为用，初传看事类，中传看形状，末传看贵贱。若孟神为用，末传言物类，初传言形状，中传言贵贱，若仲神发用，中传言事类，末传言形状，初传言贵贱，更看有气无气，凡有气无气，以事神取旺、相、休、囚、死，以帝旺为旺，以长生、临官为相，死、墓、绝为死，胎、养为囚，沐浴为衰，病为休气，以日论，而非四时之气。

② 可结合二十八宿分野而论。

③ 古代重点贸易之一。

例一：庚午年，正月初七日丁未，丑时立春，岁占。

	青	勾	合	朱	
	辰	巳	午	未	
空卯					申蛇
虎寅					酉贵
	丑	子	亥	戌	
	常	玄	阴	后	

勾	合	勾	合	父	卯	空◎
巳	午	巳	午	兄	丙午	合
午	未	午	丁	兄	丙午	合

断曰：八专课，夜贵乘天空六合，若论蚕则胜光加未，上见六合，三传午巳辰[①]，稍得之课也，论五谷则岁上见巳，乘勾陈，宜麻豆，不宜禾麦也，论水旱，则春夏多晴，秋冬多雨，论火烛，则螣蛇加西方无气，火灾少，此大纲也，须逐一细详，则分毫不爽，又与太乙岁计、月计、日计、时计，一体参看。

例二：庆历八年戊子，楚衍因到雍邱，知县张郇邀衍至厅，正月十四日占今年丰歉。是日癸未日申时。（《一针见血》）

	勾	青	空	虎	
	酉	戌	亥	子	
合申					丑常
朱未					寅玄
	午	巳	辰	卯	
	蛇	贵	后	阴	

阴	空	勾	贵	父	酉	勾◎
卯	亥	酉	巳	官	丁丑	常☉
亥	未	巳	癸	财	辛巳	贵

楚衍曰：今日申初二刻立春，却得申时，以月将神后加申，三下贼上俱比，课体涉害，从魁酉为用，将得勾陈，中传大吉加酉太常，终传太乙加丑贵人，太岁上得天罡乘天后，此年宜生麦、麻之稔，其余谷米不丰，西南半熟，东北全荒，米谷涌贵，金银铜铁贱，人民饥荒，仍有疾疫及盗贼惊恐，其年一一应验。

议曰：太岁上神，与初传从魁为合，是金土相生，所以宜麻麦，金银铜铁贱，太岁临空又天罡加临岁上，故主人民饥荒，盗贼疾疫，西南方有亥子

① 笔者按：以胜光立三传。

水神加之，与立春日干无伤为吉，将得天空白虎凶神，故得半熟，东北方位有巳午未火神加之，与立春日干克战为凶，又将得蛇雀凶神，故主全荒也。

解：庆历八年，公元 1048 年，岁在戊子，根据历法，此年正月十四癸未日立春，原课时间正确。

例三：长星见于西方，蔡太师免为中太乙宫使。占以后功名，崇宁丙戌年四月辛未日酉将寅时。

	朱	蛇	贵	后	
	子	丑	寅	卯	
合	亥			辰	阴
勾	戌			巳	玄
	酉	申	未	午	
	青	空	虎	常	

青	贵	朱	玄	兄	癸酉	青
酉	寅	子	巳	父	戊辰	阴
寅	未	巳	辛	子	亥	合◎

邵彦和曰：酉作龙为用，酉于辛为上元真禄。寅乃地下真官，又是天吏，中末又俱自刑而生合，相公目下虽有挠，全罪有赦，将来朝廷必大用，威权震上矣。[1] 后庚寅[2]果再入朝大用。大凡四上克下，名无禄，天动于上为纯阳，阳主动。若久困在下者遇之而发，居家者出。

按崇宁五年丙戌春正月慧星出西方，长竟天。二月蔡京有罪免为中太乙宫便。大观元年丁亥春正月以蔡京为门下侍郎，二月戊子加蔡京[3]太师，三月己丑。

程树勋按：《纲鉴》丙戌年二月蔡京有罪免为中太乙宫使，丁亥正月为尚书左仆射兼门下侍郎。戊子正月初太师，己丑六月，免十一月，诏以太师致仕，留京城，庚寅五月，彗出奎娄，再贬为太子少保，出居杭州，壬辰年二

① 程树勋按：月将乘青龙主人相，何故未之言及，此必转抄者遗之也。

② 有本作壬辰。

③ 蔡京（1047～1126），北宋奸臣。字元长。兴化仙游（今属福建）人。与北宋政治家、书法家蔡襄是同乡。熙宁二年（1069 年），在满朝保守派大臣的反对中，王安石被宋神宗任命为宰相，实行变法；次年，兴化军仙游县蔡京进京应试，得中进士，开始步人仕途。后据明代弘治年间编写的《重刊兴化府志·蔡京传》记载，蔡京登第后，"调钱塘尉，舒州推官，累迁起居郎。使辽还，拜中书舍人。时弟卞已为舍人，故事人官以先后为序，卞乞斑京下，兄弟同掌书命，朝廷荣之"。短短数年，蔡京由地方政府官员变成朝中大臣，受到宋神宗，宋徽宗和王安石的重用。

月复太师，应辰年者，月将青龙日禄之六合也。

例四：丑年五月庚戌日伏吟课，占外处飞蝗。(《一针见血》)

	勾	青	空	虎	
	巳	午	未	申	
合	辰			酉	常
朱	卯			戌	玄
	寅	丑	子	亥	
	蛇	贵	后	阴	

玄	玄	虎	虎	兄	戌申	虎
戌	戌	申	申	财	寅	蛇◎☉
戌	戌	申	庚	官	乙巳	勾

祝泌奏曰：谨按螣蛇与天空，主飞蝗之象，今此课次传见之，乃螣蛇长生之地，凡螣蛇有气则为灾轻而不能全消其害，方此久雨，自不容此物滋蔓，但在课传在生地，未可扑绝，遗蝗再发，所乘白虎为德神，属金，金主秋成，申主麦，二岁成熟不如去岁之大欠，况贵人顺行，临于太岁，虽有遗蝗，不全然为灾。

例五：六月初一戊午日未将辰时，占蝗。

	青	勾	合	朱	
	申	酉	戌	亥	
空	未			子	蛇
虎	午			丑	贵
	巳	辰	卯	寅	
	常	玄	阴	后	

蛇	勾	朱	青	子	辛酉	勾
子	酉	亥	申	财	子	蛇◎
酉	午	申	戊	官	乙卯	阴☉

祝泌奏曰：谨按此课，三传酉子卯为三交课，夫课中主事之神，以飞蝗而初传酉亦是飞蝗之象，何以言之，蝗乃败辛之魂所变。乃勾陈发用，所乘之酉金死于午，即勾陈所立辛位，而死于午者也，又酉为变而死之物，是飞蝗之象也。今初传次传皆有飞蝗之征，则飞腾而众多，将捕之不可胜捕矣，然三交课，多主伏匿凶丑，又中子末卯乘太阴为翳蔽之象，要课之终而论之，酉加午，子加酉，卯加子，皆居败暴之地而之，以翳蔽则亦可灭，而不至猖炽也。

例六：淳祐壬寅年正月丙申日，宣谕卜今年国事、边事、岁事。

	勾	合	朱	蛇								
	巳	午	未	申		蛇	蛇	勾	勾	兄	巳	勾◎⊙
青辰				酉贵		申	申	巳	巳	财	丙申	蛇
空卯				戌后		申	申	巳	丙	父	壬寅	虎
	寅	丑	子	亥								
	虎	常	玄	阴								

祝泌奏曰：伏吟主静中有动者大类。去年动如宰执之除及边郡之惊，太乙为月德、日德。六阳既极之地应有变。而二德神在焉，此国之道也，次传今日支上见螣蛇属丁，为正月天德，臣今为国家占课则日支为宅，乃宫禁所也，天德之神来奏福，宜有喜庆象事，终传功曹即今岁之君，其位为今日之本，主事之先兆，白虎为兵扰，臣言兵来有惊亦与此合，然白虎之金安能当丙午之火，宜可屈折不为害，申主粟麦，巳主禾，三谷有德神临之，当收成，寅为荳，不能免白虎之灾，恐收少薄耳。

解：笔者考证，公元 1242 年，宋淳祐二年，正月十二乙未日为雨水，因此如果真有此课，此课占断时间为正月十三日丙申日，月建壬寅月，月将为亥，占时为亥时。

例七：崇祯己巳年正月乙酉日子将癸未时，程翔云在新安，见雪寒极甚，途多冻馁，因有感而占。(《指南》)

	朱	蛇	贵	后								
	戌	亥	子	丑		青	阴	阴	合	财	未	青◎
合酉				寅阴		未	寅	寅	酉	父	戊子	贵⊙
勾申				卯玄		寅	酉	酉	乙	子	癸巳	虎
	未	午	巳	辰								
	青	空	虎	常								

程翔云曰：据此课象，今岁天气亢旱，风大雨少，田禾欠熟，且有疫疠死亡之患。盖因初中风伯会箕，神后空陷，末传虎乘遁鬼。又因未为田园，自四课发用，即田庄交界，子属稻谷亦空，故知田禾欠熟，又天鬼支来克干，此为上门乱首，种种凶象，而况劫煞入辰，三传递克，全无和气，凶荒之征也。后果如占。

例八：顺治庚寅年十月辛巳朔甲午时，日有食之，庄公远占当主何应？（《指南》）

	勾	合	朱	蛇	
	寅	卯	辰	巳	
青	丑			午	贵
空	子			未	后
	亥	戌	酉	申	
	虎	常	玄	阴	

虎	勾	朱	后	财	戊寅	勾
亥	寅	辰	未	子	乙亥	虎
寅	巳	未	辛	兄	申	阴◎

庄公远曰：太岁做游都，临翼轸发用，且乘勾陈，披刑带煞，楚地当有战争之象。弹射有丸，忧惊必重，中传虎马居支阴，冲克日支，末传太阴拔刃乘岁破，冲克太岁，然是旬空，阴谋必败。又河覆井、玄武入穴、虎出林，来年定主风多涝患，奈何雷公、雷煞并见，以作病胎，气不收敛，民生多病之征也。越次日，雷电大作，次年水涝为灾，余占亦验。

例九：公元1644年，甲申五月初二己丑日庚午时，忽然太阳周围出现日晕，轮廓很大，大家都说这是祥瑞之气，天要降福，于是陈公献起课断之。（《六壬指南》）

甲申年　庚午月　己丑日　庚午时

	青	勾	合	朱	
	未	申	酉	戌	
空	午			亥	蛇
虎	巳			子	贵
	辰	卯	寅	丑	
	常	玄	阴	后	

虎	玄	蛇	合	官	辛卯	玄
巳	卯	亥	酉	父	癸巳	虎
卯	丑	酉	己	兄	未	青◎

陈公献曰：玄武贼符发用，克干克支，盖干为天位而乘败气，支为社稷而见死神，且太岁临灭没之方，贵人又不得地，中州吴越必失封疆，君国败亡之象。后福藩登位一载而失国，此其应也。①

解：此为天时变异而占，因此干支代表全国，干代表统治阶层，支代表

① 按：福王以甲申年五月初一日由淮安迎入南京，十五日即位，乙酉年五月二十五日被俘。

人民。干支明确，判断则无误。此课我们从四课分析开始，日上临酉，土沐浴于酉，六合主享受，沐浴为败，败则代表统治层腐败无能，而有倾败之象，而且其阴神螣蛇乘亥加酉，亥败于酉，主酒色，重重败地，国家大衰。支上临官鬼发用，十分重要，卯克丑土，卯太冲主贼兵，临玄武更是杀伐反叛之象，土被克，主人民受灾，国土争夺，而丑为吴越宫分（请参本书第一章相关内容），因此吴越会失去地盘。而且丑死于卯，再看太岁，太岁象征帝王，太岁申加在午，而且五月火旺金死，同时为了进一步确定，我们看贵神，贵神不但能体现帝王，还能体现整个课体的综合性质，此课贵人乘子临戌，水土交克，临牢狱之地，因此主君国败亡。最后我们看三传，发用为玄武官鬼克日，因此必定丧国失地，人民不安。

（三）应候占

应候占，是根据发生一定的响动或异常来判断会有何征兆。以下内容包括应候占与其他各种杂占。

例一：七月乙卯日，巳将午时，占风来应候。（《直指》引《三国·管辂传》）

	勾	青	空	虎
	辰	巳	午	未
合卯				申常
朱寅				酉玄
	丑	子	亥	戌
	蛇	贵	后	阴

蛇	朱	朱	合	财	丑	蛇◎
丑	寅	寅	卯	父	子	贵◎⊙
寅	卯	卯	乙	父	癸亥	后⊙

辂在典农王宏直所，有飘风从申来，占曰日辰乙卯，斗建申，申破寅，死丧之候也，时加午而风发马之候也，未在申为虎，虎为大人，父之候也，东方当有马吏至，恐父哭子，明日胶东吏到，其子果亡。[①]

例二：丁未年十月初三壬子日子时，奉御笔占向去京邑风烛宫室休祥。

---

① 程树勋按：此占原为风角，然有未在申为虎一言，则乃参之六壬矣，风从申来，故当观申上之神矣。

	青	空	虎	常	
	申	酉	戌	亥	
勾	未			子	玄
合	午			丑	阴
	巳	辰	卯	寅	
	朱	蛇	贵	后	

合	贵	朱	后	财	丙午	合⊙
午	卯	巳	寅	父	己酉	空
卯	子	寅	壬	兄	壬子	玄

祝泌奏曰：午加卯为用，六合乘之，囚死之火来加城门，而今日之水及传终于子之水，玄武水又乘其上，纵城内有小小惊恐，随见随灭，不至动众，若宫闱之间，更有天乙贵人，则子卯为刑，自主安宁，只有感风寒之疾在后宫之属耳。

例三：元祐六年辛未岁六月初二，刘公日新在楚州天庆观纳凉，有费知祥，年四十二岁，与刘公常为酒友，费道士云，近日日夜梦不祥，请公卜一课。己未日未将未时，占梦怪。

	青	空	虎	常	
	巳	午	未	申	
勾	辰			酉	玄
合	卯			戌	阴
	寅	丑	子	亥	
	朱	蛇	贵	后	

虎	虎	虎	虎	兄	己未	虎
未	未	未	未	兄	丑	蛇◎⊙
未	未	未	己	兄	壬戌	阴

刘日新曰：吾师自身此后不可饮酒，今夜二更后当有光怪发明，若闻犬吠不可前看，必有墙崩地裂之厄，更忌临井畔，其道归与同伴谈说课意，同伴云，必是刘公相戏取公一笑耳。逐不听刘言，因至晚大醉而卧，至二更时候，观中二犬吠声不绝，道士醉梦惊觉，见房上光明如火，恐是盗贼，匆忙不忌刘公之言，披衣径走后园巡视，不觉坠入井中而死。同伴道士寻觅不见，方忆昨日刘公之课因寻至后园井中，使人捞救已无及矣。

议曰：三传丑未戌相刑，太岁月建日辰俱在未上，又是未时，费公行年又在未，发用将得白虎则祸起土中，故有墙崩地陷之厄。又未为井，小吉为酒，故云不可饮酒，又忌临井畔。又未为六丁而丁火光怪，中传丑土乘螣蛇之刑，又戌属犬吠而有声，缘三传墓杀在课，决主陷于泥土中而死。此课日辰俱在未，课以日为人，以未为井，未丑戌刑之，又带蛇虎，其陷井之说不易矣。

解：元祐六年，公元1091年，岁在辛未，农历六月初二为庚寅日，如真有此课，则此课所录时间有误。六月二十八丙辰日大暑，七月初二才是己未日，但月将为午。

例四：杭州学桥水涨，太尉重起府门，及造赁屋房廊，请陈相干天民占问。己未日戌将申时，辛亥命。

青 勾 合 朱
未 申 酉 戌
空午 亥蛇
虎巳 子贵
辰 卯 寅 丑
常 玄 阴 后

蛇	合	蛇	合	子	辛酉	合
亥	酉	亥	酉	子	辛酉	合
酉	未	酉	己	子	辛酉	合

陈天民曰：独足课即亥酉未，辛命得三个酉，是三重天禄三重帝旺，主富贵两全，官至一品。依朝廷之威势，起造昌盛，尚有三十年大发，太尉大喜，天民退而告人曰：此独足课，课既不足，传又不行，终无百年久远，将来太尉殁后，命既不存，禄旺何在？恐其子孙不肖犯法，此屋没入于官矣，果然。

例五：己巳年丑月甲戌日丑将戌时，在三义阁夜坐，忽闻响声如雷，友人占主何应候？（《牧夫占验》）

己巳　丁丑　甲戌　甲戌

蛇 朱 合 勾
申 酉 戌 亥
贵未 子青
后午 丑空
巳 辰 卯 寅
阴 玄 常 虎

玄	空	蛇	阴	官	申	蛇◎
辰	丑	申	巳	父	乙亥	勾⊙
丑	戌	巳	甲	兄	戊寅	虎

王牧夫曰：丑为太阳乘丁，戌是大墓与丑相刑，日支又加闭口，恐有火物伤人之事，从支，非天上，不是雷声，三传递生，白虎克支，皆主地上。

次日知是南门外走了火药，伤死扒灰者数人。

解：因为忽然听到雷声般的巨响，一时间分不清是天上雷声还是地下爆炸，因此王牧夫，根据六壬的干支原理，以干为天以支为地进行判断，研究其上神的状态来判断事情，这种就事论事的判断方法还是可取的。根据干支象意推导，我们注意到日支上神为丑土乘天空，丑为破碎与日支戌相刑，天空可为空响，而且丑上旬干为丁神，为极动之神，比较符合事情状态，再进一步审查日支，日支戌加未，天盘地盘，互相构成丑未戌三刑，戌为火库，因此有火药爆炸刑伤多人的意思，而且未之旬干为癸，甲戌旬首加旬尾癸未，为闭口，因此主无妄之灾。再看三传，末传寅木白虎克支，更代表巨大的响声来自地上。

实际上此课在三传发用上非常清晰，发用申金为日鬼，但是并不直接克日，而是加于巳上与日构成三刑，这种灾是由巳火引发的，巳为蛇，为乱动乱为引起的火灾，而且发用申金传送，金主雷，金空则鸣，又为日马，主爆发之声，天将又是螣蛇，与地盘巳火两蛇夹申，必然为火药走火引发爆炸。三传申加巳，亥加申，寅加亥，各在长生之地，而且三传递生，末传日禄乘白虎，主伤人，主连环爆炸伤人。王牧夫的分析合理，但是间接性太强。经笔者考证，此课为公元1749，乾隆十四年农历十一月二十九日甲戌日。该年十一月二十七日冬至，十二月十三日大寒。

例六：己巳年辰月乙卯日酉将未时在三义阁，棹面忽然响裂，占应何事。

己巳年　戊辰月　乙卯日　癸未时

	青	勾	合	朱	
	未	申	酉	戌	
空	午			亥	蛇
虎	巳			子	贵
	辰	卯	寅	丑	
	常	玄	阴	后	

青	虎	勾	空
未	巳	申	午
巳	卯	午	乙

官	庚申	勾
财	壬戌	朱
父	子	贵◎

王牧夫曰：初德末贵，不是凶咎，当主有官人过，恐有火征，少顷左卫街失火，运司出署救火已验，盖申为官为风宪与支作合，主门外见也，干支皆火神，干乘火鬼，故主火，次日僧人斗打，亦以申为僧，末见子与支成无礼之刑，三传知三事已应二事情，亦当测之，中传火墓，支干皆火，亦主火也，初传劫杀，事主迅速。

解：此课时间为公元1749年，乾隆十四年三月初七，该年三月四日壬子日谷雨。

例七：己巳年五月甲寅日申将未时，占怪异。

青	空	虎	常
午	未	申	酉
勾巳			戌玄
合辰			亥阴
卯	寅	丑	子
朱	蛇	贵	后

合	朱	合	朱
辰	卯	辰	卯
卯	寅	卯	甲

财	丙辰	合
子	丁巳	勾
子	戊午	青

王牧夫曰：其人居扬州旧城，忽生怪异，满屋灰尘，居人昼夜不安，余曰："门户口舌不宁，卯是阳刃，带朱雀皆由人心失和所致，天目在未，未加午为堂屋，其怪异当在堂屋之内，经云：卯为狐，卯为大火，心星火主礼，失礼则失其常，故异物能侮之矣，然亦无碍，不久自退。"

盖发用天罡乘六合，辰由卯上发用，中见巳为勾陈，主勾留四十日自消灭。凡天目并月厌、丁神主怪异，此课见矣，然此课发用为财，而末传青龙应之，又带财在门户间，其命不合，故亦不言也，巳午为灰尘，其家甚的。

解：凡占怪异，神煞多用天目、月厌、丁神等神煞，天目者，春辰，夏未，秋戌，冬丑，占宅有祟。

例八：庚申闰四月甲戌日未时申将，雀噪占之。

蛇	贵	后	阴
午	未	申	酉
午未			申酉
合辰			亥常
卯	寅	丑	子
勾	青	空	虎

虎	常	合	勾
子	亥	辰	卯
亥	戌	卯	甲

财	庚辰	合
子	辛巳	朱
子	壬午	蛇

张鋐曰：雀以朱雀、胜光为类神，三传辰巳午。雀乘巳生扶日财，正时未，用神辰俱作日财，主进两重财。

解：张以类神结合正时与发用初传判断。初传为财而且临六合，正时未土也为日财，而且朱雀临巳火生日财辰土，因此表示进两重财。

例九：己未九月戊寅日寅时辰将，占灯花。

	贵	后	阴	玄							
	未	申	酉	戌							
蛇	午			亥	常	蛇 合 阴 贵	兄	庚辰	合		
朱	巳			子	虎	午 辰 酉 未	父	壬午	蛇		
	辰	卯	寅	丑		辰 寅 未 戊	子	申	后◎		
	合	勾	青	空							

张鋐曰：占灯花以胜光、朱雀为类。三传辰午申。雀乘巳生干，大吉利。辰为用，作太阳，作天喜，乘六合，为媒人，临支为入宅，与干阴酉相合，酉为少女，酉我空，少女行年填之，主有人为少女作伐。中传午火生干，合住未土贵人，贵人又临干，主有人为本身荐幕馆。二事相因而至。

解：此课张以朱雀、午火为类神，类神朱雀与日干相生，因此张判断为吉利之象，发用辰土又为月将太阳，主吉利无疑。秋天辰土为天喜，临日支宅位，其天将又是六合，为喜庆入宅象，而且辰土与日阴酉金相合，酉为少女，空亡象，但是张本人的小女儿，正好行年填实了，因此张判断，有人给小女儿做媒。中传午火生日干，表示自己也有好事，午与日上贵人未土相合，贵人乘未，为贵人列席，表示自己事业上有贵人举荐。三传登三天，为登高之象，类为升迁，无职则有人举荐。

例十：崇祯丁丑年十月戊申日卯将子时，占梦。

	蛇	朱	合	勾					
	申	酉	戌	亥		虎 勾 勾 蛇	官	寅	虎◎
贵	未			子	青	寅 亥 亥 申	父	乙巳	阴⊙
后	午			丑	空	亥 申 申 戊	子	戊申	蛇
	巳	辰	卯	寅					
	阴	玄	常	虎					

郭御青曰：余自丁丑八月京邸候选，至十月十四日，夜得一梦，梦一人叩寓门，高声朗诵曰："正西身上可安坤。"余梦中曰："汝念错，乃坤上可安身。"其人又朗诵如前，遂醒呼烛占之，卯加子，得戊申一课，戊乃干身，上乘申，非身上可安坤而何。梦中人为余起此课也，亦奇矣！详课体，初中末

官禄俱空，岂十月尚不得选乎，辰课不备，吊客临宅，至家中幼小不安，其余莫能尽解。去灯假寐，又梦一老妪驾鹰逐兔，具兔起余面前，奔入犬腹内，余又一足踏犬头曰："剖犬即得此兔矣。"遂醒。

一夜连得二奇梦，取课详玩，见酉乘朱雀临午，戌乘六合临未，酉乃婢。朱雀乃鹰也，戌乃犬，六合乃兔也，但不知所主何事。不数日，余因旧火病，为庸医针灸兼误服附子过多，火炽如燎原。遍身疮痍，不离床褥，十月遂未得选，余止两幼子，家信至，其为痘伤，至十二月，力疾，选得怀庆。取课反复推详，一一符合，初中官禄俱空，主十月不得选，干上螣蛇上下夹克，即主身上火病，且申乃子息爻，螣蛇正癍痘之患，即主伤子，鹰犬之梦，盖六合小儿之象，前为鹰鹞所逐，后为天狗所食也，至十二月春节不远，寅木有气，所以得选，寅临亥地，亥乃魏分，怀庆属焉。且签选十七又亥日，一一皆前定矣，人生碌碌何为哉。犹幸剖犬得兔之说，余庚辰年交壬戌运，辰戌冲，即剖犬可以得子矣，但正酉二年尚不得其解，姑存之。

例十一：顺治己丑年三月乙丑日戌将丁亥时，广储门外普贤庵僧人敏若，半夜亥时因鸦鸣占得何应候？（《指南》）

	勾	合	朱	蛇	
	辰	巳	午	未	
青卯					申贵
空寅					酉后
	丑	子	亥	戌	
	白	常	玄	阴	

玄	常	空	青	父	甲子	常
亥	子	寅	卯	父	亥	玄◎
子	丑	卯	乙	财	戌	阴◎

陈公献曰：主有贼八九人，自东北来，劫邻人衣物银钱，遂渡河而去，汝庵无伤也。曰亥时右邻木客被劫。盖因游都贼符临干支，右见玄武驿马，左见劫煞贼符，故有此象，提防复至，然五日内必获。因子加丑发用，知贼东北而来，子数九，丑数八，故八九人，五日获者，因勾陈居支前五辰，遥克玄武，又魁渡玄阴，贼何所逃乎？果次日北关门外行劫，遂获二名。

例十二：顺治己丑年六月乙未日未将丁亥时，天宁寺半夜内外人惊，江南吴一三占此课，问予主何应候？（《指南》）

	青	空	虎	常
	丑	寅	卯	辰
勾子				巳玄
合亥				午阴
	戌	酉	申	未
	朱	蛇	贵	后

合	虎	贵	勾	兄	癸卯	虎
亥	卯	申	子	父	己亥	合
卯	未	子	乙	财	乙未	后

陈公猷曰：主有贼船东来，无攻城破邑之虞。盖因游都贼符临干支，自支发用，故主东有贼船至。初中二传休囚，末传太阳月建，故主城邑无虞。己亥日报贼自东方来，水陆并进，人民惊走，余以申时占课，三传戌酉申为返驾，初旺生末，虽有奸人勾引，不战自退。官兵出，贼遂奔散。

（四）其他杂占

例一：俞天师在详符寺，一人于庚戌日酉将戌时，占忧疑。（《直指》引《三车一览》）

	合	朱	蛇	贵
	辰	巳	午	未
勾卯				申后
青寅				酉阴
	丑	子	亥	戌
	空	虎	常	玄

后	阴	蛇	贵	官	丙午	蛇
申	酉	午	未	官	乙巳	朱
酉	戌	未	庚	父	甲辰	合

俞曰：庚日阳刃在酉为金，戌为足，恐为刃斧伤足，其人因秀才读书有名声，实为积盗，后事败，太守刖其足。

程树勋按：此课午巳二火克干，又作螣蛇朱雀，叠叠火神，固已凶矣，而日上贵人，又遁丁火，安得不凶，但贵人生日，想必五六月间为太守诱去，以致落败而后刖其足耳，惜三车一览余未之见，而直指所引各书仅寥寥数语，无从印证为可惜也。

例二：沈保正壬戌生四十八岁占役事，建炎己酉年九月乙丑日卯将戌时。

	朱	合	勾	青							
	戌	亥	子	丑							
蛇酉					寅空						
贵申					卯虎						
	未	午	巳	辰							
	后	阴	玄	常							

合	阴	空	蛇	兄	丙寅	空
亥	午	寅	酉	财	辛未	后
午	丑	酉	乙	父	甲子	勾

邵彦和曰：保正不能脱手，于道理合当做此役也。酉加乙作蛇官鬼自缠身也。初传功曹，身已在公了，为保正之后，平安无些子事。你若不认此役，须被监系，必待认了方释。又行年与宅上午作太阴，有一人与尔家阴人是亲眷，来与尔打关节，反探尔口气，却去报他，为内鬼也。[①]

盖乙见酉为官所制，蛇是被监勒，初寅作天空为官吏，若不认，必入狱[②]，中传是认了却无虑，末传子未相传，子作勾陈，断然难脱，脱后又重做也，沈公之事，果皆如其言，自后既脱，九年又做一次。[③]

例三：沈四公，庚戌年四月十八日辰时生，五十九岁，于戊申年七月二十三日，乙巳日午将亥时，因争保正而占。

	勾	青	空	虎	
	子	丑	寅	卯	
合亥					辰常
朱戌					巳玄
	酉	申	未	午	
	蛇	贵	后	阴	

后	勾	阴	合	子	丙午	阴
未	子	午	亥	财	癸丑	青
子	巳	亥	乙	官	戊申	贵

邵彦和曰：课名四绝，末又绝神，不合亥水又来生日，绝中又起，奈何你母劝你休争，你女又劝，俱不听，下稍自做，虽得财，后必有悔。子为己母，财临子上，主得母家产业，所得之物，可移翁棺葬此内，必出贵子，为大和尚。汝亦葬祖侧也。

沈母乃童氏，其女亦嫁童家。童家役满，沈公欲争保正，母与女劝，俱不听，乃自做了，后童分家，请沈公作主，沈却于公共内，取一生圹安葬其

---

① 午遁庚为暗鬼，加支为内。

② 辰加日本是天狱。

③ 全赖寅制之，寅为吏，天空为役，故去了保正之役便不入狱。

祖，果四年生一儿，后为大和尚于宁国府广教寺。盖乙以子为母，午为女，亥为父，申为翁，丑为墓，申加之，是为翁墓也。沈命庚戌，庚金墓丑，是自亦墓此矣。申为僧，丑为贤，上见贵人，生子当作大和尚也。

例四：潘道士乙亥生，占住持。二月戊戌日戌将寅时。

	空	虎	常	玄	
	丑	寅	卯	辰	
青	子			巳	阴
勾	亥			午	后
	戌	酉	申	未	
	合	朱	蛇	贵	

虎	后	朱	空	官	壬寅	虎
寅	午	酉	丑	兄	戊戌	合
午	戌	丑	戊	父	甲午	后

邵彦和曰：大凡僧道占住持，以日为我，支为住持。春得炎上局，却喜旺相，只是不合阳刃乘后加支，主住持九月与朱姓妇人私通，遂受刑而出。初传是鬼，临妇人上，虽三传化火生干，然火旺不久便暗，而寅木独为戊鬼，身上丑作天空，正是传法之空门，目下即成，后因同牒人反来做造，因奸而坏也。

潘谋住持，得丑作天空临干，是荐贤空门之象。丑为僧，僧与道同类，住持必成。果五月受贴，六月至观。宫畔有朱百户妻，遂与往来，自六月至次年二月共九个月，被原与同牒人汪三，使人告发，至官被刑而出。大凡炎上局，自是有头无尾，如火之炎，暂时便止，那更合后，遂为失友。午作天后，是妇人，午字像朱姓，戊日阳刃在午，故主刑，自第四课传出，故出观。暗贵作空，故可至观。既至自然被害也。①

例五：己丑年三月癸丑日酉将戌时，长老占休咎。

	蛇	朱	合	勾	
	辰	巳	午	未	
贵	卯			申	青
后	寅			酉	空
	丑	子	亥	戌	
	阴	玄	常	虎	

常	玄	常	玄	兄	壬子	玄
亥	子	亥	子	兄	辛亥	常
子	丑	子	癸	官	庚戌	虎

---

① 一云：午乃离朱雀，故姓朱。午字像朱说非也。又曰：午乃妇人，天后亦妇人也。加支为日之刃，故主因妇人受责。在支上是以主得住持而后受责。

邵彦和曰：子作玄武，加日相合，即作初传，加丑为阳刃大吉，又是僧寺，中传亥加子作太常，亥即玄武，作常加子，又是势害，末虎克日，此课凶矣。必旬日内，盗欲入方丈不得，乃入库下，偷三人物，后来干三人命。

盖连茹体也。且损点水姓之人。果第七日贼入库，偷监寺、副寺、典库三人财物，既觉行者寻踪，往他客汪家捉获。将汪氏一铁椎击死，因解行者到官，狱死。三僧吃棒，一僧患杖死，皆因连茹主牵连，子亥戌皆在夜方不明，末虎作鬼故也。库中者，丑为库也。

例六：或占求酒，壬子日申将亥时。

	蛇	贵	后	阴	
	寅	卯	辰	巳	
朱丑					午玄
合子					未常
	亥	戌	酉	申	
	亥	戌	酉	申	

玄	空	阴	虎	财	丙午	玄
午	酉	巳	申	子	卯	贵◎
酉	子	申	壬	兄	壬子	合⊙

邵彦和曰：酉加子作天空，支为酒，其酒必败，器必破，必无酒也。盖酉为酒加子，酉破子，乃破器也。子水败于酉，酉金死于子，乘空为虚诈，又传入空亡，是以无酒。

例七：己巳十一月丁酉日庚戌时偶有扣门声，随占一课。(《指南》)

	蛇	贵	后	阴	
	申	酉	戌	亥	
朱未					子玄
合午					丑常
	巳	辰	卯	寅	
	勾	青	空	虎	

空	玄	常	后	官	庚子	玄
卯	子	丑	戌	父	癸卯	空
子	酉	戌	丁	兄	甲午	合

陈公献曰：来扣门者必因盗贼之事。及开门时，是迟王两父师相召，随往见之，坐下即云彼乡有一举人做乱。予袖传一课答之曰："指日败擒，无烦过虑。"

盖因干支上乘死墓，玄鬼临于败地，日上神又制之，是以不能持久，一交土旺时自休息矣。又问家宅安否，曰："然系何命？"曰："乙亥、戊子者。"

余云:“亥年驿马贵人，子年乘河魁，又二贵拱夹亥命，有功名而未成，子乃科举中人，俱迁居他处矣。”曰:“亥命家兄是秀才，子命舍弟是举人。”果不十二月，为乱者事败，家中安堵。

例八：丙辰年五月丁巳日，予卜丙寅命人怙恶不悛，收成若何。[1]

丙辰　甲午　戊午　丁未

	青	勾	合	朱	
	午	未	申	酉	
空巳					戌蛇
虎辰					亥贵
	卯	寅	丑	子	
	常	玄	阴	后	

勾	青	朱	合	财	庚申	合
未	午	酉	申	财	辛酉	朱
午	巳	申	丁	子	壬戌	蛇

程树勋断曰：干上申，三传申酉戌，合朱蛇，从申酉金而入火库，命上又见败神，知其必败，兼带火鬼、火煞、死神、死气，命上卯为血忌，以为不出七年，当患火痰血光而亡。谁知是持刀将手足划破，向一汪姓者讹作，至经官理论，大耗其财，而划破之处，血流不止，精神逐日消乏，恹恹而亡。予始悟申金发用，刀也；酉为小刀，亦为血也；酉戌相害，酉卯相冲，戌为足，卯为手，手足受伤也。初传从干上发出，引出许多不美，自戕也。六合而变蛇雀也。申为官符杀，故具讼也。更异者，未没之前数月好蹲于地，仰首视人，如犬之状。每一外出，群犬尝吠而啮之。此非戌为末传墓干之故欤？因备记之，即作果报观可也。

解：此课占坏人的结果。原断失误，原解烦琐。笔者先将此事前后因果一叙，实际上此课所断之人为一无赖，平时好做坏事，刁滑奸恶，因此原断者根据此课判断，认为日干为该人，其上临申金，三传为申酉戌，分别为日干病、死、墓，其本命上临卯，丁火败于卯，且发用为丁火病地，因此判断该人会在七年内得痰火症而死。但是事实却不是这样，该人用刀将自己弄伤向一汪姓人讹诈，结果经过官司败诉，而肢体划破的地方还血流不止，精神困顿，不久就死了。而奇怪的是，该人在死亡前一段时间，经常象狗一样蹲在地下抬头看人，而且一出去就被群狗群攻。

此课的关键在于，所占日为丁巳日，丁神通灵，四课三传为巳、午、未、

① 嘉庆元年，五月十三日申将未时，五月十七日夏至。

申、酉、戌，火入金乡，火金交战为流血之象，且发用申加未，坐羊刃，刀伤无疑。而三传连茹为拖延、延迟之象，又三传分别为病、死、墓，因此延误拖延而亡。大六壬克应以墓、绝为主，而此课为六丁日，且丁神连茹，末见日墓戌土，丁日，夏季，戌土旺盛，因此戌旺则为狗，因此以狗为克应。

例九：扬州某氏子求占父柩在何处，己巳年巳月戊辰日酉将丑时。

己巳年　己巳月　戊辰日　癸丑时

	空	虎	常	玄	
	丑	寅	卯	辰	
青	子			巳	阴
勾	亥			午	后
	戌	酉	申	未	
	合	朱	蛇	贵	

蛇	青	朱	空	财	甲子	青
申	子	酉	丑	子	壬申	蛇
子	辰	丑	戊	兄	戊辰	玄

王牧夫：尊人之柩在北门寺庵中，庵前有河一条，询之僧人便知。此占因柩失，非问墓也，不可以墓论，发用青龙子水在申，申乃死气，而蛇居之，子由辰上发用，子为北，辰为关，故曰北门外，龙居辰上，主寺观。申与僧同音，故曰询之僧人。前有河一条者，申子辰合成水局也，

占者父亡，时只数岁，后随姊迁于他处，及长，因母亡，欲夅柩合葬，其父柩在北门外庵中，只一姊夫知之，而庵中柩累累。询之僧人，乃得其父柩，即夅合殡，占者得此数甚异之。[①]

例十：九月辛巳日卯将午时，占家中事。

	勾	合	朱	蛇	
	寅	卯	辰	巳	
青	丑			午	贵
空	子			未	后
	亥	戌	酉	申	
	虎	常	玄	阴	

虎	勾	朱	后	财	戊寅	勾
亥	寅	辰	未	子	乙亥	虎
寅	巳	未	辛	兄	申	阴◎

郭御青曰：余州人王再振者从张贞明孝廉来京，客居久思家，托余占家

① 程树勋按：王公不责白虎而论三传，极与邵公之法合。

中事，时吴于老断曰：此课死气临宅发用，又作月厌，家中有死亡事，余服其断，不二日，王家信至，两幼子俱伤。

例十一：己亥日，占卖马。

	贵	后	阴	玄	
	子	丑	寅	卯	
蛇	亥			辰	常
朱	戌			巳	虎
	酉	申	未	午	
	合	勾	青	空	

后	空	合	阴
丑	午	酉	寅
午	亥	寅	己

父	甲午	空
兄	辛丑	后
子	丙申	勾

郭御青曰：余亲有马两匹，一大一小，问皆卖出否？课果传类神午字，时旁有人断为皆不得卖，以午为日禄也，又一人断卖出大马，以大马捷足先出也。余断曰：马为日禄，惟卖出乃得，价为禄，卖出小马，以午自刑，大刑出小，小不能刑出大也。马即从宅上发用，明乎一马在宅，一马出外，且马有恋主之意，凡卖皆不愿出，今一马出传，必大刑小出也，果卖小马。

第七章　大六壬外编

特别说明：以下所介绍的方法或术数种类都源出于六壬或与六壬相关，有的为六壬中的秘技，有的自成体系，实用价值都很大，读者万不可小觑。

第一节　金锁玉匙（发用简断）

说明：《金锁玉匙诗诀》主要使用六壬课初传发用判断，属于大六壬课传的简断方法，初学六壬者，图简便可以使用此法，在六壬的学习中也不失为一种简单有效的方法。读者在学习中除了用之简断外，也可以学习到一些综合取象的知识。下面我们试举一例，如某日占课如下：

辛卯　癸巳　乙亥　甲申

四月酉将甲戌旬申酉空

	空	虎	常	玄	
	午	未	申	酉	
青	巳			戌	阴
勾	辰			亥	后
	卯	寅	丑	子	
	合	朱	蛇	贵	

蛇	贵	空	青
丑	子	午	巳
子	亥	巳	乙

财	丁丑	蛇
兄	戊寅	朱
兄	己卯	合

根据此课，初传丑土加在子水上，可以查阅歌诀中丑加子的诗诀，其诗曰：“男须束发，女质挑莲。天云彩女，和合当年。求谋皆遂，占职升迁。”根据求测事体可以得出大致的吉凶结果，结合自己要占的事体可以做出基本的判断。如果占问事业，主谋为顺利，工作升迁。主要根据歌诀内容的吉凶进行判断。但是在使用中须要注意初传天将的吉凶性质。

金锁玉匙诗诀

传六壬课者，多未有金锁玉匙象类诗诀，惟究吉凶祸福，凡占课，但是天地盘相加初传发用，乃使此类诀。且如子加丑为初传，参鹊噪高枝诗；子加卯为用，得遇虎不猎诗。惟看发用初传上下相加为例。或云皆以小六壬有诗，殊不知大六壬课亦有诗类，传者未能得之，如断课未在四课、三传、日辰、行年，本命详断，只使此诗。参见福祸，吉凶灼然，灵验无差也。

象类诗诀（以下供查阅）

其一、鹊噪高枝，子加丑为用，主眼患。丑加子为初亦是此诗应，占课但初传相加者通用诗也。蹇之旅。诗曰：男须束发，女质挑莲。天云彩女，和合当年。求谋皆遂，占职升迁。

其二、重载浅水，子加子为用，丑加丑，伏吟课皆有之，神将吉，而事却有涯济。艮之兑。诗曰：重载浅水安能进，阴阳闭塞却归家。求谋动作难成就，吉将并临却有涯。

其三、遇虎不猎，子加卯为用，卯加子亦是，主缠缚。公讼疾病不利，如三传十分吉，亦有凶扰。屯之无妄。[①] 诗曰：玄武相逢丧孝事，白虎相逢灾病功。若无解救传中见，官事刑身大有凶。

其四、敲冰取鱼，子加辰为用，亥加辰同用此诗，主怪现。井之姤。诗曰：登明神后到于辰，冬月求鱼欲破冰。鱼自逃藏深水窟，敲冰何事得从心。

其五、萱草生庭，子加巳为用，雀角，井之讼。巳加子同。诗曰：庭前萱草立其身，妇合夫兮臣佐君。印绶两重加禄位，长生富贵且荣亲。

其六、浮云蔽日，子加午为用，亥加午亦是，此诗在日辰之上发用是也，主丧明。既济之遁。诗曰：日上之虎号日星，那堪云锁雾交并。事则未成须在晚，直须云散月光明。

其七、春水遇日，子加未为用，午加未，子加亥，未加午，亥加子，亥加午，相加皆彷此。主印书。比之否。诗曰：日暖春水渐渐消，逢人提挈立偏饶。三冬若是图求望，必主辛勤口舌招。

其八、大石藏水，子加申为用。申加子用同，主夜诵。比之乾。诗曰：大石藏水滨，如虎马同群。若然闲事了，又恐损阴人。

其九、夜行失道，子加酉为用，子加戌亦是，主反目、奴婢、有暗昧不

① 六壬七百二十课，俱无神后加寅发用。

明之事。节之履。诗曰：神后之神居北位，却来酉戌误真踪。施为不免多阴暗，家中阴小主灾凶。

其十、凿石见玉，子加亥为用，事先见难而后易，乃费力而后方就。需之无妄。（课无此式）诗曰：凿石方知玉，淘沙始见金。青云中有路，只恐反劳心。

丑加子为用同，鹊噪高枝诗断；丑加丑为用同，重载浅水诗断。

十一、墓火焰天，丑加寅为用，主人逃。艮之革。诗曰：古墓龙蛇隐，蛟蟠作祸祥。喜孕佳人见，深冬入病乡。

十二、陆地行舟，丑加卯为用，互交进迁不通，官病不利。颐之随。诗曰：太冲未上丑相乘，陆地行舟枉用情。关梁门户难迁动，纵使登途不进程。

十三、车驾无轨，丑加辰为用，乙日课有之，主诅咒、天涯地角。蛊之大过。诗曰：欲进不能进，中途事执迷。若人逢此卦，凡事不能为。

十四、背暗向明，丑加巳为用，主禽鸣。蛊之困。诗曰：望外亨衢马骤来，天门久闭又重开。莫将野物藏头角，好展当时任重材。

十五、野马渡涧，丑加午为用，午加癸同象。贲之艮。诗曰：渡危逢济难，忧困苦相煎。九夏灾尤可，三冬慎保全。

十六、羝羊触藩，丑加未为用，未加癸进退不通，谋望难成。剥之萃。诗曰：羝羊触藩，吊丧问孝。行人忧系，病者难疗。谋事稽留，亦防有扰。

十七、事用再谋，丑加申为用，主远游。剥之夬。诗曰：月应三回缺，花经两度开。眼前心下事，去了又重来。

十八、经纶已布，丑加酉为用，三合无此，用酉加丑用有之，主阴怒。损之兑。诗曰：六六春方半，芝书陇上来。经纶今已布，平步见三台。

十九、鸣鹤在阴，丑加戌为用，可随吉凶用。（庚申发用，戌加丑，亥加丑则有之）大畜之革。诗曰：鸣鹤在上，美材良将。病者得愈，囚徒得放。若逢凶将，恐生诽谤。上下相和，占宅新创。

二十、矢射双鹤，丑加亥为用，更加贵人六合尤吉。大畜之随。诗曰：如弓方架矢，一矢贯红心。百事皆成遂，求谋主获金。

二十一、否极泰来，寅加子。蒙之大有。诗曰：文字重重暗有期，自缘时下未开眉。相将挥袖朝金阙，折取蟾宫第一枝。

二十二、车得新轮，寅加丑。艮之睽。诗曰：车且得新轮，灾退福神臻。行人方始动，旧事再重新。

二十三、莺立春花，寅加卯，午寅卯相加通用。谋事，望事宜速成吉。（无此用）颐之噬嗑。诗曰：莺立春花喜正荣，秋冬花谢只闻声，谋事固宜成在早，若言太晚却无成。

二十四、落花遇雨，寅加辰，四季为风雨，争马争财。蛊之鼎。诗曰：寅为花果古传名，恶见天罡白虎并。白虎为风相聚起，旁人相毁事无成。

二十五、猛虎入城，寅加巳，主有虚惊、忧信。蛊之未济。诗曰：猛虎始入城，宜为众所惊。交逢凶恶将，必有合离情。

二十六、车驾于载，寅加午，守旧乃善。贲之旅。诗曰：车驾于载，动则为害。用修福庆，方且有泰。

二十七、开花结果，寅加未，后娶。剥之晋。诗曰：高人语清凉，消残心下火。一夜仙种桃，能结千年果。

二十八、岩松冒雪，寅加申为用，反吟课有之。申加寅同，主伤身。剥之大有。诗曰：严松复冒雪，不改岁寒心。占婚逢此兆，真矿蕴真金。

二十九、燧人钻火，寅加酉为用，凡丑日甲辰日皆有之，凡寅加申酉戌谋用费力。剥之大有。诗曰：火旺南方生在寅，钻以燧氏始分明。谋欲就时还费力，托人来作始能成。

三十、龙战于野，寅加戌为用，周易卦坤上六爻，变阴尽而化阳，故云龙战于野，其血玄黄，不利占女人病必死。（戌加寅同）大畜之离。诗曰：龙自出水，欺诈不实。举动稽留，事无匹配。男须杀妇，女守空室。

玄胎课象，寅加亥发用，玄胎课，遥克课有之。大畜之噬嗑。无诗。

卯加子发用，遇虎不猎，其凶比子加卯用稍轻。

三十一、巍峰枯木，卯加丑为用，戌加丑亦为用。小过之归妹。诗曰：枯木高高倚翠峰，众人欲砍作柴薪。外则干枯心内固，怎奈三冬雪也禁。

卯加卯发用，伏吟课使重载浅水诗。

三十二、腐鼠卧辙，卯加辰为用，车冲水荡。恒之恒。诗曰：卧病苦呻吟，凶灾并祸临。退居无妄动，知命值千金。

三十三、桂影新新，卯加巳为用，灶怒，光影。恒之解。诗曰：紫府名先有，东堂桂影新。共成千载事，毋忘陇上人。

三十四、风光易过，卯加午为用，言惊。丰之小过。诗曰：一朵花开满院红，流莺飞蝶各匆匆。东君未放真消息，昨夜飘然一阵风。

三十五、鸡栖于埘，卯加未为用。（注：埘，古代称墙壁上挖洞做成的鸡窝。）豫之豫。诗曰：立身多辅助，动静合于仪。报应无忠信，鸡栖于及时。

三十六、枯木抽芳，卯加申为用。诗曰：枯木重开叶，守株遇宝珠。年来复见贵，光显在门阖。

三十七、白浪翻江，卯加酉，亥加巳，反吟课有之，巳加亥同。归妹。

诗曰：卯酉相加实可忧，巳亥相乘是漾舟。白浪翻江时反覆，三传有救始无愁。

三十八、鹤唳于天，卯加戌为用，主发解登第，又同栖于埘诗断之，通用。大壮之丰。诗曰：形质天然异，声同四海间，富人复显贵，占孕必生贤。

三十九、大海得鳌，卯加亥为用。大壮之震。诗曰：历尽重山不见高，直寻大海见波涛。九牛何惜乘香饵，一钓还须得巨鳌。

四十、龙投枯井，辰加子为用。涣之小畜。诗曰：质本苍龙体，安居不得时。雷霆有日震，百里见光辉。

四十一、春雷行雨，辰加子见青龙，丙子日夜治贵有之。涣之小畜。诗曰：春雷行雨值天罡，冬月来时亥子方。更有青龙驱驾起，其声百里震威扬。

四十二、鲸鱼居涧，辰加丑为用，癸日，丑恶。渐之中孚。诗曰：癸日天罡丑上居，鲸鱼居涧事何如。难则有心成大用，奈缘水浅未能舒。

四十三、猿猴守石，辰加寅为用。渐之家人。诗曰：异姓同居事可疑，用神居旺克相持。居财积谷多忻庆，吉自天来福佑之。

四十四、龙龟出水，辰加卯为用，不测。益。诗曰：龙龟游陆地，慎防或有伤。谋事皆未遂，退密且深藏。

辰加辰，伏吟课，依重载浅水诗。

辰加巳，辰加午，辰加未，辰加申，辰加酉，辰加戌，以上各无发用无课并无类诗。

四十五、丑妇照镜，辰加亥为用，辰午加酉亥同用，惊讼。小畜之益。诗曰：其形丑陋更无双，欲照容颜不可当。其妇自知容貌丑，退身不觉起惭惶。

四十六、瑞鹿怀胎，巳加寅用，闻誉。渐之屯。诗曰：瑞鹿怀胎，主卦之先。男身清洁，女貌桃莲。灾祸自退，孕妇生贤。

四十七、乘云出洞，巳加卯为用，蛇现、妇疮。益之井。诗曰：乘云兴出洞，异众贵于贤。重患终无患，求谋主获全。

巳加辰无课发用为诗。

四十八、野火烧茅，巳加午为用。午加巳用同，招婿、关节。家人之蹇。（巳加午为用，辛未日篙矢课有之。）诗曰：野火烧茅火不多，假饶所得又如何。旺则一时无久远，劝君宜速莫蹉跎。

四十九、贵人喜会，巳加未为用，争婚。观之比。诗曰：云散长空雨乍晴，蟠龙洗出日精神。画工何处容其巧，一点阳和万物春。

五十、枯竹摇风，巳加申为用，占病凶，擅权、凌夫。观之需。诗曰：

枯竹摇风力太微，空身摇动恐根危。万事不劳求大用，有心无力又何为。

五十一、龙蛇入庙，巳加酉为用，刑配。中孚之节。诗曰：龙蛇同乡，饮食高堂。夫妻并立，子息繁昌。纵逢小厄，不饮琼浆。

五十二、明月腾空，巳加戌为用，戌加巳用同，文书。小畜之既济。诗曰：利刃不难挥虎兕，晴天宁久困蛟螭。月中桂籍欣成茂，此去须攀第一枝。

五十三、闪电春雷，巳加亥为用，人求索。小畜之屯。诗曰：闪电春雷惊百卉，若言求望有虚惊。还同声振传于外，次第他人必有成。

五十四、孤雁逐群，午加子为用，主马死产灾。未济之大畜。诗曰：孤雁无依止，闲居始合宜。所为多反覆，远出未能归。

五十五、蛟螭远穴，午加寅为用，主名来。旅之贲。诗曰：天空加仲六刑方，出入关栏道路旁。更有此时无失脱，必是逃亡归远乡。

五十六、龙蛇入屋，午加卯为用，主妇人鞍马。噬嗑之颐。诗曰：泛舟入大海，龙蛇入屋居。贵人当产贵，世俗见更移。积善加禳度，终身免见虞。

五十七、俊鹰逐兔，午加辰为用，遥克上，主文字交加。鼎之蛊。诗曰：俊鹰飞空羽翅豪，寒林见兔走能逃。应时擬捉林遮蔽，欲应遭他禽类嘈。

午加巳为用，诗同野火烧茅。午加午为用，诗同重载浅水。

五十八、满堂金玉，午加未为用，姝争首饰。晋之剥。诗曰：慈造为人天所从，传命四海播清风。满堂金玉何须问，宜上蓬莱第一峰。

五十九、良马生驹，午加申为用，金鸣。晋之大畜。诗曰：庭前积珍宝，堂内出英贤。得之逢秋夏，应兆最无偏。

六十、兔眠于圃，午加酉为用，官灾见血。睽之损。诗曰：雉兔圃中眠，动静获安然。所作皆欢庆，登科必显官。

六十一、鸟噪庭中，午加戌为用。戌加午用同，信动。大有之贲。诗曰：鸟噪中庭树，且深防灾咎。求利与求名，却断成恶丑。

六十二、入水不溺（履霜坚冰），午加亥为用，心恙。大有之颐。诗曰：火土交时水力微，直饶损害未能欺。百事有人相怪恨，不须用力更迟疑。

未加子为用，诗同春冰还日。未加丑为用，诗同羝羊触藩。

六十三、羊遇虎狼，未加寅为用，事废。谦之明夷。诗曰：群羊遇虎狼，福变灾将至。早下事尤疑，阴人须产忌。盗贼难追寻，居官忧失位。

六十四、天马出群，未加卯为用，邀饮进财。复之复。诗曰：最利求官职，居私灾祸疑。若来占疾病，老与小儿悲。

未加辰为用，太阴加未为之，云笼半月诗同。未加巳为用，诗同贵人喜会。

六十五、枯木生花，未加午为用，女子持家。明夷之谦。诗曰：年来枯木复生花，病虎山前换爪牙，自有百灵阴力助，任彼蟊贼论交加。

六十六、文书千里，未加申为用，妇生外心。坤之泰。诗曰：戈音来近月，衣冠改故风。文书应千里，何事两三重。

六十七、花发斯年，未加酉为用，后母、妇嫁。之某。诗曰：凤衔丹诏下瑶天，复见岩廊擢上贤。霖雨未成天下望，紫薇花发在斯年。

六十八、忧中复喜，未加戌为用，绝嗣。泰之明夷。（无此用式）诗曰：忧虑何须虑，逢亨未必亨。花开花复谢，花谢又还生。

六十九、新月初圆，未加亥为用，三女杀伤。泰之复。诗曰：梦里南游亦偶然，重来客舍月初圆。袖里自有封侯字，行看毫端浪拍天。

申加子为用，诗同大石藏水。申加丑为用，诗同事用再谋。申加寅为用，诗同严松冒雪。

七十、山猿跳涧，申加卯为用，匠斫无见。复之无妄。诗曰：改作从新理有殊，砍松冒雪意踌躇。加官进禄来须速，不是金章即紫朱。

七十一、白狩出山，申加辰为用，客死军亡。升之姤。诗曰：白狩加寅（有作辰），悖子诤臣。事主不顺，定溃迷津。占病值此，往返频频，和人生怨，不亲其身。

七十二、蕴玉待价，申加巳为用，灶鸣金破。升之讼。诗曰：蕴玉于身内，逢时自显荣。运谋无阻滞，更变始通亨。

七十三、野猿投火，申加午为用，自来刑伤。明夷之遁。诗曰：飞扬传远事，动静涉忧疑。吉将相临用，求财且待时。

七十四、箭射羊角，申加未为用，负愿，离乡。坤之否。诗曰：金乌玉兔事非虚，近水三年庆有余。两箭中归羊角上，一重文字到天衢。

七十五、事有定期，申加酉为用，男女恶疾。临之履。诗曰：万里青云路半梯，问君何事醉如泥。前程自有生涯计，有个人人指定期。

七十六、云卷瑶空，申加戌为用，子恶。泰之同人。（式无此用，戌加申亦无）诗曰：传送为云戌亥空，纵逢凶将未为凶。除是青龙大吉并，得龙乘势始英雄。

七十七、遇贵方举，申加亥为用，流横。泰之无妄。诗曰：未遂青云志，常怀弄玉心。贵人来举用，千里有黄金。

七十八、覆水难收，酉加子为用，阴私祸多。困之夬。（式中无此）诗曰：覆水既难收，公门亦主囚。若逢阴力助，方得事还周。

酉加丑为用，诗同经纶已布。

七十九、猛虎陷井，酉加寅为用，女缢。咸之丰。诗曰：大石藏水底，舟船损不行。喜翻成恶事，无病亦灾生。遇虎方冲散，逢蛇始得亨（有本作惊）。若无阴宰助，争免不阴更。

酉加卯为用，诗同白浪翻江。酉加辰无课为用，无类诗。

八十、凤楼梧桐，酉加巳为用，火惹事。大过之困。诗曰：世明身出现，居上有高梧。饮啄非常异，呈祥亦献书。

八十一、少凤生雏，酉加午为用，心疼。革之咸。诗曰：旧辰得新轮，灵芝产异根。果胞因圃盛，黄豕渐成豚。

八十二、征雁衔芦，酉加未为用，羊酒有庆。萃。诗曰：心中多恐惧，众力有何疑。兄弟皆从顺，夫妻无背违。

八十三、有望无危，酉加申为用，兄妹欢会。萃。诗曰：无望有望，有危不危，千山千里，贵客相随。

酉加酉伏吟诗同重载浅水。

八十四、密云不雨，酉加戌为用，酉地伏尸。夬之革。（戌加酉用，同兆同诀）诗曰：旬仪加日本，夫妇合之因。吉将相临用，枯枝复见春。纵困当无害，虽囚不戳身。贵人同得用，万事触皆新。

八十五、青云得路，酉加亥为用，埋葬、财喜。夬之随。（亥加酉用同）诗曰：贵人执箭在青霄，千里相逢不待招。锦水溪边飞彩凤，桃花浪里转金鳌。

八十六、豺狼遇猎，戌加子为用，宅怪损耗。讼之大有。诗曰：恩义生违背，交朋亦不亲。若无阴骘助，怎免泪沾巾。（阴骘指阴德）

戌加丑为用，诗同鸣鹤在阴。戌加寅为用，诗同龙战于野。

八十七、彩凤飞云，戌加卯为用，官怪。无妄之噬嗑。诗曰：文章扶圣主，衣锦拜高堂。夫妇多欢庆，尊卑无祸殃。

八十八、紫燕离窠，戌加辰为用，兄弟分争。姤之鼎。诗曰：群居多聚散，成立各分飞。春夏添财宝，秋冬灾祸吁。

戌加巳为用，诗同明月腾空。戌加午为用，诗同鸟噪中庭。

八十九、路未亨通，戌加未为用，贵禄。否之豫。诗曰：暮云重山下，行时路不通。几番方得语，理尽一场空。

戌加申为用，诗同云卷瑶空。戌加酉为用，诗同密云不雨。

九十、寒马嘶风，戌加亥为用，幼女私通。乾之睽。（亥加戌用同）诗曰：寒马嘶风出塞时，行人在路可忧疑。占胎伤孕恙当死，孤独穷寒恐复悲。

亥加子为用，诗同敲冰取鱼。亥加丑为用，诗同鸣鹤在阴。

九十一、六神藏没，亥加寅为用，楼台。遁之丰。诗曰：喜若梦中寐，暗昧非祥瑞。忧心空裹尘，忧事喜不遂。

九十二、花谢再生，亥加卯为用，财谐。无妄之震。诗曰：欲问天涯消息，好将名利而耕。有个人人自力，花开谢了重生。

九十三、舟行风横，亥加辰为用，见哭。姤之恒。诗曰：桅樯稳稳声池楼，步水游云不稳流。合主忧疑并失脱，洪波未息卒难收。

亥加巳为用，诗同白翻浪江。亥加午为用，诗同浮云蔽日。

九十四、白虹贯日，亥加未为用，羊豕失散。否之豫。诗曰：先否后喜，凶落空亡。远通开路，口舌施张。阴贼残害，毕竟无妨（有本作成臧）。事主中末，如月重光。

亥加申为用，诗同云卷遥空。亥加酉为用，诗同青霄有路。亥加戌为用，诗同寒马嘶风。

亥加亥为用，诗同重载浅水。

注意：以下歌诀系结合神将、神煞而论，与上不同。

一、状似连珠，贵人在今日前发用，且如甲日甲课在寅，以卯是日前，贵人加卯是也。诗曰：连珠之状状何如，天乙前遮后拥簇。若临吉将吉相随，出南入北尽堪为。

二、国命天恩，首尾见贵人、青龙，主求名得遂之。诗曰：贵人首尾跨青龙，主握兵权立大功。凡所求谋并见贵，纵逢恶将不为凶。

三、鸡鹤同笼，玄武传贵人。（天乙在传，又同玄武）

鸡鹤同笼有异情，贵人玄武与传并。此时未遇冲霄意，要慎奸邪却见刑。

四、浪打轻舟，戌、辰加螣蛇为用。诗曰：浪打轻舟危不已，魁罡二位作螣蛇。忧疑进退加惊恐，更主良宵邪梦悚。

五、野遇横尸，螣蛇、白虎加游祸，正月起巳逆行十二辰。诗曰：野遇横死大骇神，虎蛇游祸自生嗔。诸神鬼怪皆为恶，忧厌丧门孝服迎。

六、三事齐光，螣蛇、白虎加血忌，忌血。

血忌，正月丑，二月未，三月寅，四月申，五月卯，六月酉，七月辰，八月戌，九月巳，十月亥，十一月卯，十二月未。诗曰：三事齐光说向君，课中血忌虎蛇并。三光血忌南方内，纵使闲居也被焚。

七、风火腾空，蛇虎入传，反吟课有此，蛇、虎相见是也。诗曰：螣蛇是火虎生风，只怕来逢发用同。事则未成先见祸，此为风火尚腾空。

八、青鸟传音，朱雀加寅、卯，宜望远信。诗曰：朱雀加来寅卯上，谓传音信到我家。龙虎乘时俱入宅，首尾俱欢事有涯。

九、天网四张，朱雀加辰、戌为用。诗曰：天网四张何处避，更兼朱雀及魁罡。连遭公事看看到，口舌纷纷无处藏。

十、飞禽无翼，朱雀临巳、卯、辰并勾虎。求谋无成乃来意。诗曰：飞禽无翼主官侵，白虎相并巳卯辰。宅舍管须人口滞，传中有救事还轻。

十一、遇船无渡，六合加亥、卯为用，但看天盘。诗曰：六合传逢亥卯居，空亡相并事何如。举意图谋无所遂，悬悬空自步踌躇。

十二、佳期不遇，六合被天乙、太阴压。诗曰：佳期不遇莫泥吟，六合传中复太阴。中被贵人相抑塞，纵然得就也分襟。

十三、犀牛失角，六合加辰、戌为用。诗曰：犀牛失角定嗟吁，六合与罡共屋居。必主逃亡遗失事，若言疾病在须臾。

十四、戏荷鸳鸯，六合加天空（有本天罡）在未。诗曰：鸳鸯戏在荷花里，六合传中未上居。婚姻聘礼佳期会，善贺高门庆有余。

十五、星光掩月，六合在酉，又玄武加戌。诗曰：星光掩月小人升，六合从魁阴贼名。更有河魁并玄武，家中奴婢欲潜形。

十六、龙衔瑞珠，戌、辰加六合临课吉凶。诗曰：龙衔瑞珠报吉祥，魁罡六合应荣昌。妇人必是怀娠孕，更审传看弄瓦璋。

十七、游鱼戏水，勾陈到丑为用。诗曰：游鱼戏水称人情，只因大吉会勾陈。田牛必进家门忧，若值空亡退竞频。

十八、将军失马，勾陈临寅为用。诗曰：勾陈原是大将军，握守符权倚托人。车马翻来刑本主，到头诸计莫能伸。

十九、出明入暗，勾陈到辰为用。诗曰：出明入暗大乖张，勾陈一处会天罡。亡逃盗贼终须见，更详主客定柔刚。

二十、黄莺出谷，青龙带天喜神为用。天喜，春戌、夏丑、秋辰、冬未。诗曰：黄莺出谷正当时，木到青龙天喜随。庶士得财多吉庆，求官高折月中枝。

二一、鹊鸽送书，青龙、天后加天马，天马正月午，二月申顺行六阳。（有本鹦鹉送书）诗曰：鹦鹉送书心望外，天马来临道路神。不问行人凶与吉，若求谋合喜相亲。

二二、猛虎出市，天空加四仲为用。（有本猛虎入市）诗曰：天空来加四仲神，名为闹市虎伤人。施为不免多惊恐，若逢吉将却欢欣。

二三、张弓弦断，天空加午为用。诗曰：张弓弦断两来由，失马天空半作仇。须识舟车防丢失，言词虚诞乱啾啾。

二四、山崩独拒，白虎加灾杀为用。寅午戌在午，申子辰在子，亥卯未在卯，巳酉丑在酉。诗曰：山崩独拒力何任，灾杀加临白虎侵。人口须禳度厄神，免招时疫病缠身。

二五、鱼在干池，白虎加死气为用，及行年上，死气正月午，二月未，顺行十二辰。诗曰：鱼在干池须至死，死神作虎入行年。此人已去酆都府，岂得人间寿数延。

二六、宝剑出匣，白虎加寅卯为用，天盘上得此类必有威权。诗曰：宝剑出匣状何因，白虎来乘寅卯辰。设使忽然同并用，还逢威气射冲人。

二七、燕子南飞，白虎居申为用。诗曰：燕子南飞意若何，申神白虎共居窠。行人在路君来问，待与推寻细为歌。

二八、扶兔逐獐，太常加四季杀入传，春辰，夏未，秋戌，冬丑，以上系四季杀。诗曰：太常丑未杀同传，象力扶持保十全。犹预前途应废力，大都谋计不谋专。

二九、鹤唳翔云，太常临申见青龙，尤吉，利君子。诗曰：鹤唳翔云逸且翔，盖逢传送坐龙常。家门必有荣欢庆，诸事如心万事昌。

三十、逆旋独居，玄武六合相遇。诗曰：逆旋独居何以知，玄并六合两相持。常须照管财并帛，恐有无良寇贼欺。

三十、飞禽失巢，玄武乘亥为用。诗曰：飞禽失巢如失意，登明玄武与传并。逃亡盗贼终须见，凡百谋求未称情。

三十一、云笼半月，太阴加亥、未为用。（未加辰巳用同）诗曰：云笼半月昧前林，亥未太阴并太阴。课体吉时随课吉，传神厌翳事沉吟。

三二、七夕临期，初太阴，中末天后及天空之将相逢。诗曰：七夕临期始可崇，太阴天后喜相逢。酒筵更有佳宾客，月下风前饮餉浓。

三三、舟揖济川，太阴与白虎相见是。诗曰：舟揖济川何所主，太阴金将造桥梁。旺相相生舟已布，休囚死绝事乖张。

三四、贵人在门，天后、神后相并为用。诗曰：贵人在门多喜庆，传中二后一时并。细寻旺相并生杀，若非孕喜即欢荣。

三五、四神稽福，立用逢龙玄勾贵，事遂。诗曰：青龙寅卯春宜占，玄神午未喜居方。贵又朝此登明地，勾陈临巳事皆昌。

三六、将军受禄，太冲在前，小吉在天魁上，卯未戌入传是也。[①] 诗曰：太常一位属厨神，更与天魁小吉群。望事将成方得就，何须食禄上将军。

三七、茂草逢春，寅卯并用，连茹课，寅卯辰三传有此。诗曰：功曹太

① 有本卯巳戌全入传。

冲为草木，秋冬衰谢岂能荣。直待春来方有气，此时还见茂峥嵘。

三八、剑遇张华，太岁加龙常用，且如子年太岁加子上是为例。诗曰：剑遇张华气势光，行年太岁作龙常。求名改职人推举，庶士求谋百事良。

三九、鹊鸣报喜，月建加天后、神后，如正月建寅，寅是地盘，上加子是神后，子上见天后加临是也。（考试占吉）诗曰：喜鹊噪鸣应报喜，天后神后建相亲。女人必是怀妊娠，更审支干莫克身。

四十、猿啼叫月，日干落空亡为用。诗曰：猿啼叫月意何如，干落空亡百事殊。仔细向君言不谬，失遗印绶及文书。

第二节　斗罡法

斗罡法，在六壬典籍中少有介绍，这里所介绍的方法，又称三宫法，这种方法是从六壬占法中择选而出，主要使用亥、子、丑三支结合天罡而论，亥、子、丑三支在大六壬中有特殊的名称与地位，甚至大六壬把它们单独列出。亥在大六壬中名为绛宫时，子为明堂时，丑为玉堂时，三者在六壬中比拟三奇，类比天、地、人三才，因此在大六壬中把三者单独列出，与斗孟、斗仲、斗季合称三宫时门。有三才的类比就可以比拟万物，因此可以用来预测万物，在六壬古籍中有关于它们的预测内容，这种方法不仅可以预测，还涉及避病躲灾之法。下面我们列出歌诀与使用方法。

正九牵牛午畜鸡，二八顺数相鼠卜。三七牧猪循绛帐，四六嬉游走狗堤。

亥丑月初观虎变，十一无凶得兔蹄。退一天罡渊妙诀，勿为一二俗人提。

其起法简单，避开卯酉，以卯酉为周天构成一个循环，正月从丑起、二月子、三月亥、四月戌、五月酉、六月戌、七月亥、八月子、九月丑、十月寅、十一月卯、十二月寅，月上起日，日上起时，然后退一位，起天罡，按照辰、巳、午、未、申、酉、戌、亥、子、丑的顺序推，看亥、子、丑三位，谁先临子、午、卯、酉四正位，如果亥先临则为斗孟，子先临则为斗仲，丑先临则为斗季。然后按照孟仲季的意义而断。

首先我们介绍它在趋吉避凶中的用法，如百章歌所云：“登明入仲寅方避，大吉居兮子下藏，神后仲兮丑辰立。六经八册上言章，百神万鬼俱消凶。”此法起出之方即为华盖方，可以躲避一切疾病、灾害。

例如：正月初三卯时子将占，从丑上起初一，初三为卯，卯上起子时，则卯时加午，退一位天罡辰加巳，依次顺时针排则亥加子，为登明先入仲，天罡加孟，寅加卯，此时卯方为华盖方，在卯方可以逃避一切灾害。除此外还有一法，为月将之成法，乃逐月四大吉时，太阳登天门，除危定开加在四利时上，此时也可逃灾避难，谋事百吉。

其预测方法可参考《诸葛天罡马前六壬时课》，其根源即源出笔者上文所述。下面列出《诸葛天罡马前六壬时课》中的判断内容供读者参考。（此法又名天罡退步六壬时课）

《诸葛天罡马前六壬时课》

天罡掌诀

诗曰：

天罡诀法少人知，贵人专用六壬时。胸中有术真堪羡，掌上藏机尽出奇。

登明神后兼大吉，须将此位以为期。若逢子午并卯酉，便是神仙覆射期。

掌诀式：

起月例

正九寻牛五月鸡，二月八月鼠为期。三七但从猪上起，四六还从狗位推。

十月十二寅宫始，十一寻来兔位推。推一天罡为正诀，秘传勿使俗人知。

应用举例

凡遇有人来占筮，急口报一个时辰便准，不可待时，待时则不灵矣。假如正月初三，有人来报辰时，就按“正九寻牛五月鸡”的口诀，正月在丑上起初一，寅上初二，卯上初三。又从卯上起子时，辰上起丑时，巳上起寅时，午上起卯时，未上起辰时，到此为止。就从未上退一位到午上起天罡，未上是太乙，申上是胜光，酉上是小吉，戌宫传送，亥宫从魁，子宫河魁，丑宫登明，寅宫神后，卯宫大吉。到此为止，大吉落卯上，按大吉属季，照天罡加季吉凶论之。[①]

《天罡掌诀断辞》

一、占久雨不晴：

天色昏昏几日连，天罡加孟只加然。加仲定知云自散，若逢季位雨绵绵。

二、占久晴不雨：

天罡加孟雨淋淋，加仲之时半晴阴。若果加季红日照，青天万里见无云。

---

① 笔者按：还有一种说法为月上直接起时，譬如四月酉将午时，戌上起子，辰上是午，则退一位，卯上起天罡辰，天罡加仲，接着顺排，大吉加子，为明堂时。此排法疑为古人误解，供读者参考。

三、占求财有无：

欲谒尊官何所宜，论来掌上便能知。天罡加孟难求得，临仲先空季许之。

四、占拜谒贵人：

贵人欲见定虚真，天罡加孟不见亲。加仲临之需等候，加季还周路急人。

五、占交易成否：

成交买卖两无凭，论来加孟定难成。加仲纷纷防口舌，若逢季上便安宁。

六、占探亲在否：

越将此时仔细穷，天罡加孟在宅中。如逢仲来季必晚，此时便闲要虽功。

七、占行人不来：

行人出外不知来，但将掌上仔细排。天罡加孟犹未动，临仲中途季便回。

八、占出行吉凶：

天罡加孟大吉昌，加仲出行防祸殃。加季之时多平稳，君须依此定何方。

九、占行人去否：

行人不知去与无，天罡加季已登途。若置四仲才方去，加孟淹留未出屋。

十、占词讼吉凶：

欲问官非吉与凶，加孟无理两和平。加仲依然宜笑破，季时还许不分明。

另作：加仲无喻且笑彼，季上淹留我必赢。

十一、占找宿吉凶：

借问前村有店无，加孟之时得好店。仲重华堂请自享，季临恶贼夜穿窗。

十二、占船在岸否：

天罡加孟船在岸，加仲之时船正来。若逢季时须等候，君须依此作安排。

十三、占三叉路口：

天罡加孟左路通，加仲中间且相逢。加季之时行右路，行程安稳去无虞。

十四、占请客来否：

久请宾客未见踪，华宴须置孟临空。若逢仲上中途遇，季上加之喜笑从。

十五、占买卖利否：

经营利息有与无，临孟推求意不如。加仲得平季满意，君能依此莫踌躇。

十六、占行船安否：

行船安否问原因，加孟无风主太平。临仲有风宜仔细，季上风流水上行。

十七、占讨债得否：

索债未知通不通，天罡加孟定成空。若临四仲犹堪讨，加季钱财更主丰。

十八、占生产男女：

天罡加孟是男形，加仲之时定女临。若逢季上定难产，急须求神保其身。

又作：季临子午为男，临卯酉为女。

十九、占身体病状：

天罡加仲淹缠重，加仲轻轻莫发愁。加季须凶终得好，急需作福保无忧。

二十、占何方得病：

加孟河神在西南，加仲西北外灵来。季上东方家鬼索，连忙求谢保平安。

二十一、占问病男女：

问君病者什么人，罡孟阴阳父子真。加仲定知是女病，时逢季上妇人身。

二十二、占猎物左右：

加孟东南在左边，加仲西北右相连。居中在地因加季，任与千金莫乱传。

亦作：加孟在右，加仲在左，加季两手有。

二十三、占猜物虚实：

半虚半软孟中观，实物还来仲上安。虚实皆当加季上，虽然二物一般看。

二十四、占猜物单双：

天罡加孟不成双，加仲其中两个藏。有单有双季上析，不然有双在中央。

二十五、占手中何物：

天罡加孟青与白，加仲红赤定无差。加季之时必黄色，天罡方信是堪夸。

亦作：加仲赤黑定无差。

二十六、占失物何方：

加孟东方急去寻，仲时西伴已迟音。季逢东北无踪影，教君从此莫生嗔。

亦作：

加孟南方急去寻，仲时东畔已迟音。季逢西北无踪影，教君从此莫生嗔。

二十七、占遗失物品：

天罡加孟终不得，加仲五十里中游。加季之时五里内，时辰若误不需求。

二十八、占物品仰覆：

天罡加孟定是仰，加仲侧倒不须疑。加季之时必然覆，君依此断莫差驰。

二十九、占杖倒立否：

天罡加孟杖必直，加仲倒地定无疑。加季之时是斜倒，教君方信此二时。

三十、占盗贼：

家中遗失要求真，孟是男来并眷亲。加仲妇女并邻里，季上良朋小口人。

三十一、占鸦噪：

天罡加孟防口舌，加仲宾主两相宜。加季须忧三四日，灾危纵有自分离。

三十二、占音信真假：

天罡加孟定为真，加仲之时半真同。季上之时不是实，君须依此莫猜疑。

三十三、占过深山：

大凡君欲过深山，天罡加孟有难关。君逢仲时遇恶贼，加季之时道路难。

三十四、占大水无渡：

无桥无渡一横河，加孟河深不可过。边浅中深固是仲，不深堪过季时歌。

三十五、占眼跳：

天罡加孟祸非常，若无丧事主灾殃。如临仲位亲朋至，加季求财大吉昌。

三十六、占耳热：

掌上推排到孟时，必然有客到吟杯。损财遗失因逢仲，内外求和季上宜。

三十七、占酒好否：

天罡加孟美非常，加仲酸甜味可当。加季之时无好味，君能依此知腹肠。

三十八、占文书：

文书之事最难量，加孟未动有重张。仲时属托为中声，季上文书又不祥。

三十九、占婚姻：

人来若问婚姻事，孟上必然阻滞多。唯有加仲成又破，季上之时最合和。

四十、占碗中有水无：

天罡加孟水不满，加仲之时水不多。季上之时必无水，君须依此必无说。

四十一、占家中酒有无：

天罡加孟必然无，加仲有酒不盈壶。若逢季时多有酒，定然酒食有丰余。

四十二、占赌博：

赌博休夸我艺精，天罡加孟赌无心。若逢四仲此见胜，加季场中独逞能。

四十三、占逃躲何方：

回避他人是与非，孟东为吉仲为西。要知南北加之季，此是仙人隐迹机。

四十四、占官事急慢：

要知事务孟中休，生计如风仲上求。半急半迟还是季，神仙妙诀至微幽。

四十五、占鼠鸣：

半夜鼠子百般音，罡加四孟有财临。加仲之时防口舌，如逢季上恶人侵。

四十六、占借物肯否：

借物未知有与无，天罡加孟必然无。若然仲上迟还借，加季空回定不虚。

四十七、占捕猎：

巡山畋猎事如何，加孟空回受折后。到仲之时应得少，天罡加季定然无。

四十八、占迁居住宅：

迁居谁明宜不宜，天罡加孟保无危。时加仲上休言吉，守旧平安是季时。

四十九、占对问有罪无：

欲问官非两对昭，时逢孟上有煎熬。如逢仲吉休疑虑，两下平平季上交。

五十、占捕鱼：

今日鱼虫事若何？天罡加孟枉张罗。若逢四仲无多个，遇季方知得胜多。

五十一、占时能：

天罡加孟费心勤，无尾无头不入罡。临仲防人赊物去，季时财到得千金。

五十二、占天几时晴：

欲占天雨几时晴，便将月朔望登明。上天丙子是晴日，巳午加临天始晴。

一作：上旬丙子是晴日。

天罡总论第八将登明断词：

遇八占官词进身，文书谋事主光荣。行人未至病无恙，病者虚惊失福平。

家宅安和财运少，经营若开后还成。

东南失物宜寻觅，若问婚姻事不成。天罡总论第九将神后断词：

遇九占官俱不利，文书谋望枉劳心。行人尚在途中遇，若问灾危泪下沉。

家宅安和荣遇吉，在家失物在东寻。经营买卖俱如意，惟有婚姻不遂心。

天罡总论第十将大吉断词

遇十占官事本凶，文书吉利晚回营。遗财失物俱西北，若问行人总起程。

家中有灾兼口舌，病人不吉见其惊。求财买卖全无利，只存婚姻百事春。

以上所占，无不应验。但值空亡日时占之，则为不利也。一曰若值空时则不验也。

空亡日时：

甲子旬见壬戌、癸亥日及戌亥时；甲戌旬见壬申、癸酉日及申酉时；

甲申旬见壬午、癸未日及午未时；甲午旬见壬辰、癸巳日及辰巳时；

甲辰旬见壬寅、癸卯日及寅卯时；甲寅旬见壬子、癸丑日及子丑时。

天罡歌诀六壬时，仔细推详掌上移。祸福定知凶与吉，失物吉凶准无疑。

手中判定生和死，成败皆知凶与危。先生此数真堪羡，有与人间急报知。

斗罡法射物实例

2007年农历九月十二日，笔者与友人射覆，友人手藏物品，让猜左右，九月月临丑位，从丑上起初一，顺时针轮，则寅初二、卯初三，至子十二，笔者令友人抱一时辰，友人报一，取子时，则日上起时，还在子位，年月日时都已起完，然后后退一位，到亥，从亥上起天罡辰，则辰加亥、巳加子、午加寅，至亥加午，斗孟，孟为左，因此为左面，友人为增加难度，故意将左右手交叉，笔者指着放在友人左面的右手说：在此手中。打开果然。

再射覆，友人报六，取巳时，得天罡辰加辰、太乙巳加巳，得神后子加子，因此为斗仲，仲为双，为两手，笔者略为犹豫，抬头，正好太阳在窗外头顶上空发光，笔者顿取离为日，其象类似空亡，再察日时，己丑日为甲申旬，甲申旬中午未空，外应日为空亡，太阳类比为午也是旬空，因此笔者毫不犹豫断言："两手皆空!"友人伸出双手果验。

第三节　三才法

三才法，是通过天地人的机理划分而占断人事，六壬中有两法，分别为三才应事与三才易简。一一介绍如下：

一、三才应事

所谓三才应事，是将六壬课简化为天课、地课、人课，实际上也是斗罡法的一个变化法门，天课占测天时，地课占测地理、风水，人课占测人事。凡是占天，看天罡所落地盘，占地理，看河魁所落地盘，占人，看贵人所落地盘，如果所落处为四孟神寅、申、巳、亥，则顺行五位取用，如果所落处为四仲神子、午、卯、酉，则以本位取用，如果如果所落处为四季神辰、戌、丑、未，则逆行五位取用。下面举三个例子。

例一：天气

戊子　庚申　甲午　戊辰

七月午将甲午旬辰巳空

	空	虎	常	玄	
	未	申	酉	戌	
青	午			亥	阴
勾	巳			子	后
	辰	卯	寅	丑	
	合	朱	蛇	贵	

首先我们看天罡，天罡辰土加在寅上，寅为四孟，则我们取前五位，地盘为未，则我们取天盘未为用，天盘未加巳，未临天空，主西南风起，到东南方而止，因为未为风伯，巳为风门，天将天空也为多云之神，未为西南，

巳为东南。而且未土得生，上见天空相比，因此旺盛而验。此例为笔者占断本地天气之例，与古例完全相合，结果亦同，可知此法之验。

例二：地理

九月　庚申日　卯将　丁亥时

　朱合　勾　青
　酉戌　亥　子
蛇申　　　　丑空
贵未　　　　寅虎
　午巳　辰　卯
　后阴　玄　常

首先我们看河魁，河魁戌土加在午上，为四仲，取本位，因此以午为用神，午加寅，天将为天后，主寅方有胎衣沾血之物，因为午为心、为火，主血，寅为胞胎，天后为妇女，午为妇女，也为日干之鬼，而且午加寅临长生之地，有初生之象。

例三：人事

十一月甲子日丑将辰时

　蛇朱　合　勾
　寅卯　辰　巳
贵丑　　　　午青
后子　　　　未空
　亥戌　酉　申
　阴玄　常　虎

首先我们看贵人落处，贵人丑加辰，落在四季神上，取后五位为用，后五位地盘为亥，因此我们取亥为用，亥加寅，天将为太阴，主女人从西北方向来求医，因为亥寅相合，合为人事交往，而亥加寅上，亥病于寅，而且甲日亥为休气，休气主病，亥与太阴均为女子之象，那么如果要详细看此事细节，我们就要看亥之阴神，申加亥，天将白虎，申亥相害，也为疾病灾害之象，两者结合，确定无疑，主女人从西方方来求医，根据申亥的关系我们可以判断，申金为骨骼，亥为腰体，白虎见相害有疼痛象，因此可以论断为女子有腰体疼痛之病。

例四：庚寅　壬午　壬寅　癸卯

五月申将甲午旬辰巳空

	青	空 虎	常	
	戌	亥 子	丑	
勾	酉		寅	玄
合	申		卯	阴
	未	午 巳	辰	
	朱	蛇 贵	后	

虎	朱	勾	后
子	未	酉	辰
未	寅	辰	壬

兄	庚子	虎
财	巳	贵◎
官	戊戌	青⊙

某女问母病，此为人事，贵人临子，子为四仲，取子为用，子临白虎、羊刃，为凶疾。并且有手术之象，子临未土，子未相穿害，主破损之疾。子之阴神为巳，巳临子位，巳之天将为贵人，主母亲，也主头部。巳加子上，子一阳，巳六阳，阳性过旺，则为阳症，血象。且巳加子为死，主危险之疾。结果是再次发作脑溢血，生命垂危。后其母于庚寅年壬午月甲辰日去世。

特别说明：以上天、地、人课，都可以结合用神与用神之阴神，进行综合分析解断。

二、三才易简

三才易简，源出课体构成之理，日辰象征两仪，四课象征四象，则三传象征三才。因此这种方法活用三传，就类神取用，产生新的三传，就事断事。譬如占妇女，则以天后为类神，即使课传无天后也要看其所临。以天后所乘之神为初传，初传之阴神为中传，中传之阴神为末传。使用这种方法有一个前提条件，就是必须知道事体性质或相关的人物。

一般占贵人、谒贵，则以天乙贵人发用形成三传。占梦寐、怪异、忧惊则用螣蛇，占文书则用朱雀，占子孙、交易、婚姻、媒保、车船、门户等等则用六合，占官司、军旅、墓田、捕捉则用勾陈。占贤良、财帛、书吏则用青龙，占小人、奴仆、僧道则用天空。占疾病、道路、出师、死丧则用白虎，占尊长、财物、衣裳、药物则用太常，占盗贼、逃亡、走失、水利则用玄武，占外戚、隐私、婢妾、老妇、尼姑、首饰则用太阴，占妇女，择妇、恩泽、赦书则用天后。

以上类神各有三传，再看与日辰行年相生旺合则吉，冲克则凶。惟日年制凶神尚可言吉，若日年落空，百事无成，惟类自作空，不以空论。这种方法也讲究变通，神将通用，如占贵人、尊长看天乙，如果课传无天乙明现，而大吉出现，可以看大吉之三传以断之。如占求财，有青龙看青龙，无青龙，功曹出现，立功曹为用，青龙、功曹俱无，而太常出现，则立太常为用，此为变通之法。

例如：八月丁巳日辰将酉时占妇女事。

	蛇	朱	合	勾	
	子	丑	寅	卯	
贵	亥			辰	青
后	戌			巳	空
	酉	申	未	午	
	阴	玄	常	虎	

常	蛇	阴	合
未	子	酉	寅
子	巳	寅	丁

财	辛	酉	阴
子	丙	辰	青
官	癸	亥	贵

断妇女看天后，以天后立三传戌巳子，则发用天魁加卯，临门内战，主有门户不安之事。戌与卯合，有求和之意。八月卯为月破，甲寅旬，卯为盗神[①]，天魁之将主下贱，后乘下贱之神，下临无气之地，其为下贱妇女可知。下临盗神月破，合中逢克，其所不安者，必忧盗失亡财之事。以中传言之，太乙乘天空，欺诈不实之象，八月巳为天鼠煞，情必涉鼠，阳现其象，情归于阴，中传卯，后之阴神也。以末传言之，神后乘螣蛇，子又为鼠，蛇主怪异，天鼠即是小耗[②]当主欺诈耗财，主占者所以忧失盗耗财也。

如此课占贵人，则立天乙贵人为用，三传为亥午丑，将得贵朱白。以初传言，贵人乘亥临辰，为履狱，必有忧患。若非病危，必有过失。盖阴得胜光为白虎，主疾病，内战忧重，故主病危。末见大吉，乘朱雀，下临六害，八月天刑在午，死气在丑，当因死刑文书而有责罚黜退之忧。

如占父母，则以太常为用，三传未寅酉，天将常合阴，以初传言之，常乘小吉临子，子未六害，而又空亡，主孤寒。占父必无母，占母必无父。否则定当远出，凡类临空亡，十有九死，在外者不得还家，所谓类神之初传，主其事者也。以中传言之，功曹乘六合，重木克未为鬼，八月寅为死符，又为枯骨，合乘死木为棺椁，皆非吉象。以末传言之，从魁乘太阴，重金乘旺，遁克类阴，所谓遁克类阴，鬼来催鬼，鬼催人，死者是也，寅为鬼门，而太

① 旬乙为盗神。

② 正月起子，逆行十二支。

阴夜神乘酉，临夜位之鬼门，是冥道也。末位归计，而入冥道，岂父母之利，酉见于日阴，业已在外，而传出他处，有异乡之象，是死于他乡之兆。式中内外之分，以类神为主，类后为内，类前为外，七位对冲，前后均分其六。凡类在二三位为近，临五六位为远。此课小吉类神临子，恰当前六，故言外言远。下临空害故言死亡，类阴凶克，末酉传出他处，为冥道，故言死在他乡也。

此课如占子孙，则视六合，三传寅酉辰，初传六合乘功曹下临丁火，在外耗脱，而功曹于八月为死木，又煞为死符、枯骨。皆非吉象。以丁言之，死木不能生囚火，子孙徒自耗脱，而无益于父母，以未言之，未为木墓，子孙投墓，初传为主事人最重。以中传言之，从魁为月建，月建为官长，从而克之，则当有官长仇难之灾，以死木逢旺金，凶重。仰见其仇，俯临其丘，皆非子孙之利。以末传言之，虽辰乘青龙，为子孙之财，奈财反助鬼，且酉遁辛，辰遁丙，财鬼合助，其凶莫解。而所带之煞，又为白衣，死别，凶克知矣。[①]

凡占子孙，不宜见者有六，一忌落空，二忌投墓，三忌传见官鬼，四忌煞带二死，五忌蛇、虎、魁、罡加临年命，六忌气乘囚死，若全见者，必有死亡之事。惟临旺相而传得吉者有嘉庆。凡支辰为宅舍，占子孙，亦当责及。盖支为子孙之类位也，若辰、戌、丑、未乘蛇虎临支克支，支又是亥子，则子孙为土所制，法忧少小。盖亥子为少小之象，支辰为卑幼之位，故当责也。

第四节　三十六禽星入式法

三十六禽系禽星用法，此法也与天文相关，因为六壬应用月将，与天文相关，因此在六壬中有禽星的引入。禽星对地支取象有重要的辅助作用，其实远在唐宋时期，禽星法已经应用在古八字体系当中，胎元取象就应用禽星类象判断。这一体系还应用在佛门一掌经测事法门中以及奇门、风水当中。可以说既单独成为体系，也为诸家所采纳。下面我们对它在六壬中的应用方法做一个系统的介绍。

---

① 白衣，正月未、二月辰、三月丑，四月未、五月辰，六月丑，七月未，八月辰，九月丑，十月未，十一月辰，十二月丑。死别，春戌，夏未，秋辰，冬丑。

三十六禽者，乃二十八宿并八隐禽也，隐禽者何？寅狸、巳鳝、辰鲤、未雁、申猱、戌豺、亥熊、丑龟也。其法视直符所临十二辰神为禽，以时分昼夜占之，从寅到巳为旦，从午到酉为昼，从戌到丑为夜也。

直符诀：甲日巳，乙日辰，丙日卯，丁日寅，戊日丑，己日午，庚日未，辛日申，壬日酉，癸日戌，不用亥子。[1]

寅为少阳，五色文章。

寅为木神，春吐其荣华，故曰文章。旦为狸，主有寡妇相侵或诏宣事。昼为豹，主财物耗损，口舌冤仇事。夜为虎，有大人嗔怒或有怪梦。

卯为天门，日出其根。

谓日出于卯，故曰天门。旦为狐，主有伏匿忧虑事。昼为兔，主贵人出殡或出入疑惑。夜为貉，主有外人相欺，移宅怪异事。

辰为立墓社稷，棺木厌出。

谓辰为土库，土受稼，临六合作棺。旦为龙，主阴神祀祷或远行诏命，昼为蛟，主远行散财事，灾在秋月。夜为鲤，主有官府是非或有疾病事。

巳为重阳，金银主张。

谓巳为阳盛阴微，故为重阳。旦为蛇，主冤仇惊恐，官府不安事。昼为蚓，主有远信不安疾病事。夜为蝉，为鳝，主有田宅车马事。

午为正阳，千里路长。

谓日中天照，远故路长。旦为鹿，主有子孙妇女文章事。昼为马，主有大人远来召命事。夜为獐，主有死丧刑伤家室不安事。

未为礼仪，婚姻相随。

谓未为羊雁酒醴。故为礼仪旦为雁，为有妻财病患事，昼为羊，主有饮乐宴会事。夜为犴、鹰，主门户兴造官府疾病事。

申为少阴，聚金歌吟。

谓金有声，故为语吟。旦为猿，主有口舌财物事。昼为猴，主有酒食，远行稽留事。夜为猱，主阴私田宅斗讼事。

酉为天户口，口舌女姥。

谓日入之门，兑课之位，故为天户、口舌、妇女。旦为鸡，主阴谋疾病惊恐田宅门户口舌事。昼为乌，主有相招惊恐，必有酒食事。夜为雉，主有乖违蔽匿事，常必行走畏伏。

戌为讼狱，相招拘录。

---

① 民国时有人将此直符诀引入佛门一掌经，用于一掌经占事之用。

谓戌为刑伤，为地狱，故为讼狱。旦为狗，主有争讼公私奸谋事。昼为狼，主在他乡财物耗散事。夜为豺，主有怪梦，女子灾患事。

亥为重复，阳气更复。

谓阴盛阳微，故曰重复，旦为猪，主有召命心疑事。昼为貐，主有官吏追呼事。夜为家豕、为熊，主有奸盗死厄事。

子为复宫，妇入其中。

谓阴伏于子，故曰在中。旦为鼠，主有盗贼奸谋事。昼为燕，主有子妇灾厄事，灾在春秋。夜为蝠，主有隐私弊匿事。

丑为明堂，以齐三光。

谓日月星起于丑，故主明堂。旦为牛，主有远行稽留，盗贼物事。昼为獬，主有大人忧病事。夜为乌龟，主有复匿，阴谋相争事。

例如：庚寅　辛巳　壬申　己酉

四月申将甲子旬戌亥空

	蛇	朱	合	勾	
	辰	巳	午	未	
贵	卯			申	青
后	寅			酉	空
	丑	子	亥	戌	
	阴	玄	常	虎	

合	勾	空	虎	官	戌	虎	◎⊙
午	未	酉	戌	父	癸酉	空	⊙
未	申	戌	壬	父	壬申	青	

解：壬日，直符为酉，酉时为昼，课体中酉临戌位，查上面断语，得知，戌为讼狱，相招拘录。昼为狼，主在他乡财物耗散事。通过断语我们能够得到事体的基本性质和吉凶。事实为有人此时占问远方书信。根据歌诀意，主书信在远方尚未来到，有书信迟缓之象。再结合酉、戌之神将类象判断即可，酉为门户，癸酉闭口，天将天空，皆为久无消息之象。酉戌相害，阻滞不通。此法能够简断事体。此类方法除了单独使用外，也可以结合六壬课体论断事体细节。

第五节　六壬透易

伏羲先天八卦

文王后天八卦

一、六壬三传成卦法

六壬透易有多种方法，其中个别方法矛盾颇多，读者注意辨别，这里主要介绍选自管辂《轨限照心神鉴经》中的六壬成卦法。所成之卦不仅可以预测普通事体，也可以用于预测命运。预测命运时以出生月的月将加生时布四课，立三传，然后使用三传成卦法。

八卦纳甲歌诀

壬甲从乾乙癸坤，庚归震木巽加辛。
己离戊坎丙如艮，惟有丁神属兑金。

乾宫：乾为天（六冲）			坤宫：坤为地（六冲）		
【本　卦】			【本　卦】		
———	父母壬戌土	世	— —	子孙癸酉金	世
———	兄弟壬申金		— —	妻财癸亥水	
———	官鬼壬午火		— —	兄弟癸丑土	
———	父母甲辰土	应	— —	官鬼乙卯木	应
———	妻财甲寅木		— —	父母乙巳火	
———	子孙甲子水		— —	兄弟乙未土	

兑宫：兑为泽（六冲）

【本　卦】

⚋ 父母丁未土　世
⚊ 兄弟丁酉金
⚊ 子孙丁亥水
⚋ 父母丁丑土　应
⚊ 妻财丁卯木
⚊ 官鬼丁巳火

艮宫：艮为山（六冲）

【本　卦】

⚊ 官鬼丙寅木　世
⚋ 妻财丙子水
⚋ 兄弟丙戌土
⚊ 子孙丙申金　应
⚋ 父母丙午火
⚋ 兄弟丙辰土

离宫：离为火（六冲）

【本　卦】

⚊ 兄弟己巳火　世
⚋ 子孙己未土
⚊ 妻财己酉金
⚊ 官鬼己亥水　应
⚋ 子孙己丑土
⚊ 父母己卯木

坎宫：坎为水（六冲）

【本　卦】

⚋ 兄弟戊子水　世
⚊ 官鬼戊戌土
⚋ 父母戊申金
⚋ 妻财戊午火　应
⚊ 官鬼戊辰土
⚋ 子孙戊寅木

震宫：震为雷（六冲）

【本　卦】

⚋ 妻财庚戌土　世
⚋ 官鬼庚申金
⚊ 子孙庚午火
⚋ 妻财庚辰土　应
⚋ 兄弟庚寅木
⚊ 父母庚子水

巽宫：巽为风（六冲）

【本　卦】

⚊ 兄弟辛卯木　世
⚊ 子孙辛巳火
⚋ 妻财辛未土
⚊ 官鬼辛酉金　应
⚊ 父母辛亥水
⚋ 妻财辛丑土

参壬透易总歌诀：

六壬大易理相通，四课阴阳古今同。发用三传为悔卦，如寻贞卦下临宫。须知外象依年建，内象还从日上穷。立位即成庚甲见，回归八卦认其宗。世为命兮身依应。吉位居来定显荣。内外遵经配纳甲，昭昭贵德破刑害。阴阳同体呼为少，异体阴阳老变从。假令丙辛各七数，相加老少见其功。阳年象昼阴年夜。天乙之神旦暮从。大限阳升阴则降。定于命上起初终。

搜研小限升沉理，身应爻同周复攻。[1]

从以上歌诀我们可以得知，六壬成卦，以三传为外悔卦，以三传地盘为内贞卦，外卦用年上五虎遁，内卦用日上五鼠遁。

袁天罡六壬揲蓍轨革歌：

先求四课理明明，便取三传细细评。甲子纳为天上卦，乙丑番为外卦吟。六刚日自高临下，柔日须翻下卦升。依此推爻毋孟浪，玄玄至道得心灯。

例一：阳日案例[2]

丁未年正月亥将甲子日寅时占

	青	勾	合	朱	
	寅	卯	辰	巳	
空	丑			午	蛇
虎	子			未	贵
	亥	戌	酉	申	
	常	玄	阴	后	

蛇	阴	后	常
午	酉	申	亥
酉	子	亥	甲

子	庚午	蛇
兄	丁卯	勾
父	甲子	虎

先起内贞卦，根据三传自上而下，使用年上五虎遁。

初传，年遁丙午，为艮卦六二爻，阳干阴爻为老阴，三爻，发动。

中传，年遁癸卯，为坤卦六二爻，阴干阴爻为少阴，二爻。

末传，年遁壬子，为乾卦初九爻，阳干阳爻为少阳，一爻。

内贞卦综合为震卦。

再起外悔卦，根据三传地盘自下而上，使用日干五鼠遁。

初传地盘为酉，遁干癸酉，为坤卦六二爻，阴干阴爻为少阴，四爻。

中传地盘为午，遁干庚午，为震卦九四爻，阳干阳爻为少阳，五爻。

末传地盘为卯，遁干丁卯，为兑卦九二爻，阴干阳爻为老阳，六爻，发动。

外悔卦综合为巽卦。

上下卦组合为风雷益变水火既济。

特别说明：本例排法与总歌诀不符合，按总歌诀当发用三传为外悔卦。此处录出原书案例供读者参考。按原书总体实例综合而究，正确起法应该是

---

① 阳年生人用旦贵，阴年生人用暮贵，大限从世，小限从应，升降从阴阳命。

② 阳日天上三传做贞卦，自上而下排。

无论阴阳日都按例二起法。敬请读者注意。

例二：阴日案例。[1]

辛酉年辛丑月丁亥日丙午时，丑将。

	蛇	朱	合	勾	
	子	丑	寅	卯	
贵	亥			辰	青
后	戌			巳	空
	酉	申	未	午	
	阴	玄	常	虎	

朱	虎	阴	合	兄	午	虎	◎
丑	午	酉	寅	子	己丑	朱	⊙
午	亥	寅	丁	财	甲申	玄	

先起外悔卦

甲午，乾四，阳干阳爻，少阳，四爻。

辛丑，巽初，阴干阴爻，少阴，五爻。

丙申，艮三，阳干阳爻，少阳，六爻。

综合得外悔卦离卦。

再起内贞卦

辛亥阴干阳爻，巽二，老阳，发动，初爻。

丙午阳干阴爻，艮二，老阴，发动，二爻。

辛丑阴干阴爻，巽初，少阴，三爻。

综合得内贞卦为震卦。

上下卦组合为火雷噬嗑变火水未济。

三传	巽宫：火雷噬嗑				离宫：火水未济		
	【本　卦】				【变　卦】		
丙申玄	⚊	子孙己巳火			⚊	子孙己巳火	应
辛丑雀	⚋	妻财己未土	世		⚋	妻财己未土	
甲午虎	⚊	官鬼己酉金			⚊	官鬼己酉金	
辛丑雀	⚋	妻财庚辰土			⚋	子孙戊午火	世
丙午虎	⚋	兄弟庚寅木	应	→	⚊	妻财戊辰土	
辛亥贵	⚊	父母庚子水		→	⚋	兄弟戊寅木	

① 阴日以天上三传为外悔卦，自下而上排。

笔者注：此例排法当为原书遵从的固定模式，后例无论阴阳日均按此排法。

例三：阳日按例二之正确起法，为革卦。

甲子　丁丑　壬子　丙午

冬月丑将甲辰旬寅卯空

	青	勾	合	朱	
	子	丑	寅	卯	
空	亥			辰	蛇
虎	戌			巳	贵
	酉	申	未	午	
	常	玄	阴	后	

合	阴	勾	后	财	丙午	后
寅	未	丑	午	官	癸丑	勾
未	子	午	壬	父	戊申	玄

先起外悔卦

庚午，震四，阳干阳爻，少阳，四爻

丁丑，兑三，阴干阴爻，少阴，五爻

壬申，艮三，阳干阳爻，少阳，六爻

综合得外悔卦离卦。

再起内贞卦

辛亥阴干阳爻，巽二，老阳，发动，初爻

丙午阳干阴爻，艮二，老阴，发动，二爻，

辛丑阴干阴爻，巽初，少阴，三爻

综合德内贞卦为震卦

革得火雷噬嗑变火水未济。

大限	巽宫：火雷噬嗑			离宫：火水未济	
	【本　卦】			【变　卦】	
18—30	▅▅▅▅▅	子孙己巳火		▅▅▅▅▅	子孙己巳火　应
1—17	▅▅　▅▅	妻财己未土　世		▅▅　▅▅	妻财己未土
76—90	▅▅▅▅▅	官鬼己酉金		▅▅▅▅▅	官鬼己酉金
63—75	▅▅　▅▅	妻财庚辰土		▅▅　▅▅	子孙戊午火　世
48—62	▅▅　▅▅	兄弟庚寅木　应	→	▅▅▅▅▅	妻财戊辰土
31—47	▅▅▅▅▅	父母庚子水	→	▅▅　▅▅	兄弟戊寅木

此命虚岁21岁时，流年甲申，与大限、应爻身构成三刑。该年丧父，且断了三根手指。因身受三刑之故。且大限为岁日之劫杀，其灾难免。而世爻空亡，卦体离亦空亡，因此在悔卦离卦中的限内有丧变灾祸。

最后，遵从原书，列出成卦固定模式如下：

六爻　天盘末传（年遁干）

五爻　天盘中传（年遁干）

四爻　天盘初传（年遁干）

三爻　地盘末传（日遁干）

二爻　地盘中传（日遁干）

一爻　地盘初传（日遁干）

二、三限与大限、小限、飞限起法

首先要知道四象策数，分别为少阳28策，老阳36策，少阴32策，老阴24策。下面我们举例说明。其次要知道干支取数，分别为甲己子午九，乙庚丑未八，丙辛寅申七，丁壬卯酉六，戊癸辰戌五，巳亥定属四。

坤宫：水地比（归魂）

【本　卦】

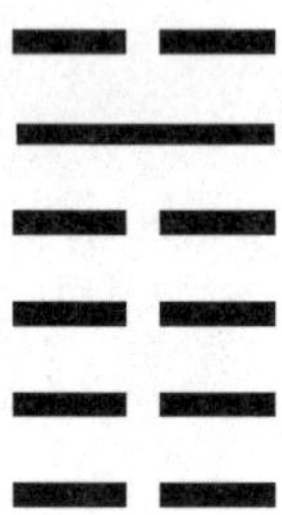

妻财戊子水　应
兄弟戊戌土
子孙戊申金
官鬼乙卯木　世
父母乙巳火
兄弟乙未土

三限起法：无论男女，从世爻上起，世为命，阳年生人自下而上行限，阴年生人自上而下行限。阳年阳世为少阳，阴年阴世为少阴，阳年阴世为老阳，阴年阳世为老阴，此例中世爻在三爻，为少阴，32策，乘二得64，64去掉60，为4，此卦四爻就为初限，四岁起运，再用四乘二得八，去六余二，第二爻为中限，二再乘二，得四，四爻为末限。每限主十年大运。此为三限起法。

大限起法：无论男女，阳年生人从世位开始自下行上，如果纳甲甲子初爻，甲与子数都为九，合为十八，其限管十八年，那么十九岁升于二爻甲寅，甲与寅数合为十六，那么此限管十六年，三十五岁升于三爻，依次类推。阴年生人则从世爻开始自上行下。大限内有飞限，一年一爻，升降同上。

小限从应爻起，应为身，一年一爻，阳命上升，阴命下降，小限内有飞限。一月一爻，升降法同小限。

判断方法可参考《易隐》

三、三限主神解

经曰：神之所临，喜旺相，畏死囚，好得位，恶失位。故因其神所临爻，有得有失，有旺衰，而主限之数有增有损，旺相得位增之，死囚失位者损之。若吉神旺相得位，贵人四马扶之，则名福备，故主限之数增之又增，岁贵岁马增损之外，一位更益其二年，月贵马一位，益其一时，日时不益。凶神死囚不得位，刑破空亡所犯，岁刑损二年，月破月刑损一年。如或贵煞合益，刑破合损，则如原数，不增损。大率吉神全贵煞遇德合，宜为中限，主皆在二五也。

夫贵人乃众神之首，得位在旺宫旺爻，主限数三十五年，贵神四马随数益之，死囚墓绝，主限二十六年，岁月刑破随数损之，太常天空勾陈在旺宫旺爻，主限三十年，贵马益之，死囚墓绝，主限二十四年，刑破损之。太阴白虎，在旺宫旺爻主限二十八年，贵马益之，囚死墓绝，主限二十四年，刑破损之，天后玄武在旺宫旺爻，主限二十四年，贵马益之，囚死墓绝主限二十二年，刑破损之。青龙六合在旺宫旺爻，主限三十二年，贵人驿马随数益之，死囚墓绝，主限二十八年，岁月刑破随数损之。朱雀螣蛇如虎阴，六合青龙如勾常。

右主限之神，贵人前五位，后六位，凡十有一，有吉有凶，或吉神不能为吉，凶神不能为凶者，衰旺刑德所变也。故遇益，凶或为吉，遇损，吉或成凶。祸福之应，皆从限神之性占之，假令贵人为福，尊贵扶擢，朝廷征召，利见大人，青龙为福，财源盈溢，婚姻得会也，白虎为殃，疾病死亡，螣蛇为祸，惊恐怪异，详见壬书。

四、行限增损解

经曰：阴阳奇偶，各有动静，静则察其象，动则观其变。来爻何往，去爻何止，奇动为老阳，偶动为老阴，老阴少阴数在六八，老阳少阳数在九七，并五行纳甲，生类相乘，相乘则为轨限之数，阳卦之爻化为阴卦，阴卦之爻化为阳卦，则为动，阴阳变化同体，则为静。故以乾坎艮震为阳卦，巽离坤兑为阴卦，加入壬遁中得甲子是乾宫初九爻，化为庚午，在震宫九四爻曰同体，为少阳，化为辛酉为巽宫九三爻，曰异体，为老阳，取老少之数，与纳甲相乘，得其轨数，因其爻象成数，视其七吉五凶，相加衰旺德刑，破合相反，有增有损，所以人行限有不尽矣者，限爻旺相得岁贵，增一年，岁马增一年，月日马增一年，月贵人不增，日时马不增，岁月之支刑，损一年，时日刑有气，损一年，无气损二年，岁月日破损一年，时不减其数，空亡损其支数，无气全损，大抵福庆康强生于旺爻，灾厄蹇滞来自衰限，胎墓死绝之爻，四凶限也。更犯凶神恶煞，乃死期也。如并吉神合德，或有赦焉，限入空亡，其爻凶曰天赦，其爻吉曰天废，限至其时，福不能成庆美，凶亦不至于死亡，但主沉滞不快，若任事居尊，则不利阴小。

夫五行有喜畏，如子孙之限，财星所喜，不利职名，大吏升擢，小人更职，庶人则安福行止。官讼大畏，乃察中交限所制之爻，有刑破则其祸炽矣，有德合祸不发也，余属仿此断之。若土克水也，限行在丑，得子爻，则子与丑合，无害也，木克土，行寅爻，卦中有未，未寄己，己德在寅，亦无害。木畏金，限到申爻，卦中之寅受刑且克，或大限到酉，卯爻受煞且冲，祸难解矣，其卯限酉爻稍轻，酉限卯爻，子限午爻，破克冲并，其忧必重。巳限申爻，则克害最轻，以申生合于巳也，总之大限处有气爻，更扶以德合贵煞，应数而得荣庆，无伤害也。如吉旺之爻属兄弟位，则兄弟先得荣达而后福力始及于身，惟妻财、子孙、官鬼三爻得位有气，并贵煞，福力全萌于身，乃世应不相制，元吉尔云。

五、卦位分定贵贱解

经云：世爻为命，应爻为身，大象为基本。此三者，乃贵贱、性情、寿夭、善恶之主也。故以大象论生死之根基，以世命论贵贱性情，以应身论善恶刑克，详推罔有不尽。盖象有旺衰，爻有阴阳。位有安危，辞有险易，时有穷通。但本盛者难衰，本弱者难发。得位者多誉，失位者多惧。易曰：“二三多誉，四五多惧。”在上而治人者得位也。在下而治于人者失位也。夫火性礼而明，金性义而刚，木性仁而裕，水性智而藏，土性信而厚。五为君位，二为臣位；位阳主聪明，位阴主愚钝；阳遇德，尊高明显；阴遇德，恭俭谨饬；阳遇刑，凶暴非横；阴遇刑，暗昧奸私；阳木好文，阴木好佞；阳火文章情识，阴火轨物固陋；阳土信厚，阴土拙钝；阳金刚勇，阴金好音；阳水尚智，阴水尚诈云。

六、世应主本解

世在内宜居二世，在外宜居五。居四多惧，居三多凶，忧在上太过，在初不足，非得位也。初则进后多复，上则动与时违。三世进退狐疑，四世疑惧稽迟，二为在下之大人，尊贵为媒。五为在上之大人，往来无阻。世在乾，德望俨然；世在坤，度量无伦；世在震，名声远振；世在巽，丧志失分；世在离，焕然文辉；世在坎爻，险阻多艰；世在艮，退缩难进；世在兑，温悦和粹。故曰世爻者，性之质也。而应爻者，性之原也。贵贱之体也，得丧之宗也。

世犯三刑两破，壮年必死于兵刑。命逢岁月德扶，衰老犹全于余庆。世命空亡，利禄莫求于朝市。贵德扶空，养道好棲于云水。然则镃其固在乎世应，而其贵贱则凭夫神煞。贵人与吉福之先，驿马为利名之主。贵德会世爻，位崇一代。四马聚官位，职将三台。天马自下升高，劫杀徒劳无益。亡神险隙，大杀权雄。华盖徐缓而善终，将星辅尊而依贵。鬼无贵煞为世，惧犯刑殃。兄弟为身囚，死而于时不利。子为福德，妻乃利源。金神切忌自行，阳位亦宜旺相。五行之义，相制相生。六属之亲，为祯为孽。大抵子孙制爵，兄弟伤财。官鬼临身，兄弟少义。妻财持世，父母离恩。父母当爻，子孙羸弱。六位刚柔相制，五行衰旺相刑。精穷五气，厥理自明矣。

七、六亲分属解

经曰：敬数五数在宽，夫圣人数五教以厚人心。父子有亲，君臣有义，长幼有序，夫妇有别，朋友有信。人在天地间，不问贵贱，皆有五常。是以圣人画卦考象，陈布纳甲，以支为主，以五行生克之理求其类。生我为父母，我生为子孙，克我为官鬼，我克为妻财，同类为兄弟。错综其五行，分布其神煞。阴阳奇偶，尊卑定位，男女既分，以时推知，其盛其衰，吉凶贵贱之主也。其亲属之贵贱，各有准则，父母为尊亲，在我身之前，因彼而有我也，妻子为卑亲，在我身之后，因我而有彼也。兄弟为同气之亲，在我之前后，出于我先者，多合其正类。出于我后者，寿夭贵贱与我相契，故属其类，与其爻象，或有差异。经曰：父子之伦，天性也。而有顺逆者何，协祥则顺，反经则逆，斯盖德合刑破之所主也。

假令有命得乾宫卦，以辰戌土为父母，仍分阴阳奇偶，阳奇为父，阴偶为母，其爻若不犯刑冲克害，则父母之命其属与爻同体，父爻得辰，父必属龙，母爻得戌，母必属狗，或岁月刑忌则多不利，三合本支辰也。假令父爻属午，犯岁月刑忌，则父之命在未为六合，在寅为三合，为其父能生我，母能育我，出于我身之先，故父母之属多与其爻支干同体。子孙者，因我生而后生者也，故子孙执属，上有贵煞德合，不犯刑忌，若数少则得正属，多则或于其三六合，各于五行之类，与其爻象支干相类，或限行于子孙、妻财生合之爻，小限、行年入于子爻，方生长嗣。若其年岁来与子爻相扶合，为天性之顺，乃成协祥之福也，若与子爻相破，为天性之逆，乃成反经之祸也。

例一：酉年六月得坤宫四世，雷天大壮卦

大限　　坤宫：雷天大壮（六冲）

【本　卦】

13 年	▅▅ ▅▅	兄弟庚戌土	
15 年	▅▅ ▅▅	子孙庚申金	
17 年	▅▅▅▅▅	父母庚午火	世
14 年	▅▅▅▅▅	兄弟甲辰土	
16 年	▅▅▅▅▅	官鬼甲寅木	
18 年	▅▅▅▅▅	妻财甲子水	应

轨限阴命逆行，六五庚申爻为子孙，自十五之后，（世庚午，午九庚八合为十七年）入甲辰爻，大限来午合子爻，寅年小限入子爻，太岁驿马亦临子位，其年合气长生，必有长生之子，庚申之爻纳音属木，首生寅命之子也，亦应其木，如此之类为天性之逆，以申刑寅，破寅，克寅，而小限入子位是为反经，自生此子之后，家道渐衰，父子之恩难相保守，非福德协祥，谓之逆性反经。

若夫震巽二卦，咸以午爻为子孙，而大限行至妻财，子妻生合之位，游年小限入于子位，其年太岁干支与子爻在三六合，而卦中贵煞聚在子爻，或太岁干支与子爻同体，故生聪明起家之子，为协祥之福，天性顺也。虽子孙爻遇自刑，往往归于合处，或在寅午戌之年，或在午未年，乃三六合无害也。惟阴爻恶其自刑，酉亥二爻是也。更不问旺相衰败，皆于子孙不利。夫六亲以兄弟、子孙为有性体相同之属，妻妾体有相异之属，故妻爻得位，有德合贵煞相会，则主财货丰盈，妻妾姝美。若值空亡刑破无气，自当受贫乖离之事，由内而起，更带凶煞来刑世命，终有大祸累身，起自妻妾也。

笔者注：此例多处错误，估计为传抄错讹。首先酉年生人，大限逆行，1—17 岁行世爻午火，18—31 岁行三爻辰土，18 岁以后，大限辰与子孙爻申金，妻财爻子水三合，因此 18—31 岁主生子，根据原文原意考据，寅年本命 18 岁，按世爻行小限法，阴命逆行，正走五爻庚申，临三合水局之长生位，因此生子。笔者考据占理，读者可以在研习后，选择如何遵从。

例二：又如卯命人得山火贲卦。

伏神　　　　艮宫：山火贲（六合）

【本　卦】

伏神	卦爻	本卦	
	▅▅▅▅▅	官鬼丙寅木	
	▅▅　▅▅	妻财丙子水	
	▅▅　▅▅	兄弟丙戌土	应
子孙丙申金	▅▅▅▅▅	妻财己亥水	
父母丙午火	▅▅　▅▅	兄弟己丑土	
	▅▅▅▅▅	官鬼己卯木	世

取初九卯木持世，遇太岁爻，得丙子妻财，位带凶煞来刑世，主其人夫妻有异心，终有阴谋之祸，累及身家。经云："妻财之爻，吉德所聚，多归正体，凶刑相加，亦归正体。"故卯命人得贲卦，其妻命必子生，为其刑凶皆归正体也，此为性体异属。而吉凶必归正体。若夫兄弟爻得位有气，兼聚贵人，主其人有富贵兄弟，视爻之奇偶以辨男女，奇为兄弟，偶为姊妹。在上者兄姐也，下者为弟妹。又曰得位者为尊长，不得位为卑幼，在二五为得位也，又云得位者贵，不得位者贱。轨限之法，以人行大限到兄弟生合处，或行兄妹之爻，而游年小限，始入兄妹爻，奇生弟，偶生妹，兄姐则在我生之先也，不必完。

经曰："命卦六爻因时而见衰旺，因神煞而见贵贱，以处位而见尊卑。"夫人之生也，不论通塞，亲属之间，各有修短，六位贵煞德合要临三聚，子孙也，妻财也，官鬼也。生时德合贵煞聚三位，则主福德美庆全及于身，若贵煞德合聚临父母、兄弟爻，则主富贵必在亲属，纵得其力，不见受荫之恩也。故中人之命，先看子财二爻，后看官鬼也，要知父兄，各以贵煞德合自飨，波及我者，其余福耳。

八、命例

例一：假令辛卯生人，五月甲午月甲寅日乙丑时用四月将，革得天火同人，三传酉辰亥。

	蛇	贵	后	阴
	子	丑	寅	卯
朱亥				辰玄
合戌				巳常
	酉	申	未	午
	勾	青	空	虎

玄	勾	玄	勾
辰	酉	辰	酉
酉	寅	酉	甲

官	辛酉	勾
财	丙辰	玄
父	癸亥	朱

先起外悔卦

初传年遁丁酉，兑五，阴干阳爻，老阳，四爻发动

中传年遁壬辰，乾三，阳干阳爻，少阳，五爻

末传年遁己亥，离三，阴干阳爻，老阳，六爻发动

综合得外悔卦乾卦。

再起内贞卦

初传地盘，日遁丙寅，艮六，阳干阳爻，少阳，初爻，

中传地盘，日遁癸酉，坤六，阴干阴爻，少阴，二爻，

末传地盘，日遁戊辰，坎二，阳干阳爻，少阳，三爻。

综合德内贞卦为离卦

上下卦组合为天火同人变水火既济。

三传	伏神 离宫：天火同人（归魂）			坎宫：水火既济	
	【本　卦】			【变　卦】	
己亥朱	━━━━	子孙壬戌土　应	→	━━　━━	官鬼戊子水　应
壬辰玄	━━━━	妻财壬申金		━━━━	子孙戊戌土
丁酉勾	━━━━	兄弟壬午火	→	━━　━━	妻财戊申金
戊辰玄	━━━━	官鬼己亥水　世		━━━━	官鬼己亥水　世
癸酉勾	━━　━━	子孙己丑土		━━　━━	子孙己丑土
丙寅后	━━━━	父母己卯木		━━━━	父母己卯木

经曰："同人，亲也。"轨限之法，以卦辞意定之，主其人性合同，知礼节，为有月德、岁德合时为之主也。其世命己亥爻自刑，其人生下大限至此爻十三年，己九亥四合十三年。一岁后自身灾蹇，家道凌替。十三年间父母死、亲族离，十四入己丑爻，见天喜贵人，扶其福德，主因妻得财，遂成家业，三十之前必生五子，以限入子孙爻，与妻德合相会，妻爻得位，上有日月二马，故得妻财成家业。三十年后，家宅不利，惊恐不宁，然后自身至壬申年四月感疾，七月终。为甲木生在五月，木死，此名四凶爻，上爻无贵煞相扶，故难逃厄。盖木气病于四月巳，绝于七月申，又限岁游大限之绝也，经曰："吉限主福，或主登荣。"凶限主祸，或主死亡，皆限爻衰旺之教使然，若贵贱则基所定也。

笔者注：壬申年此命虚岁四十二岁，大限在卯，游年太岁绝于大限。且卯为日月之羊刃。走刃限而亡。

例二：壬寅年丁未月丙子日戊子时未将，革得晋卦，三传子未寅（起法略）

	合	勾	青	空	
	子	丑	寅	卯	
朱亥					辰虎
蛇戌					巳常
	酉	申	未	午	
	贵	后	阴	玄	

青	阴	阴	合	官	丙子	合
寅	未	未	子	子	癸未	阴
未	子	子	丙	父	戊寅	青

三传　　乾宫：火地晋（游魂）

【本　卦】

壬寅龙	▅▅▅▅	官鬼己巳火	13年贵刑、月马、日德禄
丁未阴	▅▅ ▅▅	父母己未土	17时贵、岁德
壬子六	▅▅▅▅	兄弟己酉金　世	15日月贵，匿刑
乙未阴	▅▅ ▅▅	妻财乙卯木	14年贵、日时刑
戊子六	▅▅ ▅▅	官鬼乙巳火	12日马、年贵
癸巳常	▅▅ ▅▅	父母乙未土　应	16时贵

断：其人当生四柱四干贵人遍行六位，岁干贵人在卯、巳，晋卦以乙巳、己巳为官，乙卯属财，月干丁、日干丙，贵人在酉，晋卦以九四为世命位，时干贵人在应，晋卦以乙未、己未为父母，是四干贵人遍行六位也，仍须贵人立卦要紧处，与旦暮贵人取治不相背，则为福坚固绵远。惟己未得时干贵，似福少轻，却有主阴限太阴立旺处，爻上居尊位，故太阴为福之主也。当得人主、厚眷、尊贵实助，其人必得官爵，发在二十岁辛酉年也，其大限阳年顺行，起自十六岁大限到六五己未爻，主限得位，岁德贵人同行。爻禀火旺之气，游年太岁与神煞相扶，大小限并在己未，轨限以父母为印绶，太阴主限，与岁德扶之，太阴为金，岁支酉亦属金，为太岁扶神，故二十岁辛酉年登第也。此则福旺之爻，发福庆厚云。

经曰："物旺则形盛，物衰则形劣。"故限旺则基福，限衰则胎祸，祸胎矣，福基矣。乘时则发焉，盖旺爻旺限，吉德交应，曰吉会，其福来悠久也。身安气逸，有喜无忧，限刑破曰畏途，则多忧少喜也，家道乖离，身丁疾苦。故曰道有消长，时有兴亡，皆系于限之衰旺、神之吉凶也。须知旺极者易衰，相生者渐盛，胎墓死绝为四凶，只宜见德合贵人、天马四马加之，不宜刑破丧吊凶神劫杀会址，吉加则凶销其锐，凶会则祸增其威，以至于死亡，其次休咎之爻，虽犯凶杀，灾危亦轻，如爻带休气，限入其中，其祸难免，察其主限之神，自知祸福从何来，如在二三月勾陈入辰爻，限行此，主因战斗杀人，以主入狱，朱雀入戌爻，主文书口舌，螣蛇惊恐怪异失火，各随神性定之，福看合生旺气，祸详刑克衰处，则皆以流年太岁论之。

解：此处小限系从世爻上行，一年一限，与总论中应爻起小限之论法违背。比较几处实例，均以世爻起小限，与《易隐》同，哪种方法正确，读者可以明了。

例三：游年小限例

丁酉人七月戊申日，革得雷天大壮卦

坤宫：雷天大壮（六冲）

【本　卦】

▅▅ ▅▅	兄弟庚戌土		13
▅▅ ▅▅	子孙庚申金		15
▅▅▅▅▅	父母庚午火	世	17
▅▅▅▅▅	兄弟甲辰土		14
▅▅▅▅▅	官鬼甲寅木		16
▅▅▅▅▅	妻财甲子水	应	18

经曰：“命卦为平生祸福之基，太岁为之吏神。”其间衰旺相因，德刑相戾，而人生之吉凶无常。可发吉，亦可发凶者，游年太岁为祸福之爻也。吉爻隐福，凶爻藏祸。不触则不动，故祸福之发由太岁也。

大限从世爻逆行，自三十二岁限入九二甲寅，官鬼之爻也，申月木气绝，此限名伏刑之鬼，在于四凶之爻，其人巳年之后，岁岁有不测之忧。申酉必重厄也，象死复生，为大限入绝支，游年太岁到申运限之绝气处，至酉年则大限在胎处，夫轨限之法，限入四凶爻，太岁游年至大限爻之胎绝者，更不逢贵煞为救，死更无疑也，而不死者何，申年驿马在寅，为限中有救，故危极而不死，余效推。

例四：明卦分爻管限例。

庚子年丁亥月戊子日壬子时，卯将三传卯午酉，天将常后朱，革得泽雷随卦。

大限	伏神	震宫：泽雷随（归魂）	
		【本　卦】	
36—49 岁		⚋	妻财丁未土　应　小限起一岁
24—35 岁		⚊	官鬼丁酉金
14—23 岁	子孙庚午火	⚊	父母丁亥水
1—13 岁		⚋	妻财庚辰土　世
67—81 岁		⚋	兄弟庚寅木
50—66 岁		⚊	父母庚子水

断：卦内独有兄弟爻当旺相气，聚三马，其人必二兄一弟，二姊，寅、午命之兄必受七品职禄，戌、卯命之姊，必为五品命妇，生下有父母财荫，娶二妻，辰类者死（自刑），未类者存（岁贵），先断者性刚（天罡），后续者性善（小吉）。前妻自娶后而妻家门户渐消，后妻出自贵势之家，体微肥，容黄色。中年多病，父母早亡者也。

九、《海底眼》轨限歌解[①]

轨限兮玄复玄，轩辕风后祖宗传。

此乃玄女降真，授黄帝以定蚩尤之乱，风后因而演七十二课，归于三百六十爻以尽吉凶之变。

但以六位推其类，祸福之机自显然。五主八宫分大象，大象因而见衰旺。六位高卑位自陈，卑在下兮尊处上。

六爻以五行生克配为六亲，因其当生本命有衰旺，神煞有吉凶，更以刑冲破德合加之而祸福昭昭矣，五主五行，八宫八卦，大象，卦之世也，分定大象所属，以画八卦，卦因四时往来而有盛衰，春震，夏离，秋兑，冬坎，皆旺时也，八卦得位，以镇方隅，立春艮，春分震，立夏巽，夏至离，立秋坤，秋分兑，立冬乾，冬至坎，其旺、相、胎、没、死、囚、休、废相嬗也。（嬗，更替变迁也，如立春，艮旺、震相、巽胎、离没、坤死、兑囚、乾休、坎废，其余类推）

贵贱人皆有六亲，皇天因此定人伦。生时衰旺神凶吉，贵贱其间有类分。上五卦中位君位，四位候伯与公辅。二士三爻卿大夫，初体最卑象民庶。更将本生神煞推，万事因之见其序。

人皆有六亲，父母，妻子，各因其衰旺，合德合刑则分贵贱等差，更看

① 断法体系，可与《易隐》互参。

其立何位，一足，二身，三门，四户，五人，六宗庙，又一庶民，二大夫，三公卿，四候伯，五天子，六高士、宗庙、朝廷，若贵人、驿马临庶民之爻，纵有福贵，亦难贵达，必非庶人，故五世、八绝，贵人多遇之。一世、四世之卦，皆居于下位，四犹胜于初，初爻为命弱宫也，本生四柱干支，各有德、禄、贵、马、破、合、刑、害，因之见贵贱之序。

卦中三体要推详，祸福研之理自扬。世命应身兼大象，生居时旺最为良。德扶合当高位，贵命于斯自发皇。

命也，身也，大象也，是为三体，切忌空亡死墓，若生时居有气之乡，不犯空亡，无贵煞，亦主福厚，若居空亡必贫贱。假令甲辰旬中空寅卯，而世居震宫庚寅爻，为重犯空亡，以震卦居卯故也。（水雷屯卦）

大象生逢旺相宫，生时家道必丰隆。妻财福德逢生旺，福主康宁寿永终。印绶爻中多贵煞，祖宗官显世称雄。（大象者，八卦所属之五行也）

大象气旺，生时家必富，父母爻上见贵煞，主前人科甲显扬。

更看持世居何属，亲类之爻分祸福。父母执世抑不扬，子孙执世羡劻勷。兄弟执世顺而良，官鬼执世逆且殃，妻财执世害父母，若到旺处富贵昌。贵人执德人威敬，驿马雄豪主权柄，忽然遇德不逢刑，富贵人问谁可并。

父母为屈抑之神，作事多受钳制，屈而不伸，不得自专也。贵人有德威，主好学善道，不狂佞，驿马主权柄，奋迅即至，更与德合相扶，不犯刑破，必主富贵康宁，世人莫与竞也。

次将神煞推贵贱，煞性有凶还有善。贵人驿马最为先，身命爻中宜聚见。六爻神煞有尊卑，须向当生主命推。驿马贵人尊太岁，年月还须胜日时。四辰杀聚为殊绝，德合相扶人俊杰。居官勋业致荣迁。他日随爻看阀阅。天马来临贵煞并，或典刑名或典兵。若临传送功曹位，职近烦难亦掌刑。魁罡旺相为军卒，纵有官衔亦晚成。

神煞贵人四马聚爻将位，居旺相乡，必为贵人，伟杰出众，在官爻、在父母，则贵在父母，在子孙则子孙贵，效推。天马正月在午，顺行六阳，郭景纯曰：“有岁、月天马，月胜于岁。”二煞临有气之乡，或持世命，主为典兵刑之官，职近烦难。若值魁罡旺气，每为兵卒，得官爵。

世居五爻为君位，驿马贵人宜聚会。忽然印绶杀相当，名高德重为人瑞。玄玄八体最幽微，世立其间各有仪。若更其间同德合，即论其福事同归。刑临其上更无象，凶否之繇看所之。世在乾宫威德重，官崇与国为栋梁。离宫焕耀足文词，坎宫险阻多愁动。震宫名誉震寰区。巽位和柔好卑奉。兑宫和容好物情，坤宫厚重性宽平。艮宫主合多镇静。衰刑蹇塞不通亨。

五爻最尊，当旺相，贵人二马临其上，主位极人臣，功名盖世人也。天元八体，体有吉凶。世立其间，各有所主，祸福亦各有其由也。命爻立八体内外，在乾虽不并德合，亦富贵中人，更居旺相，有德合贵煞，主居极品。离宫得位，有贵煞，主文词声誉。坎多险阻忧苦。震主名声远闻。巽好卑奉和柔，若无气，见刑破，则邪佞懦弱，不能自立。兑主和裕，风物威仪，否则好声音酒色。坤体醇厚容物，艮镇静，坤艮衰刑则蹇滞。

更有身世类何属，刑德煞神详祸福。更将立品推其情，禀性参差皆洞烛。
申爻驰聘好名声，寅位中和性睿英，亥水周回性宽闲，巳爻鲜丽性文明。
世在午爻怀道德，天文地理皆能识。子爻终直不奸邪，性好清高通道释。
辰戌貌古有严威，若遇空亡多横逆。卯酉之人慎不惠，丑未宽慈性廉直。
卯爻妄语及讹言，酉位奸邪足悖逆。

身命所属所亲，以五行推其性情，如震宫卦得寅爻持世，为兄弟，木性怿悦情厚，形神苍秀，主人秉性温良，器宇轩昂。其兄弟亦然数推。申爻旺相有气，贵煞位之，为文官司馆殿。无气亦主性情敦雅，尊贵见用，作文吏，为功曹。亥性周流，与物和同，有气文章声明，无气废贱，寿不及五旬。巳修饰鲜华，性快不为隐匿事，旺相佐贵则富贵发达，无气则性乖暴，平生多扰歇灭。午性强敏好胜，为事急速，有气，扶贵煞怀道德，通天文地理。无气，性暴多灾。子爻有气得贵煞，主智深虑远，藏修蕴德，终获富贵。无气则深根不实，所为有始无终。戌见贵煞则智虑渊深，卑以自牧，为傧御，为近侍。尊贵之人可致富贵。若无气值刑冲，主为狱吏或为屠、为庖丁。支性多酷故也，此依世命、干支、纳音言之。

煞居好乐最为良，还似金神入兑方。旺相尊贵同贵煞，官极应须佐庙廊。
白虎入乾申戌位，主为元帅镇边疆。青龙震巽当寅卯，俢伟英才号智囊。
朱雀巳午皆当位，贵煞扶之必显贵。五行神体看刑生，举一自然推万类。
太岁原为地上君，总持总煞属尊贵。立于身命当尊位，贵煞扶之世绝伦。
子孙福德人难避，妻位财丰高出世。婚姻带贵致光荣，克害双亲祸难避。

主爻、限神各有所好者，同类相生也。若白虎入乾，内外二体中临贵煞，乘旺相，当世命官印之爻，必操生杀为帅领贵显，不为清高之官。若青龙则为木天之官，例以神性言之也。即如玄武盗贼神也，得位生旺，同贵煞，主获盗贼，得官禄。若有刑害，主自为盗而后失神犯刑也。驿马在寅爻为天马学堂，在艮宫为学縠馆，在丙寅爻也，在内外皆同。岁君立本用，会在身爻，必主有文章身价，振于海内，志气傲物，禄享万钟。视衰旺而断其增损，驿马有四，得位相生，寅、巳、申为有气，福亦雄，亥上位卑，故次于三马，寅马为上驷，福气，巳马为中驷，次之。申马为下驷，又次之。亥马为牝马，不并贵煞，不能为福。太岁为神煞之首，四爻又得之，值旺相与贵煞得位，居阳爻，偕马同行，配本宫官爻之类，主忠良勋业，正直守节，奸邪莫犯，子孙爻主福德康宁，子孙富贵，自身不达，艰难险阻，为妻财，主财物丰盈，旺相有贵煞，主婚带贵族，因妻富贵，多主克二亲，看其刑破之爻，属阴属阳，知克何亲。

人生切忌犯三空，世命身爻及本宫。德合吉神难作福。破刑凶煞必兴凶。第一忌逢子孙位。纵有营图多不遂。暮景惸惸不自由。凄惶客走他乡寄。魁罡力旺性刚直，节掺坚贞行出群。丑未尊严遵道义，子爻智巧最多能。寅申二马来相辅，才行权谋世所闻。卯爻力健性骁锐。酉耽酒色性刚论。巳午文章怀六艺，亥爻周密深况智。六位之中以类看，贵煞相扶福力完。更得属阳当世位，又并德合配为官。忠良禄位崇功业，神鬼奸邪不敢干。妻财空亡主贫困，有妻多病晚年婚。旺相家资多聚散，死囚财物不能存。贵值空亡多贵煞，贵终难作帝王臣。不为处士真君侣，必作空门掌教人。六亲内外谁宜二，宜在子孙宜兄弟。旺合吉神主数多，奇男偶女须分归。命卦妻财两位居，旺衰神煞各区分。卦见两妻男两妇，女逢二鬼亦双夫。爻象宜居于克位，爻逢巳午入乾兑。子爻生子必英雄，若在官爻佐威执。妻临克位号重财，恰似金神入震来。贵煞会同当旺相，因妻受禄比公台。卦中贵贱分其类，时有泰兮还有否。时中否泰时内占，轨数推排看世位。旺逢德合作休详，衰化刑冲为吝悔。

盖大象也，身所主之宫也，世爻也，三者一值空亡，纵有德合不生吉福，若遇凶神必生灾咎，切忌子孙临空，当世应上，主福德薄劣，一生不遂，晚年丧子，或离乡土。魁罡贵旺，宽宏容众，寅申机权，见二马则才略盖世。卯爻勇壮，巳午智慧集学，扶以贵煞，则清高博学。酉耽酒色，性暴无常，旺相则好议论，恤人孤寡，子巧慧，多文强藏，亦集学也。亥则深沉周密，总以六爻察其何属，若岁君相扶，更乘旺相气，合德贵必富贵力多，妻财与世应相克，主困穷。有妻多病不能偕老，少时难婚配，若旺相得贵煞，虽主有财而多聚散，空亡固然，有官落空，虽有贵马而主有福，然多为空门长老，德合贵人无马，主清高不仕，应蛊之上九也。其余各就亲类中，刑克断其吉凶。内外卦中，六属必有重者，有宜有忌，子孙兄弟不嫌其重，旺相有贵煞德合，以纳甲五行决其数，旺相倍增，死囚减损。财位妻，官位夫，衰墓刑破，相克相害，从五体三象之中，看有几重妻财，则克几妻妾，若旺相或自刑有财，重则再娶，如二三爻自刑，几见生离，夫妇不睦。女命亦然，忌逢二鬼，若夫神入胜宫，得位有气，则增其义，子生跨灶之英，官主近君，与太岁相扶，当得贵族制妻，有公侯福力也。盖凡贵贱以命卦分定，或先否后泰，或先通后穷，皆以其时耳。时者，衰旺德刑所主，日主旺相合德，有贵煞之义，虽根基不厚，而所为快利，安乐无事。至衰刑无气之爻，根基虽厚，亦主蹇塞。

大限初从世命行，阴阳顺逆数相乘，死胎墓绝凶无敌，刑害相加死可凭。

凡阴阳年、男女命，皆从世命为限，以老阴老阳与纳甲相乘，遇空凶刑破有损，旺相贵马有增。增则吉，损则凶。假令正月命得坎宫革卦，九四丁亥爻持世，为兄弟，坎卦大象属水，丁亥亦属水，不出此限，兄弟先有淹延之疴，至死墓绝胎四凶之爻，虽有贵显，犹不可免。于太岁相刑之年，有重灾厄，若更冲克，其祸无疑。

更用游年寻六位，祸福年中看太岁。刑破衰凶主忧殃，旺相生合多称意。

太岁游年有吉凶，岁中诸煞细研穷。丧吊岁破大小耗，来人何爻亲属中。

丧吊衰爻应哭泣，更看爻内属何宗。二耗临妻财失散，或妻反目失和同。

游年看太岁为主，并其前后之神。假如大限在寅，太岁至戌，阳爻有气，其人虽有衰刑之爻，亦主无事。若生旺德合，而游岁并贵马入限，则奋发财禄，若在四凶爻上，游岁入限处衰，立见其灾，在死墓绝爻者，必死。更看太岁游年到处之限，与世爻生月无刑破，有合神者可度，无合不可度也。令大限在申，其爻属四凶位，游年在戌，若世爻在辰位，是谓有刑破，其人必主三、四月有灾疾，以四月建巳，巳刑申，世应属土，四月土绝故也，又大限在申，爻在四凶，更看大象属何亲类，类如父爻属水，木则其兄弟也，先看其爻当土之时，有气无气，有气并贵煞，其人与同气俱荣盛亨达，若无气遇凶刑，其人先有兄弟之忧，后必有自身之灾患。临父母则先忧父母二亲。

夫游年太岁与大限相扶，更遇太岁干支二马入限旺爻，主其人奋扬升举，爻凶则威福，如人大限在寅，其马无气，或见父母官鬼入此限，当生忧危灾祸。然自亥至巳数年内，虽有衰限，不决危险，止于每年四月火七八月间，有小灾。以游岁与限相合，未至死绝之地也。至午申酉三年，其祸危极。而限中无贵煞德合相扶，必不可度。何也？寅死于午，绝于申胎于酉也。未戌之年不致身危者何？以寅德合木，三合在戌为有救助也。

更看游岁之前后有何凶煞临于世应大限，或丧吊，随其性定其孽，察其爻属即知何亲属之灾厄矣。例如大限在午，太岁在申，吊客在午，申为午病爻，若属父母，主父母灾，必在七月后。

又有游年之神，常在太岁后三辰，到其世应大限，看其神与世应有何刑克，即十二辰之属，以断其事因，假令世应在酉，太岁在卯，游年之神在午，则岁与神皆与命身刑害及破，其人至五月，有坠马之灾，或为马伤，或为午所累，以致灾咎。至夫游岁神煞吉凶临限爻有气处，带贵马，岁中定有福庆。更视属何亲类，其人之福庆亦自其属而发，若在衰限，岁又临限衰处，其灾亦从类应。例若大限在申，太岁在戌，岁后二辰申为吊客，属子孙位，其人在四月前，先有子孙之忧，后又自见灾也。假令二耗临妻财爻，主财帛耗散，或夫妻反目，自身乖离之象。岁冲为大耗，岁前五辰为小耗。

更有天官十二辰，太岁干类同日类。阳年象昼阴夜天。逆顺轮排依次配，凶神刑克必凶殃，吉数相生为吉瑞。[1]

六壬天官贵神十二位，天乙居中，前五后六，常以岁干阳年为昼象，用阳贵人治，阴年为夜象，用暮贵人治，亦逆顺而数只，只看在大限世应爻上，凶神入凶爻为祸，吉神入吉爻为福，仍以生克随属类断之，祸福昭昭矣。其吉凶皆先见于属类，而后及身也。贵人前五，一螣蛇，二朱雀，三六合，四勾陈，五青龙；后六，一天后，二太阴，三玄武，四太常，五白虎，六天空。

卦限先贤谨秘藏，传于匪类必遭殃。君子得之顺天道，小人背道逆阴阳。精妙天心自可见，归藏之义更推详。

斯道业，古人信好，不要妄传，得志则致君泽民，兼善天下，不得志则独行其道，示人趋避，唯禀性忠孝者可以传之，精其理可以见天地之心，况于鬼神乎，况于万物乎。归藏，殷易也，夏曰连山，周曰易。孔子曰："易经三圣人，有不测之玄机"，故限爻行数当以易之爻辞观其变易之道，则入幽微之室云尔。

十、神煞入爻灾福解

1、天乙贵人

天乙者，神煞之主也。所临之爻，得力定大，无不降福。年、月、日、时四干聚于一爻，以合宫亲属论其类，主必当极贵也，年之力大于月，月力大于日，日力大于时。乃须分昼夜所治。纵有刑破，不减其福，更遇德合，尤加余庆，若在世应，以类省之，阴干取暮贵，象夜也。阳干取旦贵，象昼也。

2、驿　马

马有牝牡，牡者寅申，健而疾能致远，牝者巳亥，驽且钝，不能致远，而巳犹盛于亥，如四马聚于一爻，为福无极，在官爻，官必台鼎。第宜在太

---

① 此贵神依太岁干定，亦必如壬式天地盘。

岁后，为福逐干矣，不宜在太岁前，则命逐其马也，命逐其马，我劳已殆，彼且去矣。马逐其命，彼或未至，可徐而待之也。又有所谓牝马者，寅午戌，戌年马在申，申子辰，辰年马在寅，为马逐其命，午年申马，子年寅马，为命逐其马也，为福终有歇灭之时，申年寅马，岁刑其马，寅年申马，马刑其岁，若持世为官鬼，凶之马也，又癸干，亥卯未年见巳，谓之贵人乘马，又为马入旺乡，而无刑破空亡，为福殊常，贵当清显，又亥为绝马，夫马本属火，至亥而绝，又亥为自刑之马，多不得力，纵当世应，更乘旺相气，福亦浅薄。故寅马胜申，申马胜巳，巳马胜于亥马也。按马逐命，命逐马之说，当以世命爻之支分前后为的，以子年之寅，午年之申，卯年之巳，酉年之亥，为命逐其马，非通论也。

3、**太　岁**

太岁，至尊。当旺相，配官印，主极贵。声明盖世，奋发疾速，威德服众。切忌临旬空、月日时刑破之爻，宜得贵煞相扶，其福终无亏损，纵逢墓绝，亦能降福。单不甚显荣耳。假令癸巳昼生、癸卯夜生则为贵人扶太岁，福德尤胜也，丁亥、丁酉生人亦然。

4、**天　马**

天马不及驿马，亦主权贵之煞也。所临之爻，主富贵荣显。有气即速上达；休囚自下升高；在孟曰天乙相辅，可作文吏，先任烦难，后方赫奕；若在仲季，天乙不临先贱后贵，绵历患难，多为兵卒，幼涉艰辛，中末之年方亲仕禄。

5、**大　煞**

大煞，权贵之煞也，文官得兼武柄，武职常操杀权，与贵人二马德合相扶，入世应官爻者，一日千里遂行，多不次迁擢。立大勋业而成美名，若与刑会兼无气，同世应主其人凶危性恶，死于兵刃，若与刃煞并者主为寇盗，与玄武并者亦为盗贼。(大煞起法正月起戌逆行，与月厌同。或曰正月戌，二月巳，三月午，四月未，五月申，六月酉，七月辰，八月亥，九月子，十月丑，十一月申，十二月酉)

6、**华　盖**

华盖，至吉神也，并德合贵人，管身命爻，主人和裕有德，积学问，有道德，为人推服，即在士庶亦富而多贵，多与利名疏，洞晓清虚之道。若在空亡，虽有刑破，亦不为凶险之徒，生平决无倾危横祸，以华盖之性，大吉祥也。更看临爻亲属，以类主之。

7、**天　喜**

春戌、夏丑、秋辰、冬未。天之福佑神也。与贵人德合相并，凡大小限行至此爻，主有喜庆事。若临身命，生平多欢悦和豫，众人敬爱，不为人憎。在他爻，各随亲属论，与华盖贵人并，尤加喜庆。

8、**劫　杀**

正月起亥，逆行四孟，至凶神也，亦为贼神。在身命爻有气乡，贵马同行，主先阅艰辛，而后以微至著。若在寅申爻居本命前与贵马并，亦主富贵，但其人性刚愎，心酷烈。他爻随亲属论之，若在无气爻，无贵马，犯刑破并勾玄，必为盗贼，死于刑戮，白虎恶疾，勾陈斗死。若犯岁破立身命，其人奸狡不可亲敬，而归其所为，必有始无终。

9、**亡　神**

亡神最凶，若无贵德而会于身命者，必遭无辜之刑。临亲类爻，更犯自刑至贵，其终身仍不免有歇灭之祸，若无贵煞，但见德合而犯岁月空亡者，却主艺术，空有声名者耳，或为缁衣黄冠。切忌并虎，主恶疾，并勾住斗死，并玄武者，盗贼也。

9、**裸形桃花煞**

沐浴而犯岁刑，乃阴邪之杀也。若太岁在卯，世爻在子，生月在酉者是也。或岁在子，世在卯，十一月生者同类。其若当身命之爻，犯岁破、处阴位，更同六合、太阴、天空、玄武，必为佞幸淫污之品，亲戚避之，行若狗彘，妇命得此，必主淫荡不正，终死奸刑或落风尘也。

10、**十二天将**

天乙贵人

为德神之君，居乾宫曰金阙，在壬申爻名玉堂。在壬午爻名绛宫，虽次于玉堂之福，亦主尊高好学，清雅博识。玉堂主词翰藻丽，声名震俗。居巽宫曰地极，在辛卯爻名励德，亦名涉难。在辛未爻名升化，皆灭其贵力，居坤宫曰黄庭，在丑、未二爻名宫阙。皆主其人有天福也。

青　龙

天子之相府，入巽宫名威助，得位，与德合并，主聪明才智，机变超群，有声名威德。居坎宫曰乘云，得位，遇德合贵，皆主早达骤进。在午爻多财宝，戌爻则有权，寅爻则好子孙，居坤宫曰潜蛰，在乙未爻名隐伏，在癸酉爻名制鑽。皆福不厚，减威力也。

太　常

天子之少卿府监，兼太常也。居乾宫曰天庭，在壬子名侍节，壬戌爻名佩剑，贵煞扶之，主武权威德，镇守方隅。居坤宫曰喜位，在癸亥爻名财府。

并贵煞，婚联贵戚，妻多产业。居巽宫曰泣仇，在辛卯、辛巳爻皆不得力。居震宫辰爻曰鬼墓，不为福德。

六　合

天子之光禄大夫也，居艮宫曰财宝，在丙子爻名财府，扶以德合贵煞，主家富敌国，资财巨万，主得贵妻，因妻食禄。居兑宫丁酉爻，曰伏鬼刑吏，无气必主男儿犯奸刑，女为倡优。

太　阴

天子之侍中，兼御史中丞。居乾宫曰御龙，在壬申爻名德权，旺相得贵煞，主贵近至尊，受君宠渥，或凶刑犯之，亦主有亲戚贵人萌辅，常有阴力实助。居艮宫曰灾域，在丙寅、丙午二爻犯刑破无气，则主昏滞沉溺，平生多难，难进而无名位也。

天　后

天子之綵女嫔妃象也，居乾宫曰振逼，在寅申爻，有德合扶贵煞为福。在壬申爻，女有贵夫。在甲寅爻，男有贵妻。居艮宫丙辰爻，曰鬼穴，若无气犯刑破，男多阴邪之病，女为鬼魅所欺，或巫觋之类。居巽宫辛卯爻，名奸刑，更犯刑破，上并裸形杀，则主男多淫讹不道，携女逃匿，女多秽迹，甚而淫奔也。

白　虎

天子之廷尉也，居坎宫曰陷阱，在戊寅爻名中机，纵有贵煞，亦失其威，犯其凶刑则为灾尤甚。居巽宫名曰御风，在辛未爻遇贵煞德合，主人生平多得横财，有性急之妻，亦主因妻得财，终至富贵。在辛酉爻有贵煞，无刑破则主因兵革、战斗、武功得食天禄。在巳爻主多病，更犯刑破无气，则主患疾而死。

勾　陈

天子之大将军也，居震宫庚寅爻，曰执仇。在庚辰爻名刑墓，无气犯刑破，主人生平好斗讼，多遭刑禁。居乾宫曰登天，在壬申名生德，合贵煞，年有战勋，或获盗受赏，有勇，名食天禄也，司兵革、斗讼、流血、勾连之事。

玄　武

天子之后将军也，掌盗贼、亡遗、奸恶、逃伏、牢狱、分离之事。居艮宫丙辰爻，曰抵刑入墓，更犯无气之乡，主人多病夭折。居兑宫丁巳爻，更同凶神劫杀，主人一生行寇盗，死于极刑之中。

朱　雀

天子之羽林军也，掌文书、词辨、口舌之事。居离宫曰明堂，在己巳、己未爻而德合贵煞相扶，主人性识聪明，作事显白，不匿怨，不怀憾。居震宫在庚寅爻，曰学馆，而四马贵煞并之，主人有文章，声誉出于常伦。居坎宫曰蓪阴，犯刑破主人生平多忧苦，危亡口舌禀性急暴，无为不常之事，多主仇怨。

螣　蛇

天子之车骑尉也，掌鬼怪惊恐不安之事，居艮宫曰在山。在丙辰爻名人穴，为人德善，见刑亦不为恶。居巽宫辛巳爻，曰合类，德合并贵煞，主人骤发，得贵人提携。居坤宫癸亥爻曰破首，更无气刑破，主人为怪物所惊而死，或为恶物所食，更看卦中来刑之神，是何物类，则知为何物所伤。

天　空

天子司命之爻也，主欺诈不实，亡遗之神。居巽宫曰入狱，在辛巳爻名灭没，在辛卯爻名禁制，若犯刑破恶煞，主人性好奸诈，妄诞无实，人亦不任信之常，主官讼，处贫乏。

《洪范》曰："日月之行有冬有夏，月之从星，则以风雨，谓星有好风好雨也。"神煞之类，宁无好乎？故天官十二，以青龙、贵人、太常为上吉神，六合、太阴、天后次之，以白虎、玄武、勾陈为大凶神，朱雀、螣蛇、天空次之，大吉神不得其位或落空亡或犯刑制，则减其福力，凶神得位同其贵煞，则主清职重权，故欲居神制其位，不欲居制神之位。看其神见对何爻，岁中何神来临其上，相生同类为最吉，克其限则次之。假令六辛阴年贵人在寅，其人大限在未爻，青龙入限，名神就其德，亦神克其限，最吉也。又曰："神就其刑则吉神不能制福，凶神必致其凶。"假令癸阴年贵人在卯，其人大限在申爻，前五青龙入申，名神就其刑，不美也。又有神与煞会者，吉神全吉煞则吉，凶神并凶煞则凶，假令人大限在寅，游年太岁在丙午，阳年贵人在亥，游年六合入戌限，，午年马在寅，此为贵人吉煞同会也，岁中灾福，但以游年入限之神本性，占其灾福所生，察其生克，言其轻重，大约吉神受刑克，止不能为祯祥，必不作妖孽，凶神受克就限，必肆噬嚙矣，极深研几，方尽其玄奥也。

十一、其他成卦法

有以干上神为上卦，支上神为下卦，初传为动爻，以干上阴神为外卦，支上阴神为内卦，以观其变。其具体起法如下：

起卦法：戌亥为乾，子为坎，丑寅为艮，卯为震，辰巳为巽，午为离，未申为坤，酉为兑。实际上，这其实是六爻中的地福诀，其诀曰："子向北方坎，丑寅艮上山。卯起东方震，辰巳巽风间。午见南离火，未申坤关。酉在兑方取，戌亥属乾垣。"地福诀不仅在六壬透易中使用，也在六爻与范围数中应用，属于六爻真诀。

起爻：子丑初爻，寅亥二爻，卯戌三爻，辰酉四爻，巳申五爻，午未六爻。

另外有一种起法据说比较准，以旬遁干为内卦，以时遁干为外卦，不取所坐。举例如下：

乙丑年戊寅月元旦辛酉日，子将辛卯时。

	勾	合	朱	蛇	
	寅	卯	辰	巳	
青	丑			午	贵
空	子			未	后
	亥	戌	酉	申	
	虎	常	玄	阴	

合	贵	朱	后
卯	午	辰	未
午	酉	未	辛

官	戊午	贵
财	乙卯	合
子	子	空 ◎

三传	伏神	兑宫：泽山咸 【本　卦】	
戊子空		▅▅ ▅▅	父母丁未土　应
辛卯合		▅▅▅▅▅	兄弟丁酉金
甲午贵		▅▅▅▅▅	子孙丁亥水
甲子空		▅▅▅▅▅	兄弟丙申金　世
乙卯合	妻财丁卯木	▅▅ ▅▅	官鬼丙午火
戊午贵		▅▅ ▅▅	父母丙辰土

第六节　都天六壬

此法原本用于军事，但是也应用于普通人事与择吉。奇门遁甲中亦用之，又名透天关法。据说传自唐代李靖①。宋史记录其著有《六壬透天关法》一卷。太宗尝问李靖："兵法有五符，其术何如?"李靖答曰："乃九天玄女用兵要诀，人事之趋避也，以五符、唐符、国印，合三门、三奇，此方必有吉神相助。"

一、十二星次

一五符，二天曹，三地府，四风伯，五雨师，六雷公，七电母，八唐符，九国印，十天关，十一地篇，十二天贼。此法乃主将防身秘术，凡干所在认定方隅，以占之。起法以月将加时，寻天盘上日干建禄所在地起五符，顺行十二宫。根据此法可知十二方吉凶，用于预测、竖造、出行、婚娶、名利等一切事。一切凶神，尽能化吉，又能藏避。其中五符、唐符、国印为大吉。此术可以结合方位、报数而断，并可以结合六壬、奇门择吉而用。

二、总断歌诀

星列五符万事通，天曹所作主从容。地府多见阴人遁，若得雷公祸便逢。遇着电母宜唤客，更临风伯信全凶。雨师忧贼唐符喜，国印加临福禄宫，若遇天关宜捕盗，地篇为事必遭穷。更逢天贼为贼害，仔细推详神鬼通。

凡值五符、唐符、国印元吉不忌百六十家神煞。

三、透天关歌

五符应合五天星，最喜其方好用兵。欲识五符形胜地，

顺风旗帜鼓金声。百万雄兵营四路，凯歌获胜报军情。②

天曹方上本平平，敌强主弱少威灵。报来信息皆公正，

---

① 李靖（571—649），字药师，原名药师，汉族，雍州三原（今陕西三原县东北）人。古代十大名将之一，出生于官宦之家，唐初杰出的军事家将领、军事理论家。李靖军功卓越。他才兼文武，出将入相，为唐朝的统一与巩固立下了赫赫战功。他治军、作战又积累了一套成功的经验，进一步丰富和发展了我国的军事思想和理论。他写有《李靖六军镜》等多部兵书，大都已经失传，后人编辑了《唐太宗李卫公问对》，在北宋时期列入《武经七书》，是古代兵学的代表著作。

② 此方出战，人马勇竞，风从此方起有信，乃天人应变。

进献文书乃嘉亨。奏表祈祷宜此道，战斗须教莫出兵。①
地府方上恶忧惊，战斗伤残不可征。戍军此地亦埋迹，
虎豹豺狼正纵横。将军可速移营区，别选良方莫暂停。②
风伯方上莫先征，百为退悔固营兵。狂风突至传凶兆，
主贼相侵客败徵。人来报信皆诬诈，三军妄动虑忧惊。③
雷公方上勿延长，先凶后吉有留殃。更有风云并雷电，
宜鸣鼓角应灾伤。将军举事难称遂，战阵元功好稳藏。④
雨师方上走逢霖，战溺人倾马嘶鸣。祈福祷雨天昭应，
争斗风闻择道行。军行抵处宜开井，汲饮龙泉气倍增。⑤
唐符天上吉星辰，百胜貔貅得利兵。恢疆拓土成勋业，
大将平胡如扫尘。上官出使呈天诏，信语来时报喜临。⑥
国印雄狮孰敢当，一封丹诏下重光。推轮坛拜黄金印，
凑凯回来觐帝王。奉表奏书多得地，开疆定土获休详。⑦
天关方上路不通，马跌车伤不可征。妖魔挡路多惊怪，
妄出提师惹祸生。深池高垒封坚固，勿令驰防贻害人。⑧
地籥支方地道危，三军一去半难回。人来报喜皆虚妄，
事全兴时亦不常。此方神煞多凶恶，乖逆缘之见血光。⑨
天贼奸宄忌内藏，偷营探贼此为良。出阵行兵皆自败，
遣间知机自主张。人来必是为奸细，杀敌从此外谨防。⑩

以上歌诀缺电母，电母凡事虚诈、迷蒙。有关此十二星次，诸书在次序上有所不同，笔者在此指出，读者学习时可与它书比较而论。奇门遁甲中用此法，占天气、占人事，并以之择吉选方。

例：庚寅　辛巳　壬申　己酉

四月申将甲子旬戌亥空

---

① 此方刚柔不等，出人平平，风从此方来主公家文字。
② 此方不利伏兵，虚信不可轻信。
③ 此方人马经困高，不利有狂风，宜固守勿战。
④ 此方军不利，多风雨，不宜出行请谒。
⑤ 此方军行，先到开井，汲水饮之增气力。
⑥ 此方出入百事吉，若有人来非公事则喜信。
⑦ 此方出入多吉信，以此方来非皇诏恩赦，必表奏公事。
⑧ 此方人马出入，不利战，必折兵，大凶。
⑨ 此方凡事不吉，谋事不成，不可出入。
⑩ 此方不宜用兵，惟可遣人间狡虚实。

	蛇	朱	合	勾	
	辰	巳	午	未	
贵	卯			申	青
后	寅			酉	空
	丑	子	亥	戌	
	阴	玄	常	虎	

合	勾	空	虎	官	戌	虎	⊙◎
午	未	酉	戌	父	癸酉	空	⊙
未	申	戌	壬	父	壬申	青	

解：有人占远行办事，笔者用都天六壬法，对方抱数八，壬日禄在亥，因此地盘子上为五符，八为未方，其上为唐符。根据歌诀，唐符天上吉星辰，百胜貔貅得利兵，恢疆拓土成勋业。大将平胡如扫尘，上官出使呈天诏，信语来时报喜临。歌诀为有贵人协助，事体顺利之象。该人出行正找贵人办事，与歌诀意向十分吻合。后来回来反馈果然办事顺利。

第七节　小六壬法节选

一、小六壬简介

小六壬，又名马前课，源出《六轮经》。据说为李淳风[①]所传，也有说法为诸葛武侯[②]所传。其应用范围涉及人事、命运、择吉、禳解等诸多方面，起法大致分为两种，一为单六星起法，二为双六星起法。另外还有一些特殊的起课方法。从应用十二地支和应用六星上看，小六壬和六壬之间有一定的关系。其判断内容分别有天干定宫、地支定宫、先天定宫、后天定宫、排掌定

① 李淳风，隋仁寿二年（壬戌）（公元602年）生于岐州雍（今陕西凤翔岐山镇），其父李播，隋朝时曾任县衙小吏，以职卑不得志，弃官而为道士，颇有学问，自号黄冠子，注《老子》、撰方志图十卷、《天文大象赋》等。因此，从小被誉为“神童”的李淳风在其父的影响下，博览群书，尤钟情于天文、地理、道学、阴阳之学，9岁便远赴河南南坨山静云观拜至元道长为师。17岁回到家乡，经李世民的好友刘文静推荐，成为李世民的谋士，参与了反隋兴唐大起义。618年，李渊称帝，封李世民为秦王，李淳风成为秦王府记室参军。唐贞观元年（627年），李淳风以将仕郎直入太史局。在置掌天文、地理、制历、修史之职的太史局，李淳风如鱼得水，充分展现其才智，鞠躬尽瘁40年。

② 诸葛亮（181年7月23日—234年8月28日），字孔明，号卧龙，汉族，琅琊阳都（今山东临沂市沂南县）人，蜀汉丞相，三国时期杰出的政治家、战略家、发明家、军事家。在世时被封为武乡侯，谥曰忠武侯；后来的东晋政权为了推崇诸葛亮的军事才能，特追封他为武兴王。代表作有《前出师表》、《后出师表》、《诫子书》等。

宫、六亲分宫、八字局、马前阴阳诀、六亲刑克诀、马前二一六、三寸金、百句金口令、小透玄、一刀斩、铺地金、马前金盘诀、马前关煞诀、马前六壬掌总诀、马前出行流时诀、马前两头扣、马前三步倒、马前八步颠、武沐浴书、武沐浴书七十二课、马前失物诀、八步赶蝉、马前择吉垂杨柳、出行吉方诀、分类择吉等等，在民间的流传发展过程中，小六壬还夹杂了一些道家的法术和一些其他术数，观其诀已经被后人通过实践，总结为符合实际生活的基本通俗断语，原本的体系原理根源难以体现，总体来说，是一个比较庞大的体系。因其与六壬关系不是十分密切，因此本节只做节选介绍，下面大概介绍一下比较普及的单六星法的应用。

二、基础知识

月份：正月，二月，……十二月；

日辰：初一，初二，……二十八，二十九，三十。

时辰：子，丑，寅，卯，辰，巳，午，未，申，酉，戌，亥。

六星：依次为大安、留连、速喜、赤口、小吉、空亡。

六星定位如下：

(1) 大安定位——食指根部；

(2) 留连定位——食指指尖；

(3) 速喜定位——中指指尖；

(4) 赤口定位——无名指指尖；

(5) 小吉定位——无名指根部；

(6) 空亡定位——中指根部。

掐算顺序按 (1) 大安 (2) 留连 (2) 速喜 (4) 赤口 (5) 小吉 (6) 空亡，此顺序永远固定不变。

先确定月份在掌诀上的起点，以起点推算月份落点。不管是第几个月，均以“大安”为正月起点，然后按顺时针在六个掌诀定位上按六神次序依次往下数，直至数到求测月份为止。如推算十一月，就从大安上起正月，留连二月，依次类推，十一月就落位在小吉上。然后以月份落点为初一，推算日辰落点。如十一月初四，前面已知十一月在掌诀上的落位为小吉。则初一为小吉，初二空亡，初三大安，初四留连。可知初四为留连。最后以日辰落点为子时，推算时辰落点。如十一月初四卯时，则在留连上起子时，则丑时在速喜，寅在赤口，卯在小吉。可以得到结果，十一月初四卯时，最后结果为小吉。根据小吉的意义判断预测事情的状态和结果。

另外还有结合六宫的特殊起课方法，所谓六宫，分别是官喜宫、财帛宫、福寿宫、监察宫、迁移宫、死亡宫。其用法如下：

婚姻杂事去官府，位置在大安。

求财经商找财爷，位置在留连。

疾厄病苦到寿宫，位置在速喜。

官司诉讼在监察，位置在赤口。

外出旅行有驿站，位置在小吉。

死亡宫里有神灵，位置在空亡。

问婚姻杂事从官喜宫起课，官喜宫在大安，从大安开始起月，月上起日，日上起时。例：问事时间是阴历三月初三辰时，要看婚姻如何，从大安起月，一月为大安，二月为流连，三月为速喜，那么月份是速喜；再从速喜上起日，初一为速喜，初二为赤口，初三为小吉，日子是小吉；再从小吉上起时辰，子时为小吉，丑时为空亡，寅时为大安，卯时为流连，辰时是速喜，时辰就是速喜。得出的结果是：月份是速喜，日子是小吉，时辰是速喜。其他起法仿此而推。

三、六神释义

(1) 大安

身不动时，五行属木青龙，颜色青色，方位东方。凡事主逢在一、五、七。有静止、心安、吉祥之含义。

诀曰：大安事事昌，求财在坤方，失物去不远，宅舍保安康。行人身未动，病者主无妨，将军回田野，仔细与推详。丢失在附近，可能西南向，安居得吉日，不可动身祥。办事别出屋，求借邀自房，得病凶化吉，久疾得安康。寻人知音信，可能归村庄，口舌能消散，远行要提防。交易别出村，离屯细推详，求财有八分，得全不出房。

(2) 留连

人未归时，五行属水玄武，颜色黑色，方位北方，凡谋事主二、八、十。有喑味不明、延迟、纠缠、拖延、漫长之含义。

诀曰：留连事难成，求谋日未明，官事只宜缓，去者未回程。失物南方见，急讨方遂心，更需防口舌，人口且平平。丢失难寻找，窃者又转场，出行定不归，久去拖延长。办事不果断，牵连又返往，求借不易成，被求而彷徨。此日患疾病，几天不复康，找人迷雾中，迷迷又恍惚。口舌继续有，拖拉又伸长，女方嫁吉日，求财六分量。

（3）速喜

人便至时，五行属火朱雀，颜色红色，方位南方，谋事主三、六、九。有快速、喜庆、吉利、喜庆之含义。

诀曰：速喜喜来临，求财向南行，失物申未午，逢人路上寻。官事有福德，病者无祸侵，田宅六畜吉，行人有音信。丢失得音信，微乐在面上，出行遇吉利，小喜而顺当。办事如逢春，吉利又荣光，小量可求借，大事难全强。久病见小愈，得病速回康，寻人得知见，口舌见消亡。交易可得成，但不太久长，求财有十分，吉时得顺当。

（4）赤口

官事凶时，五行属金白虎，颜色白色，方位西方，谋事主四、七、十。有不吉、惊恐、凶险、口舌是非之含义。

诀曰：赤口主口舌，官非切要防，失物急去寻，行人有惊慌。鸡犬多作怪，病者出西方，更须防咀咒，恐怕染瘟殃。找物犯谎口，寻问无音向，出门千口怨，言谈万骂伤。办事犯口舌，难成有阻挡，求借不全顺，闭口无事张。得病千口猜，求医还无妨，寻人得凶音，人心不安详。口舌犯最重，交易口舌防，求财只四分，逢吉才成当。

（5）小吉

人来喜时，五行属木六合，凡谋事主一、五、七，有和合、吉利之含义。

诀曰：小吉最吉昌，路上好商量，阴人来报喜，失物在坤方。行人立便至，交易甚是强，凡事皆和合，病者祈上苍。大吉又大顺，万事如意祥，出行可得喜，千里吉安阳。诸事可心顺，有忧皆消光，求借自来助，众友愿相帮。得病莫要愁，久病得安康，觅人得相见，不找自归庄。千人称赞君，无限上荣光，交易成兴隆，十二分财量。

（6）空亡

音信稀时，五行属土勾陈，颜色黄色，方位中央，谋事主三、六、九。有不吉、无结果、忧虑之含义。

诀曰：空亡事不长，阴人多乖张，求财无利益，行人有灾殃。失物寻不见，官事有刑伤，病人逢暗鬼，禳解保安康。失物难找见，找寻空荡荡，出行不吉利，凶多不吉祥。办事凶为多，处处有阻挡，求借不能成，成事化败伤。得病凶多噩，久患雪加霜，寻人无音信，知音变空想。万口都诽骂，小舟遭狂浪，求财有二分，不吉不利亡。

以上为小六壬单行六星的方法，下面选录判断歌诀中的《六壬掌总决》供读者参考。如果掌握此诀，可以进行普通人事的基本判断。

六壬掌总决

六壬掌中月日行，时上定宫来分清。十二属相对卦明，马前六星吉凶应。
大安青龙事事昌，贵人求财在坤方。寻人失物去不远，风水宅舍保安康。
路马行人身未动，病者离魂主无妨。丢物失盗近向前，正西西南可寻见。
商贾安居为吉日，唯有出行一般讲。求访拜贵莫远行，病患再凶也吉祥。
久病必是缓中强，近病无碍寿必良。寻人一五七日见，孤身门庭屋内现。
口舌官司贵人消，路见虎猴莫相交。求才八分旺中求，不犯破败稳中收。
春占防虎夏防猴，秋龙冬虎犯败口。留连玄武卦无阳，静中求才十分量。
失物寻人东南向，婚喜占日雪雨降。家运人口得平祥，鼠马占宫才必强。
失盗必要急去寻，贼人转手避人群。出行小人破财伤，合伙谋划事不张。
此日病者必不祥，不逢二八莫见强。外人求借莫开口，若然开口永无收。
商贾安居莫占宫，百日之内盗宅空。卯时占宫莫向东，破财官非必不通。
育子生产反呈吉，天道文曲落命奇。春占防兔夏防鸡，秋鼠冬马必惹气。
速喜朱雀吉行方，求才去南贵人帮。失物速寻未午申，路上逢女细追寻。
官司贵人得高强，近病晦气速转吉。旧病也可扔药箱，行人音信转回乡。
家宅风水福安良，口舌自消无凶祸。小人是非身边过，交易买卖财路阔。
仕途必升官位坐，商贾安居占此宫。百事大吉喜冲冲，婚事占宫龙子通。
合伙求谋必成功，唯怕邪财必败空。贵人为女占南东，狗马羊兔有鸡龙。
春防辰龙夏防狗，秋牛冬羊破财口。白虎赤口血口伤，是非官讼须紧防。
失物东南西南藏，行人路马有惊慌。狐狸鸡犬多作怪，病者无救入西方。
须防小人暗诅咒，寻物莫听女人言。申酉两时合局宫，西向大道得论通。
寻人谋事犯口舌，远离车马犯骨折。拜贵午未有良策，纵然凶罪也能赦。
求药寻医六阳时，落宫占阴寻人迟。切莫小人去会本，合伙经营半路分。
路马行程口莫问，不然盗贼财宝屯。春天防蛇夏防猪，秋兔冬鸡必犯法。
小吉螣蛇最吉昌，贵人路上好商量。禄马阴人来报喜，失物必是在坤方。
辰巳午未不出门，丑辰寅卯西北奔。路遇童子可追问，此处必定抓贼人。
若问行人随时见，走失也能路上现。出行可得满口财，四通八达无有灾。
只是不能去借贷，不然必是长久债。合伙经营忌狗马，财路中途必犯法。
生育逢此得天成，平安命良福禄增。风水六合财旺生，官府词讼必得成。
春天防鼠夏防马，秋兔冬马必犯法。空亡勾陈事不长，鬼怪阴人无主张。
求才失盗心内慌，行人路马有灾殃。寻找事物永不见，官法词讼有刑伤。
病者遇邪鬼嚣张，久病不吉命不祥。失盗物品贼人收，三六九月还防偷。
此时丧人犯人收，妨害六亲妨四周。求才只得两分利，劝君在乡莫远离。

四七十月防铁器，不然必犯血伤忌。莫与牛羊去恩报，中途必受铁马拷。

押运之年不得逃，马前遇此神难保。春得防牛夏防羊，秋龙冬狗记得牢。

另外，民间还在小六壬的基础上衍生出几种术数，名称多变，但是原理一致，判断结果一致，诸如袖中一根枪、一指透天罡皆为此类。下面分别介绍。

袖中一根枪

袖中一根枪有四句主诀。分别如下：

1、推云不动诀（青龙，中指自下而上第一节，男子，东方，吉，1、5、9）

2、白虎拦路诀（白虎，中指第二节，女方，西方，凶，2、6、10）

3、驷马追回诀（朱雀，中指第三节，六亲，南方，吉，3、7、11）

4、腾云驾雾诀（玄武，中指第四节，外人，北方，半吉半凶，4、8、12）

推云不动诀

推云不动身安宁，在外行人来回程。走失失脱没出家，交易求财宜晚成。

婚姻喜事刚发动，劝君勿急慢待功。推云不动小吉昌，阴喜临门贵人帮。

妇人宴会喜庆聚，又防反目毒药殃。

白虎拦路诀

白虎拦路事大凶，诸事不利难成功。交易求财难宜成，跌打损伤血光应。

走失失脱急急找，道路半途何须了。婚姻喜事难成功，欺骗讹诈被人坑。

此课占病事如何，疾病缠身病官魔。白虎拦路是传送，官讼口舌灾魔病。

白虎拦路事不祥，凶丧血光见逃亡。迁生多变武职应，公检法司求前程。

驷马追回诀

驷马追回速喜临，走失失脱南方寻。再外行人速回乡，交易求财大吉祥。

婚姻和合诸事吉，快马赶鞭还嫌迟。驷马追回主胜光，信息求财大吉昌。

又主文书晋级事，生意富豪冠一乡。见水破局诸事损，官非讼连必遭殃。

腾云驾雾诀

腾云驾雾事茫茫，内惊外恐事非常。再外行人中途转，勾陈逗留怪异方。

腾云驾雾玄武应，婚姻红艳事半成。相生酒宴喜官贵，逢克破财欺诈蒙。

腾云驾雾谈天空，夸张狂言大话坑。半吉半凶随君伴，运随命通任君成。

起法：先起月，月上起日，日上起时，在中指四节上一路顺行，落宫论断，譬如农历三月初三巳时占事，在中指自下而上第一节起正月，正月在第一节，二月在第二节，三月在第三节，在第三节上起初一，则第四节初二，

第一节初三，因此初三日为推云不动，在此起子时，则丑时在第二节，依次类推，巳时在第二节，为白虎拦路，结合推云不动与白虎拦路的综合关系进行判断即可，主要以时上推出的白虎拦路为主进行判断。

一指透天罡

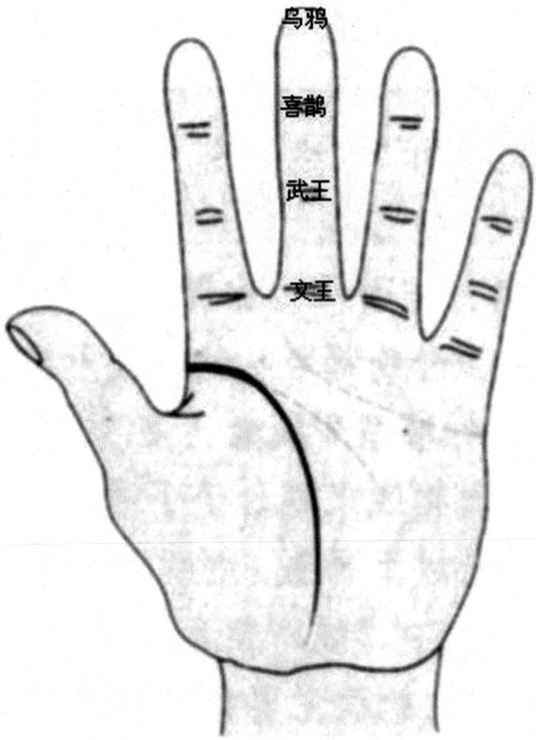

如图，中指自下而上节安土金两行，为文王安身不动，第二节为木，为武王奔走阳关，第三节为火，喜鹊檐前干叫水。第四节为水，乌鸦抱财归来。实际上这几句话是民间习者总结的断语，其中暗藏吉凶变化。其判断总结如下：

文王安身不动，占行人不来，吉凶主留，数应一四七。其本象为青龙。

武王奔走阳关，占行人将来，吉凶主顺，数应二五八。其本象为白虎。

喜鹊檐前干叫水，占行人定来，吉凶主吉，数应三六九。其本象为朱雀。

乌鸦抱财归来，占行人来，吉凶主哭，数应十。其本象为玄武。

一指透天罡有不同传法，此处所说占法与袖中一根枪同，譬如三月初三巳时，推出日上为文王安身不动，巳时为武王奔走阳关。根据日时得出的结论，配合其五行关系论断。下面解释此诀判断的具体变化。

文王安身不动，其本象为青龙，类似小六壬中的大安，因此占行人，主行人不动身，占事多主贵人，财喜。忌金，因此需要结合日子，时辰的五行。

武王奔走阳关，其本象为白虎，类似小六壬中的赤口，占行人正在路上，婚姻破败，官司负债，病人不利，遇火反而无碍。其最怕见巳亥。

喜鹊檐前干叫水，其本象朱雀，本主吉庆，交易买卖婚姻皆吉，但是见水则忌，因此逢玄武则变吉为凶，失财口舌。

乌鸦抱财归来，其本象玄武，本主破败。其见金木，金水相生，水木相生，可以化凶为吉，唯独忌讳土，因此逢青龙及辰戌丑未日时，要仔细斟酌而断。

通过上文我们发现，实际上袖中一根枪和一指透天罡都出自小六壬，在判断依据上使用四兽，其吉凶变化相同，此两法断事快而简便。希望读者在应用中多实践总结。

第八节　大六壬金口诀重要歌诀精校

大六壬金口诀传自鬼谷子，述自孙膑，俗称金口诀、袖中金，在很多六壬古籍中都提到了它。清朝的六壬学者张鋐与程树勋都曾在其著述中提到过大六壬金口诀，甚至较早的一些六壬书籍将六壬与金口诀合编为一册，但是从他们的论述中可以看出他们对金口诀只是一知半解，因此其评述都不足为据。在程树勋的《壬学琐记》中曾记载：六壬金口诀以方传为主，观其神将遁干而占吉凶，亦颇有验，惜其下卷歌括不甚醒，故习之者殊少。昔者屏山大兄尝以之射覆，似较大六壬为确。又尝考试，但得天官不受伤而克遁干者，名曰官动，必取中，屡验。近于继塘先生处，见《鸦池经》一册，亦非金口诀之辞也。金华府入咏门外有马姓者，丙申年春向屏山大兄占流年，大兄曰："此课极恶，夏日有跌扑之灾。"盖驿马克干，又带跌扑煞也。马姓司府中房科，府堂基甚立，阶有数十级。一日马姓者失足跌下，二便出血，舁归，即云"奇哉!"从这段记载中我们可以看出金口诀预测事情是神验的。下面笔者系统的介绍一下大六壬金口诀，这里不能全部叙述，因为金口诀有其自身的全部体系，要论述必须另外撰写专著。

金口诀传说述自孙膑，是六壬变通后产生的一种术数，属于方位六壬之法，其古籍自古流传不多，版本殊少。其文辞经过后世多人改动，因此金口诀书内的很多思想并不完全统一，比较古本，在金口诀中真正最古的来源，当为金口诀书中的入式歌解与神枢经、璧玉经。而入式歌主要分为三部分，第一部分是五行象意生克诀，第二部分是遁法诀，第三部分是神将类象。这三部分都与六壬有着千丝万缕的关系，其中的第一部分五行象意诀，实际上其中的生克部分就是大六壬的神变法，大六壬中分析天地盘讲究天地合一而论，神将五行互相影响，其生克决定吉凶变化，在金口诀中演变为五行论法，讲究克者为无从旺断。第二部分遁法，出自大六壬的初建法与复建法。通过五行变异而确定时空的变化，尤其可以改变五行性质，通过遁变后，重新定位其五行象意和生克作用。第三部分类象和六壬中的类象意义一致。另外在金口诀的分类占中更体现出它与六壬的关系，尤其是修造一章，明显选自大六壬修造法门。其他分类占与六壬几乎同出一辙。综合而论，金口诀是古人通过对大六壬精华的提炼而成，但是因为流传秘密，而且后面不同水平的人加工知识，因此会给人以参差不齐的感觉，因此程树勋认为金口诀的下卷歌括不甚醒。但是金口诀在实际应用中确实是神验的，笔者早年习得金口，屡占屡验。因此读者万不可小窥金口诀，古代一些学者因为缺乏实际操作而对其认识不足，作出一些不当的评语，而我们则要从实际出发，科学对待这一门学问。

金口诀的起课方法与六壬不同，其法首先根据十二地支，定出地分，然后以月将加时，在地分上起出月将、贵神、人元、神干、将干，立成四课。有关具体的起课方法请参考相关书籍。

下面笔者将金口诀的重要判断歌诀详列于下（这些歌诀对大六壬课的判断也有着重要的参考价值）

（一）消息妙论

凡占课，入式歌言其大象，五动爻观其大意，以格局看其事体，凭驿马神煞定其吉凶，以空亡、月破，支干三合、六合，验其成败，潜心推测，无不神妙。

（二）入式歌解

入式之法妙通玄，月将加时方上传。更看何神同何位，日干须用五子元。

解曰：凡课有四位：一地分，二月将，三贵神，四人元。一地分是问课人所立之方或所坐之方是也。二月将是正月登明从亥逆周十二位，以定十二月也；三贵神是天乙贵神也。照甲戊庚日牛羊之例，其用牛羊二位，取昼夜以行顺逆之义。四人元是五子元遁，甲己还生甲也。以所占之日依例而取。假令二月戌将，丙寅日午时，以申地占之加于午上，数至申地，得子将神后。乃起贵神，丙丁猪鸡位，将贵字加亥上，顺数至申，得玄武；就五子元遁丙辛生戊子，于子上数至申，亦得丙字属火，地支申字属金，贵神将神属水。以其生克制化而定吉凶，余例仿此。

克者为无从旺断，

解曰：为无者，是四位内俱无克，只取旺神为用，故曰从旺断。

五行之内细推元。

解曰：只四位内，辨五行有克无克，以见吉凶。

便将神将详凶吉，

解曰：以贵神为主，主者尊神也。以月将为相，相者取事也。以十分灾福为率，有七分在此二神分辩。兼有首尾，首尾者，人元地分也。以其始事故为首，以其成事故为尾。至于论一课之首尾，则人元为首地分为尾矣，是以贵神与人元分其宾主，将神与地分分其财宅，又神与将各定善恶，以断休咎。将也、神也、人元也，分下中上为初中末，及其断灾福，亦并地分取之。

方察来人见的端。

解曰：察来人方位，问从何方来为发课首，十二地分上有十二将神，又有十二贵神，上有人元，宜于四位内察之。若从吉神上来，主有财帛之喜，迁进之事，乃详旺则成、合则就，百事无凶。若从凶神、凶位上来，多主逃亡、走失、争斗、狱讼、官灾、疾病之事。又以方位知来意，以坐位知灾福，以来人命上知成败，用日辰定之后，取将立成四位，消息推详，无不神验。

二木为爻求难得，

解曰：占课时须审四位，如四位内见二木不宜求望，或难成也。

假令地分在寅，上遁得太冲是二木也。若贵神是水，水下生二木，卯为门户，应财在门。地分为寅，寅为财帛。此二木得水化为生气，亦有喜事七里应之。更人元见土神，又以财帛课论之，土为我身，更克贵神天后水，主客旺也，二木化为财帛，更遥克人元，必有大喜应之，虽有二木，又何难求？审而用之，慎勿执一。

二土比和迟晚看。

解曰：四位内见二土，主客作事迟晚，纵虽有成而主迟也。

假令其家求财，或争财帛。于四位内见二土，或地分是土，或人元是水，却有喜事两重也。更得贵神是木，木为主人，主自克财，上皆无气，财反遥克人元，主客又相生，故家财必得矣。虽有二土主迟滞，然求之立有大喜两重应之。

二金刑克都无顺，

解曰：四位内见二金，主凶，又主不顺。

假令人元是金，贵神亦是金，月将是木，更相刑杀，故凶，故主亡妻，为二金克阴木故也。后取二金，上克贵神，亦主破财，蚕丝不成。假令将神是金，贵神是金，人元是木，上克人元亦为二金克之，须主官事灾厄。更嫌恶煞交加，然客受刑责，占讼之用我获吉矣。又加二金在两头，上下见水及土，主有喜事。又如水在中心，主家产女子。如土在中心，主子孙出外为商旅。如上下比和，必有进财添田土之喜，不然移宅应之。

二火为灾百事残。

解曰：谓四位见二火为凶，二火虽凶，却不知见之殊有喜者。

假令南方午地为一火，更得伏吟胜光火见临午地，若又得朱雀在上临其家，其人元又得土化为我身，其家必大富也。若二火二水百无一好，亦主大凶。水上主失财，水下家不和。若二水在两头，主妇人产生灾厄。若二水在上，主夫妻不睦，须分离也。

二水皆须为大吉，

解曰：见二水不必便以喜用，不必便以凶断，须明神将以定吉凶。四位之中见二水，或比和，或间隔，或冲刑；或被杀，或生或克，亦无体也。

假令伏位是子，内为二水，上见二土，必伤人二口，又须破财；贼盗相谋害也。又如二火在上，必有官事分离之忧。如二木在上，出外求财大喜也。见二木，内有青龙主财帛，如见六合，只主成合婚姻，及和会交关役吏。如见火在木上，主有女嫁出，占宅主南面展出。又如二火在上，二水在下，必出劳病死者。二水在上，二火在下，出产死鬼，主妇嫌夫之象，又主火惊三两次也。

水来入火妇难安。

解曰：水来克火，以巳火为将，立于四季土上，是火无根蒂，更被水来上克，而人元不救，主妇人心痛死也。

假令贵神带休衰气而亥子来克，占身主父母死亡。三水上克下，火不能生其家，必主死三口，二水上克下，主死二口。一水克二火，只主官事为灾。以上二说，更要详旺相休囚而决。

金入木乡忧口舌，

解曰：金入木乡，以申酉加临寅卯，内有冲刑，更上见朱雀、螣蛇，主口舌斗争。或见辰戌发用，无不争讼也。

火临金位有迍邅。

解曰：谓巳午火临申酉也。如上更见玄武，主贼谋文状、论讼，或见官事，争田土而必失理。若更见贵神，主许了口愿。若更见青龙，亦主官事为扰，或争财帛金银也。若更见六合，主官事门上追呼。若更见巳午火，主忧怪血光。

木来入土为刑狱，

解曰：木入土者，谓辰戌二神在巳亥上，又上见青龙、六合，是为木入土也。更上见金其罪不轻，主斩杀厄。土在上主徒刑，又主争财帛。见火主血光。

土行水上竞庄田。

解曰：谓辰、戌、丑、未加临亥子也，主争田庄。如不见四季土，只勾陈临月将亥子上同，或玄武临大吉亦同。又取朱雀临未，螣蛇临亥子，亦主争斗之事。

上克下兮从外入，下克上兮向外迁。

解曰：事有从外起者，有从内起者。凡人元克贵神，贵神克将神，或重重自上克下，皆主事从外入也。凡将神克贵神，贵神克人元，或重重自下克上，皆主事从内起也。

客克主兮来索物，主克客兮客空还。

解曰：此以占身言之，贵神为己。以求财言之，即以贵神为财，人元为主。以主怒客，故来索物，以客伤主，故主畏避而客空还。凡有求索，皆详主客，主客不睦，又何得之。

四位相生百事吉，内有刑克忧患缠。

解曰：凡四位相生，占无不吉。相克则无不凶，更看何位受克。克人元，主官事；克贵神，伤尊长；克将神，伤妻财；克地分，伤小口。凶神有生，凶中获吉；吉神有克，吉中隐凶。

但取寅申为贵客，子午卯酉吃食言。

巳亥常为乞索物，小吉妇女酒食言。解曰：寅为天吏，申为天城，故为贵客。小吉主妇女酒食宴会，亦可以邀候用也。子午卯酉为吃食果物之类。巳亥为乞索之物，亦可以为射覆，用此课灾福亦准此。

水土金火为窑灶，

解曰：四位内各依所属，主争田土。如占宅，必周而有窑灶。占怀中所藏是瓦器。

庚辛碓磨及门窗。

解曰：月将加正时，行到本位，上见庚为磨碓；见庚为门，见辛为窗。亦为水道也。

庚午改门并接屋，

解曰：如人元见庚，加于午必是改门。主南面展掇，不然接其门，或西南一根柱曾接来也。如见二金，更主增接椽也。如下克上其家石头必侧。

四孟相生有草房。

解曰：四孟者，寅申巳亥也。假令行五子元遁戊申、乙巳、辛亥，是为相生，其家必有草房。

丙丁旺处人最恶，

解曰：凡课宅，更看何神乘旺，如火旺，不惟在高岗上住，主其家人必凶恶而狠戾也。水主沉溺，木主不义，火主贼谋，金主不顺，依此为类推之。

与姓相生子孙昌。

解曰：即旺辰与本姓相生，主子孙昌盛。假令课内见火旺，又是角徵宫姓人占之，是宅有气，又相生也。

四位相刑主有克，上下相生福满堂。

解曰：凡课，人命前五辰为宅，命后三辰为庄。假令卯生人问课，即申是宅。便于宅上做方位，立成四课，相生吉，相克凶。如四位内三下克上，主破了天窗，三上克下，主屋舍必塌，又主破财，亦主子孙独弱不均，其后主有后妇也。三下克上，此课主官事重重，多有患头目之人，最凶。若四位内二下克上，亦主官事病患。二上克下主杀妻男。故云：上克下兮宅必下，下克上兮岭头庄。此宅亦主盖起破财也。

上克下兮宅必下，

假令十月将寅，甲子日寅时，以辰为位，上见天罡伏吟。辰为岗岭之神，又上见六合木，木克两头，其家不和，更无祖父，为木克天罡。又人元是戊；其与辰皆为一家，上克之主兄弟分张，更木在中心，土在两头，大则争官事，小者谪逐，必主其庄在东西侧下住也。

下克上兮岭头庄。

假令十月寅将甲子日，亥时巳位，传见申将，亦为下克上，又得勾陈在上，其庄在南山侧下门而西关也，不然去西，其妇人争张。

凡占宅，四位内见火旺，其宅在高岗上。其宅与姓相生有气，主大喜。

如姓旺气在丙，却克于下，主家内有分张事，其家虽有旺气，主家人必凶恶也。

四位内见土旺，主宅必重岗上住也。其家必有坟墓，或近丘墓住。若土上见木，必主疾病痛苦死之人。

四位内见木旺，有官事，其家新盖屋舍，必林木蔚茂，兄弟不义。如木上见金，亦主斗讼。木上见水，主财帛之喜。木上见火，主家内生女子。如火上见火，主家中阴人患病。

四位内见金旺者，金为刑克之神，主其家斗讼，兄弟不义，合出军人，入庙出武贵，亦主人凶恶也。如旺金上见土神，主多般灾厄。比和，合主先凶后吉也。金上见木主伤六畜，见火大凶，又主官事，患病者愈凶。如金上见水主大吉。若是玄武水，主作窃盗之人。

四位内见水旺，主出做贼人。其宅当近河，有水灾，更出丑貌子孙，亦常为贼侵害也。火在下主产厄，在上夫妻不和。木上有财帛之喜，见金亦喜，上见土不利产妇，或水气残病死也。

甲乙为林单见树，

解曰：如人元元遁上见甲乙行到本位，必为林木。如单见或为双树子或为单树子。如甲乙临水，其家必有菜园，内有小树子一棵。如甲乙行土上，其树必有枯枝。如甲乙临火，主有火树子，亦焦干，必然有溪。如临金，亦主有树木，其树上必虚空，多是槐树也。

见金枝损及皮伤。

解曰：行人元两遍，只以人元上取之。如甲乙对冲庚辛，被庚辛遥克，其树必无枝与皮也。见阳克枝，见阴克皮。

丙丁旺处为高岭，

解曰：亦行人元两遍。如见丙丁旺处，为有高岭横岗。临午未为东西横，若临子丑亦同，临寅、卯、辰、巳、申、酉、戌、亥为南北横。更水冲道，亦为水沟穿之，上有克为高岗。如丙丁临寅卯木位，必有山林也。

庚辛为斜道亦详。

解曰：亦行人元两遍，其东西南北亦依前法。在四孟上见庚辛其道必斜，又云干为大道，支为小道，如火对冲为岔，必分头去也。如临本位，必为大道，若别方位上见之为小道也。

戊己为坟看旺处，

解曰：亦行人元两遍为法，若临旺处无克，必有山墓。墓内死者患何病而死，亦依后占法断之。若要见着何色衣服，再以人元两度遁之，只用纳音推其颜色也。

土为坟垅痛苦殃。

解曰：如戊己在庚或在寅木位上，其坟痛灾，或主墓穴倒塌，必曾展来。如见六合青龙，墓上必有花树子。

壬癸长河及沟涧，

解曰：人元见壬癸为河涧，纳音见水必有水。若被戊己对冲，见虎为道，又云河与道交遇。如见大吉必有土桥，见太冲必有船及桥，亦必有车。

湾环曲折见刑伤。

解曰：壬癸为河涧，如见壬寅癸卯，其河南北长，水向南流，为南见丙丁在前也。故旺处刑克即止。却前见辰暗克水，必向东西，故主南去，须向北入乾，为下克上故也。

大树死时家长死，水上来穿近涧旁。贵神神祠并宅道，太阴碓磨共相连。

前一螣蛇为窑灶，朱雀窝巢有克伤。六合树木看生死，勾陈渠涧土堆滩。

青龙神树并枪刃，天后池溏涧水泉。玄武鬼神并图画，太常酒食五谷昌。

白虎道路及刀剑，天空庙宇道僧仙。此是孙膑真甲子，天地移来掌内观。

论四位内所见五行法（与上文同参）

入式云：四位内见二木，诸事难成。又云：如见二木，或见水，却为大喜。问见三木如何？曰：主官事缠身。又兄弟三人，并无父母。其兄弟三人俱各再娶，更无子孙。问见四木如何？曰：主官事。其家合主新盖舍屋，家中缺费，惟四壁而已，主贫乏艰难也。

入式云：二土比和迟晚看，言诸事求虽有成而迟也。如见二土苟无伤克，但得比和，安得有滞？若受刑克，亦主淹留。问四位内见三土如何？曰：主合有配妇凶恶，诸求不成。又主其家姊妹三人，亦无父母也。盖同类者为兄弟，生我者为父母，我生者为子孙，克我者为官鬼，我克者为妻财。合四位内无相生克，只有同类，乃是勾陈太常，以上言姊妹三人也。问见四土如何？主无凶也。故曰：三土四土，丑妇凶恶，其灾福与上同断。

入式云：二金刑克都无顺，二金皆凶神也，亦是白虎之位，兼主不顺。故其家饶斗讼，兄弟不义，妯娌不和。更金上见火，主家死亡人口。问见三金如何？曰：主阴人淫乱，家宅不宁，合主门师禳镇其宅，亦死亡人口，又主官事，其灾福亦与二金同断。问见四金如何？曰：此四位为纯金，其象主君不君，臣不臣。父不父，子不子，乱纲纪，其父母、兄弟、骨肉皆主不顺，最为大凶。

入式云：二火为灾百事残，主其家有阴人残患，更主家内火光焚烧。若火上见二水，主有妇人产死。如二火见二水之上，主夫妻不和，休离应之。问见三火如何？曰：主阴人官事也，更主阴人残害。此课亦主妇女主家，为纯阴之课，阴旺阳衰也。其家多生女。亦主外人主家，更釜鸣数次，见火光应也。问四火如何？曰：二火为灾百事残，其三火以为甚，何况四火乎？

入式云：二水皆顺为大吉。谓见二水为之大喜，亦不为灾。如上见二土，主伤阳人两口，破财贼伤。如上见二火，必有官事伤人。如上见二木，其家出外求财大吉。如上见六合木，合主婚姻成合，交关争役吏也。青龙则为财矣。问见三水如何？曰：其家必有痔痛男童，及有外贼伤财物数次，其家亦主水灾，此课大凶。问见四水如何？亦与三水同断，皆主大凶。

（三）云霄赋

论人生五行之祸福，详课体战克之兴衰。相生则喜，克战为危。月将与地分，分其高下。人元与贵神，定其尊卑。臣犯于君，己欲侵人。君陵臣下，人来害己。人元克六阳之神，阳男有祸。天干战六阴之将，阴母逢凶。泉沉蛇马，定生眼目之灾。[①] 虎负岗隅，必主羸瘦之症[②]。红马登途，行商外病[③]。赤蛇入户，闺妇有灾[④]。西女来东户，狂病伤蚕[⑤]。白道映绿林，老翁损睹[⑥]。东方贼子，园中盗粟偷孳[⑦]。未地勤儿，店内搬食弄酒[⑧]。产痨病患，因井宿入天门[⑨]。鬼蛊气疾，为土星填北海。[⑩]。土牛逢江猪，贼人自败[⑪]。火宿遇波涛，阴妇井溺。[⑫]

南方赤马，怕北海之浮波[⑬]。寅地青龙，畏西方之恶吼[⑭]龙虎交加，老来

---

① 壬癸水为龙泉，巳午火为蛇马，亥子加巳午之上。故有眼目之灾。
② 甲乙木克辰戌土。
③ 丙午火克庚申金。
④ 丁巳火克辛酉金。
⑤ 辛酉金克乙卯木，蚕不收也，主风瘫之狂病。
⑥ 庚辛金克寅卯木，寅为山林，申为道路，损害老翁者，神树寅木之谓也。
⑦ 卯加丑，丑乃金库，又为粟园。
⑧ 未地井宿，乃酒食之神，小吉，酒店也。
⑨ 己未，入癸亥也。
⑩ 辰戌土克亥子水。
⑪ 丑属牛，亥属猪，乃丑入亥也。
⑫ 丁巳火入亥子水也。
⑬ 丙午火怕逢壬子水克。
⑭ 青龙寅木怕白虎庚甲金相克。

伤害[①]丘坟倚叠，衰后独孤[②]。天壕难安，僧道犯阴后，必主奸淫。[③]。金井饮马，羊牧坟岗，定然鳏寡[④]。青龙入户，接脚老翁为夫[⑤]。神树临池，应得阴人财宝[⑥]。负水浇林木，徒养他人，扬波溢苑中，终伤自己[⑦]。

天门木户，相见两和[⑧]。醴酒玄浆，相调两便[⑨]。内室专权，有仙女跨云之象[⑩]。行商得利，逢坤门洒酒之征[⑪]。木象化天门，经营自便[⑫]。白虎兼黑水，祸患相伤[⑬]。当途决水，享耄颐龄[⑭]。避地安坟，乐绵瓞之旺续[⑮]。阴人疤面，赤蛇走入金门[⑯]。美女失音，白雉飞来来巽户[⑰]。玉女游斗宿之宫，阴权大富[⑱]。牵牛至金门之路，血畜无赢[⑲]。仙女游园乐，生产充盈之兆[⑳]。土牛奔火自亏负，恐暗昧无言[㉑]。

土多乏嗣续（土主孤独也），水盛好荒淫（水泛滥也）。木众枝繁，金多体折，火气炎炎，火多性燥。水形汩汩，主性必柔。五行大忌结胎逢刑，四位切防无权交战。金临丑地木人遇，肢体不全。水至申宫木命值，飘逢无定。金旺若木人遇之，主伤筋损骨，肢体不全。水旺若木人遇之，男主为盗，女主娼淫。火炽伤金，边塞奔驰之子。卯荣破丑，田园耗散之人。独木遇三金剑刃，须防有鬼祸，一金遇二火铄销，切备值天灾。孤土入败绝之乡，见木多传尸久患。弱水临休囚之地，逢坤常呕血之忧。五行最要相生，四位偏嫌杀战。果尔留心留意，自然无惑无差。

---

① 甲寅见庚金也。
② 辰戌重加。
③ 辰戌为天冢寺观，若六合太阴临，或值天空，奸淫之兆。又卯酉为门户也。
④ 丑未辰戌相加，丑未为牛羊，辰戌为坟岗，金井乃未也。犯之主二姓三名，男鳏女寡。
⑤ 寅入卯，主接脚夫也。接脚夫指丈夫死后，妇女再招之夫。
⑥ 寅入亥内，得阴人财物也。
⑦ 子水至卯为死，又子卯相刑，水浮泛溢故也。
⑧ 指卯亥也。
⑨ 未为酒，亥为水，未亥和合，富贵昌盛。
⑩ 巳到寅也。
⑪ 未为酒神，加午火迁移坤方，主利禄非常。
⑫ 未土克亥水，亥旺得卯三合戌木象，是化于天门也。
⑬ 申虎到亥子水之乡，金体衰，必有祸患。
⑭ 申为道路，水至申旺，金水相生而有眉寿。
⑮ 辰戌为坟，主取生息也。
⑯ 巳加酉，丁加辛。
⑰ 辛酉太阴被巽巳午克之，主有此兆。
⑱ 酉与丑三合，丑又为金库。
⑲ 丑至酉而无气。
⑳ 巳火双女宫至丑乃园，因火生土而财帛充盈。
㉑ 丑土入巳，未丑为巳火之炉，未为木库，必伤身也。

注：以上论法于金口中可通用，但有些口诀有一定的使用条件，其中有神将关系论，有三才四位定位观，有干支生克论。

（四）三才赋

金口玄妙，入式幽微。能决有疑之事，先知未见之情。指方定位，神将成课体之机。验煞推占，吉凶妙鬼神之用。

干神将位，当立贵贱尊卑。四象三才，须分高低上下。干克神而剥官，人谋害己。神克干而进职，己欲侵人。将克神不求财，当言身病。神克将非捕盗，必主妻伤。位克干而神克位疾病官灾，位生神而将生干，求财喜庆。将克方损妻妾而牛马倒。干克神位防盗贼，而财散人离。位生干兮印绶迁，而子孙弱。干生位兮嗣续旺而名位卑。木音金见，妻儿难保长生，妻旺官衰，父母恐防不寿。金纯，而道途分异，木全，而官事缠身。水多败散，主痔病儿童。火盛惊忧，应伤残妇女。纯土，乃丑妇当权，孤立，则尊人不利。土入木乡，争讼田宅之兆。火加水上，生育产难之惊。木入土乡，疮灾牢狱。火临金地痨患缠。金加火上主销熔。木到水中，为飘荡。水临火地，寒热往来。木入金宫，口舌争辩。水加土上，争竞田土。土入水中，多生肾病。

欲尽吉凶，再推神将：大抵功曹，主文书木器。传送，为信息行程。太冲，盗贼及车船。从魁，金银与奴婢。辰为斗讼，兼主犯丧。戌乃奸欺，或称印绶。登明，征召。太乙，飞灾。胜光，鬼怪连绵。神后，奸淫牵惹。未，为衣服筵席。丑，为田园苑圃。大吉小吉和勾陈，争讼田宅。河魁从魁化六合，逃亡奴婢，寅辰若遇勾陈，官刑禁系。亥寅如逢白虎，疾病惊忧。子卯与玄武同传，当途贼盗。巳亥逢驿马并驾，在路奔腾。丑未之临朱雀，口舌咒诅之非。未酉之加隔角，夫妇休离之患①。魁罡临处，多生词讼。申午并交，常有狐疑。天乙所占官宦，遇克必定官嗔。螣蛇为卜惊忧，逢刑决然火怪。朱雀文书口舌，六合喜庆婚姻。勾陈主斗讼勾连，青龙应婚姻财宝。天后奸心暗昧，太阴隐悔阴私。玄武防盗贼以侵凌，太常有酒食之筵会。白虎主死丧之道路，天空主欺诈之逃亡。

将神更忌刑冲，干位仍防带煞。将带神兮神带将，于中玄妙。干被刑兮位被煞，就里幽微。天上神将，有加临幽显之微。地下支元有隐伏不明之意。是故太岁受克，尊人有不测之灾。月建遭刑，兄长有沉溺之祸。凶神同居白

① 丑寅、辰巳、未申、戌亥八端者也。

虎，哭泣临门。丧吊相并鬼乡，哀戚动地[①]。月建号曰青龙，遇吉将资财进益，月破名为白虎，逢凶神疾病崩摧[②]。枉横死于灭祸。[③]。淫乱发于奸私，破耗失畜亡财[④]。青龙合乘天喜，添人进宝[⑤]。丘墓丧车并煞，疾者必临孝帏[⑥]。德合解神诏赦，囚人定主脱灾[⑦]。天医宜占疾病，丧门不免惊忧[⑧]。游魂哭煞，非灾有难。亡神月厌，祸患难逃[⑨]。星月为刑为煞，太岁为祸为奇[⑩]。天马驿马入垣，所占迅速。孤虚死气同传，谋举逗留[⑪]德合生神临用，占事有成[⑫]。煞并天空四课，有像无依。课临旺绝，断绝人情[⑬]。相逢四位生荣，光辉求干。若遇将神沐浴，败露事机[⑭]。功曹加毕昴之位，河魁属氐房之方[⑮]。毁隔致防于东地，见木则毁隔无妨。重关用锁于西都，见金则斩关不闭。玄武与壬子窥户，当忧盗贼[⑯]。白虎同传送临门，须防疾病[⑰]。

神煞既定，象类更详[⑱]。合局则事从众起[⑲]。分局则分劈支持[⑳]。重叠，则事多重叠[㉑]。交互，则宛转无依[㉒]。衰主衰微，囚主囚系。若占脱走逃亡，则课体旺衰可见。如占求财见货，视将位有气方知。进表投书，详君臣察其善恶。战斗博戏，认主客定其输赢。贼盗若值孤虚，追之莫捕。死气加诸墓

---

① 岁前二辰丧门，岁后二辰吊客。

② 月破者，正月申，二月酉，三月戌，四月亥，五月子，六月丑，七月寅，八月卯，九月辰，十月巳，十一月午，十二月未。支破：申破巳，戌破未，亥破寅，寅破午，丑破辰，午破卯，酉破子。

③ 阳月前三辰，阴月后三辰为大祸，阳月后三辰，阴月前三辰为灭门。

④ 岁前五辰为小耗，又名岁宅，岁前六辰为大耗。

⑤ 天喜者，春天戌亥子，夏天丑寅卯，秋天辰巳午，冬季未申酉。

⑥ 丘者，春丑、夏辰、秋未、冬戌。墓者，春未、夏戌、秋丑、冬辰。丧车者，春酉、夏子、秋卯、冬午。此三煞问病主凶。

⑦ 用神被月建冲破谓之解神，又名四时空亡。此处德合指天德月合二神。天诏者，正月亥，二月子，三月丑，四月卯，依次类推。天赦者，春天戊寅，夏天甲午，秋天戊申，冬天甲子。

⑧ 天医者，正月为戌，二月为亥，顺行十二辰。对冲为地医，占病主吉。岁前二辰为丧门。

⑨ 月厌者，正月戌，二月酉，逆行十二辰。

⑩ 太乙为刑，月将是太阳为福，太阴为杀。

⑪ 空亡为孤，对冲为虚。

⑫ 德合此处指天德月合二神煞，生神者，生气也，正七月子午，二八月丑未，三九月寅申，四十月卯酉，五十一月辰戌，六十二月巳亥。

⑬ 五行绝处并帝旺，若课中月将遇之，人情断绝，夫妇辞别。

⑭ 五行沐浴之位，凡事败露不正。

⑮ 寅加酉，戌加卯。

⑯ 卯酉为户。

⑰ 子午卯酉上加临。

⑱ 笔者注：象类即格局。

⑲ 如干生神，位生将，克者亦同。

⑳ 神生干，将生位，克亦同生。

㉑ 二三神将同。

㉒ 上下交克，如隔克课。

绝，病者不愈。详天禽地兽之形，察人间隐伏之状。明此祸福之原，细究五行之理。

注：以上歌诀，开端论三才四位之关系与三动五动的应用口诀。并列出十二贵神与十二月将的主要含义与五行生克关系。最后详细讲解神煞与格局，在神煞方面讲解很全面，可以说是金口中比较重要的篇章。特别指出本赋中的灭门大祸，实际上是一种刑冲关系的神煞，其凶性是刑、害、冲所引起的，有本其起法是以月建相刑害者为灭门，对冲者为大祸。譬如正月建寅，寅刑巳，巳为灭门，巳冲亥，亥为大祸。在风水修造、移居中尤忌。此说合理。

（五）金兰略

三才有准，四位无差。以断如金如兰之臭，诚为趋吉避凶之方。将元俱旺而阳衰，严君早丧。方与贵神而克将，慈母先离。四位纯阳，弟兄列雁。四位纯阴，姊妹成行。室如悬罄，因一课之俱衰。家道兴隆，由五行之有气。星犯魁罡，男女鳏居僧道。煞逢大小，子孙独守空房[①]。木植江湖，髭须可爱。申居辰戌，客旅何依？小吉若加太常，平生好饮。白虎重临传送，在外遭殃。金被火克，遭逢血光。空劫重逢，绝却后嗣。孤神上克，必主孤单。

欲辨人形，先观课体。凡揣人之形状，须察五行之兴衰。旺相则端正秀丽，刑衰则鄙陋参差。土来克水，紫黑相貌。金神刑木，青黑容仪。发秃容黄，只因木来克土。肌肤如玉，盖缘水到金乡。人之患病，生死不齐，课象旺衰，存亡可验，火临四孟，热病难医。水逢火土，产灾可治。火遇水，主投井自缢。金胜木，主下病阴烦。甲己败绝，必男子夭亡羸瘦。阴空衰死，定僧尼无棺裸形。二刚若克阴贵，主补右肩之服，一柔如刑阳贵，必缝左肩之衣。

若验男女，须看支干。俱阳乃男儿之辈，同阴为妇女之流。功曹主老叟多髯，因争财而致讼。太冲是贼人隐体，当忧母以临门。天罡为坟墓之主，太乙乃阴害之元。胜光主文书之相，小吉必酒食之和。传送流移走失，从魁夫妇乖张。河魁争坟觅骸，或有死尸之祟。登明争竞兴讼，或招溺水之殇。神后淫惹阴私，大吉压禳咒诅。将神有生则喜，干支有战则凶。留心推究，因应如神。

---

① 同房则断。

（六）定寿经（论人品人事）

白虎逢夏入离，定作分尸之鬼。甲寅临秋遇酉，必为远配之人。觅人喜看伏吟，占信先观干位①。人元与气运相刑，君子应无学识②。太阴与木败绝，老夫必是头黄③。乙入天罡逢金，主刺黥之辈。贵逢辛卯木克，乃客中之士。天空、辛酉元气绝，道士僧尼。白虎、魁罡旺遇土，雕刻匠役④。丙火临太阴，家有石神而缺臂。太阴逢二火，室藏瓶篓以无唇。勾陈逢天罡，贫妇愁难度日。青龙临曹吏，富翁喜得随时。河魁被木来克，髡首之阴。太阴得水去制，悬壶之士。

（七）玉华略（论人事灾凶）

占事先神而后将，推情详煞而论刑。水逢四季为鳏者之刑，木遇三孤乃寡妇之煞。何为有文而无贵？只因华盖逢刑⑤。因甚非妓而即娼，多因太阴岁值。火逢空劫，则媒巫作生涯。水入罗网，则诙谐专艺业。木逢二土，秃瘤伤残。木遇双金，艰难瘫跛。一土而临三木，脚腰鹅鸭。一土而值三水，情性虎狼。一木三土，不良丑陋。一水三火，痦症哑痴聋。三金一火，父子相争。二木二金，远年虚症。二金二火，年幼身危。二土二水，老来词讼。家破因逢横煞，人灾为遇凶神。勾陈主罗网之灾，朱雀有马惊之患。螣蛇阴人连累，玄武身是雕青。

注：首先明确指出断课要诀，先看神，后看将。十二贵神有其本身的吉凶特征。后面则为一些预测中的经验总结与五行生克关系论。

（八）光明经（论人品）

贵人当旺，恩赐加官。蛇雀临生，克承乏继。太阴白虎临季，入门亲戚。河魁、天罡重逢，依势婿赘。大吉小吉亦主易婿，木神火神必非佳配。金逢

---

① 辛居酉宫，庚临申室，依次推之，百无一失。

② 支中所藏，如戌上甲乙之类。

③ 乙木庚金无气。

④ 与《光明经》所云："魁罡逢酉，画虎雕龙之匠"同意。

⑤ 辰戌丑未四位相重，不是伏吟，便是华盖。

绝墓，父子远离。伏至辰宫，爪瞇绵绵。水临巽户主腰灾，火遇亥神防走失。功曹寄土，倚人门而寄居。太冲孟仲，吊己影而独行。朱雀逢寅有孙无子，水神入土，有子无孙。木临酉位，妻家必破财产。金入火乡，外族皆得荣华。金临巳午，带儿就妇。未加酉申，携子归夫。水逢辰酉，心行邪淫。木遇季土，乏嗣缺妇。上生下兮，恩光蹇滞。下生上兮富寿荣昌。上来克下，他人害己。卑去犯尊，己谋他人。分类族于贵神，第人品于将位。辰僧卯道，午吏蛇文。魁罡之凶墓，主邪妇奸农。小吉之单微，主酒宴食会。白虎开店及军旅，佩剑执戈。太阴徇私犯娼尼，纹身绣面。魁罡逢酉，画虎雕龙之匠。贵后临辰，踏罡步斗之人。大吉品分尊卑，天后情至盈溢。水来乾地，疮肿淹淹。火入亥宫，疾病沉沉。木神临火为伤残，木土居东值狂浪。后、龙合绝于金火，夫妇无媒。蛇、雀旺临于未辰，一生好酒。

（九）金镜歌（常推本命行年）

占坟之法君须记，要看将神与方位。阳将阳时更阳位，男子十分九分是。阴将阴时位又阴，女子言之不须疑。神是阳，地分阳，男子不须细审详。神是阴，地分阴，妇女之坟不须寻。木无气，或逢刑，死患痨伤病可云。火无气，被水克，心气不绝分南北。水无气，土来制，产死多应患血气。阳水衰，或入墓，男子水痼真不误。土死绝，木来刑，苦病或为刀下魂。土刑盛，女守寡，虽有儿郎还是假。庚克木，卯见酉，家长非灾横祸久。畜类死，家破败，卯母寅公不吉泰。先死母，辛克卯，金木相刑不和顺。先亡父，庚克寅，卯加申兮一例论。木克土，人害肚，产后合痨腹似鼓。寅似火，旺长生，十须九死害天行。一火微，三四水，亥子逢之为虐鬼。木多败，蛇疯瘫，腰足踟蹰举步难。土神多，水神微，亦是一般肾病了。贵在墓，或死绝，痛苦疮疡须害杀。螣蛇火，被水克，投河产死井底灭。朱雀火，水不谐，自缢多招树下亡。木神克，太常土，或见毒药并呕吐。白虎金，若逢火，不在家乡丧外苦。白虎紧，庚辛慢，外若不亡须招患。青龙寅，一类论，多主发髯似胡人。六合乙，寅卯位，自身宗祖须争吏。勾陈孤，定不扬，男子占之守空房。天后水，落空声，死墓绝败记得真。太阴金，暗昧临，便有吉神也主淫。玄武盗，斜眼睨，若逢辰戌爱便宜。天空土，僧道坟，不然男子虚假情。太阴酉，劫盗金，见之必死在木林。庚金败，在于午，朱雀逢之心痛苦。勾陈庚，交入南，分尸之祸不堪言。将神旺，贵人弱，妻损夫多折腰脚。贵人旺，将神羸，男子须当合换妻。

金逢季，多鳏寡，男子阴人儿女少。子临旺，生正时，儿女成群若螽斯。
凶煞多，干失地，休问阴阳贫必至。吉神多，更得地，更主豪家更显贵。
用心学，心莫退，祸福无差久自会。

（十）玉鉴歌

干是外人及尊长，神位主用弟兄宫。妻财月将方位使，本位云之小口因①。
神若克干争辨讼，老人灾害屋梁倾。神将内逢相战克，家财紊乱弟兄争。
方若上来刑月将，将损妻财妾病疮。将若刑方伤小口，逃亡奴婢去东西。②
白虎传送人在外，死丧灾祸最为凶。太常酒食婚姻事，宴筵和会喜相逢。
胜光朱雀官事起，只因文字不分明。太乙螣蛇人口病，金鸣鬼怪梦中惊。
天罡勾陈多战斗，庄田争讼到官庭。六合太冲官府事，女词呼唤准形容。
青龙功曹财禄喜，金土逢刑损老翁。大吉冤仇相妒害，耳聋头秃难形容。
二后临时多暗昧，奸邪魅类争朦胧。玄武太冲盗贼事，提防拐带劫夺生。
天空河魁多咒诅，定执坟地事关僧。从魁酉门不明事，妻妾魇魅起冤争。③
水来见火火见水，损财耗散口舌频。六畜灾伤妇女难，蛇禽无故到门庭。
木来见金金见木，家宅门户不安宁。父母腰脚风瘫患，损财口舌见分争。
土来见水水见土，前年动土见凶星。妇女面黄及肚肿，小便滞涩不通行。
木来见土土见木，定争财产数年中。儿孙常害脾腑病，蚕桑五谷未曾丰。
火来见金金见火，家财耗散病痈疮，无臂石佛金铁响，失财人口死亡凶。
更推生克详生死，万里灾祥在掌中。

在金口诀的占断中，如果能把上面十篇精华全部掌握了，则可以达到金口诀占断的高境界。《六壬金口诀》一书在现今出现的各版本中，遗漏谬误之处非常之多，笔者计划日后将出由笔者精心订正的金口诀精校本。

---

① 四位三才定位论。

② 笔者注：以上为四位生克论。

③ 笔者注：以上为十二贵神含义论。

后 记

终于完成这部六壬著作，笔者掩卷而思，易学之道，愈究之深愈近乎道。易学之道是一种修养，如果想易学能有所成就，就必须静心养德，不卑不亢，以德治学。笔者一直以来都以此为标准，时时提醒自己，人的一生不过是转眼瞬息，一生不求荣达，但求问心无愧，留得一点论易近道之学，方便世人参考学习，于愿足矣。这部著作主要是想让读者能够一窥六壬全貌，因此倾注了笔者颇多心血与精力，耗费了不少时间。今后笔者计划专门将笔者的壬学经验著作成书，同时，还会有更多更好的易学深造书籍奉献给广大易学爱好者。

在此顺便谈几点有关易学学习的建议，学易必须学以致用，只学不用，是为“书呆子”，用而不活，是为“死胡同”。再好的书，不去实践，等同废书。再好的方法，不知道灵活使用，就无法达到上乘。易学种类繁多，但是条条大路通罗马，任何术数学到高层其境界都相同。学者不可不知，体系之高低只是世俗之见，判断结果才见真境界。各类术数，只要学者能够达到高境界，其判断结果一样。因此术无高下，而在于人。也因此笔者喜好的是易学与自然之道，而非某一种单一的术数。

无论任何术数，在研究人事的时候，首先必须要修心，心神通达，人才能通达万物，对万物有情，万物才能对人有情。因此，易学之道，神而明之。人之所见，唯心意主之。同样，一本书，智者见之谓之智，仁者见之谓之仁，因此笔者的立意只是希望这本书能给易学爱好者带来一定的知识收获。

最后希望读者能对本书以及今后著作的方向，提一些宝贵的建议，让笔者能够急读者之所急，完成更好的易学作品。目前笔者完成的著作除了本书外，还有《奇门遁甲真髓》，将来计划整理出版的著作还有六壬、金口诀、奇门遁甲、人相学、七政、风水、斗数、六爻等类，将各类术数的真正全貌展现给世间，同时也将笔者研究诸术的经验与众同飨。

2010年12月12日

叶飘然记于枣庄